中国口岸年鉴

（2024 年版）

国家口岸管理办公室指导
中国口岸协会主编

中国海关出版社有限公司
中国·北京

图书在版编目（CIP）数据

中国口岸年鉴：2024 年版 / 中国口岸协会主编. 北京：中国海关出版社有限公司，2024. --ISBN 978-7-5175-0852-6

Ⅰ. F752. 5-54

中国国家版本馆 CIP 数据核字第 2024CL9934 号

中国口岸年鉴（2024 年版）

ZHONGGUO KOU'AN NIANJIAN（2024 NIAN BAN）

作　　者：中国口岸协会
责任编辑：熊　芬
责任印制：孙　倩
出版发行：中国海关出版社有限公司
社　　址：北京市朝阳区东四环南路甲 1 号　　邮政编码：100023
网　　址：www. hgcbs. com. cn
编 辑 部：01065194242-7528（电话）
发 行 部：01065194238/4246/5616（电话）
社办书店：01065195616（电话）
https：//weidian. com/?useried=319526934（网址）
印　　刷：北京新华印刷有限公司　　经销：新华书店
开　　本：889mm×1194mm　1/16
印　　张：46. 5　　字数：1350 千字
版　　次：2024 年 12 月第 1 版
印　　次：2024 年 12 月第 1 次印刷
书　　号：ISBN　978-7-5175-0852-6
地图审图号：GS 京（2024）2163 号　　地图编制：中国地图出版社集团有限公司
定　　价：300. 00 元

《中国口岸年鉴》（2024 年版）编辑委员会

编 辑 说 明

一、《中国口岸年鉴》（2024 年版）是由国家口岸管理办公室指导，中国口岸协会主编的一部融政策性、指导性、实用性和史料性于一体的大型资料工具书，本版年鉴是自 2002 年首版以来的第 23 版。

二、本版年鉴收录内容时限为 2023 年 1 月 1 日至 12 月 31 日。本版年鉴收录了 2023 年度国家口岸管理工作概要、查验管理工作概要和重要贸易统计数据；全国 30 个省级行政区（除青海省、港澳台地区外）口岸分布示意图（不含港区信息）、对外开放口岸建设发展情况和主要数据等内容。

三、本版年鉴按类目、分目、条目 3 个层级进行阶梯设置，有口岸综合、口岸查验监管、各地口岸运行管理、口岸相关法规、全国口岸运行主要数据及附录 6 个类目，内容以条目为基本记述单元。

四、本版年鉴资料内容主要由各有关部门及各省、自治区、直辖市、计划单列市口岸办公室汇总提供。

五、本版年鉴在编辑过程中，力求精选材料，宏观与微观相结合，做到用事实和数据说话，对各部门、各单位提供的稿件只做技术上修改，不做史实上修改。由于各部门、单位统计口径、范围、方法不同和数据四舍五入原因，所以本年鉴中有些同类数据不尽一致，敬请谅解。

序

口岸是国家的门户。党中央、国务院历来十分重视口岸工作。改革开放以来，为满足日益增长的对外经贸、人员往来的需要，国家投入了大量人力物力进行口岸建设，已经形成沿海沿江水运、航空和内陆边境立体化的开放口岸体系。口岸开放与全方位、宽领域、多层次的对外开放格局基本相适应，为促进对外经济贸易和国际交往的发展起到了重要的保障作用。

当前，进一步提高口岸工作效率的要求更为紧迫。经济全球化对口岸工作必然会提出更多更高的新要求，为适应参与国际竞争的需要，我国口岸工作要全面贯彻“三个代表”重要思想，落实十六大提出的“发展要有新思路，改革要有新突破，开放要有新局面，各项工作要有新举措”的要求，结合我国口岸工作的实际，紧紧围绕提高口岸工作效率，加快通关速度，处理好把关与服务的关系，为促进对外经济贸易和国际交往发展做出新贡献。为提高口岸工作效率，国务院曾在深圳进行口岸管理体制改革试点。1998年政府机构改革，对口岸管理体制作了重大调整。2001年，国务院办公厅为推广口岸电子执法系统和提高口岸工作效率相继发出了两个文件。2002年5月，国务院批准海关总署等八部门在上海召开了提高口岸工作效率现场会。我国口岸要通过建立“大通关”机制，提高工作效率，改变传统管理模式，整顿和规范进出口秩序，促进口岸管理各部门转变职能、改进服务、提高管理水平，形成适应我国社会主义市场经济发展需要的新的口岸管理和运行机制，提供与发达国家相类似的口岸通关服务。

中国口岸协会从新世纪开始组织编撰《中国口岸年鉴》，是一件很有意义的工作。它不仅直接记录口岸管理运行的资料和数据，而且是在我国加入“WTO”以后，书写中国口岸深化体制改革、努力提高工作效率、为“大通关”服务的历史。

二〇〇二年十二月

中国信保
FULFILLING
履行政策性职能
服务高水平开放
中国出口信用保险公司
CHINA EXPORT & CREDIT INSURANCE CORPORATION
分担出口风险·保障收汇安全
www.sinosure.com.cn / 95387

中国建设银行
China Construction Bank

中国建设银行股份有限公司简介

中国建设银行股份有限公司（以下简称“中国建设银行”）是一家中国领先的大型商业银行，总部设在北京，其前身中国人民建设银行成立于1954年10月。中国建设银行于2005年10月在香港联合交易所挂牌上市（股票代码939），2007年9月在上海证券交易所挂牌上市（股票代码601939）。中国建设银行2023年年末市值约为1 518.57亿美元，居全球上市银行第8位。按一级资本排序，中国建设银行在全球银行中位列第2位。

中国建设银行为客户提供公司金融业务、个人金融业务、资金资管业务等全面的金融服务，服务7.62亿个个人客户和1 134万家公司类客户，并在基金、租赁、信托、保险、期货、养老金、投行等多个行业拥有子公司。截至2024年6月末，中国建设银行共拥有372 081名员工，设有14 836个营业机构，其中境外各级商业银行类机构150余家，覆盖28个国家和地区。

中国建设银行坚持完整、准确、全面贯彻新发展理念，服务构建新发展格局，锚定高质量发展，自觉践行金融工作的政治性、人民性，聚力支持发展新质生产力，全力做好“五篇大文章”，坚持内涵式高质量发展，深耕智慧政务、乡村振兴、绿色发展、养老健康、消费金融、大财富管理、科技金融、县域业务拓展等国计民生重点领域，着力实现客户、股东、员工和社会等利益相关体的价值最大化，助力金融强国建设，谱写中国式现代化的金融新篇章。

国际业务概况

2024年，中国建设银行以增强参与国际竞争能力为总体目标，聚力服务高水平对外开放与“双循环”新发展格局，扎实推进国际业务产品创新与数字化建设，持续强化风险防控与合规管理能力。

一、落实国家高水平对外开放决策部署，支持“双循环”新发展格局

一是持续加大外贸金融支持力度。坚持“以客户为中心”，提升外贸外资客群服务质效，有效统筹国内国际两个市场两种资源，持续加大外贸信贷投放力度，保障外贸企业资金需求。截至2024年8月末，贸易融资投放超1.5万亿元，同比增长近15%。

二是支付创新服务外贸新业态发展。针对不同场景、不同渠道、不同客群，持续推动与境外账户行和头部支付机构合作，与境外主

流跨境电商平台系统、境内各地市场采购贸易联网平台系统对接，创新推出“跨境易支付”“跨境易收款”等系列支付产品，为外贸新业态市场主体提供速度更快、成本更低的线上支付结算服务。与国际贸易“单一窗口”深化合作，创新推出“关银速汇”便利化线上汇款功能，便利进口企业高效便捷办理货物贸易项下汇款，提升跨境贸易收支便利化水平。通过服务第三方支付机构、外贸综合服务企业等主体，加大金融服务跨境电商进出口力度，2024年前8个月，中国建设银行服务跨境电商国际收支量增速达44.93%。

三是外贸普惠金融服务质量明显提升。发挥“跨境快贷”线上外贸贷款产品优势，利用大数据对中小外贸企业进行精准画像，解决小微外贸企业融资难、融资贵问题，创新推出“跨境快贷-外贸贷”。截至2024年8月末，“跨境快贷”系列产品累计为1.5万余家小微外贸企业提供融资支持超350亿元。

二、坚持数字化经营理念，赋能贸易金融服务

一是银政合作助力贸易便利化水平提升。积极深化与中国国际贸易单一窗口平台合作，通过系统互联、用户互认、数据互通，支持外贸企业在进出口通关环节一站式办理预约开户、跨境汇款、跨境快贷等十余项银行金融业务，并依托海关报关数据简化贸易背景资料审核；创新“单一窗口”与企业网上银行用户身

份互认机制，实现客户单点登录企业网上银行即可与“单一窗口”交互同步数据；创新“关银一KEY通”业务，开创性地将海关电子口岸卡与银行网银盾合二为一，作为登录国际贸易“单一窗口”和银行网上银行的共用介质，便利企业就近选择中国建设银行网点办理海关入网业务。2024年前8个月，累计制发“单一窗口共享盾”近30万个，惠及近15万家外贸企业。截至2024年8月末，全国已累计开办470家合作制卡代理点，大幅提升外贸企业办理电子口岸入网业务便利性。

二是铁路电子提单赋能货运高质量发展。长期以来，铁路货运缺少物权凭证，传统物流金融难以介入。中国建设银行先后在中老班列、国内铁路运输等多场景成功创新一系列配套本外币结算和贸易融资服务，助力构建“双循环”新发展格局、建设全国统一大市场。

三是依托“区块链贸易金融平台”开展福费廷、国际保理、再保理等业务。平台年均交易增量保持千亿级规模，截至2024年8月末，累计交易量超1.4万亿元，是业内首个突破万亿级交易量的区块链平台。

四是优化企业手机银行外贸专版。在集成移动端跨境金融功能的基础上，优化用户旅程、产品排序和功能引导，增设外贸云课堂、船讯查询、进出口税率查询等非金融功能，迭代升级外汇汇款、跨境快贷等热点功能，为外贸企业客户提供更加便捷的优质服务体验，有效提升企业手机银行对进出口企业的线上化、专业化、特色化支持能力。

三、积极扩大人民币国际使用，助力人民币国际化

近年来，中国建设银行积极扩大人民币国际使用，依托在英国、瑞士、智利的3家人民币清算行以及全球机构网络，全行跨境人民币业务量和服务客户数量稳步提升。截至2024年8月末，全行当年跨境人民币结算量超3万亿元，同比增长近30%；服务客户数近6万家，同比增长近50%。伦敦分行作为英国人民币清算行，累计人民币清算量突破100万亿元，连续8年保持亚洲以外规模最大的人民币清算行。

四、迭代升级“建行全球撮合家”平台，持续提升服务实体经济质效

“建行全球撮合家”平台是中国建设银行发挥全球布局和金融科技优势推出的B2B跨境智能撮合平台，旨在解决跨境交易场景下信息不对称、交易成本高等痛点难点问题，便利跨境贸易投资、促进全球经贸合作共赢。近年来，平台核心功能与服务场景持续迭代升级：一是汇集海量跨境商机，提供跨境项目、服务和商品的双语信息发布、撮合匹配和智能推送；二是打造数字会展服务场景，提供线上线下相融合的综合解决方案，以数字化手段，支持展会参与主体实现云展览、云对接、云洽谈；三是提供线上线下参与跨境对接活动机会，依托端到端活动流程管理和智能洽谈工具，支持撮合会、研讨会、论坛等活动形式；四是构建

多元的跨境资讯，涵盖特色主题专区、优势产业地图、全球市场资讯、国别风险报告等专业信息，便利境内外用户使用。截至2024年8月末，累计为39个国家和地区举办349场跨境对接活动，助力2.3万余家企业拓展新市场、新客户、新订单。

五、持续优化同业合作网络与平台，赋能全球同业客户互惠往来

截至2024年8月末，中国建设银行已与1 000余家境外银行建立业务联系，能够为客户提供人民币以及30余种外币清算服务。近年来，中国建设银行持续优化“建行全球同业e家”合作平台功能，赋能全球同业客户互惠往来，在境外同业互惠往来中发挥重要信息媒介作用。截至2024年8月末，“建行全球同业e家”已吸引130余家境外同业客户近300个用户注册使用，发布200余项合作商机，成功促成贸易融资、保函、资产转让等多种类型合作。

展望未来

未来，中国建设银行将遵循“数字化、平台化、综合化、生态化”有效路径，加大金融支持“稳外资稳外贸”力度，积极应对贸易数字化趋势，持续深化与中国国际贸易单一窗口的密切合作，充分释放银关合作效能，丰富金融服务供给，纵深推进数字化经营与生态场景建设，共同推动贸易投融资便利化，稳慎扎实推进人民币国际化，不断增强参与国际竞争能力和服务实体经济能力。

中国建设银行
China Construction Bank

KERING

开云·中国

开云集团成立于1963年，总部位于法国巴黎，汇聚了一系列知名的时装、皮具及珠宝品牌：古驰（Gucci）、圣罗兰（Saint Laurent）、葆蝶家（Bottega Veneta）、巴黎世家（Balenciaga）、麦昆（Alexander McQueen）、布里奥尼（Brioni）、宝诗龙（Boucheron）、宝曼兰朵（Pomellato）、都都（Dodo）、Qeelin、Ginori 1735、开云眼镜（Kering Eyewear）及Kering Beauté。

古驰（Gucci），1921年成立于意大利的佛罗伦萨，是全球精品品牌之一，借由其独特的创意和革新，以及精湛的意大利工艺闻名于世。古驰不断追求革新与卓越，以独有的现代视野重新演绎与影响时尚演进，重新阐述21世纪精品，巩固其全球精品品牌的地位。古驰创作同时代表了意大利手工艺对细节、品质的重视，呈现浪漫、当代与令人激动的美学理念。

圣罗兰（Saint Laurent），为法国著名奢侈品牌，由1936年8月1日出生于法属北非阿尔及利亚的伊夫圣罗兰先生创立，是20世纪知名的时装品牌之一，也是同时具备革命性与华丽感的时尚品牌，多年来的创意与作品不断引领着时尚潮流，成衣、包袋、鞋履等设计作品闻名世界。

葆蝶家（Bottega Veneta），是意大利奢侈品牌，其产品均采用传统意大利皮革工艺制造，经营范围已由最初的皮包扩展至服装、高级珠宝、眼镜、香水、家具及家居用品等不同领域。

巴黎世家（Balenciaga），是时尚界具有影响力的品牌之一，于1917年由克里斯托伯尔·巴伦西亚加（Cristobal Balenciaga）在西班牙创立，1936年落户巴黎。其品牌认知无疑与其概念性的女装成衣系列紧密相连，同时其手袋、鞋履、配饰和男装在全球也取得了巨大成功。

麦昆 （Alexander McQueen），成立于1992年，其创始人Alexander McQueen于1969年出生于英国伦敦，被誉为英国时尚教父，其英式定制剪裁、精湛时装工艺与完美的意大利手工制作浑然一体。

布里奥尼（Brioni），是1945年创建于的意大利罗马的著名男装品牌，品牌风格源自其独有的精裁技术诀窍和对卓越用料的持续探索，秉承浑然天成的摩登优雅。

宝诗龙（Boucheron），是法国传统高级珠宝品牌，由设计师Boucheron于1858年在巴黎创立，以大胆前瞻精神著称，将高瞻远瞩的创作理念注入每款作品之中，致力于保护行业知识、手工艺和技术，并不断与时俱进。

主要品牌备案商标

古驰主要注册商标

GUCCI

古馳
古驰

https://www.kering.com

主要品牌备案商标

圣罗兰主要注册商标

YVES SAINT LAURENT

SAINT LAURENT

SAINT LAURENT PARIS

巴黎世家主要注册商标

BALENCIAGA

BALENCIAGA

BALENCIAGA

BALENCIAGA

葆蝶家主要注册商标

BOTTEGA VENETA

BOTTEGA VENETA

柏蒂·温妮達

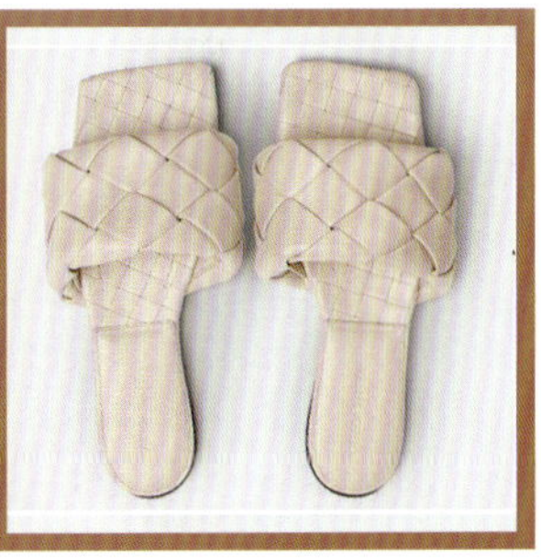

亚历山大·麦昆主要注册商标

MCQUEEN 麦昆

McQ ALEXANDER MCQUEEN

ALEXANDER MCQUEEN

宝诗龙主要注册商标

BOUCHERON

Boucheron 宝诗龙

布里奥尼主要注册商标

Brioni

1.1亿
NIKKOR
尼克尔镜头
S-Line，开启光学新次元。
CAPTURE TOMORROW | 新"视"纪

Nikon 尼康

尼康简介

株式会社尼康自1917年创建以来，以光学和精密技术为基础，通过FPD曝光装置、半导体曝光装置、显微镜、测距仪等产品，为社会及科技的发展作出了应有的贡献。此外，通过影响产业，记录人们的情感，为人类的发展贡献自己的力量。尼康创造了“Nikon”这个国际品牌。“信赖与创造”这一企业理念，实现起来并非容易，尼康将这一理念作为持之以恒主题永远传承下去。

现在，尼康已把中国作为全球最重要的市场之一。在不断发展的中国市场上，完善从市场运作到销售、服务的整套经营体制。在“信赖与创造”的企业理念下，尼康还将通过自身的先进技术，积极推动中国的影像事业，为中国市场带来更多魅力产品和优质服务。

事业内容、产品介绍

尼康以光利用技术和精密技术为基础，致力于发展应用广泛的先进技术、产品和服务。通过这样的方式，尼康在全球范围内为社会提供支持，推动孕育未来的前沿事业发展，实现各地人们的梦想。

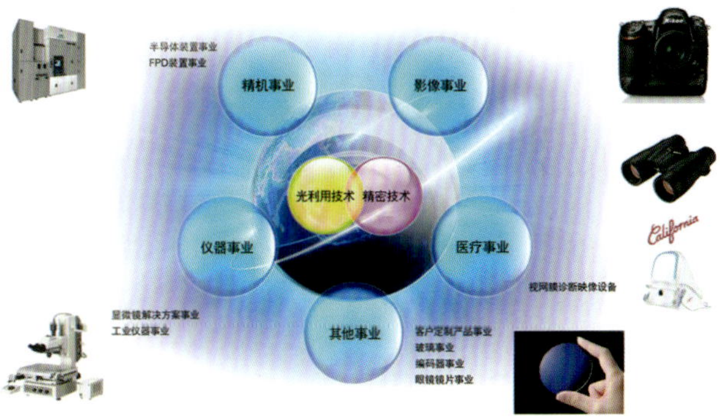

备案商标（商标权利人：株式会社尼康）

尼康	Nikon	Nikon
第09类 T2016-44972 第21类 T2011-21668	第09类 T2015-38964 第21类 T2015-38965	第09类 T2014-35132 第21类 T2014-35133

重点监控的侵权产品类别

电池、充电器类

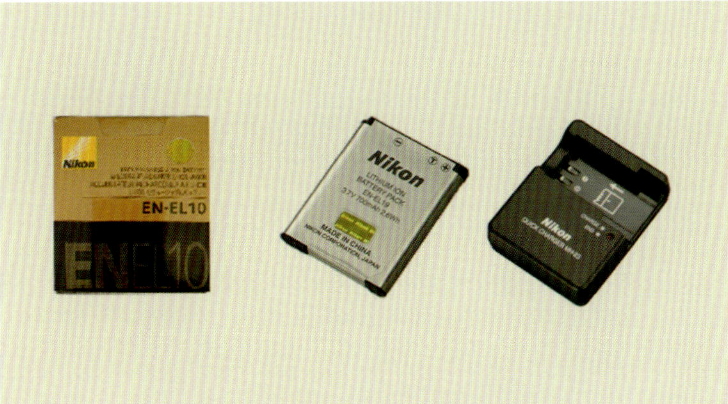

从危险性的角度看，假冒品对消费者的危害大

镜头形状水杯

人体接触类产品，有危害健康的可能性

SKECHERS

斯凯奇已备案商标

知识产权权利人：斯凯杰美国公司、斯凯奇中国有限公司

SKECHERS SLIP-INS　SKECHERS　Slip-ins

斯凯奇　SKECHERS HANDS FREE SLIP-INS

著作权

国作登字 2023-F-00281847

国作登字 2023-F-00281848

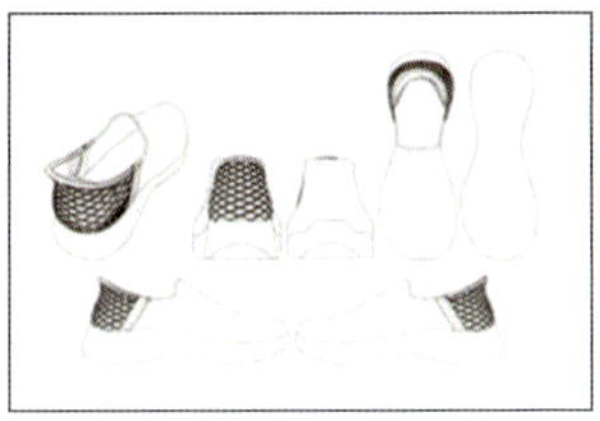

国作登字 2023-F-00269250

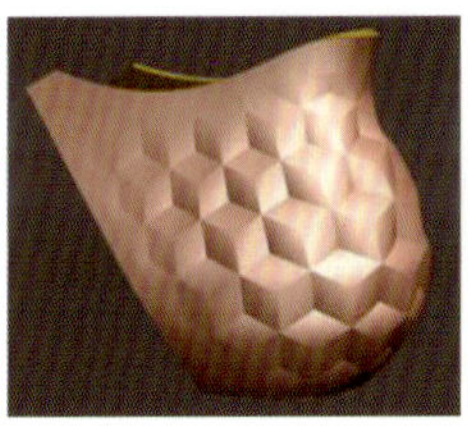

国作登字 2023-F-00281846

国作登字 2023-F-00293744

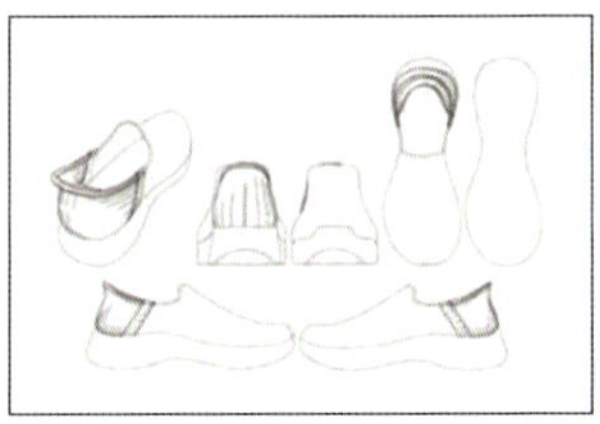

国作登字 2023-F-00269249

外观设计专利

ZL202230012646.7

ZL202230285252.9

ZL202230012631.0

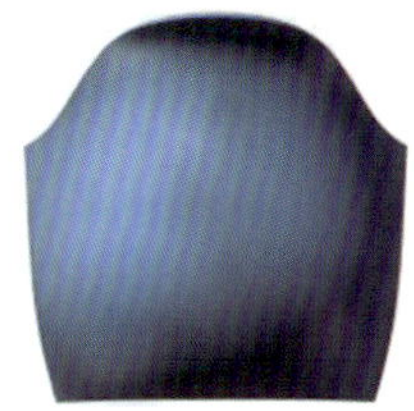

ZL202230012617.0

斯凯奇 SKECHERS 部分正品展示

KONICA MINOLTA
柯尼卡美能达
睿思 更多可能
RETHINK
NEW POSSIBILITIES
bizhub
多功能数码复合机
DEVELOP® 德凡®
一体化商务解决方案专家
AccurioPress
生产型数字印刷系统
AccurioJet KM-1
29英寸单纸张UV喷墨印刷机
MOBOTIX
智能视频监控系统
Giving Shape to Ideas
创意改变世界
KONICA MINOLTA
柯尼卡美能达
柯尼卡美能达
全球领先的数字化整合增值服务商
秉承“一切以客户为中心”的服务理念，整合产品、解决方案及
优势资源，致力于为客户提供专业的数字化整合增值服务。
微博二维码
微信二维码
咨询热线：800-820-2526
http://www.konicaminolta.com.cn

KONICA MINOLTA
柯尼卡美能达

柯尼卡美能达
办公系统（中国）有限公司

柯尼卡美能达 全球领先的数字化整合增值服务商

柯尼卡美能达办公系统（中国）有限公司（以下简称“柯尼卡美能达”）成立于2005年，是日本柯尼卡美能达株式会社在中国的全资子公司，总部设在上海，目前在北京、广州、深圳、成都、无锡等地共设有10家直属分支机构，渠道服务网络覆盖全国。

秉持“一切以客户为中心”的企业理念，柯尼卡美能达积极践行“创意改变世界”的企业口号，坚持以创新驱动革新，凭借独具匠心的创新产品、个性化的数字化解决方案以及优质的售后服务为各行业用户带来了全新的价值体验，成就了数字化办公时代的商务新典范。凭借领先的创新理念与强大的解决方案实力，柯尼卡美能达现已为制造、医疗、金融保险、物流、教育等多个行业用户提供专业、高效的数字化整合增值服务。2021年，柯尼卡美能达实现了积极的成长态势，连续16年领跑A3幅面彩色数码复合机市场，彩色生产型数字印刷设备稳居中国市场占有率前列。

在产品品质、服务质量、管理体系以及环保等诸方面，柯尼卡美能达均达到了国际标准，通过了ISO 9001质量管理体系认证、ISO 14001环境管理体系认证以及ISO 27001信息安全管理体系认证等多项国际权威认证。此外，凭借完善的售后服务体系、高效优质的售后服务支持，自2009年起，柯尼卡美能达连续六届荣膺“全国售后服务行业十佳单位”和“全国售后服务特殊贡献单位”的称号。同时，柯尼卡美能达始终将企业社会责任视作经营本身，积极履行“企业公民”的义务与职责，在教育和环保等诸多社会公益领域作出了积极的表率，源源不断地向社会传递正能量，为创建可持续发展的社会作出了卓越的贡献。

作为全球领先的数字化整合增值服务商，柯尼卡美能达将顺应当下物联网、大数据、云计算等新兴技术给互联网时代带来的新一轮裂变式变革，以“客户的数字工作流”为中心，通过融合产品、技术与服务，集结集团资源，全面将企业打造成解决客户更多需求的“整体价值运营商”，倾力为用户、合作伙伴及社会创造更多新价值！

智慧口岸建设整体解决方案

同方威视在水运口岸、公路口岸、航空口岸、铁路口岸等多个领域，为全球150多个国家和地区的海关提供了个性化解决方案，创新性地将高端查验设备结合智能审图、人脸识别、物联网、大数据分析等技术，探索出“无感通关”新模式，为提升监管效率和查验能力、加快通关速度、打击走私活动以及海关装备现代化作出了积极贡献。

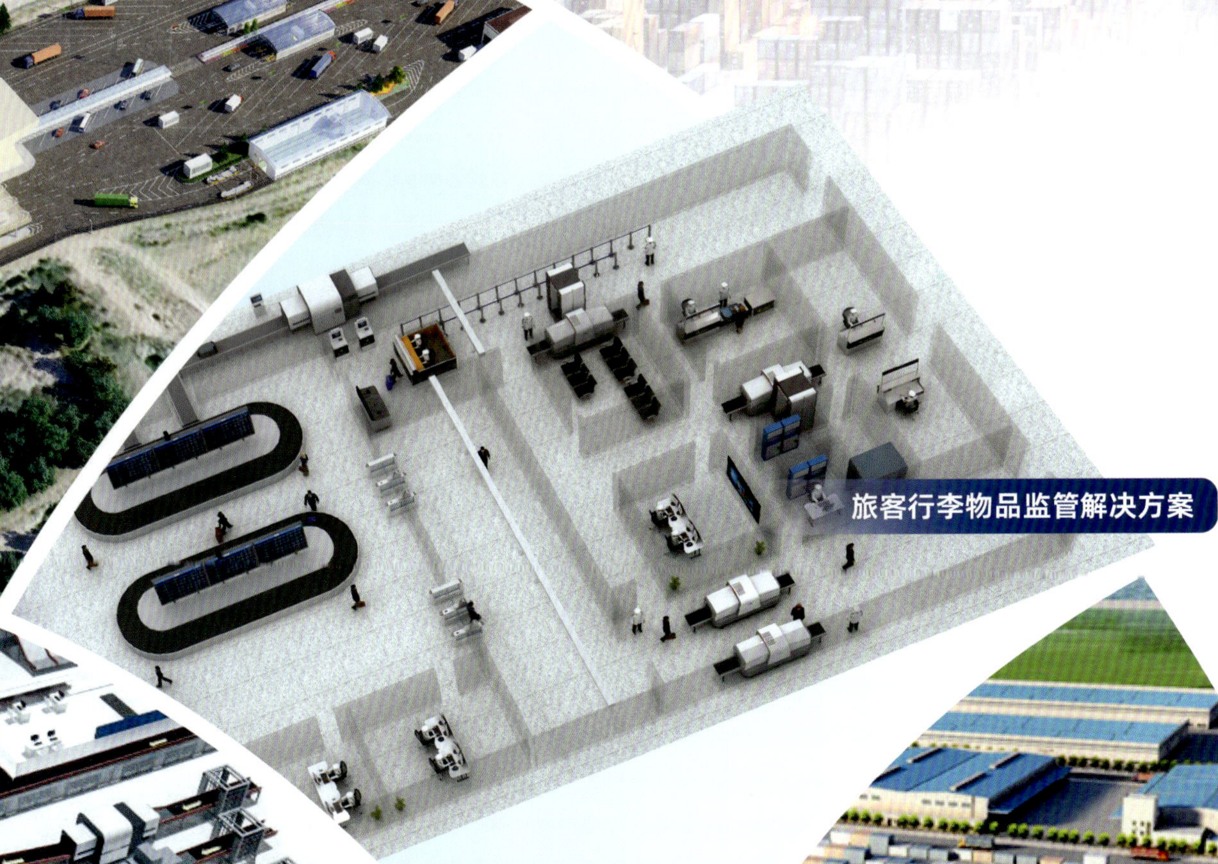

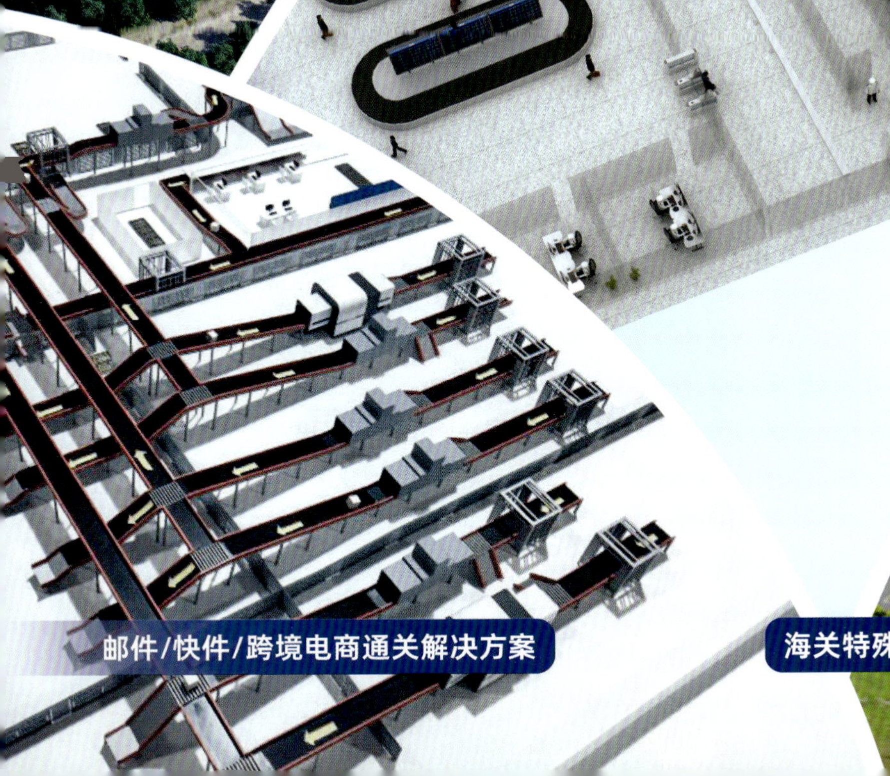

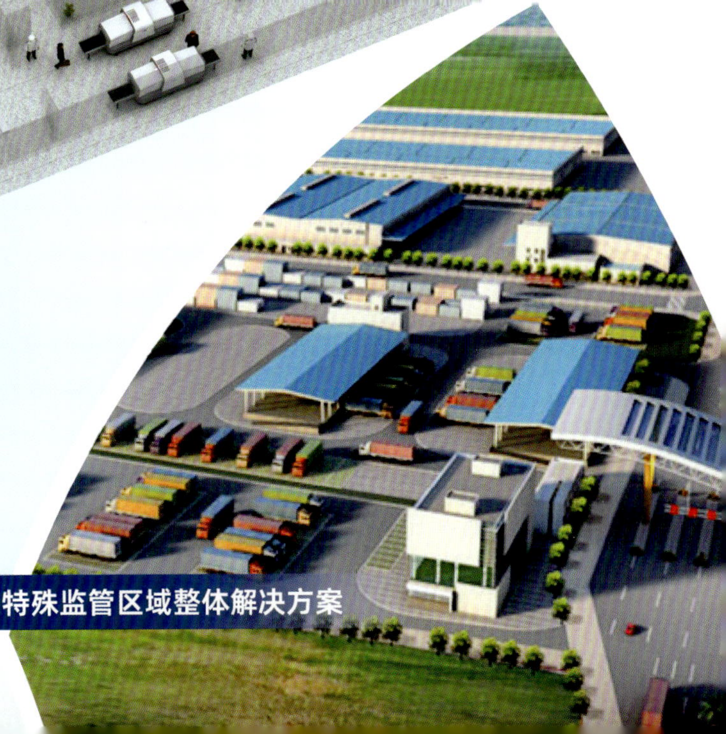

东方口岸科技有限公司于 2002 年 3 月正式成立，是由中国电子口岸数据中心、中国电信集团以及阿里健康（香港）科技有限公司共同出资组建的高新科技企业。依托于中国电子口岸事业发展，公司积累了丰富人才与资源，为政府、金融机构、物流行业、信息安全行业以及全国进出口企业用户提供数字化服务与解决方案（产品），主要包括地方“ 单一窗口 ”解决方案、智慧口岸解决方案、智慧海关解决方案、企业智能通关服务、金融服务解决方案、智慧物流解决方案、信息安全解决方案等，致力于增强进出口企业的跨境贸易实力，提升企业的国际竞争力，为推动全球贸易便利化贡献技术支持。

产品与解决方案

（一）地方“单一窗口”解决方案

根据地方特色量身定制地方版“单一窗口”，实现海关总署、直属海关和业务现场数据的统一对接，可以进行物流全程跟踪和通关时效分析，对金融、边民互市等各类特色业务进行定制与对接。

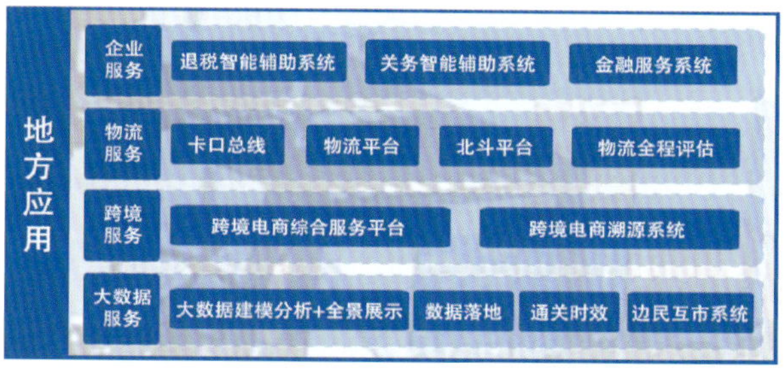

（二）智慧口岸解决方案

以先进设施设备和新一代数字技术为手段，以统筹推进、科技赋能、协同共享、规范安全为原则，以国际贸易“单一窗口”为数字底座，以口岸监管精准化、综合服务泛在化、运行管理数字化、设施设备智能化、区域合作机制化为主要建设内容，助力构建高度智能型现代化口岸。提供包含基础设施、监管设施、“单一窗口”、共性赋能、协同监管、综合服务、运营管理等多维度的智慧口岸解决方案。

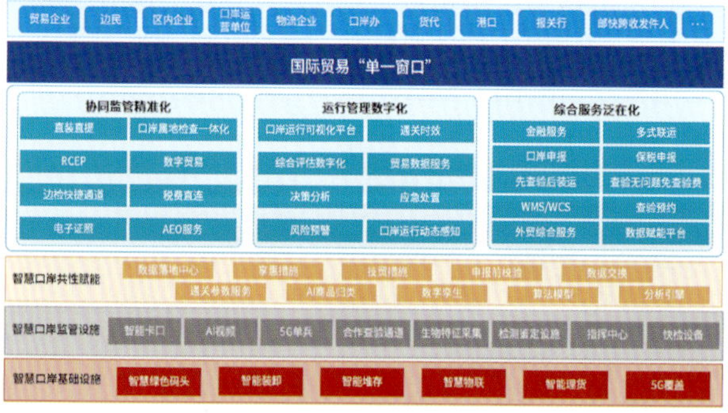

（三）智慧海关解决方案

依托智慧海关“1+N+X”方案体系，遵从“四全”“六化”“五平台”“三机制”建设要求，积极参与智慧海关业务场景应用建设。科技赋能业务，支撑理念创新和制度改革，将数字化、智能化新技术广泛应用于海关业务，助力提升海关治理体系和治理能力智慧化水平，助力综合保税区数字化转型、智能化升级，依靠科技创新赋能，广泛应用数字化、智能化新技术，支撑综合保税区业务改革。提供可视化监管、综合保税区公共服务、进出区核放逻辑、“保税+ERP/WMS”联网监管、分类监管、以企业为单元差异化风险防控等综合保税区业务模式支持，支持海关监管、园区运营、企业服务，实现综合保税区标准业务和个性化业务全覆盖。

（四）企业服务解决方案

通过智慧关务系统把通关产业链中的报关、货代、船代、船务、运输、码头、跨境电商、金融、上下游供应商以及税务申报等功能整合到综合服务系统中，并与企业进行智能数据对接，以满足企业关务业务流程的管理和风险

管控需求。通过让产业链系统实现信息化、可视化、智能化，达成全流程的智能协同，提升企业工作效率，降低错误率和企业成本，使企业的进出口贸易更加便利化和合规化。

（五）金融协同服务解决方案

基于“原始数据不出域，数据可用不可见”的原则实现进出口企业画像的共享，有效地解决了金融机构在融资业务中面临的贸易背景审查难题，提升企业的信用透明度，为用户提供国际结算、融资贷款、保险、税汇、保理、咨询、电子发票、海运费支付、风险预警等金融信保服务，提高了融资授信效率，降低了企业的融资成本。

（六）智慧物流解决方案

依托北斗物流专利技术，采集安全智能锁以及安全智能锁阅读器的数据，从而实现通关物流状态全程可视化跟踪。通过建设通关物流信息服务平台，能够有效解决运输公司、场站、货代、进出口企业等业务主体之间数据标准不统一、缺乏互联互通以及单证信息重复录入等问题。实现业务数据一次录入、一单多报，以及预约查验、提送货等功能，使得各主体间信息得以共享，进而推进贸易便利化，优化营商环境。

（七）安全加密系统解决方案

电子签章系统：运用电子签名技术，可在电子文档上实现可视化签章，该签章具备与纸质印章同等的法律效力。同时，还提供印章管理服务。

手机盾签名认证系统：保障移动互联网交易安全，提供身份认证、数据签名等功能接口，并且无须额外购买硬件介质，使用更加便捷高效。

安全介质产品：此产品拥有锁芯片、北斗安全模块，通过手机端和PC端等多种安全产品来实现定位服务、身份认证、数字签名以及加解密等功能。

统一认证：统一身份认证系统能够与其他业务系统集成，提供统一身份认证服务，用户完成一次登录认证后，访问其他应用系统时不需要再次登录，改变原有各业务系统中的分散式身份认证及授权管理，实现对用户的集中认证和授权管理，构建多信息资源的应用整合和安全防护的安全基础服务平台。

业务数据运行保障系统：实时监控业务数据、API，统计页面资产，运用安全平行切面技术，实现对业务数据的分类分级管理，并支持敏感数据脱敏策略，保障数据安全。同时，具备数据生命周期全程追踪、实时用户与数据安全审计以及数据风险分析等能力，全方位保障数据安全。

SENTURY 森麒麟轮胎

青岛森麒麟轮胎股份有限公司

青岛森麒麟轮胎股份有限公司——2007年12月在山东省青岛市即墨区注册成立，2020年9月在深圳证券交易所主板上市（股票代码 002984.SZ）。公司是全球轮胎行业智能制造的标杆企业、德国大众集团正式供应商、中国轮胎行业在中国A股市场的头部企业之一，最近3年企业盈利能力位居全球同行榜首。公司专注于绿色、安全、高品质、高性能子午线轮胎及航空轮胎的研发、生产与销售，旗下拥有森麒麟（SENTURY）、路航（LANDSAIL）、德林特（DELINTE）3大核心品牌。公司已在中国青岛和泰国两地建成3大国际轮胎智能制造生产基地，同时正在筹建西班牙、摩洛哥智能制造基地项目。

公司是轮胎行业智能制造典范，智能制造实践成果连续3年（2016年—2018年）入选工业和信息化部智能制造示范项目，2019年获工业和信息化部绿色工厂及绿色产品示范项目，2022年获得工业和信息化部“2022年度智能制造示范工厂”荣誉。公司的泰国智能制造基地获得包括全球知名设备供应商在内的轮胎业内人士的一致认可。

公司坚持“自主研发、持续创新、技术领先、着眼未来”的研发理念；从欧洲、日本等全球汽车和轮胎前沿高地引进一批高水准的汽车和轮胎领域的技术专家，拥有行业领先的研发设备和实验室。公司为中国国家高新技术企业，拥有中国国家认可实验室、山东省企业技术中心、山东省航空轮胎技术创新中心、山东省航空轮胎工程研究中心、山东省工业设计中心，还在申报中国国家航空轮胎技术创新中心、中国国家工业设计中心。

在民用航空轮胎领域，公司历经十余年持续研发投入，成为国际少数航空轮胎制造企业之一，具备产品设计、研发、制造及销售能力；公司可生产适配波音、空客等各类大飞机、支线客机机型的多规格航空轮胎产品。公司已与相关飞机制造企业签署合作研发协议，开展航空轮胎合作，并已进入供应商名录。同时，公司正在稳步推进航空轮胎应用领域的客户开发。

公司坚持“创世界一流轮胎品牌，做世界一流轮胎企业”的企业愿景，“顾客至上、创新引领、匠心智造、追求卓越”的质量方针，“用真诚合作铸造紧密、长久的共赢关系，成为彼此最值得信赖的合作伙伴”的合作理念，积极开拓国内外市场，客户网络遍布美洲、欧洲及非洲等区域，产品远销150多个国家和地区。公司结合全球轮胎行业发展趋势及公司发展实际制定了适应未来发展路径的“833Plus”战略，即在未来10年左右时间内最终形成8座数字化轮胎智能制造基地（中国3座，泰国2座，欧洲、非洲、北美各1座）、3座全球化研发中心（中国、欧洲、北美各1座）、3座全球用户体验中心的格局，Plus即择机并购1家全球知名轮胎制造商。公司将继续坚持“聚焦、精益、高效、稳健、创新、责任”的经营理念，着力打造高科技、高效能、高品质、高定位的轮胎产业高端智能制造引领者，做专、做精、做强主业，希望通过10年左右的努力奋斗，使公司成为一家全球领先的科技型、数字化型的轮胎智能制造商和轮胎工业工程技术标准供应商，将公司打造成全球轮胎工业的新高地——技术研发高地、数字智造高地、卓越产品高地、绿色零碳高地。

“我们的所有努力都是为了提供一种更绿色、更安全、更舒适的生活体验，持续将最优质产品呈现给每一个人。”这是森麒麟始终坚持的企业使命，也是森麒麟始终如一的郑重承诺。

昊铂SSR交车仪式

赞助欧洲漂移大师赛

亚太橡胶展

科隆轮胎国际展

目　录

辽宁省

吉林省

黑龙江省

上海市

江苏省

浙江省

安徽省

福建省

江西省

山东省

河南省

第四篇　口岸相关法规

第五篇　全国口岸运行主要数据

第六篇　附　录

各地区开放口岸索引

北京市开放口岸

天津市开放口岸

河北省开放口岸

山西省开放口岸

内蒙古自治区开放口岸

辽宁省开放口岸

吉林省开放口岸

黑龙江省开放口岸

上海市开放口岸

江苏省开放口岸

浙江省开放口岸

安徽省开放口岸

福建省开放口岸

江西省开放口岸

山东省开放口岸

河南省开放口岸

湖北省开放口岸

湖南省开放口岸

广东省开放口岸

广西壮族自治区开放口岸

海南省开放口岸

重庆市开放口岸

四川省开放口岸

贵州省开放口岸

云南省开放口岸

西藏自治区开放口岸

陕西省开放口岸

甘肃省开放口岸

宁夏回族自治区开放口岸

新疆维吾尔自治区开放口岸

第一篇

口岸综合

2023年国家口岸管理工作概要

国家口岸管理办公室

2023年，国家口岸管理办公室坚持以习近平新时代中国特色社会主义思想为指导，深入学习贯彻党的二十大精神，认真落实党中央、国务院决策部署，扎实开展主题教育，忠诚履职，锐意进取，口岸工作取得积极进展，有力服务中国式现代化建设。

一、以深入学习贯彻党的二十大精神和扎实开展主题教育为主线，全面加强政治机关建设

一是坚定拥护“两个确立”、坚决做到“两个维护”。坚定不移加强政治机关建设，坚持“第一议题”制度，第一时间学习领会习近平总书记重要讲话和重要指示批示精神，以及党中央、国务院重大决策部署，深刻领悟“两个确立”的决定性意义，不断提高政治判断力、政治领悟力、政治执行力，始终在政治忠诚上让党放心、让人民满意。高质量完成新冠病毒感染实施“乙类乙管”后口岸复通、疏解口岸拥堵、服务大国外交、优化口岸营商环境、促进“单一窗口”跨境互联互通等中央关心关注的重点工作，以实际行动走好践行“两个维护”第一方阵。

二是全面学习、全面把握、全面落实党的二十大精神。通过多种形式深入学习贯彻党的二十大精神，全面准确把握党的二十大关于口岸开放、建设、改革、国际合作等方面的战略部署，引导党员干部学深悟透、融会贯通。以党的二十大精神为指引，研究制定2023年口岸管理工作要点。召开2023年全国口岸办主任会议，结合口岸工作实际对全国口岸系统贯彻党的二十大精神作出部署，进一步凝聚起全国口岸系统贯彻党的二十大精神的合力，推动党的二十大部署在口岸落实到位。

三是深入开展主题教育，做到以学铸魂、以学增智、以学正风、以学促干。扎实组织开展党员干部讲专题党课、周五集中学习、党员每天自学半小时、线上理论学习等，坚持不懈用习近平新时代中国特色社会主义思想凝心铸魂。大兴调查研究之风，主动深入口岸一线实地调研，推动解决口岸管理工作难点堵点问题。扎实开展干部队伍教育整顿，严肃认真开展工作自查并完成问题整改，坚决做到对党忠诚老实。

四是坚定不移全面从严治党，持续提升党建工作质量。认真履行管党治党“主体责任”和“一岗双责”。完善党建工作任务清单，逐项抓好落实。规范开展“三会一课”、主题党日、民主评议党员等党内组织生活。加强党员干部队伍教育管理监督，深入开展“警示教育月”活动，经常性开展警示教育、廉政提醒和杜绝酒驾醉驾提醒，不断筑牢拒腐防变思想防线。

二、加强口岸开放建设和运行管理，持续提升口岸治理水平

一是推动边境口岸和毗邻港澳口岸有序稳妥恢复开通。认真贯彻中央新冠病毒感染实施“乙类乙管”部署，优化调整边境口岸和毗邻港澳口岸有序稳妥恢复开通措施，推动相关口岸“能开尽开”“客货两通”。分5批恢复开通56个边境口岸客运功能、70个边境口岸货运功能，毗邻港澳的陆路口岸已全部恢复客货运常态化运行，为国际经贸往来和人员跨境流动提供最大程度的便利条件。

二是支持打造高水平对外开放平台。报经国务院批准新开放口岸 1 个、扩大开放口岸 6 个。加快口岸开放审理和验收进度，完成 18 个口岸开放（扩大开放）国家验收。落实中国—中亚峰会成果，加紧推进别迭里口岸开放，完善口岸开放总体方案，确定口岸选址，完成增设口岸外交换文手续，将项目列入 2023 年度口岸开放计划并报请国务院备案。推进海南自由贸易港口岸和“二线口岸”建设，各口岸建设项目计划于 2024 年年底完成。推进黑瞎子岛公路口岸建设，完善口岸设置方案，报经黑瞎子岛中俄联合保护开发工作组办公室同意。组织完成横琴大桥等 6 个“二线”通道验收，全力支持粤澳深度合作区建设。

三是全力保障重点边境口岸跨境货运畅通。加强边境口岸运行监测分析预警。推进霍尔果斯、满洲里等重点边境口岸保通保畅，组织召开中哈现场会和中俄专题视频会议，就提升口岸过货效能事宜达成共识。跟踪督办重点边境口岸工程机械出口事宜，协调俄方扩建卡尼库尔干公路口岸监管场地 1 万平方米，有效解决货物和机械在口岸滞留问题。召开中吉边境口岸专题视频会议，多措并举推动解决伊尔克什坦口岸通关拥堵问题。做好中俄东宁口岸停运期间货物分流工作。积极回应俄罗斯、蒙古国、中亚毗邻国家关切，分类施策适当延长重点边境口岸工作时间，推动满洲里、霍尔果斯、二连浩特口岸试行 24 小时货运通关；延长中俄绥芬河、密山口岸和中吉伊尔克什坦、吐尔尕特口岸工作时间至 14 小时；延长中哈 4 个口岸工作时间至 12 小时；延长中塔卡拉苏口岸工作时间至 5 天 12 小时制，有效满足重点边境口岸货运通关需求。

四是推进重点口岸项目建设。组织开展东北地区边境口岸实地调研，推动提升东北地区边境口岸过货能力。认真组织实施《国家“十四五”口岸发展规划》，制订《2023 年全国口岸综合绩效评估试点工作方案》。积极推进国家“十四五”规划 102 项重大工程 18 个重点边境口岸项目建设，18 个项目均已细化并完成入库，其中 4 个新建口岸中 3 个已建成并通过国家验收开通运行，14 个改造口岸中 5 个已提前完成，其他项目进度符合预期。制订《中国—中亚边境口岸设施现代化改造工作方案》，按照“一口岸一对策”要求，以项目建设为抓手，推动边境地区加快补齐口岸基础设施建设短板。组织开展《国家“十四五”口岸发展规划》、18 个重点边境口岸项目建设中期评估，推动以评促改。

三、积极营造市场化、法治化、国际化一流口岸营商环境，不断提升跨境贸易便利化水平

一是扎实组织开展 2023 年促进跨境贸易便利化专项行动。海关总署牵头，会同国家发展改革委、财政部、交通运输部、商务部、国家市场监督管理总局，协同部署在 17 个口岸城市集中开展为期 5 个月的促进跨境贸易便利化专项行动，6 部门联合推出 5 个方面 19 项改革创新举措，各地结合实际出台配套措施 818 项。专项行动期间，国家口岸管理办公室加强工作指导，协调推动各项工作任务落实到位，组织开展阶段性工作交流研讨活动，推动各地互学互鉴、共同进步提高。专项行动结束后，及时总结专项行动工作成果，向全国口岸复制推广 18 项成熟经验做法。

二是协调做好世界银行营商环境新评估体系“国际贸易”指标试点评估迎评工作。组建“国际贸易”指标迎评工作专班，深入研究世界银行营商环境新评估体系“国际贸易”指标正式概念书，对世界银行在可持续贸易领域评估内容等进行重点研究分析。会同相关部门和重点城市，研究提出“国际贸易”领域深化改革具体举措和 2023—2025 年“国际贸易”领域优化营商环境重点任务清单，报财政部汇总报审。分步骤组织开展 31 个省（自治区、直辖市）优化口岸营商环境暨“国际贸易”领域政策宣讲工作，结合世界银行企业调查问卷样卷进行释疑解惑，实现“国际贸易”指标迎评宣讲工作全覆盖。针对世

界银行发布的营商环境新评估体系第一批试点经济体中塞拉利昂、中非、萨尔瓦多、黑山等国企业调查结果进行专题研究分析，形成工作报告，会同商务部等部门做好迎接世界银行在华开展企业调查准备工作。

三是巩固口岸环节提效降费工作成效。进一步规范和降低进出口环节合规费用。按职责推动落实《清理规范海运口岸收费行动方案》，协同做好提效降费工作。指导各地认真落实口岸收费目录清单公示制度并进行动态更新，促进口岸收费公开透明。引导具备条件的港口、机场、货站、堆场等在服务收费环节的手续实现电子化。配合做好口岸收费监督检查工作。

四、探索开展智慧口岸试点建设，深化国际贸易“单一窗口”建设

一是深入开展智慧口岸试点建设。制定智慧口岸建设指导意见及建设指南、标准体系和评价指南等指导性文件，为全国智慧口岸建设提供指引。推动各地根据口岸功能定位和发展需要先行先试，建立智慧口岸试点建设任务清单，上海、山东、内蒙古、广西、云南等16个地区制订完善试点方案并启动试点建设，积极探索可复制可推广的经验。广西、云南、内蒙古等边境地区通过大力推进边境智慧口岸建设，口岸通行能力显著提升，取得阶段性建设成效。

二是拓展“单一窗口”基本功能。建设液化天然气（LNG）线上返税服务系统并在天津、浙江等地开展试点，实现企业返税全业务流程线上办理，返税周期由原来的3个月缩短至10天左右。会同国家税务总局优化出口退税服务功能并在浙江试点，实现报关单、发票信息“免填报”，提高企业退税效率。会同交通运输部海事局、国家移民管理局升级船舶移泊申报、随船人员名单申报及联合登临边检配套功能。将海关监管货物仓储企业注册、出口监管仓库设立审批等9项服务事项纳入“单一窗口”办理。精简优化电子口岸企业入网手续，不再验核海关报关单位备案信息、贸易外汇收支企业名录等信息，进一步便利电子口岸企业入网。2023年，“单一窗口”标准版新增77项功能，服务功能拓展至23大类875项。

三是推进“单一窗口”功能向跨境贸易全链条延伸。推进与银行保险机构深化合作对接，与中国出口信用保险公司签署《国际贸易“单一窗口”深化合作协议》，启动第4批“单一窗口”金融服务试点，扩大金融服务试点覆盖面。支持各试点金融机构落实普惠金融服务，开发建设跨境结算、授信融资贷款、出口信用保险等50余项特色服务，有效解决中小微企业“融资难、融资贵”问题，支持外贸实体经济发展。会同中国建设银行、中国工商银行共建金融创新实验室，推动“外贸+金融”服务模式创新。持续推动航空物流公共信息平台试点建设，推进航空口岸各市场主体间标准融合、信息共享、业务协同和流程优化，厦门、海南、深圳、陕西、广州试点平台均已上线运行，进出口物流时间压缩70%~90%。

四是支持区域“单一窗口”建设。支持海南自由贸易港、西部陆海新通道、中国–上海合作组织地方经贸合作示范区（以下简称“上合经贸示范区”）等区域平台建设，持续优化升级平台服务功能。支持粤港澳大湾区建设，上线“湾区跨境通”服务专区，提供粤港澳大湾区通关物流一站式便利化服务，在横琴粤澳深度合作区推广应用粤澳货物“一单两报”服务功能。推广“港车北上”“澳车北上”信息管理服务系统，港澳居民足不出户即可办理车辆北上手续。

五、深化口岸国际交流合作，积极营造于我有利的口岸发展国际环境

一是常态化口岸合作机制有效落实。重启和激活各层级、各渠道口岸国际合作机制，中俄、中蒙、中越等13场次双边口岸工作会议先后召开，双边口岸工作多领域务实合作扎实推进。组织召开中越陆地边境口岸管理合作委员会第8次

会议、中蒙边境口岸管理合作委员会第 5 次会议和中俄总理定期会晤委员会运输合作分委会口岸工作组第 26 次会议，就口岸建设（改造）规划、已运行口岸通行能力等双方共同关切的问题深入交换意见，达成广泛共识并签署会议纪要。

二是服务元首外交成果丰硕。坚持在服务元首外交中主动作为，为中国—中亚峰会重大主场外交活动贡献 2 项合作成果。推动签署《中蒙边境口岸管理合作的框架协定》，被外交部列入第三届“一带一路”国际合作高峰论坛两国元首会晤成果。密切与国家国际发展合作署的工作联系，积极争取别迭里口岸等涉口岸援外项目支持。配合主管部门研究中哈第三条跨境铁路及口岸规划。里孜口岸顺利开通作为重大外交成果被写入中尼联合声明。

三是口岸国际（跨境）合作项目扩容提质。推动中哈边境阿拉山口、都拉塔、吉木乃口岸正式开通农副产品快速通关绿色通道，实现我国与中亚毗邻国家边境公路口岸绿色通道全覆盖。中越友谊关—友谊、河口—老街公路口岸“示范口岸”建设深入推进，口岸通关能力和服务水平显著提升。实施内地与澳门口岸合作计划，持续拓展内地与澳门口岸合作成果。

四是“单一窗口”国际互联互通进一步深化。签署中伊（朗）“单一窗口”合作备忘录，作为两国高层会晤成果发布。推进国际贸易“单一窗口”合作成果被写入国务院新闻办发布的《共建“一带一路”：构建人类命运共同体的重大实践》白皮书和《第三届“一带一路”国际合作高峰论坛主席声明》。推进中国—中亚五国“单一窗口”合作，起草《“单一窗口”合作框架协议》，推动协议签署事宜。深化中新（加坡）“单一窗口”合作，推动中新“一单两报”扩大企业试点范围，签署中新“单一窗口”深化合作联合声明。落实与巴基斯坦、蒙古国合作框架协议，与巴方完成平台技术对接，与蒙古国交换平台对接技术方案和业务合作建议方案。

2023 年国家口岸工作大事记

国家口岸管理办公室

1 月 17 日

四川成都天府国际机场对外开放通过国家验收。

2 月 4 日

《中华人民共和国海关总署和伊朗伊斯兰共和国海关署关于国际贸易“单一窗口”合作的谅解备忘录》签署。

2 月 14 日

广东港珠澳大桥珠海口岸扩大开放通过国家验收。

3 月 9 日

新疆都拉塔公路口岸正式开通农副产品快速通关绿色通道。

3 月 15 日

新疆阿拉山口公路口岸正式开通农副产品快速通关绿色通道。

3 月 15 日

新疆吉木乃公路口岸正式开通农副产品快速通关绿色通道。至此，我国实现与中亚毗邻国家边境公路口岸农副产品快速通关绿色通道全覆盖。

4 月 4 日

国家口岸管理办公室印发通知，在全国口岸深入开展智慧口岸试点建设，支持有条件的口岸申报试点。

4 月 12 日

山东临沂机场对外开放通过国家验收。

4 月 19 日

浙江舟山港口岸扩大开放通过国家验收。

4 月 27 日

2023 年促进跨境贸易便利化专项行动部署会议在北京召开，海关总署会同国家发展改革委等 6 部委部署在北京、天津、上海等 12 个省（自治区、直辖市）的 17 个城市集中开展为期 5 个月的专项行动。

5 月 19 日

中国实现与中亚毗邻国家边境公路口岸农副产品快速通关绿色通道全覆盖、国际贸易“单一窗口”互联互通 2 项成果列入“中国—中亚峰会成果清单”。

5 月 29 日

中越陆地边境口岸管理合作委员会第 8 次会议在北京举行，委员会中方主席、海关总署党委委员、时任国家口岸管理办公室主任赵增连与越方主席、越共中央委员、国防部边防部队司令黎德泰中将共同主持会议并签署会议纪要。

6 月 6 日

山西大同云冈机场对外开放通过国家验收。

6 月 20 日

全国口岸办主任会议在合肥召开。海关总署党委委员、时任国家口岸管理办公室主任赵增连出席会议并讲话，分析新时代口岸工作面临的新形势新任务，要求全国口岸系统深入学习贯彻党的二十大精神，结合主题教育，持续加强口岸开放和运行管理，持续加强口岸现代化建设，持续营造市场化、法治化、国际化一流口岸营商环境，持续深化国际贸易“单一窗口”建设，持续深化口岸国际合作。

7 月 11 日

江苏盐城港口岸扩大开放通过国家验收。

7 月 14 日

湖北宜昌航空口岸扩大开放通过国家验收。

8 月 16 日

黑龙江同江港口岸扩大开放通过国家验收。

8 月 21 日

中蒙边境口岸管理合作委员会第 5 次会议在内蒙古自治区呼和浩特市召开，海关总署党委委员、时任国家口岸管理办公室主任赵增连与蒙古国边境口岸管理局局长巴·巴特贺喜格共同主持会议并签署会议纪要。

9 月 5 日

广西峒中公路口岸对外开放通过国家验收。

9 月 6 日

广西龙邦公路口岸扩大开放通过国家验收。

9 月 7 日

广西友谊关公路口岸扩大开放通过国家验收。

9 月 19 日

西藏里孜公路口岸对外开放通过国家验收。

10 月 9 日

《中华人民共和国海关总署和新加坡关税局关于深化国际贸易“单一窗口”合作的联合声明》签署。

10 月 10 日

中国与新加坡、巴基斯坦、蒙古国、伊朗等共建国家建立了“单一窗口”合作机制”，被写入国务院新闻办发布的《共建“一带一路”：构建人类命运共同体的重大实践》白皮书。

10 月 11 日—12 日

中俄总理定期会晤委员会运输合作分委会口岸工作组第 26 次会议在上海召开。

10 月 17 日

浙江舟山普陀山机场对外开放通过国家验收。

10 月 18 日

推进国际贸易“单一窗口”合作成果被写入《第三届“一带一路”国际合作高峰论坛主席声明》。

10 月 18 日

《中华人民共和国海关总署和蒙古国国家口岸复兴委员会关于中蒙边境口岸管理合作的框架协定》在北京签署，海关总署党委委员、时任国家口岸管理办公室主任赵增连与蒙古国国家口岸复兴委员会部长布·图拉嘎作为部门代表共同签署协定。

11 月 21 日

江西九江港口岸扩大开放通过国家验收。

11 月 24 日

山西运城张孝机场对外开放通过国家验收。

12 月 1 日

安徽芜湖港口岸扩大开放通过国家验收。

12 月 12 日

中共中央总书记、国家主席习近平在越南《人民报》发表的署名文章中指出，“中越国际班列开行，智慧口岸启动建设”。

12 月 21 日

新疆伊宁机场对外开放通过国家验收。

12 月 23 日

内蒙古包头机场对外开放通过国家验收。

第二篇

口岸查验监管

第二篇

2023 年海关工作概要

中华人民共和国海关总署办公厅

2023 年，在以习近平同志为核心的党中央坚强领导下，全国海关深入贯彻落实党的二十大和二十届二中全会精神，认真贯彻落实习近平总书记重要指示批示和给红其拉甫海关全体关员重要回信精神，按照党中央、国务院决策部署，铸忠诚、担使命、守国门、促发展、齐奋斗，扎实推进“12 个必”重点工作和“1+1+6”重点任务，较好完成各项工作任务，为全面建设社会主义现代化国家开好局、起好步作出了海关贡献。

一、政治机关建设取得新成效

深刻领悟“两个确立”的决定性意义，坚持用习近平新时代中国特色社会主义思想凝心铸魂，主题教育取得扎实成效，获得中央指导组肯定。各级党委开展中心组学习 9 129 次、举办读书班 692 期，组织干部脱产培训 21.8 万人次，做到真学真懂真信真用；深入业务一线、口岸码头、外贸企业开展调查研究，弘扬“浦江经验”、用好“四下基层”工作法，有效解决企业、群众和基层急难愁盼问题，海关总署作为中央和国家机关代表在中央主题教育领导小组座谈会上交流经验做法；认真检视整改，销号 5 601 个突出问题，解决专项整治事项 764 个，固化长效机制 5 130个，形成“四个一百”经验成果，打击海南离岛免税“套代购”走私典型案例入选全国百个整改整治案例。坚决贯彻落实习近平总书记重要指示批示和重要回信精神，坚持党委会“第一议题”制度，全流程闭环抓落实，海关总署党委会传达学习、贯彻落实习近平总书记重要指示批示精神 28 次、47 项，组织 3 次“回头看”全面检视落实情况，做到“两个维护”有感悟、有表达、有情感、有行动、有成效。

二、海关现代化建设迈出新步伐

落实党的二十大部署，推进智慧海关建设和“智关强国”行动谋篇布局、实现突破，以海关现代化服务助推中国式现代化迈出坚实步伐。

智慧海关建设加快推进。以数字化转型、智能化升级为目标，完成智慧海关建设总体方案和推进方案制订，明确业务运行体系和科技支撑体系，搭建起智慧海关建设的“四梁八柱”，形成由 34 个业务条线实施方案和 132 个业务场景应用方案构成的智慧海关建设“N+X”方案体系，推进智慧动植检、智慧商检、智慧旅检等领域开展先行先试初见成效，93 个早期收获项目落地见效。

“智关强国”行动稳步实施。以贯彻落实党的二十大重大任务为重点，制订“智关强国”行动计划，部署 6 大重点行动和 8 个专项行动，明确中远期阶段安排和主要目标，研究细化计划措施 294 项，建立“指定+认领+自选”责任机制，直属海关制定落实举措 9 043 项，拓展了一批本地化特色化措施，取得 108 项成果。

改革和制度建设协同推进。统筹推进海关法律规范“立改废释”，《中华人民共和国关税法》《中华人民共和国国境卫生检疫法》《中华人民共和国海关法》等重大立法工作取得实质性进展，制定修订 25 部规章，对 40 部规章开展立法后评估。

三、守护国门安全展现新担当

切实防范化解重大、系统性风险。紧盯威胁

国门安全“滞、瞒、逃、骗、害”5 类主要风险，以“时时放心不下”的责任感，深入推进“7+21”项重大风险防控措施落实，做到重大、系统性风险有预判、有预警、有预案、有预演。坚持“打击、治理、震慑”并举，开展“打击进出口危险品伪瞒报”专项行动，扩大检验监管模式改革试点，严厉打击涉危不报、高危低报等行为，查发不合格危险品 3 万批次。开展安全生产治本攻坚 3 年行动，推动口岸危险品综合治理和重大事故隐患排查整治常态化，口岸实现重特大安全事故零发生。

切实筑牢外防输入第一道防线。新冠病毒感染实施“乙类乙管”后，推动实现平稳转段，持续优化变异株监测、核酸抽检比例，动态调整优化出入境健康申报，便利国际经贸往来和人员交流。加强口岸卫生检疫，完成口岸公共卫生核心能力强制性标准制定，坚持“多病同防”“水陆空”同防，检出猴痘、霍乱等各类传染病 49 种、3.1 万例。严格进出境动植物检疫，开展严防外来物种入侵 3 年专项行动，检出检疫性有害生物 7.5 万种次，截获“异宠”296 种、4.4 万只。

切实提升实际监管效能。推进全领域风险要素一体化防控，畅通“选、查、处”闭环管理回路，强化单证审核、实货查验，加强进出口货物在途监管、非贸渠道监管，推进智能审图研发应用。坚持依法科学征管，深化综合治税，优化税收风险防控机制，强化审价、归类、原产地、稽核查征补税。强化知识产权海关保护，查扣侵权嫌疑货物 6.2 万批次、8 288.9 万件。加强企业信用管理，深化稽核查改革，查发问题 3.97 万起，稽查、核查有效率分别为 91.2%、80.6%。开展“强化海关监管、防范地方进出口数据不实”专项工作，保障贸易行为真实，海关统计数据真实可靠基础进一步夯实。

切实把好进出口食品商品检验关。落实食品安全“四个最严”要求，强化源头管控，对 27 个国家（地区）的 110 家输华食品生产企业开展检查，深入开展“国门守护”“健安 2023”专项行动，检出并退运或销毁不合格进口食品、化妆品 2 403 批次。严把进出口商品质量安全关，强化风险监测和评估，加强进口汽车、婴童用品、医疗器械等重点商品检验监管，检出不合格商品 4.37 万批。

切实保持打击走私高压态势。深入开展“国门利剑 2023”联合专项行动，严厉打击海南离岛免税“套代购”、特定方向和产品的走私，立案侦办走私违法犯罪案件 4 959 起、案值 886.1 亿元，第 5 次获得联合国环境署亚洲环境执法奖。强化缉私综合保障，深化智慧缉私、全员打私，推进境内外协同治理，反走私综合治理实现提质增效。

四、促进开放发展开创新局面

进出口实现促稳提质。认真落实党中央、国务院关于外贸稳规模优结构决策部署，“关长送政策上门”、关“助”发展、“关促振兴”、“菜单式”服务等帮扶措施受到企业欢迎。认真执行减税、进口税收优惠政策和自贸协定关税减让等措施，共减（退）税 2 962.8 亿元。优化完善检疫准入程序，准许 51 个国家（地区）的 146 种次农食产品输华。推进跨境电商综合改革取得积极成效，支持市场采购、保税维修等新业态健康发展。完善外贸形势分析机制，加强进出口监测，做好数据发布和解读，首次发布“中国与共建‘一带一路’国家贸易指数”“中国—非洲贸易指数”，有力服务宏观决策、提振市场信心。2023 年，我国外贸进出口总值 41.76 万亿元，同比增长 0.2%，连续 7 年保持全球货物贸易第一大国地位。

口岸营商环境持续优化。研究推出海关优化营商环境 16 条，推动各直属海关制定细化措施 1 045条。组织实施促进跨境贸易便利化专项行动，持续深化国际贸易“单一窗口”建设，新增服务功能 77 项，制订实施“智慧口岸”试点方案，在全国 15 个地区开展试点。推动边境口岸恢复客货运功能，实现“能开尽开”。推广应用“直提直装”“联动接卸”“组合港”“属地查检绿色通道”等便利化措施。创新多式联运监管模式，大力推动水路、铁路通关一单到底，深化铁路快速通关等合作项目，助力中欧班列发展和西部陆海新通道建设。全面推广高新技术产品布控查验模式，优化能源资源产品检验检疫措施，助力产业链供应链安全稳定。

开放平台建设扎实推进。认真做好海南自由贸易港全岛封关准备工作，“放、管、建、立、试”协同推进，海关智慧监管平台获批立项，海关监管办法制定、口岸建设和压力测试有序推进。研究出台横琴粤澳深度合作区监管办法，牵头完成上海东方枢纽国际商务合作区总体方案编报工作。制定出台推动综合保税区高质量发展23条、促进加工贸易持续高质量发展16条等系列改革措施。落实区域协调发展战略，制定出台支持京津冀协同发展、长江经济带高水平开放高质量发展等一系列重点支持举措，推动新开、扩大开放口岸7个，组织完成口岸开放验收18个；与16个省（自治区、直辖市）签署新一轮合作备忘录。世界大学生运动会、杭州亚（残）运会、中国国际进口博览会等通关服务保障高效顺畅。

五、服务大国外交作出新贡献

着力服务元首外交。参与首届中国—中亚峰会、第三届“一带一路”国际合作高峰论坛等元首外交和重大主场外交活动22场，89项海关检验检疫合作成果纳入元首外交成果，成功举办共建国家海关食品安全合作论坛、中国—中亚海关署长会晤。

着力深化海关国际合作。开展中美、中欧、中非等海关合作，巩固深化与周边国家海关检验检疫合作，对外签署156份合作文件。践行“智慧海关、智能边境、智享联通”（简称“三智”）重要合作理念，联合世界海关组织（WCO）全力推进“智慧海关”合作伙伴计划，开展项目合作。建设性参与世界海关组织改革以及《跨境电商标准框架》等标准规则制修订，引导国际海关规则重塑。深化AEO（经认证的经营者）国际互认合作，互认国家（地区）数量增至52个，5 700余家海关高级认证企业享受境内外通关便利，互认国家（地区）和享惠企业数量世界第一。加强对国外技术法规、标准、规则研究和通报评议，做好关税和非关税措施研究储备。

六、全面从严治党治关展现新气象

完善全面从严治党体系，弘扬“求实、扎实、朴实”海关文化，建立“响应、呼应、反应”运行机制，出台压紧压实机关党建主体责任24条措施，开展海关关衔制度实行20周年系列活动，深入推进“战斗堡垒项目”、“书记项目”和“四强”党支部创建。海关文化建设持续加强，《中国海关年鉴（2022）》获评第九届全国地方志优秀成果特等奖。海关总署定点帮扶工作连续6年在中央单位考核中获评“好”，“组团式”援藏援疆、支援海南取得新成效。坚持严管厚爱，出台加强和改进艰苦地区海关支持保障工作28条措施。落实新时代好干部标准，选优配强各级领导班子，加强年轻干部选育管用，出台并实施加强新时代隶属海关关长、执法一线科长队伍建设指导意见。深化技术机构改革，做深做实专业技术人才工作。完成“三定”执行情况、机构编制使用情况效益评估和优化调整。严格落实中央八项规定及其实施细则精神，树正气、易俗气、遏邪气。扎实开展“落实全面从严治党政治责任 全面加强党的纪律作风建设”专项监督和干部教育整顿，精准运用监督执纪“四种形态”，强化打私反腐“一案双查”，深入开展警示教育，做实以案促改、以案促治，打造“清风国门”廉洁文化品牌。

2023 年出入境边防检查工作概要

国家移民管理局边防检查管理司

2023 年是全面贯彻党的二十大精神的开局之年，全国移民管理机构坚决贯彻党中央、国务院决策部署，认真落实统筹国内国际两个大局、统筹高质量发展和高水平安全对移民管理工作的要求，坚持把学习贯彻习近平新时代中国特色社会主义思想主题教育贯穿全年，充分发挥职能作用，全力以赴防风险、保安全、护稳定、促发展，有力维护国家政治安全、国门口岸稳定和出入境管理秩序，有力服务促进高质量发展高水平开放。全年，累计查验出入境人员 4.24 亿人次，同比上升 266.5%。其中，境内居民 2.06 亿人次、港澳台居民 1.83 亿人次、外国人 3 547.8 万人次，同比分别上升 218.7%、292.8%、693.1%。全年，累计查验出入境交通运输工具 2 346.1 万架（列、艘、辆）次，同比上升 143.4%。其中，飞机 54.1 万架次、列车 9.1 万列次、船舶 40.4 万艘次、机动车辆 2 242.5 万辆次，同比分别上升 108.5%、16.8%、28.7%、149.5%。

一是全力促进便利中外人员往来。新冠病毒感染“乙类乙管”政策实施后，国家移民管理局即全面取消疫情期间实施的“外防输入”出入境管理限制性措施，先后出台 36 项保障便利促进中外人员往来的政策措施。全力推动海陆空港口岸恢复客货运功能，会同有关部门全面恢复国际邮轮旅客出入境，全力支持满洲里、二连浩特、霍尔果斯等陆地边境口岸货运通关实行“7×24 小时”工作制。针对口岸通关流量持续恢复增长态势，积极回应出入境人员普遍期待，及时全面恢复启用边检快捷通道，人均快捷通关时间约为 15 秒。

二是持续优化口岸通关环境。聚焦提升港口集疏运效率，一次办妥靠泊不足 24 小时的国际货运船舶入境、出境边检手续 3.5 万艘次，简化国内港口间移泊边检手续 9.9 万艘次，优化在锚地加注保税燃油、LNG 国际航行船舶直接出境手续 2 492 艘次，允许计划外临时改港 257 艘次，节约船舶通关时间约 24.2 万小时，为企业节约船舶租金、引航靠泊费、燃料费用共计约 22.1 亿元。聚焦保障陆路跨境运输畅通，推广国际货运列车随到随检、即验即放，开足共建“一带一路”专用通道和跨境运输车辆快速检查通道，服务中欧班列、中老货运列车快速通关分别达 2.3 万列次、5 265 列次。聚焦提高枢纽机场竞争力，全面推行直接往返国际航班机组入出境手续“一次办结”，继续实施重点货运航班绿色通道，平均每架次节省通关时间 30 分钟以上。

三是深化创新边检查验模式。紧紧围绕出入境人员通关需求，进一步提升旅客通关效率和舒适度。紧紧围绕跨境车辆快速通行需求，在珠澳陆路口岸创新运行珠海、澳门两地车辆“联合一站式”通关模式，实现车辆“一次排队，集中采集，统一放行”，减少车辆排队候检时间；在广西友谊关等陆地边境口岸推广车辆快捷通关，进一步提升跨境车辆通行效率。紧紧围绕群众急难愁盼问题，试点推行移动查验模式，为跨境学童、残障人士及行动不便老人等需帮扶群体提供“免下车”查验服务；应“港车北上”“澳车北上”政策落地需要，实施跨境车辆边检快捷通关自动备案，免去已办理旅客快捷通关驾驶人员现场备案环节，实现从“最多跑一次”到“一次都不用跑”的转变，进一步节约群众办事时间成本、提高效率。

2023 年，全国移民管理机构始终坚持把捍卫国家政治安全置于首位，先后高标准完成中国—中亚峰会、第三届“一带一路”国际合作高峰论坛、世界大学生运动会、杭州亚（残）运会等重大活动移民管理安保任务。统筹推进严厉打击妨害国（边）境管理犯罪“獴猎”行动—2023、“三非”外国人治理等专项行动，坚决筑牢国门边境安全稳定屏障，坚决维护国家主权、安全和发展利益。全年，共侦办妨害国（边）境管理犯罪案件5.8万余起，抓获犯罪嫌疑人5 556人，抓获“捕蛇”目标逃犯596名；依法查处非法入境、非法居留、非法就业外国人6.5万人，严格依照法律规定分别给予警告、罚款、行政拘留、限期出境等处罚，对其中符合法定情形的2.6万人执行遣送出境。严密防范打击涉赌涉诈等跨境违法犯罪，口岸查获各类偷渡人员3.5万人次，依法查缉拦截涉赌诈等跨境违法犯罪人员3.2万人次，有力维护了国门口岸安全稳定和正常出入境秩序。

2023 年海事工作概要

中华人民共和国交通运输部海事局

2023 年，是全面贯彻党的二十大精神的开局之年，是全面服务加快建设交通强国的关键之年，也是开创海事现代化发展新格局的提速之年。全国海事系统坚决贯彻党中央、国务院的决策部署，在交通运输部党组的坚强领导和全系统的共同努力下，铸牢“主角”意识，激发奋进力量，凝心聚力谋发展的氛围进一步形成；展现“主角”担当，锤炼务实作风，干事创业的主动性和创造性进一步增强；发挥“主角”作用，践行职责使命，服务发展大局和维护水上交通安全的作为进一步彰显。

2023 年，安全保障国内航行船舶进出港 2 793. 4万艘次、国际航行船舶进出口岸 42. 27 万艘次、水上货物运输 182. 95 亿吨、水上客运 5. 46 亿人次。组织协调水上搜救行动 1 467 次，救助遇险船舶 815 艘、遇险人员 8 975 人，救助成功率达 96. 9%，水上交通安全形势总体稳定。

一、坚持政治引领，党的建设水平稳步提升

不断强化党的建设和精神文明建设，为开创海事现代化发展新格局提供了有力支撑。一是严格落实“第一议题”制度，及时传达学习习近平总书记重要讲话和重要指示批示精神，及时贯彻落实党中央、国务院以及交通运输部党组决策部署，政治机关意识持续增强。二是扎实开展主题教育，10 名海事青年代表交通运输部参加中央和国家机关知识挑战赛获金奖，形成高质量调研报告 288 篇，发现并整改问题 443 个，完成民生实事 444 项。三是印发新时代海事党建工作高质量发展意见，深化模范机关建设，整顿队伍纪律作风，深入开展“四强”党支部建设，全面推行党支部评星定级，推动党建和业务深度融合发展。四是策划完成春运等重点时段水上安保、防抗台风等重大主题宣传，获中央电视台报道 1 864 次，其中获《新闻联播》报道 86 次，主流媒体作用充分发挥。五是开展社会主义核心价值观主题实践教育月、青年文明号开放周、水上交通安全教育 10 周年、首届“最美海事人”推选、“庆文式标兵”评选等活动，涌现出一批全国性先进典型。

二、坚持综合施策，水上交通安全稳中向好

坚决扛牢安全政治责任，安全治理模式逐步向事前预防转型。一是圆满完成杭州亚（残）运会、第六届中国国际进口博览会等重大活动、重点时段水上安保任务，扎实开展国内航行船舶船员实操能力、内河船舶配员、船舶重大改建检验、“夜游船”等专项治理行动，狠抓监管责任落实不手软。二是建立“检验超期和异常”船舶信息通报机制，组织完成远洋渔船安全技术隐患排查，创新航运公司附加审核模式，高质量完成阳江“福景 001”起重船风灾等 4 起重大事故调查处理，督促主体责任落实不手短。三是联合开展“商渔共治 2023”行动，发布中国沿海防范商渔船碰撞指引和 38 个高风险警示区；积极推动地方党委政府重视、支持水上交通安全工作，山东、广西等省（自治区、直辖市）实施海上安全治理行动，引导属地责任落实不手空。四是全面开展运输船舶违法违规信息跨区域跨部门通报专项治理，打通“上下左右”堵点断点，发出违

法违规信息通报 11 502 件，采取处置措施 5 122 件；排查整治水上交通安全重大风险隐患 426 项；清理注销未登记失联船舶 7 102 艘，狠抓重点问题不手松。五是成立交通运输部海事局安委会，健全安全形势分析和工作部署机制；建立宜昌、上海、舟山船检一体化工作站，山西、陕西、甘肃、青海、宁夏、新疆 6 省（自治区）签署船检合作备忘录，紧抓基础工作不手虚。

三、坚持系统部署，海事改革攻坚持续深化

稳步推进战略规划实施，重大事项改革平稳有序。一是制定落实加快建设交通强国五年行动计划海事任务分工，前海深港海事规则衔接新增为试点项目。二是完成海事“十四五”发展规划中期评估和调整工作。三是统筹谋划全要素水上“大交管”工作，推进环渤海、长三角、珠江口等重点区域交通组织一体化，实现沪苏船舶交通管理系统（VTS）覆盖水域“一次性船位报告”和特定船型“一程式进出港”。印发实施长三角海事监管和服务保障一体化建设方案。四是稳妥完成系统事业单位岗位设置工作，深化绩效工资改革，做好事业单位经办企业公务用车制度改革等工作。

四、坚持依法行政，法治海事体系日趋完善

优化法治环境，强化法治思维，持续提升行政执法规范化水平。一是积极贯彻实施海上交通安全法，推动海洋环境保护法修订颁布，公布海上交通事故等级划分的直接经济损失标准，出台海员外派管理规定等 3 个规章。二是建立与中国海警局海上执法协作配合机制，制定常见案件移送工作指引，完善海上安全监管执法行刑衔接。三是修订常见海事违法行为行政处罚裁量基准，建立海事轻微违法行为依法免予处罚高频事项清单动态更新和执法数据定期分析通报机制，出台行政执法信息公开、水上交通事故专项执法督察、说理式执法等工作指南。四是固化内河船舶非法从事海上运输全链条治理模式，建立京杭大运河、滇黔桂天生桥库区、乌江重庆段、信江流域等水域执法联动机制，推广渡运安全管理经验。五是实施行政执法队伍素质能力作风提升 3 年行动，印发海事工作人员风纪规范汇编，10 个集体、10 名个人分别获评第一届人民满意的海事执法集体和标兵。

五、坚持担当作为，服务大局作用有力彰显

坚持创新驱动发展，在助力国家重大战略和提升国际影响中展现更大担当作为。一是深入服务长三角一体化融合发展，4 项海事服务举措纳入国家支持长三角港口发展相关安排。二是助力粤港澳大湾区建设纵深推进，实施粤港澳大湾区非公约船舶安全检查协同机制，实现深中通道主线贯通工程水上交通安全零事故、零污染、零伤亡的“三零”目标。三是支撑海南自由贸易港建设，正式施行海南自由贸易港岛内航行船舶动态监管，推动 2 个封关项目立项批复并开工建设。四是紧扣绿色智能船舶发展需求，发布醇燃料动力船舶、船舶自主航行试验和纯电池动力船舶等技术规范指南，推动内河氢燃料示范船“氢舟一号”投产使用，成立船舶能效管理中心，强化船舶能耗数据和碳强度管理，深化船舶大气污染物排放监测监管试验区建设。五是参加和举办各类国际会议、双边会谈、涉港澳台公务活动 111 个，推动国际海事组织（IMO）以中国方案为基础通过 2023 年船舶温室气体减排战略，会同新加坡完成非证书类海事口岸查验数据交换实船试验，与塞尔维亚互认海船船员适任证书，成功举办北外滩国际航运论坛“安全与合作”主题论坛。六是向国际组织提交提案 166 份，其中向国际海事组织提交数量位列各成员方首位；14 名同志、33 个提案分别获评纪念中国恢复国际海事组织合法席位 50 周年成绩突出个人和国际海事事

务优秀提案；6 名同志到驻外使领馆、国际海事组织等机构组织工作。

六、坚持守正创新，海事供给能力更加充沛

坚持优化营商环境，有力提升广大服务对象的获得感。一是“海事政务闭环管理”等 3 项改革创新成果入选国务院自贸区改革试点经验并全国推广，内河船员证书并联办理实现场景化服务，试点船舶检验“通检互认”和进口游艇检验证书核发。二是渝桂琼三地海事携手开创内陆水运口岸海事监管服务新模式，建立澜沧江—湄公河境外船舶线上视频检验办法等制度。三是落实新冠病毒感染“乙类乙管”防控措施，服务保障国际邮轮以及中日韩俄、中国闽台、中国粤港澳等跨境客运航线复航，做好国际航行船舶船员换班和船员培训、考试、发证临时性政策收尾过渡。四是发布南海和北方海区沿海进港指南，出版《北极东北航道通信指南》，完成通州湾河海交界区相当 A 级别航区划分，首创“洋山港国际航行集装箱船舶进出港安全准点指数”，助力航运物流降本增效。

七、坚持强基提质，事业发展根基愈发稳固

注重精细管理和科技装备齐头并进，不断增强海事发展内生动力。一是出台 16 项加强系统上下协同联动举措。做好内部管理制度“立改废”，政务运行顺畅高效。二是部署实施财务规范管理 3 年行动，出台预算管理制度，开展财经纪律重点问题专项整治。强化内部审计监督，完成各类审计项目 593 项，发现并整改问题 1 071 个，促进经济活动规范运行。三是完成北方海区船舶自动识别系统（AIS）国产化核心网系统建设，进一步拓展“船 E 行”“海 E 行”“启航者”等 App 北斗功能应用，建成水上无线电管理信息系统，VTS 关键核心技术攻关取得进展，科技信息化支撑持续加强。四是稳步推进船员评估项目和船舶溢油应急设备库建设，上海船员评估示范项目正式启用，基础建设进一步夯实。

第三篇

各地口岸运行管理

北　京　市

北京市口岸分布示意图

序号	类型	口岸名称	批准开放时间	开放状态
1	空运口岸	北京空运口岸 （北京首都国际机场） （北京大兴国际机场）	 1958.3 2019.1	国际常年
2	铁路口岸	北京铁路口岸	2009.11	国际常年

口岸数量及分布

截至2023年年底，北京市有经国务院批准的对外开放口岸2个，分别为北京空运口岸（北京首都国际机场、北京大兴国际机场）和北京陆路（铁路）口岸（北京西站铁路口岸）。

口岸运行数据

2023年，据北京出入境边防检查总站统计，北京口岸出入境人员962.21万人次，同比增长1 575.24%。其中，入境476.57万人次，同比增长2 020.07%；出境485.64万人次，同比增长1 289.20%。北京口岸运输工具出入境飞机总数62 324架次，同比增长148.18%；火车为0列次。

2023年，据北京海关统计，北京口岸海关监管进出口货物5 836.56万吨，同比增长28.21%；进出口贸易总值1 054.21亿美元，同比下降4.03%。其中，进口货物5 743.53万吨、同比增长28.08%，进口贸易总值819.39亿美元、同比下降0.70%；出口货物93.03万吨、同比增长37.14%，出口贸易总值234.83亿美元、同比下降14.09%。海关实征税款672.58亿元人民币，同比增长0.39%。

2023年，据北京市商务局数据，北京首都国际机场和大兴国际机场旅客吞吐量共计9 228.96万人次；飞机起降67.29万架次，其中出入境飞机起降6.39万架次。

2023年，北京口岸144小时过境免签旅客共计29 375人次。北京西站铁路口岸未恢复运营，无出入境人员。

2023年，中国（北京）国际贸易单一窗口本地累计注册企业10 437家，业务总量13 248 137票，其中货物申报2 043 445票、舱单申报8 302 227票、运输工具463 620票、企业资质54 022票、原产地证33 882票、税费支付143 096票、加贸保税492 466票、物品通关1 652 127票、监管证件12 769票、出口退税50 483票。

口岸综合管理

【深化智慧口岸建设，推进口岸数字化转型】 支持口岸数字化转型，北京市商务局依托中国（北京）国际贸易单一窗口积极推动北京双枢纽空港综合服务平台建设，北京海关创新双机场协同监管模式，共同扩大国际贸易“单一窗口”航空物流服务平台功效。

【建立通关创新模式】 探索建立北京空港口岸进口货物机坪“直提”创新模式。在中国民用航空局和海关支持下，首都机场集团有限公司开展“机坪直提”业务试点，东航配合机场推进落实，2023年已办理57票“机坪直提”业务。同时，北京海关高质量推动“直提直装”改革上规模，已惠及北京企业超3 000家。

【京津冀签署深化口岸合作框架协议】 京津冀三地签署《京津冀跨境贸易营商环境一体化框架协议》《京津冀深化口岸合作框架协议》，坚持优势互补、资源共享、共同发展，从口岸服务、通关便利、政策协同、“单一窗口”共建等方面出台改革措施，进一步明确合作目标、合作重点，进一步细化落实合作机制。通过合作，进一步加强京津冀三地口岸部门常态化对接沟通，提升口岸管理服务水平，力求区域合作更加紧密、通关更加高效、管理更加科学、智联更加顺畅，共同打造市场化、法治化、国际化的京津冀区域口岸营商环境，促进外向型经济高质量发展。

【推动京津“单一窗口”协同服务水平】 2023年2月15日，北京市商务局与天津市商务局就进一步深化京津口岸合作进行交流座谈。双方探讨了京津“单一窗口”合作模式、项目建设机制、运维和运营管理模式、京津冀三地口岸一体化建设等内容。下一步，将协同提升两地“单一窗口”互用水平，推动北京空港物流和天津港物流数据常态化共享，促进京津冀口岸一体化建设，优化跨境贸易营商环境。

【探讨京冀“单一窗口”合作模式】 2023年7月26日，为落实《京津冀深化口岸合作框架协议》工作要求，深入推进京津冀智慧口岸建设，北京市商务局与河北省发展改革委开展交流座谈，就中国（北京）国际贸易单一窗口数字化实践成果与京津“单一窗口”合作模式进行研讨，共同推进京冀“单一窗口”合作。

【京津冀协同服务专区上线】 在京津冀三地“单一窗口”同步上线“京津冀协同服务专区”，实现三地特色功能共享共用。三地企业可使用标准版账号登录京津冀任一“单一窗口”，通过“京津冀协同服务专区”栏目使用京津冀“单一窗口”空运国际物流、海运国际物流、铁运国际物流以及数据服务应用 4 大类 19 项各类特色服务功能。

【北京两场进境货物开通“双机场协同作业模式”】 首都机场集团有限公司货运发展办公室积极配合北京大兴国际机场海关，实现货物从大兴国际机场一级库直接分拨至首都国际机场二级库，并通过北京“双枢纽”物流协同快车道，快速完成两场转运，迅速通关；与此同时，首都国际机场进境货物亦可在大兴国际机场通关。“双机场协同作业模式”有效盘活了两场资源，充分发挥了“双枢纽”协同联动的优势，提升了货物的通关效率，降低了企业的运营成本，提升了国际贸易便利化水平。

【进一步支持外贸产业升级和新业态健康发展】 一是推动加工贸易提档升级，提高加工贸易技术含量和附加值。支持综合保税区内符合条件的企业按照维修目录开展“两头在外”保税维修业务；做好符合条件的综合保税区外企业相关保税维修海关监管工作。按照商务部、生态环境部、海关总署联合发布的关于综合保税区维修产品增列目录的公告和关于支持综合保税区内企业开展维修业务的公告要求，积极指导综合保税区按照相关文件要求，引导符合条件的企业在综合保税区开展维修业务，明确保税维修业务具体工作措施，培育区内保税维修企业不断扩大。二是进一步支持跨境电商发展。出台 2023 年跨境电商支持政策，落实跨境电商出口海外仓备案无纸化工作。截至年底，北京海关在册的跨境电商 B2B 出口海外仓备案企业 20 家、备案海外仓库 32 个，分布于美国、加拿大、西班牙、南非、中国香港等 12 个国家或地区。三是深化进口研发用物品“白名单”制度。根据试点进程和企业需求对“白名单”实施动态调整，纳入“白名单”的物品进口无须办理进口药品通关单。截至年底，已发布 2 批生物医药研发用物品进口“白名单”，3 家企业 7 个试点物品实现便利进口、顺利通关。

【进一步规范和降低进出口环节合规费用】 一是落实国家《清理规范海运口岸收费行动方案》，结合北京市实际情况，制订北京市 2023 年清理规范口岸收费实施方案，持续督导口岸相关企业落实商务部等 6 部门印发的规范口岸作业程序参考有关通知精神，以规范口岸企业作业程序为基础，巩固压缩通关成本成效。二是积极推广应用“单一窗口”口岸收费及服务信息发布系统，协助口岸运营单位注册口岸收费公示用户，推动收费标准定期公示，自觉接受社会监督。三是联合口岸、货代、报关等协会举办政策培训会，解读口岸收费政策及京津冀跨境贸易便利化措施，引导口岸企业守法经营。四是由北京市商务局牵头，会同北京市财政局、北京市市场监管局、北京海关每季度开展口岸收费联合检查，对口岸报关、货代、仓储等环节收费情况进行全链条、全要素抽查，发现问题限期整改。截至 2023 年年底，已有 51 家口岸经营服务企业 1 067条收费项目标准信息在国际贸易“单一窗口”公示，未发现口岸企业存在价格清单外收费现象。

【进一步提升外贸经营主体获得感和满意度】 一是推进企业“问题清零”。2023 年，通过企业微信服务群受理咨询近万条，通过网站“在线客服”受理咨询 262 个。二是完善政商沟通机制。通过现场走访、召开专题会，协调解决大兴国际机场不能到发国际邮件、安检集中判图效率低下、航司之间安检沟通、首都国际机场要客通关效率等问题。聘请30余名专业人士，担任北京商务营商环境与总部经济发展智库专家顾问，多渠道收集意见建议。充分利用口岸协会、货代协会、报关协会等中介作用，收集企业问题。推动首都机场集团有限公司优化落实“首都机场、大兴机场货运区服务质量标准”，首都机场集团有限公司已制定服务质量标准评价指标体系和评价办法，逐步在机场驻场单位中推动落实。9月4日，举办京津冀跨境贸易营商环境协同发展论坛，发布跨境贸易便利化协同改革举措，展示三地携手发展成果及发展愿景，三地共同成立“京津冀口岸营商环境咨询委员会”，京津冀三地相关政府部门、口岸运营主体、企业、商协会、专家学者共500余人参加。三是加强涉企政策宣传培训。8月17日，国家口岸管理办公室在北京市举办全国首场世界银行评价国际贸易指标宣讲培训会。北京市商务局外网上线改版后的“跨境贸易便利化”专栏，便于用户查询国际贸易监管法律法规、规章制度、办事指南以及贸易便利化措施，进一步增强了信息的透明度和可获得性。10月8日，北京市商务局联合北京海关、两机场临空经济区管委会召开新闻发布会，推介北京市促进外商投资和国际贸易自由化便利化方面改革措施。

【圆满完成自苏丹撤离人员落地北京首都国际机场通关保障任务】 为贯彻党中央决策部署，落实境外中国公民和机构安全保护工作部级联席会议工作要求和北京市领导批示要求，按照北京市涉外应急指挥部工作专班工作分工与北京市政府紧急通知要求，北京市商务局严格周密部署，全力做好自苏丹撤离人员落地北京首都国际机场通关协调工作。北京市商务局积极对接包机及撤离人员情况，并组织中国民用航空华北地区管理局、北京出入境边防检查总站、北京海关、北京市公安局出入境签证大队、首都机场公安局、首都国际机场、国航地服7家单位召开会议，商议落实相关工作。4月29日上午10：02，经过9个多小时的飞行，首架由国航执飞的载有345名自苏丹撤离的中国公民的临时包机从沙特吉达顺利飞抵北京首都国际机场。5月2日晚9：10，第二架载有143名自苏丹撤离的包括中资企业员工、留学生在内的中国公民的国航包机由沙特吉达飞抵北京首都国际机场，全部人员顺利通关。北京市商务局圆满完成自苏丹撤离人员落地首都国际机场通关保障任务。

【北京口岸全面恢复进口冷链食品】 2023年1月12日晚，根据《北京市新型冠状病毒感染防治工作总方案》的精神，海关总署决定不再实施暂停冷链食品（食用农产品）经北京口岸进口等系列加强检疫防疫措施，各口岸对报关目的地为北京的冷链食品不再实施新冠病毒核酸检测和预防性消毒监督，各地海关依法履行防疫职责。北京海关第一时间落实海关总署部署，1月13日即查验放行了首批进口新鲜山竹，北京口岸已全面恢复进口冷链食品。

【完成北京口岸“十四五”发展规划中期评估】 落实国家口岸管理办公室《国家“十四五”口岸发展规划中期评估方案》要求，对标“平安、效能、智慧、法治、绿色”的“五型”口岸建设目标，梳理出与北京市相关的10项主要任务、5项重大举措、4项重点工程，起草印发北京口岸落实国家“十四五”口岸发展规划中期评估方案，组织北京市相关单位及口岸相关部门开展相应评估工作，形成《北京口岸落实国家“十四五”口岸发展规划中期评估报告》，总结经验，查找不足，提出发展建议，按要求上报国家口岸管理办公室。

【开展北京口岸相关立法后评估工作】 《北京市民用运输机场管理办法》《北京市民用机场净空保护区域管理若干规定》是由北京市商务局（北京市口岸办）起草，经北京市政府正式发布的政府规章，其中《北京市民用运输机场管理办法》于2015年1月1日起施行、《北京市民用机场净空保护区域管理若干规定》于2010年11月1日起施行。这两部规章实施多年来，对规范北京市民用运输机场建设管理、保障机场安全和有序运营发挥了重要作用，有效地加强了机场净空保护区的管理，保障了飞机的飞行安全。根据北京市推进依法行政工作领导小组办公室关于开展市政府规章立法后评估工作的通知要求，北京市商务局起草印发北京口岸有关政府规章立法后评估工作方案，组织口岸相关单位，通过问卷调查、开座谈会、请专家会商等方式，开展了这两部规章立法后评估工作。形成《〈北京市民用机场净空保护区域管理若干规定〉立法后评估报告》，按要求报北京市司法局备案，为下一步开展相应修法工作提供参考依据。

【推动大兴国际机场指定监管场地申报验收工作取得新进展】 2023 年 2 月，进境食用水生动物、植物种苗指定监管场地获批并投用。3 月，海关总署批复同意在北京大兴国际机场设立进境冰鲜水产品和进境水果指定监管场地，其中进境水果指定监管场地于 12 月通过北京海关预验收。通过完善大兴国际机场航空口岸功能，更好地支持北京国际消费中心城市建设，满足京津冀地区多层次消费需求，对增强航空口岸辐射周边地市的影响力、推进航空货运恢复、促进口岸经济发展具有重要意义。

【首都国际机场推出“连程直转”产品】 在首都国际机场，国内进港货物在机下可直转至出口拼装库进行国际出口货物操作。货物交接次数从原有的 4 次降为 1 次，操作时效由原来的 24~36 小时缩短为 4~8 小时，提升了航空货物地面运行效率。

【实质性推动区港通道及综合保税区货库建设与运营】 首都机场集团有限公司高度重视区港通道及综合保税区货库建设与运营工作。2023 年 8 月，成立工作专班，按照“明确责任主体，清晰双方权责”的原则，围绕区港通道规划报批、民航专业工程建设和验收、航空安保方案申报和验收、“综合保税区货库”委托经营等工作，共梳理出工作任务清单 10 项、39 条具体工作并逐一跟进，实质性推动相关建设工作。10 月 24 日，大兴国际机场联合管委会致函首都机场集团有限公司，委托承担北京大兴国际机场综合保税区区港通道和综合保税区货库整体运营管理。

【北京大兴国际机场综合保税区建设】 北京大兴国际机场综合保税区地跨北京市大兴区、河北省廊坊市，是全国目前唯一一个跨省级行政区划的综合保税区。北京大兴国际机场综合保税区规划面积 4.35 平方千米。其中，口岸功能区 0.83 平方千米，与大兴国际机场国际货运区完全重合，与大兴国际机场货运停机坪无缝连接；保税功能区 3.52 平方千米，涉及北京大兴区、河北省廊坊市各约 1.76 平方千米。保税功能区与口岸功能区通过封闭式 1.64 千米区港联络通道相连接，可直通大兴国际机场口岸空侧，卸机货物 8 分钟即可从停机坪到达保税功能区，实现“保税+口岸”功能叠加，促进区港一体化融合发展。

北京大兴国际机场综合保税区充分发挥大兴国际机场临空经济区核心引擎和京津冀协同发展桥头堡作用，利用北京市和河北省双自由贸易试验区、北京市服务业扩大开放综合试验区、综合保税区等多区叠加优势，推动基础设施建设，促进园区功能创新。2023 年，区港联络通道主体结构贯通，东引线项目启动建设，保税公共服务平台、生物医药孵化器、保税智能仓储中心、多式联运库项目等项目载体建成投运，兴航物流港、跨境贸易智能民生供应链运营总部等项目载体正在加紧建设，产业载体空间不断丰富完善。年内，实现进出口总值 20.48 亿元，同比增长 4.7 倍，主要进出口商品包括飞机零部件、电力设备零件、葡萄酒等。推动“一票多车”便捷进出区模式、“分类监管”、“分送集报”和检验检疫证明领取“零等待”等创新措施落地实施，获批增值税一般纳税人资格试点。

开通跨境电商销售医药、“9610”跨境电商直邮出口等业务模式，加快跨境电商业态集聚发展。形成“综合保税区区域一体化运营管理新机制”“京冀跨省市土地征收协商联动模式”“京冀跨区域市政公共资源供应兼容模式”“区域一体化‘无感’智慧通关监管新模式”4 个改革创新实践案例，分别向北京市全市和河北省全省复制推广。

【中关村综合保税区正式获批】 2023年5月23日，中关村综合保税区正式获批设立，是全国首个在中央文件中明确设立的、首个明确以研发创新为特色的综合保税区。截至年底，北京市已有天竺、大兴国际机场、中关村3个综合保税区，形成了错位发展的良好格局。支持“两区”建设，推出高新技术企业“合格保证+符合性验证”检验监管模式等11项全国首创性措施，20项创新性政策入选北京市“两区”建设“五个一批”优秀成果。

【圆满完成第三届“一带一路”国际合作高峰论坛机场抵离服务保障工作】 2023年10月17日—18日，第三届“一带一路”国际合作高峰论坛在北京举行。按照北京市服务保障工作领导小组的统筹部署与工作要求，北京市商务局深入学习贯彻习近平总书记关于共建“一带一路”重要指示批示精神，不断提高政治站位，牵头成立了由北京市政府外办、北京市文化和旅游局、北京市交通委、北京市公安局出入境管理局、北京出入境边防检查总站、北京海关、首都机场集团有限公司等19家单位组成的“两场抵离迎送部”，协同推动各项工作的开展，圆满完成了第三届“一带一路”国际合作高峰论坛除领导人代表团外的外方参会代表在机场抵离的各项保障任务。

【北京大兴国际机场非现场设施建设成效明显】 历经3年的不懈努力，北京大兴国际机场非现场设施的边检项目、海关国检综合办公楼、口岸疾控中心3个项目，经过编制、报审、评审、核定，于2023年9月28日完成工程竣工决算，并获得北京市发展改革委的正式批复。通过上报北京市政府协调解决了海关业务保障设施项目电力接口费资金缺口问题后，完成了项目的全部施工并正式供电。

【大兴国际机场口岸功能持续完善】 继2022年12月大兴国际机场获得进境植物种苗和食用水生动物两类口岸资质的批复后，2023年12月大兴国际机场进境水果指定监管场地通过北京海关预验收；根据2021年《海关指定监管场地管理规范》对冰鲜水产品指定监管场地的新风系统与无菌采样室的新要求，经首都机场集团有限公司货运发展办公室与北京海关反复沟通改造标准后，大兴国际机场于2023年正式启动冰鲜水产品场地设施改造工作。

【促进北京中欧班列发展】 北京市各部门分工协作，北京市商务局完成了进出口商品市场需求调研；中铁北京局开展了口岸进出境能力调研；北京市交通委会同北京市财政局完善了补链强链方案，向国家争取货运大通道项目资金奖补；平谷区制订京平综合物流枢纽中欧、中亚班列常态化开行工作方案，并选定2家企业作为市场培育期的班列货源供应商，市区合力推进中欧班列和海铁联运大通道发展取得明显成效；北京海关设置了中欧班列申报绿色通道，加强与呼和浩特海关联系配合，制订了全流程工作预案，积极融入共建“一带一路”。2023年3月16日，京平综合物流枢纽首发开行北京至莫斯科中欧班列（北京—莫斯科），从平谷地方铁路马坊站驶出，列车满载着建材、家电、服装、家居等货物共55个40尺集装箱，从内蒙古满洲里铁路口岸出境，一路向西横贯俄罗斯，全程约9 000千米。同时，从莫斯科开往北京的中欧班列对开。5月30日，开行北京地区首列采用全国通关一体化方式在北京申报方式通关的中欧班列顺利启程，前往俄罗斯。北京市又多了一条横贯亚欧大陆的国际快速货运大通道，平谷马坊也将成为融入共建“一带一路”的北京起点。

【首都国际机场持续推动枢纽建设】 不断丰富航线网络，加频首尔、东京、法兰克福等50余条国际和地区航线，复航43个国际和地区客运航点。持续丰富快线和中转产品，新增北京—厦门快线，重启“中德精品航线”，搭建“首都快线”产品体系和规范，新增北京首都—广州/深圳“京粤快线”产品，持续优化跨航司签转、随到随走等权益。参加世界航线发展大会，与国际航协建立常态沟通机制，重启“姊妹”机场联合宣传营销，进一步提升首都国际机场国际影响力。

【首都国际机场持续提升服务品质】 发布“第一国门 让爱聚首”服务品牌，明确“畅享航旅 高效通达”等 5 条产品线，推出“首都快线”等 12 个服务产品。不断提升航班靠桥率及中转效率，国际航班靠桥率由 79.78% 提升至 98%。推动成立京津冀区域运行协调委员会，建立航班监控协调机制，日均提升航班正常率 1.6 个百分点。完成 T3-E 国际转国际分现场建设，新增 4 条安检通道、8 条边检通道，保障能力可达 600 人/小时。搭建旅客端“一体化”线上服务平台，集成全链条旅客线上服务功能 80 余项。

【天竺综合保税区进口生物制品检验绿色通道正式运营】 2023 年 1 月，首都国际机场临空经济区管委会与中国食品药品检定研究院合作建设的进口生物制品检验绿色通道（中检院综合业务处驻天竺综合保税区办公室）正式运营。园区医药进口企业的生物制品口岸法定检验及批签发业务有了绿色通道，药检抽样受理通关时间从 24 小时缩短到 1.5 小时，大幅提高了进口生物制品通关检验效率。这是全国首创的进口生物制品口岸法定检验及批签发新模式，该模式实现了业务从就近提前受理、抽样与样品库内贴签同步进行、样品送检运输到样品直接进检验科室的一条龙服务，进一步减少了医药进口企业药品检验前的等待时间，大幅提高了进口生物制品通关检验效率。

【首都国际机场临空经济区“两区”建设取得显著成果】 2023 年 8 月 23 日，国家标准化管理委员会第 7 批社会管理和公共服务综合标准化试点——北京天竺综合保税区跨境贸易便利化标准化试点项目通过验收。制订实施国家进口贸易促进创新示范区实施方案，推动贸易促进口、促产业、促消费、促创新。出台北京首都国际机场临空经济区政策覆盖区统筹协同发展工作方案，提升规划、政策、项目等方面协同水平。

口岸监管与服务

【北京海关升级“四优四提促五子”服务工程 推动首都开放型经济稳中求进】 北京海关牢牢把握高质量发展这个首要任务，升级“四优四提促五子”2.0 版服务工程，出台促进首都高质量发展高水平开放 4 个方面 26 项支持措施，从开放平台提档升级、口岸通道提速增效、环境服务提标进位、产业政策提优强能 4 个方面推动首都开放型经济稳中求进。联合北京市发展改革委面向 311 家北京市“服务包”企业召开政策解读会，帮助企业了解相关政策，更好地助力企业在京发展。北京海关推出的 26 项举措被《北京日报》、北京卫视、《中国国门时报》等媒体报道。

【北京海关扎实细致做好世界银行营商环境新评价研究和迎评准备】 参加世界银行营商环境新评价方法学全球答疑会，派员参加世界银行新评价“国际贸易”指标海关总署工作专班，与北京市商务局会商世界银行国际贸易指标相关改革任务、海关总署跨境贸易便利化专项行动落实工作，参加财政部优化营商环境调研座谈，不断强化双向交流，全力对标国际标准提升贸易便利化水平。

【北京海关持续优化升级产业政策】 优化部分法定检验设备及料件检验监管措施正式实施，进一步压缩企业自用设备及料件投入生产时间，帮助企业节省仓储物流成本，提升产业链供应链韧性和安全水平，惠及相关企业 30 余家。先后推出六位一体海关监管“芯”模式、“一次备案、分批报送”等“强芯稳链”创新举措，助力破解“卡脖子”问题。

【北京海关持续优化口岸营商环境】 北京海关持续优化口岸营商环境，全面促进外贸保稳提质。一是对标世界银行营商环境新评估体系，加强研究、争取政策先行先试。连续第 6 年开展促进跨境贸易便利化专项行动，出台 22 项改革举措，商务、海关双牵头作用，推进北京市世界银行新一轮营商环境评价国际贸易指标小组工作方案任务落地。二是出台北京海关优化营商环境 27 条具体措施，深化京津冀产业链供应链通关保通保畅机制，截至 2023 年年底已实现 520 家重点企业三关互认；高质量推动

"直提直装"改革上规模、加大企业信用培育力度、推动加工贸易提档升级、促进跨境电商持续健康发展等多项改革创新举措取得实效。相关工作成效先后被《北京日报》、《北京商报》、中新网等媒体宣传报道，1篇案例入选海关总署印发的推动外贸稳规模优结构典型案例。三是在海关系统首次开展"千名关员助万企 海关政策进万家"优化营商环境专项活动。围绕线上与线下结合、"请进来"与"走出去"结合、集中宣讲与业务现场顺势宣讲结合、政策培训与调查问卷试填报结合4个维度，完成大规模企业样本数据采集，持续强化"人人都是营商环境"的宣传矩阵，相关工作成效形成专题报告并获海关总署领导批示。四是高质量融入首都优化营商环境大局。倒排工期、挂图作战，推进北京市优化营商环境6.0版改革涉及的北京海关"提前申报""两步申报"等16项重点任务，相关任务均提前完成；扎实推进《北京市"十四五"时期优化营商环境规划》中期评估；2023年中国国际服务贸易交易会期间，联合北京市商务局主办首届京津冀跨境贸易营商环境协同发展论坛，发布京津冀海关推进营商环境一体化发展9项举措，取得良好社会反响。

【北京海关筑牢口岸卫生检疫防线】 北京海关创新实施直属海关统筹协调与隶属海关执行落实"两级共行"，前期监测预警、现场检疫监管、后续检测测序"三线联动"，建立上下内外协同的"两级三线"工作模式；持续强化"制度+设备+科技"全面发力，有效实现"采、送、检、报"提速增效，检出全国首例新冠病毒变异株的数量居全国海关首位，成功研发新冠病毒测序捕获试剂盒和JN.1变异株快速检测试剂盒，引入建立了17种呼吸道病原体的同步筛查方法和检测鉴别21种肠道致病菌的同步检测方法，坚决筑牢"境外、口岸、境内"三道防线。

着力加强口岸病媒生物监测工作，通过风险分析和重点检疫，2023年截获输入性病媒生物量大幅提高。其中，腐金蝇和单斑麻蝇为全国口岸首次截获，大棕蝠为北京口岸入境航空器客舱首次截获。年内，共开展口岸病媒生物本底监测150次，其中大兴国际机场口岸监测发现的5个蝇种为北京市首次监测发现。

【北京海关加强知识产权海关保护】 北京海关持续推进"龙腾""蓝网""净网"行动，2023年查获涉嫌侵权商品3 305批次、68.8万件，取得历史最好成绩，入选全国海关、北京市知识产权保护典型案例。牵头深化京津冀海关知识产权保护协作机制。强化跨部门协作和全链条保护，获评北京市知识产权系统先进集体。立足总部聚集优势，与世界知识产权组织中国办事处合作，便利企业海外维权。开展知识产权海关保护进展会、"双11"网络集中促销政策指导等活动，加强政策宣讲和风险提示。北京海关"创新机制 筑牢首都口岸知识产权海关保护'铁长城'"入选全国海关主题教育"百个特色做法"。

【北京出入境边防检查总站圆满完成第三届"一带一路"国际合作高峰论坛出入境安保任务】 北京出入境边防检查总站坚持把做好第三届"一带一路"国际合作高峰论坛出入境安保作为重大政治任务，针对重要嘉宾多、入出境时间集中、抵离场地分散的特点，平衡好安保管控与嘉宾体验的关系，细化制定专机保障、要客检查、应急处突等8个方面23项安保措施，全面加强预警研判、前台查验、核查审查，实施政要代表团"一团一策一方案"，共为96个国家（地区）、14个国际组织的369批3 027人次副部级以上代表团办理入出境手续，其中外国元首和国际组织领导人20名，共办理专（包）机62架次1 860人次、公务机47架次151人次，开幕式前一天集中为15架专机494名重要嘉宾办理入境手续，确保了口岸通关安全高效顺畅，展现了"第一国门"良好形象，北京出入境边防检查总站1个集体被公安部记集体一等功。

【北京出入境边防检查总站全力维护国门安全稳定】 北京出入境边防检查总站始终把维护

国家政治安全置于首位，全面防范口岸重大安全风险，坚决维护口岸安全稳定。严格口岸查缉管控，完善实质性审查、出入境人员安全管控协作机制。2023 年，查验出入境人员 962 万人次，拦截涉嫌从事跨境违法犯罪人员 1 600 余人次，查获非法出入境案件 50 余起，圆满完成全国两会、首届中国—中亚峰会、世界大学生夏季运动会、杭州亚（残）运会等 18 项重大安保任务和敏感节点安保工作。深入推进“獴猎”“犁平”专项行动，强化情报信息搜集研判，加强督导运行、线索推送、重点攻坚、考核评价，深化“边检+出入境”警务协作，全年向各地公安机关通报案件线索 7 000 余条，各地公安机关刑事立案 2 500 余起，其中 A 级线索立案 1 600 余起，有力维护了正常的出入境管理秩序。

【北京出入境边防检查总站有力服务首都经济社会发展】 北京出入境边防检查总站主动对接京津冀协同发展、北京“两区”建设、“双枢纽”机场建设等发展战略，加快推进首都国际机场执勤现场改造，有序恢复快捷通道查验，2023 年通过快捷通道出入境旅客 405 万人次。签发 144 小时临时入境许可 2.7 万人次，优化首都国际机场国际国内混合接飞航班停靠国际近机位、T2 国际要客查验以及大兴国际机场可转换机位流程，累计为中国国际航空公司、海南航空公司等航司节省运营成本 1.12 亿元。落实国家移民管理局紧急货机先办、直接往返机组免办、中转连飞简办等出入境措施，年内累计为 8 684 架次航班 9.5 万人次提供便利。持续推进“12367”服务平台建设，年内累计提供出入境政务咨询服务 9.8 万次。

开放口岸

【北京空运口岸（北京首都国际机场、北京大兴国际机场）】 北京首都国际机场位于北京市顺义区，距离北京大兴国际机场 67 千米，是首都北京的空中门户和对外交往的窗口，也是中国民航重要的航空枢纽之一。

北京首都国际机场

北京首都国际机场于 1958 年 3 月投入使用，是中华人民共和国成立后我国自行设计、自行施工的第一座大型民用运输机场，共有 3 座航站楼。T1 航站楼于 1980 年 1 月启用，经扩容改造于 2004 年 9 月恢复使用，建筑面积 7.8 万平方米，设计年旅客吞吐量为 900 万人次；T2 航站楼于 1999 年 11 月投入使用，2015 年完成升级改造，改造后总面积达到 35.9 万平方米，设计年旅客吞吐量 3 624 万人次；T3 航站楼于 2008 年 2 月投入使用，建筑面积 100.1 万平方米，设计年旅客吞吐量 4 700 万人次。北京首都国际机场拥有远近机位 372 个，1 条 4E 级跑道和 2 条 4F 级跑道。北京首都国际机场是我国第一个拥有 3 座航站楼、双塔台、3 条跑道同时运行的机场。此外，还有位于 T3 航站楼西侧的首都国际机场专机候机楼以及位于专机候机楼东南侧的首都国际机场公务机候机楼。

作为亚洲、欧洲及北美洲的核心节点，北京首都国际机场凭借得天独厚的地理位置、方便快捷的中转流程、紧密高效的协同合作，成为连接亚、欧、美三大航空市场最为便捷的航空枢纽，致力于打造“世界一流大型国际枢纽机场”。2023 年，北京首都国际机场在国际机场理事会（ACI）旅客总体满意度达到 4.99；荣获 2022 年度中国民用机场服务质量评价“1 000 万以上量级服务质量优秀机场奖”；航班正常性各项指标均保持在 86%以上，雷雨季平均放行正常率保持在 80%以上。

2023 年，北京首都国际机场累计保障航班 37.97 万架次，同比增长 140.89%；实现旅客吞吐量 5 287.9 万人次，同比增长 316.26%。截至年底，北京首都国际机场客货运航点覆盖全球 49 个国家和地区的 214 个城市，通航点总数达到 221 个，其中国内（含港澳台地区）航点 138 个、国际航点 83 个。年内，共 82 家航空公司在北京首都国际机场运行，其中国内（含港澳台地区）航空公司 25 家、国外航空公司 57 家。

北京大兴国际机场位于北京市大兴区，地处京津冀三地的核心地带，距离北京城市副中心 54 千米、河北省雄安新区 55 千米，距离北京首都国际机场 67 千米、天津滨海国际机场 85 千米，其对于促进京津冀的临空产业发展具有得天独厚的优势。

北京大兴国际机场

依托北京大兴国际机场航空枢纽的建设，国家规划了约 150 平方千米的临空经济区，以机场发展带动和引领京津冀协同发展，以民航助推城市群发展，全面提升我国的综合国际竞争力，实现民航强国战略。北京大兴国际机场的建成和投运，为北京南部地区、京津冀乃至环渤海经济圈的产业升级及产业融合发展提供了难得的历史机遇。

北京大兴国际机场俯视图

北京大兴国际机场于 2014 年 12 月开工建设，2018 年 9 月 14 日定名“北京大兴国际机场”，2019 年 9 月 25 日正式通航，为 4F 级大型国际枢纽机场。北京大兴国际机场远期规划 6 条跑道，可满足年旅客吞吐量 1 亿人次以上、货邮吞吐量 400 万吨、飞机起降量 88 万架次的使用需求；近期规划按照 2025 年旅客吞吐量 7 200 万人次、货邮吞吐量 200 万吨、飞机起降量 63 万架次的目标设计。

2023 年，北京大兴国际机场航班始发正常率 90.33%、放行正常率 91.11%、起飞正常率 87.71%；全年实现始发、放行、起飞正常率“三百”5 天，4 月 1 日首次实现 700 班航班以上“三百”，刷新了北京大兴国际机场“三百”历史纪录。北京大兴国际机场 ACI 整体满意度连续 4 年保持满分 5 分，民航旅客在线满意度在千万级以上机场中排名第一，民航旅客服务测评（CAPSE）[①] 满意度在参评机场中排名第一。北京大兴国际机场服务管理体系被纳入 ISO 国际标准，获评 ACI 2022 年度亚太地区“最佳机场”“最令人愉悦机场”“最敬业机场”“最洁净机场”4 大奖项，蝉联中国民用机场协会千万级以

① CAPSE（民航旅客服务测评）是成立于 2012 年的中国民航业内权威咨询研究机构。

上机场“服务质量优秀奖”，获评民航旅客服务测评（CAPSE）2022 年度“航空公司满意度最佳机场奖”“最佳机场奖”，服务实践获评 2023 年中国国际服务贸易交易会中国服务实践案例、年度机场协会优秀案例。

2023 年，北京大兴国际机场累计保障航班 29.31 万架次，同比增长 176.75%；实现旅客吞吐量 3 941.08 万人次，同比增长 283.46%。年内，在大兴国际机场实际运营的航司总计 43 家，其中境内航空公司 23 家（客运 18 家、货运 5 家）、港澳台地区航空公司 2 家、国外航空公司 18 家。累计开通航线 215 条，覆盖全球航点 194 个。其中，境内航线 181 条、境内航点 159 个，港澳台地区航线 2 条、港澳台地区航点 2 个，国际航线 32 条、国际航点 33 个。

2023 年北京首都国际机场业务量指标表

业务量指标	飞机起降（架次）	旅客吞吐量（人次）
境内	327 686	45 197 495
地区	10 451	1 499 634
国际	41 573	6 182 027
合　计	379 710	52 879 156

（北京首都国际机场股份有限公司提供）

2023 年北京大兴国际机场业务量指标表

业务量指标	飞机起降（架次）	旅客吞吐量（人次）
境内	281 308	37 341 781
地区	2 417	364 545
国际	9 418	1 704 450
合　计	293 143	39 410 776

（北京大兴国际机场提供）

2023 年，据首都国际机场集团有限公司数据统计，北京两场共保障货邮吞吐量 136 万吨，同比增长 21.9%。首都国际机场保障 111.7 万吨，同比增长 12.9%。其中，国内 58.5 万吨，占比 52.4%；国际（地区）53.2 万吨，占比 47.6%。大兴国际机场保障 24.2 万吨，同比增长 92.1%。其中，国内 19.6 万吨，占比 80.3%；国际（地区）4.6 万吨，占比 19.7%。

【北京陆路（铁路）口岸】 北京西站铁路口岸位于北京市丰台区，是北京唯一的铁路客运口岸。2003 年 10 月 1 日，为落实《内地与香港关于建立更紧密经贸关系的安排》（CEPA），经国务院批准，北京西站临时开放铁路口岸。2009 年 11 月 24 日，国务院批复北京西站铁路口岸正式对外开放。北京西站铁路口岸运行北京西往返九龙的 T97/98 次京港直通车次，隔日到发各一对，全程运行近 24 小时。乘 T97/98 次列车旅客出入境手续，均在北京西站出入境联检大厅办理，中途无须换车或下车接受口岸检查。2014 年，北京西站铁路口岸通过原国家质检总局口岸核心能力建设验收，可以满足口岸卫生应急准备和应急处置能力的要求。北京西站铁路口岸出入境联检大厅面积 2 600 平方米，其中公共区域 1 160 平方米。北京西站铁路口岸设置海关出境测温通道 1 条，入境测温通道 4 条，出入境安检通道 2 条；边检出入境人工通道 10 条，自助通道 8 条（出境 3 条、入境 5 条）。口岸驻有北京车站海关和北京铁路西客站出入境边防检查站。北京西站到香港列车疫情期间停驶，暂未恢复。

北京西站铁路口岸

原二类口岸

【北京朝阳口岸】 北京朝阳口岸位于北京市朝阳区东南四环，与北京亦庄经济技术开发区相邻，于 1994 年由北京市政府批准建立。口岸内驻有北京朝阳海关，主要承担进出境货物、运输工具监管和通关、征税、企管、稽核查、属地查检、加工贸易和保税监管等海关业务。北京朝阳口岸占地 78.2 万平方米，拥有仓库 1.7 万平方米、装卸平台 2 000 平方米。多年来，北京朝阳口岸与天津港密切合作，进出口集装箱箱量高峰时曾经突破 12 万箱/年，成为北京重要的“出海通道”。全国通关一体化后，为带动北京朝阳口岸转型升级，推动北京朝阳区南部崛起，北京市朝阳区政府研究拟在北京朝阳口岸建设保税物流中心，助力地方打造高水平对外开放平台。

北京朝阳口岸

同时，为优化口岸营商环境，北京朝阳海关着力打造“朝阳出海关通天下”服务品牌，结合“关长送政策上门活动”，赴政府机关、行业协会、属地企业赠送“朝阳海关政策服务包”，听取企业诉求，持续助力北京企业高效、稳定、合规发展；并且联合北京 CBD 管委会成立“B&R · RCEP 创新服务中心”，为开拓共建“一带一路”国家和地区、《区域全面经济伙伴关系协定》（RCEP）成员方市场的重点企业提供系列服务，进一步推动贸易便利化。

2023 年，北京朝阳海关联合北京 CBD 管委会、天津港（集团）有限公司设立“CBD-天津港京津协同港口服务中心”，将天津港的港口服务前置到北京朝阳口岸，让企业一站式办理港口仓储、运输、代理等综合业务，提前享受天津港“海上门户”枢纽功能。

2023 年，北京朝阳口岸海关监管货物 59.52 万吨，同比下降 11.10%。其中，进口监管货物 48.12 万吨，同比下降 13.45%；出口监管货物 11.40 万吨，同比增加 0.42%；全年税收入库 100.68 亿元，接审报关单 3.6 万票，监管进出口车辆 2 953 辆、集装箱 3 015 个，办理进出口转关手续 2 911 票，查检进口食品、化妆品、动植物产品及工业品 2 321 批次。

【北京丰台货运口岸】 北京丰台货运口岸位于北京市丰台区，是 1994 年由北京市政府批准开放的铁路货运口岸，南依京广铁路线、北临京港澳高速公路，是北京铁路运输进出口货物的重要集散地。丰台货运口岸总占地面积 33.23 万平方米，建有 4.5 千米铁路专用线，铁路站台 2 座、站台货位 60 个，接驳北京石景山南站联入全国铁路网。丰台货运口岸查验基础设施完备，建有 2 700 平方米海关监管库、1 万平方米海关监管集装箱堆场，配备各型叉车、正面吊等集装箱装卸用大型设备。口岸驻有北京车站海关进出口申报、查验放行人员以及北京丰台海关的全部人员。口岸提供国内、国际（地区）铁路进出口货物的到发、报关、转关、拆箱、配送服务，可以根据客户需求组织散列、整列的往返于欧洲、中亚、蒙古国、越南、老挝、泰国等国家和地区的铁路、公路国际货运代理业务。

北京丰台口岸

2023 年，北京丰台货运口岸完成海关监管货物 1 017 吨，同比增长 8.19%。其中，进口监管货物 467 吨，同比下降 43.87%；出口监管货物 550 吨，同比增长 409.26%。

【北京平谷国际陆港】 北京平谷国际陆港位于北京市平谷马坊物流基地内，地处京津冀交界处，距天津港 135 千米，距北京首都国际机场 35 千米，于 2010 年 3 月 12 日正式启动运行，以陆海联运方式与天津港联通，畅通了海运货物入京通道。北京平谷国际陆港于 2014 年 11 月经国家口岸管理办公室正式批复为临时对外开放口岸，2014 年 11 月获批国家进口肉类指定口岸，2015 年 4 月获批国家进口冷冻水产品指定口岸。近年来，北京平谷国际陆港不断加强查验基础设施建设，建有近 2 万平方米的联检业务楼、2 000 平方米现场查验楼、1.8 万平方米监管仓库和查验平台、5.1 万平方米监管堆场，以及 1.8 万吨全自动冷库；建有检疫无害化处理中心与 X 光大型集装箱检测系统等现代化查验设施。口岸驻有平谷海关。

2023 年 3 月，京平综合物流枢纽首趟中欧班列（北京—莫斯科）从平谷地方铁路马坊站驶出；从莫斯科开往北京的中欧班列双向对开，实现“满载而去、满载而归”。至此，平谷马坊将成为融入共建“一带一路”的北京起点。

北京平谷国际陆港

2023 年，北京平谷国际陆港海关监管货物 25 826 吨，同比下降 26.30%。其中，进口监管货物 24 974 吨，同比下降 27.36%；出口监管货物 852 吨，同比增加 28.12%。

2023 年北京市口岸大事记

1 月 8 日

海关总署署长俞建华与北京海关关长张格萍视频连线，检查指导北京口岸启动新冠病毒感染“乙类乙管”后首架入境航班旅客检疫通关工作。

时任海关总署副署长吕伟红带队到首都机场海关现场检查指导新冠病毒感染“乙类乙管”调整首日北京首班入境航班旅客检疫通关工作。

1 月 13 日

北京出入境边防检查总站边防检查处荣立公安部集体一等功。

1 月 16 日

北京首都国际机场股份有限公司牵头编制的《运输机场旅客信息服务网络平台建设指南》团体标准由中国民用机场协会正式发布实施。

1 月 17 日

北京大兴国际机场国际及地区航班正式复航，同时恢复国际通程中转服务，恢复执行京津冀 144 小时过境免签政策，便利过境旅客快速通关，有效促进京津冀地区的旅游和经济发展。

1 月 22 日

海关总署署长俞建华到首都机场海关开展调研，实地调研首都国际机场 T3 航站楼海关进境、出境卫生检疫现场并视频连线北京大兴国际机场海关，听取节日期间新冠病毒感染“乙类乙管”口岸疫情防控工作汇报。

2 月 1 日

时任海关总署政治部主任、党委委员许大纯到北京大兴国际机场海关调研，实地调研卫生检疫现场，听取新冠病毒感染“乙类乙管”后现场监管工作情况汇报。

2 月 22 日

北京首都国际机场成为中国民航首批通过三星级认证的“双碳机场”。“双碳机场”评价是中国民用机场协会首次推出的衡量民用运输机场行业碳排放管理能力的“中国方案”，三星级是本次评价的最高等级。

3 月 6 日

国际机场理事会（ACI）正式公布 2022 年机场服务质量奖（ASQ）获奖名单，对全球为旅客提供卓越服务体验的机场进行表彰。北京大兴国际机场一举揽获 4 大奖项，除蝉联 ACI 最佳机场奖外，同时还获得 ACI 在 2022 年新设的 3 个奖项：亚太地区最令人愉悦机场、亚太地区员工最敬业机场、亚太地区最洁净机场。

3 月 16 日

北京首趟中欧班列在京平综合物流枢纽实现“北京—莫斯科”双向对开。

3 月 24 日

廊坊城市航站楼正式运行。廊坊城市航站楼是北京首都国际机场首座具有全服务功能的跨省城市航站楼。新增北京首都国际机场、天津滨海国际机场两座机场业务，开启“两市三场”运营，成为华北地区首座服务于京津冀“三地三场”的城市航站楼。

3 月 31 日

第六届 CAPSE 创新奖揭晓获奖榜单，北京首都国际机场股份有限公司申报的项目“无忧中转 触‘首’可及——首都机场‘经首都连联飞’中转产品工作实践”荣获 CAPSE 创新奖。

4 月 2 日

国家移民管理局在北京举行全国移民管理机构第二届“十大国门卫士”表彰大会暨戍守边疆纪念章颁发仪式，北京出入境边防检查总站陈静波同志被表彰为第二届“十大国门卫士”，并荣立个人一等功。

4 月 27 日

北京出入境边防检查总站证件研究室荣获“全国工人先锋号”称号。

5 月 11 日

中国民用机场协会、中国民航科学技术研究院和中国民航报社共同举办线上发布会，公布 2022 年度机场服务质量评优结果。继 2021 年度之后，北京大兴国际机场以服务质量评价排名蝉联第一的成绩再获“1 000 万以上量级服务质量优秀机场奖”。

5 月 15 日

中央政治局委员、北京市委书记尹力一行到北京大兴国际机场参观调研，并听取北京大兴国际机场整体运营情况汇报。

5 月 15 日

北京出入境边防检查总站全面恢复口岸边检快捷通关措施，启用新升级的快捷通道 113 条，其中北京首都国际机场 T2 航站楼 29 条、T3 航站楼 38 条，北京大兴国际机场 46 条。

5 月 23 日

北京中关村综合保税区正式获批设立，是全国首个在中央文件中明确设立的、首个明确以研发创新为特色的综合保税区。

5 月 28 日

北京首都国际机场圆满完成东航 C919 大型客机首飞仪式运输保障任务。

6 月 14 日

北京市市长殷勇一行到北京大兴国际机场参观调研，并听取北京大兴国际机场整体运营情况汇报。

6 月 20 日

第九届 CAPSE 航空服务奖获奖名单正式揭

晓，北京大兴国际机场蝉联“最佳机场奖”（吞吐量千万级以上），同时也是唯一获得“航空公司满意度最佳机场奖”的机场。

6月21日

北京首都国际机场在T3航站楼举办“第一国门 让爱聚首”服务品牌发布会。北京首都国际机场股份有限公司从主责主业出发，明确“畅享航旅 高效通达”等5条品牌产品线，携手航空公司、专业公司共同推出“首都快线”“触首可及”“夕阳相首”“首办直达”等12个服务产品。

6月29日

东盟与中日韩移民管理政策高级别研讨会外方代表团一行26人到北京大兴国际机场边检执勤现场参观交流。

7月2日

北京首都国际机场迎来汉莎航空北京—慕尼黑航线复航，并在T3航站楼开展该航线营销活动。

7月14日

天津港—北京大红门海铁联运班列在天津港首发。

8月20日

北京首都国际机场T3国际安检通道增补项目顺利通过行业验收并正式启用。该项目在北京首都国际机场T3航站楼国际转国内值机厅内增设了8条国际旅客安检通道和1条旅客单向通行回流通道，可有效缓解国际旅客过检压力。

8月23日

国家级北京天竺综合保税区跨境贸易便利化标准化试点，正式通过验收。

8月31日

BAESL（北京航空发动机维修项目）正式于北京首都国际机场临空经济区动工建设，预计于2026年投入运营。

9月1日

中国（北京）国际贸易单一窗口联合中国（天津）国际贸易单一窗口、中国（河北）国际贸易单一窗口上线京津冀协同服务专区。

9月10日

中国（北京）国际贸易单一窗口上线RCEP进口税率查询功能，帮助企业进行最优关税税率筹划，充分享受关税优惠政策红利。

9月13日

越南河江省边防部队指挥部指挥长黄玉定率领越南河江、老街、莱州、奠边4省边防部队代表团到北京大兴国际机场边检执勤现场参观交流。

9月19日

缅甸移民和人口资源管理部部长敏载一行6人到北京大兴国际机场边检执勤现场参观。

9月20日

北京首都国际机场联合四川航空推出“北京—成都双流—拉萨”进藏通程航班，增加以北京首都国际机场为始发站的“一次支付、一次值机、一次安检、行李直挂、全程无忧”中转权益，进一步丰富升级“经首都 连联飞”中转产品。

10月9日

中国民用航空局副局长胡振江率队赴北京首都国际机场督导检查第三届“一带一路”国际合作高峰论坛保障筹备工作并召开现场工作部署会。

10月11日

中国民用航空局副局长韩钧率队赴北京首都国际机场督导检查第三届“一带一路”国际合作高峰论坛保障筹备工作并召开现场工作部署会。

10月15日

第28届世界航线发展大会在土耳其伊斯坦布尔开幕。北京首都国际机场股份有限公司会同北京市文化和旅游局参加了此次大会。大会期间，北京首都国际机场以“Landing Your Dream”为主题设置了营销展台，通过京剧、宫灯等多重中国元素彰显中国文化魅力。

10月19日

中粮工业食品进出口有限公司自动完成从新加坡一丰公司接收电汇结算，标志着中国—新加坡第一个真实贸易场景的全环节数字化实单试点顺利落地。

10 月 20 日

共青团北京市委副书记钟棉棉到北京出入境边防检查总站调研指导工作。

10 月 27 日

北京出入境边防检查总站大兴机场出入境边防检查站与北京大兴国际机场、中国南方航空公司签署可转换机位运行保障合作备忘录，正式启动北京大兴国际机场可转换机位试运行。

10 月 30 日

中国民用机场协会在北京大兴国际机场召开“双碳机场评价”现场审核总结会。经评审，北京大兴国际机场荣获 2023 年度“双碳机场”三星级认证。

10 月 31 日

北京首都国际机场举办“平安国门—2023”残损航空器搬移应急救援综合演练，中国民用航空局副局长韩钧、安全总监舒明江全程观摩了演练。参与此次演练人员共计 284 人，莅临观摩的嘉宾共计 380 余人，是北京首都国际机场历史上嘉宾规格最高、观摩人数最多的一次应急演练。

10 月

国际标准化组织（ISO）官网正式发布 ISO/TR 7179《优质服务-实现优质服务的应用案例》国际标准，北京大兴国际机场服务管理实践作为全球唯一机场领域的案例纳入标准。

11 月 1 日

北京市交通运行监测调度中心（TOCC）正式入驻北京首都国际机场运控中心，旨在进一步提升信息沟通及协调效率，协助北京首都国际机场以最短流程、最快速度争取到交通保障支持。

11 月 24 日

北京大兴国际机场获国家市场监督管理总局认证认可技术研究中心、中国助残志愿者协会联合颁发的无障碍环境最高三星级认证证书，成为国内首批获得无障碍环境认证的企业。

11 月 28 日

首届中国国际供应链促进博览会在中国国际展览中心（顺义馆）举办，这是全球首个以供应链为主题的国家级展会。

12 月 7 日

北京首都国际机场联合国航、汉莎航空举办中德精品航线暨北京—法兰克福、北京—慕尼黑航线品牌升级推介会。

12 月 20 日

北京首都国际机场的中国北京—阿塞拜疆巴库航班顺利复航。

12 月 28 日

北京首都国际机场独立平行仪表进近（EoR）RNP AR 飞行程序进入为期一年的实验运行阶段，标志着北京首都国际机场成为中国民航首个应用该技术的机场，将有效提升北京首都国际机场向南运行期间的安全裕度与保障能力。

（撰稿人：田颖、董琦、赵晗、马俊杰、方蕾、周其印、金品旭、王娉珊、张莉、闻迪、张廷军、孙林、王毓晓、丁艳雯、王伟、商凤敏、侯薇、杨孟、杨丽、王硕、史少伟、文涛、唐艺）

2023 年北京市口岸流量统计表

口岸类型		口岸名称	货运量（万吨）				集装箱量（万标箱）				人员（万人次）				交通工具（辆、艘、架、列次）			
			出口	进口	合计	同比（%）	出口	进口	合计	同比（%）	出境	入境	合计	同比（%）	出境	入境	合计	同比（%）
空运口岸		首都国际机场	29.73	16.43	46.16	-3.39					381.21	372.03	753.24	1 189.49	25 921	26 103	52 024	106.31
		大兴国际机场	3.59	0.37	3.96	32 042.05					104.43	104.54	208.97	1 024 257.35	5 922	5 913	11 835	147 837.50
		分计	33.32	16.80	50.12	4.88					485.64	476.57	962.21	1 546.66	31 843	32 016	63 859	153.17
陆路口岸	公路口岸	朝阳口岸	11.40	48.12	59.52	-11.10												
		平谷国际陆港	0.09	2.50	2.58	-26.30												
		分计	11.49	50.62	62.10													
	铁路口岸	丰台货运口岸	0.055 0	0.046 7	0.101 7	8.19												
		北京西站																
		分计	0.055 0	0.046 7	0.101 7													
合计			44.86	67.46	112.32						485.64	476.57	962.21	1 546.66	31 843	32 016	63 859	153.17
同比（%）											1 250.57	2 020.35	1 546.66		151.13	159.34	153.17	

备注：此统计表中陆路口岸数据为海关提供。

（北京市商务局提供）

2023 年北京海关主要数据统计表

项　目		2023 年	2022 年	同比（%）
进出口货运量（万吨）	合计	5 836.56	4 552.26	28.21
	进口	5 743.53	4 484.42	28.08
	出口	93.03	67.84	37.14
进出口贸易总值（万美元）	合计	10 542 116.05	10 985 115.26	-4.03
	进口	8 193 862.59	8 251 801.34	-0.70
	其中：江、海运输	2 051 802.36	1 808 744.95	13.44
	铁路运输	15 543.09	8 306.44	87.12
	汽车运输	28 776.83	12 324.73	133.49
	航空运输	6 019 773.24	6 321 788.38	-4.78
	邮件运输	50 448.05	80 567.56	-37.38
	其他运输	27 519.02	20 069.29	37.12
	出口	2 348 253.46	2 733 313.91	-14.09
	其中：江、海运输	104 798.52	125 939.49	-16.79
	铁路运输	299.04	500.84	-40.29
	汽车运输	24 507.97	14 760.78	66.03
	航空运输	2 114 152.61	2 528 650.85	-16.39
	邮件运输	1 751.29	3 598.15	-51.33
	其他运输	102 744.03	59 863.82	71.63
税收（万元人民币）	两税合计	6 725 824.99	6 699 964.80	0.39
	关税入库	917 464.35	1 023 080.07	-10.32
	进口环节税入库	5 808 360.64	5 676 884.73	2.32

（北京海关提供）

2023 年北京市口岸出入境主要数据表

<table>
<tr><th colspan="3">项　目</th><th>2023 年</th><th>2022 年</th><th>同比（%）</th></tr>
<tr><td rowspan="14">出入境人员
（人次）</td><td colspan="2">出入境人员总数</td><td>9 622 097</td><td>574 371</td><td>1 575. 24</td></tr>
<tr><td colspan="2">入境人员</td><td>4 765 687</td><td>224 789</td><td>2 020. 07</td></tr>
<tr><td colspan="2">出境人员</td><td>4 856 410</td><td>349 582</td><td>1 289. 20</td></tr>
<tr><td colspan="2">出入境旅客</td><td>8 977 542</td><td>462 375</td><td>1 841. 61</td></tr>
<tr><td colspan="2">出入境员工</td><td>644 555</td><td>111 996</td><td>475. 52</td></tr>
<tr><td rowspan="5">中国公民</td><td>小计</td><td>7 471 395</td><td>474 387</td><td>1 474. 96</td></tr>
<tr><td>内地居民（因公）</td><td>833 792</td><td>119 016</td><td>600. 57</td></tr>
<tr><td>内地居民（因私）</td><td>6 055 959</td><td>310 022</td><td>1 853. 4</td></tr>
<tr><td>港澳居民</td><td>379 989</td><td>19 592</td><td>1 839. 51</td></tr>
<tr><td>台湾同胞</td><td>201 655</td><td>25 757</td><td>682. 91</td></tr>
<tr><td colspan="2">外籍人员</td><td>2 150 702</td><td>99 984</td><td>2 051. 05</td></tr>
<tr><td colspan="2">从海港出入境人数</td><td></td><td></td><td></td></tr>
<tr><td colspan="2">从陆港出入境人数</td><td></td><td></td><td></td></tr>
<tr><td colspan="2">从空港出入境人数</td><td>9 622 097</td><td>574 371</td><td>1 575. 24</td></tr>
<tr><td rowspan="5">交通运输工具
（辆、艘、架、列次）</td><td colspan="2">总计</td><td>62 324</td><td>25 112</td><td>148. 18</td></tr>
<tr><td colspan="2">船舶</td><td></td><td></td><td></td></tr>
<tr><td colspan="2">飞机</td><td>62 324</td><td>25 112</td><td>148. 18</td></tr>
<tr><td colspan="2">火车</td><td>0</td><td>0</td><td>—</td></tr>
<tr><td colspan="2">机动车辆</td><td></td><td></td><td></td></tr>
</table>

（北京出入境边防检查总站提供）

天　津　市

天津市口岸分布示意图

序号	类型	口岸名称	批准开放时间	开放状态
1	空运口岸	天津空运口岸	1995.10	国际常年
2	水运口岸（2个）	天津水运口岸	历史延续	国际常年
3		渤中水运口岸 （海面油田交货点口岸－渤中28-1） （海面油田交货点口岸－渤中34-2/4） （海面油田交货点口岸－渤中25-1/25-1S）	1988.7	国际常年

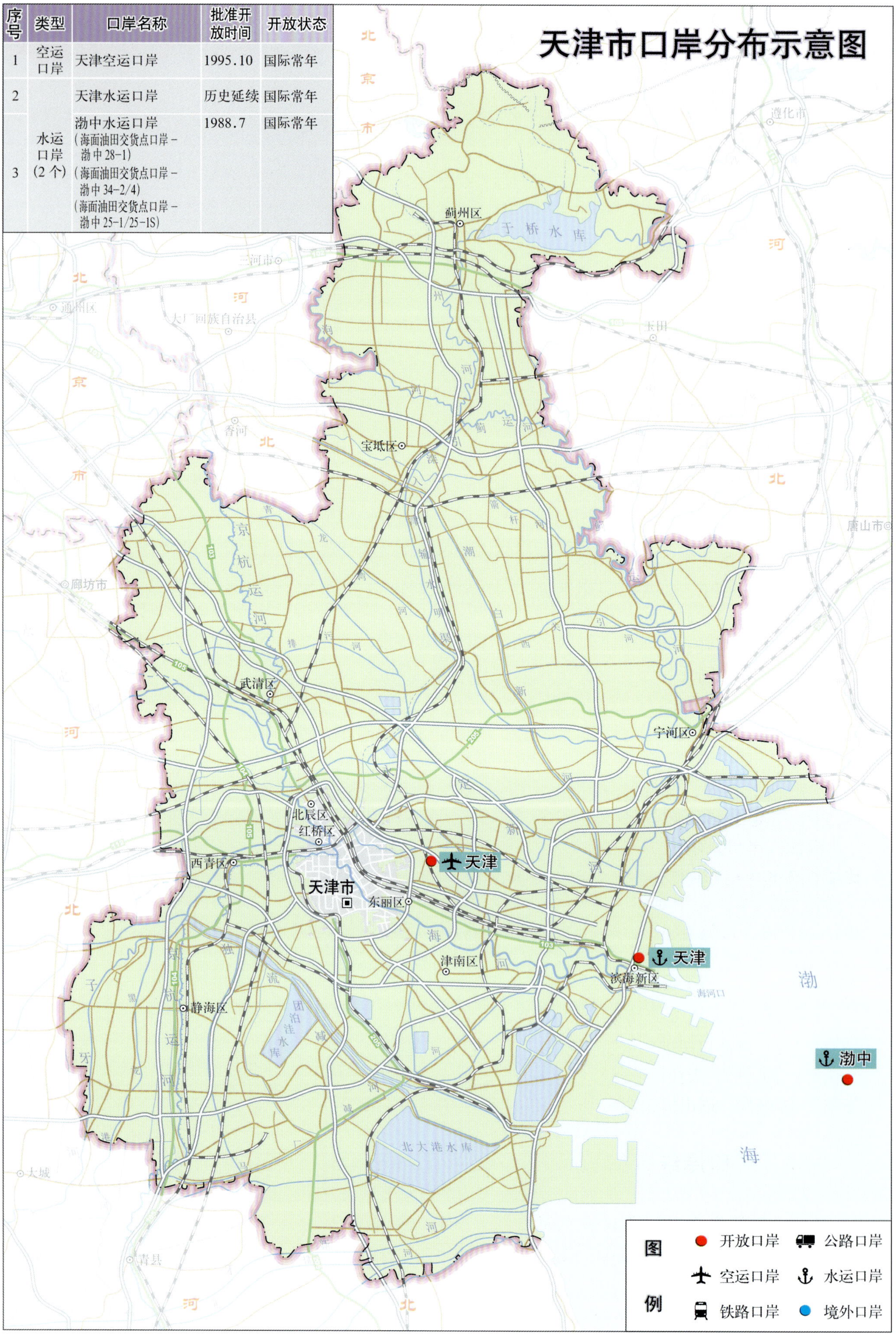

口岸数量及分布

截至2023年年底，天津市有经国务院批准的对外开放口岸3个。其中，空运口岸1个，即天津空运口岸（天津滨海国际机场）；水运（海港）口岸2个，分别为天津水运（海港）口岸和渤中水运（海面油田交货点）口岸。

口岸运行数据

2023年，天津口岸共完成进出口贸易值18 276.83亿元，同比减少6.7%。其中，进口8 793.71亿元，同比减少6.7%；出口9 483.12亿元，同比减少6.8%。

天津港货物吞吐量完成55 880.89万吨，同比增长1.8%；集装箱吞吐量完成2 218.72万标箱，同比增长5.5%。天津港口岸外贸货物吞吐量32 506.54万吨，同比增长6.5%，其中，外贸进口21 158.34万吨，同比增长3.3%；外贸出口11 348.20万吨，同比增长12.9%。口岸外贸集装箱完成1 136.44万标箱，同比增长17.8%。

天津机场货邮吞吐量完成12.68万吨，同比减少3.6%。进出境货邮吞吐量5.43万吨，同比减少25.9%。其中，进境2.0万吨，同比减少34.5%；出境3.43万吨，同比减少19.8%。

天津口岸出入境人员共106.84万人次，同比增长238.4%。其中，出境53.88万人次，同比增长295.8%；入境52.96万人次，同比增长194.8%。出入境旅客方面，空港口岸出入境旅客68.87万人次，同比增长537.7%；海港口岸出入境旅客8.50万人次。

空港口岸出入境飞机共6 809架次，同比增长169.8%。海港口岸进出境船舶共17 151艘次，同比增长14.2%。天津国际邮轮母港累计接待国际邮轮31艘次，进出境旅客8.50万人次。

口岸综合管理

【口岸承载能力和服务功能不断增强】 2023年，天津港口岸大港港区北燃LNG泊位实现口岸对外开放，新增LNG年通过能力500万吨，年内接卸船舶9艘次、LNG 8.60亿立方米。天津港兴东国际物流进境粮食、植物种苗指定监管场地获海关总署批复设立。航空口岸大通关基地进境肉类、水果、植物种苗、冰鲜水产品、食用水生动物指定监管场地实现全面运营。口岸基础设施建设完善提升，建成天津港欧亚封闭式集中查验场，天津滨海国际机场T1航站楼第一阶段改造工程已完成竣工验收。

【口岸服务辐射范围不断扩大】 服务京津冀协同发展，京津冀三地口岸部门签订深化口岸合作框架协议。服务北京重点企业，扩大跨境贸易便利化政策知晓面和企业受益面。做好雄安新区通关服务保障，2023年天津港服务雄安新区绿色通道操作量超1.1万标箱。加强跨区域口岸合作，津、冀、蒙、晋等14个省（自治区、直辖市）口岸部门签署合作备忘录，从口岸工作协调、智慧口岸建设、跨区通关协作等方面与腹地口岸部门深化合作，共促区域经济和口岸工作高质量发展。深化津陕、津陇、津蒙口岸经贸领域合作，延伸港口物流和口岸服务，服务腹地企业在天津口岸便捷通关。

【持续优化口岸营商环境】 开展2023年促进跨境贸易便利化专项行动，实施深化智慧口岸建设、支持外贸产业升级、提升跨境通关物流链供应链畅通、规范和降低进出口环节合规费用等31条措施。巩固提升进口货物“船边直提”和出口货物“抵港直装”等改革成效，持续推广关港集疏港智慧平台应用。在全国率先实现海运口岸对外公布实施散杂货生产作业时限标准。持续做好涉企相关政策宣传和对接服务，引导企业运用好各项政策措施，帮助企业享受改革红利。

【深化国际贸易“单一窗口”建设】 持续拓展中国（天津）国际贸易单一窗口地方特色服务功能，全国首发信保“资信红绿灯”服务，上线运行“二手车出口服务和监管信息化平台”等特色服务，形成集政务服务、通关物流、贸易服务、产业服务、口岸合作5大板块于一体的应用服务体系。深化中国（天津）国际贸易单一窗口区域合作交流，上线试运行“国际贸易通关数据服务中新（加坡）示范平台”，服务便利中新（加坡）货物申报“最后一公里”。深入推进“单一窗口”跨区域协同发展，2023 年 9 月 1 日在京津冀三地国际贸易“单一窗口”同步上线运行“京津冀协同服务专区”，实现三地“单一窗口”用户体系互认、特色功能互用和物流信息共享。

【推动天津口岸获批国家智慧口岸试点】 会同口岸各单位，共同规划编制《天津智慧口岸试点建设方案》，积极争取国家工作支持。2023 年 12 月，国家口岸管理办公室批复同意将天津水运口岸纳入国家智慧口岸试点，开启天津口岸信息化发展新篇章。该事件被国家口岸管理办公室相关载体、《中国国门时报》第一期智慧口岸专刊专题刊发，被天津市政府办公厅上报国务院办公厅，被《人民日报》、央广网、“学习强国”、《天津日报》、天津《都市报道 60 分》、“津云”等主流媒体宣传报道，并入选 2023 年度天津市优化营商环境十佳典型案例被广泛宣传，引起各省（自治区、直辖市）口岸部门强烈反响，有效提升了天津口岸影响力，为开创口岸跨区域合作新局面，激发口岸经济活力奠定了良好基础。

口岸监管与服务

【天津海关强化口岸监管】 2023 年，天津海关组织开展全关区安全生产督导检查，首次将天津关区风险点位固化成型，消弭风险隐患。开展“打击进出口危险品伪瞒报”专项行动，配备危险化学品快检设备，查发危险品伪瞒报 113 票，发函通报地方部门 8 起，查发未申报危险货物 1.4 类爆炸品 3 起。打击进境违法违规空箱，应用先期顺势机检、地磅、空箱检测仪等查发 12 起空箱夹带。推进非法进境固体废物退运，退运固体废物 31 票 1 333 吨。查获各类濒危物种制品 473 起、刀具 46 起、枪支散件 4 起、赌博用具 5 起、文物 2 起、仿真枪 1 起，以及毒品、精神药品及含麻黄碱成分减肥药类情事 13 起。违禁印刷品查获量同比增长 1.6 倍，4 个典型案例获评全国“扫黄打非”重大案例。检出各类传染病 345 例；检疫入境大中动物 5.1 万头；截获植物检疫性有害生物 4 950 种；退运或销毁不合格进口食品 283 批次；检出不合格商品 1 423 批次。推进智慧海关建设和“智关强国”行动，东疆港区口岸智慧管控改革应用规模较 2022 年增长超 1 倍，年内开展内贸货物作业 1 736 艘次、227 万标箱。开展署级课题“高质量推进海关‘智慧监管’建设研究”，牵头承办智慧海关“人工智能检查”任务场景。

【天津海关促进跨境贸易便利化】 2023 年，天津海关推出跨境贸易便利化“19+9”条政策措施，与优化营商环境“16+61”条细化举措统筹推动，建立“一张清单抓落实，两支队伍强服务，两个平台促成效”工作机制。依企业需求做好“船边直提”“抵港直装”，进口货物提箱用时可由原先 1~2 天压缩至最短 1.5 小时，出口货物集港预期可由 5 天压缩至 1~2 天。持续升级“关港集疏港智慧平台”，认证司机 2.7 万名、车辆 2.3 万辆，累计撮合量超 650 万箱。支持海铁联运过境货物依托“船边直提”作业，货物自卸船至运达铁路堆场时间由 2~3 天压缩至最短 3 小时以内。专项行动期间，在“天津海关 12360 热线”微信公众号开设贸易便利化“政策直通车”栏目，发布政策解读 14 期，召开 4 期“海关-企业家沙龙”关企交流活动，累计开展海关关长送政策上门 700 余人次，收集解决企业问题 1 200 余项，编写“政策明白纸”，发放宣传册 5 000 余册，通过宣讲会、座谈会、新媒体等形式，宣讲 1 000 余次，覆盖 2.3 万人次。

【天津海关创新监管模式】 对出口援助粮食实施“一次检测、多次采信”，对冻品实施“保税+直提”，对进口中规车综合运用“提前申报+附条件提离+预约上线检测”，对进口矿产品、原油实施“先放后检”，对进口棉花采用“依企业申请实施品质检验”等改革模式，口岸通关效率持续提升，切实稳定企业通关预期。对航空产业链实施全链条集群监管，保障空中客车（天津）总装有限公司A320第2条总装线顺利开工，2023年监管交付飞机72架，同比增长53.2%。创新实施综合保税区跨境电商“境内集货仓+海外仓”通关模式出口货物。通过中国国际贸易单一窗口LNG先征后返系统完成全国首票进口LNG先征后返线上退税业务，截至年底累计办理返还税款总额约8.72亿元。

【天津海关服务国家外经贸发展大局】 2023年，天津海关落实海关总署支持京津冀协同发展12条重点措施，细化制定38条工作举措，依托京津冀三地海关支持服务京津冀协同发展工作机制，在“领导小组—联合工作办公室—重点领域专项工作组”3个层面建立起贯通决策、协调、执行的区域海关协同工作体系，打造“三关如一关”的海关监管服务。支持高质量共建“一带一路”，深化“港场直通”作业改革，强化输蒙（古国）过境货物疏运保障，班列“保税+”模式入选国家服务业扩大开放试点最佳实践案例。强化技术性贸易措施研究，服务国家外交大局。年内，天津口岸RCEP项下进口享惠货值53.33亿元，关税减让1.06亿元，出口签发RCEP原产地证书货值23亿元、同比增长30.0%。

【天津海关支持地方经济社会发展】 2023年6月，天津临港综合保税区成功获批。年内，天津海关特殊监管区域进出口总值同比增长4.1%。在2022年度全国综合保税区（含其他类型特殊区域）发展绩效评估中，东疆综合保税区、天津港综合保税区均获评“双A类”。加强自由贸易试验区制度创新，1项创新举措获海关总署备案。推进“跨境电子商务零售进口退货中心仓”模式复制推广，天猫国际、唯品会两家头部跨境电商平台在天津综合保税区内设立“退货中心仓”。推动出台平行进口汽车标准符合性整改方案。保税展示交易从个人消费品逐步拓展至汽车、飞机、船舶、艺术品、冻品等商品。年内，开展保税展示交易货值共计约76.7亿元，同比增长2.27倍；保税租赁货值963.4亿元，同比增长27.2%。天津融资租赁业务领跑全国，飞机、国际航运船舶、海工平台的租赁业务规模占全国总量的70%以上。

【天津出入境边防检查总站保障口岸通关畅通】 天津出入境边防检查总站按照国家移民管理局部署要求，恢复天津口岸快捷通关。根据新冠病毒感染实施“乙类乙管”后的口岸形势，持续优化查验模式，圆满完成第十四届夏季达沃斯论坛、第七届世界智能大会、杭州亚（残）运会等重大活动出入境通关保障工作。通过网上办理、预约办理等方式，对港航企业申请办理上下外轮许可、搭靠外轮许可等业务，做到“随到随办”，对保障载运重要物资的国际货运航班做到“好来快走”。

【天津出入境边防检查总站助力邮轮经济复苏】 优化创新外籍邮轮在港监管和登轮人员管理模式，推动邮轮“静态游”新模式在天津口岸率先落地实施，2023年累计安全高效保障18批次近6 000名游客登国际邮轮观光旅游。全力保障邮轮复航，年内查验出入境邮轮61艘次、出入境人员12.5万余人次。召开天津口岸外国人免签便利政策宣讲会，就外国人单方面免签、过境免签以及过境预申报系统应用等内容进行详细介绍，切实提升短期来津外籍人员口岸通关便利化水平。

【天津出入境边防检查总站进一步优化口岸营商环境】 深化边检口岸通关管理服务创新，持续优化“三零举措”“速审直推”“津心换”等便利化措施，助力天津港培育独特港口生产经营竞争优势。相关港航企业统计数据显示，在边检便利措施助力下，2023年共为天津港出入境船舶节省通关时间近4万小时，创造经济效益近3亿元，天津港主要散杂货码头在泊船时效率提升7.8%，主要集装箱码头船舶直靠率提升2.5%、综合作业效率提升5.3%。

【天津出入境边防检查总站创新口岸通关监管模式】 研发过境免签外国人远端申报平台，提前开展前置审查和结果告知，有效降低来津外国旅客口岸退运风险，最大限度压缩过境免签手续现场办理等候时间。研发港口锚地预警管控系统，融合雷达、远程光电、AIS（船舶自动识别系统）基站的多元感知信息，主动探测、跟踪、获取海上各类目标信息，实现对天津海域全天时智能监管。加大智能查验设备的投入使用力度，采购无人机、智能机器人、4G执法记录仪、“移动警务通”等先进执勤执法装备并配发一线，持续完善港口智慧管理系统功能。

【天津出入境边防检查总站深入推进平安口岸建设】 积极推动将平安口岸建设纳入平安天津建设体系，制定天津出入境边防检查总站边检调处中心工作规范。深入开展新时代“枫桥经验”集中宣传纪念活动，启用边检站联合调处中心标志标识，组织近百家航运企业代表召开座谈会，定向宣讲国家移民管理局以及天津出入境边防检查总站支持航运企业发展的政策措施。相关工作经验被天津市委政法委官方微博、天津长安网、“学习强国”、“今日头条”、《法制日报》等多家媒体宣传推介。

【天津出入境边防检查总站全面优化边检政务服务】 对外公开边检政务服务热线和服务承诺，服务对象可24小时咨询各类通关问题、投诉反馈意见建议。深化国家移民管理机构12367服务平台建设，“7×24小时”提供优质、高效、专业、便捷的全天候人工服务。2023年，累计接听话务7 977通，来电首呼解决率99.95%、工单按时办结率100%、咨询事项办结率100%、群众平均满意率100%，受理分办各类疑难问题和诉求事项235件，全力将12367服务平台打造成为政务服务平台典范。

【天津海事局创新服务举措】 实施“天津港内作业船舶航次日报服务举措”。该举措被作为中国（天津）自由贸易试验区6项最佳典型案例报送至商务部，并由商务部牵头组织中央电视台、《国际商报》等多家中央媒体来津实地采访，将该举措作为中国自由贸易试验区建设10周年成果进行了重点报道。该举措还被商务部评为全国自由贸易试验区第5批“最佳实践案例”之一。持续推进海事管理“放管服”改革，研究出台属地（天津港籍）船舶“不停航”办证海事政务服务新举措，为企业节约成本，助推营商环境持续优化。

【天津海事局支持国际邮轮运输试点复航】 优化通关流程，出台通关服务支持举措，协调组建邮轮监管团队，制定邮轮工作手册，依照交通运输部办公厅关于做好全面恢复国际邮轮运输有关工作的通知要求，制定实施天津海事局关于服务国际邮轮运输复航工作的通知，全力确保邮轮运输安全复航，切实保障人民群众生命财产安全。2023年9月27日和30日，国际邮轮“梦想”号和“地中海”号分别开启了以天津为母港的国际邮轮航线。

【天津海事局服务地方经济发展】 制定天津海事局关于成立服务地方经济发展政策创新工作专班的通知及天津海事局服务地方经济发展政策创新工作清单，开展天津辖区内涉及船舶和航运产业政策的突破研究，制定6项主要任务和18项具体措施，在船舶登记、融资租赁登记等方面持续发力，破解地方经济发展所遇阻力和难题。

开放口岸

【天津空运口岸（天津滨海国际机场）】 天津滨海国际机场位于天津市东丽区，是国内干线机场、国际定期航班机场，我国主要的航空货运中心之一。在京津冀民航协同发展的国家战略背景下，天津滨海国际机场积极打造“一中心两枢纽”（中国国际航空物流中心、区域航空枢纽和国家综合交通枢纽）。

2023年，天津滨海国际机场恢复至日本名古屋及札幌、韩国济州、越南芽庄、英国伦敦、澳大利亚悉尼的航线航班；加密至塞尔维亚贝尔格莱德、日本东京及名古屋、泰国曼谷、越南芽庄、新加坡、中国香港及澳门的航线航班。年内，累计运行17条航线，其中国际航线15条、地区航线2条，通航10个国家及地区航点。出口货物种类以电子产品及配件、机械设备、医疗器械、航材、国际邮件等为主，进口货物种类以电子产品及配件、医药产品、汽车及汽车配件、冰鲜产品、植物种苗、活体动物、水果、服装、跨境货物等为主。

【天津水运（海港）口岸】 天津港位于天津市滨海新区，地处渤海湾西端，背靠雄安新区，辐射东北、华北、西北等内陆腹地，连接东北亚与中西亚，是京津冀的海上门户，是中蒙俄经济走廊东部起点、新亚欧大陆桥重要节点、“21世纪海上丝绸之路”战略支点。天津港是中国重要的现代化综合性港口，是世界人工深水大港，主要由北疆、东疆、南疆、大沽口、高沙岭、大港、北塘和海河港区8个区域组成，航道、码头等级达30万吨级，拥有集装箱、矿石、煤炭、焦炭、原油及制品、钢材、大型设备、滚装汽车、LNG、散粮、舾装、国际邮轮等各类泊位。天津港同200多个国家和地区的800多个港口有贸易往来，每月航班550余班，联通世界各主要港口。在京津冀及“三北”地区设立百余家直营店加盟店，持续完善覆盖内陆腹地的物流网络服务体系。

【渤中水运（海面油田交货点）口岸】 渤中水运口岸是中国海洋石油集团有限公司渤海海上油田的出口终端，下辖6个海面油田交货点，包括：渤中28-1油田、渤中34-2/4油田、秦皇岛32-6油田、PL19-3油田、渤中25-1/25-1S、曹妃甸11-1/11-2油田。其货物种类为海上油田所产原油。

2023年天津市口岸大事记

1月

天津出入境边防检查总站执勤一队荣立集体二等功。

2月12日

“天津港—银川”进口海铁联运集装箱班列成功开通。

2月20日—21日

海关总署署长、党委书记俞建华到天津海关调研，出席并指导天津海关所属天津新港海关党委2022年度民主生活会。调研期间，与天津市委、市政府主要领导进行会见座谈。

3月22日

天津海空两港物流联动发展首单货物交运成功。

3月27日

中国（天津）国际贸易单一窗口全国首发“资信红绿灯”服务，为企业提供海外买家资信预警信息，有效破解了企业“有单不敢接”难题。

3月29日

天津市委副书记、市长张工到天津港调研港产城融合发展，现场主持召开座谈会并听取意见建议。

3月31日

中国（天津）国际贸易单一窗口上线“二手车出口服务和监管信息化平台”，通过对二手车出口流程动态信息的电子化管理，实现了对出口二手车“来源可溯、去向可查、责任可究”。

3月

天津出入境边防检查总站1名民警家属获评“全国公安机关好警嫂”。

3月

天津港北疆港区C段智能化集装箱码头工程项目荣获首届天津市智慧交通创新成果发布大赛一等奖。

4月6日

韩新海运直航欧洲新航线在天津港正式开通。

4月10日

天津海关办公室张彤获得世界海关组织（WCO）2023年度“杰出贡献荣誉证书”。

4月13日

银川—天津港—迪拜“一单制”铁海联运国际货运出口通道正式开通。

4月27日

天津南疆出入境边防检查站执勤三队荣获“天津市工人先锋号”。

4月

天津市委副书记、市长张工等领导同志批示肯定天津出入境边防检查总站学习贯彻全国移民管理工作会议精神思路举措。

4月

财政部、海关总署、国家税务总局联合印发《关于扩大启运港退税试点政策实施范围的通知》，明确自4月1日起，在天津、辽宁、浙江、福建、山东5省市实施启运港退税政策。

5月15日

天津市商务局组织天津海关、天津出入境边防检查总站、天津海事局、天津港集团等单位，召开天津智慧口岸试点建设工作推动会。

5月16日

京津冀口岸工作联席会议在河北曹妃甸召开。京津冀三地口岸部门共同签署《京津冀深化口岸合作框架协议》。天津港集团、河北港口集团共同签署《津冀世界一流港口联盟合作协议》。

5月23日

天津市委副书记、市长张工主持召开市政府第14次常务会议，审议“天津市港产城融合发展行动方案”“天津市促进港产城高质量融合发展的政策措施”。

5月24日

天津市商务局印发《天津口岸2023年促进跨境贸易便利化专项行动工作方案》，先行先试一批创新举措。

5月

天津机场出入境边防检查站执勤二队荣获“全国公安机关成绩突出青年集体”，天津机场出入境边防检查站执勤三队1名个人荣获“全国公安机关成绩突出个人”。

6月14日

“北京CBD—天津港京津协同港口服务中心”在北京挂牌成立。

6月20日

“国际贸易通关数据服务中新（加坡）示范平台”在中国（天津）国际贸易单一窗口上线试运行。

7月7日

天津市人大常委会副主任、党组副书记赵飞一行到天津出入境边防检查总站调研海域防控、邮轮复航以及人大立法等工作。

7月14日

“天津港—大红门”海铁联运班列成功开行。

7月29日

“安阳—天津港”海铁联运班列正式开通，天津港安阳无水港挂牌成立。

7月29日

天津港开展直航南美新航线。

8月28日

福特中国暨中进进口天津港汽车中转中心正式启用，进一步巩固天津口岸滚装汽车枢纽优势。

9月1日

京津冀三地“单一窗口”同步上线运行“京津冀协同服务专区”，实现三地国际贸易“单一窗口”用户体系互认、特色功能互用和物流信息共享。

9月6日

天津港口岸大港港区北京燃气集团（天津）液化天然气有限公司LNG码头LNG泊位经天津市政府批复正式对外开放。

9月14日

海关总署署长俞建华在天津检查指导智慧海关建设集中会战工作，对阶段性战果给予肯定。

9月21日

国家口岸管理办公室指导组莅临天津出入境边防检查总站调研指导工作。

9月21日

国家口岸管理办公室和中国电子口岸数据中心一行，来津调研指导智慧口岸试点规划建设。

9月26日

公安部分管日常工作的副部长（正部级），北京市副市长、市公安局局长亓延军；天津市政府党组成员、副市长，市公安局党委书记、局长衡晓帆；以及京津冀三地公安机关部分厅（局）

级领导，乘天津出入境边防检查总站1253执法船开展海上公安执法调研。

9月27日

东方邮轮“梦想”号开启以天津为母港的国际邮轮航线。

9月30日

爱达邮轮“地中海”号开启以天津为母港的国际邮轮航线。

9月

天津机场出入境边防检查站执勤二队荣获“全国青年文明号”。

10月19日

以“数字引领　智慧赋能”为主题的2023智慧港口大会在天津成功召开。在会议期间举行的中国港口协会智慧港口等级评价获评项目授牌仪式上，天津港北疆港区C段智能化集装箱码头获得五星级“智慧港口”称号。

10月24日

天津、内蒙古、河北、辽宁、吉林、黑龙江、广西、云南、西藏、陕西、甘肃、宁夏、青海、新疆14个省（自治区、直辖市）口岸合作联席会议召开，共同签署口岸区域合作备忘录。

10月24日

天津市政协党组书记、主席王常松到天津海关调研。

11月9日—10日

国家移民管理局党组副书记、副局长李裕禄到天津出入境边防检查总站调研。

11月15日

天津市政府与中国远洋海运集团有限公司签署共同推进港产城融合发展战略合作协议。天津市委书记陈敏尔，市委副书记、市长张工与中国远洋海运集团有限公司董事长、党组书记万敏一行座谈并见证签约。

11月16日

以“航通天下　运行未来”为主题的2023天津国际航运产业博览会在国家会展中心（天津）开幕，商务部部长王文涛通过视频对博览会创办表示祝贺。天津市委副书记、市长张工，交通运输部副部长付绪银出席开幕式暨新港国际航运论坛，全国政协经济委员会副主任马建堂作主旨演讲。

11月28日

天津出入境边防检查总站联合天津市商务局、市文化和旅游局、市公安局出入境管理总队等举办外国人免签政策宣讲会。

11月28日

天津口岸首家矿产品保税仓库——天津港物流发展有限公司公用型保税仓库正式启用。

12月4日

国家口岸管理办公室批复同意天津水运口岸纳入国家智慧口岸试点。

12月8日

天津港集团与江苏省港口集团签署战略合作协议。天津市副市长谢元出席签约仪式。

12月12日

天津港首次运营“敦煌—天津港—泰国”物流专线，标志着天津口岸再添一条西部内陆城市出海新通道。

12月14日

天津市政府与海关总署签署合作备忘录。天津市委书记陈敏尔，市委副书记、市长张工与海关总署党委书记、署长俞建华一行座谈。根据合作备忘录，双方将在推进京津冀协同发展、建设世界一流智慧港口绿色港口、优化口岸营商环境等方面深化合作。

12月14日

海关总署署长、党委书记俞建华到天津调研，听取天津海关智慧海关建设工作汇报，到天津海关所属南开海关检查第二批主题教育开展情况，并到辖区企业调研。

12月27日

天津市副市长，民建中央常委、天津市委会主委李文海主持研究口岸信息化工作。

12月

天津市委常委、时任市委政法委书记王庭凯批示肯定天津出入境边防检查总站2023年维护国家政治安全国门口岸稳定和助力天津经济社会发展工作成效。

12 月

中央政治局委员、天津市委书记陈敏尔，天津市委副书记、市长张工等领导同志批示肯定天津出入境边防检查总站 2023 年工作。

（撰稿人：王洋）

2023 年天津市口岸流量统计表

口岸类型	口岸名称	货运量（万吨）				集装箱量（万标箱）				人员（万人次）				交通工具（辆、艘、架、列次）			
		出口	进口	合计	同比（%）	出口	进口	合计	同比（%）	出境	入境	合计	同比（%）	出境	入境	合计	同比（%）
空运口岸	天津	3.43	2.00	5.43	-25.90					37.98	36.06	74.04	484.20	3 378	3 431	6 809	169.80
	分计	3.43	2.00	5.43	-25.90					37.98	36.06	74.04	484.20	3 378	3 431	6 809	169.80
水运口岸 海港口岸	天津	11 348.20	21 158.34	32 506.54	6.47	586.29	550.15	1 136.44	17.80	15.90	16.90	32.80	73.50	8 563	8 588	17 151	14.20
	分计	11 348.20	21 158.34	32 506.54	6.47	586.29	550.15	1 136.44	17.80	15.90	16.90	32.80	73.50	8 563	8 588	17 151	14.20
合计		11 351.63	21 160.34	32 511.97	6.47	586.29	550.15	1 136.44	17.84	53.88	52.96	106.84	235.97	11 941	12 019	23 960	36.60
同比（%）		12.92	3.30	6.47		22.79	12.99	17.84		291.29	193.73	235.97		35.43	37.79	36.60	

（天津市口岸办提供）

2023 年天津海关主要数据统计表

项　目		2023 年	2022 年	同比（%）
进出口货运量（万吨）	合计	27 574.5	25 131.2	9.72
	进口	18 976.9	17 727.8	7.05
	出口	8 597.6	7 403.4	16.13
进出口贸易总值（万美元）	合计	26 017 369.5	29 387 372.9	-11.47
	进口	12 502 304.5	14 135 794.6	-11.56
	其中：江、海运输	10 896 472.7	12 314 213.3	-11.51
	铁路运输	17 383.4	36 375.3	-52.21
	汽车运输	100 228.9	105 089.3	-4.63
	航空运输	1 485 506.4	1 671 594.1	-11.13
	邮件运输	2 204.1	2 416.4	-8.79
	其他运输	509.1	6 106.4	-91.66
	出口	13 515 065.0	15 251 578.2	-11.39
	其中：江、海运输	12 708 088.9	14 349 829.4	-11.44
	铁路运输	39 765.5	53 085.3	-25.09
	汽车运输	53 149.5	27 137.8	95.85
	航空运输	578 623.4	628 633.5	-7.96
	邮件运输	934.3	836.5	11.69
	其他运输	134 503.3	192 055.8	-29.97
税收（万元人民币）	两税合计	15 684 314.43	17 070 856.47	-8.12
	关税入库	3 463 993.08	4 039 161.06	-14.24
	进口环节税入库	12 220 321.35	13 031 695.41	-6.23

（天津海关提供）

2023年天津市口岸出入境主要数据表

项目			2023年	2022年	同比（%）
出入境人员（人次）	出入境人员总数		1 073 085	318 071	237.37
	入境人员		534 196	180 364	196.18
	出境人员		538 889	137 707	291.33
	出入境旅客		777 654	108 968	613.65
	出入境员工		295 431	209 103	41.28
	中国公民	小计	778 369	171 547	353.74
		内地居民（因公）	6 179	4 682	31.97
		内地居民（因私）	751 737	164 001	358.37
		港澳居民	16 975	771	2 101.69
		台湾同胞	3 478	2 093	66.17
	外籍人员		294 716	146 524	101.14
	从海港出入境人数		328 730	189 449	73.52
	从陆港出入境人数				
	从空港出入境人数		744 355	128 622	478.72
交通运输工具（辆、艘、架、列次）	总计		16 422	12 176	34.87
	船舶		9 985	9 413	6.08
	飞机		6 437	2 763	132.97
	火车				
	机动车辆				

（天津出入境边防检查总站提供）

2023 年天津海事局进出港船舶统计汇总表

船舶类别	进港船舶							出港船舶						
	艘数（艘）	总吨（吨位）	总载重量（吨）	载客量（客位）	船员人数（人次）	货物到达量（吨）	旅客到达量（人）	艘数（艘）	总吨（吨位）	总载重量（吨）	载客量（客位）	船员人数（人次）	货物发送量（吨）	旅客发送量（人）
总计	218 729	593 461 513	817 085 213	505 626	2 881 890	291 579 474. 08	287 962	223 501	592 310 707	815 960 657	547 924	2 933 648	254 716 852. 76	300 919
中国籍船舶	210 384	234 939 350	322 593 069	426 426	2 688 465	63 653 115. 22	287 962	215 164	233 829 869	321 472 524	471 404	2 740 649	140 395 082. 99	300 919
其中：外贸船	240	7 161 324	10 347 985	0	5 147	4 824 864. 1	0	224	5 722 843	9 012 442	0	4 748	3 402 671. 06	0

（天津海事局提供）

河　北　省

河北省口岸分布示意图

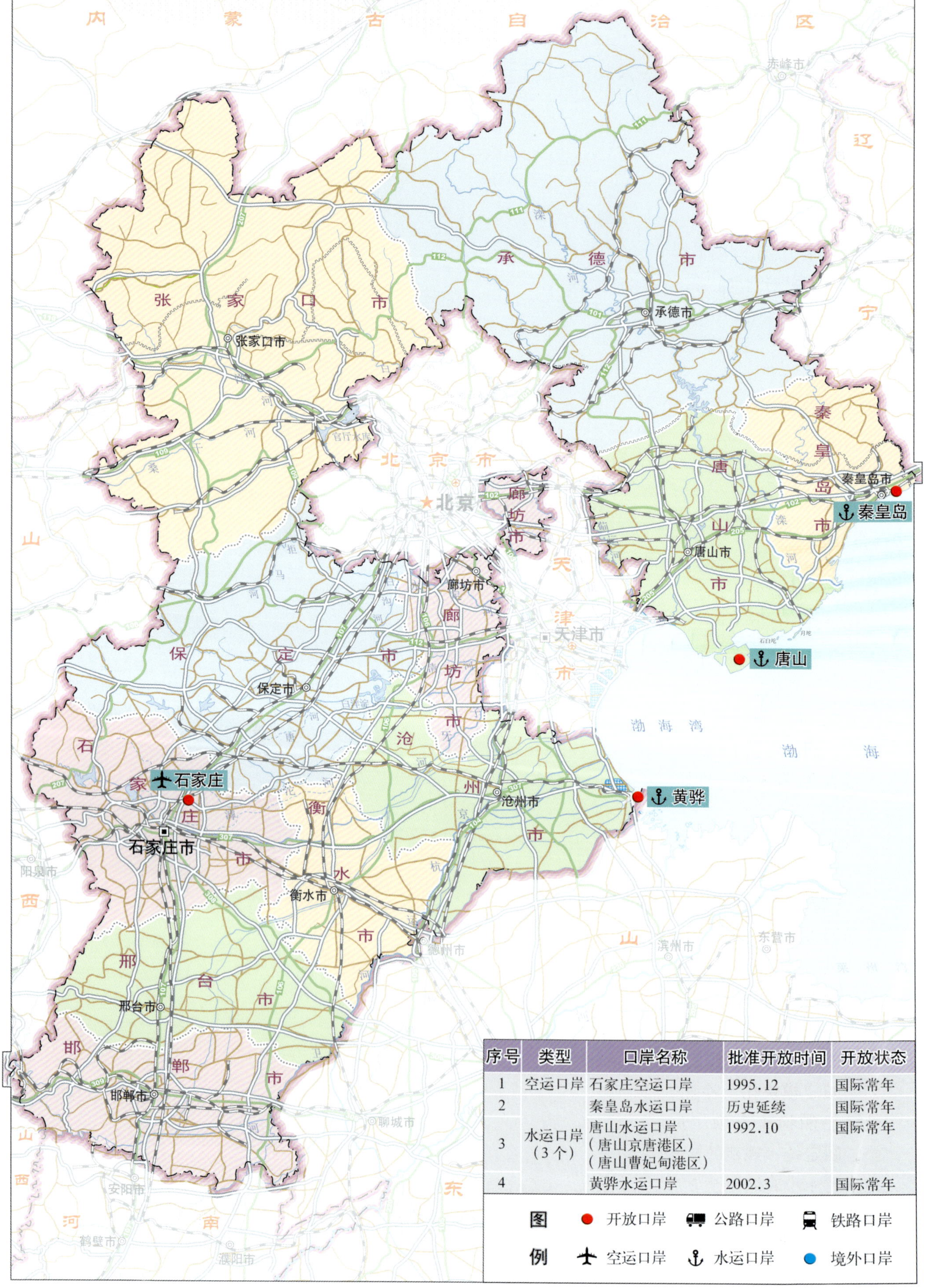

序号	类型	口岸名称	批准开放时间	开放状态
1	空运口岸	石家庄空运口岸	1995.12	国际常年
2	水运口岸（3个）	秦皇岛水运口岸	历史延续	国际常年
3		唐山水运口岸（唐山京唐港区）（唐山曹妃甸港区）	1992.10	国际常年
4		黄骅水运口岸	2002.3	国际常年

图例：● 开放口岸　公路口岸　铁路口岸　空运口岸　水运口岸　● 境外口岸

口岸数量及分布

截至2023年年底，河北省共有经国务院批准的对外开放口岸4个。其中，空运口岸1个，即石家庄空运口岸（石家庄正定国际机场）；水运（海港）口岸3个，分别为秦皇岛水运（海港）口岸、唐山水运（海港）口岸（包括京唐港区、曹妃甸港区）和黄骅水运（海港）口岸。

口岸运行数据

2023年，河北省港口吞吐量完成13.63亿吨，同比增长6.7%（唐山港84 217.9万吨，同比增长9.5%；黄骅港33 083.2万吨，同比增长5.0%；秦皇岛港完成18 963.8万吨，同比下降1.6%）。其中，外贸吞吐量完成4.2亿吨，同比增长20.6%（唐山港33 359.8万吨，同比增长22.3%；黄骅港8 169.5万吨，同比增长16.5%；秦皇岛港397.7万吨，同比下降16.1%）。

2023年，石家庄正定国际机场旅客吞吐量986.3万人次，同比增长77.3%；货邮吞吐量61 077.4吨，同比增长40.6%；运输航班7.49万架次，同比增长55.2%。其中，完成国际旅客吞吐量3.23万人次、货邮吞吐量5 554.1吨。

口岸综合管理

【跨境贸易便利化工作成效明显】 一是创新开展进口铁矿差异化监管。京唐港开展进口铁矿依风险等级差异化检验试点，对不同风险等级铁矿固体废物筛查实施差异化检验监管，中低风险进口铁矿实施一次检验、一次放行，压缩检验时长三分之二，该监管模式为全国首创。二是首创船舶“模块化”检查机制。唐山海事局将国际航行船舶检查分为“选、验、查、签”4个模块，制定统一规范的检查标准，单船检查时间由原来的4小时缩短至2小时之内，间接为每条船舶节约成本3万~4万元，该检查机制成为全国复制推广案例。三是推广应用“先放后检”便利化措施。推进落实进口铁矿、锰矿、锌矿、铅矿、原油“先放后检”，经现场检验检疫符合要求后即可提离，提离后实施实验室检测并签发证书，实现了卸船即查验放行。四是探索创新大宗散货智慧监管模式。曹妃甸港全力推进“大宗散货智慧监管平台”建设，建设方案已完成海关总署备案，并被纳入海关总署智慧海关建设应用试点。五是优化国际航行船舶出入境流程。驻口岸边检部门实施“一地办证、全省通用”，为企业提供24小时通关保障，确保国际航行船舶“快进快出”，船舶、船员出入境手续“随到随办”。六是持续降低港口收费。多措并举降低港口相关费用，唐山市通过延长库场免堆期、降低超期库存费率和降免引航费等措施，2023年全年累计减税降费4 736万元。七是巩固压缩通关时间成果。全省全年进出口整体通关时间指标均处于历史最高水平，优于全国。

【口岸服务能级稳步提升】 一是泊位开放数量创近年来新高。唐山曹妃甸港区2个25万吨级矿石泊位、黄骅港综合港区2个5万吨级液体化工品泊位等共计9个码头泊位顺利对外开放，特别是曹妃甸新LNG泊位，实现了当日验收、当日呈报、次日批准，用创历史的最短时间跑出了河北省向海发展、向海图强的口岸开放加速度。二是口岸资质功能不断完善。石家庄国际陆港进境粮食指定监管场地和保税物流中心（B型）成功获批，其中石家庄国际陆港进境粮食指定监管场地为近年来唯一在非第一进境地批准设立的此类场地；秦皇岛港西港区进境粮食指定监管场地顺利扩建，东港区粮食指定监管场地已呈报海关总署待批。石家庄国际邮件互换局（交换站）投入运营。三是口岸通道能力持续增强。新开辟海运外贸集装箱航线4条，通达日本、韩国、泰国、越南和俄罗斯远东地区。加密内陆港布局，在内蒙古、山西等地新设内陆港10个，为河北省港口与腹地拓展集装箱海铁联运业务开辟新通道。石家庄航空口岸开通国际客运航线5条、国际货运航线7条，加快构建便捷高效的航空货运网络。石家庄国际陆港推动多式联运示范工程建设，开通“一单到底”海铁班列、京津冀陆海新通道班列和“公铁海”联运班列，国际班列线路拓展至 16 条，2023 年全年累计开行 612 列，同比增长 20.9%。四是口岸风险防范能力不断增强。石家庄海关全面开展危险品检验监管模式改革，实施地毯式风险排查整治。河北出入境边防检查总站深入开展执法办案和情报专案攻坚行动，相关工作得到公安部（国家移民管理局）的肯定。

【口岸区域合作提速升级】 一是深化京津冀口岸合作。河北省发起召开京津冀口岸工作联席会议，与京津口岸部门签署深化口岸合作框架协议，在口岸服务、通关便利、“单一窗口”共建等方面深入合作。与京津联合举办 2023 京津冀跨境贸易营商环境协同发展论坛，共同提出 5 个方面协同改革创新举措建议。二是加强与边境、内陆口岸对接合作。与内蒙古、新疆、陕西等 13 个口岸部门共同签订《十四省区市口岸区域合作备忘录》，就加强口岸区域合作机制共建、支持中欧班列高质量发展、支持国际物流多式联运等达成共识。三是推动打造雄安新区便捷出海口。黄骅港在雄安新区综合保税区设立综合服务中心，将黄骅港口岸功能前移至雄安新区，为当地及周边企业提供便利通关服务。

【智慧口岸建设统筹推进】 一是谋划全省智慧口岸建设工作方案。成立智慧口岸工作专班，积极向国家口岸管理办公室汇报沟通，研究起草全省智慧口岸建设工作方案，明确了以“单一窗口”为依托，建设全省海港、空港、陆港服务平台的思路架构。二是谋划智慧口岸建设项目。加强驻冀查验部门以及港口、机场、陆港等口岸运营主体之间的对接，共同谋划智慧口岸建设项目，涉及查验保障能力提升、企业智慧化服务升级等，已启动项目前期工作。三是加强资金保障。对于公益服务类的智慧口岸项目，密切与财政部门的对接沟通，积极落实财政资金支持。

【“单一窗口”建设持续深化】 一是地方版功能不断完善。开发上线“海关惠企通智慧平台”“供港澳活牛监管系统”等应用功能；推广“口岸 E 贷”金融服务，为企业成功获得银行纯信用融资贷款 7 000 余万元。二是联合推出京津冀协同服务专区。加强三地“单一窗口”对接，推动北京空运、天津海运、河北铁运国际物流特色功能互用，实现了京津冀企业在“单一窗口”一网通办。三是加强惠企政策宣传培训。在“单一窗口”设立贸易便利化专区，加强通关服务等政策解读；利用全省外贸业务巡回培训，开展跨境贸易政策宣讲；开展线上培训 16 场，尤其是贸易便利化专题培训，参与企业 1 100 余家，培训广受好评。

口岸监管与服务

【石家庄海关围绕提升开放位势，持续优化口岸营商环境】 2023 年，全省进、出口整体通关时间分别为 32.17 小时和 0.91 小时，均优于全国且处于历史同期最佳水平，两步申报率、提前申报率、无纸化率等指标均优于全国平均水量。用足用好 RCEP 政策，助企享惠 1.07 亿元，同比增长 131.4%。加大 AEO 培育认证力度，新认证企业 50 家，同比增长 50%。全省市场采购贸易出口 88.85 亿元，同比增长 130.48%。在全国率先试点优化进口铁矿石检验作业流程，实现进口铁矿石“船边直提”，检验作业时长压缩 50%。提升进口散粮监管效能，实验室鉴定时间缩短 50%以上，港口卸粮时间减少 12 小时，每船节约费用 7.5 万元。上线运行“惠企通智慧平台”，依托“问题清零”机制解决主要问题 158 个，实现对企服务零距离、零成本、零延时。

【石家庄海关围绕积蓄开放胜势，全面强化对外开放平台建设】 2023 年，推动雄安综合保税区 1 月立项、6 月获批、11 月预验收，体现了雄安速度、海关效率。全力支持石家庄国际陆港高质量发展，推动高邑进境粮食指定监管场地和保税物流中心（B 型）获批设立，推行“铁路快通”便利化措施，缩短班列整体运行时间 1 ~ 2 天，节约单箱费用 200 元以上。年内，服务保障进出境班列622列，承载63 924标箱，同比分别增长20.78%、26.27%。推动辛集进境肉类指定监管场地正式运营，年内进口肉类10 059.6吨，价值3.7亿元。支持国际邮件互换局验收运营，自9月14日开办业务以来监管进出境邮递物品近7.6万件。推行海外仓企业无纸化备案便利措施，全省海外仓企业新增12家，同比增长50%。支持唐山市争取大宗商品综合保税政策落地，研究形成“9+X”政策体系。支持开通石家庄至俄斯特拉发、莫斯科、新西伯利亚、大阪、列日、首尔、东京7条国际货运空中航线，监管进出境货机324架次，监管进出口货物5 531.5吨。助力开通京唐港至东南亚和黄骅港至俄罗斯远东、日本、韩国4条货运集装箱海运航线。

【石家庄海关围绕巩固开放优势，全力支持优势产品和重要能源资源优进优出】 2023年，推动促进全省农产品出口10条硬核措施落实，实现河北省鲜桃首次出口中亚，鲜梨出口量占全国四成。支持特色农产品“保鲜”出口，畅通属地查检绿色通道，170家企业享受预约查检服务，出口农产品总值158.6亿元，同比增长11.8%。将乡村振兴和产业扶贫衔接，举办促进乡村振兴外贸企业资源对接会，现场9家企业签订合作意向书。推动进口能源通关顺畅，进口原油抽样检测比率由100%降至10%左右，进口煤炭抽样比率由100%降至60%左右。推进大宗资源类商品“先放后检”及依企业申请实施重量鉴定，为企业节省费用1.59亿元。综合运用“提前申报”“预约查验”“设立绿色通道”等方式做好冬季能源保供，全年验放进口煤炭3 015万吨，同比增长53%；原油1 380万吨，同比增长5%。

【石家庄海关围绕顺应开放大势，有效筑牢口岸安全防线】 2023年，在口岸检出乙型流感、带状疱疹等6种传染病，首次检出合并感染丙肝病毒、甲流病毒、副流感病毒感染者。在入境人员体检中检出输入性疟疾。深入开展“国门绿盾”行动，截获输入性病媒生物3类19种459只，数量同比增长50倍，检出检疫性有害生物35种1 238种次。全面开展“打击进出口危险品伪瞒报”专项行动，检验监管出口危险品6 356批次，检出不合格15批次，查发伪瞒报情事4起。积极开展“国门利剑”等专项行动，查获仿真枪11支、各类枪支散件700余件，查扣大麻叶及精麻药品等毒品约1千克，查扣国家禁止进出口的冻牛肉等529.15吨，查扣犀牛角2.19千克。精准打击虚假贸易，查发涉虚假贸易情事96起。

【河北出入境边防检查总站高位谋划推进，深度融入经济社会发展大局】 一是深度参与建章立制。认真贯彻落实河北省沿海经济带建设巡回调度会议精神，主动对接省交通厅、省发展改革委等部门，结合担负职责任务实际研提意见建议，首次将边检工作纳入省政府《关于进一步推动和支持沿海港口高质量发展的若干措施》《推进沿海经济带高质量发展2023年工作要点》等6份重要文件，为边检工作与地方经济社会发展战略深度融合、一体推进提供了遵循、明确了目标。二是深入开展走访调研。总站领导10余次走访省政府及省发展改革委、财政厅等相关部门，就共同抢抓发展机遇，密切协作配合，大力加强体系化管控建设，全力维护国家政治安全和口岸安全稳定，携手助力经济社会高质量发展等事项进行了深入交流并达成广泛共识。全省边检机关结合主题教育活动，聚焦“企业所需、群众所盼、边检所能”，多次深入港口企业开展走访调研，主动征求对边检工作的意见建议，不断优化管理服务，积极回应企业群众关切。三是全面深化战略合作。强化走访调研成果转化运用，与秦皇岛、唐山、沧州市政府签订战略合作协议，拓展合作领域，达成信息共享、口岸共建等合作共识31项，与石家庄市政府达成战略合作意向，与河北港口集团签订战略合作协议，形成常态会商、共建共享等7项工作共识并狠抓落实，全面开展务实合作，为实现口岸综合治理和服务保障能力“双提升”奠定坚实基础。

【河北出入境边防检查总站坚持守正创新，全力提供优质高效管理服务】 一是强化通关保障。召开海港边检工作座谈会、推动和支持沿海港口高质量发展座谈会，研究制定总站助力和支持沿海港口高质量发展 7 项措施和关于贯彻落实河北省推动支持沿海港口、经济带和临港产业高质量发展等相关文件的通知，为港航企业提供 24 小时通关保障，实现“短时靠泊，一次办结”，做到办理“零收费”、到港“零等待”、离港“零延时”，高效服务保障国际航行船舶“快进快出”，累计为口岸企业、船舶减少等候时间约 7 800小时，压缩运营成本约 2 500 万元。在石家庄正定国际机场建成全国首个边检货运查验专区，平均为每架货机节省约 1 小时在港时间和 5 000元停机费用。二是优化服务举措。积极推广应用新版“边检行政许可网上窗口”，实现许可网上办理、无纸化签发、电子化查验、“一地办证、全省通用”，实现“让数据多跑腿，让群众少跑路”。积极回应广大人民群众服务诉求，12367 平台累计接听群众咨询电话 5 342 通，连续 6 个月群众满意率达到 100%，管理服务便捷度、服务对象满意度均显著提高。三是提升用警效能。针对全省港口类型相似、边检管理服务模式差异较大的问题，强力推动海港边检勤务模式深度调整，下大决心重新调整划分警务区并建立执勤队动态轮换机制，形成了相对统一的“一港多区、分区报检”新型边检管理服务模式，最大限度做到警力下沉、窗口前置、服务前移，平均缩减船舶代理单次手续跑办时间 20 分钟，进一步提升口岸通关效率，助力航运企业发展。

【河北出入境边防检查总站严密口岸管控，坚决维护国门口岸安全稳定】 立足首都“护城河”边检职责，坚持打防管控并举，确保口岸安全稳定，实现以高水平安全保障高质量发展。深入贯彻落实全国边检工作会议精神和年度移民管理工作会议要求，全流程全要素开展“查疑、查假、查伪”工作，打造口岸立体化、现代化边防检查管控体系。2023 年，共检查出入境交通运输工具 7 440 艘（架）次、人员 18.3 万人次，同比分别增长 28.5%、49.6%，未发生任何失控漏管问题。

【河北海事局支持多功能综合性现代化港口建设】 一是全力支持保障曹妃甸港区新天液化天然气公司新建 LNG 泊位及曹妃甸港区唐山曹妃甸实业港务有限公司矿石码头一期 2 个 25 万吨级泊位、黄骅港区泰地液化码头以及河钢物流码头、京唐港区 3 港池 26#–27#泊位的对外开放验收工作，为地方经济向海发展提供新的引擎动力。二是支持港口发展集装箱业务，拓展集装箱航线。对进出港的集装箱船舶在航道安排、动态制定以及相关适航保障方面予以优先级。建立集装箱船舶绿色通道，探索集装箱班轮“直离直靠”“直进直出”机制，保障集装箱船舶优先靠离泊。在集装箱船舶安全检查、开箱查验等方面优先安排，最大限度减少对船期的影响。支持港口码头航线拓展，跟踪提供港口码头相关靠泊要求，货物海上运输相关规定，维护船舶海上航行安全。三是推进 40 万吨级矿砂船满载直靠常态化，完善“超大型船舶安全通航智能感知平台”功能，推动剩余航段扫测工作。“40 万吨矿石船满载通过渤海深水航路关键技术研究及应用团队”获得郑和航海风云榜“航海风云人物创新探索先锋”荣誉。助力新天 LNG 码头投产运营，保障东区 5 万吨级航道升级项目施工安全。推进码头岸电接收设备应用，全力支持码头岸电设施建设，推动绿色港口口岸发展。

【河北海事局持续推进跨境贸易便利化】 一是优化“单一窗口”使用，便利国际航行船舶进出口岸手续办理。协调海关、边防检查站等单位，理顺操作办理流程，打通“单一窗口”使用堵点，真正实现了不见面办理申报业务，并代表口岸单位向各申报单位进行了全面宣传贯彻，明确操作要点，规范申报内容，减轻行政相对人负担。此次优化，实现了电子“出口岸联系单”信息高效传递，畅通“单一窗口”系统国际航行船舶出口岸办理流程，为相对人节约了人力成本，提升了国际航行船舶周转效率。2023 年，通过“单一窗口”办理国际航行船舶进出口岸审批及其他各申报事项 1.8 万余件次。二是持续优化海事政务服务环境。设立首席服务官，针对船舶落户、公司审核、船员换证等海事业务主动对接辖区办事群众、企业需求，精准纾难解困，让企业、群众“少跑弯路”，打通海事政务服务“最后一公里”。认真落实告知承诺相关要求，对符合告知承诺条件的，免于提交告知承诺的相关材料，免于原件核验或领证时提供原件。基本条件具备、主要申请材料齐全且符合法定形式，次要申请材料暂缺的，申请人以书面形式作出承诺，保证在承诺的期限内补正全部材料，海事局根据已提交的材料容缺先行办理行政许可、行政确认、行政备案等事项。通过电话帮办、新媒体帮办等形式，为行政相对人提供“一对一”贴心帮办的优质服务。三是实施海事业务“一条船一次查”。严格按照“双随机、一公开”和“冀海清风 2023”要求选取目标船舶和执法人员，依据目标船舶情况和随机抽查事项频次要求选取抽查事项，全面实施“一条船一次查”。结合船舶现场监督检查和船旗国监督检查完成需对船舶实施的所有抽查事项，执法人员登轮一次完成海事监管所有执法检查。实施“一条船一次查”，极大减少了对船舶运营的干扰，提高了海事执法效能，优化了营商环境。

【河北海事局严格监管，维护口岸交通安全】 一是保障重点物资运输绿色便捷。制订能源物资运输应急保障方案和冬季电煤等能源物资运输服务保障方案，举全局之力做好能源物资海上运输保障工作，指导京唐 LNG 接卸站完成首次夜间离泊，保障新天 LNG 首船顺利到港，开展 LNG 船舶重点保供时段专项检查与低能见度条件下安全保障措施研究，强化固化与天津、山东、广西等海事机构 LNG 船舶重点保供时段专项检查机制；创新实施秦皇岛港电煤运输保障“6+N”机制，保障国家战略物资运输通道和国际物流供应链畅通；重点保障中菲达沃航线香蕉运输、中蒙海陆联运、中韩客货班轮等重点航线，开辟绿色通道，保障新西兰活奶牛运输船安全抵港。二是以港口国监督人员管理推动国际航行船舶技术状况提高。实施了港口国监督检查员轮值和见习培养，持续补足安检人员后备力量，增加了人员储备能力，船旗国监督检查员跟班港口国检查，进一步改善了安检员水平。2023 年，开展港口国监督检查 427 艘次，开具缺陷 1 239 条，滞留船舶 19 艘次，改善了来港国际航行船舶安全技术状况。三是保障通航环境安全通畅。对重点船舶开辟绿色航道，做到重点船舶“直进直靠”；科学规划港前待泊区，节约船舶进出港时间，提高通航效率；实施全要素水上“大交管”战略，继续推进信息化监控设备设施建设，持续推进海事监管基地、综合港雷达站、河口雷达站、CCTV（图像通信系统）监控补点等项目建设，持续优化智能化平台开发建设。构建集约协同的水上交通指挥体系；重点推进 5G（700 MHz）移动信号海事应用，基本实现移动 5G（700 MHz）中远海通信对锚地、习惯航路及重点水域全覆盖，助力海事数字化、智能化转型升级。

开放口岸

【石家庄空运口岸（石家庄正定国际机场）】 石家庄正定国际机场位于河北省石家庄市正定县，距离市区 32 千米。1995 年 12 月，石家庄正定机场经国务院批准开放；2008 年 7 月，石家庄正定机场更名为“石家庄正定国际机场”。机场航站楼总面积 21 万平方米，年客运保障能力 2 000 万人次；货运区总面积 22 万平方米，共有 7 个货机专用停机位，年货邮吞吐量保障能力 25 万吨。

截至 2023 年年底，石家庄正定国际机场共运营航线 146 条，其中，国内客运 129 条、货运 4 条，国际客运 6 条、货运 7 条。2023 年较 2022 年新增航线 44 条，其中国内客运 31 条、货运 1 条，国际客运 6 条、货运 6 条。机场共通航城市 87 个，其中国内 76 个、国际 11 个。2023 年较 2022 年，新增通航城市 16 个，其中国内 6 个、国际 10 个。

2023 年，石家庄正定国际机场旅客吞吐量 986. 3 万人次，同比增长 77. 3%；货邮吞吐量 61 077. 4吨，同比增长 40. 6%；运输航班 7. 49 万架次，同比增长 55. 2%。受疫情影响，国际客运航线于 4 月 20 日复航，截至 12 月 31 日，完成国际旅客吞吐量 3.23 万人次；全年完成货邮吞吐量 5 554.1 吨。

【秦皇岛水运（海港）口岸】 秦皇岛港是河北省秦皇岛市港口，位于渤海海岸，是我国北方地区的一座天然港口。秦皇岛港占用自然岸线长 15.9 千米，码头岸线 15.6 千米，水域面积 222 平方千米，陆域面积 13.7 平方千米。1984 年 12 月 26 日，秦皇岛港被国务院批准为全国首批 14 个沿海对外开放港口之一。1985 年 4 月 1 日，秦皇岛港正式对外国籍船舶开放。经过多年的发展和调整完善，秦皇岛港划分为西港区（含新开河港）、东港区（含秦山化工港）、山海关港区（含山海关修造船厂）和秦西大蒲河港点。其中，西港区以集装箱、杂货运输为主，拟结合城市发展需要逐步调整为邮轮、游艇、帆船等旅游客运功能；东港区以煤炭、油品运输为主；山海关港区主要满足 LNG 运输和服务临港产业发展；秦西大蒲河港点主要服务旅游客运。秦皇岛口岸有生产泊位 84 个，其中开放泊位 72 个，综合通过能力 2.48 亿吨。

秦皇岛港有库场 130 多万平方米，拥有专业化的港口设施、高效的装卸机械、先进的生产工艺，可承运各类件散杂货。集装箱码头拥有 5 万吨级专用泊位 3 个，可接卸第六代集装箱船，码头堆场宽敞，设计年通过能力达 65 万标箱。秦皇岛港拥有 2 条总长 2 000 米的铁路装卸线，可直达码头和场站，货运成本低廉，具备危险品货物作业资质。秦皇岛港拥有国际海上直达航线 2 条，分别为日本关东集装箱航线、韩国仁川客货混装班轮航线；国内海上航线 6 条，由外贸公共内支线中转到达世界主要港口，内贸航线覆盖全国主要沿海港口。口岸集疏港条件优越，各港区均可与京沈高速路、102 国道、205 国道及秦承公路相接。秦山、京山、京秦、京沈、大秦铁路集疏港货物可直达港内堆场、仓库、码头泊位船前，最大限度地减少物流环节，降低物流成本。经济腹地包括东北、华北和西北各省、自治区。秦皇岛港拥有全国第一家煤炭现货交易市场，形成了集煤炭现货交易服务、信息服务、物流服务及金融服务于一体的市场体系，交易市场发布的环渤海动力煤价格指数已成为全国唯一的、涵盖国内外的煤炭价格指数，煤炭枢纽港的地位得到了巩固。

2023 年，秦皇岛港完成货物吞吐量 1.93 亿吨，同比下降 1.4%。其中，煤炭运量 1.71 亿吨，同比增长 0.3%；油品进出口完成 137.6 万吨，同比上涨 29.3%。外贸吞吐量完成 401.93 万吨，同比下降 16.3%。秦皇岛至日本关东航线由每月 1 班恢复至每周 1 班，共完成 2.52 万标箱；秦仁航线保持每周 2 班，共完成 2.86 万标箱，每班次重箱率保持在 85%以上。

【唐山水运（海港）口岸】 唐山港是河北省唐山市港口，是我国能源、原材料等大宗物资专业化运输体系的重要组成部分，是华北地区重要综合运输枢纽，下辖京唐港区、曹妃甸港区（分别于 1992 年和 2009 年获批对外开放）。截至 2023 年 12 月 31 日，唐山港已建成矿石、煤炭、杂货、LNG、原油等各类生产性泊位 152 个，其中对外开放泊位 82 个，设计年通过能力67 292.5 万吨、242 万标箱。曹妃甸至京唐港区集装箱航线稳定运行，两港区可共享内外贸航线资源。截至年底，拥有内外贸海上货运航线 235 条，内贸航线连通大连、天津、青岛、上海、宁波、广州、深圳、北部湾等国内各港口；外贸航线通达美国、比利时、荷兰、日本、韩国、马来西亚、印度、澳大利亚及非洲等近 80 个国家和地区的 200 个港口。年内，新建内陆港 5 个，总数达到 59 个。

2023 年，唐山港完成货物吞吐量 8.42 亿吨，同比增长 9.53%，其中，外贸吞吐量完成 33 359.8万吨，同比增长 22.3%。外贸主要货种为煤炭及制品、石油天然气及制品、金属矿石、钢铁、矿建材料等。

【黄骅水运（海港）口岸】 黄骅港位于河北省沧州市，是我国北方地区主要的煤炭装船港、“三西”煤炭外运第二通道的重要出海口、津冀沿海港口群的重要组成部分和能源枢纽港。黄骅港通过邯黄、朔黄、沧港 3 条铁路和国铁相连，是雄安新区的便捷出海口，辐射鲁西北、冀中南、晋中、豫北和陕西、甘肃、宁夏、内蒙古、新疆等地区。2023 年 5 月 11 日，习近平总书记在沧州市黄骅港煤炭港区考察调研，了解了港区生产经营及发展规划等情况。习近平总书记强调，“黄骅港作为我国西煤东运、北煤南运的重要枢纽港口，要加强港口能力建设，创新管理体制机制，打造多功能、综合性、现代化大港。”7 月，国家发展改革委、交通运输部联合印发《全国港口与航道布局规划》，明确黄骅港为全国沿海主要港口。

截至 2023 年年底，黄骅港建成万吨级以上生产性泊位 41 个，最大靠泊能力 20 万吨。在 22 个对外开放泊位中，煤炭港区 3 个，为专业化煤炭泊位；综合港区 19 个，为多用途、散杂货及矿石泊位。黄骅港口岸全年无休，主要进出口货物为矿石、煤炭、大豆等。黄骅港口岸为进境粮食指定口岸，并拥有进境屠宰牛资质。

黄骅港口岸不断巩固“西北内陆—东南沿海”集装箱海铁联运示范工程建设，充分依托朔黄、太中银、邯黄等铁路线开通多条海铁联运线路，实现对陕、晋、蒙、新及冀中南等地区的覆盖。2023 年，通过海铁联运共卸重班列 120 列，装空 123 列，完成集装箱 2.9 万标箱。9 月，黄骅港“包神物流内陆港”成功揭牌。黄骅港已在山西、内蒙古、石家庄、邯郸等地建设内陆港 11 个。年内，黄骅港开通了至日本、韩国、俄罗斯、东南亚及中东 5 条外贸集装箱航线，开通了至广州、泉州、厦门等内贸集装箱航线。黄骅港散货内贸航线通达上海港、宁波舟山港、广州港等港口，货物主要为出港煤炭；散货外贸航线可以通达全球各大港口，主要进出口货物为矿石、大豆、钢材等。

2023 年，黄骅港口岸完成外贸货物吞吐量 8 169.51万吨，同比增长 16.48%。其中，按进出境分，进境货物 7 884.01 万吨、出境货物 285.50 万吨；按货类分，煤炭 151.52 万吨、矿石 7 451.96万吨、其他货类（粮食、钢材、矿建材料等）566.03 万吨。

2023 年河北省口岸大事记

1 月 5 日

黄骅港矿石港务公司 2 个 20 万吨级矿石泊位实现对外开放。

2 月 11 日

辛集进境肉类指定监管场地正式对外开展业务。

2 月 22 日

石家庄正定国际机场获得中国民用机场协会 2022 年度“双碳机场”评价三星级机场。

3 月 6 日

石家庄正定国际机场再次获得“2022 年度 500 万~1 500 万量级亚太区最佳机场”奖项，旅客总体满意度位列全球同量级机场第一，18 项满意度指标跻身全球前十。

3 月 7 日

河北省政府副省长、省口岸工作领导小组组长金晖到省电子口岸公司调研指导工作。

3 月 7 日

2023 年河北省口岸工作领导小组会议在石家庄召开，河北省政府副省长、省口岸工作领导小组组长金晖主持会议并讲话。

3 月 8 日

石家庄海关首票运用属地查检业务管理系统通过国际贸易“单一窗口”报检的货物顺利出口，这标志着该系统在石家庄海关正式应用。

3 月 9 日

沧州黄骅港泰地石化公司 2 个 5 万吨级液体化工品泊位实现对外开放。

3 月 9 日

石家庄国际邮件互换局（交换站）邮检作业场地通过实地核验。

3 月 9 日

河北海事局门户网站在 2022 年交通运输行业部管网站绩效评估工作中取得直属海事系统排名第三的好成绩，被评为优秀政府网站。

3月28日

海关总署同意增设石家庄国际邮件处理中心关区代码。关区代码为“0427”，自2023年4月10日起实施使用。

3月28日

石家庄海关所属鹿泉海关监管京津冀首列商品车整车出口笼车班列开行，自石家庄国际陆港始发，经由霍尔果斯口岸出境后通过公路运输至哈萨克斯坦，满挂29节笼车车厢，装载261辆长城汽车，货值3 100余万元。

4月15日

黄骅港首艘国际航行油轮安全靠泊河北黄骅港泰地液化码头。

4月17日

石家庄正定国际机场T1航站楼顺利通过石家庄海关验收。

4月20日

石家庄正定国际机场国际客运航班复航，当日保障进出境航班4架次、进出境人员230人次。

4月21日

交通运输部海事局授予秦皇岛海事局“全国海事系统调查工作先进集体”荣誉称号。

4月27日

海关总署召开2023年跨境贸易便利化专项行动部署动员会议，河北省石家庄市、唐山市成功争列国家“促进跨境贸易便利化专项行动试点城市”。

4月29日

唐山港曹妃甸新天液化天然气公司1个新建泊位获河北省政府批复，正式对外开放。

5月6日

黄骅港开通“黄骅港—日本”外贸集装箱航线、“黄骅港—广州”内贸集装箱航线。

5月11日

习近平总书记在河北省沧州市黄骅港煤炭港区考察调研，了解港区生产经营及发展规划等情况。

5月12日

石家庄海关所属石家庄机场海关保障首票进口港区联动货物通关。该货物为俄罗斯进口的14.5吨矿泉水，由机场口岸入境进入正定综合保税区。该关全流程辅导进口企业，保障货物顺利通关，以实际行动落实关地合作备忘录，积极推进“港区联动”。

5月15日

跨境电商出口海外仓（9810）业务模式在雄安新区落地实施。

5月16日

京津冀口岸工作联席会议在河北曹妃甸召开。联席会议由河北省发展改革委主办，北京市、天津市口岸主管部门协办，国家口岸管理办公室副主任党晓红和河北省政府副省长金晖出席会议并讲话。

5月22日

秦港股份“大型散货港口群网上业务大厅”数字场景创新平台获得全国国企数字场景创新专业决赛三等奖。

5月27日

河北省口岸工作领导小组专题会议在唐山召开，省政府副省长、省口岸工作领导小组组长金晖主持，对开展2023年促进跨境贸易便利化专项行动，进一步提升全省跨境贸易便利化水平，打造市场化、法治化、国际化一流口岸营商环境进行了专门研究部署。

6月13日

沧州黄骅港钢铁物流有限公司2个5万吨级通用散货泊位实现对外开放。

6月18日

唐山新天LNG项目首船顺利接卸，这标志着环渤海地区在建和规划LNG接收站接卸能力、存储规模、气化外输能力最大的LNG项目正式启动。

6月24日

国务院印发《关于做好自由贸易试验区第七批改革试点经验复制推广的通知》，河北海事局“国际航行船舶‘模块化’检查机制”入选政府管理创新领域改革试点经验，是中国（河北）自由贸易试验区获批3年以来，首个在全国范围内复制推广的改革事项。

6月28日

黄骅港开通“黄骅港—俄罗斯远东”外贸集装箱航线、“黄骅港—泉州港、厦门港”内贸集装箱航线。

7月2日—4日

河北海事局协调组织天津、辽宁、山东海事部门与当地海警、海监和渔政等单位开展“海安2023”渤海海域巡航执法行动。此次行动是历年来渤海海域规模最大、参与单位最多、持续时间最长、采用设备最先进的联合巡航执法行动。

7月21日

河北省政府副省长、省口岸工作领导小组组长金晖主持召开2023年河北省口岸工作领导小组第二次专题会议。会议传达学习了2023年全国口岸办主任会议精神，听取了省发展改革委关于全省跨境贸易便利化工作推进情况和石家庄、唐山市政府关于跨境贸易便利化专项行动工作方案及相关工作进展。

7月24日

海关总署署长俞建华到雄安新区调研，强调海关系统要坚决贯彻落实习近平总书记在河北考察时的重要讲话精神，充分发挥职能优势，全力协助雄安新区打造高水平对外开放平台，为高标准高质量建设雄安新区贡献海关力量。

7月26日

海关总署署长俞建华到石家庄海关所属北戴河海关调研。

7月26日

交通运输部副部长王刚到秦皇岛督导调研暑期水上交通运输保障工作。

8月11日

唐山港曹妃甸实业港务有限公司2个矿石泊位获河北省政府批复，正式对外开放。

8月22日

石家庄海关所属石家庄机场海关快速办理首票直航进口药品通关手续，该批药品共9.5千克，为原产于法国的依诺肝素钠注射液，由石家庄—捷克航线承运。

9月4日

2023京津冀跨境贸易营商环境协同发展论坛在北京召开，河北省发展改革委参加活动并发布《京津冀跨境贸易营商环境协同改革举措与成效》。

9月6日

国际机场理事会（ACI）客户体验全球峰会在韩国仁川举办，石家庄正定国际机场被授予“亚太区最佳机场”奖项。

9月14日

石家庄海关保障首批国际出境邮件顺利通关。石家庄国际邮件互换局（交换站）是河北省首个互换局兼交换站，建设标准达到国内先进水平。当日，石家庄海关保障573单国际出境邮件顺利通关。

10月26日

国家口岸管理办公室到河北省开展优化口岸营商环境政策暨世界银行营商环境新评估体系“国际贸易”政策宣讲。

10月27日

石家庄国际陆港设立进境粮食指定监管场地获海关总署批复同意。

10月27日

秦皇岛秦仁海运有限公司开通运营廊坊里澜城—秦皇岛港—韩国仁川国际海铁班列业务。

11月1日

北方能源运输保障联席会议暨苏冀能源运输船舶“四直”（直进直靠、直离直出）绿色通道启动仪式在河北沧州举办。河北海事局与江苏海事局签署苏冀能源运输协同保障机制合作协议，创建全国首个跨越海区、联通江海的大航线项目。

11月28日

唐山港曹妃甸中亚班列正式开行。

12月25日

黄骅港开通“黄骅港—南沙—东南亚”“黄骅港—上海—中东”外贸集装箱航线。

（撰稿人：刘卅男、王琳、冯志博、陈鹤、邢志刚、张培、邢璐）

2023 年河北省口岸流量统计表

口岸类型		口岸名称	货运量（万吨）				集装箱量（万标箱）				人员（万人次）				交通工具（辆、艘、架、列次）			
			出口	进口	合计	同比（%）	出口	进口	合计	同比（%）	出境	入境	合计	同比（%）	出境	入境	合计	同比（%）
空运口岸		石家庄	0.54	0.02	0.56	503.1					1.6	1.63	3.23	4 806.8	282	288	570	1 325
		分计	0.54	0.02	0.56	503.1					1.6	1.63	3.23	4 806.8	282	288	570	1 325
水运口岸	海港口岸	秦皇岛	113.4	288.5	401.9	−16.2					0.7	0.6	1.3	−10.5	354	299	653	−0.2
		黄骅	285.51	7 884.01	8 169.51	16.48					1.5	1.26	2.77	28.37	864	872	1 736	32.72
		唐山	1 920.51	31 439.28	33 359.79	22.29					5.0	5.5	10.5	23.45	3 455	3 455	6 910	28.5
		分计	2 319.42	39 611.79	41 931.20	20.6					7.2	7.36	14.57	19.92	4 673	4 626	9 299	26.74
合计			2 319.96	39 611.81	41 931.76	17.47					8.8	8.99	17.8	46.5	4 955	4 914	9 869	34.51
同比（%）																		

（河北省口岸办提供）

2023 年石家庄海关主要数据统计表

项　目		2023 年	2022 年	同比（%）
进出口货运量（万吨）	合计	35 801.5	30 557.2	17.2
	进口	33 509.7	29 207.1	14.7
	出口	2 291.8	1 350.1	69.8
进出口货物总值（万美元）	合计	7 001 530.8	6 731 927.7	4.0
	进口	5 377 620.8	5 327 247	0.9
	其中：江、海运输	5 349 341.6	5 298 260.4	1.0
	铁路运输	1 591.4	4 644.9	-65.7
	汽车运输	2 404.9	78.1	2 980.8
	航空运输	24 276.1	24 236.1	0.2
	邮件运输	3.2	0.1	4 672.7
	其他运输	3.6	27.5	-86.9
	出口	1 623 910.1	1 404 680.7	15.6
	其中：江、海运输	1 490 192.5	1 286 580.9	15.8
	铁路运输	83 440.5	78 614.5	6.1
	汽车运输	2 226.3	3 442.4	-35.3
	航空运输	6 209.1	15 179.8	-59.1
	邮件运输	379.7	617.7	-38.5
	其他运输	41 462	20 245.3	104.8
税收（亿元人民币）	两税合计	471.91	461.43	2.27
	关税入库	13.81	18.08	-23.62
	进口环节税入库	458.1	443.35	3.33

（石家庄海关提供）

2023 年河北省口岸出入境主要数据表

<table>
<tr><th colspan="3">项　目</th><th>2023 年</th><th>2022 年</th><th>同比（%）</th></tr>
<tr><td rowspan="14">出入境人员（人次）</td><td colspan="2">出入境人员总数</td><td>183 485</td><td>122 652</td><td>49.6</td></tr>
<tr><td colspan="2">入境人员</td><td>95 247</td><td>62 915</td><td>51.39</td></tr>
<tr><td colspan="2">出境人员</td><td>88 238</td><td>59 737</td><td>47.71</td></tr>
<tr><td colspan="2">出入境旅客</td><td>32 413</td><td>658</td><td>4 825.99</td></tr>
<tr><td colspan="2">出入境员工</td><td>151 072</td><td>121 994</td><td>23.84</td></tr>
<tr><td rowspan="5">中国公民</td><td>小计</td><td>79 319</td><td>57 362</td><td>38.28</td></tr>
<tr><td>内地居民（因公）</td><td>61 744</td><td>56 924</td><td>8.47</td></tr>
<tr><td>内地居民（因私）</td><td>17 266</td><td>35</td><td>49 231.43</td></tr>
<tr><td>港澳居民</td><td>52</td><td>14</td><td>271.43</td></tr>
<tr><td>台湾同胞</td><td>257</td><td>389</td><td>−33.93</td></tr>
<tr><td colspan="2">外籍人员</td><td>104 166</td><td>65 290</td><td>59.54</td></tr>
<tr><td colspan="2">从海港出入境人数</td><td>147 552</td><td>121 674</td><td>21.27</td></tr>
<tr><td colspan="2">从陆港出入境人数</td><td></td><td></td><td></td></tr>
<tr><td colspan="2">从空港出入境人数</td><td>35 933</td><td>978</td><td>3 574.13</td></tr>
<tr><td rowspan="5">交通运输工具（辆、艘、架、列次）</td><td colspan="2">总计</td><td>7 440</td><td>5 792</td><td>28.45</td></tr>
<tr><td colspan="2">船舶</td><td>6 867</td><td>5 752</td><td>19.38</td></tr>
<tr><td colspan="2">飞机</td><td>573</td><td>40</td><td>1 332.5</td></tr>
<tr><td colspan="2">火车</td><td></td><td></td><td></td></tr>
<tr><td colspan="2">机动车辆</td><td></td><td></td><td></td></tr>
</table>

（河北出入境边防检查总站提供）

2023 年河北海事局进出港船舶统计汇总表

船舶类别	进港船舶							出港船舶						
	艘数（艘）	总吨（吨位）	总载重量（吨）	载客量（客位）	船员人数（人次）	货物到达量（吨）	旅客到达量（人）	艘数（艘）	总吨（吨位）	总载重量（吨）	载客量（客位）	船员人数（人次）	货物发送量（吨）	旅客发送量（人）
总计	222 700	1 129 995 905	1 857 785 867	2 542 723	2 597 929	494 175 910	5 379 595	207 385	1 124 428 821	1 849 414 403	2 521 641	2 584 640	951 506 457	4 206 283
中国籍船舶	218 146	853 797 824	1 349 916 871	2 505 580	2 504 442	124 716 558	5 379 595	202 830	847 905 289	1 340 388 280	2 484 498	2 491 609	919 046 110	4 206 283
其中：外贸船	187	7 382 409	13 195 166	0	4 076	10 364 577	0	159	6 079 254	10 806 024	0	3 468	2 166 259	0

（河北海事局提供）

山 西 省

序号	类型	口岸名称	批准开放时间	开放状态
1	空运口岸（3个）	太原空运口岸	1993	国际常年
2		大同空运口岸	2019.11	国际常年
3		运城空运口岸	2020.1	国际常年

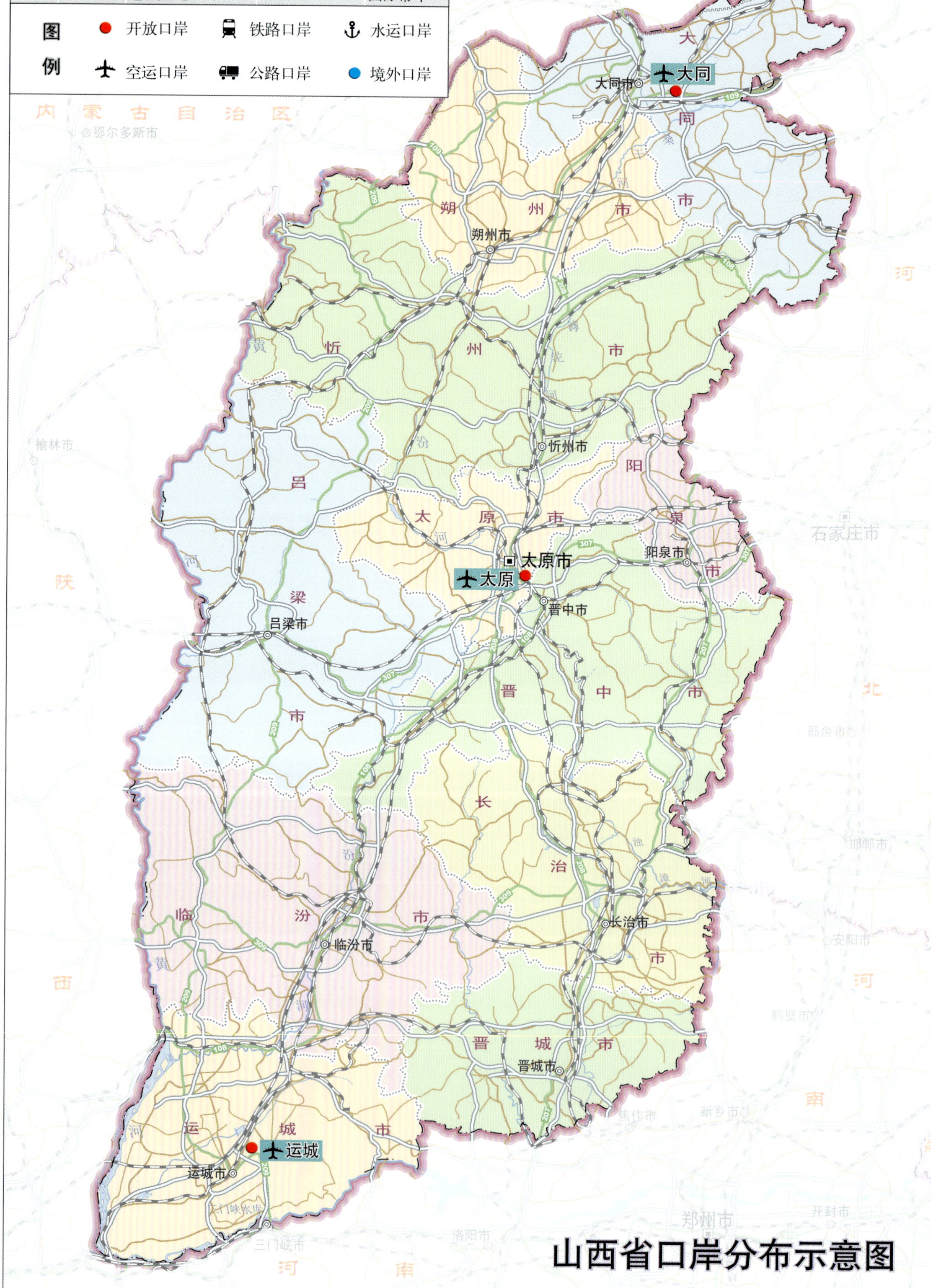

山西省口岸分布示意图

口岸数量及分布

截至2023年年底，山西省共有经国务院批准的对外开放口岸3个，分别为太原空运口岸（太原武宿国际机场）、大同空运口岸（大同云冈机场）和运城空运口岸（运城张孝机场）。

口岸运行数据

2023年，据边检统计，太原空运口岸出入境人员31 201人次，出入境飞机345架次。

口岸综合管理

【开展国际航运、陆运、多式联运发展“大调研”】 为学习借鉴外省国际物流发展经验，更好出台山西省建设内陆地区对外开放新高地“1+N”政策体系，完善全省国际物流网络，建设对外开放通道，2023年3月2日，山西省商务厅二级巡视员任素芬率相关厅局和企业负责同志，赴甘肃、河南两省针对国际航运、陆运、多式联运发展情况进行调研，并赴中鼎物流园、太原武宿国际机场进行调研交流，形成《关于对完善国际物流网络　建设对外开放通道有关政策的调研报告》。同时，积极运用“大调研”成果，研究提出太原富士康苹果手机国际航运和中鼎物流提升运输效率工作方案，形成专报报送山西省政府。

【大同航空口岸通过国家正式验收】 2023年6月6日，国家口岸管理办公室副主任党晓红率国家口岸验收组赴大同云冈机场，对大同航空口岸对外开放进行验收。验收组现场查看了大同云冈机场航站楼国际区、货运监管作业场所、业务技术用房及相关配套设施设备等，听取了口岸对外开放和建设情况汇报，并召开大同机场航空口岸对外开放国家验收会议。经过现场查验和集中评审，国家验收组一致认为，大同机场口岸查验设施配备齐全，符合国家标准，达到了口岸对外开放要求，同意大同航空口岸对外开放通过验收，并签署验收纪要。

【编制完成《山西省实施国家“十四五”口岸发展规划情况中期评估报告》】 2023年7月30日，为促进全省“十四五”期间口岸工作科学规范发展，根据《国家“十四五”口岸发展规划中期评估方案》工作要求，山西省口岸办组织口岸相关部门和单位，对全省实施《国家“十四五”口岸发展规划》情况进行了认真评估，编制完成《山西省实施国家“十四五”口岸发展规划情况中期评估报告》。通过评估，及时发现当前工作的不足，为下一步系统性、针对性地落实国家规划起到了有力的推动作用。

【充分发挥联席会议作用增强口岸工作合力】 2023年8月10日，山西省口岸工作领导小组会议在省政府召开。会议由省商务厅副厅长李国荣主持，省口岸工作领导小组成员单位参加会议。会议强调，各级各部门要充分认识口岸工作的重要地位，以全国口岸办主任会议精神为指引，按照省委、省政府的决策部署和省委十二届六次全会提出的“66831”工作体系，扎实推进口岸建设各项重点工作，加快推动太原航空口岸建设，尽早完成运城航空口岸验收工作，加快太原国际邮件互换局扩容升级，着力提升中欧班列运行效率，加快“单一窗口”地方版建设，不断优化口岸营商环境，提升通关便利化水平。会议还审议通过了《中国（山西）国际贸易单一窗口建设工作方案》。

【太原国际邮件互换局扩容升级项目开工建设】 由山西省商务厅牵头，会同太原海关、山西航产集团、邮政集团山西分公司多次召开工作协调会，协调解决堵点难点问题，推动太原国际邮件互换局扩容升级工作顺利开展。2023年8月22日上午，太原国际邮件互换局（交换站）扩容升级项目举行启动仪式。

【开通墨西哥城—太原—浦东—芝加哥全货机航线】 2023年11月1日，在山西省口岸办、太原海关、山西出入境边防检查总站大力支持下，由山西航产集团、中国南方航空公司共同运营的墨西哥城—太原—浦东—芝加哥全货机定期国际货运航线正式开通，这是山西省开通的首条全货机定期国际货运航线。

【运城航空口岸通过国家正式验收】 2023 年 11 月 24 日，国家口岸管理办公室副主任党晓红率国家口岸验收组赴运城张孝机场对运城航空口岸对外开放进行验收。国家验收组一行深入运城张孝机场，就航空口岸功能布局、设施设备建设、口岸核心能力建设、查验机构设置等情况进行了详细查验。经过现场查验和集中评审，国家验收组一致认为，运城张孝机场口岸查验设施配备齐全，符合国家标准，达到了口岸对外开放要求，同意运城航空口岸对外开放通过国家验收。

【中国（山西）国际贸易单一窗口（地方版）开工建设】 2023 年 12 月 4 日，中国（山西）国际贸易单一窗口（地方版）建设项目招投标工作完成，中标单位为山西数字政府建设运营有限公司。

【出台《山西省航空口岸外贸进出口货物标准作业程序参考》】 2023 年 12 月 11 日，根据商务部有关规范，山西省商务厅牵头会同太原海关、山西出入境边防检查总站、山西航产集团规范航空口岸货物通关流程及作业时限，出台《山西省航空口岸外贸进出口货物标准作业程序参考》，旨在进一步压缩货物整体通关时间，更好服务企业在口岸开展货物进出口业务。

口岸监管与服务

【太原海关全方位助力对外开放平台增量提质】 一是助力大同、运城航空口岸正式开放。积极做好省级预验收发现问题整改和正式验收前准备工作。2023 年 6 月 6 日，大同航空口岸开放通过正式开放验收。11 月 24 日，运城航空口岸通过正式开放验收。二是大力支持太原航空口岸对外开放平台建设。提前介入太原国际邮件互换局（交换站）扩容升级、太原武宿国际机场三期改扩建及太原武宿国际机场航空货运物流基地等建设项目。为邮检现场增配大口径 CT 设备 1 台，并实现智能审图功能应用。参与指导太原武宿国际机场航空货运物流基地项目规范建设。三是助力太原航空口岸提升开放水平。依托太原航空口岸毗邻武宿综合保税区区位优势，推动“区港联动”。针对鲜榴莲等时令水果对通关时效的要求，设立进境新鲜水果查验绿色通道。6 月 5 日，太原武宿综合保税区进境水果及冰鲜水产品指定监管场地改造项目通过验收。6 月 9 日，顺利保障自泰国进口的 20 吨新鲜榴莲在该场地完成检验检疫并通关放行。

【太原海关支持太原航空口岸畅通国际物流通道】 一是支持太原武宿国际机场拓展国际航线，提供“7×24 小时”预约通关服务。2023 年，太原航空口岸复航客运航线 6 条，分别为太原—普吉、太原—海口—悉尼、太原—澳门、太原—曼谷、太原—莫斯科、太原—芽庄；新开国际货运航线 1 条。二是积极协调保障进出境邮路畅通。保障太原—北京、太原—郑州等出境邮路畅通，支持企业新开通太原—青岛—美国、太原—满洲里—俄罗斯出境邮路。三是支持探索跨境电商出口新通道。12 月，助力跨境电商“9610”货物从郑州转关至太原机场海关，由太原武宿国际机场出境，推动了太原武宿国际机场枢纽功能的完善。

【太原海关深化“放管服”改革，优化口岸营商环境】 一是进一步优化办事流程。推行“备案制”“告知承诺制”，减少审批项目。企业办理报关单位备案业务时长由原先的 10 多个工作日缩短到 10 分钟，惠及山西省 7 000 余家进出口企业。二是大力推广“多证合一”改革。实现海关报关单位备案与市场主体注册登记“一门受理、并行通办”。三是将海关行政许可事项纳入山西省省级行政许可事项清单，实现同一事项在不同地区和层级同要素管理、同标准办理。

【山西出入境边防检查总站全力维护国家政治安全和口岸安全稳定】 一是安保维稳万无一失。按照国家移民管理局部署要求，从严从实从细抓好防风险、保安全、护稳定各项措施落实。聚焦全国两会、第 31 届世界大学生运动会、杭州亚（残）运会等重大安保任务，紧盯重要敏感节点，制订安保维稳方案，优化处突预案，深入开展夏季治安打击整治等专项活动，确保了一系列重要敏感节点管控有力、平稳度过，实现了一系列重大活动期间安全无虞、万无一失。二是勤务组织严密有序。坚持“管理优先”不动摇，调整优化新冠病毒感染实施“乙类乙管”后各项出入境管理措施，严格落实询问审查要求，按照“一航班、一对策”原则，研究制定查验策略和核查重点，有力提升了勤务精细化管理水平。最大限度优化力量编成，组织各执勤队细化“前台查验、后台核查、数据研判、执法办案、巡查监护”任务分工，减少了警力虚耗，提高了用警效能。总站带班值班领导坚持深入一线对口岸通关运行和民警执法执勤情况进行跟进督导，确保了勤务组织严密、口岸通关顺畅。三是专项行动成效显著。高站位推进“獴猎”“犁平”等专项行动，组建数据研判专班，紧盯境内境外“两条战线”、网上网下“两个战场”，开展线索收集、数据筛查、串并分析。数据战果稳居内陆总站第一方阵，先后得到国家移民管理局10余次点名通报肯定。牢牢把握涉赌诈活动发展的趋势，结合全省口岸管控特点，筛选提炼涉赌诈人员疑点特征和核查重点，加大涉赌诈活动重点人员的实质性审查力度，取得显著战果。深入推进“平安山西”“平安口岸”建设，在全省“三非”外国人治理和反偷渡工作部门间协调工作机制框架下，巩固深化“边检+出入境”工作机制。2023年，与山西省公安厅出入境管理局推动3起妨害国（边）境管理案件列为局督案件，局督案件量位列内陆总站第2位。

【山西出入境边防检查总站全力服务高水平开放高质量发展】 一是“两站三地、纵贯南北”的口岸开放新格局正式形成。牢记习近平总书记寄予山西“在转型发展上率先蹚出一条新路来”的殷切期望，坚持既为国家安全保驾护航，又为山西发展增添动能，全方位支持驻地经济社会发展。总站领导多次赴大同、运城口岸调研指导、现场办公，指导边检处主动与国家口岸开放验收组、山西省口岸办、驻地政府加强沟通联络。2023年6月和11月，大同、运城两地航空口岸先后顺利通过国家级验收；运城出入境边防检查站于11月9日正式揭牌。山西开放口岸“两站三地、纵贯南北”的新格局正式形成。二是基础设施实现整体性跃升。从严落实对外开放口岸边检查验基础设施建设标准，结合太原武宿国际机场三期改扩建工程，科学规划口岸查验配套设施设备，积极争取边检查验区域、航站楼业务用房纳入太原武宿国际机场三期改扩建工程可研设计，相关设施设备总预算全部纳入省内专项资金保障。将加强科技手段应用、提高装备现代化水平作为有效履行使命、增强队伍整体战斗力的重要抓手，高标准推进太原武宿国际机场登机口人脸识别系统项目建设，高质量开展试运行工作。三是便民载体实现系统性完善。坚持山西对外开放到哪里，边检服务就跟进保障到哪里。大力加强12367服务平台建设，畅通“政策咨询、宣传引导、问题解决”线上渠道，从业务知识、行为规范、职业道德、礼仪准则等方面全方位提升12367话务服务质量。全年，累计受理群众来电4 380余通，接处事项4 300余件，按期办结率达到100%，在前期全国移民管理工作会议通报中，总站12367平台满意度排名全国第4位。全力保障大宗商品、鲜活产品及各类重要国际会议、赛事“零等待”验放通关，跑出优化开放环境“加速度”，使市场主体、人民群众在山西边检的满意度更高、获得感更强。

【山西出入境边防检查总站着力提升民警业务素质和队伍整体战斗力】 一是开展业务学习“壮筋骨”。坚持把检查员等级考试作为“党委工程”“主官工程”摆在突出位置来抓，聘请专业机构开展外语授课，全面强化时间、师资、教材保障。包含非执法执勤岗位民警在内，总站90.4%的民警通过初级检查员考试（新调入、新招录民警除外）。突出“实战、实用、实效”导向，倾心打造边检业务、执法执勤、实用外语“三位一体”培训体系，持续举办“业务讲堂”“民警夜校”，围绕业务重点内容开展强化训练。

2023年，共参加国家移民管理局“三查”培训20余次，举办业务和外语授课100余次。广大民警业务技能、专业素养得到显著提升。二是提升法治素养“长才干”。牢固树立“法治强警、人才强警、素质强警”的鲜明导向，从学习时间、教材保障、职业发展等多方面给予支持，鼓励民警参加各类法律资格考试。总站有18名民警通过国家统一法律职业资格考试、8名民警通过高级执法资格考试，具备法律职业资格人数占全警总数的15.5%，提前超额完成国家移民管理局规划的5%以上目标。特别是，总站50%的党委成员、运城站67%的党委成员通过了国家统一法律职业资格考试，为广大民警职工立起了学法懂法用法的模范标杆、鲜明导向。三是扩宽交流渠道“见世面”。组织公职律师和执法骨干赴太原市小店区人民法院旁听庭审，重点对妨害国（边）境管理、跨境赌诈等违法犯罪案件的特点、证据采集等方面进行学习交流。选派业务骨干，赴北京、广州、珠海、湖北、西藏等总站跟班见学、挂职锻炼，重点围绕勤务指挥调度、一线查缉管控、打击跨境赌诈违法犯罪活动、口岸建设规划等重点内容学习先进经验，并在北京首都国际机场、广州白云国际机场、拱北口岸等边检执勤现场和执法办案区开展观摩践学，有效激发了全警锐意进取、见贤思齐的精神状态和拼搏干劲。

开放口岸

【太原空运口岸（太原武宿国际机场）】 太原武宿国际机场位于山西省太原市小店区，为国内省会级干线机场，是北京首都国际机场的备降机场。太原空运口岸于2004年经国务院批复同意扩大对外国籍飞机开放，并于2005年1月通过国家正式验收。2007年11月，太原武宿机场更名为太原武宿国际机场。机场场区占地面积为588.7万平方米，飞行区等级指标为4E级，跑道长3 600米、宽75米，机位59个，可起降B747机型，同时满足F类A380备降需要。T2航站楼于2008年7月投入使用，面积5.5万平方米，其中国际厅面积1.47万平方米。太原武宿国际机场航空货运物流基地（二期）于2023年10月底通过验收投入使用，国际货运监管库从571平方米增至4 890平方米，太原航空口岸货运承载能力得到大幅提升。

【大同空运口岸（大同云冈机场）】 大同云冈机场位于山西省大同市云州区，距离大同市中心16千米，于2006年1月正式通航。2019年11月8日，国务院批复同意大同机场航空口岸对外开放。2023年6月6日，大同机场航空口岸通过国家正式验收。大同云岗机场飞行区等级为4C，跑道长3 000米、宽45米，可满足年旅客吞吐量90万人次、货邮吞吐量4 700吨的使用需求，有T1国际（6 328平方米）和T2国内（10 854平方米）两座航站楼，总面积达1.7万平方米。

大同云岗机场不断完善航线网络结构，国内航线基本覆盖了东北、华北、华东、中南、西南、西北等国内大区主要枢纽城市，实现了直飞国内主要枢纽城市并通过枢纽城市中转国内外的航线网络布局。机场合作航空公司达13家，通航城市30多个，已成为大同市乃至周边地区经济社会发展及对外开放的重要平台。

【运城空运口岸（运城张孝机场）】 运城张孝机场位于山西省运城市盐湖区，距离运城市中心11.5千米，于2005年2月建成通航。2017年4月12日，运城张孝机场航空口岸实现临时开放，相继开通了至香港、曼谷、芭提雅、芽庄等国际（地区）航班。2020年1月14日，国务院批复同意运城张孝机场对外开放；2023年11月24日，运城航空口岸通过国家验收，实现正式开放。

运城张孝机场有2座航站楼，面积共5.5万平方米，廊桥13个，20个停机位，机场飞行区等级为4D，可起降B767-300以下系列机型。机场运营以来，始终秉持“安全第一、优质服务”的企业宗旨，引进国航、东航、南航、深航、厦航等8家航空公司，开通了30条航线，通达全国35个主要城市。2023年，旅客吞吐量219万人次，在全国259个民用运输机场排名第69位，已发展成为山西省第二大航空港。

为了适应机场的快速发展及航空口岸正式开放需求，运城市围绕打造“区域性中心国际机场”战略目标，对机场实施总投资32.84亿元的改扩建工程。工程分航站区和飞行区两部分，航站区新建了2.8万平方米的航站楼，其中国际区域面积1.5万平方米；飞行区新建了一条长3 200米、宽60米（含道肩）的跑道。2023年9月，中国民航飞行校验中心对新建跑道所有的导航设施设备进行校飞；10月，国航使用A330客机对新建跑道进行实地试飞；11月，通过民航华北地区管理局行业验收。待工程全部完工后，飞行区等级将由4D升级为4E，可满足年旅客吞吐量450万人次的需求。

机场货运站总投资3 713.3万元。主要建设内容为国际货运库区、国内货运库区、查验中心、海关卡口、特种库房及其附属设施，总面积4 959.35平方米，其中国内1 979.2平方米、国际1 570.55平方米、办公区446.36平方米、海关查验中心563.47平方米、海关卡口352.52平方米、危险品库47.25平方米。该工程于2023年3月开工建设，7月底建成，可满足年通货量1.6万吨。

2023年山西省口岸大事记

6月6日

国家口岸管理办公室副主任党晓红率验收组赴大同云冈机场对大同航空口岸对外开放进行验收。经过现场查验和集中评审，同意大同航空口岸对外开放通过验收，并签署验收纪要。

7月30日

山西省口岸办组织口岸相关部门和单位，对全省实施《国家“十四五”口岸发展规划》情况进行认真评估，编制完成《山西省实施国家“十四五”口岸发展规划情况中期评估报告》。

8月10日

山西省口岸工作领导小组会议在山西省政府召开，审议通过了《中国（山西）国际贸易单一窗口建设工作方案》，对下一步工作进行了安排部署。山西省口岸工作领导小组副组长、省政府副秘书长梁敬华出席并讲话。

8月22日

太原国际邮件互换局（交换站）扩容升级项目举行启动仪式，山西省政府副秘书长梁敬华出席启动仪式并宣布项目开工。

8月23日

山西省口岸工作领导小组印发了《中国（山西）国际贸易单一窗口建设工作方案》。

11月1日

山西省首条（墨西哥城—太原—浦东—芝加哥）全货机定期国际货运航线正式开通。

11月24日

国家口岸管理办公室验收组赴运城张孝机场对运城航空口岸对外开放进行验收，经过现场查验和集中评审，同意运城航空口岸对外开放通过国家验收。

12月4日

中国（山西）国际贸易单一窗口（地方版）建设项目招投标工作完成，中标单位山西数字政府建设运营有限公司已开工建设。

12月11日

根据商务部有关规范，山西省商务厅牵头会同太原海关、山西出入境边防检查总站、山西航产集团规范航空口岸货物通关流程及作业时限，出台《山西省航空口岸外贸进出口货物标准作业程序参考》，进一步压缩货物整体通关时间，更好服务企业在口岸开展货物进出口业务。

（撰稿人：宋晓徽、裴晗言、原熠龙、毛鹏飞、张锋）

2023 年山西省口岸流量统计表

口岸类型	口岸名称	货运量（吨）				集装箱量（标箱）				人员（人次）				交通工具（辆、艘、架、列次）			
		出口	进口	合计	同比（%）	出口	进口	合计	同比（%）	出境	入境	合计	同比（%）	出境	入境	合计	同比（%）
空运口岸	太原	50	107	157	-51.8					16 156	15 045	31 201	688.3	166	179	345	320.73
	分计																
合计																	
同比（%）																	

（山西省口岸办提供）

2023 年太原海关主要数据统计表

项目		2023 年	2022 年	同比（%）
进出口货运量（万吨）	合计	289.8	320.17	-9.49
	进口	264.64	300.94	-12.06
	出口	25.15	19.24	30.72
进出口贸易总值（万美元）	合计	2 403 657.36	2 746 244.92	-12.47
	进口	913 608.55	949 106.05	-3.74
	其中：江、海运输	598 914.31	571 976.14	4.71
	铁路运输	15 032.16	13 311.23	12.93
	汽车运输	102 095.98	147 386.02	-30.73
	航空运输	195 322.14	216 118.70	-9.62
	邮件运输	353.93	313.77	12.8
	其他运输	1 890.02	0.18	1 027 084.4
	出口	1 490 048.81	1 797 138.87	-17.09
	其中：江、海运输	503 214.46	567 051.87	-11.26
	铁路运输	8 874.17	13 300.55	-33.28
	汽车运输	25 336.75	10 129.83	150.1
	航空运输	950 211.07	1 205 198.23	-21.16
	邮件运输	1 380.14	1 221.45	12.99
	其他运输	1 032.21	236.95	335.62
税收（万元人民币）	两税合计	141 942.76	214 529.23	-33.84
	关税入库	7 555.35	16 467.35	-54.12
	进口环节税入库	134 387.41	198 061.88	-32.15

（太原海关提供）

2023 年山西省口岸出入境主要数据表

项　目			2023 年	2022 年	同比（%）
出入境人员（人次）	出入境人员总数		31 201	3 958	688.30
	入境人员		15 045	3 414	340.69
	出境人员		16 156	544	2 869.85
	出入境旅客		28 456	3 106	816.16
	出入境员工		2 745	852	222.18
	中国公民	小计	30 406	3 594	746.02
		内地居民（因公）	1 534	976	57.17
		内地居民（因私）	27 966	2 574	986.48
		港澳居民	826	40	1 965.00
		台湾同胞	80	4	1 900.00
	外籍人员		795	364	118.41
	从海港出入境人数				
	从陆港出入境人数				
	从空港出入境人数		31 201	3 958	688.30
交通运输工具（辆、艘、架、列次）	总计		345	82	320.73
	船舶				
	飞机		345	82	320.73
	火车				
	机动车辆				

（山西出入境边防检查总站提供）

内蒙古自治区

内蒙古自治区口岸分布示意图

序号	类型	口岸名称	批准开放时间	开放状态
1	空运口岸（6个）	呼和浩特空运口岸	1991.12	国际常年
2		满洲里空运口岸	2009.2	国际常年
3		海拉尔空运口岸	1993.7	国际常年
4		鄂尔多斯空运口岸	2016.1	国际常年
5		包头空运口岸	2019.11	国际常年
6		二连浩特空运口岸	2021.9	国际常年
7	公路口岸（12个）	满洲里公路口岸	1989.4	国际常年
8		二连浩特公路口岸	1990.6	国际常年
9		策克公路口岸	2005.6	双边常年
10		乌力吉公路口岸	2016.1	双边常年
11		甘其毛都公路口岸	1992.3	双边常年
12		珠恩嘎达布其公路口岸	1992.3	国际常年
13		满都拉公路口岸	2009.2	双边常年
14		额布都格公路口岸	2009.2	双边常年
15		阿日哈沙特公路口岸	1992.3	双边常年
16		黑山头公路口岸	1989.4	双边常年
17		室韦公路口岸	1989.4	双边常年
18		阿尔山公路口岸	2012.3	国际季节
19	铁路口岸（2个）	满洲里铁路口岸	历史延续	国际常年
20		二连浩特铁路口岸	1956	国际常年

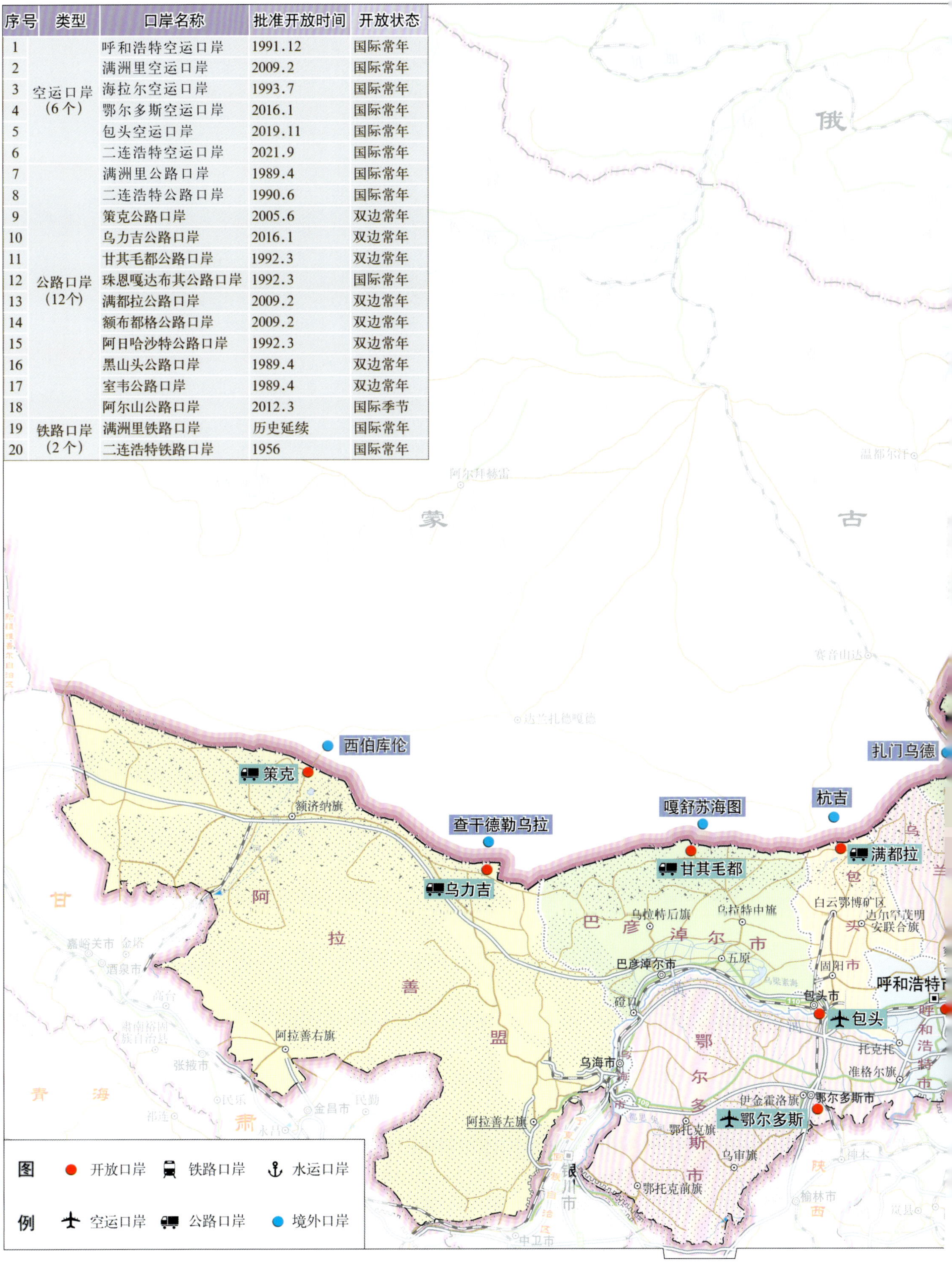

口岸数量及分布

截至2023年年底，内蒙古自治区共有经国务院批准的对外开放口岸20个。其中，空运口岸6个，分别为呼和浩特空运口岸（呼和浩特白塔国际机场）、海拉尔空运口岸（呼伦贝尔海拉尔机场）、满洲里空运口岸（满洲里西郊机场）、鄂尔多斯空运口岸（鄂尔多斯伊金霍洛国际机场）、包头空运口岸（包头东河机场）、二连浩特空运口岸（二连浩特赛乌素机场）；陆路（铁路）口岸2个，分别为二连浩特、满洲里铁路口岸；陆路（公路）口岸12个，分别为满洲里、二连浩特、策克、甘其毛都、珠恩嘎达布其、满都拉、额布都格、阿日哈沙特、黑山头、室韦、阿尔山、乌力吉公路口岸。其中，边境陆路口岸中对俄罗斯口岸有4个、对蒙古国口岸有10个。

口岸运行数据

2023年，内蒙古自治区口岸进出境货运量10 783.2万吨，同比增长84.6%。其中，进境货运量9 907万吨，同比增长91.4%；出境货运量876.2万吨，同比增长31.6%。全区口岸进出境客运量333.63万人次，同比增长350.4%。其中，进境客运量167.39万人次，同比增长351.7%；出境客运量166.24万人次，同比增长349.1%。全区口岸进出境交通工具164.51万架（辆、列）次，同比增长139.6%。其中，进境交通工具78.96万架（辆、列）次，同比增长139.4%；出境交通工具85.55万架（辆、列）次，同比增长139.8%。

口岸综合管理

【全力做好口岸运量提升和保通保畅工作】 根据疫情防控政策变化情况，及时调整通关政策，推动11个陆路口岸恢复客货双通；制订2023年提升口岸进出境货运量工作方案，全年兑现运量奖补资金2 000万元；积极破解通关拥堵难题，解决满洲里公路口岸整车出口积压问题，推动执行24小时通关，在黑山头公路口岸开辟整车出口新通道。全年，出口整车6.25万余辆，同比增长160%；保障重要战略物资进口，牵头成立自治区稳定煤炭进口工作专班。全年，对蒙口岸进口蒙煤6 718.7万吨，同比增长125.7%；会同各部门推进8座以下小车辆通行，推动成立由分管副主席任组长的工作专班。二连浩特口岸顺利恢复蒙籍8座以下小车通关。

【完善口岸功能布局】 根据形势变化和各口岸发展情况，对规划布局进一步优化完善，加快补齐发展短板。完成自治区“十四五”口岸发展规划中期评估工作，对不适宜项目进行调整完善。按照“一口岸、一规划”要求，会同11个厅局指导各口岸编制发展规划；加快口岸开放进程，包头航空口岸于2023年12月23日通过国家验收。二连浩特航空口岸具备国家验收条件。协调乌力吉口岸实现临时开放。申请将阿尔山口岸列入国家口岸开放年度审理计划。指导乌兰察布市开展货运航空口岸建设可行性研究；推进特殊监管场地建设，指导包头市、二连浩特市做好危险化学品监管场地的建设工作。

【推动口岸重大项目建设】 2023年，下拨2亿元口岸经济发展专项资金，支持口岸、综合保税区和乌兰察布向北开放桥头堡枢纽节点建设44个项目，带动投资7.18亿元。建设完成口岸项目库系统；实施重大项目“跑部进京”，与国家铁路局对接甘其毛都—嘎舒苏海图、策克—西伯库伦、珠恩嘎达布其—毕其格图、满都拉—杭吉跨境铁路口岸的立项、确定过境点和建设主体等事宜。协调推进乌兰察布铁路、航空口岸开放和进境指定监管场地申报工作；支持海关特殊监管区域和指定监管场地发展，指导3个综合保税区完成2022年度全国综合保税区发展绩效评估的材料报送工作。支持呼和浩特综合保税区建设二手车出口业务、冰鲜水产品海关指定监管场地。鄂尔多斯航空口岸申建进境水果、食用水生动物和冰鲜水产品海关指定监管场地通过海关总署验收并运营。满洲里肉类进境海关指定监管场地已报海关总署审批；推进智慧口岸建设，将满洲里、二连浩特口岸申报为国家智慧口岸建设试点，开展智慧口岸课题研究。协调自治区政府安排 4 000 万元支持智慧海关建设，为旅检和指挥中心硬件设备采购提供了资金保障。

【大力服务泛口岸经济发展】 赴区内外考察学习，分析存在的问题，研究制定对策措施；推动召开全区口岸工作现场会、全区口岸高质量发展电视电话会议；牵头起草完成推进内蒙古口岸高质量发展实施方案，制定口岸发展问题清单、目标清单、项目清单、口岸发展布局图、口岸产业发展规划图，为发展泛口岸经济打牢基础；协调扩大落地加工规模，口岸进境资源与落地加工企业工作均有明显进展，进境资源与落地加工企业形成稳定的供应链条。

【持续优化口岸营商环境】 指导全区口岸重新梳理分析疫情后作业流程和时限并对外公示。指导各口岸动态调整政府指导价、市场调节价收费项目，减轻进出口企业负担；推广通关新模式，会同联检联运部门分析全区口岸 TIR 跨境运输、“两步申报”应用推广情况，宣传推介煤炭境外“检验采信”模式；加大“单一窗口”推广应用力度。在包头市、满洲里市举办国际贸易“单一窗口”培训班，围绕系统使用、出口退税、通关便利化、海关监管等方面授课。

【全面恢复口岸交流合作】 完成自治区政府与蒙古国外交部常设协商工作组第五次会议纪要签署与交换工作；与俄联邦后贝加尔边疆区规划发展部建立合作机制，签署合作工作组章程；承办联合国开发计划署“大图们倡议”东北亚地方合作委员会第十一次会议和第九次物流分委会、第四次海洋合作分委会；牵头建立 14 个省（自治区、直辖市）口岸领域合作机制，在二连浩特成功召开“十四省（区市）口岸区域合作联席会议第一次会议”，共同签署口岸区域合作备忘录。参加“口岸经济高质量发展论坛”，签署 5 省区服务国家向北开放战略支持区域内口岸城市交流合作框架协议。

口岸监管与服务

【呼和浩特海关深化改革创新，践行为民服务宗旨】 2023 年，扎实推进智慧海关建设、“智关强国”行动。承办、参与智慧海关业务场景应用试点项目 35 项，占总数的 21.08%。扎实推进智慧监管项目先行先试；推动二连浩特口岸入选首批智慧口岸建设试点。2 项“智关强国”行动调研成果被海关总署采纳；认领任务 269 项，居全国海关前列。建成全国首个籽仁类技贸措施研究评议基地；试点铁路口岸进口铜精矿“口岸+目的地”联合监管，口岸放行时间由 3～5 个工作日压缩至 3 小时以内。高效服务共建“一带一路”。进出境“铁路快通”模式双向落地，“中通道”进出境中欧班列达 3 294 列，线路增至 70 条。TIR 业务量稳居全国首位。服务保障第四届中蒙博览会成功举办。全力维护产业链供应链安全稳定。深化检验采信、“散改集+公转铁”联运模式应用，自动导向车（AGV）跨境无人驾驶运输扩至 2 个口岸试行。年内，监管进口煤炭 6 688.4 万吨，是 2022 年的 2.3 倍。建立全方位支持稀土产业发展措施体系，压缩检验时长 50%。可种植约 126.67 平方千米的进口优质种子监管入库，检疫进口遗传物质同比增长 8.9%。

【呼和浩特海关严密防范风险，严守国门筑牢“两个屏障”】 创新监管模式疏“滞”。推行铁路口岸危险品监管进口“车边直提”、出口“抵港直装”模式，口岸危险品监管保持“动态清零”。畅通对蒙农产品出口绿色通道，单票货物通关效率提升 30%。精准防控风险消“瞒”。扎实开展“打击进出口危险品伪瞒报”专项行动，查获出口伪瞒报危险品 20 批次 48.79 吨。保持高压态势抓“逃”。两税入库同比增长 45.33%。深入开展“国门利剑 2023”联合专项行动。强化监督职责治“骗”。稽核查追补税同比增长 26.17%。严厉打击虚假贸易，提交暂缓统计金额 16.28 亿元，办理影响统计数据准确性行政案件 87 起。筑牢口岸屏障防“害”。切实加强动植物检疫工作。查获的违禁印音制品是2022年的8.04倍。

【呼和浩特海关全力优化服务促发展，服务高质量建设向北开放重要桥头堡】 助力外贸快速增长。制定落实署区合作备忘录措施173条。陆路口岸货运量于2023年12月8日成功跨越亿吨大关。深挖特色产品出口优势。持续拓展开放通道。关区对蒙口岸全部实现客货双通。二连浩特公路货运监管现场试运行24小时通关。包头航空口岸通过国家验收。助力“呼和浩特—乌兰巴托—伊斯坦布尔”全货运包机航线开通。推动西北地区首个冰鲜、水果、食用水生动物进境一体化综合性指定监管场地获准启用。全面提升开放层次。2个综合保税区进出口总值同比增长57%。推动“跨境电商+中欧班列+海外仓”功能叠加。边民互市贸易落地加工占比升至95.3%。持续优化营商环境。两级党委班子成员走访服务企业317家，“承蒙关问·有呼必应”品牌效应持续放大。落地企业集团加工贸易监管模式改革。签发出口原产地证书同比增长16.24%。

【满洲里海关着力推动深化改革攻坚】 智慧海关建设初见成效。承办1项、协办15项海关总署智慧海关业务场景建设项目，完成“铁路口岸进出境口岸物流监管”场景方案编写会审工作。作为进境粮食智慧监管首批试点单位，率先在全国实现初审联系单“云办理”。搭建的“供港澳活动物全流程智慧检疫监管场景”被海关总署确定为智慧动植检早期收获成果。“铁路运输罐装进口危化品全程非接触监督检验模式”获海关总署领导肯定。主动参与属地查检系统暨检验检疫证书“云签发”首批试点工作，调整输俄柑橘类、仁果类、核果类水果系统操作模式的建议被海关总署采纳。“智关强国”行动稳步推进。聚焦建设中俄跨境国际物流枢纽等领域，上报专项调研报告3篇。向“智关强国”在行动专刊报送研究文章6篇。多措并举保障粮食、能源、矿产品产业链供应链安全稳定，进口货运量同比分别增加226%、113%、45.8%。智慧口岸建设提智增效。积极参与内蒙古智慧口岸建设，完成“呼和浩特海关 满洲里海关口岸智慧监管（陆路、航空）先行先试”项目立项，完成关区智慧旅检、监控指挥中心升级改造，现场作业更加规范、指挥调度更加高效、业务协同更加便捷。

【满洲里海关着力推动北疆国门安全筑牢新防线】 有效疏通“滞”的堵点。建立进出口货物监测预警机制，防范口岸结构性积压风险。创新开展铁路直通式危险品作业，保持口岸危险品“动态清零”。着力化解“瞒”的风险。构建“预定+即决”风险布控体系。扎实开展“打击进出口危险品伪瞒报”专项行动。稳步提高稽查精准性，稽核查补税查发率达100%。加强知识产权海关保护，查获侵权案件13起。严厉打击“逃”的行径。深化综合治税，入库税款50.7亿元，同比增长11.1%，创2011年以来新高。深入推进“国门利剑2023”联合行动，立案刑事案件13起、行政违法案件115起。坚决整治“骗”的行为。加强重点商品、企业贸易数据监测分析，发现高风险企业11家，4条风险线索转核查作业。建立虚假贸易分析评估联合研判工作机制，加强不实贸易协同管控，严厉打击虚假贸易，维护统计数据真实性。严密防范“害”的输入。坚持“多病同防”，加强口岸传染病快速检测能力建设。扎实开展“国门绿盾”等专项行动，检出有害生物17 825种次，同比增长3倍。严把进出口食品安全关，检出不合格食品10批次。持续加强煤炭等重点进出口商品检验监管，检出不合格进口煤炭35批、4 926.1吨，同比分别增长16.5倍、4.5倍。开展核生化爆反恐演练14次，成功承办中俄海关防范核材料和放射性物质经中俄边境非法贩运联合演练。

【满洲里海关着力推动服务对外开放】 服务共建“一带一路”高质量发展。推动实施“即卸即装”运输模式，铁路口岸出境运力提高20%。扩大“铁路快通”业务规模，监管进出境班列5 116列，同比增长6.2%。全面落实署区合作备忘录，分别与北京、石家庄、郑州海关及赤峰、通辽市政府签署合作备忘录；保障国际物流大通道畅通有序。落实“先放后检”“依企业申请”“多车合并申报+多单合并检验”等措施，优化回程班列装载货物监管模式，新增57项实验室检测项目，能源资源类商品自检率达100%，保障进口粮食、肥料、能源资源等快速通关。有效疏解口岸工程机械聚集态势，出口工程机械5.6万台，同比增长1.6倍。组建“青年突击队”，保障全国首个试行24小时货运通关公路口岸顺畅运行；支持对外开放平台提质升级。支持建设铁路专用线，助推综合保税区与口岸联动发展，推动增设关区代码、获批增值税一般纳税人资格试点，实现“通道+平台”功能互补、协同联动。支持铁路互贸监管场所设立、满洲里互贸进口商品落地加工，指导阿日哈沙特、阿尔山互贸区封关运作。支持阿尔山口岸常年开放、通辽保税物流中心（B型）申建；推动进口大宗商品检验监管模式改革创新。向海关总署建议进口铅锌矿砂及其精矿“依企业申请”实施品质检验。对进口蒙古国煤炭实施第三方检验结果采信，创新实施进口俄罗斯煤炭“坑口并批”检验。进口矿产品、煤炭通关效率分别提升37.3%、33.5%；助力口岸营商环境持续优化。深化落实海关优化营商环境16条和关区25条措施，指导隶属海关细化措施162条。充分释放RCEP政策红利，助力企业出口货物减免进口国（地区）关税。大力支持新业态发展，市场采购贸易出口4.4亿元。认真落实“关长送政策上门”等工作机制，送政策上门346次，覆盖企业695家，帮助解决各类诉求91个。

【内蒙古出入境边防检查总站坚持开新局强服务，推进口岸通关提速增效进位】 一是聚力推动中欧班列提速。研究推出中欧班列“加减乘除服务法”，在铁路口岸实施“7×24小时”不间断验放、列车无纸化预报、员工预约查验、全域视频监管等检查举措，压缩单列中欧班列边检查验时间。二是聚力护航能源动脉提速。在甘其毛都、策克、满都拉等重点能源口岸，开设煤炭、石油、大宗物资边检“快捷通道”，通过企业提前备案、预约快捷通关、专区候检引导、延时通关验放等措施，确保边检环节即到即查即放。三是聚力服务整车出口提速。聚焦对俄公路口岸商品车积压、急需短期内集中出口的实际需求，推动俄方边检机关分批分区通关、客货同步验放，在我方开通工程机械车辆边检专用通道批量验放。2023年，满洲里公路口岸累计服务保障出口商品车5.1万辆，同比增长1.6倍。

【内蒙古出入境边防检查总站坚持纾困局破瓶颈，用“边检行动”探寻破题之策】 一是全力攻克口岸恢复通关难点。聚焦新冠病毒感染实施“乙类乙管”后对外开放的迫切需求，全力支持口岸“能开尽开”，提前着手完善边检配套措施，反复开展抗压测试和模拟演练。对基础条件尚不完备的口岸，硬件不足软件补、警力不足科技补、资源不足机制补，积极推动地方落实整改。二是全力疏通口岸跨境运输堵点。邀请俄方边检一线执勤人员现场观摩我方边检工作流程，体验快速通关效率，推动与我方相向同行、“双向提速”。统筹全区警力全力支持满洲里、二连公路口岸试运行24小时货运通关，积极推动二连浩特公路口岸试点8座以下小型车辆通关，重塑优化查验勤务流程。三是全力消除制约效率提升卡点。全年开展“规范口岸通关秩序、优化口岸通关环境”专项工作，取消“吊装”“甩挂”等特殊时期通关模式，全面规范执法执勤和通关管理秩序。强化口岸流量分析预测，针对性优化勤务组织和现场警力投放，全力确保通关高效顺畅。

【内蒙古出入境边防检查总站坚持应变局促改革，赋能服务管理转型升级】 一是加快落实自治区桥头堡建设决策部署。攻坚落实106项国家以及自治区发展战略涉边检重点任务，“数字国门建设”等3条建议被纳入国务院支持内蒙古高质量发展意见。紧盯重点开发开放试验区、边境经济合作区、边民互市贸易区等开发开放平台建设迫切需求，从便利通关手续办理、创新查验管理方式、加强信息化手段应用等方面研究8项便民利企举措，积极支持二连浩特边民互市贸易区进口商品落地加工试点，创新推出落地加工商品边检快捷查验模式。二是加快推进陆地口岸通关便利化改革。根据全区口岸类型、出入境形态特点，“一口岸一策略”优化查验模式，推进铁路货运列车智能化查验勤务改革，优化公路口岸“一站式”通关模式复制推广。制定完善涉外企业诚信等级管理制度，为诚信企业运输车辆提供预约通关等通行便利。2023 年，全区边检机关累计延长通关时间 8 000 余小时，帮助企业和旅客纾困解难 1 000 余次。三是加快试行无人驾驶通关新模式。积极支持 AGV、智能重卡等新型无人驾驶跨境运输项目在自治区落地，加强与上级机关和自治区有关部门的汇报沟通，先行先试出台总站无人驾驶交通运输工具边防检查建设标准，率先明确相关建设标准和验收依据，科学规范制定全国陆地口岸无人驾驶交通运输工具边防检查勤务规范，填补了该领域勤务组织规范的全国空白。“无人驾驶跨境运输移民管理模式”成功入选自治区首届“法治为民创新案例”，并在全国移民管理系统内推广。

【内蒙古出入境边防检查总站坚持稳大局严治理，全力以赴防风险、保稳定、守底线】 一是严密口岸查缉管控。紧盯非法出入境、跨境赌博、枪爆毒品走私等重点，扎实推进“獴猎”专项行动。二是筑牢国门安全防线。加强对口岸和易越境地点的警力投放，统筹推进“智慧口岸”“数字国门”建设，加强智能识别跟踪、视频动态分析、雷达探测等技防管控系统应用，更新迭代升级视频监控、电子围栏、透视检查等技术装备。三是筑牢口岸综合治理防线。广泛开展联勤联动协作，共建共治共享的口岸防控格局更加巩固。充分发挥边检涉外工作优势，主导建立中俄、中蒙边检机关联合管控、联动通关协作机制，深化“边检站联合办公”“跨境紧急救助”等常态化业务合作。

开放口岸

【呼和浩特空运口岸（呼和浩特白塔国际机场）】 呼和浩特白塔国际机场位于内蒙古自治区呼和浩特市赛罕区，距市中心 14 千米。1958 年 10 月 1 日，机场建成通航。1991 年 12 月，国务院批准机场对外开放。1992 年 3 月，机场开通至蒙古国首都乌兰巴托的航线，成为我国起降国际定期航班的机场之一。2004 年，机场进行扩建，新建机场建筑面积 37.4 万平方米，可供 35 架飞机同时停放；航站区新建航站楼 5.45 万平方米，设计年吞吐量为 300 万人次，新站坪机位达 32 个，机场飞行区等级为 4E 级。2020 年，机场新建一座国际航站楼，面积约 8 500 平方米，缓解了机场日常客流量带来的保障压力，满足了国际分流航班所需的独立场地要求。2023 年，海关总署批复同意在呼和浩特白塔国际机场设立进境冰鲜水产品指定监管场地。年内，呼和浩特白塔国际机场逐步恢复至蒙古国乌兰巴托、越南芽庄、缅甸仰光、泰国曼谷、中国香港的 5 条国际及地区航线客运航线，开通呼和浩特—蒙古国乌兰巴托—土耳其伊斯坦布尔全货运国际航线。

2023 年，呼和浩特白塔国际机场出入境国际航班 537 架次，同比增长 3.75 倍；入境旅客 44 912人次，同比增长 1.89 倍。国际快件清关量 146.2 万件、货重 1 688.8 吨，同比分别增长 151.2%、90.6%。货运包机飞行 70 班次，货运量 1 869.58 吨，货值 3.2 亿元。

【满洲里空运口岸（满洲里西郊机场）】 满洲里西郊机场位于内蒙古自治区呼伦贝尔市满洲里市，距满洲里市区 9 千米，与中俄国界线最近距离约 7 千米。机场于 2004 年 11 月 28 日启用；2005 年 2 月正式通航；同年 8 月 29 日实现临时开放，开通了满洲里至俄罗斯伊尔库茨克、赤塔的临时包机业务。机场候机楼面积 2 万平方米，跑道长 2 800 米，机场飞行区等级为 4D 级，3 条廊桥，可满足国内国际进出港旅客 200 万人次/年、高峰小时 1 400 人次的需求。2009 年 2 月 4 日，国务院批复同意满洲里西郊机场对外开放。同年 2 月 24 日，满洲里西郊机场通过自治区验收组预验收；5 月 22 日，通过国家验收组正式验收对外开放。2010 年 9 月，满洲里西郊机场被中俄双方正式纳入国际航线直飞点。

满洲里西郊机场于 2023 年 3 月 29 日恢复对

蒙古国国际航班，4 月 12 日恢复对俄罗斯国际航班，共有 3 条至蒙古国乌兰巴托和俄罗斯伊尔库茨克、克拉斯诺的国际航线。年内，出入境人员 1 万人次。

【海拉尔空运口岸（呼伦贝尔海拉尔机场）】 呼伦贝尔海拉尔机场位于内蒙古自治区呼伦贝尔市海拉尔区，距呼伦贝尔市区 5 千米。1953 年 3 月，中苏间正式开通并成立中苏航空股份公司海拉尔航空站，航线为苏联赤塔—海拉尔—朝鲜平壤。1959 年，该航线取消，口岸随之关闭。1988 年，呼伦贝尔盟开展经济体制改革试验区建设，恢复海拉尔空运口岸。1993 年 7 月 6 日，国务院批复同意海拉尔航空口岸对外开放。1995 年 9 月 15 日，国家口岸管理办公室同意海拉尔航空口岸正式对外开放。1996 年 5 月 3 日，海拉尔机场正式开通海拉尔至俄罗斯赤塔国际航线。海拉尔机场已经成为内蒙古东部地区规模最大、功能最完善、业务最繁忙的机场，飞行区达到 4D 级标准，可起降波音 767-300 以下机型的飞机。

2023 年，呼伦贝尔市、海拉尔区两级政府积极推进海拉尔航空口岸通关复航工作。5 月 29 日，海拉尔—蒙古国乌兰巴托国际航线顺利复航；7 月 5 日，北京—海拉尔—俄罗斯赤塔航线顺利复航。年内，共执行出入境航班 214 架次，出入境人员达 11 687 人次。

【鄂尔多斯空运口岸（鄂尔多斯伊金霍洛国际机场）】 鄂尔多斯伊金霍洛国际机场位于内蒙古自治区鄂尔多斯市康巴什新区，机场占地面积约 353.33 万平方米，飞行区等级为 4E 级，跑道长度 3 200 米、宽 60 米，可满足波音 747 等大型客货机的起降。2007 年 7 月 26 日，鄂尔多斯伊金霍洛机场建成正式通航。2008 年开始，鄂尔多斯伊金霍洛机场申请设立空运口岸。2012 年，国务院同意将鄂尔多斯伊金霍洛机场补列入国家“十二五”口岸发展规划。2013 年 4 月，机场获批临时开放；同年 7 月 19 日，开通直飞香港的航班。新航站楼工程于 2013 年 1 月 30 日投入使用，航站楼建筑面积 10.03 万平方米，可满足年旅客吞吐量 1 200 万人次需求。2016 年 1 月 18 日，国务院批复同意鄂尔多斯伊金霍洛机场对外开放；同年 11 月 8 日，鄂尔多斯伊金霍洛机场通过国家正式验收。2018 年，鄂尔多斯伊金霍洛机场正式升级为 4E 级民用国际机场。自 2016 年正式对外开放以来，鄂尔多斯伊金霍洛机场累计开通国际航线 17 条、转关货运航线 1 条，通航国际城市 18 个。鄂尔多斯空运口岸设立了进境水果、食用水生动物和冰鲜水产品指定监管场地。2023 年，鄂尔多斯伊金霍洛机场开通鄂尔多斯至俄罗斯货运航线 1 条。

鄂尔多斯伊金霍洛国际机场

鄂尔多斯综合保税区于 2017 年 2 月 14 日经国务院批复同意设立，2018 年 12 月 28 日通过国家验收，2019 年 3 月 28 日正式封关运作。鄂尔多斯综合保税区位于鄂尔多斯空港物流园区内，规划面积 1.21 平方千米，其中一期规划建设 0.79 平方千米、二期建设 0.42 平方千米。2023 年，鄂尔多斯综合保税区实现进出口值 79.6 亿元，同比增长 55.8%；新增注册企业 76 家，同比增长 55%；区内企业经营收入 156 亿元，同比增长 9 倍；完成税收 1.3 亿元，同比增长 66 倍。

【包头空运口岸（包头东河机场）】 包头东河机场位于内蒙古自治区包头市东河区，距包头主城区 23 千米，距包头东站 8 千米，为 4D 级国际支线机场。机场始建于 1934 年，1956 年正式建立中国民用航空包头站。2006 年，机场飞行区由 4C 升为 4D 级，跑道长 2 800 米，可满足 B737（200 座）以下机型起降及 B767（260 座）

以下机型备降要求。2014 年 12 月，机场新航站楼启用，其中 T1 航站楼（国际及地区）面积 1.1 万平方米、T2 航站楼（国内）3 万平方米，设计年旅客吞吐量 300 万人次。2016 年 6 月，国家口岸管理办公室批复同意中外籍临时客运包机从包头二里半机场出入境；同年 8 月 3 日，开通首条国际航线，由蒙古国匈奴航空执飞乌兰巴托航线。2018 年 3 月，包头二里半机场更名为“包头东河机场”。2019 年 11 月，国务院批复同意包头河东机场对外开放。2023 年 12 月 23 日，包头空运口岸对外开放通过国家验收组现场验收。

【二连浩特空运口岸（二连浩特赛乌素机场）】 二连浩特赛乌素机场位于内蒙古自治区锡林郭勒盟二连浩特市，距中蒙边境约 36 千米。机场于 2008 年 6 月开始动工建设，2010 年 4 月正式启用，飞行区等级为 4C，跑道长度为 2 400 米，可满足波音 737－800 和空中客车 A320、A310 等客机起降。2011 年 8 月 26 日，国家口岸管理办公室批复二连浩特机场临时对外开放。2021 年 9 月 22 日，国务院批复同意内蒙古二连浩特赛乌素机场对外开放。

【满洲里陆路（铁路）口岸】 满洲里铁路口岸位于内蒙古自治区呼伦贝尔市满洲里市中俄 38-41 号界标处，与俄罗斯后贝加尔边疆区后贝加尔斯克铁路口岸相对应，是中国规模最大的铁路口岸，换装能力 8 000 万吨，是中俄贸易最大的通商口岸，承担了中俄贸易 60%的货运量。满洲里铁路口岸于 1901 年开通，距今已有百余年的历史。2002 年，满洲里铁路口岸被国务院确定为重点建设和优先发展的两个铁路口岸之一。满洲里铁路口岸联检大楼集中了铁路交接所、海关、代理公司等国际联运部门；有宽准轨到发编组线 74 条，口岸站换装线、专用线等线路 100 余条，宽轨列车会让站 1 个，换装场地 20 余个。满洲里铁路口岸查验设施先进，通关作业信息化程度高，配有钴 60 火车自动检查系统、列车电子监控系统、放射性检测仪等现代化设备设施；建立了覆盖各监管场区的网络系统，实现了进出口货物远程监控和查验信息的同步传输。各货代报关企业与海关、铁路车站实现了微机联网。海关与铁路车站实现了舱单的网络传输。满洲里铁路车站与俄后贝加尔车站间实现了电子数据交换。满洲里铁路口岸配备了多种性能先进的现代化换装设备，能够满足各种进出口货物的换装仓储需求。

满洲里铁路口岸进口货物主要为木材、原油、化工、纸类、化肥、铁矿砂、合成橡胶等，货物流向全国 29 个省（自治区、直辖市）；出口货物主要为轻工产品、机电产品、矿产品、石油焦、食品、建材等。利用口岸优势，满洲里铁路口岸扩大口岸跨区域合作，形成了以“苏满欧”为代表的 57 条中欧班列线路。2023 年，满洲里口岸办协调推进铁路口岸基础设施建设，将铁路口岸基础设施改造升级计划纳入国家铁路站场建设改造规划。中铁哈尔滨局集团将东部 4 个换装场区进行整合、集装箱场进行智能化改造、增设到发线电气化改造等项目上报国家铁路集团公司。年内，经满洲里铁路口岸出入境中欧班列线路 57 条；进出境中欧班列 5 116 列，同比增长 6.2%；集装箱 415 134 标箱，同比增长 8.2%；货值约 511.5 亿元，同比增长 5.1%。

2023 年，满洲里铁路口岸进出口货运量 2 107.4万吨，同比增长 35.4%；进出境客运量 3.1 万人次，同比增长 22.7%；进出境列车达 1.56 万列次，同比增长 23.4%。

【二连浩特陆路（铁路）口岸】 二连浩特铁路口岸位于内蒙古自治区锡林郭勒盟中蒙 815 号界标附近，与蒙古国扎门乌德市相距 9 千米，是中国与蒙古国唯一接壤的铁路口岸，对应蒙古国东戈壁省扎门乌德铁路口岸。二连浩特铁路口岸自古就是中国内陆通往北亚、东欧最近最便捷的通道。1956 年，随着中、蒙、苏（北京—乌兰巴托—莫斯科）三国国际联运通车，二连浩特铁路口岸正式对外开放。二连浩特铁路口岸通过京包线与天津港相连，是日本、东南亚及其他邻国开展对蒙古国、俄罗斯及东欧各国转口贸易的理想通道，是蒙古国走向出海口的最便捷通道，也是中国向北开放的前沿阵地和重要的进出口商品集散地。二连浩特铁路口岸主要进出口货物有铁矿石、木材、铜矿粉、原油、水泥等。蒙古国70%的果蔬和日用品经由二连浩特铁路口岸运入。

二连浩特铁路口岸功能齐全，查验设备先进，有宽准轨线路 169 条，拥有世界一流的 H986货运列车检验系统。二连浩特铁路口岸有出入境换装货场标准轨 3 条，日均进出境列车接发能力18 列。2006 年起，二连浩特铁路口岸实行 24 小时通关，年吞吐能力 1 200 万吨。二连浩特铁路口岸建有 4 条旅客自助通道、2 套自助通道信息采集点。截至 2023 年年底，经二连浩特铁路口岸出入境中欧班列线路已达 69 条，辐射 10 多个国家和地区的 60 余个城市。2023 年，进出境中欧班列 3 294 列，同比增长 30.8%；货运量407.9 万吨，同比增长 34.5%；出入境集装箱37.5 万标箱，同比增长 39.4%。

2023 年，二连浩特铁路口岸进出境货运量1 702.57万吨，同比增长 28.3%；进出境客运量4.6 万人次，同比增长 69.1%；进出境列车 1.59万列次，同比增长 18.4%。

【满洲里陆路（公路）口岸】 满洲里公路口岸位于内蒙古自治区呼伦贝尔市满洲里市中俄42 号界标附近，与俄罗斯后贝加尔边疆区后贝加尔斯克公路口岸相邻。满洲里公路口岸原为中苏两国铁路员工通勤通道，于 1989 年获批开通，1990 年改建为有 1 条客货混用通道的口岸。1992年，中俄两国政府换文确认其国际口岸地位。1993 年，口岸开始移址新建；1998 年6 月30 日，口岸投入使用。口岸分为旅检区和货检区。旅检通关大楼共分为三层，一层为出入境人员的候检大厅、二层为出境大厅、三层为入境大厅，楼内共开设十进十出人员通道。货检通道北卡口规划6 进6 出 12 条通道，南卡口规划 3 进 3 出 6 条通道。2017 年，口岸新货检通道正式启用，口岸年通关能力达到人员 1 000 万人次、车辆 100 万辆次、货物 1 000 万吨。货检区出口以蔬菜水果为主，占出口总量的 85%；进口以废钢和木材为主，占进口总量的 90%。截至 2023 年年底，我国有 29 个省（自治区、直辖市）的蔬菜水果经由这里出口到俄罗斯。口岸封闭区集通关、查验、仓储运输、生活服务于一体，可一次性完成报关、税费征缴业务。

2023 年 1 月 8 日，满洲里公路口岸客运通道正式恢复通关；1 月 16 日，取消了货运“甩挂运输”模式，并同步恢复货运进口业务，口岸货运全面恢复正常。5 月 15 日，口岸货运正式试行24 小时通关模式。年内，进出境货运量 152.40万吨，同比增长 146.6%；进出境客运量 44.80万人次，同比增长 355.3%；进出境车辆 15.93万辆次，同比增长 104.2%。

满洲里综合保税区于 2016 年 9 月 13 日通过国家 10 部门联合验收，同年 12 月 20 日正式封关运作，是内蒙古自治区首家综合保税区，规划面积 1.44 平方千米。2023 年，满洲里综合保税区实现进出口值 137.8 亿元，同比增长 294.8%。

【二连浩特陆路（公路）口岸】 二连浩特公路口岸位于内蒙古自治区锡林郭勒盟中蒙 815号界标处，与蒙古国扎门乌德口岸相对应。二连浩特公路口岸旧通道于 1992 年开通试运营，为一条客货混用通道，在中蒙两国铁路员工通勤通道的基础上改建而成。2000 年 6 月，二连浩特扩建公路口岸。2010 年至 2012 年，再次对公路口岸进行改扩建，实现了客货分流、通关与查验分开，设计年过客能力 500 万人、过货能力 1 000万吨。公路口岸货运通道建成智能卡口系统，车辆经智能卡口通关平均用时 40 秒。

二连浩特公路口岸

2023 年 12 月 16 日，二连浩特公路口岸试行

24小时货运通关。年内，进出境货物222.27万吨，同比增长143.2%；进出境人员143.36万人次，同比增长1 519.9%；进出境车辆24.75万辆次，同比增长204.2%。

【甘其毛都陆路（公路）口岸】 甘其毛都公路口岸位于内蒙古自治区巴彦淖尔市乌拉特中旗中蒙第703号界标处，与蒙古国嘎舒苏海图口岸相对应。“甘其毛都”蒙语意为“一棵树”。口岸于1989年12月20日经内蒙古自治区政府批准为中蒙边境贸易的临时过货点，1990年2月23日实现了首次过货；1992年3月，经国务院批准为双边季节性开放口岸，并于同年7月正式进行首次季节性开关；2007年9月，经国务院批复同意甘其毛道口岸更名为甘其毛都口岸，并扩大为中国和蒙古国双边常年开放的边境公路口岸；2009年6月，通过了国家常年开放验收。2016年12月，口岸被内蒙古自治区政府批准为自治区级重点开发开放试验区。2018年5月21日，设立了巴彦淖尔市甘其毛都口岸管理委员会，甘其毛都口岸上划巴彦淖尔市直管。2022年7月16日，甘其毛都口岸在全国率先开展AGV无人驾驶跨境运输。甘（甘其毛都）泉（万水泉）铁路与包神铁路、神朔铁路、朔黄铁路、黄骅港、天津港形成路港联网联运的矿产资源运输大通道，是蒙古国TT煤田、OT铜金矿最便捷的出海通道。

2023年11月13日，甘其毛都公路口岸恢复客运通关。全年，政府投入各类资金共计7.5亿元，实施项目30个；企业投资19.43亿元，实施项目3个。年内，甘其毛都公路口岸进出口货运量3 785.67万吨，同比增长98.54%，其中，进口煤炭3 651.22万吨，同比增长102.37%；进口铜精粉86.46万吨，同比增长12.58%；出口货物47.99万吨，同比增长86.22%。

【策克陆路（公路）口岸】 策克公路口岸位于内蒙古自治区阿拉善盟额济纳旗中蒙572号界标处，与蒙古国西伯库伦口岸相对应。“策克”蒙语意为“河湾”。口岸于1992年3月经内蒙古自治区政府批准为季节性对外开放原二类口岸；2005年6月，经国务院批准为中蒙双边性常年开放口岸；2016年12月，被内蒙古自治区政府批准为自治区级重点开发开放试验区。嘉（嘉峪关）策（策克）铁路和临（河）策（克）铁路在口岸交会，与京包、包兰、兰新等铁路共同形成贯通的能源运输通道。策克公路口岸是中蒙两国最为重要的贸易通道之一，对外辐射蒙古国南戈壁、巴音洪格尔、戈壁阿尔泰、前杭盖、后杭盖5个畜产品、矿产资源较为富集的地区，这些地区蕴藏着金、铜、铝、铅等多种丰富的贵金属矿藏资源，距蒙古国那林苏海特煤田仅46千米。策克公路口岸有洗煤厂9家，年洗煤能力2 240万吨；有34家环保棚仓，周转能力3 000万吨。口岸建有AGV无人驾驶和智能重卡运输系统。

策克公路口岸

2023年3月1日，策克公路口岸恢复客运通关。年内，共实施重点建设项目9项，总投资7 785万元；进出口货物1 908.77万吨，同比增长238.76%；实现贸易额124亿元，同比增长237%；进出境人员31.81万人次，同比增长293.46%；进出境车辆29.22万辆次，同比增长261.36%。

【黑山头陆路（公路）口岸】 黑山头公路口岸位于内蒙古自治区呼伦贝尔市额尔古纳市中俄边界91号界标处，与俄罗斯旧粗鲁海图口岸相对应，向南连接满洲里口岸，向北与室韦口岸相连，向东距额尔古纳市区62千米，距黑山头镇12千米，距口岸22千米的俄罗斯普里阿尔贡斯克区有公路、铁路通往俄罗斯腹地，口岸临界的俄罗斯后贝加尔边疆区拥有极其丰富的森林、石油、天然气、铅锌矿石、煤炭、木材等矿产资源。口岸于1989年4月经国务院批准为双边性常年开放口岸，1990年正式对外开放，1991年正式实现双边性常年开放。根据当时贸易的需要，口岸采取边开通边建设的办法，口岸过货经历了冰上—木桥—永久性水泥桥过货的发展过程。经过多年的发展，口岸逐步形成了以进出口贸易为主，以旅游、服务业为辅的经济发展模式。2009年，口岸新建联检楼、货检楼，口岸年过货能力达100万吨、过人100万人次。

2023年4月1日，黑山头公路口岸货运恢复通关，并首次开展整车出口业务；4月5日，恢复客运通关。年内，进出境货物11.08万吨，进出境人员0.55万人次，进出境车辆0.56万辆次。

【室韦陆路（公路）口岸】 室韦公路口岸位于内蒙古自治区呼伦贝尔市额尔古纳市中俄界河中游东岸第111号界标处，西隔额尔古纳河与俄罗斯奥洛契口岸相对应，两口岸相距1千米，两口岸码头相距仅200米。口岸于1989年4月经国务院批准为双边性常年开放口岸；1991年2月1日，正式对外开放；2001年10月，建成室韦—奥洛契口岸界河大桥，实现了常年通关过货。口岸年过货能力50万吨。室韦口岸相对应俄罗斯赤塔州东北部9个市区。这些地区的矿产资源十分丰富，以黄金开采最为发达；森林资源更为丰富，木材储积量达4.5亿立方米；公路发达，与西伯利亚大铁路相距200多千米，内陆交通也十分便利。

2023年6月29日，室韦公路口岸恢复货运通关。年内，进出境货物4.15万吨，进出境人员0.1万人次，进出境车辆0.1万辆次。

【阿日哈沙特陆路（公路）口岸】 阿日哈沙特公路口岸位于内蒙古自治区呼伦贝尔市新巴尔虎右旗中蒙边界1495号界标处，与蒙古国哈比日嘎口岸相对应。“阿日哈沙特”蒙语意为“后院”。口岸于1989年9月经内蒙古自治区政府批准开辟为对蒙边境临时过货点，1990年9月实现了首次过货；1992年3月11日，经国务院批准为双边季节性开放口岸。2015年，口岸由原来的集中延长开关调整为临时常年开放。2017年7月，口岸经国务院批复为双边性常年开放公路客货运输口岸。2019年4月，经国家口岸管理办公室授权，口岸通过了内蒙古自治区口岸办等部门的联合验收。口岸年通过能力为货运150万吨、客运50万人次。阿日哈沙特公路口岸进口货物主要为铅锌粉、铁矿石和民族工艺品服饰，出口货物主要为农蔬、建材、家电、摩托车、机械设备和日常生活用品。

2023年1月19日，阿日哈沙特公路口岸恢复货运通关，并首次实现煤炭进口；2月27日，恢复客运通关。年内，进出境货物38.59万吨，进出境人员7.45万人次，进出境车辆1.25万辆次。

【额布都格陆路（公路）口岸】 额布都格公路口岸位于内蒙古自治区呼伦贝尔市新巴尔虎左旗中蒙边界1423号界标处，与蒙古国巴彦呼舒口岸隔河相望。“额布都格”蒙语意为“膝盖”。口岸于1991年5月经内蒙古自治区政府批准为边境贸易原二类口岸，1995年升格为季节性对外开放口岸。2006年2月起，口岸实行全年临时集中开放。2009年2月，口岸经国务院批准为双边季节性公路客货运输口岸；同年9月，通过国家验收。2017年7月，口岸经国务院批复为双边性常年开放公路客货运输口岸。2019年4月，经国家口岸管理办公室授权，口岸通过了内蒙古自治区口岸办等部门的联合验收。口岸年通过能力为货运50万吨、客运30万人次。口岸进口货物以饲草、水产品、煤炭、废旧金属、大庆塔木察格油田设施设备为主，出口货物以副食品、电器、建材、农机产品为主。

2023年，额布都格公路口岸进出境货运量59.6万吨，同比增长69.3%；进出境人员4万人次，同比增长89%；进出境车辆3.4万辆，同比增长65%。

【阿尔山陆路（公路）口岸】 阿尔山公路口岸位于内蒙古自治区兴安盟阿尔山市中蒙边境1382-1383号界碑之间，与蒙古国松贝尔口岸相对应。“阿尔山”全称“哈伦·阿尔山”，蒙语意为“热的圣水”。口岸于1992年经内蒙古自治区政府批准为季节性开放原二类口岸；1993年1月17日，实现开关过货；2012年3月，经国务院批准为国际性季节开放口岸；2012年12月，通过国家级验收；2013年7月15日至10月1日，口岸实现首次临时集中开放；2016年，口岸实现延长开放，每年4月1日至11月30日开放。口岸定位为“生态、文化、旅游”口岸。规划建设的阿尔山—乔巴山铁路是第4条连接欧亚大陆的铁路大通道，也是连接东北亚地区的重要枢纽，可以形成东起图们，西连蒙古国、俄罗斯，贯通整个东北亚新的亚欧大陆桥。

2023年4月3日，阿尔山公路口岸恢复货运通关；4月6日，恢复客运通关。截至11月30日（季节性开放），累计进出境人员1 170人次，进出境车辆383辆次，进出口货物累计6 015吨。

【珠恩嘎达布其陆路（公路）口岸】 珠恩嘎达布其公路口岸位于内蒙古自治区锡林郭勒盟东乌珠穆沁旗中蒙边境1046号界标处，与蒙古国毕其格图口岸相对应。“珠恩”蒙语意为“东”，“嘎达布其”蒙语意为“门槛”，历史上称为“蒙马处”。口岸于1992年3月11日经国务院批准为双边季节性开放口岸；2004年9月，经《中蒙边境口岸及其管理制度协定》确认为国际性常年开放口岸；2006年8月，经国务院批复同意扩大为国际性常年开放的边境陆路口岸；2008年1月，正式实现国际性常年开放。2014年7月，锡林郭勒盟珠恩嘎达布其—霍林郭勒市珠斯花铁路线通车，年运输能力1 200万吨，从珠恩嘎达布其可直达辽宁锦州港。2016年，口岸被列为内蒙古自治区重点开发开放试验区。珠恩嘎达布其口岸对内辐射我国东北、华北，具有连接东西、纵贯南北的地缘区位优势；对外辐射矿产和动植物资源极为丰富的蒙古国苏赫巴托省、东方省、肯特省，是蒙古国、俄罗斯等内陆国家便捷的出海口之一，也是京、津、唐地区通往蒙古国、俄罗斯最便捷的通道。口岸进口货物主要为原油、煤炭，出口货物主要为机械设备、建筑材料。

2023年6月15日，珠恩嘎达布其公路口岸恢复客运通关。年内，口岸进出境货运量270.01万吨，同比增长2 004.44%；进出境人员7.92万人次，同比增长1 621.7%；进出境车辆7.92万辆次，同比增长1 621.74%。

【满都拉陆路（公路）口岸】 满都拉公路口岸位于内蒙古自治区包头市达尔罕茂明安联合旗中蒙边境757号界标处，与蒙古国杭吉口岸相对应。“满都拉”蒙语意为“兴盛、兴旺”。口岸于1992年经内蒙古自治区政府批准为季节性对外开放原二类口岸；2002年12月23日，实现首次开放；2009年2月，经国务院批准为双边性季节性开放公路客货运输口岸；2012年12月，正式通过国家验收；2015年4月，经国务院批复同意扩大为双边性常年开放公路客货运输口岸；同年12月1日，正式开放。口岸年过货能力达到1 500万吨。口岸处于呼（和浩特）包（头）鄂（尔多斯）经济辐射圈内，是距呼和浩特市最近的陆路口岸，区位优势十分明显。口岸主要进出口商品有电煤、焦煤、原材料、铁矿石、无烟煤等，出口货物以机械设备、建材为主。

2023年8月31日，满都拉公路口岸恢复客运通关。全年，投资27亿元建设重点项目8个。年内，进出口货物519.77万吨，同比增长67.79%；进出境人员14.27万人次，同比增长57.1%；进出境车辆13.92万辆次，同比增长53.8%。

【乌力吉陆路（公路）口岸】 乌力吉公路口岸位于内蒙古自治区阿拉善盟阿左旗。2015年4月，中蒙双方同意增设乌力吉—查干德勒乌拉口岸。2015年12月9日，中蒙两国外交部门负责人在乌力吉口岸634号界标处对口岸开放位置进行实地踏勘，并磋商和确认一致认为根据水源勘探情况确定口岸坐标。2016年1月31日，国务院批复同意乌力吉公路口岸对外开放，口岸性质为双边性常年开放公路客货运输口岸。2016年5月27日，阿拉善左旗政府批准成立乌力吉口岸建设指挥部。2020年12月22日，国家口岸管理办公室批准同意乌力吉口岸临时开放。

2023年，乌力吉公路口岸共实施重点项目两大项5个子项目，总投资16.1亿元。8月至10月连续3个月临时开放通关过货，出口援建物资569.036吨，进出境人员148人次，进出境车辆42车次。

2023年内蒙古自治区口岸大事记

3月27日

海关总署党委委员、时任国家口岸管理办公室主任赵增连在满洲里口岸调研。

3月30日

国家移民管理局、内蒙古出入境边防检查总站赠予蒙古国边防总局警务装备和防疫物资交接仪式在蒙古国扎门乌德口岸举行。

4月9日

二连海关保障内蒙古自治区首批TIR国际货运车辆经二连浩特公路口岸顺利出境，搭载6辆重载汽车，承运120余吨聚丙烯酰胺颗粒，标志着内蒙古自治区中蒙俄国际运输业务实现进出境双向运输。

4月12日

交通运输部部长李小鹏、内蒙古自治区政府主席王莉霞一行到满洲里铁路口岸、公路口岸调研。

5月8日—9日

内蒙古自治区政协党组书记、主席张延昆到乌力吉口岸调研。

5月10日

内蒙古自治区政府主席王莉霞、副主席杨进，辽宁省委书记郝鹏、省长李乐成一行到满洲里公路口岸调研。

5月14日

内蒙古自治区政协党组书记、主席张延昆在二连浩特公路口岸旅检现场、边民互市贸易区调研。

5月15日

满洲里公路口岸试行24小时货运通关，为全国首个24小时货运通关的边境口岸。

6月30日

鄂尔多斯航空口岸设立集进境冰鲜、水果、食用水生动物为一体的综合性指定监管场地，呼和浩特白塔国际机场航空口岸设立进境冰鲜水产品指定监管场地，正式获准启用，列入海关总署指定监管场地名单。

8月13日

内蒙古自治区党委书记孙绍骋在二连浩特口岸调研。

8月14日

内蒙古自治区党委书记孙绍骋在珠恩嘎达布其口岸调研。

8月18日

广西中越边境智慧口岸联合考察团到甘其毛都口岸调研。

8月21日

中蒙边境口岸管理合作委员会第五次会议在呼和浩特市召开。海关总署党委委员、时任国家口岸管理办公室主任赵增连，蒙古国边境口岸管理局局长兼政府特别全权代表巴·巴特贺喜格，代表中蒙双方共同主持会议。

8月24日—27日

蒙古国部长、国家口岸复兴委员布·图拉嘎一行赴甘其毛都口岸、策克口岸访问考察。

9月19日

呼和浩特海关2个集体获评第21届全国青年文明号，其中乌拉特海关获评二星级全国青年文明号、额济纳海关获评一星级全国青年文明号。

10月10日

内蒙古自治区口岸工作现场会在二连浩特市召开。

10 月 24 日

由内蒙古口岸办牵头组织的“十四省（区、市）口岸区域合作联席会议第一次会议”在二连浩特市召开。

11 月 14 日

内蒙古自治区组织召开全区口岸高质量发展电视电话会议。自治区政府副主席杨进出席会议并讲话。

12 月 22 日—23 日

海关总署（国家口岸管理办公室）会同国家移民管理局、中国民用航空局等有关单位组成验收组，对包头东河机场航空口岸正式对外开放进行国家级验收。

（撰稿人：崔振杰、王宇峰、杨娇、郭娉婷）

2023 年内蒙古自治区口岸流量统计表

口岸类型		口岸名称	货运量（万吨）				集装箱量（万标箱）				人员（万人次）				交通工具（万辆、艘、架、列次）			
			出口	进口	合计	同比（%）	出口	进口	合计	同比（%）	出境	入境	合计	同比（%）	出境	入境	合计	同比（%）
空运口岸		呼和浩特	0.19	0.01	0.20	—					2.30	2.19	4.49	—	0.026 6	0.027 1	0.053 7	—
		满洲里									0.50	0.53	1.03	—	0.009 9	0.009 9	0.019 8	—
		海拉尔									0.57	0.60	1.17	—	0.010 7	0.010 7	0.021 4	—
		鄂尔多斯																
		包头																
		二连浩特																
		分计	0.19	0.01	0.20	—					3.37	3.32	—	—	0.047 2	0.047 7	0.094 9	—
陆路口岸	公路口岸	满洲里	144.40	8.00	152.40	146.6					22.40	22.40	44.80	355.3	10.52	5.41	15.93	104.2
		二连浩特	192.00	30.27	222.27	143.2					71.17	72.19	143.36	1 519.9	13.00	11.75	24.75	204.2
		甘其毛都	47.99	3 737.68	3 785.67	98.54					32.44	32.41	64.85	113.3	32.18	32.00	64.18	111.2
		策克	6.67	1 902.10	1 908.77	238.76					15.90	15.91	31.81	293.5	14.64	14.58	29.22	261.4
		珠恩嘎达布其	3.02	266.99	270.01	2 004.44					3.92	4.00	7.92	1 621.7	3.92	4.00	7.92	1 621.74
		黑山头	2.78	8.30	11.08	—					0.29	0.26	0.55	—	0.29	0.26	0.56	—
		室韦	1.30	2.85	4.15	—					0.05	0.05	0.10	—	0.05	0.05	0.10	—
		满都拉	6.86	512.91	519.77	67.79					7.13	7.14	14.27	57.1	6.97	6.95	13.92	53.8
		额布都格	1.80	57.80	59.60	69.3					2.00	2.00	4.00	89.0	1.70	1.70	3.40	65.0
		阿日哈沙特	3.90	34.69	38.59	—					3.73	3.72	7.45	—	0.63	0.62	1.25	—
		阿尔山	0.01	0.59	0.60	—					0.05	0.05	0.10	—	0.02	0.02	0.038	—
		乌力吉	0.05	—	0.05	2 086.10					0.01	0.01	0.01	177.7	0.00	0.00	0.01	—
		分计	410.78	6 562.18	6 972.96	135.65					159.09	160.14	319.22	363.91	83.93	77.34	161.27	144.23

续表

口岸类型		口岸名称	货运量（万吨）				集装箱量（万标箱）				人员（万人次）				交通工具（万辆、艘、架、列次）			
			出口	进口	合计	同比（%）	出口	进口	合计	同比（%）	出境	入境	合计	同比（%）	出境	入境	合计	同比（%）
陆运口岸	铁路口岸	满洲里	198.70	1 908.70	2 107.40	35.4					1.56	1.56	3.12	22.70	0.78	0.78	1.56	23.4
		二连浩特	266.48	1 436.09	1 702.57	28.3					2.23	2.37	4.60	69.1	0.80	0.79	1.59	18.4
		分计	465.18	3 344.79	3 809.97	32.14					3.79	3.93	7.72	46.49	1.58	1.57	3.15	20.23
合计			875.96	9 906.97	10 782.93						166.24	167.39	333.63		85.55	78.96	164.51	
同比（%）			31.6	91.4	84.6						349.1	351.7	350.4		139.8	139.4	139.6	

（内蒙古自治区口岸办提供）

2023 年呼和浩特海关主要数据统计表

项　目		2023 年	2022 年	同比（%）
进出口货运量（万吨）	合计	8 796	4 669. 3	88. 37
	进口	8 369. 5	4 389. 7	90. 66
	出口	426. 5	279. 6	52. 53
进出口贸易总值（万美元）	合计	1 934 363. 8	1 338 522. 3	44. 51
	进口	1 412 956. 4	978 044. 1	44. 46
	其中：江、海运输	92 327. 5	110 445. 9	-16. 4
	铁路运输	282 121. 4	228 134. 9	23. 66
	汽车运输	996 008. 5	607 066. 7	64. 06
	航空运输	37 905. 7	32 226. 0	17. 62
	邮件运输	256. 7	170. 6	50. 44
	其他运输	4 336. 6	0. 0	—
	出口	521 407. 4	360 478. 2	44. 64
	其中：江、海运输	94 649. 5	91 208. 3	3. 77
	铁路运输	68 610. 4	78 549. 8	-12. 65
	汽车运输	297 011. 7	149 271. 5	98. 97
	航空运输	42 751. 5	28 678. 6	49. 07
	邮件运输	5 260. 8	899. 6	484. 79
	其他运输	13 123. 4	11 870. 4	10. 56
税收（万元人民币）	两税合计	1 241 100	854 001. 8	45. 32
	关税入库	30 800	34 199. 6	-9. 94
	进口环节税入库	1 210 300	819 802. 1	47. 63

（呼和浩特海关提供）

2023 年满洲里海关主要数据统计表

项　目		2023 年	2022 年	同比（%）
进出口货运量（万吨）	合计	1 873.3	1 157.4	61.86
	进口	1 627.6	1 011.1	60.97
	出口	245.7	146.3	67.94
进出口贸易总值（万元人民币）	合计	9 960 340.3	6 302 152.5	58.05
	进口	3 841 476.8	3 557 319.1	7.99
	其中：江、海运输	—	—	—
	铁路运输	—	—	—
	汽车运输	—	—	—
	航空运输	—	—	—
	邮件运输	—	—	—
	其他运输	—	—	—
	出口	6 118 863.5	2 744 833.4	122.92
	其中：江、海运输	—	—	—
	铁路运输	—	—	—
	汽车运输	—	—	—
	航空运输	—	—	—
	邮件运输	—	—	—
	其他运输	—	—	—
税收（万元人民币）	两税合计	507 052.5	456 449.4	11.09
	关税入库	54 636	51 253.8	6.6
	进口环节税入库	452 416.5	405 195.6	11.65

（满洲里海关提供）

2023 年内蒙古自治区口岸出入境主要数据表

项目			2023 年	2022 年	同比（%）
出入境人员（人次）	出入境人员总数		3 270 812	757 458	331.81
	入境人员		1 639 064	387 315	323.19
	出境人员		1 631 748	370 143	340.84
	出入境旅客		1 699 365	43 762	3 783.20
	出入境员工		1 571 447	713 696	120.18
	中国公民	小计	477 607	259 327	84.17
		内地居民（因公）	27 970	20 042	39.56
		内地居民（因私）	416 281	239 275	73.98
		港澳居民	423	9	4 600.00
		台湾同胞	141	1	14 000.00
		大陆边民	32 792	—	—
	外籍人员		2 793 205	498 131	460.74
	从海港出入境人数				
	从陆港出入境人数		3 213 919	739 569	334.57
	从空港出入境人数		56 893	17 889	218.03
交通运输工具（辆、艘、架、列次）	总计		1 576 607	685 081	130.13
	船舶				
	飞机		883	172	413.37
	火车		31 772	26 127	21.61
	机动车辆		1 543 952	658 782	134.36

（内蒙古出入境边防检查总站提供）

辽 宁 省

口岸数量及分布

截至2023年年底，辽宁省共有经国务院批准的对外开放口岸13个。其中，空运口岸2个，分别为沈阳空运口岸（沈阳桃仙国际机场）、大连空运口岸（大连周水子国际机场）；水运（海港）口岸9个，分别为大连、庄河、旅顺新港、长兴岛、营口、丹东、锦州、盘锦、葫芦岛海港口岸；陆路（铁路）口岸1个，即丹东陆路（铁路）口岸；陆路（公路）口岸1个，即丹东陆路（公路）口岸。

口岸运行数据

2023年，辽宁口岸货物吞吐量74 110.6万吨，同比增长1%。外贸进出口货运量25 787.4万吨，同比增长6.4%。其中，外贸进口18 962.4万吨，同比增长3.2%；外贸出口6 825万吨，同比增长16.4%。集装箱运输完成1 286.2万标箱，同比增长7.5%，其中，外贸393.9万标箱，同比增长17.6%。

口岸综合管理

【全力提升口岸开放水平，为辽宁全面振兴新突破注入口岸新动能】 2023年，辽宁省积极挖掘政策潜力，为葫芦岛港口岸、丹东公路口岸争取口岸查验基础设施中央预算内投资4 000余万元，切实提升全省口岸查验基础设施现代化水平。全省已开放水域范围内涉外泊位对外开放启用数量创历史新高，全年涉外泊位开放达到77个，全省已建成涉外泊位基本实现“应开尽开、能验尽验”。

【不断完善口岸功能，跑赢“口岸经济”新赛道】 持续推进丹东港大东港区进境水生动物指定监管场地建设进展及后续正式验收工作。积极向中国民用航空局申请支持南航集团开通沈阳—法兰克福航线，着力发挥南航驻沈阳主基地航司优势，助推辽宁打造对外开放新前沿。持续推进海关特殊监管区域发展。加大对综合保税区招商引资工作的指导力度，引进优质项目落地，认真做好2022年度综合保税区发展绩效评估工作，充分发挥综合保税区开放平台的作用，推进综合保税区业态创新，充分发挥综合保税区功能带动作用，通过提升口岸功能，壮大口岸经济发展水平，实现口岸通、物流畅、开放活、经济兴。

口岸监管与服务

【大连海关牢牢把握构建新发展格局战略任务，促进高水平开放发展】 大连海关不断强化前沿意识、开放意识，深度融入共建“一带一路”高质量发展，助力辽宁打造东北亚开放合作枢纽地。支持建设高水平开放平台。连续4年自贸创新举措入选国务院改革试点经验，35项创新举措在辽宁省内复制推广。支持东北亚国际航运中心建设。服务国家向东向北开放战略，畅通东北海陆大通道，推动海铁联运高效衔接，促进中欧班列高质量发展，2023年监管中欧班列列次同比增长29.1%；深化关港合作，13个重点合作项目落地见效；落实支持辖区口岸扩大开放，新验收开放泊位77个。支持东北亚国际物流中心建设。持续提高口岸通关能力和便利化程度，开展通关时间“提速攻坚”行动，全年进、出口整体通关时间同比分别压缩11.6%、10.6%；支持冷链进口，规范转口出证畅通水产品国际中转贸易，支持大连打造东北亚水产品集散分拨中心；制定能源“迎峰度冬”通关保障措施，保障东北地区进口能源保供。

【大连海关牢牢把握高质量发展首要任务，服务外贸稳规模优结构】 大连海关千方百计稳外贸优结构，助力实体经济发展和产业升级。持续优化口岸营商环境。积极助力打造市场化、法治化、国际化口岸营商环境，落实海关总署优化营商环境16条措施，制定细化实施措施36项，支持大连参加促进跨境贸易便利化专项行动；深化“问题清零”“百人千企”“12360 热线”服务机制，7 个窗口获评“清风辽宁政务窗口”。积极稳固实体经济根基。落实惠企政策，支持打造“RCEP 公共服务平台”，助力企业享惠 1.1 亿元；开展“出口促进专项行动”“一企一策”服务特色优势产业，新推荐对外注册农食产品企业 211 家次；与中国银行合作开发“关银惠企平台”，为中小微外贸企业融资提供精准便捷服务。助力科技创新产业升级。精准保障科研项目设备进口；促进科技创新要素跨境便捷流动，保障关键技术设备、零部件、原材料进口。

【大连海关牢牢把握维护国家“五大安全”重要使命，筑牢国门安全屏障】 大连海关聚焦强国建设、服务国家战略，发挥海关职能作用，助力强化东北重要战略支撑。助力提高国防安全保障水平。创新“船边验放”“企业集团加工贸易监管”等模式，支持船舶制造业发展，服务打造“国之重器”。助力夯实粮食安全根基。实施粮食检疫审批“即报即审”“两段准入”以及靠泊表层检疫，助力拓展粮食进口来源地多元化。助力筑牢生态安全屏障。织密生物安全防控网络，2023 年检出进境植物检疫性有害生物 5 525 种次，截获外来物种 1 614 种次。助力强化能源安全保障。支持原油、煤炭、天然气等大宗能源商品战略储备，批准设立东北首家 LNG 保税仓库。助力巩固产业安全基础。聚焦特色优势产业，加强分析研究，建言献策促进外向型经济做强做优；推动加工贸易提档升级、支持内外贸一体化，推进开发“两个市场”。

【沈阳海关不断推动口岸通关改革，持续优化口岸营商环境】 沈阳海关牵头承办“铁路通关跨部门信息化互联互通”业务场景项目；推进“管理要素数字化”实践探索，升级业务运行监控平台，精准定位处置异动情事。高质量完成锦州港物流智能化升级，卡口验放效率提升 120%以上，港口外贸业务承揽能力进一步提升。应用无人机开展大宗散货检查，创新运用工业内窥镜“智眼探查”，有效降低企业通关成本。推进“离港确认”模式扩大试点，提升环渤海内支线运输物流效率。细化海关总署优化营商环境 16 条措施，形成 43 项任务清单。搭建“关企零距离”政策宣讲平台，精准开展信用培育，助力享受政策红利。与地方市场监管等部门合力推动“证照分离”改革，降低许可申请企业制度性交易成本。优化国境口岸卫生许可审批服务，构建“职能+现场+企业+运维”四方衔接配合机制。综合运用“提前申报”“两段准入”，做好粮食、矿产品、原油等便利通关，有效服务国内市场保供稳价。

【沈阳海关以署省合作备忘录签署为重要契机，助力辽宁打造对外开放新前沿】 一是打造对外开放高地。沈阳海关制定支持综合保税区高质量发展“1+N”项措施，督促完成沈阳综合保税区规划调整方案上报。优化跨境电商监管流程，“1210”模式进口商品清单量保持东北首位。助力沈阳空港口岸拓展物流功能，进出口货运量较 2019 年同期增长 1.7 倍，再创历史新高。支持建设中欧班列（沈阳）集结中心，关区首次开展铁路快速通关业务，班列开行突破列，覆盖“三通道”“六口岸”，稳居东北第一。搭建新能源汽车个性化通关平台，指导企业抢抓光伏产品出口机遇期，辽宁“新三样”产品（电动载人汽车、太阳能电池、锂电池）出口同比增长近五成。二是支持外贸保稳提质。支持华晨宝马获批辽宁省首个外资研发中心资质，保障 C919 国产大飞机关键部件、新松机器人智能生产线顺利交付。围绕欧盟“碳边境调整机制”对辽宁行业企业长期影响开展调研分析，相关报告获得多位省领导批示肯定。就辽宁省推进 TIR 业务的必要性和可行性开展专题调研，得到辽宁省委主要领导及省政府相关领导批示。针对朝阳浪马轮胎遭受知识产权侵权，及时布控查获侵权货物，为企业挽回直接经济损失上千万元。加强进出口情况监测和外贸形势分析，多篇报告获省市主要负责同志批示肯定。三是促进自由贸易试验区发展。截至 2023 年年底，沈阳海关已落实复制推广国务院以及海关总署 72 项复制推广事项中的 65 项。累计创新 36 项海关监管制度，其中 2019 年组织出台的“飞机行业内加工贸易保税货物便捷调拨监管模式”“出入境人员综合服务一站式平台”2项创新措施被纳入国务院自由贸易试验区第六批改革试点经验中；“出境原产地证书‘信用监管’”签证模式、“特殊监管区域+飞机维修”监管模式、“维修物品综合保税区流转”等23项被纳入中国（辽宁）自由贸易试验区第六批省内借鉴推广制度创新案例中；“关务管家”高效服务模式、“简化加工贸易企业报核手续”、出口蜂蜜“信用承诺+组批检验”创新举措在关区推广实施。

【辽宁出入境边防检查总站积极助推口岸开放发展】 主动响应国家自贸区建设规划，发挥RCEP引领示范作用，推出国家储备能源重点项目国际航行船舶“绿色直通车”个性化定制通关服务，入选中国（辽宁）自由贸易试验区第六批制度创新案例，在全省自贸片区复制推广。紧扣省、市两级党委政府“十四五”规划目标，促进中俄双边经贸友好往来，助力大连至俄罗斯符拉迪沃斯托克（海参崴）航线顺利通航，保障涉俄冷链和整车出口业务平稳运行。聚焦新冠病毒感染实施“乙类乙管”后口岸企业和中外人员往来需求，动态调整完善各边检站勤务组织模式、勤务工作流程，全力支持沈阳桃仙、大连周水子机场增开国际航线、增加国际航班，2023年出入境旅客流量同比增长320%。稳妥推动中朝丹东口岸铁路、公路双向货运功能恢复，持续跟进客运复通进展，助力丹东口岸对朝贸易复苏。推动大连、丹东、营口等地区77个泊位通过省级口岸开放评审验收，相关工作纳入辽宁口岸高质量发展3年行动方案。

【辽宁出入境边防检查总站着力打造优质营商环境】 刚性贯彻落实国家移民管理局工作部署，提前预测、主动发布节假日“两公布一提示”，引导出入境旅客错峰出行。坚决兑现中国公民出入境通关候检时间不超过30分钟、为老年人和两院院士等特殊群体提供专用通道等服务承诺，全面提高服务对象获得感、幸福感。面向全省100余家口岸主管部门、大中型企业公司开展2期“背靠背”式问卷调查，依托警企座谈会、12367服务平台等方式主动征求意见、回应咨询。主动对接北方华锦联合石化有限公司，建立定期联席会商制度，保障华锦阿美精细化工及原料工程项目顺利实施。始终坚持特事特办，积极保障恒力重工、丹东港口岸大东港区临时停靠国际航行船舶，便利船舶生产作业300余艘次。持续深化边检行政许可、管理措施、业务流程的优化升级，积极推动落实边检手续“网上办”“掌上办”“一网通办”，取消大连港口岸集装箱出境“封志管理”，试点运行“边检即时通”边检通关进度一键直推平台，实现船舶手续“无纸化、不见面、零跑腿”办理，年内上下外轮、搭靠外轮等行政许可网上受理量达98%，全年累计为服务对象节省时间3万余小时、节省通关成本4 300余万元。

【辽宁出入境边防检查总站全力确保高效顺畅通关】 围绕保障产业链供应链安全稳定，实施“7×24小时”国际航行船舶入出境通关保障，简化国际航行船舶国内港口移泊手续，完善“快事快办、特事特办”服务机制，为海上过鲜船舶及运输大宗商品、民生物资等重要物资的交通运输工具提供靠前服务，为德国宝马、中韩跨境电商货运等重点航班提供“零等待”通关保障。圆满完成第十批在韩中国人民志愿军烈士遗骸归国包机、俄罗斯联邦委员会主席马特维延科访辽等重要通关保障任务，为俄罗斯特维尔州代表团、韩国庆尚北道议会代表团等重要团组以及参加第四届辽宁国际投资贸易洽谈会、大连赏槐会等活动的40个经贸代表团提供优质高效服务。2023年，为重点航班、船舶优先快速办理边检手续1 400余次，为1 100余艘次船舶一次办妥出入境手续，免办移泊手续5 200余艘次，保障因天气等原因延误航期的船舶通关546艘次，收到锦旗30面、感谢信20封。

【辽宁出入境边防检查总站切实筑牢国门安全防线】 精准落实新冠病毒感染“乙类乙管”政策调整，科学优化勤务模式，配合海关、卫健等部门扎实做好新阶段境外疫情预防输入工作。会同外事、商贸等部门加强对出境旅客前往高风险国家和地区的风险预警提示，切实保障中国公民的人身财产安全。加强与毗邻国家边境管理部门和口岸国境通行检查机关沟通交流，深化双边务实合作。重拳打击跨境赌博、电信诈骗等违法犯罪活动，纵深推进“三非”外国人综合治理，及时发现封堵跨境违法犯罪新通道。以“獴猎”“犁平”等专项行动为抓手，落实严密一线查验、口岸前沿管控等关键环节，严格依法履行口岸限定区域管理职责。部署开展为期 6 个月的“净海 2023”专项行动，会同海事、海关、海警等涉海部门严厉打击震慑海上各类违法违规活动，累计开展联合巡航 40 余次，查处违法违规船舶 42 艘。依托“边检+出入境+N”警务协作机制，强化口岸查缉甄别协作，查获非法出入境人员 82 人。

【辽宁海事局积极服务海运口岸开发开放，高质量建设辽宁沿海经济带】 辽宁海事局深入实施口岸开放“结对指导”“清单式问题反馈”等服务举措，主动帮扶口岸重大项目推进和口岸监管基础设施建设，全方位多举措助力口岸开放。有序推进大连港、营口港、丹东港、盘锦港口岸已开放水域内涉外泊位对外开放验收工作，参与完成营口、丹东 4 个新增泊位对外开放验收工作。积极配合大连市口岸办推动解决口岸开放历史遗留问题，按照“成熟一批验收一批”的工作方针，先后分 3 批为 18 家企业解决 73 个泊位的口岸临时开放问题，实现了外贸泊位“应开尽开、应验尽验”。

【辽宁海事局公布辽宁沿海船舶公共航路，畅通海上“高速路”】 辽宁海事局全面梳理港口生产现状，统计分析船舶交通流特征，统筹海洋油气、海上风电、海洋牧场、海洋环保、军事安全等用海需求和限制要求，科学规划海上交通资源，公布辽宁沿海船舶公共航路，畅通海上“高速路”。截至 2023 年年底，辽宁沿海船舶公共航路共 42 条，由“四纵八横”主骨架构成，“四纵”由辽宁沿海至东北亚、东南亚、我国东南沿海航路群组成，“八横”由辽宁沿海至京津冀经济圈以及辽宁沿海经济带各港口衔接航路群组成。辽宁沿海船舶公共航路以联通全省沿海港口为干线，联结全国沿海主要港口为支线，辐射东北亚、东南亚地区，覆盖辽宁全海域、联通辽宁各港口，打通了船舶通畅航行的堵点，架设起辽宁口岸与全国、全球口岸高效衔接的桥梁。

【辽宁海事局建立促进口岸货物安全畅通运输协调工作机制】 辽宁海事局积极与辽宁省交通运输厅、辽港集团沟通协调，建立促进口岸货物安全畅通运输协调工作机制，在优化营商环境、促进辽宁口岸货物安全畅通运输、提高区域港口竞争力方面作出了一定的贡献，有效解决了辽宁港口口岸部分货物的进出港口通关的堵点难点问题，提高了通关效率，畅通了精矿类、汽车等货物的进出口，促进了口岸货物吞吐量的提升。据统计，2023 年，辽宁港口精矿类货物集装箱吞吐量达到 64 224 标箱，同比增长 134. 2%；新增海运集装箱方式出口汽车 5 129 标箱。

【辽宁海事局“水路运输危险货物‘谎报匿报四步稽查法’”入选国务院自由贸易试验区第七批改革试点经验】 辽宁海事局推出口岸危险货物“谎报匿报四步稽查法”，通过搭建智慧信息获取和行政稽查链条执法模式系统，对口岸危险货物通过多种途径精确定位，精准锁定疑似谎报匿报的危险货物集装箱，查验成功率大幅提高。截至 2023 年年底，先后查获高风险货物硫酸铜瞒报案件、国内单次箱数（101 个）最多的危险货物谎报匿报案件等各类船载危险货物违法案件 186 起，谎报瞒报查实率由不足 5%提升至 90%，精准有效打击了危险货物违法行为，促使口岸船载危险货物申报更加规范，从源头上保障了危险货物的合规运输。6 月 24 日，“水路运输危险货物‘谎报匿报四步稽查法’”成功入选国务院自由贸易试验区第七批“政府管理创新领域”改革试点经验，在全国范围内复制推广。

【辽宁海事局“海运拼箱涉危业务便捷通关模式”入选辽宁省自由贸易试验区第六批改革创新经验】 辽宁海事局推出“海运拼箱涉危业务便捷通关新模式”，对拼箱货物中的违法和合法货物进行区别对待，仅对涉嫌违法的货物实施单独证据保存，箱内拼装的其他合法合规货物则可以直接予以通关和装卸船。通过大数据分析、三互联合研判等方式实施精准布控，优化与码头作业方、危险品场站、船公司及代理的联系渠道，精确锁定拼箱货物中的涉嫌违法货物，切实提高箱内合规货物的通关效率。经估算，实施该创新措施每年可为企业节省成本约 4 000 万元，并减少物流时间约8 400天，有效提升大连自贸片区企业的竞争力。2023 年 3 月，该创新经验被纳入辽宁省自由贸易试验区第六批改革创新经验在全省复制推广。

开放口岸

【沈阳空运口岸（沈阳桃仙国际机场）】 沈阳桃仙国际机场位于辽宁省沈阳市浑南区南郊，距沈阳市中心 20 千米，为国家民用一级机场。机场于 1985 年开始筹建，1989 年 4 月 16 日正式启用。机场跑道长 3 200 米、宽 45 米，飞行区等级为 4E。机场净空条件良好、功能齐全、设备先进，可保障国内外大型客、货机使用。机场有 3 座航站楼。其中，T1 航站楼设计年旅客吞吐量 90 万人次，于 1995 年开始二期工程扩建；T2 航站楼于 2001 年 12 月投入使用，设计年旅客吞吐量 606 万人次；T3 航站楼于 2011 年开始施工建设，2013 年 8 月投入使用，设计年旅客吞吐量 1 750 万人次。T1、T2 航站楼已停用。

截至 2023 年年底，沈阳桃仙国际机场通航城市 116 个，其中国内城市 100 个、国际（地区）城市 16 个；航线 236 条，其中国内航线 220 条、国际（地区）航线 16 条。

沈阳桃仙国际机场

2023 年，沈阳桃仙国际机场旅客吞吐量 2 056.4万人次，同比增长 119.1%；货邮吞吐量 19.8 万吨，同比增长 50.5%，其中，国际货邮量 2.3 万吨，同比增长 582.8%。

【大连空运口岸（大连周水子国际机场）】 大连周水子国际机场位于辽宁省大连市甘井子区，距大连市中心 10 千米，距沈大高速公路 5 千米，交通运输网络十分便利。机场始建于 1972 年 10 月，从军民合用机场发展建设成为民用机场，1973 年 4 月开航，1985 年经国务院批准对外开放。机场占地面积 345 万平方米，飞行跑道长 3 300 米，候机楼面积 13.6 万平方米，停机坪面积 66 万平方米，符合 4E 级 I 类国际机场标准，可供除 A380 外各种大型飞机安全起降。2023 年，作为大连市东北亚国际航运中心和国际物流中心的重要组成部分，大连周水子国际机场紧紧围绕东北亚门户枢纽机场战略目标，积极发展枢纽航线网络。截至年底，机场共有 42 家航空公司运营，开通 189 条航线，与国内外 122 个城市通航，其中国际及地区通航城市 12 个，航线通达性继续保持东北最优，国际业务量继续保持东北领先。

大连周水子国际机场

2023 年，大连周水子国际机场完成旅客吞吐量 1 613.3 万人次、货邮吞吐量 15.0 万吨、运输起降 13.0 万架次，同比分别增长 153.3%、18.6%和 97.7%。

【大连水运（海港）口岸】 大连港位于辽东半岛南端的大连湾内，是东北三省及内蒙古东部地区进入太平洋的重要海上门户，也是转运远东、南亚、北美、欧洲货物最便捷的港口。大连港始建于 1899 年，1960 年 6 月经国务院批准正式对外开放。大连港港阔水深，不淤不冻，自然条件非常优越，港区规划陆域面积约 35.4 平方千米，拥有生产性泊位 82 个，泊位岸线总长 20.6 千米，最大航道水深 25 米。截至 2023 年年底，大连港口岸共实现开放泊位 61 个，其中万吨级及以上 52 个，开放泊位设计年通过能力总计包括散杂货物 1.47 亿吨、集装箱 410 万标箱、旅客 160 万人次、滚装车 50 万辆。大连港与 160 多个国家和地区的 300 多个港口建立了海上经贸航运往来关系，开通集装箱航线 98 条，其中外贸航线 86 条、内贸航线 12 条，航班密度每月 400 班，基本覆盖全球主要航区。外贸航线中，远洋干线 5 条，包括欧洲 3 条、美洲 1 条、中东印巴 1 条；近洋航线 81 条。商品汽车主营大连至上海、广州、宁波、烟台 4 条班轮航线，每月 50 班以上；日本进口班轮航线 1 条，每月 6~7 班；欧洲出口班轮航线 1 条，每月 2 班；外贸不定期航线 3 条。运营 1 条大连至韩国仁川的国际客货班轮航线，每周 3 班。东北地区 98.5%以上的外贸集装箱经大连港转运。大连港与美国奥克兰港、休斯敦港，加拿大的温哥华港，日本的北九州港、横滨港、伏木富山港等港口结为友好港。大连口岸以冷链物流为重点的海铁联运，辐射东北、覆盖全国的冷链物流网络逐步形成。大连港是全国业务最全的综合性港口，可为客户提供油品液体化工品、集装箱、杂货、汽车、矿石、散粮、客运滚装等港口物流服务。

大连港按区域划分为 5 个重要港区。一是大港港区，其位于大连市中山区，是大连港的发源地，拥有客滚船及邮轮泊位 6 个，其中包括 2 座 15 万吨国际邮轮泊位，主要从事国内、国际和邮轮旅客运输，设计年通过能力 558 万人次。二是大连湾港区，其拥有杂货泊位 15 个，主要从事客货滚装运输，兼顾煤炭、钢材、设备、粮食、特资等散杂货物装卸，设计年通过能力 2 170 万吨；拥有客运滚装泊位 4 个，设计年通过能力包括旅客 133 万人次、滚装车 40 万辆。三是大窑湾港区，该港区是我国规划建设的四大国际深水中转港之一，以集装箱、商品汽车滚装运输为主，兼顾散杂货运输，拥有 14 个集装箱泊位，码头设计年通过能力 410 万标箱；拥有 4 个汽车滚装泊位，设计年通过能力 107 万辆；拥有 4 个散货泊位，主要从事粮食及其他散货装卸，设计年通过能力 525 万吨。四是鲇鱼湾港区，该港区以原油、成品油及液体化工品、LNG 等中转运输为主，拥有原油泊位 4 个，其中包括 2 座 30 万吨级及以上原油码头，可靠泊全球最大 45 万吨级油轮，设计年通过能力 6 000 万吨；拥有成品油及液体化工品泊位 15 个，设计年通过能力 1 746 万吨。五是大孤山港区，该港区主要从事金属矿石、粮食等干散货中转运输，兼顾服务临港产业发展。2023 年，完成了 18 个码头泊位的省级验收。

大连港

2023 年，大连港货物吞吐量 3.15 亿吨，同比增长 3.2%；集装箱吞吐量 502.0 万标箱，同比增长 12.8%。其中，外贸货物 1.35 亿吨，同比增长 3.5%；外贸集装箱 387.7 万标箱，同比增长 18.2%。

【营口水运（海港）口岸】 营口港位于辽宁省营口市，渤海湾东北岸、辽河的入海口。营口港于 1861 年对外开埠，至今已有 160 多年的历史。口岸包括鲅鱼圈港区和仙人岛港区两个港区，共有生产性泊位 66 个，其中万吨级以上泊位 61 个，主要作业货种有钢铁、铁矿石、粮食、油化品、原油、集装箱等。鲅鱼圈港区于 1984 年经国务院批准建设，1988 年对外开放。仙人岛港区于2008年经国家批准建设，2018年10月通过国家正式验收对外开放，以油品、化工品等液体散货和通用散、杂货运输为主。

截至2023年年底，营口港已同50多个国家和地区建立了通航业务关系。营口港有4条外贸直航航线，分别为营口至韩国仁川、营口至日本关东（停运）、营口至韩国釜山（停运）、营口至东南亚（停运）；3条外贸内支线。营口港作为内贸集装箱枢纽港共有航线42条，内贸集装箱航线已覆盖我国沿海30多个主要港口，航班密度达到每月300班次以上，运量占东北港口的三分之二。

营口港

2023年，营口港完成货物吞吐量22 448.0万吨，同比增长4.8%，其中，外贸吞吐量7 850.8万吨，同比增长5.3%，外贸占比35%；完成集装箱吞吐量532万标箱，同比增长6.5%。

【丹东水运（海港）口岸】 丹东港位于辽宁省丹东市，是我国海岸线最北端的国际贸易商港和天然不冻良港，辖大东港（海港）和浪头港（河港）两个港区。截至2023年年底，丹东港有生产性泊位29个，拥有粮食、矿石、煤炭、油品、集装箱、客滚、散杂、通用等专业泊位和配套的专业化、自动化装卸系统及货物存放库场，港口年综合吞吐能力达亿吨；已与日本、韩国、俄罗斯、美国、巴西、印度等70多个国家和地区的90多个港口开通了散杂货、集装箱、客运航线。丹东港于2014年步入全国大型港口行列。

2023年，丹东水运（海港）口岸货物吞吐量3 270.6万吨，同比减少3.3%，其中，外贸进出口货运量1 677.9万吨，同比增加22.3%；集装箱吞吐量22.59万标箱，同比增加14.7%，其中，外贸集装箱2.34万标箱，同比减少19.3%。

【锦州水运（海港）口岸】 锦州港位于辽宁省锦州市，渤海辽东湾北岸，地处“咽喉之地”，上接蒙古国及俄罗斯西伯利亚大陆，下联我国东南沿海及日韩地区，是距蒙古国、俄罗斯远东地区最便捷的进出海口。锦州港于1985年12月经国务院批准建设，1990年10月正式通航，同年12月获批为开放口岸。2017年9月，国务院批复同意锦州港口岸扩大开放。截至2023年年底，锦州港有泊位27个，其中包括30万吨级油品泊位1个、10万吨级散杂货泊位5个、10万吨级集装箱泊位4个，年货物通过能力超亿吨、集装箱通过能力360万标箱。主要货物进出口种类为石油、天然气及制品、金属矿石、非金属矿石、钢铁、粮食、集装箱等。

港口资质日臻完善，是全国进境粮食指定口岸；是大连商品交易所指定的玉米、粳米期货交割库；具备沈阳海关批准的原油储罐保税资质；具备海关总署等4部门联合批准设立的保税物流中心（B型）；是财政部、海关总署、国家税务总局批准的海南自由贸易港起运港指定口岸，具有多元化的退税模式以及高效的时效性。锦州港已与亚洲、欧洲、大洋洲、美洲、非洲的100多个国家和地区建立通航关系。国内散货班轮开通至漳州、蛇口、赤湾、防城、茂名以及长江流域靖江、扬州等航线，集装箱班轮国内已构成贯通南北沿海主要港口，全面辐射珠江和长江水系。

锦州港

2023 年，锦州港完成货物吞吐量 1.03 亿吨，同比增长 2%，其中，外贸货运量 1 750 万吨，同比增长 26.4%；完成集装箱吞吐量 184 万标箱，同比下降 1.9%。

【盘锦水运（海港）口岸】 盘锦港位于辽宁省盘锦市，是辽宁沿海地区性重要港口和东北及蒙东地区最近的出海口之一。盘锦港拥有便利的公路、铁路网络，火车可直接入港，重点发展油品、液体散货、粮食、集装箱等货物运输，将逐步发展成为多功能、现代化的综合性港口。港口主要作业货种有粮食、化工原料及制品、化肥及农药、建材、钢铁等。港口规划布置泊位 90 个，年货物通过能力达 2.56 亿吨。截至 2023 年年底，港区已建成 28 个 5 万吨级泊位（已投入运行 18 个，其中开放泊位 12 个）和 60 万立方米油品储存罐区。港口有 2 万平方米查验仓库，6 万平方米保税仓库、出口监管仓，以及 50 万平方米保税物流中心。保税物流中心于 2016 年 10 月通过验收，2017 年 9 月正式开展业务。

2015 年 6 月，国务院批复同意盘锦港口岸对外开放；2015 年 12 月，盘锦港口岸对外开放通过省级预备验收；2016 年 9 月，盘锦港口岸通过国家级验收。2019 年 3 月，盘锦港进境粮食指定监管场地顺利通过海关总署现场考核验收；同年 5 月 8 日，海关总署正式对外发布新增盘锦港为进境粮食指定监管场地。

盘锦港

2023 年，盘锦港完成货物吞吐量 4 203.1 万吨，其中，外贸货物吞吐量 981.8 万吨，外贸货物同比增长 15.2%；集装箱完成 47.1 万标箱，同比增长 8.27%。

【葫芦岛水运（海港）口岸】 葫芦岛港位于辽宁省葫芦岛市，辽东湾北岸的辽西走廊，三面环山，素有“北方不冻良港”之称，背靠 102 国道、京沈高速公路、京哈铁路和秦沈客运专线，东距营口港 60 海里，西距秦皇岛港 90 海里，处环渤海经济圈、东北和华北经济连接点。葫芦岛港历史悠久，于 1908 年开始筹划建设，1937 年开始通航。1984 年 8 月，葫芦岛港获批开始军民合用，开展内贸运输。1995 年，葫芦岛市进行港口扩建工程；1999 年，工程竣工，港口进行试营运；同年，国务院批准葫芦岛港对外开放（国轮外运）；2000 年，万吨级码头通过营运验收和口岸开放验收；2007 年，国务院批准葫芦岛港对外国籍船舶开放；2010 年 11 月，葫芦岛港通过国家口岸扩大开放验收；2022 年 1 月，国务院批准葫芦岛港口岸扩大开放至绥中港区。

葫芦岛港

2023 年，葫芦岛水运（海港）口岸货物吞吐量 2 599 万吨，同比下降 79.5%，其中，外贸货物吞吐量 183.8 万吨，同比增长 69.6%；集装箱吞吐量 0.3 万标箱。

【旅顺新港水运（海港）口岸】 旅顺新港位于辽宁省大连市旅顺口区，与山东半岛隔海相望，是天然不冻港，海岸线长度 169 千米，是沟通辽东半岛和山东半岛的“黄金水道”。旅顺新港于 2006 年 8 月获国务院批复同意对外开放，2009 年 11 月通过国家验收，2010 年 1 月正式对外开放。截至 2023 年年底，旅顺新港口岸有 2 个开放杂货泊位，辖区内中远川崎船舶工程有限公司、大连今冈船舶工程有限公司、大连滨海船舶修造有限公司码头于年底通过口岸开放验收。旅顺港区有客滚及件杂泊位 5 座，主要从事旅客、滚装货及件杂货运输，设计年通过能力旅客 60 万人次、滚装车 25 万辆、杂货 167 万吨。旅顺新港已开通旅顺至烟台、蓬莱、龙口、东营、潍坊、天津 6 条国内省际客货滚装航线；主要进口货物为钢材、机械零部件、水产品等原材料，主要出口货物为成品货船、船舶分段、大型机械设备等各种加工贸易成品。

2023 年，旅顺新港完成旅客吞吐量 107. 1 万人次，同比增长 107. 5%；货物吞吐量2 333. 2万吨，同比下降 1. 65%，其中，外贸货运量 82. 1 万吨，同比下降 54. 4%。

【庄河水运（海港）口岸】 庄河港位于辽宁省大连市庄河市，辽东半岛东侧南部，是黄海、渤海距日、韩最近的港口，滨海公路横贯东西。庄河港于 2007 年 9 月获国务院批准对外开放，2009 年 11 月通过国家验收，2010 年 1 月正式对外开放。截至 2023 年年底，庄河港区共有泊位 27 个，其中已建成投入使用泊位 14 个、在建泊位 13 个。按区域分：将军石作业区已建成泊位 6 个、在建泊位 10 个；黑岛作业区已建成泊位 1 个；石城港已建成泊位 4 个；王家港已建成泊位 2 个、在建泊位 3 个；寿龙岛港已建成泊位 1 个。

2023 年，庄河港完成货物吞吐量 556. 68 万吨，同比增长 2. 48%；旅客吞吐量 44. 72 万人次，同比增长 14. 17%。

【长兴岛水运（海港）口岸】 长兴岛港位于辽宁省大连市，主要包括长兴岛、西中岛、凤鸣岛 3 个自然岛屿，与大陆以海沟、浅滩相隔，长兴、西中、凤鸣 3 个岛屿间形成了葫芦山湾和董家口湾 2 个海湾。长兴岛地区深水岸线资源丰富，港口建设条件优良，港址南距旅顺新港约 59 海里、北距营口港约 101 海里。2011 年 7 月，国务院批复同意长兴岛港口岸对外开放；2019 年 10 月，长兴岛港口岸通过国家验收，正式对外开放。

长兴岛港区分为北岸作业区、南岸作业区和西中岛作业区。北岸作业区：恒力石化项目 1 个 2 万吨级散货泊位（已升级为限制船长的 5 万吨级泊位）、3 个 5 万吨级散货泊位、2 个 10 万吨级液体散货泊位及 1 个 5 000 吨级液体散货泊位；防波堤外侧大连港长兴岛 30 万吨级原油码头、内侧 10 万吨级原油码头及后方原油库区一期工程已建成。南岸作业区：公共港区西侧 0#–3#通用泊位（5 万~7 万吨级）。西中岛作业区：南防波堤工程基本完工。货物以原油、液体化学品、散货为主。2022 年 11 月，长兴岛 10 万吨原油码头通过省级验收。

2023 年，长兴岛港货物吞吐量 7 440 万吨，同比下降 1. 6%。

【丹东陆路（铁路）口岸】 丹东铁路口岸位于辽宁省丹东市丹东站，分为客运和货运两部分。丹东铁路口岸通过中朝友谊桥与朝鲜新义州口岸相对应。1954 年，中朝两国签订铁路联运协定，开通北京至平壤、平壤至莫斯科往返直通国际联运旅客列车，经停丹东站，每周二、四、五、日出境，每周一、三、四、六入境，经中朝协商，每天都有丹东铁路口岸至朝鲜新义州口岸旅客列车。国际联运货物列车每天往返 4 对。2001 年 11 月，中朝两国签订《中朝边境口岸及其管理制度的协定》，明确规定铁路口岸允许持有效护照及签证或边境通行证的双方公民、货物和运输工具通过；允许持有效护照及签证的第三国公民、货物和运输工具通过；铁路口岸每日的开放时间按中朝双方间有关协议中的铁路运行时刻表执行，不受双方规定的节假日和边境口岸每天开放时间的限制。2006 年 8 月，铁路丹东站改造建设；2008 年年底，铁路丹东站新站舍竣工并投入使用。2023 年，丹东铁路口岸暂停客运通关，货运功能恢复运行。

【丹东陆路（公路）口岸】 丹东公路口岸位于辽宁省丹东市，设在丹东中朝友谊桥旁。丹东公路口岸通过中朝友谊桥与朝鲜新义州口岸相连。丹东公路口岸是1955年经中朝双方商定批准的对外开放口岸，也是我国与朝鲜半岛接壤的口岸中可通行第三国人员的口岸。丹东公路口岸分为客运和货运两部分，1966年关闭，1981年恢复通关。2004年6月，公路口岸扩建改造；2005年6月，改造后的公路口岸正式投入使用。丹东公路口岸公路客运班车由中朝双方共同营运，主要接送两国边民。

丹东公路口岸

大连市

【口岸运行主要数据】 2023年，大连口岸进出口货物总值9 471.2亿元，占辽宁省口岸进出口货物总值的85.7%，占东三省口岸进出口货物总值的66.8%；出入境旅客总数62.5万人次，同比增长706.3%；进出境船舶12 387艘次，同比增长18.5%；进出境航班5 962架次，同比增长104.5%。

2023年，大连口岸进、出口货物整体通关时间分别为31.68小时、0.84小时，均低于2022年平均水平。

2023年，大连海港口岸完成货物3.15亿吨，同比增长3.2%；空港口岸完成旅客吞吐量1 613万人次、货邮吞吐量15.0万吨、运输起降13.0万架次，同比分别增长153.3%、18.6%、97.7%。

【国际一流口岸建设步伐加快】 充分发挥大连口岸联席会议制度优势，召开2023年度大连市口岸工作会议，印发2023年大连口岸工作要点，统筹推进全市口岸工作。发布《2022年大连水运口岸发展报告》《2022年度大连口岸优化跨境贸易营商环境第三方评估研究报告》《大连国际一流口岸建设评价指标体系（水运口岸）》等研究报告，为口岸高质量发展提供科学依据。建立口岸运行统计指标体系，围绕口岸收费、通关时效、人员、运输工具、货物吞吐量、货物总值等要素开展口岸运行动态监测，编制完成口岸运行情况统计月报和季度分析报告，为政府精准施策提供决策参考。

【着力解决企业码头口岸开放疑难问题】 2023年，大连口岸探索启动了海港口岸泊位清理专项行动，按照“历史问题历史看”处理原则，“成熟一批验收一批”，完成了恒力重工、大连集装箱码头有限公司等18家单位73个泊位对外开放验收，根本性解决了多年来大连口岸国际航行船舶临时停靠监管难题，提升了大连口岸服务能级，助力大连市外向型经济高质量发展。巩固发展“大连特色”口岸功能，完成2023年“海上过鲜”临时开放申报批复工作。

【跨境贸易便利化取得显著成效】 2023年，大连口岸获批促进跨境贸易便利化专项行动全国试点，出台大连2023年促进跨境贸易便利化专项行动措施，围绕加强“智慧口岸”建设和通关模式改革、支持外贸产业升级和新业态发展、跨境通关物流链供应链安全畅通、进出口环节降本增效、提升外贸经营主体满意度5个方面制定措施，推进大连口岸营商环境建设，完成了首单以大连港为离境港的启运港退税业务，有效缩短了出口企业退税周期，降低了企业资金成本，吸引了更多外贸货物向大连口岸集聚。围绕对俄贸易冷链等货种，会同大连海关研究制定散货运输船优先查验、预约加急验放等便利措施，对俄贸易跨境贸易便利化水平有效提升。牵头制订大连大窑湾口岸国际航行船舶联合登临检查工作实施方案，协调口岸查验单位开展联合登临检查，实现查验过程“信息互换，监管互认，执法互助”，大幅缩减船方在港等待时长，给予船公司营运更大的“自由度”。

【口岸信息化建设全面提速】 2023 年，大连口岸获批“智慧口岸”建设全国试点，围绕建立管理和技术规范、打造数据中心、建设智慧化特色应用，研究编制《大连市智慧口岸一期试点建设项目建设方案》和《大连智慧口岸建设方案（2023—2025）》，进一步明确建设目标、建设内容及实施路径。完成海关检验检疫证书系统等 5 项地方特色功能建设，推进数据交换等新功能开发，开通大连政务服务功能和“问题清零”专区，增设“冷链服务”专区，不断拓展“单一窗口”服务“半径”。持续推进大宗散杂货提货单电子化试点，逐步扩大大宗散杂货物提货单电子化范围，大连汽车码头、散粮码头已全部实现提货单电子化，将办单时间从 5 小时缩短至 3 分钟，年内累计覆盖 46 家船公司船代及 1 600 余家车队货代，荣获“辽宁省企业管理进步成果二等奖”。“集装箱电子放货平台”实现提货单电子化，将进口通关时间缩短至 2 小时/票，累计覆盖 18 家船公司船代及 1 300 余家换单代理企业。

【加快推进大连区域枢纽机场建设】 稳妥有序推进航空运输市场复苏。2023 年 7 月，成功开通大连—羽田航线，成为东北首家与东京成田、羽田两场通航的城市，极大促进中日经贸往来；10 月，推动开通大连—俄罗斯符拉迪沃斯托克（海参崴）航线，实现大连与海参崴两地通航，进一步搭建大连与俄罗斯远东地区的空中桥梁。截至年底，大连空港国际和地区通航点已恢复至 12 个，每周国际和地区航班恢复至 103 班。空港服务保障能力持续增强，年内共完成 6 批次赏槐会重要日韩外宾以及 15 批次重要国内外贵宾的口岸保障和礼遇任务，保障临时公务机 16 架次、货包机 19 架次。国际进港货物实现“即放即提”，完成航空机坪“直装直提”线上预约系统功能测试，进一步提升空港口岸通关效率。

【着力提升市场主体满意度】 会同口岸查验单位综合研判集装箱出境“反偷渡封志”管理举措与当前口岸管控形势关系，从 2023 年 11 月 1 日起全面停用大连口岸集装箱出境“反偷渡封志”，根本性破解影响振兴发展的难点堵点问题，每年可为企业节约人工作业时间 7 000 余工时、节约成本 1 500 余万元。有效落实口岸“问题清零”机制，拓展问题反馈与监督渠道，提升问题发现解决能力，召开口岸营商环境社会监督员座谈会，组织口岸查验单位及有关部门就社会监督员反馈提出的问题及意见建议进行逐一解答，实现问题“零库存”。开展大连大窑湾口岸启运港退税政策宣传与业务培训推介会，进一步引导企业用足用好政策红利，吸引外贸货物向大连口岸集聚。组织开展大窑湾港区及周边集装箱场站专项整治行动，公开发布《大连市集装箱场站经营服务规范》《大连市集装箱场站行业公平竞争规则》《大连市集装箱场站行业信用自律公约》，“阳光场站”系统上线运行，引导企业公示作业流程和收费服务标准，主动接受社会监督。

2023 年辽宁省口岸大事记

4 月 21 日

辽宁省委书记、省人大常委会主任郝鹏到营口港鲅鱼圈港区，围绕港口规划发展和运营情况进行调研。

4 月 27 日

由越南越捷航空执行的沈阳芽庄航线复航。

5 月 15 日

由南航北方分公司执行的沈阳—釜山航线复航。

6 月 2 日

丹东港口岸已开放范围内新建南 1#、南 2# 泊位通过对外开放验收。

6 月 21 日

由春秋航空执行的沈阳—济州航线复航。

7 月 9 日

辽宁省委书记、省人大常委会主任郝鹏来到丹东港，现场调研 20 万吨级矿石泊位以及港口运营情况，要求当地负责同志把丹东港放在国家发展大局中谋划功能定位，积极服务和融入共建“一带一路”，着力强化与东北腹地深度合作，不断提高港口服务水平和竞争力，为丹东和全省经济发展增添新活力。

9 月 23 日

由泰国越捷航空执行的沈阳—曼谷航线复航。

10 月 11 日

辽宁省委副书记、省长李乐成调研丹东港。李乐成现场听取了丹东港运营情况介绍，要求当地负责同志心怀“国之大者”，立足资源禀赋、明确功能定位、科学规划布局，着力锻造港口国际竞争力，做好海洋开发这篇大文章，推动陆海之间资源互补、产业互动、布局互联，为打造对外开放新前沿提供有力支撑。

11 月 16 日

大连海关关长刘大立到中国兵器集团调研。

12 月 13 日

由朝鲜高丽航空执行的沈阳—平壤航线复航。

（撰稿人：刘小苹、陈鸿华、李春芳、王迪、王男、辛玲、徐林、杨峰、张学忠、秦玮、赵立军、尹君）

2023 年辽宁省口岸流量统计表

口岸类型	口岸名称	货运量（万吨）				集装箱量（万标箱）				人员（万人次）				交通工具（辆、艘、架、列次）			
		出口	进口	合计	同比（%）	出口	进口	合计	同比（%）	出境	入境	合计	同比（%）	出境	入境	合计	同比（%）
空运口岸	沈阳	2.72	1.13	3.85	1 066.7												
	大连	1.2	1.1	2.29	-46.2												
	分计	3.9	2.2	6.14	33.8												
陆路口岸 公路口岸	丹东																
	分计																
陆路口岸 铁路口岸	丹东																
	分计																
水运口岸 海港口岸	大连	4 217.9	9 305.0	13 522.9	3.5			387.7	18.2								
	营口	1 825.9	6 024.9	7 850.8	5.3			3.1	-20.5								
	丹东	240.7	1 251.6	1 492.3	8.8			2.2	-25.2								
	锦州	288.9	1 460.8	1 749.7	26.5			0.9	148.6								
	葫芦岛	1.0	182.8	183.8	69.6												
	盘锦	246.7	735.1	981.8	15.2												
	分计	6 821.1	18 960.2	25 781.3	6.4			393.9	17.6								
合计		6 825.0	18 962.4	25 787.4	6.4			393.9	17.6								

（辽宁省口岸办提供）

2023 年沈阳海关主要数据统计表

项　目		2023 年	2022 年	同比（%）
进出口货运量（万吨）	合计	1 999.6	1 500.5	33.3
	进口	1 680.1	1 211.3	38.7
	出口	319.5	289.2	10.4
进出口贸易总值（万美元）	合计	2 248 112.9	2 037 898	10.3
	进口	1 872 777.1	1 648 530	13.3
	其中：江、海运输	1 684 064	1 531 123	9.7
	铁路运输	31 616.8	55 335	-42.6
	汽车运输	2 662	2 468	7.5
	航空运输	153 368.2	58 215	165.6
	邮件运输	1 052.2	1 388	-23.3
	其他运输	13.8	1	1 310.1
	出口	375 335.8	389 369	-2.5
	其中：江、海运输	219 792.9	246 256	-9.9
	铁路运输	82 615.1	81 821	1.1
	汽车运输	715.6	3 137	-34.3
	航空运输	62 596.3	32 303	92.8
	邮件运输	523.5	1 992	-73.7
	其他运输	9 092.3	23 860	-61.9
税收（亿元人民币）	两税合计	197.93	190.9	3.7
	关税入库	39.50	39.0	1.2
	进口环节税入库	158.43	151.9	4.3

（沈阳海关提供）

2023 年大连海关主要数据统计表

项　目		2023 年	2022 年	同比（%）
进出口货运量（万吨）	合计	22 417.60	20 826.42	7.64
	进口	16 521.60	16 264.12	1.58
	出口	5 896.10	4 562.32	29.23
进出口贸易总值（万美元）	合计	13 465 219.09	14 423 628.69	-6.64
	进口	7 331 808.09	8 234 662.46	-10.96
	其中：江、海运输	—	—	—
	铁路运输	—	—	—
	汽车运输	—	—	—
	航空运输	—	—	—
	邮件运输	—	—	—
	其他运输	—	—	—
	出口	6 133 411.00	6 188 966.23	-0.90
	其中：江、海运输	—	—	—
	铁路运输	—	—	—
	汽车运输	—	—	—
	航空运输	—	—	—
	邮件运输	—	—	—
	其他运输	—	—	—
税收（亿元人民币）	两税合计	665.42	778.86	-14.56
	关税入库	63.72	74.28	-14.22
	进口环节税入库	601.70	704.58	-14.60

（大连海关提供）

2023 年辽宁海事局进出港船舶统计汇总表

船舶类别	进港船舶							出港船舶						
	艘数（艘）	总吨（吨位）	总载重量（吨）	载客量（客位）	船员人数（人次）	货物到达量（吨）	旅客到达量（人）	艘数（艘）	总吨（吨位）	总载重量（吨）	载客量（客位）	船员人数（人次）	货物发送量（吨）	旅客发送量（人）
总计	165 148	905 885 861	1 028 885 819	9 401 569	2 481 864	341 783 306	5 627 487	165 902	908 744 292	1 027 398 291	9 498 839	2 507 470	405 219 504	5 926 508
中国籍船舶	156 572	635 832 286	615 658 212	9 307 006	2 315 046	162 412 475	5 627 487	157 269	634 882 986	609 950 980	9 404 276	2 339 375	338 423 404	5 926 508
其中：外贸船	583	12 199 309	20 106 501	0	11 241	11 471 249	0	574	10 618 511	17 688 805	0	10 746	4 716 220	0

（辽宁海事局提供）

吉 林 省

口岸数量及分布

截至2023年年底，吉林省共有经国务院批准的对外开放口岸16个。其中，空运口岸2个，分别为长春空运口岸（长春龙嘉国际机场）、延吉空运口岸（延吉朝阳川国际机场）；陆路（铁路）口岸3个，分别为集安、图们、珲春铁路口岸；陆路（公路）口岸11个，分别为双目峰、南坪、珲春、圈河、长白、临江、三合、开山屯、古城里、沙坨子、集安公路口岸。中朝边境口岸12个，中俄边境口岸2个。

口岸运行数据

2023年，吉林省口岸进出境货运量322.89万吨，同比下降11.6%；进出境人员93.63万人次，同比增长1 130%；进出境交通工具5.79万辆（列、节、架）次，同比增长101.87%。

口岸综合管理

【持续加强口岸运行监测】 一是加强运行分析。2023年6月中旬，向吉林省领导报送关于全省口岸相关情况的报告，为省领导工作决策提供口岸信息支撑。每月对各口岸运行情况进行综合分析，为相关部门和处室提供运行情况。二是坚持数据报送。每天按时将全省口岸运行数据向国家口岸管理办公室报送，为国家制定口岸政策提供参考。三是落实安全联合防控。依托省口岸安全联合防控工作机制，不断提升口岸治理水平，实现口岸平稳安全运行。

【有序稳妥推进口岸复通】 一是深入各口岸检查指导做好复通工作。为确保各口岸“应开尽开”“随时能开”，派出工作组对全省边境口岸现场恢复开关准备情况进行逐一检查，指导完善工作预案，截至2023年3月底，全省未复通口岸均已做好恢复通关的各项准备工作。二是口岸复通取得新进展。对俄口岸功能全面恢复。新冠病毒感染实施“乙类乙管”后，经国家口岸管理办公室批准同意，珲春陆路（公路）口岸于国内第一批恢复双向客运功能，至此，全省对俄边境口岸功能全部恢复。部分对朝口岸顺利复通。

【不断夯实基础设施建设根基】 一是推进一批项目建设。紧密围绕国家“五型”口岸建设总体目标，以吉林省口岸发展“十四五”规划为指引，增加利用外经贸资金采用事后奖补办法审核15 762个项目，列为支持7个，金额726万元。积极推进珲春公路、铁路通道改造，新圈河陆路（公路）口岸联检楼项目，图们陆路（公路）口岸改扩建项目等一批基础设施项目建设。其中，新建双目峰公路口岸于2023年10月中旬提前完成项目主体工程建设。二是实现重大项目入库。借助国家资金向口岸倾斜的利好政策，按照基础设施投资项目支持不超50%的原则，主动协调发改部门将全省口岸重大项目列入国家基础设施建设项目库，组织8个地区开展申报工作，安图双目峰公路口岸建设项目、图们边境口岸综合能力提升项目均已被列入支持范围。三是积极争取国家支持。先后3次组织20个项目向国家口岸管理办公室申报，其中新建中俄珲春公路口岸联检楼及附属设施工程项目、新建圈河公路口岸配套设施建设项目均已被列为重点支持项目。四是谋划一批口岸项目。结合全省口岸实际需求，谋划了图们市口岸互市贸易产业园区项目、三合公路口岸物流中心建设项目、开山屯公路口岸联检楼旅检通道智能验证台项目、集安新建智慧口岸综合指挥中心建设项目、临江智慧口岸建设工程项目等一批涉及提升全省口岸基础设施建设的新项目，并全力跟进推动。

【多措并举提升通关能力】 一是完善健全口岸功能。对俄口岸功能进一步增强，相继获批口岸进境食用水生动物、冰鲜水产品、粮食指定监管场地，相继开通中俄海洋班列、长珲欧班列和跨境电商TIR公路卡航、清洁能源班列、鲜活海产品绿色通道。二是加强边境口岸国际合作。借助国家以及吉林省口岸对俄合作机制，加强与俄远东边境建设署沟通联络，协调俄方提升口岸通关效率，实现俄方接收中方出境车辆由 30～40 台/日提升至 60～80 台/日，最高达 120 台/日，相关经验做法得到国家口岸管理办公室和交通运输部的肯定。2023 年 10 月 11 日，吉林省口岸办派员赴上海参加中俄总理定期会晤委员会运输合作分委会口岸工作组第 26 次会议，借助中俄两国口岸合作机制协商推进吉林省中俄口岸建设、运能提升、提高工作效率等问题。三是拓宽省际口岸工作合作。与天津、河南、新疆等地口岸部门签署《十四省区市口岸区域合作备忘录》；与辽宁、黑龙江、内蒙古建立“东北三省一区口岸合作机制”。省际口岸合作对提高口岸通关能力和便利化程度将起到积极促进作用。四是延长口岸通关时间。针对中俄贸易快速发展的机遇，珲春公路口岸出现拥堵情况，协调相关部门延长工作时间，保证海产品进口、商品车出口需求，为全省外经贸企业进出口助力。

【通道建设不断取得新进展】 一是内贸货物跨境运输工作取得新进展。2023 年 2 月，吉林省利用俄符拉迪沃斯托克（海参崴）港作为内贸货物跨境运输中转港获国务院批复同意。4 月，向国务院申请增加俄波谢特港为内贸货物跨境运输中转港。吉林省领导高度重视，省长胡玉亭主持召开了研究内贸货物跨境运输工作专题会议，明确任务分工，省市统筹推进。调研分析透彻，6 月向主要省领导报送吉林省内贸货物跨境运输航线现状及发展研究报告，获得省长胡玉亭肯定批示。企业积极参与运营，提请省政府同意 7 家物流企业开展内贸外运运营主体备案，为航线开通创造基本条件。省市配合紧密，多次赴珲春与政府、航务局、运营主体沟通联系，压实珲春市政府主体责任，鼓励运营主体积极与俄方接触，推进航线开通进程。解决问题思路清晰，针对俄铁路车板计划申请难的问题，指导珲春市采用公路汽运集港的方式进行集港，完成海参崴航线试单。积极提供资金支持，为支持航线尽快首航，争取外经贸资金 300 万元对航线首航予以补贴。9 月 1 日，“珲春—斯拉夫扬卡—宁波”航线成功实现首单试航。10 月，“珲春—符拉迪沃斯托克（海参崴）港—嘉兴”内贸外运航线完成首单测试。二是国际货运通道不断拓宽。积极支持中欧班列“长满欧”“长珲欧”发展，支持新开通“长绥欧”班列，“长春—二连浩特—欧洲”“长同欧”班列成功测试。8 月，长春兴隆综合保税区 TIR 跨境公路货运线路成功首发，初步形成多线齐发、多种形式的国际物流通道。在延吉航空口岸开设松茸出口专用临时通道，支持鲜活易腐农食产品就地飞达海外，8 月 21 日首批松茸顺利通关。

【推进“单一窗口”平台建设】 一是升级改造国际贸易“单一窗口”。对视频监控应用项目中的显示屏及监控设备系统进行升级改造，优化视频监控系统和大数据分析系统，提高监控稳定性、安全性及清晰度，增加视频监控系统覆盖范围。截至 2023 年年底，与长春海关共同开展的“单一窗口”智能关锁系统项目依旧在稳步推进建设中。二是持续开展业务培训。组织全省近 100 家重点外贸企业开展国际贸易“单一窗口”业务培训，对提高通关便利化，优化口岸营商环境，助力外贸企业高质量发展起到了积极推进作用。三是贸易便利化水平不断提升。指导各口岸管理部门对所属口岸区域内开展收费服务的企业，通过中国（吉林）国际贸易单一窗口，对收费项目及收费标准进行信息公示和更新，相关内容均可通过“单一窗口”进行线上查询，贸易便利化程度又有新的提升。四是口岸营商环境不断优化。以《吉林省关于推进深化跨境贸易便利化改革优化口岸营商环境的若干措施》为遵循，定期调度各相关部门工作任务完成情况，促进工作措施落实，从源头改善口岸营商环境。

口岸监管与服务

【长春海关推进智慧海关建设，落实“智关强国”行动】 长春海关落实习近平总书记 2021 年 2 月 9 日提出的“深化海关贸易安全和通关便利化合作，开展‘智慧海关、智能边境、智享联通’合作试点”重大倡议，积极推进智慧海关建设。以统筹推进业务运行体系和科技支撑体系建设为抓手，着力构建网络化互联、数字化感知、智能化分析、自动化作业的海关监管服务新形态。研究制订长春海关关于推进智慧海关建设的落实方案，凝聚长春海关整体“力”与“智”，主动请战，参与海关总署智慧海关建设项目26项，其中牵头项目1项；选派骨干力量参与海关总署集中会战，获海关总署通报表扬。研究建立边民互市贸易“一体系两平台”智慧监管模式，被海关总署纳入“智慧边民互市监管”业务场景实施方案，并被列为智慧海关建设年度十佳项目评选30强。以智慧海关建设优化互市贸易监管，在地方政府平台开发电子核销功能，助力破解涉捕捞证水产品核销问题，推动吉林省中俄边民互市贸易有序恢复。2023年，互市贸易落地加工模式进口比率达30%以上，落地加工产业链不断延长，互市贸易进口值创5年来新高。有效发挥基层首创精神，获国家发明专利授权3项、实用新型专利授权4项，健康申明卡自助验核等8项长春海关特色业务场景事项落地。制订长春海关推进落实“智关强国”行动计划实施方案，主动认领海关总署行动任务230项，形成长春海关推进落实“智关强国”行动计划重点任务分工及细化措施328项。结合长春关区实际，打造“智关强国”区域场景，开展“关促振兴”专项工作，聚焦筑牢口岸安全防线、保障生态与粮食安全、共建“一带一路”向北开放、固边兴边、汽车产业稳链强链、综合保税区高质量发展、专精特新企业科技创新7个方面，确定特色任务7项，细化措施27项。依托海关职能优势找准促进吉林区域高质量发展、可持续振兴着力点，推动“智关强国”行动落地落实。年内，长春关区17个口岸有序复通复航，审结进出口报关单9.9万份，同比增长12.9%。全年，吉林省货物贸易进出口总值1 679.1亿元，同比增长7.7%。

【长春海关强化实际监管，筑牢口岸检疫防线】 长春海关按照“一口岸一方案”原则，指导复开口岸全流程监管，着力提升监管设备保障能力。为口岸配备底盘检查机器人、手持式物质识别仪等便携式监管设备，调拨辐射探测门等大型设备，为珲春公路、铁路口岸分别调配H986设备并安装到位。多措并举提升通关效率，进出口危险品及进口煤炭、液化气实现口岸环节“零滞留、零积压”，鲜活易腐农食产品属地查检快速通关实现“零延时”。扎实开展重大事故隐患专项排查整治2023年行动，深入开展“打击进出口危险品伪瞒报”专项行动。建立进出口危险品危险信息索引库、风险信息比对库、典型案例共享库和影子商品库“四个库”，查发伪瞒报情事、检出不合格批次均创历史新高，查获侵权商品同比增长180%。创设东北地区首个空港智能化“130”检疫监管大流程（即一码通关、三道精准拦截、零延时验放），检疫监管时长压缩到30分钟以内。加强口岸公共卫生核心能力建设，筑牢口岸检疫防线。认真落实“地方政府为主导、口岸运营单位为主体、海关为技术指导、口岸相关部门协作”的口岸公共卫生核心能力共建机制，着力构建口岸立体联防联控体系。印发长春海关2023年度口岸公共卫生核心能力动态管理推进工作方案，明确组织机构、实施内容、实施步骤及完成时间，坚持问题导向，全面开展自查自评整改，根据海关总署达标考核及关区自查自评发现的问题推进整改。按照口岸公共卫生核心能力建设标准，坚持“一口岸一方案一预案”原则，修订完善各类技术方案和作业指引，修订完善口岸突发公共卫生事件应急处置预案，并建立常态培训机制。组织开展涉恐突发事件应急处置演练，协调公安、防化部队等部门开展化学毒剂排查与销毁等环节联合处置，确保口岸突发事件的应急处置。年内，查发首起变造植物检疫证书违规情事，截获外来物种25种，检出检疫性有害生物2批次、有害杂草13种。近5年来首次截获输入性病媒生物蚊类。

【长春海关注重创新服务，促进外贸高质量发展】 释放政策红利，优化口岸营商环境，落实海关总署优化营商环境16条措施，全力服务经济发展。出台长春海关优化营商环境18条措施及197条细化措施，开展“关长送政策上门”调研走访活动，2023年进出口企业注册备案数同比增长57.6%，创5年来新高。全力支持红旗等民族汽车品牌加快拓展海外市场，年内吉林省整车出口量、出口货值同比分别增长158.3%、170.1%。推动4家吉林企业获得欧盟、俄罗斯及韩国注册，新增6家企业获得AEO资质，增速居东北三省首位。支持吉林省内企业首次利用国外高精尖技术开展高附加值商品出境加工。取得吉林省首个国家级药食同源检测资质，助力人参等吉林特色产业做大做强。推动“吉字号”产品行销国内外市场，年内松子、松茸等特色农食产品出口量同比分别增长3.6%、11.8倍。支持吉林省开通市场采购贸易业务，3月珲春东北亚国际商品城作为吉林省首个试点正式通过国家有关部门验收。助力集安、临江、图们三地获批设立边民互市贸易区，推动中俄边民互市贸易有序恢复，互市贸易进口值创5年来新高。充分发挥海关国际合作职能优势，全力推动吉林省融入共建“一带一路”。深化与俄罗斯远东海关局多层次务实合作，珲春铁路口岸实行“7×24小时”通关，首批“抵港直装”货物顺利出口，珲春药材进口边境口岸实货放行，助力开通首条“长春—莫斯科”TIR国际公路运输线路，支持中欧班列首次采用“铁路快通”模式，通道运行效能不断提升。支持新增内贸货物跨境运输入境口岸，珲春经斯拉夫扬卡、海参崴至浙江2条航线实现首航，助力吉林省与东部沿海和京津冀跨境快速对接。通过减税降费激发市场主体活力，持续扩大RCEP政策享惠红利，年内签发RCEP出口原产地证书576份、同比增长19%，RCEP进出口享惠货值7.1亿元、同比增长108.8%。指导企业择优申领原产地证书类型，提高一汽集团出口商用车在进口国（地区）关税减让幅度1.5~10个百分点，关税减让近千万元。为吉林省科技创新等新质生产力项目减免税款1.6亿元。推动国务院关税税则委员会首次为吉林省企业出口商品增设税目，帮助企业降低成本、拓展市场。开展企业调研，为重点税源企业提供“一企一策”属地纳税服务；大力推广多元化税款担保，实现“一保多用、循环使用”。开展综合保税区政策解读宣讲和培训，严格把关、精准服务，做好2022年度全国综合保税区发展绩效评估工作，吉林省2个综合保税区均获B类评级，其中长春兴隆综合保税区首次由C类晋升至B类，排名上升幅度历年最大。年内，全省综合保税区进出口值同比增长46%、跨境电商进出口值同比增长88.9%，全力助推海关特殊监管区域高质量发展。

【长春海关为第十四届中国—东北亚博览会提供优质监管服务保障】 长春海关切实加强监管能力，全面提升地方大型经贸活动服务保障能力。成立长春海关服务东北亚博览会监管工作领导小组，印发第十四届中国—东北亚博览会长春海关监管服务保障工作方案。设立专人专班负责展品备案、销案手续和展会驻场监管工作，开通东北亚博览会进境展览品专用通道，提供展品报关、放行、核销“一站式“作业服务。在查验环节，严格按照海关总署要求对进口商品进行入境风险监测；进境口岸所在地海关按照经确认的展会展品清单和相关证明，对展品进行快速验放；发挥联动机制作用，同步开展驻场查验检验检疫相关工作。在严格落实各项卫生检疫措施基础上，为参展人员设置东北亚博览会参会人员进境专用通道，及时掌握参展人员来自国家或地区的国际传染病疫情信息，根据风险评估情况，完成口岸检疫工作。在备案审批环节，对参展品实行展前备案制度，简化通关手续，缩短备案时间。在展前对提出减免税货物凭保放行的申请事项加快审核，对展后减免税申请人凭之前审核通过的减免税货物凭保放行单，提交的减免税申请，经审核确认所提交的申请材料齐全合规的，快速办理审批手续，提高备案审批效率。优化检验检疫流程。展品为进境动植物及其产品需要办理检疫审批的，职能部门加快审批速度，加强与海关总署相关司局的沟通，帮助尽快完成审批手续。对进境预包装食品、化妆品等展品，不进行销售的免予加贴中文标签，对其收发货人可免予备案。展品符合免于办理强制性产品认证的，如未能取得市场监督管理部门的审批手续，现场海关凭参展商自行出具的“免予办理强制性产品认证自我声明”先放行，参展商在展会结束前补交“免予办理强制性产品认证证明”。派员驻会监管，强化应急处置。按照“谁主管、谁负责”的原则，长春兴隆海关成立驻会监管组实行驻点监管，制定展会现场应急预案机制，负责现场政策咨询、进境展览品的监管和服务等工作，严格落实领导干部巡视和带班制度，切实加强现场突发事件的应急处置工作。

【吉林出入境边防检查总站服务口岸通关】 吉林出入境边防检查总站密切跟进中央防疫大局，精准落实新冠病毒感染转段部署要求，助力口岸发展、体现边检担当。妥善应对转段后全省口岸期盼复关、通关流量亟待恢复和跨境违法犯罪可能上升等形势变化，先后5次派员赴全省口岸实地调研指导，扎实推进口岸复关前勤务部署、设备调试、风险排查、压力测试等准备工作，研究制定保障复关20条措施、转段工作提示、执勤现场防护规范，修订完善“口岸防疫工作手册”，3次开展全省防疫视频培训，确保了口岸防疫管控平稳转段、外防输入持续安全。广泛征求驻地政府、边贸企业、服务对象意见诉求，顺利完成全省15个口岸恢复客运、货运功能的请示和批复工作，出台支持新时代吉林全面振兴边检服务措施，持续释放利好信号。

【吉林出入境边防检查总站支持地方外贸经济发展】 吉林出入境边防检查总站深入贯彻习近平总书记关于新时代推动东北全面振兴的重要讲话精神，积极融入东北振兴战略，参与吉林省“十四五”口岸发展规划、长吉图战略年度要点等政策制定。推动珲春铁路和集安、三合、临江公路等4个边民互贸区获批成立，主动研提县域经济发展、吉林民航发展等工作建议，为全省经济高质量发展积极贡献边检智慧、边检力量。持续深化“放管服”改革，先后联合省广播电台、省出入境管理局、省政务服务中心，畅通12345与12367热线转接渠道，调整完善12367热线备答口径，深入开展12367热线宣传推介活动，2023年累计接听电话8 320通，应询量同比增长99.2%，边检应询受众面和满意度均显著提升。

【吉林出入境边防检查总站推动口岸通关改革】 吉林出入境边防检查总站持续优化通关管理，全面推动口岸通关改革。跟进保障第十四届中国—东北亚博览会、中俄互免团体旅游通关。动态优化边检勤务组织、通道设置和警力配备，最大限度便利政策供给，满足不同群体个性化通关需求，先后为400余名外国政商人士提供通关便利，为19.6万余名中俄旅游人员提供高效通关服务。密切关注服务对象意见诉求，主动参与珲春公路口岸出境货车拥堵治理工作，协调驻地政府实施出境货车排号进入口岸限定区域管理，与俄罗斯滨海边疆区边防管理局达成优化查验模式、提升通关效率工作共识，有效解决了口岸拥堵滞留问题。

【吉林出入境边防检查总站提高口岸规范化管理】 吉林出入境边防检查总站紧盯口岸管控敏感节点、关键部位和重点环节，有效提升一线勤务规范化、精细化管理水平。全面强化人防、物防、技防手段，严密出入境人员检查、交通运输工具监管、进出限定区域审查、口岸外围和周边区域警戒等管控措施，持续加强勤务部署、优化警力布局、提升管控能力，筑牢国门安全屏障。层级建立边检勤务质量通报制度，每月讲评前台信息采集、业务事件处理、问题请示报告情况，2023年累计下发勤务质量通报12期。吉林出入境边防检查总站推进边检业务体系化、系统化建设。着眼立体化信息化防控体系建设要求，认真总结圈河出入境边防检查站“数字国门”试点建设经验，制定吉林出入境边防检查总站“数字边检”建设指导意见，细化“数字边检”建设标准，推动全省口岸基础设施建设同步向数字化、智能化迭代升级。深度挖掘和有效利用全省边检优势资源，新建启用图们边检业务培训基地，组建长春、延吉数据研判中心，依托原有长春、珲春业务培训基地和圈河证研室，形成“三基地二中心一证研室”协作格局。

开放口岸

【长春空运口岸（长春龙嘉国际机场）】
长春龙嘉国际机场位于吉林省长春市九台区东湖镇与龙嘉镇交汇处，距长春市和吉林市区分别是32 千米和 76 千米，为国内干线机场，飞行等级为 4E。2005 年 8 月，长春龙嘉国际机场正式通航，长春大房身机场和吉林二台子机场民航整体转场至此运营。2004 年 10 月，国务院正式批准长春空运口岸开展落地签证业务。

长春龙嘉国际机场机场跑道长 3 200 米、宽 45 米，可起降大中型客机，共有停机位 63 个。机场有 T1 和 T2 两个航站楼。T1 航站楼属于国际（地区）厅，位于飞行区南侧、跑道中段，平行于跑道，航站楼面积 6.23 万平方米，满足年旅客吞吐量 500 万人次。T1 航站楼有登机桥 3 个，出境通道 10 个、入境通道 8 个，设有海关报关大厅，监管仓库。T1 航站楼共 4 层，其中地上 3 层、地下 1 层。一层为到达层，主要用作行李提取，迎接国际到达航班旅客；夹层为旅客到港通道；二层为出发层，主要功能是国际（地区）的值机办票、边检海关出境查验、安检候机；地下一层为地下换乘通道，通往龙嘉高铁站和地下停车楼。

长春龙嘉国际机场

2023 年，长春龙嘉国际机场有 9 家国内外航空公司，共有 12 条航线与 8 个国家（地区）通航。9 家航空公司分别为南方、东方、青岛、春秋、华信、韩亚、香港、乌拉尔和越捷航空公司。12 条航线（不含包机航线）分别为长春—仁川—长春、长春—济洲—长春、长春—东京—长春、长春—名古屋—长春、长春—台北—长春、长春—香港—长春、符拉迪沃斯托克（海参崴）—长春—曼谷—长春—符拉迪沃斯托克（海参崴）、长春—扬州—曼谷—扬州—长春、新加坡—上海—长春—上海—新加坡、符拉迪沃斯托克（海参崴）—长春—伊尔库茨克—长春—符拉迪沃斯托克（海参崴）、长春—芽庄—长春、长春—茨城—长春。8 个国家（地区）分别为韩国、日本、俄罗斯、泰国、越南、新加坡以及中国台湾、香港地区。年内，长春龙嘉国际机场已恢复开通长春至首尔、东京、法兰克福、香港、芽庄航班。

2023 年，长春龙嘉国际机场货邮吞吐量累计完成 325 吨，同比增长 5 522.01%；出入境旅客 18.26 万人次，同比增长 555.75%；出入境航班完成 1 180 架次，同比增长 900%。

【延吉空运口岸（延吉朝阳川国际机场）】
延吉朝阳川国际机场位于吉林省延吉市西南郊区，距市区 5 千米，机场占地面积 3.7 万平方米。延吉朝阳川机场建于 1952 年；1985 年 8 月，开通民航线路；2003 年 6 月，获国务院批复对外开放；2005 年 4 月，正式对外开放；2015 年 2 月，开展口岸签证业务；2017 年 6 月，经中国民用航空局批复，更名为延吉朝阳川国际机场。

延吉朝阳川国际机场跑道长 2 600 米，道面厚 34 厘米，已达到国际 4C 级机场标准，可供空客 321、波音 737-900 同类及以下机型起降。延吉朝阳川国际机场口岸区域面积 5 901.84 平方米，功能齐全，查验通道设有出入境各 6 条，能够满足 70 余万人次/年的旅客出入境需求。已开通延吉至韩国仁川、青州、釜山、大邱、务安，俄罗斯符拉迪沃斯托克（海参崴），日本大阪定期航班。2023 年，已恢复开通延吉至韩国仁川、釜山、清州和俄罗斯符拉迪沃斯托克（海参崴）4 条国际定期客运航线。

延吉朝阳川国际机场

2023 年，延吉朝阳川国际机场出入境旅客 44.39 万人次，同比增长 3 788.67%；起降航班 3 310架次，同比增长 2 803.5%。

【集安陆路（铁路）口岸】 集安铁路口岸位于吉林省集安市，与朝鲜满浦铁路口岸相对应，之间有铁路大桥相连，铁路桥全长 589.23 米（中方 324 米）。

过货品种进口主要为药材、蛇纹石、玉原石等，出口主要为化肥、纯碱、塑料制品、生活用品等。

集安铁路口岸

集安市位于鸭绿江中朝经济合作带的中心位置，东与白山市接壤，东南隔江与朝鲜“一市三郡”（满浦市、慈城郡、渭源郡、楚山郡）相望，西南与辽宁省宽甸县、桓仁县毗邻，西北与通化市、通化县以浑江为界。集安铁路口岸与朝鲜满浦市隔江相望，距朝鲜平壤市 400 千米，是我国对朝三大铁路口岸之一，设计年过货能力 30 万吨、过客能力 10 万人次。

口岸工作时间货运列车受双边协议确定单双年隶属国家车头为主，每日 1 列，中方早 8：40、朝方早 10：30；客运列车每周 2 列，早 8：00 出发、晚 5：00 返回。

【珲春陆路（铁路）口岸】 珲春铁路口岸位于吉林省延边朝鲜族自治州珲春市，距离珲春市区 7 千米，与俄罗斯马哈林诺口岸相对应。

过货品种出口主要为机械过滤器、鱼类、农副产品，进口主要为煤炭、铁精粉、板材、木制品、纺织品、面粉、厨房用品。

珲春铁路口岸

珲春铁路口岸是吉林省唯一对俄铁路口岸，距俄罗斯卡梅绍娃亚铁路口岸 23.7 千米（境内 8 千米、境外 15.7 千米），距马哈林诺口岸约 20 千米，是继满洲里、绥芬河之后的对俄第三条大通道。

中方口岸工作时间为周一至周日 24 小时无休。

2023 年，珲春铁路口岸进出口货物 282.04 万吨，同比下降 18.4%；出入境人员 3 794 人次，同比下降 22.25%；出入境车辆 1 872 列，同比下降 23.03%。

【图们陆路（铁路、公路）口岸】 图们陆路（铁路、公路）口岸位于吉林省延边朝鲜族自治州图们市，长白山东麓，图们江下游，城市因口岸而生，临江而建，因图们江而得名，素有“图们江畔第一城”之美誉，对面是朝鲜南阳（铁路、公路）口岸。图们陆路（铁路、公路）

口岸与朝鲜咸镜北道稳城郡隔江相望，距朝鲜罗津港 158.8 千米，距朝鲜清津港 171.1 千米，距中俄边境 100 千米，距日本海 130 千米，是吉林省发展对朝、对俄贸易和借港出海的主要通道。

铁路口岸过货品种进口主要为煤炭、硅铁、钢锭和轻烧镁等，出口主要为日杂商品、食品和粮食。公路口岸过货品种，进口主要为钢锭、生铁、硅铁等，出口主要为炼焦煤、建材、生活用品、食品、药、辣椒干、日杂、化肥等。

图们铁路口岸

图们公路口岸

口岸工作时间为，除边境口岸公休日外，每年 4 月至 9 月北京时间 8：00—11：30、13：30—18：00，10 月至翌年 3 月北京时间 8：00—11：30、13：30—17：00。

【南坪陆路（公路）口岸】 南坪公路口岸位于吉林省延边朝鲜族自治州和龙市，与朝鲜茂山口岸相对应，于 1929 年 12 月设立、1951 年对外开放，为客、货双边性口岸。南坪公路口岸距离茂山郡 12 千米，距离朝鲜北部最大港口城市清津市 84 千米。

口岸过货品种进口主要为铁矿粉、淀粉，出口主要为矿山设备、日杂、建材、车辆。

南坪公路口岸

口岸工作时间为，除边境口岸公休日外，每年 4 月至 9 月北京时间 8：00—11：30、14：00—18：00，10 月至翌年 3 月北京时间 8：00—11：30、13：30—17：00。

【珲春陆路（公路）口岸】 珲春公路口岸位于吉林省延边朝鲜族自治州珲春市，距珲春市区 14 千米，与俄罗斯克拉斯基诺口岸相对应。

口岸过货品种进口主要为海产品、板材、日用品、辅料、机械设备等，出口主要为服装、轻工产品、调料及食品、粮食、水果、蔬菜、日用品、机械、建材等。

珲春公路口岸是吉林省唯一对俄国际公路口岸，距波谢特港 43 千米，距扎鲁比诺港 71 千米，距斯拉夫扬卡港 105 千米，距符拉迪沃斯托

珲春公路口岸

克（海参崴）直线距离 170 千米（公路里程 285

千米），距纳霍德卡港 340 千米，距东方港 350 千米。

口岸工作时间实行每周 7 天、每天 10 小时通关制（北京时间 7：00—17：00）。

2023 年，珲春公路口岸进出口货物 29.56 万吨，同比增长 49.2%；出入境人员 29.11 万人次，同比增长 814.65%；出入境车辆 4.07 万辆，同比增长 56.71%。

【圈河陆路（公路）口岸】 圈河公路口岸位于吉林省延边朝鲜族自治州珲春市，距珲春市区 43 千米，与朝鲜元汀口岸相对应。

口岸过货品种进口主要为海产品、轻工产品、山菜、手工艺品、木材、电子产品等，出口主要为服装、工业品、生活用品、办公用品、粮食产品、建材、装饰材料、食品、电器、小型轿车、中型轿车等。

圈河公路口岸

圈河公路口岸是我国直接进出朝鲜罗先特别市的唯一陆路通道，距图们江入海口 36 千米，距先锋港 36 千米，距罗津港 51 千米，距清津港 127 千米。

口岸中方工作时间为，每年 4 月至 9 月北京时间 8：00—18：00，10 月至翌年 3 月北京时间 8：00—17：00。

【长白陆路（公路）口岸】 长白公路口岸位于吉林省白山市长白朝鲜族自治县，与朝鲜惠山口岸相对应。长白公路口岸总占地面积 6.66 万平方米，建筑面积 1.48 万平方米。口岸于 1952 年设立，为地方原二类口岸；2007 年 8 月，经国务院批复升格为对外开放口岸；2018 年 10 月，通过国家验收组验收。

口岸过货品种进口主要为铜、铅、锌、钼等各种矿产品，板方材等木制品，松子、蓝莓等野山果、海产品；出口主要为大米、白面等粮食，电力，机器设备，机电产品，纺织服装，钢铁制品，建材，装饰材料，各种日用品等。

长白公路口岸

口岸中方工作时间为周一至周五，每年 4 月至 9 月北京时间 8：30—18：00，10 月至翌年 3 月北京时间 8：30—17：00。

【临江陆路（公路）口岸】 临江公路口岸位于吉林省白山市临江市，距白山市浑江区 80 千米，与朝鲜中江口岸相对应。临江市地处鸭绿江中上游的祖国边陲，是吉林省对外开放的前沿，也是东北亚经济圈的优势据点，发展边境贸易的区位优势十分明显。

临江公路口岸

口岸过货品种进口主要为木制雪条棒、硫酸、其他矿产品、石英表机芯，出口主要为日用百货、水泥、小麦细粉、精米、建筑材料、石英表机芯配件。

口岸工作时间为，除边境口岸公休日外，每年4月至9月北京时间8：00—11：30、14：00—18：00，10月至翌年3月北京时间8：00—11：30、13：30—17：00。

【三合陆路（公路）口岸】 三合公路口岸位于吉林省延边朝鲜族自治州龙井市，距龙井市区48千米，与朝鲜咸镜北道会宁市隔江相望，距朝鲜清津港86.8千米，与朝鲜会宁口岸相对应。

口岸过货品种进口主要为铁矿石、铁粉、干鱿鱼，出口主要为食品、药品、瓷制品、纺织品、塑料制品、自行车、汽车及配件。

三合公路口岸

三合公路口岸是从中国进入朝鲜东海、进出日本海和太平洋的理想通道，也是延边州与朝鲜咸镜北道进行人员交往和开展边境贸易的良好通道。

口岸工作时间为，除边境口岸公休日外，每年4月至9月北京时间8：00—11：30、14：00—18：00，10月至翌年3月北京时间8：00—11：30、13：30—17：30。

【开山屯陆路（公路）口岸】 开山屯公路口岸位于吉林省延边朝鲜族自治州龙井市，距龙井市区37千米，与朝鲜咸镜北道稳城郡广鲜工人区隔江相望，与朝鲜广鲜口岸相对应。

口岸过货品种进口主要为干鱿鱼、松茸，出口主要为食品、药品、瓷制品、纺织品、塑料制品。

开山屯公路口岸

开山屯公路口岸距离罗津港96千米，距离朝鲜北部最大港口城市清津市120千米，是朝鲜华侨进出咸镜北道的首选通道，被誉为“华侨口岸”。

口岸工作时间为，除边境口岸公休日外，每年4月至9月北京时间8：00—11：30、14：00—18：00，10月至翌年3月北京时间8：00—11：30、13：30—17：30。

【古城里陆路（公路）口岸】 古城里公路口岸位于吉林省延边朝鲜族自治州和龙市，距和龙市区80千米，与朝鲜三长口岸相对应。

口岸过货品种进口主要为木材、淀粉、蓝莓、蓝靛果、松子仁、芸豆、红小豆，出口主要为日杂、建材。

古城里公路口岸

古城里公路口岸距朝鲜大红丹郡24千米，

距朝鲜惠山市175千米，是延边州通往朝鲜两江道的唯一陆路口岸。

口岸中方工作时间为周一至周五，每年4月至9月北京时间8：00—11：00、14：00—18：00，10月至翌年3月北京时间8：00—11：00、13：00—17：00。

【沙坨子陆路（公路）口岸】 沙坨子公路口岸位于吉林省延边朝鲜族自治州珲春市，距珲春市区11千米，与朝鲜庆源口岸相对应。

口岸过货品种进口主要为海产品、酒、服装、纸、药品、白垩等，出口主要为办公用品、日用品、服装原料、食品、杂货、建材等。

沙坨子公路口岸

沙坨子公路口岸是传统的民间贸易口岸，对面为朝鲜柳多岛，是一座天然封闭的图们江江心岛，岛屿地形为平原。此处交通便利，地势平坦，适宜修建市场，便于开展互市贸易及各项工作，已开通柳多岛旅游线路。

口岸中方工作时间为，每年4月至9月北京时间8：00—18：00，10月至翌年3月北京时间8：00—17：00。

【集安陆路（公路）口岸】 集安公路口岸位于吉林省集安市，距离市区7千米，与朝鲜满浦口岸相对应。口岸总建筑面积12 138.84平方米，其中边境国门1 623.3平方米、客检大楼4 001.54平方米、货检大楼1 583.53平方米、边检营房3 536.38平方米，以及次卡口、查验库房、检查用房、熏蒸房等其他部分1 394.09平方米；建设标准为年进出口货物50万吨、出入境人员20万人次。2014年12月，国务院正式批复集安公路口岸对外开放。2015年9月，国门项目开工建设。2016年8月，客检、货检、边检营房等其他单体建筑同时开工。2019年4月，完成验收工作，正式开通。

集安公路口岸

口岸中方工作时间为，每年4月至9月北京时间8：30—11：30、13：30—7：00，10月至翌年3月北京时间8：30—11：30、13：00—16：30。口岸每周开关7天。

【双目峰陆路（公路）口岸】 双目峰公路口岸位于吉林省延边朝鲜族自治州安图县，与朝鲜双头峰口岸相对应。

双目峰口岸位于中朝边境双目峰西侧55号界桩150米处，与朝鲜三池渊郡相对，距长白山天池20千米，距安图县二道白河镇65千米，距朝鲜三池渊郡35千米，是中朝两国边界线上唯一的陆路通道，是《中华人民共和国政府和朝鲜民主主义人民共和国政府关于边境口岸及其管理制度的协定》中所列的15个边境口岸之一。

1985年，国家批准设立双目峰双边公务通道，只允许中朝双方公务人员和文化体育交流人员通行。2009年9月，双目峰公务通道被国家口岸管理办公室批准为临时开放口岸，通行范围扩大到允许中朝双方因私旅游人员过境，季节性开放。2019年12月，双目峰公务通道被国务院批准为双边常年开放公路客货运输口岸。

双目峰公路口岸

原二类口岸

【老虎哨水运（河港）口岸】 老虎哨水运口岸位于吉林省集安市，老虎哨电站（渭源电站）大坝下游，距集安市区 68 千米，与朝鲜渭源界河口岸相对应。

口岸过货品种主要有钢坯、钢锭、机电设备、钢铁制品、硅石、杂货等。

老虎哨河港口岸

老虎哨位于集安市西南 60 千米处榆林镇境内，这里一面傍山、三面环水，鸭绿江绕老虎哨东、南、西面流过形成纺锤形山脉，九曲回旋鸭绿江在这里形成独特的自然景观，2002 年被水利部列为鸭绿江国境旅游区，与辽宁省宽甸县、桓仁县毗邻，隔江是朝鲜渭源郡。中朝合资的老虎哨水电站位于老虎哨口岸上游 800 米处，也因此得名，电站归朝鲜运行管理，可向中朝两国供电。

口岸中方工作时间为，每年 4 月至 9 月北京时间 8：30—11：30、13：30—17：00，10 月至翌年 3 月北京时间 8：30—11：30、13：00—16：30。口岸每周开关 7 天。

2023 年吉林省口岸大事记

1 月 8 日

按照国务院《关于对新型冠状病毒感染实施“乙类乙管”总体方案》相关要求，珲春公路口岸调整国际道路运输“客停货通”政策，恢复口岸旅检通关服务。

1 月 11 日

圈河出入境边防检查站被评为第十批“全国民族团结进步示范区示范单位”。

1 月 19 日

海关总署副署长、党委委员王令浚赴长白公路口岸调研。

3 月 1 日

珲春铁路口岸通过整车集装箱班列出口国产整车 100 辆一汽奔腾轿车。

3 月 27 日

时任吉林省委书记景俊海到延边朝鲜族自治州调研珲春口岸。

4 月 10 日

全国政协副主席、民革中央常务副主席何报翔赴珲春调研。

5 月 19 日

时任海关总署副署长吕伟红到延吉海关调研。

6 月 16 日

中央纪委副书记刘学新一行到珲春公路口岸调研。

7 月 10 日

中俄“珲春—马哈林诺铁路口岸”邮政专列顺利开通，也是全国首条俄罗斯邮政跨境电商铁路运输线路，运输商品覆盖率由 30% 提升至 100%。

7 月 24 日

经国务院批准，同意增设吉林省中俄珲春公路口岸为中药材进口指定边境口岸。

7 月 30 日

经珲春铁路口岸首列电子产品出口班列顺利

开行。

8月8日

吉林省口岸办代表团与俄罗斯联邦边界建设署符拉迪沃斯托克分局在俄滨海边疆区符拉迪沃斯托克（海参崴）市举行定期会晤。

8月15日

珲春公路口岸全面恢复旅行社经营俄赴中免签入境团队旅游业务，首批免签入境俄罗斯旅游团。

8月30日

国家移民管理局党组成员、副局长刘海涛赴图们陆路公路口岸调研。

8月30日

珲春市发展和改革局正式批复新建中俄珲春公路国际口岸联检楼及附属设施工程可行性研究报告。

10月7日

延吉朝阳川国际机场提前迎来了2023年第100万名旅客，继2011年首次突破百万人次后再次跻身全国百万级机场行列。

10月13日

珲春海关致函申请冰鲜水产品指定监管场地、食用水生动物指定监管场地验收。

11月18日

经珲春公路口岸进口4.5吨液态氦气，经该口岸进口液态氦气进入常态化阶段。

12月19日

吉林省副省长李国强率吉林省代表团出访俄罗斯滨海边疆区，与俄罗斯边建署符拉迪沃斯托克分局、俄罗斯国铁远东局符拉迪沃斯托克分局就中俄边境口岸发展建设问题进行深入交流。

12月20日

长春—法兰克福首航仪式启动，该航班是东北地区唯一与法兰克福空中直航通道。

（撰稿人：马静、张丽娜、单良）

2023 年吉林省口岸流量统计表

口岸类型		口岸名称	货运量（万吨）				集装箱量（万标箱）				人员（万人次）				交通工具（辆、艘、架、列次）			
			出口	进口	合计	同比（%）	出口	进口	合计	同比（%）	出境	入境	合计	同比（%）	出境	入境	合计	同比（%）
空运口岸		长春	0.011 1	0.021 4	0.032 5	5 522.01					8.94	9.32	18.26	555.75	586	594	1 180	900
		延吉									22.66	21.73	44.39	3 788.67	1 656	1 654	3 310	2 803.5
		分计	0.011 1	0.021 4	0.032 5	5 522.01					31.6	31.04	62.64	4 344.42	2 242	2 248	4 490	3 703.5
陆路口岸	公路口岸	珲春	21.21	8.34	29.55	49.2					14.34	14.77	29.11	814.65	20 279	20 460	40 739	56.71
		分计																
	铁路口岸	珲春	3.13	278.91	282.04	-18.40					1 897	1 897	3 794	-22.25	936	936	1 872	-23.03
		分计																
合计																		
同比（%）																		

（吉林省口岸办提供）

2023 年长春海关主要数据统计表

项　目		2023 年	2022 年	同比（%）
进出口货运量（万吨）	合计	490.2	590.2	-16.94
	进口	390.9	510.2	-23.37
	出口	99.3	80.0	24.02
进出口贸易总值（万美元）	合计	2 380 692.5	2 338 303.9	1.80
	进口	1 491 322.0	1 586 753.6	-6.10
	其中：水路运输	1 037 074.8	1 076 166.8	-3.70
	铁路运输	55 755.6	83 667.1	-33.40
	公路运输	99 161.2	89 721.7	10.50
	航空运输	272 677.8	305 462.7	-10.70
	邮件运输	18 628.3	29 619.4	-37.10
	其他运输	8 024.4	2 115.9	279.20
	出口	889 370.5	751 550.3	18.30
	其中：水路运输	479 115.3	487 202.5	-1.70
	铁路运输	53 733.1	26 645.3	101.70
	公路运输	180 279.3	45 314.3	297.80
	航空运输	102 190.8	150 949.6	-32.30
	邮件运输	710.1	809.5	-12.30
	其他运输	73 342.0	40 629.1	80.50
税收（万元人民币）	两税合计	810 668.7	930 479.0	-12.88
	关税入库	228 327.6	279 113.0	-18.20
	进口环节税入库	582 341.1	651 366.0	-10.60

（长春海关提供）

2023年吉林省口岸出入境主要数据表

<table>
<tr><th colspan="3">项目</th><th>2023年</th><th>2022年</th><th>同比（%）</th></tr>
<tr><td rowspan="9">出入境人员（万人次）</td><td colspan="2">出入境人员总数</td><td>93.63</td><td>7.59</td><td>1 132.31</td></tr>
<tr><td colspan="2">入境人员</td><td>46.71</td><td>3.40</td><td>1 273.52</td></tr>
<tr><td colspan="2">出境人员</td><td>46.92</td><td>4.19</td><td>1 017.87</td></tr>
<tr><td colspan="2">出入境旅客</td><td>83.87</td><td>4.20</td><td>1 896.19</td></tr>
<tr><td colspan="2">出入境员工</td><td>9.76</td><td>3.39</td><td>187.50</td></tr>
<tr><td rowspan="3">中国公民</td><td>内地居民</td><td>50.76</td><td>3.49</td><td>1 354.44</td></tr>
<tr><td>港澳居民</td><td>0.073 4</td><td>0.001 0</td><td>7 240</td></tr>
<tr><td>台湾同胞</td><td>0.021 2</td><td>0.000 5</td><td>4 140</td></tr>
<tr><td colspan="2">外籍人员</td><td>42.77</td><td>4.10</td><td>942.64</td></tr>
<tr><td rowspan="5">交通运输工具（万辆、艘、架、列次）</td><td colspan="2">总计</td><td>5.79</td><td>2.86</td><td>101.87</td></tr>
<tr><td colspan="2">船舶</td><td></td><td></td><td></td></tr>
<tr><td colspan="2">飞机</td><td>0.45</td><td>0.013</td><td>3 415.63</td></tr>
<tr><td colspan="2">火车</td><td>0.19</td><td>0.178</td><td>6.74</td></tr>
<tr><td colspan="2">机动车辆</td><td>5.15</td><td>1.610</td><td>219.88</td></tr>
</table>

（吉林出入境边防检查总站提供）

黑 龙 江 省

口岸数量及分布

截至2023年年底，黑龙江省共有经国务院批准的对外开放口岸27个。其中，空运口岸4个，分别为哈尔滨空运口岸（哈尔滨太平国际机场）、齐齐哈尔空运口岸（齐齐哈尔三家子机场）、牡丹江空运口岸（牡丹江海浪国际机场）、佳木斯空运口岸（佳木斯东郊机场）；水运（河港）口岸13个，分别为哈尔滨、佳木斯、富锦、同江、抚远、饶河、萝北、嘉荫、逊克、孙吴、黑河、呼玛、漠河河港口岸；陆路（公路）口岸6个，分别为东宁、绥芬河、密山、虎林、黑瞎子岛（客运）、黑河公路口岸；陆路（铁路）口岸3个，分别为绥芬河、同江、哈尔滨铁路口岸；步行口岸1个，即黑河客运步行口岸。其中，有19个为中俄两国政府确认的边境口岸。

口岸运行数据

2023年，黑龙江省口岸过货量完成6 111.59万吨（含石油管道和天然气进口），同比增长17.5%；口岸客运量147.27万人次，同比增长709.23%。

口岸综合管理

【口岸开通开放取得突破性进展】 一是口岸客货运通道稳步开通。新冠病毒感染实施“乙类乙管”政策后，按照国家口岸管理办公室相关工作要求，黑龙江省按照“应开尽开、能开尽开”原则，分5批共开通13个口岸旅检客运功能，分别为绥芬河、东宁、密山公路口岸，黑河、逊克、萝北、抚远、饶河、同江水运口岸，绥芬河铁路口岸，哈尔滨、佳木斯、牡丹江空运口岸。截至2023年年底，黑龙江省共有18个口岸开通运行，分别为黑河、抚远、同江、逊克、嘉荫、萝北、饶河、富锦水运口岸，绥芬河、东宁、密山、黑河公路口岸，绥芬河、同江、哈尔滨铁路口岸，哈尔滨、牡丹江、佳木斯空运口岸。其中，绥芬河、黑河、东宁、密山公路口岸，黑河、同江、抚远、逊克、萝北、饶河、嘉荫、富锦水运口岸，绥芬河、哈尔滨、同江铁路口岸，哈尔滨空运口岸共16个口岸开通货运功能。二是同江铁路口岸首次实现中欧班列“宽轨重出”。同江铁路因俄一侧未建设换装场站，导致中方始终无法实现货物对俄出口。在黑龙江省商务厅牵头多方共同努力下，同江铁路于7月28日首次实现货物出口（即中欧班列集装箱“宽轨重出”）。三是富锦水运口岸恢复开通货运功能。3月，黑龙江省口岸办会同相关中省直有关单位组成评估组赴富锦水运口岸进行实地指导检查，明确口岸恢复开通的工作要求。9月4日，省评估验收工作组对富锦水运口岸恢复开通货运功能进行了评估验收，于当日签署了《黑龙江省富锦水运口岸恢复开通货运功能评估验收会议纪要》，富锦水运口岸正式通过验收，成为疫情后首个开通的内河口岸。四是推动中俄东宁—波尔塔夫卡口岸恢复通关。8月，因受台风及洪水影响，东宁—波尔塔夫卡公路口岸遭到严重损毁，双边口岸于8月12日闭关。经省、市多层级多部门的通力协作，持续与俄方沟通协调，东宁—波尔塔夫卡口岸在历经4个月闭关后，于12月10日恢复中俄双方对向发车，东宁口岸正式恢复通关。

【口岸扩大开放工作取得新进展】 一是同江水运口岸东部作业区实现扩大开放。2023年8月15日至16日，国家口岸管理办公室会同海关总署口岸监管司、交通运输部海事局、国家移民管理局边防检查管理司、外交部边海司等部门组成验收组，对同江港口岸扩大开放进行验收，黑龙江省口岸办会同中省直有关单位全程陪同密切配合验收组工作。8月16日，国家验收组签署《黑龙江同江港口岸对外开放验收纪要》，同江港口岸东部作业区扩大开放正式通过国家验收，于8月31日正式通关。二是积极推动漠河水运口岸扩大开放进程。黑龙江省口岸办于2022年9月7日代黑龙江省政府向国务院呈报黑龙江省政府关于黑龙江大兴安岭漠河水运口岸扩大开放兴安镇木材码头作业区的请示，该事项已交办至国家口岸管理办公室征集意见，汇总完善相关意见后上报国务院。三是推动大庆航空口岸临时开放进程。3月和10月间，黑龙江省口岸办分别会同中省直有关单位赴大庆市，就加快推动大庆航空口岸临时开放进程做现场踏查指导，并将指导意见反馈至大庆市政府，黑龙江省口岸办会同中省直各有关单位将继续按照大庆航空口岸有关工作需求，做下一步指导工作。

【积极推动漠河—加林达口岸恢复开通进程】 为深入推动漠河口岸早日复关，黑龙江省口岸办分别于2023年3月、9月及10月间会同哈尔滨海关、黑龙江出入境边防检查总站、黑龙江海事局成立工作指导组，赴漠河口岸连崟作业区做现场指导。同时积极利用中俄总理定期会晤委员会运输合作分委会口岸工作组第26次会议，将漠河—加林达口岸复通一事列入会议议题中进行推进，并加强与俄联邦边境建设署哈巴罗夫斯克分局持续沟通，利用省口岸联席会议机制，协调中省直部门利用自有对俄联络机制，推动双方口岸复通工作。12月28日，漠河水运口岸连崟作业区通过由黑龙江省商务厅、黑龙江省外办、黑龙江省卫健委、哈尔滨海关、黑龙江出入境边防检查总站和黑龙江海事局等部门组成评估验收工作组的恢复开通验收，具备恢复开通条件，同时为中石油管道工人出入境和清管器回运提供了便捷通道。

【不断完善口岸资质功能】 一是黑河公路口岸实现粮食进口。黑河公路口岸因无进境粮食监管场地致使始终无法进口俄罗斯粮食。黑龙江省口岸办就此事与哈尔滨海关、黑河市政府进行多次磋商并向上争取，最终经海关总署批复，同意黑河公路口岸于2023年4月15日至10月15日期间，可临时利用黑河水运口岸粮食监管场地进行监管和查验。二是口岸资质申报及指定监管场地获批取得新成果。指导绥芬河、同江进境中药材指定口岸获批，推进黑河公路口岸、嘉荫水运口岸进境粮食指定监管场地建设获批，推进哈尔滨航空口岸进境食用水生动物指定监管场地通过国家验收投入使用，推进萝北水运口岸进境粮食指定监管场地迁址和进境食用水生动物、冰鲜水产品申请工作，指导东宁口岸进境冰鲜水产品资质申请工作。

【着力打通口岸突发性堵点】 一是及时疏通东宁—波尔塔夫卡口岸拥堵。2023年8月受台风“卡努”影响，俄方波尔塔夫卡公路口岸被淹受损严重，致使中俄东宁—波尔塔夫卡口岸临时闭关，由此造成东宁货物通关拥堵现象。黑龙江省口岸办立即会同各有关中省直单位和口岸所在地政府开展应对措施，协调东宁货车经由绥芬河公路口岸通关。在征求各中省直有关单位意见后，向国家口岸管理办公室请示临时延长绥芬河公路口岸工作制，进一步加强货物通关保障。绥芬河公路口岸可以在接纳东宁口岸车辆的基础上保障运行畅通，东宁—波尔塔夫卡公路口岸拥堵问题得到及时有效解决。二是高效解决黑河—布拉戈维申斯克口岸旅客滞留问题。11月，受黑龙江流冰期影响，黑河和俄布拉戈维申斯克旅检水运口岸临时性闭关，双方开通气垫船进行旅客运输。因气垫船运力不足，导致双方口岸出现人员聚集和滞留现象。黑龙江省口岸办与哈尔滨海关、黑龙江出入境边防检查总站召开现场座谈会，同时各单位利用自有渠道向俄方发函，经积极协调俄方，最终采用中俄两地“水运口岸+公路口岸”混合运输旅客的创新方式，将498名中俄两国滞留人员安全有序运返，实现滞留人员阶段性清零，双方口岸出入境秩序已平稳运行。

【持续优化口岸营商环境】 黑龙江省商务厅作为黑龙江省跨境贸易和市场开放工作专班的牵头单位，由黑龙江省口岸办牵头办理该事项，共承担专班10个成员单位的组织、协调以及指导各市（地）专班工作的开展、督导工作。黑龙江省口岸办所承接的64项营商环境工作任务和7项重点工作任务，已按要求全部完成。在营商环境评价指标一级指标中，跨境贸易已达全国一流水平，包容普惠创新处于全国上游水平；在二级指标中，跨境贸易便利度、进出口边境审核成本、进出口单证审核成本已达全国一流水平，市场开放度处于上游水平。2023年9月，黑龙江省商务厅会同有关部门组成口岸收费检查工作组，赴全省 19 个边境口岸实地开展收费检查工作，清理规范收费，进一步降低进出口环节费用，公开并实时更新收费标准和服务项目 16 次。截至年底，全省口岸除第三方已经备案的自主经营的收费项目外无任何行政事业性收费。

【做优平台建设及运行工作】 一是持续优化中国（黑龙江）国际贸易单一窗口。2023 年，中国（黑龙江）国际贸易单一窗口为全省外贸企业提供服务 6 003 人次。黑龙江省口岸办于 10 月 20 日形成关于建设黑龙江国际贸易“单一窗口”地方特色功能的请示报送黑龙江省政府，并正按照程序推动前期立项事宜，力争持续优化“单一窗口”，推动全省口岸电子信息化发展。二是推动“龙贸通”对俄国际物贸综合服务平台建设及试运行。年初，启动“龙贸通”中俄国际物贸综合服务平台建设，按照全省开放发展大会部署要求，黑龙江省口岸办牵头联合省交投集团，赴宁波市、湖北省、广西壮族自治区、海南省、广东省先进地区学习借鉴成功经验，指导“龙贸通”平台确定“市场化建设+政府支持”建设模式，并全力支持其建设工作。该平台于 7 月 30 日上线试运行，12 月 30 日正式上线。截至年底，已完成了对俄贸易涉及的报关报检、物流仓储、退税结算、金融信保等外贸综合服务功能的开发，并吸纳了 1 024 家客户、489 家合作服务商、5 家金融机构入驻平台及 158 单业务落地的进出口业务。其中，服务跨境物流标箱 1 210 箱、中欧班列 2 列，总计服务进出口贸易额 2. 5 亿元。截至年底，平台发布中俄政策法规、新闻1 000余条，自行录制培训课程 20 余节，累计播放量超 1 700 次。平台运作的日趋成熟，为市场规模的不断扩大提供了有利条件。

【协助上报及完善黑瞎子岛公路口岸设置方案】 自 2021 年起，黑龙江省口岸办积极协助黑瞎子岛建设和管理委员会进行口岸选址工作并将黑瞎子岛公路口岸设置方案上报至国家口岸管理办公室，方案于 2023 年 6 月 28 日获海关总署批复。10 月，按照中俄总理定期会晤委员会运输合作分委会口岸工作组第 26 次会议精神，确定黑瞎子岛公路口岸由原来的客运功能调整为客货运输功能，黑龙江省口岸办协助黑瞎子岛建设和管理委员会将修改后的方案提交黑龙江省交通运输厅、哈尔滨海关、黑龙江出入境边防检查总站等相关部门征求意见。

【强化对俄沟通联络机制】 一是加强双方沟通往来。黑龙江省口岸办先后致函俄联邦边界建设署哈巴分局和符拉分局共 97 封，俄方回复共 68 封，确保了 2023 年全省客货口岸顺利开通，客货口岸运行平稳顺畅。同时，黑龙江省口岸办会同哈尔滨海关、中铁哈尔滨局集团公司、黑龙江省交通厅等中省直单位赴俄口岸现场调研，并与俄联邦边界建设署哈巴罗夫斯克分局举行工作会晤，积极推动俄方加快口岸基础设施建设，不断提高口岸通关效率。俄方接收中方自走机械时间由原来的 20 分钟缩减到 15 分钟；同江—下列宁斯阔耶铁路口岸进境列车由原来的 2 列/天增加至 4 列/天。同时已协调俄方优先放行易腐烂食品和危险品货物。二是充分利用双方互访及高层会晤机制。2023 年 7 月，黑龙江省商务厅会同黑龙江省交通运输厅、黑河市政府组成黑龙江口岸工作代表团访问了俄罗斯阿穆尔州、犹太自治州和哈巴罗夫斯克边疆区，与俄联邦边境建设管理局哈巴罗夫斯克分局举行会晤并就提高双通关边效率交换了意见；11 月，哈巴罗夫斯克分局应黑龙江省口岸办邀请进行回访。双方互访为提高口岸运输效能、同步口岸时间、改进客货运输方式等起到了积极作用。10 月，在上海召开了中俄总理定期会晤运输合作分委会口岸工作组第 26 次会议，双方就口岸现代化建设与改造相关问题达成共识，为接下来的口岸互动合作提供了便利条件。

口岸监管与服务

【哈尔滨海关突出铸忠诚，亮明政治机关底色】 持续聚焦习近平总书记重要讲话和重要指示批示精神，逐项研究、制定举措、每月推动。2023 年，黑龙江对俄贸易值持续提升，全省货物贸易进出口总值 2 978. 3 亿元，同比增长 12. 3%。

对俄农业合作日益深化，种业、畜牧、水产、特色农产品等方面合作不断扩大，配合海关总署完成俄罗斯野生水产品、黑麦面粉等产品输华议定书起草和磋商，完成俄罗斯防风等 7 种中药材正式准入，支持国内粮企“走出去”“运回来”。截至年底，全省进境粮食加工企业达 90 家，年加工能力达 2 000 万吨、仓储能力达 490 万吨。年内，进口俄罗斯粮食 142.5 万吨，同比增长 124.6%。对俄能源合作扎实推进，创新管输能源智慧监管，以科技赋能提升通关效能，年内进口管输原油 2 863.4万吨、天然气 230.5 亿立方米。中俄油气管道年输入能力分别达到 3 000 万吨、380 亿立方米。年内，进口俄煤 743.7 万吨，同比增长 117%。

【哈尔滨海关聚焦担使命，一体推进智慧海关建设和“智关强国”行动初见成效】 一是扎实开展基础研究。形成《以数字赋能“协同共治”实践探索深入推进“智关强国”行动调研报告》，总结进口管输原油、天然气智慧监管实践做法，形成《创新打造管输能源智慧监管体系服务国家能源大通道建设》“海关汇智”材料。二是圆满完成“施工图”设计。制订关区“智关强国”行动计划实施方案，细化 3 个专项，分解 138 项具体任务。扎实做好牵头“进口管输能源智慧监管”“中俄边境海关智享联通合作”2 个场景项目应用方案设计，形成“1+5+N”建设框架思路，探索“业务一体、资源集约、监管高效、管理科学”沿边智慧海关建设模式。三是绘好任务落实“工笔画”。统筹领导小组和专班工作，一体推进智慧海关建设、“智关强国”行动。依托数字赋能，发挥大数据技术和智能装备作用，建设进口管输能源智慧监管平台。截至 2023 年年底，平台采集、分析数据 8 万余项次，监管进口原油 4 500 万吨、天然气 320 亿立方米，有效提升了海关保障国家能源安全能力。四是注重内外协同推进。制定“智关强国”行动计划龙江施工图，得到黑龙江省主要领导充分肯定支持。积极践行“三智”合作理念，与俄远东海关局召开“三智”研讨会，推介“中俄边境海关智享联通合作”项目，推动中俄智慧海关建设相向而行。

【哈尔滨海关坚定守国门，守护祖国“北大门”安全】 一是严密防范化解重大系统性风险。2023 年，与黑龙江省内国安、公安、人民银行等部门建立信息交换和联合研判机制，专题研判 80 余次，交换情报线索 120 余条。年内，暂缓统计金额 8.4 亿元，查发出口骗退税 3 000 余万元，查发违法违规出口危险品 20 票。二是守牢安全生产“零事故”底线。深刻认识黑龙江省安全生产严峻复杂形势，吸取省内事故教训，把“人民至上、生命至上”落实到加强安全生产实际行动中，眼睛向下、力量下沉，全面整治重大事故隐患，强化危险品检验监管、实验室等重点领域安全。三是严把外防输入关口。协同建立“东北四省区六关一中心”口岸传染病协作机制，合力联防联控。年内，检疫入境旅客 58.2 万人次；检出植物检疫性有害生物 30 种 3 825 种次，截获外来物种 46 种次。四是保持打私高压态势。以习近平总书记重要指示批示为行动号令，落实“国门利剑 2023”部署，办理刑事案件 38 起，案值 2.53 亿元；行政案件 336 起，案值 1.56 亿元。

【哈尔滨海关全力促发展，服务向北开放新高地建设】 一是保障开放新通道稳定运行。推动同江铁路口岸铁精矿、煤炭等资源类商品稳定进口，进口量从开通首月 3.4 万吨增至平均每月 25.8 万吨。在黑河公路口岸创新“自走型工程机械自驾出口”监管模式，进出口货运量由初期每日 600 吨左右增长到最高每日 2 000 吨左右。二是优化口岸营商环境。在促进进出口物流畅通、跨境贸易便利化、企业减负增效、外贸创新发展等方面持续用力，打好政策组合拳，先后出台“20+11”项政策措施。对黑龙江重点企业、重大项目“一企一策”“一项一策”，培育省内 7 家企业获得 AEO 资质，截至年底关区高级认证企业数量达到 26 家，实现自我跨越。三是推动开放平台建设。7 项海关总署备案创新举措在自由贸易试验区先行先试，在海关总署自贸区和特殊区域发展司指导下，牵头南宁、昆明海关开展沿边自由贸易试验区协同创新。推动绥芬河综合保税区二期建设完成验收。在 2022 年度全国综合保税区发展绩效评估中，哈尔滨综合保税区由“双C”类升为“双B”类，实现提档升级。年内，中国（黑龙江）自由贸易试验区进出口总值554.5亿元，同比增长39.6%；综合保税区进出口总值139.1亿元，同比增长62%。

【黑龙江出入境边防检查总站强化口岸查验查控效能】 高质高效完成全国两会、杭州亚（残）运会、第三十一届世界大学生夏季运动会、中国—中亚峰会等重大活动安保任务，实现了“三个确保”目标。2023年，查获在逃在控人员105人（在逃27人、在控78人），审查处理遣返遣送人员482人，查获违法违规人员563人，同比分别增长1 213%、338%、942%，特别是按照总站领导关于加强口岸管控工作部署，连续查获持变造证件中国公民非法入境案件14起14人，震慑了嚣张气焰，斩断了利益链条，维护了口岸安全稳定。

【黑龙江出入境边防检查总站推动疫情防控平稳转段】 按照国家移民管理局和黑龙江省委、省政府疫情防控转段“乙类乙管”总体部署，参加省防指工作会议参与疫情决策，派员随省政府工作组完成全省5批次10个边境口岸恢复客运功能评估，助力口岸流量达到疫情前水平。利用定期勤务质量通报、日常视频巡查、督导检查、跟踪问效等强力举措，指导各站加强旅客流量监测，动态调整警力投入，优化勤务组织，做好梯次勤务、分类防护、物资储备、应急应对、心理疏导，为扎实做好全省口岸全面恢复客运通关提供了坚实保障。先后10余次下派业务骨干分赴全省口岸调

绥芬河口岸旅检通道正式恢复通行

研指导政策落实工作，结合口岸实际，不断调整疫情防控策略，持续细化完善工作举措，确保上级各项制度规定落实不走偏。

【黑龙江出入境边防检查总站加强口岸通关管理服务】 围绕黑龙江新时代沿边开发开放规划，全力支持黑瞎子岛、黑河步行口岸开发建设，保障同江港口岸扩大开放顺利通过国家验收，优质服务中俄原油、天然气管道稳定运行，积极服务哈尔滨、大庆国际机场航站楼建设，全面保障受汛情影响临时闭关口岸复开。持续优化绥芬河、同江铁路口岸中欧班列查验流程，最大限度实现了每列班列入出境时间缩短1小时的预期目标，极大提升了运营效能。在工程车辆出口、跨境现钞调运、服务自贸区发展等方面不断加力。截至2023年年底，累计出口工程机械2.1万辆，保障25批次、6.8亿元人民币现钞调运，助力了人民币国际化。持续巩固落实中国公民出入境通关排队不超过30分钟措施，兼顾提升外国人通关效率，促进经贸发展，便利人员往来。

南萨哈林斯克往返哈尔滨的国际客运航线正式开通

【黑龙江海事局发挥海事优势，助力口岸经济安全有序恢复】 深入贯彻习近平总书记在考察黑龙江和主持召开新时代推动东北全面振兴座谈会时的发表的重要讲话精神，守护“五大安全”，做东北全面振兴全方位振兴的排头兵。一是充分发挥海事专业优势，按照黑龙江省水路口岸客货功能恢复的工作部署，提出水路口岸恢复开通前整改完善的专业意见，并代国家海事局参加国家口岸管理办公室组织对同江水路口岸东部作业区扩大开放的现场验收。二是强化国际船舶安全，全面聚焦重点船舶监管。强化对中国籍国际船舶的首航出境安检，各口岸分支局抽调经验丰富的安检员严格检查，针对投入运营的137艘中国籍国际船舶共查出556项缺陷问题，并全部在出境

前完成整改复查。三是强化联检联动机制，充分发挥联检牵头单位的作用，强化协调组织，与海关、边检部门深入合作，将“一次登船、一个检查、一致行动”的联检联动原则贯彻到口岸的日常工作中，配合海关部门推动了货物抵港直装、船边直提等措施的落地见效，保障了地方进出口贸易的高效运转。

【黑龙江海事局推动中俄界河船舶安全适航条件互认】 中俄总理定期会晤委员会运输合作分委会第 25 次会议采纳了黑龙江海事局船舶处撰写的《中俄国境河流航行船舶安全适航条件互认标准》，并将其写入中俄总理第 26 次定期会晤联合公报，中俄双方支持研究两国国境河流航行船舶相关法规及规范性文件。这是全国海事系统议题首次被写入中俄总理会晤联合公报，也是黑龙江海事局界河工作的一次历史性突破。在交通运输部海事局的指导下已与俄方在 2022 年 7 月 25 日完成了文件交换工作，并于 2023 年年底完成第一阶段全部俄文资料的翻译和评审工作。该项工作的开展积极响应和支持了黑龙江省落实构筑向北开放新高地实施规划，为中俄推动江海联运、对等开放内河水域以及北极航道建设等国家重大战略做好海事部门的前期准备工作。

【黑龙江海事局精准把控辖区水运口岸发展实际和重点监管环节】 以开展“大调研”活动为契机，通过开展理论研究、实地调研、座谈探讨等方式，针对辖区口岸经济复苏带来甲板驳船载运集装箱兴起这一发展趋势，先后与中国船级社哈尔滨分社、黑龙江航运集团有限公司、中国船级社大连分社进行了研讨交流，详细研讨升级改造过渡期以及过渡期明确监管措施、强化情况通报、规范检验要求、完善配套设施、推进合规改造等多项措施，不断完善安全管理体系，最终形成《关于辖区水路口岸甲板驳船载运集装箱的实际需求和监管关键环节调研报告》。

开放口岸

【哈尔滨空运口岸（哈尔滨太平国际机场）】 哈尔滨太平国际机场位于黑龙江省哈尔滨市道里区，距离哈尔滨市中心 33 千米，是 4E 级民用国际机场。1979 年 12 月，哈尔滨阎家岗机场正式通航；1987 年 7 月，机场经国务院批准对外开放；1989 年 9 月，机场正式对外开放使用；1998 年 7 月，哈尔滨阎家岗机场正式更名为哈尔滨太平国际机场；2013 年 5 月，哈尔滨太平国际机场启用国际航站楼；2018 年 4 月，哈尔滨太平国际机场启用 T2 航站楼。

哈尔滨太平国际机场 T1 航站楼于 1997 年 8 月投入使用，总建筑面积 6.4 万平方米，其中国内区域 1.7 万平方米、国际（地区）区域 4.7 万平方米；国际（地区）区域设有 6 部登机廊桥、30 个值机柜台、11 条出港海关查验通道、14 条出港安检共用查验通道、22 条边检出入境人工通道和 14 条快捷通道。T2 航站楼总面积 16.25 万平方米，于 2021 年 5 月全面启用。机场航空货站面积约 3.41 万平方米，其中机场自有库区整体总占地面积约 2.3 万平方米、国内货运仓库 0.73 万平方米、国际（地区）货运仓库 0.38 万平方米，有货邮安检通道 7 条，另设有活体库、鲜活库、冷藏库、贵重物品库及危险品库等库房。

2023 年，哈尔滨空运口岸进出口货物 0.64 万吨，同比增长 8.2%，其中，出口 0.63 万吨，同比增长 6.7%。

【齐齐哈尔空运口岸（齐齐哈尔三家子机场）】 齐齐哈尔三家子机场位于黑龙江省齐齐哈尔市龙沙区，距齐齐哈尔市中心 10.5 千米，为军民合用机场，于 1993 年 6 月经国务院批准对外开放，2010 年 1 月通过国家验收。机场航站楼面积 0.8 万平方米，其中国际（地区）联检厅 0.4 万平方米，航站楼设 2 座登机廊桥。机场可满足年旅客吞吐量 60 万人次的使用需求。

2012 年至 2016 年，齐齐哈尔三家子机场连续 5 年对韩国首尔、釜山、清州飞行国际临时客运航班，累计飞行 107 个国际临时客运航班、运送出入境旅客 3.37 万人次。2017 年，齐齐哈尔航空口岸暂停对韩国飞行国际临时航班。2018 年 6 月 4 日，正式签约开通齐齐哈尔至俄罗斯符拉迪沃斯托克国际临时航线，是齐齐哈尔航空口岸首次开通至俄罗斯国际航线。

【牡丹江空运口岸（牡丹江海浪国际机场）】 牡丹江海浪国际机场位于黑龙江省牡丹江市区西南，距市中心约9千米，为军民合用机场。机场于1996年6月经国务院批准对外开放，1998年12月正式对外开通使用。2017年8月，牡丹江海浪机场正式更名为牡丹江海浪国际机场。机场航站楼面积为8 200平方米，设2个登机口；民航站坪面积3.8万平方米，设4个机位；跑道长2 600米、宽45米，可起降波音B737-800以下机型；可满足年旅客吞吐量50万人次的使用需求，已开通对俄、对韩航线。

【佳木斯空运口岸（佳木斯东郊机场）】 佳木斯东郊机场位于黑龙江省佳木斯市东风区，距离佳木斯市中心约9千米，机场始建于1932年，其前身为1958年成立的中国民用航空佳木斯站，于1992年12月经国务院批准对外开放，2009年12月通过国家正式验收。机场已开通对俄对韩航班。佳木斯东郊机场航站楼面积5 728平方米，跑道长2 500米、宽45米；民航站坪设6个机位，可停靠C类飞机5架、B类飞机1架；可满足年旅客吞吐量30万人次的使用需求。

【哈尔滨水运（河港）口岸】 哈尔滨港位于黑龙江省哈尔滨市区东北部，地处松花江中游南岸，是我国东北内河最大的水陆换装枢纽港，年营运期210天左右，冰封期约150天，是一个典型的季节性生产港口。哈尔滨水运口岸于1987年7月经国务院批准对外开放，并经中国与苏联两国政府确认开通使用，1992年10月又经国家批准开通国际客运业务。口岸由哈尔滨港经松花江、黑龙江水道与俄罗斯的哈巴罗夫斯克、共青城、尼古拉耶夫斯克和布拉戈维申斯克等7个大中城市港口相通。根据中俄两国协议，中方国际船舶可经俄罗斯阿穆尔河段由尼古拉耶夫斯克港出海，再经鞑靼海峡进入日本海，开展国际江海联运业务。近年来，因松花江枯水停航及边贸政策调整影响，该口岸无客货运量。

【饶河水运（河港）口岸】 饶河港位于黑龙江省双鸭山市饶河县，地处乌苏里江中段西岸，为目前中俄乌苏里江流域唯一水运口岸。饶河水运口岸于1989年4月经国务院批准对外开放，1993年9月正式开通使用，1994年1月经中俄两国政府确认为双边客货运输口岸，与俄罗斯哈巴罗夫斯克边疆区比金市波克罗夫卡口岸隔江对应，直线距离只有760米。俄方对应口岸波克罗夫卡是目前俄远东地区建设规模较大、基础设施较完备的口岸之一。饶河水运口岸明水期开展水上船舶运输，以汽车轮渡运输为主，冰封期开展冰上汽车运输。

饶河水运口岸建有可停靠2艘千吨级货轮的码头和适应明水期轮渡运输、冰封期汽车运输的两用码头，还备有2艘大马力轮渡船，年吞吐能力在60万吨以上；建有3个泊位、海关临时监管库房3个，共计6 300平方米。饶河水运口岸旅检大楼建筑面积4 600平方米，为二层建筑。一楼建有入境旅客查验大厅，设有2条人工查验通道和1条智能自助查验通道；出境旅客查验大厅，设有2条人工查验通道和1条智能自助查验通道。集疏运主要通过公路运输，经依饶公路和饶建公路可分别抵达双鸭山和佳木斯等中心城市。

2023年，饶河水运口岸进出口货运量完成1.41万吨，其中进口0.58万吨、出口0.83万吨；出入境人员实现12 756人次。

【佳木斯水运（河港）口岸】 佳木斯港位于黑龙江省佳木斯市，地处松花江中下游南岸，年航行期在210天左右，为季节性生产港口。佳木斯水运口岸于1989年7月经国务院批准对外开放，并经中国与苏联两国政府确认开通使用，1991年10月开通国际客运航线。港区现有陆域面积10万平方米，立式码头岸线总长510多延长米，拥有千吨级泊位5个，铁路专用线2条、全长740米，装卸设备43台（组）年吞吐能力为100万吨。

佳木斯港国际航行船舶，沿松花江上行可达哈尔滨港，下行可达富锦、同江港。进入黑龙江后可直达俄罗斯的下列宁斯阔耶、哈巴罗夫斯克、共青城等开放港口。根据中俄两国协议，中国国际航行船舶可经俄罗斯的尼古拉耶夫斯克港出海，再通过鞑靼海峡进入日本海，开展国际江海联运业务。近年来，因松花江枯水及边贸政策调整影响，该口岸客货运量较少。

【富锦水运（河港）口岸】 富锦港位于黑龙江省富锦市城区北部，松花江下游南岸，为松花江干流中型港口，于 1989 年 7 月经国务院批准对外开放并经中国与苏联两国政府确认开通使用，1993 年 10 月经国家批准开通国际客运业务。由富锦港沿松花江上行可达佳木斯、哈尔滨等松花江沿岸各港口，下行距中俄界河黑龙江 78 千米，从三江口入黑龙江（阿穆尔河）可直航俄罗斯的下列宁斯阔耶、哈巴罗夫斯克、共青城等口岸；继续下行可通过尼古拉耶夫斯克入海，进入鞑靼海峡及日本海，江海联运的货物可直达日本、韩国等太平洋沿岸国家和地区。富锦市内交通十分便利，铁路、公路、水路畅通，福前铁路、哈同公路贯穿该市。

富锦港基础及配套设施建设日趋完善，码头岸线长 1 000 余米，设有简易趸台 3 处，可同时停靠千吨级驳船 5 艘装卸作业。港区面积近 5 万平方米，拥有各类装卸设备近 30 台套，日装卸能力 3 000 吨以上，年货物吞吐量 30 万吨。港区建有铁路专用线 7.62 千米，已经形成水铁联运一条龙。

2023 年，富锦水运口岸完成进出口货运量 0.28 万吨。

【同江水运（河港）口岸】 同江港位于黑龙江省东北部的松花江与黑龙江汇流处右岸，与俄罗斯下列宁斯阔耶口岸仅一江之隔。1909 年，同江曾为黑龙江一线中俄贸易重要口岸；1958 年，经国务院批准设立；1986 年，经国务院批准恢复为对外开放口岸；1994 年，获批为国际客货运输口岸，可通过第三国人员。2018 年 12 月，国务院批复同意扩大开放同江港东部作业区；2023 年 8 月，同江港口岸扩大开放正式通过国家验收。

同江港包括东部作业区和西部作业区，简称东、西两港。其中，同江口岸东部作业区，岸线总长度 9 157.71 米，建有 5 542 平方米旅检楼、7 000 平方米联检查验业务用房及附属用房、2 100 平方米边检办公及宿舍楼、120 平方米公安签证大厅、3 800 平方米货检查验现场等；拥有滚装泊位 1 个、客运泊位 1 个、浮箱固冰通道 1 条，年过客能力 50 万人次、年货物吞吐能力 60 万吨。同江口岸西部作业区，岸线总长 1 991.8 米，口岸陆域面积 70 万平方米，港口码头拥有泊位 10 个；建有 4.8 千米铁路专用线、3 万平方米各类仓储库房、3 669 平方米货检综合业务用房。同江港夏季有船舶运输、汽车轮渡运输，冬季有国际汽车运输，流冰期有气垫船运输，实现了全年通关。

【抚远水运（河港）口岸】 抚远港位于黑龙江省佳木斯市抚远市，距俄罗斯哈巴罗夫斯克市航道仅 65 千米，拥有 268 千米中俄界江黄金水道，由抚远港出境，经俄罗斯一直驶向鞑靼海峡，有“东方水上丝绸之路”之称，丰水期能直接停靠 5 000 吨级以上船舶。抚远港于 1992 年 5 月经国务院批准为国际客货运输对外开放口岸；1993 年 8 月，正式对外开放。

抚远莽吉塔港距离对应俄罗斯哈巴罗夫斯克河运货运口岸航道 65 千米，建有 1 个多功能散杂码头，可装卸木材、煤炭、机械设备。2016 年 11 月，通港铁路专用线投入使用。莽吉塔港设计年吞吐量 114 万吨，配备了门式起重机 10 吨级 1 台、16 吨级 2 台、40 吨级 1 台，仓库面积 4 000 平方米，露天货场 22 万平方米港口的基础设施包括 292 延长米的 1 个多功能散杂码头。

2023 年，抚远水运口岸完成进出口货运量 5.67 万吨，同比下降 1.0%。其中，进口 3.35 万吨，同比减少 18.7%；出口 2.32 万吨，同比增加 44.5%。客运量实现 29 395 人次，同比上升 8 545.59%。

【萝北水运（河港）口岸】 萝北港位于黑龙江省鹤岗市萝北县，黑龙江中下游黄金水道有利位置，水深流稳，江面开阔，丰水期可航行 5 000吨级船舶，与俄罗斯犹太自治州阿穆尔泽特口岸相对应。萝北港于 1989 年 4 月经国务院批准为国际客货水运口岸，1993 年 5 月正式开通，明水期进行船舶运输，冰封期进行汽车运输。萝北水运口岸与阿穆尔泽特口岸相距 1.5 千米（冬季浮桥运输距离仅 1 千米），明水期船舶航行 10 分钟，冰封期汽车行驶 5 分钟即可到达彼岸。港口运输条件良好，哈萝公路（哈尔滨—萝北）全长 500 千米，全程高等级路面，是省内距哈尔滨最近的边境口岸，进出口货物集、疏运快捷便利。萝北港已开通鹤岗至俄罗斯比罗比詹直达客货运输双向延伸。萝北港上行可至黑河、漠河、布拉戈维申斯克、加林达等口岸，下行可达同江、抚远、下列宁斯科耶、哈巴罗夫斯克、共青城等港口，经江海联运沿黑龙江（阿穆尔河）出海，开展对第三国的外贸运输。

萝北水运口岸基础及配套设施建设齐全，拥有现代化煤炭专用码头、木材专用码头和滚装式轮渡码头各 1 座，3 000 吨级船舶可全航期作业，年吞吐能力达 50 万吨。其中，煤炭专用码头每小时可装运原煤 400 吨，是黑龙江沿岸最大的煤炭输出港。口岸查验设施健全，建有口岸办公大楼 3 975 平方米、联检大楼 2 396 平方米。旅检大厅设 8 条旅检通道，为出入境旅客提供快捷服务；货场辟有 1 万平方米作业区，可同时进行 2 艘千吨级轮装卸作业。大中型气垫船在此投放运营，为春秋两季黑龙江流冰期人员往来提供便利。

2023 年，萝北水运口岸完成进出口货运量 5.79 万吨，其中进口 5.20 万吨、出口 0.59 万吨；出入境人员实现 14 335 人次，同比增长 14 832.29%。

【嘉荫水运（河港）口岸】 嘉荫港位于黑龙江省伊春市嘉荫县，北隔黑龙江与俄罗斯犹太自治州帕什科沃口岸相对应，水上距离 9 千米。嘉荫港于 1989 年 4 月经国务院批准对外开放；1993 年 5 月，通过国家验收并正式对外开放。1994 年，俄方帕什科沃口岸正式开关。2012 年 6 月至今，俄方帕什科沃口岸因俄联邦政府令维修闭关，暂未开通。嘉荫港整体规划面积为 50 万平方米，口岸现场占地面积 18 万平方米，封闭硬化面积 8 万平方米；拥有办公场所 5 栋，分别为旅检大楼 3 511 平方米、货检厅 643 平方米、综合服务楼 533 平方米、海关免税商店 182 平方米、监管仓库 1 000 平方米。嘉荫港有口岸进出境旅客联检通道各 5 条、进出境货运查验各 1 条，进出境客车查验通道各 1 条，4 个仓库和堆场；整个封闭现场 6 万平方米，码头 288 延长米，有 1 个客运、4 个货运。

2023 年，嘉荫水运口岸完成进出口货运量 3.75 万吨。

【黑河水运（河港）口岸】 黑河港位于黑龙江省黑河市，与俄罗斯阿穆尔州首府布拉戈维申斯克口岸相对应，双方货运码头相距 3 500 米、客运码头相距 750 米。黑河港于 1982 年 1 月经国务院批准恢复对外开放；1983 年 3 月，经中国与苏联两国政府换文确认为边境地方贸易口岸；1986 年 9 月，经中国与苏联两国政府补充换文确认为国家贸易口岸，当月正式对外恢复开通使用；1990 年 3 月，经中国与苏联两国政府换文确认为国际客货运输口岸；1994 年 1 月，经中俄两国政府再次确认为国际客货运输口岸；2004 年 4 月，经国务院批准开展口岸签证工作。港口经布拉戈维申斯克可与俄罗斯西伯利亚大铁路和贝阿铁路连接，经其空中航线可与俄罗斯国内各大城市相通；沿黑龙江水道下行，还可抵达俄罗斯远东各港口直至日本海沿岸各国港口。

港口运输方式随着季节变换，明水期廾展水上船舶运输和轮渡运输，冰封期开展冰上汽车运输，流冰期开展气垫船运输和航空运输，可谓运输方式多元，确保四季运行。港口现有货运码头、客运码头及明水期汽车轮渡与冰封期汽车运输兼用码头各 1 处，共有千吨级泊位 12 个。货运码头岸线长 612 延长米，场地面积 8 万平方米，仓库面积 1 万平方米，装卸机械 18 台（套），运输船舶 26 艘，年货物吞吐能力 120 万吨。客运码头岸线长 98 延长米，场地面积 8 000 平方米，旅检大厅 3 600 平方米，候船大厅 2 400 平方米，旅检通道 14 条，年过客能力 100 万人次。

【逊克水运（河港）口岸】 逊克港位于黑龙江省黑河市逊克县，黑龙江中上游南岸，与俄罗斯阿穆尔州米哈伊洛夫区波亚尔科沃口岸隔江相望。逊克港于1989年12月经国务院批准对外开放；1992年，经国务院批准开通边境旅游，经交通部批准为江海联运国际航运口岸；2013年，开通边境旅游异地办证业务；2015年，获批为进境粮食指定监管场地。港口有陆域面积1.7万平方米，联合报关大厅200平方米，旅检大厅1 400平方米；内设进出境通道7条，用于货物运输的千吨级泊位2个，客运码头1处，滚装码头1个，码头岸线300延长米；旅客年通关能力10万人次，货物年吞吐能力100万吨。口岸出口货物包括服装、鞋帽、纺织、家电、建材、农用机械、工程机械、各型车辆等产品，进口货物以木材、煤炭、大豆为主。

2023年，逊克水运口岸完成进出口货运量21.58万吨，同比增长42.2%。其中，进口20.48万吨，同比增长92.1%；出口1.10万吨，同比下降75.7%。出入境人员实现5 514人次，同比上升92.39%。

【孙吴水运（河港）口岸】 孙吴港位于黑龙江省黑河市孙吴县，距孙吴县城54千米，距俄方阿穆尔州对应口岸康斯坦丁诺夫卡27千米；上行可达黑河港及俄方布拉戈维申斯克港，下行可抵逊克港及俄方波亚尔科沃港。孙吴港于1993年6月经国务院批准对外开放；1994年1月，经中俄两国政府确认为国际客货运输口岸。港口江面水丰宽阔，为天然深水港，枯水期也可停靠千吨驳船；建有综合性客货栈桥式码头及粮食、石油、煤炭、木材专用码头，可同时停靠5个千吨级驳船作业，装卸及相关设备齐全，年货物吞吐量30万吨。港口除明水期开展水上船舶运输外，冰封期可开展冰上汽车运输，流冰期还可开展气垫船运输。口岸集疏运条件较为方便，口岸至县城的黑嘉公路已建成水泥路面，黑大公路和北黑铁路通过县城。该口岸目前尚未正式开通使用。

【呼玛水运（河港）口岸】 呼玛港位于黑龙江省大兴安岭地区呼玛县，是黑河口岸以北黑龙江段的最大县级港口，有较为完善的基础设施，港区全长4 060米，可同时停泊千吨货轮10余艘。呼玛港于1993年5月经国务院批准对外开放，开展对外客、货运输业务，明水期利用船舶运输，封冻期利用汽车运输。呼玛口岸实行明水期江上运输可直航哈尔滨，转运全国各地；通过黑龙江可进入鞑靼海峡，实现江海联运，通往世界各地。呼玛县呼玛镇距韩家园火车站100千米，货运便利，中俄双方都有极其便利的运输条件和得天独厚的地缘优势，资源丰富，互补性强。

2004年11月，呼玛县政府与俄罗斯施玛诺夫斯克市达成了在明水期开通呼玛与乌沙科沃口岸协议。2005年1月，大兴安岭地区行政公署代表团与阿穆尔州行政机关代表团在俄布拉戈维申斯克达成正式开通呼玛至乌沙科沃口岸共识，并在中俄总理定期会晤委员会交通分委会北京会议上通过。该口岸目前尚未正式开通使用。

【漠河水运（河港）口岸】 漠河港位于黑龙江省大兴安岭地区漠河市，距漠河县城190千米，同俄阿穆尔州斯克沃迪诺区加林达镇隔江相望。漠河港于1989年经国务院批准对外开放，设计年过货能力为10万吨以上；1993年9月，口岸正式开通过货。1994年2月，外交部以外交函确认漠河—加林达口岸为国际客货运输口岸，并规定明水期进行船舶运输、封冻期进行汽车运输；1997年，国务院批复同意漠河口岸对俄罗斯开展国际旅客运输业务，并允许第三国人员通行；1998年4月，国家旅游局同意开通加格达奇—俄罗斯腾达市5日游，漠河旅行社为承办单位。至此，漠河口岸完全具备了既可开展国际客货运输，又可开展边境旅游的全部功能。口岸仅限中俄原油管线人员和设备通关。

2023年，漠河水运口岸完成进出口货运量2 986.03万吨，同比减少1.3%。

【哈尔滨陆路（铁路）口岸】 哈尔滨铁路口岸位于黑龙江省哈尔滨市，是国务院1996年9月批准的全国第一个作为内陆铁路货运口岸的试点对外开放，办理国际集装箱运输业务；1997 年 8 月，正式对外开通使用。2018 年 1 月，黑龙江省政府批复同意哈尔滨铁路货运口岸迁址至哈尔滨国际集装箱中心站（哈尔滨市香坊区香明街 1 号）。

【绥芬河陆路（铁路）口岸】 绥芬河铁路口岸位于黑龙江省牡丹江市绥芬河市、滨绥铁路与俄罗斯远东铁路的接轨处，绥芬河站距俄滨海边疆区对应的波格拉尼奇内铁路口岸国境站格罗捷阔沃 26 千米。绥芬河铁路口岸于 1994 年 1 月经中俄两国政府确认为国际铁路客货运输口岸；2003 年 5 月，经国务院批准开展口岸签证工作。该口岸作为一等铁路车站，设有南、北两个站场，管辖绥阳（二等站）、宽沟 2 个中间站，设计年综合运输能力 1 000 万吨。南站场占地 10 万多平方米，建有线路 40 条，其中宽轨 27 条、准轨 13 条。南站建有国内、国际旅客候车室各 1 座。国内候车室于 1899 年兴建，是原中东铁路较有代表性历史建筑；国际客运联检大楼 2 800 平方米，设有出入境通道 16 条（出入各 8 条）。南站还建有国内、国际旅客站台各 1 个，总面积为 4 451 平方米；有 6 800 平方米集查验、运输、货代于一体的联合报关报验大楼及铁路口岸电子监控系统。北站场距南站场 2. 4 千米，占地 17 万多平方米，建有线路 44 条，其中宽轨 14 条、准轨 30 条；设有 1 组原油换装线、4 组机械换装线、17 台龙门吊、70 余台汽车吊；建有人力站台 2 个，货物站台 1 170 平方米，货物仓库 697 平方米。

【同江陆路（铁路）口岸】 同江铁路口岸位于黑龙江省佳木斯市同江市。2019 年 3 月，国务院批复同意同江铁路口岸对外开放。中俄同江铁路界河桥位于黑龙江省同江市与俄罗斯犹太自治州下列宁斯阔耶之间，中国境内线路全长 31. 62 千米，其中跨江大桥主桥全长 2 215 米。中方负责修建主桥标段共长 1 900 米，俄方境内大桥施工长度为 328. 57 米。

同江铁路口岸查验设施边检场站新建房屋总建筑面积 6 600 平方米，道路 13 890 平方米，主要设置守桥中队综合楼、瞭望塔、边检场综合楼、H986 采集中心与检测中心、消杀灭房屋与海关检查检疫查验室、给水所、锅炉房，以及人行钢天桥 3 座，共计 14 处建筑结构，形成集办公、生活及生产于一体的综合性场所。宽轨场进口货物查验场地面积 6. 5 万平方米，用于进境矿产品制样检测、有害生物病媒生物检测、进境货物查验暂扣。查验库 1 599 平方米，用于进境货物查验。进口高风险非冷链集装箱冷冻和冷链食品预防性消毒及查验库 1 890 平方米，用于进境高风险非冷链、冷链货物查验、消毒。检疫处理用房 292 平方米，用于进境货物检疫处理。换装站主要功能是开展进出口货物换装作业，建有联检大楼、铁路调度站、职工宿舍楼及相关附属设施共计 35 座、26 382 平方米。换装站由准轨场、换装场、宽轨场 3 部分组成。其中，准轨场有准轨线路 16 条，换装场有准轨线路 6 条、宽轨线路 6 条，宽轨场有宽轨线路 16 条、准轨线路 1 条。

【绥芬河陆路（公路）口岸】 绥芬河公路口岸位于黑龙江省牡丹江市绥芬河市，距牡丹江市 153 千米，与俄罗斯滨海边疆区波格拉尼奇内公路口岸相对应，距该口岸所在的波格拉尼奇内区 16 千米。绥芬河公路口岸于 1988 年 12 月经国家批准进行汽车临时过货运输；1990 年 3 月，经中国与苏联两国政府换文确认为汽车运输口岸；1993 年 1 月，经中俄两国政府再次换文确认为汽车过往口岸；1994 年 1 月，经中俄两国政府确认为国际公路客货运输口岸；2000 年 9 月，经国务院批准对外开放，开展国际客货运输；2003 年 5 月，经国务院批准开展口岸签证工作。绥芬河公路口岸拥有客运查验通道 12 条，包括进出境各 2 条旅客自助查验通道，货检进出境查验通道各 5 条，车辆专门查验通道各 2 条。旅客年通关能力 600 万人次，货物年通关能力 550 万吨。海关监管仓库面积 5 290 平方米，其中入境商品监控库 2 645 平方米、出境货物监管库 2 645 平方米。

【东宁陆路（公路）口岸】 东宁公路口岸位于黑龙江省牡丹江市东宁市，与对应的俄罗斯滨海边疆区波尔塔夫卡公路口岸隔瑚布图界河相望。瑚布图河架有永久性桥梁，连接双方口岸过境公路。东宁公路口岸于 1989 年 12 月经国务院批准对外开放；1990 年 3 月，经中国与苏联两国政府换文确认为双边公路汽车运输口岸；同年 5 月，正式开通使用；1992 年 11 月，经中俄两国政府换文确认开展旅客运输，陆续开通了至俄邻近城市的旅游业务；1994 年 1 月，经中俄两国政府再次确认为双边客货公路运输口岸。口岸封闭监管区占地 6.2 万平方米，建有旅检综合办公楼 4 210 平方米，内设出境旅检通道 6 条、入境旅检通道 3 条、车检通道 2 条。货检区设出入境检查通道各 2 条，同时配有查验部门现场办公用房及附属设施。口岸年货运通过能力 120 万吨，年客运通过能力 60 万人次。

2023 年，东宁公路口岸进出口货运量完成 39.06 万吨，同比增长 11.2%。其中，进口 14.37 万吨，同比增长 311.1%；出口 24.69 万吨，同比下降 22.0%。出入境人员实现 76 866 人次，同比增长 83.62%。

【密山陆路（公路）口岸】 密山公路口岸位于黑龙江省鸡西市密山市，距密山市 38 千米、鸡西市约 100 千米；与俄罗斯滨海边疆区对应口岸图里罗格隔白棱河相望，相距仅有 1 千米。密山公路口岸于 1989 年 4 月经国务院批准对外开放；1992 年 10 月，经中俄两国政府换文确认为双边公路客货运输口岸；1993 年 5 月，正式开通使用；1994 年 1 月，经中俄两国政府再次确认为双边客货运输口岸。口岸现场占地面积 1.4 万平方米，建筑面积 5 000 平方米。联检大厅建筑面积约 2 700 平方米，作业区建筑面积约 1 100 平方米，待检区建筑面积约 1 200 平方米，设有 4 条客运通道、4 条货运通道，监管仓库面积约 3.8 万平方米。中俄双方共同在白棱河界河上修建了一座长 33 米、宽 12 米的永久性公路桥梁，可常年过客过货。

2023 年，密山公路口岸实现过货 10.46 万吨，同比增长 44.1%。其中，进口 6.3 万吨，同比增长 7.3%；出口 4.16 万吨，同比增长 199.9%。过客 4.29 万人次，同比增加 539.34%。

【虎林陆路（公路）口岸】 虎林公路口岸位于黑龙江省鸡西市虎林市，与俄罗斯马尔科沃口岸相对应，于 1989 年经国务院批准对外开放，1993 年 5 月正式开通。中俄双方共同在松阿察河界河上修建了一座长 207.08 米、宽 13.96 米，桥下可通航的永久性公路桥梁，使口岸不受季节影响，可全天候过客过货。该口岸年过货能力可达 260 万吨，年过客能力可达 100 万人次。口岸基础及配套设施日趋完善，建有 2 600 平方米口岸办公楼、1 600 平方米口岸现场办公楼、1 000平方米旅检厅、250 平方米双向车道货检厅，修建了 1 640 延长米二级水泥面口岸过境公路、5 万平方米口岸现场仓储设施、近 8 万平方米海关监管仓库基地、2 万平方米硬化地面露天货场。

【黑瞎子岛陆路（公路）口岸】 黑瞎子岛公路口岸位于黑龙江省佳木斯市抚远市。2016 年 9 月，中俄两国通过外交换文方式完成 1994 年两国政府签订的《中华人民共和国和俄罗斯联邦政府关于中俄边境口岸协定》的修订工作，确认增设黑瞎子岛—大乌苏里岛国际公路客运口岸；2019 年 3 月，口岸对外开放正式获国务院批复，口岸性质为国际性常年开放公路客运口岸；2019 年 7 月，中俄总理定期会晤委员会运输合作分委会口岸工作组第 22 次会议就黑瞎子岛口岸选址及增设货运功能问题进行了明确。

按照黑瞎子岛保护与开放开发建设总体部署，根据黑瞎子岛中俄国际合作示范区工作方案精神，全岛拟采取“一线放开、二线管住、全岛自由”的开放模式。规划设计将黑瞎子岛公路口岸位置由岛上调整为岛下，岛上抵边设置前置区，岛下主体区与前置区通过封闭通道连接。岛下主体区位于东湖以北、通乌堤防以内，距离上岛桥检查站 760 米，距离黑瞎子岛游客服务中心约 2 500 米。总用地面积 10 万平方米，总建筑面积约 3.6 万平方米。按照预测客流量日均最低 8 000人进行测算，旅客通道拟设置 24 条。

【黑河陆路（公路）口岸】 黑河公路口岸

位于黑龙江省黑河市，俄方卡尼库尔干公路口岸与黑河公路口岸仅黑龙江公路大桥一桥之隔。2020年6月，国务院批准黑河公路口岸对外开放，口岸性质为国际性常年开放公路客货运输口岸。黑河公路口岸是黑河黑龙江大桥附属配套工程，该项目位于中方境内黑河市东郊7千米长发屯、黑龙江大桥下引桥1千米处。口岸联检区域由旅检区和货检区两部分组成，包括出入境旅检楼、入境货检楼、出境货检楼及配套附属设施。货检楼设有出入境通道各4条；旅检楼设有出入境通道各13条，其中自助通道各3条。口岸占地面积28.4万平方米，主体建筑面积4.35万平方米，设计年过客能力285万人次、过货能力620万吨。

【黑河陆路（步行）口岸】 黑河步行口岸位于黑龙江省黑河市爱辉区。2011年9月，黑河市政府与阿穆尔州政府会晤动议共同建设跨江索道项目；2015年9月，中俄两国政府签署了《中俄跨境索道建设协定》。该跨境索道项目在两国州省政府大力推动下于2019年7月正式开工。2020年1月，国务院批准黑河（步行）口岸对外开放，口岸性质为国际常年开放客运（步行）口岸，允许人员经中俄黑河跨黑龙江索道出入境。

中俄跨境索道项目中方建设地点位于黑河市大黑河岛。索道主体工程：两岸设置高约60米的钢结构塔架，索道水平总长度972米，主跨长度720米，通航净空高度不低于18.15米。索道设备型式为“双线双承载单牵引往复式客运架空索道”，设2个轿厢，单个轿厢承载110人，最快运行速度为12.0米/秒，单程运送仅需6~8分钟，每小时单向运输能力为1 788人，设计年运输能力250万人。在索道两端设置有索道站房、海关联检大厅、免税店和其他配套设施。

2023年黑龙江省口岸大事记

1月11日

随着首位入境旅客边防检查手续办理完毕，绥芬河口岸旅检通道正式恢复通行。

2月7日

黑龙江省副省长余建一行到绥芬河公路口岸视察调研。

2月7日

黑龙江省副省长余建一行到东宁口岸调研指导工作。

2月15日

黑龙江省委副书记、省长梁惠玲一行到绥芬河公路口岸调研指导工作。

3月2日

装载24.1吨跨境货物的东航MU7303“客改货”航班从哈尔滨太平国际机场顺利起飞，并顺利抵达目的地，标志着哈尔滨至加拿大温哥华“客改货”货运包机航线成功首航。

3月17日

黑龙江省妇联发布表彰，绥芬河出入境边防检查站获评“黑龙江省三八红旗集体”。

3月26日

俄罗斯滨海边区州长科热米亚科先生一行代表团17人从俄罗斯哈巴罗夫斯克经哈尔滨太平国际机场入境。此次代表团来访是新冠病毒感染“乙类乙管”政策实施后首次外方代表团经哈尔滨口岸赴内地进行公务活动。

3月30日

黑龙江省副省长韩圣健一行到东宁口岸调研指导工作。

4月4日

黑龙江省委书记、省人大常委会主任许勤到黑河口岸调研。

5月13日—14日

黑龙江省委副书记、省长梁惠玲到黑河口岸调研指导工作。

5月19日

黑龙江省副省长余建到密山口岸调研指导工作。

6月6日

由俄罗斯南萨哈林斯克飞往哈尔滨太平国际

机场的航班安全抵达，标志着南萨哈林斯克往返哈尔滨的国际客运航线正式开通。

6 月 8 日

黑龙江省委副书记、省长梁惠玲到同江铁路口岸调研。

6 月 11 日

中共中央书记处书记、国务委员、公安部部长王小洪到黑河调研，深入水运口岸旅检现场，实地察看口岸通道建设、卫生检疫等情况，详细了解旅客通关和口岸边境管控工作情况。

7 月 4 日

越南芽庄—中国哈尔滨航线正式复航。

7 月 28 日

同江铁路口岸开行首趟中欧班列。

8 月 16 日

同江港口岸扩大开放通过国家验收。

9 月 15 日

全国移民管理机构边境管控体系建设推进会在黑河召开。

10 月 10 日

时任黑龙江省委常委、省纪委书记张巍到萝北口岸调研。

10 月 10 日

黑龙江省副省长王岚到绥芬河公路口岸调研指导工作。

10 月 13 日

湖南省政协主席毛万春率中组部一行人员到绥芬河公路口岸调研工作。

11 月 30 日

黑龙江省委书记许勤到东宁口岸调研。

（撰稿人：刘金成）

2023 年黑龙江省口岸流量统计表

口岸类型	口岸名称	货运量（万吨）				集装箱量（万标箱）				人员（万人次）				交通工具（辆、艘、架、列次）			
		出口	进口	合计	同比（%）	出口	进口	合计	同比（%）	出境	入境	合计	同比（%）	出境	入境	合计	同比（%）
空运口岸	哈尔滨	0.01	0.63	0.64	8.20					15.30	14.89	30.18	583.81				
	佳木斯									0.60	0.54	1.14					
	牡丹江									1.57	1.52	3.09	68 540.00				
	分计	0.01	0.63	0.64	8.20					17.47	16.95	34.41					
水运口岸 河港口岸	漠河	0.00	2 986.03	2 986.03	-1.30												
	黑河	9.10	40.66	49.76	12.68					16.93	15.03	31.96	8 367.25				
	同江	1.64	8.15	9.79	-54.21					0.23	0.21	0.44	401.00				
	东宁	24.69	14.37	39.05	11.20					3.81	3.88	7.69	83.62				
	逊克	1.10	20.48	21.53	42.20					0.28	0.28	0.55	92.39				
	密山	4.16	6.30	10.45	44.10					2.13	2.16	4.29	539.34				
	萝北	0.59	5.20	5.79	1 241.70					0.70	0.73	1.43	14 832.29				
	抚远	2.32	3.35	5.67	-1.00					1.50	1.44	2.94	8 545.59				
	嘉荫	0.00	3.75	3.75						0.00	0.00	0.00	0.00				
	饶河	0.83	0.58	1.41	770.00					0.62	0.66	1.28	591.76				
	分计	44.43	3 088.87	3 133.30						26.19	24.39	50.58	33 453.24				

续表

口岸类型		口岸名称	货运量（万吨）				集装箱量（万标箱）				人员（万人次）				交通工具（辆、艘、架、列次）			
			出口	进口	合计	同比（%）	出口	进口	合计	同比（%）	出境	入境	合计	同比（%）	出境	入境	合计	同比（%）
陆路口岸	公路口岸	黑河	53.78	3.65	57.43	413.69					1.80	3.67	5.47	243.03				
		绥芬河	62.55	25.81	88.35	97.80					27.53	27.21	54.74	1 108.19				
		分计	116.33	29.46	145.78						29.33	30.88	60.21					
	铁路口岸	绥芬河	18.89	818.40	837.29	1.60					0.86	0.86	1.71	-5.10				
		同江	0.77	322.50	323.27	4 262.61					0.18	0.18	0.36	2 883.33				
		分计	19.66	1 140.90	1 160.56						1.04	1.04	2.07					
合计			180.43	4 259.86	4 440.29						74.02	73.25	147.28					
同比（%）																		

（黑龙江省口岸办提供）

2023年哈尔滨海关主要数据统计表

项　目		2023年	2022年	同比（%）
进出口货运量（万吨）	合计	6 111.59	5 200.85	17.51
	进口	5 930.43	5 073.58	16.89
	出口	181.16	127.26	42.35
进出口贸易总值（万美元）	合计	3 357 143.16	3 040 078.38	10.43
	进口	2 513 276.86	2 433 504.27	3.28
	其中：江、海运输	22 723.46	12 062.51	88.38
	铁路运输	198 839.39	178 440	11.43
	汽车运输	30 697.95	26 241.15	16.98
	航空运输	2 678.98	1 575.17	66.27
	邮件运输	766.81	800.46	-4.20
	其他运输	2 257 630.27	2 214 384.99	1.95
	出口	843 866.31	606 574.11	39.12
	其中：江、海运输	42 476.30	75 352.40	-43.63
	铁路运输	29 643.28	21 209.33	39.77
	汽车运输	718 803.37	471 408.50	52.48
	航空运输	24 965.75	22 641.82	10.26
	邮件运输	9 380.49	7 601.99	23.40
	其他运输	18 597.12	8 360.06	122.45
税收（万元人民币）	两税合计	—	—	—
	关税入库	—	—	—
	进口环节税入库	—	—	—

（哈尔滨海关提供）

2023年黑龙江省口岸出入境主要数据表

<table>
<tr><th colspan="3">项 目</th><th>2023年</th><th>2022年</th><th>同比（%）</th></tr>
<tr><td rowspan="14">出入境人员
（人次）</td><td colspan="2">出入境人员总数</td><td>1 473 301</td><td>181 989</td><td>709.55</td></tr>
<tr><td colspan="2">入境人员</td><td>733 008</td><td>88 585</td><td>727.46</td></tr>
<tr><td colspan="2">出境人员</td><td>740 293</td><td>93 404</td><td>692.57</td></tr>
<tr><td colspan="2">出入境旅客</td><td>1 186 192</td><td>44 266</td><td>2 579.69</td></tr>
<tr><td colspan="2">出入境员工</td><td>287 109</td><td>137 723</td><td>108.47</td></tr>
<tr><td rowspan="5">中国公民</td><td>小计</td><td>796 124</td><td>49 024</td><td>1 523.95</td></tr>
<tr><td>内地居民（因公）</td><td>59 925</td><td>9 662</td><td>520.21</td></tr>
<tr><td>内地居民（因私）</td><td>734 700</td><td>39 351</td><td>1 767.04</td></tr>
<tr><td>港澳居民</td><td>1 238</td><td>10</td><td>12 280.00</td></tr>
<tr><td>台湾同胞</td><td>261</td><td>1</td><td>26 000.00</td></tr>
<tr><td colspan="2">外籍人员</td><td>677 177</td><td>132 965</td><td>409.29</td></tr>
<tr><td colspan="2">从海港出入境人数</td><td>370 996</td><td>9 392</td><td>3 850.13</td></tr>
<tr><td colspan="2">从陆港出入境人数</td><td>758 152</td><td>128 413</td><td>490.40</td></tr>
<tr><td colspan="2">从空港出入境人数</td><td>344 153</td><td>44 184</td><td>678.91</td></tr>
<tr><td rowspan="5">交通运输工具
（辆、艘、架、列次）</td><td colspan="2">总计</td><td>211 910</td><td>116 333</td><td>82.16</td></tr>
<tr><td colspan="2">船舶</td><td>11 572</td><td>1 558</td><td>642.75</td></tr>
<tr><td colspan="2">飞机</td><td>3 637</td><td>735</td><td>394.83</td></tr>
<tr><td colspan="2">火车</td><td>9 943</td><td>8 082</td><td>23.03</td></tr>
<tr><td colspan="2">机动车辆</td><td>186 758</td><td>105 958</td><td>76.26</td></tr>
</table>

（黑龙江出入境边防检查总站提供）

2023 年黑龙江海事局进出港船舶统计汇总表

船舶类别	进港船舶							出港船舶						
	艘数（艘）	总吨（吨位）	总载重量（吨）	载客量（客立）	船员人数（人次）	货物到达量（吨）	旅客到达量（人）	艘数（艘）	总吨（吨位）	总载重量（吨）	载客量（客位）	船员人数（人次）	货物发送量（吨）	旅客发送量（人）
总计	115 748	23 876 499	12 814 084	7 163 632	99 039	4 853 087. 12	3 026 836	116 370	24 042 349	12 902 256	7 189 289	99 271	4 179 188. 39	3 030 510
中国籍船舶	114 701	23 367 656	12 449 665	7 052 647	95 578	4 584 531. 11	2 983 004	115 322	23 533 497	12 537 834	7 079 880	95 809	4 155 127. 28	2 996 995
其中：外贸船	4 016	1 963 824	1 060 456	279 672	18 597	804 290. 35	135 430	4 022	1 967 874	1 068 049	279 847	18 634	142 506. 99	124 442

（黑龙江海事局提供）

上　海　市

上海市口岸分布示意图

序号	类型	口岸名称	批准开放时间	开放状态
1	空运口岸	上海空运口岸 （虹桥国际机场） （浦东国际机场）	 1963.5 1999.8	国际常年
2	水运口岸	上海水运口岸 （黄浦江沿岸） （长江上海段） （杭州湾北岸） （洋山深水港区）	历史延续	国际常年
3	铁路口岸	上海铁路口岸	2009.11	地区（沪港）常年

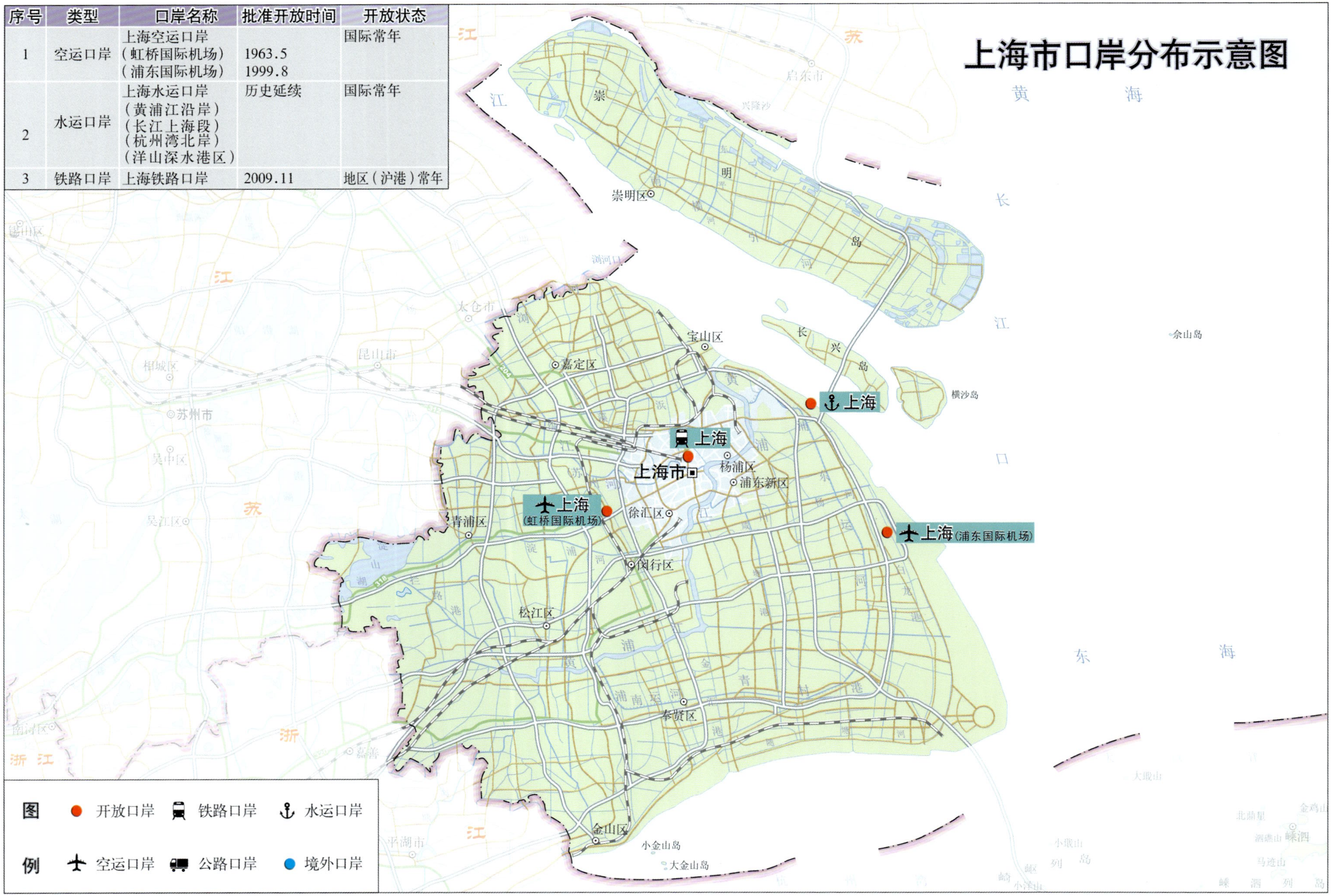

图例
● 开放口岸　铁路口岸　水运口岸
空运口岸　公路口岸　● 境外口岸

口岸数量及分布

截至2023年年底，上海市共有经国务院批准的对外开放口岸3个，分别为上海空运口岸（上海虹桥国际机场、上海浦东国际机场）、上海水运（海港）口岸和上海陆路（铁路）口岸。

口岸运行数据

2023年，上海市口岸货物贸易10.65万亿元，同比增长2.8%，占全国进出口总值的25.5%。其中，出口6.32万亿元，同比增长4.3%；进口4.34万亿元，同比增长0.6%。全年，上海口岸货物吞吐量42 873.9万吨，同比增长6.8%；外贸集装箱吞吐量4 169.6万标箱，同比增长4.6%。

2023年，上海口岸出入境人员1 962.2万人次，同比增长852.8%，其中旅客1 796.90万人次，同比增长1 227.3%。出入境交通运输工具17.2万架（艘）次，同比增长75.5%。其中，飞机14.9万架次，同比增长93.0%；船舶2.3万艘次，同比增长9.9%。

口岸综合管理

【制订中国（上海）国际贸易单一窗口智慧化创新行动方案】 按照上海市委书记陈吉宁、市长龚正关于加快提升上海“单一窗口”数字化服务能力的要求，副市长华源多次召集专题会部署。上海市商务委会同本市20个部门和单位共同研究，并召开专家论证会、企业座谈会，广泛听取意见建议，深入对标国际国内先进水平，结合航运贸易领域区块链、人工智能等技术应用不断深化的大趋势，研究制订了中国（上海）国际贸易单一窗口智慧化创新行动方案，2023年10月9日上海市政府常务会议审议通过该方案。

【落实上海口岸通关时间调查研究】 上海市商务委会同上海海关，召开监管部门、运营部门、代理企业等座谈会，梳理形成一批压缩口岸整体通关时间政策举措，纳入《上海口岸2023年深化跨境贸易营商环境改革若干措施》。牵头召开相关政府部门、监管单位、运营单位等数场座谈会，调研货代、船代、报关行等代理机构，并赴宁波、舟山等口岸调研学习，对影响上海口岸整体通关时间因素进行深入分析研究，提出一系列压缩通关时间的政策建议。

【召开2023年上海智慧口岸数字化专班全体会议】 上海市商务委做好上海口岸数字化转型2022年工作总结、谋划2023年工作，牵头收集成员单位工作开展情况，印发2023年上海口岸数字化转型重点工作安排。

【获批成为全国首批智慧口岸建设试点城市】 上海市商务委结合正在推进的上海口岸数字化转型工作，上报上海市开展智慧口岸试点建设方案，涉及加强口岸数字化基础设施建设、优化口岸数字化服务能力、提升口岸数字化监管水平、增强口岸区域辐射能级、打造国际互联互通合作新载体、加强组织保障6个方面34项任务。经国家口岸管理办公室批准，上海已经成为首批智慧口岸建设试点城市。

【指导2023年可信任贸易方式发展论坛】 积极对接中国口岸联合会等，上海市商务委作为指导单位，举办2023年可信任贸易方式发展论坛，宣布成立世界电子口岸及物流组织（WEPO），旨在推动世界范围可信任贸易方式通道的建设，促进世界各国（地区）“单一窗口”、电子口岸、物流企业、国际贸易企业等成员的交流与合作，搭建全球电子口岸及跨境物流组织的交流与合作平台。

【丰富口岸数字化服务模式】 完善“上海口岸”移动应用建设，完成改版，上线“RCEP税则信息和原产地规则”“海事装箱证明书验真”“HS编码查询”等功能。优化完善“融资信贷服务专区”“信用保险服务专区”，设计“汇率风险管理服务专区”。与上海海事局共享国际航行船舶口岸计划动态，便利为企服务。

【推进低碳绿色供应链建设】 依托中国（上海）国际贸易单一窗口，上线碳足迹计算器功能，为长三角区域国际贸易、航运和物流企业提供碳足迹追踪和碳排放测算，帮助企业优化国际贸易运输组织、网络设计等环节，促进低碳供应链建设。

【促进中欧班列提质增量】 完善中国（上海）国际贸易单一窗口中欧班列“一站式”服务平台建设，实现与相关部门对接。推动中国（上海）国际贸易单一窗口对接交通银行境内本外币运杂费结算通道，为中欧班列上下游企业提供人民币和外币业务费用的在线结算服务，提升企业间结算效率。2023年，中欧班列“上海号”开行100列，共装载集装箱10 306标箱。

【规范口岸收费行为】 对上海口岸国际班轮运输和无船承运企业运价备案制度执行情况开展检查。截至2023年年底，完成对20家国际班轮运输企业和20家无船承运企业运价备案检查。上海口岸集疏运管理平台试用提还箱预约功能，优化“费用公示”功能，针对洗修箱、暂落等业务收费类型进一步细化，新增代进港费、制冷费类别，增加每类费用的箱型尺寸区分及免堆存天数、超期天数的数据维护。

【优化口岸收费公示制度】 新增中谷物流、新海丰集运等12家班轮公司一站式公示外贸出口集装箱码头装卸作业费（THC）、文件费。上线“上海口岸”App口岸费用公示查询功能，并通过上海“单一窗口”门户网站、移动端、公众号等渠道完成上海港22家主要船公司外贸出口THC、文件费一站式公示。

【提升贸易流程可预期性】 在中国（上海）国际贸易单一窗口设立贸易政策专栏，发布国际贸易相关政策法规；公布港口、机场场站作业时限及流程，便利企业查询。

【优化惠企服务，开展RCEP政策培训】 聚焦RCEP重点区域和重点领域，举办RCEP框架下中日经贸合作研讨会、RCEP机遇与企业贸易合规数字化研讨会等高质量惠企培训活动，2023年组织培训12场，受训企业人员约1.5万人次。截至年底，共设5家RCEP企业服务咨询站，多途径多方式为企业提供RCEP咨询服务。

【印发加快推进上海市综合保税区功能提升的若干措施】 进一步明确了上海市各综合保税区的功能定位，提出具有针对性和可操作性的扶持政策和监管便利化措施。上海市商务委会同相关单位做好政策宣讲及企业服务，召开综合保税区专场会议，保障政策落实落地。组织前往北京中关村、山东潍坊综合保税区调研，研究推进上海市创新研发型综合保税区建设。

【做好上海市口岸项目动态管理】 着眼全面提升上海枢纽口岸功能，持续关注浦东国际机场四期工程、小洋山北侧开发建设、罗泾码头改造工程，协调落实中国极地考察基地码头、华润大东船务码头临时接靠工作，完成上海化工区孚宝港务码头泊位对外开通启用。指导上港冷链、南港码头水果指定监管场地顺利通过海关总署验收。落实口岸清理整顿工作要求，2023年上海市26座码头正式退出开放，提升口岸监管效能。

【完成上海市“十四五”口岸中期评估】 按照《国家“十四五”口岸发展规划中期评估方案》要求，全面梳理上海市口岸发展目标实现情况、任务举措推进情况、存在的问题及意见建议，在上海市有关部门、口岸各查验单位、口岸运营单位及口岸相关企业共同研究的基础上，汇总形成了中期评估报告。“十四五”以来，上海口岸进出口贸易额整体增长，口岸运行安全稳定，口岸功能和竞争力持续提升。

【海关特殊监管区域建设】 截至2023年年底，上海共有3大类10个海关特殊监管区域，分别为：1个保税区，即外高桥保税区；1个特殊综合保税区，即洋山特殊综保区；8个综合保税区，即外高桥港、浦东机场、漕河泾、奉贤、松江、青浦、金桥、嘉定综合保税区。年内，上海市10个海关特殊监管区域进出口总体平稳。全年，实现进出口1.65万亿元，同比增长0.58%，占全市进出口额的39.2%，占全国海关特殊监管区域进出口额的20.6%。

口岸监管与服务

【上海海关支持浦东引领区建设成果丰硕】 出台集成电路、总部企业等一系列支持措施，创新国产大飞机、大邮轮监管模式，助力C919飞机交付商业运营、“爱达·魔都号”邮轮建成首航，海关支持浦东引领区15项措施已全面落地。支持东方枢纽国际商务合作区建设，深度参与总体方案设计。2023年，浦东新区实现进出口总值2.6万亿元，同比增长4.7%，高出上海全市外贸总体增速4个百分点。

【上海海关支持科创中心建设扎实推进】 支持科创中心建设扎实推进。优化科创一体化信息管理服务平台，支持“速研通”项目落地，推广生物医药进口研发用物品“白名单”制度、特殊物品联合监管机制，制定支持国家实验室发展8项措施，助力强化科技创新策源功能。落实国家科技创新税收优惠政策，为科创主体减免税款9.8亿元。

【上海海关支持自由贸易试验区提升战略落实】 对接国际高标准经贸规则，在中国（上海）自由贸易试验区推进高水平制度型开放，推动“全国版”措施落地试点，参与设计“上海版”总体方案，为全面深化改革和扩大开放探索新路径、积累新经验。落实海关总署推动综合保税区高质量发展23条措施，洋山特殊综合保税区三期扩区获批，海关特殊监管区域贡献上海全市近四成的外贸总值。

【上海海关优化跨境贸易营商环境实现新进展】 细化60项具体措施，率先实施进口机动车辆“两证合一”等创新举措，对上海口岸经验证的供应链适用更便利的通关措施。落实税收优惠和减免税措施，2023年减（退）税670.2亿元。保障中欧班列“上海号”年行百列，畅通共建“一带一路”物流大通道。开展“提升整体通关时效专项行动”，聚焦提升企业满意度，打通痛点堵点，降低压减上海口岸进口整体通关时间，创历史最高水平。

【上海海关促进外贸高质量发展取得新成效】 支持上海成功创建全国首个“丝路电商”合作先行区，推进跨境电商综试区、进口贸易促进创新示范区建设，促进“新三样”产品、跨境电商等外贸“生力军”迅速壮大。落实加工贸易持续高质量发展16条措施，助力保税维修、期货保税交割等新业态发展。出台AEO行动方案，截至2023年年底关区AEO企业突破500家。积极应对技术性贸易措施壁垒，开展通报评议，提出特别贸易关注。

【上海出入境边防检查总站着力提升外国人通关效率】 系统优化入境外国人动线流程，将边检前置指纹采集与入境卡填写两道流程系统整合、并区操作，并增设现场填卡台、动态调配引导人员；推动航空公司落实入境卡“机上前置填写”流程，在虹桥、浦东国际机场试点启用入境卡电子化申报自助打印设备，实行“外籍旅客远端手机扫码填报、边检候检区终端扫码打印”新模式，进一步提高通关效率。

【上海出入境边防检查总站高标准做好礼遇保障工作】 主动对接上海承接的重大活动，制定上海出入境边防检查总站特殊勤务工作规范，组建礼遇工作专班，成立“百人外语志愿服务队”，利用专区查验、移动验放、专道办理等方式，圆满完成第六届中国国际进口博览会、滴水湖论坛、市长国际企业家咨询会议等重要外事活动外宾礼遇检查任务，2023年累计为763批次4 600余名中外嘉宾提供礼遇保障，以移民边检机关专业形象擦亮上海社会主义现代化国际大都市闪亮“名片”。

【上海出入境边防检查总站有效应对出入境客流攀升态势】 建立每日客流研判机制，持续优化、探索实践“整建制分区轮勤”“潮汐式勤务”等全新勤务模式，恢复使用口岸快捷通关设备，全面落实“中国公民排队候检时间不超过30分钟”等服务承诺，有效应对国庆、春节等节日的客流高峰。

【上海出入境边防检查总站着力提升高端旅客吸引力】 立足上海商务航线多、商务人士多的区位特点，加大144小时过境免签政策宣传，同时依托“单一窗口”平台实行24小时、144小时过境人员信息前置审查，缩短现场审核时长，2023年累计吸引16.8万人次利用过境免签政策来沪。提升高端旅客通关体验，为来沪访问的跨境企业高管提供通关便利，为2 371架次公务机、专包机提供优质查验保障。

【上海出入境边防检查总站积极探索跨境物流通关便利措施】 紧扣上海国内国际双循环战略链接，按照“试点探索、先行引路、有序铺开”的思路，推出和实施更多政策创新，全力保障跨境物流便捷通关。在空港口岸，用足用好国家移民管理局在上海试点的直接往返机组人员免办边检手续政策，依托“单一窗口”平台，推出“全天候电子巡查+24小时绿色通道+移动车机坪验放+等级风险系统管控”的组合举措。在海港口岸，对标现代化国际大港功能，推出船舶查验“一船一策”“抵前查验”等口岸通关便利措施。

【上海海事局优化口岸营商环境】 持续打响“心·STAR”政务服务品牌，试点推行海事政务服务评价标准，系统内首创船舶登记及相关业务场景式清单。海事“极简”和“帮办”政务服务模式、深化船舶安全检查机制创新入选上海市服务贸易创新发展实践案例。试点推出“中国洋山港”国际登记船舶国籍证书换发“当场办”。推动上海地区首个海上设施工作人员海上交通安全技能培训项目落地实施。正式启用“船员咨询热线”。承接全国海船船员评估补考任务。牵头承办小型船舶检验及监督管理优化试点工作，2023年共惠及船舶2.5万艘次，节约企业成本逾4 500万元。

【上海海事局加强贸易监管制度创新】 探索并试行大型集装箱船能见度不良天气条件下进出洋山港，创新推出洋山港国际航行集装箱船舶进出港安全准点指数。保障国际邮轮试点复航在上海率先实施。推动实现首批新能源汽车“一箱制”海铁联运。联合上海市商务委推出船载危险货物集装箱装箱证明书全过程电子化。服务保障LNG加注在上海港实现国内首次LNG船-船同步加注、首次LNG海上锚地加注、首次LNG加注船夜离航行。牵头制定电池动力船舶检查指南，发布全国首个锂电池类危险货物运输指导手册《上海港锂电池类危险货物水路运输指南》。

【上海海事局深化服务自贸区功能拓展】 不断推进“中国洋山港”船籍港品牌建设。持续优化船舶登记工作流程，实现单船完成转籍登记办结时间缩短71.4%，海船转籍登记“不停航办证”最快1日办结，换发船舶国籍登记证书当场办结等，为航企节约大量成本。推出“中国洋山港”籍船舶登记场景式清单服务，内容涵盖“中国洋山港”籍船舶全周期管理过程中各项登记流程。

【上海海事局创新长江口及其附近水域交通流引导分流举措】 实施黄浦江水域“削峰控流”，“一区一策”加强重要通道和重点水域船舶监控，辖区通航秩序显著改善。优化调整吴淞口锚地，更新改造可航行水域桥梁助航标志，优化大型海船进出黄浦江、超规范船舶进出长江上海段等安全措施，建立健全常态化保通保畅工作机制，2023年共安全保障水路运输煤炭3 326万吨、LNG 423万吨、粮食617万吨，以及上海港集装箱突破4 900万标箱。

【上海海事局完成“大型集装箱船舶能见度不良天气条件下进出洋山港”实船试验】 开展内支线船舶在洋山四期自动化码头“双档靠泊”，落实洋山港大型集装箱船舶大风浪条件下引航/助航安全作业。助推大洋至沈家湾大小洋夜航班正式开通，服务海岛居民便捷出行。

【上海海事局筑牢水上交通安全防护网】 一是推进水上交通安全保障体系和指挥搜救平台建设。监控跟踪中远海水域的液化气船、油船等重点船舶异常情况。联合开展“商渔共治2023”、水路运输危险化学品专项治理等专项行动。深化与交通、海洋、海警等部门联动执法协作，加强长江口及其附近水域船舶交通管理。加强水上搜寻救助，2023年组织协调海上搜救行动238起，成功救助遇险人员1 962人次。二是开展水上交通安全重大隐患专项排查整治和重大风险防范化解专项行动。推进“双重预防”机制建设，实现安全风险“图斑化”、隐患“闭环化”管理，年内122项风险均已落实管控措施，56项二级隐患全部整改销号。建立危害上海港水上交通安全隐患船舶清单，持续加大机电故障船舶监管力度。上线船籍港管理系统，加强船舶船籍准入质量控制，形成全周期管控、全链条协同的船籍管理新格局。

【积极支持长三角高质量一体化发展】 上海海关牵头长三角区域海关推动支持举措走深走实，研究形成新一轮政策储备。推广和优化“联动接卸”模式，高效链接4省12港。支持异地航站楼建设，提升上海航空枢纽辐射能级。实施虹桥国际开放枢纽建设支持措施，助力打造长三角强劲活跃增长极的“极中极”。上海出入境边防检查总站优化长三角海港“一站式”查验模式，配合做好区域重大活动通关保障任务，积极服务虹桥国际开放枢纽复航。上海海事局实现沪苏VTS覆盖水域船舶“一次报告，全线畅通”，CAPE型船舶“一程式进港”拓展到长江江苏段所有港口。协同推动杭州湾水域交通组织一体化。有序推进长三角船员适任评估一体化。联合长三角区域海事机构发布海事政务服务“跨域办”事项的通告，推动实现长三角海事政务服务一体化率先破题。牵头实施长三角船舶营运检验通检互认，长三角一体化上海、舟山工作站正式运营。持续深化外国籍船舶进入领海报告制度，开展领海基点专项巡航执法、南海诸岛及其附近水域联合巡航，有力维护国家主权和海洋权益。

开放口岸

【上海空运口岸（上海虹桥国际机场、上海浦东国际机场）】 上海空运口岸涵盖虹桥国际机场和浦东国际机场，包括4座开放航站楼、1座全球最大单体卫星厅、5个货运区、7条跑道和1个公务机基地，共435个停机位，设计年客、货能力分别达1.2亿人次和520万吨。

上海虹桥国际机场位于上海市长宁区和闵行区交界处，距上海市中心13千米，为4E级民用国际机场。机场始建于1921年；1963年，中国和巴基斯坦两国政府决定开通上海—卡拉奇国际航空线，机场正式对外开放；同年10月，经国务院批准，开始扩建为军民合用国际机场；1971年，机场改为民航专用；2010年，机场启用2号航站楼及第二跑道。

上海浦东国际机场位于上海市浦东新区，距上海市中心约30千米，为4F级民用机场。机场于1999年建成通航，并经国务院批准作为上海空运口岸的重要组成部分对外开放。2005年3月；第二跑道正式启用；2008年3月，第二航站楼及第三跑道正式通航启用；2015年3月，第四跑道正式启用；2019年9月，机场三期扩建主体工程启用，全球最大的单体卫星厅正式投入运营。2022年1月，机场四期扩建工程开工，建成后预计可在2030年满足机场年旅客吞吐量1.3亿人次的需求。

【上海水运（海港）口岸】 上海港是上海市港口，地处长江口及黄浦江内，居我国南北海岸线的中心，依江面海，地理位置十分优越。2023年，上海水运口岸上海孚宝港务有限公司码头E2、E4泊位正式对外开通启用，东方国际水产中心码头等26座码头退出开放。截至年底，上海水运口岸涵盖洋山深水港区、杭州湾北岸、长江上海段和黄浦江四大开放水域，共有开放码头71个、泊位283个。公共集装箱码头主要分布于洋山、外高桥、吴淞三大港区，共有集装箱泊位58个；散杂货码头及其他特种码头主要分布在罗泾、吴淞、龙吴、外高桥港区；邮轮码头2个，泊位9个。

【上海陆路（铁路）口岸】 上海铁路口岸位于铁路上海站，开行上海站至香港红磡站的沪港直通旅客列车。2003年9月，为落实《内地与香港关于建立更紧密经贸关系的安排》（CEPA），经国务院领导同意，铁路上海站临时口岸开行沪港直通旅客列车。2009年11月，国务院批准设立上海铁路口岸；2013年4月，上海站铁路临时口岸通过国家联合验收组验收，正式对外开放。2019 年 10 月起，沪港列车暂停运行，该线路暂未重新启用。

2023 年上海市口岸大事记

1 月 1 日

上海海事局集中完成全国中国籍国际航行船舶“船舶能效管理计划”验证及“船舶能效管理计划符合性确认书”（COC）的发放，确保我国国际航行船队如期履约。

1 月 20 日

上海海事局印发《上海海事局水上液化天然气加注作业安全管理办法》，服务上海港国际航行船舶绿色保税燃料加注能级提升。

1 月 28 日

上海市委书记陈吉宁调研上海“单一窗口”建设情况。

3 月 1 日

《上海市船舶污染防治条例》和《江苏省长江船舶污染防治条例》两部地方法规正式实施，《安徽省长江船舶污染防治条例》也于 2023 年 10 月 1 日正式实施。上述 3 部条例的出台，是长江流域海事管理机构共同推进长三角船舶污染防治一体化的重要里程碑，为长江生态环境保护、上海国际航运中心建设和长三角一体化高质量发展提供了坚实的法治保障。

3 月 27 日

上海海事局联合上海市商务委发布《关于推广使用电子“集装箱装运危险货物装箱证明书”的公告》，在上海水运口岸推广使用集装箱装箱证明书电子化流转。

3 月 28 日

上海市人大常委会副主任宗明一行到上海海事局调研水上交通安全、水域生态环境保护和水上旅游经济发展等工作。

4 月 6 日

2023 年上海市水上搜救工作会议在上海海事局举行。上海市副市长、上海海上搜救中心主任张小宏出席会议并作总结讲话。

4 月 19 日

上海海事局《关于规范限制性监管措施的通知》生效施行，在全国海事系统内首先明确《中华人民共和国海上交通安全法》授权海事管理机构对存在严重危害海上交通安全、污染海洋环境隐患的船舶、海上设施实施禁止离港、禁止进港、驱逐出港等限制性监管措施的适用情形、实施程序和规范，以及与其他行政管理措施的衔接。

4 月 20 日—21 日

国家口岸管理办公室副主任王可带队赴上海开展智慧口岸建设专题调研。

4 月 26 日

LNG 加注船“海港未来”轮在绿华山南锚地为中国香港籍“以星珠穆朗玛峰”轮顺利完成 LNG 加注作业，标志着上海港成为国内首个具备国际班轮保税 LNG 海上锚地加注功能的港口，上海国际枢纽港配套服务能级进一步提升。

4 月 27 日

上海海事局推动“国际航行船舶进出口岸计划动态”在中国（上海）国际贸易单一窗口滚动发布，提供便捷查询功能，为船舶航行、停泊、移泊提供法定遵循。

5 月 26 日

“蓝梦之星”号顺利开展试点复航的首次航行。上海海事局周密部署，强化安全风险防范、提供高水平海事服务、织密水上安全防线、协调联动地方政府共同推动试点工作，助力上海市作为国际邮轮运输复航首批试点水路口岸之一，在全国范围内率先实现国际邮轮试点复航。

6 月 6 日

长三角三省一市电子口岸公司与新加坡的代表企业，五方共同签署《沪—新国际贸易便利化措施长三角共享合作协议》。

6 月 13 日

上海海事局联合江苏海事局、长江海事局发布《关于推动危化品船舶码头（货主）高质量选船机制的通告》，决定自 2023 年 7 月 1 日起推动各自辖区内选船机制运行机构加强选船信息通报，实现对选船结果的互信互认。

6月26日

中国（上海）国际贸易单一窗口绿色供应链“碳足迹”计算器发布会暨亚太碳中和创新示范社区成立大会举行。

7月25日

中华人民共和国海事局印发《关于全国实施海船转籍登记“不停航办证”服务的公告》，由上海海事局首创的海船转籍登记“不停航办证”服务创新机制在全国推广。

7月28日

2023年上海智慧口岸数字化专班全体会议顺利召开，上海市政府副秘书长章雄出席会议并讲话。

8月7日

国家口岸管理办公室复函同意上海市组织开展智慧口岸试点建设。

8月21日—23日

上海海事局联合上海市农业农村委员会等共计6家单位联合开展商渔共治长江口联合巡航执法行动。

9月1日

《2023上海服务贸易推介手册》发布，收录上海海事局“国际船舶登记管理制度创新”“率先探索实施海事极简和帮办政务服务模式”“深化船舶安全检查机制创新，助力跨境运输服务加快发展”3项创新实践案例。

9月21日

我国首个综合性船员评估示范项目在上海正式启用，交通运输部副部长付绪银、上海市副市长张小宏出席启用活动并讲话。

9月23日—25日

“2023北外滩国际航运论坛”在上海举行，交通运输部海事局承办“安全与合作”主题论坛，围绕“新发展格局下的航运安全与全球海事治理”主题，结合当前国际航运业发展新形势和新变化，研讨海事政策，分享经验成果，助推全球海事治理。上海海事局主导研发“洋山港国际航行集装箱船舶进出港安全准点指数”在论坛上发布并正式上线，该指数为全球航运业首创，直观反映了港口的安全性和运营状况。

9月30日

上海海事局、江苏海事局共同发布的《关于沪苏水域交通组织一体化若干措施的通告》正式施行，涵盖实施CAPE型船舶“一程式进出港”等5个方面内容，提升了沪苏水上交通动态协同管控能力，进一步加快了船舶进出长江一体化交通组织工作进程。

11月30日

全国首个锂电池类危险货物运输指导手册即《上海港锂电池类危险货物水路运输指南》发布，为规范行业锂电池运输行为、降低锂电池类货物运输风险提供指导，受到业界广泛的关注和肯定。

12月1日

交通运输部党组决定设立上海海事局能效管理中心。

12月28日

上海海事局保障罗东集装箱码头顺利开港。

（撰稿人：刘昭婷、王坤、施昱舟）

2023 年上海市口岸流量统计表

口岸类型		口岸名称	货运量（万吨）				集装箱量（万标箱）				人员（万人次）				交通工具（辆、艘、架、列次）			
			出口	进口	合计	同比（%）	出口	进口	合计	同比（%）	出境	入境	合计	同比（%）	出境	入境	合计	同比（%）
空运口岸		浦东									853	831.5	1 684.5	928.40	69 005	67 705	136 710	76.7
		虹桥									110.5	111.7	222.2	—	6 308	6 323	12 631	—
		分计									963.5	943.2	1 906.7	—	75 313	74 028	149 341	93
水运口岸	海港口岸	上海									26.4	29.1	55.5	31.80	11 837	10 817	22 654	9.9
		分计																
合计											989.9	972.3	1 962.2		87 150	84 845	171 995	
同比（%）											771.3	953.0	852.8		80.9	70.4	75.5	

（上海市口岸办提供）

2023年上海海关主要数据统计表

项　目		2023年	2022年	同比（%）
进出口货运量（万吨）	合计	19 276.3	18 314.7	5.25
	进口	8 307.9	8 052.7	3.17
	出口	10 968.4	10 262	6.88
进出口贸易总值（万美元）	合计	110 019 507.9	115 185 641.7	-4.49
	进口	44 264 510.8	47 225 244	-6.27
	其中：水路运输	19 783 788.7	21 032 553.7	-5.94
	铁路运输	23 064.4	15 555.7	48.27
	公路运输	312 676	227 538.8	37.42
	航空运输	24 105 061.3	25 915 437.7	-6.99
	邮件运输	17 966.3	18 014.9	-0.27
	其他运输	21 954.1	16 143.3	36.00
	出口	65 754 997.1	67 960 397.7	-3.25
	其中：水路运输	51 666 869.4	52 497 757.7	-1.58
	铁路运输	31 866.1	18 720	70.22
	公路运输	318 207.6	445 843.9	-28.63
	航空运输	13 364 760.4	14 959 952.2	-10.66
	邮件运输	7 836.7	10 682.9	-26.64
	其他运输	365 456.9	27 441	1 231.79
税收（万元人民币）	两税合计	43 324 483.44	44 946 657.9	-3.61
	关税入库	8 633 354.02	9 054 432.53	-4.65
	进口环节税入库	34 691 129.42	35 892 225.36	-3.35

（上海海关提供）

2023年上海市口岸出入境主要数据表

<table>
<tr><th colspan="3">项　目</th><th>2023年</th><th>2022年</th><th>同比（%）</th></tr>
<tr><td rowspan="14">出入境人员（人次）</td><td colspan="2">出入境人员总数</td><td>19 621 530</td><td>2 059 389</td><td>852.80</td></tr>
<tr><td colspan="2">入境人员</td><td>9 722 679</td><td>923 308</td><td>953.00</td></tr>
<tr><td colspan="2">出境人员</td><td>9 898 851</td><td>1 136 081</td><td>771.30</td></tr>
<tr><td colspan="2">出入境旅客</td><td>17 969 068</td><td>1 353 855</td><td>1 227.30</td></tr>
<tr><td colspan="2">出入境员工</td><td>1 652 462</td><td>705 534</td><td>134.20</td></tr>
<tr><td rowspan="5">中国公民</td><td>小计</td><td>15 134 628</td><td>1 595 632</td><td>848.50</td></tr>
<tr><td>内地居民（因公）</td><td>1 023 869</td><td>422 217</td><td>142.50</td></tr>
<tr><td>内地居民（因私）</td><td>11 890 150</td><td>998 014</td><td>1 091.40</td></tr>
<tr><td>港澳居民</td><td>800 239</td><td>52 469</td><td>1 425.20</td></tr>
<tr><td>台湾同胞</td><td>1 420 370</td><td>122 932</td><td>1 055.40</td></tr>
<tr><td colspan="2">外籍人员</td><td>4 486 902</td><td>463 757</td><td>867.50</td></tr>
<tr><td colspan="2">从海港出入境人数</td><td>554 586</td><td>421 411</td><td>31.60</td></tr>
<tr><td colspan="2">从陆港出入境人数</td><td>0</td><td>0</td><td>—</td></tr>
<tr><td colspan="2">从空港出入境人数</td><td>19 066 944</td><td>1 637 978</td><td>1 064.10</td></tr>
<tr><td rowspan="5">交通运输工具（辆、艘、架、列次）</td><td colspan="2">总计</td><td>171 995</td><td>97 979</td><td>75.50</td></tr>
<tr><td colspan="2">船舶</td><td>22 654</td><td>20 610</td><td>9.90</td></tr>
<tr><td colspan="2">飞机</td><td>149 341</td><td>77 369</td><td>93.00</td></tr>
<tr><td colspan="2">火车</td><td>0</td><td>0</td><td>—</td></tr>
<tr><td colspan="2">机动车辆</td><td></td><td></td><td></td></tr>
</table>

（上海出入境边防检查总站提供）

2023 年上海海事局进出港船舶统计汇总表

船舶类别	进港船舶							出港船舶						
	艘数（艘）	总吨（吨位）	总载重量（吨）	载客量（客位）	船员人数（人次）	货物到达量（吨）	旅客到达量（人）	艘数（艘）	总吨（吨位）	总载重量（吨）	载客量（客位）	船员人数（人次）	货物发送量（吨）	旅客发送量（人）
总计	244 229	1 448 680 961	1 666 831 415	3 049 491	2 792 715	492 554 444.5	1 372 894	244 167	1 459 225 427	1 679 120 891	3 141 081	2 794 968	317 632 879.6	1 420 807
中国籍船舶	224 670	506 743 764	598 742 368	2 995 191	2 365 637	346 391 061.6	1 360 345	224 507	510 316 984	602 659 385	3 082 935	2 365 610	103 544 602.5	1 407 594
其中：外贸船	1 740	40 158 121	48 927 530	28 617	43 060	9 639 438.3	257	1 765	40 664 675	49 389 212	27 663	43 087	10 268 868.0	1 139

（上海海事局提供）

江　苏　省

口岸数量及分布

截至2023年年底，江苏省共有经国务院批准的对外开放口岸26个。其中，空运口岸9个，分别为南京空运口岸（南京禄口国际机场）、无锡空运口岸（无锡硕放机场）、徐州空运口岸（徐州观音国际机场）、常州空运口岸（常州奔牛国际机场）、南通空运口岸（南通兴东国际机场）、连云港空运口岸（连云港花果山机场）、淮安空运口岸（淮安涟水国际机场）、盐城空运口岸（盐城南洋国际机场）、扬泰空运口岸（扬州泰州国际机场）；水运（海港）口岸5个，分别为如东、启东、连云港、大丰、盐城海港口岸；水运（河港）口岸12个，分别为南京、江阴、常州、张家港、太仓、常熟、南通、如皋、扬州、镇江、泰州、靖江河港口岸。

口岸运行数据

2023年，江苏省空运口岸出入境旅客1 989 017人次，同比增长1 106.25%；外贸货邮量82 238吨，同比下降6.45%。水运口岸共完成外贸货运量61 025.57万吨，同比增长13.47%；外贸集装箱运量达到11 005 472.5标箱，同比增长8.17%。

口岸综合管理

【持续扩大口岸开放，提升完善口岸功能】 一是注重科学统筹优化。坚持“布局合理、特色明显、服务一流、运转高效”总体目标，进一步推动江苏口岸工作由重开放向开放与管理并重转变。重点支持服务国家、省重大战略，服务高水平对外开放口岸发展，优化口岸功能布局，鼓励长江沿线口岸进行资源整合，提高口岸开放整体效益。

二是有序推进口岸开放。根据国家口岸开放审理计划，稳步推进连云港港徐圩港区、启东港口岸、如东港口岸扩大开放。推动盐城港响水港区和射阳港区对外开放通过国家验收。做好连云港空运口岸扩大开放、南通港通州湾港区扩大开放验收筹备工作。有序安排开放水域范围内码头对外开放和码头（泊位）临时启用，非开放水域范围内码头（泊位）临时对外开放等工作。2023年，新获批对外开放的码头（泊位）1批次，为江苏省煤炭物流靖江基地项目二期工程配套码头10万吨级煤炭卸船泊位。

三是提升管理规范化水平。严格落实国家准入退出、验收、临时开放等管理制度，完成水运口岸码头开放管理服务办法修订工作，提升全方位、全过程、规范化管理水平。落实国家口岸管理办公室推进口岸标准化体系建设的工作要求，进一步提高口岸建设标准化水平。落实国家口岸管理办公室对口岸综合绩效评估管理的部署，积极参与相关试点工作，研究构建全省对外开放码头运行管理绩效评价体系。开展口岸运行监测，加强口岸运行管理。

四是完善口岸工作机制。在江苏省口岸工作领导小组统筹指挥下，省口岸办认真履行协调职能，会同各成员单位落实推进省口岸工作领导小组各项工作要求。进一步完善信息通报、数据共享、联防联控等工作机制。各地口岸进一步健全工作联席会议制度，加强横向协调、纵向联合，形成工作合力。

五是狠抓口岸工作落实。弘扬“四敢”精神，勇担当善作为，建设高素质专业化口岸管理干部队伍，提升服务口岸高质量发展的能力水平。贯彻中央和省委关于大兴调查研究的部署要求，坚持问题导向、目标导向、结果导向，深入开展调查研究，切实解决制约口岸发展的痛点难点堵点问题，确保国家和省各项工作部署落到实处。

【国际贸易“单一窗口”建设】 一是高效发挥江苏“单一窗口”服务保障作用。2023年，江苏“单一窗口”标准版申报系统覆盖率继续保持 100%，平台核心业务系统整体可用性始终保持在 99.9%以上，对外提供“7×24 小时”不间断服务，客户服务热线全年受理用户咨询 3.13 万人次。截至年底，江苏“单一窗口”平台累计为 13.96 万家企业提供服务，企业通过江苏“单一窗口”累计完成各类申报超过 13 131.94 万票，累计为企业节省成本约 6.60 亿元。年内，完成货物申报 522.01 万票，舱单申报 448.02 万票，运输工具申报 54.44 万票。

二是加快推进江苏“单一窗口+”建设。充分发挥江苏省电子口岸外贸数据枢纽优势，加快推进江苏“单一窗口+”建设，积极创新业务发展。2023 年，江苏“单一窗口”率先建成江苏“单一窗口”服务（数字）贸易综合平台，建成江苏“单一窗口”中欧班列专区，创新“通关+物流”“外贸+金融”服务模式。按照国家口岸管理办公室要求，江苏省电子口岸建成海运口岸通关物流全程评估系统省级平台。连云港、南通数据已经实现汇总上报，进一步深化完善了江苏“单一窗口”重点功能。

三是积极参与长三角合作共建。2023 年 6 月，在第五届长三角一体化发展高层论坛上，在三省一市主要领导的见证下，江苏省电子口岸有限公司与上海数据集团、浙江电子口岸有限公司、安徽谦通信息科技有限公司、新加坡劲升逻辑公司正式签订了《沪—新国际贸易便利化措施长三角共享合作协议》。

四是不断加强“单一窗口”顶层设计。2023 年 6 月 20 日，江苏省口岸工作领导小组出台关于促进全省口岸数字化转型的实施意见，进一步明确将江苏“单一窗口”打造成为数据交换的平台枢纽，作为全省智慧口岸建设的重要抓手。

五是进一步完善安全运维体系。根据《中国（江苏）国际贸易单一窗口数据安全管理实施细则》要求，落实各项数据安全检查工作，强化数据安全管理。定期开展安全渗透测试，针对暴露的问题及时整改，相关风险均得到有效控制。持续更新 ISO20000、ISO27001、ISO9001 资质证书，2023 年新增获得各类资质 15 项，包括信息安全管理、信息技术服务管理证书和 13 项软件著作权。公司门户网站及江苏“单一窗口”系统达到三级等级保护要求，江苏省电子口岸基础平台相关软硬件质量指标维护合格率和机房维护准确率均达 100%，对外提供“7×24 小时”不间断服务，为服务外贸企业提供了强有力的基础支撑。

口岸监管与服务

【南京海关着力抓好口岸实际监管】 2023 年，南京海关坚持“全面防、科学管、协同治”一体推进，“安全责任共同体”“监管责任共同体”有效构建，全年监管进出口货运量 4.9 亿吨、进出口商品总值 3.6 万亿元；紧盯“滞、瞒、逃、骗、害”，坚决守住监管红线、安全底线。47 项重大风险全面动态排查、排序、排除，“数据监测+热点追踪”风险防控成效凸显。“打击进出口危险品伪瞒报”专项行动查发线索 136 起、检出不合格 882 批。深化关地合作、部门联动，检出各类传染病 497 例，转段后检出全国首例新冠病毒 HK.13.2 变异株；截获“异宠”活体和标本 1 545 个，退运、销毁不合格食品 172.7 吨、不合格消费品 3 万件。

【南京海关持续保持打私高压态势】 2023 年，“国门利剑”“蓝天”等专项行动战果丰硕，立案侦办走私案件 188 起、案值 12.71 亿元，立案调查行政案件 2 137 起、案值 23.17 亿元，16 起大要案获署局挂牌管理。开放监管体系和能力建设不断增强，“源头管控+口岸监管+后续查核+打击走私”格局有效构建。年内，截获毒品 4.74 千克、违禁印音制品 6.6 万件，查扣侵权货物 103.5 万件。充分发挥固体废物退运专班作用，及时跟踪固体废物查发、处置等进展情况，全年查发固体废物 2 796.9 吨、退运 1 268.3 吨；查获疑似濒危物种及其制品 6 607 件、同比增长

44.5%，截获进境植物检疫性有害生物1 768种、15.92万种次；严打海南离岛免税“套代购”、“水客”等走私，查获案值1.4亿元，同比增长2.6倍，切实维护贸易统计数据真实性、可靠性。

【南京海关不断优化口岸营商环境】 推动新一轮署省合作备忘录签署落地，助力江苏高水平开放、高质量发展“走在前、做示范”。署省合作备忘录15个方面34项任务落地生效，南京海关优化营商环境措施29条全面落实。2023年，RCEP签证出口货值333.03亿元。出台支持跨境电商高质量发展10项举措，打造市场采购江苏模式，跨境电商、市场采购同比分别增长15.9%、22.8%。深入践行“民呼我为”“接诉即办”，“智慧普法‘码’上行动”有效提升企业群众满意度、幸福感，“助推维生素D_3重返欧盟市场”入选全国海关促稳典型案例。积极落实重大技术装备等进口税收优惠政策，减免税款21.8亿元。企业集团加工贸易监管模式惠及33个集团83家企业，加快推广减免税“ERP联网申报+快速审核”，生物医药“白名单”制度试点日益扩大，特殊物品联合监管创新见效，助力集成电路、生物医药等战略性产业集群加快发展。助推江苏“新三样”产品出口1 949亿元，同比增长12.3%。依申请检验、先放后检、属地查检绿色通道等改革协同发力，1.1万批农食产品、2.7亿吨能源资源产品安全高效通关，有力保障国家粮食安全、能源安全。

【南京海关积极助力更高水平开放】 深化“一带一路”交会点建设，合力促进东西双向开放。2023年，应用铁路“快速通关”2 388票，中欧班列开行突破2 000列，开行数量、进出口货值同比分别增长7.6%、8.3%。优化口岸开放布局，支持50个泊位开放运行。“联动接卸”覆盖长江流域12港，“离港确认”扩面增效，高新技术产品布控查验模式惠及51家企业1 603项商品，助力长江经济带和长三角一体化协同发展。4项综合保税区综合改革措施在全国先行先试，2项自由贸易试验区创新举措获海关总署备案，“海外仓离境融”获评全国外贸新业态优秀实践案例。

【江苏出入境边防检查总站从严打击非法出入境活动】 以公安机关夏季治安打击整治行动（简称“夏季行动”）等为重要抓手，持续深入开展严厉打击妨害国（边）境违法犯罪等专项活动，充分运用新兴查缉工作手段，加强口岸出入境边防检查和口岸限定区域管理，从严查处各类非法出入境行为。2023年，全省各级深化“边检+出入境+N”机制，共向地方公安机关核查推送线索1 114条，推动侦查立案498起，2起案件被国家移民管理局列为督办案件。“夏季行动”中，组织开展3批次夏夜治安巡查宣防集中统一行动，检查重点部位489个，盘查人员3 156人次、船舶786艘。协同长航公安侦破“3·28”非法采砂案，抓获犯罪嫌疑人10人，查获非法江砂1 800余吨，涉案金额70余万元。

【江苏出入境边防检查总站跟进服务全省口岸开放】 主动融入地方经济发展大局，2023年向江苏省委、省政府提供全省出入境边防检查数据月度分析报告11期、专题分析报告1期，为党委政府部门掌握情况、科学决策、指导工作提供有力支撑。积极支持国家物流枢纽太仓港建设，跟进服务盐城港、南通通州湾、如东洋口港、启东港和连云港航空口岸扩大开放，服务新增开放码头6座、泊位11个。指导启东出入境边险检验站推进台湾渔船、小额贸易商船停靠点建设。有序做好客货运航线航班恢复保障工作，已恢复通航空港口岸6个，客货运航线40条，恢复使用快捷通道65条。

【江苏出入境边防检查总站优化措施全面促进地方经济社会发展】 认真贯彻落实服务促进长三角航运枢纽建设10项措施等，深化落实总站服务高质量发展高水平开放新老8项措施2023年，为2 948艘次靠泊不足24小时国际航行船舶一次性办理入出境手续；为7 840艘次在长三角地区移泊的国际航行船舶免办出入港手续，累计缩短船舶在港时间1.66万余小时。为新造船舶出海试航简化手续，每艘船舶节约等待时间4~24小时。热情服务江苏招商引资团组出入境、新能源汽车“出海”等重点任务。积极参与地方社会治理，组织开展沿海开放水域风险集中排查活动，协同做好全省水上无线电秩序联合整治行动等，会同相关部门检查船舶1 100余艘次，发现问题80余条，移送违法线索40余条。

【江苏出入境边防检查总站创新措施服务跨境电商发展】 针对跨境电商已成为外贸发展的新动能、转型升级的新渠道和高质量发展的新抓手的实际，将服务跨境电商发展摆在更加突出位置，多次走访调研南京空港跨境电商产业园、南京空港保税物流中心、东部机场集团航空物流公司、京东航空公司等单位，制定出台服务跨境电商发展6项工作措施。这些措施针对涉及跨境电商的“临时入境许可办理、机组边检手续办理、货船边检手续办理、货机清仓、人员通关、服务发展”的6个方面，改进边检管理服务，提高口岸通关效率。

【江苏出入境边防检查总站制定边检行政执法“轻罚免罚”清单】 根据江苏省委、省政府《关于促进经济持续回升向好的若干政策措施》中“推行包容审慎监管”要求，积极开展边检行政执法领域“轻罚免罚”探索，深入研究《中华人民共和国行政处罚法》《中华人民共和国出境入境管理法》《优化营商环境条例》等规定，充分结合执法实践和口岸实际，制定出台“轻罚免罚”两张清单。该清单对发生在长江江苏段和江苏省沿海对外开放口岸的4类违法行为明确了从轻处罚的适用条件、6类违法行为明确了首次违法不予处罚的适用条件，彰显柔性执法温度，为口岸经济发展创造宽松营商环境。

【江苏出入境边防检查总站优化便企利民服务举措】 2023年，开展“边检大走访”活动，向地方党委政府、企业群众等征集优化服务改进工作意见建议27条。坚持人民至上、生命至上原则，为因突发疾病、受伤等急需送医的164名中外船员开辟绿色通道，快速办理离船手续。持续提升12367平台工作质效，累计接听电话11 586通，同比增长201%，日均接听量排名全国边检第8位，平台接通率、15秒接通率、群众满意率均在全国排名靠前。

【江苏出入境边防检查总站深化港口边检勤务改革创新】 制定下发港口边检勤务运行相关规定，健全风险研判、勤务派遣、分级应对、功能平台及用房等软硬件建设制度机制标准，指导边检站制定细化配套制度，有效支撑新型勤务开展。按照国家移民管理局关于加强船体检查、打击非法出入境活动的部署要求，修订完善船体检查“一本通”；为强化执法执勤安全，专门制定警务安全头盔佩戴管理办法；紧随港口业务发展新态势，指导相关单位开展警犬应用试点工作，为加强口岸勤务组织和安全管控奠定了良好基础。组织全省业务系统应用专题培训和研讨，部署港口边检站开展多种形式业务技能培训，提升民警新型勤务模式下港口勤务组织能力。

【江苏海事局释放深水航道效能，保障船舶“大进大出”】 一是履行水上交通安全监管职责，大力提升本质安全水平。全面优化全要素水上“大交管”运行模式，迭代升级“智汇江海”和“船E行”平台，健全智能卡口系统，深化船舶安全等级标识机制，实现“卡口管进出、标识管全程”。构建“陆海空天”一体化的海事新型智慧立体巡航体系，积极提升“近程、中程、远程”系统巡查、精准感知、智能预警能力。二是系统建立水上交通一体化组织指挥体系，全面实施进江海轮“直进直靠、直离直出”绿色通道，做好长江南京以下12.5米深水航道后续完善工程建设保障工作，打造高等级长江航道网。优化航路设置和锚地布局，提高船舶进出港、靠离泊效率，充分释放沿江沿海通航效能，降低航运时间成本和交易成本。三是创新构建长三角海事监管服务一体化机制。协同沪浙海事部门推进海事监管、交通组织、信息数据、服务保障、信用管理、绿色发展“六个一体化”，实施沪苏 VTS 覆盖水域“一次性船位报告”，安全保障内外贸船舶“大进大出、快进快出”，大幅提升船舶周转率和码头使用率。四是深化应急处置能力建设。优化海上搜救基地、应急值守待命点建设和布局，研发上线水上应急辅助决策与指挥系统，初步实现应急力量、救援要点“一屏可览”，有效提升水上突发事件应急处置能力。

【江苏海事局深化口岸监管合作，促进口岸开发开放】 一是深化口岸查验单位联席会议机制。推进省级口岸查验单位全方位战略合作，落实关于推进江苏口岸高质量发展合作备忘录相关措施，服务口岸高质量发展。全力支持码头对外开放，会同江苏省商务厅、海关、边检等部门指导码头对外开放 6 个，码头临时启用 15 次。二是共同筑牢水上国门安全防线。深入实施国际航行船舶联合登临检查机制，形成口岸执法合力，共同维护江苏口岸安全。加强口岸监管协作，持续加大船舶成品油走私打击力度，落实非法入境外国籍船舶联合监管协调机制，进一步加强外国籍船舶进口岸管理，提高非法入境外国籍船舶查处效率。三是加快打造通州湾新出海口。出台支持通州湾江苏新出海口建设 20 项举措，支持通州湾港区扩大开放获国务院批复，推动通州湾港区河海交界水域划分为相当 A 级航区。牵头省级口岸查验单位为江苏开放型经济高质量发展建言献策，支持如东洋口港、启东港口岸扩大开放，完善海上风电场和沿海港口水域通航安全监管制度，助推“大通州湾”战略加快落地。

【江苏海事局服务临港产业布局，助力外向经济发展】 一是全面落实江苏省政府关于进一步提升船舶与海工装备产业竞争力若干政策措施，加大水上资源综合保障力度，破解长江通航能力瓶颈，为新造船舶下水、出坞、舾装、试航提供全链条服务，支持绿色环保船舶、专用特种船舶、海洋工程装备等高端装备制造业发展，促进航运和造船业转型升级。二是支持国际海运企业近远洋航线建设，鼓励内外贸货物“散改集”“公转水”，加快推进苏州（太仓）集装箱干线港建设，新辟太仓至俄罗斯、韩国、土耳其、斯里兰卡 4 条集装箱外贸海运航线，打造集装箱内贸枢纽、近洋直达中心和远洋中转基地。三是服务高端航运产业链集聚发展，鼓励引导能级高、影响大、辐射面广的国内外大型航运企业、国际知名船级社落户江苏，推进航运金融、海商海事、设计研发等高端产业要素聚集，打造具有国际竞争力的航运产业链生态圈。四是全力支持大容量锂电池、太阳能电池、新能源汽车等外贸“新三样”产品通过水路口岸出口，量身定制载运新能源产品船舶全程服务保障机制，助力江苏新能源产业加速走向全球市场。

【江苏海事局优化口岸营商环境，积极服务自由贸易试验区建设】 一是着力提升跨境贸易便利化水平。制定落实促进跨境贸易便利化 11 条措施，优化查验监管流程，巩固通关便利化成效，推动国际贸易“单一窗口”向国际贸易全链条延伸。深化国际航行船舶进出口岸诚信管理，国际航行船舶或其代理机构被列入江苏海事信用监管领域“红名单”的实施“容缺办理”“绿色通道”等服务。推行实施国际航行船舶出口岸信用告知承诺制，获评 2023 年全国信用承诺优秀案例。二是深入实施“政务+信用+智慧”监管应用新机制。着力推进“互联网+政务服务”，积极打造网上办、掌上办、终端办等便捷高效的政务服务模式，大力推行“不见面”审批、“一站式”办理、“一条龙”服务。依托江苏海事局远程智慧政务服务系统，为行政相对人提供包含政务公开、百问百答、政务咨询、信用管理等 5 大类 35 项业务功能的移动端、PC 端便捷政务服务。2023 年，全局政务自助服务终端访问量达到 6.7 万次，使用终端办理业务合计 3.9 万件。三是优化利企便民服务。对照“美丽政务窗口”建设 6 项规范，进一步落实“首问负责制”“一次性告知”等制度，主动压缩行政审批办结时限，实际办结时限较法定办结时限平均压缩 70%以上。落实江苏省政府关于开展“跨省通办”“省内通办”工作要求，对船舶登记实行“六合一”并联办理，对海船船员办证实行“多证并办”便捷服务。四是服务中国（江苏）自由贸易试验区建设。以服务自由贸易试验区建设十大举措为制度创新主线，针对重点产业和航运企业需求，先行先试 15 项制度创新成果，其中 13 项为全国首创，海事政务闭环管理等 2 项在全国复制推广。出台 12 条措施支持 16 个港口型经济开发区等自贸联动创新区建设，强化港口全球链接功能。联合南京自贸片区出台支持航运创新发展 20 项举措，共同打造现代航运创新园区，服务东华能源、盛航海运、长三角航运发展研究院等 20 余家企业入驻园区。

【连云港海事局持续维护口岸水上交通安全形势稳定】 2023 年，共办理国际航行船舶进出口岸手续 9 275 艘次，VTS 保障船舶进出港 33 508艘次，海巡艇巡航里程 2.95 万海里。组织安全管理体系审核 415 项，开展港口国检查 278 艘次，船旗国政府检查 723 艘次，船舶现场监督检查 866 艘次。实施开箱检查 307 标箱，开展船用燃油快速检测 1 563 次。查处各类违法违章行为 354 起、531 件。组织实施海上搜寻救助行动 67 起，427 人成功获救，搜救成功率 92.83%，事故总数同比下降 12.5%。有序推进 30 米级海巡艇建设，1 艘新造海巡艇列编使用，配备无人机 4 架。启动“海巡 31”轮主机大修及监控系统升级。扎实推进全要素水上“大交管”建设和长三角海事监管与服务保障一体化建设，开展雷达盲区补点建设研究，完善“海之翼”海事智能监管平台功能，确保辖区水上交通安全形势保持总体稳定。

【连云港海事局深化口岸功能拓展，助力区域发展】 推动盐城港响水港区和射阳港区顺利通过国家口岸开放验收，标志着盐城港“一港四区”实现口岸全开放。推动连云港港徐圩港区 7 个泊位临时开放延期，2 个泊位临时启用延期，保障临港产业原料供应和石化产业发展，2023 年全年相关码头共靠泊国际航行船舶 115 艘次，货物累计超过 1 600 万吨。完成《连云港船舶交通管理系统安全监督管理规则》和《VTS 服务指南（中国）（连云港交管中心）》修订，放宽主港区和徐圩港区航道双向通航限制条件。继续落实“六优先”机制，服务载运能源、民生物资船舶进出港 1 514 艘次、货物 3 463 万吨，海上物流链安全畅通。服务连云港港 40 万吨级矿石码头、连云港港 30 万吨航道二期工程等水工项目，护航地方“大码头、大航道、大产业”建设。支持连岛至秦山岛海上旅游线路顺利开通、中韩轮渡班轮顺利复客。

【连云港海事局构建联防联控的综合治理体系】 联合地方政府开展打击“三无”船舶常态化联合执法行动，严厉打击灌河水域浮吊船非法过驳和内河船非法涉海运输等违法行为，2023 年查处浮吊船、内河船违法行为 35 起，移送无证驾驶人员 4 人。加大水上无线电秩序整治力度，联合工信、农业农村等部门开展联合行动，全年查处涉水上无线电秩序违法行为 65 起。与江苏省交通运输、海事法院等 11 部门签订深化新时代“枫桥经验”江苏实践备忘录，配合司法协作 90 起。开展运输船舶违法违规信息跨区域跨部门通报专项治理行动，发出违法违规信息通报 41 件，采取处置措施 71 条。与海警机构签订执法协议，建立通报共享机制，实现违法违规船舶双向移送。

【连云港海事局服务自由贸易试验区和共建“一带一路”等】 制定首套针对海上风电监管的海事工作指导性手册《海上风电海事监管工作指南》，不仅为一线执法人员提供现场快捷检查清单，也为风电场企业落实企业安全管理主体责任，开展风险防控、自查整改提供参考。结合

《中华人民共和国海船船员适任考试和发证规则》及其配套实施办法，对江苏沿海港作船船员实施一体化管理。南通、连云港、盐城率先实施沿海港作船船员适任证书互认，高质量释放港作船船员政策红利，从而更好地服务于“江苏向海发展”的战略大局。实施“一单制”“一箱制”，高效服务共建“一带一路”海铁联运。促进绿色低碳发展取得突破。服务全球最大马力纯电拖轮投产使用，推动老旧岸电设施建设、改造27台，实现港作拖轮靠泊接用岸电全覆盖。

【连云港海事局进一步完善海事涉企服务】 继续开展促进跨境贸易便利化专项行动，持续优化口岸通关流程，提升口岸营商环境。辖区首创的“海事政务闭环管理”荣获国务院发布的自由贸易试验区第七批改革试点经验全国复制推广。施行海船转籍不停航办证服务，海船转籍期间可办理短期证书用于航行、作业，待检验完成后再换取长期证书，进一步降低船舶转籍期间的非营运成本。对于船舶办理异地抵押的，对受理材料实施远程预审，避免相对人两地往返，2023年全年累计办理异地抵押14件次，帮助船东缓解资金困难。开展船员证书申办进校园活动3次，惠及200余人次。促进绿色发展取得突破。高质量完成交通强国试点任务。借力社会信用管理体系，助推航运企业守法经营，公示海事行政处罚信息400余件。

开放口岸

【南京空运口岸（南京禄口国际机场）】 南京禄口国际机场位于江苏省南京市江宁区，于1997年7月1日正式通航，是重要的干线机场，1997年11月获批对外开放。2005年4月，南京禄口国际机场被世界卫生组织（WHO）评为国际卫生机场；2008年12月5日，通过国家航空安全审计。机场拥有2座航站楼，机场T2航站楼于2014年7月12日正式启用；2020年7月29日，机场T1航站楼完成改造升级，正式投用，与T2航站楼“双楼合璧”开启新航程。机场拥有1条长3 600米宽45米的跑道、1条长3 600米宽60米的跑道，2条长3 600米宽45米的滑行道，脱离跑道6条。机场飞行区等级为4F，可起降包括A380在内的所有机型；设计年旅客吞吐量3 000万人次、货邮吞吐量80万吨。

南京空运口岸拥有进境植物种苗、水果、冰鲜水产品、食用水生动物共4个指定监管场地，已获批药品进口口岸资质。2019年12月23日，机场宣布实现“7×24小时”通关保障。2020年5月8日，南京空港保税物流中心（B型）封关运作。2022年1月，启用南京禄口国际机场入境专用航站区。2023年8月15日，恢复南京禄口国际机场国际联程航班中转通道。同年12月8日，海关总署正式批复同意南京禄口国际机场开展“国际通程航班”业务。2023年9月，T2航站楼南京出入境边检站执法办案场所建设完成。

南京禄口国际机场

截至2023年年底，机场在飞国际（地区）客运航线19条，通航城市分别为中国香港、澳门、台北、台中、高雄，韩国首尔、济州，日本东京、大阪、名古屋，新加坡，泰国曼谷、普吉，越南芽庄，印度尼西亚巴厘岛、美娜多，菲律宾卡迪克兰，意大利米兰，澳大利亚悉尼。国际（地区）货运航线6条，通航城市分别为美国芝加哥、纽约，荷兰阿姆斯特丹，俄罗斯莫斯科，日本大阪，孟加拉国达卡。

2023年，全年安全保障运输航班起降22.1

万架次，同比增长 77.4%，其中国际（地区）航班起降 1.2 万架次，同比增长 438.9%；旅客吞吐量 2 734.0 万人次，同比增长 125.0%，其中出入境旅客 143.4 万人次，同比增长 850.20%；货邮吞吐量 38.4 万吨，同比增长 1.5%，其中外贸货邮量 6.25 万吨，同比下降 4.64%。

【无锡空运口岸（无锡硕放机场）】 无锡硕放机场位于江苏省无锡市硕放镇，距无锡市中心 16 千米，距苏州市区 25 千米。机场始建于 1995 年，2004 年 2 月 18 日正式开通民用航班；2006 年 1 月 26 日获批临时对外开放，开通无锡—香港地区客运航线。2008 年 9 月 19 日，机场口岸通过国家级验收，实现口岸限制性开放，允许中国籍飞机执飞国际航线。2009 年 4 月 9 日，开通首条国际航线，由深航执飞无锡—大阪国际航线。2014 年 7 月 15 日，口岸获批扩大对外国籍飞机开放。2015 年 1 月 19 日，二期新航站楼全面投入运营。机场拥有 2 座航站楼、1 条长3 200米的跑道，飞行区等级为 4E，能够满足 B747 全载及 A340 等远程宽体客机运行。新老航站楼合计 10.6 万平方米，货站处理面积 2.6 万平方米，年客、货吞吐量保障能力分别为 1 000 万人次和 20 万吨，硬件设施达到大型机场保障能力。机场正在建设改扩建工程，预计 2025 年建设完成，将新增 24 个机位及相应滑行道系统；1 座 8 万平方米的国际国内货站，可满足 2030 年货运吞吐量 50 万吨的需求；新增塔台、航管、机务场务等配套保障用房。

无锡空运口岸拥有进境食用水生动物和进境冰鲜水产品 2 个指定监管场地和药品进口口岸。截至 2023 年年底，机场在飞国际（地区）客运航线 6 条，通航城市分别为中国香港、澳门，韩国首尔，日本东京、大阪，泰国芽庄；国际（地区）货运航线 4 条，通航城市分别为美国纳什维尔、芝加哥，德国莱比锡，韩国仁川。

2023 年，全年安全保障运输航班起降 7.19 万架次，同比增长 90.3%，其中国际（地区）3 474架次，同比增长 870.4%；旅客吞吐量 879.9 万人次，同比增长 133.4%，其中出入境旅客 35.33 万人次，同比增长 23 532.37%；货邮吞吐量 12.56 万吨，同比增长 28.1%，其中外贸货邮量 1.33 万吨，同比下降 10.64%。

【徐州空运口岸（徐州观音国际机场）】 徐州观音国际机场位于江苏省徐州市睢宁县，距离徐州市区 45 千米，是淮海经济区中心机场，于 1997 年 11 月 8 日正式通航，2007 年 12 月获批临时对外开放，2008 年 12 月获批对外开放。机场占地面积约 253.33 万平方米，拥有 2 座航站楼，分别为 T1 国际航站楼、T2 国内航站楼；拥有 1 条长 3 400 米的跑道；飞行区等级为 4D，能够起降波音 738 及以下各类型飞机；设计年旅客吞吐量 500 万人次、货邮吞吐量 5 万吨。2022 年 11 月，T1 航站楼改扩建工程开工建设，T1 航站楼改扩建完成后将全部用于国际客运使用，可满足年国际旅客吞吐量 130 万人次服务保障需要。2022 年 12 月 28 日，临时国际厅（国际货运站）正式开工建设。

徐州空运口岸拥有进境食用水生动物、冰鲜水产品、水果共 3 个指定监管场地。2021 年 5 月 28 日，徐州经济技术开发区（含徐州综合保税区）、徐州高新技术产业开发区、徐州淮海国际港务区获批首批中国（江苏）自由贸易试验区联动创新发展区。2023 年 6 月 26 日，徐州国际邮件互换局正式开通运营，成为全省第 1 个“三关合一”、淮海经济区首个国际邮件互换局。

2023 年，机场共保障各类飞行 2.84 万架次，其中运输起降 2.53 万架次、同比增长 85.4%；旅客吞吐量 299.3 万人次，同比增长 122.1%；货邮吞吐量 0.976 万吨，同比增长 66.1%。2023 年，因 T1 航站楼改扩建施工，国际（地区）航线暂停运营。

【常州空运口岸（常州奔牛国际机场）】 常州奔牛国际机场位于江苏省常州市新北区，距市中心 20 千米，于 1986 年 3 月 15 日正式建成开通民航业务，2014 年 2 月 21 日获批对外开放。机场拥有 1 座航站楼、1 条长 3 400 米的跑道，飞行区等级为 4E，可起降除空客 A380 以外的所有飞机，设计年旅客吞吐量 300 万人次、货邮吞吐量 10 万吨。

常州空运口岸拥有进境食用水生动物和冰鲜水产品共 2 个指定监管场地。截至 2023 年年底，机场在飞国际（地区）客运航线 4 条，通航城市分别为中国澳门、泰国曼谷、越南芽庄、老挝万象。

2023 年，全年安全保障运输航班起降 3.56 万架次，同比增长 70.23%，其中国际（地区）968 架次，同比增长 545.33%；旅客吞吐量 402.93 万人次，同比增长 106.91%，其中出入境旅客 13.62 万人次，同比增长 1 260.07%；货邮吞吐量 2.19 万吨，同比降低 28.48%，其中外贸货邮量 65 吨，同比增长 3 150%。

【南通空运口岸（南通兴东国际机场）】

南通兴东国际机场位于江苏省南通市通州区，距离南通市区 10 千米。在机场西南端 3.5 千米处有沪陕高速和沈海高速入口，出入机场十分便捷。机场于 1993 年正式通航，是江苏省最早通航的民用机场，也是上海周边空域条件最优的支线机场，其总体定位为“上海国际航空枢纽辅助机场”。2018 年 8 月，正式组建南通机场集团有限公司，为市属一类企业。

2015 年 3 月 11 日，南通兴东机场获批对外开放；同年 10 月 2 日，首航韩国仁川。2016 年 7 月 22 日，“南通兴东机场”正式更名为“南通兴东国际机场”。2019 年，5.2 万平方米的新航站楼启用，设计年旅客吞吐量 500 万人次、货邮吞吐量 14 万吨。机场拥有 3 座航站楼、1 条长 3 400米的跑道，飞行区等级 4E，消防救援等级 9 级，应急救护等级 8 级，站坪面积 25 万平方米，停机位 34 个，能够满足波音 747 飞机全重起降。2022 年 8 月 31 日，中国民用航空华东地区管理局向江苏京东货运航空有限公司正式颁发运行合格证。同年 10 月 28 日，由机场集团参与投资的京东航空正式投运。2023 年 3 月 2 日，联合南通蒲公英物流发展有限公司，由金鹏航空执飞德国莱比锡洲际全货机航线，刷新南通机场两项纪录：第一次开通定期洲际货运航线、第一次保障波音 747 宽体机型（通航 30 年来保障的最大机型）。同时，积极推进进境冰鲜水产品、食用水生动物和水果指定监管场地申报，为国际（地区）货运业务开展打好基础。

截至 2023 年年底，机场在飞国际（地区）客运航线 2 条，通航城市分别为中国香港、澳门；国际（地区）货运航线 3 条，通航城市分别为德国莱比锡，日本东京、大阪。

2023 年，全年安全保障航班起降 35 240 架次，同比增长 73%，较 2019 年同期增长 17%，其中进出境航班 968 架次。全年完成旅客吞吐量 366 万人次，同比增长 113%，较 2019 年同期增长 5%，创通航 30 年来新高。其中，地区旅客 5.55 万人次，同比增长 2 144.40%，较 2019 年增长 86%。全年完成货邮吞吐量 6.02 万吨，同比增长 11%，其中外贸货邮量 5 772 吨，同比下降 22.63%。

【连云港空运口岸（连云港花果山机场）】

连云港花果山机场位于江苏省连云港市灌云县，空运口岸原为白塔埠机场，现为花果山机场。白塔埠机场是 1984 年获批使用的军民合用机场，于 1985 年 3 月 26 日开航，是江苏省内第 2 家开航的机场。2015 年 9 月 12 日，机场获批对外开放，限中国籍飞机起降。2017 年 5 月 18 日，机场通过国家验收并正式对外开放。2021 年 4 月 25 日，国务院批复连云港航空口岸扩大开放，明确待连云港花果山机场建成后，将白塔埠机场的口岸功能迁至花果山机场并扩大对外国籍飞机开放，同时取消白塔埠机场的口岸功能。2021 年 12 月 2 日，连云港民用航空由连云港白塔埠机场整体搬迁至连云港花果山机场运营。连云港花果山机场拥有 1 座航站楼，1 条长 2 800 米、宽 45

米的跑道，1条长1 800米、宽23米的滑行道，垂直联络道3条，飞行区等级为4D，可起降B757-200及同类机型，年设计旅客吞吐量250万人次、货邮吞吐量2.4万吨。其中，航站楼国际客运区域面积为8 000平方米，设计年旅客吞吐量为30万人次，国际机位2个；国际货运站面积为1 300平方米，设计年货运吞吐量为7 500吨；配套海关综合办公楼2 740平方米、边检备勤楼2 523平方米，可满足海关边检办公、备勤及实验室用房需求。2023年，完成边检、海关查验设备及信息化系统项目，查验设备调试工作已完成；于8月15日通过市级预验收，11月17日通过省级预验收工作。9月14日至15日保障了哈萨克斯坦第一副总理等政要的专机顺利完成从花果山机场临时出入境。

2023年，全年共起降16 062架次、运输14 164架次、旅客吞吐量144.8万人次、货邮吞吐量2 008.6吨，同比分别增长110.0%、88.9%、145.6%、54.3%，分别为2019年同期的88.7%、78.6%、75.3%、60.1%。

【淮安空运口岸（淮安涟水国际机场）】

淮安涟水国际机场位于江苏省淮安市涟水县，距淮安市中心22千米。机场于2010年9月26日正式通航；2012年11月，经国家口岸管理办公室批准临时开放；2014年8月10日，经国务院批准对外开放。机场拥有1座航站楼、1条长2 800米的跑道，飞行区等级为4D，可满足A321、B737-800机型飞机起降要求。机场航站楼改扩建工程于2021年3月19日通过中国民用航空华东地区管理局行业验收。航站楼总面积1.77万平方米，设计年旅客吞吐量300万人次。货站面积5 300平方米，设计年货邮吞吐量1.3万吨。2021年4月，开通了淮安经郑州空空中转至欧洲的首票国际货运出港业务；同年5月，开通了淮安机场首条（淮安至河内）国际全货机航线，实现国际货运航线零的突破。

2023年，全年安全保障运输航班起降1.61万架次，同比增长67.4%；旅客吞吐量159.9万人次，同比增长97.8%；货邮吞吐量1.91万吨，同比增长23.5%。国际（地区）航线未恢复运营。

【盐城空运口岸（盐城南洋国际机场）】

盐城南洋国际机场位于江苏省盐城市亭湖区，距市中心8.3千米。机场始建于1958年，为军民合用机场；2000年3月29日，正式开通民航航班；2007年7月，经国务院批准对外开放。机场有T1、T2两座航站楼，总面积4.32万平方米，其中T1国际航站楼1.3万平方米、T2航站楼3.02万平方米。机场飞行区等级4C，跑道2 800米，停机位20个，可保障波音737、空客320等中等机型全载起降，能满足年旅客吞吐量300万人次、年飞行起降3万架次、典型高峰小时起降15架次需求。

截至2023年年底，机场在飞国际（地区）客运航线1条，通航城市为韩国首尔；国际（地区）货运航线2条，通航城市分别为韩国首尔、日本大阪。

2023年，全年安全保障各类飞机起降1.61万架次，同比增长70.19%，其中国际（地区）206架次；完成旅客吞吐量168.94万人次，同比增长92.83%，其中出入境旅客0.51万人次；货邮（不含行李）吞吐量0.42万吨，同比增长29.46%，其中外贸货邮量581吨。

【扬泰空运口岸（扬州泰州国际机场）】

扬州泰州国际机场位于江苏省扬州市江都区，是扬州、泰州两市共同投资合建的民用机场。机场于2012年5月正式通航，2015年9月经国务院批准对外开放，2016年2月升级为国际机场。机场拥有1座航站楼、1条长3 200米的跑道，飞行区等级4E，可起降波音747、空中客车A340等四发远程宽体客机，设计年旅客吞吐量200万人次、货邮吞吐量3.6万吨。机场二期扩建工程初步设计及概算于2022年11月24日获批，将新建一条3 200米的平行滑行道、约9.7万平方米的T2航站楼。该工程于2022年6月实现先导段工程开工。2023年4月18日，机场二期扩建主体工程（飞行区）开工。

2023年，扬州泰州国际机场安全保障运输航班起降架次2.66万架次，同比增长88.2%；完成旅客吞吐量326.45万人次，同比增长134.1%，其中出入境旅客0.49万人次；货邮吞吐量1.06万吨，同比增长20.8%。运营国内定期通航点36个，周均出港255个航班。恢复1条扬（泰）州—首尔国际客运航线。

【如东水运（海港）口岸】 如东港位于江苏东部江海交汇处，地处长三角北翼，距南京约300千米、距上海120千米，位于上海1.5小时经济圈。随着共建“一带一路”倡议和“长江经济带”、“长三角一体化”、“江苏沿海开发”等国家战略全面实施，洋口港以独特的区位优势、强有力的发展态势开启了江苏出江入海的新通道，成为集石油化工、能源开发、装备制造、仓储物流、建筑新材料产业等于一体的多元化产业型港口。

2014年8月，洋口港获批对外开放，对外开放岸线共6 910米，15个泊位；2015年11月17日，通过国家验收。同时10万吨级LNG码头、万吨级重件码头正式对外开放。2016年，洋口港5 000吨级液体化工码头通过国家验收，正式对外开放。自2014年获批对外开放以来，已建成LNG码头、液化码头、通用码头3座码头，有对外开放泊位4个，与25个国家和地区建立了通航关系。2023年10月22日，国务院正式同意如东洋口港金牛码头区扩大开放，开放金牛水域、4 500米岸线及3个泊位。

2023年，如东洋口港口岸实现货物吞吐量1 032.69万吨，其中外贸货运量665.25万吨，外贸货运量同比下降7.06%。全年接卸LNG船舶74艘，接卸量647.1万吨，外输天然气90.77亿立方米。

【启东水运（海港）口岸】 启东港位于江苏东部、长江下游入海口，地处长江、黄海、东海T形结合部，由沿海吕四港区和沿江启海港区两部分组成。港区与临海高等级公路、崇启大桥、沪陕高速、336省道、宁启铁路等相连成网，是承接江海联运和水陆联运的重要枢纽，具备良好的货物集疏运条件。启东港与上海相距仅50多千米，有崇启大桥与之相连，直接纳入上海1小时经济圈。2014年8月10日，启东水运口岸获批对外开放。截至2023年年底，共有各类开放码头7座、开放泊位15个，均为业主码头。2023年10月28日，国务院批复同意江苏启东港口岸扩大开放。启东港吕四作业区开放岸线800米，1个10万吨级LNG泊位；启海作业区开放岸线1 070米，1个3 000吨级集装箱泊位。

2023年，启东水运口岸完成外贸货运量320.54万吨，同比下降11.81%；外贸集装箱运量0.24万标箱；国际航行船舶进出启东港口岸423艘次，同比增长4.19%。

【连云港水运（海港）口岸】 连云港港位于江苏省东北部、黄海海州湾西南岸。港口始建于1933年，1956年对外国籍船舶开放，1973年开始大规模建设。经过多年的建设与发展，连云港港已成为全国沿海25个主要港口、12个区域性主枢纽港，长三角地区7个国家级综合运输枢纽之一。港口依托独特的区位优势，成为苏北、鲁南及中西部地区最便捷的出海口岸，对外贸易和交通运输的重要通道，是亚欧大陆间国际集装箱水陆联运的重要中转港口。连云港水运口岸是江苏最早对外开放的口岸，有70个开放性生产泊位，两翼赣榆、徐圩、灌河港区实现对外开放。口岸大通关效率全国领先，口岸功能延伸至中西部及中亚主要地区。

2023年，连云港港累计完成货物吞吐量32 092.21万吨，同比增长6.9%，其中外贸货运量完成15 850.4万吨；集装箱完成638.47万标箱，同比增长14.66%，其中外贸集装箱运量321.04万标箱，同比增长11.49%。

【大丰水运（海港）口岸】 大丰港位于江苏省1 040千米海岸线港口空白带的中心位置，利用此海域特有的潮汐通道“西洋深槽”建设深水码头，“西洋深槽”水深稳定，15米等深线宽3~4千米、长55千米，与外海深水贯通，可进出10万吨级船舶。大丰港区位优势明显，集疏运体系完善，是交通运输部规划填补沿海港口空白带的项目，是江苏省沿海重点建设的三大港口之一，于2006年6月13日获批对外开放，2007年9月20日正式对外开放。大丰港已建成海港泊位19个，其中5 000吨级泊位7个、1万吨级泊位3个、5万吨级泊位4个、10万吨级泊位5个。大丰港已开通至韩国仁川港、釜山港的国际集装箱班轮航线，至日本的门司港、博多港航线，至俄罗斯的木材航线，与中国台湾基隆港直航，可经上海港、宁波港中转至世界各大港口的国际航线，并开辟了大丰港至宁波港、上海港、青岛港、连云港港、华南（泉州、厦门、南沙）、周口、蚌埠、凤阳、山东济宁、太仓、重庆的集装箱班轮航线以及至营口的汽车滚装航线。预计到2025年年底，大丰港将新增海港生产性泊位7个，其中5万吨级以上泊位6个，最大可靠泊15万吨级。

2023年，大丰港全年完成货物吞吐量9 208.08万吨，同比增长8.71%，其中外贸货运量743.4万吨，同比增长19.2%；集装箱吞吐量61.92万标箱，同比增长17.6%，其中外贸集装箱运量2.46万标箱，同比下降11.5%。

【盐城水运（海港）口岸】 盐城港位于黄海之滨，是淮河流域最直接出海门户，港口10米等深线距岸2千米、15米等深线距岸3.95千米，均为江苏沿海距岸最近点，是江苏沿海建设10万~15万吨级航道码头条件最好、投资最省的深水港址；20米等深线距岸43千米，建设20万~30万吨级航道码头的条件在江苏沿海的比较优势非常突出。2017年9月7日，国务院正式批复同意盐城港滨海港区对外开放；2020年9月3日，滨海港区对外开放正式通过国家验收。

近年来，滨海港区依托深水良港、多式联运、资源富集等独特优势，已建成10万吨级为主的码头泊位7个，综合通过能力约4 800万吨，已完成开放的泊位3个。随着20万吨级航道防波堤一期工程、滨海港铁路专用线、滨淮高速、海河联运作业区码头等工程加快建设，港区集疏运体系日益完善，“十四五”期间，港口开发争取形成以20万吨级航道和30万吨级泊位为龙头、5万~10万吨级泊位为主体、千吨级内河码头为支撑的总体格局。

2023年，盐城港滨海港区完成货物吞吐量2 531万吨，同比增长45.04%，其中外贸吞吐量442万吨，同比增长211.27%。外贸货种主要为煤炭、镍铁、木片和LNG，主要来自印度尼西亚、俄罗斯、马来西亚、阿联酋、澳大利亚等国家。

【南京水运（河港）口岸】 南京港位于江苏省南京市，地处长江下游，距吴淞口360余千米，港辖区沿长江两岸分布，南岸全长104.2千米、北岸全长91.0千米，航道维护水深至2018年已达12.5米，可满足5万吨级海轮可直达南京港、10万吨级海轮也可减载抵达。南京港是我国沿海25个主枢纽港之一。1986年3月，南京港获批对外国籍船舶开放。截至2023年年底，南京港（长江港口）共有生产性泊位190个，设计年通过能力2亿吨，接靠国际航行船舶的正式开放泊位达58个。南京水运口岸有国际航线13条；外贸内支线3条，其中外高桥方向和洋山方向每周合计60班、宁波方向每周5班。

2023年，南京水运口岸紧贴南京都市圈、长江经济带、长三角一体化区位优势，积极探索拓展口岸功能在服务南京构建新发展格局的有效路径，推进跨境贸易便利化，促进口岸能级提升，拓展口岸服务功能。大力推进南京长江油运龙潭船务工程有限公司1#-4#泊位临时启用，建立工作推进机制，及时协调解决申报难题，创造了南京口岸对外开放的最快速度，实现南京地区外轮修理零的突破。

2023 年，南京水运口岸完成外贸货运量 3 342.1万吨，同比增长 26.3%；完成外贸集装箱运量 99.5 万标箱，同比增长 13.4%；南京中欧班列开行 371 列 15 211 车，其中去程 188 列、回程 183 列，去回比例 1∶0.97。

【江阴水运（河港）口岸】 江阴港位于江苏省无锡市江阴市，沿江深水岸线长达 35 千米，处于长江 A、B 级航道分界点，是江海河联运、水公铁换装的天然良港，也是无锡地区唯一的出海通道。江阴港于 1992 年 5 月 20 日获批对外开放，港口有泊位 155 个，其中对外开放泊位 42 个、万吨级以上泊位 48 个。

2023 年，江阴港全年完成货物吞吐量 3.78 亿吨，同比增长 7.8%，其中外贸货运量6 328.55 万吨，同比下降 0.56%；集装箱吞吐量完成 57 万标箱，同比增长 7.55%，其中外贸集装箱运量完成 2.34 万标箱，同比下降 12.62%；进出口货值 131.29 亿美元，同比下降 7%；口岸进出国际航行船舶 3 481 艘次，同比增长 2.11%。

【常州水运（河港）口岸】 常州港位于江苏省常州市新北区，上距南京长江大桥 167 千米，下至上海吴淞口 180 千米，于 2001 年 4 月获批对外国籍船舶开放。常州港拥有较完善的开放配套设施和良好的口岸通关服务环境，是长江下游地区重要的集疏运进出口通道。常州港拥有已建成并实现对外开放的万吨级长江深水泊位 10 个。其中，集装箱专用泊位 2 个，年可接卸集装箱超过 35 万标箱；液体化工品专用泊位 3 个，可接卸液体化工品种类 50 多个；散货及件杂货泊位 5 个，最大的散杂货泊位达 10 万吨级。

2023 年，常州港全年进出境船舶 720 艘次，同比下降 0.96%；完成货物吞吐量 4 443.8 万吨，同比下降 4.52%，其中外贸货运量 1 239.9 万吨，同比增长 7.84%；集装箱吞吐量 28.07 万标箱，同比下降 10.12%，其中外贸集装箱运量 13.25 万标箱，同比增长 8.05%。

【张家港水运（河港）口岸】 张家港港位于江苏省苏州市张家港市，东距上海吴淞口 146.5 千米，西离南京港 219.4 千米，南与杭嘉湖地区相连，北通苏北各港。港口面江、傍河、通海，具有水水中转优势。随着全省大交通格局的形成，港口陆路运输网络不断健全，自港口出发，1 小时车程可覆盖苏州、无锡、常州、南通，2 小时车程可到达上海、南京、杭州。港口岸线西起长山，东至东沙，全长 80.4 千米，其中主江岸线 63.6 千米、深水岸线约 40 千米。港口岸线顺通，深水贴岸，不冻不淤，并有江心福姜沙作天然屏障，是得天独厚的避风良港。作为苏州、无锡、常州地区对外开放的重要门户，港口拥有富庶的经济腹地和区港一体的自然条件，是长江内河流域最早对外开放的口岸。

截至 2023 年年底，张家港口岸共有开放码头经营企业 26 家，正式对外开放泊位 86 个，其中万吨级对外开放泊位 74 个；集装箱班轮航线 39 条，其中外贸近洋航线 7 条、外贸内支线 16 条、内贸航线 16 条。

2023 年，张家港口岸进出国际航行船舶 6 078艘次，同比增长 5.45%。全年完成货物吞吐量 2.52 亿吨，同比增长 3.3%，其中外贸货运量 7 043.49 万吨，同比增长 9.58%；从货种来看，吞吐量前 5 位的货种依次为金属矿石 8 034.71 万吨、煤炭 6 263.87 万吨、钢铁 2 460.88万吨、化工原料及制品 1 575.66 万吨、粮食 1 404.91 万吨。全年完成集装箱吞吐量 100.8 万标箱，同比增长 19.24%，其中外贸集装箱运量 63.1 万标箱，同比增长 12.68%。

【太仓水运（河港）口岸】 太仓港位于江苏省苏州市太仓市，距上海、苏州市区均约 60 千米，是长江黄金水道和黄金海岸的 T 形交汇点，具有通江达海的区位优势，港口距离长江入海口引航锚地 68 海里。太仓港是郑和七下西洋起锚地，地处长江和沿海交汇处，拥有 38.8 千米长江岸线和 12.5 米深水航道，其中深水岸线约 25.7 千米，是难得的天然良港。太仓港距吴淞口仅 13 海里，是离长江入海口最近的港口。港区范围内岸线基本平直且边滩稳定，不冻不淤，深水区开阔、稳定，能满足 5 万吨级船舶回转水域要求、10 万或 20 万吨散货船和第五、第六代集装箱船乘潮或减载进出，具备建设集装箱枢纽港的各种条件，是长江下游地区最佳港址之一。

太仓水运（河港）口岸

自 1992 年开发建设以来，太仓港先后被国家定位为上海国际航运中心重要组成部分、集装箱干线港、江海联运中转枢纽港。太仓港共规划港口岸线 28.2 千米，分鹿河、新泾、荡茜、浮桥、茜泾 5 个作业区，主要功能为重点服务于长三角及长江沿线地区，以集装箱干线运输和铁矿石、煤炭中转运输为主，相应开展石油化工品中转储运，并兼顾临港产业开发。截至 2023 年年底，太仓港已建成投运各类码头泊位 96 个（万吨级以上泊位 40 个），其中集装箱泊位 14 个，设计年通过能力 1.79 亿吨、635 万标箱，形成了集装箱、件杂货、干散货、液体化工、装备制造 5 大作业区。

2023 年，太仓港全年完成货物吞吐量 2.75 亿吨，同比增长 3.72%，其中外贸货运量 11 064.71万吨，同比增长 13.64%；完成集装箱吞吐量 803.91 万标箱，同比增长 0.17%，其中外贸集装箱运量 507.50 万标箱，同比增长 5.76%。从货物种类看，以煤炭、金属矿石、集装箱为主，其中金属矿石吞吐量 7 731.67 万吨，同比增长 10.91%。

【常熟水运（河港）口岸】 常熟港位于江苏省苏州市北部长江南岸，地处我国长江经济带与东部沿海经济带的两条主轴线 T 字结构的交会处、长江三角洲区域一体化发展和长江经济带建设的重要地带，东倚上海、南连苏州、西邻无锡、北与南通隔江相望，拥有 32.1 千米长江主江堤岸线、总长 16.5 千米的进港专用航道。常熟港于 1995 年 10 月获批对外开放，1996 年 11 月正式对外国籍船舶开放。

常熟港以散货、件杂货、集装箱运输为主，共有开放码头经营企业 12 家、对外开放泊位 26 个，其中万吨级以上泊位 17 个。常熟港区依托临港产业优势，重点拓展汽车零部件、油品化工、纸浆、风电设备、海工设备等特色货种的商贸服务功能，加速打造以特色商品为主的临港物流物贸产业，继续稳居全国第二大纸浆进口港地位。

2023 年，常熟港全年完成货物吞吐量 6 204.1万吨，同比下降 2.3%，其中外贸货运量 1 362.7 万吨，同比增长 18.12%；集装箱吞吐量 28.73 万标箱，同比增长 37.7%，其中外贸集装箱 21.91 万标箱，同比增长 60.71%。

【南通水运（河港）口岸】 南通港位于江苏省南通市，地处长江和沿海 T 字形经济发展带的交会点上，是我国发展综合运输的沿海主枢纽港、上海国际航运中心北翼的重要组成部分，于 1982 年获批对外开放，与 100 多个国家和地区的 300 多个港口通航。

2023 年，南通港全年出入境（港）国际航行船舶 4 150 艘次，同比增长 13.5%，其中进口岸 2 012 艘次、出口岸 2 138 艘次。全年南通港完成货物吞吐量 4 455.26 万吨，同比增长 2.01%，其中外贸货运量 2 445.33 万吨，同比增长 1.7%；完成集装箱吞吐量 179.79 万标箱，同比下降 8.5%，其中外贸集装箱运量 24.47 万标箱，同比下降 5.78%。

【如皋水运（河港）口岸】 如皋港位于江苏省南通市如皋市，与张家港隔江相望，距上游江阴港 36 千米、南京港 200 千米，距下游南通港 24 千米、上海港 120 千米，距离入海口 223 千米。如皋港有长江岸线 48 千米，其中深水岸线约 17.56 千米、人工港池岸线 14.20 千米。截至 2023 年年底，共有已开放泊位 25 个，其中公用泊位 10 个（散杂货泊位 6 个，集装箱、件杂货泊位 4 个）、化工品泊位 5 个、舾装泊位 8 个、专用材料泊位 2 个。

2023 年，相关水域全年未发生一般及以上等级事故，人命救助率 100%。如皋港危险化学品吞吐量主要来源于阳鸿石化等 4 家石化企业，全年危险化学品外贸吞吐量 171.22 万吨，同比上涨 1.23%；集装箱量 61.34 万标箱，同比增长 2.09%，其中外贸集装箱运量 6.91 万标箱，同比增长 15.11%。散杂货运量主要由中林港务等散杂货中转企业完成，全年外贸货物吞吐量 978.22 万吨，同比增长 13.24%。

【扬州水运（河港）口岸】 扬州港位于江苏省扬州市，地处长江和京杭大运河交汇处。扬州是上海经济圈和南京都市圈的节点城市，向南接纳苏南、上海等地区经济辐射，向北作为开发苏北的前沿阵地和传导区域。京杭大运河与长江在扬州南部汇流，构成市域航道主骨，形成了便捷的疏港通道，是长江北岸重要的交通枢纽和货物集散中心。1992 年 11 月 29 日，扬州港获批对外开放。

扬州境内长江岸线有 81 千米，其中开放岸线近 70 千米。扬州港布局为“一港三区”，主港区为六圩港区，江都港区、仪征港区分列两翼，具有广阔的经济腹地和江海河联运的区位优势，共有各类码头泊位 121 个，其中万吨级以上泊位 71 个、开放泊位 30 个。六圩港区以集装箱运输为主，兼顾木材、煤炭、铁矿石、风叶等大宗散货；江都港区距扬州市区 36 千米，以件杂货为主；仪征港区距扬州市区 29 千米，是以液体化工为主的专业港区，近年来，港区后方扬州化学工业园区迅速崛起，众多大型化工项目落户园区。扬州水运口岸已与 50 个国家和地区的 120 个港口有货物中转往来，每周有 40 多个航班从扬州至上海外贸集装箱支线运输，40 多个航班从事内贸集装箱支干线运输，为江苏苏北、苏中地区从“运河经济”迈向“江海经济”架起了金桥。

2023 年，扬州港完成货物吞吐量 1.61 亿吨，同比增长 7.42%，其中外贸货运量 1 413.01 万吨，同比增长 2.64%；集装箱吞吐量 75.84 万标箱，同比增长 25.89%，其中外贸集装箱运量 25.02 万标箱，同比增长 53.22%。

【镇江水运（河港）口岸】 镇江港位于江苏省镇江市，地处长江与京杭运河两条黄金水道的十字交汇处，上距南京 87 千米，下距长江入海口 279 千米，于 1986 年获批对外开放，是我国沿海 25 个主要港口和两岸海上直航 63 个港口之一，是国家主枢纽港、长江三角洲地区重要的对外开放口岸。镇江市规划港口岸线总长 126 千米，其中深水港口岸线 75 千米。

镇江港包括高资、龙门、谏壁、大港、扬中、高桥、新民洲 7 个港区，主要经营矿石、钢材、木材、纸浆、成品纸、水泥、焦炭、元明粉、化工品、油类、沥青、硫磺、化肥、煤炭、肉类等散杂货及集装箱业务，是长江中上游地区大宗物资江海中转效益最佳区段，具有江海直达和海江河转运的区位优势，12.5 米水深航道已具备通航能力，5 万吨级船舶可常年通航，具备深水码头成片规模开发建设的条件，具有持续发展的广阔空间。

镇江河港口岸有对外开放泊位 53 个、万吨级以上泊位 41 个，设计年吞吐能力达 8 700 万吨，其中集装箱通过能力达 100 万标箱。镇江河港口岸已与 70 多个国家和地区的近 300 个港口建立外贸运输业务；建有镇江综合保税区、中国镇江外轮代理有限公司公用型保税仓库、江苏润华物流有限公司公用型保税仓库、江苏扬子公路沥青有限公司沥青专用型保税仓库等特殊监管区域和保税监管场所；拥有 5 个海关指定监管场地，其中 3 个进境粮食指定监管场地、1 个进境肉类指定监管场地、1 个进境原木指定监管场地。

2023 年，镇江港全年完成外贸货运量 4 818.65万吨，同比增长 22.07%；外贸集装箱运量 14.36 万标箱，同比下降 5.36%。

【泰州水运（河港）口岸】 泰州港位于江苏省泰州市，地处江苏中部、长江下游北岸，是长江中上游西部地区物资中转运输的重要港口，是江海河联运、铁公水中转、内外贸运输的节点，是上海组合港中的配套港、国际集装箱运输的支线港和喂给港。泰州港于 1992 年 11 月获批对外开放，原隶属扬州口岸运行。2001 年 8 月，随着泰州各口岸查验机构的设立，泰州水运口岸获批单列运行。

泰州港以高港、泰兴 2 个港区为主体，共有长江岸线 45.38 千米，已全线对外开放。泰州港常年通航靠泊万吨级海轮，与 60 多个国家和地区的 70 多个港口有运输往来，可承接钢材、木材、化工品、粮油、煤炭、集装箱、件杂货等不同货种的中转储运，是全国木材、钢材、粮油、化工品等货物的重要中转港和国际贸易商港。

2023 年，泰州港全年完成货物吞吐量 1.45 亿吨，同比增长 14.1%，其中外贸货运量 1 366 万吨，同比增长 0.72%；集装箱吞吐量 34.3 万标箱，同比增长 4.9%，其中外贸集装箱运量 12.79 万标箱，同比增长 16.83%。

【靖江水运（河港）口岸】 靖江港位于江苏省泰州市靖江市，地处长江下游北岸，上海与南京中间地段，江苏沿海与沿江经济带 T 形交会处，地理位置优越，拥有开放岸线 47.78 千米，其中宜港岸线 40.1 千米，分夹港、八圩、新港 3 个作业区，规划泊位数达 110 个，总年通过能力达 2.1 亿吨。靖江港于 2012 年 11 月获批对外开放，于 2013 年 8 月通过国家验收后正式对外开放，有对外开放码头 15 个共 35 个万吨级以上泊位，其中盈利港务、龙威粮油港务分别获批设立了进境原木指定监管场地、进境粮食指定监管场地，形成了船舶修造、粮食、木材、能源、金属、矿石 6 大产业。

2023 年，靖江水运口岸全年进出境船舶 1 558艘次、同比增长 57.69%，船员 29 815 人次、同比增长 55.36%；完成外贸货运量1 567.98 万吨，同比增长 41.53%。

2023 年江苏省口岸大事记

1 月 31 日

“泰国—中国（连云港）—哈萨克斯坦”商品汽车过境通道正式打通。

3 月 2 日

南通—德国莱比锡全货机定期洲际货运航线开通。首航 Y87 432 航班，机型为 B747，进出口货物 115 吨，这是南通机场通航 30 年来开通的最大机型。

3 月 9 日

常州—泰国曼谷航线复航，常州国际机场系全省第 2 家恢复东南亚航线的机场。

3 月 22 日

无锡硕放机场进境冰鲜水产品指定监管场地正式投入运行。

3 月 24 日

盐城至首尔全货机航线复航。

3 月 25 日

江苏沪通集装箱码头有限公司新开辟往返启东至日本大阪的外贸集装箱航线。

3 月 26 日

搭载新开通的莱比锡—南通航班的 8.476 吨儿童叶黄素（保健食品）跨境电商商品抵达南通

机场。这是南通机场首票采用跨境电商“1210”模式（保税跨境贸易电子商务）的电商商品，实现南通机场口岸功能新突破。

4月6日

无锡—大阪航线时隔3年后复航，该航线由深圳航空执飞。

5月26日

南通机场与深圳航空合作，开通南通—香港航线，标志着南通成为省内第3个开通香港航线的城市，也是长三角北翼与香港架起的第1座“空中桥梁”。

6月7日

南京—达卡国际货运航线正式开通。

6月13日

乌兹别克斯坦铁路集装箱公司与连云港港口控股集团正式签署合作备忘录，连云港港口成为乌兹别克斯坦进口亚太地区国家货物和出口货物唯一的过境口岸。

6月27日

无锡—首尔客运航班复航，该航线由东航执飞。

6月30日

常州—越南芽庄航线复航。

7月11日

盐城水运口岸响水港区和射阳港区通过国家验收。

7月11日

南京—纽约国际货运航线正式开通。

7月12日

盐城—首尔国际客运航线复航。

7月17日

无锡往返仁川国际全货机航线正式开通，该航线由苏南国际货运航空公司租赁中州航空的货机包机运营。

7月20日

常州国际机场完成首单国际航空货运鲜活货直达业务。

7月26日

全球航运权威媒体《劳氏日报》公布了2022年全球100集装箱港口排名，太仓港排名上升3位，跃居全球集装箱港口第22名。

8月5日

常熟港开辟首条直达韩国的杂货班轮航线，目的港为韩国仁川港、釜山港，为周班航线。

8月15日

南京—俄罗斯集装箱航线开通。

8月15日

常熟—日本的液体硫磺国际贸易专线正式开通。

8月15日

因疫情关闭4年的南京禄口国际机场国际联程航班中转通道恢复使用，旅客中转通关流程极大简化，办理转机手续时间大幅减少，中转效率得到较大提高，旅客航行更加舒适、方便、快捷，禄口机场成为东北亚通达澳大利亚、东南亚国际中转旅客的新选择。

8月21日

苏陇（甘肃）物流供应链有限公司顺利开通“兰州—连云港—釜山”国际铁水联运新通道。

8月24日

常州—孟加拉国达卡货运航线试飞成功。

8月25日

国家药品监督管理局、海关总署联合发布《关于增设泰州市泰州港口岸为药品进口口岸的公告》，同意增设泰州市泰州港口岸为药品进口口岸。

8月31日

太仓港疏港铁路首列商品汽车笼车到达作业站，将从海通汽车码头通过滚装船出海发往墨西哥，标志着太仓港为国内汽车企业出口开辟了一条便捷、高效、安全的海铁联运国际物流新通道。

8月

常州港口岸获9类危险品堆存附证，新能源整车和动力电池通过常州港顺利出运海外。

9 月 15 日

中欧班列国际合作论坛在江苏连云港成功举办。

9 月 24 日

中海油盐城“绿能港”2 个 22 万立方米保税罐项目正式启动投用。

9 月 25 日

太仓港口管委会与太仓市政府、德国汉堡港签署合作发展意向书。

9 月 27 日

时隔 3 年多，扬州泰州国际机场国际航线复航。该航线由春秋航空执飞，前往韩国首尔。

10 月 16 日

常态化运行盐城至首尔、大阪全货机。

11 月 4 日

常州—老挝万象航线复航，系江苏省内唯一一条直飞老挝的航线。

11 月 17 日

一批香螺搭乘东方航空 MU2990 航班从韩国首尔飞抵无锡硕放机场，该业务的开展标志着无锡航空口岸现有功能已全部恢复。

11 月 17 日

连云港花果山机场扩大开放通过省级预验收。

11 月 20 日

吴江盛泽—太仓港“沪太通”多式联运首发仪式举行，标志着苏州多式联运业务发展迈上新台阶。

11 月 30 日

太仓、连云港水运口岸成功获批国家智慧口岸建设试点。

12 月 2 日

南京至印度与马来西亚集装箱航线开通。

12 月 8 日

海关总署正式批复同意南京禄口国际机场开展“国际通程航班”业务。

12 月 21 日

无锡硕放机场国际快件中心跨境电商业务量首次突破 100 万票，再创新高。

12 月 28 日

无锡直飞新加坡往返航班正式复航，该航线由捷星亚洲航空执飞。

12 月 30 日

东航江苏公司开始在南京禄口国际机场试运行“国际通程航班”业务，拟将 14 个国内城市的 54 个航班与澳大利亚悉尼、泰国普吉、韩国首尔 3 个城市的航班进行衔接，进一步发挥禄口机场枢纽功能。

（撰稿人：王永忠、叶晴、蒋苏婕、陈长彬、梁东晨、刘征）

2023 年江苏省口岸流量统计表

口岸类型	口岸名称	货运量（万吨）				集装箱量（万标箱）				人员（万人次）				交通工具（辆、艘、架、列次）			
		出口	进口	合计	同比（%）	出口	进口	合计	同比（%）	出境	入境	合计	同比（%）	出境	入境	合计	同比（%）
空运口岸	南京			6.25	-4.64							143.40	850.20				
	无锡			1.33	-10.64							35.33	23 532.37				
	徐州			0	/							0	/				
	常州			0.01	3 150							13.62	1 260.07				
	南通			0.58	-22.63							5.55	2 144.40				
	连云港			—	—							0.002 5	/				
	淮安			0	/							0.002 6	/				
	盐城			0.06	/							0.51	/				
	扬泰			0	/							0.49	/				
	分计			8.22	-6.45							198.90	1 106.25				
水运口岸 海港口岸	如东			665.25	-7.06			—	—								
	启东			320.54	-11.81			0.24	/								
	连云港			15 850.36	18.22			321.04	11.49								
	大丰			743.4	19.2			2.46	-11.5								
	盐城			442	211.27			—	—								
	分计			18 021.55	18.16			290.74	17.3								

续表

口岸类型	口岸名称	货运量（万吨）				集装箱量（万标箱）				人员（万人次）				交通工具（辆、艘、架、列次）			
		出口	进口	合计	同比（%）	出口	进口	合计	同比（%）	出境	入境	合计	同比（%）	出境	入境	合计	同比（%）
水运口岸 河港口岸	南京			3 342.10	26.3			99.5	13.4								
	江阴			6 328.55	-0.56			2.34	-12.62								
	常州			1 239.9	7.84			13.25	8.05								
	张家港			7 043.49	9.58			63.11	12.68								
	太仓			11 064.71	13.64			507.5	5.76								
	常熟			1 362.7	18.12			21.91	60.71								
	南通			2 445.33	1.7			24.47	-5.78								
	如皋			1 011.6	13.15			6.91	15.11								
	扬州			1 413.01	2.64			25.02	53.22								
	镇江			4 818.65	22.07			14.36	-5.36								
	泰州			1 366	0.72			12.8	16.83								
	靖江			1 567.98	41.53			—	—								
	分计			43 004.02	11.62			766.81	6.90								
合计				61 025.57				1 100.55				198.90					
同比（%）				13.47				8.17				1 106.25					

备注："/"表示无法计算，"—"表示暂未开展该业务。

（江苏省商务厅提供）

2023 年南京海关主要数据统计表

项 目		2023 年	2022 年	同比（%）
进出口货运量（万吨）	合计	48 518. 1	43 379. 0	11. 8
	进口	41 021. 3	36 074. 4	13. 7
	出口	7 496. 8	7 304. 7	2. 6
进出口贸易总值（万美元）	合计	51 052 058. 4	53 121 785. 6	-3. 9
	进口	25 583 310. 4	26 115 208. 6	-2. 0
	其中：江、海运输	16 728 952. 5	16 836 449. 4	-0. 6
	铁路运输	77 118. 7	70 684. 3	9. 1
	汽车运输	1 078 144. 8	732 231. 5	47. 2
	航空运输	7 692 128. 5	8 469 449. 3	-9. 2
	邮件运输	3 526. 7	3 794. 8	-7. 1
	其他运输	3 438. 8	2 599. 4	32. 3
	出口	25 468 748. 0	27 006 576. 9	-5. 7
	其中：江、海运输	15 890 955. 3	16 914 369. 2	-6. 1
	铁路运输	319 616. 4	356 034. 0	-10. 2
	汽车运输	1 160 007. 2	966 876. 3	20. 0
	航空运输	7 814 922. 9	8 336 348. 8	-6. 3
	邮件运输	987. 6	1 197. 3	-17. 5
	其他运输	282 258. 5	431 751. 3	-34. 6
税收（万元人民币）	两税合计	20 184 222. 69	19 522 778. 55	3. 4
	关税入库	2 102 767. 03	2 243 477. 01	-6. 3
	进口环节税入库	18 081 455. 66	17 279 301. 54	4. 6

（南京海关提供）

2023年江苏省口岸出入境主要数据表

项　目			2023年	2022年	同比（%）
出入境人员（人次）	出入境人员总数		2 677 829	656 941	307.62
	入境人员		1 315 252	316 985	314.93
	出境人员		1 362 577	339 956	300.81
	出入境旅客		1 996 746	165 092	1 109.47
	出入境员工		681 083	491 849	38.47
	中国公民	小计	2 153 822	378 858	468.50
		内地居民（因公）	317 859	228 516	39.10
		内地居民（因私）	1 637 548	139 293	1 075.61
		港澳居民	112 234	6 813	1 547.35
		台湾同胞	86 181	4 236	1 934.49
	外籍人员		524 007	278 083	88.44
	从海港出入境人数		538 502	468 420	14.96
	从陆港出入境人数				
	从空港出入境人数		2 139 327	188 521	1 034.80
交通运输工具（辆、艘、架、列次）	总计		44 584	27 096	64.54
	船舶		27 142	24 076	12.73
	飞机		17 442	3 020	477.55
	火车				
	机动车辆				

（江苏出入境边防检查总站提供）

2023年江苏海事局进出港船舶统计汇总表

船舶类别	进港船舶							出港船舶						
	艘数（艘）	总吨（吨位）	总载重量（吨）	载客量（客位）	船员人数（人次）	货物到达量（吨）	旅客到达量（人）	艘数（艘）	总吨（吨位）	总载重量（吨）	载客量（客位）	船员人数（人次）	货物发送量（吨）	旅客发送量（人）
总计	1 063 254	1 058 695 222	1 469 665 612	17 891 425	7 968 855	1 544 225 489	16 945 513	1 063 025	1 058 681 258	1 469 664 251	17 052 554	7 951 211	1 543 522 268	16 949 512
中国籍船舶	1 046 492	748 815 557	942 557 886	17 891 425	7 692 335	1 222 588 332	16 945 513	1 046 183	748 814 258	942 531 226	17 052 554	7 691 023	1 435 257 878	16 949 512
其中：外贸船	17 212	405 228 874	725 115 377	0	309 816	344 527 781	0	17 189	405 185 366	725 045 899	0	292 213	62 521 411	0

（江苏海事局提供）

2023 年连云港海事局进出港船舶统计汇总表

船舶类别	进港船舶							出港船舶						
	艘数（艘）	总吨（吨位）	总载重量（吨）	载客量（客位）	船员人数（人次）	货物到达量（吨）	旅客到达量（人）	艘数（艘）	总吨（吨位）	总载重量（吨）	载客量（客位）	船员人数（人次）	货物发送量（吨）	旅客发送量（人）
总计	54 841	166 628 949	306 613 878	102 333	706 804	87 480 917. 91	27 196	52 595	163 217 475	295 721 477	97 343	679 622	51 908 235. 96	22 739
中国籍船舶	54 479	158 537 272	295 693 594	67 053	698 463	81 103 943. 04	27 196	52 303	157 033 542	288 194 203	62 063	672 891	51 309 653. 28	22 739
其中：外贸船	362	8 091 677	10 920 284	35 280	8 341	6 376 974. 87	0	292	6 183 933	7 527 274	35 280	6 731	598 582. 68	0

（连云港海事局提供）

浙　江　省

浙江省口岸分布示意图

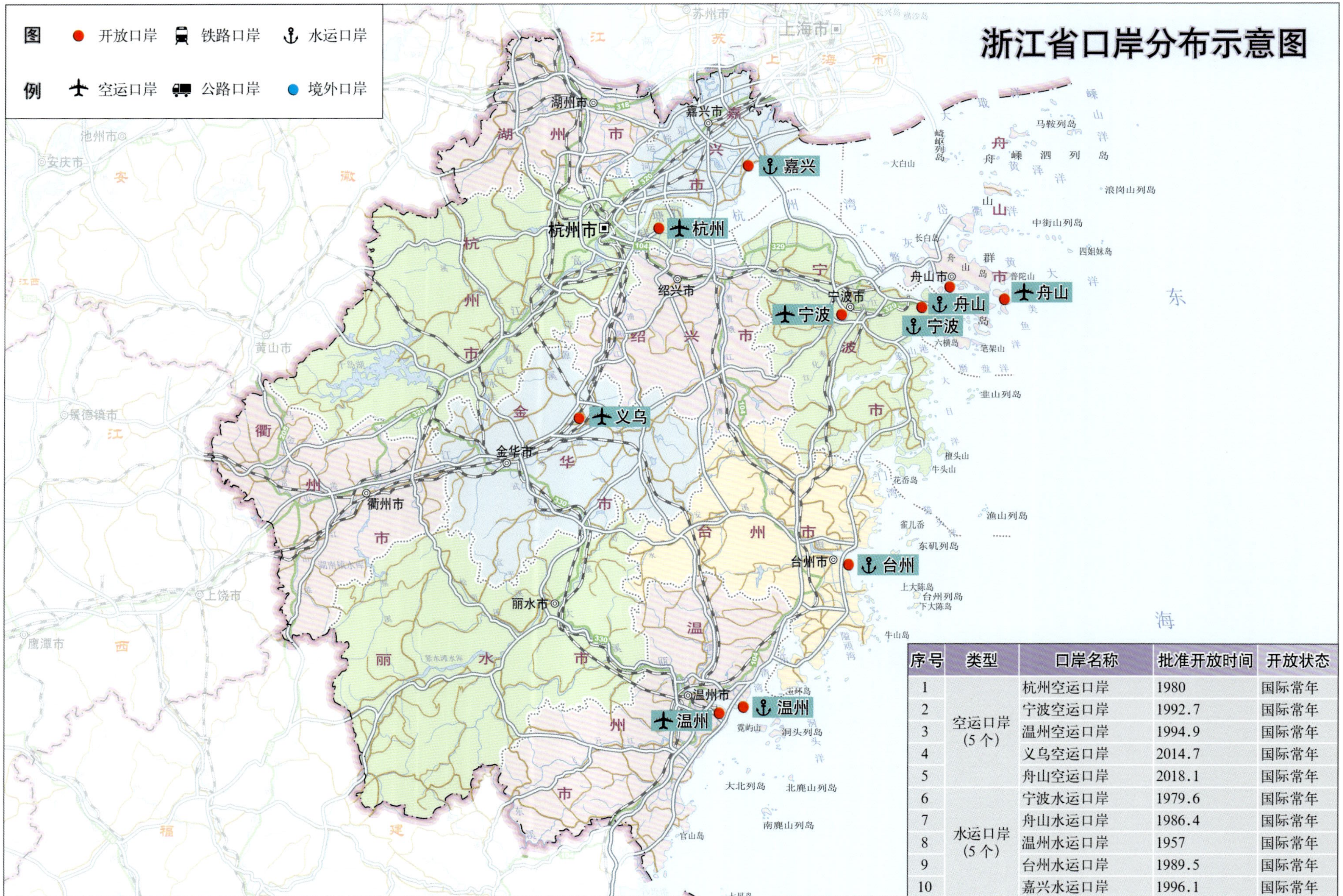

序号	类型	口岸名称	批准开放时间	开放状态
1	空运口岸（5个）	杭州空运口岸	1980	国际常年
2		宁波空运口岸	1992.7	国际常年
3		温州空运口岸	1994.9	国际常年
4		义乌空运口岸	2014.7	国际常年
5		舟山空运口岸	2018.1	国际常年
6	水运口岸（5个）	宁波水运口岸	1979.6	国际常年
7		舟山水运口岸	1986.4	国际常年
8		温州水运口岸	1957	国际常年
9		台州水运口岸	1989.5	国际常年
10		嘉兴水运口岸	1996.1	国际常年

口岸数量及分布

截至2023年年底，浙江省共有经国务院批准的对外开放口岸10个。其中，空运口岸5个，分别为杭州空运口岸（杭州萧山国际机场）、宁波空运口岸（宁波栎社国际机场）、温州空运口岸（温州龙湾国际机场）、义乌空运口岸（义乌机场）和舟山空运口岸（舟山普陀山机场）；水运（海港）口岸5个，分别为宁波、舟山、温州、台州和嘉兴海港口岸。

口岸运行数据

2023年，浙江省空运口岸（舟山除外）共完成出入境旅客318.60万人次，同比增长882.55%；出入境飞机31 163架次，同比增长198.81%；进出口货邮量26.88万吨，同比增长48.7%。其中，杭州空运口岸完成出入境旅客250.94万人次、出入境飞机20 841架次、进出口货邮量16.95万吨，同比分别增长673.61%、178.62%、22.41%；宁波空运口岸完成出入境旅客48.06万人次、出入境飞机6 711架次、进出口货邮量7.69万吨，同比分别增长2 590.18%、271.2%、122.05%；温州空运口岸完成出入境旅客19.24万人次、出入境飞机3 091架次、进出口货邮量2.00万吨，同比分别增长1 689.9%、363.42%、287.57%；义乌空运口岸完成出入境旅客3 617人次、出入境飞机520架次、进出口货邮量0.24万吨，同比分别增长168.52%、9.7%和下降4.55%。

2023年，浙江省水运（海港）口岸共完成进出口货运量62 949.75万吨，同比增长6.45%；进出口集装箱2 978.28万标箱，同比增长8.74%；入出境船舶32 497艘次，同比增长9.24%。其中，宁波海港口岸完成进出口货运量39 407.8万吨、进出口集装箱2 629.2万标箱、入出境船舶10 209艘次，同比分别增长3.7%、3.2%和下降4.6%；舟山海港口岸完成进出口货运量20 226.0万吨、进出口集装箱234.05万标箱、入出境船舶18 438艘次，同比分别增长11.9%、15.39%、19.91%；温州海港口岸完成进出口货运量438.06万吨、进出口集装箱39.94万标箱、入出境船舶1 566艘次，同比分别下降0.13%、8.75%、0.003%；台州海港口岸完成进出口货运量1 245.29万吨、进出口集装箱20.35万标箱、入出境船舶789艘次，同比分别增长15.06%、0.17%、27.05%；嘉兴海港口岸完成进出口货运量1 632.6万吨、进出口集装箱54.74万标箱、入出境船舶1 495艘次，同比分别增长16.74%、14.2%、0.3%。

2023年，义乌铁路口岸（临）往返运行“义新欧”中欧班列1 580列，发运129 966标箱。

2023年浙江省外贸进出口值统计表

	进出口值（亿元）	出口值（亿元）	进口值（亿元）	同比（%）		
				进出口	出口	进口
全省合计	48 997.97	35 665.50	13 332.47	4.64	3.89	6.69
杭州市	8 029.72	5 338.72	2 691.00	6.09	3.66	11.28
宁波市	12 779.33	8 287.82	4 491.50	0.87	0.74	1.10
温州市	2 821.90	2 339.40	482.51	-4.15	-6.49	9.09
湖州市	1 618.79	1 490.43	128.35	-0.56	-0.56	-0.56
嘉兴市	4 409.94	3 337.53	1 072.41	0.29	3.81	-9.29
绍兴市	4 224.71	3 810.21	414.50	14.50	11.79	47.41

续表

	进出口值（亿元）	出口值（亿元）	进口值（亿元）	同比（%）		
				进出口	出口	进口
金华市	7 697.52	6 630.66	1 066.86	12.56	11.33	20.92
衢州市	715.81	454.23	261.58	16.72	13.01	23.78
舟山市	3 578.57	1 149.01	2 429.56	5.79	-0.66	9.14
台州市	2 744.48	2 514.53	229.95	-0.99	-0.47	-6.38
丽水市	377.20	312.96	64.24	16.21	8.19	81.90

（杭州海关提供）

口岸综合管理

【顺利完成 2023 年度促进跨境贸易便利化专项行动】 2023 年 4 月 27 日海关总署促进跨境贸易便利化专项行动部署动员会后，结合海关优化营商环境 16 条，杭州海关、宁波海关分别出台杭州海关优化营商环境促进跨境贸易便利化 18 条、宁波海关关于优化营商环境促进跨境贸易便利化 20 条措施。根据国务院关于开展营商环境创新试点工作的意见以及海关总署 2023 年促进跨境贸易便利化专项行动部署动员会会议纪要等文件要求，浙江省口岸相关部门切实增强工作紧迫感、责任感，更加积极主动地做好口岸营商环境各项工作，有效推进跨境贸易便利化相关工作的开展。杭州市于 6 月 26 日出台 2023 年杭州促进跨境贸易便利化专项行动若干措施，推出 24 条具体措施；《杭州市优化营商环境条例》于 7 月 1 日起实施；《杭州市人民政府关于全力打造营商环境最优市赋能经济高质量发展的实施意见》于 9 月 27 日正式发布，提出 11 个方面 36 项措施，自 11 月 1 日起施行。宁波市于 5 月 9 日出台持续深化跨境贸易便利化改革方案（6.0 版），推出 29 条便利化举措。

【口岸开放工作再有突破】 为推动外贸保稳提质，进一步完善浙江省口岸开放布局，浙江省口岸办超额完成 2023 年年初既定的口岸开放任务。一是完成舟山海港口岸 5 个港区浙石化等 6 个重点项目的扩大开放国家验收和普陀山机场空运口岸对外开放的国家验收，新增口岸开放面积 112.5 平方千米，创造了同一地市口岸“半年两次国家验收”的历史纪录。组织驻浙查验单位对台州海港口岸 3 个港区浙江头门港投资开发有限公司等 3 个重点项目的扩大开放进行预验收，年度验收数量和准备工作效率走在全国前列。二是完成宁波舟山港穿山港区集装箱码头 1#泊位、定海港区浙江建桥能源发展有限公司等重点项目码头（泊位）22 批次临时开放和临时对外启用，助力世界一流强港建设，有效保障地方对外经济发展。三是完成舟山、嘉兴、台州海港口岸浙江海港中奥能源有限责任公司、浙江大麦屿港务有限公司等 6 个码头（泊位）对外启用验收，高效率服务地方经济发展需求。特别是积极服务能源保供大局，年内为浙能温州液化天然气有限公司码头临时应急启用审批 6 次，为推动浙江省能源产供储销体系建设、提升资源自主供给能力提供保障。四是督促、协调完成温州海港口岸乐清湾港区、状元岙港区、大小门岛港区 3 大核心港区扩大开放水陆域、航线和锚地的调整，通过多途径有效协调驻浙查验机构和相关部门，并完成意见征求，加快推进温州海港口岸扩大开放。

【积极推动口岸领域数字化改革】 浙江省口岸办以深化国际贸易“单一窗口”建设为抓手，持续推动口岸领域数字化改革。截至 2023 年年底，中国（浙江）国际贸易单一窗口服务企业用户累计超 36 万家，申报单量累计超 20.2 亿票，帮助企业节约通关成本超 122 亿元。年内，通过电话及在线运营提供服务超 11 万次，服务满意度达99.87%；开展企业培训58场，覆盖企业3 591家。推进服务集成接口和部分参数试点工作，助力企业实现无纸化和便利化，组织13家试点企业开展货物申报测试约97.4万票，平均每票报关单从录入到申报由5分钟压缩至0.5分钟以内。研发“惠税宝”实现多种贸易协定优惠税率查询和订阅推送，帮助企业实现优惠税率应享尽享。建设数字金融服务平台，已与浙江省内32家金融机构达成各类金融产品的合作，累计为中小外贸企业提供融资超87亿元。贯彻落实国家口岸管理办公室关于做好“单一窗口”出口退税便利化功能试点工作的通知要求，组织浙江省650余家企业参与试点。推动国际合作取得实质性突破，浙江电子口岸有限公司与新加坡劲升逻辑公司正式签署合作意向书，进行申报通道对接、申报标准互换、通关物流状态的交换等，为浙江企业“走出去”提供帮助，探索推动跨国通关物流业务协同。结合杭州空运口岸实际，进一步扎实推进“单一窗口”中的杭州航空物流公共信息平台建设，完善“运输工具一件事”“货物进出口一件事”系统功能，支撑开展空运进出口货物申报超5.3万票，推动航空物流全链条信息互联互通。建设“义新欧”中欧班列数字服务平台，实现9类数据共享交换，助力共建“一带一路”倡议在浙江落地实施。

【积极拓展国际及地区航线】 浙江省口岸办认真贯彻落实“一号开放工程”要求，出台浙江省航空口岸新开国际及地区航线专项资金管理办法，加大国际航线培育力度，将培育政策从单一的杭州航空口岸覆盖到全省。借助第十九届亚洲运动会在杭州召开的契机，开通杭州—迪拜、杭州—阿拉木图2条迎亚运重点航线，在中、西亚之间架起2座全新“空中桥梁”，服务杭州亚运会航空运输需要。提升创新杭州、香港两地机场合作模式，全力打造“借港出港”客货运输精品航线，充分发挥香港国际机场通达全球的航线网络优势、优质高效中转服务优势，以及杭州萧山国际机场覆盖全国的丰富网络和区域经济发展优势，实现两场资源共享和优势互补，全面提升杭州萧山国际机场国际及地区客货运输航线的通达性。2023年，浙江空运口岸新增恢复32个国际及地区客运通航点，累计达59个；新增14条国际及地区全货机航线，稳定运营39条。国际及地区航班量由年初的每周54班增加至每周300班，增幅约5倍。年内，浙江省空运口岸共完成国际及地区旅客量318.60万人次、货运量26.9万吨、航班起降3.1万架次，同比分别增长882.55%、49%、199%。

【高质量完成杭州亚（残）运会保障工作】 浙江省口岸办围绕杭州亚（残）运会重大任务和重要时间节点，按亚组委的要求开展各项口岸保障工作，确保高标准、高效率、高质量保障杭州亚（残）运会。根据杭州亚（残）运会实际情况，协调查验单位在人员、马匹、物资等多条业务条线并行运作，开通专用通道，应用提前申报、集中申报、“口岸+属地”联动查验模式、ATA单证册等措施。根据杭州亚（残）运会保障特点，联动民航等部门采取“行李提前交运”举措，设置轮椅旅客专用超宽通道。杭州亚（残）运会期间，累计保障涉亚航班1 245余架，保障重要元首外宾专（包）机34批450人、涉亚人员3.35万余人以及物资近400票、马匹100余匹，保障参赛枪支1 116支、弹药35.1万余发。

【口岸基础设施和配套设施建设】 杭州萧山国际机场完成T4航站楼联检区域改造，于2023年4月7日实现国际及地区航班全面转场至T4航站楼。东区国际货站于7月31日正式投运。东区国际货站是浙江省重点项目及杭州亚（残）运会保障项目，建筑面积15.67万平方米，是旧货站面积的近5倍，规划年货邮吞吐量保障能力60万吨。该货站整体采用3层结构设计，分别为公共货站、快件/跨境中心和代理区。除货站主体外，该货站还设置有汽车平台、综合业务楼、海关查验中心、特运库、海关卡口和空侧管理用房等相关配套设施。截至年底，东区国际货站已累计保障货量5.61万吨。

宁波栎社国际机场跑滑优化工程于2023年5月18日正式投入使用，机场迈入双向双快滑全新跑滑构型时代。该工程是全国首例千万级单跑道机场跑滑工程不停航施工工程，包括新建 3 条快速出口滑行道、1 条旁通联络道及配套目视助航灯光工程。优化后的跑滑系统将有效缩短航空器在宁波栎社国际机场起降占用跑道的时间，预计可满足年起降航班 17 万~19.5 万架次的保障需求，高峰日起降架次有望由原先的 315 架次提高到 350 架次。与顺丰集团签订战略合作框架协议，转运中心于 8 月启用，投用后仓库单日最大货物进出港分拣处理能力提升至 10 万票。8 月 1 日，T1 航站楼改造后重启，并于 12 月 22 日正式启用，宁波栎社国际机场迈入“双航站楼”时代。T1 航站楼改造后设计容量提升 18%，航站区面积增加 40%，廊桥机位增加 41%。双航站楼协同运行，30 条安检通道、66 个值机柜台开放迎客，宁波栎社国际机场运力保障和航空能级实现跃升。

温州龙湾国际机场对接联检单位，投入资金增设机场安检设备，优化国际进出港流程，改造国际中转行李提取厅、出发厅，新增行李提取区域面积 550 平方米，确保国际抵离高效顺畅。跨境电商“9610”查验场地于 2023 年 5 月 11 日正式启用。该查验场地是温州市口岸建设重点项目。8 月 8 日，温州龙湾国际机场飞机改装拆解基地和顺丰浙南区域航空分拨中心正式揭牌，顺丰长三角南翼临海空港创新供应链总部基地顺利启动。此次集中启动的 3 个项目是温州打造区域性国际航空枢纽、加快建设临空经济示范区的重要引擎。10 月上旬，温州龙湾国际机场三期扩建项目预可报告获国家发展改革委正式批复，标志着该项目前期工作取得重大突破，为项目开工奠定基础。12 月 21 日，温州龙湾国际机场三期改扩建机坪工程顺利完成中国民用航空华东地区管理局温州安全监督管理局组织的行业验收。温州龙湾国际机场交通枢纽综合体办公、商业公共区域装饰已基本完成，新客运站已投入运营，A 区停车楼正式启用。温州龙湾国际机场交通枢纽综合体及公用配套工程总建筑面积约 30 万平方米（含 S1 机场站），总投资 35.11 亿元，由地下和地上两部分组成，地下二层主要为市域铁路 S1、S2 机场站及各类配套设施，地上部分建设多条换乘通道和具有酒店、商务办公、长途车站、配套停车场、商业休闲等功能的大型综合体。

义乌国际机场设立进境食用水生动物指定监管场地于 2023 年 9 月 13 日获海关总署批准，这是浙中地区首个进境食用水生动物指定监管场地。

舟山普陀山机场航站楼改扩建工程于 2023 年 10 月 31 日通过行业验收，国际航站楼祥云楼正式投用。国际航站楼位于国内航站楼南侧，设计建筑面积 6 550 平方米，总高度 16 米。

《宁波舟山港总体规划（修订）》于 2023 年 11 月 28 日通过交通运输部和浙江省政府联合评审。新修订的总体规划，对原《宁波—舟山港总体规划（2014—2030 年）》作了系统性的优化调整。在空间格局方面，将“一港、四核、十九区”调整为“一港、两核、二十区”；在岸线资源利用方面，规划港口岸线减少 4%，规划泊位增幅 50%；在航道锚地保障方面，规划航道增幅 23%，规划锚地增幅 60%，缓解“大港口，小锚地”制约。宁波梅山港口疏港大道、甬台温高速改扩建、北仑灰库建设工程、半山堆场建设工程等宁波舟山港重大集疏运项目于 11 月 28 日集中开工。梅山港区 6 号至 10 号集装箱码头工程三阶段于 12 月 13 日通过竣工验收，标志着梅山二期工程全部通过竣工验收。至此，宁波舟山港成为全球唯一拥有双“千万箱级”单体集装箱码头的港口。中国海油宁波“绿能港”国际航行船舶保税 LNG 加注码头改造项目通过完工验收。舟山金塘、衢山、沈家门 3 港区规划调整单独获批。13 个浙江省强港重点基础设施项目完工 3 个，建成铁矿石储运基地先行工程等项目，启动建设佛渡集装箱、六横 LNG 和条帚门航道扩建等重大项目。鱼腥脑航道提前 1 季度建成通航。万吨级泊位新增 9 个，万吨级泊位总数达到 97 个。温州大小门岛港区小门岛作业区温州 LNG 接收站项目配套码头竣工投运。状元岙港区肉类、水果指定口岸监管场地改造工程于 3 月竣工投运。台州头门港区1#、2#、3#泊位，龙门港区1#、2#泊位和健跳港区5万吨级干船坞、5 000吨兼靠3万吨码头基础设施、口岸查验设施、视频监控等均已建成，查验单位办公场所、配套设施等符合相关要求。大麦屿港区LNG 10万吨专用码头建设启动。台州首个10万吨级码头——华能玉环电厂10万吨码头改扩建工程完工。大麦屿港区进境冰鲜水产品、食用水生动物指定监管场地项目正式通过海关总署批复，准予立项。该项目将建设1.2万平方米的国际冷链仓储中心和5.3万立方米的冷库库容。其中，水生动物暂养场所面积约2 000平方米。嘉兴独山港区A3码头泊位完成口岸基础设施、查验设施建设。嘉兴港第二进港航道（鱼腥脑航道）于6月7日正式开通，有效缓解了船舶进港通道拥堵问题。优化调整嘉兴港独山港区规划，液体散货作业区A7泊位等级由原3万总吨级提升为5万总吨级。大力推进14个浙北海河联运枢纽基础设施建设项目，年内完成水运建设投资59.5亿元，同比增长约42.7%。基本完成浙北集装箱通道工程航道，开通浙江省首批64标箱内河集装箱航线。

【义乌陆路（铁路）口岸（临时开放）建设】 2015年12月22日，国家口岸管理办公室正式发文同意义乌铁路西站作为口岸临时对外开放。2023年12月，义乌铁路口岸二期海关监管区顺利通过杭州海关验收。二期海关监管区占地约9.53万平方米，是集进出口货物查验和集装箱堆存、装卸于一体的监管场所，拥有2台轮胎吊，现场集装箱堆存量1 230个，建有2栋查验仓库，可满足28个集装箱同时查验；采用最新AI云卡口系统，集卡车可在10秒内完成识别、称重等操作，实现精准识别，快速进出；通过智能化作业系统，还可实现从司机端到吊机端全流程数字化，方便管理人员科学完成现场调度。二期海关监管区投用后，义乌铁路口岸监管区总占地面积将增至约24.5万平方米。2023年12月，义乌多功能国际货站项目开工建设，项目总建筑面积约3万平方米，其中包括进港作业区、出港作业区、快件（跨境）监管中心、交换站等区块。

2023年，义乌充分发挥“一带”和“一路”倡议交会点的优势和自由贸易试验区“改革开放试验田”的制度优势，坚持问题导向，持续拓展中欧班列、铁海联运、公海联运、陆空联运等联运通道，丰富“一单制”金融模式创新，加快推进内陆与沿海沿边协同开放，推动商品和要素流动型开放向规则等制度型开放转变，不断优化口岸营商环境，提升跨境贸易便利能级。9月20日，财政部、海关总署、国家税务总局联合发文在义乌国际陆港（义乌西站）等地施行陆路启运港退税试点政策；10月3日，首单陆路启运港退税业务在义乌铁路口岸落地。新政策有效缩短了退税周期，提升了企业资金使用效率。完善国际贸易“单一窗口”铁路运输项目试点，推进“义新欧”中欧班列通关业务一个窗口、全流程办理，实现货物便捷申报、场站智能作业、口岸协同监管、企业综合服务、行业运行监测等功能，年内业务申报放行数据达5.56万票，减少纸质运抵报告单证近4.63万份。加快智慧口岸建设，落地“先查验后装运”数字集拼仓应用，实现监管模式、“一柜多票”组合申报、“数智监管”全程可溯等功能。该案例荣获国务院国资委举办的全国首届“国企数字场景创新专业赛”一等奖，入选中国（浙江）自由贸易试验区制度创新成果案例，荣获浙江省营商环境优化提升第二批“最佳实践案例”。

2023年9月28日，“义新欧”中欧班列新增“义乌—格鲁吉亚波季”多式联运新线路。截至年底，义乌铁路口岸累计运行线路达19条，可到达境外站点101个，辐射欧亚大陆的50多个国家和地区的160多个城市，开行规模位居全国第一方阵。3月9日，中国和西班牙建交50周年之际，义乌、马德里举行双向对开“中西建交纪念号”班列发车仪式，共同见证中国与共建“一带一路”国家和地区的双向奔赴。6月16日，“义新欧”中欧班列德国集散中心在杜伊斯堡市揭牌启用，该中心是“义新欧”中欧班列首个境外物流枢纽集散中心，将成为“义新欧”中欧班列的重要支撑。年内，义乌铁路口岸开行“义新欧”中欧班列 1 580 列，发运 129 966 标箱。

海铁联运提质增效。海铁联运班列与中欧班列已实现分线作业，发运环境等客观条件成熟稳定，开通多条船公司专列。2023 年 7 月 19 日，首趟“抵港直装”模式专列从义乌铁路口岸发车驶往宁波舟山港。“抵港直装”是海关总署等部门推出优化营商环境、促进外贸保稳提质的重要措施。该案例入选中国（浙江）自由贸易试验区制度创新案例。年内，义乌铁路口岸完成海铁联运发运 8.59 万标箱，同比增长 6.71%。

【中国（浙江）国际贸易单一窗口建设】 2023 年，中国（浙江）国际贸易单一窗口一以贯之落实党中央、国务院以及浙江省委、省政府部署要求，紧密围绕三个“一号工程”和“十项重大工程”决策部署的主线，牢牢把握提高口岸通关效率、提升贸易便利化水平、优化口岸营商环境的主题，把握 RCEP、《数字经济伙伴关系协定》（DEPA）的发展机遇，迭代升级特色应用，在集成服务接口、“四港”联动发展、数字金融服务、国际化合作、优惠税率查询匹配等方面重点发力，为助力“两个先行”以及助推数字化改革、赋能企业发展方面积极贡献力量。

一是向浙江省企业试点提供货物申报数字化服务，助力企业实现数字化转型。推动企业与中国（浙江）国际贸易单一窗口数据贯通、丰富参数查询维度，支持企业个性化需求定制，向企业提供个性化接口服务。自试点启动以来至 2023 年年底，共有 13 家试点企业开展货物申报实单测试超 100.90 万票。通过企业自身管理软件直接对接“单一窗口”进行货物申报，大幅降低报关操作时间，降低申报错误率，节省人力成本。据初步测算，平均每票报关单从录入到申报由 5 分钟压缩至 0.5 分钟以内，每票业务至少节约 4.5 分钟。

二是建设杭州国际航空物流公共信息平台，配合杭州萧山国际机场东区国际货站信息化项目的规划、设计、建设等工作。围绕杭州萧山国际机场货物和运输工具进出口，依托中国（浙江）国际贸易单一窗口建设杭州国际航空物流公共信息平台，实现跨多场景协同，为航空物流企业提供覆盖通关物流全流程的一站式公共服务。已完成航空物流跟踪接入中国（浙江）国际贸易单一窗口中“通关+e 物流”服务和“货物一件事”大部分功能建设、“运输工具一件事”业务功能建设。2023 年 8 月，完成和杭州萧山国际机场的联调测试并上线运行。平台建成后，普惠杭州口岸进出口企业、航空货运代理企业和报关代理企业。年内，支撑开展空运进出口申报超 5.30 万票，航空“通关+e 物流”查询超 2.80 万次。配合杭州萧山国际机场东区国际货站信息化项目的规划、设计、建设等工作，东区货站信息化项目于 7 月底正式投入运行，通过与杭州国际航空物流公共信息平台的数据融合和协同作业，为杭州亚（残）运会物资顺畅进出保驾护航。

三是建设运维“义新欧”中欧班列数字服务平台。在 2020 年开展“单一窗口”铁路运输试点的基础上，持续推动中国（浙江）国际贸易单一窗口与铁路运输相关系统互联互通，加强与口岸监管部门、铁路部门、班列运营平台、作业场站和重点企业的联动，实现 9 类数据共享交换。支持“义新欧”班列金华平台和义乌平台依托数字服务平台开展班列数字化应用建设，有效提升班列运行主体间的协同效率，助力班列高质量发展。2023 年，有效保障 2 380 列“义新欧”班列顺利开行。同时，强化系统迭代升级和经验总结，将相关建设经验推广到台州、绍兴、衢州等地。此外，平台可通过集装箱号关联中国（浙江）国际贸易单一窗口申报数据，根据指运港、运抵国构建基于里程数据的运费校验模型，与班列平台公司申报的补贴数据进行比对验证，提升了“义新欧”班列政策补贴的精准度。

四是建设舟山智慧化一站式口岸监管服务平台。响应国家口岸管理办公室要求，率先在舟山开展智慧口岸试点建设工作。依托国际贸易“单一窗口”和一体化智能化公共数据平台，构建“1+1+5”平台总体框架，即“一个智慧口岸数据底座，一个智慧口岸应用支撑体系，政府侧、企业端、海关端、海事端、边检端五大应用”。

依托国际贸易“单一窗口”，打通数字口岸综合服务平台、边检船情系统等 13 个系统用户体系，集成保税油加注、供退物料、出入境体检预约等口岸、海事、物流服务事项约 200 项。首创数据融合申报模式，形成一表办理多跨业务，解决企业多头申报问题。“船舶进出境一张表”整合运输工具、边检船情、引航调度等申报项，企业可以由原来登录 3 个系统录入 565 个数据项简化为登录 1 个系统录入 331 个数据项，办理时间由 1 小时缩短到 30 分钟以内。2023 年，通过该平台舟山保税燃油加注超 5 290 票，加注保税燃油超 331 万吨，助力舟山连续 5 年位列全国第一加油港，跻身全球十大加油港之列；船舶供退物料已供应一般供退物料超 6 万票，伙食供应超 4 500票。

五是拓展“外贸+金融”服务。依托中国（浙江）国际贸易单一窗口数据，立足于“外贸+大数据+金融”，引入金融机构合作，为中小微企业提供各类金融服务。已与浙江省内 32 家金融机构达成各类金融产品合作，截至 2023 年年底，为超 7 000 家企业提供超 87 亿元的低息贷款，居全国前列，缓解了企业的融资痛点和资金流动压力，为企业经营赋能，增强了企业获得感。同时为金融机构提供了可靠的企业外贸情况数据源，提升了准入、授信、审批的效率，此外数字化风控也优化了部分信贷产品的线上客户体验，其主要功能包括线上结汇服务、融资产品申请、线上跨境汇款等。

六是探索国际合作，赋能浙江企业产业链出海。在第五届长三角一体化发展高层论坛上，浙江电子口岸有限公司、上海数据集团、江苏省电子口岸有限公司、安徽谦通信息科技有限公司、新加坡劲升逻辑公司共同签署《沪—新国际贸易便利化措施长三角共享合作协议》，促进长三角地区外贸高质量发展。与新加坡劲升逻辑公司在浙江—新加坡经济贸易理事会第十七次会议上，正式签署合作意向书，深度构建便捷高效的国际化贸易服务网络，探索形成浙江—新加坡通关服务机制及标准，范围辐射东南亚，实现跨境贸易双向申报以及全流程无缝物流跟踪，更好赋能浙江企业产业链出海。

七是研发 RCEP 及其他自贸协定优惠税率服务系统（“惠税宝”），实现优惠税率应享尽享。实现 RCEP 等多种贸易协定税率的查询，展示未来降税安排、原产地规则等信息；优惠税率查询和订阅推送；自动匹配适合的协定税则编码，实现品名与贸易协定税则智能匹配，助力浙江企业全面享受贸易协定红利。

截至 2023 年年底，中国（浙江）国际贸易单一窗口注册用户 38.90 万家（含宁波），比 2022 年增加 4.30 万家，累计申报总单量超 21 亿票（含宁波）。年内，货物申报 844.68 万票，舱单申报 5 762.63 万票，运输工具申报 70.46 万票，原产地证申领 178.29 万票，企业资质办理 16.85 万票。积极贯彻落实国家口岸管理办公室关于做好“单一窗口”出口退税便利化功能试点工作的通知要求，在浙江省口岸办的精心指导和大力支持下，会同浙江省税务局落实试点要求，组织全省 650 余家企业参与试点，顺利完成试点工作内容。

2023 年，接听热线电话 3.70 万通；维护企业微信群 66 个，为企业答疑 7.70 万次；梳理并推动落地体验优化需求近 400 项。累计组织“线上+线下”业务培训 58 场，覆盖浙江省企业 3 591家，培训 3 981 人次；调研走访省内 11 个地级市 30 余个区县的企业 140 余家。

加强运维工作，强化网络和数据安全。组成超 30 人的专项保障团队，落实“7×24 小时”值班机制，组织各类漏洞扫描和渗透测试 17 次、应急演练 50 余次，顺利通过各类攻防演练，识别并处置风险地址超 5 000 个，有效拦截超 1 800 万次攻击。平台全年“7×24 小时”高效稳定运行，可用性超过 99.90%，成功通过杭州亚（残）运会网络安全保障以及“6·18”“双 11”等业务高峰考验，用户满意度测评连续 9 年超 90%。

在巩固中国（浙江）国际贸易单一窗口建设成果的基础上，进一步加强中国（浙江）国际贸易单一窗口经验在全国的复制推广工作。在原有省外项目建设的基础上，主要拓展江西全省“单一窗口”建设工作，累计为江西省 1 700 余家企业提供跨境产业链服务，同时为江西省进出口企业以及跨境电商企业提供 1.3 亿单的业务申报服务；完成江西省景德镇市跨境电商综合试验区项目验收工作，同时积极开拓参与上饶综合保税区信息化建设。

【中国（杭州）跨境电子商务综合试验区建设】 2015 年 3 月，国务院批复同意设立中国（杭州）跨境电子商务综合试验区，作为全国首个跨境电商综合试验区，自成立以来发展迅速，拥有 14 个省级跨境电商园区。

其中，下沙园区 2023 年完成跨境电商进口 12.97 亿美元，同比增长 19.2%；完成跨境出口 14.53 亿美元，同比增长 18%。一是举办 2023 中亚区域经济合作国际创新大会和中亚区域经济合作解码活动（第二届全球数字贸易博览会重要内容之一），争创“丝路电商”合作先行区示范点，设立中亚创新合作中心，推动共建“一带一路”中亚跨境电商合作产业园项目建设。二是探索跨境电商跨关区业务创新模式试点。在全国率先打破跨境电商网购保税零售进口商品“原进原出”退货模式，启动跨关区退货业务新模式试点。三是探索海关特殊监管区域进境木质包装检疫监管新模式，在杭州综合保税区内完成杭州关区首单试点，实现辖区企业全覆盖，被列入浙江省“地瓜经济”提能升级“一号开放工程”创新试点清单。四是建立跨境电商争议海关化解工作室。根据电商特点，立足“早预防、早研判、早处置”，创新开展“现场+远程”的争议化解模式，使海关、企业、消费者三方坐到网络搭建的“一张桌子”前协商解决问题，实现云端调解。年内，钱江海关累计开展“现场+远程”调解 26 起，根据消费者反映情况采取技术整改、退运、销毁等风险消减措施 16 批次，实现就地化解率、问题整改率、消费者满意率 3 个 100%。五是深化高校合作共建。参与浙江经贸学院跨境电子商务专业建设教学指导委员会人才培养方案研讨。参加浙江经贸学院发展理事会第三届第二次会议。参加由跨境电商学院主办的第三届全国跨境电商人才培养高峰论坛。联合跨境电商学院承办中亚区域经济创新人才论坛。与浙江金融学院、浙江水利水电学院建立产学研训战略合作。六是深化品牌出海活动。联合举办 2023 年钱塘开放发展大会暨全球跨境电商品牌出海峰会，打造“夸夸”和“晶晶”数字人，助力钱塘区迈入跨境电商品牌出海新阶段。通过领聚数字、阿里国际站等跨境电商出海服务平台，开展跨境电商海外独立站培训营线下课、企业品牌出海沙龙、钱塘扬帆季之跨境 D2B 增长“新蓝海”等共计 30 多场活动。七是深化国际战略合作。一方面，以市场化方式支持世界电子贸易平台（eWTP）拓展海外布点，持续推进建设 eWTP 全球研发中心。与泰国东部经济走廊办公室、泰国海关合作，设计完成泰国首个数字自贸区创新模式，实现全流程数字化可追溯、可关联，形成海外仓互联互通的服务网络。另一方面，加强与跨境贸易法庭合作。自杭州互联网法院成立以来，共审理涉跨境数字贸易纠纷案件超 360 件，撰写发布《2023 年杭州互联网法院服务保障中国（浙江）自由贸易试验区跨境数字贸易健康发展白皮书》《杭州互联网法院跨境贸易法庭十大典型案例》。“数字化赋能跨境贸易的司法实践”获评中国（浙江）自由贸易试验区杭州片区及联动创新区 2023 年第一批优秀改革试点经验。

空港园区以加大项目招引、创新业务模式、提升服务质量、强化队伍建设为主线，全力加快平台建设。一是凝心聚力，攻坚小组破难关。在杭州萧山国际机场东区国际货站 2023 年 7 月正式投运后，会同海关等相关部门成立攻关小组，在创新监管模式、优化业务流程以及信息化系统改造等方面进行深入探索，成功打造智慧监管、便利通关“新样板”，配套升级智慧化管理系统和卡口设施，杭州萧山国际机场东区国际货站成为全国首个与保税物流中心一体化融合运行的国际货站。二是攻坚克难，自贸建设闯新路。年内，“数字清关+复合监管”助力高效便利化通关入选商务部外贸新业态优秀实践案例；“跨关区监管强化口岸功能，助力临空枢纽进出口通关便利化”获评中国（浙江）自由贸易试验区第二批省级制度创新及联动创新优秀案例；“保税集拼整车出口助力数智制造能级提升”被评为中国（浙江）自由贸易试验区杭州片区及联动创新区2023年第一批优秀改革试点经验。三是开拓进取，招商工作见成效。浙江省检科院检测平台、泓明供应链等一批优质项目纷纷落户园区。年内，园区累计完成出口95.93亿元，同比增长27.72%，牢牢稳住外贸基本盘。

拱墅园区通过发挥跨境企业集聚效应及完善的管理制度和扶持政策，联动园区、平台资源，集聚、引导和重点服务跨境电商创业者，实现跨境全生态服务对接，孵化大卖，促进共同发展。一是建立运河汇数字品牌出海服务中心，加大产业服务生态建设。中心以公益性、示范性、专业性为核心特点，搭建跨境电商综合服务平台，通过整合国际贸易流程多个环节，形成跨境电商生态体系闭环，进一步打通外贸、电商企业发展中的痛点堵点；开展数字品牌出海人才培养模式研究，成立实践中心（DTC① 独立站），为出海企业找准市场定位、塑造国际化品牌、进行精准的内容创建及广告投放和在线推广及运营提供服务。截至2023年年底，已服务知名跨境企业1 057家，培育1 000万美元以上项目10余个，海外注册商标99个，拥有独立站企业90余家，培育海外热销商品11个，落实跨境电商创新措施7条。二是共建全球跨境电商品牌与设计创新中心。会同浙大城市学院怀卡托大学联合学院共建全球跨境电商品牌与设计创新中心。联合举办2023届工业设计专业毕业设计展活动，围绕6家企业需求真题真做，产出35项外观专利（实用新型）。三是服务全国跨境电商综试区现场会。5月30日—31日，全国跨境电商综试区现场会在杭州召开，拱墅园区作为大会实地调研点之一，代表杭州向参会代表展示跨境电商园区新主体孵化培育工作成绩。同月，作为核心园区之一运河（国际）跨境电商园获评2022年度国家级科技企业孵化器。四是创新工作模式，提升产业服务水平。借势直播电商基地和数字生活新服务的项目集聚优势，举办亚马逊全球开店工厂转型、站外引流、报关模式等线上线下培训课程，助力跨境电商产业链和生态圈的人才专业化、标准化培养。推动传统外贸企业向跨境电商转型升级，由传统货物出口向“跨境电商9710、9810”出口模式转化。五是共建跨境电商人才孵化中心，深化校企合作与协同创新。与浙江外国语学院签订共建跨境电商人才孵化中心合作协议，共同研发跨境电商人才培养模式，深化课堂教学与实践教学一体化改革，共建校内实训基地、校外跨境创业基地、产学研实验室，推进招聘会、实习基地建设。同时，积极促进院校专利成果授权转让或技术入股等，为院校提供成果转化渠道。

DTC园区于2023年6月11日在第七届全球跨境电商峰会上揭牌成立。项目落地菜鸟智谷园区，运营管理2万余平方米商业空间，以跨境电商卖家、跨境DTC品牌、跨境电商服务商、跨境基础设施等跨境产业细分为核心运营方向，依托菜鸟全球总部及菜鸟智谷产业园载体优势，形成核心链主企业与跨境生态的无缝链接。园区配备了专注于跨境产业投资的商业化投资基金，也是招商局国家服贸母基金在浙江省投资的唯一一个产业基金——悦汇跨境产业创新基金，并且园区与多家跨境媒体达成战略合作，形成园区、资本、媒体三位一体的运营矩阵，通过建立“一个闭环（由跨境DTC品牌卖家、跨境服务商、跨境基础设施、跨境商业媒体、跨境投资基金等组成的跨境生态闭环）、三个中心（区域产业带之选品中心、出海服务商之服务中心、全球多文化之人才中心）、八个支持（行业活动支持、DTC品牌孵化支持、行业资源支持、政企服务支持、

① DTC是Direct-to-Consumer的缩写，直译成中文为“直接连接消费者”。在跨境电商领域，DTC区别于传统模式，直接越过经销商和分销商，同时摆脱亚马逊、阿里巴巴国际站等平台束缚，上线自建站直接对话消费者，是将追逐“流量”转变为立足消费者本身的一种新型模式。

人才输送支持、媒体协同支持、跨境合规支持、金融服务支持）”的运营模式，打造一个可复制的“多点支持，单点突破”的产业集群案例，进而打造成可以一站式全方位了解杭州跨境产业生态圈的标杆示范园区。年内，园区招引企业 16 家，包括来赞宝（东南亚十亿级大卖及物流履约服务商）、如泽（美国家庭跑步机市占率第一品牌亿级大卖）、大雅（欧美家具品牌亿级大卖）、伴鱼（头部教具品牌出海）、易达云（头部海外仓准上市企业）、智象（头部出海媒体）、微草网（中东电商平台 Noon 自营业务中国区代理）等各生态企业。其中多家企业已与链主企业菜鸟有深入业务合作，同时易达云、智象等服务商性质企业也与入驻企业形成业务合作，来赞宝和如泽则以成立合资公司模式共同开拓跑步机东南亚市场，全球跨境电商 DTC 品牌创新中心一加一大于二的产业协同效应初现。

西湖园区 2023 年跨境电商出口完成 64. 20 亿元，同比增幅 17. 41%；跨境电商进口完成 21. 42 亿元，同比增幅 0. 84%。截至年底，入驻跨境电商企业 914 家，传统外贸转型跨境电商企业 193 家，服务企业 12 家，跨境电商上市企业 9 家，荣获国家高新技术企业认定 37 家，统计独立站 26 个，海外仓 13 个（其中公共海外仓 5 个，服务客户 5 970 家），店铺 432 个。获评市级及以上跨境电商知名品牌数量 16 个，辖区企业国际商标注册累计 219 个，制定行业标准 38 项。跨境电商产业园区获市级及市级以上部门认定和授牌数量 2 项，重大改革创新项目 1 项。一是加大政策扶持力度。年内，出台 28 条稳外贸专项政策，加大对跨境电商、海外展会、多式联运、外贸新业态等方面的支持力度，通过指导企业开展境外商标注册、专利申请、国际通行体系认证等，鼓励传统外贸企业转型升级跨境电商，拓市场、降成本、创品牌，稳住外贸基本盘。兰帕达体育用品通过柔性定制、品牌出海等方式实现利润增长，获中央电视台《新闻联播》报道。二是集聚跨境电商产业。以米贸通数字化外贸综合服务平台为核心，集聚中小微外贸和跨境电商企业，提供集跨境电商进出口报关、仓储、物流、保险、保理、融资于一体的数字化综合服务，引导跨境电商企业通过“9710”“9810”模式出口。三是助力企业“出海”。引进跨境电商和外贸行业资深财会团队，共同打造专业的跨境财税服务中心，为企业提供跨境电商行业财税合规培训、财税合规咨询、财税合规落地服务及海外税务咨询和处理等专业化服务。四是深耕东南亚市场。联合来赞宝、珊瑚支付、Catike 等平台，共建东南亚跨境电商品牌服务中心。针对东南亚电商市场，研究和制订符合中国企业走进东南亚市场的方案，提供针对东南亚电商市场的专业电商平台、专业物流、营销渠道和营销方案以及专业结算支付平台等服务，为中国品牌“出海”东南亚市场提供资源和保障。五是培养跨境人才。第一批申报教育部并通过立项供需对接就业育人项目，与浙江工业大学、浙江商业职业技术学院签订教育部就业育人项目战略合作协议。深化与蒋村街道及浙江外国语学院的合作，共建校外跨境电商实训中心。

萧山园区是全国首个由民营公司运营的线下园区。园区发展规划以推进萧山区外贸企业转型升级为主，以建立跨境电商生态圈系统为基点，聚集跨境贸易综合服务、跨境电商国际供应链整合服务、跨境电商国际网络营销服务、人力资源服务等节点产业，实现跨境电商产业链的优化和整合，为整个区域企业提供跨境电商一站式服务体系。2023 年，园区新引进企业 50 余家，实现跨境出口 18 亿元，入驻率达 98%。组织培训沙龙等活动 50 余场、专项转型培训青蓝计划 10 场、带领企业全国游学 2 场；还举办诸如跨境骑行活动、跨境之夜 BBQ 烧烤节、跨境篮球赛等系列业余活动 10 余场。园区已成为跨境电商网红园区，共计接待各省（自治区、直辖市）政府及企业来访 50 余次，获评浙江省级跨境电商产业园区、杭州综试区跨境电商品牌“出海”基地、2023 杭州跨境电商突出贡献单位。全国跨境电商综试区现场会在杭州召开期间，园区作为产业带转型特色案例接待实地调研参会代表。

【海关特殊监管场所建设】 温州综合保税区一期封关运作后保持良好发展态势，截至2023年年底累计招引入驻企业67家（加工类9家、商贸类25家、跨境电商类33家），包括独角兽行云集团、唯品会和大龙网等头部企业，引入拼多多、淘分销等合作电商平台113个，年内启动规划面积调整工作，以推进二期通过验收发挥整体效应。申请设立温州保税物流中心、龙港保税物流中心的请示已上报浙江省政府。台州综合保税区于12月21日通过省级预验收。台州综合保税区位于台州湾经济技术开发区北洋片区，总规划面积1.77平方千米（2 658亩），包括口岸作业区、保税加工区、保税物流区、保税服务区和综合服务区五大功能区块，计划总投资约52亿元。长龙（杭州）航空维修工程有限公司公用型保税仓库于8月11日通过杭州海关验收，标志着浙江省首家航空“数字化”保税仓库正式获批投入运营。

台州港大麦屿港区进境冰鲜水产品、食用水生动物指定监管场地项目于2023年12月8日获海关总署批复，准予立项。该项目概算投资2亿元，将建设1.2万平方米的国际冷链仓储中心，包含冰鲜肉类、水果、活鲜等综合性冷库，冷库库容5.3万立方米，冷冻库温度可达-18℃以下，冷藏库温度可达4℃以下。其中，水生动物暂养场所面积约2 000平方米，配备供水、供氧、调温、消毒等设施，能够满足50~80吨食用水生动物暂养所需。嘉兴港乍浦港区设立进境冰鲜水产品、食用水生动物、水果指定监管场地于12月20日获海关总署批复，准予立项。该指定监管场地位于长三角大宗温控商品供应链平台（嘉兴港区）项目内。长三角大宗温控商品供应链平台（嘉兴港区）项目总投资7.8亿元，位于嘉兴港区滨海大道雅山路之间，西至乍王路东至河道地块，占地8.4万平方米，总建筑面积12万平方米，冷藏冷冻货物存储量可达12万吨，年周转冷藏冷冻食品可达120万~200万吨，周转货值可达超过500亿元，建成后将成为华东地区第三大冷链储存交易中心。温州龙湾国际机场进境冰鲜水产品、食用水生动物指定监管场地改造提前完成。温州港状元岙港区进境肉类、水果指定监管场地改造于3月竣工投运。

头门港铁路海关监管作业场所一期工程于2023年2月27日通过杭州海关验收。该项目总投资约2.65亿元，总占地面积为10.82万平方米。2月28日，中欧班列（台州）开行一周年暨台州“地瓜经济”开放通道大提速活动在头门港铁路口岸海关监管作业场所举行，中欧班列（台州—万象）首发。乐清湾海关监管作业场所迁建工作完成，中欧班列铁路监管业务于6月29日正式启动，成为温州市第一家具备进出口海铁联运功能的海关监管作业场所。当日，乐清湾港区中欧班列“温州号”首发启程。通过此次海关仓储行政许可变更，乐清湾海关监管作业场所在进出口业务开展上，兼具铁路运输和海路运输两种物流模式，西向可由铁路到达中亚、欧洲等国家，东向可沿海路抵达大洋洲、美洲国家，初步具备联通“古丝绸之路”和“海上丝绸之路”的基本条件。7月13日，中欧班列“温州号”首趟中亚进口回程班列搭载40吨自乌兹别克斯坦进口棉纱抵达乐清湾港区铁路货场。

浙江省特殊生物制品一体化通关平台于2023年5月迎来试运营。作为杭州市国家营商环境创新试点项目，该平台是浙江省内唯一一个由政府出资建设、具有公共属性的特殊生物制品通关平台。该平台建筑面积约2 600平方米，设置有采样区、仓储区等功能区，可实现一般生物制品的外包装消毒、临时存储、现场查验、采样等功能。此前，浙江省企业进口生物医药相关物品从上海口岸通关需预约才能安排查验，用时较长且运输存储成本高。该平台投用后，将为浙江省企业解决生物制品在进口通关环节上的瓶颈问题，有利于构建生物医药全链路服务模式。

口岸监管与服务

【杭州海关全力筑牢口岸安全防线】 坚持“多病同防”“水陆空”同防，2023年，口岸检出登革热等各类传染病1 396例，截获输入性病媒生物3 797只，助力杭州萧山国际机场成功创建国际卫生机场。严格进出境动植物检疫，开展“国门绿盾2023”行动，截获检疫性有害生物2 495种次。开展“健安2023”等专项行动，检出不合格进出口食品化妆品232批，监管远洋自捕水产品入境量保持全国海关首位。严把进出境商品质量安全关，检出不合格工业品1 684批。深入推进重大事故隐患专项排查整治2023行动，开展“打击进出口危险品伪瞒报”专项行动，落实落细安全生产责任。深化稽核查改革，稽查、核查有效率分别提升至91.5%、73.6%。全力开展“国门利剑”联合专项行动，严厉打击特定方向和产品走私，立案走私违法违规案件2 269起。深化反走私综合治理，承办的“浙江省反走私智慧综治应用平台”项目一期上线运行。

【杭州海关持续优化口岸营商环境】 助力高水平共建“一带一路”重要枢纽，2023年保障“义新欧”班列2 380列，同比增长4.9%。围绕长三角一体化，加强区域海关合作，支持舟山港口岸扩大开放和普陀山机场对外开放通过国家验收，助推义乌“第六港区”建设。支持中国（浙江）自由贸易试验区提升发展，助力舟山港成为全球第四大加油港。深化高新技术货物布控查验协同，近12亿元进口货物享受政策便利。深化通关模式应用，年内分别对25 939标箱进口货物、104 701标箱出口货物开展“联动接卸”“离港确认”业务。“船边直提”“抵港直装”等便利措施拓展至内河港口和铁路口岸，推动启运港退税政策在嘉兴港、温州港、台州港和金华、义乌陆路口岸全面落地。

【杭州海关扎实推进促进外贸保稳提质工作】 持续开展“关长送政策上门”“十地百团助千企”等助企纾困帮扶活动，2023年帮助群众和企业解决实际困难2 225个。精准落实国家各项减税降费政策，为企业减负降本264亿元，原产地证书签发量保持全国首位。扎实开展企业信用管理，新备案企业数位居全国第二，新培育AEO企业40家。办结主动披露作业182起。强化国际贸易规则研究和技贸措施交涉应对，助力我国维生素D_3、蜂产品重返欧盟市场。落实促进跨境贸易便利化专项行动部署，推出优化营商环境18条措施，“先查验后装运”“企业集团加工贸易改革”“部门协同破解特殊物品入境难题”等5个案例入选浙江省“一号工程”最佳实践案例。杭州海关获评浙江省“稳外贸工作成绩突出集体”和“推进‘一带一路’建设工作评价优秀单位”。

【杭州海关促进跨境电商健康规范持续发展】 全力推动智慧跨境电商重大课题成果转化，创建支付信息、身份信息智能验核机制，实现“三单”真实性的实质比对，有效破解跨境电商监管难题。牵头开展跨境电商平台企业协同共治试点，为跨境电商领域的创新治理提供新方法、新经验。持续推进跨境电商网购保税跨关区退货试点工作，为企业节约退货仓储运营成本、促进平台正向销售量。持续支持浙江省内各跨境电商综试区建设，杭州关区开展跨境电商零售进出口业务现场已达25个，其中杭州、义乌两个现场获评全国十大优秀综试区。2023年，杭州海关共验放跨境电商零售进口申报清单1.45亿票，同比增长17.2%，数量居全国第一。

【杭州海关积极助推两区发展提升开放平台作用】 一是深入贯彻自由贸易试验区提升战略，持续开展自由贸易试验区海关监管制度创新。支持中国（浙江）自由贸易试验区打造大宗商品资源配置枢纽，积极向海关总署争取改革创新的政策支持和指导。2023年，1项创新举措获海关总署备案，8项实践案例入选“2023年浙江自由贸易试验区第一、二批省级制度创新及联动创新案例”。二是推进浙江省开放平台布局优化。支持浙江省新设综合保税区，研提“一揽子”推进已有综合保税区建设验收方案，助力新设地市提升申建基础。三是大力推进综合保税区高质量发展。会同浙江省商务厅联合起草省内第一个促进综合保税区发展的政策文件，并由浙江省政府办公厅发布。争取“卡口分类分级管理”“扩大高级认证（AEO）免除担保范围”试点。根据

2022年度全国综合保税区发展绩效评估结果，杭州综合保税区蝉联全国A类，嘉兴、舟山港综合保税区实现进位发展。2023年，杭州关区综合保税区累计进出口1 719.7亿元，同比增长24.4%，增幅高于同期浙江省进出口19.8个百分点。

【杭州海关促进中欧班列发展】 一是深化内外协作，提升班列集结中心功能。24小时通关保障，推行全时段预约查验、“延时错位服务”等便利措施，深化与宁波、乌鲁木齐等口岸海关协作机制，实现信息互通、联合监管。二是叠加政策优惠，促进往返班列降本增效。探索综合保税区、自贸区与中欧班列功能叠加，实现海关监管功能互相延伸，宣传引导企业用好保税仓储分拨、入区退税、区区结转等政策，吸引棉纱、电解铜等各类货物通过回程班列入境。三是优化监管模式，提升班列通关运行时效。推广铁路“快速通关”、“抵港直装”、自动转关等便利措施。创新开展出口拼箱货物“先查验后装运”监管模式。

【杭州海关全力服务保障亚运】 杭州海关围绕打造“最优通关体验”，落实“既要保障赛事，又要防范风险”，构建“智慧海关亚运在线”，深化“中心+现场”模式应用，创新上线“任务在线”“旅客通关在线”“赛马检疫在线”“食品安全在线”，高效监管杭州亚（残）运会人员3.21万人次、物资257批次、供亚食品81.6吨、赛事用枪支1 116支，保障112匹赛马的“安进安出、快进快出”。海关总署署长俞建华对杭州海关服务保障杭州亚（残）运会工作批示肯定。

【宁波海关打造智慧海关建设“一库三平台”】 依托“科技支撑库”融合内外部数据，建设“智慧风控”平台，要求所有业务条线布控指令由风控部门统一下达，直接作用于申报、查验等环节，确保镓锗等国家禁限管制政策性公告落实到位。建设“智慧查验”平台，运用数字孪生技术，实现报关信息、布控指令、港区作业、音视频画面同屏展示，7个查验平台、2个查验大棚及5个再生金属查验场地全覆盖；强化二级指挥中心统一指挥，优化双人查验模式试点，开展飞行查验。建设“智慧物流”平台，强化途中监管，设定路线、时限，设置电子围网，实施全天候预警监控。“一库三平台”风险防控集成效应初显，应急处突能力持续提升，2023年累计查发危险品伪瞒报529起，其中烟花爆竹35起；查获“洋垃圾”141起；查扣涉嫌侵权货物（物品）2 130.8万件。

【宁波海关筑牢检验检疫防线】 坚持“多病同防”，2023年检出各类传染病530例，检出输入性病媒生物1 938批。开展“国门绿盾”和严防外来物种入侵3年专项行动，截获检疫性有害生物755种次、“异宠”7种6 453只。开展进口食品“国门守护”行动，协助海关总署对1 900余家境外食品生产企业开展评估审查和视频检查，开展食品安全风险联合研判8次。严把进出口商品质量安全关，检出不合格商品1 128批；检出不合格再生金属原料662批，鉴别为固体废物的共30批。

【宁波海关促进世界一流强港建设】 支持多式联运，试点“海上穿梭巴士”便捷转关模式，探索应用海铁联运“抵港直装”模式，为内陆外贸企业畅通物流通道，每个集装箱可节约物流费用50~100元，整体通关时间缩短1天以上。推出“10+1”通关便利化举措，发挥长三角区域海关保通保畅工作机制作用，对“白名单”企业实行五关互认，实施业务现场“7×24小时”通关保障服务，2023年进口通关时间同比压缩25%。提高“非侵入式”机检查验比例，深化“先期机检+智能审图”应用，全年机检查验整体时间同比缩短18.24%。推广“全天候检疫”等便利措施，集装箱船平均待港时间缩短58%。试点进口大宗商品“两步申报+区块链”模式，通关效率提升约30%。推广大宗商品重量鉴定智慧监管系统应用，每船次大宗商品降低通关时间2~4小时，节省滞港费等综合成本3万~5万元。拓展智能施验封作业，完成梅山码头、龙星仓库智能施封通道建设，实现集装箱码头全覆盖、拼箱仓库首应用，年内完成智能施封49.9万票。

跨关区保税燃料油直供实现“最多跑一次”，宁波舟山港成为全球第 4 大船加油港。指导浙江省首家 LNG 保税仓扩容成为华东最大 LNG 保税仓，实现保税 LNG 进口作业时间压缩 70%以上，助力宁波舟山港成为全国第 3 个、全球第 5 个具备 LNG 加注服务能力的“枢纽港”，年内进口保税 LNG 达 103 万吨、货值 36.8 亿元，同比分别增长 99.78%和 12.07%，拉动宁波市北仑区进口贸易额增长 1.5 个百分点。推出“一站式”监管模式，新能源汽车出口时长压缩 2~3 天。支持穿山港区 1 号泊位、象山港港区和石浦港区获批正式开放，宁波港口岸开放实现全覆盖。

【宁波海关助推中国—中东欧国家经贸合作】 保障第三届中国—中东欧国家博览会成功举办，推动建设全国唯一中东欧农食产品进口先行先试口岸，与宁波市商务局签署关于加强中东欧工作合作备忘录，联动服务中国—中东欧国家经贸合作示范区建设，截至 2023 年年底示范区累计进出口额突破 2 000 亿元；承办第六届中国—中东欧国家海关检验检疫合作对话会，信息中心网站访问者遍及 50 个国家和地区，发布中东欧国家对中国的不合格通报 51 期。承办海关总署“助力打造中国—中东欧国家经贸合作高水平对外开放新平台”主题在线访谈，答复企业咨询问题 50 个，访问量达 28.54 万人次。深化“中东欧商品进口通关一件事”数字化应用场景建设，根据企业调研反馈，新增进口肉类等流程指南等，梳理通关全流程指南 5 大类 48 个流程，为中东欧商品进口通关提供查询、咨询、办理“一站式”服务。设置中东欧商品进口服务专窗和单证审核绿色通道，在通关现场设置中东欧哨点畅通关企沟通。

【宁波海关服务新业态发展】 推动自由贸易试验区和海关特殊监管区域融合发展。2023 年，2 项创新举措获海关总署备案，1 项成果获评浙江省最佳制度创新案例；首创出口拼箱货物“先查验后装运”并推广至全国，拼箱货物出口效率提升 30%，企业成本压缩逾 20%。鼓励跨境电商业态创新，推动“一站两仓”集成联动发展，完成海外仓模式备案企业 208 家，占全国总量的十分之一；跨境电商综试区综合考评蝉联全国第一档。创新跨境电商网购保税进口商品全流程数字化监管模式，做好商品条形码信息系统研发应用，帮助企业依托条码实现库存精准管理，库内商品一码通查；推进建设“跨境电商组套系统”场景应用上线，助力跨境电商企业推出个性化商品组合，满足消费者购物需求；推广应用溯源码模式，督促跨境电商企业落实进口食品安全主体责任。开展跨境电商零售进口税款电子支付试点，年内宁波市跨境电商零售进口税款电子支付缴税 11.15 亿元，电子支付率达到 98.69%。

【宁波海关全力做好杭州亚（残）运会服务保障工作】 在空港、海港通关现场设立杭州亚（残）运会外交礼遇通道和物资申报专窗，提供详细通关指引，指导企业用好 ATA 单证册等便利措施。组织开展业务培训，熟练掌握不同身份人员进出境礼遇标准。主动对接亚组委、物流承运商及港务部门，及时掌握亚运物资抵离信息和通关需求，提前制订监管保障方案。紧盯口岸危险品“滞”“瞒”风险，压缩危险品口岸停留时长，危险品抵港未申报时长缩短 40%，接受申报至放行时长缩短 72.2%。开展打击伪瞒报专项行动，推进智慧风险防控实战化平台建设。协同相关部门对亚（残）运会进境物资集装箱进行核辐射监测，联合港区开展模拟集装箱货物坍塌、危险化学品泄漏、锂电池起火等应急演练。开展平安护航亚运百日攻坚大行动、平安寄递专项行动。高标准完成亚运抵离保障任务，实现 25 个国家和地区共计 904 名涉亚人员顺利抵离和 23 票涉亚物资顺利通关，有力保障中国香港、阿曼、泰国等国家（地区）的帆板、皮划艇、帆船等项目的比赛训练。

【宁波海关助企纾困解难】 2023 年，深化综合治税，建立税收户管机制，税收入库 875.04 亿元；扩大多元化税款担保，担保总金额 496.12 亿元；推进 RCEP 实施，推广智能审签，签证 2.95 万份，享受税收优惠 0.66 亿元。深化海关信用管理，建立跨部门联合激励机制，18 家企业通过高级认证，截至年底，宁波市 AEO 企业总数达 124 家，其中专精特新企业 4 家、国家级制造业单项冠军企业 13 家、省级重点产业链供应链白名单企业 9 家、入选“大优强”培育名单企业 5 家，AEO 企业进出口值 1 858.05 亿元，约占宁波市进出口总值的 14.5%。出台优化营商环境 20 条细化措施，设置“企业问题直报点”221 个，解决问题 172 个。打造技术性贸易措施预警矩阵，解答企业业务疑难咨询，发布预警信息 3 291条，技贸相关资讯 636 条，翻译更新不合格数据库 1 124 条，不合格通报 137 篇，发布技贸宣传稿件 558 篇，针对 500 余家企业开展技术性贸易措施宣讲和培训，解答企业疑难问题 56 项，开展技术帮扶 7 次。

【浙江出入境边防检查总站全力服务重大发展战略】 紧跟浙江高质量建设共同富裕示范区，围绕世界一流强港工程、长三角一体化发展、中国（浙江）自由贸易试验区建设等重大发展战略，助力浙江海洋经济建设，研究出台总站服务保障世界一流强港建设 8 项措施，成功争取将加注保税燃油船舶便利通关措施复制推广至加注 LNG 船舶。定制“一企一策”方案，重点项目“点对点”服务，助推宁波舟山港穿山、象山和石浦港区获批国务院扩大开放，保障舟山港口岸 5 个港区 6 个项目 19 个泊位和舟山普陀山机场顺利通过国家验收，支持杭州萧山国际机场 T4 航站楼顺利投入运行，协同做好舟山甬舟集装箱码头 3 个泊位对外启用，核准宁波舟山港 10 个项目 15 个泊位 18 批次临时对外开放或启用。

【浙江出入境边防检查总站全力优化边检服务举措】 第一时间研究制订总站关于新冠病毒感染实施“乙类乙管”后优化勤务工作实施方案，空港口岸全面恢复过境免签、临时入境许可签发等出入境政策，全面恢复启用快捷通道，有力促进保障中外人员往来和口岸通关顺畅，助力国际航班和跨境旅游快速恢复。全力服务第六届中国—阿拉伯国家广播电视合作论坛、中国国际进口博览会和世界互联网大会、第三届中国—中东欧国家博览会等重要会议参会外宾通关。海港口岸全面取消不登陆、不搭靠、不登轮“三不”管理措施，严格落实“国家移民管理局关于服务促进长三角航运枢纽建设十项措施”“国家移民管理局关于促进服务航运企业发展十六项新举措”具体要求，圆满完成全球最大集装箱船舶、LNG 船舶等重点勤务通关服务保障。继续推行边检事项“网上办”“指尖申报”，缩减企业办检时间。深化“信息化+诚信”管理机制，根据诚信评级和风险评估规范实施一、二、三级登临检查勤务，保证安全的前提下提升通关效率。打通 12367 平台与 12345 热线数据壁垒，依托平台开展政策咨询、执法监督和服务群众工作，组织开展主题宣传月集中推介扩大平台知晓度，2023 年共接听电话近 1.4 万通，解决出入境人员“急难愁盼”问题 1 万余个，满意度达 99.51%。

【浙江出入境边防检查总站全力打赢亚运安保攻坚战】 站位“国之大者、省之要事”，始终把打赢杭州亚（残）运会安保攻坚战作为重大首要政治任务，建立“4714”安保维稳体系架构，修订 78 个方案预案指引，细化 122 项任务，建立 4 级指挥架构，组建 6 支专业队伍，凝练编撰空港执勤手册，实现安保理念、流程重塑。坚持内外联动、合成作战，建立入境外国人 24 小时核查联络机制，与浙江省公安厅实体运行亚运涉外工作专班，实现出入境人员境外、口岸、境内一体联动、闭环管理。建立部省市 3 级纵向贯通和涉外工作横向联动机制，外派 21 名业务骨干进驻亚组委相关部门，深度参与亚运政策制定、贵宾接待保障、抵离流程设置等工作，协助完成抵离管理系统、电子身份注册卡和边检海关“一次开箱、联合查验”枪弹检查合作模式 3 项创新，实施涉亚人员入境免填外国人入境卡、免采指纹、免录照片“三免”措施，保障涉亚人员“来时好、走时顺”。其间，检查涉亚航班 1 295 架次、涉亚人员 33 733 人次，保障 1 473 名重要外宾顺畅高效通关，完成 1 116 支赛事枪支、35.1 万余发弹药查验。边检工作获得省领导充分肯定。

【浙江出入境边防检查总站全力维护口岸安全稳定】 统筹推进“夏季行动”“獴猎”“犁平”等系列专项行动，融入“大公安、大治理、大联合”工作格局，推动将“外国人长期非法居留”问题纳入平安考核，会同浙江省公安厅出台进一步加强地检深度警务融合工作意见，深化多警种联合作战机制，2023 年通报各地出入境管理部门刑事立案 1 156 起，参与联合侦办部督案件 6 起，融合共治打好整体仗、协同仗、集群战。部署开展空港“蓝盾”专项行动，组织口岸“三查”专题研究，定期交流查缉经验，总结提炼技战法，开展疑难业务问题集中会商，不断提升“三查”工作能力水平。部署开展海港“猎鲨”专项行动，制定出台国际航行船舶登临检查规范和海港口岸实质性审查操作指引，部署实施海港勤务模式改革，全面落实国际航行船舶入境检查“见人、见船、见证”，排查安全隐患，强化在港监管，提升管控效能。全面协调浙江省人大出台地方性法规，推动《浙江沿海船舶搭靠外国船舶管理规定》进入立法程序，细化沿海船舶搭靠外国船舶管理要求，形成管理合力。深度应用锚地预警管控系统，建设“数智云觅”船舶在线研判模块，搭建 12 类国际航行船舶预警模型，支撑查办违法船舶行政案件 137 起，会同省反走私、海关、海警等部门研判处置走私偷渡案件 10 起。

【浙江海事局服务国家战略，全力助推浙江省口岸外向型经济发展】 深入推行实施口岸开放“并联审批”“容缺受理”“结对指导”“现场调研”等助企纾困举措，主动帮扶浙江省口岸重大项目推进进程和口岸监管基础设施建设，推进口岸开放。一是全面助力舟山港口岸扩大开放在获得国务院批复后 1 年内顺利通过国家验收，正式扩大开放；二是助力宁波港口岸于 2023 年 10 月 28 日获国务院批复同意扩大开放穿山、石浦、象山港港区；三是持续支持温州港、台州港口岸扩大开放，指导完善航道、锚地、应急能力以及海事口岸监管基础设施设备建设，推动相关项目尽快满足扩大开放条件；四是倾力帮扶浙江海港中奥能源有限责任公司等 4 个项目通过对外启用验收，服务保障温州 LNG 接收站项目配套码头等项目 32 次通过临时开放审批或续批，持续助力中国（浙江）自由贸易试验区外向型经济发展和宁波舟山港一流强港建设。

积极争取国际船舶登记授权。密切关注国际船舶登记政策发展，对海南、上海、天津、福建等自由贸易港、自由贸易试验区的总体方案和国际船舶登记政策，以及有关推进落实情况开展现状调研。多次向上级部门请示汇报，提出在浙江海洋强省和一流强港建设大背景下对中国（浙江）自由贸易试验区内国际船舶实行登记制度的迫切需求。支持将“授权浙江宁波舟山港为自由贸易试验区国际船舶登记船籍港”纳入《中国（浙江）自由贸易试验区打造大宗商品资源配置枢纽建设方案》向国家有关部委征求意见，并加强与上级主管部门的汇报对接，积极争取获得支持。

【浙江海事局深挖数改成效，全方位构建安全口岸环境】 一是迭代升级海上智控平台场景功能。优化浙海通场景界面，调整为区域全组织、秩序全掌控、畅通高效、安全保障和助企增效 5 个子模块，完善重点物资运输保障模块和锚位管理功能；优化浙海救场景力量智能调动、人员漂移算法模型，完成执法记录仪在线直播及语音双向通信功能开发建设。二是完善配套管理制度。颁布实施浙江沿海主要港区及周边水域船舶交通组织实施办法，印发浙海安场景使用工作须知，制定浙海通场景运行管理须知。三是提升运行成效。浙海通场景方面，2023 年保障船舶进出港 13.8 万艘次，主要航道进港、引航准点率均超 96%，实现船舶经济航速 2 813 艘次，减少油耗 11.6 万吨；浙海救场景方面，全省海上险情应急处置行动全部通过浙海救场景闭环运行，险情核实时间、周边力量调动时间均缩短至 10 分钟以内；浙海安场景方面，浙江沿海航路总体纳规率已稳定在 88%以上。

【浙江海事局强化现场管理，恢复常态化港口国监督登轮检查】 严格落实新冠病毒感染“乙类乙管”要求，高效统筹疫情防控、人员防护和保通保畅、安全生产的关系，因时因势及时启动港口国监督登轮检查工作，充分发挥工作优势，提高安全检查的精准性和实效性，有力维护辖区水上安全形势稳定和水域环境清洁。2023年，共实施港口国检查（PSC）初始检查690艘次，共发现缺陷3 077项，单船平均缺陷数为4.46项，滞留船舶59艘次，平均滞留率为8.55%。

推广船舶监督检查便民措施，提升船舶通关效率。实施“临开不检”、远程PSC复查等机制，减少安全检查对船期的影响。实施远程PSC复查，有效减少船舶滞港时间，激活港口装卸货作业生产力，并大幅为航运企业节省运营成本，节省滞期费。

【浙江海事局筑牢安保防线，全力做好杭州亚（残）运会水上交通安全与应急保障工作】 圆满完成杭州亚（残）运会水上交通安全与应急保障任务，实现“服务亚运、打造水上平安赛区”工作目标。一是牵头组建海事亚运工作领导小组，成立工作专班，与交通运输部海事局做好对接，配合发布加强入浙船舶安全监管的通知和通告。二是强化重点物资运输保障，实施载运亚运物资、民生物资船舶查验、锚泊、引航、进港和卸货“五优先”举措。三是强化环境质量保障，部署12个船舶尾气岸基监测点位，明确船载危险货物和船舶防污染监管重点。四是强化装备技术保障，在赛事水域新建16个超视距CCTV，实现赛事水域全覆盖，开展网络安全实战攻防应急演练。赛事期间，累计出动执法人员18 607人次，开展现场巡航4 814艘次，完成入浙、在浙船舶专项安全检查3 131艘次，国际航行船舶保安专项检查170艘次，核查入浙船舶专项信息报告7 304艘次、船员95 155人次，切实扛起平安护航亚运使命担当。

【浙江海事局加强履约研究，持续优化便利海上运输工作】 联合国家移民管理局、交通运输部海事局、大连海事大学以及中国驻英大使馆海事组组成中国代表团参加国际海事组织（IMO）便利运输委员会第47次会议。提交《中国“单一窗口”数据复用经验介绍》《建议修订〈建立海事“单一窗口”指南〉》等4份履约提案并全部通过会议讨论，到港船舶数据复用的经验做法，获得与会代表的一致肯定。大会同意增加“单一窗口”系统信息反馈功能，并发布FAL. 5/Circ. 42/Rev. 3通函修订《建立海运“单一窗口”导则》，为国际海运“单一窗口”建设制定了基础框架并提供了指导方针。

开展优化便利海上运输公约履约机制促进船舶通关便利化工作调研，与辽宁、上海、浙江等地口岸办、口岸查验单位、电子口岸、港口企业以及船舶代理等政企各方开展工作座谈，了解“单一窗口”应用及便利海上运输实行的相关举措，了解国内外办理船舶通关手续的异同以及企业在通关环节遇到的问题及有关工作建议，形成专题调研报告。

开放口岸

【杭州空运口岸（杭州萧山国际机场）】 杭州萧山国际机场位于浙江省杭州市萧山区，距杭州市中心27千米，是国务院确定的国内区域性枢纽机场，是国家对外开放口岸、中国内地十大机场和全球百强机场之一。截至2023年年底，机场占地面积10平方千米；共有4座航站楼，总面积约99万平方米；拥有2条跑道（北跑道长3 400米、宽60米，南跑道长3 600米、宽45米），停机位共217个，飞行区等级为4F，可起降民航客机A380。

杭州萧山国际机场是由原军民合用杭州笕桥国际机场迁址新建机场，原杭州笕桥机场于1979年经国务院同意开通至香港的包机航线，于1980年获批正式对外开放。杭州萧山国际机场于1997年7月动工建设，2000年12月建成通航。2003年9月，国务院批复同意杭州空运口岸扩大对外国籍飞机开放。2004年3月，杭州空运口岸通过国家验收正式对外开放。机场二期扩建工程于2007年11月开工，2013年1月建成投运。机场三期工程于2018年10月开工，2022年9月投运。三期工程是浙江迄今最大的机场建设项目、浙江省大通道建设十大标志性项目、杭州亚（残）运会重要基础配套项目，新建航站楼总面积 72 万平方米（设计能力 5 000 万人次/年，其中国际1 400万人次/年，远期可拓展至 1 800 万人次/年），新建陆侧交通中心及地上开发 64 万平方米，是集地铁、高铁、大巴、私家车等多种交通方式于一体的机场综合交通中心。2023 年 7 月 31 日，杭州萧山国际机场东区国际货站正式投运。东区国际货站是浙江省重点项目及亚运保障项目，总投资 14.89 亿元，建筑面积 15.67 万平方米，是旧货站面积的近 5 倍，规划年货邮吞吐量保障能力 60 万吨。该货站整体采用三层结构设计，分别为公共货站、快件/跨境中心和代理区。除货站主体外，还设置有汽车平台、综合业务楼、海关查验中心、特运库、海关卡口和空侧管理用房等相关设施。项目还投入了 ULD 提升机、托盘提升机、AGV 无人驾驶叉车、ETV 立体货架、海关查验分拣线、安检作业回流线等智能化设备。截至年底，东区国际货站已累计保障货量 5.61 万吨。

杭州萧山国际机场内建有独立的口岸工作园区和完善的口岸设施及功能（包括落地签证点、台胞签注点、过境 144 小时免签通道、国际邮件交换站等），实行“5+2”工作制，2019 年 9 月 29 日起全面实现 24 小时无障碍通关。2023 年 4 月 7 日，杭州萧山国际机场国际及地区入境航班从 T2 航站楼正式转场至 T4 航站楼运行。

杭州萧山国际机场始终牢记习近平总书记“举办一届成功的亚运会”的殷切嘱托，紧紧围绕办赛目标和办赛理念，以“六个一流”标准圆满完成了亚运会、亚残运会航空运输保障任务，给各方宾客留下了美好的“第一印象”和“最终回忆”。自 2023 年 9 月 9 日杭州亚运会抵离服务工作启动，至 10 月 30 日杭州亚残运会抵离服务工作结束，杭州萧山国际机场累计保障涉亚客运航班 4 538 架次、旅客 5.09 万人次、行李 8.7 万件、枪弹 1 562 件，保障货运航班 44 架次、运输赛马 224 匹，实现了“绝对安全、快进快出、温馨舒适”的工作目标。

2023 年，杭州萧山国际机场新增及恢复 14 个国际及地区客运航点。充分发挥和香港机管局合资合作优势，推出首批 10 条“杭港通天下”中转航线产品；开通杭州至迪拜、阿拉木图 2 条亚洲航线，架起了连通中、西亚的“空中桥梁”；开通境内首条至大洋洲的第五航权客运航线，丰富了通达全球主要航空枢纽的航线网络，稳定通航 4 大洲 22 个国家和地区。成功引入全球物流巨头马士基，携手中外运与寰宇通达首次达成合作，新增比隆、芝加哥、布达佩斯、达卡、巴黎和奥斯坦德 6 个国际货运通航点，形成了横跨欧美亚三大经济区、覆盖全球主要经济体的货运航线网络，国际货运枢纽功能进一步增强。

2023 年，杭州萧山国际机场累计运营航点 182 个，其中国际客运航点 31 个，分别为首尔、大阪、曼谷廊曼、新加坡、曼谷素万那普、东京、吉隆坡、芽庄金兰、多哈、开罗、罗马、济州、清迈、普吉、里斯本、巴厘岛、沙巴、卡利博、胡志明市、阿拉木图、斯里巴加湾、雅加达、莫斯科、马尼拉、河内、阿姆斯特丹、法兰克福、马德里、迪拜、奥克兰和悉尼；地区客运航点 3 个，分别为香港、澳门和台北；国际货运航点 17 个，分别为新西伯利亚、莫斯科谢列梅捷沃、莫斯科伏努科沃、列日、马德里、布达佩斯、洛杉矶、芝加哥、首尔、纽约、达卡、吉隆坡、新加坡、比隆、乌兰乌德、巴黎、奥斯坦德。

2023 年，保障航班起降 30.04 万架次，完成旅客吞吐量 4 117.05 万人次、货邮吞吐量 80.97 万吨，同比分别增长 57.8%、105.5% 和下降 2.4%。杭州空运口岸出入境飞机 20 841 架次（入境 10 357 架次、出境 10 484 架次），同比增长 178.62%；出入境人员 269.51 万人次，同比增长 610.27%。其中，出入境旅客 250.94 万人次（入境 124.17 万人次、出境 126.77 万人次），同比增长 673.61%；机组员工 18.57 万人次（入境 9.25 万人次、出境 9.32 万人次），同比增长 237.14%。出入境货邮量 16.96 万吨（出港

12.56 万吨、进港 4.40 万吨），同比增长22.41%。

【宁波空运口岸（宁波栎社国际机场）】
宁波栎社国际机场位于浙江省宁波市海曙区，距市中心约12千米，是国内重要的干线机场。1984年11月，民航宁波站庄桥机场（军民合用）开航；1990年6月30日，新建的宁波栎社机场建成通航，成为浙江省第一座民用机场；2005年11月29日，获批更名为宁波栎社国际机场。机场高架快速路与甬金、杭甬高速出口相连接，轨道交通2号线将机场与宁波火车站、汽车客运中心相连，客流往返与物流运输十分便利。2018年，宁波栎社国际机场年旅客吞吐量突破1 000万人次，正式迈入全国大型繁忙机场行列。

截至2023年年底，宁波栎社国际机场运营2座航站楼，T1航站楼面积4.5万平方米、T2航站楼面积11.24万平方米。机坪面积53.2万平方米，机位数量60个，飞行区跑道长3 200米，配备国际先进的通信导航和航行管制设备，达到4E级标准，可满足波音747等大型飞机起降。机场拥有5.5万平方米的交通中心，城市轨道交通2号线无缝引入。货运区总面积约6.7万平方米，库区面积约3.8万平方米，其中国内货站1.35万平方米、快件中心及国际货站2.21万平方米、冷链库1 500平方米，建有10个货机位，设计年最大保障能力30万吨。

1992年7月，宁波栎社机场经国务院批准正式对外开放；同年年底，国际航空货运业务开通。2005年4月1日，宁波空运口岸扩大对外国籍飞机开放获国务院批准，同年9月2日通过国家验收。宁波空运口岸拥有进境食用水生动物、进口冰鲜水产品、进境水果指定口岸、全国跨境贸易电子商务试点城市重要实施口岸等资质。2016年11月10日，宁波栎社国际机场成为浙江省首个国际卫生机场。2023年，宁波栎社国际机场圆满完成杭州亚（残）运会航空运输保障任务。设置抵离专区和服务台，在航站区内外扮靓亚运氛围，精心挑选45名志愿者，组建“栎小蓝”亚运礼宾团队，共保障涉亚航班174架次、人员614人次（其中进港296人次、出港318人次）。

2023年，宁波栎社国际机场新开国际全货机航线5条（曼谷、河内、列日、迪拜、首尔），其中宁波—列日（雷克雅未克）航线为宁波首条欧洲第五航权航线。新引进2家货代企业入驻。新开至匈牙利布达佩斯洲际客运航线，填补了宁波至欧洲正班客运航线空白。截至年底，宁波栎社国际机场有国际及地区定期客运通航点13个，其中我国港澳台地区3个、国际10个。周均入境航班量约36班。

2023年，宁波栎社国际机场完成旅客吞吐量1 290.16万人次、货邮吞吐量14.28万吨、航班起降9.93万架次，同比分别增长109.25%、67.45%和76.91%。宁波空运口岸完成出入境旅客量48.06万人次、出入境货邮量7.69万吨、出入境航班量6 711架次，同比分别增长2 590.18%、122.05%和271.18%。

【温州空运口岸（温州龙湾国际机场）】
温州龙湾国际机场位于浙江省温州市龙湾区，濒临东海，距温州市中心约22千米。机场于1990年7月12日通航，先后经历民航温州站、民航温州永强机场的发展，2013年获批正式更名为温州龙湾国际机场。1994年9月，机场获批对外开放（限中国籍飞机飞港澳地区）；2011年6月，获批对外国籍飞机开放；2012年7月24日，通过国家验收正式对外国籍飞机开放。

温州龙湾国际机场是国内二类民用机场，机场占地面积378.8万平方米，飞行区等级为4E，消防保障等级为8级，拥有一条长3 200米、宽45米跑道（含道肩60米），一条3 200米平行滑行道，高峰小时可起降28架次，可保障波音747-400、空客A340-600等同类及以下机型起降。机场航站楼总面积12.95万平方米，其中T2航站楼11.6万平方米、T1航站楼国际厅1.35万平方米；停机坪54.8万平方米，停机位59个，登机廊桥29座，30个非廊桥位（包括1个复合机位）；货运站总面积3万平方米。2018年，温州龙湾国际机场年旅客吞吐量首次突破1 000万人次，成功迈入千万级大型国际机场行列。2019 年 9 月，温州龙湾国际机场轨道交通 S1 线全线开通，温州也成为浙江省内首个实现航空和轨道交通“零换乘”的城市。2023 年 10 月上旬，温州龙湾国际机场三期扩建项目预可报告获国家发展改革委正式批复，标志着该项目前期工作取得重大突破，为项目开工奠定基础。12 月 21 日，温州龙湾国际机场三期改扩建机坪工程顺利完成中国民用航空华东地区管理局温州安全监督管理局组织的行业验收。

温州空运口岸客运区国际出发配备海关通道 2 条，值机柜台 9 个，边检通道 5 条（其中 1 条自助通道），安检通道 3 条，登机口廊桥 4 个（5-8 号）、2 个远机位（18-19 号）；国际到达配备海关通道 2 条，边检通道 7 条（其中 2 条自助通道），行李提取转盘 2 个。口岸货运区建有 6 650平方米的国际监管仓库，设有出境货物区、进境货物区、邮件交换站、海关办公区、查验区和扣留区等，配备电子地磅、集装箱式冷库、生物培育地、视频监控和卡口系统等设施，拥有进境冰鲜水产品、食用水生动物指定监管场地资质。温州龙湾国际机场进出口货物主要为皮料、服饰、箱包、生鲜产品等。2023 年 5 月 11 日，温州龙湾国际机场正式启用跨境电商“9610”出口监管场地，打通服务跨境电商的“最后一公里”，国际货物出港查验时间节约半天以上。制定特色农产品运输专项措施，协同海关等单位，成功开辟丁香杨梅等特色农产品出口业务；推动危险品第九类Ⅰ、Ⅱ锂电池运输的资质扩充，实现带锂电等新能源产品从温州空运口岸出口；利用进口冰鲜、进境水生动物口岸资质，形成以水产品进口为主的国际全货机进港特色品类运输；依托国际全货机运力资源，开展电缆等大宗物品以及芯片制品等高附加值货物的运输业务。

2023 年，温州龙湾国际机场圆满完成亚运保障任务，高标准服务保障涉亚航班 131 架次、人员 659 人次、行李 706 件，高质量完成 3.8 万份餐食配送，实现涉亚航班靠桥、人员引领、放行正常三个“100%”，抵达换乘“零”等待。年内，温州空运口岸新开、恢复航点共 20 个。截至年底，温州龙湾国际机场营运航点共 116 个（营运城市 113 个），其中境内 101 个、地区 2 个、国际 13 个；营运航线 175 条，其中境内 160 条、地区 2 条、国际 13 条；备降航线 175 条，其中境内 164 条、地区 5 条、国际 6 条。

2023 年，温州龙湾国际机场完成航班起降 9.34 万架次，同比增长 76.18%；旅客吞吐量 1 168.82万人次，同比增长 108.42%；货邮吞吐量 10.6 万吨，同比增长 71.3%。温州空运口岸完成国际及地区旅客吞吐量、货邮吞吐量和航班量分别为 19.24 万人次、2 万吨、3 091 架次，同比分别增长 1 689.9%、287.6%、363.42%。

【义乌空运口岸（义乌国际机场）】 义乌国际机场位于浙江省金华市义乌市，距市中心 5.5 千米，是中国首个县级口岸机场，也是浙江省第四大国际航空港。机场始建于 1970 年，1988 年获批为军民合用机场，1991 年 4 月正式开通民用航班。2014 年 7 月 31 日，国务院批复同意义乌空运口岸对外开放；同年 10 月 13 日顺利通过国家验收投用。

机场历经 5 次改造和扩建，具备全天候起降条件，飞行区等级为 4D，跑道长 3 000 米、宽 45 米，可起降空客 300、波音 767 等大中型客机及波音 757 货机。机场停机坪面积 6 万平方米，11 个中型客机机位；国内候机楼 1.66 万平方米，4 个登机廊桥，可满足 1 000 人次同时候机；国际（地区）航站楼面积 1.3 万平方米，2 个登机廊桥，设计年旅客吞吐量 30 万人次，高峰小时可满足 340 人次同时候机。机场共建有 2 个临时国际货站。国际货站一位于航站楼的南侧，设计规模仅供国际（地区）航班腹舱带货所需，于 2014 年 10 月改造完成；国际货站二于 2015 年由地方政府筹建，包括 1 个普货通道、1 个邮件通道，该货站设计仅为单一出港功能，能满足保障 1 架 B757 货机，即 30 吨国际货物运输量的要求。2019 年，机场年旅客吞吐量首次突破 200 万人次，正式迈入中型机场行列。2019 年 11 月 29 日，机场顺利通过世界卫生组织专家组实地验收，正式被授予“国际卫生机场”称号，成为全国县级市首个、关检融合后首批、杭州关区内首个国际卫生机场，也是全国第13个国际卫生机场。2023年9月13日，海关总署批准义乌空运口岸设立进境食用水生动物指定监管场地，这是浙中地区首个进境食用水生动物指定监管场地。

2023年，义乌国际机场共计保障涉亚航班54架次，其中进港28架次、出港26架次；累计保障涉亚旅客228人次、行李230件，其中进港86人次、出港142人次，圆满完成杭州亚（残）运会航空运输保障任务。义乌国际机场努力争取航班时刻，全年恢复、新增“义乌—马尼拉”“义乌—克拉克”国际全货机航线，常态化开行“义乌—大阪”“义乌—马尼拉”国际货运航线；恢复“义乌—香港”地区客运航线。截至年底，实际客运通航城市30个，营运航线28条，实际运营国际（地区）全货机航线2条、国内全货机航线1条。

2023年，义乌国际机场完成旅客吞吐量296.57万人次、货邮吞吐量1.52万吨，保障航班起降2.40万架次，同比分别增长244.03%、91.51%和142.44%。义乌空运口岸完成出入境飞机520架次，同比增长9.7%，其中，出境飞机260架次、入境飞机260架次；出入境人员5 867人次，同比增长71.4%. 其中，出境3 012人次、入境2 855人次；出入境旅客3 617人次，同比增长168.52%，其中出境旅客1 887人次、入境旅客1 730人次。运输国际货物2 376.8吨，同比下降4.55%。

【舟山空运口岸（舟山普陀山机场）】 舟山普陀山机场位于浙江省舟山市普陀区，地处国家级风景区“海岛生态园”朱家尖岛，与市中心直线距离16.5千米。舟山普陀山机场原名舟山朱家尖机场，于1995年1月开工建设，1997年3月底建成，8月8日正式通航，1998年4月更名为舟山普陀山机场。2018年1月，国务院批复同意舟山普陀山机场对外开放。国家口岸管理办公室分别于2018年10月和2019年5月批复同意舟山普陀山机场航空口岸临时开放，临时航空口岸开放时限至2019年11月8日。2023年10月17日，舟山普陀山机场对外开放通过国家验收，10月25日正式对外开放。10月31日，舟山普陀山机场航站楼改扩建工程通过中国民用航空华东地区管理局组织的行业验收。机场总占地面积约200.27万平方米，拥有1条跑道（长2 500米、宽60米）、1条平行滑行道（长2 500米、宽38米），跑滑间设有2条端联络道及4条垂直联络道。机场飞行区等级于1998年7月升至4D级，停机坪总面积为9.6万平方米，设有14个机位，能满足波音757及以下机型起降。

舟山普陀山机场有3座总面积约为2.8万平方米的中式风格航站楼。其中，新国内航站楼于2018年8月8日正式启用，建筑面积1.7万平方米；新国际航站楼一期于2018年11月9日正式启用，面积3 841平方米，改建为集通用航空、贵宾服务、远机位等功能于一体的通航服务综合楼；新国际航站楼二期建筑面积约6 550平方米。2023年，舟山普陀山机场客流量突破200万人次，迈入全国中型机场行列。

【宁波水运（海港）口岸】 宁波舟山港宁波港域地处中国大陆海岸线中部、南北海岸线和长江“T”形结构的交会点上，是中国著名的深水良港，是中国对外贸易的重要海港口岸之一。宁波港域自然条件得天独厚，内外辐射便捷，向外直接面向东亚及整个环太平洋地区，海上至香港、高雄、釜山、大阪均在1 000海里之内；向内不仅可连接沿海各港口，而且通过江海联运，可沟通长江、京杭大运河，直接覆盖整个华东地区及经济发达的长江流域，是中国沿海向美洲、大洋洲的港口远洋运输辐射的理想集散地。宁波港域共有8个港区，分别为甬江港区、镇海港区、北仑港区、大榭港区、梅山港区、穿山港区、石浦港区、象山港港区。

1979年6月，国务院正式批复宁波港对外开放。2023年10月28日，国务院批复浙江省政府，同意宁波港口岸扩大开放穿山、象山港和石浦3个港区，新增开放面积58.13平方米。其中，象山港港区和石浦港区首次获批对外开放，标志着宁波港口岸8大港区全部实现对外开放。此次获批新增对外开放岸线1 894米、对外开放泊位9个，新增集装箱吞吐能力62万标箱/年、货物吞吐能力300万吨/年。截至2023年年底，宁波港域拥有大、中、小相配套的各类经营性泊位312个，其中对外开放泊位达119个（包括10个临时开放泊位）。

2023年，宁波舟山港持续开展“直提直装”作业，主动对接腹地重点企业推送货物卸船进度等物流信息，引导具备条件企业灵活预约抵港作业，实现企业申报、货物卸船、查验放行、装货提离等环节的无缝对接，有效提高口岸通关效率，年内“直提直装”业务量完成5.75万标箱，同比增长35.1%；国际海事服务不断突破，完成首单国际航行船舶保税LNG加注和集装箱船海上锚地生物燃料油加注，成为全球少数具备国际船舶LNG和生物燃料油加注服务能力的枢纽港。

截至2023年年底，宁波舟山港已与世界上100多个国家和地区的600多个港口通航，全球排名前20位的国际班轮公司已登陆宁波海港口岸，集装箱航线总数达302条，其中国际航线达250条、共建“一带一路”航线达130条；海铁联运班列总数达25条，内陆无水港增至36个，海河联运实现浙北杭嘉湖地区航线全覆盖，海铁联运、海河联运集装箱业务量分别完成165.2万标箱、98.6万标箱，同比分别增长13.8%、25.7%。

2023年，宁波舟山港宁波港域货物吞吐量67 238.1万吨，同比增长5.5%；外贸货物吞吐量39 407.8万吨，同比增长3.7%，其中，进口22 869.1万吨，同比增长3.3%，出口16 538.7万吨，同比增长4.3%。集装箱吞吐量3 230.2万标箱，同比增长5.0%；进出口集装箱2 629.2万标箱，同比增长3.2%，其中，进口1 267.7万标箱，同比增长3.0%，出口1 361.5万标箱，同比增长3.4%；内支线124.2万标箱，同比下降2.4%。国际航行船舶出入境10 209艘次，同比下降4.6%，其中外国籍船舶8 927艘次，同比下降6.5%。出入境人员21.88万人次，同比下降2.89%，其中外国籍船员15.05万人次，同比增长5.4%。

【舟山水运（海港）口岸】 宁波舟山港舟山港域地处我国东部海岸线与长江水道的交汇处，背靠长三角经济腹地，面向太平洋，是东部地区和长江流域重要的对外开放海上门户和通道。截至2023年年底，舟山海港口岸是全国唯一的群岛型口岸，共有11个已开放港区，分别为定海港区、岑港港区、马岙港区、白泉港区、金塘港区、沈家门港区、六横港区、岱山港区、衢山港区、嵊泗港区、洋山港区；开放总面积1 457.3平方千米，开放锚地20个，开放总面积和监管点位居全国第一；拥有进口粮食、进口冰鲜水产品、进境水果、进口肉类、进口水生动物指定口岸资质和进口澳大利亚肉牛指定隔离检疫场，并设有20个保税仓库（其中16个油品保税仓库，大豆、水产品和船用配件保税仓库4个）和5个出口监管仓。

1981年5月，国家批准嵊泗县绿华山和普陀区黄兴岛为外轮海产品交货锚地，同时开放沈家门港为国轮外贸运输港。1987年4月1日，舟山港获批正式对外开放，其中沈家门、老塘山为对外开放作业区。2014年10月13日，舟山群岛国际邮轮港正式开港。2023年4月19日，岱山、金塘、白泉、马岙、沈家门5个港区，浙石化、惠生海工、中澳码头、新奥LNG、金能石化、普陀台贸6个项目码头通过国家验收；5月19日，正式对外开放。其中，浙石化项目是国家重点规划建设的七大石化产业基地之一，是中国（浙江）自由贸易试验区油气全产业链核心项目；新奥LNG项目担负着浙江省乃至长三角区域天然气保供任务。金塘港区大浦口集装箱码头3号泊位和中天重工有限公司2号舾装码头对外启用于2月10日通过浙江省政府验收，2月22日正式对外开放。马岙港区舟山市华丰船舶修造有限公司3号舾装码头对外启用于6月1日通过浙江省政府验收，6月12日正式对外开放。六横港区浙江海港中奥能源有限责任公司2号码头对外启用于9月12日通过浙江省政府验收，9月25日正式对外开放，该码头为15万吨级液体散货泊位，总长度320米，对外启用后将进一步提升宁波舟山港多样化油品运输生产的能级，增强国际航行船舶燃供服务能力。

2023年，宁波舟山港舟山港域完成货物吞吐量6.51亿吨，同比增长4.36%；江海联运量3.21亿吨，同比增长6.64%；集装箱吞吐量299.9万标箱，同比增长16.6%；海事服务总产出突破500亿元，同比增长19.99%。舟山海港口岸（含嵊泗海关辖区）进出口货运量20 226.0万吨，同比增长11.9%，其中进口18 569.2万吨，同比增长11.3%，出口1 656.8万吨，同比增长19.5%；进出口集装箱234.05万标箱，同比增长15.39%；出入境人员25.75万人次，同比增长23.15%；出入境国际航行船舶18 438艘次，同比增长19.91%。

【温州水运（海港）口岸】 温州港地处浙江南部、东南沿海黄金海岸线中部，是全国沿海25个主要港口之一和国家重要枢纽港，是连接长三角地区和海西经济区的重要节点，是浙南、浙西南、赣东、闽北、皖南等地区对外贸易的重要出海口，东南与台湾地区的高雄港、基隆港隔海相望，是浙江口岸距离台湾地区各港口最近的港口，拥有350千米海岸线。温州港由状元岙港区、乐清湾港区、大小门岛港区3个核心港区以及瓯江港区、瑞安港区、平阳港区、苍南港区4个辅助港区组成。

1957年，温州海港口岸经国务院批准对外开放；1964年8月27日，首艘外轮日本“东宫丸”号抵达温州。“十一五”时期，温州港开始由“瓯江时代”向“东海时代”迈进，实现由河口型港向近海深水港、地区性港向沿海枢纽港、集装箱喂给型港向重要支线港发展的三大历史性转变。2014年2月，温州海港口岸扩大开放获国务院批准，这是温州港由“瓯江时代”向“东海时代”全面跨越的重要标志。2014年12月，状元岙港区扩大开放通过国家验收。

2023年，温州海港口岸开放能级实现新提升。扩大开放加快推进，完成乐清湾港区、状元岙港区、大小门岛港区三大核心港区扩大开放水陆域、航线和锚地的调整，完成相关部门的意见征求。状元岙港区肉类、水果指定口岸监管场地改造工程于3月竣工投运，在进口优质水果的同时，试单成功肉类产品进口。大小门岛港区小门岛作业区温州LNG接收站项目配套码头竣工投运，获批临时应急对外启用6次，8月7日首次进口LNG，为做好迎峰度夏和亚运期间周边地区用气提供有效保障。温州LNG接收站项目是浙能集团控股的第一个具有应急调峰储备功能的LNG接收站项目，是浙江省推动能源产供储销体系建设、提升资源自主供给能力的重要基础设施项目。年内，温州港新开通至马来西亚、日本、印度尼西亚3条航线，近洋航线数已达到14条，加快打造集装箱浙南近洋航线中心。

2023年，温州港完成货物吞吐量8 812.7万吨，同比增长3.9%；集装箱吞吐量130.2万标箱，同比增长10.4%。温州海港口岸完成进出口货运量438.06万吨、进出口集装箱39.94万标箱、入出境船舶1 566艘次，同比分别减少0.13%、8.75%、0.003%。

【台州水运（海港）口岸】 台州港位于浙江中部沿海，地处我国海岸带中段，是浙中沿海的水运枢纽，海岸线745千米，占浙江省的28%。2001年，台州市港口获批统一更名为台州港，实现“一城一港”、港城同名的发展格局。截至2023年年底，台州港共有5个沿海港区，分别为海门港区、大麦屿港区、头门港区、健跳港区和龙门港区。海门港区位于台州市椒江区，1983年11月获国务院批准开展国轮外贸运输业务，1989年5月获国务院批准对外轮开放，1990年10月正式对外开放，有开放泊位5个，最大靠泊等级为5 000吨级。大麦屿港区位于玉环市西海岸，是一个以集装箱为主、散杂货为辅的主要作业港区，2008年4月获国务院批复同意对外开放，2011年9月通过国家验收，同年12月正式对外开放，最大靠泊能力为10万吨级，拥有进境水果指定监管场地。2020年7月29日，台州港口岸扩大开放获国务院正式批复同意。扩大开放范围包括头门港区、健跳港区和龙门港区，新增水陆域面积 690 平方千米，台州港口岸沿海各港区实现全面开放，总开放水陆域面积达 970 平方千米。此外，国务院以及浙江省政府曾根据台州对外开放需要，先后批准临海红光液化气专用码头、大陈岛海上水产品交货点 2 个二类口岸并入台州港口岸统一管理。

2023 年 3 月 13 日，大麦屿港区开通“台州—日本”直航航线，这是继 2022 年 6 月开通“台州—越南”直航航线后，大麦屿港区开通的第 2 条对 RCEP 国家直航航线。11 月 9 日，大麦屿港区至智利的南美航线正式开通，该航线可以满足台州市场对共建“一带一路”国家和地区进出口运力的需求，台州企业出口货物不再需要通过水路内支线或陆路运输到宁波港口岸出口，节省了物流时间和成本。截至年底，大麦屿港区拥有 10 余条内贸集装箱运输航线、6 条国际和地区集装箱航线，其中共建“一带一路”直航航线 3 条，辐射英国、北美、南美、越南、日本等地，主要进口货物为陶瓷、卷钢、粮食、煤炭、板材等。12 月 8 日，大麦屿港区进境冰鲜水产品、食用水生动物指定监管场地项目获海关总署批复，准予立项，该项目投用后将带动冷链物流相关产业的发展，助力大麦屿港建设国际特色农水产品贸易港。12 月 29 日，大麦屿港区浙江大麦屿港务有限公司 3 万吨级多用途码头通过对外启用验收，有效解决当地开放码头紧缺问题。该码头长 259 米、宽 50 米，配有 4 台门机，码头前沿平均水深 13.5 米以上，设计年吞吐量达 231 万吨。年内，大麦屿港区至台湾基隆货运直航往返 42 个航次，运送 6 387 标箱、散杂货 918.4 吨，客运业务在疫情期间暂停后尚未恢复。

2023 年，台州港货物吞吐量 7 379.8 万吨，同比增长 18.2%；集装箱吞吐量 68.6 万标箱，同比增长 19.7%。进出口货物吞吐量 1 245.29 万吨，同比增长 15.06%，其中进口 1 105.91 万吨，同比增长 16.28%，出口 139.38 万吨，同比增长 6.2%；进出口集装箱吞吐量 20.35 万标箱，同比增长 0.17%，其中进口 10.03 万标箱，同比增长 2.96%，出口 10.32 万标箱，同比减少 2.41%；出入境船舶 789 艘次，同比增长 27.05%，其中外轮 568 艘次，同比增长 25.66%。

【嘉兴水运（海港）口岸】 嘉兴港（原名乍浦港，2014 年 12 月 24 日国务院批复同意乍浦港口岸更名为嘉兴港口岸并扩大开放独山、海盐港区）位于长三角南翼、杭州湾北岸，地处沪、杭两市中间的嘉兴市境内，是浙江北部唯一的出海门户，是我国海河联运主要港口之一，嘉兴河网密布、航道通达，具有“前海后河”的独特优势，内河至杭州 137 千米、湖州 119 千米、苏州 110 千米，是长三角地区重要的海河联运枢纽。

嘉兴港自东向西由独山、乍浦、海盐三大港区组成。其中，乍浦港区于 1993 年 3 月获批开办国轮外贸运输业务，1994 年 5 月获批临时接靠外国籍船舶，1996 年 1 月经国务院同意对外国籍船舶开放，2001 年 4 月正式通过国家验收对外开放。2016 年 11 月 25 日，嘉兴港口岸扩大开放通过国家验收，基本实现全港对外开放（除乍浦港区九龙山区域）。截至 2023 年年底，嘉兴港共有外海生产性泊位 54 个，其中万吨级 41 个、对外开放泊位 37 个。2023 年，嘉兴港排名全球百大集装箱港口第 75 位。年内，共开通 5 条国际近洋航线（日本、俄罗斯、越南、泰国、印度尼西亚）和“乍浦—宁波”“独山—洋山”2 条内支线。

嘉兴港拥有煤炭、粮食、原木进境指定监管场地资质。2023 年 12 月 20 日，嘉兴港乍浦港区设立进境水果、冰鲜水产品、食用水生动物指定监管场地获海关总署批复同意。

2023 年，嘉兴港完成货物吞吐量 13 960.4 万吨，同比增长 5.4%，其中外贸货物 1 632.6 万吨，同比增长 16.74%；完成集装箱吞吐量 340.4 万标箱，同比增长 19.3%，其中外贸集装箱 54.74 万标箱，同比增长 14.2%。出入境船舶 1 495艘次，同比增长 0.3%，其中出境 716 艘次，同比下降 1.6%，入境 779 艘次，同比增长 2.1%，外国籍船舶出入境 1 309 艘次，同比下降

4.3%。出入境人员 29 063 人次，同比增长 4.1%，其中外国籍人员 19 843 人次，同比增长 2.0%。

宁波市

【口岸运行主要数据】 2023 年，宁波口岸进出口贸易额累计 23 984.5 亿元，同比下降 3.7%，占全国比重为 5.74%，较 2022 年下降 0.21 个百分点。其中，进口 6 614.7 亿元，同比下降 5.9%，占全国比重为 3.68%；出口 17 369.8亿元，同比下降 2.9%，占全国比重为 7.31%；实现贸易顺差 10 755.1 亿元，同比下降 0.9%。宁波口岸前十大贸易国家（地区）中，美国仍位列第一，与宁波口岸进出口贸易额 3 985.2亿元，占宁波口岸进出口贸易额的 16.6%。同期，墨西哥、澳大利亚、巴西与宁波口岸进出口贸易额增速位列前三，同比分别增长 12.2%、10.0%、9.7%。

2023 年，宁波本地企业在宁波口岸进出口 8 656.6亿元，占口岸进出口额的 36.1%，较 2022 年提升 1.4 个百分点。异地（除宁波市以外）企业在宁波口岸进出口 15 327.9 亿元，占口岸进出口额的 63.9%。其中，浙江省内异地企业进出口 9 013.7 亿元，省外异地企业进出口 6 314.2亿元，分别占宁波口岸进出口额的 37.6%、26.3%。杭州、金华、绍兴、台州、温州等传统口岸腹地企业进出口额居前 5 位，依次为1 807.1亿元、1 603.6 亿元、1 587.9 亿元、1 455.6亿元、1 132.6 亿元，合计占浙江省内宁波口岸异地进出口额的 84.2%；舟山企业进出口额增速位列第一，同比增长 18.9%。

2023 年，宁波舟山港宁波港域货物吞吐量 67 238.1 万吨，同比增长 5.5%；外贸货物吞吐量 39 407.8 万吨，同比增长 3.7%，其中，进口 22 869.1 万吨，同比增长 3.3%，出口 16 538.7 万吨，同比增长 4.3%。集装箱吞吐量 3 230.2 万标箱，同比增长 5.0%；进出口集装箱 2 629.2 万标箱，同比增长 3.2%，其中，进口 1 267.7 万标箱，同比增长 3.0%，出口 1 361.5 万标箱，同比增长 3.4%；内支线 124.2 万标箱，同比下降 2.4%。国际航行船舶出入境 10 209 艘次，同比下降 4.6%，其中外国籍船舶 8 927 艘次，同比下降 6.5%。出入境人员 21.88 万人次，同比下降 2.89%，其中外国籍船员 15.05 万人次，同比增长 5.4%。

2023 年，宁波空运口岸出入境航班累计 6 711架次，同比增长 271.2%，其中，出境 3 356 架次，同比增长 279.6%，入境 3 355 架次，同比增长 263.1%；出入境旅客 48.06 万人次，同比增长 2 590.18%；宁波栎社国际机场完成货邮量（含行李）19.91 万吨，同比增长 75.9%，其中，国际及地区货邮量 7.69 万吨，同比增长 122.05%。

【口岸营商环境水平全面提升】 一是专项行动成效显著。宁波市口岸办组织开展全市新一轮跨境贸易便利化行动，在全国率先出台实施 2023 年宁波口岸深化跨境贸易便利化改革措施共 29 条，其中 15 条“自选动作”充分体现宁波口岸辨识度。在全国优化营商环境现场会上，宁波作为标杆城市作典型发言。据最新统计，宁波口岸进、出口整体通关时间稳居长三角沿海口岸第一，进出口贸易额全国占比达到 5.74%，提前两年完成“十四五”目标。国际影响力稳步提升。中国—中东欧国家贸易景气指数（2022 年度）正式发布，第七届海丝港口国际合作论坛高水平举办，两项成果被列入第三届“一带一路”国际合作高峰论坛多边合作成果文件清单。二是创新改革取得实效。在全国首创海关高级认证企业“享惠拓围”机制，联合 12 个部门制定 35 项便利措施，形成企业信用信息共享、部门激励集成的工作闭环。宁波海事创新“临开不查”、远程“非接触式”检查、“一船多证一次通办+不停航”等工作模式，大幅提升船舶进出港效率。宁波市口岸办会同市财政部门持续做好免除查验没有问题外贸企业吊装移位仓储费试点工作，截至 2023 年年底累计减免企业经济成本 2 600 余万元。三是补链赋能服务新业态。破解新能源汽车出口难题，建立浙江省首个新能源汽车出口“一站式”作业场地，打通出口最大堵点，宁波口岸日装箱能力提升至1 000辆以上，每箱节约作业成本约1 000元、时间缩短2~3天，得到宁波市有关领导批示肯定。支持梅山国际冷链基地建设，推进梅山冷链基地设立进境肉类、进境水果和冰鲜水产品海关指定监管场地上报海关总署，统筹解决兴港冷链资质问题。

【口岸对外开放和对内合作大步推进】 一是海港口岸扩大开放获国务院批复。获批扩大开放穿山、象山港和石浦3个港区，新增开放面积58.13平方米。其中，象山港港区和石浦港区是首次获批对外开放，标志着宁波港口岸八大港区全部实现对外开放。新增对外开放岸线1 894米、对外开放泊位9个，新增集装箱吞吐能力62万标箱/年、货物吞吐能力300万吨/年。二是强港吞吐能力持续释放。梅山港区9#泊位首次临时启用，穿山港区1#泊位、石浦港区新港码头延续临时开放，梅山港区6#-8#泊位、冠保码头、中宅矿石二期码头延续临时启用，梅山港区10号泊位开展内支线作业。三是国际空港辐射能力显著增强。新增列日第五航权航线，恢复纽约第五航权航线，调整洛杉矶、芝加哥第五航权航线。全货机航班达到35班，4条洲际全货机航线全部为第五航权航线。四是口岸合作成果丰硕。打造“口岸服务‘甬’无止境”口岸与腹地联动服务品牌，口岸办协同海关、海事、边检、港口等部门赴长沙、岳阳、武汉开展沿江腹地揽货，赴丽水开展山海协作口岸推介，赴凉山开展东西部协作，宣传推广“2+2+X”杭甬跨境贸易便利化工作机制，推动实现甬舟口岸引航一体化。

【口岸数字化改革取得重要创新成果】 国家口岸管理办公室批复宁波市开展智慧口岸建设试点，宁波成为全国首批，也是浙江省唯一的智慧口岸建设试点城市。口岸数字化改革效能不断显现，首次推出面向企业的口岸特色金融产品。宁波市口岸办利用“甬e通”数据，与建行联手研发推出“口岸云贷”服务，为涉外小微企业量身打造信用额度高、同类利率低、随借随还、按日计息的专属线上金融产品，属全国首创。同时，“甬e通”平台应用推广进一步深化，智慧口岸方案不断对接完善，特别是“单一窗口”业务量从全国第六上升至第四，仅次于深圳、上海、广东。

【杭州亚（残）运会抵离保障工作有力有效】 对标上级要求，高标准完成杭州亚（残）运会抵离保障任务，实现25个国家和地区共计904名涉亚人员（含运动员443人、技术官员288人、媒体115人等）顺利抵离和23票涉亚物资顺利通关，有力保障了阿曼、泰国及中国香港等国家和地区的帆板、皮划艇、帆船等项目的比赛训练，获得浙江省抵离指挥中心通报表彰。

2023年浙江省口岸大事记

1月5日

时任浙江省委书记易炼红考察义乌铁路口岸。

1月6日

一架由圆通航空执飞的B757-200F全货机从宁波栎社国际机场起飞，前往泰国首都曼谷，标志着“宁波—曼谷”全货机航线正式开通。这是宁波栎社国际机场首次开通曼谷全货机航线，也是宁波栎社国际机场2023年开通的首条国际货运航线。

1月8日

澜湄航空LQ831航班从温州龙湾国际机场起飞，前往柬埔寨金边国际机场。这是温州龙湾国际机场2023年开通的首条国际定期客运航线。2023年是中柬建交65周年，被两国确定为“中柬友好年”。

1月9日

印度尼西亚城市快线航空QG8570航班从雅加达起飞抵达温州，标志着“温州—雅加达”国际定期客运航线开通。2023年是中印（尼）建立全面战略伙伴关系10周年。

1月10日

浙江省政府与中国国家铁路集团有限公司以

云签约方式签署战略合作框架协议。

1月10日

随着春秋日本航空公司IJ101航班落地宁波栎社国际机场，标志着宁波至东京成田的国际客运航班恢复开通。这是宁波栎社国际机场自新冠病毒感染实施“乙类乙管”后首次开通国际客运正班航班，也是时隔34个月后重启直飞日本东京的航线。

1月30日

经国家相关部委批准，海关特殊监管区域外保税维修业务在浙江正式落地，嘉兴一家高新技术企业成为浙江省首家获得该业务资格的企业。这意味着浙江省在市场采购、跨境电商、海外仓等外贸新业态新模式之外又开辟了一业务。该业务的获批是贯彻落实国务院办公厅印发的《关于加快发展外贸新业态新模式的意见》的举措，也是浙江省政府与海关总署签署合作备忘录、共同推进浙江省高质量发展的又一项标志性成果。

2月7日

出境游暂停3年后的浙江出境游首发旅行团，从杭州萧山国际机场T4航站楼乘坐QR891航班飞往多哈再转机前往欧洲旅游。

2月9日

一批来自日本的某品牌双眼皮贴在义乌空运口岸完成通关，运抵义乌保税物流中心。这是杭州海关首次实现“航空+保税”互联互通，通过发挥义乌空运口岸的枢纽作用和保税物流中心的集聚功能，为企业降费提效。

2月10日

宁波舟山港金塘港区大浦口集装箱码头3号泊位和中天重工有限公司2号舾装码头续建段对外启用通过浙江省政府验收。

2月10日

宁波往返泰国曼谷的客运航线时隔3年正式恢复运行。这是2023年继日本东京航线之后，宁波栎社国际机场恢复的第2条国际客运航线。在首航航班上，还有试点恢复出境团队旅游业务后，从宁波栎社国际机场出发的首个出境游团队。

2月12日

在浙江省首个新能源汽车专用装箱堆场——中信港通堆场内完成装箱的711辆新能源汽车，装船出运至迪拜。这是宁波口岸首批采用集装箱出口“一站式”监管模式通关出运的新能源汽车。

2月12日

新加坡籍“迪马特奥”油轮装载着4万吨航空煤油，驶离舟山绿色石化基地浙石化6号泊位，前往孟加拉国。这是舟山口岸首次出口航空煤油成品油，为后续出口新型成品油常态化发展奠定了基础。

2月15日

18名香港游客抵达杭州萧山国际机场，开启4晚5天的宋韵迎春之旅。这是内地居民与港澳团队游恢复后的浙江首个香港入境旅游团，标志着浙江入境游正式重启。

2月19日

宁波海关完成首票“温州—宁波”内支线运抵监管互认模式出口转关业务。

2月20日

178名旅客搭乘国泰航空CX384航班从香港飞抵温州龙湾国际机场。这是2023年2月6日我国全面恢复内地与港澳人员往来以来，从香港直飞温州的首班定期航班。

2月21日

嘉兴海关与浙江海港嘉兴港务有限公司签署海关高级认证企业口岸快速通关机制合作备忘录，标志着杭州海关为高级认证企业“量身定制”的口岸快速通关机制在嘉兴港率先试点。

2月24日

宁波梅山码头正式启用“智能施封”通道。

2月27日

头门港铁路海关监管作业场所一期工程通过杭州海关验收。

2月28日

中欧班列（台州）开行一周年暨台州“地瓜

经济”开放通道大提速活动在头门港铁路口岸海关监管作业场所举行，中欧班列（台州—万象）首发。

3 月 9 日

一列满载货物的“义新欧”中欧班列从铁路义乌西站启程，奔赴 13 052 千米外的西班牙首都马德里；与此同时，一列装载着 70 标箱红酒、橄榄油等西班牙特色产品的班列从马德里开出，驶向义乌。“世界超市”义乌和欧洲最大小商品集散地马德里对开“中西建交纪念号”班列，是中西建交 50 周年系列活动的重要一环。

3 月 10 日—12 日

宁波海关技术中心通过检验检测机构资质认定（CMA）和实验室认可“二合一”换证复评审。通过此次评审，该中心新增、变更检测项目共 2 528 项。

3 月 13 日

“新明州 16”轮从台州港口岸大麦屿港区启航开往日本，标志着“台州—日本”直航航线正式开通。这是大麦屿港区开通的第 2 条对 RCEP 国家直航航线。

3 月 16 日—17 日

2023 年全国海关科技工作会议在杭州召开，海关总署副署长王令浚出席并讲话。其间，参会人员参观了杭州城市大脑运营指挥中心和浙江省数字化改革成果展。

3 月 17 日

国家口岸管理办公室副主任王可在浙江调研，听取中国（浙江）国际贸易单一窗口相关建设情况的汇报，要求浙江加强“智慧口岸”建设，强化“单一窗口”服务保障能力，继续走在全国前列。

3 月 22 日

装载着越南火龙果的“海丰秋明”轮抵达状元岙港区。这是温州港口岸自进境水果指定监管场地改建后迎来的首批入境新鲜水果，从越南胡志明市直达温州仅用时 5 天，较传统中转模式缩短了 2~3 天。

3 月 23 日

马士基货运航空 DJ2126 航班从杭州萧山国际机场起飞前往丹麦比隆，标志着“杭州—比隆”国际全货机航线开航。这是杭州萧山国际机场 2023 年开通的首条国际全货机航线，也是杭州飞往丹麦的首条全货机航线。

3 月 28 日

温州龙湾国际机场温州至米兰国际定期客运航线迎来迭代升级，由此前的每周 1 班大幅加密至每周 4 班，实现公交式穿梭飞行。

3 月 29 日

浙江省省长王浩陪同宁夏回族自治区党政代表团考察义乌铁路口岸。

3 月 30 日

杭州萧山国际机场新增“杭州—芝加哥”全货机航线，这是马士基货运航空继 3 月 23 日开通“杭州—丹麦比隆”航线后，在杭州萧山国际机场开通的第 2 条全货机航线，为浙江省与北美大陆中心地带的跨境贸易搭建起一个稳定、多频、快捷的航空新渠道。

3 月 31 日

在宁波梅山综合保税区新设立的跨境电商出口前置仓海关监管作业场所内，一批品名为领带的货物以跨境电商海关监管新模式顺利完成验放，从宁波舟山港出发运往美国洛杉矶，标志着跨境电商出口前置仓监管新模式正式在宁波落地，属全国首创。

3 月 31 日

苏拉维加亚航空 SJ1185 航班搭载 184 名旅客从杭州萧山国际机场起飞前往印度尼西亚巴厘岛，标志着“杭州—巴厘岛”航线时隔 3 年复航。

4 月 1 日

时任浙江省委书记易炼红赴宁波舟山港调研高质量参与共建“一带一路”和强力推进开放提升工作。

4 月 1 日

杭州萧山国际机场往返台北桃园机场的客运航

线正式恢复运营，首个航班由厦门航空直飞。这是浙江时隔3年2个月后，重新恢复往返台湾地区的首个直飞客运航线，标志着两地正式恢复直航。

4月6日

浙江省机场集团有限公司在杭州萧山国际机场迎宾楼举行马士基货运航空开航仪式。杭州萧山国际机场是马士基货运航空首次在中国投入定期货运航班的机场，也是马士基在中国投入运力最大的航点。

4月7日

杭州萧山国际机场国际及地区入境航班正式转场至T4航站楼运行。

4月7日

浙江海事局印发《浙江海事局支持保障世界一流强港建设工程实施方案（2023—2027年）》，全力支持保障浙江省加快实施世界一流强港建设工程。

4月14日

嘉兴全球航空物流枢纽项目开工仪式在嘉兴市秀洲区举行，浙江省省长王浩出席并宣布开工。该项目是浙江省打造现代物流体系的重要一环，也是世界一流强港和交通强省建设“十大标志性工程”之一。

4月14日

根据浙江省领导要求，浙江省口岸办会同浙江电子口岸有限公司赴上海学习调研国际贸易“单一窗口”建设情况。

4月15日

2023年首批原产于法罗群岛的冰鲜三文鱼在杭州萧山国际机场进境，标志着杭州空运口岸正式恢复冰鲜水产品进口业务。

4月19日

舟山港口岸扩大开放通过国家验收。本次扩大开放范围包括岱山港区、金塘港区、白泉港区、马岙港区和沈家门港区，涉及浙石化、新奥LNG、浙台经贸、惠生海工、中澳码头、金能石化6个项目，新增开放面积112.5平方千米。

4月20日

宁波海关“智慧监管实战化平台”投入实战化应用。

4月21日

82名来自印度尼西亚的游客搭乘国际旅游包机抵达杭州萧山国际机场T4航站楼。这是2023年3月31日我国恢复全国旅行社及在线旅游企业经营外国人入境团队旅游和“机票+酒店”业务后，浙江省第一个外国入境游团体。

4月21日

“进口食品安全智慧监管服务平台”在梅山海关首次上线试点。

4月23日

“义新欧”中欧班列（义乌—中亚五国）10周年纪念号在义乌海关的监管下启程，前往中亚五国。10年来，义乌与中亚五国间累计开行班列2 024列。

4月24日

杭州萧山国际机场开通首条“杭州—阿姆斯特丹”国际全货机航线。该航线是海南航空在杭州开通的第1条国际全货机航线，弥补了杭州直达欧洲西部航线网络的空白。

4月24日

浙江海事局公告发布《浙江海事局海上液化天然气加注作业安全监督管理办法》，建立健全LNG加注等安全管理要求。该办法自6月1日起施行，有效期5年。

4月27日

W6207航班从杭州飞往匈牙利布达佩斯，标志着“杭州—布达佩斯”国际全货机航线正式开通。这是杭州萧山国际机场2023年开通的第2条全货机航线，也是杭州飞往匈牙利的首条全货机航线，填补了杭州萧山国际机场中东欧货运航线的空白。

5月4日

海关总署发布公告，同意在原有吉林省内贸货物跨境运输业务范围的基础上，增加俄罗斯符拉迪沃斯托克（海参崴）港为内贸货物跨境运输中转口岸，增加浙江省舟山甬舟集装箱码头和嘉兴乍浦港 2 个港口为内贸货物跨境运输入境口岸。该公告自 6 月 1 日起实施。

5 月 4 日

桐昆集团股份有限公司一票货值 15 120 美元的涤纶弹力丝经嘉兴海关驻乍浦办事处办结转关单放行手续后，成功向税务部门申请到 13 556 元的出口退税。这批货物后续将转关至宁波港出口，这是浙江省首票享受“启运港退税”政策红利的货物。

5 月 4 日

宁波栎社国际机场“芝加哥—仁川—宁波—芝加哥”货运航线调整为“芝加哥—宁波—仁川—芝加哥”第五航权货运航线执飞并首航。

5 月 9 日

一架从冰岛雷克雅未克起飞、中转比利时列日的 B747-400F 全货机 CC613 航班降落在宁波栎社国际机场，标志着“宁波—列日—雷克雅未克”第五航权货运航线正式开通。该航线由冰岛亚特兰大航空执飞。该航线是继“纽约—宁波—仁川—纽约”“芝加哥—宁波—仁川—芝加哥”第五航权航线后，宁波栎社国际机场开通的第 3 条第五航权洲际航线，也是浙江省内首条欧洲方向第五航权航线，还是宁波首条洲际跨境电商空运出口专线。

5 月 10 日

搭载 300 余名旅客的“招商伊敦”号邮轮安全靠妥温州港状元岙港区温州国际邮轮港。这是温州国际邮轮港迎来的首艘挂靠该港的国内邮轮，也是自 2019 年接靠国际邮轮后，时隔 4 年重新开展的邮轮航线业务。

5 月 11 日

温州龙湾国际机场跨境电商“9610”查验场地正式启用。该查验场地是温州市口岸建设重点项目，投用后，通过温州空运口岸出口的跨境电商“9610”货物，可直接在温州龙湾国际机场内完成清单核放、汇总申报或汇总统计，国际货物出港查验时间大幅减少。

5 月 15 日

第六届中国—中东欧国家海关检验检疫合作对话会在宁波举行。来自海关总署、浙江省及宁波市政府，13 个中东欧国家海关和检验检疫主管部门、驻华使馆的代表，以及中国—中东欧国家商界、学界的嘉宾共 160 余人出席对话会。

5 月 15 日

浙江空运口岸全面恢复启用边检快捷通道。首日通过快捷通道验放入境旅客 2 971 人次、出境旅客 1 982 人次，分别占总验放量的 52.98%、38.16%。

5 月 16 日

满载着浙江制造的 X9216 次班列从铁路金华南站启程，开往哈萨克斯坦港口阿拉梅金。这是中欧班列（金华—中亚）双向对开的第 1 000 列班列。在发车仪式上，金华市交投集团和乌兹别克斯坦爵士铁路场站服务公司签署合作协议，浙江海港国际联运公司与浙江丰粮供应链集团签署中亚“粮食回程专列”合作协议。

5 月 18 日

一架载运 41 吨货物的顺丰航空 B767F 货机从宁波栎社国际机场起飞前往迪拜，这是宁波栎社国际机场 2023 年开通的第 4 条全货机航线，也是宁波栎社国际机场通航以来首次开通至迪拜的全货机航线，填补了宁波与中东地区航空货运航线的空白。

5 月 18 日

第二十六次华东片船舶监督管理研讨会在嘉兴召开，上海、福建、长江、江苏、连云港、浙江海事局分管局领导，各直属局船舶监督处负责人及相关分支机构代表出席会议，港口国监督分委会、北方片区及华南片区代表受邀出席会议。研讨会进一步促进了华东片区各成员单位船舶检查实战能力与破解船舶监管难点等履职能力的提升。

5 月 24 日

一架载有 90 吨出口货物的美国康尼航空飞机从宁波栎社国际机场起飞，前往美国纽约肯尼迪机场。这是宁波栎社国际机场飞往纽约的首条全货机航线，也是继欧洲第五航权全货机航线后开通的第2条跨境电商出口专线。

5月29日

FM7102航班从宁波栎社国际机场出发，飞往匈牙利布达佩斯的李斯特·费伦茨国际机场，这是宁波栎社国际机场2023年开通的首条洲际客运航线，填补了宁波至欧洲正班客运航线的空白。

5月30日—31日

全国跨境电商综试区现场会在杭州召开。会上，商务部发布了2022年跨境电商综试区考核评估结果。其中，杭州、宁波、义乌3个综试区综合排名处于第一档“成效明显”，再次列为全国十大优秀综试区，浙江省席位占比全国第一。

5月31日

“义新欧”中欧班列“CMEC新能源号”在铁路义乌西站首发。这趟班列满载着国机工程集团（CMEC）承建的乌兹别克斯坦光伏电站项目物资，标志着“义新欧”中欧班列再次与央企携手拓展中亚市场。

6月1日

一份跨境电商零售进口商品税单在宁波海关完成电子支付，这是浙江省首笔，也是全国首批跨境电商零售进口电子支付税款之一，标志着跨境电商零售进口税款电子支付功能成功上线。

6月2日

宁波舟山港马岙港区舟山市华丰船舶修造有限公司3号舾装码头对外启用通过浙江省政府验收。

6月3日

国航恢复温州至首尔国际定期客运往返航班。温州是2023年杭州亚运会龙舟赛和足球赛的分会场，该航线的恢复将更好地服务和保障亚运会。

6月5日

宁波海关检出全国口岸首例新冠奥密克戎XBB.1.5.63变异株。

6月7日

嘉兴外海进港航道（鱼腥脑航道）和《鱼腥脑水域船舶推荐航法》正式对外公告，标志着嘉兴港第二进港航道（鱼腥脑航道）正式开通。

6月13日

海关总署出台的“内河运费扣减”举措在浙江正式落地，当日首票享惠货物在湖州安吉顺利通关，扣除了货物完税价格中的内河运费2 100元。

6月13日—14日

中国、丹麦海事部门“港口国—船旗国”联合检查及交流活动在宁波开展。宁波海事局和丹麦海事局依托“港口国—船旗国”工作机制，对靠泊在宁波港区的丹麦籍超大型国际集装箱船“米兰马士基”轮进行了联合检查。双方还就港口国监督经验与实践、智能船舶的挑战和机遇、商渔船碰撞事故预防等国际航运共同关注的问题进行了深入讨论。

6月14日

宁波海关获批设立全国海关风险情报工作站。

6月14日

LNG运输加注船“海洋石油301”为入境集装箱船“达飞联合”加注LNG燃料9 400立方米，这是宁波口岸首次开展国际航行船舶保税LNG加注业务。至此，宁波舟山港成为浙江首个、全国第3个、全球第5个具备国际航行船舶保税LNG常态化加注能力的港口。

6月16日

“义新欧”中欧班列德国集散中心在杜伊斯堡市正式揭牌启用，将成为义乌对外开放的重要支撑，满足“义新欧”中欧班列客户对海外仓服务的需求，降低海外物流成本。

6月19日

浙江省副省长卢山赴浙江电子口岸有限公司调研中国（浙江）国际贸易单一窗口建设情况。

6月25日—28日

交通运输部副部长、部海事局局长付绪银来浙江开展工作调研。在浙期间，付绪银副部长还出席了在舟山举办的第六届中国海员技能大比武开幕式、全国海上劳动关系三方协调机制第五次工作会议和在杭州召开的2023年全国海上搜救工作经验交流研讨会暨海上搜救能力提升现场会。

6月26日

2023年杭州促进跨境贸易便利化专项行动若干措施出台，推出24项具体措施。

6月29日

乐清湾海关监管作业场所中欧班列铁路监管业务正式启动，成为温州市第1家具备进出口海铁联运功能的海关监管作业场所。当日，乐清湾港区中欧班列"温州号"首发启程。

7月4日

宁波海关从助推进出口货物快捷通关、支持加工贸易转型升级和新业态健康发展、聚焦扩大进出口服务区域发展大局、增强企业主体培育和助企纾困能力4个方面着手，出台优化营商环境20条措施。

7月12日

根据海关总署日前发布的《杭州2022年亚运会和亚残运会海关通关须知》，杭州海关在杭州空运口岸及所属钱江海关设立"亚运专窗"，保障杭州亚（残）运会各类进出口物资高效顺畅通关。

7月15日

春秋航空开通宁波往返日本福冈国际客运航线，这是宁波栎社国际机场历史首次开通往返日本福冈航线，也是继东京、大阪航线后第3条往返日本的客运航线。

7月18日

浙江省政府与中国国际贸易促进委员会在杭州签署深化合作备忘录。

7月19日

首趟"抵港直装"专列从义乌铁路口岸开往宁波舟山港，标志着义乌海铁联运班列实现出口货物"抵港直装"模式。

7月28日

按照国家口岸管理办公室关于做好"单一窗口"出口退税便利化功能试点工作的通知部署要求，浙江省口岸办联合省税务局共同组织召开"单一窗口"出口退税便利化试点线上培训会，全省近千名企业代表参加本次培训。

7月29日

我国第10 000列中欧班列在铁路义乌西站启程，较2022年提前22天破万列。

7月31日

杭州萧山国际机场东区国际货站正式投入运营。

8月2日

杭州萧山国际机场正式开通"杭州—乌鲁木齐—莫斯科"全货机航线，这是杭州萧山国际机场2023年开通的第5条国际全货机航线，也是浙江本土航空企业圆通航空2023年开通的第2条国际全货机航线。

8月7日

装载15.4万立方米LNG的马耳他籍船舶"雅锐"轮（YARI LNG）抵靠小门岛浙能温州LNG接收站码头。这是温州口岸首次进口LNG。

8月8日

温州龙湾国际机场飞机改装拆解基地和顺丰浙南区域航空分拨中心正式揭牌，顺丰长三角南翼临海空港创新供应链总部基地顺利启动。此次集中启动的3个项目是温州打造区域性国际航空枢纽、加快建设临空经济示范区的重要引擎。

8月11日

长龙（杭州）航空维修工程有限公司公用型保税仓库通过杭州海关验收，标志着浙江省首家航空"数字化"保税仓库正式获批投入运营。

8月16日

在浙江—新加坡经济贸易理事会第十七次会议上，浙江电子口岸有限公司与新加坡劲升逻辑公司正式签署浙新跨境贸易和物流数字化服务合作意向书，双方将围绕双边通关服务机制建立和贸易数据共享领域展开深入合作，深度构建便捷高效的国际化贸易服务网络。

8月17日

宁波舟山港集团首单全流程线上区块链电子仓单融资业务在温州港龙湾港区成功落地，标志着国家区块链创新应用试点项目——宁波舟山港集团大宗散杂货数字供应链服务平台取得新突破。

8月23日

由工业和信息化部、浙江省政府及浙江大学共同举办的“中国—东盟数字经济研修班”在浙江电子口岸开展现场教学。浙江电子口岸被授予“中国—东盟数字经济研修班现场教学基地”。

8月24日

在舟山衢山临时锚地，国内首艘、全球最大C型罐式专用LNG加注驳船“新奥普陀号”顺利完成对利比里亚籍21万吨双燃料散货船“MOUNT COOK”轮的LNG试点加注作业，共加注船舶LNG燃料5 052立方米（2 200吨）。加注完成后，受注船还接受了1 400吨燃料油和物料补给服务，完成了集LNG、燃料油、物料于一体的综合补给业务，标志着舟山成功完成国内首单大型散货船港外锚地LNG试点加注和燃料油双补给业务，宁波舟山港成为国内首个可进行海上双燃料综合补给作业的港口。

8月24日—25日

28名持杭州亚运会身份注册卡的人员抵达杭州萧山国际机场，其中包括韩国RTa、RTb持权转播商、泰国奥委会官员、泰国国家赛艇队运动员等。这是杭州航空口岸迎来的首批使用杭州亚运会身份注册卡入境人员。其中，泰国国家赛艇队运动员是杭州亚运会迎来的首批境外参赛运动员。

8月27日

满载240余名旅客的首都航空JD361航班从杭州萧山国际机场起飞，标志着杭州直达马德里国际航线正式开通。这是继意大利罗马、葡萄牙里斯本、埃及开罗后，杭州萧山国际机场2023年开通的第4条洲际客运航线。

9月1日

宁波市实施境外旅客购物离境退税政策。

9月4日

上海、江苏、浙江、安徽出入境边防检查总站召开长三角区域边检机关亚运安保合作联席视频会议，共同签署亚运安保合作协议。

9月4日

浙江海事局公告发布《浙江沿海主要港区及周边水域船舶交通组织实施办法》，自2023年10月8日起生效实施。作为“浙江原创、全国首创”的交通组织新机制，浙江沿海交通组织一体化已覆盖浙江省海洋港口97%的外贸货物吞吐量和95%的集装箱吞吐量，有效推动了港口水上交通运输的高水平安全、高质量发展。

9月5日

时任浙江省委书记易炼红在杭州萧山国际机场考察亚运场地布置，听取亚运通关抵离等情况汇报。

9月7日

杭州萧山国际机场通过世界卫生组织的实地测评和考核验收，荣获“国际卫生机场”称号。

9月7日

“库尔”号LNG运输船在中国海油宁波“绿能港”接收站码头靠泊，启动为期4天的保税LNG返输作业。该船返装6.5万吨保税LNG后运输交付至境外用户。这是华东地区首次开启保税LNG转口贸易，对宁波自贸片区建设大宗商品资源配置枢纽具有重要意义。

9月10日

杭州萧山国际机场举行迎亚运重点航线“杭州—迪拜”“杭州—阿拉木图”开航仪式，在中、西亚之间架起两座全新“空中桥梁”。

9月11日

2.6吨西班牙伊比利亚火腿从温州状元岙码头进境，这是温州口岸恢复进口肉类资质后首批进口肉类。

9月13日

宁波舟山港六横港区浙江海港中奥能源有限责任公司2号码头对外启用通过浙江省政府验收。

9月13日

海关总署批准义乌空运口岸设立进境食用水生动物指定监管场地，这是浙中地区首个进境食用水生动物指定监管场地。

9月14日

在海关总署授权下，杭州海关成为全国首个开展跨境电商网购保税零售进口商品跨关区退货的试点海关。

9月15日

杭州成为继北京、上海、广州、成都之后又一试点离境退税“即买即退”的城市。杭州大厦等14家退税商店成为第一批“即买即退”试点商户。

9月16日

东海海域首个大型国际灯塔——台州大陈岛灯塔建成发光并投入使用。

9月19日

一批越南水泥运抵温州状元岙码头，按照智慧商检采信模式实现快速通关，整个通关过程仅耗时3个小时。这是海关总署发布《关于进口水泥采信要求的公告》以来，浙江省首批以该模式完成通关的进口水泥，较传统通关监管模式节约近40天。

9月20日

浙江电子口岸有限公司配合金华市商务局圆满完成向习近平总书记展示“义新欧”班列运行情况和义乌市场采购贸易出口实时情况的重点保障任务。

9月20日

财政部、海关总署、国家税务总局联合发文正式批准金华华东国际联运港、义乌国际陆港铁路场站实施陆路启运港退税政策，金华成为全国仅有的2个试行陆路启运港退税政策的城市之一。

9月20日

杭州综合保税区正式启动跨境电商网购保税零售进口商品跨关区退货试点工作。当日，海关共验放来自郑州、广州等直属海关的跨关区退货商品276票，标志着杭州在全国率先打破了跨境电商网购保税零售进口商品“原进原出”的退货模式，实现“一点退全国”。

9月20日

宁波市口岸办牵头举办AEO企业跨部门激励措施发布会暨2023年度新增AEO企业授牌仪式，发布全国首个地方层面的AEO企业跨部门激励措施。这是宁波市2023年开展跨境贸易便利化专项行动的创新性成果。

9月25日

东航MU2009航班从宁波栎社国际机场起飞，前往台北桃园机场，标志着宁波往返台湾地区客运航线时隔3年半后正式恢复。至此，宁波栎社国际机场往返香港、澳门、台湾3地客运航线全部恢复。

9月27日

《杭州市人民政府关于全力打造营商环境最优市赋能经济高质量发展的实施意见》正式发布，于2023年11月1日起施行，有效期至2025年12月31日。

9月28日

“义乌—格鲁吉亚波季”班列首发仪式在义乌铁路口岸举行，标志着“义新欧”班列义乌平台第19条线路正式开通。该班列全程采用“铁路+海运+铁路”多式联运方式，目的地可至黑海沿线，辐射罗马尼亚、保加利亚等中东欧国家，串联起里海至黑海的国际多式联运大通道。

10月3日

浙江飞哲科技有限公司一批出口俄罗斯价值5.7万美元的散热器抵达金华华东国际联运港，在完成出口申报并放行后，提前15天完成出口退税；同日，义乌市猛龙进出口有限公司出口一批价值2.9万美元的涤纶丝，从义乌国际陆港铁路场站启运后，完成出口退税。这是浙江省首批应用“陆路启运港退税政策”的货物，标志着该项政策在浙江省成功落地试点。

10 月 8 日

杭州萧山国际机场推出“杭港通天下”中转联程服务，包含 4 条境外亚洲航线及 6 条洲际航线。与一般的中转联程服务不同，“杭港通天下”由杭州、香港两地机场牵头，联合航空公司、旅行社、售票平台等合作伙伴精心打造，旅客在杭州机场出发可享受快捷值机及快速安检，香港中转时还将提供“转机易”优质中转服务。

10 月 8 日

舟山新奥能源贸易有限公司和新奥新能（浙江）能源贸易有限公司申请的 2 票进口 LNG 增值税“先征后返”业务，经舟山海关在线审核顺利办结。这是浙江省首笔进口 LNG 增值税线上“先征后返”业务，有效降低了企业经营成本与财务压力。

10 月 9 日

在舟山马峙锚地，加注船“思杰 21”轮以“船对船”方式为宁波远洋集装箱船“新明州 60”轮加注了 325 吨生物燃料油。这标志着国内首单集装箱船舶海上锚地生物燃料油加注作业在舟山成功落地，是舟山继 8 月份完成全国首单海上散货船 LNG 加注作业后的又一重大突破，宁波舟山港成为国内首个在海上锚地实现两种以上绿色新型燃料加注服务的港口。

10 月 17 日

舟山普陀山机场对外开放通过国家验收。

10 月 17 日

杭州海关以“亚运在线”打造智慧海关生动实践，全力服务保障杭州亚（残）运会。海关总署署长俞建华对杭州海关服务保障工作批示肯定。

10 月 18 日

杭州海关、宁波海关与浙江省疾病预防控制局签署浙江口岸公共卫生合作机制。

10 月 28 日

国务院批复浙江省政府，同意宁波港口岸扩大开放穿山、象山港和石浦 3 个港区，新增开放面积 58.13 平方米。其中，象山港港区和石浦港区是首次获批对外开放，标志着宁波港口岸 8 大港区全部实现对外开放。

10 月 29 日

一架搭载约 54 吨货物的墨西哥货运航空全货机从杭州萧山国际机场起飞，途经安克雷奇和仁川，最终抵达墨西哥城，标志着杭州萧山国际机场首条中北美洲全货机航线正式开通，填补了浙江至墨西哥的航线空白。

11 月 2 日—3 日

国际海事研究委员会第二届大会在浙江宁波召开。会议宣布对委员会下属工作机制进行调整，审议并通过委员会 2021—2022 年度工作报告和后两年度工作计划，以及修订的中华人民共和国海事局国际海事研究委员会工作章程。

11 月 5 日

杭州萧山国际机场开通“杭州—悉尼—奥克兰—杭州”往返航线，这是浙江省首条第五航权客运航线，也是全国首条第五航权大洋洲客运航线，填补了杭州萧山国际机场大洋洲航线网络的空白。

11 月 9 日

台州大麦屿港至智利的南美航线正式开通，台州企业出口货物不再需要通过水路内支线或陆路运输到宁波港口岸出口，节省了物流时间和成本。

11 月 17 日

交通运输部公布了第一批 14 个港口功能优化提升交通强国专项试点项目名单，宁波舟山港传统集装箱、干散货码头智慧化改造项目成功入选。该项目涉及梅山港区 6 号至 10 号集装箱码头、金塘港区大浦口集装箱码头和衢山港区鼠浪湖矿石中转码头 3 个典型传统码头。

11 月 20 日

浙江海事局发布《关于调整“一件事一次办”政务服务事项的公告》，新增海事劳工证书（文书）核发、船舶不停航办证、船舶注销、船舶登记项目变更 4 个事项。

11 月 21 日

“义新欧”中欧班列金东平台和义乌平台共同发出共建“一带一路”十周年中欧班列纪念号。金东平台纪念号装载光伏组件、日用百货等货物驶向匈牙利首都布达佩斯。义乌平台纪念号满载 110 标箱商品百货、圣诞用品、汽车配件、机械设备等驶往西班牙首都马德里。

11 月 22 日

195 名旅客搭乘东方航空 MU261 航班从温州起飞，前往马德里巴拉哈斯机场。这是温州龙湾国际机场开通的首条往返西班牙的定期客运航线，也是温州机场开通的第 3 条洲际客运航线。

11 月 23 日

公安部部长王小洪考察义乌铁路口岸。

11 月 28 日

宁波舟山港重大集疏运项目开工仪式在梅山港口疏港大道及公路联通桥工地举行。浙江省省长王浩出席并宣布开工。

11 月 28 日

《宁波舟山港总体规划（修订）》通过交通运输部和浙江省政府联合评审。此次修订的宁波舟山港总体规划，对原《宁波—舟山港总体规划（2014—2030 年）》作了系统性的优化调整。

12 月 8 日

台州港大麦屿港区设立进境冰鲜水产品、食用水生动物指定监管场地获海关总署批复同意。

12 月 12 日

浙江省省长王浩批示肯定浙江海事局服务保障世界一流强港、海洋强省重大项目建设工作。

12 月 13 日

一架满载 9.12 吨货物的 B737-800 货运包机从义乌国际机场飞往菲律宾克拉克国际机场，标志着“义乌—克拉克”国际货运航线正式开通。这是义乌国际机场常态化运行的第 3 条国际货运航线。

12 月 14 日

载有 3 000 吨越南进口水泥的散货船“赫尔墨斯”轮靠泊温州港七里港区码头。整船进口水泥顺利按照智慧商检采信模式实现快速通关，从开始卸货到通关放行仅耗时 12 个小时，与原通关时长相比压缩通关时间 90%以上。这是浙江省内首批以智慧商检采信模式完成通关的整船散装进口水泥业务。

12 月 18 日

一架搭载约 45 吨货物的圆通航空波音 767 全货机从杭州萧山国际机场起飞，途经加尔各答，前往迪拜，标志着“杭州—迪拜”全货机航线正式开通。这是杭州萧山国际机场 2023 年新开的第 8 条国际全货机航线，也是杭州萧山国际机场首条飞往迪拜的全货机航线，进一步填补了杭州与中东地区航空货运航线的空白。

12 月 20 日

嘉兴港乍浦港区设立进境水果、冰鲜水产品、食用水生动物指定监管场地获海关总署批复同意。

12 月 22 日

全国首单大豆离岸贸易入库分销交收仪式在舟山粮食产业园码头举行，5 000 吨通过深圳前海联合交易中心完成交易的进口巴西大豆在此交收入库。这是 12 月 12 日深圳前海联合交易中心进口大豆离岸现货交易市场保税交易业务正式启动后，全国达成的首单进口大豆离岸现货交收入库业务。

12 月 28 日

宁波舟山港 2023 年累计完成集装箱吞吐量已超 3 500 万标箱，成为全球第 3 个年集装箱量超“3 500 万箱”的港口。

12 月 29 日

浙江省委书记易炼红在《中共浙江海事局党组关于落实易炼红书记通苏嘉甬铁路杭州湾大桥指示精神情况的函》上批示“浙江海事局工作雷厉风行、直面问题、严谨务实，值得点赞！对邱铭局长和全体同志全力支持保障重大项目建设、推动地方高质量发展、持续化解水上安全风险隐患，确保海区安全所作的努力表示感谢！”

12月29日

台州港口岸大麦屿港区浙江大麦屿港务有限公司3万吨级多用途码头对外启用通过浙江省政府验收。

12月30日

南方航空CZ6045航班从义乌国际机场起飞前往香港，标志着“义乌—香港”客运航线在停飞4年后正式复航。

12月31日

圆通航空开通“温州—河内”国际货运航线，首次搭建起温州至越南的航空物流桥梁，进一步填补了温州与东南亚地区航空货运航线的空白。

（撰稿人：王海华、田一峰、王延、钟怡辰、郑依莼、王扶桑、郑利江、李志飞、汤军、陈坚、丁明强、陈嘉诚、张怡泠、马远帆、吴晨芳、韩子墨、陈之英、张海峰）

2023 年浙江省口岸流量统计表

口岸类型		口岸名称	货运量（万吨）				集装箱量（万标箱）				人员（万人次）				交通工具（辆、艘、架、列次）			
			出口	进口	合计	同比（%）	出口	进口	合计	同比（%）	出境	入境	合计	同比（%）	出境	入境	合计	同比（%）
空运口岸		杭州	12.56	4.40	16.95	22.41					136.09	133.41	269.50	610.28	10 481	10 360	20 841	178.62
空运口岸		宁波	5.09	2.60	7.69	122.05					26.03	26.17	52.20	1 943.05	3 356	3 355	6 711	271.18
空运口岸		温州	1.35	0.66	2.00	287.57					10.78	10.87	21.66	1 402.57	1 546	1 545	3 091	363.42
空运口岸		义乌	0.24	0.001	0.24	-4.55					0.30	0.29	0.59	71.40	260	260	520	9.70
空运口岸		舟山																
空运口岸		分计	19.24	7.66	26.88	48.70					173.20	170.75	343.95	713.46	15 643	15 520	31 163	198.81
水运口岸	海港口岸	宁波	16 538.70	22 869.10	39 407.80	3.70	1 361.50	1 267.70	2 629.20	3.20	9.67	12.21	21.88	-2.89			10 209	-4.6
水运口岸	海港口岸	舟山	1 656.80	18 569.20	20 226.00	11.90			234.05	15.39	13.69	12.06	25.75	23.15			18 438	19.91
水运口岸	海港口岸	温州	200.70	237.36	438.06	-0.13	21.80	18.14	39.94	-8.75	0.62	0.19	0.81	23.36			1 566	-0.003
水运口岸	海港口岸	台州	139.38	1 105.91	1 245.29	15.06	10.32	10.03	20.35	0.17	0.71	0.69	1.41	5.82			789	27.05
水运口岸	海港口岸	嘉兴			1 632.60	16.74			54.74	14.20	1.42	1.49	2.91	4.10			1 495	0.3
水运口岸	海港口岸	分计			62 949.75	6.45			2 978.28	8.74	26.11	26.64	52.75	9.41			32 497	9.24
水运口岸	河港口岸	—																
水运口岸	河港口岸	分计																
合计					62 976.63	6.46			2 978.28	8.74	199.32	197.38	396.70	338.35			63 660	58.84
同比（%）					6.46				8.74		348.22	328.82	338.35				58.84	

（浙江省口岸办提供）

2023年杭州海关主要数据统计表

项　目		2023年	2022年	同比（%）
进出口货运量（万吨）	合计	25 658.37	22 873.30	12.18
	进口	21 488.47	19 272.92	11.50
	出口	4 169.90	3 600.38	15.82
进出口贸易总值（万美元）	合计	24 543 621.02	25 477 326.48	-3.66
	进口	10 828 799.59	11 326 396.13	-4.39
	其中：江、海运输	9 593 426.16	10 004 779.66	-4.11
	铁路运输	234 777.42	203 859.97	15.17
	汽车运输	240 207.52	274 892.08	-12.62
	航空运输	752 388.39	834 853.37	-9.88
	邮件运输	6 998.34	7 377.15	-5.13
	其他运输	1 001.76	633.90	58.03
	出口	13 714 821.43	14 150 930.35	-3.08
	其中：江、海运输	11 869 441.75	12 260 405.79	-3.19
	铁路运输	521 593.84	543 787.31	-4.08
	汽车运输	73 153.36	41 337.69	76.97
	航空运输	528 378.45	530 404.81	-0.38
	邮件运输	20 466.00	24 730.21	-17.24
	其他运输	701 788.03	750 264.54	-6.46
税收（万元人民币）	两税合计	9 654 076.04	8 721 864.08	10.69
	关税入库	482 334.64	449 418.44	7.32
	进口环节税入库	9 171 741.40	8 272 445.63	10.87

（杭州海关提供）

2023 年宁波海关主要数据统计表

项　目		2023 年	2022 年	同比（%）
进出口货运量（万吨）	合计	20 786.3	19 170.6	8.43
	进口	14 419.7	12 984.1	11.06
	出口	6 366.6	6 186.6	2.91
进出口贸易总值（万美元）	合计	34 108 627.6	37 509 273	-9.07
	进口	9 402 271.8	10 566 102	-11.01
	其中：江、海运输	8 822 159.7	10 092 452	-12.59
	铁路运输	678.4	988.2	-31.35
	汽车运输	193 574.4	143 697.2	34.71
	航空运输	382 845.2	326 725.2	17.18
	邮件运输	673.9	604.7	11.44
	其他运输	2 340.2	1 634.7	43.16
	出口	24 706 355.8	26 943 170.9	-8.30
	其中：江、海运输	24 421 467.6	26 719 593.5	-8.60
	铁路运输	269.4	1 050.2	-74.35
	汽车运输	37 736.5	24 268.3	55.50
	航空运输	208 150.2	81 470.7	155.49
	邮件运输	992.4	1 067.3	-7.02
	其他运输	37 739.8	115 721	-67.39
税收（万元人民币）	两税合计	8 750 390	9 769 734.6	-10.43
	关税入库	520 737.9	697 756.3	-25.37
	进口环节税入库	8 229 652.1	9 071 978.3	-9.28

（宁波海关提供）

2023 年浙江省口岸出入境主要数据表

<table>
<tr><th colspan="3">项　目</th><th>2023 年</th><th>2022 年</th><th>同比（%）</th></tr>
<tr><td rowspan="14">出入境人员（人次）</td><td colspan="2">出入境人员总数</td><td>3 966 978</td><td>904 971</td><td>338.35</td></tr>
<tr><td colspan="2">入境人员</td><td>1 973 823</td><td>460 291</td><td>328.82</td></tr>
<tr><td colspan="2">出境人员</td><td>1 993 155</td><td>444 680</td><td>348.22</td></tr>
<tr><td colspan="2">出入境旅客</td><td>3 190 005</td><td>355 210</td><td>798.06</td></tr>
<tr><td colspan="2">出入境员工</td><td>776 973</td><td>549 761</td><td>41.33</td></tr>
<tr><td rowspan="5">中国公民</td><td>小计</td><td>3 147 259</td><td>561 519</td><td>460.49</td></tr>
<tr><td>内地居民（因公）</td><td>296 962</td><td>217 133</td><td>36.77</td></tr>
<tr><td>内地居民（因私）</td><td>2 511 659</td><td>313 798</td><td>700.41</td></tr>
<tr><td>港澳居民</td><td>200 500</td><td>16 604</td><td>1 107.54</td></tr>
<tr><td>台湾同胞</td><td>138 138</td><td>13 984</td><td>887.83</td></tr>
<tr><td colspan="2">外籍人员</td><td>819 719</td><td>343 452</td><td>138.67</td></tr>
<tr><td colspan="2">从海港出入境人数</td><td>527 500</td><td>482 152</td><td>9.41</td></tr>
<tr><td colspan="2">从陆港出入境人数</td><td></td><td></td><td></td></tr>
<tr><td colspan="2">从空港出入境人数</td><td>3 439 478</td><td>422 819</td><td>713.46</td></tr>
<tr><td rowspan="5">交通运输工具（辆、艘、架、列次）</td><td colspan="2">总计</td><td>55 874</td><td>33 140</td><td>68.60</td></tr>
<tr><td colspan="2">船舶</td><td>24 711</td><td>22 711</td><td>8.81</td></tr>
<tr><td colspan="2">飞机</td><td>31 163</td><td>10 429</td><td>198.81</td></tr>
<tr><td colspan="2">火车</td><td></td><td></td><td></td></tr>
<tr><td colspan="2">机动车辆</td><td></td><td></td><td></td></tr>
</table>

（浙江出入境边防检查总站提供）

2023 年浙江海事局进出港船舶统计汇总表

船舶类别	进港船舶							出港船舶						
	艘数（艘）	总吨（吨位）	总载重量（吨）	载客量（客位）	船员人数（人次）	货物到达量（吨）	旅客到达量（人）	艘数（艘）	总吨（吨位）	总载重量（吨）	载客量（客位）	船员人数（人次）	货物发送量（吨）	旅客发送量（人）
总计	1 311 243	2 711 261 928	3 803 741 060	82 805 928	8 059 928	1 068 261 755	31 830 986	1 318 221	2 706 765 974	3 806 594 266	83 315 058	8 109 215	711 140 016	31 801 555
中国籍船舶	1 290 154	1 469 043 854	2 046 772 447	82 781 108	7 600 519	665 828 129	31 830 986	1 296 979	1 469 260 778	2 043 832 467	83 288 330	7 648 697	558 831 218	31 801 555
其中：外贸船	1 523	25 764 141	39 154 361	0	33 028	18 885 124	0	1 541	23 527 757	35 667 390	0	33 089	2 907 405	0

（浙江海事局提供）

安 徽 省

序号	类型	口岸名称	批准开放时间	开放状态
1	空运口岸（2 个）	合肥空运口岸	1990.3	国际常年
2		黄山空运口岸	1992.9	国际常年
3	水运口岸（5 个）	芜湖水运口岸	1980.2	国际常年
4		铜陵水运口岸	1993.1	国际常年
5		安庆水运口岸	1986.6	国际常年
6		池州水运口岸	2005.7	国际常年
7		马鞍山水运口岸	1990.10	国际常年

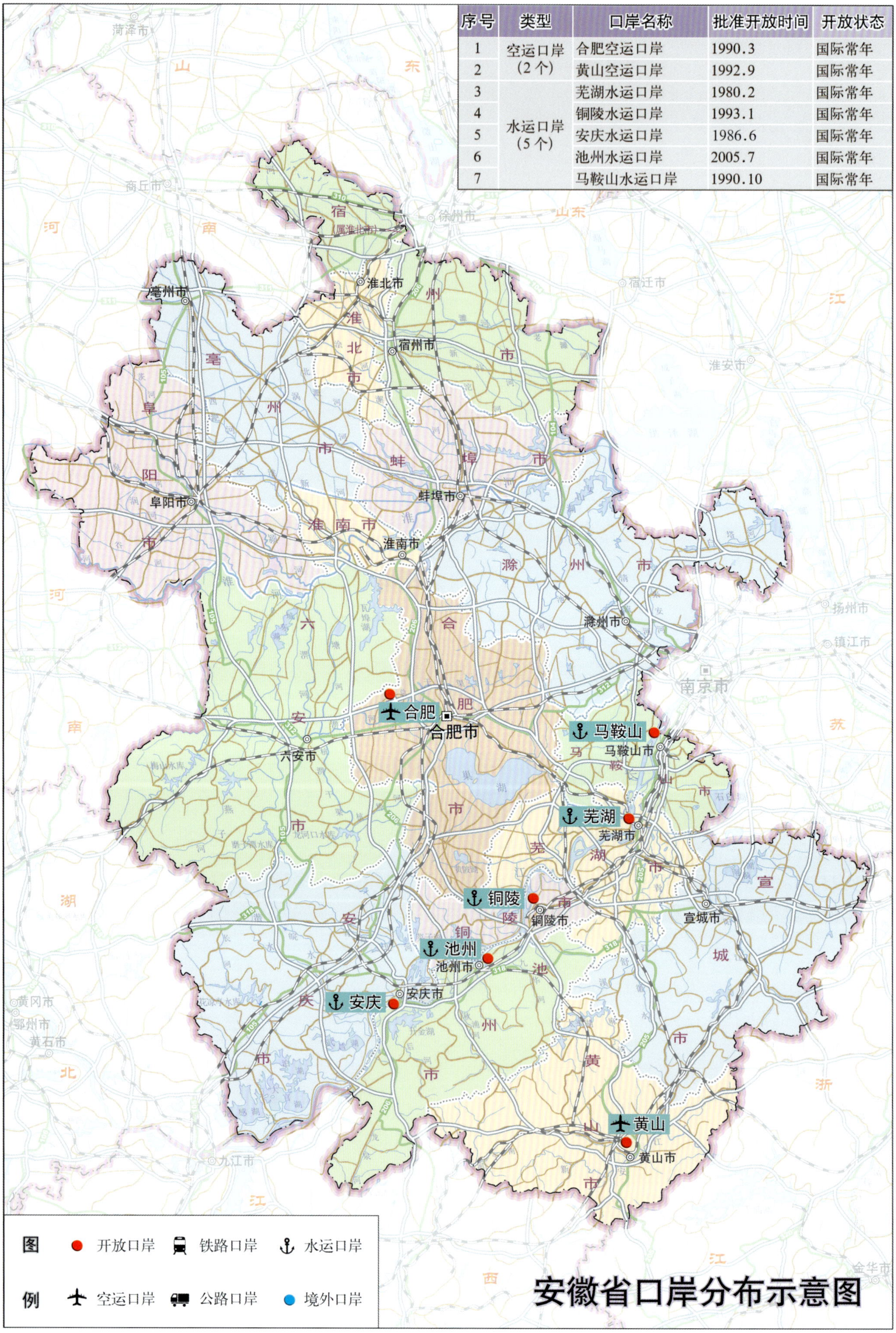

安徽省口岸分布示意图

口岸数量及分布

截至2023年年底，安徽省共有经国务院批准的对外开放口岸7个。其中，空运口岸2个，分别为合肥空运口岸（合肥新桥国际机场）、黄山空运口岸（黄山屯溪国际机场）；水运（河港）口岸5个，分别为芜湖、安庆、铜陵、池州、马鞍山河港口岸。

口岸运行数据

2023年，安徽省口岸完成进出口货物1 638.09万吨。水运港口外贸集装箱吞吐量完成143.01万标箱，同比增长34.86%；航空口岸进出口货物3.13万吨，出入境人员113 181人次、同比增长2 412.9%。全省口岸出入境交通工具1 692架（艘）次，同比增长115.27%。合肥中欧班列发运868列，同比增长13.02%；进出口货物53.56万吨，同比增长28.5%。

口岸综合管理

【加强全省口岸工作统筹，圆满完成全国口岸办主任会议承办任务】 充分认清口岸建设促进开放型经济发展的重要作用，全面加强全省口岸工作组织领导。安徽省委、省政府主要领导及分管领导顶格协调、顶格推动口岸重点工作。2023年6月，争取国家口岸管理办公室支持，首次在安徽召开全国口岸办主任会议。会议圆满完成总结部署工作、推动智慧口岸建设和各省（自治区、直辖市）分组交流等各项议程，会场组织和服务保障工作得到国家口岸管理办公室和各地口岸办领导认可。这是自2019年1月以来国家口岸管理办公室首次线下召开的全国口岸系统会议，也是安徽省口岸办成立以来首次承办的全国口岸办主任会议。其间，安徽省委书记、省长和分管副省长先后与海关总署、国家口岸管理办公室领导会商深化署省合作、支持安徽口岸建设等事宜。会同合肥海关起草《海关总署 安徽省人民政府合作备忘录》，争取海关总署支持。2023年11月，组织召开全省口岸工作领导小组会议，全面总结全省口岸工作情况，研究分析建设发展形势，部署推动下一步重点工作任务落实。

【深入实施口岸建设“六项行动”】 抓好《安徽省口岸建设发展行动方案（2022—2025年）》《2023年全省口岸工作要点及任务分工》的落实，深入实施优化口岸布局、口岸基础设施现代化、口岸大通道建设、口岸智慧化建设、口岸经济培育提升、口岸营商环境优化“六项行动”。坚持高起点、高质量推进口岸重大基础设施项目建设，芜湖港口岸扩大开放三山港区项目顺利通过国家口岸管理办公室验收，安庆港口岸扩大开放项目建设部分竣工，芜湖港朱家桥港区扩大开放项目申请列入2024年审理计划，铜陵港、池州港扩大开放项目论证和审批工作加快推进。扎实推进17条铁路专用线和江淮运河建设，打通多式联运渠道，提升口岸集疏运能力。大力推进芜宣机场、阜阳机场、池州机场基础设施及查验设施建设。合肥国际陆港项目一期建成运营。合肥电子化学品检测实验室投入使用。推动芜湖港港口危险品码头作业资质落地。

【大力推动省内外口岸间开放合作，积极融入长三角区域口岸联动发展】 加快推进长三角口岸一体化发展，安徽省口岸办牵头赴上海市口岸办会商，双方就创新推动重点产业链整体通关、保障安徽“新三样”产品在上海口岸便捷高效通关等一系列合作事宜达成共识，起草制定沪皖口岸办合作共建协议，签署沪—新国际贸易便利化长三角共享合作协议，全力推动沪皖两地水运、航空、“单一窗口”全方位合作。积极推进长三角世界级机场群建设，合肥机场与上海机场深化航空货运联运业务和客运合作。加快打造长三角世界级港口群，推动安徽省水运口岸与上海港、宁波港等合作开展水水联运。开通合肥、蚌埠、宣城至宁波，淮北、宿州至青岛等集装箱铁海联运班列。牵头赴内蒙古自治区铁路口岸协调提升换装能力、推动铁路快通模式。2023年9月，安徽省首列通过“铁路快通”模式报关的中欧班列顺利出运。

【智慧港航建设走在内河港口前列】 制定印发安徽省智慧口岸建设实施意见，全面部署安徽省智慧口岸建设工作。遴选芜湖港、合肥机场申报国家智慧口岸试点，2023年12月25日获国家口岸管理办公室复函同意。合肥港智能网联无人驾驶项目投入运营，港口智能化水平走在内河港口前列。国内首艘3 000吨级内河纯电集装箱船舶“港航船途01”顺利投入运营，打造合肥—芜湖“零碳示范航线”。投资500多万元建设全省水运口岸物流通关一体化平台，年内平台已正式上线运行。推广区块链进口放货技术应用。

安徽芜湖港智慧港口建设——
无人驾驶小车试运行

【中欧班列稳中有进】 2023年，中欧班列发运868列，同比增长13.02%。班列覆盖范围进一步拓展，已辐射18个国家和地区的125个城市站点，累计开行超3 600列，成为本土企业进出口的重要运输通道之一。根据中欧班列运输协调委员会发布质量评价指标（欧洲方向），截至年底，合肥中欧班列排名在成渝地区、西安、郑州、长沙、武汉、广州、义乌、沈阳、济南之后，位列全国第10名、长三角地区第2名，稳居全国第一方阵。

安徽首列“铁路快通”模式合肥中欧班列发运

【国际贸易“单一窗口”功能不断完善】 按照国家口岸管理办公室部署要求，完成国际贸易“单一窗口”标准版各项功能的推广和应用，自2017年上线至2023年年底，中国（安徽）国际贸易单一窗口累计申报量突破2.64万票。运维及服务保障水平持续提升。2023年，累计服务省内外代理、外贸、生产等各类企业约2.3万家，通过QQ、微信、电话、线下等渠道累计服务企业7.3万次；积极推广“单一窗口”覆盖率，开展线上培训12场次、线下培训23场次，各类受益企业约达9 176家；积极动员各市企业、港口、机场、铁路场站等单位发布口岸收费信息，发布收费清单3 376条；远程协助企业处理问题2 800余次。

【推动综合保税区扩能增效】 研究制订《安徽省综合保税区发展绩效评估实施方案（试行）》及评估指标体系，对纳入国家评估的省内综合保税区进行省级评估，督促相关综合保税区针对短板不足，抓紧整改提升，推动综合保税区加快建设发展。对综合保税区完善管理体制机制、加快新业态发展、创新区港联动模式、优化海关监管模式、推进智慧园区建设等工作开展前期谋划，为制定推动综合保税区高质量发展政策措施夯实基础。合肥综合保税区聚力打造创新高地，引进和培育了晶合、奕瑞等一批具有国际影响力的行业龙头，集聚集成电路产业链重点上下游企业26家，其中规模以上企业11家、上市企业3家，企业发明专利总数超400项，连续3年位列全国综合保税区单项第一。合肥经开综合保税区聚力发展电子信息产业集群，在2023年公布的全国138个综合保税区发展绩效评估中首次挺进前10名，较上年前进1位，连续4年获评双A。合肥空港保税物流中心（B型）全年实现进出口额1.89亿美元，同比增长25.3%。

【口岸营商环境建设加力推进】 优化跨境贸易营商环境评价考核指标体系，按季评价考核，纳入省辖市市委书记、市长季度工作会议进行点评。结合主题教育，组织开展压缩进口整体通关时间、降低口岸合规成本等专题调研，制定实施相关针对性举措。全省水运口岸全部落实“船边直提”“抵港直装”改革，“提前申报”通关模式申报率保持90%以上，居全国前列。安徽省口岸办会同合肥海关等单位协调解决企业反映口岸领域的困难和问题60余件。合肥中欧班列实现“铁路快通”报关模式，节省通关时间约20小时。合肥港—洋山港外贸直达航线开通，运输时间由168小时缩短至60小时。合肥综合保税区推动“战新产业进口危化品检验智慧海关应用场景”试点落地，京东方、晶合成为全省首例“无感智检”试点企业。合肥空港保税物流中心（B型）创新实施分送集报出区货物法检新模式，帮助企业降低物流时间三分之一。2023年，安徽省口岸办会同省财政厅下达省级促进口岸建设发展项目经费合计3 500万元。11月，安徽省口岸办会同省财政厅下达水运口岸外贸企业吊装移位仓储费用中央试点资金103万元。

口岸监管与服务

【合肥海关持续优化口岸营商环境】 制定合肥海关优化营商环境26条措施，有针对性地解决企业实际困难。持续开展“合畅2023”系列活动，开启两级关长畅联企业活动，走访进出口企业283家次，解决急难愁盼问题192个；组织全省“一城一站”外贸政策巡回宣讲，为安徽16个市500余家企业送上“政策大礼包”，深化“提前申报”“两步申报”应用，为企业提供便利的通关环境。支持综合保税区发展“一区一策”行动持续深化，皖江江南保税物流中心（B型）、合肥空港进境肉类指定监管场地通过验收，芜湖港三山港区扩大开放。2023年，安徽省实现货物贸易进出口额8 052.2亿元，同比增长7.8%，总量位列全国第10名。合肥海关被评为2023年度安徽省优化营商环境优秀单位。

【合肥海关严守国门安全底线】 2023年，行邮渠道共查获违禁印刷品音像制品2 714件，其中政治类36件、淫秽类2 618件、其他类60件；查获枪爆违禁品共184件，其中仿真枪3件、枪支散件3件、管制刀具177件、弩1件；查获管制精神药品及毒品18批；查获濒危野生动植物及其制品40起。货运渠道共查发固体废物4起，涉及水洗羽毛、聚丙烯粒子（再生）和再生纸浆；查发疑似赌具筹码20余万枚；查获市场采购货物数量申报不实，出口多报童车14 040辆；查获走私洋酒1万余瓶、药品1.5吨。

【合肥海关积极促进跨境贸易便利化】 积极推进产业发展，出台支持“皖车快跑”12条措施和支持新能源汽车产业集群建设20项举措，开展进口汽车“双优双提”改革，助力“首位产业”加快发展。2023年，安徽省出口汽车72.92万辆，同比增长89.8%。持续推进真空包装等高新技术货物布控查验模式改革，试点范围扩大到全国空运和海运口岸，并在全国率先将供应链企业纳入试点，探索建设“真空包装等高新技术货物布控查验网备平台”，通过信息化作业，简化流程、方便企业申报，提升风险评估质效。支持特色农产品扩大出口，杂交稻种、大闸蟹、蜂蜜等出口量居全国第1位。支持中医药“走出去”，帮扶亳州中药材企业实现全国出口动物源性中药材对欧盟注册零的突破。抓实RCEP工作，推出RCEP国别税率对比清单，组织30余轮次政策宣传贯彻并邀请海关总署原产地业务专家为全省企业授课，编制汽车零部件、农业、纺织业3个重点行业政策宣传及操作指引手册等。年内，合肥海关签发RCEP证书9 076份、享惠出口货值37.7亿元，同比分别增长27.8%、10.1%。加大

AEO 培育力度，加大集成电路、新能源汽车、专精特新企业的培育力度，建立“重点企业培育名单”，采取“一对一”帮扶、实地培育等方式，“一企一策”量身定制个性化培育方案。年内，新增 AEO 企业 24 家，提前完成 3 年总数超百家计划。

【合肥海关持续不断创新通关监管模式】 “联动接卸”“直装直提”“离港确认”3 项改革在安徽省内水运口岸全覆盖，与上海洋山、江苏太仓等长三角长江流域省市全对接。2023 年，合肥关区开展联动接卸 896 票、2.75 万标箱、货值 27.52 亿元，同比分别增长 6.06 倍、21.34 倍和 9.9 倍；开展“直装直提”业务 387 票、监管集装箱 5 661 标箱、货值 64.14 亿元，同比分别增长 45.4%、5.2% 和减少 7.8%；开展“离港确认”业务 18 票、204 标箱、货值 0.54 亿元。中央电视台《新闻联播》栏目两次报道合肥海关助力安徽开放型发展；《人民日报》刊发长三角一体化高质量发展观察文章，其中重点介绍上海洋山港和安徽长江水运港口“联动接卸”模式应用，产生良好社会反响。

【安徽出入境边防检查总站圆满完成重要会议和重大活动安保任务】 不断强化政治意识、大局意识、核心意识、看齐意识，牢树总体国家安全观，扎实开展夏季治安打击整治行动，严密防范打击移民管理领域突出违法行为，不断优化口岸管控机制，细化勤务管理制度，常态化开展应急处突演练，提升民警查缉技能，圆满完成全国两会、杭州亚（残）运会、成都大运会、第三届“一带一路”国际合作高峰论坛等重大活动、敏感节点的安保维稳工作，圆满完成哈萨克斯坦副总理、俄罗斯鞑靼斯坦共和国行政长官入出境勤务，2023 年查获率创历史新高，口岸始终保持安全稳定。

【安徽出入境边防检查总站全力服务经济社会发展】 始终践行以人民为中心的发展思想，积极响应长三角一体化发展、共建“一带一路”等倡议，全力提升口岸出入境通关效率，优化口岸营商环境。主动服务涉外重点企业。总站邀请 17 家职能单位、外贸企业举办服务口岸发展工作“警地恳谈会”，为 16 家航空公司、旅行社等服务对象集中开展业务培训和政策宣讲，组建安徽边检服务群，赢得服务对象广泛好评。组织赴省港航集团、阳光电源、科大讯飞、蔚来汽车等驻地高新企业调研，深入了解企业对边检需求，建立“涉外企业服务专员”机制，主动服务驻地涉外经贸活动。在 2023 RCEP 地方政府暨友城合作（黄山）论坛、第十三届安徽国际文化旅游节等安徽省举办的重要活动期间，为参会政要、大型外资企业投资人员及参会代表提供高效快捷的通关服务。

【芜湖海事局多措并举提高工作效率】 全力支持芜湖、铜陵、马鞍山开展口岸扩大开放工作。在地方政府申请开放或扩大开放时予以支持，将海事服务延伸。在海事查验场所建设、国际航行船舶停靠安全以及安保制度、应急反应机制建立方面予以指导，助力芜湖三山港顺利通过国家级验收。积极参与芜湖港智慧口岸试点建设方案修订工作。按照智慧口岸有关试点建设任务清单计划安排，推进海事船舶燃油、污水检测设备、海事无人机、海事智能救生圈、海事信息化系统建设，提升海事监管能力，提高海事查验智慧化水平，优化口岸营商环境。以热情的服务态度和扎实的工作作风，对国际水路集装箱运输新能源汽车的作业要求和申报流程给予反复指导，安排流程演练。多次前往口岸现场指导，为首批新能源车顺利通过国际集装箱水运提供了坚实保障，为促进地方政府外向型经济发展起到积极作用。芜湖海事局第一时间与海关、边检共同建立联合登临检查沟通协调机制，由海事牵头，协调各口岸查验单位查验时间，坚持依法高效、方便船舶、分工合作的原则，不断提高对国际航行船舶的查验能力和服务水平。对伯利兹籍的船舶开展联合登临检查和现场维护，获得《人民日报》《光明日报》等主流媒体的报道和辖区地方政府表扬。芜湖海事局全面落实“春风行动”措施，强化与海关、边检等单位部门沟通协作，深化国际航行船舶进出口岸“单一窗口”应用。线上审批率达到100%，全面实现申请材料网上提交、审批进度实时查询、相关单证自助打印的“不见面”进出口岸审批，受到代理的一致好评。芜湖海事局建立健全辖区内国际船舶代理企业名录，提前了解进出口岸国际航行船舶相关动态信息，靠前指导船舶代理办理进口岸申请和进出口岸手续。顺应新冠病毒感染“乙类乙管”常态化防控阶段国际航行船舶进出口岸业务全面复苏新形势，积极组织召开国际航行船舶进出口岸业务培训交流会，进一步规范国际航行船舶进出口岸业务，提高船舶通关效率，强化政企协同配合，起到良好的培训效果。

【安庆海事局深化合作服务当地经济发展】 安庆海事局认真践行安徽省委“一改两为”工作要求，出台优化营商环境20项服务举措，推行“服务质量有效、服务推进有方、服务措施有力”的“三有”服务。精准助力池州港外贸船舶直航和安庆港整车出口贸易、集装箱江海联运枢纽建设，全力保障辖区重点水工及口岸建设。池州港3艘国际航行船舶进出港，均通过“单一窗口”实施申报，网上审批开辟进口岸手续“零待时”绿色通道，有效提高船舶进出口岸审批工作效能，简化工作程序，实现口岸“信息互换、监管互认、执法互助”。组织开展池州船舶工业基地新建海船“换旗”船舶登记与进出口岸申报培训，实施口岸管理一次性告知，推行国际航行船舶航行维护一对一服务举措，助力国际贸易便利畅通。严格对照省口岸领导小组成员单位职责，认真履职，确保口岸通航环境、联检锚地、管理秩序、污染防治、海事查验基础设施等方面处于良好状态。成立宣传小组，通过公司走访、流动课堂等形式向辖区航运公司、外贸企业、海船船舶积极宣传口岸政策法规、通关流程、口岸服务等，努力提升辖区口岸影响力。与安庆海关签订结对共建协议，促进融合发展；参与安庆口岸突发公共卫生事件应急处置演练，深化海关与海事部门联防联控机制；主动靠前联系地方政府，报告口岸监管情况，提出促进发展的建设性意见，有力促进辖区口岸提质增效。

开放口岸

【合肥空运口岸（合肥新桥国际机场）】 合肥新桥国际机场位于安徽省合肥市蜀山区。2013年5月29日24时，安全运行36年的合肥骆岗国际机场永久关闭；5月30日，合肥新桥国际机场正式启用。原合肥骆岗国际机场于1990年3月经国务院批准对港澳地区开放；2005年4月，经国务院批准扩大对外国籍飞机开放；2006年6月，通过国家验收，正式对外开放。2007年10月15日，合肥迁建骆岗国际机场，新建新桥国际机场获国家正式批复同意。合肥空运口岸已建成水果、冰鲜水产品、食用水生动物、肉类进境指定监管场地并正常运营。

合肥新桥国际机场距合肥市中心31.8千米，是国内4E级枢纽干线机场，一期按照满足2020年旅客吞吐量1 100万人次、货邮吞吐量15万吨的需要设计。机场跑道长3 400米、宽45米，航站楼面积11万平方米，站坪机位55个，共设机位27个，其中廊桥机位19个、远机位8个；已开通至美国、欧洲、韩国、日本、新加坡、泰国、越南和中国香港、澳门等国际及地区客货运航线和旅游包机。2023年，合肥空运口岸开放水平不断提升，合肥新桥国际机场飞行区及工作区扩建工程进入可研报批阶段，机场改扩建工程T2航站楼主楼核心区钢“屋盖”成功完成初次提升，机场综合交通中心（含轨道引入）进入主体结构施工阶段，东区国际货站扩建项目前期工作启动，航空智慧口岸试点建设稳步推进；肉类进境指定监管场地通过验收，空港药品进口口岸顺利通过国家药品监督管理局专家组现场评估考核，开通24小时旅客快速通关服务；新开通合肥至曼谷、芽庄、大阪、新加坡等国际及地区客运航线7条，新开通至达拉斯、纽约定期货运航线2条，至布鲁塞尔货运包机航线1条。

2023年，合肥新桥国际机场旅客吞吐量1 117.1万人次，同比增长95.6%，其中进出境人员10.67万人次，同比增长2 694.08%；货邮吞吐量 11.46 万吨，同比增长 49.7%，其中国际（地区）货邮吞吐量 3.13 万吨，同比增长 24.8%。

安徽合肥新桥国际机场开通至纽约的全货机定期航线

【黄山空运口岸（黄山屯溪国际机场）】 黄山屯溪国际机场位于安徽省黄山市屯溪区，距中心城区 5.5 千米，为 4D 级民用运输机场。1992 年 9 月，国务院批准开放黄山空运口岸；2009 年 8 月，国务院批准黄山空运口岸扩大对外国籍飞机开放；2014 年 11 月，公安部授权设立台湾居民口岸签注点。黄山屯溪国际机场是国家重要的旅游机场，是皖南及皖浙赣毗邻区域重要的空中交通门户、唯一的国际机场。机场占地面积约 173.33 万平方米，停机坪面积为 4.9 万平方米；航站楼面积 1.48 万平方米，规划设计年旅客吞吐量 112 万人次。机场已开通至香港地区航线及旅游包机。

2023 年，黄山空运口岸恢复至香港地区航线，完成中国对外友好协会、安徽省政府共同主办的 2023 RCEP 地方政府暨友城合作（黄山）论坛保障任务。全年，黄山屯溪国际机场飞行国际及地区航班 66 架次、出入境人员 5 241 人次。年内，执行 9 批次 5.4 吨货物出口业务，出口目的地有澳大利亚、德国、意大利、荷兰以及中国香港等国家和地区，实现海关监管作业场所建成以来货运业务零的突破。

新添"黄山—上海港"海铁联运新线路。2023 年 11 月，黄山会同宣城、池州商务局联合签署共同打造海铁联运通道合作备忘录，依托宁波舟山港宣城国际陆港每周"4+N"固定班列，打造全省首条海铁联运专线。黄山交投集团通过中欧中亚班列、海铁联运及内贸多式联运全年累计发运 3 011 标箱，同比增长 178%，为企业节约物流成本 30%左右、提升运输时效 20%左右。

【芜湖水运（河港）口岸】 芜湖港位于安徽省芜湖市，是全国 28 个内河主要港口之一，是全省最大的货运、外贸和集装箱中转运输港，是长江溯江而上最后一个深水良港，可常年通航万吨级船舶，是长江干线较早开展集装箱运输的港口之一。芜湖港于 1980 年 2 月获批对外开放；1991 年 10 月，获批对外籍轮开放；2008 年 11 月，获批成为首批对台直航内河港口。2012 年 5 月，芜湖港口岸扩大开放水域获批并被纳入国家口岸"十二五"规划，标志着芜湖长江水域全部纳入扩大开放范围。2014 年 9 月 1 日，芜湖朱家桥港正式启动启运港退税政策，是安徽省首个试行启运港退税政策的皖江港口。2018 年 12 月 23 日，国务院批复同意芜湖港口岸扩大开放三山港区；2023 年 12 月 1 日，芜湖港口岸扩大开放三山港区通过国家验收。

芜湖港辖长江岸线总长 193.9 千米，其中江北 121 千米、江南 72.9 千米，划分为 7 个长江干线港区和 5 个支流港区，拥有各类生产性码头泊位 144 个，其中万吨级泊位 9 个，设计年货物通过能力达到 1.1 亿吨，对外籍轮开放泊位 6 个。码头泊位已向规模化、集约化、专业化发展，可提供煤炭转运、水泥建材发运、集装箱中转、成油品转运、商品汽车滚装运输等特色服务，已发展成为长江干线重要的能源、水泥、矿石、建材、集装箱运输大港。芜湖港基础设施日趋完善，远洋货轮可直达日本、韩国、朝鲜、新加坡、马来西亚、泰国、柬埔寨以及中国香港、中国台湾等 46 个国家和地区，口岸运量逐年攀升。

2023 年，芜湖港集装箱运量突破 140 万标箱，芜湖水运口岸完成申报货运量 432 万吨。

安徽芜湖港智慧港口建设——整齐划一的无人智能堆场

【铜陵水运（河港）口岸】 铜陵港位于安徽省铜陵市，所处陆域平坦，岸线顺直，航道宽阔，水深流缓，河床稳定，是国家《长江干线航道发展规划》确立的万吨级海轮进江终点港。铜陵港于1993年1月获批对外国籍船舶开放，1994年8月通过国家验收，1997年正式开通国际集装箱内支线航班，2009年被交通运输部确立为海峡两岸“三通”直航港口。2017年12月28日，铜陵进境水果指定监管场地正式启动运营；2020年12月23日，铜陵（皖中南）保税物流中心（B型）封关运作。

铜陵港区位交通条件优越，处在上海—武汉、九江—南京、合肥—黄山以及安徽长江五港的中心点，沿江高速、合铜黄高速、铜宣杭高速、宁铜铁路、铜九铁路和京福高铁交会于港区及腹地边际，水陆交通四通八达，是皖中南物流集散中心和长江干线重要港口企业。铜陵港按功能布局分为长湖滩港区、长山港区、永丰港区、江北港区、枞阳港区5大港区，岸线全长184.47千米，其中长江岸线131.3千米，航道枯水期最小维护水深6米，常年可通航5 000吨级中外籍船舶，中、丰水期可通航万吨级海轮。铜陵港有生产泊位数71个，其中5 000吨级以上泊位23个（含3个1万吨级），对外开放码头4座，开通至日本、朝鲜、韩国、中国香港、东南亚以及欧美等国家和地区的直达或中转航线，常年可通航和靠泊万吨级海轮。铜陵港主要从事国际、国内集装箱和件杂散货的装卸、仓储、中转，以及理货、船舶代理、水陆运输、旅游服务等物流服务业务，是多功能、综合性、现代化港口。新冠病毒感染实施“乙类乙管”后，铜陵水运口岸在全省率先恢复直航常态化运行，铜陵进境水果指定监管场地恢复水果进口业务，打通肯尼亚牛油果、泰国冻榴莲进口渠道。

2023年，铜陵港货物吞吐量10 283万吨，同比增长9.83%，这是继2016—2018年连续3年突破亿吨大关后，再次跻身全国内河亿吨港口之列。全年，铜陵水运口岸完成外贸申报货运量465万吨，同比增长19.2%。其中，进口445.8万吨，同比增长18.4%；出口19.2万吨，同比增长39.9%。

【安庆水运（河港）口岸】 安庆港位于安徽省安庆市，地处长江中下游，八百里皖江的源头，临江近海，是全国内河28个主要港口之一。安庆港于1986年6月获批对外开放，1996年1月对外籍轮开放，2011年7月获批对台直航。2018年12月27日，国务院批复同意安庆港口岸扩大开放长风港区和皖河农场港区。依托开放口岸，安庆市加快推动开放型经济发展。2015年5月25日，安庆获批设立进境粮食指定口岸；2018年，海关总署将口岸名称调整为进境粮食指定监管场地。2017年5月28日，国务院批复安庆港为汽车整车进口口岸；2022年10月，商务部批复同意安庆市开展汽车平行进口试点。2020年6月18日，安庆综合保税区获批设立，成为安徽省第5个获批的综合保税区；2022年4月1日，正式封关运作。

安庆港获批口岸扩大开放以来，加快推进长风港区、皖河农场港区港口基础设施建设。长风港一期改造工程总投资3.14亿元，将水域2个件杂货泊位改建为5 000吨级散货进口泊位，改造后年吞吐能力达460万吨，于2020年12月开工建设，2023年9月完成竣工验收。长风港二期工程总投资7.38亿元，建设2个5 000吨级多用途泊位及后方堆场等配套设施，建成后年吞吐能力达35万标箱（350万吨），于2022年3月开工建设，2023年11月完成竣工验收。皖河新港一期工程总投资11.16亿元，于2022年8月开工建设，规划建设4个1万吨级多用途泊位、后方陆域及配套工程，设计年通过能力470.5万吨，其中件杂货207.5万吨/年、集装箱26.3万标箱/年。

安庆港口岸已开辟集装箱航线11条，航线辐射沿江、沿海各地，外贸集装箱通过长江内支线，经由上海中转至世界各地，平均每月集装箱始发、直航、挂靠航班74班。安庆港口岸进口货物主要为大豆、汽车、石英砂、棉花等，出口货物主要为汽车零部件、纸杯、水泥等。

2023年，安庆港累计完成集装箱18.52万标箱，其中外贸集装箱量5.23万标箱。

【马鞍山水运（河港）口岸】 马鞍山港位于安徽省马鞍山市，是安徽长江段的东大门。1990年10月，国务院批准马鞍山港办理国轮外运业务；2007年9月，国务院批准马鞍山水运口岸扩大对外国籍船舶开放；2009年7月，马鞍山水运口岸通过国家验收组验收。马鞍山水运口岸是首批对台湾直航的口岸。2016年7月5日，马鞍山水运口岸扩大开放郑蒲港区集装箱码头1~3号泊位通过国家验收组验收并正式对外开放。

马鞍山港是全国内河主要港口，上毗芜湖，下邻南京，逆江而上至重庆1 959千米，顺流而下至上海440千米。港辖区上起和县的西梁山，下至乌江的驻马河口，全长41千米。港辖区自采石矶翠螺山至慈湖和尚港，全长15.7千米。港口拥有生产性泊位160个，其中5 000吨级以上泊位19个、可兼靠万吨级海轮泊位13个，最大可靠2万吨级船舶。港口以中心港区、郑蒲港区为核心，以慈湖港区、采石矶港区、太平府港区、江心洲港区、乌江港区为骨干，以当涂港区、博望港区、和县港区、含山港区为补充，形成“一江两岸，双核九区”层次清晰、结构合理、功能明确的布局体系。港口规划发展成为以集装箱、矿石、钢铁、能源物资、化工品等运输为主兼顾旅游客运的现代化、多功能、综合性港口。全港拥有长江及支流港口岸线合计62.17千米，已利用港口岸线14.83千米，占比23.85%；未利用47.34千米，占比76.15%。辖区长江段航道36.2千米，常年维护水深9米以上，中洪水位期达10.5米，2万吨级江海轮可常年到港。

2023年，马鞍山水运口岸完成外贸货运量588.2万吨，同比下降45.7%。其中，进口521.5万吨，同比下降50.3%；出口66.7万吨，同比增长101.3%。国际航行船舶31艘次，出入境人员457人。港口集装箱吞吐量16.02万标箱，同比增长46.8%。

【池州水运（河港）口岸】 池州港位于安徽省池州市贵池区，是交通运输部长江重点港口，是长江溯江而上南岸最后一个万吨级深水港，于2005年7月获批对外国籍船舶开放，2009年7月通过国家验收。

池州市依江近海，水网发达，长江流经池州市158千米，岸线长162千米，长江池州段水流平稳，岸坡稳定，常年通航5 000吨级船舶，属国家一级航道，江口至梅龙段可建万吨级码头。沿江高速公路贯穿池州，沿江铁路大动脉铜九铁路东接上海、西达重庆，安庆长江大桥连接安庆与池州，池州九华山机场于2013年7月29日建成通航，发展水陆联运和水铁联运前景广阔。

池州港拥有生产性码头泊位9座、工作泊位2座，其中1万吨级泊位2座、5 000吨级散货泊位2座、3 000吨级件杂货泊位5座；货场总面积31万多平方米，海关监管仓储面积1.5万平方米，长江深水岸线2 460米，码头前沿水深11~18米，各类装卸机械设备180余台，最大起重能力45吨，年货运综合通过能力2 000万吨、集装箱通过能力5万标箱。池州旅游码头是安徽省唯一停靠涉外游轮的旅游码头，每年停靠涉外游轮约130航次，接待入境游客约3万人次。

2023年，池州港货物吞吐量1.43亿吨，同比增长9.8%，连续3年突破亿吨。池州水运口岸完成货运量110.2万吨，同比增长13.6%。其中，进口102.9万吨，同比增长13%；出口7.3万吨，同比增长23.7%。货值13.5亿美元，同比增长22.6%；集装箱重箱进出口8 537标箱，同比增长38.2%。

2023 年安徽省口岸大事记

1 月 23 日

塞拉利昂籍“兴阳 7”散货轮装满 5 000 吨矿石从铜陵口岸驶向日本，是新冠病毒感染实施“乙类乙管”后全省水运口岸境外直达航运业务首艘货轮。

2 月 21 日

铜陵港—洋山港“联动接卸”海关监管模式实现首航。

3 月 16 日

合肥海关正式批复同意设立池州建投商发供应链管理有限公司投资建设的建投商发公用型保税仓库，这是安徽省第 20 家公用型保税仓库。

5 月 13 日

肯尼亚鲜食牛油果运抵铜陵进境水果指定监管场地，经铜陵海关开箱查验后放行，标志着新冠病毒感染实施“乙类乙管”后，铜陵进境水果指定监管场地正式恢复进口业务。

6 月 9 日—10 日

中国对外友好协会、安徽省政府共同主办的 2023 RCEP 地方政府暨友城合作（黄山）论坛在黄山市举办，黄山口岸圆满、顺畅、高效完成了中国亚洲经济发展协会代表团公务机入境服务保障工作。

6 月 19 日—21 日

全国口岸办主任会议首次在安徽成功举办。这是继 2019 年 1 月以来，国家口岸管理办公室首次线下召开的全国口岸系统会议，也是安徽省口岸办自成立以来首次承办全国口岸办主任会议。

9 月 22 日

安徽省首列“铁路快通”模式中欧班列顺利出运，整体运行时间缩短 12 天。

9 月 23 日

青岛航空开通黄山—香港定期客运航线。

11 月 22 日

安徽省口岸工作领导小组会议召开，全面总结全省口岸工作，研究部署下一步重点任务。

12 月 1 日

芜湖港扩大开放三山港区通过国家验收。

12 月 6 日

皖江江南保税物流中心（B 型）获得海关总署正式验收批复。

12 月 25 日

芜湖港、合肥机场申报国家智慧口岸试点，获国家口岸管理办公室复函同意。

（撰稿人：郭北顺、杨苒、许玮、汪长征、胡爱民、王娇娇、陈宜钧、张智、王广涛、吴业荣、张磊）

2023 年安徽省口岸流量统计表

口岸类型		口岸名称	货运量（万吨）				集装箱量（万标箱）				人员（万人次）				交通工具（辆、艘、架、列次）			
			出口	进口	合计	同比（%）	出口	进口	合计	同比（%）	出境	入境	合计	同比（%）	出境	入境	合计	同比（%）
空运口岸		合肥	2.40	0.73	3.13	24.8					—	—	10.67	2 694.08				
		黄山	0.000 5	0	0.000 5	—					—	—	0.524 1	782.32				
		分计	2.40	0.73	3.13	24.8					—	—	11.20	2 436.81				
水运口岸	河港口岸	芜湖	184.49	247.91	432.41	54.46					—	—	0.048 7	—				
		安庆	15.38	18.82	34.19	40.50					—	—	0					
		马鞍山	66.69	521.52	588.21	-45.68					—	—	0.045 7	—				
		铜陵	19.24	445.74	464.97	19.16					—	—	0.022 4	—				
		池州	6.72	104.75	111.47	16.48					—	—	0.003 8	—				
		分计	292.52	1 338.73	1 631.25	-12.91					—	—	0.120 6	1 240.00				
合计			294.92	1 339.46	1 634.38	-13.00					5.72	5.60	11.32	2 412.90	844	848	1 692	115.27
同比（%）			69.03	-21.40	-13.00						2 372.26	2 455.4	2 412.9		113.13	117.44		

（安徽省口岸办提供）

2023年合肥海关主要数据统计表

项　目		2023年	2022年	同比（%）
进出口货运量（万吨）	合计	1 980.06	2 143.28	-7.62
	进口	1 504.69	1 820.90	-17.37
	出口	475.37	322.38	47.46
进出口贸易总值（万美元）	合计	11 437 568.43	11 220 766.91	1.93
	进口	4 003 102.99	4 174 545.22	-4.11
	其中：江、海运输	2 730 374.02	2 774 943.55	-1.61
	铁路运输	12 236.26	19 989.00	-38.79
	汽车运输	156 080.16	192 603.94	-18.96
	航空运输	1 102 165.86	1 177 232.78	-6.38
	邮件运输	558.52	604.04	-7.54
	其他运输	1 688.17	9 171.91	-81.59
	出口	7 434 465.45	7 046 221.69	5.51
	其中：江、海运输	5 923 980.30	5 496 563.83	7.78
	铁路运输	371 828.72	195 366.27	90.32
	汽车运输	382 194.34	384 571.47	-0.62
	航空运输	749 675.59	957 117.50	-21.67
	邮件运输	311.27	1 205.22	-74.17
	其他运输	6 475.22	11 397.39	-43.19
税收（万元人民币）	两税合计	2 169 657.59	2 691 175.92	-19.38
	关税入库	96 663.36	131 440.28	-26.46
	进口环节税入库	2 072 994.23	2 559 735.64	-19.02

（合肥海关提供）

2023 年安徽省口岸出入境主要数据表

<table>
<tr><th colspan="3">项　目</th><th>2023 年</th><th>2022 年</th><th>同比（%）</th></tr>
<tr><td rowspan="14">出入境人员（人次）</td><td colspan="2">出入境人员总数</td><td>113 181</td><td>4 504</td><td>2 412. 90</td></tr>
<tr><td colspan="2">入境人员</td><td>55 973</td><td>2 190</td><td>2 455. 84</td></tr>
<tr><td colspan="2">出境人员</td><td>57 208</td><td>2 314</td><td>2 372. 26</td></tr>
<tr><td colspan="2">出入境旅客</td><td>100 753</td><td>422</td><td>23 775. 12</td></tr>
<tr><td colspan="2">出入境员工</td><td>12 428</td><td>4 082</td><td>204. 46</td></tr>
<tr><td rowspan="5">中国公民</td><td>小计</td><td>105 691</td><td>847</td><td>12 378. 28</td></tr>
<tr><td>内地居民（因公）</td><td>5 678</td><td>209</td><td>2 616. 75</td></tr>
<tr><td>内地居民（因私）</td><td>92 740</td><td>627</td><td>14 691. 07</td></tr>
<tr><td>港澳居民</td><td>6 750</td><td>3</td><td>224 900. 00</td></tr>
<tr><td>台湾同胞</td><td>523</td><td>8</td><td>6 437. 50</td></tr>
<tr><td colspan="2">外籍人员</td><td>7 490</td><td>3 657</td><td>104. 81</td></tr>
<tr><td colspan="2">从海港出入境人数</td><td>1 206</td><td>0</td><td>—</td></tr>
<tr><td colspan="2">从陆港出入境人数</td><td></td><td></td><td></td></tr>
<tr><td colspan="2">从空港出入境人数</td><td>111 975</td><td>4 504</td><td>2 386. 12</td></tr>
<tr><td rowspan="5">交通运输工具（辆、艘、架、列次）</td><td colspan="2">总计</td><td>1 774</td><td>786</td><td>125. 70</td></tr>
<tr><td colspan="2">船舶</td><td>82</td><td>0</td><td>—</td></tr>
<tr><td colspan="2">飞机</td><td>1 692</td><td>786</td><td>115. 27</td></tr>
<tr><td colspan="2">火车</td><td></td><td></td><td></td></tr>
<tr><td colspan="2">机动车辆</td><td></td><td></td><td></td></tr>
</table>

（安徽出入境边防检查总站提供）

2023 年安庆海事局进出港船舶统计汇总表

船舶类别	进港船舶							出港船舶						
	艘数（艘）	总吨（吨位）	总载重量（吨）	载客量（客立）	船员人数（人次）	货物到达量（吨）	旅客到达量（人）	艘数（艘）	总吨（吨位）	总载重量（吨）	载客量（客位）	船员人数（人次）	货物发送量（吨）	旅客发送量（人）
总计	68 936	145 156 211	210 756 031	2 651 782	312 072	34 601 724.75	2 157 415	69 137	120 165 034	211 364 230	791 447	313 896	147 200 752.74	323 561
中国籍船舶	68 933	145 151 411	210 747 669	2 651 782	312 045	34 601 724.75	2 157 415	69 134	120 160 234	211 355 868	791 447	313 869	147 194 683.74	323 561
其中：外贸船	3	4 800	8 362	0	27	0	0	3	4 800	8 362	0	27	6 069	0

（安庆海事局提供）

2023 年芜湖海事局进出港船舶统计汇总表

船舶类别	进港船舶							出港船舶						
	艘数（艘）	总吨（吨位）	总载重量（吨）	载客量（客位）	船员人数（人次）	货物到达量（吨）	旅客到达量（人）	艘数（艘）	总吨（吨位）	总载重量（吨）	载客量（客位）	船员人数（人次）	货物发送量（吨）	旅客发送量（人）
总计	152 799	261 670 402	439 839 803	4 336 521	866 225	183 170 419	3 856 756	153 064	262 243 697	440 887 832	4 336 541	866 398	160 849 122	3 854 125
中国籍船舶	152 740	261 407 100	439 397 221	4 336 521	865 368	183 098 553	3 856 756	153 005	261 980 395	440 445 250	4 336 541	865 541	160 308 921	3 854 125
其中：外贸船	59	263 302	442 582	0	857	71 866	0	59	263 302	442 582	0	857	540 201	0

（芜湖海事局提供）

福　建　省

福建省口岸分布示意图

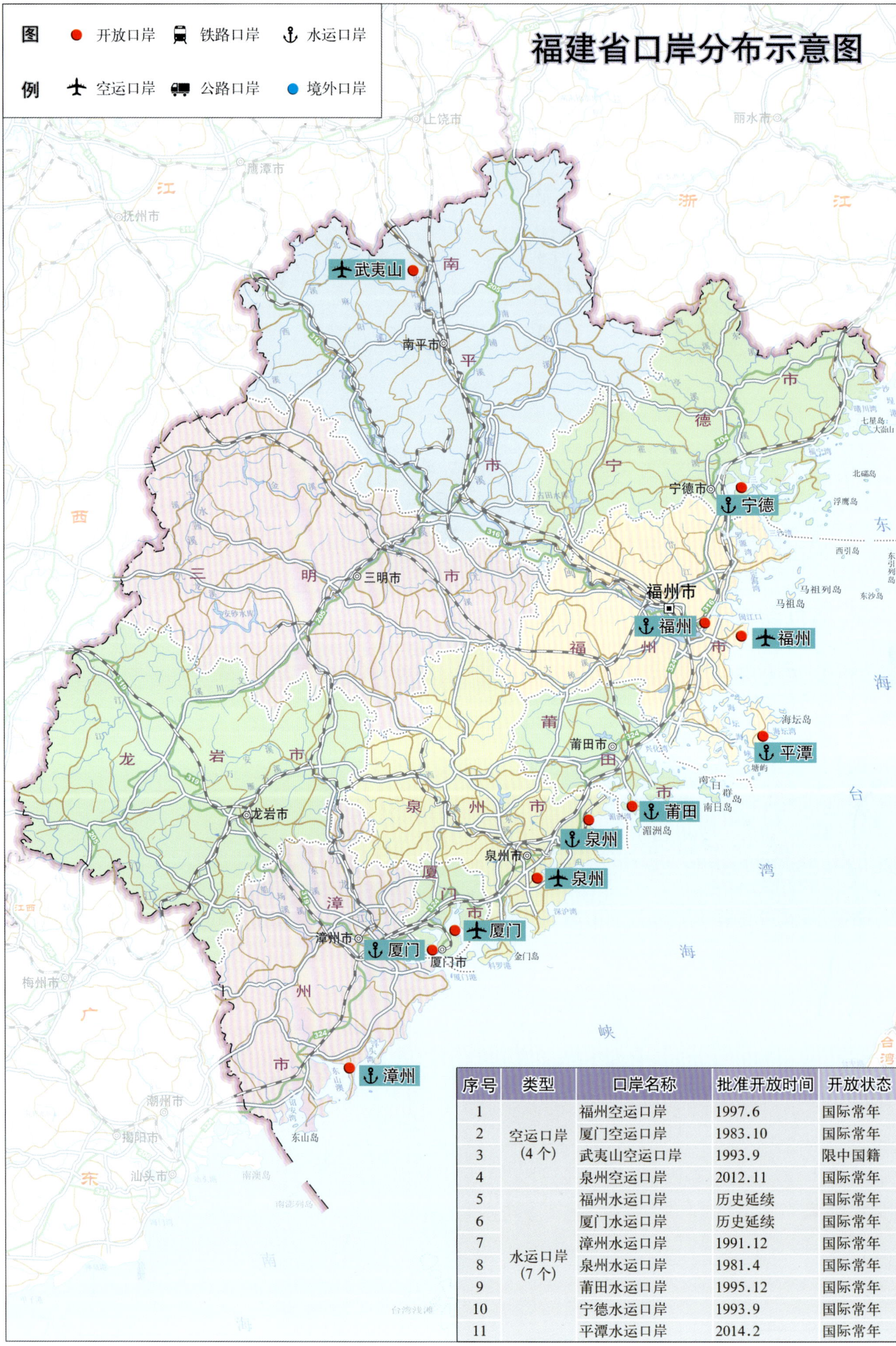

序号	类型	口岸名称	批准开放时间	开放状态
1	空运口岸 (4个)	福州空运口岸	1997.6	国际常年
2		厦门空运口岸	1983.10	国际常年
3		武夷山空运口岸	1993.9	限中国籍
4		泉州空运口岸	2012.11	国际常年
5	水运口岸 (7个)	福州水运口岸	历史延续	国际常年
6		厦门水运口岸	历史延续	国际常年
7		漳州水运口岸	1991.12	国际常年
8		泉州水运口岸	1981.4	国际常年
9		莆田水运口岸	1995.12	国际常年
10		宁德水运口岸	1993.9	国际常年
11		平潭水运口岸	2014.2	国际常年

口岸数量及分布

截至2023年年底，福建省共有经国务院批准的对外开放口岸11个。其中，空运口岸4个，分别为福州空运口岸（福州长乐国际机场）、厦门空运口岸（厦门高崎国际机场）、泉州空运口岸（泉州晋江国际机场）和武夷山空运口岸（武夷山机场）；水运（海港）口岸7个，分别为福州、厦门、泉州、漳州、莆田、宁德、平潭海港口岸。

口岸运行数据

2023年，福建省水运口岸外贸货物吞吐量29 161.49万吨，同比增长13.05%。其中，出口7 994.43万吨，同比增长2.70%；进口21 167.06万吨，同比增长17.53%。外贸集装箱吞吐量1 080.44万标箱，同比下降2.40%。其中，出口544.77万标箱，同比下降0.81%；进口535.67万标箱，同比下降3.96%。

2023年，全省航空口岸出入境货运量累计完成18.33万吨，同比增长11.84%，其中进口3.81万吨、出口14.52万吨；出入境旅客累计完成377.94万人次，同比增长525.16%，其中入境旅客185.92万人次、出境旅客192.02万人次。

口岸综合管理

【推进口岸对外开放】 一是推动口岸正式开放。组织完成福州港口岸扩大开放罗源湾港区环下屿岛作业区省级验收并上报申请国家验收。该作业区服务福州千亿级新材料产业集群，其中申远新材料已建设完成全球最大的己内酰胺生产基地，原辅材料进口将依靠环下屿岛作业区的泊位，预计开放后年进出口量达80万吨、进出口额达37亿元。持续推动福州港口岸扩大开放黄岐港区。该港区与马祖列岛最近处仅8千米，是对台交流的重要枢纽。该港区的正式开放，对于进一步扩大对台经贸往来，深化两岸交流合作具有重大意义。做好泉州港口岸泉州湾港区锦尚作业区国家验收准备工作。该作业区开放后将形成与厦门港优势互补、错位发展的港口发展局面，同时通过泉州厦门“组合港”共享厦门港国际航线资源，有效降低企业组货拼柜和航运成本，为“买全国、卖全球”市场采购贸易方式和泉州外向型经济发展提供便捷的海上航运通道。重点指导属地政府和码头业主做好瀚海船坞整改提升工作。推动漳州港口岸扩大开放东山港区城垵作业区列入国家口岸开放年度审理计划并上报申请对外开放。该作业区临港腹地已有旗滨玻璃、光伏及玻璃新材料产业园、海峡两岸（东山）水产品加工集散基地等大项目。其中，漳州旗滨玻璃项目为省重点项目，年纳税额高达6亿元，对外开放后预计每年进口生产原料165万吨。二是做好新建改建码头泊位省级验收。福州牛头湾港区12–13号泊位，平潭金井港区国际邮轮码头，泉州斗尾港区港丰码头、中化码头，漳州古雷港区南8号泊位等一批码头泊位对外开放省级验收。三是临时开放进展顺利。推动漳州东山港区城垵作业区2号泊位和后石港区隆教作业区1号泊位实现首次临时开放，保障罗源湾港区环下屿作业区和黄岐港区对台客运码头1–4号泊位延期临时开放。

【不断提升口岸运行管理水平】 顺利完成“十四五”口岸发展规划中期评估工作。实现对全省口岸特别是重点港区、重点码头泊位运行情况的监测，为口岸工作提供数据支撑。

【优化口岸营商环境】 落实海关总署优化营商环境16条措施，支持福州海关出台优化营商环境19条措施；按照福建省委、省政府部署要求，协调推动福州、厦门海关联合出台“优化通关流程、提高物流服务效能，促进通关优化升级”23项工作举措；积极推动“离港确认”模式试点并获海关总署批准，推动实施跨境电商智慧转关货物直通模式，口岸通关效率持续提升。厦门再度入选2023年促进跨境贸易便利化专项行动城市，获批国家智慧口岸试点。签署闽赣两省深化口岸区域合作协议，推动两省港口、铁路及海关等有关方面，在货源、物流、港口等方面的达成合作，推动开辟绿色通道，全面推行“一单制”运输模式，铁海联运运输时效进一步提升。与中国报关协会签订合作意向书，共同推动福建省跨境贸易便利化水平提升。2023 年，全省进口、出口整体通关时效居沿海省（市）前列。

【提升“单一窗口”功能服务】 聚焦 RCEP 企业享惠难点，建设 RCEP 关税政策智能服务平台，全国首创“RCEP 原产地规则智能判定和优化指引”“企业贸易享惠智能分析与提醒”服务功能，帮助企业实现进出口享惠最大化；平台建设受到商务部肯定并受邀为国家外贸转型升级基地建设培训班授课，获选列入福建“21 世纪海上丝绸之路”核心区建设现场会成果典型案例，参展第六届数字中国建设峰会、2023 年海关科技装备博览会受到关注，被中央电视台《新闻频道》、新华财经等主流媒体专题报道。厦门全国首创“单一窗口+空运物流”的模式，实现航空物流链条上各参与方信息的互联互通，为企业提供航空货运进出口全流程电子化作业。

【持续拓展国际物流通道】 持续推进“丝路海运”“中欧班列”通关便利化建设，对外货物运输通道继续拓展。截至 2023 年年底，“丝路海运”联盟成员单位达 320 家，“丝路海运”命名航线总数达 116 条，通达全球 43 个国家和地区的 131 座港口；宁德新开行中欧班列，全省开通“中欧班列”城市达到 6 个，中欧（亚）班列开行 135 列。

口岸监管与服务

【福州海关创新驱动，持续提升通关便利化水平】 践行习近平总书记“三智”建设重要理念，积极推进智慧动植检、智慧口岸、智慧云查检等 26 个项目建设，牵头承担的“出口锂电包装智慧检验模式”被海关总署列为 10 个早期收获项目之一，助力宁德时代锂电出口通关提速。积极落实国务院关于对接国际高标准推进制度型开放工作措施，2023 年 12 月“提前申报”“两步申报”等便利化措施整体应用率 46.2%，较 2022 年提高 10 个百分点。持续发力自贸创新，“旅检口岸 VR 物联网应用”被评为全国首创，依托物联网、VR 技术提升入境旅客通关效率，进境拼箱货物监管新模式等 3 项举措在全省复制推广。全省首创远程智能施封监管模式，实现出口运输车辆“即抵即放”，每票可节省场站周转时间 4 小时以上。

【福州海关实际监管效能全面增强，筑牢口岸安全屏障】 落实新冠病毒感染“乙类乙管”防控措施，确保口岸疫情防控平稳转段。坚持“人、物、环境”同防、多病共防. 2023 年，全国口岸首次截获输入性里海伊蚊。严防外来物种入侵 3 年专项行动、跨境电商寄递“异宠”综合治理专项行动成效显著，截获有害生物 490 种、1.21 万种次。提升税收征管质效，税款入库 282.34 亿元，取得历史性突破。深入开展“龙腾行动”，查扣侵权商品 221.47 万件，连续 6 年入选海关总署知识产权保护典型案例。监管进出口货物 1.39 亿吨，同比增长 20.5%。加强政治安全保卫，查获违禁印刷品 39.4 万件，连续 5 年获评全国“扫黄打非”先进。推动安全生产隐患排查整治常态化，整改风险隐患 185 项，查发伪瞒报危险品 19 批次、52 吨。

【福州海关优化口岸营商环境，帮扶企业纾困解难】 支持外贸稳规模优结构和新时代民营经济强省战略，先后出台 3 批次、51 条工作措施，持续释放政策红利，与厦门海关联合推出 23 条举措，促进通关优化升级。加强自主创新企业培育保护，新增 11 家知识产权优势企业。协助圣农集团顺利通过香港食物环境卫生署检查，圆满完成欧盟食源性检查，有力支持省内企业不断开拓国际市场。建立减免税重点项目关地联动机制，指导企事业单位用好用足政策，减免退税及免加征税款 37.86 亿元。积极推动“内河运费扣减”政策落地，为企业扣减运费近 1 500 万元、减免税款 260 万元，惠及福建奔驰汽车等 158 家企业。完成储能、种业振兴和风电 3 项专项税政调研，24 项税政建议被国家采纳，预计为省内相关行业降税近亿元，增列白茶税目建议获得世界海关组织协调制度委员会采纳，惠及产值 140 亿元。

【福州海关服务重点产业，助推高质量发展】 出台 16 条举措服务福州新区发展，支持中印(尼)“两国双园”建设，保障首批来自印度尼西亚的老椰子、冻虾顺利进口，积极推动青皮椰子输华准入。支持闽西革命老区建设发展，帮扶循环水鳗鱼生态养殖项目落地，助力顺昌葡萄开拓国际市场，促进竹木草制品等优势农产品出口。服务保障粮食、鱼粉等重要农产品进口供给安全，2023 年监管进口鱼粉量位居全国第三。保障蔬菜种子、鳗鱼苗快速通关，顺利完成 3 836 头进境智利种牛检疫监管，支持国家优质种业振兴。新增“9610”直购进口业务，关区跨境电商零售进口业务模式实现全覆盖。指导宁德时代有效应对欧盟电池法规草案评议，推动“新三样”产品增长动能持续释放。

【福州海关深度融入发展大局，支持高水平对外开放】 深化福厦两关全业务领域一体化改革，推进闽赣两省三关跨区域合作，实现“福建口岸+江西腹地”更高水平协同发展。落实海关总署推动综合保税区高质量发展 23 条措施，推动福州长乐国际机场综合保税区获批设立，成为福建首个空港综合保税区。2023 年，保障中欧、中老班列运行 22 趟次、货值 5.22 亿元，不断拓展国际物流大通道。主动争取海关总署支持福建建设两岸融合发展示范区 8 个事项，率先提出支持中国（福建）自由贸易试验区扩大对台先行先试 7 条举措。积极支持平潭开放开发，推动平潭新总规落地实施。落实《海峡两岸经济合作框架协议》（ECFA）签证按台方新税则调整政策，签发 ECFA 原产地证书 436 份、货值 4 818.4 万美元。全力保障对台“小三通”客运航线、“海峡号”对台货运航线顺利复航，助力对台海运快件业务健康发展，进一步放宽金马航线旅客携带台湾高粱酒的数量限制，促进两岸经贸交流、人员往来便利化。

【厦门海关业务概述】 2023 年，厦门海关推进海关总署部署的“12 个必”重点工作和“1+1+6”重点任务，推动智慧海关建设和“智关强国”行动，“数字口岸”平台上线 211 项功能，助力厦门获首批智慧口岸试点。做好统筹口岸疫情防控和促进外贸稳增长工作，全年监管进出口货物总值 11 997.04 亿元、货运量 1.24 亿吨，同比分别下降 5.12%、增长 11.24%；海关特殊监管区域一线进出口值 2 155.26 亿元，同比增长 14.56%；税收入库 476.57 亿元，同比下降 4.86%。

【厦门海关持续优化口岸营商环境】 厦门海关制定关区跨境贸易便利化专项行动 5 个方面 35 条措施，推动厦门连续 2 年列入全国试点城市，助力厦门口岸连续 5 年在“十大海运集装箱口岸营商环境测评”中名列前茅，国家口岸管理办公室在全国跨境贸易便利化工作情况通报中 12 次提到厦门经验做法。指导海沧前场中欧班列监管作业场所建成投用，推动回程班列时隔 2 年再次开行，监管中欧班列 111 列次、货物 1.25 万标箱，同比分别增长 2.78%、14.02%。助力福建开展内外贸一体化试点，优化内外贸集装箱同船运输备案，覆盖关区近七成集装箱转关船舶。深入开展“龙腾”等知识产权保护专项行动，扣留侵权嫌疑货物 570 万件。“多维画像，精准打击进出口侵权违法行为”创新举措，入选国务院知识产权战略联席办“知识产权强国建设典型案例”。创新“两法衔接”模式，与福建省公安厅构建“两级联系、多点对接”快速衔接机制，通报侵权奢侈品牌包案并配合公安机关查获案值 3.57 亿元侵权案件。

【厦门海关防风险守国门，全面筑牢海关监管防线】 一是持续强化正面监管。2023 年，厦门海关开展口岸反恐演练、培训、宣传共 108 场次，查获疑似枪支散件 30 件、管制刀具 84 把、反宣品 2 463 件，获评福建省反恐怖工作先进单位。开展重大事故隐患专项排查整治 2023 行动，组织拉网式排查 5 次、“四不两直”全覆盖督导检查 2 次，排查整治风险隐患 82 个，通报地方政府风险隐患 15 次。严控市场采购不实贸易风险，与深圳、广州等口岸地海关建立全国通关一体化查发通报机制。启用跨境电商转关自动核销模式，严密防范跨境电商 B2B 货物漂移风险。创新旅检现场智能化管理，实现现场旅检业务“一屏”掌控。持续推广“安全智能锁+转关自动核销”模式，实现跨关区“一锁通用”在途监管。打造海空港“数字监管平台”，海港查验集装箱吊装时间压缩 90%，空港通关时效列全国海关系统首位。研发“非贸业务一体化监管平台”，应用“非贸平台+智能审图+图像复审+智慧查验”，实现非贸业务监管数据覆盖全面、布控精准，寄递渠道查获涉及安全准入准出情事 3 281 起。

二是做好口岸卫生检疫。厦门海关与地方疾控部门建立“同期测序、同步比对、定期交流”联合监测机制，分级分类开展新冠病毒变异株监测，实现新冠病毒感染疫情防控平稳转段。加强“多病同防”，对重点航线航班开展精准筛查，检疫进出境人员 409. 7 万人次，开展核酸检测 5. 8 万人次，发现 44 种新冠病毒变异株，其中 XBB. 2. 3、XBB. 1. 5. 35 为全国口岸首次发现；检出流感、登革热等其他传染病 13 种共 123 例；妥善处置 4 起入境船舶聚集性感染事件。截获输入性蜚蠊、鼠类等病媒生物 527 批共 70. 1 万只，国境口岸监测捕获鼠类、蠓等 3 582 只，检出钩端螺旋体、汉坦病毒等病原体及Ⅱ重、Ⅲ重感染样本。开展国际航行船舶压舱水核辐射监测 16 艘次。加强出入境人员传染病监测体检与国际旅行健康咨询，检出艾滋病、梅毒等传染病 162 例。持续推进卫生许可“放管服”改革，创新特殊物品“一次评估+分批进口”举措，探索口岸食品索证索票信息化建设。创新口岸公共卫生核心能力“省—市—区”三级共建机制，厦门关区 8 个口岸通过海关总署考（复）核。成立首届生物安全专家委员会，深化联防联控机制建设，正式运行跨部门生物安全协调机制，与地方合作加强专项生物安全工作，推动口岸突发公共卫生事件纳入地方应急体系。

三是加强口岸食品安全监管。厦门海关开展进口食品“国门守护”行动，检出未准入境食品 213 批次；开展跨境电商“健安 2023”专项行动，查获 9 批违禁保健食品；加强日本水产品输入监控分析，开展专项监测 43 个；专项核查出口腌渍蔬菜备案生产企业 39 家。压紧食品安全各方责任，核查反馈境外通报不合格出口食品 39 批，对多次检出未准入境食品 23 家的进口商启动通报程序。优化民生食品进境通关流程，压缩进境肉类、水产品等检疫审批办理时长，推广优先查验、优先送检、优先检测、优先出证等便利措施。强化出口食品风险分析，确认关区出口高风险食品 36 种、高风险项目清单 69 类，发布风险预警通报 6 项；首次编发出口食品主要目标市场国家或地区食品安全信息，开展政策宣讲 2 场次，为企业出口提供技术支撑。支持特色产业发展，承担 41 家次境外燕窝生产企业评审工作，厦门口岸连续 5 年毛燕进口量居全国首位。扩大市场采购贸易方式出口预包装食品试点范围，入选福建省深化“放管服”改革持续优化政务服务典型经验案例。加强与地方政府协作，联合厦门市市场监管局签订食品安全监管战略合作备忘录，强化食品安全齐抓共管。

四是筑牢进出口商品质量安全防线。厦门海关全年检出各类不合格商品 1 632 批。推进危险品检验模式改革，开展“打击进出口危险品伪瞒报”专项行动，布控查获逃避进出口商品检验货物 88 批，同比增长 62. 96%。加强进口矿产品、再生金属原料、旧机电、维修/再制造料件检验监管，检验鉴定 2 批进口再生原料为固体废物。严格进口消费类电子电器、医疗器械、特种设备监管证件核查和到货检验，检出不合格产品 52 批。实施进口原油“先放后检” 3 003. 1 万吨，出具品质证书协助原油进口企业索赔 1 700 万元；对 649. 1 万吨进口铁矿、489. 8 吨进口棉花实施品质项目依企业申请检验。服务资源产品扩大进口，建立进口铜精矿检验监管联系配合机制，保障 130. 2 万吨进口铜精矿快速通关。支持石材特色行业发展，实施精准布控、高效查验，相关举措入选2023年全国海关推动外贸稳规模优结构典型案例。

【厦门出入境边防检查总站全力服务重大发展战略】 深度融入中印（尼）、中菲“两国双园”，共建“一带一路”，中国（福建）自由贸易试验区建设发展，配合做好中国（福建）自由贸易试验区制度创新和厦门自贸片区金砖国家示范口岸改革，积极对接福州、厦门“海丝核心区”门户枢纽机场建设和闽东南邮轮母港及邮轮培育工作。因地制宜落实国家移民管理局服务航运企业发展措施和便利企业生产经营若干举措，高效推进移民管理领域“放管服”改革，对接保障互免、六国免签、启用新版外国人永久居留身份证等相关政策落地福建，推动24小时直接过境人员免办边检手续等政策在厦门落地实施，1.1万人次享受六国免签政策入境来闽，占同期全国口岸的10%，很好地释放政策效应、提升开放张力。全面实现国际货运船舶到港“零等待”作业、离港“零延时”验放，“一地办证，全省通用”创新做法全年累计为企业节约办证时间约1.8万小时、节省费用2.2亿余元。

【厦门出入境边防检查总站全力服务经济社会发展】 积极应对新冠病毒感染实施“乙类乙管”后海空港业务全面恢复、出入境客流大幅增长等新形势新任务，靠前保障在闽的全国所有4条“小三通”客运航线以及2个机场口岸全部复航，助力国际邮轮业务正式恢复，全省出入境人员、交通运输工具验放总量分别位居全国第7位、第14位。全力支持全省4个码头通过省级对外开放验收，“边检出入境流量监测管理新模式”入选中国（福建）自由贸易试验区第20批创新案例。积极策应福建实施新时代民营经济强省战略，出台服务促进新时代民营经济高质量发展意见，获省领导批示肯定。引进2家企业落地三江投资兴业，招商引资6 000万元，超额提前完成国家移民管理局下达定点帮扶任务，工作成效被国家移民管理局简报4次刊登介绍。

【厦门出入境边防检查总站全力服务两岸融合发展】 深入贯彻落实中共福建省委十一届五次全会精神，积极推动中华人民共和国出入境管理局出台《支持福建建设两岸融合发展示范区十项出入境政策措施》，对标制定总站意见措施，专门成立总站对台工作领导小组，构建起“1+4”对台工作新格局，工作成效得到国家及福建省相关领导的批示肯定。会同厦门大学在所属高崎出入境边防检查站设立第1个“共促两岸融合发展实践点”，深化拓展涉台研究和实践平台。靠前服务保障对台客货运航线全面复航及海峡论坛等涉台活动，升级打造台胞快捷查验信息备案采集点，跟进金门共用厦门新机场、平潭深化两岸标准共通前期准备。持续做好12367平台闽南语话务服务，平台话务质量位居全国前列，擦亮“两岸一家亲”窗口名片，在探索两岸融合发展新路上展现更大边检作为。

【厦门出入境边防检查总站全力维护口岸安全稳定】 坚定不移贯彻总体国家安全观，聚焦平安福建建设，攻坚打赢第三届“一带一路”国际合作高峰论坛、杭州亚（残）运会等重大活动时期的安保硬仗。巩固深化“一地多站”改革成效，健全完善符合口岸特点的边检用警新机制，推动口岸管控更加合成、精准、高效。主动出击、凌厉打击妨害国（边）境管理犯罪，统筹推进“獴猎”“犁平”及夏季行动，建立积分考评、战果通报等机制，加大案件扩线深挖力度，坚决斩断“黑灰”资金链、利益链，全力维护全省口岸安全稳定。持续优化“边检+”联合打击模式，主动派出警力联合地方公安、福建海警等部门开展案件侦办，构建线索共研、案件联办、优势互补的整体作战格局，共同维护东南国门安定稳定。

【福建海事局助力服务战略发展大局】 一是对接交通强国战略出实招。主动服务加快建设交通强国福建先行区，推进23项重点项目207项重点任务有效落地。完成漳州、泉州、平潭港口岸11个泊位对外开放省级验收，服务保障福建LNG接收站、厦门新机场、宁德和漳州核电工程等102个涉海重点工程建设。在全国率先公布21处港外推荐锚区。2023年，安全保障进出港船舶55.46万艘次，货物吞吐量7.09亿吨，运送旅客3 124.97万人次，有力护航了港航经济稳健运行。二是服务地方经济发展谋实策。支持海洋经济新业态发展，出台全国首个“海上风电场工程项目通航安全技术参数备案标准指南”，主动靠前为滨海旅游、外海风电、海上光伏、深海养殖、海洋牧场等23个新业态项目提供选址参考和通航安全保障。主动对接“电动福建”建设，首创宁德时代集装箱式储能系统海运出口新通道，保障9.7万辆新能源汽车出口，同比增长13倍。推动全国首艘电动船舶、福建首艘电动客船建成使用，开出全国第1张国际航运碳强度规则监管罚单，船舶岸电使用量同比增长64%，减排二氧化碳达4 488吨。三是优化营商环境办实事。实施优化营商环境“两个清单”，推出融资租赁船舶回购“联检联办”等67项优化营商环境举措。推出7项服务自由贸易试验区创新举措，2项举措被认定全国首创和复制拓展，海船转籍登记“不停航办证”纳入部分地市综合改革方案。成立福州厦门2个船员权益保障中心，59项为民办实事项目全部完成，打通为民服务“最后一公里”。

开放口岸

【福州空运口岸（福州长乐国际机场）】 福州长乐国际机场位于福建省福州市长乐区，距离福州市区约47.5千米，为4E级民用国际机场。2015年，福州长乐国际机场被定位为“海丝门户枢纽机场”，意味着其从一般枢纽机场上升为国家级门户枢纽机场。福州长乐国际机场有一条长3 600米、宽45米的混凝土跑道，航站楼总面积达21.6万平方米，运行机位62个，航空公司基地机位14个，可保障年旅客吞吐量2 500万人次。

福州长乐国际机场年旅客吞吐量于2015年11月30日突破1 000万人次，跻身国内大型航空港行列；2023年，旅客吞吐量达到1 320万人次。截至2023年年底，机场在场运营航司共37家，运营国内外航线119条，其中91条境内航线、9条地区航线、19条国际航线；通航航点92个，其中境内航点74个，地区航点5个［台北桃园（客、货）、台北松山（客）、高雄（客）、香港（客）、澳门（客）］，国际航点13个［洛杉矶（货）、巴厘岛（客）、茨城（客）、大阪（客）、东京成田（客）、吉隆坡（客）、金边（客）、曼谷（客）、美娜多（客）、墨尔本（客）、悉尼（客）、新加坡（客）、雅加达（客）］。2023年，福州长乐国际机场积极拓展国际航线网络，新增九元航空执飞曼谷、成都航空执飞茨城航线。多措优化口岸营商环境，6月20日，海关总署批复同意厦门航空在福州长乐国际机场开展“国际通程航班”业务，福州长乐国际机场正式成为全国第10个具备“国际通程航班业务”资质的机场。7月27日，厦门航空大连—福州—曼谷航班顺利运营，标志着福州长乐国际机场国际新中转厅正式启用。7月29日，厦门航空开通吉隆坡至福州的国际通程航班，也是福州长乐国际机场首次运营“国际通程航班”业务。9月12日，正式启用福州长乐国际机场跨境电商监管中心，首期投建3条，可满足每天20万件的货物处理能力。

2023年，福州长乐国际机场二期扩建工程加速推进。截至年底，飞行区工程累计完成跑滑区域水稳施工的70%和道面砼施工的30%；航站区工程完成T1航站楼基坑支护施工和T2航站楼正负零及以下主体结构完成70%；空管工程塔台封顶；配套区工程中货站扩建工程全部单位工程竣工验收和110 KV中心变工程室外工程完成。

福州长乐国际机场航站楼

2023 年，福州长乐国际机场全年运输起降 10 万架次，货邮吞吐量 9.26 万吨，旅客吞吐量 1 320.47 万人次，其中，出入境运输起降 6 228 架次，货运量超 1.5 万吨，出入境旅客 92.64 万人次。

【厦门空运口岸（厦门高崎国际机场）】 厦门高崎国际机场位于福建省厦门市湖里区，距厦门市中心 10 千米，地处闽南金三角的中心地带，与台湾隔海相望，三面临海，环境优美，净空条件优越，具有良好的区位优势。机场于 1982 年 1 月破土动工兴建，1983 年 10 月建成并对外开放。1992 年，机场进行大规模扩建，扩建后的厦门空港飞行区等级为 4E 级，可起降 B747-800 等大型飞机。

2023 年，在厦门空港营运的航空公司达 41 家，其中境内航空公司 30 家、国际及地区航空公司 11 家；运营客货航线 160 条，其中国内 125 条、国际及地区 35 条（含地区航线 7 条）；厦门机场通航城市 118 个，其中国内 88 个、国际及地区 30 个（含地区城市 4 个）。航线网络已基本覆盖了中国所有省会城市和主要二、三线城市，搭建了通往北美、欧洲、澳大利亚的客运航线。厦门航空口岸已成为华东地区重要的区域性航空枢纽。厦门高崎国际机场的东南亚航线覆盖较广、航班密度较高，特别是由于厦门特殊的对台区位优势，厦门两岸直航航班的密度位居全国前 3 位。

2023 年，厦门高崎国际机场保障安全飞行 17.95 万架次，同比增长 79.81%；旅客吞吐量 2 410.41万人次，同比增长 138.05%，其中，出入境旅客 252.19 万人次，同比增长 424.15%；货邮吞吐量 31.44 万吨，同比增长 19.95%，其中，出入境货邮 16.75 万吨，同比增长 17.4%。

厦门高崎国际机场 T3 航站楼

【泉州空运口岸（泉州晋江国际机场）】 泉州晋江国际机场位于福建省泉州市晋江市，飞行区等级为 4D 级，能起降波音 757 等同类机型，可满足年旅客吞吐量 400 万人次、货邮吞吐量 4.4 万吨的保障需求。机场始建于 1955 年 8 月，为军用机场。2012 年 11 月，泉州晋江机场航空口岸正式对外开放。2014 年 10 月，机场更名为泉州晋江国际机场。泉州晋江国际机场已有国内外 37 家航空公司进场运营，开通国际（地区）、国内客货运航点共 83 个，每周计划进出港航班约 1 998 架次。

泉州晋江国际机场自 2023 年 2 月 19 日起复航。年内，共进出飞机 2 681 架次；出入境旅客合计 329 573 人次，其中入境 160 831 人次、出境 168 742 人次。

泉州晋江国际机场

【武夷山空运口岸（武夷山机场）】 武夷山机场位于福建省南平市武夷山市，距离武夷山市区及武夷山风景区各 7 千米。1993 年 9 月 22 日国务院批准在武夷山设立航空口岸。

武夷山机场

【福州水运（海港）口岸】 福州港位于我国东南沿海、台湾海峡西岸，地处福建省东部、闽江入海口，是福建省主要出海口之一。福州全市海域面积 10 573 平方千米，海岸线长度 1 310 千米，其中大陆海岸线长 920 千米；海岛海岸线长度 390 千米，约占福建省海岸总长的三分之一。福州是大陆距台湾最近的地区，连江县黄岐半岛距马祖列岛仅 4.8 海里。福州作为首批对外开放的沿海港口城市之一，地处长三角、珠三角等全国最活跃经济板块的中间地带，具有得天独厚的口岸优势。

截至 2023 年年底，福州港有生产性泊位 112 个，其中万吨级以上泊位 63 个（5 万吨级以上泊位 30 个）、结构按 10 万吨级以上达到 22 个，年总通过能力 16 308.3 万吨（含集装箱 284.6 万标箱）。

2023 年，福州港共完成外贸货物吞吐量 6 788.42万吨，同比增长 24.13%；外贸集装箱累计吞吐量 146.49 万标箱，同比下降 1.03%；“两马”客运出入境旅客累计 19 885 人次；“黄岐—马祖”客运出入境旅客累计 17 334 人次。

福州江阴港区

【厦门水运（海港）口岸】 厦门港位于福建省东南部、九龙江入海处，背靠漳州、泉州平原，濒临台湾海峡，面对金门诸岛，与台湾宝岛和澎湖列岛隔海相望。厦门海岸线蜿蜒曲折，全长 234 千米。厦门港区外岛屿星罗棋布，港区内群山环抱，港阔水深，终年不冻，是我国东南沿海重要的天然深水良港之一。

厦门港是全国 25 个主要港口、12 个区域性枢纽港、9 个沿海国际集装箱干线港之一和对台航运重要口岸，范围跨厦门与漳州两个地市级行政区共 8 个港区（其中厦门市东渡、海沧、嵩屿、刘五店、客运，漳州市后石、石码、招银）。截至 2023 年年底，全港共有集装箱班轮航线 175 条，其中外贸航线 133 条，通达全球 57 个国家和地区的 152 个港口。其中，共建“一带一路”航线 86 条，途经 25 个国家和地区的 56 个港口；RCEP 航线 91 条，覆盖 10 个成员国的 57 个港口。

2023 年，厦门港口岸外贸货物吞吐量 11 592.03万吨，同比减少 0.48%；集装箱吞吐量完成 1 255.37 万标箱，同比增长 0.96%；对台货运直航 40.27 万标箱，同比增长 14.68%。

厦门嵩屿码头

【泉州水运（海港）口岸】 泉州港位于福建省泉州市，与台湾一水之隔，毗邻港澳，距香港 357 海里、距高雄港 165 海里，石井作业区距金门仅 5.6 海里。早在 6 世纪的南朝，泉州已开始和国外交往。唐代，泉州开埠；宋元时期，泉州港海外贸易达到鼎盛阶段；公元 1087 年，北宋设置泉州市舶司；元代，泉州港成为国际重要的贸易港口。泉州港是我国东南沿海不可多得的天然良港之一。1981 年，泉州港口岸恢复对外开放；1983 年，泉州港口岸正式对外开放。

泉州海岸线长 541 千米，截至 2023 年年底建成生产性码头泊位 90 个，其中万吨级以上泊位 31 个（最大泊位为 30 万吨级专用油码头）。泉州港口岸辖区海岸线 427 千米，由肖厝、斗尾、泉州湾、围头湾和深沪湾 5 大开放港区组成，对外开放码头泊位 48 个。

截至 2023 年年底，泉州港与 30 个国家和地区有海运往来，已开通集装箱班轮航线 50 条，其中外贸集装箱班轮航线 18 条（含内支线 3 条），主要是近洋集装箱航线，通达中国香港、中国台湾以及东南亚、日本、远东、中东等地。泉州至金门客运航线 1 条。

2023 年，泉州港口岸外贸进出口货运量完成 4 307. 18 万吨，集装箱进出口完成 121 679 标箱。泉金客运航线自 2023 年 2 月 10 日起复航，全年运送两岸旅客合计 10 837 人次。

泉州泉州湾港区锦尚作业区

【漳州水运（海港）口岸】 漳州港位于福建省最南部、台湾海峡西岸，连接厦门、汕头两个经济特区，是“闽南金三角”沟通南北的重要节点，源于漳州月港，是明朝中后期唯一合法的民间海外贸易港口、福建历史上“四大贸易商港”之一。

漳州海岸线长 715 千米，由环厦门湾南岸和东山湾 2 个湾区组成，包含石码、招银、后石、古雷、东山、云霄 6 个港区。漳州港自 1992 年 12 月起对外开放。截至 2023 年年底，漳州港有对外开放泊位 37 个、临时开放泊位 2 个，有浮宫、旧镇、礁美、铜陵、冬古和宫口 6 个对台小额贸易点及旧镇、冬古 2 个渔工劳务输出接运点。

石码港区是福建省重要的船舶修造基地，以杂货和建材运输为主。招银港区成功培育了木材、粮食、钢材三大市场，是福建最大的粮食中转基地和木材集散地。后石港区是以大宗散货码头为主的大型临港工业港区，承担大宗散货和 LNG、石油化工品等液体散货运输。古雷港区是我国八大深水港之一和发展第五代集装箱的优良港址，以原油、石化产品运输为主。东山港区以服务临港工业、城市旅游和地区经济发展为主，发展散杂货和对台客滚运输。云霄港区主要服务地方经济和临港产业发展。

2023 年，漳州港口岸累计完成外贸进出口货运量 1 323. 38 万吨，同比增加 6. 52%。其中，进口货物 1 227. 51 万吨，同比增加 6. 47%；出口货物 95. 87 万吨，同比增长 7. 18%。

漳州招银港区

【莆田水运（海港）口岸】 莆田港位于福建省沿海中部，东临台湾、西连“两湖一江”、北承长三角、南接珠三角，是福建、长三角和珠三角的中部连接地带，区位优势得天独厚，经济腹地广，是我国东南沿海重要的中转枢纽港口之一。1999 年 11 月，莆田港获批正式对外开放。2018 年 12 月，莆田港东吴港区扩大开放通过国家验收；2019 年 1 月，交通运输部正式对外公告，莆田港东吴港区实现正式对外开放。

莆田海港口岸已与美国、俄罗斯、加拿大、巴西、阿根廷、韩国、泰国、沙特、印度尼西亚、马来西亚以及非洲、欧洲等 40 多个国家和地区的 50 多个港口建立海上航运联系，开通了对台海上客货运直航业务。进出口的主要大宗货物有煤炭、铁矿石、LNG、木材、化肥、砂石、粮食、硫酸、石化、鞋服原辅材料及成品、机器设备等。2023 年，秀屿作业区 1 号泊位新增货种 LNG 罐装集装箱。

莆田港已建成外贸客货运码头 17 座：秀屿港区秀屿作业区共 7 座；秀屿港区莆头作业区共 2 座；秀屿港区罗屿作业区共 2 座；秀屿港区东吴作业区共 3 座；东吴港区东吴作业区 2 座；湄洲岛港区 3 000 吨级对台客运码头 1 座。港内设有 25 万吨级、20 万吨级、5 万吨级、2 万吨级、1 万吨级浮筒各 1 座，避风避险应急锚地 1 座，设计年货物吞吐量近亿吨、客运 20 万人次，可最大适航 40 万吨级船舶通航。向莆铁路、沈海高速支线直通港区，可实现无转场铁海联运业务，莆田港是福建海西重要战略港口。

2023 年，莆田海港口岸累计完成外贸货运量 4 276 万吨，同比增长 27%，首次突破 4 000 万吨大关，也是莆田港正式开放 24 年以来年度最高运量。莆田口岸铁矿石外贸船舶进出 153 艘次，同比增长 6%，货运量 1 477 万吨，同比增长 8%；煤炭外贸船舶进出 286 艘次，同比增长 40%，货运量 2 206 万吨，同比增长 55%。累计完成集装箱进出口 16 445 标箱，同比增长 198%。其中，进口 8 064 标箱，同比增长 112%；出口 8 381 标箱，同比增长 386%。

莆田东吴港区八方码头

【宁德水运（海港）口岸】 宁德港位于福建省宁德市——世界闻名的天然良港三都澳内，东距台湾基隆港 145 海里、南依省会福州、北距上海 390 海里、南至福州 66 海里，是连接我国中西部地区共建“一带一路”的重要出海通道，港口优势、区位优势、对台优势凸显。

2023 年，宁德海港口岸共开设外贸作业点 26 个。对外运输航线主要有日本、韩国、印度尼西亚、菲律宾、越南等国际航线和对台直航货运航线。进出口货物主要有煤炭、镍矿、铜精矿进口和锂电池、新能源汽车 KD 零部件、水产品、砂石、钢材设备出口，以及外国籍船舶维修。年内，完成进出口货运量 1 880.56 万吨，同比增长 15.81%。其中，进口 1 809.41 万吨，同比增长 14.86%；出口 71.15 万吨，同比增长 47.00%。

宁德三都澳港区漳湾作业区

【平潭水运（海港）口岸】 平潭港位于福建省福州市平潭县，地处台湾海峡中北部，水深多在 5~24 米，避风条件好，航道无暗礁，水域自然条件和通航环境良好，具有独特的区位优势和优越的自然条件。平潭海港口岸建有 2 个港区，分别为澳前港区和金井港区。

澳前港区位于平潭主岛海坛片区，是大陆距离台湾本岛最近的地方，距台湾新竹仅 68 海里。该港区设计年通过旅客 36 万人次、标准车辆 10 万辆次，建有 1 个万吨级客货滚装船泊位和 1 个待泊泊位，于 2014 年 8 月正式对外开放。澳前港区依托对台区位优势，发挥滚装运输周转快、班期固定、自主灵活、装卸方便等优点，成为平潭综合实验区对台客货滚装运输的重要枢纽，配套对台小额商品交易市场，已开通台北、台中、高雄等航线。

金井港区位于平潭主岛金井片区，于 2019 年 4 月正式对外开放，规划 9 个万吨级泊位，其中客货运输泊位 3 个、多用途货运泊位 6 个，已建成 3#、4#、5#3 个多用途泊位（其中 3#泊位为国际邮轮码头）。金井港区主营业务分为散杂货业务和集装箱业务两个板块，已开通至台北、台中、高雄、金门、马祖等货运航线，外贸货物主要包括电子液晶面板、农渔产品、对台小额贸易货物、跨境电商包裹等，内贸则以风电海工重大件、成品水泥建材、远洋冰鲜冻鱼为主，逐步形成以“空运速度、海运价格”为特色品牌的两岸经贸往来通道和东南沿海主要重大件转储基地。平潭金井国际邮轮码头依托金井港区 3#泊位技改建成，是福州港规划的唯一一个 15 万吨邮轮泊位，也是福建省在海峡西岸北部区域布局的第 2 个邮轮码头。该码头为客货兼备的多功能码头，能同时满足 15 万吨级邮轮和 5 万吨级货轮靠泊使用的要求，年客、货运通过能力分别为 8 万人次、货运通过能力达 105 万吨。金井国际邮轮码头对外开放于 2023 年 10 月通过省级验收，11 月 19 日正式开港并开通“平潭—菲律宾—厦门”的国际邮轮航线。

平潭港口岸澳前港区

近年来，平潭口岸积极探索智能监管设备的多方面运用，打造智能化、信息化的监管平台，创新推出远程智能施封系统，实现“7×24 小时”不间断通关，实验区通关便利水平进一步提高；在全省率先建成港口锚地预警管控系统，实现重点部位海陆空全方位立体覆盖，对船舶“入境知、搭靠知、全息知”；创新推出海上交通管理系统，实现对辖区乡镇船舶、渔船的精准识别、重点防控，提升辖区水上人命救助智能化水平和预警预控能力。

2023 年，平潭海港口岸外贸进出口货物 41.48 万吨，进出口集装箱 6.71 万标箱，出入境船舶 618 航次，出入境总人次 11 878 人次。

厦门市

【口岸运行数据】 2023 年，厦门海港口岸外贸进出口货运量 11 592.03 万吨，同比减少 0.48%；集装箱货运量完成 1 255.37 万标箱，同比增长 0.96%；对台货运直航 40.27 万标箱，同比增长 14.68%。厦门空港保障安全飞行 17.95 万架次，同比增长 79.81%；出入境旅客 252.19 万人次，同比增长 424.15%；出入境货邮 16.75 万吨，同比增长 17.4%。

【口岸综合管理】 一是口岸营商环境持续优化。厦门市持续开展促进跨境贸易便利化专项行动。从深化智慧口岸建设和口岸数字化转型、支持产业升级和新业态健康持续发展、提升通关物流安全畅通水平、规范和降低进出口环节合规费用和提升市场主体获得感和满意度 5 个方面持续优化口岸营商环境。二是口岸建设实现创新发展。厦门市积极申报并成功获批智慧口岸试点，制订智慧口岸试点建设实施方案并推动落实。厦门市参与中新（加坡）通关物流全程状态跟踪（T&T）服务项目，积极推动提供基于“单一窗口”互联互通联盟链的双边贸易可视化服务。三是口岸管理水平持续提升。厦门市口岸办支持邮轮中心跨境电商及海运快件监管中心获得厦门海关审批通过，率先在全国内实现场站、码头“场港一体化”创新运营模式。厦门市口岸办通过厦门市口岸工作联席会议机制协调推进厦门机场口岸货运全天候通关、厦门口岸公共卫生核心能力联防联控建设、规范厦门口岸海关指定监管场地资质申报及智慧口岸建设等工作。

【对台主要工作】 做好厦门至金门“小三通”复航、增航保障工作。厦门至金门“小三通”客运航线于 2023 年 1 月 7 日复航，出入境客流量逐步增长。7 月 4 日，厦门至金门“小三通”航线自 2001 年开通以来出入境旅客数突破 2 000万人次。

2023 年福建省口岸大事记

1 月 7 日

厦门至金门“小三通”客运航线恢复运营，标志着中断近 3 年的两岸“小三通”客运航线重新恢复通航。

1 月 8 日

马尾至马祖“小三通”客运航线正式复航。

1 月 16 日

宁德港口岸首开中欧班列，全省开通“中欧班列”城市达 6 个。

2 月 10 日

泉州至金门“小三通”客运航线正式复航。

2 月 19 日

黄岐至马祖“小三通”航线正式复航，标志着 4 条“小三通”客运航线全部复航。

3 月 3 日

福建省商务厅（口岸办）组织驻闽口岸查验单位组成验收组，对泉州港口岸斗尾港区外走马埭作业区 1#-8#泊位和斗尾作业区 7#泊位对外开放进行省级验收。

4 月 14 日

福建省商务厅（口岸办）和福州海关联合举办的 2023 年中国（福建）国际贸易单一窗口报关技能竞赛活动正式启动。

4 月 27 日—28 日

福建省商务厅（口岸办）联合福州海关参展第六届数字中国建设峰会，RCEP 关税政策智能服务平台和智慧海关建设等成果共同亮相。

4 月 29 日

《福建日报》3 版“要闻”刊发《大数据助外贸企业“省钱”RCEP 关税政策智能服务平台上线》，介绍中国（福建）国际贸易单一窗口 RCEP 关税政策智能服务平台最优关税方案推荐、RCEP 原产地规则智能判定、智能享惠分析三大主要功能。

5 月 15 日

福建省商务厅、江西省商务厅及两地口岸相关部门在福州召开深化口岸区域合作座谈会。

5 月 22 日

福建省政府办公厅印发《2023 年数字福建工作要点》，明确加快数字丝路建设。依托中国（福建）国际贸易单一窗口，进一步打通跨境贸易全链条服务。提升口岸数字化监管和作业能力，搭建关税政策智能服务平台。

5 月 23 日

福建省商务厅（口岸办）联合福州海关、厦门海关在莆田市召开福建省口岸智慧转关直通工作推进会。其间，福州海关、厦门海关签署关于货物直通业务合作备忘录，标志着福建省口岸将全面实施货物转关监管智能化、自动化，港口物流进一步便利。

6 月 15 日

“海峡号”高速客滚船从平潭澳前客运滚装码头起航驶往台中，标志着平潭澳前客运滚装货码头对台货运直航航线正式复航。

6 月 16 日

福建省商务厅（口岸办）组织驻闽口岸查验单位组成验收组，对漳州港口岸古雷港区古雷作业区南 8#泊位对外开放进行省级验收。

6 月 28 日

福州海关推出优化营商环境 19 条措施，助力福建外向型经济高质量发展。

8 月 2 日

福建省商务厅（口岸办）召开智慧口岸工作推进座谈会。

8 月 30 日

福建省商务厅（口岸办）组织驻闽口岸查验单位组成验收组，对福州港口岸扩大开放罗源湾港区环下屿岛作业区进行省级验收。

9月初

福建省商务厅、福建省财政厅首次创新开展福建省（不含厦门）新培育小微出口企业的政策性出口信用保险统保工作，对符合相关条件的小微出口企业可通过“单一窗口”申领政策性出口信用保险保单，参保企业可享最高超百万元风险保障。

9月7日

在第五届“丝路海运”国际合作论坛期间，福建省商务厅与江西省商务厅正式签署闽赣两省深化口岸区域合作协议，支持推动两省港口、铁路及海关等有关方面，在货源、物流、港口等方面的达成合作。

10月8日

福建省商务厅（口岸办）组织驻闽口岸查验单位组成验收组，对平潭港口岸金井港区3#泊位（国际邮轮码头）对外开放进行了省级验收。

10月17日

福建省商务厅会同福建省财政厅出台“单一窗口+出口信保”政策，对小微出口企业使用“单一窗口”投保出口信用保险的保费予以支持。

10月27日

按照国家口岸管理办公室通知要求，福建省商务厅（口岸办）组织口岸查验单位及各地市口岸办在厦门召开政策宣讲活动，由国家口岸管理办公室进行政策宣讲，进一步督导做好世界银行营商环境新评估体系“国际贸易”指标迎评等工作。

11月29日

福建省商务厅（口岸办）和福州海关联合召开内河运费扣减工作推进会，进一步推动内河运费扣减在福州关区全面实施。

12月15日

福建省商务厅（口岸办）组织驻闽口岸查验单位组成验收组，对福州港口岸牛头湾港区12#、13#泊位对外开放进行了省级验收。

（撰稿人：蔡志新、吴春演、张昕欣、许炯锋、吴李鑫、陈润禾、苏丽丽、李瀚铭、叶雅芳、李沛丰、江木秀、周颖杰、张杰芳）

2023 年福建省口岸流量统计表

口岸类型	口岸名称	货运量（万吨）				集装箱量（万标箱）				人员（万人次）				交通工具（辆、艘、架、列次）			
		出口	进口	合计	同比（%）	出口	进口	合计	同比（%）	出境	入境	合计	同比（%）	出境	入境	合计	同比（%）
空运口岸	福州	1.28	0.28	1.56	-26.34					46.93	45.71	92.64	530.88	3 109	3 119	6 228	216.79
	厦门	13.23	3.52	16.75	17.40					128.28	123.92	252.20	424.15	9 476	9 475	18 951	172.68
	泉州	0.02	0.07	0.09	—					16.08	16.87	32.96	—	1 355	1 355	2 710	—
	武夷山									0.21	0.21	0.42	—	31	31	62	—
	分计	14.53	3.87	18.40	11.84					191.50	186.71	378.21	501.83	13 971	13 980	27 951	213.42
水运口岸 海港口岸	福州	1 638.62	5 149.80	6 788.42	24.13	75.09	71.40	146.49	-1.03	2.23	2.29	4.52					
	厦门	4 729.16	5 539.49	10 268.65	-1.31	457.50	451.93	909.43	-2.57	57.23	36.02	93.25					
	漳州	115.74	1 485.83	1 601.57	28.91	0.43	0.56	0.99	948.94	—	—	—					
	泉州	803.01	3 504.17	4 307.18	17.00	6.09	6.08	12.17	11.01	0.56	0.51	1.06					
	莆田	611.16	3 659.41	4 270.57	29.49	0.95	0.88	1.83	272.25	—	—	—					
	宁德	71.15	1 809.40	1 880.55	15.81	0.71	0.90	1.61	-29.39	—	—	—					
	平潭	25.59	18.96	44.55	-40.97	4.01	3.92	7.92	-32.31	—	—	—					
	分计	7 994.43	21 167.06	29 161.49	13.05	544.77	535.67	1 080.43	-2.40	60.02	38.82	98.84					
合计																	
同比（%）																	

（福建省口岸办提供）

2023年福州海关主要数据统计表

项　目		2023年	2022年	同比（%）
进出口货运量（万吨）	合计	13 923.0	11 553.4	20.51
	进口	12 010.5	9 831.6	22.16
	出口	1 912.6	1 721.8	11.08
进出口贸易总值（万美元）	合计	5 603 419.3	5 772 630.9	-2.93
	进口	3 295 941.6	3 297 614.5	-0.05
	其中：江、海运输	3 149 451.2	3 152 660.8	-0.10
	铁路运输	1 349.0	0.0	—
	汽车运输	48 429.6	43 541.8	11.23
	航空运输	95 522.6	99 972.6	-4.45
	邮件运输	1 189.2	1 425.1	-16.55
	其他运输	0.1	14.2	-99.63
	出口	2 307 477.7	2 475 016.4	-6.77
	其中：江、海运输	2 176 056.3	2 328 602.7	-6.55
	铁路运输	7 809.1	6 777.9	15.21
	汽车运输	30 381.6	34 074.7	-10.84
	航空运输	76 945.7	84 809.2	-9.27
	邮件运输	5 022.4	8 197.9	-38.74
	其他运输	11 262.6	12 554.0	-10.29
税收（万元人民币）	两税合计	2 823 377.00	2 618 625.00	7.82
	关税入库	158 847.00	165 867.00	-4.23
	进口环节税入库	2 664 531.00	2 452 758.00	8.63

（福州海关提供）

2023 年厦门海关主要数据统计表

项　目		2023 年	2022 年	同比（%）
进出口货运量（万吨）	合计	12 373.88	11 123.78	11.24
	进口	8 242.59	7 169.03	14.97
	出口	4 131.29	3 954.75	4.46
进出口贸易总值（万美元）	合计	28 586 500	31 849 932	-10.25
	进口	17 063 679.46	18 998 289.20	-10.18
	其中：江、海运输	14 903 352.33	16 263 060.84	-8.36
	铁路运输	48 415.05	59 534.99	-18.68
	汽车运输	460 736.34	677 023.03	-31.95
	航空运输	1 605 433.09	1 883 647.88	-14.77
	邮件运输	5 785.40	4 746.88	21.88
	其他运输	39 957.24	110 275.57	-63.77
	出口	11 522 821.09	12 851 643.04	-10.34
	其中：江、海运输	10 552 587.55	11 531 793.76	-8.49
	铁路运输	48 316.47	59 222.87	-18.42
	汽车运输	213 243.83	307 799.42	-30.72
	航空运输	39 853.74	839 228.54	-20.85
	邮件运输	4 558.28	3 517.49	29.59
	其他运输	39 853.74	110 080.96	-63.80
税收（亿元人民币）	两税合计	476.57	500.95	-4.87
	关税入库	35.53	41.33	-14.02
	进口环节税入库	441.03	459.62	-4.04

（厦门海关提供）

2023 年福建省口岸出入境主要数据表

<table>
<tr><th colspan="3">项　目</th><th>2023 年</th><th>2022 年</th><th>同比（%）</th></tr>
<tr><td rowspan="13">出入境人员（万人次）</td><td colspan="2">出入境人员总数</td><td>521.62</td><td>103.41</td><td>404.42</td></tr>
<tr><td colspan="2">入境人员</td><td>257.35</td><td>49.73</td><td>417.49</td></tr>
<tr><td colspan="2">出境人员</td><td>264.27</td><td>53.69</td><td>392.21</td></tr>
<tr><td colspan="2">出入境旅客</td><td>451.94</td><td>61.30</td><td>637.26</td></tr>
<tr><td colspan="2">出入境员工</td><td>69.68</td><td>42.12</td><td>65.43</td></tr>
<tr><td rowspan="4">中国公民</td><td>小计</td><td>435.84</td><td>84.73</td><td>414.39</td></tr>
<tr><td>内地居民</td><td>292.00</td><td>64.21</td><td>354.76</td></tr>
<tr><td>港澳居民</td><td>25.17</td><td>2.80</td><td>798.93</td></tr>
<tr><td>台湾同胞</td><td>118.67</td><td>17.71</td><td>570.07</td></tr>
<tr><td colspan="2">外籍人员</td><td>85.77</td><td>18.69</td><td>358.91</td></tr>
<tr><td colspan="2">从海港出入境人数</td><td>121.26</td><td>33.07</td><td>266.68</td></tr>
<tr><td colspan="2">从陆港出入境人数</td><td>—</td><td>—</td><td>—</td></tr>
<tr><td colspan="2">从空港出入境人数</td><td>400.35</td><td>70.35</td><td>469.08</td></tr>
<tr><td rowspan="5">交通运输工具（万辆、艘、架、列次）</td><td colspan="2">总计</td><td>5.44</td><td>2.79</td><td>94.98</td></tr>
<tr><td colspan="2">船舶</td><td>2.58</td><td>1.79</td><td>44.13</td></tr>
<tr><td colspan="2">飞机</td><td>2.86</td><td>1.00</td><td>186.00</td></tr>
<tr><td colspan="2">火车</td><td>—</td><td>—</td><td>—</td></tr>
<tr><td colspan="2">机动车辆</td><td>—</td><td>—</td><td>—</td></tr>
</table>

（厦门出入境边防检查总站提供）

2023 年福建海事局进出港船舶统计汇总表

船舶类别	进港船舶							出港船舶						
	艘数（艘）	总吨（吨位）	总载重量（吨）	载客量（客位）	船员人数（人次）	货物到达量（吨）	旅客到达量（人）	艘数（艘）	总吨（吨位）	总载重量（吨）	载客量（客位）	船员人数（人次）	货物发送量（吨）	旅客发送量（人）
总计	331 746	1 028 109 715	1 398 175 787	57 109 726	3 249 777	491 895 592. 18	18 045 447	331 683	1 010 731 342	1 379 206 619	57 829 242	3 272 427	370 183 981. 79	18 327 308
中国籍船舶	319 328	580 496 203	745 698 492	56 979 756	3 000 915	301 782 891. 33	18 045 447	319 143	560 606 543	724 299 727	57 698 732	3 022 120	297 824 225. 89	18 327 308
其中：外贸船	3 032	21 936 474	42 050 297	133 628	40 517	19 464 978. 68	0	3 062	23 490 936	43 738 812	133 328	40 874	8 524 552. 87	0

（福建海事局提供）

江　西　省

江西省口岸分布示意图

序号	类型	口岸名称	批准开放时间	开放状态
1	空运口岸	南昌空运口岸	1990.3	国际常年
2	水运口岸	九江水运口岸	1980.2	国际常年

口岸数量及分布

截至2023年年底，江西省有经国务院批准的对外开放口岸2个。其中，空运口岸1个，即南昌空运口岸（南昌昌北国际机场）；水运（河港）口岸1个，即九江河港口岸。

口岸运行数据

2023年，据南昌海关统计，南昌海关监管进出口货运量1 327.2万吨，同比下降3.8%；进出口贸易总值346.43亿美元，同比增长4.8%。

2023年，据江西出入境边防检查总站统计，江西省口岸出入境人员7.6万人次，同比增长1 038.75%；交通运输工具769架（艘）次，同比增长262.74%。

2023年，据九江海事局统计，九江海事局保障进出港船舶10.54万艘、货物1.56亿吨。

2023年，据江西省口岸办统计（仅统计运输业务量），全省完成进出口货运894.71万吨、国际集装箱58.1万重标箱，同比分别增长8.44%、10.62%。

截至2023年年底，中国（江西）国际贸易单一窗口累计注册江西外贸企业用户5 935家；受理业务2 435万余票，同比增长68.1%。

口岸综合管理

【完善工作机制，加强口岸开放和运行管理】 2023年，江西省口岸办深入贯彻党的二十大精神和习近平总书记考察江西重要讲话精神，按照《国家“十四五”口岸发展规划》要求，大力发展口岸经济，不断完善开放平台功能，着力优化口岸营商环境，持续构建现代口岸物流体系，基本形成“2个对外开放口岸、5个综合保税区、4个国际陆港、7个进口商品指定监管场地、9个跨境电商综试区”对外开放格局，九江水运口岸扩大开放通过国家验收，南昌航空口岸国际客货运航线逐步恢复，铁海联运快速增长，中欧班列稳步运行，为江西高质量建设内陆开放型经济试验区提供强大动能。修订印发江西省贸易便利化和口岸工作联席会议制度，组织召开全省口岸工作联席会议，协调推进了16个具体事项。

【扩大开放港区，水运口岸能级不断提升】 2023年11月，九江水运口岸扩大开放至瑞昌港区和彭泽港区通过国家验收，“一港五区”实现全开放、全贯通，开放码头由6座增加至8座。按照国家口岸管理办公室关于在全国开展智慧口岸试点建设的相关通知要求，江西省口岸办报送了九江水运口岸开展智慧口岸试点建设方案，并获国家口岸管理办公室批复同意。九江水运口岸首次以国际直航模式服务新造船舶整船交付出境，2艘新造巡逻艇在九江水运口岸更换伯利兹船籍，以外籍轮船的方式直航至缅甸。九江至日本集装箱国际直达航线成功开通，至此九江港集装箱班轮直达航线达14条。稳定运行九江港至上海港“天天班”。充分发挥进境指定监管场地功能，2023年进境粮食指定监管场地进口粮食2.53万吨；进境肉类指定监管场地于7月恢复运营，共进口肉类54吨。年内，九江港完成集装箱吞吐量87.39万标箱，同比增长13.64%。其中，外贸重箱吞吐量24.96万标箱。根据2023年上海国际航运研究中心公布的《全球港口发展报告（2022）》，九江港货物吞吐量位居全球第40位。

【抢抓发展机遇，空运口岸保持良好发展态势】 2023年，南昌昌北国际机场抢抓国际航班有序恢复契机，密切与境内和境外航空主体沟通协调，恢复运行南昌至中国香港、泰国曼谷、越南芽庄、新加坡4条国际（地区）客运航线。稳步推进航空货运枢纽建设，恢复南昌至比利时国际全货机航线，运行南昌—深圳、乌鲁木齐—南昌—杭州、南京—南昌—南宁3条境内货运航线。引进波音B747-8F型货机，南昌昌北国际机场正式迈入4E机场运行F类飞机时代，为开拓远程洲际航线打下了坚实基础。南昌空运口岸进境水果、进境冰鲜水产品指定监管场地分别于7

月、11 月正式投入运营。年内，南昌昌北国际机场旅客吞吐量 1 020.6 万人次，同比增长 1.16 倍，其中，出入境人员 7.6 万人次，同比增长 10.38 倍；货邮吞吐量 6 万吨，同比增长 0.49 倍，其中，国际货邮吞吐量 1.96 万吨，同比增长 1.55 倍。

【推动降本增效，陆运开放通道换挡提速】 2023 年，江西省口岸办深入开展口岸“三同”试点工作，着力推动市场主体降费，铁海联运运价、港口作业费、铁路场站作业费均下调 10%。全面实施铁海联运“一单制”，南昌至厦门铁海联运线路发展为继南昌至宁波、赣州至深圳、上饶至宁波后的第 4 条“天天班”。年内，全省共开行铁海联运 3 227 列，同比增长 41%。稳定运行中欧（亚）班列，全年开行 125 列。赣州肉类进境监管场地于 8 月实现运营。赣州汽车整车进口口岸进口汽车 1 483 辆，同比增长 186%。

【提效能优服务，口岸营商环境持续优化】 全面开展口岸政策宣讲和助企服务，组织“百场”口岸惠企政策宣讲会，动态公示收费项目清单 575 条。国家口岸管理办公室专家来赣开展优化口岸营商环境政策宣讲，指导掌握国家相关政策，帮助做好世界银行营商环境新评估体系“国际贸易”领域迎评工作。开展“联盟共舱”“联动接卸”，继续扩大“提前申报”“两步申报”等举措应用，复制推广铁海联运“一单制”、中欧班列“铁路快通”等模式，“昌穗一港通”落地运行，有效提升通关效率。根据国家口岸管理办公室通报，2023 年，江西省进口整体通关时间（扣除国内运输段）为 15.75 小时，出口整体通关时间为 0.25 小时，通关效率保持全国前列。

【聚焦智慧赋能，着力提升“单一窗口”服务水平】 继续深化国际贸易“单一窗口”标准版推广应用，逐步拓展地方电子口岸功能，中国（江西）国际贸易单一窗口自上线以来，共推出服务功能模块 18 类 118 项，累计开发地方特色功能 17 项。2023 年，组织“单一窗口”业务培训 11 场（次），培训企业 4 407 家，办理申报业务 2 435 万余票，业务量同比增长 68.1%。九江水运口岸智慧联动物流服务功能上线运行，实现口岸内各监管作业场所（场地）间外贸货物智慧化流转，有效提升港口综合服务能力。积极推动铁路数据对九江水运口岸和南昌、赣州国际陆港信息平台实现互联互通，成功打通铁路运输进出口货物“通关+物流”信息节点，进一步提升了码头和陆港的智能化信息化水平。浙商银行南昌分行“浙商银行（江西）跨境金融服务平台”成功接入中国（江西）国际贸易单一窗口。严密组织安全自查和渗透测试工作，确保数据安全。“单一窗口”服务功能由口岸通关向口岸物流、贸易服务等全链条拓展。

【构建联席机制，巩固拓展口岸交流合作新局面】 2023 年，江西省商务厅积极推动构建国内国际合作机制。分别与南昌海关、江西出入境边防检查总站签署合作协议，在推进内陆双向开放发展工作中形成合力，共同打造更高水平的江西对外开放格局。积极对接海西经济区，与福建省商务厅签订深化口岸区域合作协议，推动两省在口岸战略协同、国际物流通道衔接、经济融合发展等 6 个方面深化合作，实现互利共赢。积极推动江西省机场集团与比利时列日机场签订建立友好机场关系协议，推动双方机场在多维度协同市场营销、探索海外货站合作、联合延伸上下游产业链等方面开展更多的务实合作。

【落实主体责任，扎实推进综合保税区高质量发展】 2023 年 6 月，国务院批复同意设立上饶综合保税区。11 月，赣州综合保税区置换项目通过国家验收。12 月，国务院批复同意南昌综合保税区调整规划范围。江西省已有南昌、九江、赣州、上饶、井冈山 5 个综合保税区，基本形成了以加工制造、保税物流、跨境电商为主导的业态布局，部分综合保税区特色项目开始稳步运行。为推动综合保税区高质量发展提出解决思路和对策，研究出台《江西省人民政府口岸管理办公室关于支持综合保税区高质量发展的实施意见》。根据 2023 年海关总署公布的 2022 年度全国综合保税区发展绩效评估结果，南昌、赣州、井冈山、九江 4 个综合保税区在全国综合排位分别为第 49 位、第 54 位、第 92 位、第 97 位，均为 B 类。年内，全省综合保税区完成进出口额 339.75 亿元，同比下降 36.99%。

口岸监管与服务

【南昌海关着力优化口岸营商环境】 2023 年，南昌海关聚焦助力物流畅通、贸易便利、减负增效、外贸创新，出台 25 项便利化举措，持续唱响“关‘助’发展”服务品牌。在提升双向开放优势方面，以“搭平台、畅通道、强枢纽”为抓手，支持江西扩大开放水平，创新沪赣、鄂赣湘、赣闽关际合作机制，打通与长江经济带、粤港澳大湾区等周边区域协调通道，推动自贸区经验制度、综合保税区高质量发展综合改革举措在江西省复制推广、落地见效。在提升监管服务水平方面，以“提质效、简流程、解难题”为切入口，以“三横 N 纵”为基本框架，深入推进智慧海关建设，创新推出 10 个具有关区特色、全国首创的场景化应用；持续开展“关长送政策上门”活动，创新进口危险化学品检验监管模式改革，推进出口检验检疫证书“云签发”“全程网办”等改革，行政审批线上办理比率达 100%。在提升市场活力方面，深化“RCEP 进企”行动，签发全国首份出口菲律宾 RCEP 原产地证书，标志着 RCEP 全面生效；全年签发 RCEP 原产地证书金额列全国第 7 位、中部地区第 1 位；培育 10 家企业成为 RCEP 经核准出口商，原产地声明金额列全国第一。推进落实“企业集团财务公司担保”“内河运费扣减”等惠企改革，积极推行“主动披露”制度。加大 AEO 培育力度，增加 AEO 高级认证企业 18 家。持续开展覆盖全省的“一关一品”活动。2023 年，江西省氢氧化锂出口位居全国第 1 位，“新三样”产品中太阳能电池出口位居全国第 3 位、锂电池和电动载人汽车出口首进全国前 10 位。在提升产业动能方面，推动南昌拌粉首次出口我国香港地区、江西锂电池首次出口金砖国家、柑橘出口企业首获输俄资质。创新实施“跨境电商+保税展示+快递配送”模式，推广跨境电商出口海外仓模式备案无纸化，综合保税区跨境电商税款电子支付功能试运行，跨境电商退货中心仓常态化运营。支持景德镇陶瓷交易市场试点实施市场采购贸易方式。南昌海关相关工作多次获海关总署和江西省委、省政府领导肯定，南昌海关获评全面深化改革先进单位，“离港确认”获评全省改革优秀案例，“铁路快通”等 3 项创新举措获评江西省优化营商环境典型做法。

【南昌海关聚焦促进跨境贸易便利化】 2023 年，南昌海关聚焦促进跨境贸易便利化专项行动，落实海关总署优化营商环境 16 项举措，部署开展关区 2023 年专项行动，围绕打造开放新优势、提升贸易便利化水平、助企减负增效以及支持创新发展 4 个方面细化出台具体举措 25 项。江西外贸回稳态势持续巩固，外贸结构持续优化，2023 年生产型企业进出口逆势增长 12.7%，占全省外贸比重升至 69.1%。

【南昌海关不断创新通关监管模式】 2023 年，南昌海关聚焦创新通关监管模式，深入推进智慧海关建设，结合江西发展实际和关区业务需求，不断提升通关监管服务水平。创新实施进出口危险化学品检验监管模式改革，推广出口检验检疫证书“云签发”改革，时间从 1 天缩短至 10 分钟。创新推出 10 个具关区特色的场景化应用，综合运用“远程指导+现场检查”“智能分析+风险预警+实时监管”等新模式，推广应用“AR 技术在供港澳活猪检疫监管”项目，2023 年保障供港澳活猪数量位居全国第 3 位。推进智慧联动物流平台上线试运行。推广“铁路快通”通关模式，缩短班列通关时间 1~2 天。推动“离港确认”改革落地，压缩口岸作业时间 60%。长三角区域外“联动接卸”首票业务落地江西。

【南昌海关推动海关特殊监管区域高水平开放高质量发展】 积极复制推广全国自贸区经验制度，促进综合保税区高质量发展，创新推出“保税展示+跨境电商”“智慧卡口”等改革举措，跨境电商小包进出区更加高效。指导南昌昌北国际机场空侧跨境电商监管作业场所、鹰潭国际陆港海关监管作业场所通过验收。推动南昌进境水果指定监管场地批复运营。争取海关总署支持试点开展跨境电商网购保税退货中心仓，消费者跨关区退货更加便捷。

【江西出入境边防检查总站聚力提升口岸治理能力】 2023 年，江西出入境边防检查总站聚力打赢重大安保攻坚战。大力抓好杭州亚（残）运会、第三届“一带一路”国际合作高峰论坛、世界 VR 产业大会等重大安保维稳任务，严格管控、严密措施，圆满完成全年重大活动和敏感节点安保维稳任务。聚力打好口岸管控持久战。持续高压打击跨境违法犯罪活动，认真履行“三查”职责，动态调整口岸劝返拦截工作措施，多次查获限制消费失信被执行人员、查堵“走线偷渡”人员、布列重点关注人员，有力打击了跨境违法犯罪活动高发势头，相关案例被国家移民管理局采编，总站民警在全省首届“天工杯”打击治理跨境赌博竞赛中荣获佳绩。

【江西出入境边防检查总站聚力打造服务执法品牌】 2023 年，江西出入境边防检查总站聚力打响服务发展品牌战，积极对接长江经济带发展战略等重大战略，参与江西内陆开放型经济试验区建设，与江西省商务厅签订全面战略合作协议，全力支持南昌空运口岸航空物流枢纽建设，打造更高水平的江西对外开放格局。精准服务顺畅通关，优化设置大宗商品、鲜活产品“零等待”边检查验通道，以及第六届世界绿色发展投资贸易博览会绿色通道，推行“7×24 小时”通关保障等便民利企措施，与江西省文化和旅游厅联合开展出国（境）游团队服务管理工作，有力促进人员、货物便捷高效流动。优化建设 12367 服务平台，坚持“一次告知、一次受理、一次办结”，全年接受咨询 4 815 人次、受理问题 50 个，接听满意率达 99.9%。聚力打好边检执法支撑战。积极落实“边检+出入境+N”执法办案模式，与公安出入境、网安、科信等部门建立警务协作机制，向公安机关推送涉赌诈信息线索、移交有关警种深挖扩线重点嫌疑人，深入开展“八五”普法中期评估工作，开展《中华人民共和国反电信网络诈骗法》专题学习，不断强化法治能力建设，全年未发生漏检漏控、错放漏阻和行政复议、行政诉讼案件及有效投诉。

【九江海事局担当尽责安全形势持续稳定】 2023 年，九江海事局聚焦“走在前、勇争先、善作为”目标任务，坚持高水平保护长江、建设安澜长江，全力保障长江干线九江段水上交通安全、水域环境清洁，更好服务高标准长江经济带重要节点城市建设。截至年底，累计保障 10.54 万艘次船舶安全进出港，1.56 亿吨货物、83.3 万标箱安全装卸，20 余万艘次船舶安全过境。扎实开展风险隐患治理和集中攻坚，排查治理隐患 6 400 余项，对 22 项重大风险实行“图斑化”管理。开展航运公司安全生产主体责任强化年活动，督促航运公司调整 60 名主要安全管理人员。开展船舶检验质量监督检查 290 艘次。年内，妥善处置“3·9”“8·6”等 4 起险情，成功救助遇险人员 40 余人。组织联合应急演习演练 15 次，推动九江市出台关于加强水上搜救工作的实施意见。

【九江海事局提质增效污染防治成效显著】 2023 年，九江海事局共开展船舶防污染监督检查 10 151 艘次，船舶污染物交付接收作业现场检查 3 536 次，辖区出港船舶铅封率提升至 98.7%，到港船舶垃圾交付率 93%、生活污水交付率 84%。推动出台九江市船舶污染物管理办法，统一干支水域船舶污染防治标准，九江港船舶污染防治模式实现历史性转变，查处涉污违法行为 113 起。牵头建立干支防污染联动机制，督促辖区危险化学品码头及航运公司 AI 智能监控设备升级，辖区登记船、港作船和公司管理船舶实现 100%“零排放”。开展船载危险货物全过程智慧监管能力提升行动，试点应用“数字码头”危险化学品全过程智慧管理。

【九江海事局优化服务助推发展作用彰显】 2023 年，九江海事局紧紧围绕“高标准建设长江经济带重要节点城市”，助力口岸经济发展，推进江西省政府与中远海集团签署的《战略合作框架协议》中关于船员培养等有关项目落地。配合引进船舶运力 16.4 万吨，助企融资贷款 3.63 亿元。服务长江国家文化公园建成开放、江西段崩岸治理工程全面完工。推进华中木业、中铁九桥重件等码头改造升级。深化大政务建设，实现“受理+审批”一站式办理，压缩办结时间近 70%。按上级授权签发海船船员培训合格证，实现江西全省海船船员就近办证 1 200 余份。

开放口岸

【南昌空运口岸（南昌昌北国际机场）】 南昌昌北国际机场位于江西省南昌市，为 4E 级民用运输机场。机场原址在南昌市南昌县向塘机场，于 1999 年 9 月搬迁至南昌市新建区。1990 年 3 月 5 日，国务院批准南昌昌北国际机场对外开放。2004 年 2 月，南昌昌北国际机场对外开放通过国家验收，正式对外开放。南昌昌北国际机场与昌九高速相连，距离南昌市中心 23 千米，占地面积为 15 平方千米，跑道 3 400 米，可起降包括空客 A380 的所有机型，有 46 个停机位，近 2 000 个停车位。T1 航站楼为国际候机楼，面积为 2.7 万平方米。T2 航站楼为国内候机楼，面积为 9.66 万平方米。南昌昌北国际机场在南昌市区设有 2 个城市候机楼，在江西省内九江、抚州、新余、景德镇、上饶等市设有异地城市候机楼，地空联运网络已基本覆盖南昌昌北国际机场东、西、北向的主要客源市场。2023 年，南昌昌北国际机场完成波音 B747-8F 型货机首航，标志着正式迈入 4E 机场运行 F 类飞机时代。

南昌昌北国际机场

2023 年，南昌昌北国际机场实现运输架次 8.7 万架次，完成旅客吞吐量 1 020.58 万人次，完成货邮吞吐量 6 万吨，同比分别增长 80.4%、116.01%、49.3%（分别恢复至 2019 年的 80.5%、74.8%和48.4%）。其中，完成国际旅客吞吐量 7.6 万人次，实现国际货邮吞吐量 1.96 万吨。国际货站进境水果、进境冰鲜水产品指定监管场地正式投入运营，南昌航空口岸实现了进境指定商品业务零的突破。

【九江水运（河港）口岸】 九江水运口岸位于长江中下游黄金水道与“京九”铁路十字交汇处，坐落在江西省北端的九江市，是江西省最大的货运、外贸、集装箱中转港；拥有 152 千米长江岸线，对外开放口岸线 13 余千米，可常年接泊万吨级航行国际航线的中、外船舶，设计年吞吐量可达 1 000 万吨；建有开放码头 8 座、开放锚地 2 处。九江水运口岸于 1980 年 2 月获批为对外贸易运输口岸，1991 年 10 月获批为对外国籍船舶开放口岸。2023 年 11 月 21 日，九江水运口岸扩大开放瑞昌港区和彭泽港区顺利通过国家验收，标志着九江水运口岸“一港五区”实现全开放、全贯通。

九江水运口岸坚持以港口型国家物流枢纽建设为重点，聚力打造区域航运中心，不断提高对外开放水平。

2023 年，九江水运口岸累计完成货物吞吐量 20 088.99 万吨，同比增长 11.23%；累计完成集装箱 87.39 万标箱，同比增长 13.64%。

九江水运口岸九钢码头

2023年江西省口岸大事记

1月10日

中国（江西）国际贸易单一窗口与铁路数据成功对接。

2月1日

江西省商务厅与南昌海关签署《江西省商务厅 南昌海关共同促进江西开放发展合作备忘录》。

2月2日

江西省副省长孙洪山到南昌空运口岸调研指导工作，看望慰问一线执勤民警。

2月2日

恢复南昌至香港客运航线。

2月6日

江西省副省长夏文勇赴省商务厅口岸大厦调研。

2月16日

恢复南昌至曼谷国际客运航线。

2月27日

江西省副省长夏文勇走访海关总署。

4月13日

南昌至厦门铁海联运实现“天天班”。

4月17日

恢复南昌至越南芽庄国际客运航线。

4月19日

浙商银行南昌分行“浙商银行（江西）跨境金融服务平台”成功接入中国（江西）国际贸易单一窗口。

4月26日

江西省商务厅与江西出入境边防检查总站签署《江西省商务厅 江西出入境边防检查总站全面合作协议书》。

5月4日

九江港—洋山港首次通过“联动接卸”监管模式承运货物。

5月10日

九江港—上海港“联盟共舱”快线首航。

5月15日

南昌昌北国际机场波音B747-8F型货机首飞成功。

6月5日

国务院批复同意设立上饶综合保税区。

7月11日

九江水运口岸进境肉类指定监管场地恢复运营。

7月21日

南昌航空口岸进境水果指定监管场地正式投入运营。

7月26日

江西省口岸办组织召开全省口岸工作联席会议。

8月2日

恢复南昌至新加坡国际客运航线。

8月11日

出台《江西省人民政府口岸管理办公室关于支持综合保税区高质量发展的实施意见》。

8月12日

江西航空开通运营南昌—北京大兴往返航班。

8月19日

赣州肉类指定监管场地正式投入运营。

9月7日

赣闽两省商务厅签订深化口岸区域合作协议。

9月27日

南昌昌北国际机场与比利时列日机场签署建立友好机场关系协议。

11月1日

赣州综合保税区规划调整（迁区置换）通过国家验收。

11月13日

南昌昌北国际机场进境冰鲜水产品指定监管场地投入运营。

11月21日

九江港口岸扩大开放瑞昌港区和彭泽港区通过国家验收。

11月27日

国家口岸管理办公室在南昌召开优化口岸营商环境政策宣讲会。

12月22日

海关总署署长俞建华到九江城西港集装箱码头调研。

12月22日

南昌综合保税区规划调整获国务院批复同意。

12月23日

九江—日本集装箱国际直达航线正式开通。

（撰稿人：段炼、洪海峰、蔡翌、卢其）

2023 年江西省口岸流量统计表

口岸类型		口岸名称	货运量（万吨）				集装箱量（万标箱）				人员（万人次）				交通工具（辆、艘、架、列次）			
			出口	进口	合计	同比（%）	出口	进口	合计	同比（%）	出境	入境	合计	同比（%）	出境	入境	合计	同比（%）
空运口岸		南昌	1.12	0.84	1.96	155.46					3.87	3.74	7.61	1 038.29	384	382	766	259.62
空运口岸		分计	1.12	0.84	1.96	155.46					3.87	3.74	7.61	1 038.29	384	382	766	259.62
水运口岸	河港口岸	九江	177.00	204.73	381.73	-14.21	11.69	13.30	24.99	-7.11	0.003		0.003		3		3	
水运口岸	河港口岸	分计	177.00	204.73	381.73	-14.21	11.69	13.30	24.99	-7.11	0.003		0.003		3		3	
合计			178.12	205.57	383.69		11.67	13.30	24.99		3.873	3.74	7.613		387	382	769	
同比（%）			-6.62	-19.38	-13.92		-23.91	15.25	-7.11		5 169.39	528.15	1 038.75		316.13	218.33	261.03	

（江西省口岸办提供）

2023年南昌海关主要数据统计表

项　目		2023年	2022年	同比（%）
进出口货运量（万吨）	合计	1 327.2	1 379.2	-3.8
	进口	1 100.2	1 210.1	-9.1
	出口	227.0	169.1	34.2
进出口贸易总值（万美元）	合计	3 464 340.1	3 304 580.6	4.8
	进口	1 891 759.3	1 856 365.3	1.9
	其中：江、海运输	1 143 822.4	1 147 140.6	-0.3
	铁路运输	885.8	3 393.0	-73.9
	汽车运输	655 338.8	589 984.7	11.1
	航空运输	91 712.3	115 847.0	-20.8
	邮件运输			
	其他运输			
	出口	1 572 580.8	1 448 215.3	8.6
	其中：江、海运输	740 821.9	565 147.3	31.1
	铁路运输	42 156.1	62 822.7	-32.9
	汽车运输	622 072.3	516 612.7	20.4
	航空运输	167 530.6	303 632.5	-44.8
	邮件运输			
	其他运输			
税收（万元人民币）	两税合计	1 224 980	1 145 545	6.9
	关税入库	26 194	33 786	-22.4
	进口环节税入库	1 198 785	1 111 759	7.8

（南昌海关提供）

2023 年江西省口岸出入境主要数据表

项　目			2023 年	2022 年	同比（%）
出入境人员（人次）	出入境人员总数		76 080	6 681	1 038.75
	入境人员		37 350	5 946	528.15
	出境人员		38 730	735	5 169.39
	出入境旅客		70 885	4 859	1 358.84
	出入境员工		5 195	1 822	185.13
	中国公民	小计	69 233	5 973	1 059.09
		内地居民（因公）	206	287	-28.22
		内地居民（因私）	67 878	5 668	1 097.57
		港澳居民	1 009	14	7 107.14
		台湾同胞	140	4	900
	外籍人员		6 847	708	867.09
	从海港出入境人数		31	0	
	从陆港出入境人数				
	从空港出入境人数		76 049	6 681	1 038.29
交通运输工具（辆、艘、架、列次）	总计		769	212	262.74
	船舶		3	0	
	飞机		766	212	261.32
	火车				
	机动车辆				

（江西出入境边防检查总站提供）

2023 年九江海事局进出港船舶统计汇总表

船舶类别	进港船舶							出港船舶						
	艘数（艘）	总吨（吨位）	总载重量（吨）	载客量（客位）	船员人数（人次）	货物到达量（吨）	旅客到达量（人）	艘数（艘）	总吨（吨位）	总载重量（吨）	载客量（客位）	船员人数（人次）	货物发送量（吨）	旅客发送量（人）
总计	52 631	116 215 247	200 182 477	216 524	305 136	61 924 762	54 684	52 777	116 498 374	200 340 206	204 383	305 309	94 099 885	45 122
中国籍船舶	52 631	116 215 247	200 182 477	216 524	305 136	61 924 762	54 684	52 775	116 497 748	200 339 708	204 383	305 295	94 099 885	45 122
其中：外贸船	0	0	0	0	0	0	0	2	626	498	0	14	0	0

（九江海事局提供）

山　东　省

口岸数量及分布

截至2023年年底，山东省共有国务院批准的对外开放口岸18个。其中，空运口岸5个，分别为青岛空运口岸（青岛胶东国际机场）、济南空运口岸（济南遥墙国际机场）、烟台空运口岸（烟台蓬莱国际机场）、威海空运口岸（威海大水泊机场）、临沂空运口岸（临沂启阳机场）；水运（海港）口岸13个，分别为青岛、烟台、日照、威海、龙口、蓬莱、莱州、石岛、龙眼、东营、潍坊、董家口、滨州海港口岸。

口岸运行数据

2023年，山东省水运（海港）口岸共完成进出口货运量105 799万吨，同比增长7.2%。集装箱吞吐量完成4 175万标箱，同比增长11.12%。空运口岸共完成进出口货运量23.7万吨，同比增长9.5%。

2023年，山东省口岸出入境人员2 983 217人次，同比增长217.89%。其中，入境1 499 778人次、出境1 483 439人次；空运口岸出入境人员2 111 874人次，同比增长730.34%；海港出入境人员871 343人次，同比增长27.37%。

口岸综合管理

【持续提升海运口岸开放能级】 2023年，青岛港口岸扩大开放获国务院批复同意，山东省省长周乃翔给予肯定并作出批示。组织海关、海事、边检、交通、农业农村等单位，开展现场验收7次，完成青岛、东营、烟台、威海、日照、滨州等地口岸泊位正式对外开放32个，临时开放12个，延长临时开放期限25个，新增年外贸吞吐能力1亿吨。其中，东营港口岸11个泊位一次性通过对外开放验收，开创了全省近年来泊位一次性验收新纪录，解决了制约东营港口岸国际大型原油运输船只靠泊难题，据港口企业测算，每年为企业节省成本10亿元左右。优化口岸资源配置，退出对外开放口岸泊位27个。截至年底，山东省共有对外开放泊位513个，新增海运外贸航线27条，总数达245条，水运口岸航线数量、密度和通达度均有较大提升。

【持续推动空运口岸建设】 2023年，临沂空运口岸通过国家验收正式对外启用。临沂成为全国革命老区中第一个实现空运口岸开放的城市，使“省会、胶东、鲁南”经济圈实现空运口岸全覆盖。组织威海大水泊机场国际航站楼新建连廊及改造查验区对外开放启用验收，威海大水泊机场出入境旅客通关能力由每年50万人次提高至每年100万人次。抢抓疫情后空运口岸重要发展机遇，积极探索国际航线开辟新机制，汇聚多方合力，强化各项要素保障，推动国际客货运航线有序恢复。截至年底，山东省已开通国际（地区）航线56条，通达19个国家（地区）。年内，完成国际（地区）旅客吞吐量206.9万人次，完成国际（地区）货邮吞吐量23.7万吨。

【持续赋能口岸经济发展】 支持地方打造口岸特色优势产业，积极推动口岸申建海关指定监管场地。2023年，潍坊港、莱州港2个口岸海关进境粮食指定监管场地通过国家验收，临沂综合保税区进境肉类海关指定监管场地重新立项。截至年底，山东省各类海关指定监管场地已达65个。创新远洋渔业泊位开放验收，年内对外启用石岛港口岸7个渔业泊位，解决了国际远洋渔船不能停靠渔港的难题，助力荣成打造中国北方最大的国家级远洋渔业基地和全国最大的鱿鱼加工基地，中国渔业协会授予荣成“中国鱿鱼之乡”称号。

【持续跟进重点项目落实】 做好《国家“十四五”口岸发展规划》中期评估工作，明确任务要求，完善工作机制，动员部署各相关部门、单位从全局和战略高度做好中期评估工作。对列入《国家“十四五”口岸发展规划》的重点项目定期调度，争取早日建成投入使用。积极推动烟台申建汽车整车进口口岸，2023年7月以山东省政府名义向国务院报送请示并转有关部门办理。12 月 4 日，海关总署与山东省政府在济南签署合作备忘录，为全省口岸下一步工作开展夯实基础。

【口岸管理水平和能力不断提升】 认真做好山东省口岸办政务服务事项标准化和行政许可事项梳理工作，高标准完成实施规范、办事指南的编制。组织制定山东省口岸管理行政裁量权基准，口岸管理的法治化水平进一步提升。在全国率先完成“省级口岸资源管理系统”建设，实现了全省口岸资源动态直观展示和口岸运行数据“一次录入、自动集成、按需分析”，为口岸准入退出管理、口岸综合绩效评估提供科学支撑和参谋辅助。

【口岸营商环境进一步优化】 2023 年，印发《山东省人民政府办公厅关于印发持续优化口岸营商环境促进外贸高质量发展若干措施的通知》等政策文件 3 份，推出优化口岸营商环境创新举措近 50 项。在中国报关协会、北京睿库贸易及安全便利化研究中心举办的 2023 年中国关务发展大会上，青岛以总分第一名的成绩连续第 3 年获评“2023 年十大海运口岸集装箱货物跨境贸易营商环境测评”最优等次，成为唯一一个达到 4.5 星级的口岸城市。一是坚持深化改革，聚力外贸服务“便利化”。协调建立 RCEP 企业用惠关地联合精准指导机制，协调开展关地合作，共建 RCEP 原产地证书审签中心，面向全省推广济南海关自主研发的 RCEP 享惠智选助手，帮扶企业自动比对最优税率；多措助推跨境电商新业态发展，建立支持跨境电商新业态发展措施台账，分类分级落实支持举措。二是坚持区域合作，不断拓宽贸易“大动脉”。指导济南市口岸物流办牵头建立山东沿黄 9 市中欧班列一体化发展合作机制，资源共享、政策互通、设施互联，优质货源零散集结、整列始发。聚焦中亚班列“省内去程班列运力不足，回程过境业务量与邻省口岸差距明显”问题，指导济南市口岸办与新疆阿拉山口、霍尔果斯口岸办签订对口合作协议。年内，山东中欧班列开行 2 566 列，比上年增加 509 列，其中济南开行量突破 1 000 列。协调青岛海关牵头推进沿黄海关“11+1”（包括黄河流域 9 省区涉及的太原、呼和浩特、满洲里、青岛、济南、郑州、成都、西安、兰州、西宁、银川 11 个海关和黄河流域西部重要通道涉及的乌鲁木齐海关）区域协同，建立“关地港铁企”5 方合作机制，创新推出“陆海联动、海铁直运”“铁海 E 通”监管模式，平均压减内陆货物出口境内运输成本 20%、运输时间 20 小时。三是坚持问题导向，强化助企纾困“暖企心”。协调山东省市场监督管理局印发关于 2023 年整治重点领域涉企违规收费工作的通知，部署沿海地市持续加大对口岸环节收费监管执法力度，积极督促口岸收费主体通过“单一窗口”公开收费标准、服务项目等信息。协调解决原油卸船不及时问题。针对中石化济南分公司反映进口原油卸船不及时问题，迅速协调青岛港加强与中石化总部及济南分公司的业务沟通，建立船期和泊位计划信息互通机制，增加 2 个泊位，提升港口接纳能力，减少船舶待泊时间。指导搭建“青岛口岸讲坛”等口岸政策宣讲平台，创新实施“访谈式”授课，线上提前征集企业需求，线上、线下同步开展政策交流。四是坚持数字赋能，全力推动智慧口岸建设。在全国率先启动智慧口岸试点建设，制订“1+3”建设方案（1 个总体方案、3 个具体建设方案），推荐青岛口岸、济南空运口岸、潍坊港口岸 3 个口岸参与全国试点，并获国家口岸管理办公室批复同意；打破系统间信息壁垒，中国（山东）国际贸易单一窗口在全国首次实现船舶进境信息“一单四报”，企业填报一次信息便可实现海关、海事、边检、引航站 4 家单位同步申报，减少重复录入数据 100 余项，相关工作被新华社、《经济日报》、《大众日报》等多家央媒省媒广泛报道。

【“单一窗口”一站式服务能力不断提升】 一是不断丰富中国（山东）国际贸易单一窗口特色功能。2023 年，上线手机端 App 报关状态实时推送功能，推动软硬件迭代升级 128 次，建立“7×24 小时”服务机制，梳理形成 95198 热线常见问题知识库，开展常态化业务培训 26 场，参训企业4 195家。年内，平台新增用户2.2万家，是2022年的2.2倍，总数达7.6万家，服务企业数量突破36.1万家，平台覆盖率从年初的61%提升至年底的70%，全年通过平台进出口交易1.18亿笔、进出口总值30 945亿元。二是积极承担国家试点建设任务。按照国家口岸管理办公室关于中新（加坡）“单一窗口”通关物流全程状态信息共享（T&T）项目扩大试点工作的通知要求，12月15日，山东省口岸办印发了中新（加坡）“单一窗口”通关物流全程状态信息共享（T&T）项目青岛试点工作方案，建立了由山东省口岸办牵头，青岛市口岸办、山东港口集团（青岛港公司）、山东电子口岸公司等单位协同的工作机制，进一步细化责任分工、明确阶段性推进时限。三是拧紧“单一窗口”平台数据安全“总开关”。召开专题会议研究整治措施，严格人员、接口备案，建立“公司自查+数据专家联合检查+数据库安全审计”风险防控机制，督促“单一窗口”平台落实数据安全主体责任，确保政务商务服务平台之间运营主体、工作人员和服务器等要素物理隔离，推动“单一窗口”有序发展。

口岸监管与服务

【济南海关加强智慧海关建设】 2023年，济南海关推广“RCEP享惠智选”系统，签发RCEP原产地证书4.3万份，同比增长22.1%。创新开发“1+5”进境活动物智慧检疫监管新模式，高效监管进境种牛1.8万头。研发“出口危险品智慧检验系统”，提升检验效率50%以上，检出不合格382批。深化“AEO智慧培育模式”应用，新增AEO企业23家，同比增长39.5%。“行李物品过机图像共享及远程应用”入选全国海关首批“微创新”案例。

【济南海关开展“智关强国”行动】 济南海关服务高质量共建“一带一路”，创新实施“敞车监管”“跨网监管”“无人机辅助监管”等新模式。2023年，监管中欧班列1 006列、8.2万标箱，同比分别增长29.8%、29.7%。助推黄河重大国家战略落实，承接设立黄河流域技术贸易措施研究评议基地联盟署级平台，取得输欧洋槐蜂蜜风险等级调整等多项成果，惠及130亿元农产品出口。服务山东绿色低碳高质量发展，支持山东新旧动能转换“十强产业”发展，减免税款4.1亿元，全面推广真空包装等高新技术货物布控查验模式，保障130余亿元关键零部件快速进出口。

【济南海关强化口岸监管，维护国门安全】 2023年，济南海关扎实开展“打击进出口危险品伪瞒报”专项行动，累计查发伪瞒报情事14起。开展“龙腾2023”等行动，查获侵权货物402批次，同比增长32.7%，查获侵权游戏卡牌案入选中国海关知识产权保护典型案例、中国打击侵权假冒工作年度报告。口岸疫情防控实现平稳转段。滨州港通过口岸公共卫生核心能力建设达标考核。扎实开展“国门绿盾2023”等专项行动，检出有害生物167种次，截获外来物种23种次，其中12种为全国口岸首次截获。开展进口食品“国门守护”等行动，检出不合格进口食品15批。严把进出口商品质量安全关，检出不合格医疗器械、原油、棉花等商品923批。查获濒危野生动植物及其制品1 169件、进口固体废物23吨、违禁印音制品1 625件、枪支配件59件、毒品215克、管制类精神药品1.4万粒。

【济南海关扎实开展打击走私“国门利剑2023”联合行动】 2023年，济南海关缉私局侦办走私等犯罪案件39起，案值2.51亿元；查办行政违法违规案件200起，案值4.44亿元。查发海南离岛免税“套代购”走私违法犯罪案件8起。参加全国打击船舶走私专项行动，立案侦办走私犯罪案件5起，案值6 519万元。查获“水客”走私犯罪案件12起，案值1.1亿元。查获走私武器弹药、淫秽物品、毒品犯罪案件9起，查获枪支3支、淫秽书籍等1 600件以及大麻、三唑仑等麻精药品1批，与禁毒部门合作打掉一个境内销售“γ-羟基丁酸”网络。在货运进口环节查获低报价格、倒卖保税货物等涉税走私犯罪案件 5 起，案值 6 996 万元；查办走私旧芯片、镍钴粉违法违规案件 2 起，协助退运废轮胎等“洋垃圾”1 130 吨。围绕缉私部门管辖新罪名开展研判，侦办逃避商检犯罪案件 1 起、洗钱犯罪案件 1 起，案值 200 万元。

【济南海关服务区域经济发展】 2023 年，济南海关开展“关长送政策上门”、企业“大走访”行动，助企纾困各项措施精准直达。实施“一次取样、多项检测”、属地查检“云签发”、“机坪直提”等新模式，大幅压减通关时间。畅通生鲜产品“属地查检”绿色通道，保障 359 批生鲜果蔬快速通关。构建全链条“智慧监管快速核放”体系，助力潍坊国家农综区农产品出口同比增长 9.6%。作为首批试点开展出口危险品及其包装“检验批”模式改革，入选山东省“高效办成一件事”优秀案例。创新进口危险品“无样品鉴定”模式，鉴定时限压缩至 3 个工作日。实施“船边直提”“抵港直装”作业共 2 136 批次，同比增长 8.5 倍。破解内陆港出口难题，优化“铁海 e 通”系统，转关货运量、箱数和货值同比分别增长 1.2 倍、3.2 倍、1 倍。

【青岛海关智慧海关建设和“智关强国”行动】 2023 年，青岛海关按照海关总署部署制定关区“智慧海关”细化任务、“智关强国”重点任务并逐一推进、逐项落实。牵头承办海关总署 15 个业务场景、参与 43 个业务场景、重点推进 16 个青岛海关特色项目，形成“15+43+16”的格局。“智慧电讯检疫”“进出口危化品智慧监管”2 个项目入围海关总署智慧海关建设 2023 年度十佳项目提名，“数 e 通”压减检疫单证审核时间 43%并向全国复制推广，“进口增值税抵扣信息联网核查”缩短企业退税时间 80%，全国首创“样捷通”样品传递程序压缩送检时长 42.7%，“国际航行船舶供退物料通关服务平台”实现供退物料全程无纸化办理，“跨港区智能转运监管”支持内外贸同船运输，一系列智慧海关建设成果显现。“智关强国”行动 212 项规定任务和 15 项自选任务全面推进，5 项成果被海关总署推介，1 项成果报国务院。

【青岛海关履行监管职责】 2023 年，青岛海关维护国门安全，全力防范化解重大风险，加强正面监管。常态化开展口岸危险品综合治理，出口危险品实行“提前申报、集港直装”，进口危险品推广提前申报、实行抵港直提，查验现场强化日常催报、催查，切实防范危险品在口岸监管区内滞留，开展“打击进出口危险品伪瞒报”专项行动，共查发进出口危险品伪瞒报问题线索 138 起。实施辐射探测 113.6 万批（件），查获放射性超标情事 83 起；开展突发事件应急处置演练 43 次。寄递监管开展“涉非涉恐违禁品”专项查缉行动，严查走私禁限物品出入境情事。常态化开展口岸监管业务运行监控，建立业务监控与安全生产两张清单，通过“视频监控+数据分析+连线检查”方式实施日常监控。开展“龙腾行动 2023”“青岛海关知识产权保护年度集中执法行动”，全年累计扣留侵权货物 2 141 批次、61.4 万余件。实施“知识产权状况预确认”举措，实现进出口货物知识产权变“通关时审查”为“申报前预确认”。

【青岛海关税收征管】 2023 年，青岛海关聚焦重大、系统性税收风险，完成税收预算目标。开展重点、敏感商品专项防控，组织关区沥青混合物进口专项核查；优化关区两级监控体系，完善归类一致性闭环管理，压紧压实现场归类风险防控责任；建立原产地领域涉税风险“定期自查、集中核查”两级复核机制，围绕重点商品查发立案案值 2.5 亿元，与贸促会联合开展年度监督管理检查，查处不法出口企业骗取非优惠原产地证书 38 份，案值 3 860 万元。与海关总署风险防控局（青岛）开展联合风险防控，在全国首创应用船舶运行轨迹数据（AIS 数据）防控滞期费漏报风险，引导重点税源企业主动申报补税。与商检、技术中心联合创新作业模式，实现法定检测和涉税化验“两检合一”，大幅降低企业通关成本。深入推进“金钥 2023”涉税稽查专项行动，围绕“重点商品、重点企业、重点行业、重点领域”开展精准打击，专项行动办结稽查作业358起。

【青岛海关打击走私】 2023年，青岛海关聚焦中央关注、社会关切、群众关心的突出走私问题，保持打私高压态势。贯彻落实习近平总书记重要指示批示精神，全力推进“护航2023”专项行动，刑事立案海南离岛免税“套代购”走私案件26起，案值9 000余万元；开展打击“洋垃圾”走私专项行动，刑事立案6起，行政立案66起；持续打击濒危物种走私，刑事立案走私珍贵动物制品案11起；严厉打击涉海走私，联合海警部门成功打掉一个海上走私团伙；深入打击旅检渠道“水客”走私，刑事立案10起，案值8 065.9万元。“国门利剑2023”联合专项行动共刑事立案253起，再创历史新高，案值43.15亿元。

【青岛海关筑牢口岸检验检疫防线】 2023年，青岛海关开展多项专项行动，维护国门生物安全。坚持“多病同防”，同步做好新冠病毒、埃博拉、出血热、鼠疫、猴痘等各类重大传染疾病外防输入工作，全年共截获输入性病媒生物57批次5.23万只。开展“严防外来物种入侵三年专项行动”、“国门绿盾2023”、“跨境电商寄递‘异宠’综合治理”、国门生物安全监测等重点专项行动，全年查获弯角大刀锹甲等异宠19批、85种次，截获有害生物9.34万种次，其中检疫性有害生物1.14万种次。扎实推进进口食品“国门守护”行动，全年共检出禁止入境不合格进口食品194批，8月24日起至年底，青岛关区原产地为日本的水产品（含食用水生动物）进口量为零。严把商品检验关，检出不合格进出口商品2 884批。开展“商神2023”涉检稽查专项行动，刑事立案11起，案值1.27亿元。

【青岛海关服务经济社会发展】 一是青岛海关实施开放平台赋能行动。牵头完善黄河流域“11+1”区域协同机制，推动“关地港铁企”5方共同发布沿黄陆海“共商共建共享”青岛宣言。实施支持上合示范区建设七大领域重点提升行动，设立上合组织国家技术性贸易措施研究评议基地、（上合示范区）香辛料技术性贸易措施研究评议基地。截至2023年年底，累计推出自由贸易试验区监管创新举措近80项，其中2项在全国海关复制推广、9项在海关总署备案、42项入选中国（山东）自由贸易试验区制度创新成果。支持山东建设世界级港口群，推广“陆海联动、海铁直运”，境内运输成本下降20%，实施“水水中转”智能监管，提升码头作业时效30%。推动前湾港区代码统一，据港口测算，每年为企业节省成本1 400余万元，为港口节约码头空泊损失费5 000万元。二是青岛海关实施助企稳链增效行动。联合济南海关出台支持山东民营企业高质量发展15条措施，助推民营经济做大做强。聚焦葡萄酒、水果等地方优势产业，新建技术性贸易基地3个。保障重点商品供应链稳定，推出保税原油混兑、原油“无储罐国际中转”业务改革，进口铜精矿“分步检测”压缩货物堆存时间4天，保税混矿“随卸随混”压缩通关时间70%以上。打造“关企面对面”为民服务品牌，构建“企业点题、海关答题、推动落实、评价效果”的闭合链条，解决“一个企业单个问题”带动解决“多个企业同类问题”，先后解决870家重点企业的667个问题。三是青岛海关实施贸易便利化突破提升行动。逐条落实海关总署促进跨境贸易便利化专项行动19条和优化营商环境16条措施，推出30条细化举措，助力青岛成为“2023年十大海运口岸集装箱货物跨境贸易营商环境测评”唯一一个达到4.5星级的口岸城市。关地共建RCEP山东企业服务中心，山东RCEP原产地证书数量居全国首位。深化跨境电商B2B出口监管试点，优化跨境电商进出口退货监管，B2B出口试点覆盖全关区。开展进口“5~7号燃料油”化验检测改革，大幅提升通关效率。出台支持航空货运发展12条措施，支持青岛建设国际航空枢纽。

【山东出入境边防检查总站筑牢国门口岸安全防线】 始终把维护政治安全、国家安全作为首要政治任务，坚持管理优先，以重大安保活动为牵引，加强口岸查缉管控，全力攻坚“獴猎”2023、“犁平”、夏季整治等专项行动，全警全力筑牢防线、守牢底线。2023 年，检查出入境人员 298.3 万余人次、出入境交通工具 5.9 万余架（艘）次，同比分别增长 250.2%、34.5%。全省口岸查获在控、在逃人员 534 人次，精准接布控 6 011 人次、布列重点关注人员 1 447 人次、布列重点关注船舶 18 艘次；查处各类违法违规案事件 334 起、人员 276 人、交通工具 95 架艘次，同比分别增长 49.1%、102.9%、1%，口岸依法拦截劝返涉嫌跨境违法犯罪人员 1 076 人次。查获石岛“5・8”非法出境案件，协助查获“10・23”海上特大组织他人偷越国（边）境案，参与侦办 2 起局督案件，协助查办 3 起走私案件，得到公安部和山东省有关领导批示肯定。

【山东出入境边防检查总站全面重塑口岸管控体系】 聚焦新形势新任务新要求，持续推进警务机制和勤务模式重塑重构。着力打造过硬综合执勤队。研究出台全力推进边检执勤队建设指导意见，整合重组 53 个综合执勤队，系统推进执勤队实体化运作、规范化建设、清单化管理、智能化执勤、标准化保障、等级化考核、差异化竞争，全面提升执勤队核心战斗力。着力构建情报预警体系。2023 年，加大情报基础建设力度，创新打造人力、科技、共享“三张网络”，与山东大学建立战略合作关系，与武警、国安、公安等建立联络员制度，开展情报会商 63 场次，搜集情报 1 215 条，整理上报国家移民管理局 339 期、推送预警 135 期，专题攻坚课题分析 30 个，1 篇报告获全省调研课题一等奖，总站获评全省国家安全调研工作先进单位。着力构建实战指挥体系。系统出台“指挥中心、要情信息、平急转换”3 个规范性文件，印发加强应急处置基础能力建设工作指引，以工作的确定性应对风险的不确定性。着力构建刑事侦查体系。坚决贯彻落实国家移民管理局改革推进会部署，制定总站刑事执法队伍和能力建设总体规划，体系制定“三步走”战略，将总站机关、青岛机场出入境边防检查站作为首批改革试点单位，分批组织 59 名一线民警到驻地公安、检察院、法院开展实践锻炼，为全力推进总站刑事侦查改革夯实基础。

【山东出入境边防检查总站全力服务高质量发展大局】 践行“融合共生”服务理念，主动把边检工作置于现代化强省建设大局中考量，主动融入、靠前保障，不断塑强边检服务质效。精准服务对外开放大局。总站党委集体深入青岛、烟台、日照、济南等片区实地调研，研究出台总站服务高质量发展行动方案，创新实施“十个融入”30 项关键举措。着力健全开放审批机制，完善验收保障标准，全力支持 32 个码头泊位正式对外启用，全程跟进、圆满完成临沂机场客货航线首航勤务，稳妥保障 5 个海港口岸 8 条客货班轮航线和国际邮轮航线恢复通航，靠前服务保障“四港联动”整车跨境运输项目试运行。精细服务口岸经济发展。全面推行“船舶抵港即作业、人员登轮预审批、车辆进出免排队”保障措施，推动实现“船边直提、抵港直装”。前置过境免签手续办理窗口，2023 年便利 3 000 余名外籍旅客经鲁转机，推行国际货运航班“客货分离、专区查验”模式，累计保障 8 500 余架次货机顺畅通关，口岸通关效率进一步提升。精力提升政务服务水平。积极融入智慧口岸建设，自主研发“E 民宝”政务服务平台选入“爱山东”政务 App，被山东省政府作为加快数字转型、便民利企优质举措在全省推广应用。高标准运行 12367 平台，系统开展政策解答、接诉回应和民意回访，年内受理咨询 1.3 万余通，话务接通率达 97.5%，群众满意度 100%。

【山东出入境边防检查总站全面夯实业务发展根基】 聚焦实战精业强能。制订业务培训 3 年规划，搭建“边检网络学院”“学习强队”学习平台，组建培育总站、边检站、执勤队业务专家骨干队伍，建强青岛机场、黄岛、烟台、济南站“四个业务实训基地”，2023 年集中开展业务领导、数据研判、一线查缉、实战指挥、刑事执法、外语等专题培训 8 期 350 余人次，全省执勤岗位初级检查员通过率达 92%，为口岸实质性审查提供专业能力保障。聚焦一线夯基固本。制定出台执法执勤装备管理使用暂行规定，高标准建立覆盖 10 类 84 种物资的 52 个应急物资储备库，以装备体系化建设助力一线战斗力提升。聚焦协作扩圈借势。加强与山东省口岸办、山东海事局、济南海关、青岛海关、港口集团等单位互访互通。聚焦警务深度协作，与山东省公安厅签署关于全面深化警务协作的意见，联合成立移民警务深度合作办公室，拓展深化信息共享、业务交流、联合办案机制，与广西、云南、江西等地出入境管理部门和边检总站及山东省内7个内陆地市公安机关签订合作协议、建立协作机制，着力打造新时代移民警务合作“山东样板”。

【山东海事局全力做好安全监管工作】 一是梳理分析近10年海上险情事故，针对油船、商渔船碰撞事故进行专题分析，推动山东省政府制定进一步强化海上安全监管8项措施。落实山东省政府领导要求，牵头制订山东省提升海上安全治理水平3年行动计划，以山东省政府安委会名义印发，推动召开全省海上安全现场观摩会、海上交通安全暨搜救工作会议，发布海上搜救、重大溢油2个应急预案，编制海上搜救和溢油应急能力建设2个规划，齐抓共管的海上大安全工作格局持续巩固。二是建立违法违规信息跨区域跨部门通报行刑衔接、案件移交和信息通报共享机制，初步构建起风险联合监测、现场联合检查、线索联合处置、信用联合监管新模式。2023年，发出涉渔信息通报1 414起。创新“三寻”工作方法，全力寻找船舶所有人线索、全力寻求内外部合作、全力寻觅船舶踪迹，推进注销未登记船舶清理882艘，实现全部清零。推进船舶体系审核与安检融合执法，严厉打击船舶和航运公司“代而不管”“代而不让管”等违规行为，收回12家公司符合证明、115艘船舶安全管理证书。推动港航企业深入实施“三项措施”，通过高质量选船机制拒绝高风险船舶93艘次。三是加快“大交管”建设，从进出港船、过往船、船籍港船“三个维度”推动系统治理。开展海上船舶异常行为监控，制定20项典型异常情况处置导则，以点带面消除安全隐患，发现处置异常情况2 000余起，通报涉嫌走私案件6起。落实北斗海事规模化应用方案，联合山东省交通运输厅印发方案，推动山东籍船舶加强北斗船载。年内，实施船舶安全检查5 293艘次，滞留586艘次。开展“商渔共治2023”行动，率先公布39个商渔船碰撞高风险警示区，会同渔业部门对外籍船开展养殖区、防碰撞信息宣贯，与海警、渔业等部门常态化开展联合执法，与农业农村部门互派人员。依照《中华人民共和国海上交通安全法》，加强对渔船海上交通安全违法行为的查处，年内处罚渔船19起，通报渔业主管部门并建立反馈机制，形成管理“闭环”。四是始终把客运安全放在首位，与辽宁海事局签署战略合作协议，开展渤海海峡省际客（滚）船“一体化”交通组织。加强全程动态监控，实现AIS信号丢失、失速、大角度转向、会遇风险等异常情形智能报警。紧盯海上船舶溢油重大风险，针对靠港大型油轮老龄化、安全隐患大的情况，向山东省委、省政府报送专题报告，会同交通运输、工信、商务等部门调研港口、地炼企业20余家，推动各方凝聚海上油船运输安全共识。坚持专项治理与源头治理相结合，加强油船专项治理，年内累计检查油轮1 249艘次，滞留62艘次，查纠缺陷隐患5 983个。五是聚焦应对辖区“大风、大雾”两大不利影响，把握规律、升级策略，推动山东省海洋气象局实施海上气象分区精准预警，会同环渤海、连云港海事部门联合发布风险预警。针对辖区北部缺少防北风避风锚地、中小型船舶风灾事故多的问题，按照“风前、风中、风后”3个时间段对高风险水域、高风险船舶实施区域一体化组织。针对大雾制定“港区管控、海区引导、锚泊监护”3个场景实施分区管理，雾季、大风期间险情事故明显降低。加强对商船在领海外非锚泊水域锚泊的安全信息提醒。组织开展海上风电应急等各类演习演练20余次，成功救助175人。

【山东海事局积极做好服务保障工作】 一是制定服务山东省世界级港口群建设8大举措，支持48个码头泊位对外启用（含临时），联合发布27条渤海及以东海域主要公共航路、海州湾水域商船参考航线，构建“1纵2横64支线”的

“水上路网”，新建锚地、锚区 3 处（朝连岛、莱州湾、东营港 10 号危险品），探索超大型船舶通航安全保障机制。支持推进船舶交易中心、航运企业集成化审批服务平台建设，2023 年新增登记船舶 429 艘、33 万总吨。联合山东省交通运输厅、中国船级社（CCS）推动船籍港船舶安装北斗船载终端 36 艘。二是深化“减证便民”，推行极简审批、一网通办，实施船舶转籍“不停航办证”，年内办理政务 177 万件，同比增长 55%，社会满意度达 97.3%。加快推进海员强省建设，制定山东船员信用服务管理办法，截至年底有注册海员 22 万人。净化船员服务市场秩序，推动设立“海员司法救助资金池”，年内答复船员咨询 5.3 万件，处理投诉举报 146 件，有力维护海员整体权益。修订发布山东省海上搜救、重大溢油 2 个应急预案，推进编制山东省海上搜救和溢油应急能力建设规划，年内组织开展各类演习演练 30 余次，成功救助船舶 17 艘、遇险人员 274 人。三是积极参与交通强国山东示范项目建设，制定任务分工表，明确渤海海峡南部智慧化海上“高速公路”、智能航运关键技术研发等任务 13 项；积极推动小清河河海直达示范项目交通强国试点申报。保障裕龙岛炼化一体化项目完成港池、航道南段疏浚，一期 7 个泊位主体工程完工；服务渤海 19-2、19-6 油气田等项目建设，其中 19-6 项目顺利投产。制定海上风电通航安全管理办法，辖区 12 座海上风电场安全建设运行。四是实施保通保畅“三优先”措施，开通绿色通道，保障了 3.7 亿吨油类、1.25 亿吨煤炭、1 604 万吨液化气等重点物资运输畅通，国际邮轮复航、中韩客货班轮恢复客运。完成海军节、省旅游发展大会等重大活动海事服务保障。“海巡 11”轮连续 13 年执行北戴河暑期值守，交通运输部部长李小鹏登轮并在船召开主题教育调研会，对海事工作给予充分肯定。

开放口岸

【济南空运口岸（济南遥墙国际机场）】 济南遥墙国际机场位于山东省济南市历城区和章丘区交界处，距市中心 20 千米，于 1992 年 10 月经国务院批准对外开放，2000 年 10 月完成飞行区扩建工程，2005 年 3 月完成航站区扩建工程，2015 年 12 月航站楼南指廊建成投入使用。济南遥墙国际机场拥有长 3 600 米、2 600 米跑道各 1 条，航站楼建筑总面积 11.4 万平方米，可保障年旅客吞吐量 1 200 万人次、高峰小时 4 500 人次、飞机起降 10 万架次的使用需求，机坪共 44 万平方米，25 个登机桥。

2023 年，济南空运口岸相继恢复至东京、香港、首尔、曼谷、新加坡、芽庄、大阪 7 条国际（地区）客运航线并逐步加密，新开通至悉尼客运航线；稳定运营至列日、特拉维夫 2 条国际货运航线，新开通至纽约、伦敦 2 条国际货运航线，航线网络进一步完善。截至年底，济南空运口岸具备进境水果、冰鲜水产品、食用水生动物、药品等指定监管场地功能。

2023 年，济南遥墙国际机场完成国际（地区）货邮吞吐量 4.34 万吨，同比下降 21.7%，占济南机场航空货邮吞吐量的 30.12%。出口货物主要为电子产品、电商货物、服装等货物，主要货源地为深圳、广州、华东地区以及山东省内地区；进口货物主要为电商货物、汽车配件以及生鲜食品等货物，主要收货地为山东省内和西安、天津、沈阳等地。

【青岛空运口岸（青岛胶东国际机场）】 青岛胶东国际机场位于山东省青岛市胶州市，距胶州市中心 11 千米，为 4F 级国际机场、区域性枢纽机场、面向日韩的门户机场。青岛胶东国际机场（时为“青岛流亭国际机场”）于 1992 年 9 月经国务院批准对外开放；2021 年 8 月，青岛胶东国际机场正式通航，并同步关闭青岛流亭国际机场。机场一期工程占地 16.25 平方千米，建有 2 条平行远距跑道，长度为 3 600 米，间距 2 184米；机位总数 184 个（廊桥机位 76 个），航站楼面积 47.8 万平方米，采用单体五指廊构型，旅客安检后最远步行距离 550 米，中转效率相对较高，配有自助托运、自助值机、自助安检、自助通关等全流程自助设备 263 套，是中国民航“智慧型机场”建设发展示范项目。与之相连的综合交通换乘中心（GTC）总建筑面积20万平方米，停车位3 700个，集高铁、地铁、机场巴士、网约车等多种交通方式于一体，实现“垂直零换乘”目标。机场1小时通达青岛全域、1.5~2小时通达山东主要城市，资源吸附效能高效辐射苏北、皖北、豫东等市场区域。机场口岸功能齐全，具有进境植物种苗、水果、肉类、冰鲜水产品、食用水生动物5种特殊商品进境口岸资质，加上青岛市药品进口口岸、国际邮件互换局功能和指定金伯利毛坯钻石进出境口岸，已成为山东省内口岸功能最全的机场。

2022年3月，山东省内首个临空公用型保税仓库获得批复，并已开展航材保税和进出口报关业务，为强化区域对外贸易灵活度提供有力支撑。保障能力过硬，形成一整套运行保障组合拳，确保国际货运航班“应接尽接”，凌晨及上午落地的航班当日即具备提货条件，下午落地的航班次日具备提货条件，口岸运行效率位于全国机场前列。

2023年，青岛胶东国际机场主要出口货物品类分别为机械电子类占比23%、快件类占比20%、服装鞋帽占比14%、工艺品及首饰类占比4%，主要进口货物品类分别为普货占比46%、快件34%、国际快件3%。

【烟台空运口岸（烟台蓬莱国际机场）】 烟台蓬莱国际机场位于山东省烟台市蓬莱区，距烟台市中心约43千米。1992年8月，国务院批准开放烟台航空货运口岸；1994年6月，国务院批准开放烟台航空客运口岸；1997年1月，国务院批准对外国籍飞机开放；2015年5月，空运口岸迁至烟台蓬莱国际机场。烟台蓬莱国际机场为面向日韩及东北亚的前沿城市口岸，荣乌高速直达候机楼，国道206、省道302线通过机场连接线与机场相通，同时，与烟大铁路轮渡、龙烟铁路、烟台港西港区和沈海、威乌高速相互依托，构成海、陆、空交通枢纽。市场覆盖烟台全市范围，兼顾威海，最大辐射范围至青岛北部、潍坊东部，并与济南遥墙国际机场、青岛胶东国际机场一起成为山东省民用航空三大干线机场。2023年，烟台蓬莱国际机场共运行至韩国首尔、日本大阪和东京、比利时列日、新加坡5条国际客货运航线。

2023年，烟台蓬莱国际机场起降国际航班5 449架次，同比增长45.2%；出入境旅客18.27万人次，同比增长966.6%；出入境货运量5.07万吨，同比增长9.5%。

【威海空运口岸（威海大水泊机场）】 威海大水泊机场位于山东省威海市文登区，于2004年9月经国务院批准对外开放，2005年3月开通国际航线，航站楼面积2.8万平方米、停机坪3.6万平方米、停机位20个，飞行区等级4D，是山东省第4个旅客吞吐量超过200万人次的机场。2023年5月，威海大水泊机场国际航站楼新建连廊及改造查验区顺利获批对外启用，口岸作业区域增加三分之一，国际旅客通行保障能力提升1倍，达到100万人次/年，进一步优化了口岸通关环境。截至年底，威海空运口岸（威海大水泊机场）运行国际客货航线3条，每周运行39班，其中威海至仁川客运航班由疫情期间每周1班恢复到每周18班，威海至仁川货运航班每周14班，威海至东京货运航班每周7班，进出口货物以普货、跨境电商、国际快件、第九类危险品、食用水生动物为主。

2023年，威海大水泊机场出入境人员153 275人次，同比增长609.8%；进出口货运量1.64万吨，同比增长7.2%；出入境飞机2 974架次，同比增长63.7%。

【临沂空运口岸（临沂启阳机场）】 临沂启阳机场位于山东省临沂市河东区，距临沂市区约7.8千米，为4D级民用机场，于2019年11月经国务院批准对外开放，2023年4月通过国家验收正式对外启用，是全国第一个正式获批对外口岸开放的革命老区机场。临沂启阳机场拥有2座航站楼，共2.3万平方米；有跑道1条、停机坪16万平方米、机位35个，可保障年旅客吞吐量250万人次、高峰小时旅客吞吐量1 250人次的需求。航空货运站及分拣中心面积达2.9万平方米，拥有国内、国际/地区出发到达 2 个库区，功能设置基本达到了现代物流要求标准。2023 年 11 月 2 日和 6 日，分别开通临沂至日本大阪的国际全货机航线和临沂至越南芽庄的国际客运航线。自航线开通至年底，进出境货运航班共计 2 架次，货物总重量 14 吨，货值 45 万元；进出境客运航班共计 8 架次，出入境人员 1 378 人次，其中旅客 1 304 人次。进出口货物以电商快件、纺织品、皮革品、机械类产品等普货为主。

临沂启阳机场开通临沂至日本大阪国际全货机航线

临沂启阳机场开通临沂至越南芽庄国际客运航线

【青岛水运（海港）口岸】 青岛港位于山东半岛南岸的胶州湾内，濒临黄海，与日本和朝鲜隔海相望，是中国沿黄河流域和环太平洋西岸的国际贸易口岸和中转枢纽。青岛港始建于 1892 年，1992 年开通第一条国际航运干线，2002 年 2 月开通至西亚国际集装箱航线，2019 年 11 月青岛港全自动化码头（二期）投入运营，2023 年 12 月青岛港全自动化码头（三期）投入运营。

青岛港是太平洋西海岸重要的国际贸易口岸和海上运输枢纽，是沿黄流域及其腹地外贸物资、能源和原材料运输的重要口岸，是全国重要的大宗原材料进口港、集装箱运输干线港和山东半岛及其腹地重要的物流中心，主要从事集装箱、原油、铁矿石、煤炭、粮食等各类进出口货物的装卸、储存、中转、分拨等物流服务和国际客运服务，具有冰鲜水产品、粮食、肉类、水果、种苗、食用水生动物 6 种特殊商品进境口岸资质。

青岛水运（海港）口岸由大港港区、前湾港区、黄岛油港区等组成。截至 2023 年年底，口岸开放范围内对外启用泊位 98 个，其中大港港区 29 个泊位、前湾港区 54 个泊位、黄岛油港区 15 个泊位，与 180 多个国家和地区的 700 多个港口有贸易往来。青岛港有集装箱航线 220 余条，世界前 20 大集装箱班轮公司都在青岛港开辟了航线，国际直达航线 170 余条，每月来往世界各地航班达到 700 多班，航线和航班密度均位居中国北方港口第一。

【董家口水运（海港）口岸】 董家口港即董家口港区，位于青岛市黄岛区泊里镇，深水岸线及港口资源丰富，规划陆域面积 72 平方千米，码头岸线长约 35.7 千米，共规划建设 112 个泊位。2009 年 5 月底，董家口港区建设启动；2013 年 3 月，青岛港董家口港区矿石接卸码头工程正通过国家验收。截至 2023 年年底，对外启用泊位 27 个（其中 3 个泊位临时对外启用），设计年货物通过能力 1.47 亿吨。

董家口港区为正在开发建设的新港区，承载着青岛港转型升级，向“第四代”港口跨越的历史重任，以大宗散货、液体化工品及杂货运输为主，逐步发展港口现代物流及港口物流与临港产业的联动。董家口港区规划开发建设 6 个大型开散式码头，其中包括 40 万吨级矿石码头和 45 万吨级油码头。随着港口设施的逐步完善和腹地运输需求的增长，董家口港将逐步拓展服务范围，全面发展港口综合物流、专项物流、商贸、信息、综合服务等功能，成为青岛港南翼新的大型综合性港区和大宗干散货、液体散货运输分拨中心。

2023 年，董家口港靠泊外贸船舶 3 520 艘次，货物进出港量 2.14 亿吨。

【烟台水运（海港）口岸】 烟台港位于山东省烟台市，与日本、韩国隔海相望，占据东北亚国际经济圈核心地带，与 100 多个国家和地区的 150 多个港口保持着通航和贸易往来，是我国沿海 25 个主枢纽港、共建“一带一路”倡议 15 个支点港口之一。1953 年 4 月，国务院批准烟台港对外开放；2014 年 8 月，国务院批复同意烟台港口岸扩大开放西港区和海阳港区；2019 年 12 月，烟台港口岸扩大开放通过国家验收。2023 年，烟台港新增对外启用泊位 2 个，退出对外启用泊位 19 个。

烟台海港口岸由芝罘湾港区、西港区、海阳港区、牟平作业区和烟台水产集团码头组成。主要开放港区位于渤海湾南岸，靠近航运主航道，面向日韩及东南亚经济发达地区，背靠京津鲁豫广阔的经济腹地，居连接环渤海经济区的最佳中转港位置，拥有陆海双向、辐射内外的广阔发展空间。2023 年，烟台港完成货物吞吐量 4.24 亿吨，集装箱完成 463 万标箱，件杂货、商品车、中非双向物流黄金大通道、货物混配、LNG 五大特色业务全面起势。

2023 年，烟台海港口岸出入境船舶 4 459 艘次，同比增长 1.59%；出入境货运量 12 286 万吨，同比增长 9.21%；出入境集装箱 76.8 万标箱，同比增长 27.7%；出入境人员 14.22 万人次，同比增长 53.02%。

【威海水运（海港）口岸】 威海港位于山东省威海市，山东半岛东端，北临黄海，东与朝鲜半岛、日本列岛隔海相望，是我国通往韩国、日本、朝鲜等国家的便捷出海口。港口水深域阔，终年不淤不冻，全年作业天数约 330 天，水路距韩国仁川港 220 海里、距平泽港 238 海里，客滚班轮均可实现“夕发朝至”，是东北亚地区重要的海上枢纽之一。威海港于 1985 年 4 月经国务院批准对外开放。截至 2023 年年底，威海港有新港区、张家埠港区、乳山口港区 3 个作业区，开放泊位 33 个，其中万吨级以上泊位 27 个，最大靠泊能力 7 万吨；已获批进口冰鲜水产品、肉类、食用水生动物等指定监管场地，以及跨境电商、海运快件等特殊监管场所。开通国际班轮航线 11 条，每周运行 16 班。其中，客货班轮航线 2 条（威海至韩国仁川、平泽），每周运行 6 班；集装箱航线（威海至韩国仁川、平泽、釜山，日本关东、关西、九州）8 条，每周运行 10 班，以及集装箱航线（威海至土耳其伊斯肯德伦）1 条，每月 1 班。

2023 年，威海海港口岸完成外贸货运量 396.1 万吨，同比下降 2.5%；外贸集装箱量 55.2 万标箱，同比增长 7.9%；出入境人员 72 441人次，同比增长 132.49%；出入境国际航行船舶 1 390 艘次，同比增长 11.2%。

【龙口水运（海港）口岸】 龙口港位于山东省龙口市，与辽东半岛隔海相望，于 1984 年 12 月获批复开放。龙口海港口岸由龙口港、龙口南山屺岛港码头、龙口胜利码头和龙口渔港码头组成，地处环渤海经济圈的中心区域，港湾自然条件良好，北有东西长 8 千米的连岛天然沙坝为屏障，南有金沙滩环抱，不冻不淤，全年作业天数在 300 天以上，素有“稳油盆”之称。屺岛端部自然水深 16 米以上，最大水深 22 米，后方陆域土地广阔，具备优越深水泊位的建设条件。龙口港拥有 70 多条国内外航线，与 50 多个国家和地区的港口有贸易往来，有集装箱航线 11 条，可接载华北、华南及长江水系各港货源，主要经营铝矾土、煤炭、液体化工、铁矿石、粮食、木片、集装箱等业务。

2023 年，龙口海港口岸出入境船舶 1 515 艘次，同比增长 15.56%；出入境货运量 2 716.6 万吨，同比下降 10.72%；出入境集装箱 2 000 标箱，同比下降 85.48%。

【日照水运（海港）口岸】 日照港位于山东省日照市，山东半岛东南侧，是国家重要的能源和原材料运输口岸、煤炭装船港和沿海集装箱运输支线港。口岸主要从事铁矿石、煤炭、原油、粮食、集装箱等各类进出口货物的装卸、储存、中转、分拨等物流服务，是国家重点发展的沿海主要港口，新亚欧大陆桥东方桥头堡。改革开放后，国家批准日照设立了石臼港和岚山港2个对外开放口岸。其中，石臼港口岸于1986年5月对外开放，岚山港口岸于1989年9月对外开放。2016年12月，国务院批复将石臼港口岸和岚山港口岸合并为日照港口岸，并扩大开放石臼南作业区和岚山北作业区。

石臼港区位于我国海岸线中部，东临黄海，北与青岛港、南与连云港港比邻，隔海与日本、韩国相望，于1982年正式开工建设，是我国重点发展的沿海20个主要枢纽港之一，包括东港区、北港区、西港区，至2023年年底已开放煤炭、通用、矿石、散杂、油品、木片、集装箱等泊位，开通日照至韩国平泽客箱班轮航线等内外贸集装箱航线。岚山港区位于黄海海州湾北岸，是1977年作为山东省“七五”重点建设项目而兴建的地方港口，包括南作业区、中作业区、北作业区，已开放油品、液化、通用、散杂等泊位。

2023年，日照海港口岸完成外贸货运量39 190.83万吨，同比增长14.7%。10月，停运3年的中韩班轮客运业务恢复通航。

【石岛水运（海港）口岸】 石岛港位于山东省威海市东南部石岛湾畔，港区水域宽阔，受风浪大雾影响少，岸线资源丰富，自然条件优越，于1988年12月经国务院批准对外开放，2014年1月石岛港口岸扩大开放至好当家和俚岛港区。2023年5月，沙窝岛中心渔港1-7号泊位获批对外启用，成为全省首个对外开放启用的渔港码头。截至年底，石岛海港口岸共有石岛新港、朱口港、好当家港、俚岛港4个作业区，对外启用泊位70个，万吨级以上泊位30个；开通国际班轮航线5条，每周运行9班。其中，客货班轮航线2条（石岛至韩国仁川、群山），每周运行6班；集装箱班轮航线3条（石岛至日本关东、关西、东京），每周运行3班。石岛海港口岸拥有进口冰鲜水产品、肉类、食用水生动物等指定监管场地以及跨境电商的海关特殊监管场所。

2023年，石岛海港口岸完成外贸货运量193.7万吨，同比增长14.2%；外贸集装箱量18.4万标箱，同比下降1.7%；出入境人员93 487人次，同比增长122.3%；出入境国际航行船舶1 977艘次，同比增长9.5%。

【东营水运（海港）口岸】 东营港位于山东省东营市东北部，北邻京津塘经济区，南连胶东半岛，濒临渤海西南海岸，地处黄河经济带与环渤海经济圈的交汇点。东营港始建于1984年，1995年12月经国务院批准对外开放，1997年12月正式对外开放。截至2023年年底，东营港已建成泊位57个，31个泊位实现了对外开放。其中，2023年新增对外开放泊位11个，包括3个10万吨级泊位、2个3万吨级泊位和6个1万吨级泊位。东营港已成为山东进口丙烯最大港口和外轮业务增长最快的口岸，是环渤海地区以石油化工货物运输为主，兼顾散杂货、客货滚装、集装箱运输的区域特色港口。

东营海港口岸

2023年，东营海港口岸完成外贸货运量408.17万吨，同比增长30%，运输货种主要为石油、天然气及制品、矿建材料、钢铁等。自11月1日东营港区新增11个泊位完成对外开放后，截至12月31日，共完成货物吞吐量365万吨，停靠船舶112艘，10万吨级船舶停靠18艘，俄罗斯、新加坡等地区10万吨级外轮可直接靠泊东营港，有效降低了企业物流成本，极大提升了东营港货物装卸水平。

【蓬莱水运（海港）口岸】 蓬莱港位于山

东省烟台市蓬莱区，包括蓬莱新港、栾家口港区两部分。1996年7月，国务院批复同意山东蓬莱港对外开放。2003年6月，国务院批复同意山东蓬莱港口岸栾家口港区对外开放。蓬莱新港地处山东半岛最北端，黄渤海交界处，终年不冻不淤、浪小涌缓，拥有天然的深水航道，是中国少有的天然良港，是以客滚运输、旅游经济和与当地临港工业相适应的煤炭、水泥、钢铁、木材等散杂货运输为主的综合性港区，主要进出口货物为风电设备、木材为特色货源和煤炭、矿建材料、铝矾土等散杂货。

栾家口港区以货主专用码头为主，始建于1994年，无固定国际航线，主要贸易国为越南、韩国、日本，从事码头及其他港口设施服务、货物装卸、仓储服务、港口拖轮服务、船舶港口服务、港口机械租赁、国内水路货运代理、船舶代理、船舶维修、货物进出口、煤炭销售等，主要进出口货物为水泥熟料、脱硫石膏、石油焦等散杂货。

【莱州水运（海港）口岸】 莱州港位于山东省烟台市莱州市，地处渤海莱州湾东岸，胶东半岛、鲁东地区、鲁中平原和黄河三角洲的结合部，近岸自然水深7~12米，所在海域海岸线稳定、泥沙活动弱、底质条件好、水流速度小，常年不冻不淤，是鲁中、鲁西、鲁西北地区最便捷的深水出海通道。1996年11月，国务院批复同意山东莱州港对外开放。港口业务以原油、成品油及各类液体化工品为主，以大宗散货和各类杂货、件货为辅，逐步培育发展集装箱业务，港口年货物运输能力2 300万吨。

2023年，莱州海港口岸持续推进口岸特色产业发展，建设莱州港进境粮食指定监管场地并顺利通过海关总署验收；服务口岸油品保税业务做大做强，引导进口油品用好港区65万立方米油品保税仓储，指导2家保税仓库成功对接仓库管理系统（WMS），强化实时监管、管控风险，对保税货物出入库即报即批，提高保税仓储周转利用率。

2023年，莱州海港口岸完成进出口货运量640.3万吨，同比下降25.10%；出入境船舶407艘次，同比下降30.31%。口岸主要贸易国为新加坡、澳大利亚、俄罗斯、韩国、委内瑞拉等；进出口货物以原油、成品油及各类液体化工品为主，以大宗散货和各类杂货、件货为辅。

【龙眼水运（海港）口岸】 龙眼港位于山东省威海市，山东半岛最东端，距国际主航道仅5海里，是中韩两国海上交往最便利的港口。1999年8月，龙眼港经国务院批准正式对外开放。截至2023年年底，龙眼港有货场10万平方米、港口仓库3万平方米、保税仓库3万平方米、4万吨油库1个，主要从事工业用煤、水产品、非金属矿、成品油、钢材、粮食等的进出口和国际客运服务。截至年底，龙眼海港口岸对外启用泊位11个，其中万吨级以上泊位6个；开通龙眼至韩国平泽客货班轮航线，每周运行3班。

2023年，龙眼海港口岸完成进出口货运量89万吨，同比增长1.6%；集装箱量54 659标箱，同比下降1.3%；出入境人员17 270人次，同比增长21.7%；出入境国际航行船舶1 186艘次，同比增长20%。

【潍坊水运（海港）口岸】 潍坊港位于山东省潍坊市，山东半岛中部，总体布局为离岸式港岛码头，水路距大连港174海里、天津港164海里、龙口港60海里，进出港道路与央赣、新海、206、309等干线公路和济青、潍莱、东青等高速公路相连接，环渤海高速公路，益羊铁路和大莱龙铁路环绕港区。潍坊港于2007年11月经国务院批复同意对外开放，2009年7月正式对外开放。潍坊港可承接原盐、纯碱、煤炭、铁精粉（石）、重晶石、粮食、钢材、原油、成品油、液体碱等若干散装、袋（件）装及大件货物的装卸、堆（储）存业务，已同德国、加拿大、澳大利亚、韩国、日本、越南、菲律宾、俄罗斯、朝鲜以及中国台湾等国家和地区的20多个港口建立了贸易往来。潍坊口岸大力发展行政审批改革和通关流程，积极压减审批要素，协调配合潍坊海关落实原产地证书审签流程再造，持续推进外贸集装箱查验改革，使潍坊港成为济南关区唯一实现集装箱不开箱查验口岸。国际贸易“单一窗口”基本实现全覆盖。

【滨州水运（海港）口岸】 滨州港位于山东省滨州市，渤海湾西南岸，处于京津冀和山东半岛两大经济发达地区的连接地带，是济南都市圈最便捷的出海通道。2017年12月，滨州港经国务院批准对外开放；2020年10月，滨州海港口岸顺利通过国家验收。截至2023年年底，滨州港口岸开放运营泊位共8个，其中2个3万吨级散杂货泊位、2个3万吨级液体化工泊位、2个5万吨级液体散货泊位和2个5万吨级油品泊位。年内，滨州港口岸相继与俄罗斯、阿联酋、科威特、乌拉圭、韩国、阿根廷、越南、澳大利亚8个国家建立往来，作业货种涵盖液化货物、石油焦、煤炭、脱硫石膏、氧化铝、活牛等。

2023年，滨州海港口岸完成外贸货运量52.32万吨，同比增长163%，其中出口44.70万吨、进口7.62万吨。

青岛市

【口岸数量及分布】 截至2023年年底，青岛市共有经国务院批准的对外开放口岸3个。其中，空运口岸1个，即青岛胶东国际机场；水运（海港）口岸2个，分别为青岛海港口岸、董家口海港口岸。

【口岸运行数据】 2023年，青岛港货物吞吐量6.84亿吨，同比增长4.0%。两个海港口岸外贸进出口货运量共4.89亿吨，同比增长3.4%。其中，进口货运量3.31亿吨，同比增长4.5%；出口货运量1.58亿吨，同比增长1.1%。集装箱吞吐量2 876.9万标箱，同比增长12.1%，其中，外贸集装箱2 019.1万标箱，同比增长11.1%。

2023年，青岛空运口岸完成航班起降16.98万架次，同比增长79.75%；旅客吞吐量2 142.07万人次，同比增长120.38%；货邮吞吐量26.08万吨，同比增长18.53%，其中，国际货邮吞吐量12.65万吨，同比增长25.26%。入出境飞机起降1.48万架次。入出境人员149.9万人次，其中入境74.5万人次、出境75.4万人次。国际及地区旅客吞吐量137.7万人次，同比增长884.26%。

2023年青岛水运（海港）口岸运输货种统计表

类别	港口吞吐量（万吨）	外贸运输量（万吨）			
		进出口	同比（%）	进口	出口
合计	68 367.25	48 942.07	3.4%	33 146.00	15 796.08
煤炭	2 567.43	617.76	5.9%	428.39	189.36
原油	11 154.15	9 370.50	4.2%	9 046.76	323.75
成品油	1 043.85	477.26	-19.8%	153.57	323.69
铁矿石	14 395.20	10 413.10	-2.7%	9 786.18	626.92
钢铁	408.31	67.76	-54.6%	15.27	52.49
水泥	42.18	0.30	-99.6%	0.00	0.30
木材	12.05	11.16	-86.2%	11.16	0.00
非金属矿	4.11	3.61	-17.1%	2.02	1.60
化肥	49.26	45.33	-11.3%	38.67	6.65
粮食	1 189.36	1 151.40	27.8%	1 125.55	25.85
食盐	76.41	74.29	-29.7%	74.03	0.26
其他	30 313.56	21 109.80	5.9%	7 605.02	13 504.78

（青岛市口岸办提供）

【扩大口岸开放】 2023年，对外启用泊位6个，分别为：青岛港董家口港区大唐码头二期D20、D21泊位，青岛港董家口港区华能码头二期工程D8、D9泊位，青岛港前湾港区泛亚码头109#、110#泊位。

2023年，青岛胶东国际机场通航客货运航线261条，其中国内航线230条、国际及地区航线31条；通航城市133各，其中国内110个、国际及地区23个；航空公司58家，国内航司39家、国际及地区航司19家。

2023年，中铁联集青岛中心站共到发中欧中亚班列863列。其中，去程524列，主要出口商品为机电产品、化工品和日用品等工业制成品；回程339列，主要进口商品为板材、牛皮纸、大豆、麦麸颗粒等产品。

【口岸营商环境】 2023年，深入开展促进跨境贸易便利化专项行动，青岛市以总分第一名的成绩蝉联“2023年十大海运口岸集装箱货物跨境贸易营商环境测评”最优等次，成为唯一获评4.5星级的口岸城市。一是提速增效保畅通。充分发挥牵头抓总作用，组织制定6个方面24项重点举措，建立工作台账，强化督导调度，持续推进通关便利化改革创新。一年内，海运外贸线转内支线通关周期缩短80%，鲜活易腐农产品、AEO高级认证企业、出口赶船货物平均查验时长缩短30%，科研制剂、进口白血病靶向药等通关时效提升60%。截至年底，青岛口岸进、出口整体通关时间同比分别压缩24.4%和40.8%。二是“智慧口岸”提效能。在全国率先启动智慧口岸试点建设，研究制订青岛市智慧口岸试点建设工作方案，首批明确15个应用场景项目。推动关、港“智慧查验”模式成为全国首创，实现企业通过手机预约查验、查询、口岸缴费、提离等业务的“一站式”办理。全力推进中国、新加坡“单一窗口”通关物流全程状态信息共享在青岛先行先试，可实现往来新加坡集装箱货物实时查询，大幅提升国际集装箱运输的可视性和透明度。三是助企纾困促发展。年内，创新开展4期“青岛口岸大讲堂”，线上、线下同步进行，单期参与人数突破6万人次。深化“跨境贸易便利化直通车”服务机制，建立口岸、外贸企业的“连心桥”，推动解决了企业反映多年的前湾港区、关区代码不统一的历史问题，协调解决了宠物食品跨境电商业务在青岛保税物流中心落地实施，得到广大外贸企业的一致好评。

【重大活动保障】 完成了上海合作组织民间友好论坛暨友好城市论坛等10项重大国际活动通关保障；为10个国际政要代表团提供通关便利。

2023年山东省口岸大事记

2月18日

山东青岛海港口岸获国务院批复同意扩大开放。

4月12日

临沂启阳机场通过国家口岸管理办公室组织的对外开放验收。临沂成为山东省第五个空运口岸城市，在全国革命老区中第一个实现空运口岸对外开放，山东省实现了“省会、胶东、鲁南”经济圈国际机场全覆盖。

4月14日

国家口岸管理办公室副主任党晓红到日照港口岸就口岸建设开展调研。

5月10日—13日、5月24日—26日、6月25日—27日

按照国家口岸管理办公室要求，山东省口岸办分别在北京、广东、济南与广东省口岸办集中工作，对《中国及世界主要海运贸易港口代码》国家标准进行修改完善。

6月7日

山东省副省长宋军继主持召开省口岸和打击走私综合治理领导小组会议，总结近年来全省口岸和打击走私综合治理工作，安排部署下一步重点工作任务。

6月13日

山东省政府批复石岛港口岸好当家港区沙窝岛中心渔港1#–7#泊位对外启用。

7 月 10 日

国家口岸管理办公室复函同意青岛市智慧口岸试点建设工作方案。

7 月 13 日

山东省政府批复滨州港口岸海港港区 8#–9#泊位对外启用。

7 月 13 日

召开“中欧班列 · 山东省沿黄九市一体化发展大会”，相关地市签订中欧班列 · 山东省沿黄九市口岸一体化发展战略合作协议。

8 月 29 日

山东省政府批复青岛港董家口港区大唐码头二期 D20、D21 泊位和华能码头二期 D8、D9 泊位对外启用。

9 月 14 日

山东省政府批复烟台港西港区山东港源管道物流有限公司码头 107#泊位、烟台港股份有限公司矿石码头分公司 306#泊位对外启用。

9 月 18 日

国家口岸管理办公室复函同意山东智慧口岸建设总体方案和济南空运口岸、潍坊港口岸的智慧口岸试点建设方案。

9 月 20 日

以山东省政府办公厅名义印发《持续优化口岸营商环境促进外贸高质量发展若干措施》。

10 月 30 日

山东省政府批复东营港东营港区北防波堤 6#油品化工泊位、东营港东营港区一突堤北侧 1#–2#液体散货泊位、东营港东营港区海油液体化工品码头 3#–4#泊位、东营港东营港区南港池作业区 9#–14#泊位等 11 个泊位对外启用。

11 月 2 日

山东省副省长宋军继在临沂市召开提升临沂空运口岸竞争力现场推进会。

11 月 11 日

以山东省政府办公厅名义印发《关于做好复制推广借鉴 2023 年促进跨境贸易便利化专项行动改革举措工作的通知》。

12 月 4 日

海关总署与山东省政府在济南签署合作备忘录。

12 月 7 日

青岛海运口岸以总分第 1 名的成绩连续第 3 年荣获“2023 年十大海运口岸集装箱货物跨境贸易营商环境测评”最优等次，成为唯一一个达到 4.5 星级的口岸城市。

12 月 14 日

山东省政府批复滨州港口岸海港港区 6#和 7#泊位对外启用。

12 月 20 日

山东省政府批复青岛港前湾港区泛亚码头 109#、110#泊位对外启用。

12 月 28 日

山东省口岸管理行政裁量权基准印发。

12 月 28 日

烟台船舶进境信息“一单四报”系统在中国（山东）国际贸易单一窗口上线运行。

12 月 28 日

济南市中欧班列年度开行量突破 1 000 列。

（撰稿人：陆海军、王智慧、杨杰睿、于晓旭、王琰、艾贻亭、陈旭明、袁明、傅继伟、杜宏亮、杨栋、高洁、解圆圆、王鹏、刘丽莹、孙红梅）

2023年山东省口岸流量统计表

口岸类型	口岸名称	货运量（万吨）				集装箱量（万标箱）				人员（万人次）				交通工具（辆、艘、架、列次）			
		出口	进口	合计	同比（%）	出口	进口	合计	同比（%）	出境	入境	合计	同比（%）	出境	入境	合计	同比（%）
空运口岸	青岛	9.37	3.29	12.65	25.2					75.26	74.39	149.66	792.27	7 417	7 398	14 815	228.4
	济南	2.83	1.503	4.34	-21.7					12.85	12.07	24.92	694.90	1 372	1 357	2 729	74.60
	烟台	2.92	2.15	5.07	9.5					10.5	10.65	21.15	523.38	2 684	2 689	5 373	44.32
	威海	0.46	0.36	1.64	7.2					7.75	7.57	15.33	618.29	1 478	1 480	2 958	63.79
	临沂	0.001 8	0	0.001 8						0.076 2	0.061 6	0.137 8		5	5	10	
	分计	15.58	7.30	23.70	9.50					106.44	104.74	211.20	730.34	12 956	12 929	25 885	104.68
水运口岸 海港口岸	青岛	14 832	19 141	33 973	-0.1	1 034.4	984.7	2 019.1	11.10	12.46	13.6	26.06	4.98	5 471	6 041	11 512	-3.99
	烟台	2 440	9 845	12 286	9.21	41.5	35.3	76.8	27.70	7.09	7.13	14.22	53.02	2 213	2 246	4 459	1.59
	日照	1 298.93	37 891.9	39 190.83	14.70	283	28	311	1.05	6.84	8.77	15.61	22.49	2 843	3 768	6 611	10.79
	威海	124	272.2	396.1	-2.50	28.23	26.98	55.21	7.90	3.52	3.73	7.24	132.49	650	740	1 390	11.20
	龙口	304.4	2 412.2	2 716.6	-10.72	0.07	0.12	0.2	-85.48	1.44	1.36	2.8	14.44	784	727	1 511	15.43
	石岛	140.12	53.56	193.69	14.20	9.34	9.09	18.43	-1.66	4.65	4.7	9.35	123.34	956	998	1 954	8.80
	龙眼	45.48	43.54	89.01	1.57	2.69	2.77	5.47	-1.32	0.85	0.88	1.73	22.12	576	606	1 182	19.64
	董家口	964	14 005	14 969	12.30					2.8	3.14	5.94	10.28	1 334	1 464	2 798	7.12
	莱州	140.7	499.6	640.3	-25.10					0.33	0.28	0.6	-30.53	180	143	323	-31.57
	东营	0.15	408.02	381.3	31.89					0.4	0.44	0.84	-23.83	227	240	467	-26.80
	潍坊	200.8	506.3	707.1	-6	1.59	0.63	2.22	-43.20	1.11	0.84	1.96	-9.78	688	517	1 205	-8.30
	蓬莱	108.4	160.3	268.7	-20					0.34	0.33	0.68	-17.90	181	173	354	-14.70
	滨州	44.7	7.62	52.32	163					0.074	0.039 4	0.113 4	157.73	44	23	67	179.17
	分计	20 643.68	85 246.24	105 774.94	7.20	1 400.82	1 087.59	2 488.43	9.86	41.9	45.23	87.13	27.37	16 147	17 686	33 833	2.02
合计		20 659.26	85 253.54	105 798.64	7.20	1 400.82	1 087.59	2 488.43	9.86	148.34	149.97	298.33	217.89	29 062	30 573	59 718	33.41
同比（%）																	

（山东省口岸办提供）

2023 年济南海关主要数据统计表

项　目		2023 年	2022 年	同比（%）
进出口货运量（万吨）	合计	14 400.93	14 638.83	-1.63
	进口	12 229.55	12 668.03	-3.46
	出口	2 171.38	1 970.80	10.18
进出口贸易总值（万美元）	合计	8 427 044.75	8 939 310.39	-5.73
	进口	3 859 548.60	4 013 036.80	-3.82
	其中：江、海运输	3 059 138.40	3 504 936.02	-12.72
	铁路运输	32 317.84	25 891.37	24.82
	汽车运输	255 466.94	144 077.31	77.31
	航空运输	512 049.95	337 513.10	51.71
	邮件运输	575.16	596.86	-3.64
	其他运输	0.31	22.13	-98.58
	出口	4 567 496.15	4 926 273.59	-7.28
	其中：江、海运输	3 912 771.04	4 288 962.29	-8.77
	铁路运输	113 202.43	82 587.28	37.07
	汽车运输	233 873.84	69 178.64	238.07
	航空运输	304 851.42	483 348.4	-36.93
	邮件运输	2 796.34	2 167.2	29.03
	其他运输	1.08	29.77	-96.38
税收（万元人民币）	两税合计	5 923 495.28	5 447 439.23	8.74
	关税入库	262 249.10	270 269.17	-2.97
	进口环节税入库	5 661 246.18	5 177 170.06	9.35

（济南海关提供）

2023 年青岛海关主要数据统计表

项　目		2023 年	2022 年	同比（%）
进出口货运量（万吨）	合计	85 270. 62	80 939. 5	5. 35
	进口	71 620. 27	67 775. 5	5. 67
	出口	13 650. 34	13 164. 0	3. 69
进出口贸易总值（亿美元）	合计	5 372. 37	5 795. 3	-7. 30
	进口	2 726. 56	2 890. 3	-5. 70
	其中：江、海运输	2 605. 88	2 737. 2	-4. 80
	铁路运输			
	汽车运输			
	航空运输	120. 51	152. 9	-21. 20
	邮件运输	0. 107	0. 1	1. 90
	其他运输	0. 067	0. 1	-21. 10
	出口	2 645. 81	2 905. 0	-8. 90
	其中：江、海运输	2 534. 31	2 781. 2	-8. 90
	铁路运输			
	汽车运输			
	航空运输	62. 47	68. 1	-8. 20
	邮件运输	0. 62	0. 5	12. 80
	其他运输	48. 41	55. 1	-12. 20
税收（亿元人民币）	两税合计	1 969. 67	1 981. 3	-0. 59
	关税入库	149. 81	160. 1	-6. 41
	进口环节税入库	1 819. 86	1 821. 3	-0. 08

（青岛海关提供）

2023 年山东省口岸出入境主要数据表

项　目			2023 年	2022 年	同比（%）
出入境人员（人次）	出入境人员总数		2 983 217	938 446	217.89
	入境人员		1 499 778	490 878	205.53
	出境人员		1 483 439	447 568	231.44
	出入境旅客		2 069 121	192 792	973.24
	出入境员工		914 096	745 654	22.59
	中国公民	小计	1 910 692	497 606	283.98
		内地居民（因公）	413 774	322 914	28.14
		内地居民（因私）	1 496 918	167 285	794.83
		港澳居民	36 198	3 106	1 065.42
		台湾同胞	41 506	4 301	865.03
	外籍人员		994 821	440 840	125.66
	从海港出入境人数		871 343	684 108	27.37
	从陆港出入境人数				
	从空港出入境人数		2 111 874	254 338	730.34
交通运输工具（辆、艘、架、列次）	总计		59 635	44 700	33.41
	船舶		33 833	33 164	2.02
	飞机		25 802	11 536	123.67
	火车				
	机动车辆				

（山东出入境边防检查总站提供）

2023 年山东海事局进出港船舶统计汇总表

船舶类别	进港船舶							出港船舶						
	艘数（艘）	总吨（吨位）	总载重量（吨）	载客量（客位）	船员人数（人次）	货物到达量（吨）	旅客到达量（人）	艘数（艘）	总吨（吨位）	总载重量（吨）	载客量（客位）	船员人数（人次）	货物发送量（吨）	旅客发送量（人）
总计	763 281	1 867 040 142	2 315 209 520	40 880 861	5 410 869	1 007 994 570	22 318 959	759 916	1 871 691 996	2 314 693 586	41 285 308	5 429 928	500 620 280	22 357 371
中国籍船舶	740 125	859 960 437	823 409 864	39 728 231	4 918 466	281 912 045	22 287 824	736 670	863 622 518	821 989 996	40 132 100	4 939 746	343 175 981	22 326 313
其中：外贸船	2 156	35 685 614	43 573 258	101 500	41 152	27 150 555	0	2 073	33 644 830	41 489 392	101 500	42 167	8 745 274	0

（山东海事局提供）

河　南　省

河南省口岸分布示意图

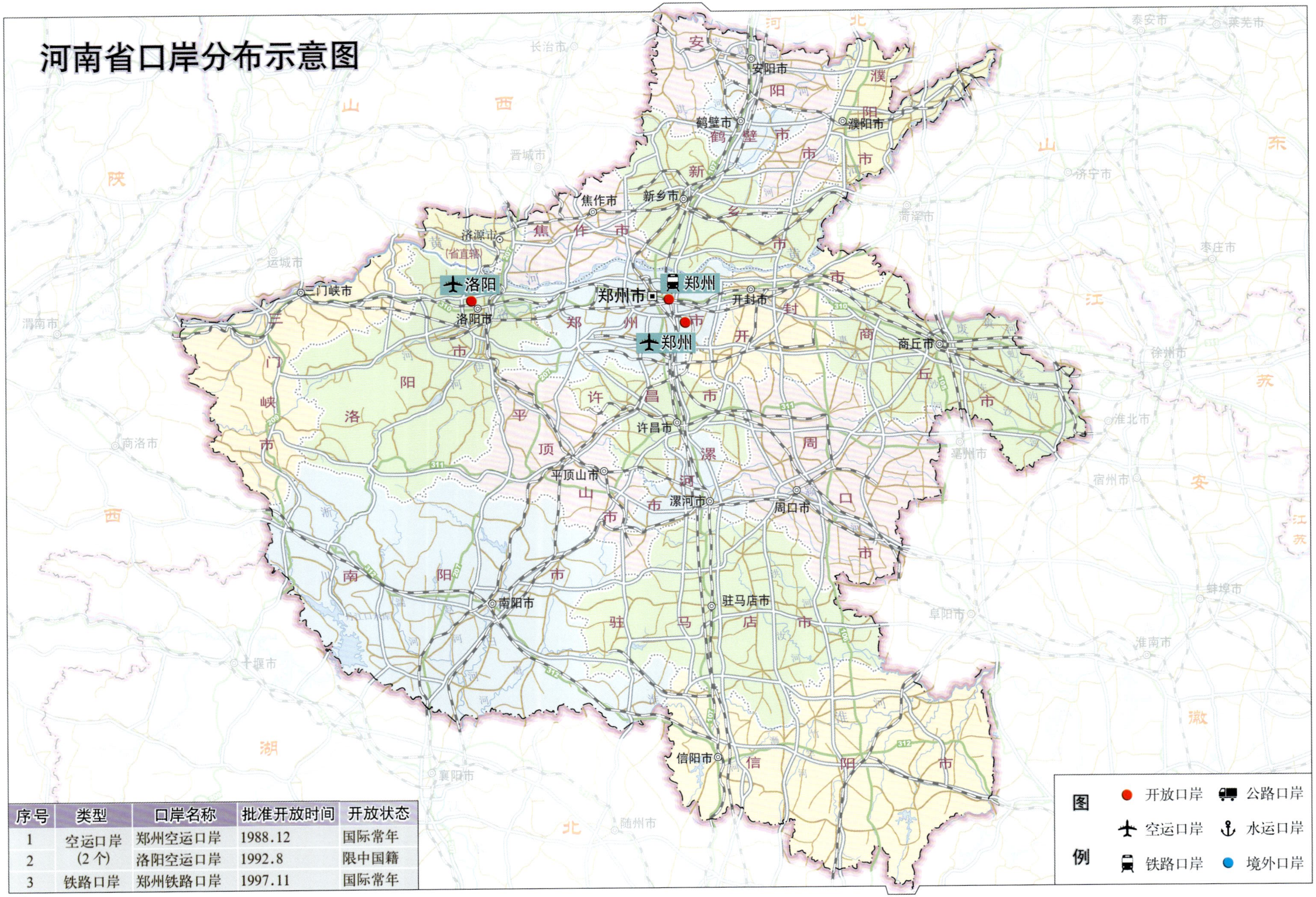

序号	类型	口岸名称	批准开放时间	开放状态
1	空运口岸(2个)	郑州空运口岸	1988.12	国际常年
2		洛阳空运口岸	1992.8	限中国籍
3	铁路口岸	郑州铁路口岸	1997.11	国际常年

口岸数量及分布

截至2023年年底，河南省共有经国务院批准的对外开放口岸3个。其中，空运口岸2个，分别为郑州空运口岸（郑州新郑国际机场）、洛阳空运口岸（洛阳北郊机场）；陆路（铁路）口岸1个，即郑州铁路口岸。

口岸运行数据

2023年，郑州空运口岸完成国际地区货邮吞吐量38.46万吨；出入境旅客29.18万人次，同比增长554.43%；进出境邮快件848.09万件，同比增长16.93%。

2023年，郑州铁路口岸新开通至俄罗斯圣彼得堡线路，河南中欧（亚）班列开行量超过3 000班次，同比增长98.9%，10年累计开行突破1万列。

2023年，河南综合保税区完成进出口值4 419.4亿元，占全省外贸进出口总值的54.5%。其中，新郑综合保税区完成4 072.8亿元；南阳综合保税区实现达标运行。河南保税物流中心完成进出口值67.1亿元，同比增长10.9%，带动河南省完成外贸进出口值8 107.9亿元。

口岸综合管理

【加强口岸建设顶层谋划】 推动河南省政府与海关总署签署新一轮合作备忘录，与国家邮政局签署战略合作协议，积极争取国家支持。印发实施《2023年河南更大力度发展口岸经济工作要点》，启动口岸经济高质量发展示范区课题研究，加快促进口岸经济发展。印发实施中欧班列“五统一”管理办法、考核监督办法等文件，推动“五统一”常态化运行，形成省级指导支持、属地主导主责、“管委会+平台公司+运营公司”管理运行体系。研究起草智慧口岸建设试点方案。加强口岸运行调度分析，建立月统计、季通报等制度，及时协调解决建设发展过程中遇到的问题。

【加快郑州铁路口岸建设】 高质量完成《郑州国际陆港规划》编制，建成投用郑州国际陆港西作业区、中欧班列集结调度指挥中心，开工建设郑州国际陆港东作业区。新增俄罗斯圣彼得堡直达站点；首开郑州至东盟农产品出口冷链专列和水果冷链回程专列，成功打通了直达RCEP成员国的冷链物流大通道。开行“铁公铁”多式联运班列，实现“中欧班列+TIR”出境模式创新。

【增强空运口岸服务支撑能力】 启动实施新郑综合保税区、郑州机场“区港一体化”模式，优化国际国内互转的“空空中转”通关流程；加快国际邮件枢纽口岸建设，全力推动邮航枢纽项目落户郑州，推出“e速宝”等特色国际快件产品；采取口岸通关绿色通道等措施，拓展提升功能性口岸业务，业务量快速恢复或超疫情前水平。洛阳空运口岸恢复国际业务，于2023年11月1日开通洛阳—曼谷航线。

【提升口岸通关便利化水平】 加快建设中国（河南）国际贸易单一窗口3.0项目，上线河南班列服务管理系统，实现班列支持资金“免申即享”、线上审核、阳光兑现；上线“智享惠”服务平台，在全国首创“嵌入式”优惠关税指引服务；拓展企业数字化服务专窗、海外仓综合服务系统等特色功能。郑州铁路口岸在全国首创中欧班列“通关模式智选菜单”服务，推出“通关+物流”组合模式，通关效率提升约20%。新郑综合保税区创新实施“自主选择检验环节”模式，叠加“第三方采信”“分送集报”等便利措施，通关时效缩短三分之一。

【推动海关特殊监管区域（场所）高质量发展】 加快综合保税区和保税物流中心布局建设，结合郑州国际陆港建设，统筹推进新郑综合保税区扩区，完成扩区选址；开封综合保税区封关运作；完成经开综合保税区核减面积简易验收。推动现有综合保税区和保税物流中心提质增效，开展专项招商，积极引进落地重大项目，培育壮大主导产业；加快推进综合保税区高质量发展综合改革。在 2023 年发布的 2022 年度全国综合保税区发展绩效评估中，新郑、经开综合保税区均被评定为 A 类，首次实现“双 A”。

口岸监管与服务

【郑州海关优化口岸营商环境】 制定郑州海关优化营商环境 22 条，细化落实海关总署优化营商环境相关措施，对接进出口值超 5 000 万元的 1 010 家企业和专精特新企业，实施“一企一策”精准帮扶。应用“直提直装”，深化“区港一体化”模式应用，取消事前审批、途中监管等环节，提升空运口岸通关时效。在综合保税区创新实施“自主选择检验环节”模式，并叠加“第三方采信”“分送集报”等便利措施，将进口服装通关时间缩短三分之一。实施 RCEP 等自贸协定，2023 年签发各类原产地证书 9.6 万份，同比增长 12.9%。审核确认内资鼓励类项目投资总额 53.46 亿元，为企事业单位减免税款 1.9 亿元。

【郑州海关服务“四路”协同发展】 助推“空中丝路”发展，支持新开通卢森堡、米兰等国际客运航线和伯明翰跨境电商包机航线，创新“区港一体化”模式，提升空运口岸货物通关效能。支持“陆上丝路”扩量增效，创新“无纸调拨”“自动运抵”等举措，支持 TIR 国际公路运输业务创新发展，保障“中国车”TIR 全国首次双向贯通。助力“网上丝路”稳中提质，落实海外仓企业海关备案无纸化政策，实现海外仓在线备案；开通跨境电商网购保税进口商品“同仓存储、同包发货”业务，实施税款电子支付。支持“海上丝路”创新发展，加强与青岛海关合作，创新“陆海联动、海铁直运”监管模式，推进海关、港口、铁路信息共享，实现内陆港出口货物班列直运、抵港直装、原箱上船。

【郑州海关全面维护国门安全】 开展“国门绿盾”“国门守护”等专项行动，2023 年在全国空运口岸首次截获活体斑腿泛树蛙。严厉打击武器弹药、毒品走私，查获枪支及配件 16 件，联合地方公安禁毒部门立案侦办毒品走私刑事案件 12 起。筑牢国门生物安全屏障，提升快速检测能力，做好多病同防。开展“国门利剑 2023”专项行动，立案侦办走私犯罪案件 25 起，案值 4.8 亿元。落实打击走私综合治理，一体化推进“打、防、管、控”，防范跨境电商零售进口渠道走私风险课题获全国打私办通报表扬。

【河南出入境边防检查总站持续提升通关保障水平】 积极应对客流增加态势，推进勤务组织、查验模式、服务举措等改革创新，优质保障郑州至悉尼、米兰、伦敦、卢森堡等 15 条国际及地区航线开通，有序推动洛阳至曼谷航线复航。落实“两公布一提示”工作要求，优化勤务组织，确保中国公民通关候检时间不超过 30 分钟。圆满完成国际旅游城市市长论坛、国际投资贸易洽谈会等省内重大活动和大运会、杭州亚（残）运会有关代表团通关保障工作，安全高效执行公安部押解包机、维和部队轮换包机等专项勤务。

【河南出入境边防检查总站护航“空中丝绸之路”发展】 优化勤务模式，改进通关流程，深化拓展郑卢双枢纽模式，服务豫柬两地共建“空中丝路”，加强货运“一站式”通关保障，实现清舱检查、航班监管、证件查验、人员核查、手续办理无缝衔接，为活体羊驼、生鲜产品开设边检货运绿色通道。2023 年，共检查全货机航线 44 条、航班 7 101 架次，助力郑州机场国际货邮吞吐量稳居中部地区第 1 位、全国第 5 位，位列全球货运 40 强。

【河南出入境边防检查总站持续强化 12367 平台建设】 落实全国移民管理机构 12367 服务平台运行推进会精神，研究制定总站 12367 服务平台接处来电事项操作指南，部署开展“服务质量提升月”活动，持续保持 100%满意率。开展主题宣传月和公益宣传片推广活动，通过线上刊发文章、线下答“移”解惑等方式，全方位夯实品牌宣传基础，在《郑州日报》等多家媒体平台及总站微信公众号“豫见边检”刊发，营造良好社会舆论氛围。

开放口岸

【郑州空运口岸（郑州新郑国际机场）】 郑州新郑国际机场位于河南省郑州市新郑市和中牟县交界处，为4F级国际民用机场，是首个国家级航空港郑州航空港经济综合实验区核心组成部分、国际航空货运枢纽机场、中国八大区域性枢纽机场之一、“7×24小时”“全时段”通关国际机场。

1988年12月，国务院批复同意郑州机场对外开放。1997年，郑州航空口岸搬迁至新建成的郑州新郑国际机场。2000年9月，国务院同意郑州航空口岸对外国籍飞机开放。2007年，郑州机场完成第一次改扩建；2015年12月，T2航站楼投用；2022年8月，北货运区投用。郑州航空口岸具备每年保障出入境旅客400万人次、进出口货物110万吨的支撑能力。

近年来，河南加快推进“空中丝绸之路”建设，在全国率先探索实施空空中转、海外货站、电子货运三大试点，基本形成横跨欧亚美三大经济区、覆盖全球主要经济体的航线网络体系，郑州新郑国际机场国际地区货邮吞吐量连续7年排名全国前5位，国际货运业务规模跻身全球40强。郑州—卢森堡“空中丝路”搭建了中欧互联互通的空中桥梁。

【洛阳空运口岸（洛阳北郊机场）】 洛阳北郊机场位于河南省洛阳市老城区与孟津区交界处的邙山，东南距洛阳市中心11千米，为4D级国际支线机场。1985年11月19日，洛阳北郊机场动工兴建；1987年9月26日，洛阳北郊机场正式通航；1992年8月1日，洛阳北郊机场经国务院批准对外开放（只限中国籍飞机出入境）。机场可起降B737、B767、MD82等大型客机，航站楼面积1.7万平方米，其中国际（地区）区域1.2万平方米。

【郑州陆路（铁路）口岸】 郑州铁路口岸（郑州铁路东站）位于河南省郑州市金水区，是我国特大型铁路枢纽站之一，是郑州铁路枢纽的重要组成部分。郑州铁路货运站于1991年3月经河南省政府批准为原二类口岸；1994年12月，开通至香港直达集装箱专列；1997年11月，获国务院批准对外开放。2014年，郑州铁路口岸搬迁至郑州铁路圃田站，新建1.066万平方米的铁路口岸联检大楼和5万平方米的监管查验场地及设施。2022年4月，郑州铁路集装箱中心站新建线束建成投用。截至2023年年底，郑州铁路口岸已具备年60万标箱的保障能力。

近年来，河南依托铁路口岸，建成运行汽车整车进口口岸和进境粮食口岸；加快推进以中欧班列为载体的“陆上丝绸之路”建设，境外网络覆盖欧亚40个国家和地区的140余个城市；大力发展铁海联运对接“海上丝绸之路”，开通了至天津、青岛、连云港、上海、宁波等港口的铁海联运班列，连通境内外、辐射东中西的物流通道枢纽作用进一步凸显。

2023年河南省口岸大事记

2月20日

郑州至莫斯科TIR跨境公路货运线路正式开通，3月27日TIR货车从俄罗斯返程抵达郑州，在国内首次实现TIR跨境公路运输双向联通。

4月7日

新郑综合保税区、郑州机场启动“区港一体化”模式，实现了综合保税区、空港无缝衔接，通关时效提升60%，节省物流成本50%。

6月26日

郑州至越南农产品出口冷链专列首开，7月2日首列泰国—老挝—郑州水果冷链回程专列抵达郑州，成功打通了直达RCEP成员国的冷链物流大通道。

6月30日

中欧班列开通郑州至俄罗斯圣彼得堡线路，形成21个境外直达站点、8个出入境口岸的国际物流网络，覆盖欧亚40个国家和地区的140余个城市。

7 月 3 日

开封综合保税区封关运作，成为河南省第 5 个封关运作的综合保税区，全省开放平台布局进一步完善。

8 月 19 日

中国（河南）国际贸易单一窗口上线“智享惠”服务平台，在全国首推“嵌入式”优惠关税指引服务，为企业提供关税享惠最优方案，最大限度释放政策红利。

9 月 25 日—27 日

海关总署署长俞建华调研郑州铁路口岸、郑州航空口岸，了解河南中欧班列运行发展、郑州国际航空枢纽建设和海关智慧监管情况。

9 月 26 日

河南省委书记楼阳生与海关总署署长俞建华在郑州举行工作会谈。河南省省长王凯代表河南省政府与海关总署签署合作备忘录，双方就提升口岸平台能级、优化营商环境、外贸创新发展等方面达成共识。

10 月 20 日

郑州国际邮件枢纽口岸“e 速宝”产品正式上线，全程时效提升 3~5 个工作日，物流成本节省 15%左右，在拓展口岸物流新通道、助力跨境电商新动能上迈出了新步伐。

10 月 20 日

中国（河南）国际贸易单一窗口上线中欧班列“通关模式智选菜单”服务，在全国首创“通关+物流”索引式智能导办服务，通关效率提升约 20%。

10 月 24 日

河南省省长王凯到郑州航空港经济综合实验区调研，实地察看郑州国际陆港项目推进情况。

10 月 24 日

河南省中欧（亚）班列 10 年累计开行突破 1 万列，连通境内外、辐射东中西的物流通道枢纽作用进一步凸显。

11 月 1 日

洛阳至曼谷国际客运航线开通，洛阳空运口岸恢复国际业务。

11 月 17 日

河南省中欧（亚）班列年度累计开行突破 3 000列，提前完成全年目标任务。

12 月 23 日

郑州国际陆港核心功能区项目开工建设，项目建设对提升中欧班列郑州集结中心集疏运能力、打造世界一流国际陆港具有重要意义。

（撰稿人：范会卿）

2023 年河南省口岸流量统计表

口岸类型	口岸名称	货运量（万吨）				集装箱量（万标箱）				人员（万人次）				交通工具（辆、艘、架、列次）			
		出口	进口	合计	同比（%）	出口	进口	合计	同比（%）	出境	入境	合计	同比（%）	出境	入境	合计	同比（%）
空运口岸	郑州	—	—	38.46	-26.34	—	—	—	—	17.4	17.6	34.9	229.00	4 783	4 751	9 534	-14.00
	洛阳	—	—	—	—					0.2	0.15	0.35	—	14	12	26	—
	分计			38.46	-26.34	—	—	—	—								
陆路口岸 铁路口岸	郑州	—	—	—	—			56.4	—								
	分计							56.4									
合计				38.46	—			56.4	—	17.6	17.75	35.25	—	4 797	4 763	9 560	—
同比（%）																	

备注：空运口岸 38.46 万吨为货邮吞吐量。

（河南省口岸办提供）

2023 年郑州海关主要数据统计表

项目		2023 年	2022 年	同比（%）
进出口货运量（万吨）	合计	1 522.79	1 274.90	19.44
	进口	1 295.65	1 086.45	19.26
	出口	227.14	188.46	20.53
进出口贸易总值（万美元）	合计	11 514 794.73	12 790 139.69	-9.97
	进口	4 013 591.84	4 913 662.17	-18.32
	其中：江、海运输	—	—	—
	铁路运输	—	—	—
	汽车运输	—	—	—
	航空运输	—	—	—
	邮件运输	—	—	—
	其他运输	—	—	—
	出口	7 501 202.89	7 876 477.53	-4.76
	其中：江、海运输	—	—	—
	铁路运输	—	—	—
	汽车运输	—	—	—
	航空运输	—	—	—
	邮件运输	—	—	—
	其他运输	—	—	—
税收（万元人民币）	两税合计	3 232 833.80	3 417 600.00	-5.40
	关税入库	93 543.66	113 000.00	-17.22
	进口环节税入库	3 139 290.13	3 304 600.00	-5.00

备注：进出口贸易值的统计口径为河南省企业按运输方式统计值。

（郑州海关提供）

2023 年河南省口岸出入境主要数据表

<table>
<tr><th colspan="3">项　目</th><th>2023 年</th><th>2022 年</th><th>同比（%）</th></tr>
<tr><td rowspan="14">出入境人员（人次）</td><td colspan="2">出入境人员总数</td><td>352 926</td><td>106 232</td><td>232. 22</td></tr>
<tr><td colspan="2">入境人员</td><td>177 158</td><td>71 276</td><td>148. 55</td></tr>
<tr><td colspan="2">出境人员</td><td>175 768</td><td>34 956</td><td>402. 83</td></tr>
<tr><td colspan="2">出入境旅客</td><td>300 315</td><td>44 818</td><td>570. 08</td></tr>
<tr><td colspan="2">出入境员工</td><td>52 611</td><td>61 414</td><td>-14. 33</td></tr>
<tr><td rowspan="5">中国公民</td><td>小计</td><td>287 664</td><td>57 550</td><td>399. 85</td></tr>
<tr><td>内地居民（因公）</td><td>6 139</td><td>8 811</td><td>-30. 33</td></tr>
<tr><td>内地居民（因私）</td><td>263 472</td><td>46 922</td><td>461. 51</td></tr>
<tr><td>港澳居民</td><td>7 496</td><td>1 499</td><td>400. 07</td></tr>
<tr><td>台湾同胞</td><td>10 557</td><td>318</td><td>3 219. 81</td></tr>
<tr><td colspan="2">外籍人员</td><td>65 262</td><td>48 682</td><td>34. 06</td></tr>
<tr><td colspan="2">从海港出入境人数</td><td></td><td></td><td></td></tr>
<tr><td colspan="2">从陆港出入境人数</td><td></td><td></td><td></td></tr>
<tr><td colspan="2">从空港出入境人数</td><td>352 926</td><td>106 232</td><td>232. 22</td></tr>
<tr><td rowspan="5">交通运输工具（辆、艘、架、列次）</td><td colspan="2">总计</td><td>9 560</td><td>11 057</td><td>-13. 54</td></tr>
<tr><td colspan="2">船舶</td><td></td><td></td><td></td></tr>
<tr><td colspan="2">飞机</td><td>9 560</td><td>11 057</td><td>-13. 54</td></tr>
<tr><td colspan="2">火车</td><td></td><td></td><td></td></tr>
<tr><td colspan="2">机动车辆</td><td></td><td></td><td></td></tr>
</table>

（河南出入境边防检查总站提供）

湖 北 省

湖北省口岸分布示意图

序号	类型	口岸名称	批准开放时间	开放状态
1	空运口岸（3个）	武汉空运口岸	1997.12	国际常年
2		宜昌空运口岸	2005.7	国际常年
3		恩施空运口岸	2023.5	国际常年
4	水运口岸（2个）	武汉水运口岸	1992.6	国际常年
5		黄石水运口岸	1993.6	国际常年

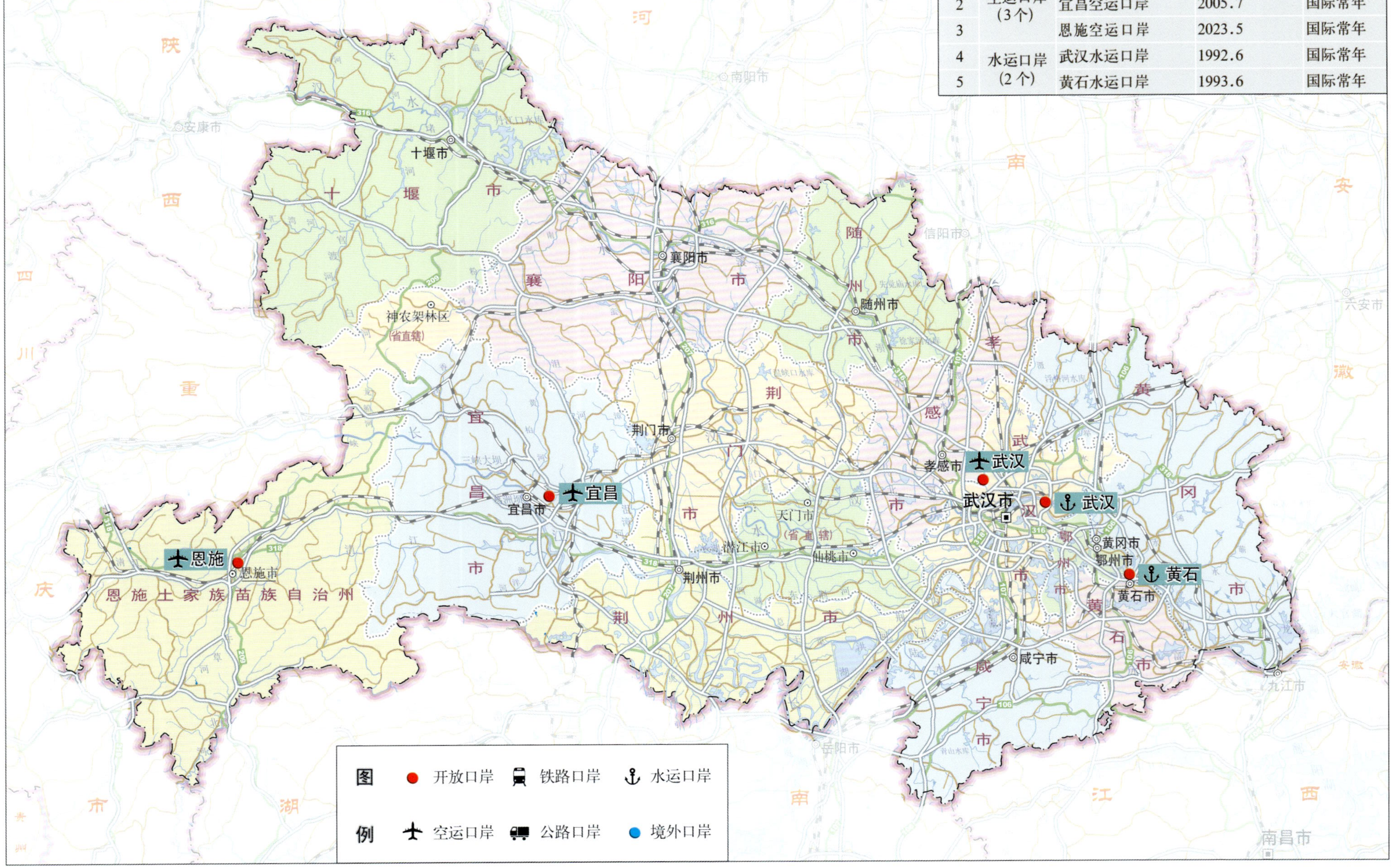

口岸数量及分布

截至2023年年底，湖北省共有经国务院批准的对外开放口岸5个。其中，空运口岸3个，分别为武汉空运口岸（武汉天河国际机场）、宜昌空运口岸（宜昌三峡机场）、恩施空运口岸（恩施许家坪机场）；水运（河港）口岸2个，分别为武汉水运（河港）口岸、黄石水运（河港）口岸。

口岸运行数据

2023年，湖北省进出口货运量1 817.5万吨，同比增长17.8%。其中，进口货运量1 173.3万吨，同比增长24%；出口货运量644.2万吨，同比增长7.9%。分运输方式看，水运1 704.7万吨，同比增长15.1%，约占进出口总运量的93.8%；铁路运输98.2万吨，同比增长124.7%；公路运输5.6万吨，同比增长100.2%；空运9.0万吨，同比下降43.1%。

2023年，全省航空口岸有序恢复并新增国际客货运航线。年内，出入境人员60.59万人次，同比增长341.1%；出入境飞机5 992架次，同比增长40.1%。

2023年，水运口岸直接出入境船舶89艘次，同比增长128.2%，口岸直接出入境船舶验放量创历史新高；直航（直接出入境）货运量9.75万吨。

口岸综合管理

【口岸开放】 2023年1月6日，鄂州花湖机场获批首次临时开放，允许开展货运业务。5月24日，国务院正式批复同意恩施许家坪机场对外开放。7月13日，宜昌三峡机场航空口岸扩大开放通过国家验收。

【口岸功能】 配齐建强特殊商品进境海关指定监管场地，2023年11月20日海关总署函复同意在鄂州花湖机场设立进境水果、食用水生动物、冰鲜水产品综合性指定监管场地。截至年底，全省已获批特殊商品海关指定监管场地（进口口岸）19个，覆盖水果、粮食、肉类、食用水生动物、植物种苗、冰鲜水产品、原木、汽车整车和药品9个品类，其中3大类运营绩效实现同比大幅增长。

【口岸营商环境】 开展跨境贸易监管模式创新，持续提升通关便利化水平。推动湖北省政府研究出台《湖北省外贸进出口降成本工作方案》；推动湖北省商务厅与武汉海关联合发布《关于进一步提升跨境贸易便利化水平促进外贸降本增效若干措施的公告》，提出22条硬核措施。聚焦进口研发类物品通关需要，印发《湖北省生物医药研发用物品进口试点方案》，制定进口生物研发用物品清单，清单内物品进口不需提交进口药品通关单等即可通关。2023年，全省进、出口整体通关时间分别为36.94小时、0.46小时，较2022年分别压缩3.1%、38.67%。

【中国（湖北）国际贸易单一窗口建设】 中国（湖北）国际贸易单一窗口通过特殊应用开发提高通关效率。2023年，RCEP综合服务平台提供23.9万次自贸协定信息服务，享惠企业462家；进出口货物通关物流信息公开平台通过微信公众号日均向企业推送4.2万条通关作业数据；境外飞机保税维修辅助管理系统完成工单核销业务4 823单；通过系统办理出口抵港直装485航次，进口船边直提326航次；实现武汉天河国际机场国际快件监管中心到鄂州顺丰国际空运货站的物流调拨货物43.42万件；构建“数智通”出口退税综合服务平台、开发“智能关税系统”，降低企业通关成本，844家企业办理单证备案业务4 142批次，替代纸质备案单证共计63 934份。在全省范围开展中国（湖北）国际贸易单一窗口宣传推广专项行动，覆盖外贸企业6 200余家，参训新开口企业465家。国际航行船舶进出口岸全部在“单一窗口”实现“一次申报、一次受理”。

【中欧班列（武汉）】 截至2023年年底，中欧班列（武汉）搭建起“一主多辅、多点直达”的国际物流跨境班列网络，已开行52条跨境运输线路，辐射欧亚大陆40个国家和地区的115个城市，年发运量1 005列。省内相继开通襄阳、宜昌、十堰、荆门、咸宁、荆州、黄石7条省内集结线，形成以武汉为集聚枢纽、地市州为组货基地的运输网络体系。

【近洋航线和水铁联运】 武汉长江中游航运中心建设进一步加强，武汉至上海“天天班”航线稳定运营，武汉至日韩集装箱国际江海直航航线加密至一周双班稳定运行，实现对日本五大基本港全覆盖，开通长江中上游地区第一条直达东南亚的“武汉阳逻港—越南凯莱港”集装箱国际直航航线。水运国际江海直航与中欧班列（武汉）联动发展，“日本/韩国—武汉—欧洲/蒙古国”“欧洲—武汉—香港”等海铁、公铁联运过境运输业务常态化运行。

【航空运输网络】 武汉天河国际机场国际客运航线有序恢复，可直达旧金山、伦敦、悉尼、迪拜、东京、大阪、新加坡、首尔、曼谷等18个国际及地区航点。鄂州花湖机场于2023年4月首开国际货运航线，全年累计开通国际货运航线10条，连通13个国际及地区航点，构建起由鄂州辐射欧洲、北美、中东、南亚、东南亚、东亚的航线网络布局。9月，宜昌三峡机场国际客运航线正式复航，开通宜昌—曼谷航线。

【海关特殊监管区域建设】 黄石棋盘洲综合保税区于2023年2月通过国家验收。截至年底，湖北省已有武汉东湖、武汉新港空港、武汉经开、宜昌、襄阳、黄石棋盘洲6个综合保税区（均已封关运作），全省综合保税区一线进出口值818.5亿元，同比增长15.3%，比同期全省进出口增速高出9.5个百分点，占全省外贸进出口的比重为12.7%。

武汉东湖综合保税区由东湖新技术开发区管委会下属东湖综合保税区建设管理办公室管理，是湖北省首家综合保税区，于2011年8月29日获国务院批复设立，规划面积5.41平方千米，分两期建设。首期1.82平方千米于2013年6月29日正式封关运作，二期于2018年2月实现整体封关运作。截至2023年年底，武汉东湖综合保税区有海关注册备案企业累计578家，主要业态为一般贸易、保税物流、跨境电商、保税加工。

武汉新港空港综合保税区现由长江新区管委会下属武汉新港空港综合保税区建设服务中心管理，于2016年3月11日经国务院批准设立，2017年8月9日正式封关运作，采取“一区两园”模式建设，总规划面积为1.54平方千米（含阳逻园区0.72平方千米、东西湖园区0.82平方千米）。武汉新港空港综合保税区整体于2023年3月通过武汉海关组织的验收，截至年底有海关注册备案企业累计169家，已开口企业约55家，已开口企业占比约32.5%，主要业态以保税物流为主。

武汉经开综合保税区由武汉经济技术开发区管委会下属武汉经开综合保税区管理办公室管理，于2018年11月19日经国务院批准设立，由武汉出口加工区原址转型升级而成，规划面积为1.26平方千米，2022年1月经海关总署批复正式通过验收。截至2023年年底，武汉经开综合保税区有海关注册备案企业累计88家，已开口企业约13家，已开口企业占比约15%，主要业态为保税加工、保税物流、一般贸易、跨境电商。

宜昌综合保税区位于中国（湖北）自由贸易试验区宜昌片区内，规划面积1.39平方千米，于2020年1月9日正式获国务院批复设立，同年12月25日通过国家验收，2021年3月22日正式封关运作。宜昌综合保税区重点发展食品和生物医药、新一代信息技术、高端装备制造三大主导产业，加快培育保税研发、跨境电商等新业态。

襄阳综合保税区位于中国（湖北）自由贸易试验区襄阳片区北端，于2021年1月15日经国务院批复设立，规划面积2平方千米，是在襄阳保税物流中心（B型）基础上拓展升级而成，2022年5月27日通过国家验收，主要建设口岸作业区、保税加工区、保税物流区及保税服务区等核心功能板块。

黄石棋盘洲综合保税区于2021年8月7日经国务院批复设立，规划面积0.96平方千米；2023年2月10日通过国家正式验收，8月11日正式封关运作。2023年，黄石棋盘洲综合保税区累计签约项目14个，其中5个项目已入区运营。

口岸监管与服务

【武汉海关筑牢口岸检疫防线】 武汉海关严格落实新冠病毒感染“乙类乙管”措施，抓实抓细新阶段口岸疫情防控工作，动态优化调整防控措施，2023 年共检疫出入境人员592 609人次。持续抓好“多病同防”，优化实验室“一样多检”“多联并检”措施，检出甲流、副溶血弧菌感染等其他传染病 136 例。组织落实口岸快速检测能力建设，新冠病毒核酸检测时长由 3.5 小时压缩至 0.5 小时。与湖北省卫健委建立健全涉及口岸公共卫生、传染病疑似病例转运、疫情数据共享等 12 个方面合作机制，促进口岸“大卫生”体系建设。

【武汉海关保障国门生物安全】 武汉海关严密特殊物品监管，2023 年查发特殊物品不合格案例 355 批次，启动鄂赣湘三地海关入境特殊物品联合风险评估机制，高效完成入境狂犬病毒（固定毒）风险评估工作；强化输入性病媒生物监测，精准开展风险研判，共截获输入性病媒 15 批、127 只，关区首次截获角喙栓蚤蝇等 12 种病媒生物。落实压舱水核辐射监测要求，评估重点国家、海域污染程度和潜在危害风险，全年共开展入境船舶压舱水核辐射监测 8 次，进一步筑牢长江流域生态防线。持续开展“跨境电商寄递‘异宠’综合治理”和“国门绿盾”专项行动，滚动推进严防外来物种入侵 3 年专项行动，坚决防范外来物种通过口岸跨境入侵。年内，检出有害生物 640 种次，查获外来物种 64 种次，同比分别增长 3.5 倍、1.4 倍。

【武汉海关加强进出口商品质量安全监管】 2023 年，聚焦婴幼儿用品质量安全，针对以一般贸易方式进口的婴童用品、学生用品、玩具、儿童家具 4 个类别商品，抽取 40 批次开展风险监测，共检出 10 批次不合格，不合格率 25%。围绕民生领域和重点敏感商品，抽取跨境电商进口商品 47 批次，检出 5 批次不合格，不合格率 11%。跟进湖北省出口商品质量安全风险境外通报情况，对保加利亚通报的婴儿车外伤风险、荷兰通报的智能灯座电击风险、爱尔兰通报的婴儿睡袋厚度超限、瑞典通报的洗澡垫有毒有害物质超标等 5 批通报开展调查。

【武汉海关助力外贸稳规模优结构】 武汉海关指导企业用好 RCEP、税收优惠等政策，2023 年签发自贸协定原产地证书 4.8 万份，减免和节约税款合计逾 15 亿元。积极参与中国海关与乌兹别克斯坦、多米尼加海关的 AEO 国际互认合作。聚焦“光芯屏端网”、专精特新“小巨人”等重点企业，加大信用培育力度，年内新增 AEO 企业 22 家，总数达 150 家。强化主动披露政策宣传，推行“网上办”“一次办”“集约办”便利措施，为企业减免滞纳金 1 643.19 万元，同比增长 261.67%。用好“企呼关应”平台，协调解决问题 43 个。建立“白名单”，为光电设备、生物医药试剂等科研物资进口提供绿色通道。定制“申报、查验、出证”全流程服务包，助力湖北新能源汽车出口额进位至全国第 5 位。

【武汉海关支持贸易新业态发展】 2023 年，武汉海关开展报核前申报单耗改革，8 家试点企业累计节约时间成本 220 小时。支持区外保税维修等新兴业态发展，指导推进宜昌飞机保税维修“客改货”项目，监管飞机 5 架，货值 10 796万美元。上线工单式核销辅助管理系统，接收工单数据4 800余条，为企业节省担保成本约 1.1 亿元。支持跨境电商发展，“1210”网购保税进口 1 075.4 万票，同比增长 5.86%，货值 17.3 亿元，同比增长 10.33%。

【湖北出入境边防检查总站保障重大活动通关安全】 2023 年，湖北出入境边防检查总站将全年重大安保、敏感节点、专项任务拉单列表，明确 10 项工作措施，顺利完成首届中国—中亚峰会、全国两会、第三届“一带一路”国际合作高峰论坛、第六届中国国际进口博览会、第三十一届世界大学生夏季运动会、杭州亚（残）运会等重大活动和敏感节点的安保任务；圆满完成接运第十批在韩中国人民志愿军烈士遗骸军机、蓝天救援队包机、南非卫生部队专机等专项勤务。

【湖北出入境边防检查总站打造高标准 12367 平台】 湖北出入境边防检查总站坚持以“模范生”标准推进完善平台机制建设、以“优等生”思维探索延伸平台应用维度，充分发挥 12367 平台桥梁纽带和促进中心工作的职责作用，2023 年共受理来自境内和加拿大、澳大利亚等 12 个国家和地区的 18 053 名出入境人员致电咨询，平台满意率始终保持 100%，平台接通率、15 秒接通率均超过 99%。

【长江海事局创新开展跨省船检一体化服务】 长江海事局为方便长期不回船籍港的船舶实施检验等问题，在中国（湖北）自由贸易试验区宜昌片区创新推出全国首家跨省船检一体化检验工作站，给等待通过三峡船闸的本籍和外籍船舶提供“就近检验、就近整改、就近发证”等便民检验服务，在待闸期间完成检验工作，形成了长江区域船检合作的新格局，推动区域船检高质量发展。

【优化通关服务】 2023 年，武汉海关全面推广高新技术货物布控查验模式，“一企一策”保障 250.4 亿元的高新技术原料“零延时”通关；对 40 余个国家和地区的农食产品开展准入评估，圆满完成美国农业部输美鲶鱼安全监管体系实地检查，全省输美鲶鱼 504 吨，货值 319 万美元；设立属地查检绿色通道，验放进出口鲜活易腐农食产品 8 614 批次，全年查检放行进出口货物 4.2 万批；支持湖北冷链食品恢复进口，全年进口冷链食品 1.69 万吨、货值 6.76 亿元，同比分别增长 176 倍、188 倍；保障 8.8 万吨国储棉、427 万吨粮食便捷通关，忠诚履职守好“大国棉仓”“荆楚粮仓”；服务鄂州花湖机场国际货运枢纽建设，建立“分类管理、全程监控、精准监管、风险可控”的快件监管模式，创新“双随机+智能查验”作业，实现航班 4 小时内高效衔接转运；实施“联动接卸”“直提直装”“离港确认”“运单归并”“铁路快速通关”等便利化措施，保障长江中上游首艘万吨级海轮顺利入境。湖北出入境边防检查总站针对临开口岸外籍机组出入不便利的问题，积极向上争取支持，为有航空飞行安全保障等特殊情况的外籍机组提供临时入境许可便利，服务国际货运航班快进快出；针对航线快速恢复、高峰期通关压力较大的问题，恢复快捷通关，严格落实“两公布一提示”要求，实现中国公民出入境通关排队不超过 30 分钟目标。长江海事局全面推行口岸审批马上办、船舶进港零等待、检查维护一对一、应急救援全时段、安全宣传点对点服务国际直航船舶“五项举措”，持续推行国际航行船舶联合登临检查机制，与海关、边防等部门信息互换、监管互认、执法互助，有效缩短船舶迎检等待时间，全面保障国际直航船舶安全高效运营。

开放口岸

【武汉空运口岸（武汉天河国际机场）】 武汉天河国际机场位于湖北省武汉市黄陂区，距武汉市中心 25 千米，为 4F 级民用国际机场。机场于 1995 年投入使用，1997 年获批对外国籍飞机开放，2003 年获批开展落地签证业务，2015 年在中部六省首家获批实施 72 小时旅客过境免签政策，2019 年实行 144 小时过境免签和“7×24 小时”常态化通关，建设有 C3、C4 双国际库，口岸年作业能力 26 万吨，具有进口水果、食用水生动物、植物种苗、冰鲜水产品、肉类、药品 6 类指定监管场地和口岸功能，现场联检单位为天河机场海关、武汉邮局海关、武汉出入境边防检查站，经营主体为湖北机场集团有限公司。根据湖北省天河国际机场、鄂州花湖机场“客货双枢纽”发展战略，武汉天河国际机场定位调整为以客运为主。2023 年，武汉天河国际机场恢复（新增）至伦敦、悉尼、旧金山、迪拜、东京、新加坡、台北、香港、澳门、沙巴、曼谷、首尔、高雄 13 条国际及地区客运航线。

【宜昌空运口岸（宜昌三峡机场）】 宜昌三峡机场位于湖北省宜昌市猇亭区，距宜昌市中心 26 千米，距三峡大坝 55 千米。该机场是三峡工程的重要配套设施项目，是辐射“三峡城市群”和鄂西、湘西、渝东地区的重要区域性机场。宜昌三峡机场于2005年经国务院批准对外开放限中国籍飞机出入境，2007年通过国家验收；2019年3月经国务院批准扩大对外国籍飞机开放，2023年7月通过国家验收。2023年9月，宜昌三峡机场顺利开通航空口岸扩大开放后的首条国际航线宜昌—曼谷航线。

【恩施空运口岸（恩施许家坪机场）】 恩施许家坪机场位于湖北省恩施市许家坪，于2023年5月24日经国务院批复同意作为航空口岸对外开放。恩施航空口岸机场基础设施改造项目于8月经恩施州发展改革委批复立项，项目扩建建筑面积2 359.64平方米，新增海关、边检查验设施设备和民航专业工程，国际航站楼扩建后建筑面积共7 678.44平方米。

【武汉水运（河港）口岸】 武汉港位于湖北省武汉市，地处长江中游，于1991年获批为对外开放口岸。水运拥有阳逻深水良港，可常年通行万吨级船舶；铁路经武汉新港江北铁路香炉山站，可与京广铁路、京九铁路直接相连；公路与武汉绕城、沪蓉、京港澳3条高速公路一线贯通，经106、318国道可直接通达鄂东、皖南、豫南地区；空运距武汉天河国际机场34千米、鄂州花湖机场60千米。阳逻港是通江达海、联通全球的对外开放门户，向东可通过近洋直航班轮到达日本、韩国，拥有“武汉—上海洋山”江海直达天天班轮、“武汉—东盟四国”“武汉—日韩”集装箱快班、“中三角”集装箱公共班轮等国际国内集装箱品牌航线，向西可通过中欧（武汉）班列到达欧洲国家。阳逻港区具备进口粮食、肉类、木材、药品4种进境商品指定监管场地（进口口岸）功能，经营主体为湖北港口集团下属武汉国际集装箱有限公司，建设有3个泊位，设计年吞吐能力70万标箱。

2018年12月，国务院批复同意武汉港扩大开放5个港区，其中武汉市包括花山、金口、汉南3个港区。待验收通过后，武汉市水运口岸泊位将增到17个，国际直航集装箱、件杂货（散货）、汽车整车年作业能力将分别达到185万标箱、480万吨、40万辆。花山港区经营主体为湖北港口集团下属武汉花山港口有限公司，建设有2个泊位，设计年吞吐能力35万标箱。金口港区经营主体为安吉物流有限公司和武汉港金口港埠有限公司，建设有3个泊位，设计年吞吐能力为2个集装箱泊位共40万标箱、1个汽车滚装作业能力16万辆。汉南港区经营主体为武汉经开港口有限公司（纱帽作业区）、湖北汉南港实业有限公司（邓南作业区）、武汉和润物流有限公司（水洪口作业区），建设有9个泊位，设计年吞吐能力为纱帽作业区3个集装箱泊位共40万标箱、邓南作业区1个汽车滚装泊位作业能力20万辆、水洪口作业区5个散杂货泊位共400万吨。

【黄石水运（河港）口岸】 黄石港位于湖北省黄石市，地处长江中游，地理位置优越。黄石港于1980年9月经国务院批准开办国轮对外贸易运输业务，1993年6月经国务院批准对外国籍船舶开放。2015年，黄石成功引进深圳盐田港建成棋盘洲港区；2016年，棋盘洲港区集装箱码头投入运营；2017年，黄石棋盘洲港区多式联运项目入选国家第二批多式联运示范工程；2018年，国务院批复同意黄石港口岸扩大开放棋盘洲港区；2019年，海关总署正式对外公布黄石港口岸扩大开放棋盘洲港区；同年，黄石新港进境粮食指定监管场地正式通过国家验收，国务院批复同意设立中国（黄石）跨境电子商务综合试验区。棋盘洲港区位于黄石市长江水道右岸、阳新县韦源口镇棋盘洲，上距黄石市约29千米、距武汉市143千米，下距九江99千米，水陆交通极为便利，已开通黄石—上海洋山、黄石—南京、黄石—舟山固定始发班轮航线。

【鄂州花湖机场（临时开放）】 鄂州花湖机场位于湖北省鄂州市鄂城区燕矶镇、沙窝乡、花湖镇交界处，是全球第4个、亚洲第1个专业货运枢纽机场，是国家重大生产力布局项目，填补了我国作为全球第一贸易大国的专业航空货运枢纽发展空白。鄂州花湖机场于2023年1月获批临时开放，4月1日开通首条国际货运航线，年内累计开通10条国际及地区货运航线、连通13个国际及地区航点，逐步形成由鄂州向欧洲、南亚、北美、西亚辐射的航线网络布局。鄂州花湖机场紧邻长江黄金水道，周边环绕7大深水港、7条高速路、5条铁路线，100千米内有7个国家级开发区，已初步形成“公水铁空联运，江海湖直达”的现代交通网络，具备建设高水平临空经济区的基础。

【武汉铁路口岸（临时开放）】 武汉铁路口岸（武汉铁路集装箱中心站）位于湖北省武汉市东西湖区吴家山，邻近吴家山经济技术开发区、吴家山台商投资区，距阳逻港57千米，距京港澳高速公路入口3千米，距武汉保税物流中心1.2千米。2015年，为促进开展中欧班列（武汉）业务，武汉铁路集装箱中心站获批临时对外开放。该中心站是全国18个铁路集装箱中心站之一，可实现集装箱班列整列到发，由中铁联合国际集装箱有限公司武汉分公司负责运营。现场口岸联检单位为汉口海关。监管区占地面积6.5万平方米，中欧班列年作业能力2 000列（80万标箱），具备进口汽车整车、药品等口岸功能。

2023年湖北省口岸大事记

1月6日

鄂州花湖机场获批首次临时开放，允许开展国际货运业务，期限为1月8日至6月30日。6月2日、11月7日，分别获批继续临时开放，保障机场国际货运业务持续开展。

2月10日

由海关总署、国家发展改革委、财政部等7部门组成联合验收组采取视频连线方式对黄石棋盘洲综合保税区进行正式验收。经评审，联合验收组一致同意黄石棋盘洲综合保税区通过国家正式验收。

4月1日

鄂州花湖机场开通首条“中国鄂州—比利时列日”国际航线。

4月7日

首列“中国武汉—俄罗斯下卡姆斯克”中欧班列开行，搭载整车220辆。

4月19日

“欧洲—武汉—台湾”铁海多式联运通道开通。搭载1个测试集装箱，从德国杜伊斯堡始发，经阿拉山口入境后到达武汉，通过内贸铁路中转发运至宁波，从宁波港经海运直达台湾基隆。全程运输时间预计30天，较传统海运缩短约14天。

5月24日

国务院正式批复同意恩施许家坪机场对外开放。

7月13日

宜昌三峡机场航空口岸扩大开放通过国家口岸管理办公室验收，成为疫情后全国首个扩大开放通过国家验收的航空口岸。

8月11日

黄石棋盘洲综合保税区正式封关运作，鄂州花湖机场城市货站国际货运首单通航。

8月26日

“日本—武汉—中亚”海铁联运过境运输通道首次开通。126吨纺织机械设备从日本名古屋海运至武汉，换乘中欧班列（武汉）经霍尔果斯口岸运往乌兹别克斯坦首都塔什干。

8月30日

海关总署批复同意宜昌三峡保税物流中心（B型）变更地址的申请，三峡保税物流中心迁建工作有序推进。

9月8日

首列“武汉—斯维尔德洛夫斯克州”中欧班列顺利开行。该班列自武汉始发，经二连浩特口岸出境，驶往俄罗斯斯维尔德洛夫斯克州，搭载55个集装箱，共165台整车。

9月14日

首列“中国武汉—俄罗斯下诺夫哥罗德”中欧班列开行。该班列自武汉始发，经阿拉山口口岸出境，驶往俄罗斯下诺夫哥罗德，搭载55个集装箱，共110台整车。

9月19日

黄石水运口岸棋盘洲港区实现年内首轮直达日韩外轮直航业务。

11月3日

武汉海关创新智能监管模式支持亚洲最大快件转运中心首批国际快件出口。建立快件进口“前分后混”、出口“前混后分”分类分区监管模式，实现场内全程自动化分拣、全链条轨迹追踪、大数据一体化风险防控。推行嵌入式顺势监管，配备14条海关智能查验线，快件处理效率提升30%，实现上分拣线、通关、装箱38分钟内完成。首批约700千克快件在鄂州花湖机场快速验放出口。

11月13日

首列“杜尔日—武汉”中欧班列化妆品专列顺利通关。该班列从法国杜尔日铁路场站始发，途经德国、波兰、白俄罗斯、俄罗斯、哈萨克斯坦等共建“一带一路”国家和地区，装载货物为产自欧洲化妆品，全程1.08万千米，运行时间约17天。此线路是中欧班列（武汉）开行的第52条运输线路，实现了“武汉—杜尔日”双向对开。

11月15日

首趟“中国武汉阳逻港—越南凯莱港”水运国际直达航线开行，全程运输时间仅8天。

11月20日

海关总署函复同意在鄂州花湖机场设立进境水果、食用水生动物、冰鲜水产品综合性指定监管场地。

11月20日—21日

海关总署署长俞建华到湖北调研。前往黄石新港口岸、黄石棋盘洲综合保税区、鄂州花湖机场及相关企业调研，了解海关支持长江黄金水道建设，服务综合保税区、亚洲首个专业货运枢纽机场、国家存储器基地发展，快件智慧监管创新举措等工作情况。调研期间，与湖北省委书记王蒙徽、省长王忠林会谈，签署海关总署与湖北省合作备忘录。

12月18日

中国（湖北）自由贸易试验区工作领导小组批复同意设立中国（湖北）自由贸易试验区黄石联动创新发展区。

（撰稿人：何博、韩伟、孙松平、江华、王亮、梅盛、黄希良、张勇）

2023 年湖北省口岸流量统计表

口岸类型		口岸名称	货运量（万吨）				集装箱量（万标箱）				人员（万人次）				交通工具（辆、艘、架、列次）			
			出口	进口	合计	同比（%）	出口	进口	合计	同比（%）	出境	入境	合计	同比（%）	出境	入境	合计	同比（%）
空运口岸		武汉	—	—	5.35	-57.04	—	—	—	—	—	—	58.14	325.47	—	—	4 836	13.10
		宜昌	—	—	0	—	—	—	—	—	—	—	1.83	—	—	—	164	—
		恩施	—	—	0	—	—	—	—	—	—	—	0	—	—	—	0	—
		分计	—	—	5.35	-57.04	—	—	—	—	—	—	59.97	338.86	—	—	5 000	16.93
水运口岸	河港口岸	武汉	—	—	887.97	21.55	—	—	—	—	—	—	0.16	128.57	—	—	88	125.64
		黄石	—	—	241.61	-15.36	—	—	—	—	—	—	0	—	—	—	1	0.00
		分计	—	—	1 129.58	11.18	—	—	—	—	—	—	0.16	128.57	—	—	89	128.21
合计			—	—	1 134.93	10.35	—	—	—	—	—	—	60.13	337.79	—	—	5 089	17.96
同比（%）																		

（湖北省口岸办提供）

2023 年武汉海关主要数据统计表

项　目		2023 年	2022 年	同比（%）
进出口货运量（万吨）	合计	1 817	1 543	17. 76
	进口	1 173	946	24
	出口	644	597	7. 87
进出口贸易总值（万美元）	合计	4 987 861	5 337 311	-6. 55
	进口	2 196 209	2 282 804	-3. 79
	其中：江、海运输	981 268	978 435	0. 29
	铁路运输	122 619	74 564	64. 45
	汽车运输	222 696	294 081	-24. 27
	航空运输	868 605	934 224	-7. 02
	邮件运输	870	807	7. 81
	其他运输	151	693	-78. 21
	出口	2 791 652	3 054 507	-8. 61
	其中：江、海运输	1 673 326	1 851 719	-9. 63
	铁路运输	119 890	114 849	4. 39
	汽车运输	464 364	438 902	5. 8
	航空运输	530 077	639 614	-17. 13
	邮件运输	1 869	1 658	12. 73
	其他运输	2 127	7 765	-72. 61
税收（万元人民币）	两税合计	2 115 961	2 317 232	-8. 69
	关税入库	132 413	172 820	-23. 38
	进口环节税入库	1 983 548	2 144 413	-7. 5

（武汉海关提供）

2023 年湖北省口岸出入境主要数据表

项　目			2023 年	2022 年	同比（%）
出入境人员（人次）	出入境人员总数		605 876	137 350	341.12
	入境人员		294 728	79 148	272.38
	出境人员		311 148	58 202	434.6
	出入境旅客		556 488	98 924	462.54
	出入境员工		49 388	38 426	28.53
	中国公民	小计	526 865	100 704	423.18
		内地居民（因公）	28 632	17 084	67.6
		内地居民（因私）	454 010	80 028	467.31
		港澳居民	24 830	3 139	691.02
		台湾同胞	19 393	453	4 181.02
	外籍人员		79 011	36 646	115.61
	从海港出入境人数		1 586	698	127.22
	从陆港出入境人数				
	从空港出入境人数		604 290	136 652	342.21
交通运输工具（辆、艘、架、列次）	总计		6 081	4 315	40.93
	船舶		89	39	128.21
	飞机		5 992	4 276	40.13
	火车				
	机动车辆				

（湖北出入境边防检查总站提供）

2023 年长江海事局进出港船舶统计汇总表

船舶类别	进港船舶							出港船舶						
	艘数（艘）	总吨（吨位）	总载重量（吨）	载客量（客位）	船员人数（人次）	货物到达量（吨）	旅客到达量（人）	艘数（艘）	总吨（吨位）	总载重量（吨）	载客量（客位）	船员人数（人次）	货物发送量（吨）	旅客发送量（人）
总计	1 265	7 491 758	8 014 602	0	9 787	2 029 291.71	3	1 258	7 411 699	7 880 654	0	9 656	2 181 192.51	0
中国籍船舶	1 264	7 488 779	8 009 163	0	9 773	2 029 291.71	3	1 257	7 408 720	7 875 215	0	9 642	2 177 601.53	0
其中：外贸船	54	411 390	518 356	0	960	11 418.6	0	36	268 929	339 217	0	640	48 943.24	0

（长江海事局提供）

湖　南　省

湖南省口岸分布示意图

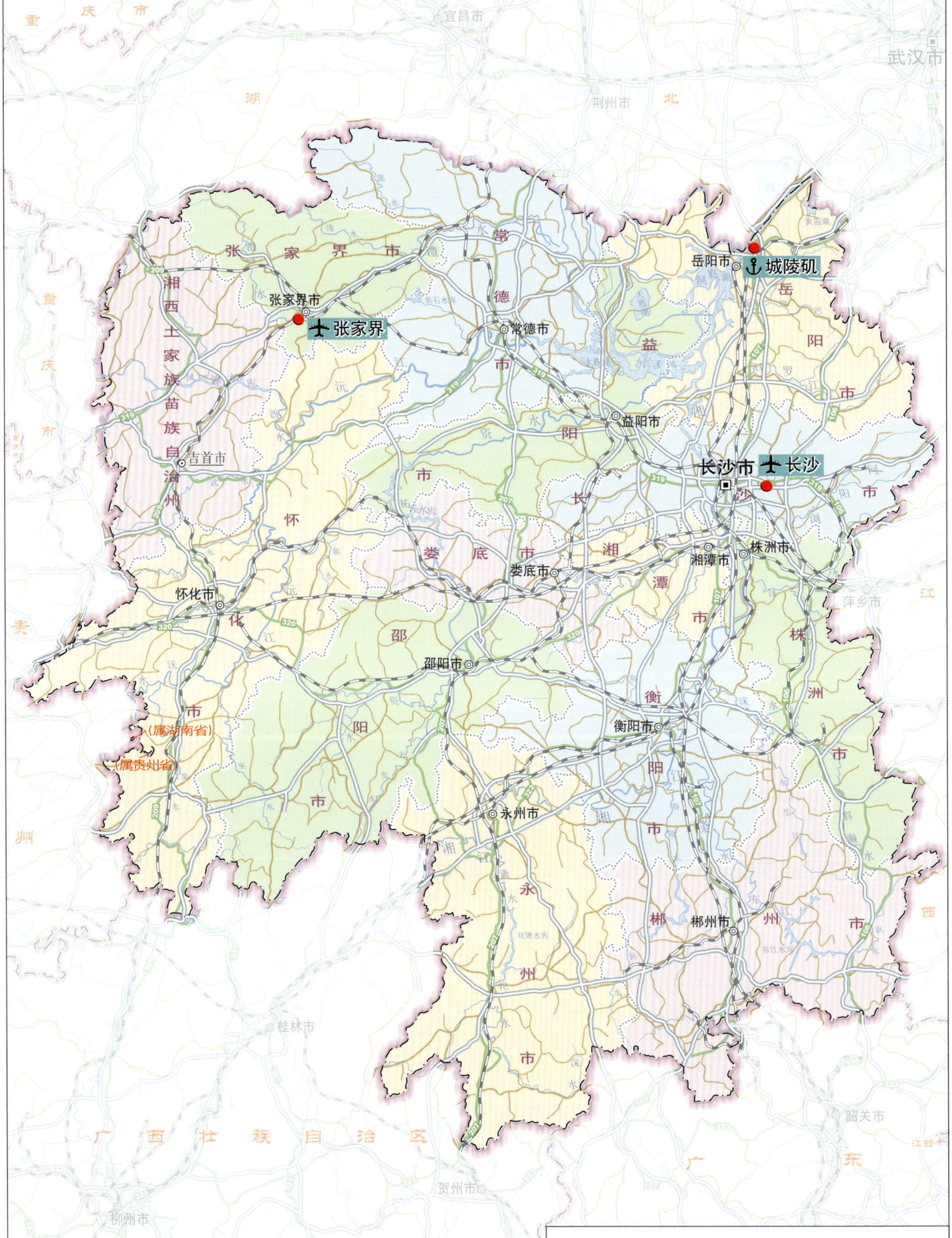

序号	类型	口岸名称	批准开放时间	开放状态
1	空运口岸（2个）	长沙空运口岸	1990.3	国际常年
2		张家界空运口岸	1997.6	国际常年
3	水运口岸	城陵矶水运口岸	1996.10	国际常年

图例

开放口岸　铁路口岸　水运口岸

空运口岸　公路口岸　境外口岸

口岸数量及分布

截至2023年年底，湖南省共有经国务院批准的对外开放口岸3个。其中，空运口岸2个，分别为长沙空运口岸（长沙黄花国际机场）和张家界空运口岸（张家界荷花国际机场）；水运口岸1个，即岳阳城陵矶水运（河港）口岸。

口岸运行数据

2023年，长沙航空口岸累计复航国际和地区客运航线17条，进出境人员44.37万人次；累计执飞全货运航线7条，实现国际和地区货邮吞吐量6.02万吨，同比上涨2.3%。张家界累计复航国际和地区客运航线10条，进出境人员21.3万人次。岳阳城陵矶港完成集装箱吞吐量120.16万标箱，同比增长19.02%；其中，外贸箱16.14万标箱，进出口外贸箱货重252.66万吨。中欧班列开行1 173列，湘粤非铁海联运开行622列、同比增长127%，怀化东盟货运班列开行455列、同比增长201%。

2023年，湖南省外贸进出口总额6 175亿元，其中出口4 009.4亿元、进口2 165.6亿元。湖南省5个综合保税区共实现外贸进出口额1 484.62亿元，同比下降10.1%，占湖南省外贸进出口比重为24%。其中，黄花综合保税区519.2亿元，同比下降11.6%；岳阳城陵矶综合保税区493.5亿元，同比下降8.1%；衡阳综合保税区217.6亿元，同比增长6.7%；湘潭综合保税区162亿元，同比增长3.1%；郴州综合保税区92.4亿元，同比下降44%。

口岸综合管理

【建设融入共建“一带一路”国际物流通道】 积极打造长沙中欧班列（长沙）集结中心，中欧班列持续推进提前申报、“查验免到场”、铁路快速通关、直装直提等便利化通关改革举措，成功实现铁路快速通关和出口直装，进一步提升了通关效率，中欧班列（长沙）整体出口时间由313分钟压缩至16分钟，同时采取多种举措应对新冠病毒感染疫情、出口指标不足等因素的叠加影响。2023年，全省中欧班列共发运1 173列，连续3年实现“稳千列”目标，连续3年排名全国第一方阵。岳阳城陵矶港完成集装箱吞吐量120.16万标箱，同比增长19.02%；外贸集装箱吞吐量16.14万标箱，与2022年基本持平；开通岳阳城陵矶至俄罗斯海参崴直航航线，全年运行5.5个往返班次；稳定运营岳阳城陵矶至香港直航航线，全年开行9个往返班次。湘粤非铁海联运保持较好发展势头，株洲、衡阳、郴州三点联动开行622列，同比增长127%，货值78.71亿元，同比增长105%；株洲发运460列，同比增长90%；衡阳发运79列，同比增长259%；郴州发运83列。推进怀化融入西部陆海新通道，怀化东盟货运班列全年发运455列，同比增长201%。其中怀化—北部湾铁海联运361列，同比增长219%；怀化—万象（老挝）76列，同比增长130%；怀化—安员（越南）15列，同比增长200%。

【进一步拓展口岸功能】 顺应打造内陆地区改革开放高地战略，探索推动完善口岸平台功能，提升口岸通关便利化水平。城陵矶口岸于2023年7月开通岳阳至海参崴港江海直航，这是湖南省第一条真正意义上的国际水运航线。协调推进长沙黄花机场T3航站楼改扩建工程口岸查验系统建设，指导城陵矶口岸水果进境指定监管场地建设并完成海关总署验收工作。开展岳阳城陵矶口岸申报设立药材指定进口口岸、长沙航空口岸申请设立肉类、植物种苗进境指定监管场地调研论证。对全省现有14个已建成运行的指定监管场地（指定口岸）运营情况进行调度，指导督促各平台良性发展。

【完善口岸服务功能】 推动完善口岸服务功能，提升口岸通关便利化水平。为促进湖南对外开放和旅游产业发展，推动长沙“四小时航空经济圈”建设，长沙航空口岸72小时过境免签政策获准延至 144 小时，并积极争取将入出境口岸扩大至张家界机场；因疫情暂停的离境退税政策已经重新启动，积极申报设立进境免税店和市内免税店；协调启动海口—长沙—伦敦航线、广州—长沙—内罗毕航线、烟台—长沙—新加坡航线等国际通程航班运营；协调广州港、盐田港及广州海关、深圳海关与湖南省湘粤非国际物流通道相关站点实施“一港通”，真正实现将“国门”搬到“家门”；加强长沙与香港合作，成功推进“跨境一锁”快速通关模式在长沙、郴州等应用，实现免办理转关手续、24 小时便捷通关，为“湘品出境”提供全新运输通道。

【推动海关特殊监管区提质升级】 抓好全省海关特殊监管区统筹发展，指导各综合保税区明确各自产业定位，差异化发展，切实推动产业结构、贸易结构调整，严格规范企业经营行为，确保统计数据真实性准确性。会同中国保税区出口加工区协会开展湖南综合保税区高质量发展专项课题研究，完成湖南省综合保税区高质量发展调研报告，研究制定了《湖南省人民政府关于促进综合保税区高质量发展的若干政策措施》。指导益阳、常德、怀化等市加强调研论证，审慎申报建设海关特殊监管区。指导黄花综合保税区顺利完成二期验收。研究提出全省海关监管作业场所优化布局意见。2023 年，全省 5 个综合保税区及 2 个保税物流中心共实现外贸进出口额 1 514.38亿元，同比下降 9.7%，占全省外贸进出口比重为 24.5%。在年内发布的 2022 年度全国综合保税区发展绩效评估中，湖南省 5 个综合保税区在全国排名均实现了进位。在全国 82 个保税物流中心业绩排名中，长沙金霞保税物流中心排名第 28 位（下降 11 位），株洲铜塘湾保税物流中心排名第 38 位（上升 26 位），海关特殊监管区提质升级取得成效。

【深化国际贸易“单一窗口”建设】 积极指导国际贸易“单一窗口”工作，完善服务功能，提升贸易便利化水平。积极拓展第三方服务，与外贸综合服务平台、湖南银行国际贸易信息系统等业务平台实现互联互通。2023 年，国际贸易“单一窗口”新增服务事项 6 项，实施外贸服务功能模块共 23 个，875 项服务；全年累计受理货物申报 26.89 万票，货值 1 827.18 亿元，累计服务企业 1.51 万家。开展线上功能实操培训 7 次，受众人数达 1 118 人次。通过运维服务管理平台提交问题共计 5 927 个，全部成功解决。通过“单一窗口”运维服务管理平台递交国家口岸管理办公室工程组 119 个、上报国家口岸管理办公室“单一窗口”工程组解决 119 次，解决率 100%，上传率 100%。实行口岸收费“一站式阳光价格清单”管理，在省内所有一类口岸、重点口岸作业区现场和国际贸易“单一窗口”上公示收费清单。

口岸监管与服务

【长沙海关优化口岸营商环境促进跨境贸易便利化】 2023 年，长沙海关先后出台服务湖南融入“一带一路”高质量发展、促进共建“一带一路”跨境贸易安全与通关便利化系列措施 65 项，细化海关总署支持西部陆海新通道建设举措 18 条，持续释放优惠政策红利，帮助企业减免进口环节税 2.2 亿元和 RCEP 等自贸协定享惠 12.1 亿元。探索电子口岸业务跨省通办，打造“关银共建+跨省通办+即时制 KEY”服务模式，打通跨省域、跨行业数据壁垒，及时解决湖南、湖北、江西、广东四省份进出口企业不能跨省市、跨关区办理新入网、信息变更、解锁、证书更新等电子口岸及国际贸易“单一窗口”业务办理问题，惠及湘鄂赣粤四省 18 万余家外贸企业，业务办理时间压缩一半以上，节约企业通关成本 40%。

【长沙海关全力畅通国际物流通道建设】 长沙海关主动对接湖南省 5 大国际物流通道建设，持续开辟国际物流通道，助力打造内陆地区改革开放新高地。深化监管改革，推行“区港联动”“直提直装”“铁路快速通关”“附条件提离”等便利通关措施，优化长沙火车北站、长沙黄花国际机场等国际物流集结中心口岸作业流程。2023年，共监管“区港联动”货物5 017批次，同比增长67.2%；监管“铁路进出境快速通关”货物502批次，同比增长660.6%。强化监管协同，先后与上海、黄埔、乌鲁木齐等口岸海关签署合作备忘录，深化口岸—属地全面合作，实现“与口岸通关同等效率”，提升湖南国际物流通道通关便利化水平。开辟物流新通道，成功举办湘粤港海关“跨境一锁”快速通关启动仪式，助力湖南省成为广东省外唯一一个推行“跨境一锁”改革的省份，构建了湖南—香港高速物流走廊。“跨境一锁”改革典型案例，获国务院以及海关总署在全国推介。

【长沙海关助推特色产业蓬勃发展】 长沙海关支持“湘品出海”，推动13条产业结构调整指导目录建议、8条税政建议获国家采用和黑茶在世界海关组织《商品名称及编码协调制度》中列名。采取“指导备案一批、免费检测一批、促进出口一批”等措施，支持蔬菜、活猪、茶叶等特色农产品出口，2023年，湖南农产品出口217.7亿元，同比增长21.2%。全国首创“一企一策”帮扶措施，促进“分箱发运”新能源汽车顺畅出口。搭建“出口烟花爆竹智慧监管”智慧商检业务场景，解决烟花爆竹产品特殊、流程复杂和信息化系统“空档”等矛盾问题，单证审核削减80%，通关时长压缩20%，为企业节约费用超过1 500万元。年内，湖南烟花爆竹出口44亿元，排名全国第1位，占全国出口额的60.9%。

【长沙海关助力开放平台建设】 制定湖南省3个开放口岸分类支持举措，完成岳阳水果指定监管场地通过海关总署验收和批复，长沙黄花国际机场试行通程航班业务获海关总署同意，张家界机场进出境航班航线恢复，2023年新增或复航航线数量达到2019年同期的40%。召开湖南省综合保税区高质量发展工作推进会，为“5+2”区域场所量身定制分类指导措施96项、与自由贸易试验区统筹发展措施18项，岳阳城陵矶综合保税区连续两年获评中西部地区A类。建成技术贸易措施调查研究中心（非洲）、中非技贸措施研究评议基地、植物提取物产品技贸措施研究评议基地等平台，首次编发中非贸易指数、承办中非SPS合作论坛、上线中非SPS合作信息网站，推动湖南省对非贸易居中西部省份第1。加大中国（湖南）自由贸易试验区海关政策创新，1项自贸创新举措在全国海关复制推广，2项自贸创新案例入选全国自由贸易试验区第五批“最佳实践案例”，属中国（湖南）自由贸易试验区获评的首批国家级案例。

【湖南出入境边防检查总站全力维护国门安全稳定】 坚决贯彻总体国家安全观，全面加强重点时段、敏感人员核查管控，圆满完成中国—中亚峰会、第三届中非经贸博览会、杭州亚（残）运会等重大活动安保维稳任务，总站连续两年获评湖南省国家安全人民防线建设先进单位。全面规范查验流程，严密勤务组织，严格开展出入境边防检查。2023年，共检查出入境人员71.35万人次、交通运输工具6 040架（艘）次，其中客机4 602架次、公务机107架次、货机1 305架次、货轮26艘次，实现了“正常旅客高效通关、存疑人员无处遁形”。深化“边检+出入境+N”执法协作，严厉打击跨境赌博、电信诈骗、走私、偷渡等违法犯罪活动，严肃查处“三非”案事件，有力捍卫了国家政治安全，维护了口岸正常出入境秩序。

【湖南出入境边防检查总站服务湖南高水平开放高质量发展】 聚焦湖南“三高四新”战略定位和使命任务，研究出台总站服务湖南高水平开放高质量发展10项措施，进一步健全完善服务发展制度体系，为中国（湖南）自由贸易试验区、中非经贸合作新高地、长沙4小时航空经济圈建设等重大项目重要决策落实落地提供边检支撑。充分发挥外向型经济发展“晴雨表”和“智囊团”作用，建立总站、边检站定期向省、市政府报送口岸形势研判分析制度，针对第三届中非经贸博览会等重大主场涉外活动进行专题专报，为全省口岸扩大开放、商贸旅游市场开拓、招商引资政策优化等提供决策参考。针对怀化国际陆港设立临时开放口岸、常德空港口岸再次临开、岳阳口岸新港2期开通国际货运船舶业务开展调研论证和实地踏查，结合实际研提意见建议，全力支持湖南扩大对外开放。

【湖南出入境边防检查总站高效服务保障第三届中非经贸博览会】 坚持“一航班一方案”“一团组一方案”，科学设置专用通道和人工、快捷通道，增加台外引导人员数量，选拔精干警力“点对点”负责高级代表团的引导、礼遇和通关查验任务，确保各环节无缝衔接，要客贵宾安全顺畅通关。主动加强与湖南省委外事办、省商务厅等组委会单位联络配合，建立 24 小时联络机制、应急处置机制，防止要客贵宾因入境手续不全延误通关。积极配合相关职能部门协调北京、上海等出入境边防检查总站，为从外省口岸入境的嘉宾提供便利。设置博览会宣传引导标识，利用电子显示屏播放宣传视频，营造盛会浓厚氛围。其间，共查验出入境人员 2 万余人次、客运航班 123 架次、货运航班 25 架次，为马拉维总统代表团等 14 个非洲国家高级代表团提供了边防检查礼遇，以安全、专业、优质、高效的移民管理服务，获得参会参展嘉宾和组委会相关单位的高度认可，总站获评“第三届中非经贸博览会筹办优秀单位”。

【湖南出入境边防检查总站持续深化边检通关便利化改革】 深化“放管服”改革，推进边检行政许可网上办理、国际贸易“单一窗口”深度应用，推行“7×24 小时”办理边检业务等便民利企措施，实施战略物资、鲜活产品、民生物资“零等待”边检查验服务，有效提升了跨境贸易便利化水平。动态调整优化勤务组织模式，建立“执勤队分析需求、边检站实时调度，总站统筹安排”的执勤警力动态调度机制，推动执勤队内实施独立作战“小单元”执勤，实现了“警力跟着警情走”，确保了中国公民出入境通关排队不超过 30 分钟，兼顾提升了外国人通关效率。强化科技赋能增效，深入推进“智慧边检”建设，高标准建设并大力推广使用港口动态管理、执法办案、空港登机口人脸识别、勤务可视化调度指挥等智能系统，初步构建了以总站私有云平台为支撑、边检查验系统为核心、总站智能移动管理平台为辅助、现代化技术装备为基础的智慧边检应用体系，全面提升了精准管控、规范管理、便捷服务的科技支撑能力。

【湖南出入境边防检查总站打造专业化边检服务平台】 2023 年，湖南边检 12367 服务平台高质效运行，与省市 12345 平台、长沙出入境畅通了直联渠道，及时互通疑难问题信息，全年共接听群众咨询电话 1.1 万余通，满意率保持在 100%。平台上线以来，不断总结群众咨询热点，在总站“潇湘国门”微信公众号上开设“答移解问”专栏，发布多期“热点问题”，让群众可以便捷查询官方权威信息。与湖南交通频道建立良好合作，利用其达 5 200 万人的听众规模，对最新出入境口岸通关政策进行解读、宣讲。通过粉丝量上万的湖南机场航享 e+微信公众号进行视频直播，将政策信息精准投放至有出入境需求的旅客当中。及时梳理航空公司、旅行社的来电咨询，开展“送政策上门”活动，为吸引更多高质量外国游客来湘观光贡献着边检力量，获得了较高的知名度和美誉度。全年，在“潇湘国门”微信公众号发布原创信息 9 篇，在地方媒体发表音视图文稿件 55 篇次，“品牌宣传周”期间的交通频道直播获得 2023 年度全国移民管理“好新闻”社会媒体类三等奖。

开放口岸

【长沙空运口岸（长沙黄花国际机场）】 长沙黄花国际机场位于湖南省长沙市长沙县，西距长沙市中心 23.5 千米，为 4E 级国际机场。长沙黄花机场于 1986 年 6 月动工兴建，1989 年 8 月正式启用，1990 年 3 月正式对外开放。1993 年，长沙黄花机场正式更名为长沙黄花国际机场；1999 年，开通国际航空货运。长沙黄花国际机场现有 3 800 米跑道 1 条、3 200 米跑道 1 条，航站楼面积 21.2 万平方米，是湖南省规模最大的民用机场，也是湖南首个开放口岸。长沙空运口岸实行 24 小时通关，推行无纸化通关、“属地报关、口岸验放”、风险分级管理等措施。长沙空运口岸已叠加冰鲜水产品、食用水生动物、水果、药品等进境指定监管场地功能。

2023 年，长沙黄花国际机场累计开行国际航线 24 条，稳定在飞 15 条（客运 10 条、货运 5 条）。全年，实现旅客吞吐量 2 724.83 万人次，同比增长 117.8%，创历史新高，其中国际（地区）旅客吞吐量 44.37 万人次，同比增长 1 543.3%；实现货邮吞吐量 17.68 万吨，同比增长 13.5%，其中国际（地区）货邮吞吐量 6.02 万吨，同比增长 2.3%；完成航班运输起降 200 832架次。长沙市国际航空货运货品出口主要为跨境电商货及邮件、鲜活水产、医疗物资、普货（包括机电产品、重工零配件）四大类；进口主要为精密电子元配件、半导体设备、海鲜、水果等。

长沙黄花国际机场

【张家界空运口岸（张家界荷花国际机场）】 张家界荷花国际机场位于湖南省张家界市永定区，东距张家界市区约 10 千米，飞行等级为 4D 级。机场于 1994 年 8 月正式建成通航；前身为 1993 年 12 月通航的大庸机场；1999 年 4 月，机场正式对外开放，2011 年 11 月，扩大对外国籍飞机开放；2016 年 1 月，在张家界航空口岸开放落地签证，同年开通国际航空货运。2017 年 9 月，机场更名为张家界荷花国际机场。机场现有 2 600 米跑道 1 条，航站楼面积 4.65 万平方米。张家界空运口岸已叠加水果、冰鲜水产品、食用水生动物等进境指定监管场地功能。

2023 年，张家界荷花国际机场累计恢复 10 条国际及地区客运航线，全年共完成国际及地区旅客吞吐量 21.2 万人次，恢复至 2019 年 65.5%。

张家界荷花国际机场

【岳阳城陵矶水运（河港）口岸】 城陵矶港位于湖南省岳阳市，洞庭湖出口和长江口交汇处，是联结西南、华南和华东的水陆中转、水水中转物资集散地。城陵矶河港口岸由 1996 年 10 月国务院批准的城陵矶港和 2009 年 6 月正式开港营运的城陵矶新港以及华粮、岳化、长炼 3 个开放口岸停靠点组成。

城陵矶港全年平均水深 12 米以上，共有客货泊位 37 个，其中 3 000 吨级泊位 29 个、3 000 吨级（兼顾 5 000 吨级）集装箱泊位 7 个，拥有进港铁路专线、H986 集装箱机检中心等，可常年停靠 5 000 吨级以上的船舶，是长江八大深水良港之一。岳阳城陵矶水运口岸已叠加汽车整车、肉类、粮食、固体废物、水果、木材等进境指定监管场地功能。

2023 年，城陵矶港集装箱吞吐量共完成 120.16 万标箱，其中，外贸箱 16.14 万标箱，进出口外贸箱货重 252.66 万吨。

岳阳城陵矶港

2023 年湖南省口岸大事记

2 月 20 日

城陵矶水运口岸进境原木指定监管场地正式运营，在岳阳海关监管下，由岳阳湘盛实业发展有限公司进口的 1 593 立方米波兰云杉原木经货轮运抵岳阳城陵矶港。

2 月 25 日

长沙至亚的斯亚贝巴全货运航线从联通“湘非”升级为联结亚洲、非洲、南美洲，从南美（智利）进口的水果、三文鱼等通过埃航往返非洲、南美洲的客货运航班运输到亚的斯亚贝巴，再无缝衔接湘非货运航线抵达长沙黄花国际机场，大大提升了三地之间货物运输时效性、便捷性，并显著改善该航线的回程航班货量。

4 月 7 日

越南越捷航空公司 VJ7866 航班平稳降落张家界荷花国际机场，标志着张家界航空口岸国际客运航班恢复运行。

4 月 10 日

岳阳海关初筛实验室获批，使城陵矶口岸具备进境水果、粮食、木材等大宗货物的现场初筛鉴定能力，有利于加速口岸通关效能。

5 月 19 日

城陵矶水运口岸至香港直达航线成为湖南省及外省烟花爆竹出口新通道，载有湖南、江西两省烟花的城陵矶至香港直航船舶“港通 9”货轮正式启航开往香港。

6 月 13 日

一车出口邮件经长沙海关监管放行启运香港，标志着湘粤港海关“跨境一锁”快速通关启动。该批邮件在深圳湾口岸由口岸海关快速验核，将一车到底直接运抵香港国际机场，并发往世界各地。

7 月 3 日

城陵矶水运口岸开通城陵矶至俄罗斯海参崴国际航线，湘俄速航公司“新奥远鉴”号运载 330 标箱于 7 月 18 日到达纳霍德卡港，并联通西伯利亚大动脉运载 62 标箱于 8 月 22 日到达白俄罗斯热季诺，成功畅通湖南至欧洲国际水铁联运。这是湖南水运历史上真正意义上的国际航线，为西部地区进一步强化共建“一带一路”构建了“水上黄金通道”。

8 月 27 日

从越南进口的一批青蟹搭乘越捷航空公司“胡志明—张家界”客运航班腹舱抵达张家界，标志着张家界航空口岸重启国际货运业务。

11 月 1 日

城陵矶水运口岸智能卡口建设和智能提箱系统正式启用，电子提箱系统将提箱业务办理由线下单证盖章模式升级为全线上模式，单票业务办理时间由原来 0.5～4 小时/票缩短至约 10 分钟/票；智能卡口实现集卡过闸由原来人工查验、人工放行升级为系统数据自动采集、自动查验、自动放行，将单车放行时间由原来约 120 秒/车缩短至 30 秒/车。

12 月 1 日

岳阳海关“区港联动”系统正式启用，实现海关查验和放行信息实时向码头推送。

12 月 6 日

岳阳城陵矶进境水果指定监管场地通过海关总署验收，岳阳正式迈入“三区一港五口岸”时代。

12 月 14 日

中通货运航司及相关产业项目正式签约，由中通快递、湖南航空、财信金控合作组建湖南本土货运航空公司。

12 月 18 日

“亚的斯亚贝巴—列日—长沙—亚的斯亚贝巴”第五航权航线正式获得中国民用航空局批准，该航线叠加开通执飞第五航权航线，从亚的斯亚贝巴回程可经停列日将本地所需欧洲货物运输至长沙，打通了欧洲至长沙航空物流通道，又拓展了湘非货运航线中转辐射功能，实现一条航线联通亚洲、非洲、南美洲、欧洲四大洲。

（撰稿人：黄郭洋、李璠、吴晓娜、朱奇、屈瑛）

2023 年湖南省口岸流量统计表

口岸类型		口岸名称	货运量（万吨）				集装箱量（万标箱）				人员（万人次）				交通工具（辆、艘、架、列次）			
			出口	进口	合计	同比（%）	出口	进口	合计	同比（%）	出境	入境	合计	同比（%）	出境	入境	合计	同比（%）
空运口岸		长沙	4.15	1.86	6.01	2.30					22.61	21.76	44.37	1 543.33	2 451	2 447	4 898	223.94
		张家界	0.004 4	0.000 1	0.004 5	—					11.16	11.35	22.52	—	754	754	1 508	—
		分计	4.154 4	1.860 1	6.014 5	2.29					33.77	33.11	66.89	2 377.41	3 205	3 201	6 406	323.68
水运口岸	河港口岸	城陵矶	109.48	143.18	252.66	-2.84	7.62	8.83	16.45	1.29	0	0	0	—	15	14	29	13.5
		分计	109.48	143.18	252.66	-2.84	7.62	8.83	16.45	1.29	0	0	0	—	15	14	29	13.5
合计			113.63	145.04	258.67	-2.73	7.62	8.83	16.45	1.29	33.77	33.11	66.89	2 377.41	3 220	3 215	6 435	325.6
同比（%）			-10.8	4.69	-2.73	—	-42.92	-37.24	-40.01	—	2 623.39	2 167.81	2 377.41	—	322.57	328.67	325.6	—

（湖南省口岸办提供）

2023 年长沙海关主要数据统计表

项　目		2023 年	2022 年	同比（%）
进出口货运量（万吨）	合计	2 537.50	2 416.50	5.01
	进口	2 219.60	2 143.70	3.54
	出口	317.90	272.80	16.53
进出口贸易总值（万美元）	合计	8 797 952.14	10 492 285.26	-16.15
	进口	3 076 216.41	2 823 877.27	8.94
	其中：江、海运输	1 938 668.46	1 755 151.93	10.46
	铁路运输	28 127.57	44 858.64	-37.30
	汽车运输	897 408.62	797 020.51	12.60
	航空运输	210 435.14	226 351.40	-7.03
	邮件运输	568.30	492.58	15.37
	其他运输	1 008.33	2.20	45 658.15
	出口	5 721 735.73	7 668 407.99	-25.39
	其中：江、海运输	3 825 611.36	5 796 706.91	-34.00
	铁路运输	164 069.18	155 160.59	5.74
	汽车运输	1 172 040.84	978 637.72	19.76
	航空运输	383 282.34	494 824.10	-22.54
	邮件运输	9 720.93	13 116.61	-25.89
	其他运输	167 011.07	229 962.05	-27.37
税收（万元人民币）	两税合计	1 341 676.70	1 279 138.81	4.89
	关税入库	110 324.70	106 088.30	3.99
	进口环节税入库	1 231 352.00	1 173 050.50	4.97

（长沙海关提供）

2023年湖南省口岸出入境主要数据表

<table>
<tr><th colspan="3">项　目</th><th>2023年</th><th>2022年</th><th>同比（%）</th></tr>
<tr><td rowspan="13">出入境人员
（万人次）</td><td colspan="2">出入境人员总数</td><td>71.35</td><td>2.7</td><td>2 543</td></tr>
<tr><td colspan="2">入境人员</td><td>35.65</td><td>1.46</td><td>2 346</td></tr>
<tr><td colspan="2">出境人员</td><td>35.7</td><td>1.24</td><td>2 773</td></tr>
<tr><td colspan="2">出入境旅客</td><td>66.38</td><td>1.57</td><td>4 132</td></tr>
<tr><td colspan="2">出入境员工</td><td>4.97</td><td>1.13</td><td>340</td></tr>
<tr><td rowspan="4">中国公民</td><td>小计</td><td>34.09</td><td>1.93</td><td>1 668</td></tr>
<tr><td>内地居民</td><td>33.85</td><td>1.92</td><td>1 662</td></tr>
<tr><td>港澳居民</td><td>0.17</td><td>0.006</td><td>2 572</td></tr>
<tr><td>台湾同胞</td><td>0.06</td><td>0.001</td><td>5 873</td></tr>
<tr><td colspan="2">外籍人员</td><td>37.26</td><td>0.77</td><td>4 731</td></tr>
<tr><td colspan="2">从海港出入境人数</td><td>0.04</td><td>0.001</td><td>2 900</td></tr>
<tr><td colspan="2">从陆港出入境人数</td><td></td><td></td><td></td></tr>
<tr><td colspan="2">从空港出入境人数</td><td>71.31</td><td>2.7</td><td>2 542</td></tr>
<tr><td rowspan="5">交通运输工具
（辆、艘、架、列次）</td><td colspan="2">总计</td><td>6 040</td><td>1 529</td><td>295</td></tr>
<tr><td colspan="2">船舶</td><td>26</td><td>1</td><td>2 500</td></tr>
<tr><td colspan="2">飞机</td><td>6 014</td><td>1 528</td><td>294</td></tr>
<tr><td colspan="2">火车</td><td></td><td></td><td></td></tr>
<tr><td colspan="2">机动车辆</td><td></td><td></td><td></td></tr>
</table>

（湖南出入境边防检查总站提供）

2023 年岳阳海事局进出港船舶统计汇总表

船舶类别	进港船舶							出港船舶						
	艘数（艘）	总吨（吨位）	总载重量（吨）	载客量（客位）	船员人数（人次）	货物到达量（吨）	旅客到达量（人）	艘数（艘）	总吨（吨位）	总载重量（吨）	载客量（客位）	船员人数（人次）	货物发送量（吨）	旅客发送量（人）
总计	42 634	1.26 亿	1.74 亿	35.22 万	25.58 万	7 203.34 万	325 844	42 571	1.26 亿	1.75 亿	37 422	25.54 万	5 456.52 万	18 725
中国籍船舶	42 634	1.26 亿	1.74 亿	35.22 万	25.58 万	77 203.34 万	325 844	42 571	1.26 亿	1.75 亿	37 422	25.54 万	5 456.52 万	18 725
其中：外贸船	15	51 195	69 325	0	202	2 127	0	14	51 926	62 550	0	198	8 464	0

（岳阳海事局提供）

广　东　省

广东省口岸分布示意图

梅州
揭阳
潮州
汕头
潮阳
揭阳
汕尾
梅州市
梅县区
兴宁市
五华
丰顺
大埔
平远
蕉岭
潮州市
饶平
揭阳市
潮安区
揭西
汕头市
普宁市
惠来
陆河
陆丰市
海丰
紫金
龙川
龙岩市
南澳岛
达濠岛
碣石湾
红海湾
甲子港
甲子屿
莱屿岛
神泉港
靖海港
海门湾
汕头港

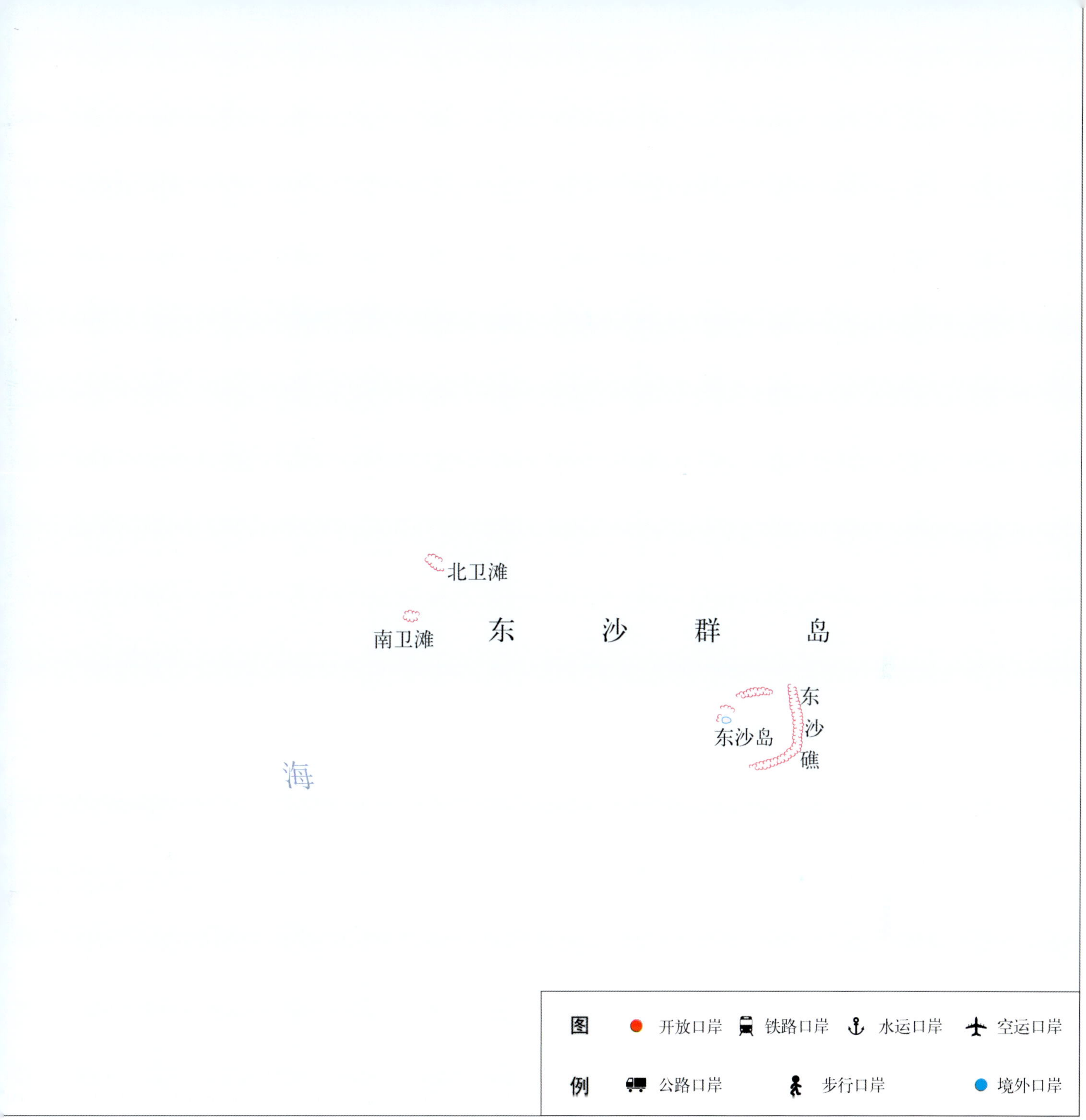
北卫滩
南卫滩
东沙群岛
东沙岛
东沙礁
海
图例
开放口岸
铁路口岸
水运口岸
空运口岸
公路口岸
步行口岸
境外口岸

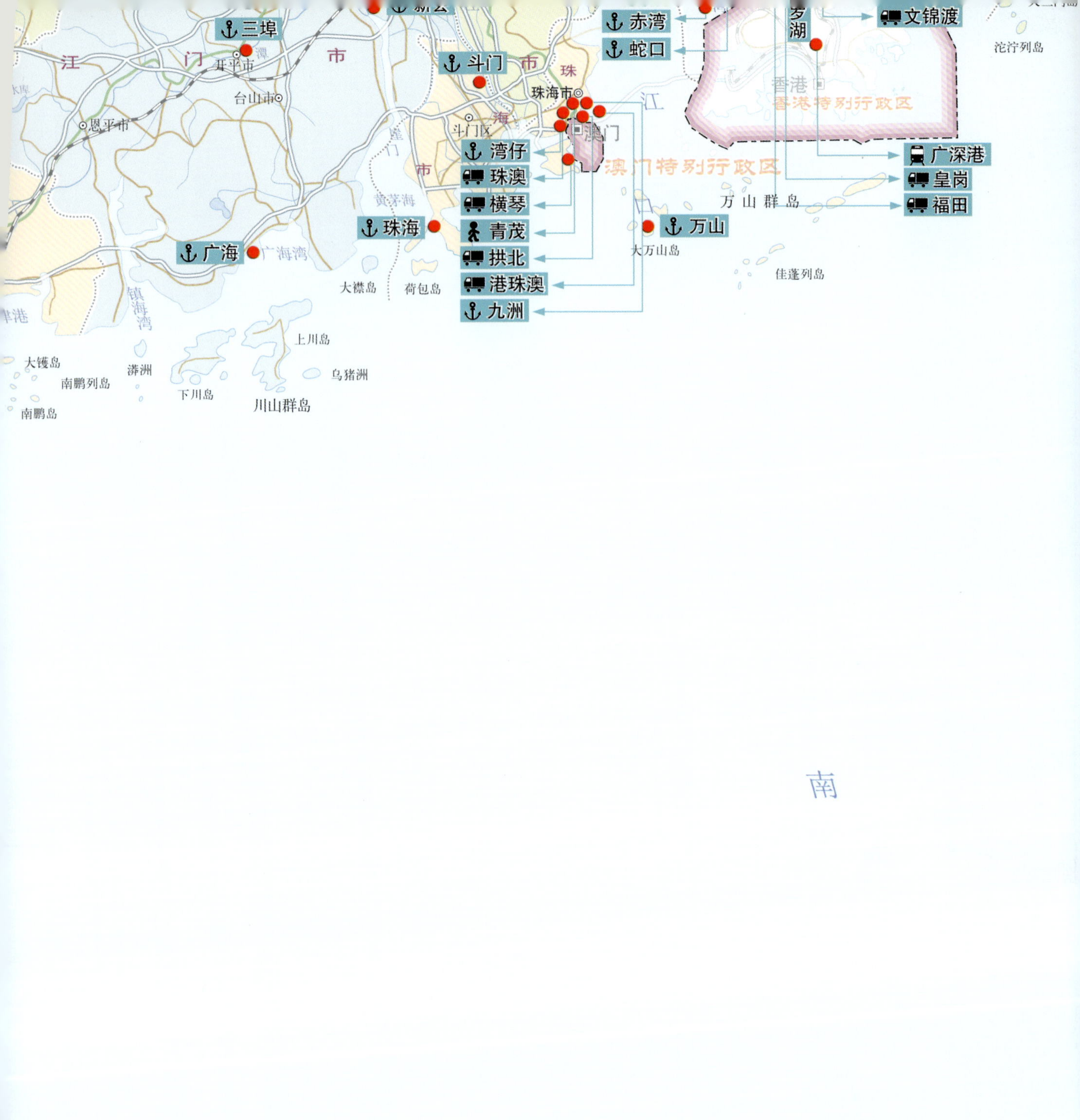
三埠
江
门
市
开平市
台山市
恩平市
斗门
市
珠
珠海市
斗门区
海
澳门
澳门特别行政区
江
赤湾
蛇口
罗
湖
文锦渡
香港
香港特别行政区
沱泞列岛
广深港
皇岗
福田
万山群岛
湾仔
珠澳
横琴
青茂
拱北
港珠澳
九洲
珠海
广海
广海湾
黄茅海
万山
大万山岛
佳蓬列岛
大襟岛
荷包岛
镇海湾
上川岛
下川岛
川山群岛
乌猪洲
大镬岛
南鹏列岛
南鹏岛
漭洲
南

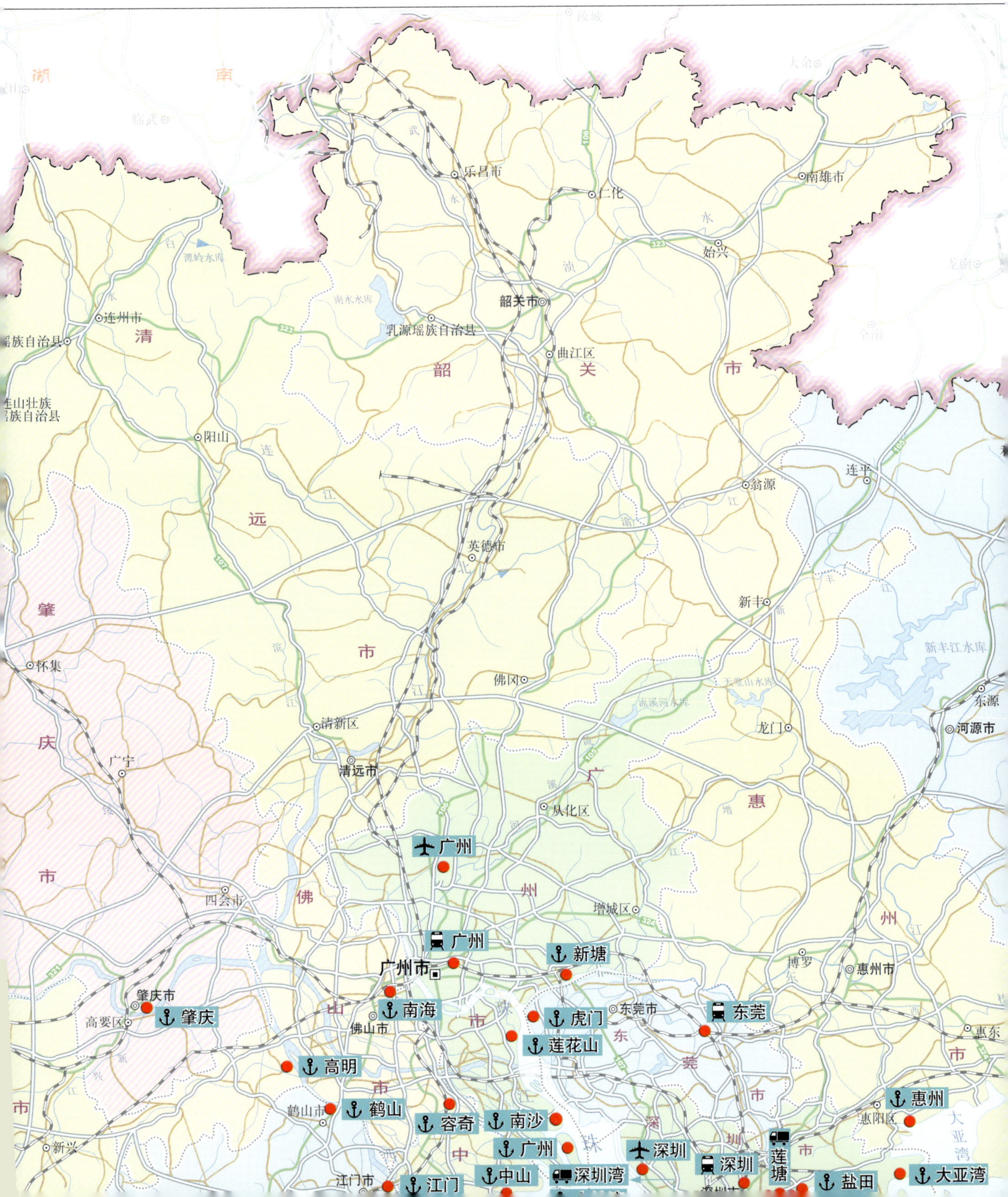

湖南
临武
汝城
大余
乐昌市
仁化
南雄市
始兴
韶关市
乳源瑶族自治县
连州市
曲江区
韶关市
清远市
阳山
翁源
连平
英德市
新丰
新丰江水库
佛冈
龙门
河源市
东源
清新区
清远市
广宁
怀集
肇庆市
从化区
广州
增城区
四会市
佛山市
广州市
新塘
博罗
惠州市
肇庆
高要区
南海
虎门
东莞市
东莞
惠东
莲花山
高明
鹤山市
鹤山
容奇
南沙
惠州
惠阳区
大亚湾
深圳
莲塘
新兴
江门市
江门
中山
深圳湾
盐田

序号	类型	口岸名称	批准开放时间	开放状态
1	空运口岸（5个）	广州空运口岸	1964.10	国际常年
2		深圳空运口岸	1992.2	国际常年
3		揭阳空运口岸	2011.11	国际常年
4		湛江空运口岸	1987.7	国际常年
5		梅州空运口岸	1989.3	限中国籍
6	水运口岸（35个）	广州水运口岸	历史延续	国际常年（客运暂停运行）
7		湛江水运口岸	1956.12	国际常年（客运暂停运行）
8		汕头水运口岸	历史延续	国际常年（客运暂停运行）
9		汕尾水运口岸	历史延续	国际常年（客运暂停运行）
10		九洲水运口岸	1981.9	国际常年
11		广海水运口岸	1985.10	国际常年（客运暂停运行）
12		蛇口水运口岸	1981.9	国际常年
13		莲花山水运口岸	1985.6	国际常年
14		赤湾水运口岸	1984.5	国际常年
15		惠州水运口岸	1993.4	国际常年（客运暂停运行）
16		妈湾水运口岸	1990.2	国际常年
17		盐田水运口岸	1990.6	国际常年
18		茂名水运口岸	1988.10	国际常年
19		阳江水运口岸	1993.2	国际常年
20		大亚湾专用码头水运口岸	1985.11	非常年开放
21		珠海水运口岸	1994.6	国际常年
22		潮州水运口岸	1994.11	国际常年
23		万山水运口岸	1995.4	国际常年
24		南沙水运口岸	1992.1	国际常年
25		潮阳水运口岸	1996.8	国际常年
26		大铲湾水运口岸	2009.5	国际常年
27		揭阳水运口岸	2010.12	国际常年
28		湾仔轮渡客运口岸	1984.6	国际常年
29		虎门水运口岸	1997.6	国际常年
30		新会水运口岸	1992.9	国际常年（客运暂停运行）
31		三埠水运口岸	1982.6	限国轮、常年（客运暂停运行）
32		江门水运口岸	1981	限国轮、常年
33		肇庆水运口岸	1982.6	暂停运行
34		南海水运口岸	1985.9	限国轮、常年（客运暂停运行）
35		斗门水运口岸	1987.10	限国轮、常年
36		鹤山水运口岸	1988.4	限国轮、常年
37		中山水运口岸	1984.5	国际常年
38		容奇水运口岸	1986.9	限国轮、常年
39		高明水运口岸	1992.12	限国轮、常年
40		新塘水运口岸	1995.8	暂停运行
41	公路口岸（12个）	文锦渡公路口岸	1979.1	国际常年
42		沙头角公路口岸	1984	国际常年
43		皇岗公路口岸	1988.11	国际常年
44		罗湖公路口岸	历史延续	国际常年
45		深圳湾公路口岸	2006.2	国际常年
46		福田公路口岸	2007.6	国际常年
47		拱北公路口岸	历史延续	国际常年
48		横琴公路口岸	1999.6	国际常年

序号	类型	口岸名称	批准开放时间	开放状态
49	公路口岸（12个）	珠澳跨境工业区专用口岸	2006.6	国际常年
50		港珠澳大桥珠海公路口岸	2017.4	国际常年
51		青茂（步行）口岸	2017.7	内港澳步行自助口岸
52		莲塘公路口岸	2019.10	国际常年
53	铁路口岸（4个）	广州铁路口岸	1979.3	国际常年
54		东莞铁路口岸	1994.8	国际常年
55		广深港高铁西九龙站口岸	2018.2	国际常年
56		深圳铁路口岸	历史延续	暂停运行

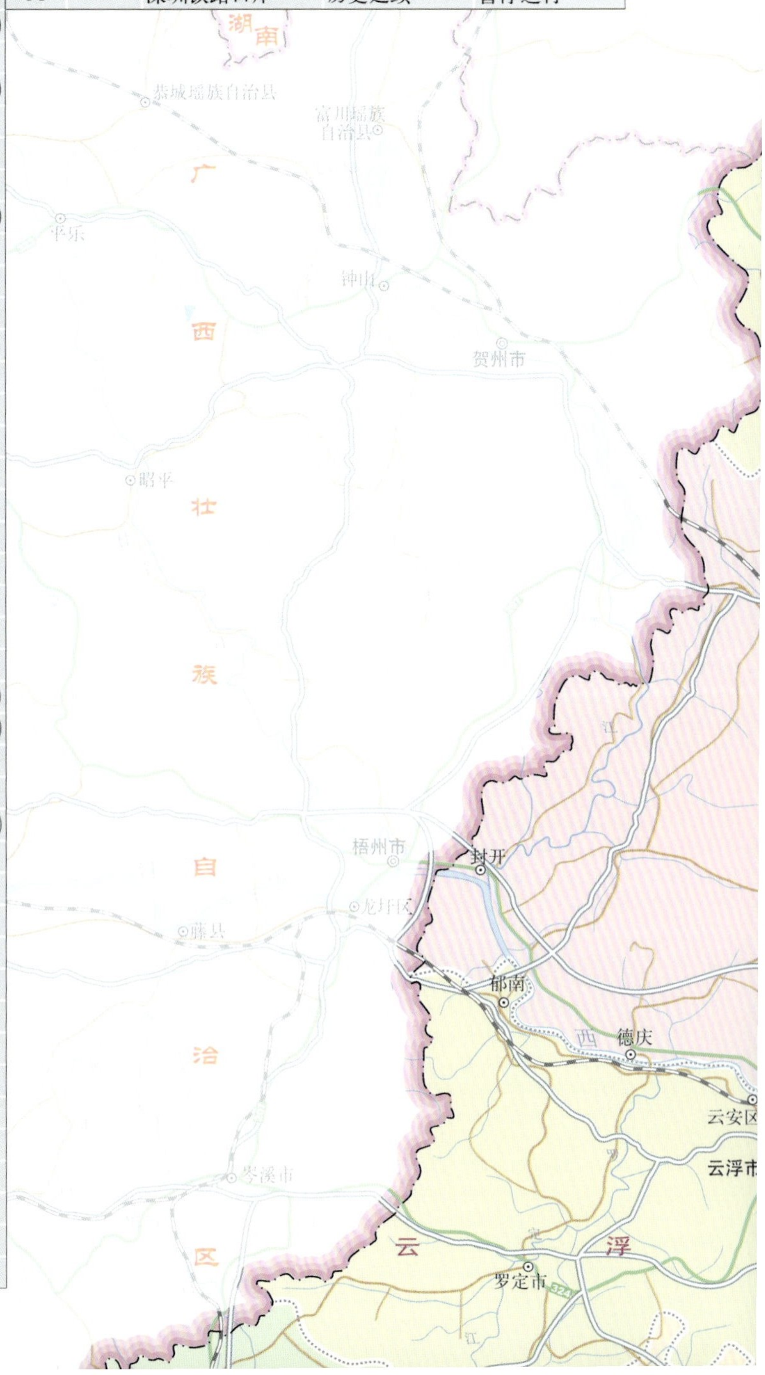

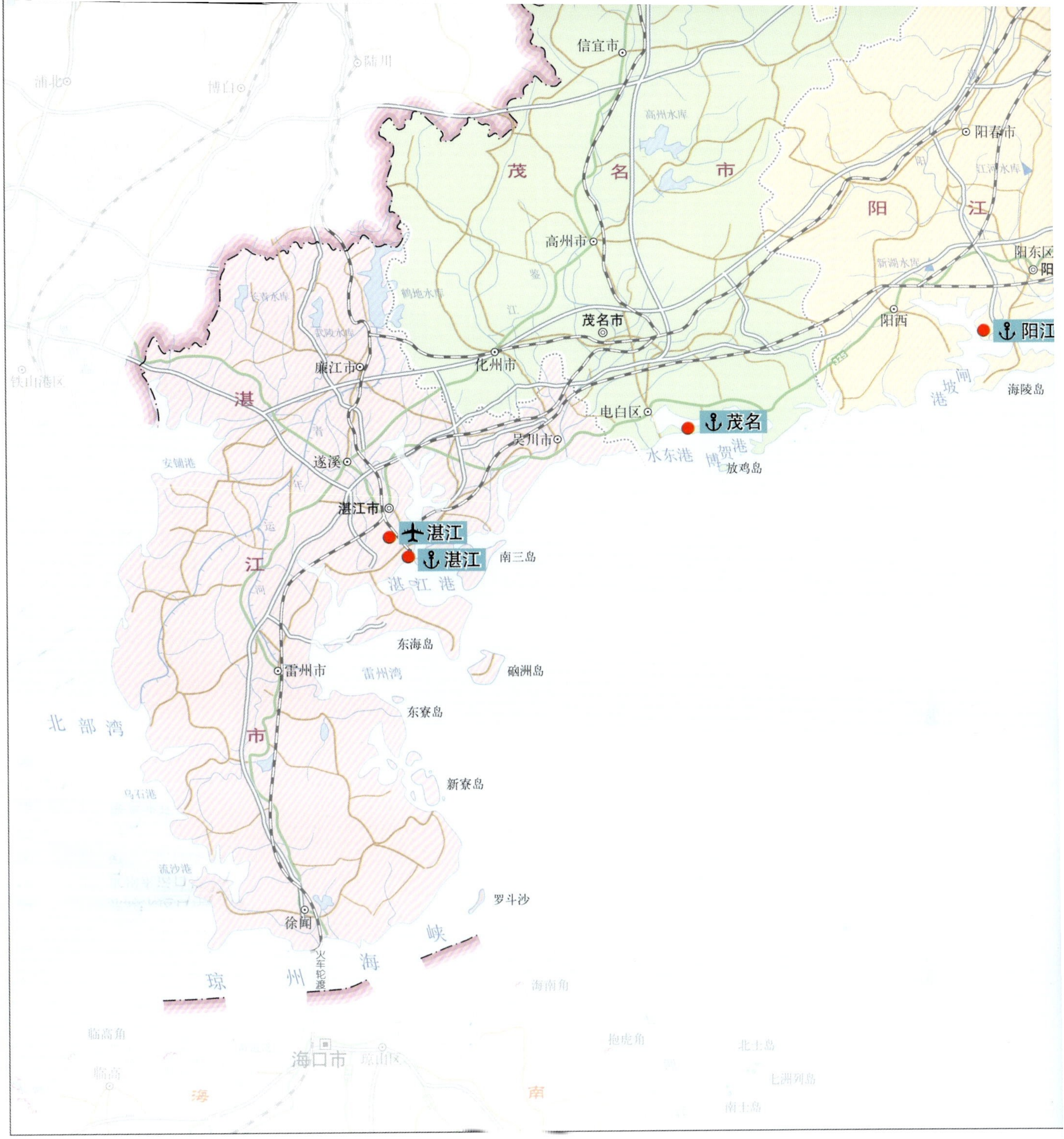

信宜市
陆川
浦北
博白
高州水库
茂名市
阳春市
阳江
高州市
阳东区
鹤地水库
长青水库
武陵水库
茂名市
阳西
茂名
廉江市
化州市
铁山港区
湛
电白区
吴川市
海陵岛
闸坡港
安铺港
遂溪
水东港
博贺港
放鸡岛
湛江市
湛江
湛江
南三岛
湛江港
江
东海岛
雷州市
雷州湾
硇洲岛
北部湾
东寮岛
市
新寮岛
乌石港
流沙港
罗斗沙
徐闻
火车轮渡
琼州海峡
海南角
临高角
海口市
琼山区
抱虎角
北士岛
七洲列岛
南士岛
临高
海
南

口岸数量及分布

截至2023年年底，广东省共有经国家批准对外开放口岸56个。其中，空运口岸5个，分别为广州空运口岸（广州白云国际机场）、深圳空运口岸（深圳宝安国际机场）、梅州空运口岸（梅州梅县机场）、湛江空运口岸（湛江吴川机场）、揭阳空运口岸（揭阳潮汕国际机场）；陆路（铁路）口岸4个，分别为广州、东莞、广深港高铁西九龙站口岸和深圳铁路口岸（笋岗）；陆路（公路）口岸12个，分别为文锦渡、沙头角、皇岗、罗湖、深圳湾、福田、莲塘、拱北、横琴、珠澳跨境工业区专用口岸、港珠澳大桥珠海公路口岸和珠海青茂口岸；水运（海港）口岸22个，分别为广州、南沙、赤湾、妈湾、蛇口、盐田、大亚湾、大铲湾、珠海、九洲、湾仔、万山、汕头、潮阳、惠州、汕尾、潮州、阳江、湛江、茂名、揭阳、广海海港口岸；水运（河港）口岸13个，分别为新塘、莲花山、斗门、虎门（太平）、江门、新会、三埠、鹤山、中山、南海、高明、容奇、肇庆河港口岸。

口岸运行数据

2023年，经广东省口岸进出口货运总量约5.91亿吨（不含对港澳水出口），同比增长14.8%。其中，进口4.3亿吨，同比增长18.69%；出口1.61亿吨，同比增长4.82%。出入境人员3.4亿人次，同比增长226.77%。其中，出境1.7亿人次，同比增长225.39%；入境1.7亿人次，同比增长228.16%。进出口总额83 040.7亿元，同比增长0.3%。其中，进口28 654.2亿元，同比下降3.65%；出口54 386.5亿元，同比增长2.5%。出入境交通运输工具1 615.91万辆（艘、列、架）次，同比增长151.22%。其中，出境807.13万辆（艘、列、架）次，同比增长150.80%；入境808.78万辆（艘、列、架）次，同比增长151.64%。中欧班列共发运1 269列，同比增长31.23%；发送集装箱122 428标箱，同比增长41.09%；出口货值41.32亿美元，同比增长30.35%。

口岸综合管理

【口岸建设布局有序推进】 广东坚持构建布局合理、内畅外联、安全便捷的口岸发展开放新格局，为全省重大项目建设、外企高管返粤复工复产、企业赴海外抢抓订单提供有力支持。一是协调促成水运口岸项目对外开放。完成揭阳中石油产品码头、东莞中粮码头验收正式对外开放，进一步优化完善广东省港口口岸的规划布局，拓宽贸易通道。积极协调重点建设项目临时开放，协调促成琶洲港澳客运码头、揭阳中石油原油码头、阳江阳西电厂码头、茂名东华能源码头、湛江大唐雷州电厂码头等11个项目临时开放20批次。上述项目2023年新增进出口货运量超过2 000万吨，货值约800亿元，为企业节省成本超过12亿元。二是有序推进粤港粤澳陆路重点口岸对外开放。积极推动深港科技创新合作区跨境专用口岸建设；推进皇岗口岸、沙头角口岸、罗湖口岸重建改造；推进横琴粤澳深度合作区新横琴口岸客货车通道查验模式创新及“二线”通道海关监管作业场所建设；推动港珠澳大桥珠海公路口岸珠澳通道增加货运功能通过验收并正式对外开放；结合珠澳跨境工业区转型升级需要，研究珠澳跨境工业区专用口岸功能定位并推进口岸设施升级改造。三是巩固提升航空口岸国际枢纽地位。支持广州白云国际机场、深圳宝安国际机场口岸做大做强，开展国际贸易“单一窗口”航空物流公共信息平台试点建设工作，实现数据共享共用，为企业提供“通关+物流”一站式进出港服务，预计每年为企业降低通关物流成本1 000万元以上。推动周边航空口岸优势互补、协同发展，加快推进湛江机场航空口岸迁建及扩大开放验收，支持梅州梅县机场航空口岸扩大开放，积极推进珠海机场对外开放，推动惠州机场创造条件对外开放。四是协调推进海关指定监管场地建设。协调中央驻粤查验单位和省直有关单位完成汕头综合保税区、潮州金狮湾、东莞中粮码头设立海关指定监管场地的省级层面评估并完成材料报送，支持指导港珠澳大桥口岸、江门高新港申报建设海关指定监管场地。

【口岸通关模式创新不断深化】 一是推进落实合作区年内实现封关运作。“一线”横琴口岸澳方口岸区及相关延伸区第二阶段客货车检区域已顺利移交澳方，并于 2023 年 4 月 20 日零时起正式启用并适用澳门特别行政区法律实施管辖。“二线”海关监管作业场所各通道基础智能化系统已具备系统联调条件。二是粤港澳大湾区通关便利化项目持续推进。“澳车北上”首创粤澳通关便利化合作新模式，“澳车北上”信息管理服务系统上线运行，截至 2023 年年底系统注册用户数约 5.1 万个，入境申请通过数超 2.7 万辆，累计实际进出境 104 万辆次，日均进出境约 2 900 辆次，其中，自 5 月底以来日均进出境达到 3 800 辆次。截至年底，“港车北上”系统注册用户数约 5.8 万个，入境申请通过数超 3.5 万辆，累计实际进出境 22 万辆次，日均进出境约 1 200辆次。跨界车辆综合服务平台的“创新粤港澳大湾区跨境车辆备案模式”成功入选省大湾区办首批具有先进性、创新性、示范性的规则衔接机制对接典型案例。三是推动粤港、粤澳“一单两报”应用推广实施。“一单两报”应用实施为内地和港澳企业货物通关申报实现由“串联”变“并联”，有效避免了企业的重复录入，极大减轻了企业在澳门端申报工作负担。粤澳货物“一单两报”服务正式运行以来，共计 17 家企业累计完成 419 票实单申报。粤澳货物“一单两报”服务集中申报模式于 12 月 13 日正式上线，粤港“一单两报”服务应用项目计划 2024 年完成上线。四是便利粤港跨境客运车辆便利通行。会同香港有关部门就粤港跨境客运班次运行、配额管理及进一步推动粤港跨境巴士、跨境出租车多口岸通行通关便利化等工作达成共识，极大助力粤港跨境客运输行业的发展。推动粤港跨境出租车“一车多关”和跨境巴士“直巴多关通行”12 月 1 日开始实施，有效提升了跨境客运车辆通行安排。

【跨境贸易便利化水平稳步提升】 2023 年，广东进、出口整体通关时间分别为 12.52 小时、0.77 小时，较 2017 年分别压缩 70.9%、93.5%，稳定保持较高通关效率。一是专项行动全省一体化推进。印发《关于印发支持广州、深圳、东莞市开展促进跨境贸易便利化专项行动及全省一体推进工作方案的通知》，省级层面出台 6 大行动 22 条措施，各地各单位细化具体措施 197 条，有力推动全省口岸营商环境整体向好。二是政策宣传推介成果丰硕。上线广东电视台“民生热线”直播节目，宣传介绍广东省跨境贸易专项行动阶段性成效。年内，召开省级促进跨境贸易便利化专项行动动员部署、推进、培训等会议 5 场，组织各类宣讲活动超 200 场，线上和线下参加人员超 2 万人次，掀起全省开展专项行动热潮。联合中央、地方主流媒体加强专项行动成果宣传，分 6 期在“广东商务”宣传广东省 13 个典型经验做法，中央电视台、《人民日报》、新华社、中新社、《中国日报》、《国际商报》、《南方日报》、广东电视台《广东新闻联播》等主流媒体纷纷跟进宣传报道，取得良好社会反响。三是跨境贸易领域取得突破性创新。粤港澳“大湾区组合港”“一港通”航线拓展至 54 条，实现粤港澳大湾区省内 9 市全覆盖，并拓展至粤东、粤西地区，享惠企业超过 6 000 家，为企业节省物流成本超过 1.6 亿元。推动全球首个直达机场空侧“东莞—香港空港中心”正式运行，将香港国际机场安检、打板、货站收货前置到东莞，进出口总货值突破 10 亿元。四是口岸合规成本进一步下降。督促各地全面落实清理规范海运口岸收费措施，引导 2 056 家口岸收费主体在国际贸易“单一窗口”口岸收费信息发布系统公示收费信息 23 062 条。广州、深圳港持续落实降费措施，引航费分别降低 1 919 万元、4 218 万元。

【国际贸易“单一窗口”进一步深化推广】 截至 2023 年年底，全省已累计上线国家标准版 18 大类 116 项应用功能，地方特色应用 12 大类

39项，注册用户数超过24万个，全省21个地市“单一窗口”标准版主要业务应用率均稳定在100%。一是全力提升“单一窗口”货物申报覆盖率。按照覆盖率提升至95%工作目标，持续发力推动外部数据回流，累计走访及回访重点外贸和代理报关企业111家，采用线上、线下方式前三季度累计集中培训30余场，全省覆盖率实现显著提升。自2022年10月以来，全省覆盖率均保持在90%以上的水平。二是推进“湾区跨境通”服务板块建设。完成在广东“单一窗口”开发上线“湾区跨境通”服务板块，并完成了与中国电子口岸数据中心的技术对接，正式向国家口岸管理办公室上报并按照优化完善，力争年内上升为中国国际贸易单一窗口区域服务专区。三是深入推进粤港澳“单一窗口”跨地区互联互通合作。组织内地相关单位分别赴香港、澳门，召开“单一窗口”工作推进会，就有关问题达成共识，进一步完善常态化“单一窗口”合作机制，促进区域联动发展，提升区域通关便利化水平。四是加快口岸数字化转型开展智慧口岸试点建设。确定广东省智慧口岸“1+N”试点建设思路，依托广东“单一窗口”，打造智慧口岸数据底座，加强全省口岸数据资源汇聚融合，实现跨主体、跨部门、跨系统、跨区域的数据交换共享和互联互通，为深圳、广州、东莞及其他地市智慧口岸建设提供数据资源和智慧应用支撑。

【中欧班列高质量发展势头强劲】 广东坚持将中欧班列建设作为深度参与共建“一带一路”、推动外贸高质量发展的重要举措，按照“政府引导、市场主导、企业主体”原则，着力完善国际贸易通道，加强运力保障，优化通关环境，推动中欧班列高质量发展。广东省中欧班列已开通经阿拉山口、满洲里、二连浩特到欧洲方向，经霍尔果斯、喀什到中亚方向，经磨憨到老挝方向，经凭祥到越南方向，目的地可达欧洲、中亚等30多个共建“一带一路”国家和地区，主要运输商品包括电子产品、家电、日用品、家具、玩具、汽配、陶瓷、建材、灯饰、服装鞋帽等。2023年，广东省中欧班列共发运1 269列，取得历史最好成绩，提前实现全年开行1 000列目标。

口岸监管与服务

【海关总署广东分署严把口岸疫情防控和检验检疫关】 落实新冠病毒感染“乙类乙管”措施，推动疫情防控工作平稳转段。强化境外输入新冠病毒变异监测，按照“准、快、早”的原则，进一步压缩“采、送、检、报”各环节时间，提高监测时效，2023年1月8日至12月31日，广东省内海关口岸监测检出16种全国首例新冠病毒亚型变异株。做好多病共防，强化口岸健康宣教，联合广东省卫健委健全完善应对口岸重点关注传染病疫情和突发公共卫生事件合作机制。开展“国门绿盾2023”行动，深化跨境电商寄递“异宠”综合治理，联合广东省林业局开展“护松2023”行动，严防动植物疫情传入和外来物种侵害，服务绿美广东建设。推动供港生乳检验监管优化模式在广东落地，通关时间由72小时压缩到6小时。推动省内海关实施进境种苗跨关区附条件提离，通关时间由15天缩短到2天。联合广东省农业农村厅完成对147家省级农产品出口示范基地的评审创建工作，对“鲜急特”产品优先通关，服务广东农业强省建设。大力实施进口食品“国门守护”行动，省内海关退运或销毁的不合格进口食品约占全国三成。优化省内海关实验室跨关区协作机制，为广东高质量发展提供有效技术支撑。

【海关总署广东分署服务口岸通关】 广东省内海关积极做好新冠病毒感染实施“乙类乙管”后口岸现场准备和通关恢复，在符合条件的口岸实施人员卫生检疫“合作查验、一次放行”等新型查验方式。积极推进“澳车北上”“港车北上”政策分别于2023年1月、7月顺利实施。推进香港赛马会跨境马匹属地口岸协同监管。推动口岸海关和属地海关制定香港赛马会往返粤港马匹协同监管合作备忘录。扎实推进“打击进出口危险品伪瞒报”专项行动，开展进口危险化学品检验监管模式改革试点。坚决维护意识形态安全。加强与国家安全等部门的合作，组织开展“扫黄打非”系列集中行动，守卫祖国“南大门”。

【海关总署广东分署优化口岸营商环境】 海关总署广东分署会同广东省内各直属海关2023年上半年出台支持广东省高水平开放高质量发展18条措施，聚焦建设世界级湾区、支持制造业当家、服务市场主体、促进跨境贸易便利化、统筹发展和安全5个领域，打好“五外联动”组合拳，取得明显成效。下半年在落实落细海关总署优化营商环境16条措施的基础上，出台《广东省内海关支持广东优化营商环境 推动全省外贸稳规模优结构20条措施》，广东省内各直属海关共出台151条细化措施，支持广东继续稳住外贸基本盘。做好全省稳外贸监测调度，海关总署广东分署会同广东省商务部门先后3次稳外贸调度，全力推动2023年广东外贸实现正增长且增幅好于全国。

【海关总署广东分署促进跨境贸易便利化】 海关对标世界银行标准，聚焦促进跨境贸易便利化。积极推进粤港澳“大湾区组合港”“一港通”等区域物流一体化改革试点，通过积极扩大应用范围，进一步压缩货物口岸通关时间，降低进出口环节费用，智慧海关建设为广东外贸高质量发展注入新动能。海关总署广东分署联合广东省口岸办共同研究制定6个方面22项措施，首次实现专项行动全省全覆盖。海关总署广东分署牵头广东省内海关推出智慧海关“广东方案”，实施“185”广东施工图，推进53个业务场景应用方案建设，探索16个特色改革场景应用。持续压缩全省进出口整体通关时间。推动广州、深圳航空物流公共信息平台试点建设；进一步推动珠澳、深港“一单两报”；创新海关监管模式，着力推动外贸产业提档升级，支持新业态健康持续发展。支持中欧班列扩线增量。

【海关总署广东分署支持地方经贸发展】 服务广东重大项目建设，对进口设备“即到即检”，对符合条件的进口大宗能矿商品“先放后检”“快检快放”。广东省内海关在全国率先开展跨境电商零售出口跨关区退货试点，支持符合条件出口商品免税退运进境；探索打造全球中心仓，支持跨境电商等出口货物多模式拼箱出境，全方位提升出口物流效率。积极助力广东参与共建“一带一路”，促进广东中欧班列高质量开行。海关加大对广东专精特新、共建“一带一路”、重点产业链供应链“白名单”企业的信用培育力度，对加工贸易企业实施“保税+ERP”监管，开展“短溢区间”改革，推广企业集团监管模式，有效落实主动披露政策，为企业提供容错纠错、守法便利通道。2023年，广东有进出口实绩的企业12.4万家，同比增加9.3%。服务广东企业尽享RCEP等自贸协定关税优惠，全年广东企业进口享受各类自贸协定税款减让和特定减免税共约244亿元。支持用好管好大桥，发挥港珠澳大桥经贸新通道作用，推动香港国际机场、大桥口岸、粤港澳物流园高效联动。积极推进广州白云国际机场货物24小时通关工作。

【海关总署广东分署推动口岸通关改革】 以横琴、前海、南沙、河套等重大平台建设为突破口，全面落实海关总署支持横琴、前海、南沙重大平台54项具体措施，切实发挥好示范带动作用。深入研究横琴合作区建设，全力加快推动横琴“分线管理”政策落地。海关全力推进智慧口岸旅检改革，支持广州琶洲港澳客运码头、港珠澳大桥经贸新通道、皇岗口岸改造和沙头角口岸重建等基础设施建设，推动全面恢复内地与港澳人员往来。积极参与港澳跨境通关合作，成功将“跨境一锁”改革拓展至湖南省，推动开通经港珠澳大桥的第二条湖南往返香港“跨境一锁”运输路线，2023年6月，湘粤港海关“跨境一锁”正式启动。截至年底，“跨境一锁”已覆盖广东、湖南和港澳共81个清关点。

【海关总署广东分署创新通关监管模式】 广东省内海关积极扩大“组合港”“一港通”等区域物流一体化便利措施覆盖范围。2023年以来成功将“组合港”模式拓展至湛江、汕头地区，

"深汕组合港"的开通获企业高度肯定。截至年底，全省"大湾区组合港""湾区一港通"累计开通航线57条；新开航线15条，全年共48.1万标箱货物经相关模式运输。

【海关总署广东分署提高口岸规范化管理】 广东省内海关配合对广东省内口岸开展规范化建设，优化口岸布局，促进广州港口岸琶洲港澳客运码头临时开放获得交通部批复同意，推动阳江港4号泊位源强码头、广州港大屿山地、珠澳跨境工业区专用口岸临时开放续期获交通运输部批复同意。协调推进横琴粤澳深度合作区"二线"通道、揭阳港口岸神泉港区中委广东石化2 000万吨/年重油加工工程产品码头对外开放、港珠澳大桥珠海公路口岸扩大开放验收等工作。持续跟进皇岗、沙头角等口岸重建和罗湖口岸升级改造情况，开展口岸专题调研，配合广东省口岸办推进24个长期未运作的原二类水运口岸启动退出机制。

【广州海关周密部署全力保障新冠病毒感染口岸防控平稳有序转段】 一是迅速学习贯彻上级部署。第一时间深入组织学习贯彻党中央、国务院决策部署要求，开展流程重塑，研究细化关区转段方案。二是建立完善组织指挥机制。成立新冠病毒感染口岸防控转段工作专班，制订细化方案、突发情况应对预案和应急处置预案，压紧压实各级主体责任。三是加强多方联系配合。加强与地方联防联控机制配合，做好口岸疫情监测，落实多病同防要求，做好入境旅客分段管控、秩序维护，确保口岸疫情防控措施平稳有序落实。四是提前统筹调配现场监管资源，推行预约通关、优先检查措施，迅速调整落实通关监管工作部署要求，充分做好转段前通关准备。五是严格落实口岸检疫措施调整，根据申报情况和检疫情况实施分类处置，全力保障转段首日通关顺畅。2023年1月8日凌晨，顺利监管验放首批2个进境航班旅客入境；1月8日下午，关区首票空运冷链和首票海运冷链货物顺利办结海关查验手续；1月8日全天，验放服务进境货运船舶23艘次、运输工具人员327人。

【广州海关强机制、深改革、优流程，全面提升口岸通关效率】 一是强机制，构建组织监控体系。成立促进跨境贸易便利化工作领导小组和工作专班，及时研究工作措施，解决企业通关痛点堵点难点问题。成立业务运行专项工作小组，畅顺响应、呼应、反应运行机制，及时协调解决货物滞港、物流不畅、通关受阻等具体问题。建立数据监控及评估机制，开展日周月异常数据监控，依托广州"单一窗口"对船舶运抵到货物提离全流程各环节通关时间进行分析评估。二是深改革，构建智能高效体系。将21个海关应用项目部署在地方"单一窗口"，对16项监管业务中推广应用"移动远程监管"模式，推广应用"在线预约通关"功能，实现关企在线交互"零接触""网上办""监管全天候"。深化智能审图应用，自主部署特色算法400余种，实现精准识别、分类处置、高效监管。依托查验机器人开展机动监控、拍照取证以及有毒气体、放射性检测等功能实战应用，应用无人机辅助关员开展查验提升效能。常态化开展"湾区一港通"业务，拓展至17个泛珠江流域码头。支持打造粤港澳大湾区机场共享国际货运中心（南沙），"一站式"完成海关查验后直抵机场"登机"出口。三是优流程，构建快速衔接体系。建立跨关区通关协调机制，加强申报地海关、口岸海关、属地海关的协作联动，推进海关实验室检验检测结果互认互通。优化货物取样送检操作细则，细化职责分工，提速检测进程。靠前布置移动P2+实验室，实施快速检疫检测。设立进出口鲜活易腐农食产品查检绿色通道，推行"5+2"通关保障，叠加"船边直提""运抵直装"改革快速通关。

【广州海关研发赛马监管系统高效服务粤港马产业发展】 全面深化"智慧海关"理念，利用大数据和现代科技，与香港赛马会联合研发应用"粤港澳大湾区赛马跨境通关检疫监管系统"（以下简称"赛马监管系统"），高效服务粤港马产业发展。一是搭建赛马监管系统投入实战应用。赛马监管系统集成马匹身份备案溯源、健康动态、通关节点、场所场地、生物安全、在途运输等工作链条数据，实现对从化马场生物安全水平的智能评估和全周期辅助监管。通过马匹备案管理模块对马匹原产地和经停地信息进行审核；通过在途运输管理模块实现马匹跨境运输全程监管；通过生物安全管理模块监督日常监测情况；通过辅助审核、综合统计管理模块汇总数据形成每月工作月报。二是叠加高科技推动全链条高效“无感查验”。关员使用扫描仪快速感应马匹芯片，利用电子芯片识别技术即时核对马匹身份。通过红外测温预警系统，实时监测马匹体温，对马匹进行“无感查验”。全程 GPS 运输定位，实现从香港沙田马场—进境口岸—广州从化马场的全链条监管。三是规则衔接和机制融合创新。通过生物安全管理模块，可记录马匹的日常管理、免疫记录、疫病监测情况，实现两地监管部门对马匹隔离检疫监管的规则衔接和有效融合。同时，赛马监管系统预留电子证书端口，为下一步实现粤港电子证书互认，推动证书无纸化奠定基础。

【广州海关全程护航助“荔”扩大出口，推动乡村振兴】 紧扣主题教育要求，深入边远山区的田间和果林，多渠道调研农民和企业急难愁盼问题，全流程助力广东荔枝开拓国际市场。一是从“育苗”到“育企”，加强出口企业培育。依托“关长送政策上门”，协助企业提前研判相关出口目的地国家和地区的技术贸易风险；应企业拓展市场需求，推动出口南美国家的检疫准入，助力企业扩大出口国际市场；指导企业建立质量安全管理体系和自检实验室，开展荔枝蒂蛀虫、橘小实蝇等国外重点关注有害生物的监测与防控。积极配合开展农产品出口示范基地创建工作，关区 1 家出口荔枝果园和 2 家包装厂被授予出口示范基地。二是从“难点”到“亮点”，质量安全精准提升。不断推进检疫处理技术应用研究，开展“鲜荔枝检疫除害和绿色保鲜技术集成及应用示范”的科研项目攻关，帮助企业解决荔枝出口的最关键核心环节；研发试用检疫性实蝇监测平台，为扩大“准出”打牢基础。三是从“果园”到“口岸”，智慧海关全程护航。针对荔枝季节性强、保鲜期短的特点，设立出口新鲜水果等鲜活易腐农食产品属地查检绿色通道，推行“5+2”查检制度，实行审单、检疫、放行、出证“四优先”等便利措施；应用智慧海关技术，实施检验检疫证书“云签发”模式，实现“企业自主申报、海关在线审核、信息自动提取”的签证便利化；探索实施对注册果园和包装厂实施远程电子监管，便利企业，有效提升监管效能；对新申请注册的荔枝果园和包装厂“随报随审”，并加快推荐国外注册登记进程，帮助企业取得智利、泰国等国家的准入资质。

【广州海关实施农产品外贸高质量发展措施，服务农业产业链供应链建设】 聚焦支持种业振兴、保障粮食进口安全、维护产业链供应链稳定等方面，制定促进农产品外贸高质量发展 20 项措施，服务外贸增长、农业增效、农民增收。一是突出加强全链条监管，着力服务种业振兴。统筹全关资源，做好进境种牛检疫监管工作，研究制订进境大中动物检疫监管工作方案。隔离检疫驻场监管全程实施“驻场兽医 24 小时驻场监管+远程督导专家全程督查+业务职能部门远程视频”模式，强化联防联控。推广进境种苗检疫监管系统运用，规范进境种苗繁殖材料隔离种植场、隔离仓库等备案流程，实施进境种苗附条件提离，支持种子种苗安全有序进口。二是突出创新监管模式，着力保障粮食进口安全。主动对接企业，结合进口计划制订检验检疫预案，对符合条件的产品，依企业申请可实施“附条件提离”。靠前服务企业，邀请实验室专家参与查验，对符合条件的进口散装粮食实施靠泊检疫，及时规范处置小麦线条花叶病毒相关事宜。精准辅导企业，督导进境粮食加工企业改进工艺、升级设备，适应海关监管要求。配合跟进南沙区全球人道主义应急仓库建设工作，支持打造粤港澳大湾区粮食集散中心枢纽。三是突出职能作用发挥，着力维护产业链供应链稳定。认真落实便利措施，免除出境新鲜水果果园及包装厂提供无污染源证明材料，免除企业办理进境水果检疫许可证提供存放场所证明材料。强化专业指导，帮助和鼓励顺德国兰等优质种苗花卉扩大出口。联合多部门开展RCEP研究，组织出口企业诉求调查、积极协调各方，妥善应对贸易国家提出的技术性贸易措施。协助海关总署及时研究解决鸡蛋花检疫准入问题，为企业纾困解难，有力保障我国凉茶产业链供应链稳定，得到广东省工信厅等部门的高度肯定和业界赞许。

广州海关深入企业对出口年花开展现场检查

【广州海关聚焦需求精准服务第133届广交会全面恢复线下举办】 第133届广交会于2023年4月15日—5月5日分3期举办。广州海关聚焦参展企业诉求，在夯实基础保障、实现便捷通关、助推新业态发展等方面持续用力，服务线下展会规模超历史新高的3.4万余家企业参展。一是建机制强部署，夯实基础保障。成立第133届广交会工作领导小组及6个工作组，聚焦促稳提质目标，协调推进通关保障、咨询服务、内外宣传、疫情防控等各项工作。进驻中国进出口交易会展馆，开展现场政策宣传，设立19类海关业务后台专家团队，通过"线上+线下"方式为企业提供即时通关服务保障。二是明流程提效能，实现便捷通关。公布"展前备案审批、物资申报—展中监管、查验放行—展后展品处置"等8个方面全流程指引，细化12类检验检疫限制清单及3类禁止清单，为境外参展商及采购商提供明确、详细的规范引导。制定派员驻会服务、简化通关手续、允许"展检同步"等15条便利化通关措施，进一步优化流程简化手续。针对性制订展品监管预案，在关区口岸现场设立专窗，优先办理申报、查验、抽样、检测等手续，提供"7×24小时"通关保障。三是育亮点放红利，助推新业态发展。为参展企业搭建沟通桥梁，推动打造国际珠宝专区，探索平行进口汽车开展保税展示，支持保税货物"点对点"直接流转，扩大展会效应、丰富新业态。制定税收优惠政策计税指引，助力"展品变商品"享受税收优惠。支持琶洲客运口岸与展会联动，发挥"智慧口岸"监管效能，为旅客携带展品进境新通道提供通关便利。

【广州海关创新监管模式助力健康湾区建设】 一是强化与地方协同，推动"港澳药械通"持续扩容。联合广东省药品监督管理、卫健、医保等部门，开展调研摸清医疗机构采购进口急需医疗药械的意愿和诉求，跟进指定医疗机构资质获取情况，优化申请港澳药械审评审批流程，简化申报资料，提升审批效率。截至2023年年底，通过"港澳药械通"政策累计批准19家指定医疗机构、急需进口药品23种、医疗器械13种。指定医疗机构申请已纳入目录的药品和医疗器械，审批时限平均缩短56%。二是把好质量安全关，满足群众所盼。民意调查显示，九成受访者考虑通过"港澳药械通"使用进口药械，近五成受访者最关心"港澳药械通"进口药械安全问题。海关严守进口药械质量安全关，为企业提供一对一政策咨询，完善从医疗器械、特殊物品入境验证、口岸查验到目的地检验闭环监管。建立风险评估机制，通过审核科研测试证明材料、多查合一等手段加强进口药械真实用途核查，防范非法港澳医疗器械流入市场。三是创新监管模式，"港澳药械通"进入大湾区不断提速。把握南沙与华润广东医药达成战略合作机遇，支持华南现代化医药物流中心及物流保税仓建设，推进"港澳药械通"政策红利进一步释放。针对进口药品对运输时效、储存环境的高要求，充分发挥广州白云国际机场综合保税区内恒温恒湿医药仓储资源优势，支持进口药品在保税仓先行抽样检测，配套"一证多批"模式，实现进口药品全程恒温运输。灵活使用"批次进出、集中申报"等自由贸易试验区海关监管创新制度，加快进口药械入区流转效率，保障进口港澳药械快速投入使用。

【广州海关贯彻落实习近平总书记视察广东重要讲话和重要指示批示精神，服务高质量发展】 深入学习、坚决贯彻习近平总书记重要讲话和重要指示批示精神，在服务粤港澳大湾区建设、支持实体经济稳步提升、推动解决区域发展不平衡问题上发力，充分发挥海关职能优势，推动广东高质量发展。一是深度融入新阶段粤港澳大湾区建设。积极推进落实开放平台共建、制度规则对接，发挥海关双循环交汇枢纽作用，在促进要素便捷流动、打造高水平开放平台、深化与港澳互利合作等方面强化担当。二是聚焦实体经济稳步提升贸易质量。支持实体经济发展有举措，支持重点制造业、专精特新产业发展，围绕汽车产业制定支持措施，成立工作专班专题攻关。全力纾困解难海关有实招，对 1 200 多家外贸企业开展调研，深化关长联系企业等工作机制，建立 AEO 企业培育基地；服务广交会线下举办，推动广交会税收优惠政策落地，助力企业拓展市场、抢抓订单。坚决打击虚假贸易海关有行动，聚焦市场采购、跨境电商，加大审单、查验、稽查力度，健全关区责任体系。三是下功夫推动解决区域发展不平衡难题。优化监管资源配置，调研优化科级机构设置，推动设备、人员、实验室等资源更加合理配置；强化业务统筹，推动解决口岸业务量与监管资源不匹配问题。推动区域物流联动，发挥珠三角辐射带动作用，扩大“湾区一港通”范围，强化港口资源互补，盘活内河码头资源，覆盖 4 个直属关区 17 个内河码头，并联动贵阳、长沙海关启动贵阳国际港、株洲中车基地、衡阳南站与南沙港“一港通”铁海联运模式试点。支持特色产业发展，支持广东省“菜篮子”项目，落实绿色通道措施，支持预制菜等“风口”产业发展，保障供港农产品供应。

【广州海关聚焦深耕服务，推动共建“一带一路”高质量发展】 一是聚焦物流通道“硬联通”，支持构建“一带一路”立体互联互通网络。设立“班列办理专窗”，采取“零延时”便捷报关、“舱单归并”等措施，推动广州铁路枢纽能级提升，广州中欧班列线路通达欧亚 20 多个国家和地区的 40 多座城市，为 3 000 多家外贸企业提供稳定国际物流运输，贯通“丝绸之路经济带”。支持南沙港构建“内陆港+海铁联运班列+驳船支线”立体物流服务网络，形成以航空、海运、铁路运输为纽带，以广州白云国际机场、南沙新港和广州国际港为核心的多式联运共同发展局面。深化大湾区机场国际共享货运中心运作，“湾区一港通”拓展至珠三角 17 个内河码头、泛珠三角 3 个铁路陆港，南沙港区海铁联运班列线路达 35 条，跨境电商货物在南沙综合保税区一站式通关。二是聚焦规则衔接“软联通”，服务共建“一带一路”国家和地区经贸合作。建立“点对点”关际合作关系强化国际执法，通过世界海关组织执法网络平台（CenComm）交换指定信息，协同进行风险研判、后续监管，形成跨国境智能监管闭环，2013 年与荷兰海关在全国率先实现“安智贸”项下海运空运“双轨运转”、进口出口“双向通行”，2016 年与英国海关开展中英重点商品监管年度联合行动。建立粤港澳大湾区海关知识产权案件信息交换核查机制，与香港渔农自然护理署等机构合作，保障粤港赛马便捷通关、粤港澳“菜篮子”稳定供应。加大国外技术性贸易措施研究应对力度，拓展检验检疫多边合作，加快推进共建“一带一路”国家和地区农产品输华准入检疫风险评估进程，将技术优势转变为规则优势，推动沙特等多个贸易伙伴修改或延缓实施相关技术措施条款，惠及家电、陶瓷、新能源汽车等产品出口。三是聚焦贸易往来“链联通”，创新监管激发发展新动能。建立全链条机制加强企业信用培育，与共建“一带一路”国家和地区有贸易往来的 AEO 企业占八成。推进“广州—深圳—香港—澳门”科技创新走廊建设，配合广州市出台相关措施促进跨境科研物资便捷流动，实施“保税+融资租赁”“异地委托监管”等创新举措，实行重点企业“一企一策”，针对手机终端、生物医药以及维修留租留购飞机分别采取“区外保税仓查验”“形式申报、联动监管”等措施提高通关效率。推进跨境电商零售进口退货中心仓、出口海外仓等业务发展，运用跨境电商出口退货“合包”新模式，支持希音集团等企业在南沙建设全球退货集散复销中心。

广州海关保障粤港澳大湾区首列“中吉乌”公铁联运国际班列顺利开行

【广州海关打造进口粮食分拨中心新模式，强化“四个通道”支持金砖国家粮食进口】 一是开辟“绿色通道”，提供贴身服务。设立金砖国家农产品绿色通道，全流程优先保障“金砖粮”进口。打好“提前量”，及时掌握原产地检疫状况和双边检疫要求，“一船一策”制订工作预案。2023年11月16日，广州关区首票南非粮食进口通关，实现中南两国相关贸易协议顺利落地。打好“主动仗”，集中“金砖粮”植检专家，确保“金砖粮”即抽即送、送到即检。与口岸单位建立无障碍沟通渠道，共同保障口岸粮食储运调拨生产安全。二是畅顺“监管通道”，提高通关效率。创新“5G+无人机+岸基现场检疫”模式，实现表层粮食全覆盖快速查验。在口岸设置植物检疫实验室，“零距离”提供检测鉴定服务，实现粮食抵港即检、表层样品合格即卸。充分运用智慧海关建设成果，叠加“两段准入”“附条件提离”等改革举措，保障粮食进口快速通关。三是丰富“政策通道”，保障多元供应。推动地方政府引进国际粮食临港加工项目，建立配套的海关监管机制，打造粮食加工“前港后厂”模式，实现粮食加工“直达工厂”，2023年使用此模式加工粮食120万吨。响应企业反映的进口玉米检疫办证时间长的问题，实施散装玉米“初审后置”，年内关区玉米进口量增加96.2%。四是建立“快疏通道”，加速粮食集散。畅顺物流“大联运”，在粮食码头搭建复式进口粮食疏港平台，整合海、铁、陆三重物流通道，码头日疏运量可达10万吨。推进分拨“散改集”，支持散装粮食以集装箱运输方式快速提离。支持口岸“扩仓容”，提升粮食仓储周转利用率。提高调运“便捷度”，率先在系统试点应用“变更流向”功能，粮食流向变更审批时间最快由7天压缩至1天。

广州海关按照企业预约时间在春节前对供港蔬菜开展查验和放行

【深圳海关推动通关改革，服务口岸通关】 2023年，聚焦“守国门、促发展”职责使命，统筹推进智慧海关建设和“智关强国”行动，持续推动通关改革，“海空港畅流计划”全面落地，实现智能分流、顺势查验、嵌入监管，试点双人查验模式提升查验效能，车箱体智能审图实现秒级验放。创新“云确权”模式便利合规货物通关，提升确权效率。开展进口冷链顺势监管模式改革，缩短通关时长，节约企业成本。科学高效开展口岸多病同防，保障疫情平稳转段、深港口岸全面复通，确保日均42万人次、单日最高83万人次旅客安全有序通关。全链条把好进出口食品安全关，保障香港“菜篮子”安全，优化创新监管模式，推进关区多式联运体系建设，进、出口整体通关时间持续压缩。深化“放管服”改革，优化办事指南，加强政策解读，让更多企业享受备案门槛降低便利。

【深圳海关强化口岸监管打私，维护国门安全】 2023 年，贯彻落实总体国家安全观，严厉打击“洋垃圾”、象牙等濒危物种及其制品、海南离岛免税“套代购”、粤港澳海上跨境走私，实施“水客”专项治理，侦办各类走私罪案，数量居全国海关首位。开展“国门利剑 2023”系列联合缉私行动多次，打掉多个走私团伙，查获多起涉枪涉爆涉毒案件，荣获 2023 年亚洲环境执法奖。守护国门生物安全，检出年内全国口岸首例入境艾滋病合并梅毒感染病例、首例出境猴痘病例。加强外来入侵物种防控，截获非贸渠道外来物种、“异宠”数量居全国海关第一。强化全链条知识产权保护，查获侵权货物数量居全国海关第一。

【深圳海关优化口岸营商环境，促进跨境贸易便利化】 2023 年，出台优化营商环境措施 20 条释放红利，技术性贸易措施利好 3 800 亿元产品出口，保障超 1 000 亿元“造芯”设备进口提前投产，深圳 AEO 企业突破 400 家，会同深圳市口岸办组织开展“深圳口岸营商环境讲坛”9 场。开展 2023 年促进跨境贸易便利化专项行动，推进 15 项细化措施，强化通关业务运行监控，聚焦新业态培育，搭建新能源车绿色通道，推动“新三样”产品出口同比增长 42.3%。主动对接数家医疗机构开展“港澳药械通”试点，在药械通关、医械检验等方面提供海关政策支持，保障多种试点进口药械顺利通关，惠及内地和香港、澳门患者数千人次。

【深圳海关促进外贸保稳提质，支持地方经济社会发展】 2023 年，助力深圳进出口达 3.87 万亿元，同比增长 5.9%。推动地方出台促进外贸稳定增长系列措施，提升政策措施的协同效应，联合深圳市商务局在全市 9 个区举行稳外贸政策宣讲会。支持科技创新政策落实，对接河套深港科技创新合作区、光明科学城开展政策研究，为各科研机构、高校等减免税款 4.01 亿元。支持会展产业发展，为符合条件的展会提供驻场监管免担保服务，为“文博会”等 7 场展会提供监管服务，免除企业担保金 2.3 亿元。支持增开通程航班，已开通进出境通程航班 34 趟，助力航空业务发展。支持游艇产业发展，落实免担保政策，保障进出境自由行游艇 162 艘次。服务国产心脏瓣膜以“暂出复进”方式首次正式供港临床使用，助力国内高端产业发展。

【深圳海关深化改革创新，服务深圳“双区”建设】 2023 年，服务深圳“双区”建设，支持前海、河套等重大平台建设，推动“前海方案”中建设跨境贸易大数据平台等 5 项任务落地取得实效，统筹推进海关总署支持前海 18 条措施加速落地见效，助力前海落地全国首个离岸现货交易大豆保税交易库。落实国务院自贸区制度型开放若干措施，自贸创新成果 1 项为全国首创，3 项入选中国（广东）自由贸易试验区改革创新经验。推动光明科学城海关创新监管措施纳入特区立法，对河套、沙头角等 6 部与海关业务密切相关的地方立法提出修改意见。推动粤港澳大湾区首条 TIR 跨境公路货物运输线路开通，助力中欧班列载运货值增长 15.3%；首创“仓厂联动”，依托寄售维修仓大幅提高光刻机零件配送效率，助力高新技术产业突破“卡脖子”问题。

【黄埔海关守国门，筑牢口岸安全屏障】 扎实开展口岸危险品综合治理，在广州有效落实广东口岸危险品综合治理 10 条措施，强化部门同，加强信息通报和共享，防范化解危险品超期滞港风险隐患，共同打击进出口危险品伪瞒报等违法行为，2023 年未出现危险品超期滞港情况。坚持多病同防，严格进出境动植物检疫，截获有害生物 6.6 万种次。严把进出口食品商品质量安全关，查获原产日本禁止进口食品近 60 批次，检出不合格汽车 1 700 余辆，成功获批广东省口岸安全智能化检测重点实验室，守护进口食品商品质量安全。

【黄埔海关挖潜力，促进跨境贸易便利化】 支持广州黄埔进口贸易促进创新示范区国家级开放平台建设，推动黄埔区落实生物医药研发用物品进口“白名单”制度，对于列入“白名单”企业和物品，无须办理进口药品通关单。联合广州市科技局、广州市商务局等部门联合印发“广州市科研用物资跨境正面清单（第二批）”，对试点单位列入清单的物品，提供便利化通关服务。服务黄埔综合保税区、知识城综合保税区协同联动、错位发展，丰富“保税+”进口业务，培育保税维修、保税研发、汽车保税存储、服务外包等新业态；打造“一单多车”汽车保税进出口监管模式，物流流转效率提高30%。

【黄埔海关保畅通，全力服务口岸通关】 深化进口货物“船边直提”和出口货物“抵港直装”改革试点，推广“直提”业务在线办理模式，截至2023年年底广州港“直提”预约平台注册企业数量达125家，共3个码头常态化开展“直提”“直装”业务。年内，“直提”“直装”1 277艘次、3 644票报关单、货运量545万吨。持续扩大“组合港”“一港通”覆盖范围，促进粤港澳大湾区港口群物流协同，年内“组合港”“一港通”拓展线路17条，监管货物逾4万标箱。助推增城西站打造粤港澳大湾区班列集结中心，开通进口水果回程专列，打通粤港澳大湾区与东盟国际班列双向陆运通道。年内，监管增城西站国际班列397列、3.87万标箱、货值94.68亿元，同比分别增长约32%、43%、28%。

【黄埔海关抓创新，推进智慧口岸建设】 依托国际贸易“单一窗口”平台，深入推进口岸信息化、智慧化建设，协同深化“智慧口岸”建设和口岸数字化转型，积极推动广州成为智慧口岸试点城市。创新推出“锚地直提”顺势监管模式，提供分港卸货等多元化直提选择，搭建锚地智慧监管平台，支持企业在线提交锚地减载、装载等资料，业务办理时效压缩70%，物流通关时效提升66.7%。提升对企智能化服务水平，结合进口检验检疫证单签发集约改革，推动“入境货物检验检疫证明”电子化使用，2023年“入境货物检验检疫证明”电子证书签发率达100%，“云签发”模式下平均每个证书出具时间由原来的1天缩短为30分钟。

【黄埔海关优服务，提升市场主体满意度】 建立关地对接机制，协同推进企业“问题清零”；密切与协会商会联系沟通，建立定期沟通机制，提供政策支持。实施“关长送政策”“一链一策”“一企一策”等服务机制，筛选关区生物技术、汽车、集成电路、新能源等11条重点产业链，确定45家“链主”企业名单，推出精准帮扶措施和建议。扩大海关高级认证企业（AEO）享惠范围，打造“点对点”“即时响应”的服务体系，2023年高级认证企业新增34家。加强涉企政策宣传培训，工作成效获中央电视台、《人民日报》等主流媒体报道1 100多篇次，组织开展优化口岸营商环境、促进跨境贸易便利化等典型案例评选、政策宣讲等活动，1个案例获评2023年全国海关推动外贸稳规模优结构典型案例。

【黄埔海关促发展，加速外贸扩容提质】 支持跨境电商业务健康持续发展，对接服务希音等平台企业，支持符合条件的企业适用简化申报、24小时通关等便利措施；全国首批打通出口跨关区退货通道；密切与地方商务、税务部门联系，协调解决出口未退税证明、京东保税仓库用地、香水喷雾化妆品保税仓储等急难愁盼问题，2023年关区跨境电商监管货值首次突破1 200亿元。出台促进广州市制造业重点产业链高质量发展9条措施，推进“亮屏”“强芯”“智车”“研药”等重点产业集聚，年内新沙口岸出口汽车13.2万辆，同比增长25.17%；促进省级重点项目落户，助力华星光电“t9”二期、粤芯半导体三期、增芯一期发展，跟进解决项目建设、减免税、归类等方面问题，引导关区相关企业用足用好分期纳税政策。

【拱北海关服务口岸通关】 2023年，积极支持关区沿江支线港口开展“一港通”“组合港”业务，叠加“抵港直装”“内外贸同船运输”等政策红利，有效缩减通关周期，提升货物通关效率。支持建设港珠澳大桥经贸新通道，配合推动“澳车北上”“港车北上”落地实施，做好政策研究、海关备案、通关验放等工作。配合珠澳两地保障澳门孤仔往来珠海桂山岛海上客运航线于7月15日顺利开通。支持粤澳两地会展行业发展，采取“一展一议”方式，保障“澳门·横琴艺墟”展会、“2023 齐齐葡-葡语国家及澳门产品特色市集”等的展品顺利通关，认真做好第七届中国国际马戏节、首届亚洲通用航空展等进出境监管与服务。

【拱北海关优化口岸营商环境促进跨境贸易便利化】 2023 年 6 月底，主动对标海关总署 2023 年促进跨境贸易便利化专项行动部署和海关优化营商环境 16 条措施，立足关区实际，研究出台拱北海关优化口岸营商环境工作措施，明确 4 个方面 28 项工作任务，聚焦监管模式改革、支持外贸产业升级、促进跨境物流链畅通、提升外贸主体满意度 4 个方面内容，促进口岸营商环境持续优化和整体提升。

【拱北海关支持地方外经贸发展】 2023 年，结合关区外贸实际，出台关区支持高质量发展高水平开放 22 条措施，促进外贸稳规模优结构。持续用好“关长送政策上门”机制，建立完善企业问题收集、处置及反馈机制，建立促进外贸保稳提质“问题清零”台账，及时对账销号，对调研收集的问题明确责任单位分类推动解决，年内共收集企业反馈问题 421 个，其中已解决 375 个，企业反馈满意度 100%。积极支持免税经济健康发展，支持配合设立免税店和免税品监管仓库，探索高栏港综合保税区免税保税衔接业务模式；严格落实免税店和免税品监管要求，作为首批试点单位之一参与海关总署免税店及免税品监管系统建设和试运行工作。积极响应香港海关提出的建立香港国际机场到内地“空陆鲜活食品专属快线”倡议，支持珠海市在港珠澳大桥珠海公路口岸申请设立进境肉类、水果、冰鲜水产品、食用水生动物指定监管场地。在关区全面推广跨境电商出口海外仓模式备案无纸化，支持符合条件的跨境电商零售一般出口商品采用“简化申报、清单核放、汇总统计”方式报关，支持依企业申请对跨境电商 B2B 出口货物实施“优先查验”措施；“线上+线下”指导新引进电商企业开展跨境电商直购进口（9610）业务，量身定制电商大促通关保障方案。年内，经关区口岸出口跨境电商零售一般出口商品货值超 500 亿元，同比增长 50%以上，出口额创历史新高，大桥口岸成为全国跨境电商零售一般出口业务第三大口岸，有力拉动地方外贸出口。

【拱北海关推动口岸通关改革】 2023 年，持续加强与澳门海关执法合作，共同研究在新横琴口岸“对珠澳进出境运输工具及其所载货物实施‘一次机检’，加快通关速度”，推动开展大型集装箱/车辆检查设备机检图像信息共享共用、口岸货运核辐射监测执法协作。在港珠澳大桥口岸实施海关、安检出境“一次过检”联合检查模式，出境旅客通关效率提升 50%。

【拱北海关提高口岸规范化管理】 2023 年，充分发挥职能作用，配合珠海、中山市政府推进拱北口岸“安改”工程、马鞍岛新客运口岸建设；验收通过高栏港国际货柜码头进境水果指定监管场冷链设施改扩建项目；组织动植物检疫、食品安全检验、场所场地管理 16 名专家对关区 9 个指定监管场地开展符合性检查，分类制定整改措施，进一步规范场地建设。

【拱北海关支持与服务横琴粤澳深度合作区建设】 2023 年，以智慧海关建设和“智关强国”行动为总牵引，全力支持和服务横琴粤澳深度合作区（以下简称“横琴合作区”）发展建设。积极配合国家有关部门开展横琴合作区进出口税收政策研究，配合海关总署研究起草《中华人民共和国海关对横琴粤澳深度合作区监管办法》及配套监管制度。落实落细《支持和服务横琴粤澳深度合作区建设若干措施》，深化自由贸易试验区海关监管制度集成创新，“供澳水产品‘三联三同’监管新模式”获海关总署备案为海关监管创新举措。配合地方政府推进“一线”口岸、“二线”通道监管基础设施及配套信息化建设。9 月 26 日，横琴口岸客货车“粤澳联合一站式”部分通道开通试运行，实现粤澳 5 家联检单位在同一通道联合执法，跨境车辆“一次排队、一次采集、一次放行”；12 月 29 日，横琴大桥、横琴隧道、深井通道、横琴码头、广珠城轨延长线横琴站和长隆站 6 个“二线”通道通过国家验收。深入推进横琴粤澳深度合作区智慧海关建设，积极推行“一站式监管、一二线联动、一码通溯源、一体化管控”，横琴粤澳深度合作区海关智慧监管平台获评海关总署智慧海关建设2023年度十佳项目。

【汕头海关毫不含糊守护国门安全】 一是着力防风险保安全。完善业务风险防控体系，发挥“三应”业务运行指挥中心效能，研究关区“滞、瞒、逃、骗、害”重点领域风险，制定防范化解措施，货运渠道查验率下降13.9%，查获率上升23.5%。提高查检征管规范性，“打击进出口危险品伪瞒报”专项行动查发“涉危不报”情事5起，不合格危险品检出率提升2.6%；深化综合治税，单票进口报关单一次性估价补税，创关区历史新高；开展“龙腾行动2023”，查发侵犯知识产权商品数量同比增长11.6%。增强后续稽核查威慑，属地查检作业检出异常率高出全国海关平均水平1.7个百分点，稽查查发率同比提升5个百分点。严厉查处虚假贸易，核查重点领域数据31次，布控查获涉及虚假贸易风险报关单93票，确保海关统计数据真实性。二是着力守牢国门生物安全防线。严格进出境动植物检疫，截获有害生物种类、种次同比分别增长32.6%、73.1%，首次截获大猪笼草等4种外来物种。加强进出口食品、商品安全监管，检出不合格食品化妆品52批，同比增加100%，检验监管进出口法检工业品货值创机构改革以来新高。三是着力保持打击走私高压态势。持续“打团伙、破大案”，2023年立案331宗，案值31亿元，刑事立案案值列全国第10名；先后查发多起大要案。严厉打击虚开骗税违法犯罪，立案7起，挽回国家损失1.82亿元，4个集体、12名个人受到国家以及广东省表彰。强化全员打私和专业能力建设，完善全员打私常态化工作机制，提高深挖扩线能力，向35个兄弟海关缉私局移交多条案件线索，服务全国打私大局。

【汕头海关毫不保留促进高质量发展】 一是落实落细海关优化营商环境16条。聚力优循环保畅通，支持汕头广澳港区增开4条外贸班轮航线，保障3条东南亚航线安全复航，促成汕头港恢复冷链食品进口，完成首票“汕头广澳—深圳蛇口”组合港实船实柜测试，汕头港运营效率全球排名大幅上升88位。聚力能源安全保供，监管进口煤炭列全国海关第5位，监管进口LNG、液化石油气列全国海关第8位。聚力暖企惠企强企，执行减税享惠政策减轻外贸企业资金压力37.8亿元；实施“一企一策”重点培育，关区AEO企业占比列全国海关第4位。聚力统计数据赋能，提高统计服务质量，提振外贸发展信心。二是支持粤东对外开放平台建设。完善关地协作机制，助推粤东综合保税区“双轮驱动”，支持汕头综合保税区保税维修、保税研发业务实现零的突破，制定6项措施支持梅州综合保税区运营发展，粤东2个综合保税区监管业务量同比增长75.7%。促成省级重点建设项目广东石化产品码头对外开放，累计监管进口原油1 821.7万吨，货值741.7亿元，出口成品油124.9万吨，货值76.1亿元，助力打造世界级石化基地。促成深汕合作区小漠国际物流港码头对外开放，监管出口汽车20 078辆、货值26.9亿元，助力打造世界一流汽车城。三是促进粤东外贸稳规模优结构。推动传统产业提质升级，支持企业拓展共建“一带一路”市场。服务乡村振兴发展，实施“一品一策”精准技术指导，支持单枞茶、中药材等40余种农食产品走出国门。助力外贸创新发展，支持首批“跨境电商进口退货中心仓”“海外仓”顺利运作，监管跨境电商B2B出口同比增长18.8%；推进市场采购出口预包装食品试点，服务更多中小微企业。

【江门海关进一步优化通关流程】 为确保全省一体化推进跨境贸易便利化相关措施在江门市落地落实，进一步优化口岸营商环境，不断提升江门市跨境贸易便利化水平，江门市商务（口岸）局牵头制订2023年江门市促进跨境贸易便利化专项行动工作方案，对有关工作进行分工，协同各地、各有关单位认真组织实施。江门市大力扩大推广“提前申报”“两步申报”“两段准入”“船边直提”“抵港直装”等便利通关模式，优化作业流程，极大地节约了口岸通关时间成本。设立鲜活易腐农食产品查检绿色通道，健全“优先申报、优先查验、优先检测、快速出证”机制，为供港澳食品提供通关便利。2023 年，保障 1.89 万吨冰鲜禽顺利供应港澳，助力托稳粤港澳大湾区“菜篮子”。

【江门海关保障粤港澳“大湾区组合港（一港通）”正式启用】 以江门高新港为试点，实施与广州南沙港、深圳蛇口港更加便利的通关模式，在 2022 年 12 月 20 日首条江门高新港—广州南沙港“湾区一港通”航线开通试航的基础上，2023 年新开通 3 条粤港澳“大湾区组合港”线路，分别为“江门高新港—深圳蛇口港”“江门高新港—深圳盐田港”“江门高沙港—深圳盐田港”航线，在“功能组合、水路转运、数据协同、港口合作”上实现“两港合一”，在通关环节上实现“一次申报、一次查验、一次放行”，有力保障了江门市外贸产业链供应链畅通，推动外贸稳规模优结构。年内，共完成出口集装箱 2.76 万标箱，主要商品为电视机、空调、摩托车、洗衣机等产品，为企业节省物流成本约 828 万元，切实为企业降本增效，助力推动江门市外贸稳规模优结构。

【湛江海关主动服务国家发展战略，大力推进高水平开放】 2023 年，认真贯彻落实习近平总书记重要指示批示和给红其拉甫海关全体关员重要回信精神，迅速制定贯彻落实《国务院办公厅关于推动外贸稳规模优结构的意见》22 条细化措施、《海关优化营商环境 16 条》28 条细化措施、《海关支持西部陆海新通道建设重点举措》20 条细化措施，进一步落实海关总署海关领域营商环境创新试点改革举措，结合湛江、茂名两市优化营商环境评价工作方案，制定优化口岸营商环境行动工作任务台账 37 项，助推湛江市口岸营商环境评价“国际贸易”指标排名全省第 6 名、粤东西北第 1 名。年内，湛江市外贸总值 701.6 亿元，同比增长 14.8%，推动湛江市实际利用外资 46.2 亿元。

【湛江海关多措并举促进外贸保稳提质，全力服务高质量发展】 落实落细“船边直提”“抵港直装”“先放后检”等便利化措施，巩固压缩整体通关时间成效，进、出口整体通关时间保持在合理区间。推动湛江港开通“深湛组合港”业务，成为首个纳入“大湾区组合港”扩圈范畴的区外港口。稳步推进智慧海关建设。全力推动“智慧商检——大宗资源性商品监管（铁矿石）”项目建设和成功运行，试点企业每年可节省成本约 2 000 万元，减少海关外勤作业量 90% 以上，成为海关总署智慧海关建设早期收获项目。持续推进智慧口岸建设，与茂名市共同研发上线口岸物流协同平台，在国务院政策例行吹风会上获商务部表扬，入选全国海关主题教育“百个典型案例”。认真落实税收优惠和减免税措施，减（退）税 4.18 亿元；签发原产地证书 1.9 万份，签证金额约 68.6 亿元。加大 AEO 企业认证培育力度，新增 AEO 企业 4 家，关区 AEO 企业占比接近 1%，居全国海关前列。提升技术性贸易服务能力，大力推动茂名特色水果、廉江小家电两个“国字号”技术性贸易措施研究评议基地获批，加强技术性贸易监测分析和帮扶企业提高应对水平。加大知识产权海关保护力度，加强政策宣传贯彻，引导企业加强知识产权海关保护，查获 3 批次 3.9 万件侵权货物。着力服务开放平台建设，支持湛江综合保税区封关运作；认真落实综合保税区政策及高质量发展综合改革措施；支持促进湛江保税物流中心（B 型）与湛江综合保税区联动发展；支持湛江航空口岸扩大开放验收，支持大唐雷州电厂码头、茂名广港码头和东华能源码头临时对外开放及续期。服务高质量共建“一带一路”稳步发展。支持拓展中欧班列业务，湛江首列中欧直发班列成功发运；持续落实落细 RCEP 政策，关区对 RCEP 国家进出口同比增长 10.1%。服务广东海南相向发展，参加海南自由贸易港封关运作对湛江市影响及对策的研究，形成专题研究报告；参加琼州海峡一体化高质量发展示范区建设方案制订，推动将示范区建设事项纳入粤琼省合作备忘录；成立工作专班，支持湛江做大做强临港重化和海洋工程装备产业、推动优化口岸开放建设、规划建设湛江出口加工区等工作；持续指导徐闻口岸基础设施建设，支持徐闻口岸建设开放。着力服务产业链供应链安全稳定。保障宝钢百万吨级氢基竖炉项目投产后进口原料稳定供应，支持茂名东华能源零碳产业发展，落实巴斯夫进口设备减免税优惠措施，加强中科炼化重要化工产品出口通关指导；支持原油、原糖等大宗商品扩大保税进口，支持铁矿石保税简单加工和原油期货保税交割业务发展，助力扩大球团矿加工贸易业务。帮扶地方色产业发展，支持亲虾等优质种质资源安全引进，促进粮食等农产品扩大进口。拉紧检疫审批、检疫查验、检验检测全流程作业链条，实施“5+2”预约查检工作机制，提升水产品等特色农产品通关效率，助力茂名市荔枝出口同比增长53.4%。

【广州出入境边防检查总站纵深推进严密水运口岸管控体系建设】 2023年，以加快“智慧口岸、智慧海防”建设为契机，深化港口锚地预警管控系统建设，加大船体检查、水域监管、前端感知等科技设备配备力度，实现船舶在港、在锚地期间精准安全监管管控。优化口岸限定区域布局，探索建立边检警务责任区工作机制，细化执勤执法船艇使用管理规定，实现“边检监管、船方自管、企业协管、政府共管、海域智管”五管共治落地见效。充分发挥信息数据收集研判预警先导作用，设立海港数据研判室，探索打造以信息研判为先导、船艇巡查监管为主、无人机空中巡查为辅的对外开放水域防控体系。

【广州出入境边防检查总站积极推进口岸对外开放验收】 2023年，紧贴高水平开放、高质量发展需求，主动争取汇报，主动融入国家以及省市口岸发展“十四五”规划，积极参与白云国际机场T3航站楼口岸建设，配合做好广州港口岸扩大开放，联合相关单位共同做好南沙新邮轮母港、琶洲港澳客运港、新港二期码头和大屿山、三门岛锚地等口岸对外开放验收，助力优化口岸布局。

【广州出入境边防检查总站稳妥做好口岸旅检复关】 2023年，准确把握疫情防控、移民管理领域新政策新要求，按照“一口岸一方案”，跟进做好因疫情原因暂停旅客通行的南沙客运港、东莞虎门客运港、顺德客运港口岸等恢复通关工作，健全完善勤务管理、通关服务、综合保障等机制，及时恢复旅检口岸快捷通关，科学设置、动态调整人工和快捷通道比例，做到口岸管控安全和便利通关双兼顾、双提升。

【广州出入境边防检查总站创新通关服务举措护航高质量发展】 2023年，全面落实国家移民管理局促进服务航运企业发展16项新举措，逐条逐项研究勤务措施，切实为“一带一路”主题展会、广交会线下举办、中国企业“组团出海”等重点项目、重要活动提供优质便利安全通关服务。对运输关系到国家能源安全、国防工业、战略性新兴产业等重要生产资料、医疗生活物资的，实现“随到随办、专项专办、特事特办”。其中，优化货运航班服务举措被纳入广东省2023年促进跨境贸易便利化工作案例予以推广。

【广州出入境边防检查总站实施“7×24小时”载运汽车的国际航行船舶入出境通关保障】 2023年，立足南沙汽车码头、海嘉汽车码头等口岸业务发展实际，全面实施“一次申报、一次审批、一次办结”，助力南沙汽车口岸打造国内最大的滚装码头集群，促进汽车整车进出口业务高质量发展。第三季度至年底，已有100余艘次出入境（港）船舶享受到港即可装卸作业措施，为近300名汽车装卸驾驶员网上签发边检上下外国船舶许可，助力将近洋汽车码头作为内地进出口汽车临时堆场纳入口岸限定区域管理，实现出口业务同比增长47%。

【广州出入境边防检查总站积极推进国家赋予广州市保税燃料加注试点开展】 2023年，研究出台国际航行船舶加注保税油边检手续办理服务指南，优化加注保税燃料国际航行船舶的边检查验手续，成功将相关便利措施复制推广至加注保税LNG的国际航行船舶，同时采取“一船一议”方式，大力支持广州国际航行船舶加注保税生物燃料油业务发展。年内，顺利完成3艘次国际航行船舶锚地加注保税LNG边检勤务，为企业节约手续办理时间约 120 小时，节约行政成本约 30 万元。

【广州出入境边防检查总站精准实施修造国际航行船舶“试航免返”直接出境便利措施】 持续丰富完善服务便利企业生产经营活动政策工具箱，研究推出修造国际航行船舶“试航免返”直接出境便利措施。政策实施前，修造船舶试航需办理出港—入港—出境 3 次边检手续后方可出境，现仅需办理 1 次边检出境手续，极大提升了修造船企业作业效率。新政实施以来，先后为 36 艘新造或完成维修、出港试航后即交付的国际航行船舶办理直接出境手续，辖区企业反响良好，累计节省燃油、港口服务等综合费用 1 000 余万元，有力促进了修造船企业提升国际竞争力。

【深圳出入境边防检查总站全力保障口岸恢复运行】 2023 年，认真贯彻党中央、国务院决策部署，按照国家移民管理局部署要求和广东省委、省政府及深圳市委、市政府工作安排，自 1 月 8 日起全面实施移民管理优化政策措施，全力做好口岸逐步有序全面恢复通关工作。成立口岸恢复通关工作领导小组，主动对接属地党委政府计划安排，组建运行“1+18”指挥部，部署实施推进口岸恢复通关 37 项措施，组织开展 173 次通关实战演练、4 000 余台技术设备巡检、20 余项技术措施启用，确保上下通联顺畅、勤务运转高效、应急力量充足。积极会同政府职能部门、口岸查验单位研商全面恢复通关工作措施，推动口岸取消预约通关名额、出入境小（客）车恢复按车辆批文标注口岸通行等政策落地。高位推动深港出入境务实合作，做到信息发布、客流预警、高峰疏导、应急处置“双方向四同步”。强化蓝色提示线、橙色警示线、高峰疏导线“三线”疏导措施，开足查验通道，刚性落实中国公民出入境通关排队不超过 30 分钟举措，兼顾提升外国人通关效率。以周密有序的勤务组织，顺利完成 1 月 8 日深圳湾、福田、文锦渡、深圳机场福永码头、蛇口邮轮母港口岸，1 月 15 日西九龙站口岸，2 月 6 日皇岗、罗湖、莲塘口岸全面恢复通关工作任务。

深圳出入境边防检查总站查验出入境人员

【深圳出入境边防检查总站全力维护口岸边境安全】 2023 年，深入贯彻总体国家安全观，立足辖区口岸对港、面澳、近台区位特点，突出战斗力标准，坚持实战化导向，全面加强边检治理理念、治理体系、治理能力现代化建设，严格落实查疑查假查伪和实质性审查工作要求，强化口岸两翼及周边区域监护管理，加强夜间时段警力巡查。统筹开展夏季治安打击整治等专项行动，查获的 108 千克案值约 2 亿元特大毒品案获国家禁毒委贺电表扬。紧盯主场外交、赛事活动、敏感节点，将管控触角由口岸“点”向边界“线”、海域“面”延伸，深度拓展“边检+”联合办案模式，年内查获 142 起跨境违法案件，高效处置 13 起突发事件。

深圳出入境边防检查总站开展联合对外开放水域巡逻

【深圳出入境边防检查总站积极服务粤港澳大湾区建设发展】 2023 年，主动对标粤港澳大湾区“一点两地”全新定位，积极策应广东省委“1310”具体部署，激活“工作提标、管理提效、服务提质”三大动力，安全高效保障出入境人员和交通工具顺畅通关，以口岸通关流量促进经济发展增量。对接地方党委政府建立服务发展政策共研、信息互通、发展共谋、落实同力的工作机制，深度参与粤港澳大湾区建设发展相关政策研究，前瞻研究服务前海、河套、沙头角“三大粤港合作平台”政策举措，以边检效能升级促进粤港澳口岸基础设施“硬联通”、通关政策机制“软联通”、人员交流往来“心联通”。高效落实欧亚6国入境免签、人才签注试点实施、跨境车辆“多关通行、一车多关”等政策，深入调研论证口岸通关3个新业态，“一地一策、一事一策”支持皇岗等12个口岸新建扩改，全力支持揭阳港口岸扩大开放，靠前保障广东原油码头、惠州机场临时开放，助力新增海运航线39条、民航航线25条，助推全省外贸进出口指标实现新突破。主动延伸“互联网+”政务服务覆盖面，优化完善“一地、一窗、一次”办证办事6大平台，高标推进23项边检服务举措，优化边检手续“网上办”“掌上办”“一证通”建设，不断提升政务服务水平。

【深圳出入境边防检查总站创新推进“智慧边检”建设】 2023年，准确把握信息科技支撑、保障、引领现代化建设的基础性战略性作用，站位全局推进标准引领、信息智联、警务智治、服务智能、队伍智管“五个体系”建设，研提“粤港澳大湾区口岸高效通关检测与风险预警技术研究及应用示范”成功入选“十四五”国家重点研发计划，推动出台口岸边检信息化建设标准。强化原创技术攻关，完成因公电子往来港澳通行证快捷通道查验等8项全国技术系统研发任务，首创推出“掌上通”移动查验等18项创新技术应用，7项创新成果取得国家实用新型专利。攻坚完成“回乡证”快捷通关备案延期技术研发任务，助力延期新政顺利实施，惠及港澳居民312万人，赢得社会各界高度赞誉。

【深圳出入境边防检查总站巩固拓展脱贫攻坚成果】 2023年，持续对口帮扶广西三江侗族自治县同乐苗族乡7个村，牵线深圳企业投资落地7 800余万元，培训党员干部和技能人员592人次，协调解决272名群众就业，超额超前完成全年定点帮扶指标任务。

【珠海出入境边防检查总站加强口岸管控】 立足“大站强站”提能强技，结合总站业务类型多、体量大等特点，深入开展“三查”能力建设、港口边检管理改革和警力配置专题调研，组建业务调查研究队伍，先后举办勤务组织指挥、情报搜集、数据研判、海港业务培训班，组织“三查”实战、执法办案经验分享会、实物证件样本巡回学习30余次，以达到“七个会”标准、全面提升实质性审查能力为目标，逐步打造“复合型”港口综合执勤队和“一警多能、一专多能、多岗位适任”检查员。立足“基层基础”控边固防，开展港口边检管理改革试点，推动船艇巡查队建设、海防无人机项目落地使用、“智慧边海防”监控点位布设，提炼海域锚地“网巡、陆巡、空巡、海巡、联巡”相结合的“五巡”工作法，以“信息化管船、科技化管港、数字化管海”强化前沿科技应用，有效形成“全息感知—全域管理—全线设防”闭环，构建“人防—物防—技防—联防”一体化管控模式。立足“示范规范”管长抓细，以开好应急处突、“三查”工作、港口管理改革三场现场会为抓手，持续探索试点改革、转变理念、完善机制，制定“三查”工作规范，印发港口边检查验监管手册，健全跨站支援警力调度机制，打造应急处突战训基地，形成“组织指挥、预案设置、力量摆布、战术运用”一体联动应急格局，常态化开展“水客”群体综合打击治理、全方位隐患排查、无告知红蓝对抗、模拟化警情测试，以点带面促进整体查缉管控能力提升。

【珠海出入境边防检查总站强化边检信息化】 做强边检查验核心，立足珠海面向全国，高标准完成全国梅沙系统研发升级和运维保障任务，指导构建区域性技术应急处置和协同保障新机制，有力支撑“绿名单查验”“法定不准出境人员管控”等10余项全局性需求快速落地，实现梅沙升级频次、功能研发数量翻一番，梅沙系统整体战斗力进一步增强。做强数据预警模型，推动技术业务深度融合，针对前台录入差错带来管控隐患、报警不准影响查验效率的问题，研发录入辅助回填功能、优化调整查控算法，实现关键项录入差错率同比下降 50%、特定人群前台误报量最多同比降低 90%。

【珠海出入境边防检查总站提升边检管理服务】 会同粤港澳政府和查验单位，优化升级大桥口岸查验系统，建设信息服务平台、创新边检备案方式、完善通关预约机制，全力保障“澳车北上”“港车北上”政策顺利实施，有效应对车流激增态势，为 2023 年 31 次刷新单日车辆通行纪录、110 万辆次澳门单牌车及 27 万辆次香港单牌车顺畅通关提供高效安全保障；密切跟进“大桥旅游开发”“经珠港飞”项目建设，推进检查场地及监管系统建设，建立协作共管机制、修订检查监管办法、严密监管围蔽设施、加强勤务组织保障，有力保障新业态新政策在大桥落地生根。会同琴澳两地有关部门研发部署“联合一站式”查验系统，全力保障新场地、新车道、新系统、新模式顺利启用试运行，推动车辆“合作查验、一次放行”查验模式顺利实施，成为全国首创的改革创新成果，得到社会各界广泛好评。

【珠海出入境边防检查总站创新查验模式】 做强定制研发创新，多次创新优化移动查验系统，实现不同业务场景查验手段新突破，获评“中央驻珠单位优秀成果奖”；定制开发边检业务文件查询检索系统，推动内部文件信息化管理；研发基于国产化的边检业务网查验数据导出系统及公安网数据交换系统软件，国产化替代速度走在全国前列。做强网络通信建设，持续推动网络安全强基工程、密码通信系统建设稳步实施，完成市外 8 站警用数字集群（PDT）基站建设、总站本级和 13 个边检站等级机要室建设评定，全面建成总站无线通信“一张网”，率先实现视频会议加密系统“三级联通”，提前一年开通运行非涉密电子公文交换系统，进一步提升关键基础设施安全管理水平。

【珠海出入境边防检查总站全力保障“澳车北上”“港车北上”政策落地】 助力粤港澳大湾区发展，推动“澳车北上”“港车北上”政策正式实施，符合条件的港澳机动车车主在预约通关获批后，便可驾车经港珠澳大桥珠海公路口岸进入广东，进行短期商务、探亲或者旅游，港澳居民来往内地更为便利。将“澳车北上”“港车北上”列入主题教育“高质量服务粤港澳大湾区建设”专题调研重点内容。总站党委正副书记及班子成员先后 4 次走访广东省委、省政府向相关领导汇报工作，2 次到香港入境事务处交换意见，争取工作支持。走访广东省公安厅交管局、珠海市口岸局、大桥管理机构和粤港澳三地相关政府及社团组织，听取各界对“澳车北上”“港车北上”等通关便利化的诉求；多次前往港珠澳大桥口岸现场实地踏查客流车流，与大桥站执勤队领导、民警及旅客现场沟通交流，现场检查通道设施配备，现场测算车辆通关耗时，现场指导优化候检区域设置，掌握第一手资料。针对政策落地后口岸可能发生的拥堵、引发的交通和消防安全隐患及舆情风险进行充分研判，靶向施策，制订警力增援、预警响应、舆情应对、快速处置等 7 种预案，并多次开展演练，提高协同作战、合成作战、实战化能力水平。坚持主动作为，积极参加地方沟通协调会议 10 余次，专题研讨《港澳机动车经港珠澳大桥珠海公路口岸出入境查验监护规定（试行）》及《“港车北上”“澳车北上”车辆及驾驶人边检备案指引》等文件草案，深度配合研发“港车北上”“澳车北上”信息管理服务系统。推动完善大桥口岸内外交通标识，科学调整口岸区域设置，规划车辆行驶流线，主动制作普通话和粤语通关指引视频，协调中央电视台、凤凰卫视在黄金时段播出，并在 20 多个新媒体账号集中推送。突出科技赋能，提升精确率。把“一站式”验放系统手动抬杆升级为自动抬杆，取消系统读取司机卡环节，车道饱和验放能力由每小时 500 辆提升到近 600 辆，效率提升近 20%。推动将边检、海关核验流程由“串联式”改为“并联式”，提升电子车卡装卡质量，优化车卡读取方式，有效降低误读率、退车率。研究建设智能化车体检查系统，建立车辆分级分类查验机制，有效提升口岸疏导能力。全力解决好人民群众最关心最直接最现实的利益问题，主动整合采集备案业务，把分散在6个查验场地的5项采集备案业务整合，建立信息采集备案中心，方便群众办事；创新粤港澳跨境车辆司机备案方式，打通旅客快捷通道备案与跨境车辆司机备案之间的数据壁垒，实现车辆备案“自动办”、司机备案“网上办”。采用固定场地、固定通道、固定岗位“三固定”方式为老人、儿童等群体提供通关帮扶，使广大群众真切感受到的出入境便利，受到粤港澳三地政府和群众的一致好评。

【珠海出入境边防检查总站全力保障横琴口岸二期车道平稳开通运行】 2023年9月26日，横琴口岸二期工程客货车“联合一站式”部分车道正式开通试运行，实行全新的车辆“合作查验、一次放行”查验模式。新车道开通以来整体平稳顺畅，截至年底共验放出入境车辆52.4万辆次，验放出入境司机和随车人员58.6万人次。新模式下，出入境车辆成功实现一次排队、集中采集、联动放行，利用平均约2分钟、最短50秒时间，即可完成琴澳两地所有出入境查验手续，车辆通关效率大幅提升，司机通关体验极大改善。

全程参与新车道和新系统研发建设，参加合作区专责领导小组和办公会议42次，开展集中联合办公12次，会同琴澳口岸查验单位共同制定建设方案、建立协作机制、研发查验系统、开展联调测试，主动对接建设单位，全流程跟进口岸工程建设、软件设计开发、系统测试优化、应急处突演练、转场倒切衔接等工作，确保了新系统运行安全顺畅。一是确保系统运行顺畅。在开通试运行之初，在总站业务技术部门驻点指导下，实行站边防检查处、车道队和技术队带班领导24小时双人值守，推动合作区政府牵头建立“日联系”机制，每日组织粤澳各单位业务、技术人员在现场逐一研究解决运行存在问题；确保一线突发情况及时指挥调度；主动协调合作区政府增派协勤人员，协助做好车辆分流、车体检查、引导派位等工作，为核心查验岗位警力提供有力支撑；高峰时段采取机关下沉支援方式，协助开展车体检查工作，每班次增加现场值守民警50%，随时做好应急预案启动准备。二是推动系统优化升级。持续跟进“联合一站式”新型车道软、硬件功能完善，通过优化网闸连接实现指令传输端口与图片传输端口双重连接保障，通过优化程序逻辑减少现场退车误操作概率，通过优化数据传输解决“联合一站式”验放状态屏内外显示不同步问题；进一步调整完善测试方式方法、不间断做好对未启用查验通道的设施设备安装、调试等工作，压实应急准备启用及下步全面开通基础。通过持续优化，推动新车道退车率由开通之初的7%下降到1.66%，系统查验效率不断提升。

【广东海事局建章立制，促进船舶监督规范化发展】 一是开展口岸规范化管理研究，编写口岸管理工作指引。开展调研，完成《广东海事局口岸对外开放工作指引（试行）》《广东海事局口岸管理工作手册》《广东海事局口岸运行监督管理工作指引（试行）》《广东海事局口岸联合防控工作制度（试行）》编写，促进口岸规范化发展。二是编写重点船型监管指南，规范统一检查尺度和标准。根据辖区重点船型划分5大类17种船型，完成高速客船、游艇、电动客船、LNG动力燃料船舶监管检查指南初稿编写工作，其中《电池动力客船安全检查指南》作为交通运输部海事局对电池动力船舶检查指南的依据。三是制订加强辖区船舶进出港报告监督管理方案，从源头规范报告数据的准确性、及时性。

【广东海事局立足三基，全力保障辖区水上交通安全】 一是推进注销未登记船舶动态清零。在完成长期逃避海事监管船舶专项整治行动的基础上，推进注销未登记船舶清理整顿工作。二是强化船舶登记业务规范性。对辖区21个船舶登记机关实施督查，促进船舶登记业务规范性。建立船舶安全检查业务管理评估制度。三是组织开展国内航行船舶船员实操能力专项检查。

持续加强涉客船舶安全监督。结合“广游19”船舶电池动力设备险情，举一反三，部署开展辖区电池动力客船全覆盖检查。四是8项渡运安全管理经验获部局两级认可（全国共55项）推广评选。五是提升技能，打造素质过硬的船舶监督队伍。组织开展船舶安全检查员知识更新培训班、船舶登记业务培训班等；持续推进港口国监督（PSC）、船旗国监督（FSC）实训基地建设。

【广东海事局提升服务，全力支持广东高质量发展】 一是优化口岸监管服务，积极主动服务广东经济发展。2023年，广东省已有广州琶洲港澳客运码头、茂名东华能源码头、揭阳广东石化原油码头、湛江大唐雷州电厂码头、阳江华厦阳西电厂码头、阳江源强码头、珠海烽火网络配套码头7个重大项目获得交通运输部批复临时对外开放，为广东省外贸经济高质量发展注入了强劲动力。二是船舶转籍“不停航办证”服务作为广东省促进跨境贸易便利化工作经验推广。与深圳海事局、中国船级社广州分社签订《广东海事局 深圳海事局 中国船级社广州分社船舶“不停航办证”合作协议》，发布相关通告和通知，在广东省内实施。实施不停航办证业务以来，共有531艘次采用“不停航办证”机制，每艘船舶最少减少7天的停航损失，不同船舶每天节约数千元至十几万元不等。据估算，该项政策出台以来为广东航运市场节省了1.2亿元以上的营运成本。三是成功试点实施港澳籍船舶直航进入粤港澳大湾区口岸。贯彻落实《交通运输部关于推进海事服务粤港澳大湾区发展的意见》，会同海关、边检、地方职能部门推动港澳籍入境维修船舶直航口岸联系配合机制出台，预计相关珠三角船舶修造企业将降低10%的维修成本，增加30%订单量和数千万元的产值。四是推进粤港澳大湾区非公约船舶安全检查协同机制落地。完成粤港澳大湾区船舶安全检查协同机制文本制定，完成配套信息系统开发，在广州、珠海局开展试点，在粤港第二十九次定期会议上与香港海事处进行工作对接。该机制落地将大大减少船舶迎检时间成本，推动航运要素便捷流动。五是推动粤港澳游艇自由行落地实施。积极配合广东省文化和旅游厅研究制订粤港澳游艇自由行实施方案，促进全省游艇旅游产业高质量发展。

【广东海事局合作发展，海事国际合作有序推进】 一是推动东盟地区论坛（ARF）成立渡运安全专家组。深化渡运安全区域和国际合作，取得区域国家的普遍认可，获得外交部和交通运输部相关司局的支持，将为渡运安全机制化建设提供重要支撑。在国际海事组织（IMO）等国际多边平台，基于《国内渡运安全示范导则》，在解释说明手册、网络教学平台和相关技术项目等方面继续加强国际合作，推动渡运安全全球共治迈上新台阶。二是分享中国方案。与新加坡海事及港务管理局（MPA）在国际海事组织（IMO）便利运输委员会第47次会议上（FAL47）上共同提交《分享中国—新加坡电子证书应用先导项目实践经验》提案。三是参加国际海事组织（IMO）第107届海上安全委员会议、第33届大会、第130届及131届理事会、第73届技术合作委员会议，参加东盟海运工作组第44次和第45次会议，东盟地区论坛第14届海上安全会间会，并在会上做专题报告介绍中国海事对外合作项目，凝聚共识，拓展和深化国际合作。

【广州海事局全力保障进出港船舶运行安全便利】 2023年，依托中国（广州）国际贸易单一窗口高效办理国际航行船舶进出口岸查验40 333艘次，办理台湾海峡两岸直航船舶进港审批手续166宗，便利国际航线船舶进出口岸。保障101 364艘次中大型船舶安全进出港口，其中15万吨级以上散货船98艘次、20万吨级以上集装箱船566艘次、LNG船舶57艘次。组织召开大型船舶进出港通航安全协调会议116次，开展大型船舶进出广州港安全条件核查254艘次，实施大型船舶交通管制963艘次，累计管制时长5 011小时。

【广州海事局开展广州口岸首次国际航行船舶联合登临检查】 2023年2月7日，根据《广州口岸国际航行船舶联合登临检查工作机制》召集相关口岸联检单位，在南沙港区开展广州港口岸首次国际航行船舶联合登临检查，通过“信息互换、监管互认、执法互助”，有效减少船舶在港期间接受检查的频次，优化营商环境。

广州海事局进行联合登临检查

【广州海事局服务保障国际航行船舶完成保税 LNG 加注作业】 分别于 2023 年 7 月、8 月和 11 月，精心服务保障 3 艘国际航行船舶在广州港锚地完成保税 LNG 加注作业，LNG 加注量共15 431立方米。

广州海事局为加注保税 LNG
作业进行警戒护航

【广州海事局助力广州港口国监督检查稳步发展】 2023 年，广州港口国监督检查（PSC）业务稳步发展，共实施 PSC 检查初查 578 艘次，发现缺陷 2 555 项，滞留低标准船舶 57 艘次，滞留率达 9.86%。11 月 19 日，在“中新船舶/船员电子证书先导合作项目”框架下，广州海事局首次在 PSC 检查中验证海员培训、发证和值班标准国际公约（STCW 公约）要求的船员适任证书的电子证书。

【广州海事局实现首宗国际航行船舶违反口岸规定处罚】 2023 年，共处罚国际航行船舶违反口岸规定行为 6 起，实现《中华人民共和国海上交通安全法》修订以来广东海事局辖区首宗对外国籍船舶未经许可进入中国内水违法行为的处罚，维护了国家主权和海洋权益。

【深圳海事局提高电动汽车海运出口效率】 2023 年，深圳市外贸出口规模持续向好。据统计，深圳全年共出口电动汽车等“新三样”产品中的机电产品 887.6 亿元，同比增长 33.9%。为进一步提高电动汽车海运出口效率，深圳海事局积极指导相关企业制定安全标准、完善作业方案。一是深入开展“服务新能源汽车和大型储能柜海运出口”综合调研，协助企业做好应急预案编制、完善质量管控流程及做好海事申报准备等各项工作，帮助企业实现合规经营。二是针对新能源汽车海运出口缺乏明确的集装箱装箱及系固安全技术标准的问题，联合相关研究机构及企业编制《平盐新能源汽车装箱操作管理规定》《新能源汽车装箱工艺》《水路外贸集装箱载运锂电池电动车辆安全技术要求》等标准规范，逐步形成更具普适性、可靠性和权威性的行业标准体系。三是联合海关等口岸单位开展现场联合监管执法，将“串联”检查转化为“并联”检查，减少货物查验耗时，同时开通绿色审批通道，指导企业提前做好行政审批准备，多措并举提升载多台新能源汽车集装箱通关效率。通过实施上述针对性举措，有效地解决了制约企业扩大新能源汽车海运出口运能的标准缺失问题，成功推动一系列企业标准规范出台实施，确保了“一箱多车”船载集装箱运输方案的安全顺利实施，帮助辖区企业降低新能源汽车运输成本 30%～50%，运能环比增长 2.7 倍。

【深圳海事局简化粤港澳游艇自由行海事手续】 为推动粤港澳游艇自由行政策在深圳更有效实施，深圳海事局积极作为，多措并举推动粤港澳游艇自由行政策落地并常态化实施。一是加强游艇海上安全保障，研究制定粤港澳游艇自由行海事监管指南，划定粤港澳游艇自由行活动及航行水域，进一步明确入境游艇申报与查验、船舶证书、操作人员资质、航行停泊等方面的具体要求，为抵港游艇的航行、停泊安全提供切实保障。二是简化游艇海事通关手续，依托“单一窗口”系统，开通增设游艇自由行个人申报通道，申请人通过“单一窗口”即可网上申报国际航行船舶进出口岸手续，船方或其代理在海事申报环节所需提交材料从原来的 24 项精简至 12 项，平均申报耗时从 1.5 小时降低至 0.16 小时，实现自由行游艇进出口岸海事申报“无纸化”“零待时”，极大提升了游艇通关效能。三是优化查验方式，联合各口岸单位完善“就近联检、联合登临”的查验模式，为办理手续的游艇提供联合登临查验服务，由原来的海事、海关、边检“分头查验”向“合作查验”转变，高效完成进出口岸现场查验工作，最大限度减少游艇通关的行政检查耗时。2023 年，通过粤港澳游艇自由行政策在深圳办理进出口岸手续游艇累计达 70 艘次，较 2019 年增长 45.8%。相关经验做法入选国务院服务贸易发展部际联席会议办公室全面深化服务贸易创新发展试点第三批“最佳实践案例”，并获全国推广。

【深圳海事局建立粤港澳大湾区非公约船舶安全检查协同机制】 为促进粤港澳大湾区水上交通安全治理协同发展，提高对航行于粤港澳大湾区内的非公约船舶和高速客船监管与服务能力，深圳海事局会同香港海事处、澳门海事及水务局、广东海事局、广西海事局研究制定“粤港澳大湾区非公约船舶和高速客船安全检查协同机制”，通过建立合作机制，实现粤港澳海事机构对非公约船舶的安检信息共享、检查信息互通、执法结果互认，减少对适用船舶因停靠多地而接受重复检查的频次，优化船舶监管效能，推动粤港澳大湾区航运要素便捷流动。此外，粤桂港澳 4 地海事管理机构还完成了“粤港澳大湾区非公约船舶安全检查协同平台”项目建设和试运行工作。在协同机制的基础上，进一步通过统一的数据交换平台上传船舶安全检查报告、共享适用船舶的检查信息，有力推动非公约船舶安全检查船舶信息共享、检查信息互通、执法结果互认等协同机制的落地实施。

开放口岸

【广州空运口岸（广州白云国际机场）】
广州白云国际机场位于广东省广州市白云区，是国家战略定位重点发展的三大国际航空枢纽机场之一，是国家定位的共建“一带一路”国际枢纽机场之一，粤港澳大湾区核心枢纽机场，凭借其得天独厚的地理位置及海陆空层次分明的交通体系，具有覆盖东南亚、连接欧美澳，辐射内地各主要城市的天然网络优势。白云国际机场飞行等级为 4F 级，有 2 座航站楼和 1 座综合交通换乘中心（GTC），总面积达到 138 万平方米，拥有 3 条跑道，可满足年起降航班 62 万架次、旅客吞吐量 8 000 万人次和货邮吞吐量 250 万吨的运营需求。亚洲运输和机队规模最大的中国南方航空以此为主运营基地。白云国际机场也是中国东方航空公司、海南航空、深圳航空公司、九元航空公司等的基地机场。与近 80 家中外航空公司结成合作伙伴关系，航线通达国内外 230 多个通航点，其中国际及地区航点超过 90 个，航线网络覆盖全球五大洲。机场具备国内主要进口货物品类监管条件，设置进境肉类、食用水生动物、冰鲜水产品、水果、种苗 5 类指定监管场地，可以对特定进境动植物及其产品实施查验、检验和检疫监管。机场主要进出口货物种类包括飞机、集成电路、药品、服装、手机、塑料制品。自 2016 年 6 月起，白云国际机场在全国空港口岸率先启动口岸查验配套服务费改革，对空运散货海关查验没有问题的，免除企业吊装、移位、仓储费用。自 2019 年 5 月起，白云国际机场正式实施 144 小时过境免签政策。

广州白云国际机场综合保税区于 2010 年 7 月 3 日经国务院批准设立，是广东省首个综合保税区，规划面积约 2.943 平方千米。已建成保税功能仓库约 22.81 万平方米，能够在现有政策框架下满足企业的运行要求。广州白云国际机场综合保税区已获批增值税一般纳税人资格试点，区内实施保税监管政策，配套“批次进出、集中申报”“异地委托监管”等便捷化措施，全面释放《国务院关于促进综合保税区高水平开放高质量发展的若干意见》21 条政策红利，支持企业依托“港区一体”优势，服务国内国际双循环。广州作为第二批跨境电子商务综合试验区，具有清单核放、汇总统计、简化申报、允许出口退货、无票免税与企业所得税“核定征收”，以及结售汇 6 个方面优势，出台了跨境电商 RCEP 专项政策，从 5 个方面支持跨境电商企业发展。截至 2023 年年底，广州白云国际机场综合保税区共有注册企业 55 家，产业类型包括仓储物流、跨境电商、飞机租赁等。年内，广州白云国际机场综合保税区外贸进出口 300.91 亿元。

2023 年，广州白云国际机场监管进出口货运量 122.91 万吨，货值 3 549.61 亿元；监管进出境飞机 7.11 万架次；监管进出境人员 881.22 万人次

【深圳空运口岸（深圳宝安国际机场）】 深圳宝安国际机场位于广东省深圳市宝安区，距深圳市南山区前海市中心 20 千米，距深圳福田区市民中心 32 千米，配套水陆交通运输网络，是集海、陆、空、铁于一体的空运口岸，是我国第一家以地方投资为主兴建的机场。一期工程于 1989 年 5 月动工兴建，1991 年 10 月正式开通国内航线。1992 年 2 月，深圳机场经国务院批准对外开放；1998 年 1 月，深圳机场更名为“深圳黄田国际机场”；2001 年 9 月，深圳黄田国际机场正式更名为“深圳宝安国际机场”；2010 年 4 月，深圳宝安国际机场福永码头新港区正式投入使用；自 2015 年 11 月起，深圳宝安国际机场实行 24 小时通关。机场新建航站楼建筑面积 45 万平方米，设计年旅客吞吐量 4 500 万人次（其中国内旅客 3 600 万人次、国际及地区旅客 900 万人次），拥有我国现代化程度高的航空货站和货运停机坪，货站内建有现代化的立体散货及集装货处理系统，启用了货物存放、存取机械化自动系统。与机场配套的福永码头，建设规模为 3 个 1 000 吨级多用途泊位和 4 个 500 吨级的客运泊位。

2023 年，深圳宝安国际机场出入境旅客 248.24 万人次，日均 0.68 万人次。

【湛江空运口岸（湛江吴川机场）】 湛江吴川机场位于广东省湛江市吴川市，是湛江机场的迁建机场。湛江机场始建于 1936 年；1953 年，成立湛江航空站；1956 年，机场正式更名湛江机场；1987 年 7 月，国务院批准湛江机场对外开放；2019 年 9 月，获国务院批准扩大对外籍飞机开放；同年 10 月，湛江机场迁建工程正式开工；2020 年 11 月，湛江迁建机场正式命名为“战舰吴川机场”；2022 年 3 月，湛江吴川机场正式启用。机场飞行区等级标准为 4E 级，航站楼建筑面积约 6.18 万平方米，采用两层半指廊式布局模式，地上二层。湛江吴川机场航站楼设 19 座登机廊桥，民航站坪设 30 个机位，其中 E 类机位 2 个、C 类机位 28 个；跑道长 3 200 米、宽 45 米。湛江吴川机场可满足年旅客吞吐量为 510 万人次、货邮吞吐量 3.06 万吨、飞机起降 4.74 万架次的使用要求。2023 年，湛江吴川机场开通航线 16 条，新增或恢复航点 17 个，加密航点 25 个，航线网络得到进一步优化。截至年底，湛江吴川机场通达国内城市 39 个，运营航线 43 条，驻场运营航空公司 16 家。

2023 年，湛江吴川机场完成旅客吞吐量 274 万人次，同比增长 108%，国（境）外航线暂未恢复运营。

【梅州空运口岸（梅州梅县机场）】 梅州梅县机场位于广东省梅州市梅江区，地处闽、粤、赣三省交界处。1985 年 6 月，机场动工兴建；1987 年 9 月，梅县长岗岌机场建成投入使用；1989 年 3 月，机场经国务院批准对外开放，同年 11 月 28 日正式通航，开始仅有梅州至香港直航包机航线。2014 年，机场进行全面维修升级改造，国际候机楼由原来的出入境单向通道改为出入境同时验放双向通道，通关模式改为双向通道模式。2019 年 4 月，梅县长岗岌机场更名为

“梅州梅县机场”。梅州梅县机场飞行等级为4C级，机场跑道长2 400米、宽45米，可以满足A320、B737-800等主力机型的起降要求，停机坪设有5个机位（3个B型和2个C型）。机场规模设计为每年旅客吞吐量30万人次、飞机起降4 860架次、货邮吞吐量450吨。

梅州梅县机场已开通至中国香港、台中、高雄，印度尼西亚雅加达，泰国芭堤雅、曼谷，柬埔寨暹粒7条国际及地区航线。2020年，执飞香港、台中两条航线，航班于2020年2月暂停运行，航线暂未复航。

【揭阳空运口岸（揭阳潮汕国际机场）】 揭阳潮汕国际机场位于广东省揭阳市榕城区，地处揭阳、汕头、潮州三市中心，距离三市分别为22千米、28.5千米、24千米，为中国南部沿海地区重要的干线机场、汕头外砂机场的迁建机场，是连接“21世纪海上丝绸之路”的重要空中节点，为广东省东翼的骨干机场。机场于2011年12月15日正式启用，定名为揭阳潮汕机场，同时关闭汕头外砂机场口岸，汕头外砂机场口岸原有查验机构转入揭阳潮汕机场口岸，为客货运口岸。2013年12月，机场获国务院批准对外开放；2014年7月，机场通过国家验收正式对外开放；2014年9月，揭阳潮汕机场正式更名为“揭阳潮汕国际机场”。2019年5月，机场正式实施外国人144小时过境签证政策。截至2023年年底，共开通国际及地区航线8条（澳门、台北、芽庄、金边、西港、吉隆坡、新加坡、曼谷）。

机场航站楼总建筑面积超11万平方米，停机坪总面积超40万平方米，停机位46个，跑道长3 200米，飞行区等级4E级，可满足B747、B777等E类飞机运行条件和年旅客吞吐量1 450万人次、年货运吞吐量超过9万吨、年飞机起降量10万架次的运输需求。2023年2月，春秋航空揭阳至曼谷往返航班顺利执飞，客座率100%。

2023年，揭阳潮汕国际机场共执行国际航班750架次，运输旅客97 313人次。

【广州天河陆路（铁路）客运口岸】 广州天河铁路口岸位于广东省广州市天河区广州东站。广州东站为天河铁路客运口岸设置了专门的粤港直通车售票窗口、候检区、候车室、站台。其中，售票窗口共3个；候检区面积约500平方米，可容纳约400人；候车室面积约1 000平方米，可同时容纳约900人；专用站台长度548米、宽12米、高1.1米。广州天河铁路口岸共配置出、入境检查通道各23条（人工13条、自助9条、员工1条）。自2020年1月30日起，广九直通车暂时停运，暂未复运。

【广深港高铁西九龙站陆路（铁路）客运口岸】 广深港高铁西九龙站铁路口岸位于香港特别行政区境内西九龙站内，为国际性常年开放铁路客运口岸，于2018年9月23日正式对外开放。西九龙站口岸分为香港口岸区和内地口岸区。香港口岸区由香港特别行政区依据特别行政区法律设立和管辖，实行过境限制区管理。内地口岸区由内地根据《内地与香港特别行政区关于在广深港高铁西九龙站设立口岸实施“一地两检”的合作安排》和内地法律设立和管辖，实行口岸管理制度。双方分别按照各自法律，对往来内地和香港特区的出入境人员及其随身物品和行李进行出入境边防检查、海关监管、检验检疫等出入境监管。广深港高铁西九龙站口岸共有四层地下楼层，总建筑面积为38万平方米，地下一层为售票大厅，地下二层为抵达层，地下三层为离港层，地下四层为列车站台，口岸日设计通关流量为20万人次。其中，内地口岸区总建筑面积约10.9万平方米，出入境大厅各设置50条自助和18条人工查验通道；香港口岸区总面积约2.41万平方米，入境大厅设置人工柜台66个、自助通道22条，离境大厅设置人工柜台32个、自助通道29条。广深港高铁西九龙站口岸运行时间为每日6：30—23：30，运行17小时。

2023年，广深港高铁西九龙站口岸出入境人员1 965.51万人次，日均口岸出入境人员5.38万人次。

【深圳（笋岗）铁路口岸】 深圳铁路口岸位于广东省深圳市罗湖区笋岗站。1962年2月，广州铁路局在深圳站、布吉站之间增设笋岗站；

1977年1月，笋岗站更名为“深圳北站”（非现在的深圳北站）；2007年10月，相关部门将生鲜供港模式全部切换为中转仓接驳公路模式，深圳北站停止发运南向“三趟快车”业务；2009年，广深港客运专线“新深圳站”正式命名为“深圳北站”，位于罗湖区笋岗街道的原深圳北站复名为“笋岗站”；2010年6月，因港铁公司终止铁路货运过轨业务，笋岗站南下货运停止。2016年，深圳城市规划调整，进入笋岗站的相关道路禁行货车，北向出口货运业务随之停止。

2022年3月，根据内地支援香港抗疫工作专班指示精神，在支援香港抗疫期间临时恢复深圳（笋岗）铁路口岸货运通关，在平湖南铁路货场设置临时作业点，开辟供港物资铁路运输渠道。同年3月1日，铁路援港班列成功开展空车试运行。同年3月2日，首趟“中央援港 同心抗疫”铁路援港班列满载防疫物资顺利开行，通关快捷顺畅，援港跨境物资运输再添新通道。班列单程用时约35分钟，主要运送防疫物资和生鲜产品。至同年5月20日，援港班列共开行45列，发送货物570标箱，货重1 565.64吨，货值5 430.53万美元。自2022年6月起，援港班列暂停运营转为备用模式。

【东莞陆路（铁路）口岸】 东莞铁路口岸位于广东省东莞市常平镇，处于广深、京九、广梅汕3条铁路线的交会点，于1994年经国务院批准正式开放。东莞铁路口岸设有出入境通道各10条，其中4条自助通关通道、6条人工通关通道，每天可停靠广九直通车“8进8出”。2023年，东莞铁路口岸未恢复运作。

【罗湖陆路（公路）口岸】 罗湖公路口岸位于广东省深圳市罗湖区，与香港新界一河之隔，深港两地由一座双层人行桥和一座铁路桥相连。罗湖公路口岸是改革开放前深圳仅有的两个陆路口岸之一。罗湖公路口岸于1984年1月开始动工兴建，1986年6月竣工启用，2006年6月采用指纹技术进行身份识别，2007年1月开通旅客自助查验通道。罗湖公路口岸占地面积18 107平方米，主楼高12层（含地下一层），南、北附楼各3层，总建筑面积共70 623平方米。楼内地下B层和一层为入境（北行）查验场地；二层和三层为出境（南行）查验场地。该口岸出入境验证通道共有189条，其中人工查验通道74条、自助查验通道115条。口岸设计通过能力为每日40万人次。罗湖口岸通关服务为每日6：30—24：00，运行17.5小时。

2023年2月6日，罗湖公里口岸恢复正常通关。年内，罗湖口岸通关出入境总人数4 523.4万人次，日均出入境客流13.7万人次，单日最高峰出入境22.7万人次。

【文锦渡陆路（公路）口岸】 文锦渡公路口岸位于广东省深圳市罗湖区南面、香港新界北面，由一座公路桥与香港新界相连。该口岸是改革开放前深圳仅有的两个陆路口岸之一，是以供港鲜活产品及进口水果通关为特点的客、货运综合性公路口岸。文锦渡公路口岸于1978年经国务院批准对外开放，同年10月建成公路桥；1985年2月新建一座公路桥，实行出入境车辆分桥行驶。为配合治理深圳河工程，原出入境桥被拆除，新建一座出入境双向桥，于2005年2月正式投入使用。文锦渡口岸区域占地面积15.9万平方米（含口岸大楼）。其中，出入境旅检场地3万平方米、出入境货物查验场地10万平方米（入境6万平方米、出境4万平方米）。文锦渡公路口岸共有28条车辆检查通道，其中，货车通道16条（入境8条、出境8条）、小（客）车查验通道12条（出入境各6条，其中小车通道3条、客车2条、应急通道1条）。

2010年，文锦渡口岸开始进行旅检场地改造。从2010年2月22日零时起，文锦渡口岸客运区域改造期间实行临时关闭。原从文锦渡口岸出入境的客车（含过境巴士、私家车、公务车及商务车），按其已选择的口岸出入境。2013年8月，文锦渡口岸客运区域改造完成并恢复运行。改造后，设计日过境旅客通过能力3万人次、日过境车辆通过能力1万辆次。文锦渡口岸运行时间为每日7：00—22：00。

2023年1月8日，文锦渡口岸恢复旅检正常通关。年内，文锦渡公路口岸出入境旅客通关量为103.16万人次，同比上升80.10%，日均出入境旅客通关量为0.28万人次；出入境车辆66.78万辆次，日均出入境车辆0.18万辆次。

【皇岗陆路（公路）口岸】 皇岗公路口岸位于广东省深圳市福田区，与香港新界落马洲隔河相望，口岸南面的皇岗—落马洲大桥横跨深圳河连接深港两地。皇岗公路口岸于1985年5月开始建设；1988年11月，经国务院批准对外开放；1989年12月，货运部分启用通车；1991年8月，客运部分开通使用。1994年11月3日起，开辟2条货检通道试行24小时通关，并设置空车验放专用通道。1997年3月，开通皇岗—落马洲穿梭巴士服务，为方便旅客过境开辟了一条新的途径。1999年10月，实行货车自然分流通关，即除部分货物、车辆按照有关规定维持现行做法从指定口岸进出境外，其他行走文锦渡口岸、沙头角口岸的货车在原行走口岸晚上关闸以后，可行走皇岗口岸24小时通关的货车通道。自2003年1月27日零时起，皇岗口岸实行旅检通道24小时通关。自2003年10月8日起，允许持有文锦渡口岸、沙头角口岸两地牌的私家车、公务车和商务车在0：00—6：30时从皇岗口岸出入境。2020年4月，皇岗口岸临时旅检大楼完成竣工验收。该口岸临时旅检区旅客出入境通道共40条（其中，出境人工通道5条、自助通道15条，入境人工通道5条、自助通道15条），客车通道出入境各4条。货运通道共50条，出境海关通道10条、入境海关通道18条。设计日通关能力为车辆3 000辆次（标准车）、旅客3万人次。皇岗口岸全天候通关。

2023年2月，皇岗口岸恢复旅检正常通关。年内，出入境人流量1 136.5万人次；出入境车辆305.45万辆次。

【沙头角陆路（公路）口岸】 沙头角公路口岸位于广东省深圳市盐田区沙头角，东接沙头角保税区和盐田港，北邻梧桐山公路隧道，是服务于深圳市盐田区、龙岗区及珠江三角洲东部地区的辅助性客货综合性口岸。沙头角公路口岸于1984年9月经国务院批准对外开放，1985年3月建成使用，2005年1月启用新的口岸跨境大桥。口岸管理区占地面积约4.3万平方米，其中出入境旅客查验场地5 700平方米、出入境货物查验场地3.6万平方米。旅检大厅设在口岸区中间，东侧是出境货检场，西侧是入境货检场。共设有出入境车辆检查通道24条（出境海关、边检车道各5条，入境海关车道9条、边检车道5条）；查验货台3个共有21个查车位；出入境旅客检查通道双向各12条（人工查验通道6条、自助查验通道5条、工作人员通道各1条）。此外，还建有专门供香港灵柩入境的检查服务设施，为港澳同胞前往大鹏湾“华侨墓园”办理安葬和扫墓活动提供方便。设计日通关能力为车辆1 500辆次、人员1 500人次。沙头角口岸旅检和货检场地的运行时间为每日7：00—22：00，运行15小时。

沙头角口岸于疫情初期暂停旅客通关，2022年暂停货车通关，但由于设施设备老化，存在安全隐患，沙头角口岸已列入重建计划，2023年未恢复通关。

【深圳湾陆路（公路）口岸】 深圳湾公路口岸位于广东省深圳市南山区蛇口东角头，经深圳湾跨海大桥连接香港鳌勘石。该口岸于1997年12月获国家批准立项，2003年8月奠基，2007年7月1日正式开通启用，是经全国人民代表大会授权、国内首个实施“一地两检”查验新模式的现代化、智能化口岸，深港双方口岸区域均在深圳境内，双方口岸查验单位均在一栋大楼内完成查验工作。该口岸总占地面积117.9万平方米，其中深方口岸占地面积76.3万平方米、港方口岸占地面积41.6万平方米。设计日通关能力为车辆5.86万辆次、旅客6万人次。旅客出入境查验通道共117条，其中出境查验通道62条（自助通道47条、人工通道15条）、入境查验通道55条（自助通道38条、人工通道17条）。大客车查验通道8条，其中海关出、入境各2条，边检出、入境各2条。小汽车查验通道84条，其中深方区域各17条，港方区域各25

条。货检区查验通道，其中海关出境通道32条，入境通道38条，货检二道12条，边检出境通道22条，入境通道22条。深圳湾口岸运行时间为每日（旅检）6：30—24：00、（货检）00：00—24：00。

2023年，深圳湾公路口岸出入境旅客2 269.76万人次，日均出入境旅客6.22万人次；出入境车辆351.37万辆次，日均出入境车辆0.96万辆次。

【福田陆路（公路）口岸】 福田公路口岸位于广东省深圳市福田区，由人行通道桥和旅检大楼组成。该口岸工程建设于2004年12月正式开工，2007年8月15日开通启用。福田公路口岸总用地面积62 962平方米，总建筑面积84 198平方米（含地铁地面分流大厅及多功能广场面积）。福田公路口岸设入出境大厅各一层，出入境通道共169条。出境大厅内设有边检通道89条（自助式通道57条、学童通道12条、人工通道20条），入境大厅内设有边检通道80条（自助式通道52条、学童通道5条、人工通道23条），设计日过境旅客通过能力为25万人次。人行通道桥工程连接福田口岸联检大楼和香港九广铁路落马洲管制站，是连接深圳地铁4号线和香港轻铁东部支线的口岸枢纽工程，桥长240米，其中深方116米、港方124米，桥宽16.5米，索塔全高90米，上下两层，单向行走，桥内有自动步行梯（深圳一方每层有一部长80.5米的自动步行梯），分别供深港出入境旅客使用（上层为出境，下层为入境）。福田口岸运行时间为每日6：30—22：30，口岸运行16小时。

2023年，福田公路口岸出入境客流呈上升态势，整体通关平稳、有序，出入境旅客合计4 084.59万人次，日均出入境旅客11.19万人次。节假日日平均18.6万人次，最高峰12月31日达21.6万人次。

【莲塘陆路（公路）口岸】 莲塘公路口岸位于广东省深圳市罗湖区莲塘街道，北临罗沙路，南至深圳河，是粤港合作重点项目之一。口岸主体建筑采用架空设计，一层为货检区，二层高架平台为旅检区，货检、旅检在空间上垂直分布，最大限度集约化利用场地空间。2008年9月，深港边界区发展专责小组公布，深港双方决定共同兴建莲塘口岸。2010年8月，莲塘口岸获批立项；2013年11月，莲塘口岸动工建设；2019年10月，国务院批复同意莲塘口岸对外开放；2020年5月，莲塘口岸通过国家验收；2020年8月，莲塘口岸正式开通；2023年2月，莲塘口岸旅检正式启用，深港陆路口岸全面恢复正常通关暨莲塘/香园围口岸旅检启用仪式在莲塘口岸举行。莲塘口岸采用“两地两检”查验方式和车辆“一站式”通关模式，设计日通关能力为旅客3万人次、车辆17 850辆次，其中货车1.5万辆次、小客车2 000辆次、大客车850辆次。莲塘口岸通关服务时间为每日7：00—22：00，运行15小时。

2023年，莲塘公路口岸出入境人员1 245.22万人次，日均出入境人员3.41万人次；出入境车辆78.54万辆次，日均出入境车辆0.22万辆次。

【拱北陆路（公路）口岸】 拱北公路口岸位于广东省珠海市南部，毗邻澳门，是连接澳门特别行政区和珠海市的口岸。拱北口岸于1992年开始迁建，迁建后的拱北口岸于1999年10月2日正式对外开放，占地16.2万平方米，口岸建设总投资8.3亿元，建筑面积12.8万平方米，设计日通关能力为旅客15万人次、车辆8 000辆次。2013年6月，拱北口岸改扩建工程扩建新出境、入境联检楼建成启用，设计日通关能力提升至旅客50万人次。拱北口岸是全国旅客通关量最大的口岸，设有出入境旅客通道共344条，分别为：旧联检楼出境大厅66条，其中人工14条、自助52条；旧联检楼入境大厅76条，其中人工18条、自助58条；新联检楼出境大厅一层45条，其中人工8条、自助37条；新联检楼出境大厅二层42条，其中人工通道14条、自助通道28条；新联检楼入境大厅一层53条，其中人工6条、自助47条；新联检楼入境大厅二层53条，其中人工18条、自助35条；出境随车人员验放厅4条，其中人工2条、自助2条；入境随车人员验放厅5条，其中人工3条、自助2条。“一站式”客车通道共12条，其中出境6条、入境6条。口岸开放时间为每日6：00—次日1：00。

2023年，拱北公路口岸出入境人员10 081.03万人次，同比增加37.9%；交通工具257.2万辆次，同比增加137.9%。

【横琴陆路（公路）口岸】 横琴公路口岸位于广东省珠海市西南部，于1999年6月经国务院批准对外开放，2000年3月正式对外开放。2018年10月，国务院原则同意澳门莲花口岸迁至横琴并实行“合作查验、一次放行”通关查验模式。建设中的新横琴口岸总建筑面积33.9万平方米，设计旅客日通关量22.2万人次、年通关量8 000万人次。横琴口岸一期工程（新旅检区域）于2020年8月开通启用，澳门莲花口岸旅检区域已搬迁至横琴口岸澳方口岸区，珠澳旅检通道采用“合作查验、一次放行”查验模式，设置出入境旅客通道69条，分别为：出境大厅34条，其中传统人工6条、合作人工4条，自助24条；入境大厅35条，其中传统人工7条、合作人工4条，自助24条。横琴口岸二期工程（客货车道、查验场、随车人员验放厅、澳方二层平台、澳大引桥等）建设和客货车“合作查验、一次放行”（“联合一站式”）查验模式创新工作持续推进，二期工程主体结构施工已基本完成。2023年4月，经国务院批准，横琴口岸澳方口岸区及相关延伸区第二阶段客货车检区域（澳门大学连接横琴口岸通道桥除外）正式启用并适用澳门特别行政区法律实施管辖；9月26日，横琴口岸客货车“联合一站式”部分车道（横琴往澳门方向6条车道，澳门往横琴方向9条车道）开通试运行，客货车查验场和澳门大学连接横琴口岸引桥启用。横琴口岸旅客出入境大厅、客车通道全天24小时开放，货车通道开放时间为每日8：00—20：00。

2023年，横琴公路口岸出入境人员1 677.64万人次，同比增加104%；交通工具179万辆次，同比增加44.8%。

【港珠澳大桥珠海陆路（公路）口岸】 港珠澳大桥珠海公路口岸位于港珠澳大桥西端的珠澳口岸人工岛珠海口岸管理区，是连接广东省珠海市与香港特别行政区、澳门特别行政区的口岸，是粤港澳大湾区三地互通、客货兼重的陆路口岸之一，也是港珠澳大桥的核心组成部分。港珠澳大桥珠海公路口岸于2018年10月正式对外开放，港珠澳大桥珠海公路口岸管理区总占地面积107.33万平方米，口岸工程建筑面积为32.7万平方米，珠海口岸工程概算批复总投资为53.44亿元。珠海与香港之间设计日流量为出入境旅客15.33万人次、出入境车辆4万辆次，并按日最大流量出入境旅客30万人次、出入境车辆6万辆次预留发展空间。珠海与澳门之间设计日流量为出入境旅客10万人次、出入境车辆0.3万辆次，并按日最大流量出入境旅客15万人次预留发展空间。

目前，港珠澳大桥珠海公路口岸珠港旅检大厅出入境设有通道共84条，分别为：出境大厅52条，其中人工12条、自助40条；入境大厅32条，其中人工12条、自助20条。珠澳旅检大厅出入境设通道共68条，分别为：出、入境大厅各34条，其中传统人工各6条、合作人工各8条、自助各20条。随车验放厅24条，分别为：出境人工4条、自助8条；入境人工4条、自助8条。车辆通道78条，分别为：货车通道30条，其中出、入境各15条；客车通道48条，其中小客车通道出、入境各22条，大客车通道出、入境各2条。口岸开放时间为24小时。

2023年2月，港珠澳大桥珠海公路口岸扩大开放（珠澳通道增加货运车辆通行功能）正式通过国家验收。“澳车北上”“港车北上”政策分别于1月1日、7月1日正式落地实施。10月3日，国务院批复同意增加港珠澳大桥海关监管区、口岸限定区域旅游功能，允许有序开展从港珠澳大桥珠海公路口岸出发往返蓝海豚岛（东人工岛）旅游活动。12月15日，港珠澳大桥游试运营正式开通，日均接待游客超1 000人次。

2023年，经港珠澳大桥珠海公路口岸进出内地的澳门单牌车、香港单牌车分别为112.5万辆次和27.2万辆次。

【珠澳跨境工业区专用陆路（公路）口岸】 珠澳跨境工业区专用口岸位于广东省珠海市拱北茂盛围与澳门西北区的青洲之间的珠澳跨境工业区内，分为珠海、澳门两个园区，园区之间开设专门口岸通道连接。2003年12月，国务院正式批准设立珠澳跨境工业区。珠澳跨境工业区专用口岸于2006年12月正式开通启用。口岸占地面积约为1.7万平方米，总建筑面积3 350平方米，对园区工作人员及车辆实行24小时开放。2014年，根据国务院的工作部署，完成口岸临时扩大开放改造项目，自2014年12月18日起每日0：00—7：00临时对步行的澳门居民和在澳内地劳工及学生开放，设置出入境旅客查验通道16条，其中出、入境各设人工2条、自助6条，设置出、入境车辆通道各1条。2021年12月，国家口岸管理办公室批复同意取消珠澳跨境工业区专用口岸每日0：00—7：00临时向粤澳两地人员（主要为两地务工、务学人员）开放的通关安排。经报请广东省政府批准，并经珠澳双方协商一致，自2022年5月21日零时起，珠澳跨境工业区专用口岸通关时间由24小时临时调整为每日7：00—24：00。

2023年，珠澳跨境工业区专用口岸出入境人员39.22万人次，同比减少20.4%；交通工具6.34万辆次，同比增加6.7%。

【青茂陆路（步行）口岸】 青茂步行口岸位于广东省珠海市广珠城轨珠海站以南，粤海国际花园以东，澳门边界以西。2017年7月，国务院批复同意广东粤澳新通道设立青茂口岸。青茂步行口岸是澳门特别行政区政府报请中央同意支持实施的涉澳重要项目，项目由澳门特别行政区政府全额投资并委托南粤集团组织建设，建设用地由粤方提供。口岸联检大楼和交通连接通道总用地面积为40 195.25平方米，总建筑面积为64 869平方米，建筑高度60米。青茂步行口岸于2021年9月正式对外开放，实施24小时通关及“合作查验、一次放行”通关模式，设计日通关客流量20万人次，仅供自助通关旅客通行，不设通关车辆通道。出入境旅客查验通道共有112条，其中出、入境各设置自助通道50条、人工通道6条。

2023年，青茂步行口岸出入境人员2 832.97万人次，同比增加131.7%。

【广州港（海港、河港）口岸】 广州港地处珠江入海口和珠江三角洲地区中心地带，濒临南海，毗邻香港和澳门，东江、西江、北江在此汇流入海。广州港是华南地区最大的综合性主枢纽港和集装箱干线港口。广州港口岸历史悠久，秦汉时期广州古港就是中国对外贸易的重要港口，是中国古代“海上丝绸之路”的起点之一。唐宋时期，“广州通海夷道”是世界上最长的远洋航线。清朝，广州成为中国唯一的对外通商口岸和对外贸易的最大港口。改革开放以来，广州港发展成为国家综合运输体系的重要枢纽和华南地区对外贸易的重要口岸。

广州港由海港和内河港组成。海港由南沙港区、黄埔港区、新沙港区、内港港区和珠江口水域、航道、锚地组成。内河港由番禺港区、花都港区、新塘港区组成。南沙港区是广州港核心港区，主要承担集装箱、能源、石化、粮食、造船、滚装汽车和国际邮轮运输，已建成集装箱、滚装汽车、粮食、石油化工、船舶修造等专业化深水泊位。新沙港区主要承担集装箱、煤炭、矿石、粮食、商品汽车等物资运输。黄埔港区主要承担集装箱和煤炭、粮食、石油化工、件杂货运输，主要服务广州开发区临港工业和内陆腹地。内港港区位于广州中心城区，大部分码头已随城市发展逐步搬迁、改造，逐步向游船游艇旅游、商贸娱乐、文化景观等滨水休闲产业转型发展。

琶洲港澳客运码头是广州港（河港）口岸内设码头，简称琶洲客运港。琶洲客运港是广州首座集跨境、城际、海岛功能的水上交通口岸综合体，毗邻广交会展馆，至香港中港城约150分钟航程，至香港国际机场约135分钟航程，填补了广州中心城区水上跨境口岸的空白，实现粤港澳大湾区立体交通的无缝衔接。琶洲客运港现运营3 艘碳纤维高速客船，开通广州市区往返香港中港城码头、香港国际机场航线，每天“5 进 5 出”共 10 个航班。其中，“2 进 1 出”由香港中港城开出在香港国际机场中转后到达琶洲，“3 进 4 出”来往香港国际机场。旅客主要为来往两地的商务人员、参展客商以及探亲访友旅客。琶洲港澳客运口岸设立“候鸟式”政务服务专区，为旅客提供专业个性化服务。打造水运口岸“智慧旅检”样板间，采取分类验放、分段提取行李等方式有序疏导客流，提升旅客通关效率。2023 年，监管进出境旅客 7.35 万人次。

2023 年，广州港共完成货物吞吐量 6.75 亿吨，同比增长 2.9%，其中外贸 1.51 亿吨、内贸 5.24 亿吨；完成集装箱吞吐量 2 542 万标箱，同比增长 2.2%，其中内贸 1 467 万标箱、外贸 1 075万标箱。年内，广州港货物吞吐量和集装箱吞吐量继续保持全球第五、第六位。广州港继续保持全国最大的粮食和内贸集装箱中转港，是国家保障粮食安全的重要枢纽。年内，新增外贸班轮航线 8 条，全港航线达 268 条，其中外贸航线 162 条。

【南沙水运（海港）口岸】 南沙客运港位于广东省广州市南沙区，珠江出海口虎门水道西岸。广州南沙客运口岸于 1992 年 2 月正式对外开放；2005 年 4 月，新客运码头投入使用。南沙客运码头岸线长约 300 米，设有 3 个大型高速客船停靠泊位，港口年客运量设计标准为 160 万人次，旅客日集聚量约 1 600 人次。口岸配置出境检查通道 13 条（7 条人工、5 条自助、1 条员工）、入境检查通道 14 条（7 条人工、6 条自助、1 条员工），共计 27 条。南沙客运港有 4 艘高速双体客轮，运营广州南沙往返香港中港城码头、香港国际机场码头客运航线。已开通“3 进 3 出”往返航班每天 6 班，进出境旅客以来往两地的商务人士以及探亲访友的旅客为主。南沙客运港在出入境均设有免税店。在出境设有离境退税办理点，是广州海关最早开展离境退税试点的口岸之一。

2023 年，广州南沙客运口岸监管进出境人员 11.21 万人次。

【莲花山水运（河港）口岸】 广州莲花山港位于广东省广州市番禺区，莲花山客运口岸于 1985 年 6 月经国务院批准对外开放。港口岸线长 171 米，水深 5 米，泊位 2 个，码头吨位 1 200 吨。该口岸是广东省最早开放的粤港水路口岸之一，距香港国际机场 48 海里，距离香港市区 61 海里，有先进豪华、安全舒适、节能环保的双体碳纤维高速船 4 艘，每日往返香港国际机场 4 个航班，航程只需 90 分钟，每日往返香港中港城 4 个航班，航程只需 120 分钟。2023 年，莲花山客运口岸未恢复运作。

【新塘水运（河港）口岸】 新塘港位于广东省广州市增城区，于 1988 年 5 月经批准设立原二类口岸，以货运为主，1989 年 12 月正式开通。1995 年 8 月，国务院批准设立对外开放口岸（新塘客运码头），以客运为主；1996 年 7 月，正式开通新塘至香港的航线；因客流量不足，于 2002 年 10 月起停航，暂未恢复。

港区面积 10.8 万平方米，岸线总长 650 米，码头最低水位 4 米。新塘港有口岸码头、东洲湾码头和食出码头共 3 个货运码头，可同时靠泊 1 000吨货轮泊位 7 个。客运码头 1 个，年吞吐能力为 20 万人次。共有 2 个进出境货运车辆检查场，设计日车流量 300 辆次。

【盐田水运（海港）口岸】 盐田港位于广东省深圳市大鹏湾海域西北部，南与香港九龙半岛隔海相望，分为盐田港区、下洞港区、广东大鹏 LNG 专用码头和深圳 LNG 专用码头。

盐田港区于 1990 年 6 月经国务院批准对外国籍船舶开放，1994 年 7 月正式开港，距深圳市区 13 千米，距大鹏湾口 22.22 千米。盐田港区划分为西、中、东 3 个港区，共有 20 个对外开放泊位，其中西港作业区 4 个、中港作业区 16 个。

下洞港区位于大鹏湾畔，为深圳市东部石油、液化气等危险品码头专用作业区。2002 年 12 月，国务院批准下洞港区作为盐田水运口岸危险品作业区对外开放，港区内共建有 3 个独立的栈桥式码头共 9 个泊位。

广东大鹏 LNG 专用码头位于深圳东部大鹏半岛秤头角，于 2007 年 3 月经国务院批准对外国籍船舶开放。码头建有 1 个靠泊能力为 8 万吨级的 LNG 船专用的栈桥式码头泊位和 1 个 5 000 吨级的工作船舶。

深圳 LNG 项目位于深圳东部大鹏湾东北岸迭福片区，毗邻广东大鹏 LNG 项目，接收站占地面积约 27 万平方米，项目总投资规模为 80.7 亿元，达产后天然气年周转量为 400 吨，项目配套建设 1 个可靠泊 8 万~26.6 万立方米 LNG 船舶的专用码头。深圳 LNG 专用码头于 2016 年 11 月通过了由广东省口岸办牵头组织的对外开放前准备工作验收，2016 年 11 月 21 日对外开放。盐田水运（海港）口岸全天候运行。

2023 年，盐田港累计完成吞吐量 1 404.5 万标箱，同比增长 0.03%。

【蛇口水运（海港）口岸】 蛇口港位于广东省深圳市蛇口半岛南端，东临深圳湾，南与香港隔海相望，西邻珠海、澳门及深圳机场，北靠南山内陆腹地。蛇口港陆路距深圳市区 27 千米，水路距香港 40.74 千米，陆路可与广深、广惠公路干道以及广深高速公路、平南铁路进而由广深线、广九线与国内衔接。蛇口港由招商局蛇口工业区公司投资兴建，于 1981 年 1 月经国务院批复对外开放，是我国改革开放初期第一个由企业自筹资金建设、管理和经营的对外开放口岸，已发展成为集铁路、公路、水路等运输方式于一体的大型综合性的客货运港口口岸。蛇口口岸共有 31 个对外开放泊位，其中 10 个集装箱专用泊位，择其中部分口岸介绍如下。

招商港务（深圳）有限公司客货运码头。该码头拥有陆域面积 75 万平方米，岸线总长 4 100 米（其中客运岸线 1 050 米），是拥有 35 个客、货运泊位的中国沿海大型综合性港口，港口年货物通过能力 2 000 万吨、集装箱 100 万标箱、客运 500 万人次，是珠三角及华南地区重要的海上门户。2023 年，招商港务集装箱吞吐量 41.86 万标箱，同比下降 26.03%。

蛇口集装箱码头。该码头建有 10 个泊位，其中，一期工程建设规模为 2 个集装箱专用泊位，设计年吞吐能力 100 万标箱，于 1991 年 8 月建成投产。蛇口集装箱码头二、三期工程项目于 2001 年上半年动工兴建，共建成 8 个集装箱专用泊位。其中，二期工程 2 个集装箱专用泊位，已于 2003 年建成并投入使用；三期工程 6 个集装箱专用泊位于 2010 年 3 月前建成并陆续投入使用。蛇口港区（货运）全天候运行。2023 年，蛇口码头集装箱吞吐量 609 万标箱，同比下降 0.96%。

太子湾邮轮母港。该邮轮母港是由招商局蛇口工业区控股有限公司于 2011 年 12 月正式动工建设。邮轮码头建设有 22 万吨级邮轮泊位 1 个、10 万吨级邮轮泊位 1 个、800 吨级客轮泊位 12 个（其中港澳线泊位 6 个）、2 万吨级客货滚装泊位 1 个，共计 15 个泊位，其中对外开放泊位 8 个。蛇口邮轮中心大楼工程占地面积约 4.26 万平方米，总建设面积为 13.8 万平方米。出境大厅位于二层，边检出入境查验通道包括 16 条人工查验通道（出入境各 8 条）和 20 条自助查验通道（出入境各 10 条）。邮轮母港于 2016 年 9 月项目工程建设基本完工，同年 10 月通过由广东省口岸办牵头组织的对外开放前准备工作验收并正式对外开放。自同年 10 月 31 日起，蛇口客运码头搬迁至太子湾邮轮母港客运码头运作。

香港友联船坞（深圳）有限公司专用码头。该码头为中外合资公司投资建设的，可为中外客商提供 30 万吨级的修船业务，是深圳市西部港区唯一的修船基地，建有 4 个泊位（其中 2 个干船坞、2 个浮船坞）。2023 年，停靠孖洲岛修船基地维修船舶 236 艘（其中外国籍船舶 201 艘），同比下降 8.5%。

【赤湾水运（海港）口岸】 赤湾港位于广东省深圳市前海蛇口自贸区范围内，珠江口东岸、深圳市西部的南头半岛西南端。赤湾港东连蛇口港；南面向伶仃洋，与香港、澳门、珠海隔海相望；西接妈湾电厂和妈湾港区；北靠南山半岛。赤湾港陆路距深圳市中心30千米，可与广深、广惠公路干道以及广深高速公路、平南铁路衔接。赤湾码头于1982年8月动工兴建，1983年10月建成1个1万吨级泊位并开港，1984年5月经国务院批准对外国籍船舶开放。港区有泊位17个，其中集装箱专用泊位6个，码头岸线总长3 176米。赤湾口岸是中国主要的散装化肥及粮油进出口中转基地之一，是深圳西部港口群中规模仅次于蛇口港，是集铁路、公路、水路等运输方式于一体的大型综合性口岸。赤湾口岸全天候运行。

2023年，赤湾港码头集装箱吞吐量706.92万标箱，同比增长0.99%。

【妈湾水运（海港）口岸】 妈湾港位于广东省深圳市前海蛇口自贸区范围内，地处珠江口东岸，深圳市西部的南头半岛西侧，东接赤湾港，南面向伶仃洋，与珠江口主航道对接，西邻深圳机场，北以南山半岛为腹地。妈湾港陆路距深圳市区24千米，可与广深、广惠等公路干道以及广深高速公路、平南铁路衔接；水路距香港、澳门、珠海约37千米。妈湾港于1987年开始建设；1990年7月，建成第1个3.5万吨级多用途泊位；1990年2月，经国务院批准对外国籍船舶开放，码头岸线总长3 877米；2021年6月，妈湾口岸妈湾码头0号、3号、4号泊位3个泊位通过对外开放的验收。0号、3号、4号泊位所在妈湾智慧港是全国首个集合人工智能、5G应用、北斗系统、自动化、智慧口岸、区块链、绿色低碳等大元素于一体的5G智慧港，也是世界最高等级20万吨级、自动化程度最高的集装箱码头之一。

2023年，妈湾码头集装箱吞吐量341万标箱，同比增长1.14%。

【大铲湾水运（海港）口岸】 大铲湾港位于广东省深圳市珠江口伶仃洋矾石水道东南部，深圳西部妈湾港区以北的大铲湾内，港区地理位置优越，水、陆路交通便捷，水路南距香港20海里，北至广州40海里；陆路通过广深高速、机荷高速、107国道以及在建的广深沿江高速公路联系腹地。大铲湾港区岸线总长为11.6千米，陆域面积为10.28平方千米，拟建大型集装箱深水泊位17个、中型泊位7个及19个驳船泊位，设计年吞吐能力1 250万标箱，总投资约450亿元。港区整体工程分四期建设。其中，大铲湾港区集装箱码头（一期）工程于2005年9月正式开工兴建，其建设规模为3个10万吨级和2个7万吨级集装箱专用泊位，占地为112万平方米，泊位岸线总长为1 830米，设计年吞吐能力250万标箱，整体工程于2009年11月全部工程完工。2009年5月，国务院批准大铲湾港区对外国籍船舶开放。2011年11月，大铲湾港口岸正式通过国家验收。大铲湾口岸全天候运行。

2023年，大铲湾港码头总吞吐量为215.66万标箱，同比下降0.87%。

【大亚湾水运（海港）口岸】 大亚湾核电站专用码头位于广东省深圳市东部大亚湾畔，距深圳市直线距离约45千米，距香港岛约50千米。大亚湾核电站是由广东核电投资有限公司和香港核电投资有限公司合营组成的广东核电合营有限公司负责建设和经营。1986年1月，大亚湾核电站专用码头经国务院批准对外国籍船舶开放。1987年3月和1989年6月，核电站专用码头和相关配套设备相继竣工投入使用，该码头建有4个泊位。

【湾仔水运（河港）口岸】 湾仔轮渡客运口岸位于广东省珠海市香洲区湾仔街道，对面为澳门内港，因珠澳两地边境小额贸易繁荣发展而来。1984年12月，湾仔轮渡客运口岸经国务院批准对澳门开放；2016年1月，因安全原因暂停关闭；2019年，经珠澳两地政府协商恢复重建；2020年1月，经国家口岸管理办公室同意恢复开通，通关时间为每日7：00—22：00。口岸设置出入境旅客查验通道16条，其中出、入境各设人工查验通道2条、自助查验通道6条。

2023年，湾仔轮渡客运口岸出入境人员126.5万人次。

【九洲水运（海港）口岸】 九洲港位于广东省珠海市香洲区，地处珠江口西岸，距香港36

海里、澳门4海里，于1981年9月经国务院批准对外开放。九洲港口岸客运码头于1982年开通珠海九洲港至香港市区和香港国际机场航线，码头长436.7米，水深5.5~6.5米，有泊位12个，可供8艘双体高速客轮同时靠泊。年最高客流量230万人次，逢节假日人流高峰期航班每天可增至60班次。2017年8月，受台风“天鸽”影响，九洲港口岸联检楼损毁严重，珠海市政府决定在原址拆除重建。为保障口岸正常运作，已搬迁至原址西侧8 362平方米的临时口岸联检楼，2020年5月经广东省口岸办验收启用，正常承接客运口岸功能。

九洲港口岸的水陆中转运输交通方便。陆路方面，九洲港客运站设有长途客运站，配备各式豪华班车行驶市内各旅游点及佛山、广州、江门、台山等地；水运方面，设有九洲港至深圳蛇口航班。根据珠海市政府将九洲港口岸建成集水上交通、轨道交通运输和旅游业发展于一体的综合中心枢纽的要求，珠海市正在重新整体规划建设九洲港口岸新客运联检大楼及广场。

九洲港至香港市区航线于2023年1月15日复航，每日6进6出共12个航班。2023年，出入境人员42.9万人次。

【珠海水运（海港）口岸】 珠海港位于广东省珠海市珠江三角洲西侧，东距澳门23海里，距香港45海里，地理位置得天独厚，地处珠江出海口的虎跳门、崖门和鸡啼门之间，外临南海，距国际航线大西水道1海里，内通西江，具备发展江海联运、南北航运和近远洋运输的优势。珠海港口岸于1994年6月经国务院批准设立，1996年7月正式对外开放，主要贸易类别为煤炭、铁矿石、石化品、液化气、集装箱、先进装备等。口岸正式开放码头18个，共有泊位50个，有国际及地区航线8条（其中香港航线5条、内支线3条），香港航线通达香港，内支线1条通达广州、2条通达深圳。

珠海高栏港综合保税区于2018年2月经国务院批准设立，规划面积2.514平方千米，具备“双桥双港两铁多高速”和毗邻港澳的区位优势，距珠海港口岸2千米，距广珠铁路高栏港站500米，与珠海机场直线距离16千米，具备江海、海铁、海公、海空、管道多式联运体系，与珠三角地区形成1小时经济圈，辐射范围可延伸至华南、西南以及东南亚地区。

【斗门水运（河港）口岸】 斗门港位于广东省珠海市，客、货运码头岸线总长950米，河面宽1 300米，内河可直达广东江门五邑、粤西腹地，外河可直达香港（54海里）、澳门（17海里），陆路有宽阔的输港公路直达珠海市区和澳门、珠海机场，以及与省内主要交通干道相连，水陆交通十分便捷畅顺，是港澳连接珠海西部地区、粤西地区重要的对外开放口岸。斗门港口岸是客货运综合港口口岸，包括斗门港客运口岸和斗门港货运口岸。

斗门港口岸客运码头于1987年10月经国务院批准对外开放，1991年1月建成试航，1992年11月通过国家验收正式通航。港口建有4 800平方米的客运联检大楼，有客运经营公司、商场、车队等经营服务单位。近年来，随着珠海和港澳交通的便利化，斗门港客运进出境客流下滑，自2020年1月27日起停运。

斗门港口岸货运码头是原二类口岸，位于斗门港客运口岸的北侧，占地5万多平方米，查验管理由斗门港客运口岸的查验机构覆盖，于1993年2月获批设立，1994年6月建成试航。码头配套设施设备完善，经营范围包括但不限于港区内货物（包括建筑材料，不限于沙石）装卸、仓储（不含危险品仓储）和道路货物专用运输（集装箱）业务。码头主要提供码头装卸、散货拼箱、甩挂运输、拖车服务、仓储服务、综合物流、港珠澳大桥查验服务，拥有进口水果口岸资质，开展粤港车业务以及内贸业务。货运口岸经营公司拥有1个3 000吨级、1个1 000吨级的集装箱码头，码头场地面积5.3万平方米，码头泊位岸线203米，可同时靠泊3艘船舶，码头的年货运吞吐量能力15万标箱。

【万山水运（海港）口岸】 万山港位于广东省珠海市万山群岛港区，包括桂山岛、外伶仃岛和大万山岛三大作业区，于 1995 年 4 月经国务院批准对外国籍船舶开放。万山群岛处于珠江出海口下游，是船舶由南海进出珠江三角洲的必经之地，紧邻香港和澳门，多条国际及地区航线从港区通过，港区有特殊的地域优势，适合开展大型油品储存和集装箱、大宗散货水运中转业务。口岸主要进出口货物种类为燃料油。

万山港口岸桂山十三湾第一、第二作业区客货运口岸于 2003 年 4 月正式对外开放。2015 年，桂山一湾的口岸新联检楼和新码头通过由广东省口岸办组织有关单位的验收并投入使用。2016 年 7 月，恢复桂山至香港客运航线；2017 年 8 月，因受“天鸽”台风影响，停航，暂未恢复航线。2023 年 7 月 15 日，开通桂山至澳门氹仔航线，逢周六、日开航，每日 1 进 1 出共 2 个航班。

2023 年，万山港口岸出入境人员 3.63 万人次，出入境船舶 0.72 万艘次。

【汕头水运（海港）口岸】 汕头港位于广东省汕头市，东临台湾海峡，是广东五大枢纽港之一，共建“一带一路”重点建设的 15 个港口之一，其直接经济腹地是汕头、潮州、揭阳、梅州 4 市所辖 14 县的广大地区，其间接腹地包括闽西南及赣南部分地区。2020 年 5 月，因建设需要，汕头市政府对内海湾实施整治。近年来，汕头市大力发展港口物流和海运业，与东南亚很多国家（或地区）有集装箱定期货运班轮。2022 年 4 月 7 日，法国达飞轮船公司东南亚（菲律宾）航线“正利青岛”轮靠泊广澳港区一期码头，从雅加达装运集装箱，通过国际集装箱转运出口至香港，标识着广澳港区国际集装箱中转业务正式开展。2022 年 12 月起，正式开展整船换装业务。

汕头港广澳港区是粤东港口群唯一核心港区和粤东公共物流枢纽港，位于汕头市濠江区南部的广澳湾内。广澳港区拥有万吨级以上泊位 6 个，其中 10 万吨级以上集装箱码头泊位 2 个，可减载靠泊 15 万吨级集装箱船舶，总设计年通过能力 190 万标箱。广澳港区湾内岸线全长 10 千米，规划建设 2 万～30 万吨级泊位 39 个，规划建成以承担近、远洋集装箱、大宗散杂货、石油化工、液化气、液体化工货物运输为主，具有综合物流、临海加工、保税仓储等多功能的综合性港区，是粤东地区码头等级最高、设备设施最先进、功能最齐全的专业集装箱码头。出口直航航线覆盖东南亚主要港口，并已开通东南亚进口直航航线。

2023 年，汕头港完成货物吞吐量约 3 840 万吨、集装箱吞吐量 176 万标箱。汕头全市共有外贸航线 27 条。

【潮阳水运（海港）口岸】 潮阳港位于广东省汕头市潮阳区海门镇澳内湾，港口自然条件优越，港池、航道水深 12 米，是天然的深水良港，距香港 161 海里，离台湾恒春港 210 海里，陆上至潮阳区 14 千米，由疏港公路连接深汕高速公路 3 千米，至广梅汕铁路汕头站 15 千米，交通、疏运条件优越。主航道水深 7.2～12 米。1996 年 8 月，国务院批复同意潮阳港对外国籍船舶开放。潮阳港已建成码头 6 个、泊位 9 个，分别为澳内码头、海门码头、弗兰克油库码头、大明液化石油气码头、华能海门煤炭中转基地煤码头、潮阳（海门）对台小额贸易码头，设计年货物吞吐能力 1 460 万吨、集装箱 3 万标箱。

【南海水运（河港）口岸】 南海港位于广东省佛山市南海区。南海港三山港区是 1996 年经国务院批准由南海客运港与三山装卸点合并而成的客货运对外开放口岸，港区码头岸线长 420 米，有 3 000 吨级泊位 7 个，港区总面积 40 万平方米，堆场面积 23 万平方米；开通接驳航线有南海—香港/盐田/蛇口/赤湾/南沙/大铲等班轮；港区配备 CCTV、X 光机货物查验系统、闸口集装箱自动识别系统等查验设备。进出口货物种类主要为再生金属、木材、家电、汽车零配件等。口岸实行全天 24 小时运作。

据海关统计，2023 年，南海港进出口货运量 165.23 万吨。

【容奇水运（河港）口岸】 顺德港位于广东省佛山市顺德区，距香港 62 海里，陆路距广州和佛山各 40 千米，距东莞 50 千米、珠海 90 千米，城际轻轨经港口而过，水路、陆路交通十分便利。容奇港客运口岸于1986年经国务院批准开设，1986年12月正式启用。1995年9月，广东省政府批准将容奇港搬迁至现址并易名为“顺德港”。港口岸线长260米，港区占地7.28万平方米，建筑面积2.93万平方米。顺德港口岸有10条自助查验通道及一套信息采集系统。顺德港口岸是佛山市内最大的水路客运口岸，平均每天有8个以上航班往返顺德港至香港中港城码头。

自2020年1月30日至2023年3月29日，顺德港客运口岸往返香港航线暂停营运；2023年3月30日，恢复通关复航。

2023年，顺德港出入境旅客110 082人次，其中出境旅客56 033人次、入境旅客54 049人次。

【高明水运（河港）口岸】 高明港位于广东省佛山市，分为高明港客运口岸、高明外贸货物装卸点。高明港客运口岸于1992年12月经国务院批准对外开放，水路距香港101海里，有直接通航航点（航线）到香港中港城。自2020年1月30日起高明港客运口岸往返香港航线暂停营运。

【惠州水运（海港）口岸】 惠州港位于广东省惠州市南海大亚湾西北隅，毗邻港澳，面对东南亚和我国台湾，于1993年4月经国务院批准对外国籍船舶开放。惠州港拥有超大型原油接卸泊位，具有可建大型干散货泊位的自然条件及丰富的土地资源，对发展石化、电力等能源型临港工业有独特优势。惠州港口岸包括荃湾港区、东马港区和港口碧甲作业区，有开放码头19个（其中亚婆角码头按原二类口岸运作）共58个泊位，其中万吨级以上泊位27个；设计年吞吐能力13 603万吨、90万标箱。荃湾港区是惠州港的起步港区，是多功能综合性港区，以承担大宗散货物资转运和集装箱运输为主。东马港区是惠州港的大型石化港区，建有30万吨级石化泊位3个、15万吨级石化泊位2个，主要承担大亚湾石化区内生产企业的原材料及产成品装卸和广石化原油接卸服务，同时也为周边地区提供石化货物运输服务以及为海上石油钻井平台提供物资输送服务。港口碧甲作业区主要为临港工业区提供港口配套服务，以承担临港工业所需的工业煤炭、矿石等大宗散货接卸服务为主。

2023年，惠州港完成货运量4 025万吨，同比增长15%。

【汕尾水运（海港）口岸】 汕尾港位于广东省汕尾市，是全国最早对外开放的港口口岸，于2009年、2019年经国务院批准分批扩大开放，设红海湾港区（汕尾新港区）、海丰港区、陆丰港区，均布局有已开放口岸作业点，共6个，分别为汕尾港区港务码头、红海湾港区万聪船厂专用码头（年通过能力40万吨）、红海湾电厂专用码头（年通过能力588.8万吨）、陆丰港区宝丽华电厂专用码头（年通过能力813万吨，卸煤能力725万吨）、海丰港区小漠国际物流港（年通过能力450万吨）、华润电厂配套码头（年卸煤能力637万吨）。整个汕尾港拥有已建港口泊位30个，其中万吨级以上泊位5个，分别为红海湾电厂专用码头7万吨级泊位1个、华润电厂专用码头10万吨级泊位1个、陆丰宝丽华电厂10万吨级配套码头1个、小漠国际物流港一期5万吨级多用途泊位2个。

汕尾港区在1962年即成为对外开放港口，历史较为悠久，有5 000吨级泊位2个（其中集装箱专用码头1个）、1 000吨级泊位3个（其中油专用码头泊位1个）。港区总面积13万平方米，年吞吐能力80万吨，集装箱年处理能力2万个。因处于汕尾市区内，基础设施老旧，更新扩容困难，已纳入市区滨海大道西建设改造范围，于2019年暂停运营。

红海湾港区位于汕尾东南部，南、东、北三面环海，港湾自然岸线48千米，距离国际主航道仅7海里，20米等深线距岸仅1~3千米，可满足30万吨级船舶全天候停泊水深23米以下区域，距岸仅6千米左右，港区地质结构和水文气象环境稳定，紧贴城市中心区域，距汕尾市区仅20千米，是珠三角地区港口群中开发前景最好的深水港区。2009年11月，国务院批准汕尾港口岸红海湾港区对外国籍船舶开放，开放水域面积191.6平方千米；批准汕尾电厂专用码头、东洲通用码头、万聪船舶修造厂专用码头等4个成为对外开放点，对外开放岸线2.9千米。红海湾电厂码头、万聪船厂口岸配套设施建设完成并于2014年通过国家验收。红海湾口岸查验中心于2020年建成，口岸查验单位进驻使用。红海湾港区开放水域内拟新建汕尾新港区通用码头项目，已列入广东省“十四五”口岸发展规划重点建设项目，已于2023年4月开工建设。

海丰港区主要为小漠港区，有华润电力（海丰）有限公司专用码头作业点、小漠国际物流港区码头作业点和海丰华城能源有限公司专用码头。华润电力（海丰）有限公司专用码头已建成1个10万吨级码头泊位和1个3 000吨级重件码头泊位，已投入商业运行，并于2015年6月至2017年6月期间，经交通运输部批准临时对外开放4批次，临时对外开放期间口岸查验监管工作有效开展，口岸通关畅顺。小漠国际物流港区码头项目规划建设2个5万吨级多用途泊位和1个工作船泊位，项目分期建设，一期工程已完成码头通用码头建设，并于2022年12月经广东省口岸办组织验收通过。海丰华城能源有限公司专用码头规划建设3 000吨级和1 000吨级石化泊位各1个、50吨杂货泊位1个，已建成3 000吨级码头泊位1个，因企业自身重组及合作区新发展规划要求，处于暂停建设状态。

陆丰港区主要规划有田尾山作业区、湖东甲西作业区、甲子屿作业区、东海岸作业区、碣石作业区及乌坎作业区，已扩大开放的作业点为陆丰宝丽华新能源电力有限公司专用码头。港区规划配套建设10万吨级煤炭码头1个和3 000吨级重件码头1个，已经投入运行。

2023年，汕尾港共完成货物吞吐量1 833.64万吨，其中外贸货物1 127.28万吨，主要为煤炭及其制品。

【湛江水运（海港）口岸】 湛江港位于广东省湛江市，雷州半岛东北部的广州湾内，是我国通往东南亚、非洲、欧洲和大洋洲海上航程最短的港口，已与100多个国家和地区通航，自1956年开港以来，历经60多年的建设，已成为全国沿海12个战略枢纽港和原油、铁矿石物流集散中心，是西南沿海港口群的龙头港和中西部地区货物进出口的主通道，是广东省连接东盟自由贸易区的最佳海上物流平台，是共建“一带一路”重要支点口岸，是我国的重要远洋门户，在亚太经济圈中具有重要的战略地位。湛江海港口岸主要包括霞山港区、调顺港区、霞海港区、宝满港区、东海岛港区、南海西部石油公司专用码头等港区和3个原二类口岸，拥有对外开放码头泊位58个，设计年吞吐能力近2亿吨。

霞山港区岸线6 387米，陆域纵深1 500米，用地面积393.2万平方米，有生产性泊位28个（其中万吨级以上泊位18个，40万吨级铁矿石码头1个、30万吨级陆岸原油码头2个）。港区开通航线主要为原油运输航线（中东航线、非洲航线、新加坡中转航线）、铁矿石运输航线（东盟航线、东南亚航线、非洲航线、美洲航线、澳大利亚航线），进出口货物有铁矿石、原油、成品油、集装箱、杂矿、化肥、粮食、钢材、木材等。

调顺港区岸线1 315.4米，陆域纵深660米，用地面积79.5万平方米，有生产性泊位7个，开通航线主要为煤炭运输航线（东盟航线、非洲航线），进出口货物有煤炭、杂矿等。

霞海港区原有对外开放码头泊位5个，因城市扩容提质，该港区货运功能已腾退。湛江市已调整该港区港口功能为客运功能，并计划配建2个邮轮码头泊位。

宝满港区岸线10 290米，陆域纵深1 000米，用地面积67.2万平方米。规划重点发展集装箱运输业务，已完成一期工程，建成2个5万吨级集装箱专用泊位，设计年吞吐能力80万标箱。截至2023年年底，港区有集装箱外贸航线15条，主要至新加坡、越南、泰国、马来西亚、柬埔寨、印度等国家以及中国香港地区，至欧美、非洲、中东等区域的货物主要通过新加坡及中国香港进行中转。

东海岛港区岸线 34 110 米，是湛江钢铁基地、中科合资广东炼化一体化项目和巴斯夫一体化项目生产配套的港区，有对外开放生产性泊位 11 个，以大宗能源、原材料运输为主。

南海西部石油公司专用码头岸线 384 米，陆域纵深 584 米，用地面积 17.5 万平方米，有生产性泊位 5 个，主要业务是进口大型海上钻井平台配件。

徐闻港区和大唐雷州电厂码头于 2021 年 4 月 14 日获国务院批准对外开放。2023 年，大唐雷州电厂码头已临时对外开放运作。

2023 年，湛江港完成货物吞吐量 28 273 万吨、外贸吞吐量 11 478 万吨、集装箱吞吐量 158 万标箱。

【虎门水运（河港）口岸】 虎门港位于珠江口东岸，包括虎门港货运口岸和虎门港（太平）客运口岸。虎门港（太平）客运口岸于 1982 年 6 月经国务院批准开通，1984 年 7 月正式通航，有 3 条航线：一是 2003 年 9 月 29 日开通的东莞至香港国际机场航线；二是 2019 年 10 月 11 日开通的东莞至澳门氹仔码头航线；三是 2023 年 7 月 8 日开通东莞至香港中港城航线。2023 年，东莞至香港国际机场共接送 48 304 人次，东莞至香港中港城共接送 1 994 人次。

1997 年 6 月，经国务院批复同意将广东东莞沙田货运港与太平客运港合并，定名为虎门港，并对外国籍船舶开放。2003 年 9 月，虎门港正式对外开放。2016 年，“虎门港”经交通运输部批准更名为“东莞港”，口岸暂未更名。虎门港拥有珠江口 53 千米可规模开发的深水岸线，具备优越的发展空间资源条件。截至 2023 年年底，虎门港货运口岸有对外开放码头共 27 个、泊位 69 个；集装箱外贸直航航线 8 条，分别为越南海防航线 1 条、中国台湾地区航线 2 条、俄罗斯东方港航线 1 条、远洋特色包船航线 4 条，覆盖美国、加拿大等地区；同时，开通“莞港水运专线”和“东莞港—盐田港”组合港、“东莞石龙—深圳蛇口”组合港，以及“东莞石龙—广州南沙”一港通项目。

2023 年，经东莞市水运口岸进出境货物 3 530.36万吨，同比增长 13.56%；进出境船舶 8 607艘次，同比下降 7.96%。

【中山水运（河港）口岸】 中山港位于广东省中山市，自 1985 年建成通航。2016 年 8 月，中山河港口岸扩大开放通过国家验收，其中，中山港区、神湾港区（含盛世游艇码头）对外籍船舶开放，小榄港区、黄圃港区对国内船舶开放。经过多年的发展，中山市已形成东部有中山港区（含中港客运码头）、南部有神湾港区（含神湾游艇码头）、北部有黄圃港区、西北部有小榄港区的环形码头布局；另外，在东部的民众镇设有中山保税物流中心车检场，在西北部的小榄镇设有小榄车检场。

中山港港区对外籍船舶开放。该港区位于中山市火炬开发区沿江东一路，是集客货运于一体的综合性水运口岸，可通航 3 000 吨级江海轮。港区处于核心交通枢纽地带，水路距香港 54 海里、澳门 51 海里，向东进入伶仃洋与国际航线相通，内河接珠江水网，公路以广珠东线、京珠高速公路为骨干线。港区内设客运码头 1 个，年均出入境旅客 100 万人次，主要航线为中山—香港中港城、中山—香港国际机场、中山—深圳宝安国际机场；公共货运码头 2 个，分别为中山港国际货柜码头和中外运码头，开设的固定航线有中山港—香港、中山港—深圳、中山港—南沙，年均进出口货物 600 万吨，进出口货物以电子产品、五金制品、生物医药制品等为主。

神湾港区对外籍船舶开放。该港区位于中山市南部神湾镇，主要辐射神湾、三乡、坦洲、板芙等镇。港区内设公共货运码头 1 个，开设固定航线有中山—深圳、中山—南沙，进出口货物以五金制品、家具、小家电为主；游艇码头 1 个，位于神湾镇磨刀岛磨刀门水道东岸，拥有齐全的查验配套设施供游艇进出境查验使用，开通中山与澳门游艇自由行，由于各种原因业务暂处于停滞状态。

小榄港区对国内船舶开放。该港区位于中山市西北部小榄镇，主要辐射小榄、南头、古镇、东凤、黄圃、阜沙、横栏等镇区以及佛山市顺德区等周边地区，建有1 000吨级货轮泊位8个，开设的固定航线有中山—深圳、中山—南沙，进出口货物以五金制品、灯饰制品、小家电为主。

黄圃港区对国内船舶开放。该港区位于中山市北部黄圃镇洪奇沥水道南岸，主要服务于北部镇（街道），辐射佛山市顺德区和广州市番禺区；设计年吞吐能力190万吨，其中集装箱9万标箱、件杂货100万吨；开设的固定航线有中山—深圳、中山—南沙；进出口货物以小家电、服装制品为主。

截至2023年年底，经中山港港区货运口岸进出境集装箱累计46.3万标箱；经中山港客运口岸出入境人数累计65.8万人次，航班6 901班次。经神湾港区货运口岸进出境集装箱累计7.3万标箱。经小榄港区货运口岸进出境集装箱累计31.6万标箱。经黄圃港区货运口岸进出境集装箱累计3.8万标箱。

【广海水运（海港）口岸】 广海港位于广东省台山市广海湾华侨投资开发试验区，面临南海，原址在台山广海镇海港码头，距澳门52海里、香港96海里。广海港于1985年10月经国家批准对外国籍船舶开放。

口岸客运于1988年8月开通香港客运航线，年客运量曾超过10万人次，1996年11月该口岸客运迁往公益港，2007年起暂停运行。

口岸货运于1996年规划迁建于鱼塘货运港区，可靠泊万吨级轮船。2014年，台山市政府根据大广海湾的规划发展，拟将该港区规划调整升级为建设5万吨级泊位、规模更大的广海湾货运港区。广海港口岸开放水域范围新增的国能台山电厂专用煤码头，于2012年12月获准正式对外开放。该码头位于台山市广海湾东侧铜鼓湾内，建有2个5万吨级泊位（水工设计为10万吨级），为电厂专用码头，港口年接卸能力可达到1 300万吨。2023年，国能台山电厂累计完成38航次约256万吨进口煤接卸。截至年底，国能台山电厂口岸累计完成2 499航次16 350万吨燃煤接卸，其中累计接卸进口煤268航次1 745万吨。口岸的绿色畅通，确保了进口电煤高效通关，为电厂发电用煤的稳定供应提供保障，为广东省能源保供作出积极贡献。

【江门水运（河港）口岸】 江门港口岸（港澳客运码头）位于广东省江门市，是具有百年悠久历史的客运口岸（通航香港、澳门），原位于江门北街，1997年6月迁至西江河段江门外海大桥下游1.5千米处新港，地址为江门市江海区金瓯路，水路距香港75海里、澳门38海里。口岸占地面积8万平方米，码头长度133米，500吨级泊位3个，设计年客运通过能力100万人次。查验综合大楼建筑面积4万平方米，大楼内出入境查验通关大厅、候船厅、免税商场、地下车库等口岸功能设施齐全，港口广场及绿化面积6.5万平方米。口岸从2020年1月30日起停航。

【新会水运（河港）口岸】 新会港天马货运港区位于广东省江门市潭江下游的银洲湖左岸，新会今古洲江裕路2号，其航道经崖门出南海，天然水深8~13米，是少有的内河优良建港水域，交通便利，水路距香港98海里、澳门47海里，陆路紧靠广东西部沿海高速公路、中阳高速公路及广珠铁路。天马货运港区可靠泊外国籍船舶，一期工程（2个5 000吨级泊位、1个500吨级泊位）于2001年12月建成启用，二期工程（2个1万吨级泊位，兼顾3万吨级功能）于2019年11月建成启用。天马港区共建有5个泊位，岸线总长678米，设计年货物吞吐量177万吨、集装箱19万标箱。港区面积27.2万平方米，堆场面积8.2万平方米，仓库面积1.6万平方米。5 000吨级海轮可全潮、1万吨级海轮可乘潮进出港。2023年，新会区继续推进新会口岸开展港澳籍船舶入境维修业务；开展港澳籍船舶入境维修业务的定点企业有双水拆船钢铁有限公司和崖门船业公司，全年共承接20艘香港籍船舶入境维修业务。

2023年，新会港口岸进出口货物115.65万吨，同比增长8%；水运进出口集装箱6.02万标箱，同比增长6%。

【鹤山水运（河港）口岸】 鹤山港客运口岸位于广东省鹤山市西江河段、325 国道九江大桥侧的沙坪河口与西江的汇合处（通航香港），鹤山沙坪镇口岸路，于 1988 年 4 月经国务院批准对外开放，1989 年 1 月开通鹤山至香港的水路客运航线。港区岸线长 260 米，码头长 48 米，泊位 1 个；建有旅检大楼 300 平方米，内设 6 条旅客进出境通道，候船厅、免税商场、停车场等设施齐备。港区由佛山高明港高速客轮挂港联运，每天 1 进 1 出共 2 个航班，每航次约需 2 小时 30 分钟。2022 年起，客运暂停运作。

【三埠水运（河港）口岸】 三埠港客运口岸位于广东省开平市三埠镇长沙港口路 7 号、潭江中下游左岸，距香港 146 海里、澳门 80 海里。口岸于 1982 年 6 月经国务院批准对外开放；1984 年 4 月 1 日，建成并开放使用，通航港澳。码头长度 82 米，泊位 2 个，旅检大楼面积 4 049 平方米，年客运量曾达到 20 多万人次。2007 年 9 月起，因客运量不足，取消直航航班，通过与中山港合作开展“三埠—中山—香港”水陆联运模式接送旅客。2009 年 6 月起，暂停客运业务。2010 年 7 月，三埠港客运码头暂改为内贸集装箱装卸区，并于同年 8 月开始兼营内贸集装箱装卸业务。

【阳江水运（海港）口岸】 阳江港位于广东省阳江市，主要港区海陵湾港区处于海陵湾的中部；水路东距香港 180 海里、澳门 140 海里、珠江口 190 海里，西距湛江 110 海里、海口 160 海里，北距广州 220 海里；陆路至广湛公路（325 国道）25 千米、广州 256 千米、湛江 230 千米。阳江港是广湛水陆交通线的中心点，在广州港、湛江港两个主枢纽港之间，与主枢纽港一起构成层次分明的水运体系，成为粤西中部和内陆地区重要出海门户，地理位置十分优越。1993 年 3 月 9 日，阳江港经国务院批准对外开放。2020 年 7 月，国务院批复同意阳江港口岸扩大对外开放。

海陵湾港区有对外开放码头 4 座共 7 个泊位。其中，通用码头 1 个（由广东阳江港港务有限公司建设经营，码头岸线长 608 米，已建成 1 万吨级泊位 2 个、3.5 万吨级泊位 1 个，设计年吞吐量 395 万吨）；粮食码头 1 个（由阳江良港码头有限公司建设经营，码头岸线长 300 米，已建成 3 万吨级泊位 1 个，设计年吞吐量 180 万吨）；公用散杂货码头 1 个（由阳江市保丰港务有限公司建设和经营，码头岸线长 510 米，已建成 5 万吨级泊位 2 个，设计年吞吐量 381 万吨）；阳江港闸坡蝴蝶洲油气专用码头 1 个（建成 3 000吨级油气专用泊位 1 个，设计年吞吐量 24 万吨）。

阳江港主航道水深 12 米，港池和码头前沿水深 8.5~14.5 米；已按 10 万吨级航道进行疏浚改造，可满足载重 7 万吨船舶航行。进出口货物主要有镍矿、铁矿、煤炭、石油天然气、水泥、木材、有色金属、大豆等。

2023 年，阳江港口岸进出口货运总量 1 600.77万吨，同比减少 3.5%。其中，进口 1 590.28万吨，同比减少 2.6%；出口 10.49 万吨，同比减少 58.1%。进出境船舶 697 艘次，出入境人员 1.5 万人次。

【潮州水运（海港）口岸】 潮州港位于广东省东南部沿海，是广东省最东端的一个天然良港，包括三百门、西澳、金狮 3 个港区，海岸线总长 136 千米，港区规划水域面积 230 平方千米；于 1994 年 11 月，经国务院同意将“三百门港”更名为“潮州港”，并列为独立对外开放口岸；2003 年 12 月，经广东省政府（受国务院委托）验收合格正式对外开放。潮州港对外开放水域 115 平方千米。潮州港可利用建码头、泊位岸线 39 千米，其中可建 10 万~30 万吨级码头、泊位岸线 10.4 千米。潮州港拥有对外开放码头 5 个，分别为三百门港务公司码头 1 个、广东大唐潮州三百门电厂 5 万吨级专用煤码头 1 个、华丰 5 万吨级和 2 000 吨级油气专用 2 个码头、潮州港亚太通用码头 1 个。

2023 年，潮州港口岸监管进出口货物 922.9 万吨，同比增长 46.87%

【茂名水运（海港）口岸】 茂名港位于广

东省茂名市东南水东湾、博贺湾及北山岭，是我国中南、西南地区的主要出海口，是广东省沿海地区性重要港口和地区综合运输体系的重要枢纽，陆路至广州 380 千米、湛江 100 千米；水路东距香港 178 海里、广州 246 海里，西距湛江 68 海里、海口 134 海里。茂名港水东港区于 1988 年 10 月经国务院批准对国轮开放；1993 年 2 月，经国务院批准对外轮开放；1998 年，经交通部批准，茂名市水东港更名为“茂名港”；2019 年 4 月，经国务院国批准广东水东港口岸更名为“茂名港口岸”并扩大开放。

茂名港规划划分为水东港区、博贺新港区、吉达港区，形成以水东港区为依托、以博贺新港区为重点、以吉达港区为重要组成的“一主两副”总体发展格局。茂名港水东港区开通航线有澳门原油航线、香港驳船班轮航线，主要进出口货物包括原油、成品油、煤炭、粮食、矿建材料、化工原料及制品、钢铁等。2023 年，茂名港共办理“船边直提”81 批次、“抵港直装”270 批次。全力保障能源产业链供应链安全稳定，落实进口原油“先放后检”监管模式和助企纾困降成本以及进口危化品监管优化措施，减少对进口原油的取样送检比例，年内共监管进口原油 1 061.03万吨，经测算为企业节约各项费用约 4 800万元，保障进口原油及时投产。2023 年 4 月 6 日，上线茂名口岸物流协同平台；自上线至年底，茂名海关通过平台查验进出口货物 281 票，无纸化放行 2 057 票，平均通关时间缩短 5 小时。口岸开放时间为法定工作日 8：30—5：30（提供 24 小时预约通关服务）。

2023 年，茂名港口岸进出口货运总量 1 354.6万吨，同比下降 5.6%。其中，进口 1 240.2万吨，同比下降 5.8%；出口 114.4 万吨，同比下降 4.2%。

【揭阳水运（海港）口岸】 揭阳港位于广东省揭阳市。2010 年 12 月，国务院批复同意揭阳港神泉港区对外开放。同年，广东省政府批复同意揭阳港总体规划，揭阳港定位为广东省沿海地区性重要港口，规划港口岸线 75.8 千米，其中惠来沿海港口岸线 43.1 千米、榕江港区岸线 32.7 千米，总体布局为“两港（港区）十区（作业区）”，“两港”即惠来沿海港区和榕江港区。2019 年 4 月，国务院批复同意揭阳港口岸扩大开放惠来沿海港区和榕江港区。截至 2023 年年底，揭阳港口岸已通过国家验收实现正式对外开放的码头共 2 个，分别为中海油粤东 LNG 项目 15 万吨级专用码头和广东粤电靖海发电公司专用煤码头；已获批临时对外开放的码头 1 个，为中委合资广东石化原油码头。

2017 年 2 月，揭阳港神泉港区通过国家验收，实现正式开放。神泉港区主体工程项目为中海油粤东 LNG 项目 15 万吨级专用码头（以下简称“中海油粤东 LNG 码头”），设计年货运吞吐能力 600 万吨，有可靠泊 8 万～26.7 万立方米 LNG 船舶的泊位及 1 000 吨级重件泊位各 1 个。该项目主要为满足 LNG 的装卸作业及气化输出，按照设计要求，项目 LNG 来源全部从境外进口。2017 年 4 月，装载进口 LNG 的首艘境外货轮顺利停靠中海油粤东 LNG 码头，标志着中海油粤东 LNG 码头投入正式运营。2023 年，中海油粤东 LNG 码头共进口 LNG 53 航次 350.31 万吨。

2021 年 2 月，广东粤电靖海发电公司专用煤码头通过国家验收，实现正式开放。码头岸线长 563 米，建设有 2 个 10 万吨级泊位煤码头（按 15 万吨级船舶设计）、1 个 3 000 吨级泊位综合码头，共 3 个泊位。2023 年，惠来电厂码头共进口煤 66 航次 467 万吨。

2023 年 4 月，中委广东石化 2 000 万吨/年重油加工工程产品码头通过国家验收，实现正式开放。码头岸线长 1 606.5 米，包括 1 个 10 万吨级成品油泊位、2 个 3 万吨级成品油及液体化工品泊位、2 个 1 万吨级油品及液体化工品泊位、3 个 5 000 吨级油品及液体化工品泊位及相关配套设施，设计年吞吐量 2000 万吨。2023 年，产品码头共出口航空煤油 38 航次 157 万吨。

2023 年 7 月，交通运输部批复同意中委合资广东石化原油码头临时开放，期限为 2023 年 7 月 24 日至 2024 年 1 月 24 日。码头位于惠来县靖海镇石碑山灯塔东侧海域，项目建设30万吨级原油泊位1个（水工结构按靠泊40万吨油轮设计），设计年通过能力2 000万吨。2023年，原油码头共进口原油69航次1 822.14万吨。

2023年，揭阳港口岸进出口的能源资源共2 796.45万吨，同比增长214.49%。

【肇庆水运（河港）口岸】 肇庆港客运码头位于广东省肇庆市肇庆港区，距香港143海里，岸线长105米，泊位2个，设计年通过能力20万人次。1963年，广东省政府批准开设肇庆进出口货物装卸点；1982年6月，国务院批准肇庆客运港对外开放；1984年5月，肇庆至香港直达客轮“西江”轮正式通航；2005年10月，肇庆港客运业务因经营问题，经上级批准暂停营运，保留肇港客运口岸对外开放资格。

原二类口岸

截至2023年年底，广东省共有保留运作的原二类口岸82个。择其中部分介绍如下。

【花都港装卸点】 花都港装卸点内设花都港码头，是1996年1月经广东省口岸办批准正式启用的原二类口岸。花都港码头位于广州市花都区，地处珠江三角洲北端。广州市花都区素有“省城之屏障，南北粤咽喉”的美称，拥有水（花都港）、路（三条国道和六条高速公路）、空（新白云国际机场）、铁（京广铁路、武广高速铁路客运专线、地铁9号线）立体交通网络，是中国南方重要的交通枢纽，为花都港业务发展提供了较为优越的地理位置和交通条件。花都港码头查验设施设备齐全，配置有重型岸吊3台、45吨正面吊2台、内渡车辆6台，以及H986、X光机查验设备，专业查验场地可容纳单次48个集装箱查验，码头24小时开展装卸作业，可全天候办理船舶清关、货物放行手续。深化大通关改革，优化作业流程，2022年启用花都港至南沙港“湾区一港通”通关模式和“内外贸易同船”监管模式，支持码头跨境电商业务发展，助力企业做大做强。2023年，广州港集团完成对花都港码头收购，积极引入新航运公司与航线，满足企业外贸物流发展需求。年内，监管进出口货运量73万吨，货值63.5亿元；监管进出口船舶835船次。

【滘心装卸点】 滘心装卸点内设石井滘心码头。石井滘心码头地处广州市白云区，西接佛山市，北连广州花都区和清远市，恰处广州、佛山和清远三大城市接壤之黄金三角区域，地理位置得天独厚；开展港澳水陆路及南沙、蛇口、盐田国际中转运输；主要航线为至中国香港、台湾地区以及日本、东南亚、印度、澳大利亚、欧美等。石井滘心码头持续推动“通关一体化”、“中欧班列”、水水联运、“湾区南沙一港通”联运、“滘心—蛇口”组合港等业务发展，助力降低企业经营、运输成本，促进通关贸易便利化；完善提前申报、两步申报、启运港退税等改革措施，帮助进出口企业改善营商环境。

2023年，监管进出口货运量24万吨，货值130.11亿元。

【莲花山装卸点】 莲花山装卸点内设莲花山货运码头，是1988年经广东省口岸办批准正式启用的原二类口岸。莲花山货运码头位于番禺莲花山南麓，濒临狮子洋，陆路距广州43千米，水路距香港61海里、澳门68海里，邻近京珠高速公路和南沙港快速路，地理位置优越，交通便利。码头泊位长度362米，建有2 000吨级泊位1个、1 000吨级靠泊2个，堆场面积10万平方米，其中海关监管区面积5万平方米。码头设置有番禺莲花港快件场。

2023年，监管进出口货物172.99万吨；监管跨境电商进境电子清单15.8万票，货值2.78亿元；监管进境B类快件报关单89.67万票，货值2.5亿元。

【容奇装卸点】 容奇装卸点内设容奇码头，是1987年12月经广东省口岸办批准正式启用的原二类口岸，地处西江下游的容桂水道，位于广珠公路容奇大桥东侧，距香港63海里、深圳48海里，有泊位10个，码头岸线长636米，港区面积为12万平方米，年货物吞吐量200万吨、

80 万标箱，由佛山市顺德区容奇港集装箱码头有限公司经营。每天有多班往来香港的集装箱船、件杂货船和多班往来深圳、南沙的进出口直航驳船。

据海关统计，2023 年进出口货运量 36.51 万吨；主要出口货物为家用电器、五金制品，主要进口货物为装饰材料（亚克力板）、塑料粒、塑料化工品。

【北滘装卸点】 北滘装卸点内设北滘码头和勒流码头。

北滘码头于 1992 年 10 月动工兴建，是 1993 年 3 月经广东省口岸办批准设立的原二类口岸，1994 年 12 月通过验收投入使用，2011 年完成扩建。码头位于北江顺德水道的北岸，105 国道三洪奇大桥东面，碧桂路西面的北滘工业园内。港口泊位岸线长 800 米，港区面积 31 万平方米，年货物吞吐量 280 万吨、80 万标箱。据海关统计，2023 年北滘码头进出口货运量 263.74 万吨；主要出口货物为家用电器、五金配件，主要进口货物为塑料粒、再生五金料、水果。

勒流码头是 1993 年 3 月经广东省口岸办批准设立的原二类口岸，地处顺德区北江水道南岸的稔海-黄连段，距香港 70 海里、深圳 55 海里、广州黄埔港 68 海里。码头有泊位 9 个，码头岸线长 600 米，港区面积为 30 万平方米，年货物吞吐量 200 万吨、80 万标箱。据海关统计，2023 年勒流码头进出口货运量 156.29 万吨；主要出口货物为五金配件、家用电器、集装箱货柜，主要进口货物为原木、再生塑料、塑料粒。

【了哥山港装卸点】 佛山港了哥山港区内设顺德新港码头，是 2019 年 3 月经广东省口岸办批复同意对外开放的原二类口岸，2019 年 4 月正式对外开放。了哥山港（即顺德新港）一期位于广东省佛山市顺德区西江干流杏坛南华岸线，是招商局港口控股有限公司和广东顺德控股集团有限公司联合打造的第一个内河港口。了哥山港水域条件优厚，港口设施齐全，功能布局合理，总投资超 8 亿元，岸线长度 438 米，陆域堆场 18.4 万平方米，4 个 3 000~5 000 吨级的多用途泊位，年货物吞吐量 200 万吨、50 万标箱，由广东颐德港口有限公司经营。

据海关统计，2023 年进出口货运量 94.29 万吨；主要出口货物为家用电器、五金制品、机械设备，主要进口货物为木方、再生五金料、再生塑料。

【九江装卸点】 九江装卸点内设九江码头，是 1979 年经广东省口岸办批复同意对外开放的原二类口岸，位于南海区九江镇东南段，有 45 吨轨道门座机 6 台、集装箱龙门吊 6 座，码头岸线长 330 米，有 5 000 吨级泊位 3 个，年集装箱吞吐量达 60 万标箱，由佛山中外运仓码有限公司经营。

据海关统计，2023 年进出口货运量 261.81 万吨，主要进出口货物为木材、家电、瓷砖等。

【北村装卸点】 北村装卸点内设北村码头，是 1987 年经广东省口岸办批复同意对外开放的原二类口岸，位于珠江口水道广州珠江大桥上游，码头岸线长 119.5 米，有 1 000 吨级的集装箱泊位 1 个、500 吨级的散货船泊位 2 个，集装箱堆场面积 1.48 万平方米，仓库面积 147 平方米，由佛山北村珠江货运码头有限公司经营。

据海关统计，2023 年进出口货运量为 28.41 万吨，主要进出口货物为大米、胶粒、钢材、陶瓷、白色家电及供港澳物资等。

【高明港装卸点】 高明港装卸点内设珠江货运码头和食出码头。

珠江货运码头是 1992 年经广东省口岸办批准设立的原二类口岸，位于高明区荷城沿江路 11 号，占地面积约 22 万平方米，岸线约 700 米，建有 4 个 3 000 吨级泊位，由佛山高明珠江货运码头有限公司负责经营。据海关统计，2023 年进出口货运量 314.17 万吨，主要进出口货物为再生金属、木方、面纱、瓷砖、家电、陶瓷机械等。

食出码头是 1985 年经广东省口岸办批准设立的原二类口岸，位于高明区荷城沿江路 253 号，设有 1 500 吨级泊位 1 个，集装箱堆场 1.6 万平方米，拥有物流仓库 4 000 平方米、保税仓出口监管仓 1 200 平方米、冷冻仓库 400 平方米。据海关统计，2023 年进出口货运量 14.82 万吨，主要进出口货物为再生资源金属、木材、工业原料、食品、建材、家具等。

【三水港装卸点】 三水港装卸点内设三水港码头，是 1996 年 4 月经广东省口岸办批准设立的原二类口岸，位于西江马口段，2000 年 6 月正式启用，年外贸集装箱吞吐能力 30 万标箱。三水口岸三水港地处珠江—西江经济带黄金水道中游，扼西江、北江、绥江三江交汇的咽喉要道，距香港 114 海里、深圳 100 海里、南沙 85 海里，驳船航班周一至周六每日往返香港、南沙、深圳西部港区。

据海关统计，2023 年三水港年货运量 420.3 万吨；主要进口货物为棉纱、五金类货物等，主要出口货物为陶瓷、家电、玻璃制品等。

【江门高沙货运码头装卸点】 江门高沙货运码头装卸点由江门国际货柜码头有限公司运营，该公司是由和黄港口江门有限公司、江门市城建集团有限公司组建的合资公司，是江门地区历史悠久、设备齐全的集装箱码头，是原二类开放口岸。该公司从事的经营业务主要包括：船舶提供码头服务，在港区内提供货物装卸、仓储、物流服务；集装箱装卸、堆放、拆拼箱服务，对货物及其包装进行简单加工处理；为船舶提供岸电、淡水供应。航线已开通至南沙、蛇口、赤湾、盐田及香港等主要港口，遍及美洲、欧洲、非洲、东南亚、中东等几十个国家和地区。码头配置了各式现代化的装卸设备，并采用先进的电脑化管理系统，大大提高了港口生产效率和服务质量。码头占地面积 12.4 万平方米，岸线总长度为 854 米，泊位 12 个，水深 4~4.5 米。码头监管区内仓库面积达 2 800 平方米、区外仓库面积 1 500 平方米，可满足客户不同需求，提供一站式的物流仓储、拼拆箱服务，是江门专业散货进出口拼箱基地之一。

2023 年，集装箱吞吐量 19.5 万标箱、散货吞吐量 3.1 万吨。

【江门高新区公共码头】 江门高新区公共码头位于江门市江海区连海路 433 号，中江高速、江珠高速外海收费站附近，具有良好的公路集疏运条件，处于珠江水系“一横一网三线”的航道布局之中，沿西江干线上行，可通往广东西北部、广西和贵州等港口，沿珠三角航道网可穿航珠三角各港口，其中距南沙港约 50 海里、深西码头约 55 海里、虎门港约 58 海里、香港约 65 海里、盐田约 100 海里。码头占地面积约 40 万平方米（自北向南），岸线约 732 米，码头前沿停泊水深 7.7 米，拟建 6 个 3 000 吨级多用途泊位，设计年吞吐能力为集装箱 70 万标箱、件杂货 120 万吨，项目总投资约 11.89 亿元，建成后将是江门地区规模最大的智慧环保型内河原二类口岸。

江门高新港分期建设，2021 年先期项目落成，投入使用岸线长度 432 米，3 000 吨级多用途泊位 3 个，重型吊装设备 11 台（3 台桥式岸吊、2 台门机岸吊、6 台堆场龙门吊），堆场面积 40 万平方米，集装箱堆位超 2 万标箱，仓储面积 1.6 万平方米，主要进口货物为胶粒、牛皮等，主要出口货物为家用电器、摩托车、纸制品等。高新港已开通有 4 条外贸接驳枢纽港的航线，包括香港线、南沙线、深西线和盐田线。码头场内应用了人工智能电子闸口、轨道式集装箱门式起重机（RMG）远程操控、AI 视频监控、电子围栏、水上智慧物流系统等先进技术，实现业务线上化、结算自动化、操作智能化、监管电子化，为大湾区、粤西和整个西江水系的产业链稳定和供应链安全提供了物流保障。

【台山公益装卸点】 台山公益港位于台山北部的潭江南岸，水路距香港 144 海里，陆路距新台高速 3.5 千米、开阳高速 3.0 千米，地理位置优越，货源腹地可辐射珠三角及粤西地区。码头岸线长达 435 米，有 4 个 2 500 吨级泊位，堆场面积达 19.6 万平方米（外贸码头面积 4.8 万平方米、内贸码头面积 14.8 万平方米），仓储面积 5 000 平方米。码头共安装有国定式 40 吨起重机 4 台和 40 吨龙门吊 4 台；配套集装箱正面吊运机 8 台和叉车等场内中转机械 1 批；拥有集装箱拖车37台和配有集装箱自卸车45台及拖卡68台。码头年吞吐能力可达370万吨。

【三埠港货运码头装卸点】 三埠港货运码头装卸点于1985年5月建成启用，1998年10月经广东省政府与海关总署确认为继续保留运作的原二类口岸，内设海关监管货运场和来往港澳货运车辆检查场各1个，其中来往港澳货运车辆检查场于2018年1月1日起暂停相关业务。港区陆域面积约33 197.34平方米，岸线305米，拥有3个1 000吨级泊位。其中，内有3座仓库面积共1 613平方米，车辆查验台215平方米，查验场1 085平方米，堆场1.8万平方米，查验单位业务用房面积2 980平方米。码头有三埠—香港，三埠—南沙、蛇口等进出口货运航线。2023年，三埠港搬迁项目按计划继续第一期工程建设。

2023年，经开平三埠港口岸进出口货物共442 519吨，其中进口106 355吨、出口336 164万吨；进出口集装箱39 832标箱。

【鹤山港装卸点货运码头】 鹤山港装卸点货运码头长160米，拥有集装箱泊位数3个、岸边轨道式座吊机4台、双梁式龙门吊1台、集装箱正面吊4台、集装箱推高机1台、各式叉车拖车20辆。船舶最大可停载3 000吨，堆场面积10万平方米，仓库面积1 500平方米。码头主要经营鹤山往返香港的进出口集装箱及散杂货全程多式联运业务，进出口货物主要有儿童图书、线路板、钢材、铝易拉罐、橡胶木方等。

2023年，鹤山港口岸进出口货运量50万吨，同比下降5%。其中，进口20万吨，同比增长16%；出口30万吨，同比下降15%。进出口集装箱4.4万标箱，同比下降5.8%。其中，进口2.2万标箱，同比下降7.3%；出口2.2万标箱，同比下降4.4%。

【惠州港亚婆角起运点】 惠州港亚婆角起运点于1981年设立，1986年12月关闭，1988年8月恢复设立并启用，是经清理保留运作的原二类口岸。该起运点位于惠东县稔山镇船沃村亚婆角，有杂件综合码头1个，设有1个1 000吨级和2个500吨级泊位，设计年吞吐能力300万吨。亚婆角起运点为沿海砂石出口作业点，主要提供矿建材料和非金属矿石等装卸服务。

2023年，惠州市口岸进出口货运量4 025.39万吨，同比增长15.1%；进出口集装箱15 304标箱，同比减少71.9%；入出境船舶1 268艘次，同比减少47.4%；入出境服务员工25 466人次，同比减少28.9%。

【肇庆港口岸肇庆港区（肇庆新港）】 肇庆新港为原二类货运口岸，位于肇庆市鼎湖区广利镇，国道321线鼎湖路段院主处向南6千米；港区面积16万平方米，堆场面积9.2万平方米，年集装箱吞吐能力为30万标箱；岸线长度264米，常年水深6米；有3 000吨级泊位4个，其中外贸泊位1个、内贸泊位3个；是全国28个内河主要港口之一；于2020年配置大型集装箱检查设备H986；2021年12月，开通“肇庆新港—深圳蛇口港”组合港通关模式；2021年12月，获批进口松材线虫发生国家松木指定口岸资质；2022年，配备数智化、可视化先进的集疏运系统，实现拖车资源统筹调度，统一接单，协调派单，并让客户端线上下单、定位监控，查询信息；2023年，恢复供港砂石清关业务。

肇庆新港开通的航线包括：肇庆新港—广州南沙港，每周一、周三、周五从新港开航，每周二、周四、周六从南沙港开航；肇庆新港—深圳西部港区（蛇口、赤湾、妈湾、大铲湾），每周一、周三、周五从新港开航，每周二、周四、周六从深圳西部港区开航；肇庆新港—香港港，每天从新港、香港港开航；肇庆新港—香港港（国际中转）—深圳盐田港，每周一、周五从新港开航，每周三、周日从盐田港开航。

肇庆新港主营业务为内外贸集装箱、散杂货装卸以及供港澳砂石清关，同时提供拖车、报关报检和货运代理、仓储、拆拼箱等综合性服务。

2023年，进口以再生金属原材料、饲料、再生纸浆、淀粉等货物为主，主要进口国家（地区）为欧美、东南亚；出口以陶瓷、铝锭、糖、木材、纸制品等货物为主，主要出口国家（地区）为中东、东南亚和日本。

2023年，完成进出口集装箱吞吐量3.52万标箱（其中进口1.79万标箱、出口1.73万标箱），同比增长12.17%；进出口货运量34.42万吨（其中进口26.86万吨、出口7.56万吨），同比增长35.41%。

【肇庆港口岸肇庆港区（三榕港码头）】 三榕港为原二类货运口岸，位于肇庆市端州区西侧的端州八路，西江中下游，毗邻G321国道，距离S8广佛肇高速路口6.7千米，距离肇庆铁路货运站场2.5千米，由肇庆港务有限公司经营；港区面积28万平方米，堆场面积15万平方米，仓库面积3.2万平方米，年集装箱吞吐能力为50万标箱；岸线长度316米，常年水深5米，有2 000吨外贸泊位2个、3 000吨内贸泊位3个；是肇庆市占地面积及年进出口货运量最大、唯一与肇庆铁路货运站场合作并开通"水公铁"多式联运模式的口岸码头；2015年，获批进境粮食指定口岸和海关A类监管场所资质；2020年11月，开通与"一港通"通关模式（广州南沙港）；2022年5月，开通"组合港"通关模式（深圳蛇口港）；2023年，建成海关初级筛选鉴定室。

三榕港已开通航线包括：三榕港—广州南沙港，周一、周四从三榕港开航，每周二、周五从广州南沙港开航；三榕港—深圳西部港区（蛇口、赤湾、妈湾、大铲湾），每周一、周三、周四、周五从三榕港开航，每周2~3班（不固定时间）从深圳西部港区开航；三榕港—香港港，每周一、周三、周五从三榕港开航，每周二、周四、周六从香港港开航；三榕港—香港港（国际中转）—深圳盐田港，每周一、周三、周五从三榕港开航，每周不固定航次从深圳东部港区开航。

三榕港主营业务为内外贸集装箱、散杂货装卸，同时提供拖车、报关报检和货运代理、仓储、拆拼箱等综合性服务。

2023年，进口以石材、粮食、松香、机械设备、化工原料等货物为主，主要进口国家（地区）为澳大利亚、越南、新加坡、巴西、土耳其、意大利；出口以陶瓷、石粉、散竹、粮食、桂皮等货物为主，主要出口国家（地区）为印度尼西亚、泰国、马来西亚、越南、日本。

2023年，完成进出口集装箱吞吐量6.28万标箱（其中进口3.03万标箱、出口3.25万标箱），同比增长12.8%；进出口货运量92.82万吨（其中进口22.45万吨、出口70.37万吨），同比减少1.88%。

【肇庆港口岸四会港区】 四会港为原二类货运口岸，位于肇庆市四会市进港路，南江工业园旁，地处西江和北江交汇处附近，毗邻佛山三水，由肇庆四会珠江物流有限公司经营；港区面积4.63万平方米，堆场面积4.3万平方米，年集装箱吞吐能力为13万标箱；岸线长度340米，常年水深4米，有2 000吨级外贸专用泊位1个（可同时靠泊2艘船作业）；是肇庆市距离区域性枢纽港（海港）最近的口岸码头，也是肇庆市唯一拥有第9类危险货物（锂电池组及相关储能产品）吊装资质（2023年）、唯一同时与广州南沙港、深圳蛇口港、深圳盐田港开通直航航线的口岸码头；于2021年开通"四会港—深圳蛇口港"组合港通关模式。2023年，进口以米糠、聚乙烯蜡、藤枝、粗糙铜锭、铝锭、汽车整车及配件、木浆、糖浆、纯碱等货物为主，主要进口国家（地区）为北美、南美、澳大利亚、非洲、东南亚（马来西亚、泰国、越南等）。出口以铝锭、密封铅酸蓄电池及配件、五金配件、瓷砖、山梨糖醇液、漂白水等货物为主，主要出口国家（地区）为日本、东南亚（泰国、马来西亚、印度尼西亚、越南等）、欧美。港口提供外贸集装箱、散杂货装卸，同时提供拖车、报关报检和货运代理、仓储、拆拼箱等综合性服务。四会港区已开通航线包括四会港—广州南沙港、四会港—深圳西部港区、四会港—香港港、四会港—香港港（国际中转）—深圳盐田港。

2023年，完成进出口集装箱吞吐量4.82万标箱（其中进口2.07万标箱、出口2.75万标箱），同比增长5.57%；进出口货运量52.31万吨（其中进口12.17万吨、出口40.14万吨），同比增长 52.31%。

【肇庆港口岸高要港区】 高要港为原二类货运口岸，位于肇庆市高要区南岸镇南湾路 48 号，上游连接广西梧州、贺州等地，下游达佛山、中山、江门，距离云浮“百里石材走廊”20 多千米，由肇庆高要珠江物流有限公司经营，港区面积 7.5 万平方米，堆场面积 5.3 万平方米，年集装箱吞吐能力为 8 万标箱；岸线长度 300 米，常年水深 5.5 米，有 2 000 吨级内外贸兼用泊位 1 个；于 2020 年创新开发“数智化内外贸分流管控模式”（智慧海关项目），实现内外贸同吊机作业，开拓内贸业务，缓解经营压力；于 2021 年开通“高要港—深圳蛇口港”组合港通关模式（肇庆首家）。2023 年，进口以石材、矿石、木浆及家禽饲料产品等货物为主，主要进口国家（地区）为非洲、土耳其、意大利、越南等；出口以石材、陶瓷、五金、土特产（桂皮、松香）等货物为主，主要出口国家（地区）为东南亚。港口提供内外贸集装箱、散杂货装卸，供港澳砂石清关，同时提供拖车、报关报检和货运代理、仓储、拆拼箱等综合性服务。高要港区已开通航线包括高要港—广州南沙港、高要港—深圳西部港区、高要港—香港港、高要港—香港港（国际中转）—深圳盐田港等。

2023 年，完成进出口集装箱吞吐量 3.85 万标箱（其中进口 1.92 万标箱、出口 1.93 万标箱），同比增长 0.5%；进出口货运量 107.54 万吨（其中进口 18.54 万吨、出口 89 万吨），同比增长 31.2%。

【清远港装卸点】 清远港装卸点位于北江中下游清远市市区，于 1993 年 4 月经广东省口岸办批准设立为清远港进出口货物装卸点，1998 年经广东省政府、海关总署确认为继续保留运作的原二类口岸，2015 年被广州海关评定为 A 类监管场所。码头作业区占地面积约 4.1 万平方米，其中堆场总面积约 3.2 万平方米、监管仓库 1 300 平方米；码头岸线 236 米；拥有 4 个 1 000 吨级泊位，配备有 50 吨、45 吨、35 吨集装箱岸吊各 1 台和集装箱正面吊车 4 台、集装箱拖车及多功能叉车 20 多辆；码头设计年吞吐能力为 120 万吨，已开通清远港往返香港、澳门船舶运输以及外贸内河中转运输航线（深圳、南沙）。码头进出口货物种类主要为塑胶粒、高岭土、硼钙石、铅铋合金、锆英砂、纸巾、陶瓷、地板胶、水泥等。区位优势主要包括如下。一是港口在清连高速及广清高速旁边，距广州 60 千米左右，到广州白云国际机场仅 30 分钟车程，享有“珠三角后花园”的美誉，水路距离香港只有 160 海里，船舶航行时间约 20 小时。二是清远市在市委、市政府的领导下，加大招商引资力度，积极创造良好的投资环境。借珠三角产业转型升级之际，越来越多的外商到清远投资建厂，建成不少大型的工业园区。口岸的特殊优惠政策是从 2020 年 1 月起，免除查验没有问题外贸企业吊装移位仓储费用范围扩大至检验检疫查验环节。

根据清远港经营企业统计，2023 年的进出口货运量为 51.419 万吨、集装箱 3.669 万标箱。

【云浮水运（河港）口岸】 云浮新港口岸位于西江中游南岸云安区六都镇，地处两广航运节点，且航道水深优良，水陆铁交通十分便利，下达广州 113 海里、珠海 149 海里、香港 177 海里，上溯广西梧州 60 海里，陆路与国道 324 线相连，距广梧高速公路云安区出口 7.5 千米、云浮市区 18 千米、广州 178 千米，是连接沿海与内地、连接珠三角与大西南的交通要冲，是云浮建设两广（广东、广西）交通纽带的重要节点。2021 年 4 月，广东省口岸办批复同意将云浮六都装卸点的口岸功能整体搬迁至云浮港都骑通用码头口。2023 年 9 月，该码头一期工程建设完成投入营运，只运输内贸货物，还未申请对外开放开展外贸运输业务。

云浮新港现有至香港、深圳蛇口、广州南沙、珠海高栏和东莞港 5 个港口的船舶往来航线。其中，外贸航线有至香港、深圳蛇口和广州南沙（二期）3 对（6 条）；内贸航线有至珠海高栏、东莞和南沙（一期）3 对（6 条）。云浮新港还开通了梧州赤水—云浮水运（河港）口岸内支航线及云浮水运（河港）口岸—梧州大利口航线。进口主要货物种类为石材、纸浆、铝合金锭和乳糖等，出口主要货物种类为钛白粉、人造石板材、电池、铝板和釉面砖等。

深圳市

【口岸数量及分布】 截至2023年年底，深圳拥有经国务院批准的对外开放口岸16个。其中，公路口岸7个，分别为罗湖、文锦渡、皇岗、沙头角、深圳湾、福田、莲塘口岸；铁路口岸2个，分别为广深港高铁西九龙站、深圳（笋岗）铁路口岸；海港口岸6个，分别为盐田、大亚湾、蛇口、赤湾、妈湾、大铲湾口岸；空港口岸1个，即深圳航空口岸。

罗湖口岸是深圳市客流量最大的旅客入出境陆路口岸，截至2023年年底客流量仍居全国前3名；皇岗口岸是我国货车入出境数量最多的客货综合性公路口岸，也是我国率先实行24小时通关的口岸；深圳湾口岸是我国第1个按照“一地两检”查验模式运作的客货综合性公路口岸；文锦渡口岸是我国最早对外开放的口岸之一；福田口岸是我国首个内地与香港无缝接驳的地铁口岸；莲塘口岸是深港间第7个公路口岸，定位为客货综合性口岸；盐田口岸是我国4大国际中转深水港之一；蛇口口岸是第1个由企业自筹资金建设、管理和经营的海港口岸；赤湾口岸是第1个中外合资港口企业建设和经营的海港口岸；深圳航空口岸是我国第1家以地方投资为主兴建的机场，是我国4大航空港之一。

【口岸运行数据】 2023年，经深圳口岸出入境人员15 860.09万人次，同比增加4 211.21%，日均43.45万人次；出入境车辆368.92万辆次，同比增加105.77%，日均1.01万辆次；深圳海港口岸集装箱吞吐量2 988.00万标箱，当年累计同比下降0.52%；进出口货物21 505.32万吨，当年累计同比增加2.15%。深圳机场空港口岸出入境旅客248.26万人次，当年累计同比增加1 522.8%；国际空运货物70.80万吨，当年累计同比下降0.6%。

【口岸综合管理】 全面恢复通关。自2023年1月8日深港陆路口岸恢复通关以来，两地探亲、旅游、商务等需求被全面激活，大批客流经口岸流动，带动了物流、资金、贸易等各种资源要素的便利流动，加快推动深港以及整个大湾区的融通发展。深圳市口岸办推动各项通关工作有序推进，以“一口岸一方案”，实施差异化措施，提供贴心、暖心服务，保障出入境旅客、货车通行安全、高效、舒适、顺畅，旅客、货车通关量总体呈上升趋势。依托联席会议机制、深港会议机制、互访机制等，与口岸相关单位加强沟通交流和信息共享、工作联动，集中会商解决恢复通关和正常通关工作中遇到的难点问题。常态开展综合演练、联合拉练，联动做好客流疏导、秩序维护和安全防范，合力保障口岸安全稳定。联合相关单位持续开展整治行动，口岸外围区域非法营运蓝牌车、“拉客仔”聚集拉客揽客等问题得到有效改善。立足实际，巩固深化联络协调，推动构建共建共治共享的口岸治理新格局。实施常态化安全生产大检查与常规检查、专项检查、综合检查相结合，深入查找漏洞和薄弱环节，立足防范极端恶劣天气，落细落实各项保障措施，有力有序做好三防各项工作，防范化解安全风险隐患，并组织回头看，守牢底线红线。每逢重要时段、重要节日办主要领导及班子成员分头率队赴口岸一线开展督导检查。系统梳理完善通关标识标牌，利用电子显示屏滚动播放公益广告、宣传片，宣传栏张贴海报，倡导文明出行、文明旅游。设置咨询服务台，更新修订并制作摆放“深圳口岸通关指引”，联合开展义工服务活动，主动为老、幼、病、残、孕等特殊人群提供咨询、帮扶等暖心服务，竭诚为广大旅客营造文明温馨舒适的通关环境。

提升通关便利化水平。制定出台提升通关便利化18条措施，成效显著。深入开展“净、畅、宁”专项行动，2023年累计实施28个工程维护项目，系统推进清污、疏堵、除尘、增绿、治乱、纠违，全面提升口岸整体环境面貌。实施车辆分类管理；清退方舱123个；清理跨境大巴售票点；联合治理口岸外围黑车拉客乱象。在深圳湾口岸设置外围活动雨棚；莲塘口岸增设无障碍通道；优化罗湖口岸旅客动线，彻底解决逆流问题；协调安装皇岗口岸“五组六线”一站式查验系统；有序将文锦渡、深圳湾口岸“接驳点”恢复停车场功能；在口岸停车场试点增设安装 72 台自动识别港澳车牌摄像机和剩余车位引导 LED 显示屏；置新能源绿色充电桩 90 个。依托智能客流分析系统，安装各类摄像机 51 台，实时监测客流变化，动态调配人力和管控措施。在出入境大厅增设无线 WI-FI 信号发射点。优化完善节假日通关保障，与主要跨境旅行社建立长效联络机制，选点设立停车点、集合点，积极营造节日氛围，更加注重深港两地通关信息交流，及时做好措施调整。设置艺术墙，引入主题展等活动，加强深港文化交流。首次组织深港两地志愿者在广深港高铁西九龙站口岸开展志愿服务活动，将志愿服务及义工服务常态化、品牌化。建立口岸便民服务点标准化体系，优化功能设施，提供免费咨询、失物招领、临时充电功能、残疾人专用轮椅、应急药箱、饮用水等便民服务。在口岸现场设置通关便利度调查二维码 62 个，建立问题收集处置闭环管理机制，及时跟踪办理相关问题及意见建议。做好公益广告宣传工作，明确公益广告刊发制度，联合人行、文广旅游、城管、港澳办、气象等部门在口岸区域的联合宣传，设置临时便民金融服务点，安排专人驻点，协助香港旅客掌握移动支付功能，累计发放“便民金融服务手册”6 万余份。设置宣传展架，累计派发宣传资料 27.1 万册。滚动播放宣传内容 31 万条次，营造来深旅游消费的良好氛围。

口岸规划建设。一是高效推进皇岗口岸重建。截至 2023 年年底，新皇岗口岸综合楼项目已完成全部报批报建手续，正在进行地上主体结构施工；联检大楼已完成基坑支护和土石方工程施工，正在开展地下主体结构工程施工。二是加快老旧口岸改建重建。推进罗湖口岸改造，立足“消除安全隐患、提升商业业态、升级查验设施”，形成近期“尽快解决安全隐患，优化提升口岸功能”实施现状改造，远期探索香港东铁线北延、推动罗湖口岸异地重建的“近远结合”思路。推进沙头角口岸重建，实施“跨河建”模式，支持沙头角深港国际旅游消费合作区建设。三是推进新口岸规划研究。推进河套专用口岸、港深西部铁路口岸、前海客运口岸等规划，为河套深港科技创新合作区、前海深港现代服务业合作区建设提供支撑。四是优化调整口岸功能布局。推动文锦渡口岸鲜活货检功能转移，推进莲塘等更多口岸实现 24 小时通关，让口岸功能定位与城市发展、深港匹配度更高，通关更便捷。五是调整码头对外开放功能。为建立口岸有进有退动态管理机制，稳妥推动不符合要求口岸有序退出，实现口岸查验资源高效利用，鉴于深圳市广聚亿升石油化工储运有限公司已注销港口经营许可证，不符合对外开放基本条件，深圳市口岸办根据《深圳市已开放港口口岸范围内新建、改建码头泊位对外开放验收启用管理操作办法》规定，经商驻深口岸查验单位同意，按程序批复关闭该司码头对外开放功能。六是扩大海港口岸对外开放。深圳市口岸办多次沟通国家部委、广东省及香港特别行政区有关部门，加强联系，持续跟进报批进度，并按国家口岸管理办公室要求多次细化材料，补充完善相关信息，稳步推动申报工作开展。

口岸营商环境。一是做好牵头统筹，协调推进各项改革举措。结合国家部委要求部署和深圳市任务重点，印发实施《2023 年优化口岸营商环境重点工作》，包括 6 个方面 32 个事项；推进海关总署 2023 年促进跨境贸易便利化专项行动工作，印发《2023 年深圳市促进跨境贸易便利化专项行动工作举措》，推出 5 个方面 19 条措施，进一步深化跨境贸易便利化改革；牵头抓总国际贸易指标迎评，率先开展世界银行 B-READY 体系课题研究，完成 B-READY 评估体系国国际贸易指标考评点的拆分，共 572 个考评点，国家事权 429 个，地方事权 143 个，获深圳市营商办认可并向其他指标做先进经验分享。深圳“跨境贸易”指标在 2023 年广东省营商环境评估中位列全省第二。二是创新监管方式，着力提升口岸通关时效。2023年，推进多项通关便利化措施，支持跨境电商新业态发展，推广跨境电商出口海外仓备案无纸化办理功能，实现海外仓备案、审核业务网上办理，持续推进阳光化试点线上备案工作，深圳已备案企业超130家，包括跨境电商在内的一、二类出口企业正常出口退（免）税的平均办理时间已缩短至3个工作日内；持续推动“组合港”模式创新，创新“共享代码+水路调拨”模式，“枢纽港—支线港”间全天候快速流动。年内，深圳港新增10条组合港航线，累计开通37条组合港航线，共监管进出境集装箱31.6万标箱，同比增长47.8%，平均压缩货物堆存期66%；持续优化深圳国际贸易“单一窗口”功能，已与东西部港区完成物流信息交换共享，实现进出口物流通关12个关键节点的数据联通传输，月传输量超过100万条，位居全国第一。三是推进口岸收费规范，着力降低进出口环节费用。取消港口建设费，降低引航费。深圳港集装箱班轮航线、邮轮航线船舶引航费按国家收费标准降低16.7%收取，据统计，年内引航费降费金额约5 074.7万元；严格实行收费目录清单管理和公示制度，协调港口企业、船代、货代等企业通过“单一窗口”主动公开和动态更新收费标准、服务事项等信息，截至2023年年底共有693家企业公示收费目录清单3 613条，各港口企业的收费事项均通过“单一窗口”和企业网站进行公示，收费项目及标准公开透明。四是用心探索精准施策，切实为群众企业办实事。完善特邀顾问机制，聘请跨境贸易领域行业专家组成特邀顾问团队，畅通政企沟通桥梁；推动对企政策宣传常态化，打造“深圳口岸营商环境讲坛”品牌。年内，已举办线上宣讲会9场，累计5 500人次观看，参加企业超2 000家；开展深圳陆路口岸便利度通关评价工作，通过前期数据筛选分析、问题建议分类处理、定期输出评价报告的方式，建立了收集、处理、评估的“闭环”机制。年内，共收到有效问卷8 241份，整体满意率79.2%；全面完成挂点15家企业的对接走访工作，共收集企业诉求22件，办结22件，完结率100%，满意率100%，评价率100%。相关经验做法被列为“助企行”服务小组典型分享在8月第三周《企业服务周报》上。

智慧口岸建设。一是开展全国智慧口岸试点建设。落实建设数字中国总体战略，编制《深圳市智慧口岸试点建设工作方案》并于2023年10月获得国家口岸管理办公室批复同意。国家口岸管理办公室要求深圳对标国际先进水平，积极探索、大胆创新，及时总结可复制推广的经验做法，发挥示范引领作用。加强智慧口岸顶层设计，编制《深圳市智慧口岸总体规划》，提出8大类29项建设任务，以“1个数字底座+1个智能中枢+3个一网体系+N个智慧场景”为总体框架，探索口岸数字化转型新模式、新举措、新动能。二是聚焦“一网服务、一网统管、一网协同”，建设智慧口岸一体化服务平台，推进口岸治理数字化转型。聚焦“一网服务”规划建设“i口岸”小程序和智慧口岸服务网，面向深港通关旅客提供导航式、推送式、一站式信息服务；聚焦“一网协同”建设口岸协同平台，开发5类27个应用，打造高效协同办公环境；聚焦“一网统管”打造口岸智慧大脑，建设口岸综合管控可视化平台，打造深圳市数字孪生精品应用试点，全面展示深圳口岸运行情况，实现“一图全面感知、一屏纵观全局、一键辅助决策”；聚焦数据赋能开展口岸数据治理，搭建口岸基础数据库系列平台，建立7个覆盖业务域、68个数据资源目录、737个数据项、72个自动采集任务，归集数据超过1.9亿条，构建数据基础底座。三是服务保障口岸通关，依托口岸重建改造，加强口岸设施设备智慧化建设。加快推进新皇岗口岸信息化建设，持续加强与海关、边检等查验单位的沟通协调，推动新皇岗口岸设备购置及信息化项目完成立项；深圳智慧口岸建设工程项目取得概算批复。推进罗湖口岸改造信息化前期研究，梳理信息化建设内容及匡算设计。完善口岸现场管理服务的配套信息化建设，完成文锦渡口岸、莲塘口岸应急指挥中心建设，打造深圳口岸“1+

N”运行指挥体系；建设口岸视频 AI 分析平台，智能统计口岸人、车流量，准确度超过 95%，实现对口岸客流的实时监控预警。四是服务深港发展大局，开展深港口岸信息化合作。会同香港保安局成立深港新皇岗口岸信息化建设专责小组，共同研究“合作查验、一次放行”通关模式的技术实施方案。谋划深港数据共享合作，与香港入境事务处等部门就出入境人员数据共享方式等进行研究，探索建设深港口岸数据中间云。会同香港入境事务处、港铁公司等部门共同推进口岸通关时间监测平台建设，以应用为导向推进深港数据合作。

法治口岸建设。一是坚定不移推动口岸修法立法工作。加快推进《深圳经济特区陆路口岸管理条例》初步文稿制定工作，立足深港“一国两制”下陆路口岸管理特点，以法治化手段解决口岸管理中长期以来形成的历史遗留问题，推动深圳陆路口岸建设、管理、协调、服务、监督各项工作的标准化、规范化。二是加强依法行政和法治宣传教育。细化法治政府建设各项任务关键环节，做到“程序到处室，责任到个人”。加强重大行政决策和规范性文件制定发布流程管理，严格落实重大事项合法性审查，确保权限、内容、程序合法。强化对本办各处室开展业务工作的法律支撑。如，支持各处室运用法律手段，维护深圳市口岸办合法权益，支持罗湖口岸改造中信访案件和政府信息公开申请办理，支持依法拆除口岸区域违法建筑。三是进一步理清本办机构职能。组织各处梳理实际承担的各项权责事项，构建权责明确、程序规范、依法行政的职责体系，形成政务服务事项清单共 21 个事项，其中深圳市口岸办权力事项清单（18 项）、深圳市口岸办公共服务事项清单（3 项），并同步编制形成事项办理指南（21 项）。

口岸资产监管。一是着力破解口岸资产管理历史遗留问题。全面梳理口岸区域内物业情况，依规清退违规占用口岸物业。深入开展口岸拆违专项整治行动，做到历史遗留问题不解决不放手、解决不彻底不松劲，进一步强化口岸规范化管理。二是解决口岸免税店物业权属问题。对陆路口岸免税店物业权属逐一进行梳理和确认，解决了长期以来口岸免税店因物业权属不顺无法招标的问题。制定 53 家陆路口岸免税店管理台账，完成首批陆路口岸 17 家免税店经营主体招标工作。

深港协作。一是强化对港交流互动。与香港保安局、运输署、港铁公司等密切联动，联合香港保安局举办首届深港口岸足球赛。加速对接专项工作，深度参与跨界轨道基础设施专班、深港口岸规划建设专班，加强新皇岗口岸重建工作专责小组沟通机制。与港方口岸部门建立常态化沟通机制，形成口岸极端天气防御、危重急救病人转运、消防救援等特殊事件深港双方对接工作方案。充分发挥深港口岸联动机制作用，同步发布各类公告，有效处置文锦渡、莲塘口岸暂停运行及货车分流等突发事件。二是积极探索查验模式创新。推动罗湖口岸改造，优化查验场地，改善查验空间，试点引入更加便捷的通关技术。研究莲塘口岸“合作查验、一次放行”。莲塘口岸一站式通道货检运作顺畅，探索推广一站式通关模式。三是深化深港口岸规则对接。共同探索在口岸试行更高效、便利的通关监管模式，带动深港两地要素交流、政策对接和融合发展不断取得新进展。

2023 年广东省口岸大事记

1 月 1 日

拱北海关确保“澳车北上”政策正式落地实施首日通关顺畅。首辆北上澳门单牌车于零点二十分在港珠澳大桥珠海公路口岸办结海关等手续入境。

1 月 4 日

小漠国际物流港举行口岸开放及汽车出口首航仪式。

1 月 7 日

时任广东省政府副秘书长张玉润率队到深圳市检查恢复通关准备情况。

1 月 7 日

正式上线深港恢复通关赴港旅客网上预约

系统。

1月8日

香港与内地有序恢复人员正常往来，深圳湾口岸、福田口岸、文锦渡口岸、蛇口口岸、机场福永码头为首批有序恢复的5个口岸。

1月8日

海关总署署长俞建华视频连线广州海关，检查指导新冠病毒感染实施“乙类乙管”首日首个入境航班旅客检疫通关工作。

1月8日

深圳湾、福田、文锦渡、深圳机场福永码头、蛇口邮轮母港口岸全面恢复通关。

1月10日

广东省南澳前江码头举行对台小额贸易首航仪式。

1月13日

广州海关保障南沙客运港复航。

1月13日

中山港客运口岸恢复与香港航线往来正常通关。

1月15日

虎门港澳客运码头的“狮子洋8号”搭载着181名旅客和12名船员离开码头，在当日上午10：20抵达香港国际机场，至此，虎门往返香港国际机场的水路客运航线正式复航。

1月15日

广深港高铁西九龙站口岸正式开通恢复运营。

1月19日

交通运输部批复湛江港大唐雷州电厂码头临时对外开放第二次续期。

1月20日

江门海关签发首份动植检类企业行政审批电子证照。

1月20日

广东省委副书记、深圳市委书记孟凡利到福田口岸调研。

1月22日

深圳海关缉私局所属机场海关缉私分局抗疫工作组获评“全国公安机关疫情防控工作成绩突出集体”。

1月28日

深圳海关测序检出转段后全国首例输入性奥密克戎变异株。

1月29日

湛江港大唐雷州电厂码头获交通运输部批复同意第三次临时对外开放，时限6个月。

1月29日

红海港装卸点经广东省政府批准实施关闭退出。

1月

深圳湾出入境边防检查站执勤二队被公安部授予集体一等功。

2月3日

广东省口岸办批复同意关闭东莞虎门港口岸沙田港区飞虎石油化工码头对外开放。

2月6日

深港陆路口岸全面恢复正常通关暨莲塘/香园围口岸旅检启用仪式在莲塘口岸举行。

2月7日

深圳市政府副市长张华率队先后到深圳湾口岸、莲塘口岸、罗湖口岸、福田口岸和皇岗口岸（口岸指挥中心大厦），分别调研疫情防控转段前后的工作变化、莲塘口岸旅检开通后工作情况、口岸经济带罗湖示范区建设情况、口岸与轨道交通枢纽管理和皇岗口岸临时旅检通关工作，在深圳市口岸办听取口岸重建工作汇报。

2月8日

交通运输部批复同意国际航行船舶临时进靠广东阳江港海陵湾港区吉树作业区4号泊位源强码头。

2月15日

国务院港澳事务办公室处长李新宇、交流司孔娜赴沙头角口岸调研灵柩车恢复通关等业务。

2月15日—17日

国家口岸管理办公室副主任党晓红带队赴莞调研东莞市跨境贸易口岸营商环境。调研期间，党晓红提出东莞要努力争取加入海关总署2023

年促进跨境贸易便利化专项行动。

2 月 17 日

“粤港 6 号”装载有 6 家企业申报的 14 票舱单、48 标箱的电视机、摩托车等货物，通过驳船从江门高新港起运驶往广州南沙港，标志着“江门高新港—广州南沙港”航线正式启用“湾区一港通”通关模式。

2 月 23 日

香港特别行政区行政长官李家超率领特别行政区政府代表团经广深港高铁西九龙站口岸乘坐高铁前往广州和深圳，展开上任后首次对粤港澳大湾区各城市的访问。

2 月 24 日

江门海关顺利办理江门关区首例进口危险化学品目的地检验，取样送检结果合格。

2 月 25 日

广州海关隶属车站海关监管科、韶关海关综合业务科、云浮海关分析预警科获评“全国巾帼文明岗”称号。

3 月 1 日

深圳海关所属福田海关综合业务科获评全国“巾帼文明岗”。

3 月 7 日

出入境办证服务（含智能签注设备）和粤港澳直通车业务两项服务暂停。

3 月 8 日

交通运输部批复同意广东揭阳港惠来港区资深作业区中委合资广东石化原油码头临时开放续期，期限为自批复之日起 6 个月。

3 月 8 日

交通运输部批复同意国际航行船舶临时进靠广东阳江港青湾仔港区华厦阳西电厂配套码头。

3 月

黄埔海关与深圳海关共同开展口岸与属地协同监管试点改革，对东莞企业不适宜在深圳口岸实施检查的货物，应用新监管平台和技术调拨到企业仓库或东莞市车检场实施检查。

3 月 17 日

深圳海关在美国产白蜡木中截获我国首例垂蕈甲属 *flavicollis* 种。

3 月 20 日

时任海关总署副署长吕伟红在深圳出席 2023 年海关卫生检疫工作会议。

3 月 20 日

交通运输部批复茂名港吉达港区东华能源（茂名）有限公司码头临时对外开放。

3 月 22 日

湛江海关助力中欧班列首列湛江直发成功，通过中欧列从二连浩特口岸出境。

3 月 23 日

深圳海关在北马其顿产山杨木中截获我国首例弗氏窄吉丁 *Agrilus fleischeri* 种。

3 月 25 日

江门海关顺利完成新信用管理办法实施以来首例失信企业信用修复。

3 月 27 日

汕头海关完成首次出口航空煤油属地查检 2 批次，共 1.5 万吨，货值 1 350 万美元，为汕头关区海运首票出口危险化学品。

3 月 28 日

全国人大常委会副委员长、民革中央主席郑建邦，全国政协常委、民革中央副主席刘家强，率队到皇岗口岸旗楼考察。

3 月 29 日

时任国务院参事室副主任赵冰率队到深圳湾口岸开展实地调研。

3 月 30 日

全国首笔数字人民币缴纳行邮税在拱北口岸成功落地。

3 月

深圳市口岸办正式启动政务服务事项清单梳理工作，共梳理深圳市口岸办权力事项清单（18 项）、深圳市口岸办公共服务事项清单（3 项），编制形成事项办理指南（21 项）。这是深圳市口岸办第一次梳理政务服务事项。

4 月 1 日

深圳陆路口岸迎来了全面恢复通关以来的客流高峰，总通关量达 512 667 人次，单日首次超过50万人次。西九龙站口岸全面恢复长途服务，接通香港与广东省以外的长途站点。

4月6日

茂名口岸节流协同平台正式上线，得到商务部在国务院政策吹风会上给予表扬。

4月10日

广州海关辖区琶洲港澳客运口岸获交通运输部批准临时进出国际航行船舶。

4月10日

江门海关属地查检业务管理系统及“云签发”成功启动，从接收企业申请、系统自动审核至生成电子底账用时仅50秒，试运行首日接收企业申请共32票，自动审单放行28票。

4月13日

海关总署党委委员，广东分署主任、党委书记李魁文一行到江门海关调研。

4月14日

时任国家移民管理局党组成员、副局长曲云海到福田、莲塘口岸调研。深圳出入境边防检查总站党委书记、总站长徐晓伟，党委副书记、政治委员苟高荣等领导陪同调研。

4月18日

一批音频功放模块等出口货物在东莞虎门港综合保税区办理海关通关手续后，乘坐专用船舶从东莞港启航，直达香港国际机场码头，再装上飞机发往全球，标志着东莞—香港国际空港中心项目正式运行。

4月18日—19日

公安部党委委员、副部长，国家移民管理局党组书记、局长许甘露到沙头角边境特别管理区、广深港高铁西九龙站口岸调研。深圳出入境边防检查总站党委书记、总站长徐晓伟，党委副书记、政治委员苟高荣等领导陪同调研。

4月19日

时任财政部党组成员、副部长夏先德率财政部调研组到皇岗口岸调研。

4月20日

横琴口岸澳方口岸区第二阶段客货车检区域正式移交澳门。

4月21日

中委广东石化2 000万吨级重油加工工程产品码头通过广东省口岸办对外开放验收，实现正式开放。

4月24日

深圳市口岸办正式启用口岸应急管理平台，包括口岸应急事件协同指挥、有序调度和高效处置的信息化支撑系统。

4月26日

“深湛组合港”启动运作，助力湛江港成为首个享受“大湾区组合港”改革红利的非大湾区港口。

4月26日

文锦渡口岸应急指挥中心正式揭牌启用。

4月

东莞市作为广东省唯一新增城市，入选国家层面2023年促进跨境贸易便利化专项行动。

5月1日

全国政协民族和宗教委员会原副主任、全国妇联原副主席、西藏自治区党委原副书记巴桑率队调研罗湖口岸。

5月4日

广州海关保障琶洲港澳客运码头举办首航仪式正式投入运营。

5月12日

香港保安局局长邓炳强率政制及内地事务局、入境事务处、香港海关、警务处、建筑署等部门相关人员赴深圳口岸调研。

5月15日起

根据国家移民管理局相关公告，全国各口岸恢复快捷通道通关。

5月15日

深圳市口岸办正式启动深圳市口岸综合管控可视化智慧平台建设工作。

5月19日

深圳海关在罗湖口岸入境旅检渠道检出全国口岸首例艾滋病合并梅毒感染病例。

5月19日

湛江综合保税区封关运作。

5月24日

深圳市政协党组成员陈林到莲塘口岸实地对口岸周边交通问题及旅客通关流线问题进行调研，并召开座谈会。

5月25日

广州海关、长沙海关、贵阳海关深化协同打造的跨省“一港通”铁海联运快速通关新模式正式运行。

5月26日

小漠国际物流港开通首条粤港澳大湾区港澳航线，汕尾海关落实24小时预约监管、随到随验等便利化通关措施，助力企业快速办理通关手续，保障新航线顺利开通。

5月29日

“港车北上”开始接受网上登记抽签，中签者按指示在网上递交申请并获批后，便可于7月1日零时起驾车经港珠澳大桥珠海公路口岸往来香港和广东。

5月

深圳市口岸办启动口岸视频AI分析平台建设。

6月1日

广州海关监管广州中欧班列自首开以来累计列数突破1 000列，货值超270亿元。

6月2日

深圳海关在皇岗口岸保障RCEP全面生效后全国首票出口享惠货物顺利通关。

6月9日

茂名港吉达港区东华能源（茂名）有限公司码头外贸船首航顺利靠泊，标志着粤西第一个LPG港口正式开港。

6月9日

盐田出入境边防检查站在靠泊在盐田港某外轮上查获108千克毒品，案值约2亿元，获国家禁毒委员会贺电表扬。

6月16日

海南省委书记、省人大常委会主任冯飞，省委副书记、省长刘小明率海南省党政代表团到莲塘口岸调研。

6月16日

汕头海关完成首票“汕头广澳—深圳蛇口”组合港项目实船实柜测试业务。

6月16日

海南省委书记、省人大常委会主任冯飞，省委副书记、省长刘小明率海南省党政代表团一行，在广东省委副书记、深圳市委书记孟凡利，市委常委、秘书长陶永新等相关领导的陪同下，到莲塘口岸进行考察，实地察看人员、车辆及货物通关运行情况，现场听取口岸规划建设、通关监管、反走私等工作情况介绍。

6月28日

深圳海关保障首条深圳至中亚TIR国际跨境公路货运线路正式开通。

7月1日

拱北海关全力保障“港车北上”政策顺利落地实施。

7月1日

开通J66线，由龙岗直达莲塘口岸，乘客在莲塘口岸旅游巴士站下车即可前往莲塘口岸过关，进一步方便深港两地居民通行。

7月2日

满载新西兰佳沛奇异果的冷藏船“科槐号”（KOWHAI）顺利抵达东莞港二期码头，标志着东莞港正式开通新西兰佳沛奇异果直航专线，这是新西兰奇异果首次从东莞入境登陆中国市场。

7月3日

深圳市市长覃伟中率队赴沙头角口岸开展调研，深入了解沙头角口岸现状及重建方案。

7月12日

中央人民政府驻香港特别行政区联络办公室副主任尹宗华带队到深圳湾口岸开展深港两地通关便利性专题调研活动。

7月13日

首批电子烟货物经空港中心转运至香港国际机场出口至美国，标志着空港中心电子烟空运出口业务正式开通。

7月13日，

深圳海关在进境加拿大原木中截获我国首例

拟花蚤科 *Hypebaeus apicalis* 种。

7 月 14 日

国务院批复茂名港吉达港区扩大对外开放。

7 月 17 日

潮州港扩建货运码头“内外贸同场”业务正式开展。

7 月 19 日 7 时起

文锦渡口岸全面恢复入境客车通关业务（含小车及大客车）。

7 月 19 日

香港特别行政区运输及物流局局长林世雄带队赴深圳市口岸办调研。

7 月 19 日

深圳市政协副主席、致公党深圳市委会主委王大平率队赴罗湖口岸现场调研。

7 月 20 日

国家口岸管理办公室副主任王可率队赴深圳市口岸办调研智慧口岸建设情况并召开座谈会。

7 月 20 日

东莞港（DGCT）至俄罗斯东方港海运直航航线，在东莞港 5、6 号泊位首次通航。新航线的开通，将进一步加大俄罗斯和东莞的经贸往来，为东莞企业和沙田港口发展营造更加便利的贸易、营商环境。

7 月 24 日

交通运输部批复同意广东揭阳港惠来港区资深作业区中委合资广东石化原油码头临时开放续期，期限自批复之日起 6 个月。

7 月 24 日

深圳海关缉私局所属沙湾分局情报科获评 2022 年“全国打击骗取留抵退税违法犯罪工作成绩突出集体”。

7 月 25 日

汕头海关关区首批保税原油顺利入库，经揭阳海关检验监管，首批 27.2 万吨、货值 11.4 亿元保税原油顺利进入原油保税仓库。

7 月 28 日起

文锦渡口岸全面恢复入境货车通关业务（含食用水生动物、水果）。

7 月 31 日

深圳海关所属蛇口海关法规科、查验五科获评国家版权局 2022 年度查处重大侵权盗版案件有功单位（第三批）。

8 月 3 日

广州海关辖区广州 LNG 应急调峰气源站配套码头正式对外开放。

8 月 4 日

交通运输部党组成员、副部长徐成光到深圳湾口岸调研。

8 月 4 日

交通运输部党组成员、副部长徐成光带队前往深圳湾口岸调研，就内地与香港口岸通关作业流程，查找跨境物流通关相关交通问题开展座谈会。

8 月 7 日

国家发展改革委党组书记、主任郑栅洁一行到横琴粤澳深度合作区调研。

8 月 15 日

海南省交通运输厅党组书记、厅长司迺超率队赴莲塘口岸开展调研。

8 月 15 日

香港特别行政区发展局副局长林智文率队赴沙头角口岸开展调研。

8 月 16 日

香港特别行政区政府北部都会区统筹办事处主任丘卓恒率队到文锦渡口岸开展调研。

8 月 21 日

汕头海关在入境旅客携带水果中首次检出非检疫性有害生物银毛吹绵蚧。

8 月 24 日

梅州海关签发汕头关区首份“转口证明书”。

8 月 25 日

广州海关监管保障国产全球最大集装箱船“东方费利克斯托”号轮首次带货出口离境。

8 月 29 日

交通运输部批复同意国际航行船舶临时进靠广东阳江港青湾仔港区华厦阳西电厂配套码头。

9 月 1 日

广州海关创新实施的出口空运联程转关货物

快速验放模式首日运行，实现国际货运航空枢纽货物验放效率提升80%。

9月7日

深圳海关在进境加拿大原木中截获我国首例齿光薪甲 *Corticaria scrrata*。

9月7日

广州海关监管保障全国首票国际航行船舶保税生物燃料油加注业务落地广州。

9月14日

广州海关推进全链条监管华南首艘双燃料汽车运输船“埃姆登”号轮顺利出口离境。

9月20日

深圳海关所属皇岗海关旅检三处旅检一科、蛇口海关前海综合保税区监管综合岗获评“全国青年文明号”。

9月25日

福田口岸深港城市候机楼正式启用。

9月28日

深圳海关查获全国海关首宗以走私普通货物罪移诉异宠案件。

9月

广州海关所属韶关海关查检科、清远海关清远港监管科2个集体获评“全国青年文明号”。

9月

广州港口岸新沙港区13#泊位正式开放启用。

9月

文锦渡出入境边防检查站执勤五队被共青团中央等23家单位命名为“一星级全国青年文明号”。

10月3日

国务院批复同意增加港珠澳大桥海关监管区、口岸限定区域旅游功能，允许有序开展从港珠澳大桥珠海公路口岸出发往返蓝海豚岛（东人工岛）旅游活动。

10月3日

实行港澳地区外国人组团入境广东144小时免签。

10月9日

交通运输部批复茂名港吉达港区东华能源（茂名）有限公司码头临时对外开放第一次续期。

10月10日

广州海关监管广州首票“铁路快速通关”中欧班列货物顺利发出。

10月13日

广州海关顺利启动出口拼箱货物“先查验后装运”监管模式试点。

10月13日

香港立法会议员、选举委员会委员、打鼓岭乡事委员会主席陈月明组织30人经莲塘口岸入境开展考察交流，并调研莲塘新口岸运作及口岸周边建设发展。

10月17日

全国首例港澳籍小型船舶带动力直航入境中山维修业务正式开启。

10月18日起

经深港两地口岸部门协商，文锦渡口岸全面恢复供港鲜活货检通关。

10月23日—24日

海关总署署长俞建华带队，赴广东横琴粤澳深度合作区开展实地调研，调研合作区规划发展和“一线”“二线”口岸建设情况，与广东省、横琴执委会、珠海市有关领导深入交换意见，听取情况介绍和对海关工作的需求，研究海关支持横琴合作区建设发展的思路举措。

10月24日

海关总署和广东省政府签署《海关总署 广东省人民政府共同推动广东高水平开放高质量发展纵深推进粤港澳大湾区建设合作备忘录》，明确相互支持配合的“17+14”共31项合作事项。

10月26日

国家口岸管理办公室正式批复《深圳市智慧口岸试点建设工作方案》，同意深圳开展智慧口岸试点建设。

10月26日—27日

汕头海关支持汕头港完成首票外贸集装箱船舶整船换装业务。

10月27日

深圳海关在进境欧洲云杉原木中截获我国首

例赤斑花天牛 *Stictoleptura rubra*。

10月30日

汕头海关正式启动关邮缴税信息联网项目，实现海关与邮政缴税信息互联互通。

10月

国务院批复同意广州保税区和广州出口加工区整合升级为广州知识城综合保税区。

10月

国家口岸管理办公室正式批复同意东莞市纳入国家智慧口岸试点建设。

11月1日

拱北海关监管“港车北上”“澳车北上”进出境港澳单牌车突破100万辆次。

11月2日起

经深港两地口岸部门协商，文锦渡口岸全面恢复货检通关。

11月3日

海关总署副署长王令浚与哈萨克斯坦财政部国家收入委员会副主席朱马古洛夫在深圳共同主持召开中哈合作委员会口岸和海关合作分委会第十二次会议。

11月7日

国家住建部党组成员、驻部纪检监察组组长宋寒松率队调研罗湖口岸联检大楼、罗湖桥现场。

11月8日

海关总署正式批复同意设立中粮广东产业园配套码头进境粮食指定监管场地。

11月10日

海关总署党委委员、广东分署主任李魁文率队到阳江市开展推进外贸高质量发展工作调研，实地考察了阳江港口岸扩大开放、明阳智能阳江产业基地，了解企业相关需求。

11月13日起

经深港两地口岸部门协商，文锦渡口岸全面恢复旅检通关。

11月14日

公安部党委委员、副部长，国家移民管理局党组书记、局长许甘露先后到港珠澳大桥珠海公路口岸、横琴粤澳深度合作区、横琴口岸、珠海总站指挥中心和万山出入境边防检查站实地调研指导，并在万山出入境边防检查站勤务指挥室通过视频慰问该站海上各执勤点驻守民警。

11月24日

智慧海关“智慧审证-随附单证自动审核”业务场景在广州海关正式上线试运行。

11月29日

茂名港博贺新港区广港码头获交通运输部批复临时对外开放。

12月1日

主题教育中央第十六巡回指导组副组长贾育林一行到广深港高铁西九龙站口岸调研，深圳出入境边防检查站总站党委书记、站长徐晓伟参加调研。

12月1日

汕头海关口岸首次截获外来物种 *Trechus quadristriatus*（行步甲属）和 *Nabis roseipennis*（姬蝽属）两种昆虫。

12月12日

“经珠港飞”客运项目正式开通运营，实现香港国际机场与港珠澳大桥口岸双向运行。

12月15日

港珠澳大桥游试运营正式开通，采用预约组团、团进团出的管理模式，港澳和内地居民可经港珠澳大桥珠海公路口岸参团游览港珠澳大桥。

12月16日

深圳市“创新码头口岸国际中转便捷通关模式”典型案例成功入选商务部全面深化服务贸易创新发展试点第四批“最佳实践案例”，获全国推广。

12月18日

深圳海关保障大湾区首条中吉乌TIR国际道路运输货运线路开通。货车在深圳发车，通过新疆口岸出境，过境吉尔吉斯共和国，直达乌兹别克斯坦。

12月18日

清远港内外贸集装箱同船运输模式正式开通，切实提升港口作业效率和驳船运载能力，实现进一步降低综合物流成本和提高物流效率，为清远市的外贸企业再添一条海上物流新通道。

12 月 21 日

广州海关全流程保障我国制造的全球最大吨位豪华客滚船 2 号船“MOBY LEGACY”号在广州南沙区口岸办结出口通关手续。

12 月 25 日

江门海关成功办理了江门关区首票前置仓监管模式 C 类快件出口业务。该批 C 类出口货物申报品名为布料、纽扣等，运抵国为柬埔寨。

12 月 27 日

深圳海关牵头开发的智慧稽查典型案例“智能共享”场景在全国上线运行。

12 月 28 日

梅州举行梅州国际陆港挂牌暨“梅州—盐田”海铁联运班列首发仪式。

（撰稿人：许建平、李兆璘、曹之新、陈洁、陈永杰、陈璐、关松清、范军军、何杰辉、黄海欣、黄莘然、黄天翔、李泉、李晓艺、梁倩、刘占铖、刘子源、王锦祥、许泽波、袁海亮、张嘉懿、钟政文、郑文彤、许甜、王枣、郑清泉、张扬）

2023 年广东省口岸流量统计表

口岸名称		人员（万人次）				交通工具（万辆、艘、架、列次）			
		入境	出境	合计	同比（%）	入境	出境	合计	同比（%）
公路口岸	罗湖公路口岸	2 291.7	2 236.7	4 528.3					
	皇岗公路口岸	547.8	588.7	1 136.5	2 376.0	152	147.1	299.1	582.9
	文锦渡公路口岸	81.5	87.9	169.4	195.6	33.3	33.2	66.6	16.2
	深圳湾公路口岸	1 296.6	1 317.9	2 614.5	1 371.3	173.8	176	349.7	309.5
	沙头角公路口岸	27.9	27.9	55.8	180.4		0		
	福田公路口岸	2 084.7	1 996.6	4 081.3			0		
	福田保税区	4	3.9	7.9	-7.1	3.7	3.7	7.4	-12.9
	莲塘公路口岸	613.3	709.4	1 322.7	5 087.1	39.8	38.7	78.4	207.5
	拱北公路口岸	5 094.8	4 986.2	10 081	37.9	127.8	129.4	257.2	137.9
	横琴公路口岸	827.3	850.3	1 677.6	104	97.5	95.4	192.9	56.1
	港珠澳大桥珠海公路口岸	845.5	788.6	1 634.2	482.8	160.4	165.8	326.2	103.7
	珠澳跨境工业区专用口岸	20.5	18.7	39.2	-20.5	4.7	1.7	6.3	6.8
	青茂口岸	1 407.8	1 425.1	2 833	131.7				
	分计	15 143.4	15 037.9	30 181.4	201.2	793	791	1 583.8	154.9
铁路口岸	广州铁路口岸								
	深圳铁路口岸			0	-100				
	广深港高铁西九龙站口岸	973.6	1 022.3	1 995.9	76 665.4	0.1	0.1	0.3	200
	东莞铁路口岸								
	分计	973.6	1 022.3	1 995.9	73 822.2	0.1	0.1	0.3	200
空运口岸	广州空运口岸	403.1	411.4	814.5	739.7	3.5	3.5	7	70.7
	深圳空运口岸	133.9	140.3	274.2	942.6	1.7	1.7	3.4	54.5
	梅州空运口岸								
	湛江空运口岸								
	揭阳空运口岸	5.2	5.2	10.3		0	0	0.1	
	分计	542.2	556.9	1 099	792	5.2	5.2	10.5	66.7

续表1

口岸名称		人员（万人次）				交通工具（万辆、艘、架、列次）			
		入境	出境	合计	同比（%）	入境	出境	合计	同比（%）
水运口岸	莲花山水运口岸	1	0.8	1.8	-10	0.2	0.2	0.3	-5.15
	南沙水运口岸	7.3	7.9	15.2	660	0.2	0.2	0.4	104.2
	广州水运口岸	6	4.9	10.9	2.8	0.6	0.4	1	-6.3
	洲头嘴口岸	4.4	5.9	10.3	1 187.5	0.2	0.2	0.4	150.6
	新塘水运口岸	0	0.01	0.01	-83.3	0	0	0	-74.26
	龙穴岛	8.6	10.4	19	10.5	0.7	0.8	1.5	3.27
	盐田水运口岸	10.5	11.1	21.6	30.9	1.2	1.2	2.3	69
	深圳大铲湾水运口岸	0.7	1.1	1.8	-28	0.1	0.1	0.1	-32.1
	蛇口水运口岸	112.8	124.3	237.1	214	2.2	2.5	4.6	51.3
	福永码头	11.6	12.3	23.9		0.3	0.3	0.5	
	九洲水运口岸	21.1	21.9	42.9	4 289	0.3	0.3	0.5	11 460.5
	湾仔轮渡客运口岸	60.8	65.7	126.5	98.9	1.7	1.7	3.4	18.9
	斗门水运口岸	0.3	0.2	0.5	-16.7	0	0	0.1	-23.32
	万山水运口岸	1.8	1.8	3.6	3 500	0.4	0.4	0.7	2 307
	珠海水运口岸	2.7	2.7	5.4	12.5	0.2	0.2	0.3	7.81
	汕头水运口岸	0.3	0.3	0.6	50	0.02	0.02	0.04	38.8
	潮阳水运口岸	1.1	1.7	2.8	21.7	0.1	0.1	0.2	15
	惠州水运口岸	1.3	1.4	2.6	-10.3	0.1	0.1	0.1	-25
	汕尾水运口岸	0.4	0.4	0.9	80	0	0	0.1	166.23
	虎门水运口岸	3.2	3.5	6.7	-17.3	0.1	0.1	0.2	
	沙田口岸	3.8	3.3	7.1		0.3	0.3	0.6	-26.8
	中山水运口岸	38.1	38	76.1	1 711.9	0.7	0.7	1.3	93.1
	江门水运口岸	1	1.1	2.1	-4.5	0.2	0.2	0.3	-2.9
	三埠水运口岸	0.2	0.2	0.3	-25	0.05	0.03	0.05	-9.5
	广海水运口岸	0.8	0.9	1.7	21.4	0.1	0.1	0.2	27
	新会水运口岸	0.3	0.4	0.8	-17.6	0.05	0.05	0.1	-12.1
	佛山口岸	0.59	0.73	1.32	46.7	0.1	0.1	0.2	28.2
	高明水运口岸	0.5	0.5	1	0	0.1	0.1	0.2	6.13
	南海水运口岸	1.1	1.1	2.2	-21.4	0.2	0.2	0.3	-20.4
	容奇水运口岸	7.3	7.3	14.6	461.5	0.3	0.3	0.5	25.7
	阳江水运口岸	0.7	0.7	1.4	7.7	0.04	0.04	0.08	-0.3
	湛江水运口岸	3.3	2.6	5.9	20.4	0.2	0.1	0.3	10.1

续表2

口岸名称		人员（万人次）				交通工具（万辆、艘、架、列次）			
		入境	出境	合计	同比（%）	入境	出境	合计	同比（%）
水运口岸	茂名水运口岸	0.7	0.7	1.4	7.7	0.04	0.04	0.08	-11.7
	肇庆水运口岸	1	0.8	1.8	12.5	0.1	0.1	0.3	13.6
	潮州水运口岸	0.5	0.5	1	42.9	0.03	0.03	0.05	31.8
	揭阳水运口岸	0.6	0.6	1.1	120	0.06	0.06	0.04	102.4
	分计	316.4	337.7	653.9	175.5	11.2	11.3	23.1	49
合计		16 975.5	16 954.7	33 930.2	226.8	808.8	807.1	1 615.9	151.2

（广东省口岸办提供）

2023年广东省内海关主要数据统计表

项　目		2023年	2022年	同比（%）
进出口货运量（万吨）	合计	151 236.74	141 072.65	7.20
	进口	42 372.98	35 736.93	18.57
	出口	108 863.77	105 335.73	3.35
进出口贸易总值（万美元）	合计	118 023 265.58	124 239 483.17	-5.00
	进口	40 714 943.42	44 626 481.69	-8.77
	其中：江、海运输	12 916 309.67	15 936 521.12	-18.95
	铁路运输	64 321.21	114 115.64	-43.64
	汽车运输	23 118 432.94	23 702 684.08	-2.46
	航空运输	4 511 339.03	4 843 280.44	-6.85
	邮件运输	26 430.84	24 137.61	9.50
	其他运输	78 108.36	5 742.79	1 260.11
	出口	77 308 322.16	79 613 001.48	-2.89
	其中：江、海运输	45 470 885.63	50 804 313.43	-10.50
	铁路运输	776 330.43	809 346.04	-4.08
	汽车运输	22 427 626.38	19 730 048.19	13.67
	航空运输	5 487 502.55	5 749 399.66	-4.56
	邮件运输	32 090.67	40 906.78	-21.55
	其他运输	3 063 790.61	2 435 233.26	25.81
税收（万元人民币）	两税合计	41 872 715.35	45 518 948.61	-8.01
	关税入库	4 537 781.11	5 384 012.26	-15.72
	进口环节税入库	37 334 934.24	40 134 936.35	-6.98

（海关总署广东分署提供）

2023 年广州海关主要数据统计表

项　目		2023 年	2022 年	同比（%）
进出口货运量（万吨）	合计	8 535.3	7 551.6	13.0
	进口	4 457.3	4 027.6	10.7
	出口	4 078.0	3 524.0	15.7
进出口贸易总值（万美元）	合计	24 752 467.0	25 227 861.5	-1.9
	进口	7 063 430.1	7 958 011.0	-11.2
	其中：江、海运输	4 267 855.5	4 834 593.7	-11.7
	铁路运输	6 135.8	991.9	518.6
	汽车运输	1 132 783.0	1 113 564.0	1.7
	航空运输	1 604 980.9	1 984 484.1	-19.1
	邮件运输	20 725.6	20 986.6	-1.2
	其他运输	30 949.4	3 390.7	812.8
	出口	17 689 036.9	17 269 850.5	2.4
	其中：江、海运输	12 271 136.2	11 493 438.2	6.8
	铁路运输	179 080.3	108 768.3	64.6
	汽车运输	1 400 408.9	1 233 633.0	13.5
	航空运输	3 020 848.6	3 330 643.1	-9.3
	邮件运输	21 350.7	27 170.4	-21.4
	其他运输	796 212.3	1 076 197.5	-26.0
税收（万元人民币）	两税合计	6 076 033.1	6 674 265.5	-9.0
	关税入库	921 454.4	1 157 752.1	-20.4
	进口环节税入库	5 154 578.7	5 516 513.3	-6.6

（广州海关提供）

2023 年深圳海关主要数据统计表

项　目		2023 年	2022 年	同比（%）
进出口货运量（万吨）	合计	98 170.2	95 091.1	3.2
	进口	8 384.0	7 684.6	9.1
	出口	8 976.2	87 406.5	2.7
进出口贸易总值（亿元人民币）	合计	62 452.2	64 653.0	-3.4
	进口	19 848.1	19 770.8	0.4
	其中：水路运输	3 852.9	4 632.8	-16.8
	铁路运输	2.0	17.1	-88.3
	公路运输	14 192.0	13 320.6	6.5
	航空运输	1 762.2	1 782.1	-1.1
	邮件运输	1.3	1.7	-23.5
	其他运输	37.7	16.5	128.5
	出口	42 604.1	44 882.2	-5.1
	其中：水路运输	25 508.4	29 854.8	-14.6
	铁路运输	43.1	38.0	13.4
	公路运输	11 953.9	10 559.6	13.2
	航空运输	1 756.5	2 044.6	-14.1
	邮件运输	5.5	6.5	-15.4
	其他运输	3 336.7	2 378.7	40.3
税收（亿元人民币）	两税合计	1 732.0	1 841.5	-5.9
	关税入库	99.9	106.4	-6.1
	进口环节税入库	1 632.1	1 735.1	-5.9

（深圳海关提供）

2023年拱北海关主要数据统计表

项　目		2023年	2022年	同比（%）
进出口货运量（万吨）	合计	15 531.3	13 899.9	11.7
	进口	3 190.1	2 181.6	46.2
	出口	12 341.2	11 718.3	5.3
进出口贸易总值（万美元）	合计	6 552 158.6	8 338 903.3	-21.4
	进口	2 153 520.8	2 718 058.1	-20.8
	其中：江、海运输	1 633 683.5	2 118 374.4	-22.9
	铁路运输	0	0	0.00
	汽车运输	506 363.6	572 677.2	-11.6
	航空运输	12 297.8	26 352.9	-53.3
	邮件运输	168.1	193.7	-13.2
	其他运输	1 007.9	459.9	119.2
	出口	4 398 637.9	5 620 845.1	-21.7
	其中：江、海运输	2 814 098.7	3 626 173.0	-22.4
	铁路运输	34.8	14.8	134.6
	汽车运输	1 547 750.5	1 925 194.9	-19.6
	航空运输	14 473.8	39 577.2	-63.4
	邮件运输	394.6	531.7	-25.8
	其他运输	21 885.4	29 353.5	-25.4
税收（万元人民币）	两税合计	1 407 094.1	1 532 398.0	-8.2
	关税入库	127 939.2	163 003.6	-21.5
	进口环节税入库	1 279 154.9	1 369 394.4	-6.6

（拱北海关提供）

2023 年汕头海关主要数据统计表

项　目		2023 年	2022 年	同比（%）
进出口货运量（万吨）	合计	6 627.6	3 599.8	84.1
	进口	6 250.7	3 384.8	84.7
	出口	376.9	214.9	75.4
进出口贸易总值（万美元）	合计	3 498 819.0	2 583 386.4	35.4
	进口	1 917 874.9	1 076 685.1	78.1
	其中：江、海运输	1 829 200.4	995 875.2	83.7
	铁路运输	0.0	0.0	—
	汽车运输	80 379.4	75 294.8	6.8
	航空运输	8 064.4	5 283.1	52.6
	邮件运输	230.7	232.0	-0.5
	其他运输	0.0	0.0	—
	出口	1 580 944.1	1 506 701.3	4.9
	其中：江、海运输	1 407 589.1	1 358 510.6	3.6
	铁路运输	29.3	12.7	131.4
	汽车运输	168 319.4	145 727.4	15.5
	航空运输	5 006.3	2 450.6	104.3
	邮件运输	0.0	0.1	-100.0
	其他运输	0.0	0.0	—
税收（万元人民币）	两税合计	1 454 445.6	790 188.6	84.1
	关税入库	27 058.3	37 302.0	-27.5
	进口环节税入库	1 427 387.3	752 886.7	89.6

（汕头海关提供）

2023 年黄埔海关主要数据统计表

项　目		2023 年	2022 年	同比（%）
进出口货运量（万吨）	合计	8 248.8	7 539.5	9.41
	进口	7 042.7	6 112.6	15.22
	出口	1 206.2	1 426.9	-15.47
进出口贸易总值（万美元）	合计	22 734 770.5	25 846 150.9	-12.0
	进口	10 930 181.4	13 024 174.1	-16.1
	其中：江、海运输	5 826 502.3	7 764 913.7	-25
	铁路运输	6 923.8	8 821.3	-21.5
	汽车运输	4 788 700.5	4 861 540.5	-1.5
	航空运输	307 644.3	388 820.5	-20.9
	邮件运输	117.2	9.1	1 188.3
	其他运输	293.2	68.9	325.6
	出口	11 804 589.1	12 821 976.8	-7.9
	其中：江、海运输	4 968 083.7	7 316 110.0	-32.1
	铁路运输	142 491.0	125 491.4	13.5
	汽车运输	6 238 983.6	4 800 130.7	30.0
	航空运输	353 001.6	449 408.5	-21.5
	邮件运输	2 516.8	3 416.5	-26.3
	其他运输	99 512.4	127 419.7	-21.9
税收（万元人民币）	两税合计	11 379 097.8	13 764 309.4	-17.3
	关税入库	2 265 186.3	2 729 797.0	-17.0
	进口环节税入库	9 113 911.4	11 034 512.3	-17.4

（黄埔海关提供）

2023 年江门海关主要数据统计表

项　目		2023 年	2022 年	同比（%）
进出口货运量（万吨）	合计	2 486. 5	2 549. 3	-2. 5
	进口	2 064. 5	2 069. 5	-0. 2
	出口	422. 0	479. 8	-12. 0
进出口贸易总值（亿元）	合计	1 299. 3	1 491. 4	-12. 9
	进口	431. 0	538. 4	-19. 9
	其中：水路运输	394. 0	495. 5	-20. 5
	铁路运输	0. 070 1	0. 005 1	1 277. 3
	公路运输	36. 1	41. 0	-11. 9
	航空运输	0. 7	1. 8	-60. 0
	邮件运输	0. 1	0. 2	-22. 0
	其他运输	868. 3	953. 0	-8. 9
	出口	756. 3	853. 4	-11. 4
	其中：水路运输	0. 3	0. 6	-43. 6
	铁路运输	89. 1	62. 5	42. 5
	公路运输	0. 034 9	0. 001 1	2 983. 8
	航空运输	22. 6	36. 5	-38. 2
	邮件运输	2 486. 5	2 549. 3	-2. 5
	其他运输	2 064. 5	2 069. 5	-0. 2

（江门海关提供）

2023年湛江海关主要数据统计表

项　目		2023年	2022年	同比（%）
进出口货运量（万吨）	合计	11 636.94	10 841.41	7.34
	进口	10 983.70	10 276.18	6.89
	出口	653.24	565.23	15.57
进出口贸易总值（万美元）	合计	4 351 976.74	4 967 652.58	-12.39
	进口	3 889 606.63	4 471 381.09	-13.01
	其中：江、海运输	3 888 583.27	4 467 879.05	-12.97
	铁路运输	—	—	—
	汽车运输	1 023.36	3 502.04	-70.78
	航空运输	—	—	—
	邮件运输	—	—	—
	其他运输	—	—	—
	出口	462 370.11	496 271.50	-6.83
	其中：江、海运输	456 866.25	488 352.15	-6.45
	铁路运输	—	—	—
	汽车运输	2.03	244.18	-99.17
	航空运输	—	—	—
	邮件运输	—	—	—
	其他运输	5 501.83	7 675.18	-28.32
税收（亿元人民币）	两税合计	366.77	364.94	0.5
	关税入库	15.5	16.71	-7.23
	进口环节税入库	351.27	348.23	0.87

（湛江海关提供）

2023年广州市口岸出入境主要数据表

项目			2023年	2022年	同比（%）
出入境人员（万人次）	出入境人员总数		871.6	129.7	572.01
	入境人员		430.3	56.4	662.94
	出境人员		441.3	73.3	502.05
	出入境旅客		785.0	81.9	858.49
	出入境员工		86.6	47.8	81.17
	中国公民	小计	612.5	103.2	493.51
		内地居民（因公）	70.2	36.7	91.28
		内地居民（因私）	502.7	65.6	666.31
		港澳居民	14.1	0.4	3 425.00
		台湾同胞	25.5	0.5	5 000.00
	外国公民		259.1	26.5	877.74
	从海港出入境人数		57.1	32.7	74.62
	从陆港出入境人数				
	从空港出入境人数		814.5	97.0	739.69
交通运输工具（万辆、艘、架、列次）	总计		10.6	7.3	45.21
	船舶		3.6	3.2	12.50
	飞机		7.0	4.1	70.73
	火车				
	机动车辆				

（广州出入境边防检查总站提供）

2023年深圳市口岸出入境主要数据表

<table>
<tr><th colspan="3">项　目</th><th>2023年</th><th>2022年</th><th>同比（%）</th></tr>
<tr><td rowspan="9">出入境人员
（万人次）</td><td colspan="2">出入境人员总数</td><td>16 490.2</td><td>465.6</td><td>3 541.7</td></tr>
<tr><td colspan="2">入境人员</td><td>8 200</td><td>220.9</td><td>3 712.1</td></tr>
<tr><td colspan="2">出境人员</td><td>8 290.2</td><td>244.7</td><td>3 387.9</td></tr>
<tr><td colspan="2">出入境旅客</td><td>15 952.9</td><td>167.5</td><td>9 524.1</td></tr>
<tr><td colspan="2">出入境员工</td><td>537.3</td><td>298.1</td><td>180.2</td></tr>
<tr><td rowspan="3">中国公民</td><td>内地居民</td><td>5 629.1</td><td>171.5</td><td>3 282.3</td></tr>
<tr><td>港澳居民</td><td>10 466.4</td><td>251.8</td><td>4 156.7</td></tr>
<tr><td>台湾同胞</td><td>101.9</td><td>5.1</td><td>1 998</td></tr>
<tr><td colspan="2">外籍人员</td><td>292.7</td><td>37.2</td><td>786.9</td></tr>
<tr><td rowspan="5">交通运输工具
（万辆、艘、架、列次）</td><td colspan="2">总计</td><td>813.1</td><td>231</td><td>352</td></tr>
<tr><td colspan="2">船舶</td><td>8.1</td><td>5.1</td><td>158.8</td></tr>
<tr><td colspan="2">飞机</td><td>3.5</td><td>2.2</td><td>159.1</td></tr>
<tr><td colspan="2">火车</td><td>0.27</td><td>0.08</td><td>337.5</td></tr>
<tr><td colspan="2">机动车辆</td><td>801.2</td><td>223.6</td><td>358.3</td></tr>
</table>

（深圳出入境边防检查总站提供）

2023 年珠海市口岸出入境主要数据表

项目			2023 年	2022 年	同比（%）
出入境人员（万人次）	出入境人员总数		16 534	9 771	69.21
	入境人员		8 328	4 886	70.41
	出境人员		8 206	4 884	68.01
	出入境旅客		16 402	9 575	69.53
	出入境员工		131	96	36.87
	中国公民	小计	16 451	9 757	68.60
		内地居民（因公）	145	87	65.77
		内地居民（因私）	9 190	53 230 000	72.63
		港澳居民	70 610 000	4 326	63.21
		台湾同胞	55	19	177.74
	外籍人员		83	13	493.31
	从海港出入境人数		269	85	213.31
	从陆港出入境人数		16 265	9 685	67.93
	从空港出入境人数		0.084 5	0.004 4	1 820.45
交通运输工具（万辆、艘、架、列次）	总计		790	402	96.15
	船舶		7	5	47.77
	飞机		0.001 6	0.000 4	300
	火车		0	0	
	机动车辆		783	397	96.76

（珠海出入境边防检查总站提供）

2023 年广东海事局进出港船舶统计汇总表

船舶类别	进港船舶							出港船舶						
	艘数（艘）	总吨（吨位）	总载重量（吨）	载客量（客位）	船员人数（人次）	货物到达量（吨）	旅客到达量（人）	艘数（艘）	总吨（吨位）	总载重量（吨）	载客量（客位）	船员人数（人次）	货物发送量（吨）	旅客发送量（人）
总计	324 263	1 165 210 171	1 559 511 232	15 218 029	2 623 382	679 562 030	7 031 926	318 040	1 175 019 921	1 568 220 700	15 081 406	2 620 457	259 131 897	6 516 745
中国籍船舶	308 614	694 781 556	901 959 403	15 162 604	2 369 121	420 683 982	6 975 674	302 945	699 811 672	909 984 052	15 046 026	2 363 893	214 085 464	6 512 271
其中：外贸船	10 421	41 415 969	60 641 669	1 679 446	102 836	37 555 608	532 485	10 757	50 224 134	74 127 127	1 672 070	110 312	8 165 739	555 247

（广东海事局提供）

口岸数量及分布

截至2023年年底，广西壮族自治区共有经国务院批准的对外开放口岸18个。其中，空运口岸3个，分别为南宁空运口岸（南宁吴圩国际机场）、桂林空运口岸（桂林两江国际机场）、北海空运口岸（北海福成机场）；水运（海港）口岸3个，分别为防城港、北海、钦州海港口岸；水运（河港）口岸3个，分别为梧州、贵港、柳州河港口岸；陆路（公路）口岸8个，分别为友谊关、东兴、水口、龙邦、硕龙、平孟、爱店、峒中公路口岸；陆路（铁路）口岸1个，即凭祥铁路口岸。

口岸运行数据

2023年，广西口岸共保障全国约1.08万亿元货物顺畅通关，同比增长27%；73.4%的广西外贸进出口货物经广西口岸通关，同比增长约10个百分点，有力支撑了更多“广西货”走“广西口岸”。全区口岸进出口货运量2.01亿吨，首次突破2亿吨，同比增长28.1%；出入境人员837.6万人次，同比增长660%；出入境交通工具116.4万辆（艘、架、列）次，同比增长101%；水运口岸集装箱吞吐量约111.16万标箱，同比增长13.3%。

口岸综合管理

【口岸运行安全畅通高效】 2023年，广西严格落实国家疫情防控决策部署，第一时间优化调整全区口岸疫情防控和通关措施。加强口岸运行监测预警，实行边境口岸日报告、日监测、日调度制度，先后恢复8个口岸、2个互市区（点）客货运功能，年内中越边境口岸中方一侧未出现拥堵情况，全区口岸运行安全畅通高效。

【对外开放通道持续拓宽】 2023年，多渠道多途径争取1.8亿元资金升级改造口岸基础设施，友谊关、峒中、龙邦、水口、硕龙等口岸开放项目完成建设，南宁吴圩国际机场T3航站楼口岸设施加速推进。峒中口岸（含里火通道）对外开放，友谊关口岸扩大开放至浦寨、弄尧通道，龙邦口岸升格为国际性口岸并扩大开放至那西通道等开放项目高标准通过国家验收；完成钦州港口岸大榄坪港区大榄坪南作业区9#、10#泊位对外开放验收及启用，新增5条客货运通道、2个对外开放海港泊位及5个指定监管场地。东兴口岸二桥正式启用旅检通道功能，龙邦口岸升格为国际性口岸并扩大开放至那西通道正式开通。

【口岸营商环境持续优化】 印发《广西水运 航空 铁路 公路口岸货物通关作业程序参考》《2023年下半年畅口岸、降成本、拓市场促进跨境贸易便利化专项行动方案》等文件，开展口岸优环境、降成本行动。深化口岸通关创新改革，坚持以改革创新，提升通关效能。实行“多卡合一”、联合验放的“一站式”通关模式，实现口岸通关“一道卡口、一次抬杆、一次通行”，车辆通行时间从平均5分钟缩减至平均30秒。率先在全国陆路边境启用边检出入境车辆边检快捷通关系统，车辆实现“零接触、秒通关”，车辆通关从人工查验1分钟缩短至智能查验10秒。

【中越边境智慧口岸建设高效推进】 印发实施《广西边境智慧口岸建设实施方案》，探索建设可实现24小时不间断、无接触、无人化、智能化通关的智慧口岸。2023年6月26日，中越两国总理共同见证广西与越南谅山省签署《关于共同推进智慧口岸试点建设的框架协议》。9月15日，中越边境智慧口岸（友谊关—友谊、浦寨—新清）中方项目开工建设，成为中越两国首个开工的跨境智慧口岸项目，获全国口岸办主任会议高度肯定。12月12日—13日，中越边境智慧口岸建设被纳入习近平总书记访越成果并被写入中越联合声明，从两国层面高位推动落实。

【中国（广西）国际贸易单一窗口建设不断深化】 深化中国（广西）国际贸易单一窗口2.0版建设，优化口岸通关业务协同服务，建设完成并上线铁路中心站辅助系统、北部湾港综合调度系统，并将“智慧湾”模式复制推广至内河口岸。上线AEO认证培育及企业服务平台，优化企业信用等级分类，新增海关提供信用培育服务的规定，丰富高级认证企业优惠措施。上线RCEP货物贸易智能综合服务平台，为外贸企业和相关监管部门提供一站式跨境货物贸易信息及RCEP信息查询功能；帮助企业了解RCEP及其他自贸协定内优惠税率；通过智能推荐手段，帮助企业快速获得进口最优关税指引。拓展金融服务功能，2023年11月上线“智汇易”应用，为企业提供低成本付汇服务，截至年底已有12家企业通过该平台完成33笔约6 211万元跨境支付交易。年内，中国（广西）国际贸易单一窗口累计服务企业1.39万余家，主要业务申报总量350余万票。

口岸监管与服务

【南宁海关服务口岸开放与发展】 南宁海关坚持提前介入、全程跟踪服务口岸开放与发展，推动友谊关、龙邦、峒中（含里火通道）一次性高标准通过国家验收，推动钦州港大榄坪南作业区9#、10#泊位完成开放验收，指导防城港、钦州港口岸建成2个危险品查验场地。落实边境口岸强基工程，指导东兴、爱店等口岸完成10余次场所变更建设和查验设施改造升级，确保满足口岸业务发展需求。持续优化关区海关指定监管场地布局，推动南宁吴圩国际机场进境冰鲜水产品指定监管场地恢复运营，助力友谊关、东兴等口岸顺利新增进境进境植物种苗、进境粮食、食用水生动物等4大类5个指定监管场地，推动广西实现7大类指定监管场地全覆盖，不断提升口岸整体竞争力。

【南宁海关优化口岸营商环境】 在巩固2022年服务广西高水平开放高质量发展28条措施的基础上，2023年南宁海关进一步推出20项重点工作项目、服务广西实体经济发展10项措施和优化营商环境18条措施。积极推进西部陆海新通道建设，创新实施海铁联运“批量转关”，压缩转关时间24小时以上，综合物流成本降低约18%，创新实施北部湾港保税燃油供应监管新模式，分别获评中国（广西）自由贸易试验区第三、四批自治区级制度创新成果或最佳实践案例。支持企业自主选择全国通关一体化、“铁路快通”等通关模式，实现铁路集装箱全程国际多式联运，西部地区货物到东盟国家由原来耗时1个月左右缩短至最快4天。

【南宁海关促进跨境贸易通关便利化】 积极支持广西建设中国—东盟进出口水果交易中心，在边境口岸海关设立绿色通道，实现中越、中泰水果植物检疫证书快速核查，建立有害生物快速检疫鉴定机制，实现水果查验时间压缩约40%、实验室检测周期压缩约50%、通关效率提升30%以上。初步建成以“一系统、二平台”为基础的陆路口岸智慧卫检模式，填补了全国陆路口岸无规范统一运输工具卫生检疫管理平台的空白，有效实现了高效监管、便利通关、多维防控。打造大宗资源性商品（铁矿石）智慧监管应用场景，铁矿石卸装效率提升20%、检验通关时长压缩66.46%。深化实验室改革，15天内攻克稀土成分含量鉴定技术难题，短期内实现危险品检测能力向锂电池等新领域拓展，填补了双碳背景下关区锂电池等检测空白。

【南宁海关保障边境地区口岸通关顺畅】 成立一把手牵头的两级保通保畅工作专班，建立“1+4+5”保通保畅工作体系，运用提前预判、每日关注、预警提示、分级响应、多方联动的防拥堵“五步法”，全力保障边境口岸通行顺畅。2023年，边境口岸日均出入境车辆2 201辆次，同比增长78.4%。全力推进中越智慧口岸建设，按照“2个24小时”和“3个一”的思路，全力推动中越双方达成合作共识，友谊关—友谊通道已正式开工，创新监管流程制订智慧检查方案，深度参与指挥调度平台方案设计，基础架构已初步确定，智慧口岸建设正按计划稳步推进。

【南宁海关支持地方外经贸发展】 推进南宁综合保税区、吴圩国际机场跨境电商区港联动

"无感式通关"改革，实现出口转关车辆运抵卡口自动解锁，支持企业建设面向东盟国家和日韩市场的海外仓，指导贺州、柳州跨境电商综试区和北海铁山港区进口贸易促进创新示范区建设，支持南宁、钦州、崇左等地新设或增设跨境电商监管场地，形成布局合理、运转高效的新发展格局。2023 年，监管跨境电商平台清单出口货值超 174 亿元。促进凭祥市场采购贸易健康持续发展，持续推进简化申报、通关一体化、查验免到场等通关便利措施，加强风险分析研判，密切关注出口数据的异常变动情况。年内，共受理市场采购贸易申报 4 960 票、出口额 29.56 亿元，同比分别增长 75.33%、37.78%。

【广西出入境边防检查总站全力保障通关"快进快出"】 立足出入境边防检查职能，深挖内部潜力，着力疏通口岸通关堵点，助力广西外贸保持高速发展，增速连续排全国前列。一是货运通关"再提速"。锚定自治区外贸发展目标，优化边检查验机制，在全区口岸为重点外贸进出口货物的交通工具开设边检"快捷通道"，提供预约通关、优先办理手续、一次性办结入出境手续等服务和便利，实施快速查验放行，2023 年查验出入境交通运输工具数量同比增加 99.8%，整体通关效率提升 37%，有力促进了外贸货运量保持较快增长，推动友谊关、东兴两大重点口岸货运量同比分别增加 122% 和 70%。二是顺畅通关"不打烊"。全区 17 个边检站近 2 000 名边检民警昼夜值守 18 个口岸、14 条通道，克服查验警力紧张、执勤时间长等困难，在港口、航空、铁路口岸实施"7×24 小时"通关保障，在边境口岸货运高峰期实行延长通关时间、周末及节假日正常通关，年内累计加班延长通关时间超 2 700 个小时，保证车辆、船舶、飞机、班列出入境手续"随到随办"。针对广西对越外贸迅速增长态势，统筹抽调警力跨区域支援友谊关、东兴口岸，全力确保外贸进出口通关顺畅。三是创新通关"当先锋"。自主研发的出入境车辆边检快捷通关系统在广西边境口岸、边民通道全面推广应用，广西成为全国首个实行跨国车辆快捷通关的沿边地区，车辆通关从人工查验 1 分钟缩短至智能查验 15 秒，逾 25.8 万辆次出入境货车实现"零接触、秒通关"，单日车辆通关能力同比提升 75%，获得国家口岸管理办公室编发简报全国推广。

【广西出入境边防检查总站全力支持口岸"能开快开"】 坚持围绕中心、服务大局，最大限度支持自治区攻坚重要开放任务，推进重点开放项目，深化国际交流合作。一是助力对外开放"多点开花"。全程主动跟进，密切沟通协调，积极解决筹备问题，改进优化验收方式，全力服务全国首个跨境旅游合作区——中越德天（板约）瀑布跨境旅游合作区建成试运行，保障友谊关、龙邦、峒中口岸对外开放项目和钦州港自动化码头 9#、10#号泊位对外开放顺利通过国家以及自治区两级验收，支持中越首个"智慧口岸"项目如期开工建设，聚力打造 24 小时不间断无人化智能化通关样板。二是保障边境通关"全线恢复"。实施"一口岸一对策一方案"，全力保障友谊关、东兴、水口、龙邦、平孟、爱店口岸时隔 3 年全面恢复客运通关，支持重启友谊关口岸跨境旅游业务，协调推动国家移民管理局恢复实施中国边民快捷通关政策，2023 年累计查验边境口岸通行人员 640 万人次、跨境旅游团 3.1 万批 51 万人次，极大促进了边境地区互市贸易、跨境消费和人员往来，年内东兴口岸出入境人数突破 500 万人次。三是服务国际合作"好来快走"。全力保障广西恢复、新增、加密往来 16 个国家和地区的 29 条客货运航线，执行南宁吴圩国际机场 24 小时、桂林两江国际机场 72 小时过境免签和东盟十国旅游团 144 小时入境免签政策，以优质服务圆满完成第 20 届东博会和峰会外宾通关保障任务，先后为自治区领导率团出入境及 10 个东盟国家 78 个副部级以上团组访桂提供快速通关礼遇，累计查验出入境航班 7 956 架次、旅客 35 万人次，有力服务了广西深化面向东盟开放合作。

【广西出入境边防检查总站全力推动通关手续"好办快办"】 深化管边检政务改革创新，6 项"放管服"做法获评中国（广西）自由贸易试验区制度创新成果，改革红利惠及267家企业，有效助力了优化营商环境。一是国际船舶通关更加快捷。在北部湾港口岸创新施行短时靠泊船舶边检手续“一次办结”、外籍船舶港口间移泊“免手续”、加注保税燃油船舶边检查验“免靠港”3项举措，先后为3 358艘国际航行船舶简化查验程序，提供港口紧急优先通关服务282次，累计为企业减少进出港和靠港停泊时间5 841小时，节省各类支出1.27亿元，有效降低了企业经营成本、提高了港口通关作业效率。二是边检业务办理更加便利。积极搭建网上办事平台，全面推行“互联网+边检”政务服务，以“数据跑路”取代“线下跑腿”，国际航行船舶及航班预报预检、边检行政许可审批签发、边民证换补发、进出口岸限定区域报备等重点业务100%实现网上受理、网上办理、网上反馈，企业和群众办理业务跑得少了、事好办了。三是跨港作业手续更加精简。创新边检行政许可审签机制，推行边检行政许可“一证通”，彻底打通跨区域管理壁垒，实行审签信息共享和结果互认，实现“一地办证、全港通行”，累计压减边检办证数量超82%，帮助港口企业节约跨口岸办证时间1.1万小时，进一步便利企业跨港作业。四是行政许可审批更加高效。优化港口边检行政许可审批签发管理，实行“速审快办”，对临时性行政许可“现场申请、当场办结”，累计签发登轮证、搭靠证等边检行政许可2.8万份，办证效率提升26.8%，有力促进港口作业提速增效。

【广西海事局大力保障船舶进出口岸畅通】 持续巩固船舶进出口岸审批工作成效，保障船舶进出口岸畅通。一是提升船舶通关效率，对国际航行船舶进出口岸申请审批实行“7×24小时”全年无休式工作模式。2023年，共计完成1.16万余艘次国际航行船舶进出口岸审批工作，国际航行船舶进口岸审批平均时间1.51小时、出口岸审批平均时间0.81小时。极大地减少了船舶等待进港、留港时间，提高了船舶经济效益，助力北部湾港实现800万标箱吞吐量。二是积极开展制度创新，探索国际航行船舶监管方式创新，联合海关部门开展远程联合口岸查验，并对集装箱实施联合开箱查验，进一步压缩船舶查验时间，提高口岸查验效率和服务水平。三是做好航行警（通）告安全信息发布工作。及时发布和送达海上交通安全信息，通过VTS、VHF、手机短信平台、微信群等多渠道对外发布及时准确地发布航行警（通）告，保障船舶高效、安全进出港口。

【广西海事局大力支持口岸码头泊位开放】 始终把口岸开放工作摆在重要位置，大力推进码头泊位的开放验收工作。2023年，完成钦州港口岸大榄坪港区大榄坪南作业区9#、10#泊位对国际航行船舶开放公告，对防城港渔澫港区513#～516#泊位、钦州大榄坪1#～3#泊位、北海国际邮轮码头邮1和邮2泊位开放海事工作进行现场指导。

【广西海事局为RCEP成员国船舶进出广西口岸开辟绿色通道】 深入贯彻落实党中央、国务院关于全面实施RCEP的决策部署，认真落实《商务部等6部门关于高质量实施〈区域全面经济伙伴关系协定〉（RCEP）的指导意见》，抢抓RCEP发展机遇，持续推进更高水平对外开放，推动广西经济高质量发展，为RCEP成员国货物运输船舶开通绿色通道，优先审批，及时开展口岸联检，加快船舶通关审批速度。2023年，为1 577艘次、货物吞吐量1 860万吨的RCEP成员国船舶进出口岸提供优先审批服务。

【广西海事局优化危险货物集装箱查验措施】 一是创新开展自由贸易试验区钦州港新能源汽车铁海联运海事监管。在充分调研和协商的基础上与重庆海事局开展合作共建，在危险货物安全适运报告和监督检查等方面创新监管模式，探索建立监管互认、信息共享机制。经重庆海事局检查过的新能源汽车集装箱运抵钦州后，原则上不再开箱检查，每箱可减少约1 000元开箱检查费用，同时还能压缩滞港时间约8小时，极大减少了企业的费用和时间成本。2023年，共保障14批次共347辆新能源汽车便捷、高效出海。二是开展集装箱液袋运输安全规范的课题研究，支持散装货物运输方式“散改集”。钦州港作为广西建设大化工的基地，近年来有大量普通液体货物需要通过集装箱液袋这种新的运输方式送往境内港口。由于集装箱液袋运输属于新生事物，暂时还没有相应的管理规范，水上运输存在一定的安全风险。为了防范化解此类风险，与天津水运工程科学研究院、孚宝码头、华谊化工等单位联合开展集装箱液袋运输安全规范研究，保障了约2万标箱的液袋集装箱从钦州安全出港。

开放口岸

【南宁空运口岸（南宁吴圩国际机场）】 南宁吴圩国际机场位于广西南宁市良庆区，距南宁市区32千米，为军民合用国际机场。南宁吴圩国际机场占地259.73万平方米，于1958年由南宁机场迁建，1962年11月投入使用。机场有2座航站楼，T1航站楼于1998年4月启用，T2航站楼于2014年9月启用，建筑面积共21.48万平方米；机场主平行滑道长3 200米，共有50个机位的停机坪，可满足年旅客吞吐量1 600万人次、货邮吞吐量16.4万吨、飞机起降量13.76万架次的需求。截至2023年年底，南宁吴圩国际机场开通地区和国际航线共计28条，其中地区航线5条、国际航线23条。直飞香港、澳门、台北、台中、高雄以及岘港、曼谷、河内、金边、万象、仰光、首尔、济州、甲米、普吉、新加坡、暹粒等国际（地区）城市，与东盟国家的通航城市数量在全国仅次于广州、上海、北京，排名第4位，为南宁打造面向东盟的门户枢纽机场奠定了坚实基础。

2023年，南宁空运口岸出入境人员34.97万人次，同比增长573.47%；出入境航班8 319架次，同比增长35.64%；进出口货物5.86万吨，同比增长39.70%。

【桂林空运口岸（桂林两江国际机场）】 桂林两江国际机场位于广西桂林市临桂区，距市中心约28千米。桂林空运口岸于1981年正式对外开放，1996年正式对外籍飞机开放。2012年，桂林空运口岸被原国家质检总局授予“世界卫生组织口岸核心能力建设达标单位”，成为广西首个符合《国际卫生条例》要求的空港口岸。获批进境水果指定监管场地，拥有51国外国人72小时过境免签和东盟十国团队旅游144小时入境免签两项免签政策。已开通国际（地区）定期航班13条（新加坡、马来西亚吉隆坡、日本大阪、泰国曼谷、泰国廊曼、韩国首尔、韩国济州、韩国釜山、韩国大邱、韩国清州、中国台北、中国高雄、中国香港）。桂林两江国际机场T2航站楼于2018年9月正式启用，机场飞行区面积约212.58万平方米，拥有一条长3 200米的4E级跑道、48个停机位和31座廊桥，设计可满足年旅客吞吐量1 200万人次、货邮吞吐量9.5万吨、飞机起降量10.12万架次的保障需求。

2023年7月—12月，桂林空运口岸出入境人员3.69万人次，出入境航班295架次，进出口货物0.024万吨。

【北海空运口岸（北海福成机场）】 北海福成机场位于广西北海市银海区，距北海市区约24千米。北海空运口岸于1993年2月获国务院批复对外开放，同年3月通过国家验收。机场飞行区等级为4D标准，可全天候起降B737、A320等同类机型。截至2019年1月，北海福成机场航站楼建筑面积2.78万平方米，跑道全长3 200米，停机坪10万平方米，停机位8个；可满足年旅客吞吐量270万人次、高峰小时吞吐量1 350人次的需求。截至2023年年底，机场尚未复航。

【防城港水运（海港）口岸】 防城港位于广西南部沿海北部湾北岸，是我国大陆海岸线最西南端的深水良港，是沟通中国与东盟各国的桥头堡，是全国西南沿海主要海运口岸之一，具有连接云贵川重庆渝最便捷铁路干线。防城港于1983年7月经国务院批准对外国籍船舶开放；2018年2月，防城港口岸扩大开放获国务院批复；2019年3月，通过国家验收。防城港口岸包括渔澫港区、企沙港区和江山港区。

2023年，防城港海港口岸进出口货物11 479.3万吨，同比增长25.7%；出入境人员6

万人次，同比增长36.7%；出入境集装箱0.99万标箱，同比增长11倍；出入境船舶2 893艘次，同比增长35%。

【北海水运（海港）口岸】 北海港位于广西北海市，是我国沿海对外开放的重要港口之一，地处北部湾北面，南流江入海口之南，北海半岛西端，处于广西海岸线的中心位置，是一个以对外贸易为主的综合性港口，是我国西南中南地区最便捷的出海口。北海港于1950年开港，2015年3月获国务院批复扩大开放，2017年6月通过国家验收。北海港包括石步岭港区、铁山港区、涠洲岛港区。北海港域共有泊位61个，其中对外开放泊位18个；石步岭作业区生产泊位11个，泊位最大靠泊能力15万吨级，货物通过能力4 000万吨、集装箱100万标箱。北海港既是中国首家获得出口澳大利亚化肥低风险港口证书的港口，也是中国两个烟花爆竹出口离岸港口之一。

2023年，北海海港口岸进出口货物2 103.3万吨，同比增长32.5%；出入境集装箱2.62万标箱，同比下降16.47%；出入境人员2.27万人次，同比增长22.73%；出入境船舶1 167艘次，同比增长18.96%。

【钦州水运（海港）口岸】 钦州港位于广西钦州市北部湾的钦州湾内，三面环陆，南面向海，是中国西南及华南地区最便捷的出海通道。钦州港口岸于1994年6月经国务院批准对外开放，1997年6月18日通过验收正式宣布对外开放。2010年11月，钦州港口岸扩大开放获国务院批复。钦州港口岸包括西港区、中港区。截至2023年年底，钦州港口岸对外开放泊位共38个。已开通至越南海防、泰国、马来西亚、新加坡、西非、韩国仁川、印度、中东以及中国香港、中国台湾等国际（地区）集装箱航线；至天津港、营口港的南北直航，厦门直航，广州南沙港、上海港的直航等内贸航线，共计开通运营内外贸集装箱班轮航线47条，其中外贸24条、内贸23条。钦州港建成投产件杂货、散货、油气、滚装、集装箱功能等公用、工业泊位80个，其中30万吨级泊位1个、10万吨级泊位8个、1万~10万吨级（不含10万吨级）泊位39个、1万吨级以下32个；港口设计年货物吞吐能力超过1.5亿吨、集装箱超过600万标箱。

2023年，钦州海港口岸进出口货物5 840.9万吨，同比增长31.6%；出入境人员8.82万人次，同比增长18.41%；出入境集装箱101.5万标箱，同比增长14%；出入境船舶4 664艘次，同比增长11.02%。

【梧州水运（河港）口岸】 梧州港位于广西梧州市李家庄码头，为常年开放的限制性河港口岸，是广西最早开放的河港口岸。2015年10月，梧州港口岸扩大开放至赤水作业区获国务院批复，2018年6月通过国家验收。梧州港口岸主要运营梧州至香港航线，有李家庄码头、赤水码头共2个口岸监管作业码头。

2023年，梧州河港口岸进出口货物72.35万吨，同比下降0.4%；出入境人员0.43万人次，同比增长6.36%；出入境集装箱5.43万标箱，同比下降5.24%；出入境船舶644艘次，同比增长3.2%。

【贵港水运（河港）口岸】 贵港港位于广西贵港市港北区，于1992年3月经国务院批准对外开放，1994年1月通过验收正式对外开放，为常年开放的限制性口岸。贵港口岸下辖罗泊湾作业区，有贵港—香港1条外贸集装箱航线。港口配备2 000吨级集装箱泊位3个、1 000吨级件杂货泊位4个，码头前沿水深3.69米~7.61米，设计年通过能力为集装箱21.51万标箱、件杂货202万吨；5股铁路专用线长3 181米，与南昆、黔桂铁路相连接；港区与3.5千米进港公路连接。

2023年，贵港河港口岸进出口货物11.64万吨，同比增长18.5%；出入境人员0.1万人次，同比增长8.24%；出入境集装箱0.62万标箱，同比增长49.01%；出入境船舶183艘次，同比增长5.78%。

【柳州水运（河港）口岸】 柳州港位于广西柳州市，于1988年经国务院批准对外开放，

1990年5月通过验收正式对外开放，是常年开放的限制性内河水运口岸。柳州港口岸海关监管区位于鹧鸪江港口码头，鹧鸪江码头实际用地1.2万平方米，开放岸线长度230米。

2023年，柳州河港口岸进出口货物0.23万吨，同比下降41.5%；出入境人员0.02万人次，同比增长13.61%；出入境船舶43艘次，同比下降4.44%。

【友谊关陆路（公路）口岸】 友谊关公路口岸位于广西凭祥市，距离凭祥市区18千米，距离越南谅山18千米，中越边境1116-1117号界碑处，与越南谅山省高禄县友谊口岸相对应，距广西南宁和越南首都河内均为170千米，为常年开放的国际性口岸。友谊关公路口岸于1951年开通，1979年一度关闭，1992年4月经国务院批准恢复对外开放。2017年2月，国务院批复同意友谊关口岸扩大开放浦寨、弄尧2个通道，通道性质为双边性常年开放公路客货运输通道。因疫情原因，浦寨—新清货运专用通道建设缓慢，4次获批临时开放。2023年9月，友谊关口岸扩大开放至浦寨、弄尧通道通过国家验收。

2023年，友谊关公路口岸进出口货物426.71万吨，同比增长56.21%，其中浦寨—新清通道以互市贸易进出口货运量268.48万吨；出入境人员159.2万人次，同比增长418.78%；出入境车辆43.24万辆次，同比增长105.14%。

【东兴陆路（公路）口岸】 东兴公路口岸位于广西东兴市东兴镇，中越边境1369-1370号界碑处，为常年开放的国际性口岸，与越南广宁省芒街市芒街口岸相对应。东兴口岸距南宁168千米，距越南首都河内308千米，是中越最大的人员出入境口岸，地处我国西南陆地边境线与大陆海岸线的汇合处，在中越边境的最东端，东南濒临北部湾，地理位置优越。东兴口岸于1958年经国务院批准对外开放；1979年2月，因北仑河大桥被炸毁关闭；1994年4月，新北仑河大桥建成通车，东兴口岸恢复对外开放。2011年，国务院批准设立东兴开发开放试验区，东兴口岸同东盟各国的贸易、旅游交流将进一步发展。2013年11月，东兴口岸正式启动外国人口岸签证业务，成为广西第一个陆路口岸签证处；2017年6月，国务院批复同意东兴口岸扩大开放北仑河二桥；2019年，国家口岸管理办公室先后2次批复同意北仑河二桥临时开放；2020年6月；东兴口岸扩大开放北仑河二桥通过国家验收正式开放；2023年11月，中国东兴—越南芒街口岸北仑河二桥客运功能启用。

2023年，东兴公路口岸（北仑河二桥）进出口货物90.36万吨，同比增长11.55%；出入境人员536.28万人次，同比增长22倍；出入境车辆20.64万辆次，同比增长59.87%。

【水口陆路（公路）口岸】 水口公路口岸位于广西崇左市龙州县，中越边界943-944界碑附近，与越南高平省复和县驮隆口岸相对应。水口公路口岸1978年曾一度关闭；1992年10月，经国务院批准恢复对外开放；2016年7月，获国务院批复同意升格为国际性口岸并扩大开放水口二桥；2023年12月，水口公路口岸开放项目完成建设及自治区验收，已申请国家验收。

2023年，水口公路口岸进出口货物20.55万吨，同比下降25.29%，其中以互市贸易方式进出口货物16.4万吨；出入境人员22.99万人次，同比增长451.96%；出入境车辆2.23万辆次，同比增长15.5%。

【龙邦陆路（公路）口岸】 龙邦公路口岸位于广西百色市靖西市，中越边境741-742号界碑处，与越南高平省重庆县茶岭口岸对应，距靖西市城42千米，距越南茶岭县城5千米。2003年1月，国务院批准龙邦公路口岸为常年开放的双边性口岸。2007年10月，龙邦公路口岸通过验收正式对外开放。2021年5月，国务院批复同意龙邦公路口岸升格为国际性口岸并扩大开放那西通道；5月12日，国家口岸管理办公室批复同意那西通道临时开放；5月26日，那西通道临时开放验收通过并投入使用。那西通道位于中越边境736号界碑处，与越南那弄通道相对应。龙邦公路口岸是桂西、滇东、黔南通往越南等东南亚各国便捷陆路通道之一。2023 年 9 月，龙邦公路口岸升格为国际性口岸并扩大开放至那西通道通过国家验收；12 月 28 日，中国龙邦—越南茶岭国际性口岸（含中国那西—越南那弄通道）正式开通。

2023 年，龙邦公路口岸进出口货物 6. 43 万吨，同比下降 22. 64%，其中，以互市贸易进出口货物 6. 98 万吨，同比增长 100%；出入境人员 1. 52 万人次，同比增长 21. 83%；出入境车辆 1. 14 万辆次，同比增长 23. 39%。

【平孟陆路（公路）口岸】 平孟公路口岸位于广西百色市那坡县，中越边界第 647 号界碑处，与越南高平省河广县朔江口岸相对应，是广西最西端的陆路口岸。2011 年 10 月，国务院批复平孟公路口岸对外开放，口岸性质为常年开放的双边性口岸。2016 年 3 月，平孟公路口岸正式对外开放。平孟口岸自开放以来以互市贸易为主。

2023 年，平孟公路口岸以互市贸易方式进出口货物 0. 48 万吨，同比下降 75. 6%；出入境人员 6 450 人次，同比增长 1. 3%；出入境交通工具 1 216 辆次，同比下降 6. 2%。

【爱店陆路（公路）口岸】 爱店公路口岸位于广西崇左市宁明县，中越边境 1223-1224 号界碑处，与越南谅山省禄平县峙马口岸相对应。爱店口岸距宁明县城 53 千米、南宁市 230 千米，距越南禄平县 17 千米、谅山市 34 千米。1957 年，国家批准爱店公路口岸升格为边境陆路原二类口岸；2015 年 1 月，国务院批准爱店公路口岸对外开放性质为常年开放的双边性口岸；2018 年 6 月，爱店公路口岸对外开放通过国家验收。

2023 年，爱店公路口岸进出口货物 66. 84 万吨，同比增长 205. 77%，其中，以互市贸易进出口货物 16. 52 万吨，同比增长 142. 9%；出入境人员 7. 87 万人次，同比增长 139. 61%；出入境交通工具 7. 03 万辆次，同比增长 115. 04%。

【峒中陆路（公路）口岸】 峒中公路口岸位于广西防城港市防城区，中越边境 1317-1318 号界碑处，与越南广宁省平辽县横模口岸相对应，距东兴市区 26 千米，距防城城区 90 千米，距越南海河县城 23 千米。里火通道位于广西防城港市防城区那良镇里火村，与越南广宁省海河县北风生互市点隔江相望。峒中公路口岸于 20 世纪 50 年代就已对外开放，1979 年一度关闭，1991 年恢复贸易往来，1996 年 8 月作为原二类口岸恢复开通。2017 年 6 月，国务院批复峒中公路口岸（含里火通道）对外开放，口岸性质为双边性常年开放公路客货运输口岸。2023 年 9 月，峒中口岸（含里火通道）对外开放项目通过国家验收。

2023 年，峒中公路口岸进出口货物总量 21. 23 万吨，同比下降 6. 93%，其中以互市贸易方式进出口货物 23. 45 万吨；出入境人员 18. 66 万人次，同比增长 437. 66%；出入境交通工具 17. 76 万辆次，同比增长 706. 42%。

【硕龙陆路（公路）口岸】 硕龙公路口岸位于广西崇左市大新县，中越边境 847 号界碑处，与越南高平省里板口岸相对应，西与越南高平省接壤，距越高平市 105 千米，距高平省重庆城 38 千米、下琅县城 30 千米。硕龙公路口岸于 1954 年作为原二类口岸对越开放，1978 年一度关闭，1991 年恢复贸易往来。2017 年 10 月，国务院批复硕龙公路口岸对外开放，口岸性质为双边性常年开放公路客货运输口岸。2022 年 4 月，国务院批复同意硕龙公路口岸升格为国际性口岸并扩大开放岩应通道，口岸性质为国际性常年开放公路客货运输口岸，其中硕龙通道为人员和客运车辆通行通道，岩应通道为货物和货运车辆通行通道。2023 年，硕龙公路口岸因建设未开放运行。

【凭祥陆路（铁路）口岸】 凭祥铁路口岸位于凭祥市南区，与越南同登口岸相对应，于 1953 年经国务院批准对外开放，口岸性质为常年开放的国际性口岸，是湘桂铁路的终点，也是广西唯一的边境铁路口岸，是中国通往东盟最便捷的铁路大通道，是连接东盟的铁路大陆桥的桥头堡。1955 年 8 月，中越国际联运正式开办货运客运。2020年1月，凭祥铁路口岸进境水果指定监管场地通过海关总署验收运行；2月，凭祥铁路口岸开通中越水果冷链集装箱班列；5月，凭祥铁路口岸开通中泰水果冷链集装箱班列。

2023年，凭祥铁路口岸进出口货物29.24万吨，同比下降57%；出入境人员0.98万人次，同比下降37.48%；出入境火车1 392列次，同比下降37.94%。

原二类口岸

【平而关公路口岸】 平而关公路口岸位于广西崇左市凭祥市，中越边境1036（1）号界碑处，距凭祥市区23千米，与越南平宜口岸对应。平而关公路口岸1979年一度关闭，1991年恢复贸易往来。2009年，中越两国政府在签订的《关于中越陆地边境口岸及其管理制度的协定》中同意“平而关—平宜”口岸在条件具备时开放。2017年，中越陆地边境口岸管理合作委员会第五次会议双方同意进一步研究平而关—平宜口岸开放。

【科甲公路口岸】 科甲公路口岸位于广西崇左市龙州县，中越边境911号界碑处，距龙州县城39千米，与越南下琅口岸对应。科甲公路口岸于1953年对越开放，1978年一度关闭，1991年恢复贸易往来。2009年，中越两国政府在签订的《关于中越陆地边境口岸及其管理制度的协定》中同意“科甲—下琅”口岸在条件具备时开放。科甲公路口岸进出口货物主要为农产品、土特产品、日用品和药材等。

【岳圩公路口岸】 岳圩公路口岸位于广西百色市靖西市，中越边境791号界碑处，离靖西市区28千米，与越南坡标口岸对应。岳圩公路口岸于1952年10月对越开放，1979年一度关闭，1991年恢复贸易往来。2009年，中越两国政府在签订的《关于中越陆地边境口岸及其管理制度的协定》中同意“岳圩—坡标”口岸在条件具备时开放。岳圩公路口岸进出口货物主要有水泥、饲料、锰矿、药材等50多种。

2023年广西壮族自治区口岸大事记

3月21日—22日

广西壮族自治区党委书记、自治区人大常委会主任刘宁在凭祥友谊关货运通道实地考察货物通关便利化发展情况。

6月26日

中越两国总理在北京见证广西壮族自治区与越南谅山省签署《关于共同推进智慧口岸试点建设的框架协议》。

6月28日

广西壮族自治区与越南谅山省人委会在中国凭祥市召开“中越边境口岸试点建设暨框架协议落实工作推进会”，并签署会议纪要。

6月29日

广西壮族自治区口岸办组织并通过钦州港口岸大榄坪港区大榄坪南作业区9#、10#泊位对外开放验收。

8月19日

广西壮族自治区与越南谅山在北京召开贯彻落实《关于共同推进智慧口岸试点建设的框架协议》第二次工作会议，海关总署（国家口岸管理办公室）、外交部边海司、交通运输部运输司领导参会指导。

9月4日

广西壮族自治区政府主席蓝天立在凭祥友谊关口岸察看智能便利通关情况。

9月5日

峒中口岸（含里火通道）对外开放项目通过国家验收。

9月6日

龙邦口岸升格为国际性口岸并扩大开放至那西通道通过国家验收。

9月7日

友谊关口岸扩大开放至浦寨、弄尧通道通过国家验收。

9月15日

中越智慧口岸（友谊关—友谊）项目举行开

工仪式，正式开工建设。

11 月 29 日

中国东兴—越南芒街口岸北仑河二桥客运功能启用。

12 月 12 日—13 日

中越边境友谊关—友谊、浦寨—新清货运专用通道智慧口岸项目被纳入习近平总书记访越成果，并被写入中越联合声明。

12 月 28 日

中国龙邦—越南茶岭国际性口岸（含中国那西—越南那弄通道）正式开通。

（撰稿人：蒋云丽、罗扬科、邓泽华、易珍泓、王扬、赵文胜）

2023 年广西壮族自治区口岸流量统计表

口岸类型		口岸名称	货运量（万吨）				集装箱量（万标箱）				人员（万人次）				交通工具（辆、艘、架、列次）			
			出口	进口	合计	同比（%）	出口	进口	合计	同比（%）	出境	入境	合计	同比（%）	出境	入境	合计	同比（%）
空运口岸		南宁	4.07	1.79	5.86	39.70	—	—	—	—			34.97	573.47			8 319	35.64
		桂林	0.011 6	0.013	0.024 6	—	—	—	—	—			3.69	—			295	—
		北海	—	—	—	—	—	—	—	—			—	—			—	—
		分计	4.081 6	1.803	5.884 6	40.44	—	—	—	—			38.66	644.45			8 614	19.10
水运口岸	海港口岸	防城港	558.7	10 920.5	11 479.3	25.70			0.99	1 101.46			6.002	36.70			2 893	35.00
		钦州	917.11	4 923.8	5 840.9	31.60			101.5	14			8.82	18.41			4 664	11.02
		北海	103.3	1 999.98	2 103.3	32.50			2.62	-16.47			2.27	22.73			1 167	18.96
		分计	1 579.11	17 844.28	19 423.5	28.11			105.11	14.27			17.092	24.87			8 724	19.10
	河港口岸	梧州	33.11	39.24	72.35	-0.40	3.01	2.42	5.43	-5.24			0.43	6.36			644	3.21
		贵港	10.4	1.24	11.64	18.50	0.39	0.23	0.62	49.01			0.1	8.24			183	5.78
		柳州	0.23	0	0.23	-41.50	0.001 7	0.000 8	0.002 5	-7.40			0.02	13.61			43	-4.44
		分计	43.74	40.48	84.22	1.62	3.401 7	2.650 8	6.052 5	-1.49			0.55	6.94			870	3.33
陆路口岸	公路口岸	友谊关	319.74	106.97	426.71	56.21	—	—	—	—			159.2	418.78			432 435	105.14
		东兴	68.07	22.29	90.36	11.55	—	—	—	—			536.28	2 214.03			206 350	59.87
		爱店	61.99	4.85	66.84	205.77	—	—	—	—			7.87	139.16			70 317	115.04
		峒中	21.22	0.01	21.23	-6.93	—	—	—	—			18.66	437.76			177 566	706.42
		水口	7.85	12.7	20.55	-25.29	—	—	—	—			22.99	451.96			22 346	15.50
		龙邦	5.05	1.38	6.43	-22.64	—	—	—	—			1.52	21.83			11 379	23.39
		平孟	0.003 3	0	0.003 3	—							0.65	1.33			1 216	-6.20
		硕龙	—	—	—	—	—	—	—	—	—	—	—	—	—	—	—	—
		分计	483.923 3	148.2	632.123 3	45.16	—	—	—	—			747.17	1 020.85			921 609	115.07
	铁路口岸	凭祥	18.09	11.15	29.24	-57	—	—	—	—			0.98	-37.48			1 392	-37.94
		分计	18.09	11.15	29.24	-57	—	—	—	—			0.98	-37.48			1 392	-37.94
合计			2 129.07	18 046.04	20 175.11	28.10			111.162 5	23.28			804.452	818.25			941 209	111.48
同比（%）			23.40	28.70														

（广西壮族自治区口岸办提供）

2023 年南宁海关主要数据统计表

项　目		2023 年	2022 年	同比（%）
进出口货运量（万吨）	合计	20 175.00	15 751.05	28.10
	进口	18 046.00	14 025.60	28.70
	出口	2 129.00	1 725.45	23.40
进出口贸易总值（万美元）	合计	12 532 813.40	11 375 883.10	10.20
	进口	6 912 649.20	6 321 295.40	9.40
	其中：江、海运输	5 051 844.20	5 088 385.30	-0.70
	铁路运输	22 370.80	50 609.40	-55.80
	汽车运输	1 108 014.20	763 279.80	45.20
	航空运输	135 811.00	131 860.70	3.00
	邮件运输	413.30	406.30	1.70
	其他运输	594 195.70	286 753.90	107.20
	出口	5 620 164.20	5 054 587.70	11.20
	其中：江、海运输	920 367.90	1 188 640.60	-22.60
	铁路运输	27 027.20	83 394.00	-67.60
	汽车运输	4 348 606.70	3 403 745.50	27.80
	航空运输	301 415.60	350 465.40	-14.00
	邮件运输	64.40	153.10	-57.90
	其他运输	22 682.40	28 189.00	-19.50
税收（万元人民币）	两税合计	4 802 267.00	4 459 829.00	7.70
	关税入库	267 896.00	276 465.00	-3.10
	进口环节税入库	4 534 371.00	4 183 364.00	8.40

（南宁海关提供）

2023 年广西壮族自治区口岸出入境主要数据表

<table>
<tr><th colspan="3">项　目</th><th>2023 年</th><th>2022 年</th><th>同比（%）</th></tr>
<tr><td rowspan="15">出入境人员
（万人次）</td><td colspan="2">出入境人员总数</td><td>837.59</td><td>101.44</td><td>725.70</td></tr>
<tr><td colspan="2">入境人员</td><td>419.87</td><td>53.15</td><td>689.97</td></tr>
<tr><td colspan="2">出境人员</td><td>417.72</td><td>48.29</td><td>765.02</td></tr>
<tr><td colspan="2">出入境旅客</td><td>699.89</td><td>26.64</td><td>2 527.21</td></tr>
<tr><td colspan="2">出入境员工</td><td>137.7</td><td>74.8</td><td>84.09</td></tr>
<tr><td rowspan="5">中国公民</td><td>小计</td><td>490.75</td><td>76.5</td><td>541.50</td></tr>
<tr><td>内地居民（因公）</td><td>10.19</td><td>9.06</td><td>12.47</td></tr>
<tr><td>内地居民（因私）</td><td>289.58</td><td>33.12</td><td>774.34</td></tr>
<tr><td>港澳居民</td><td>1</td><td>0.13</td><td>669.23</td></tr>
<tr><td>台湾同胞</td><td>0.58</td><td>0.11</td><td>427.27</td></tr>
<tr><td colspan="2">外籍人员</td><td>346.84</td><td>24.94</td><td>1 290.70</td></tr>
<tr><td colspan="2">从海港出入境人数</td><td>17.64</td><td>14.29</td><td>23.44</td></tr>
<tr><td colspan="2">从陆港出入境人数</td><td>781.29</td><td>81.96</td><td>853.26</td></tr>
<tr><td colspan="2">从空港出入境人数</td><td>38.65</td><td>5.19</td><td>644.70</td></tr>
<tr><td rowspan="5">交通运输工具
（万辆、艘、架、列次）</td><td colspan="2">总计</td><td>116.45</td><td>57.81</td><td>101.44</td></tr>
<tr><td colspan="2">船舶</td><td>0.96</td><td>0.85</td><td>12.94</td></tr>
<tr><td colspan="2">飞机</td><td>0.86</td><td>0.61</td><td>40.98</td></tr>
<tr><td colspan="2">火车</td><td>0.14</td><td>0.22</td><td>-36.36</td></tr>
<tr><td colspan="2">机动车辆</td><td>114.49</td><td>56.13</td><td>103.97</td></tr>
</table>

（广西出入境边防检查总站提供）

2023 年广西海事局进出港船舶统计汇总表

船舶类别	进港船舶							出港船舶						
	艘数（艘）	总吨（吨位）	总载重量（吨）	载客量（客位）	船员人数（人次）	货物到达量（吨）	旅客到达量（人）	艘数（艘）	总吨（吨位）	总载重量（吨）	载客量（客位）	船员人数（人次）	货物发送量（吨）	旅客发送量（人）
总计	84 084	371 377 007	505 580 960	5 907 587	777 631	296 000 218	4 511 017	84 287	373 932 396	508 101 551	6 118 757	781 632	162 821 291	4 666 669
中国籍船舶	79 793	220 727 219	257 912 915	5 907 587	691 433	125 930 614	4 511 017	79 985	223 369 606	259 917 230	6 118 757	695 097	143 076 062	4 666 669
其中：外贸船	954	12 029 965	19 392 246	0	14 307	15 572 750	0	968	12 775 418	19 922 714	0	14 399	2 281 210	0

（广西海事局提供）

海　南　省

海南省口岸分布示意图

序号	类型	口岸名称	批准开放时间	开放状态
1	空运口岸（3个）	海口空运口岸	2003	国际常年
2		三亚空运口岸	1994	国际常年
3		博鳌空运口岸	2020.10	国际常年
4	水运口岸（5个）	海口水运口岸	1957	国际常年
5		三亚水运口岸	1984.7	国际常年
6		洋浦水运口岸	1990.5	国际常年
7		八所水运口岸	1988.9	国际常年
8		清澜水运口岸	1996	国际常年

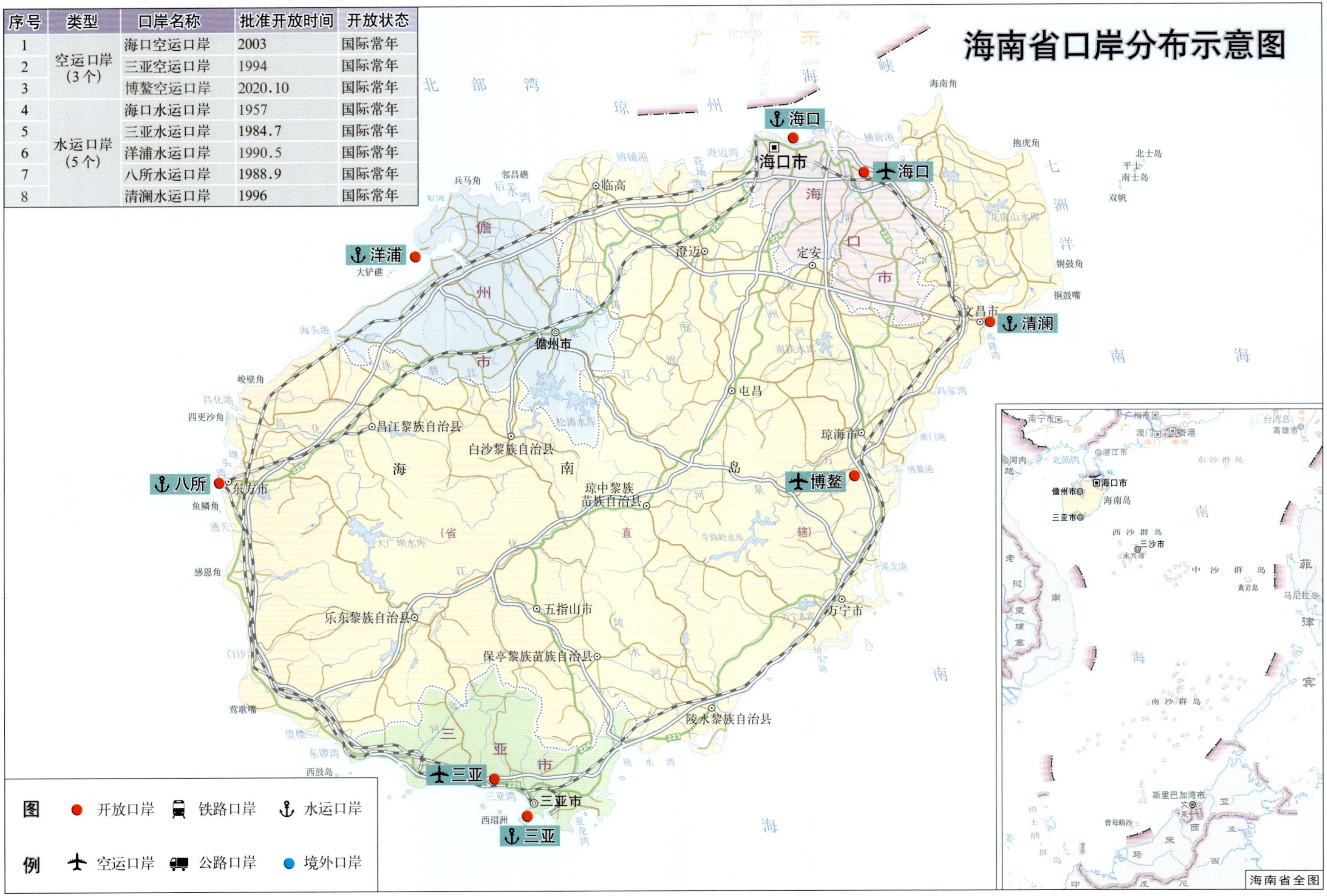

图例

● 开放口岸　铁路口岸　水运口岸

空运口岸　公路口岸　● 境外口岸

口岸数量及分布

截至2023年年底，海南省共有经国务院批准的对外开放口岸8个。其中，空运口岸3个，分别为海口空运口岸（海口美兰国际机场）、三亚空运口岸（三亚凤凰国际机场）、博鳌空运口岸（琼海博鳌机场）；水运（海港）口岸5个，分别为海口（秀英港区、马村港区）、洋浦（洋浦港区、神头港区）、八所、三亚（三亚港区、南山港区、莺歌海港区、清水湾港区）、清澜海港口岸。为保障“二线进出”需要，海南自由贸易港获批设立10个“二线口岸”，分别为海口港（秀英港区、马村港区）、洋浦港（洋浦港区、神头港区）、八所港、三亚港（三亚港区、南山港区、莺歌海港区、清水湾港区）、清澜港、海口美兰机场、三亚凤凰机场、琼海博鳌机场、海口新海港、海口南港。其中，海口新海港、海口南港为单设的2个“二线口岸”。口岸运行情况良好。

口岸运行数据

2023年，海南省口岸出入境旅客累计646 546人次，同比增长30 070.14%；出入境航班累计5 409架次，同比增长20 150.78%；进出口货物4 073.62万吨，同比增长7.60%；进出口集装箱累计61.84万标箱，同比增长14.15%；出入境运营船舶累计4 596艘次，同比下降9.40%；进出境邮轮累计25艘次、进出境游艇累计16艘次。

口岸综合管理

【推进全岛封关准备口岸建设工作】 为推进海南自由贸易港封关运作口岸查验设施项目建设，国家口岸管理办公室会同公安部、交通运输部、中国民用航空局、国铁集团等部门实地调研指导；海南省封关运作口岸建设专班和海南省商务厅（口岸办）加密工作调度，组织省直相关部门赴各口岸进行调研，压实市县政府主体责任，召开项目建设现场集中办公会，专题研究解决问题。截至2023年年底，海南省8个开放口岸升级改造和10个“二线口岸”查验设施项目（共19个）建设主体工程完工。

【千方百计为企业排忧解难】 一是按照口岸管理有关规定，由海南省口岸办组织海口市政府、海口海关、海口出入境边防检查总站、民航海南监管局等单位于2023年1月10日对海口美兰国际机场T2航站楼国际区域进行验收并报海南省政府批复正式对外启用。二是积极协调国际航行船舶临时进靠海南炼化乙烯码头1～3号泊位，保障企业正常生产经营，组织对海南炼化乙烯码头1~3号泊位进行对外启用验收。三是协调驻琼口岸查验单位支持国际航行船舶临时进入海南省非开放水域装运鱼苗出口，年内共有36艘次国际航行船舶临时进入文昌、万宁、陵水等非开放水域装运鱼苗出口，共出口鱼苗542万尾、货值1 852万美元，有效解决了海南省部分渔民的生产生活问题。协调国际航行船舶临时靠泊乐东电厂码头接御煤53万吨，有效解决了乐东电厂安全生产的进口煤炭需求，取得了较好的经济和社会效益。四是组织协调美兰国际机场指定监管场地立项并向海关总署申报工作。

【深入推进自由贸易港高质量建设】 一是全面加速封关运作准备。落实“三张清单”商务领域任务，从货物贸易、服务贸易、“二线口岸”运行等方面，对政策制度、口岸设施、管理能力进行测试，促进完善相关政策和设施。二是统筹推进口岸资源整合，研究起草海南自由贸易港“二线口岸”监管资源整合及通关流程总体方案、口岸查验设施设备建设工作指引。三是加快关键性政策制定，配合商务部、海关总署分别开展海南自由贸易港货物物品禁限清单、海南自由贸易港海关监管办法等封关运作关键政策研究。四是优化升级国际贸易“单一窗口”，与海南省发展改革委等单位联合印发《海南全岛封关运作信息化实施方案》，加大设关地信息化项目建设，与海关监管平台、社管平台实现数据整合与资源共享。

【持续优化口岸营商环境，提升口岸通关效率】 一是进一步完善制度机制，推动口岸部门协同监管。继续利用促进跨境贸易专项工作小组工作机制，解决跨境贸易货物通关过程中遇到的堵点和难点问题，制订并印发了《2023 年优化海南口岸营商环境行动计划》等工作举措，并按照项目化、清单化、责任化的管理要求，压实主体责任，抓好各项工作任务的落实。

二是推动提升空港口岸通关作业电子化流转应用率。2023 年 4 月 10 日，印发关于空港口岸国际物流通关电子化模式试运行的通知，推动企业使用空港口岸物流服务系统办理跨境货物通关业务。平台建设单位不断优化和完善系统功能应用，现场指导货站和企业进行系统操作，为企业开展一对一应用培训，有效提升了空港口岸物流服务系统应用率；落实开展促进跨境贸易便利化专项行动。制订并印发了 2023 年促进跨境贸易便利化专项行动实施方案，邀请国家口岸管理办公室在海口市开展世界银行营商环境新评估体系“国际贸易”指标宣讲及企业调研。指导海口市做好国家口岸管理办公室、中国口岸协会来海口开展的 2023 年跨境贸易便利化专项行动及口岸营商环境调研评估工作；9 月，推动成立海南省通关服务协会。落实“办实事、解民忧”的工作要求，进一步深化中国（海南）国际贸易单一窗口功能应用的宣传推广，帮助和指导更多的外贸企业享受海南自由贸易港早期政策带来的政策红利。

三是进一步规范口岸合规收费，推动口岸降本增效。印发关于更新完善口岸收费目录清单工作的相关通知，要求各口岸部门对 2023 年口岸收费目录清单进行更新和完善，并在中国（海南）国际贸易单一窗口口岸收费栏进行公示，确保口岸收费清单信息及时准确、公开透明。

【继续推动通关模式改革，提升跨境贸易便利化】 一是海港空港联动赋能，不断深化单证电子化功能应用，扩大“直提”“直装”应用覆盖面。海港口岸方面，海南省商务厅会同海口海关，持续深化单证电子化流转，企业通过中国（海南）国际贸易单一窗口可免予提交合同、装箱清单、载货清单（舱单）等随附单证。同时，在洋浦小铲滩港区、海口秀英港、马村港区等符合条件的港口，落地实行进口货物“船边直提”和出口货物“抵港直装”的通关操作模式。空港口岸方面，海南省商务厅会同海口海关于 2023 年 4 月正式推动实现海南省空港口岸通关作业电子化功能上线试运行，实现了托运书、进出口海关放行通知书、进出口查验通知书、进口提货委托书、提货单等空港通关作业单证电子化流转。年内，系统服务涉及总运单数量 8 837 单，总实单总数量 3 875 单（进港 1 580 单、出港 2 295 单），电子化应用率已达到 43.8%，进一步提高了海南省空港口岸通关效率。在海口美兰国际机场试点推出机下直提业务模式，以满足紧急航材、人体医用器官等各类特殊货物的高时效需求。二是推动一体化通关模式改革，持续推广无陪同查验模式。为便利琼北地区外贸企业办理进出口报关业务，海南省商务厅会同海口海关，推动“海口—洋浦”一体化通关模式改革，同时，持续推广无陪同查验模式。采用无陪同查验模式开展货物查验，查验时间能从 3 个小时减少至 0.5 小时。已在洋浦小铲滩、八所港、马村港等口岸单位开展试运行，有效地降低了工作成本，提升了口岸工作效率。

【继续推动中国（海南）国际贸易单一窗口建设，不断拓展海南自由贸易港特色功能应用】 一是谋划全岛封关运作中国（海南）国际贸易单一窗口项目建设。2023 年 7 月 21 日，为进一步加大封关运作信息化项目统筹建设力度，完善部省数据共享机制，推动实现“二线口岸”“一次申报、一次查验、一站通关”查验目标和联合印发《海南全岛封关运作信息化实施方案》，明确由海南省大数据管理局、省商务厅双业主牵头实施设关地信息化项目［实施名称：海南国际贸易“单一窗口”（口岸监管服务信息系统）］。二是构建国际贸易“单一窗口”公共服务管理应用基础。根据“全省一盘棋，全岛同城化”的信息化建设理念，坚持把国际贸易“单一窗口”打造成为地方政府与海关监管系统统一的数据传输通道，通过公共服务建设模式，不断完善支撑全岛“一线放开、二线管住”公共服务管理基础应用底座。先后实现了“一线”进出境径予放行、“二线”进出区单侧申报、“一企一册”数据池、加工增值、离岛免税物码溯源等功能应用。三是积极推广国际贸易“单一窗口”功能应用。按照“成熟一个功能，推广一项应用”的工作思路，积极开展国际贸易“单一窗口”应用培训，年内已组织开展了4期培训，共计培训585人次。截至年底，国际贸易“单一窗口”已累计实现货物申报439 371单、舱单申报1 409 188单、运输工具申报251 257单。货物申报、运输工具申报、舱单申报三大主要申报业务应用率均保持100%。

【加强口岸部门联动，做好重大活动通关服务保障】 2023年，顺利完成博鳌亚洲论坛2023年年会及第三届中国国际消费品博览会等重大活动的通关服务保障工作，同时，协调各口岸部门，落实全省口岸出入境人员和交通工具的通关服务保障工作。在博鳌亚洲论坛2023年年会和第三届中国国际消费品博览会期间，共计保障出入境飞机36架次253人次，完成了马来西亚总理、西班牙首相、菲律宾副议长、多米尼克外长、国际货币基金组织总裁等礼遇代表团的出入境通关保障任务，确保了与会政要、嘉宾安全、快捷、顺畅通关。

口岸监管与服务

【海口海关优化口岸营商环境促进跨境贸易便利化】 一是持续释放自由贸易港早期政策红利。推进原辅料、交通工具及游艇、自用生产设备3张“零关税”清单适时优化调整，推动原辅料“零关税”政策清单范围进一步扩大，自用生产设备“零关税”政策享惠主体扩大至事业单位，交通工具及游艇“零关税”政策增加22项商品。自政策实施至2023年年底，“零关税”3张清单商品进口货值195.7亿元，减免税款37亿元。持续擦亮海南离岛免税“金字招牌”，保障“即购即提”“担保即提”政策顺利落地实施。年内，监管离岛免税购物额437.6亿元，同比增长25.4%；免税购物675.6万人次，同比增长59.9%。优化加工增值ERP联网监管，降低企业适用政策成本，自政策实施至年底，内销货值46.7亿元，免内销环节关税3.9亿元。推动6项洋浦保税港区政策措施在洋浦经济开发区落地实施，其中“采用智慧商检采信模式进口水泥业务”为全国首单。

二是着力优化服务提升外贸企业获得感。深化进口货物“船边直提”和出口货物“抵港直装”改革试点，2023年进出口货物“船边直提”“抵港直装”货值2 577.8万美元。充分释放海南自由贸易港内外贸同船运输境内航船加注保税油政策红利，年内监管内外贸运送集装箱13.4万标箱。拓展航空保税维修业务，支持维修企业与航材供应商交流合作，共同建设国际航材交易中心，助力企业畅通维修产业链条，打造空港发展“新引擎”。年内，保税维修业务进出口值123.9亿元，同比增长19.3倍；产值3 231.4万元，同比增长121.5倍。发挥RCEP与自由贸易港优惠政策叠加效应，结合海南优势产业布局及产品结构特点，实施“一企一策”“一业一策”，开展RCEP原产地规则和关税减让政策研究，助力水产品、纺织品等畅销海外市场，年内对RCEP成员国进出口达800.9亿元，同比增长12.6%。助力全年海南省外贸进出口达2 312.8亿元，同比增长15.3%。

三是坚持内部挖潜提升通关便利化水平。创新动植物“隔离期间同步开展DUS测试”制度，植物品种认定流程压缩2~3年；在严格研判风险基础上，对符合“五同”（同一经营单位、同一国别/地区、同一生产厂商、成分/组分一致、危险特性一致）条件的进口原料实施快速验放，通关时间压缩90%以上。承接海关总署下放的6类进境动植物检疫审批权限，种虾、水果、饲料等进口动植物及其产品检疫审批时间压缩85%以上，D级低风险特殊物品检疫审批时长由20日压缩至2个工作日。叠加实施进口原油“先放后检”、保税油气“进区检验+出区核销”等改革措施，通关效率提升70%以上；在全国率先实施进口水泥智慧商检采信模式，通关时间压缩约90%，企业水泥储存罐使用周转效率提高近4倍。7项便利化举措入选2023年中国关务行业贸易实践十佳案例、全国海关促进外贸保稳提质典型案例。

四是主动送策上门助企解决疑难问题。深入一线走访调研，多渠道确定企业信用培育对象，组织海关政策宣讲近100场，截至2023年年底海南共有AEO高级认证企业69家，同比增长35.2%。深入开展自由贸易港海关政策巡回宣讲活动，为企业量身定制“服务包”，惠及全省11个重点园区、63家党政机关、500余家企业及行业协会。建立业务疑难问题“吹哨—报到”双向响应机制，对紧急、疑难问题及时予以响应，年内协调解决企业面临的复杂紧急业务问题50余项。聚焦持续推动降低进出口环节合规成本，深入口岸调研，向海南省委、省政府报送《海南口岸合规成本调研报告》并获省领导批示，11条建议被海南省相关厅局采纳并推进落实。

【海口海关助推洋浦保税港区监管建设】 优化检验监管模式，持续释放进境粮食“先入区，后检测”等政策红利，支持农食产品扩大进口，2023年保障80多万吨粮食安全进口，进口量翻一番。推广应用“企业集团加工贸易监管模式”“放宽深加工结转集中申报时限”等措施，推动“综合保税区内高级认证企业分送集报免除担保”海南省首单在洋浦保税港区落地。支持跨境电商、保税维修等新业态新模式健康规范发展，年内洋浦保税港区内3家企业开展跨境电商新零售业务，累计出区销售货值188.2万元，助力2家保税维修企业顺利投产。持续扩大加工增值税收政策享惠面，截至年底，洋浦保税港区内适用该政策企业达9家，全年内销货物货值13.4亿元，减免税款1.1亿元，占全省同类业务内销货值七成以上。

【海口海关强化服务支持综合保税区发展】 推动“免税保税衔接”业务稳中向好，助力免税品业务做大做强，2023年办理保税业务进出口值133亿元，其中免税保税衔接业务834单、货值10.42亿元。推动海南省首批跨境电商零售进口商品条码应用与跨境电商小微企业担保新模式落地实施，成功培育海南省首家跨境电商海关AEO高级认证企业，年内共监管跨境电商进口清单71.29万单、货值4.5亿元，跨境电商出区包裹突破42万份。全力支持油服产业集群发展，推动中海油服海工装备重大项目落户海口综合保税区，保障海口综合保税区首单租赁贸易大型设备“蓝鲸一号”顺利通关。支持重点项目任务落地实施，促进海口首个进境肉类指定监管场地项目通过验收。推动海口综合保税区“一票多车”货物进出卡口、光学识别车牌过卡新模式落地，提高监管效率，助力区内保税维修业务蓬勃健康发展。年内，共监管保税维修货物166批，货值4 903万元，货值同比增长217.56%。

【海口海关助推海口空港综合保税区监管建设】 海口海关助推海口空港综合保税区保税维修产业大幅增长。推行“空港+保税”一体化监管模式，设立维修飞机进出区绿色通道，完善“智能卡口”建设，助力企业拓展飞机维修业务至7个国家及地区航司；针对维修所需进口航材配货时间长问题，会同地方管委会，打造国际航材交易中心，推动航材供应商分公司进驻，支持维修企业与航材供应商交流合作，助力畅通维修产业链条。2023年，共监管25架次飞机、2台发动机入区开展保税维修；保税维修进出口值123.9亿元，同比增长19.3倍；产值3 231.4万元，同比增长121.5倍。

【海口出入境边防检查总站系统构建口岸安全管控体系】 坚定不移贯彻总体国家安全观，深化重塑边检治理格局，以依法主动管理的“确定性”应对风险挑战的“不确定性”。积极应对国际航线恢复后，人员出境从事违法犯罪活动的动向明显、线索增加的新形势，创新部署“以打促治创建平安口岸”工作，实体运行两级“专项办”，用好“边检+出入境+N”办案机制。2023年，联合侦办妨害国（边）境管理刑事案件31起（含部督案件1起），刑事打处犯罪嫌疑人89人，打掉犯罪团伙10个，有力遏制了妨害国（边）境管理犯罪活动蔓延势头。以构建精准高效信息研判、科学规范勤务管理、系统完备执法办案、实战实用业务保障等机制为重点，着力健全口岸管控机制体系。大力加强两级情报研判、数据分析队伍建设，用好总站数据分析平台，构建数据分析规则模型28个，实战预警预防能力显著增强。改革创新勤务组织管理，健全两级动态布警调度机制，常态开展警力支援和岗位交流，稳步推进海港口岸综合执勤队建设、旅检现场小单元执勤编组调配，现有警力实战效能有效发挥。健全完善口岸应急响应机制，强化处突力量配备和技战术演训，各级应急处置能力不断增强。组建专职办案队伍，健全联合办案机制，打击处理效能提档升级。固化与口岸联检单位安全联合防控机制，密切与相关部门执法协作，口岸管控合力整体提升。

【海口出入境边防检查总站全力推进封关运作准备工作】 按照海关省委、省政府工作部署，研究出台总站推进封关运作准备工作要点及“三张清单”，高标准加快推进开放口岸、“二线口岸”边检查验设施及执勤用房建设等14个首批封关运作重点项目。美兰国际机场T2航站楼国际区、凤凰国际机场国际区如期投用，充分做好博鳌机场改扩建、三亚南山港联检楼验收准备工作，有序推进洋浦小铲滩海事边检楼、八所港口岸联检楼等项目建设。聚焦提升封关运作边检信息化支撑能力，推进完成“智慧口岸数字边检”、数据分析平台等信息科技重点项目建设，并与海南省大数据管理局、公安厅、港航、民航等部门建立数据汇聚共享应用机制，提升实战应用效能。建设启用总站网络安全态势感知系统，强化网络安全风险防控。根据海南省政府数字化转型总体部署，立项实施边检管理服务综合系统建设。推动免签外国人离岛监管按照“一次申报、一次查验、一次放行”需求，纳入中国（海南）国际贸易单一窗口建设项目。全面推广卡口梯口智能监管、港口锚地预警管控等系统，跟进升级口岸视频监控系统，强化人脸识别、移动警务、无人机、5G技术等综合应用，风险感知和科技管控能力提档升级。按照封关运作压力测试部署，提前研究优化邮轮、游艇、货机、专包机等交通运输工具边防检查管理模式，前瞻性构建人员便捷流动风险防控体系。

【海口出入境边防检查总站助力优化营商环境】 对标海南自由贸易港“五自由便利、一安全有序流动”制度设计，深化落实边检领域“放管服”改革，与海南省公安厅出入境管理局签订深度合作协议，建立指挥体系、信息共享、联勤协作等8项深度融合机制，在免签外国人离岛管控体系、口岸边检诚信管理机制建设、跨市县特色勤务边检便利通关新举措、优化口岸限定区域管理模式、优化“船员换班”工作机制、业务能力提升“两系统一平台”建设领域不断改革创新。大力推动边检手续“网上办、掌上办、一网通办、一次办理”，进一步优化疫情常态化国际货机检查流程，总结推行“四无一合并”国际货机边检通关模式，实行运输民生物资、鲜活产品、大宗商品“零等待”边检服务，提升货机货轮通关效能，有力保障产业链供应链安全稳定。深化实施“促进服务航运企业发展十六项新举措”“服务便利企业生产经营活动若干举措”，创新推出“7×24小时”随到随检，口岸靠泊时间不超过24小时的国际航行船舶入境出境手续“一次办妥”。进一步优化国际航行船舶分级便利通关制度，健全完善风险评估、诚信管理等机制，推出鱼苗船快速办检、特种船联合查验，以及简化外轮改港、加注保税燃油船舶检查和新造船舶查验手续等系列惠企便民举措。2023年，累计为企业节省通关办检时间约2 053小时，节约运营成本约5 953万元。

【海口出入境边防检查总站承接免签外国人离岛管控和口岸签证两项任务】 根据海南省委、省政府和国家移民管理局工作要求，将免签外国人离岛管控和口岸签证移交同部署同推进，成立工作专班，强化组织领导，按照“平稳移交、完善建设”的思路，加强与海南省公安厅各级出入境管理部门沟通对接，细化移交工作实施方案，做好岗前培训、勤务交接、动员部署等移交准备工作，抽调警力组建离岛管控专职队伍进驻各任务点履行管控职责，针对出入境人员和出岛交通运输工具航次特点，指导各任务边检站成立专职队伍开展离岛管控工作；认真梳理“二线口岸”离岛管控工作推进过程遇到的人员风险防控有关问题，研究完善边检“二线口岸”监管模式及通关流程方案；推进“智慧口岸数字边检”项目，努力实现全过程动态管理；不断完善自由贸易港“二线口岸边检查验监管”勤务规范流程，协调推进 10 个管控点基础设施建设，在队伍、机制和设施设备等方面一体化推进人员便捷流动风险防控体系建设，坚决做好自由贸易港建设安全保障工作，于 2023 年 7 月 1 日起正式承接全省 10 个“二线口岸”及 3 个火车站的免签外国人离岛管控任务。为确保履行好口岸签证签发任务，精心选派骨干民警负责口岸签证业务，组织开展口岸签证业务的岗前培训、跟班轮训、业务考核。会同海南省公安厅制订《海口边检总站承接口岸签证工作实施方案》《海口边检总站口岸签证勤务组织方案》，共同签订口岸签证协作机制，全面做好场地、设备、系统对接和人员选调、岗前培训、勤务调整、业务衔接等准备工作，于 9 月 28 日会同海南省公安厅召开海南省口岸签证移交工作会议，从 10 月 1 日起，海口出入境边防检查总站正式履行美兰国际机场、凤凰国际机场、秀英港、三亚邮轮港口岸签证签发职责。

【海口出入境边防检查总站大力推进信息科技建设】 紧紧围绕服务海南自由贸易港全岛封关运作“一号工程”，坚持高水平开放高质量发展，全面推动口岸数字化、智能化、体系化建设，推动自由贸易港“智慧口岸 数字边检”建设纳入全岛封关运作第一批建设项目清单，作为全岛封关运作信息化标志性项目启动建设，系统推动口岸人员风险管控、口岸船舶风险管控、口岸综合指挥监管系统建设，全力构建智能的风险防控体系，为提升境外人员进出岛管控能力提供强有力的信息化支撑。推动“海口边检服务管理综合系统”列入《海南省政府数字化转型总体方案（2022—2025）》，纳入海南省 2023 年信息化建设计划，深化拓展边检服务渠道，优化服务管理流程，强化进出口岸限定区域备案、游艇及人员出航报备和管控网上办理，提升总站服务出入境人员及企业的能力水平。围绕海南自由贸易港“五自由便利、一安全有序流动”政策制度要求，立项申请边检信息化建设需求纳入中国（海南）国际贸易单一窗口（口岸监管服务信息化系统），建设“二线口岸”免签人员边检风险防控体系，强化人脸识别等智能化支撑，推动以智慧监管实现无形、无感、无缝、有效查验。建成总站数据分析平台，推动总站数据分析平台融入海南省社会管理信息化平台，建立健全跨部门、跨网络的数据交换共享机制，深化与海南省社会管理信息化平台、省公安厅、省农业农村厅等部门间的数据共享与业务协同，形成纵横联动、共享共用的大数据资源应用模式，推动关键信息数据有序流动、合规共享。

【海南海事局创新海事监管制度，提升口岸便利化水平】 一是持续优化海事领域营商环境。依托“单一窗口”，推动海事电子政务平台和电子口岸公共平台的数据对接，牵头组织开展联合登临检查工作。建立 24 小时口岸查验工作机制，全面实现口岸无纸化审批查验，压缩审批时间，缩短办结时限，确保进出口岸查验业务在 30 分钟以内办结，实现“即停即检”。开展口岸收费目录清单“单一窗口”公示，主动公开收费清单。二是印发《国际航行船舶进出口岸审批服务便民化工作方案》，在洋浦港成功实施口岸便利化申报措施，提高口岸审批效率，降低航运企业船舶制度性经营成本，减轻企业负担。三是实施国际船舶移籍登记“一事联办”。开发国际船舶移籍登记“一事联办”信息共享平台，并于 2023 年 12 月 5 日上线运行，实现船舶登记证书和检验证书即时共享。

航运企业可免于提交通过平台核验到的证书，有效缩减申请材料，减少冗余等待时间，降低航运企业经营成本。

【海南海事局优化海事监管服务，助力地方经济发展】 一是持续优化海事服务。运用海事“一网通”政务平台，大力推行“五零”服务，实行口岸查验 24 小时办理工作机制，提升口岸通关效率，2023 年共办理进出口岸查验 5 003 艘次，安全监管进出港货物 5 132 万吨。助力海南炼化乙烯码头 1~3 号泊位对外开放获得海南省政府正式批复。洋浦大乙烯建设项目开始全面投产，实现了海南乙烯工业零的突破。二是研究制订“二线口岸”中海事监管及通关流程相关工作方案，为“二线口岸”监管资源整合提供海事支撑。三是持续解决船舶临时进入非开放水域问题。配合海南省政府持续推动海南省东营等 8 个非开放水域对境外游艇临时开放，助推游艇产业发展。推动国际航行船舶继续临时靠泊国家能源集团乐东发电有限公司码头、外籍鱼苗运输船舶临时进入海南省非开放水域审批管理。四是强化游艇安全监管。发布海南海事局关于进一步加强游艇安全监管工作的通知，撰写《海南省游艇产业发展三方面问题需高度关注》工作简报，获海南省领导批示，有效提升了海南游艇综合治理水平。五是有效助力邮轮复航。印发关于做好邮轮复航服务保障工作的通知，配合制订海南邮轮港口有序复航工作方案，保障国内率先恢复的境外“名胜世界壹号”游轮航线顺利开通。年内，安全保障邮轮航行 22 艘次，运送游客超 2 万人次。六是加强第三届中国国际消费品博览会活动安全保障。组织开展入琼外国籍船舶保安专项检查，重点做好参展境外游艇临时停靠海口国家帆船基地水上交通秩序维护工作，消除船舶保安隐患，保障 225 艘境内外知名品牌游艇安全参展。

【海南海事局以高水平共建西部陆海新通道，助力加快交通强国建设】 一是集成创新引领，推动服务保障全链条贯通。渝桂琼三地海事部门联合推出“新能源汽车集装箱跨省监管互认”机制和“一单制”“一箱制”“全域通办”；海南海事局在境内率先完成集装箱液袋海运安全风险评估，推出“液袋海运集装箱船舶监管手册”，简化加注保税油国际航行船舶进出口岸审批材料，建立国际船舶移籍登记“一事联办”信息平台，实现船舶“不停航办证”。三地港航企业通过加快推进集装箱码头装备信息数字化和自动化融合、优化航线组织和运力配置等一系列便利化措施，推动服务保障全链条贯通，全面提升航运服务品质和效率。二是开展务实合作，夯实全链条服务保障基础。联合中国船级社海南分社启动了定线船舶首查通过激励机制，对通过首次检查的船舶实行诚信管理，进一步提高了船舶通关效率。海事部门、港航企业协同推动航运绿色发展，推动实现港口岸电设施全覆盖。联盟成员围绕党建文化、人才培养、信息共享等方面开展多项协同合作，助推西部陆海新通道形成良好发展氛围。三是以航运联盟为平台，保障新通道发展动力输出。2023 年，海南海事局持续推动完善西部陆海新通道航运安全发展联盟机制，在原来 6 个成员单位基础上进一步扩大，重庆海事局、西部陆海新通道物流和运营组织中心、陆海新通道运营有限公司等单位的加入，将航运联盟服务保障推进到更深处，通过定期联席会议制度，落实联盟章程、联盟实施方案等措施，保障联盟运作顺畅、数据互通、查验信息共享，共同推进西部陆海新通道高质量发展。

2023 年，西部陆海新通道物流网络已覆盖全国 18 个省（自治区、直辖市）70 个城市 144 个站点，通达全球 120 个国家和地区的 486 个港口。洋浦集装箱吞吐量首破 180 万标箱，其中在新通道集装箱运输货物达到 86.1 万标箱、同比增长 13.8%，增速保持在全国百万标箱港口前列。

【海南海事局“三项举措”加强船舶保税油加注作业安全监管】 一是简化加注保税油船舶进出口岸手续。研究制订洋浦海事局关于国际航行船舶进出口岸审批服务便民化工作方案，配套实施“守信激励、失信惩戒”等信用监管模式，简化保税油加注作业船舶进出口岸手续，切实提高申报审批效率，助力打造洋浦船舶保税油加注中心。二是实施船舶保税油便利化监管措施。对船舶保税油供受作业单位备案实施告知承诺制，减免备案申请材料和受油船舶作业报告，实施国际航行船舶“即加即走”管理模式。三是推动船舶保税油作业信息化监管。联合企业建立海事远程监管体系，共享供油作业船舶远程视频监控终端信息，从而进一步提高监管效率，服务保障海南船舶保税油产业发展。据统计，2023 年，海南省船舶保税油累计加注 564 艘次，加注量突破 25.11 万吨，同比分别增长 83.7%、83.8%，保税油市场呈现快速发展良好势头，保税油产业长远发展值得期待。

开放口岸

【海口空运口岸（海口美兰国际机场）】 海口美兰国际机场位于海口市美兰区演丰镇，于 1999 年 5 月 25 日正式通航，是我国重要的国内干线机场之一。机场占地面积 11.40 平方千米，站坪面积 125.02 万平方米，停机位 125 个。其中，T1 航站楼（含国际航站楼）近 15 万平方米，一期含 67 个运行机位，飞行区等级为 4E 级，跑道长 3 600 米、宽 45 米，可满足波音 747-400 等大型飞机全重起降要求；T2 航站楼近 30 万平方米，二期含 58 个运行机位，飞行区设计等级为 4F 级，二跑道长 3 600 米、宽 60 米，可起降民航客机 A380。美兰国际机场二期项目于 2016 年 9 月 6 日开工建设，2021 年 12 月 2 日正式投运，设计容量为到 2025 年可满足旅客年吞吐量 3 500万人次、货邮年吞吐量 40 万吨的运行需求，其中 T2 航站楼国际区域设计能力可满足 2025 年国际及地区旅客年吞吐量 420 万人次的运行需求，并预留东北指廊作为远期流程扩容区域，可满足国际及地区旅客年吞吐量 800 万~1 000 万人次的目标。自此，美兰国际机场跨入“双航站楼，双跑道”全新发展时代。2023 年，美兰国际机场致力于打造面向太平洋、印度洋的航空区域门户枢纽。截至年底，美兰国际机场共开通客运航线 292 条，其中国内客运航线 256 条、国际及地区客运航线 29 条、国际货运航线 7 条；通航城市共 129 个，其中国内城市 119 个、国际及地区城市 2 个、国际货运通航城市 8 个。此外，美兰国际机场已顺利开通跨境电商“9610”“9710”“9810”等出口模式，实现跨境电商出口全业态落地，填补了海南省内空港口岸跨境电商业务的空白，为国际货运航线的开通新增货源类型及渠道。

位于海口美兰国际机场东南侧的海口空港综合保税区，于 2021 年 5 月 4 日获国务院批复设立，2021 年 12 月 2 日通过海关总署及有关部门联合验收组的正式验收。海口空港综合保税区面积约 0.44 平方千米，承接“一线放开、二线管住”进出口管理制度扩大试点。区内主要产业为飞机保税维修、飞机融资租赁、航材贸易、保税仓储加工等。

【三亚空运口岸（三亚凤凰国际机场）】 三亚凤凰国际机场位于三亚市凤凰镇，占地面积约 466.67 万平方米，航站楼总面积 10.7 万平方米，其中，国内 T1 航站楼 5.83 万平方米、T2 航站楼 2 万平方米，国际航站楼 1.57 万平方米，贵宾航站楼 1.3 万平方米。机场于 1994 年建成使用，1995 年正式对外开放，为国际航空 4E 级标准热带海岛滨海花园式机场，跑道长 3 400 米、宽 45 米，可满足波音 747、空客 A340 等大型飞机全载起降的要求，停机坪可同时停放 66 架大中型客机。

【海口水运（海港）口岸】 海口海港口岸位于海南省海口市北部，地处南海航运中枢，是交通运输部规划的 25 个沿海主枢纽港之一，由秀英港区和马村港区组成。

秀英港区主要经营大宗散杂货、集装箱、车客滚装运输等，有码头泊位 20 个（不含海军码头），其中 3 万吨级集装箱泊位 2 个、1 万吨级散杂泊位 3 个、5 000 吨级以下杂货泊位 5 个、客货泊位 1 个、车客滚装泊位 9 个。设计年吞吐能力为件杂货 225 万吨、集装箱 70 万标箱、旅客 478 万人次、滚装车辆 65 万辆。

马村港区位于海南岛西北部，琼州海峡澄迈

湾之西，在省级开发区——海南澄迈县老城经济开发区内，于2005年对外开放。马村港水深浪平，拥有得天独厚的自然条件。马村港区有4个锚地、13个泊位，其中，3.5万吨级泊位2个、2万吨级泊位5个、5 000吨级泊位5个、500吨级泊位1个。

2023年，海口海港口岸出入境集装箱吞吐量143 249标箱、出入境货物343.9万吨。

【三亚水运（海港）口岸】 三亚海港口岸位于海南岛南端三亚市内，以国际客运为主、货运为辅，自古以来是著名的沿海港口，1953年改为商港，1984年对外开放，是海南省东南部对外贸易和游客往来的主要口岸，与30多个国家和地区通航。三亚港口岸有：客运泊位3个，分别为2个15万吨级邮轮泊位、1个8万吨级邮轮泊位；货运泊位7个，分别为2个5 000吨级泊位、2个3 000吨级泊位、1个1 500吨级泊位、2个500吨级泊位。三亚港口岸主要为客运口岸。

2023年，三亚海港口岸出入境游艇17艘次，与2022年持平。

【清澜水运（海港）口岸】 清澜海港口岸位于海南省东岸北部、文昌市清澜镇内，1996年对外开放，主要经营矿产、天然气、海产品、航天发射、文昌鸡以及椰子产品的进出口等。清澜港拥有渔业码头1座、1万吨级泊位2个、5 000吨级泊位3个。截至2023年年底，清澜新港码头港口已开通航线8条，主要通往我国香港、台湾、澳门以及东南亚等国家和地区。清澜新港码头港口设计年吞吐量50万吨，3 000吨货轮可安全进出，5 000吨货轮可乘潮水满载进出。按照文昌市清澜港总体规划，文昌清澜港占地面积为142.4万平方米。其中，清澜新港首期建设用地约41.01万平方米，码头岸线长942米，已建5个5 000吨级码头，包括油气泊位1个、通用泊位2个、旅游泊位1.5万吨级1个、其他泊位1.5万吨1个。

2023年，清澜港内贸吞吐量250.06万吨，同比下降17.19%。

【洋浦水运（海港）口岸】 洋浦海港口岸位于海南岛西北部洋浦经济开发区境内，是规划与建设中的区域国际航运枢纽和物流中心，由洋浦、神头两大港区组成，开放海域面积扩大到55平方海里，开通国内外航线40条。

洋浦港区于1991年对外开放，素有“天然深水良港”之称，以集装箱和通用件杂货为主，共建有泊位12个。其中，国投洋浦港已建成码头泊位9个，包括2万吨级通用散杂货泊位5个、2万吨级集装箱泊位1个、2万吨级多用途泊位2个、3 000吨级工作船泊位1个；洋浦国际集装箱码头已建成码头泊位3个，均为5万吨级多用途泊位。

神头港区位于洋浦湾内，北依洋浦开发区，南面隔海与白马井港区相望。神头港水深浪平，拥有很好的自然条件，是海南省的重要能源进出口港口，于2012年正式对外开放。神头港区有3 000吨级至30万吨级码头泊位共29个。

2023年，洋浦海港口岸出入境船舶3 870艘次，同比下降12.76%；货物吞吐量3 264.29万吨，同比增长6%；集装箱吞吐量47.32万标箱，同比增长11%。

【八所水运（海港）口岸】 八所海港口岸位于海南省西部东方市八所镇境内，北黎湾的西南部，于1958年对外开放。八所港是海南省重要的工业港，是集装卸、仓储、运输、配送、贸易于一体，功能齐全的综合性深水良港，也是环北部湾经济圈主要的贸易港口，主要输出海南铁矿石。八所海港口岸有3个作业区共12个泊位，其中万吨级以上泊位9个、千吨级以上2个，设计年综合吞吐能力2 248万吨，与国内沿海各港口以及20多个国家和地区通航。

2023年，八所海港口岸出入境船舶232艘次，同比增长24%；出入境货物450.49万吨，同比增长17%。

2023年海南省口岸大事记

2月23日

海口出入境边防检查总站圆满完成国际移民组

织驻华代表柯吉佩和欧盟 13 个国家驻华使领馆移民、领事官员代表赴海南省参访交流的外事活动。

4 月 17 日—19 日

海关总署署长俞建华在海口海关调研。

5 月 23 日

海南省委书记冯飞、时任代省长刘小明实地察看三亚国际游艇中心口岸建设项目进展情况。

6 月 30 日

海南省政府召开免签入境外国人离岛管控任务移交工作会议，明确自 2023 年 7 月 1 日起由海口出入境边防检查总站承担“二线口岸”免签入境外国人离岛管控任务。

7 月 1 日

海口出入境边防检查总站凤凰边检站完成香港飞抵三亚的 HX161 入境边防检查任务，此次任务是三亚凤凰国际机场国际航站楼改扩建并启用后首个定期国际（地区）客运航班的出入境边防检查任务。

7 月 16 日

海南省委书记冯飞、省长刘小明长莅临海南海事局检查指导防御台风“泰利”准备工作。

7 月 20 日

海南省政协党组书记、主席李荣灿率“封关运作压力测试攻坚克难”专项视察组，莅临海口出入境边防检查总站对“智慧口岸、数字边检”封关运作硬件项目建设工作进展进行视察指导。

7 月 24 日

国家移民管理局到海口新海港 59 国免签外国人离岛管控点调研指导离岛管控工作。

8 月 12 日

海南省省长刘小明赴海口海关江东重点项目工地实地调研封关运行基础保障项目建设情况。

9 月 13 日

海南省委书记冯飞到海口出入境边防检查总站专题调研边检工作，现场了解封关运作准备等工作情况，研究解决存在的问题与困难。

9 月 16 日

海南省委书记冯飞到海口港海关邮检现场调研。

9 月 20 日

海南省委书记冯飞在海口调研船舶监管风险防控工作。

9 月 27 日

海口出入境边防检查总站和海南省公安厅联合召开海南省口岸签证移交工作会议，认真贯彻落实国家移民管理局关于在海南省实行由边检机关负责办理口岸签证业务工作部署，推进海南省海口、三亚市 4 个对外开放口岸签证业务移交工作。

10 月 19 日

海南省政府办公厅公开发布了《海南自由贸易港岛内航行船舶动态监管办法（试行）》，自 2023 年 11 月 18 日起正式实施。

12 月 26 日

海南省省长刘小明在三亚崖州湾月亮岛国家（三亚）动植物检疫中心调研。

（撰稿人：吴丽蕾、崔瑞康、房园、齐萌）

2023 年海南省口岸流量统计表

口岸类型	口岸名称	货运量（万吨）				集装箱量（万标箱）				人员（万人次）				交通工具（辆、艘、架、列次）			
		出口	进口	合计	同比（%）	出口	进口	合计	同比（%）	出境	入境	合计	同比（%）	出境	入境	合计	同比（%）
空运口岸	海口			0.800 7						24.68	24.23	48.91		2 208	2 207	4 415	
	三亚			0.032 8						5.70	6.15	11.85		497	497	994	
	博鳌																
	分计			0.833 5						30.38	30.38	60.76		2 705	2 704	5 409	971.94
水运口岸 海港口岸	海口	39.94	303.96	343.9		7.68	6.65	14.32		0.33	0.31	0.64		194	168		
	三亚									0.08	0.06	0.14		58	74		
	八所	44.96	406.53	451.49		0.19		0.19		0.22	0.25	0.47		113	119		
	洋浦	648.57	2 615.72	3 264.29		21.77	25.56	47.32		1.37	1.39	2.76		1 962	1 944		
	清澜		9.47	9.47													
	分计	733.47	3 335.68	4 069.15		29.63	32.20	61.83		2.00	2.01	4.01		2 327	2 305	4 632	
合计				4 069.98						32.38	32.39	64.77					
同比（%）																	

（海南省商务厅提供）

2023 年海口海关主要数据统计表

项　目		2023 年	2022 年	同比（%）
进出口货运量（万吨）	合计	3 732	3 447	8. 26
	进口	3 019	2 755	9. 57
	出口	714	692	3. 09
进出口贸易总值（万美元）	合计	2 498 774	2 618 411	-4. 57
	进口	1 719 820	1 846 336	-6. 85
	其中：江、海运输	1 338 890	1 421 935	-5. 85
	铁路运输	0	2 842	-100. 00
	公路运输	52 530	41 588	26. 31
	航空运输	324 542	378 972	-14. 34
	邮件运输	220	275	-19. 82
	其他运输	3 638	724	402. 17
	出口	778 564	772 076	0. 84
	其中：江、海运输	534 376	658 866	-18. 89
	铁路运输	0	0	--
	公路运输	25 819	23 979	7. 67
	航空运输	115 320. 7	3 491	3 203. 43
	邮件运输	16	34	-54. 19
	其他运输	103 033	85 706	20. 22
税收（万元人民币）	两税合计	1 440 453	1 264 405	13. 90
	关税入库	103 040	93 772	9. 88
	进口环节税入库	1 337 413	1 170 633	14. 25

备注：表中数据为在海口海关报关数据。

（海口海关提供）

2023年海南省口岸出入境主要数据表

<table>
<tr><th colspan="3">项 目</th><th>2023年</th><th>2022年</th><th>同比（%）</th></tr>
<tr><td rowspan="15">出入境人员
（万人次）</td><td colspan="2">出入境人员总数</td><td>78.56</td><td>8.29</td><td>847.40</td></tr>
<tr><td colspan="2">入境人员</td><td>39.63</td><td>4.13</td><td>859.33</td></tr>
<tr><td colspan="2">出境人员</td><td>38.93</td><td>4.16</td><td>835.55</td></tr>
<tr><td colspan="2">出入境旅客</td><td>64.05</td><td>0.22</td><td>29 214.00</td></tr>
<tr><td colspan="2">出入境员工</td><td>14.51</td><td>8.07</td><td>79.68</td></tr>
<tr><td rowspan="6">中国公民</td><td>小计</td><td>47.20</td><td>2.88</td><td>1 536.52</td></tr>
<tr><td>内地居民（因公）</td><td>3.97</td><td>2.41</td><td>64.88</td></tr>
<tr><td>内地居民（因私）</td><td>27.91</td><td>0.35</td><td>7 857.5</td></tr>
<tr><td>港澳居民</td><td>14.05</td><td>0.11</td><td>12 896.95</td></tr>
<tr><td>台湾同胞</td><td>1.26</td><td>0.02</td><td>8 098.05</td></tr>
<tr><td>华侨</td><td>0.029 2</td><td>0.000 2</td><td>14 500</td></tr>
<tr><td colspan="2">外籍人员</td><td>31.36</td><td>5.41</td><td>479.85</td></tr>
<tr><td colspan="2">从海港出入境人数</td><td>14.08</td><td>7.70</td><td>82.74</td></tr>
<tr><td colspan="2">从陆港出入境人数</td><td></td><td></td><td></td></tr>
<tr><td colspan="2">从空港出入境人数</td><td>64.48</td><td>0.59</td><td>10 851.21</td></tr>
<tr><td rowspan="5">交通运输工具
（万辆、艘、架、列次）</td><td colspan="2">总计</td><td>1.00</td><td>0.56</td><td>80.08</td></tr>
<tr><td colspan="2">船舶</td><td>0.46</td><td>0.51</td><td>-9.12</td></tr>
<tr><td colspan="2">飞机</td><td>0.54</td><td>0.05</td><td>960.74</td></tr>
<tr><td colspan="2">火车</td><td></td><td></td><td></td></tr>
<tr><td colspan="2">机动车辆</td><td></td><td></td><td></td></tr>
</table>

（海口出入境边防检查总站提供）

2023年海南海事局进出港船舶统计汇总表

船舶类别	进港船舶							出港船舶						
	艘数（艘）	总吨（吨位）	总载重量（吨）	载客量（客位）	船员人数（人次）	货物到达量（吨）	旅客到达量（人）	艘数（艘）	总吨（吨位）	总载重量（吨）	载客量（客位）	船员人数（人次）	货物发送量（吨）	旅客发送量（人）
总计	244 778	613 929 971	299 710 984	59 810 209	2 277 966	127 555 877	22 213 383	232 826	628 739 963	307 100 135	59 181 785	2 272 700	83 758 338	21 376 299
中国籍船舶	242 937	574 457 257	242 103 495	59 776 725	2 233 312	99 147 616	22 213 383	230 972	588 797 419	248 640 423	59 148 301	2 227 971	78 907 642	21 376 299
其中：外贸船	538	6 995 186	9 230 148	33 484	20 711	3 708 240	0	570	7 131 025	10 507 946	33 484	21 120	1 396 287	0

（海南海事局提供）

重　庆　市

重庆市口岸分布示意图

序号	类型	口岸名称	批准开放时间	开放状态
1	空运口岸（2个）	重庆空运口岸	1994	国际常年
2		万州空运口岸	2022.7	国际常年
3	水运口岸	重庆水运口岸	2010	限中国籍

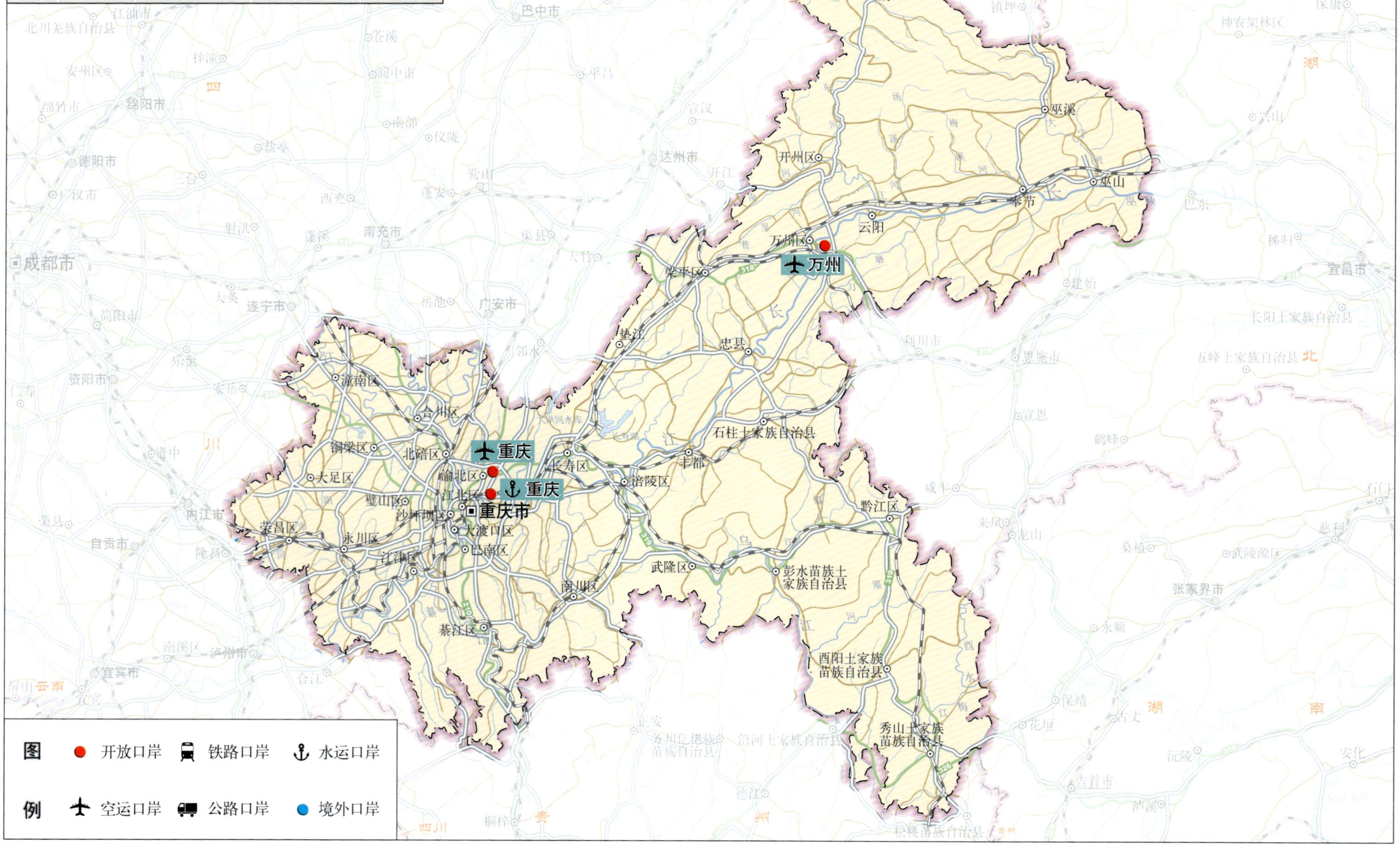

口岸数量及分布

截至2023年年底，重庆市共有经国务院批准的对外开放口岸3个。其中，空运口岸2个，分别为重庆空运口岸（重庆江北国际机场）、万州空运口岸（万州五桥机场）；水运口岸1个，即重庆水运（河港）口岸。

口岸运行数据

空运口岸方面，2023年，重庆市客运航线先后恢复重庆至罗马、马德里、伦敦、巴黎、悉尼等21条国际（地区）客运航线，每周100余个航班；航线数量恢复至2019年重庆实际在飞国际客运航线数量的48.8%，航班数量恢复至50%左右；航线分布20个国家（地区）的21个重要城市，基本构建起了横跨欧洲、大洋洲、亚洲重要国家（地区）的骨干航线网络。重庆空运口岸（重庆江北国际机场）出入境人员87.89万人次，同比增长659.56%；检查出入境航班8 677架次，同比增长54.23%。

水运口岸方面，2023年，完成外贸集装箱运输47.46万标箱，同比增长10.59%。果园港国家物流枢纽为开放赋能明显，年内枢纽吞吐货物总量2 694.9万吨，同比增长4.4%。枢纽到发沪渝直达快线1 302艘次、西部陆海新通道班列702列、中欧班列354列。完成进出口总额约103亿元，同比增长103.2%。

铁路口岸方面，完成外贸集装箱运输24.15万标箱，同比减少14.12%；汽车整车进口6 692辆，同比增长75.74%。中欧班列（重庆）开行5 303列，同比增长0.1%；渝满俄班列开行2 247列，同比增长4.8%；渝甬、渝沪班列共开行424列，同比增长3.43%。

公路方面，跨境公路班车共计开行1 306车次，同比增长316%；总货值约9.91亿元，同比增长394%。

口岸综合管理

【扎实拓展口岸开放空间】 一是积极打造水运口岸开放集群。重庆港水运口岸扩大开放万州新田港区、涪陵龙头港区、江津珞璜港区顺利进入国家审理程序，推动重庆形成以果园港水运口岸为支点、多个水运口岸为节点，阶梯形布局、联动发展的水运口岸开放集群，支撑国际物流通道在全市更大范围内拓展延伸。二是加快推动航空口岸提能扩级。重庆江北国际机场T3B航站楼及第4跑道通过验收。重庆第2个正式开放航空口岸——万州五桥机场查验基础设施建设提速推进，重庆口岸从主城都市区稳步向渝东北三峡库区城镇群拓展延伸，进一步满足重庆全域开放发展需求。三是着力构建特色产业发展口岸功能体系。重庆果园港口岸进境肉类、粮食、水果综合性指定监管场地，重庆江北国际机场航空口岸进境肉类、冰鲜水产品和铁路口岸进境肉类指定监管场地通过海关总署验收，构建了良好的特色产业发展窗口平台，打通了特殊商品进入重庆市场的“最后一公里”，满足通道货源多元化需求。

【持续优化口岸营商环境】 认真落实党中央、国务院关于优化营商环境的决策部署，按照重庆市委、市政府有关要求，根据海关总署2023年促进跨境贸易便利化专项行动会议精神，对标国内国际先进水平，持续深化改革创新，进一步提升跨境贸易便利化水平，全力营造市场化、法治化、国际化一流口岸营商环境，取得了较好成效。一是积极出台相关政策。2023年6月，重庆市口岸办会同重庆海关、市商务委等单位，联合出台《重庆市2023年促进跨境贸易便利化工作措施》，从口岸通关、监管查验、通道物流、信息化建设、综合服务等方面推出18条措施，深入推进口岸领域“放管服”改革，持续优化口岸营商环境，提升跨境贸易便利化水平。二是提升口岸服务水平。规范和引导口岸收费行为，指导口岸相关收费主体通过中国（重庆）国际贸易单一窗口主动公开收费目录清单，加强口岸收费监督，每年常态化开展口岸收费联合督导，督促口岸领域收费主体规范收费项目。落实口岸作业时限公示制度，动态更新并公开重庆口岸经营单位作业环节和时限标准，进一步稳定进出口企业预期。三是加强政策宣讲。会同重庆海关等单位分片区对各区县进出口企业开展全覆盖集中辅导，印送政策汇编，帮助企业用好用活各项改革措施，分片区共开展现场宣讲 7 场，现场培训企业 800 余家和 34 个区县主管部门。四是畅通政策获取渠道。建立国际贸易政策库和全市国际贸易企业信息库，并依托“两库”启动国际贸易改革政策“微讲堂”活动，录制改革政策音视频资料，线上点对点、一对一推送重庆市改革举措，确保政策直达企业、直达基层，累计开展“微讲堂” 11 期，一对一推送各项改革政策 20 余期，惠及企业 2 000 余家。

【持续强化西部陆海新通道建设】 一是运输规模稳步扩大。2023 年，重庆经西部陆海新通道运输货物 17.8 万标箱、货值约 279 亿元，同比分别增长 21%、16%。其中，重庆西部陆海新通道铁海联运班列开行 3 221 列、运输 16.1 万标箱、货值 205.37 亿元，同比分别增长 26%、26%、11%；重庆西部陆海新通道国际铁路联运班列开行 396 列、运输 0.81 万标箱、货值约 45.83 亿元，同比分别下降 29%、35% 和增长 16%。二是覆盖范围迅速拓展。由重庆出发的东线、中线两条主通路高效运行，对内辐射 18 个省（自治区、直辖市）的 70 个城市 144 个铁路站点，对外通达 120 个国家和地区的 490 个港口。三是国际通道高效衔接。通道与中欧班列、长江黄金水道累计联运 18.8 万标箱，重庆作为共建“一带一路”和长江经济带联结点的作用更加凸显。

【持续提升中欧班列服务水平】 一是推动通道能力持续提升。做好通道政策保障及行业指导工作，稳定中欧班列（成渝）开行，完善成渝两地中欧班列合作发展机制，推动共商共建共享事项落地落实，联手做强中欧班列集结中心，巩固中欧班列（成渝）全国第一品牌地位；项目化推进“运贸一体化”“全程时刻表专列”等重点工作，提升班列综合服务能力；加大中亚班列开行频次，稳定开行渝甬、重庆—新疆直达班列；积极参与中老泰班列建设，推进成渝两地班列共建实现 2 万标箱目标；高度关注缅甸局势，持续参与推进中缅印度洋通道建设。二是推动产业服务持续优化。积极争取国铁集团保障汽车、电子信息、先进材料等重点产业进出境货物铁路运力，通过“量价捆绑”等方式协调争取更多运价下浮，并争取将重庆作为动力电池铁路运输业务试点城市，进一步丰富铁路运输货源品类，满足本地产业、企业发运需求；持续深挖区县货源，定期发布区县参与通道运输指数，推动本地货源占比持续提升；狠抓笔电、整车、医药等重点运输项目，做强冷链集装箱、笼车等定制班列业务；扩大班列数字赋能、金融赋能惠及面，提升市场主体获得感。三是推动品牌效应持续提升。加强通道“软连通”工作，积极争取和推动国际铁海联运货物类别、安全标准等规则创新，促进铁路与海运规则标准协同互认、数据开放共享；常态化办好中欧班列（成渝）全球合作伙伴大会；加强宣传主题策划，做好发车、论坛等活动筹备，进一步提升中欧班列、西部陆海新通道的品牌知名度和美誉度。

口岸监管与服务

【重庆海关稳步提升中欧班列运行质效】 出台重庆海关支持中欧班列“五稳五畅”举措，从货源、主体、产业等全方面支持中欧班列保稳保畅，助力中欧班列运行质效保持“一梯队”。推动“铁路快通”在中欧、中老、中越班列上量，提升进出境物流效率节约口岸通行时间半天以上。保障重庆—白俄罗斯—欧洲 13 国的铁路运邮专线常态化运行。支持中欧班列开行运输汽车整车的铁路货物专列（JSQ 型车），实现出口整车“时效快、成本低、批量大”三重优势叠加，保障“渝车出海”便捷高效。

【重庆海关全力推动建设高能级开放平台】 持续发力服务果园港国家物流枢纽建设，助推果园港成为具备进口肉类、粮食、水果指定监管场地“三合一”资质的水运口岸。指导重庆铁路口岸进境肉类指定监管场地和重庆航空口岸进境肉类、冰鲜水产品指定监管场地通过海关总署验收，打造面向成渝、辐射西南的冷链分拨中心。围绕成渝地区双城经济圈建设、西部陆海新通道建设等重大国家战略部署，推动重庆港水运口岸扩大开放万州新田港区、涪陵龙头港区、江津珞璜港区进入国家部委审理阶段，助力建设长江上游航运中心。

【重庆海关持续打造高效率物流通道】 “改革+科技”双轮驱动，在长江中上游地区率先实现上海洋山外港、江苏太仓等主要长江进口口岸至重庆所有水运港口离港确认模式全覆盖，并作为优化营商环境和署市合作备忘录项目全国推广，压缩外贸货物在港停留时间60%以上，2023年监管水路运输集装箱量逆势增长7%，有效促进长江黄金水道构筑起新支撑。创新开展空运货物机坪直提试点，打通药品、生鲜等时效要求高货物“企业提前申报—海关验核放行—专用通道提离”渠道，压缩作业时间50%以上，实现快速提离。

【重庆海关积极开展市场采购贸易方式试点】 为市场采购贸易方式试点专门新设大足海关监管作业场所。探索出口货物装箱环节“监装溯源”，对货物工厂装箱过程进行远程监控，防范多报少出、道具货等伪瞒报风险。探索市场采购贸易一体化市内组货模式，为出口企业节约物流时间及物流成本，进一步释放试点政策红利。督促建立价格监管机制。

【重庆海关实现关区跨境电商“9610”出口零的突破】 扩大关区B2B试点范围，实现跨境电商与中欧班列、西部陆海新通道、长江黄金水道等开放通道的势能叠加。创新探索航空前置货站，实现电商集中收货、分拣、查验、打包、发运，大幅提升时效。依托西部陆海新通道探索“拼箱拼列”新模式，实现本地首批跨境电商“渝货”通过铁海联运经钦州港出口。设置海外仓备案绿色通道，促成eBay、谷歌、速卖通等龙头平台企业在重庆市落地，引导本地生产企业“触网销售”。2023年，重庆海关跨境电商“9610”出口实现零的突破，出口货值12.73亿元。

【重庆出入境边防检查总站坚决防范化解重大风险】 一是建强总站指挥中心和数据研判中心，全面强化情报搜集研判能力，动态调整打击策略，总结形成的技战法多次在国家移民管理局作经验交流。2023年，口岸共查获非法出入境人员100余人，阻止从事跨境违法犯罪人员1 000余人，2次受到公安部副部长许甘露批示肯定。二是深化川渝两地边检机关合作，担负起重庆市服务业扩大开放综合试点建设有关职责，加强与联检单位、驻渝航企通联，推进通关便利化改革，出台13条便民惠企措施，圆满完成香港特首访问团等10批200人次重大专项勤务。积极融入成渝地区双城经济圈和西部陆海新通道建设，全力支持重庆港扩大开放，服务西部陆海新通道建设。

【重庆海事局助力西部陆海新通道降本增速】 一是探索信息共享，持续优化申报效率。新能源汽车集装箱在水路运输方面按照危险货物运输管理，在重庆装箱后需向沿海海事机构进行申报。为便捷铁海联运托运人申报，重庆海事局与广西钦州、海南洋浦海事部门建立新能源汽车集装箱货物报告信息通报机制。托运人可直接向重庆海事局进行“危险货物安全适运报告”，沿海海事局认可货物报告，双方海事机构通过信息通报机制，货物报告自动关联到运输船舶申报信息，避免托运人重复申报。同时，重庆海事局能有效掌握货物信息，沿海海事快速审核载运危险货物船舶申报。新能源汽车集装箱海事海运申报平均用时每批次不超过半小时。二是探索监管互认，切实降低物流成本。按照船载危险货物安全监督管理规定的要求，新能源汽车集装箱在重庆通关后，抵钦州港需要转移到特定查验堆场再由海事部门开箱查验，物流中途重新开箱查验必然增加时间和经济成本，导致物流效率大打折扣。重庆海事局积极探索实施跨省海事查验监管互认，与钦州、洋浦海事部门以及重庆海关共商共建，推进“一箱制”应用。新能源汽车集装箱在重庆开箱抽查，实施“一次查验、一次放行”的联合查验举措，让查验提前到整个物流开始之前，降低物流成本，提高物流效率，查验情况定期通报钦州海事局，集装箱未经开拆或其他变化，沿海海事局原则上不再开箱查验。据测算，全程不开箱的“一箱制”平均缩短单批货物物流时间 3 天，节约单箱货物物流成本 3 000 元。

【重庆海事局全力保障口岸安全运转】 通过梳理大量现行法规文件，重庆海事局以船舶载运外贸货物查验为抓手，保障外贸货物运输安全。通过集装箱重量验证，整治集装箱超载超限运输问题；对集装箱实施开箱查验，防止瞒报谎报危险货物的案件发生；对拟交付船舶运输的集装箱检验情况及结构敏感部件实施监督检查，保障货物组件安全营运；依托“登轮一次查”要求，检查集装箱船舶配员、积载、系固、稳性等，筑牢船舶运输安全防线。2023 年，果园海事专班累计查验集装箱超 2 万箱次，发现并整改重量不符合的集装箱 473 箱次，超过装载重量的集装箱 2 箱次；开箱查验 5 箱次，发现混装危险货物 2 箱次，对其托运人实施行政处罚 2 例；发现集装箱检验超期 24 箱次，重要结构件弯曲变形 2 箱次；开展船舶现场监督现场检查 165 艘次，船舶安检 132 艘次，发现并整改缺陷 343 项；有效保障果园港 5 500 余艘次船舶、78 万箱次集装箱、502 万吨件散货、40 万辆商品车物流安全畅通。

【重庆海事局服务物流安全便捷】 与重庆港海关签订合作共建协议，建立“权责一致、程序规范、标准统一”的工作机制，构建“资源整合、信息共享、监管互认”的工作格局。强化果园港口岸安全风险隐患及突出危险行为排查，定期组织各类应急演练，共同防范重大事故发生。强化联合执法，优化执法流程，改“串联执法”为“并联执法”，避免重复查验。2023 年，与重庆海关开展联合查验 13 次，查处涉嫌违法集装箱 3 起，联合演练 3 次，促进了外贸货物物流安全便捷。

【重庆海事局服务港航一体化】 为进一步规范果园港口岸船舶锚泊行为，有效治理待作业船舶无序锚泊、碍航锚泊安全隐患，维护港区良好的通航秩序和锚泊秩序。重庆海事局以问题为导向，走访公司和船舶、实地考察和调研，提出果园港作业船舶远程梯级调度方案，运行远程调度中心，通过远程调度手段，合理安排作业船舶分区域、分时段逐步有序进入港机厂应急停泊区，有效缓解果园作业区锚位需求与待泊锚地供应矛盾，保障果园港口岸船舶的安全作业。

【重庆海事局提升行业工作人员获得感】 为持续深化“春风行动”，解决口岸作业船舶公司和船员办证距离远、往返次数多的问题，积极回应群众关切。专班摸清实际需求，调整服务供给，在果园港口岸查验大楼开设政务服务窗口，协调周边社区医院开通船员体检绿色通道，满足行政相对人“就近检” “就近办”需求；启动“船员线上申报、执法人员上船收取资料、办结后送证上船”服务套餐，大幅压缩行政相对人的时间成本和交通成本，不断优化营商环境，体现海事服务温度。2023 年，共办理各类船员证书 179 人次，船舶登记 86 艘次，船舶审核 157 艘次。

开放口岸

【重庆空运口岸（重庆江北国际机场）】 重庆江北国际机场位于重庆市渝北区，距离重庆市中心 19 千米，于 1990 年 1 月正式建成通航，1987 年开通香港包机航班，1995 年经国务院批准对外国籍飞机开放，正式对外开放。

重庆江北国际机场为 4F 级民用国际机场，于 2005 年 10 月完成二期扩建工程，2010 年 12 月完成三期扩建工程，2017 年 8 月完成四期扩建工程。重庆江北国际机场拥有 T1、T2、T3 航站楼共 3 座，共计 73 万平方米；跑道 3 条，长度分别为 3 200 米、3 600 米、3 800 米；停机坪 166 万平方米、机位 209 个、货运区 23 万平方米，可保障年旅客吞吐量 4 500 万人次、货邮吞吐量 110 万吨、飞机起降 37.3 万架次的需求。

【万州空运口岸（万州五桥机场）】 万州五桥机场位于重庆市万州区，距万州城区直线距离约 5 千米，公路距离约 15 千米。机场于 1997 年 11 月获批立项，2000 年年初正式开工建设，2003 年 5 月建成通航，2015 年 1 月首次获批临时对外开放，2022 年 7 月经国务院批复同意对外开放。

万州五桥机场按 4D 级规划、按 4C 级建设，海拔高程为 567 米，属高挖高填类机场，飞行区长 3 000 米、宽 300 米。机场跑道全长 2 400 米、宽 45 米，停机坪 2.88 万平方米，停机位 5 个，可满足空客 A320、波音 737 同类及其以下机型飞机的起降，航站楼面积 5 780 平方米，设计年吞吐旅客 50 万人次。

【重庆水运（河港）口岸】 重庆港位于重庆市长江上游，于 2010 年 11 月获批对外开放寸滩港区，2019 年 11 月获批扩大开放果园港区，2021 年 12 月果园港区通过国家验收。

寸滩港区位于重庆市江北区寸滩镇，重庆朝天门下游约 6 千米的长江北岸，始建于 2003 年。港区水域条件优越，陆域开阔，通过重庆内环快速干道与成渝、渝黔、渝遂、渝临、渝宜、渝武等多条高速公路相连，紧邻渝怀铁路唐家沱铁路货运站，距重庆江北国际机场约 16 千米，是长江上游内河深水港区。

果园港区位于重庆市两江新区，采用直立式码头，分为港前作业区和后港物流园区；占地共 4 平方千米，港口岸线 2 800 米；已建成前沿 16 个 5 000 吨级泊位，其中多用途泊位 10 个、散货泊位 3 个、商品汽车滚装泊位 3 个；设计年通过能力可达到 3 000 万吨，其中集装箱 200 万标箱、散杂货 600 万吨、商品滚装车 100 万辆；铁水联运规划设计年通过能力 650 万吨。

【重庆陆路（铁路）口岸（临时开放）】 重庆铁路口岸前身是团结村铁路集装箱中心站，地处襄渝线（兴隆场站—珞璜站）东侧，始建于 1975 年，2013 年 12 月经国家口岸管理办公室批准临时对外开放。重庆铁路口岸规划建设用地面积约 7.7 万平方米，监管场所围网面积约 7.3 万平方米，总建筑面积超过 1.5 万平方米。

2023 年重庆市口岸大事记

3 月 7 日

重庆港水运口岸果园港区进境粮食指定监管场地通过海关总署验收。

5 月 15 日

天津航空恢复重庆直飞伦敦国际客运航线。

5 月 30 日

重庆港水运口岸果园港区进境水果指定监管场地通过海关总署验收。

8 月 27 日

重庆江北国际机场航空口岸进境肉类、冰鲜水产品指定监管场地通过海关总署验收。

8 月 27 日

重庆铁路口岸进境肉类指定监管场地通过海关总署验收。

11 月 28 日

海南航空恢复重庆直飞巴黎国际客运航线。

12 月 12 日

喜马拉雅航空恢复重庆直飞尼泊尔加德满都国际客运航线。

（撰稿人：许理想、柏舒桐、孙超）

2023 年重庆市口岸流量统计表

口岸类型		口岸名称	货运量（万吨）				集装箱量（万标箱）				人员（万人次）				交通工具（辆、艘、架、列次）			
			出口	进口	合计	同比（%）	出口	进口	合计	同比（%）	出境	入境	合计	同比（%）	出境	入境	合计	同比（%）
空运口岸		重庆	10.8	2.1	12.9	−26.3					44.8	43.1	87.9	659.60	4 457	4 222	8 679	63.90
		分计	10.8	2.1	12.9	−26.3												
水运口岸	河港口岸	重庆	308.6	561.6	870.2	39.3	32.5	14.5	47	7.1								
		分计	308.6	561.6	870.2	39.3	32.5	14.5	47	7.1								
陆路口岸	铁路口岸	重庆（临时开放）	63.8	88.2	152	−24.5	13.3	8.4	21.7	0.5								
		分计	63.8	88.2	152	−24.5	13.3	8.4	21.7	0.5								
合计			383.2	651.9	1 035.1		45.8	22.9	68.7									
同比（%）																		

（重庆市人民政府口岸和物流办公室提供）

2023年重庆海关主要数据统计表

项　目		2023年	2022年	同比（%）
进出口货运量（万吨）	合计	1 041.9	847.1	23
	进口	655.2	466.9	40.3
	出口	386.7	380.2	1.7
进出口贸易总值（万美元）	合计	8 334 741.7	10 010 011.8	-16.7
	进口	2 781 600.9	3 431 678.7	-18.9
	其中：江、海运输	442 429.9	545 482.1	-18.9
	铁路运输	226 534.2	263 274.8	-14
	汽车运输	145 045.1	151 345.5	-4.2
	航空运输	1 967 554.1	2 471 475.3	-20.4
	邮件运输	37.6	101	-62.7
	其他运输			
	出口	5 553 140.8	6 578 333.1	-15.6
	其中：江、海运输	2 462 770.6	2 563 199.8	-3.9
	铁路运输	654 594.7	785 625.9	-16.7
	汽车运输	361 911.3	280 570.8	29
	航空运输	2 073 828.6	2 948 906.8	-29.7
	邮件运输	35.6	29.8	19.3
	其他运输			
税收（万元人民币）	两税合计	—	—	—
	关税入库	—	—	—
	进口环节税入库	—	—	—

（重庆海关提供）

2023 年重庆市口岸出入境主要数据表

<table>
<tr><th colspan="3">项　目</th><th>2023 年</th><th>2022 年</th><th>同比（%）</th></tr>
<tr><td rowspan="14">出入境人员
（人次）</td><td colspan="2">出入境人员总数</td><td>878 937</td><td>115 718</td><td>659.55</td></tr>
<tr><td colspan="2">入境人员</td><td>430 767</td><td>67 446</td><td>538.68</td></tr>
<tr><td colspan="2">出境人员</td><td>448 170</td><td>48 272</td><td>828.43</td></tr>
<tr><td colspan="2">出入境旅客</td><td>806 461</td><td>80 828</td><td>897.75</td></tr>
<tr><td colspan="2">出入境员工</td><td>72 476</td><td>34 890</td><td>107.73</td></tr>
<tr><td rowspan="5">中国公民</td><td>小计</td><td>760 391</td><td>102 047</td><td>645.14</td></tr>
<tr><td>内地居民（因公）</td><td>39 454</td><td>20 972</td><td>88.13</td></tr>
<tr><td>内地居民（因私）</td><td>608 778</td><td>73 403</td><td>729.36</td></tr>
<tr><td>港澳居民</td><td>57 347</td><td>5 371</td><td>967.72</td></tr>
<tr><td>台湾同胞</td><td>54 812</td><td>2 301</td><td>2 282.10</td></tr>
<tr><td colspan="2">外籍人员</td><td>118 546</td><td>13 671</td><td>767.14</td></tr>
<tr><td colspan="2">从海港出入境人数</td><td></td><td></td><td></td></tr>
<tr><td colspan="2">从陆港出入境人数</td><td></td><td></td><td></td></tr>
<tr><td colspan="2">从空港出入境人数</td><td>878 937</td><td>115 718</td><td>659.55</td></tr>
<tr><td rowspan="5">交通运输工具
（辆、艘、架、列次）</td><td colspan="2">总计</td><td>8 679</td><td>5 296</td><td>63.88</td></tr>
<tr><td colspan="2">船舶</td><td></td><td></td><td></td></tr>
<tr><td colspan="2">飞机</td><td>8 679</td><td>5 296</td><td>63.88</td></tr>
<tr><td colspan="2">火车</td><td></td><td></td><td></td></tr>
<tr><td colspan="2">机动车辆</td><td></td><td></td><td></td></tr>
</table>

（重庆出入境边防检查总站提供）

2023 年重庆海事局进出港船舶统计汇总表

船舶类别	进巷船舶							出港船舶						
	艘数（艘）	总吨（吨位）	总载重量（吨）	载客量（客位）	船员人数（人次）	货物到达量（吨）	旅客到达量（人）	艘数（艘）	总吨（吨位）	总载重量（吨）	载客量（客位）	船员人数（人次）	货物发送量（吨）	旅客发送量（人）
总计	46 979	126 637 943	210 603 562	—	—	43 891 208	5 025 740	46 969	117 544 421	156 636 332	—	—	15 901 869	4 226 989
中国籍船舶	46 979	126 637 943	210 603 562	—	—	43 891 208	5 025 740	46 969	117 544 421	156 636 332	—	—	15 901 869	4 226 989
其中：外贸船														

（重庆海事局提供）

四　川　省

四川省口岸分布示意图

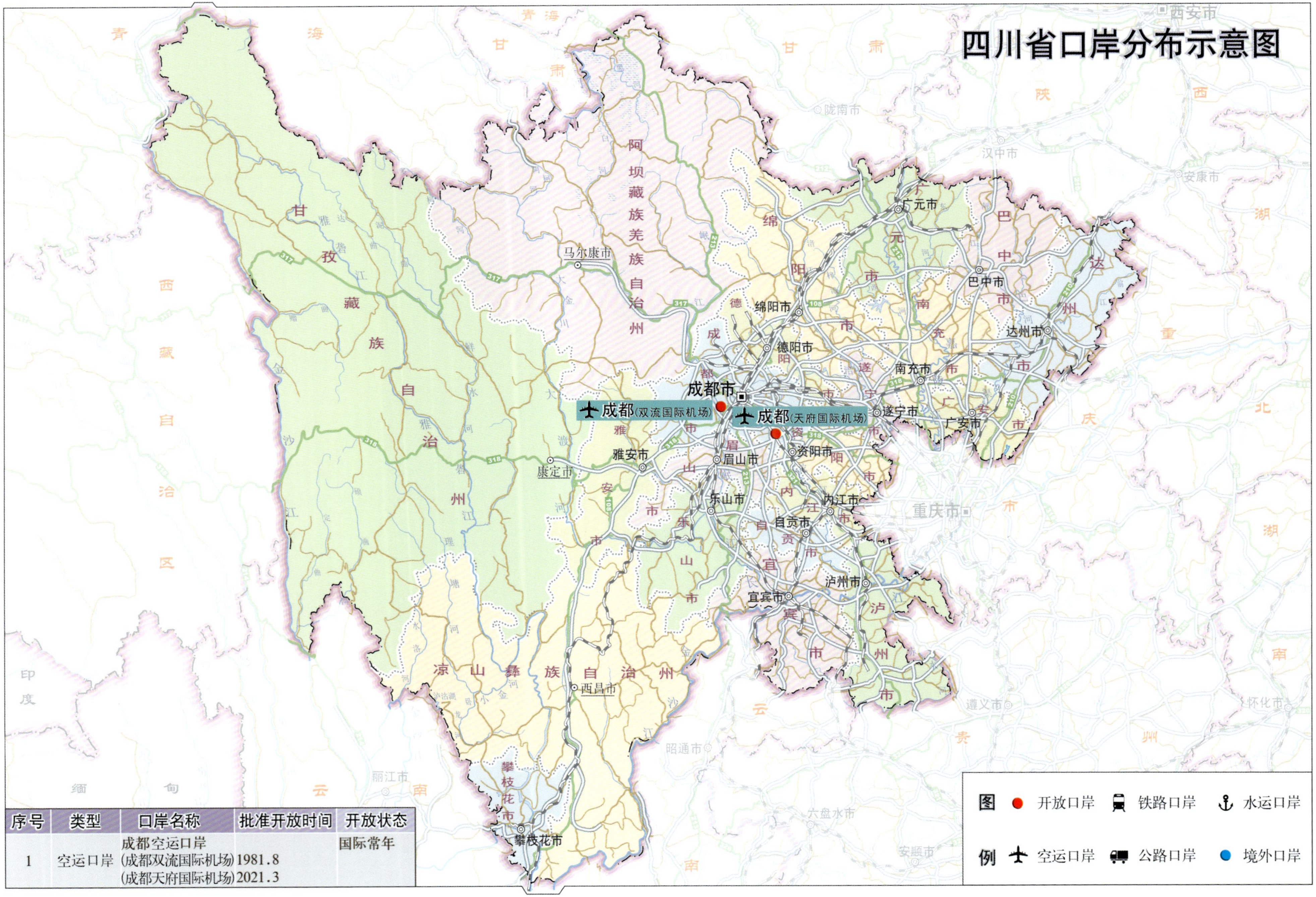

序号	类型	口岸名称	批准开放时间	开放状态
1	空运口岸	成都空运口岸 (成都双流国际机场) (成都天府国际机场)	 1981.8 2021.3	国际常年

口岸数量及分布

截至2023年年底，四川省有经国务院批准的对外开放口岸1个，即成都空运口岸（成都双流国际机场、成都天府国际机场）。成都天府国际机场于2023年1月通过国家验收，3月26日正式开放。

口岸运行数据

2023年，成都空运口岸（成都天府国际机场、双流国际机场）拥有在飞国际和地区客货运航线67条，其中货运航线20条。全年，成都空运口岸共监管出入境航班24 806架次，同比增长118.59%；进出境旅客吞吐量264.18万人次。空港口岸监管货量27.96万吨，同比增长21.04%。

2023年，成都青白江铁路口岸（临时开放）共监管进出口货运量338.09万吨，同比增长25.14%；进出口总值66.9亿美元，同比增长21.73%；集装箱14.09万标箱，同比上升25.13%。成都公路口岸进出口货运量17.54万吨，同比增长0.6%。

2023年，泸州河港口岸（临时开放）共监管进出口货运量49.88万吨，同比增长1.28%；外贸箱量6.34万标箱，同比增长3.39%。宜宾河港口岸（临时开放）共监管进出口货运量11.67万吨，同比增长11.05%；外贸箱量1.15万标箱，同比增长18.94%。

口岸综合管理

【口岸开放及功能稳步拓展】 认真贯彻国家总体战略规划，以系统观念强化全省口岸资源整体布局，印发实施《四川省口岸发展三年行动计划（2023—2025年）》。2023年年初，成都航空口岸天府国际机场顺利通过国家验收并正式对外开放，联合双流国际机场开启“两场一体”运营。聚焦“国际+区域”差异化功能定位，天府国际机场中枢轮辐式航线网络和“五进五出”航班波基本形成，双流国际机场实现“快线化、精品化”运行。全力推进泸州港、宜宾港第8次临时开放延期，积极推动阿坝航空口岸（九寨黄龙机场）临时开放和天府国际空港综合保税区申建。天府国际机场冰鲜水产品、食用水生动物、水果、植物种苗4类指定监管场地一次性通过海关总署验收，为特殊商品在天府国际机场“进得来，通得过，转得出”提供了国际空运保障能力。广元国际铁路港海关监管作业场所建成投运。资阳出口监管仓库正式获批投用。

【口岸运行服务保障平稳高效】 一是取得在成都天府国际机场开展外国人口岸签证工作许可，获批施行24小时直接过境旅客免办边检手续便利措施（西南地区首个），开展国际通程航班业务实现国际旅客“一票到底行李直达”，提高口岸通关效率和旅客体验舒适便捷度。二是深化完善关地合作机制，有效协作口岸运营主体，调整优化口岸通关流程，口岸及国际物流领域疫情防控实现平稳转段，圆满完成了第三十一届世界大学生夏季运动会、“金熊猫奖”、成都国际乒联混合团体世界杯、中国西部国际博览会等大型活动以及15只归国大熊猫的通关保障工作。三是协调明确成都天府国际机场口岸查验设施设备产权划分和维保责任，落实相关经费，确保天府国际机场口岸持续平稳高效运行。四是联合海关、边检、出入境管理等有关部门，围绕口岸反恐维稳、出入境人员管理、违法违禁物品查缉以及口岸公共卫生安全、生物安全管理等，强化情报信息共享、常态化执法互助和应急联合处置，推动形成职责明晰、分工明确、协同治理、齐抓共管、运行有效的口岸安全联合防控格局。

【口岸营商环境持续优化】 一是出台实施四川省航空、水运、铁路口岸外贸进出口货物标准作业程序参考，持续推广应用“两步申报”“提前申报”“两段准入”等通关模式，扩大“直装直提”、铁路“快速通关”、水运转关“离港确认”等应用，提升口岸通关效率。2023年，成都关区进、出口货物海关平均通关时间分别为5.24小时和0.24小时，较2022年分别压缩

37.2%和 4%。二是完善关地联合监管机制，推进真空包装等高新技术货物一体化布控查验改革试点应用，设立进出口鲜活易腐农食产品属地查检绿色通道，保障重点产业链货物、鲜活易腐农产品快速通关。三是聚焦四川跨境电商等新业态企业和专精特新企业，支持企业开展 AEO 认证，积极推动实施海关企业信用管理改革措施，落实信用修复制度，年内新增 AEO 企业 19 家，同比增长 31.5%。四是会同四川省商务厅等部门开展综合保税区赋能提质行动，推进保税物流中心（B 型）高质量培育工作。年内，全省综合保税区和保税物流中心实现进出口总值 4 829.5 亿元，占全省进出口值的 50.4%，成都高新综合保税区在年内发布的 2022 年度全国综合保税区发展绩效评估中成绩继续保持全国第 2 名，连续 5 年保持进出口总额全国同类第 1 名，口岸开放平台支撑能力进一步加强。

【成都国际班列集结中心建设持续强化】 一是推动“四向”国际班列齐头并进。西向在全国率先重启中欧班列进口肉类冷链运输，常态化开行蓉欧速达“五定”班列，成都至欧洲运行时间缩短至 12 天。北向对接蒙俄经济走廊，创新“运贸一体”稳定开行成都至莫斯科、明斯克班列，推动搭建木材、矿产、化工产品等大宗物资进口通道。南向依托中老铁路开行“中老泰全铁货运”“澜湄蓉欧”“越桂蓉欧”快线等特色班列，推动中欧班列与西部陆海新通道实现有机衔接。东向实施“枢纽对枢纽”铁海联运组织模式，推动国际铁海联运大通道共建共享。2023 年，成都国际班列开行超 5 000 列，累计开行超 2.6 万列，连接境外 108 个城市、境内 30 个城市。二是中欧班列（成渝）提质增效。与重庆在统一品牌、统一定价机制、整合线路资源、提升服务水平、降低运营成本等方面全方位多层次深度合作，“首创中欧班列跨省域共商共建合作机制”入选国务院全面深化服务贸易创新发展试点第四批“最佳实践案例”。携手优化运输组织和编组模式，共建共享杜伊斯堡海外仓、波兰马拉运控中心，共同选聘马拉线路境外段运输供应商。合力对上争取政策支持，推动国铁集团“以回奖去”机制落地实施，新能源汽车带电运输试点顺利开展。年内，中欧班列（成渝）开行 5 289列，累计开行超 2.9 万列。三是国际陆港枢纽功能持续增强。深化多式联运“一单制”应用场景，签发川内首单中老班列出口“一单制”门到站电子提单，“‘一单制’+区块链技术”成功应用，“创新中老班列全程服务模式”“创新中欧班列‘蓉欧速达’五定模式”入选国家服务业扩大开放综合试点示范“最佳实践案例”。协同打造自由贸易试验区、综合保税区、国家骨干冷链物流基地等国家级开放平台，做强城厢站国际集装箱功能区、多式联运中心、集装箱共享中心等平台功能，成都国际铁路港集装箱年度吞吐量突破 100 万标箱。

【中国（四川）国际贸易单一窗口深化建设】 在平台建设方面，中国（四川）国际贸易单一窗口 2023 年开发地方特色功能应用 4 项，新增平台注册企业 3 925 家，同比增长 30.4%；新增业务申报量 945 万票，同比增长 84.5%；应用覆盖率从 2022 年的 62%提升到 80.5%。在业务协同方面，联合四川省税务局在全国率先共建“四川出口退（免）税备案单证电子化云管理功能”，优化出口退（免）税备案单证管理和出口退税审核流程，将企业采集汇总退（免）税单证时间从 5 小时压缩至 1 小时内，仅出口退税一项，全年累计为 2 700 余家出口企业办理出口退（免）税额 223.92 亿元，同比增长 17.6%。在推广应用方面，开展“双线助企万里行”活动，为全省 1 000 余家企业开展线下、线上培训共 17 次；全年 028-95198 热线服务近 1 万人次，在线客服等渠道提供咨询服务 1.3 万余次，连续 29 个月获得国家口岸管理办公室地方客服绩效满分评价。在全国率先以地方“单一窗口”为载体举办首届四川关务技能竞赛，取得了四川在全国关务技能竞赛中出线并获奖的双零的突破。

口岸监管与服务

【成都海关守牢国门安全】 开展“打击进

出口危险品伪瞒报”专项行动，加大进出口危险品打击力度；深入开展打击走私“国门利剑2023”联合行动，加大走私打击力度，强化拦截疫病疫情和有害生物方面取得明显增长。

【成都海关优化口岸营商环境】 结合四川实际研究制定优化营商环境配套措施并推动落实，出台海关惠企政策指南，持续加强企业信用培育认证，落实税收减免相关政策。

【成都海关支持地方外经贸发展】 全力保障天府国际机场国际航班顺利转场，全面推广“铁路快速通关”“车边直提”等通关便利措施，保障中欧班列开行。推广“离港确认”“船边直提”等模式，助力泸州港、宜宾港利用长江黄金水道扩大物流网络。深耕自贸区“试验田”制度创新优势，推动支持综合保税区高质量发展、加工贸易持续高质量发展的措施加快落地见效，支持指定监管场地作用发挥。出台扩大农产品出口措施，指导辖区农产品扩大出口。推广跨境电商出口海外仓备案无纸化，支持市场采购贸易预包装食品出口。支持区外保税维修、出境加工等新业态发展，帮助四川外贸实现“三稳五新”。

【四川出入境边防检查总站高站位保障“两场一体”运行】 坚决贯彻党中央、国务院以及四川省委、省政府关于成都天府国际机场对外开放的战略意图，科学谋划设计“两场一体”勤务组织运行模式，周密制订边检勤务转场方案及10项保障措施，组织全流程综合演练4次，健全完善警力动态增补机制，深化复合型执勤队建设和旅检现场小单元执勤编组调配工作，克服“警力未新增、机构未新设”等现实困难，确保了边检勤务高效安全顺利转场，确保了天府、双流“两场一体”协同高效运行，总站也迈上了“一市两场，一站两点”扩容发展新征程。

【四川出入境边防检查总站高水平助力复工复产复航】 积极落实移民管理领域新冠病毒感染实施“乙类乙管”后的政策举措，主动跟进四川省委“四化同步、城乡融合、五区共兴”新发展战略，积极推行“一航司一策略”帮扶机制，全力助推机场、航司复工复产复航。2023年，全省航空出入境通关旅客266万余人次，同比增长548%，恢复至疫情前的37.7%；为9 000余名外国旅客办理24/144小时过境免签，为69万余名低风险境内居民提供快捷便利通关。持续提升12367平台服务水平，年内累计接听处理来电1.5万通，用心用情为群众解惑答疑，受理承办疑难问题54件，全部按时办结，群众满意度持续保持100%。

【四川出入境边防检查总站高质量服务全省开放发展】 深入学习贯彻习近平总书记重要指示批示精神，主动融入成渝地区双城经济圈建设，积极支持地方政府推进成渝地区144小时过境免签政策整合拓展、成都口岸24小时过境免检等政策，配合做好九寨黄龙机场申建临时开放口岸工作，助推四川构筑向西开放战略高地。深入走访涉边企业、驻地高校，了解掌握需求，积极宣传推介人才引进、签证居留便利政策，2023年高效服务3 600余名外籍人才来蓉学习深造、实习工作和创新创业，助力四川形成海外人才聚集“雁阵效应”。优质服务保障首届“金熊猫奖”评选活动、第81届世界科幻大会、世界乒乓球锦标赛等重大赛会活动，总站连续3年获评服务四川经济社会发展“优秀”等次。

开放口岸

【成都空运口岸（成都双流国际机场、成都天府国际机场）】 成都双流国际机场位于四川省成都市双流区，距离成都市中心16千米，于1984年获批正式对外开放。机场拥有2座航站楼、2个国际货站设施，总面积50万平方米，为4F级国际航空枢纽。机场相继建成了植物种苗、冰鲜水产品、食用水生动物、水果、肉类等空运进境指定监管场地，获批药品、生物制品等空运进境指定口岸功能，是国内第四大航空枢纽，正加快建设中国西部“互联互通、辐射全球”的国际航空枢纽，是中国对欧洲最近的国家中心城市机场。

2023年，成都双流国际机场继续全面实施航空口岸“7×24 小时”通关，做好入境货物快速通关保障。机场口岸进境指定监管场地恢复常态化运行，冰鲜水产品“两段准入”便利化监管模式，助力全年指定监管场地进口商品 8 920 吨、同比增长 795.7%。推行国际贸易“单一窗口”免费申报机制，实现业务全覆盖。依托“智慧空港”综合信息服务系统，口岸信息化水平进一步提升。国际快件中心货站安检前置（双流航空口岸一体化运营）项目稳定运营，通过延伸货站安检功能、减少海关查验流程，提升国际快件和跨境电商货物转运通关效率。

2023 年，成都双流国际机场客、货吞吐量分别为 3 013.8 万人次、52.7 万吨，同比分别增长 69.1%、下降 0.6%。机场主要进出口货物种类包括电子产品、航材、汽车配件、母婴生活用品等。

成都天府国际机场位于四川省成都市简阳市芦葭镇空港大道（属成都东部新区建设范围），北距成都市中心 50 千米、西北距成都双流国际机场 50 千米、东北距简阳市中心约 14.5 千米，为 4F 级国际机场、国际航空枢纽、成都国际航空枢纽的主枢纽。2021 年 3 月，国务院批准成都天府国际机场作为成都空运口岸组成部分对外开放。机场拥有 2 座航站楼，建筑面积共 71.96 万平方米，可满足年旅客吞吐量 6 000 万人次、货邮吞吐量 130 万吨的使用需求。

天府国际机场是丝绸之路经济带中等级最高的航空港之一，是国家“十三五”期间规划建设的最大民用运输枢纽机场项目，是成渝地区双城经济圈国家战略的重要支撑，于 2016 年 5 月正式开工建设，2021 年 6 月开航投运。机场的开航投运助力成都成为中国第 3 个拥有 2 座大型国际机场的城市。截至 2023 年年底，天府国际机场开通国内航线 305 条、航点 183 个；驻场国内航司 33 家，运行国际和地区航司 18 家。2023 年 3 月，成都天府国际机场空运口岸正式投运。

2023 年，成都天府国际机场客、货吞吐量分别为 4 478.6 万人次、24.6 万吨，同比分别增长 237.3%、201.1%。

【青白江陆路（铁路）口岸（临时开放）】

青白江铁路口岸位于四川省成都市青白江区，距离成都市中心 30 余千米，毗邻成都铁路集装箱中心站，口岸占地面积约 22 万平方米，总建筑面积 3.7 万平方米。成都铁路集装箱中心站是原铁道部在全国范围内规划的 18 个中心站之一，占地约 142.67 万平方米，是亚洲规模最大的铁路集装箱中心站，于 2014 年 4 月获批临时对外开放，2016 年被《国家口岸发展“十三五”规划》列为“十三五”中欧班列铁路场站对外开放项目之一，已具备进口汽车整车、肉类、粮食 3 个指定监管场地（口岸）功能，获批药品、生物制品等进境指定口岸功能。

成都青白江铁路口岸创新发展“智慧陆港”模式，以“互联网+”为手段，以“一站式”服务为理念，通过数字化赋能实现全链条物流可视、多角色协同作业，探索实现运抵申报“互联网化”、运抵判断“智能化”、进场作业“自动化”、资料传递“线上化”，通过减少货物等待、重复搬倒、多次吊装、线下跑动等环节优化进出口环节作业流程。推动陆港业务数字化转型，为企业构建高效、便利、低成本的口岸营商环境。创新“智慧陆港”模式获得全省第六批自贸区复制推广案例。

【泸州水运（河港）口岸（临时开放）】

泸州港位于四川省泸州市龙马潭区，距离成都市 263 千米，距离重庆市 169 千米，地处长江上游，是四川最大港口，是中国（四川）自由贸易试验区川南临港片区的重要组成部分。

2023 年，泸州港高水平发挥口岸平台功能，泸州综合保税区进出口额达 114.5 亿元，同比增长 13.2%；跨境电商综试区进出口额 15.8 亿元，同比增长 55%。年内，泸州进口粮食 131.56 万吨，同比增加 25.71%，业务量居长江上游港口第一。畅通国际铁水联运大通道，年内中欧班列开行 24 列，发送货重超过 1.5 万吨，货值超过 4.8 亿元，货重和货值同比分别增长约 84%和 128%；南向班列开行 7 列，发送货重 4 498 吨，货值 992 万元；东向内支线班轮、铁水联运班列、铁海联运班列稳定开行。不断优化口岸营商环境，提升通关贸易便利化水平，协调推行内陆水运口岸分段式通关改革，进口货物从抵达进境口岸到转运至泸州整体物流时间由25天压缩至15天左右。综合保税区“即到即入”模式被商务部评为全国自由贸易试验区第五批“最佳实践案例”。创建铁路海关监管作业场，泸州港获批建设铁路运输类海关监管作业场所。

2023年，泸州港完成货物吞吐量319.51万吨，同比增长4.92%；综合集装箱箱量21.05万标箱，同比增长10.62%。

【宜宾水运（河港）口岸（临时开放）】 宜宾港位于四川省宜宾市翠屏区，距离成都市242千米，距离重庆市285千米，地处长江上游北岸，可利用深水岸线3.5千米，是四川省岸线资源最好的港口作业区。

宜宾港持续贯彻落实“两步申报”“提前申报”“两段准入”等通关流程改革，应用率位居关区前列。推进智慧海关建设，启用属地查检系统，大幅缩短从查验实施到系统生成电子底账时间，节约企业交通成本和时间成本。开展“内河运费扣减”业务，通过宜宾水运口岸进口货物的企业每年可少缴纳税款约150万元。加强对外贸服务中介机构的监管，要求中介服务机构合理定价，有序参与市场竞争。全面推进5G智慧口岸建设，建设海关辅助信息管理系统，为口岸海关监管单位、外贸企业提供“一站式”服务，预计港口用人成本将减少20%、集装箱港口作业效率将提高20%、事故发生率将下降30%。实施口岸提效降费工程，严格公示项目收费，制定宜宾港口岸进出口通关流程、宜宾港进出口环节物流作业时限，公开口岸场站内转运、吊箱移位、掏箱理货及提箱等作业时限标准。畅通国际多式联运大通道，实现中欧班列、西部陆海新通道班列和长江黄金水道高效联动、提质增效。大力培育发展口岸经济，深入推进“区港联动”“口岸+商贸物流”等联动发展，更好服务晶硅光伏、动力电池、新能源汽车、新材料等产业发展。

2023年，宜宾水运口岸进出外贸船舶873航次，同比增长28.57%。宜宾进境粮食指定口岸功能作用进一步发挥，全年共计进口粮食18批次，累计完成上岸量0.82万吨。

2023年四川省口岸大事记

1月17日

成都天府国际机场空运口岸顺利通过国家验收组的对外开放正式验收。

3月26日

成都天府国际机场口岸正式对外开放，国际航班转场工作顺利完成。

3月29日

全国首列以通关一体化方式在内陆综合保税区完成货物报关、关税缴纳、实货放行的中欧班列大宗商品专列（进口氯化钾）抵达成都国际铁路港。

4月12日

在成都国际班列开行10周年之际，成都国际铁路港“陆港智慧平台”建设正式上线，进出口货物口岸作业效率提升40%以上。

4月20日

成都天府国际机场首班全货机国际航班启航。

4月26日

成都国际班列10周年纪念专列暨首列“法国邮政DPD号”蓉欧速达班列发车仪式在成都国际铁路港举行。

4月26日

新冠病毒感染实施“乙类乙管”后全国首批进口冷链业务——成都中欧班列进口俄罗斯冻肉在莫斯科启运，5月7日到达阿拉山口。

5月31日

成都—中亚新通道（中吉乌铁公联运）班列从成都国际铁路港首次发车，将成都至中亚单一的铁铁通道拓展至铁公联运通道。

6月15日

中缅新通道（曼德勒—成都）公铁联运班列从缅甸曼德勒发车，标志着成都打通了经云南腾冲猴桥口岸连接缅甸联通东南亚的中缅新通道。

7 月 7 日

搭载着汽车零配件的“澜湄蓉欧快线”在成都国际铁路港首发，目的地为匈牙利布达佩斯，实现了中老铁路与中欧班列的连线贯通。

7 月 10 日

从俄罗斯莫斯科发运的中欧班列冷链专列到达成都国际铁路港，是疫情后冷链进口业务恢复以来，全国首趟中欧班列冷链专列。

7 月

国家发展改革委研究确定并正式发布 2023 年国家物流枢纽建设名单，泸州港口型国家物流枢纽建设正式入选（全省唯一港口型国家物流枢纽）。

9 月

成都双流国际机场提质改造项目开工建设，重点对飞行区、航站楼、公务机候机楼、货运区及供电设施等进行升级改造，同时新建信息中心大楼等。该项目采取飞行区不停航施工，将于 2025 年 12 月全面竣工投运。

10 月 19 日

搭载着一批汽车零部件的“越桂蓉欧快线”班列从成都国际铁路港首发。

10 月 22 日

泸州中欧班列发出首列汽车专列，途经新疆阿拉山口口岸运往俄罗斯莫斯科。

11 月 1 日

国务院服务贸易发展部际联席会议办公室印发了全面深化服务贸易创新发展试点第四批 25 个“最佳实践案例”，成都国际铁路港的“首创中欧班列跨省域共商共建合作机制”成功入选，也是四川省唯一上榜案例。

11 月 17 日

全国首列“中老泰”全铁快速货运列车及其回程班列从成都国际铁路港及泰国同时发出，标志着成都至泰国全铁快速货运列车通道的双向畅通。

11 月 24 日

成都直飞洛杉矶定期客运航线复航，是西部率先恢复开通直飞美国客运航线的城市。

12 月初

宜宾港 5G 智慧港口完成项目总体竣工验收，通过运用 5G 新基建、继续组网等技术实现万物互联，预计港口用人成本将减少 20%、集装箱港口作业效率将提高 20%、事故发生率将下降 30%。

12 月 7 日

根据海关总署公布的指定监管场地名单，成都天府国际机场综合性指定监管场地（进境水果、植物种苗、食用水生动物和冰鲜水产品指定监管场地）名列其中，即日起具备运营资质。

12 月 7 日

首届中欧班列（成渝）全球合作伙伴大会在成都举行，围绕“开放新通道·共建共创共享”大会主题，着力提升成渝双城在全球范围内的国际枢纽地位，持续深化中欧班列（成渝）“开行质量最高、辐射范围最广、创新突破最多、产业带动最强”的品牌影响力。

12 月 12 日

成都直飞比什凯克定期客运航线开通，标志着西南地区首条直飞吉尔吉斯共和国的客运航线正式启用。

12 月 19 日

泸州港 5G 智慧水运口岸（一期）正式验收，已经完成数据工程系统、港口智能闸口系统、港区全方位可视化监管等智能化改造，港口 3 号智能闸口、件散杂货生产业务系统、智能物联网管理系统投入试运行。

12 月 26 日

宜宾港铁路集疏运中心（也称“宜宾港进港铁路”）正式通车投运，宜宾及周边地区，包括云南昭通在内的大宗货物可通过该专用铁路接入宜宾港，进入长江黄金水道。

（撰稿人：宋小春、陈彪、徐洪波、傅裕、杨仲琳、彭菲）

2023 年四川省口岸流量统计表

口岸类型		口岸名称	货运量（万吨）				集装箱量（万标箱）				人员（万人次）				交通工具（辆、艘、架、列次）			
			出口	进口	合计	同比（%）	出口	进口	合计	同比（%）	出境	入境	合计	同比（%）	出境	入境	合计	同比（%）
空运口岸		成都	18.92	6.93	25.85	16.47					132.51	131.3	263.81	642.94	12 734	12 331	25 065	121.62
		分计																
水运口岸	河港口岸	泸州（临开）	11.74	38.14	49.88	1.28	2.72	3.61	6.34	3.42	—	—	—	—	—	—	—	—
		宜宾（临开）	1.77	9.9	11.67	11.14	0.43	0.72	1.15	19.79	—	—	—	—	—	—	—	—
		分计																
合计																		
同比（%）																		

（四川省口岸办提供）

2023 年成都海关主要数据统计表

项　目		2023 年	2022 年	同比（%）
进出口货运量（万吨）	合计	662.9	667.1	-0.62
	进口	415.7	440.5	-5.63
	出口	247.2	226.5	9.13
进出口贸易总值（万美元）	合计	13 598 285.52	14 958 198.71	-9.09
	进口	5 017 800.8	5 794 046.2	-13.40
	其中：江、海运输	1 460 627.6	1 249 634.8	16.88
	铁路运输	105 225.0	88 746.4	18.57
	汽车运输	353 353.7	312 888.9	12.93
	航空运输	3 097 017.8	4 140 056.2	-25.19
	邮件运输	1 233.3	1 595.8	-22.71
	其他运输	343.4	1 124.2	-69.46
	出口	8 580 484.7	9 164 152.5	-6.37
	其中：江、海运输	4 187 883.8	3 477 088.2	20.44
	铁路运输	563 561.0	460 664.5	22.34
	汽车运输	440 724.7	408 467.6	7.90
	航空运输	3 317 291.6	4 749 117.4	-30.15
	邮件运输	659.7	311.5	111.75
	其他运输	70 363.9	68 503.3	2.72
税收（万元人民币）	两税合计	1 870 756	2 316 208	-19.23
	关税入库	179 617	175 123	2.57
	进口环节税入库	1 691 139	2 141 085	-21.01

（成都海关提供）

2023年四川省口岸出入境主要数据表

<table>
<tr><th colspan="3">项　目</th><th>2023年</th><th>2022年</th><th>同比（%）</th></tr>
<tr><td rowspan="14">出入境人员
（人次）</td><td colspan="2">出入境人员总数</td><td>2 877 955</td><td>454 751</td><td>532.86</td></tr>
<tr><td colspan="2">入境人员</td><td>1 430 965</td><td>266 925</td><td>436.09</td></tr>
<tr><td colspan="2">出境人员</td><td>1 446 990</td><td>187 826</td><td>670.39</td></tr>
<tr><td colspan="2">出入境旅客</td><td>2 641 861</td><td>357 995</td><td>637.96</td></tr>
<tr><td colspan="2">出入境员工</td><td>236 094</td><td>96 756</td><td>144.01</td></tr>
<tr><td rowspan="5">中国公民</td><td>小计</td><td>2 390 221</td><td>401 385</td><td>495.49</td></tr>
<tr><td>内地居民（因公）</td><td>187 855</td><td>73 526</td><td>155.49</td></tr>
<tr><td>内地居民（因私）</td><td>1 893 626</td><td>272 480</td><td>594.96</td></tr>
<tr><td>港澳居民</td><td>168 210</td><td>22 988</td><td>631.73</td></tr>
<tr><td>台湾同胞</td><td>140 530</td><td>32 391</td><td>333.86</td></tr>
<tr><td colspan="2">外籍人员</td><td>487 734</td><td>53 366</td><td>813.94</td></tr>
<tr><td colspan="2">从海港出入境人数</td><td></td><td></td><td></td></tr>
<tr><td colspan="2">从陆港出入境人数</td><td></td><td></td><td></td></tr>
<tr><td colspan="2">从空港出入境人数</td><td>2 877 955</td><td>454 751</td><td>532.86</td></tr>
<tr><td rowspan="5">交通运输工具
（辆、艘、架、列次）</td><td colspan="2">总计</td><td>24 806</td><td>11 348</td><td>118.59</td></tr>
<tr><td colspan="2">船舶</td><td></td><td></td><td></td></tr>
<tr><td colspan="2">飞机</td><td>24 806</td><td>11 348</td><td>118.59</td></tr>
<tr><td colspan="2">火车</td><td></td><td></td><td></td></tr>
<tr><td colspan="2">机动车辆</td><td></td><td></td><td></td></tr>
</table>

（四川出入境边防检查总站提供）

2023 年四川省进出港船舶统计汇总表

船舶类别	进港船舶							出港船舶						
	艘数（艘）	总吨（吨位）	总载重量（吨）	载客量（客位）	船员人数（人次）	货物到达量（吨）	旅客到达量（人）	艘数（艘）	总吨（吨位）	总载重量（吨）	载客量（客位）	船员人数（人次）	货物发送量（吨）	旅客发送量（人）
总计	1 113	2 893 564	4 629 703		8 927	4 537 602		824	2 605 419	4 168 671		6 699	2 796 916	
中国籍船舶	1 113	2 893 564	4 629 703		8 927	4 537 602		824	2 605 419	4 168 671		6 699	2 796 916	
其中：外贸船														

（四川省航务海事管理事务中心提供）

贵　州　省

贵州省口岸分布示意图

序号	类型	口岸名称	批准开放时间	开放状态
1	空运口岸 (2个)	贵阳空运口岸	1992.9	国际常年
2		遵义空运口岸	2019.12	限中国籍

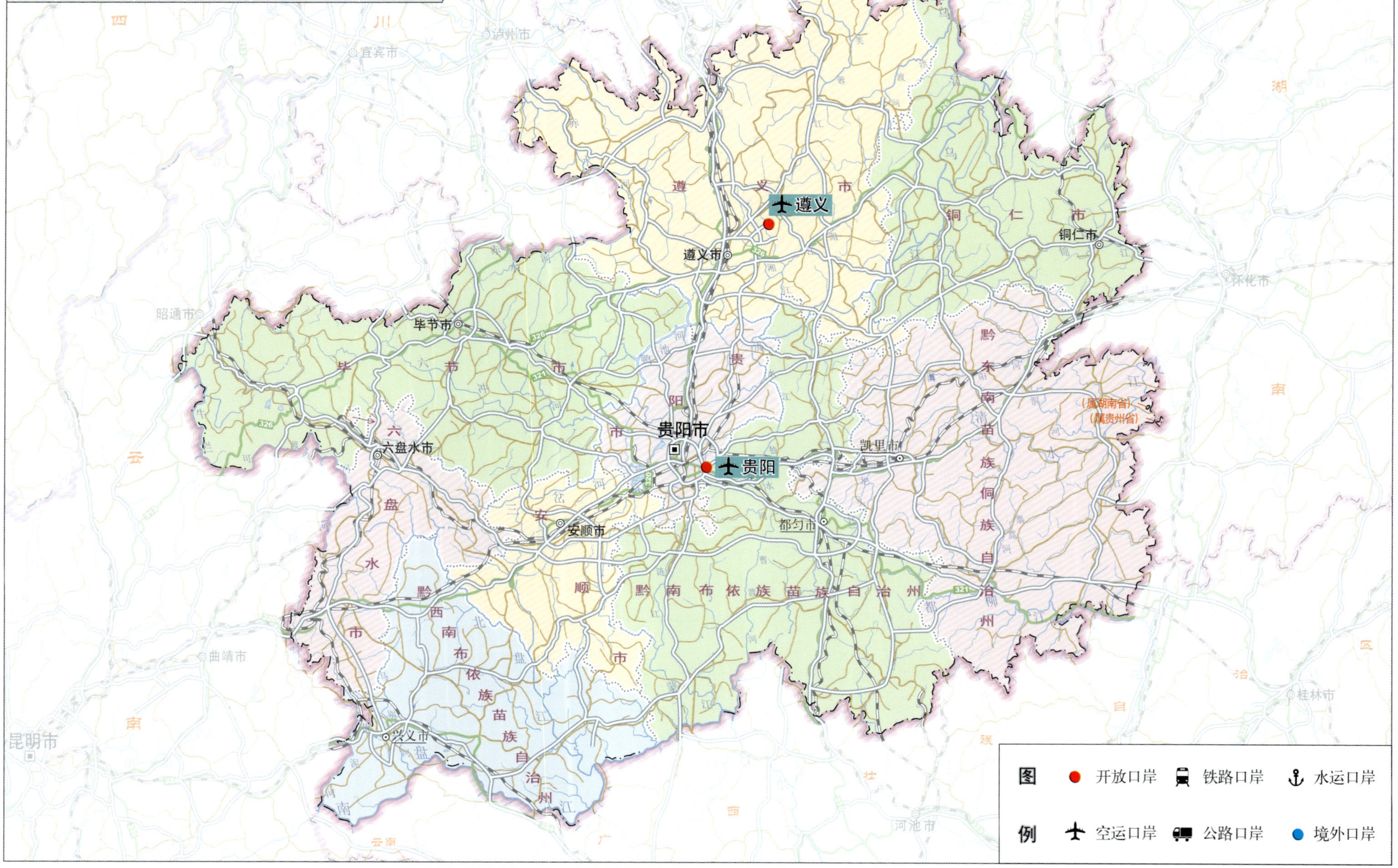

口岸数量及分布

截至2023年年底，贵州省有经国务院批准的对外开放口岸2个，分别为贵阳空运口岸（贵阳龙洞堡国际机场）、遵义空运口岸（遵义新舟机场）。

口岸运行数据

2023年，贵州省对外开放口岸仅有贵阳龙洞堡机场口岸运行包机、货机，全年出入境人员共计26 471人次、出入境航班340架次。

2023年，贵州全省综合保税区进出口总值199.92亿元，同比下降31.24%。其中，出口94.60亿元，同比下降33.35%；进口105.32亿元，同比下降29.23%。贵阳、贵安、遵义综合保税区进出口值分别为92.36亿元、73.82亿元、33.74亿元，同比分别下降35.53%、5.43%、51.40%。

口岸综合管理

【加强对外开放平台建设】 贵阳龙洞堡国际机场航空口岸实现三航站楼、双跑道同步运行，2023年5月28日完成3号航站楼口岸功能区转场启用，智慧旅检项目正式投入使用。完成贵阳龙洞堡国际机场三期货运海关监管作业场所建设验收，贵阳龙洞堡国际机场进境冰鲜水产品、水果、食用水生动物监管场地正式通过海关总署批复，国际邮件互换局迁址运行、首架国际货运包机落地，推动贵州“一局四中心”正式投入运营，全年监管全货运包机8架次，进境货物49吨，货值约38万美元。创新打造贵广铁海联运“一港通”模式，实现进出口货物“一次申报、一次查验、一次放行”。

【筑牢口岸检验检疫防线】 2023年，全力保障出入境客货航班恢复运行，确保新冠病毒感染“乙类乙管”平稳转段。检出甲型流感等其他阳性病例35例，创贵阳关区历史新高。查获新冠病毒仿制药2批次。持续推进“国门绿盾”和“跨境电商寄递‘异宠’综合治理”专项行动，强化贸易和非贸渠道检疫监管，严厉打击违规违法行为，严防外来物种跨境入侵。年内，截获活体动植物及微生物50次43种，其中外来物种15种16次、“异宠”2种25只，截获外来物种数量较2022年增长2.5倍；从进境旅客携带物截获的4批次水果中检出植物疫情。开展主要入境口岸外来入侵物种普查数据质量核查，全年累计组织开展踏查和诱捕调查2次、普查和监测布点数7个，普查范围延伸至贵阳龙洞堡国际机场口岸周边2.5千米，累计普查面积约8.93平方千米，共发现外来入侵物种22个，包括植物18种、昆虫2种、真菌1种、软体动物1种，共制作标本22个，拍摄物种或样本图片60张。

【抓好对外开放通道建设】 2023年，开行西部陆海新通道班列205列、发运10 483标箱，公路班车发运116班、116标箱；开行黔粤班列114列、发运6 936标箱；开行中欧班列25列、发运2 748标箱。7月28日，中亚班列顺利首发，发运110标箱。12月8日，“云贵 · 澜湄线”国际货运专列成功开行，发运36标箱，贵州省本土货物首次通过中老铁路实现规模化出境。年内，全省各向班列（班车）共计开行345列、发运20 429标箱，同比分别增长30.68%、36.02%。率先在全国实现省际铁海联运“一港通”快速通关模式，实现贵州与沿海沿边口岸海关服务同等效率，整体缩短物流时间3~5天，整体通关时长压缩近50%，平均每柜为企业节约成本近3 000元。

【助推贵阳国际陆港运营】 一是加强多方合作。贵州省政府与中远海运集团于2023年2月份签署战略合作框架协议，在国际陆港建设、物流平台打造、通道班列共建等方面开展合作。贵阳国际陆港与广州港、深圳港、湛江港、北部湾港等沿海港口达成合作，引进中远海运集团、新海丰、长荣船运等知名船公司，以及中集世联达、广州邦尔达、富日供应链等开展铁海联运合作。取得烟草运输资质。推进贵阳海关与广州海关联动合作，先后 4 次组织开行贵广铁海联运“一港通”班列，发运海信电视、吉利汽车 92 标箱，采取“先查验，后装运”监管模式，助力外贸企业高效通关。二是组建运营主体。推进中远海运集团与贵州铁投集团、贵阳综合保税区深度合作，组建贵州远海陆港发展有限公司，于 12 月 14 日挂牌运营，同步推出“黔链达”多式联运产品，覆盖 148 个国家、580 个地区。三是抓好系统谋划。完成贵阳国际陆港专项规划及开放策略研究编制，对其功能分区、产业布局、通道建设、招商引资等进行了系统性研究，并提出了对策措施。年内，贵阳国际陆港周转集装箱量为 41 030 标箱，同比增长 107%。

【促进综合保税区发展】 2023 年，全省进出口总值 759.79 亿元，全省综合保税区占全省进出口总值的比重为 26.31%，其中贵阳综合保税区占比 12.16%、贵安综合保税区占比 9.72%、遵义综合保税区占比 4.44%。

年内，全省出口总值 520.53 亿元，全省综合保税区占全省出口总值的比重为 18.17%，其中贵阳综合保税区占比 6.78%、贵安综合保税区占比 8.21%、遵义综合保税区占比 3.19%。

年内，全省进口总值 239.26 亿元，全省综合保税区占全省进口总值的比重为 44.02%，其中贵阳综合保税区占比 23.86%、贵安综合保税区占比 13.00%、遵义综合保税区占比 7.16%。

在 2023 年发布的 2022 年度全国综合保税区发展绩效评估综合排名中，贵阳、贵安、遵义综合保税区分别提升 57 位、28 位、5 位，均由 C 类提升至 B 类。

2023 年，保税维修进出口值 6.73 亿元，维修企业达 11 家。

【抓好电子口岸建设】 持续抓好国际贸易“单一窗口”标准版推广运维。截至 2023 年年底中国（贵州）国际贸易单一窗口集成了共计 23 项功能。年内，累计完成各类业务 14.75 万票，收到企业问题 3 431 个，问题处置率达 100%。年内，跨境电商公共服务平台累计处理解决企业有关问题 361 个；累计接听电话 457 次，微信交流 2 964 次，知识库更新 274 条。年内，贵州省注册跨境电商注册企业 23 家；“1210”“9610”业务下已完成申报清单 35.96 万单，涉及金额约 2 463.75万元；“9710”业务下已完成申报订单 3 543单，涉及金额约 35.9 亿元；“9810”业务下已完成申报订单 5 单，涉及金额约 774 万元。年内，累计处理解决企业问题 361 个，并联合贵阳海关组织开展两场国际贸易“单一窗口”企业专题培训，共计 270 余家外贸进出口企业有关负责人参加培训。

口岸监管与服务

【贵阳海关提升口岸监管效能】 贵阳海关持续推进“打击进出口危险品伪瞒报”专项行动，聚焦进出口危险品“涉危不报”“高危低报”“多危少报”问题，从危险品申报管理、风险分析、现场监管等 8 个方面持续推进。专项行动期间，编发工作简报 13 期，查获危险品伪瞒报案例 7 个，实施立案行政处罚 5 起。加强部门协作，及时通报走私线索，2023 年向缉私移交邮递渠道进口固体废物案件线索 1 条。持续开展打击“洋垃圾”走私、固体废物风险防控工作，货运渠道布控查获涉旧衣服 5 票，查获区内来料加工“发光源芯片”属于固体废物。深入开展“清邮”“阻源”“护旗”等专项行动，加强进境口岸事中监管，查获有害出版物和物品 146 件。从严做好毒品及管制类精神药品监管查缉，紧盯国际邮件渠道，加强情报风险联合，年内查获涉毒案件 4 起，首次在口岸寄递渠道查获“邮票”贴纸形式的 LSD（麦角酸二乙基酰胺）新型毒品。

【贵阳海关助力外贸产业发展】 贵阳海关研究制定促进特色优势产业扩大出口等 54 项具体举措，支持鲜切花、浓硝酸、鲜香菇、姜黄素等产品首次走出国门。2023 年，全省注册登记出境水果果园约 73.13 平方千米，实现年度翻一番目标。建成全国首个白酒、茶叶综合技术性贸易措施实体化展示中心，遵义绿茶、白酒产品技术性贸易措施研究评议基地通过海关总署考核。年内，出口农产品 62.0 亿元，同比增长 12.6%。其中，出口白酒 43.9 亿元，同比增长 15.9%；出口茶叶 6.8 亿元，同比增长 19%。积极支持符合条件的企业探索开展“跨境电商+保税展示”新业态模式，促进贵阳关区跨境电商网购保税进口业务快速发展。年内，监管跨境电商网购保税进口清单 5.8 万份，货值 1 636.51 万元，税款 170.43 万元，同比分别增长 151.40%、26.00%、13.45%。

【贵阳海关推动构建智慧口岸】 贵阳海关全力推进智慧航空口岸建设。“航空口岸‘智慧旅检’业务场景”获评全国 2023 年智慧海关“十佳项目”第 4 名，相关做法经验获海关总署相关载体刊发，通过采用人脸识别、射频识别（RFID）自动打标、智能集中审图等高新技术，实现监管精准化、集约化，创新采用“托运行李先期机检、手提物品前置机检”模式，缩短旅检现场通关时间近三分之一。

【贵州出入境边防检查总站维护口岸安全环境】 贵州出入境边防检查总站以捍卫国家政治安全为首要责任，严厉防范打击跨境违法犯罪和“三非”外国人动态治理，大力推动智慧口岸建设，使用新一代智能验证台，扩充前台操作界面，接配翻拍仪、电子显微镜等辅助查验设备，在重点区域增设人脸识别摄像机，探索“一脸一ID”限定区域人员标签化管理，创新运用数字孪生应用系统、边检可视化指挥系统、监控分析系统和智能分析系统，进一步完善口岸限定区域人防、物防、技防工作机制，管理手段更加丰富、管控效能有效提升。持续加强预案衔接和应急机制，强化与国安、反恐、信访、网信、网安等部门协调联动，突出与公安等一线单位的应急联动，实现“内部有支援、外部能策应”的共享、共融、共防，先后圆满完成第三十一届世界大学生运动会、杭州亚（残）运会等重大活动的安保维稳任务，口岸安全管控体系初步搭建。

【贵州出入境边防检查总站护航开放发展格局】 贵州出入境边防检查总站紧跟贵州省开放型经济产业、通道、平台、环境和人才“五大突破”主任务，积极推动全省航空口岸开放建设，主动对接国家口岸发展规划和省、市发展建设规划，研究确定遵义新舟机场改扩建（边检部分）方案、铜仁凤凰机场口岸功能区改造方案，深度参与贵阳龙洞堡国际机场 T3 航站楼口岸功能区启用筹备工作，密切跟进贵州省“一局四中心”建设发展，全力配合贵阳市委、市政府完成项目验收。靠前服务开放经济高质量发展，先后 20 余次前往贵州省口岸办、贵州机场集团、航空公司等单位开展“普法上门”“送教上门”“调研上门”的“三上门”活动，推动落地“双线一通道”提示引导、安检前置、出入境记录自助打印等 10 项通关服务举措。发扬省会“主人翁”精神，主动服务贵阳机场口岸客、货分流边检通关新模式，落地大宗商品、鲜活产品、民生物资出入境边检“零等待”服务举措，保障贵州首架定期全货机航班顺利开航。进一步总结提炼保障重大外交外事活动工作经验，成立专项工作服务保障“特检组”，高质量完成生态文明贵阳国际论坛、2023 中国国际大数据产业博览会、2023 中国—东盟教育交流周、2023 年泛珠三角区域合作行政首长联席会议等国际交流开放活动口岸通关保障任务。

开放口岸

【贵阳空运口岸（贵阳龙洞堡国际机场）】 贵阳龙洞堡国际机场位于贵州省贵阳市东郊龙洞堡地区，距贵阳市公路距离约 11 千米，于 1997 年 5 月 28 日建成通航，为 4E 级国际机场，是中国西部地区重要航空枢纽、区域枢纽机场、西南机场群成员，机场管理机构为贵州民航产业集团公司。

截至 2023 年年底，贵阳龙洞堡国际机场年旅客吞吐量已突破 2 190 万人次，执飞航线 215 条，通航城市 119 个，航线网络通达全国所有直辖市、省会城市、副省级城市、重要旅游城市及部分三、四线城市。铜仁、兴义、黎平、黄平、荔波 5 家直管支线机场不断拓宽通用及客货航空，加大航旅结合开发力度，着力打造“贵阳飞”中转联程品牌。年内，机场已恢复至泰国曼谷、泰国普吉、越南芽庄、中国香港、中国澳门 5 条国际及地区客运航班。

贵阳龙洞堡国际机场已实现三航站楼、双跑道同步运行，航站楼总面积达到 38.14 万平方米。T3 航站楼于 2021 年 12 月 15 日正式投入使用，按 2025 年旅客吞吐量 3 000 万人次、货邮吞吐量 25 万吨、飞机起降量 24.3 万架次的目标设计。近年机场主要建设内容包括：新建 1 条长 4 000米的东跑道，并将西跑道由 3 200 米不停航施工向北延长 300 米达到 3 500 米；新建 16.7 万平方米的 T3 航站楼，62 个机位的站坪；新建货运、机务维修、航空食品、消防救援、塔台、航油等配套附属设施。

贵阳龙洞堡国际机场

【遵义空运口岸（遵义新舟机场）】 遵义新舟机场位于贵州省遵义市新蒲新区新舟镇境内，距离遵义市中心城区东部 35 千米，由原遵义新舟军用机场改扩建而成。遵义机场于 2010 年 9 月正式动工进行改扩建，2012 年 8 月 28 日正式建成通航。机场飞行区等级指标为4C，共有 10 个 C 类停机位，跑道长 2 800 米，可满足波音 737、空客 A319、A320 系列等机型飞机全载起降。2015 年航站楼改扩建后，航站楼面积达约 1.06 万平方米。2019 年 12 月，遵义新舟机场经国务院批复对外开放。

遵义机场于 2015 年年初启动二期改扩建工程前期工作，机场规划近期 2030 年旅客吞吐量 450 万人次（国内 415 万人次、国际和地区 35 万人次）、远期 2050 年旅客吞吐量 730 万人次（国内 675 万人次、国际和地区 55 万人次）；规划方案近期（2030 年）将机场民航国内航站区整体搬移至现跑道西侧进行新建，二期改扩建将建设 26 个 C 类停机位，将现有的 2 800 米跑道延长至 3 000 米，新建一条与跑道等长的平行滑行道，同时将建设旅客过夜用房、货运设施、机场公司业务用房、海关业务用房、边检业务用房、公安业务用房、安检业务用房等相关配套设施；航站楼近期规划建设 6 万平方米，其中国内 4.9 万平方米、国际和地区 1.1 万平方米；可容纳最大国内吞吐量 415 万人次、最大国际和地区吞吐量 35 万人次；可起降的最大机型为 B737-800。

遵义新舟机场

2023 年贵州省口岸大事记

1 月 17 日

贵州省副省长蔡朝林主持召开国际陆港支持政策专题会。

2 月 1 日

贵州省委书记徐麟调研贵安综合保税区、贵阳综合保税区，并组织召开座谈会，强调全省综合保税区要擦亮开放“名片”、高扬开放旗帜，以高水平开放促进高质量发展。

2 月 17 日

贵州省副省长蔡朝林，省商务厅厅长、省口岸办主任马雷，中远海运集团董事长万敏一行到贵阳国际陆港考察调研。

3 月 14 日

贵阳龙洞堡国际机场贵阳—泰国普吉航线正式复航。

3 月 15 日

国铁集团印发关于公布 2023 年第二季度货物列车调整图的通知，贵州省的黔粤班列自 2023 年 3 月 31 日起正式纳入图定开行。

3 月 19 日

贵阳龙洞堡国际机场成功开展首次进境植物种苗（蔬菜类）业务。贵州省现代农业集团从泰国采购的植物种子成功到达贵阳龙洞堡国际机场航空口岸，并在进境植物种苗指定监管场地进行检疫。

3 月 26 日

广西壮族自治区商务厅（口岸办）与贵州省商务厅（口岸办）签署深化口岸联动及口岸经济合作协议，后续将围绕推进北部湾港口功能内移、通关便利化协作、降低物流成本、货源主通道打造、口岸联动等方面深化合作。

3 月 27 日

“贵阳国际陆港高质量发展研究”纳入 2023 年度省委重大问题调研课题。

4 月 12 日

贵州省开放型经济发展领导小组办公室印发支持综合保税区高水平开放高质量发展的 15 条措施，涉及综合保税区功能定位、监管模式、新业态培育、金融和人才等要素支撑、园区招商、管理机制 6 个方面，并落实到相关责任单位。

4 月 13 日

贵州省副省长蔡朝林主持召开贵阳国际陆港专题调度会。

5 月 28 日

贵阳龙洞堡国际机场完成 T3 航站楼口岸功能区转场启用。

6 月 9 日

贵州省副省长蔡朝林组织召开国际陆港支持政策专题会。

6 月 26 日

贵阳龙洞堡国际机场贵阳—越南芽庄航线正式复航。

6 月 30 日

贵阳龙洞堡国际机场贵阳—香港航线正式复航。

7 月 7 日

海南省省长刘小明、时任副省长倪强在贵州省参加泛珠“9+2”会议期间，在贵州省人大常委会副主任王世杰，省商务厅副厅长、省口岸办副主任李康弘等陪同下到贵阳国际陆港调研。

7 月 28 日

贵阳国际陆港直达中亚班列首列发车（都拉营站—霍尔果斯站—热特苏站），于 8 月 7 日到达哈萨克斯坦的热特苏站。

8 月 19 日

贵阳龙洞堡国际机场贵阳—澳门航线正式复航。

8 月 30 日

贵州双龙航空港经济区“一局四中心”——贵阳龙洞堡国际机场综合性指定监管场地通过海关总署现场验收。

12 月 13 日

贵州“一局四中心”首条国际货运航线贵阳—加尔各答国际货运航线正式开通，标志着贵阳龙洞堡国际机场综合指定监管场地正式投入运营。

12 月 14 日

贵州省远海陆港发展有限公司挂牌成立。贵州省副省长蔡朝林和中远海运集团董事长万敏共同为其揭牌。贵阳国际陆港首次推出“黔链达”海铁联运班列。

（撰稿人：薛豫、王艺璁、杨雨婕）

2023 年贵州省口岸流量统计表

口岸类型	口岸名称	货运量（万吨）				集装箱量（万标箱）				人员（人次）				交通工具（辆、艘、架、列次）			
		出口	进口	合计	同比（%）	出口	进口	合计	同比（%）	出境	入境	合计	同比（%）	出境	入境	合计	同比（%）
空运口岸	贵阳	0.033	0.018	0.051	18.6					13 568	12 903	26 471	3 217.17	168	172	340	4 150
	分计	0.033	0.018	0.051	18.6					13 568	12 903	26 471	3 217.17	168	172	340	4 150
合计																	
同比（%）																	

（贵州省口岸办提供）

2023 年贵阳海关主要数据统计表

项　目		2023 年	2022 年	同比（%）
进出口货运量（万吨）	合计	258.6	321.6	-19.6
	进口	250.7	313.5	-20
	出口	7.9	8.1	-1.6
进出口贸易总值（万美元）	合计	435 135.6	458 520.4	-5.1
	进口	191 155.4	225 434.3	-15.2
	其中：江、海运输	65 817.5	71 065.9	-7.4
	铁路运输	6	18.8	-68.2
	汽车运输	29 588.1	52 272.7	-43.4
	航空运输	92 442.6	102 072	-9.4
	邮件运输	5.2	5	3.6
	其他运输	3 296.1	0	—
	出口	243 980.2	233 086.1	4.7
	其中：江、海运输	100 211.3	96 442	3.9
	铁路运输	7 234.7	12 382.1	-41.6
	汽车运输	32 663	48 315.7	-32.4
	航空运输	103 859	75 943	36.8
	邮件运输	0.06	0	—
	其他运输	12.2	3.3	269
税收（万元人民币）	两税合计	75 681.2	81 854.2	-7.5
	关税入库	13 225.9	9 973.9	32.6
	进口环节税入库	62 455.3	71 880.3	-13.1

（贵阳海关提供）

2023 年贵州省口岸出入境主要数据表

<table>
<tr><th colspan="3">项　目</th><th>2023 年</th><th>2022 年</th><th>同比（%）</th></tr>
<tr><td rowspan="14">出入境人员
（人次）</td><td colspan="2">出入境人员总数</td><td>26 471</td><td>798</td><td>3 217.17</td></tr>
<tr><td colspan="2">入境人员</td><td>12 903</td><td>723</td><td>1 684.65</td></tr>
<tr><td colspan="2">出境人员</td><td>13 568</td><td>75</td><td>17 990.67</td></tr>
<tr><td colspan="2">出入境旅客</td><td>23 710</td><td>682</td><td>3 376.54</td></tr>
<tr><td colspan="2">出入境员工</td><td>2 761</td><td>116</td><td>2 280.17</td></tr>
<tr><td rowspan="5">中国公民</td><td>小计</td><td>25 780</td><td>650</td><td>3 866.15</td></tr>
<tr><td>内地居民（因公）</td><td>695</td><td>87</td><td>698.85</td></tr>
<tr><td>内地居民（因私）</td><td>23 398</td><td>563</td><td>4 055.95</td></tr>
<tr><td>港澳居民</td><td>1 641</td><td>0</td><td>—</td></tr>
<tr><td>台湾同胞</td><td>46</td><td>0</td><td>—</td></tr>
<tr><td colspan="2">外籍人员</td><td>691</td><td>148</td><td>366.89</td></tr>
<tr><td colspan="2">从海港出入境人数</td><td></td><td></td><td></td></tr>
<tr><td colspan="2">从陆港出入境人数</td><td></td><td></td><td></td></tr>
<tr><td colspan="2">从空港出入境人数</td><td>26 471</td><td>798</td><td>3 217.17</td></tr>
<tr><td rowspan="5">交通运输工具
（辆、艘、架、列次）</td><td colspan="2">总计</td><td>340</td><td>8</td><td>4 150.00</td></tr>
<tr><td colspan="2">船舶</td><td></td><td></td><td></td></tr>
<tr><td colspan="2">飞机</td><td>340</td><td>8</td><td>4 150.00</td></tr>
<tr><td colspan="2">火车</td><td></td><td></td><td></td></tr>
<tr><td colspan="2">机动车辆</td><td></td><td></td><td></td></tr>
</table>

（贵州出入境边防检查总站提供）

云 南 省

口岸数量及分布

截至2023年年底，云南省有经国务院批准的对外开放口岸21个。其中，空运口岸4个，分别为昆明空运口岸（昆明长水国际机场）、西双版纳空运口岸（西双版纳嘎洒国际机场）、丽江空运口岸（丽江三义国际机场）、芒市空运口岸（德宏芒市国际机场）；陆路（铁路）口岸2个，分别为磨憨铁路口岸、河口铁路口岸；陆路（公路）口岸12个，分别为瑞丽、畹町、孟定清水河、腾冲猴桥、打洛、磨憨、勐康、河口、天保、金水河、都龙、田蓬公路口岸；水运（河港）口岸3个，分别为景洪、思茅、关累河港口岸。

口岸运行数据

2023年，云南省口岸进出口货值2 241.99亿元，同比增长8.7%；进出口货运量3 903.63万吨，同比增长32.22%。全省口岸出入境人员1 428.43万人次，同比增长890.01%；出入境交通工具248.14万辆（架、列、艘）次，同比增长168.11%。

2023年，云南省对越口岸进出口额完成196亿元，同比增长10.87%，占云南省口岸的8.73%；口岸货运量完成263万吨，同比增长19.72%，占云南省口岸的6.74%；出入境人员458万人次，同比增长2 416.4%，占云南省口岸的32.04%；出入境交通工具26万辆（列）次，同比增长61.02%，占云南省口岸的10.64%。

2023年，云南省对老口岸进出口额完成422亿元，同比增长27.82%，占云南省口岸的18.81%；口岸货运量739万吨，同比增长51.83%，占云南省口岸的18.94%；出入境人员157万人次，同比增长431.71%，占云南省口岸的10.99%；出入境交通工具32万辆次，同比增长67.9%，占云南省口岸的12.89%。

2023年，云南省对缅口岸进出口额完成583亿元，同比增长46.98%，占云南省口岸的26.01%；口岸货运量共计完成1 037万吨，同比增长65.28%，占云南省口岸的26.58%；出入境人员共计达589万人次，同比增长1 081.1%，占云南省口岸的41.22%；出入境交通工具共计达149万辆次，同比增长390.37%，占云南省口岸的59.95%。

2023年，云南省空运口岸出入境人员127.9万人次，同比增长748.85%；出入境交通工具1.26万架次，同比增长85.24%；进出口额63亿元，同比下降47%；货运量4万吨，同比下降50%。

2023年，关累港口岸进出口额36亿元，同比增长67.1%；货运量94万吨，同比增长42.5%。景洪港水运口岸出入境人员0.5万人次，出入境交通工具0.06万艘。

以上口岸各项指标与“2023年云南省口岸流量统计表”中各项指标的差额，为其他非口岸通道的运行数据。

口岸综合管理

【口岸规划】 制定《云南省口岸建设发展三年行动（2023—2025年）》，编制《云南省口岸建设发展三年行动陆路口岸实施方案（2024—2026年）》，全面构建以昆明国际枢纽口岸为核心，以磨憨、河口、瑞丽重点枢纽口岸为龙头，以清水河、猴桥、天保、关累港物流节点口岸为支撑，其他普通口岸和边民通道协同发展的“1+3+4+N”口岸发展布局，促进陆港、空港、水港协同联动，打造面向老泰马新口岸群、对越方向口岸群、对缅方向口岸群、航空口岸群四大口岸集群，为构建面向印度洋国际陆海大通道提供支撑。

【智慧口岸建设】 统筹安排5.2亿元资金，率先开展边境智慧口岸建设，制订云南省智慧口岸建设总体方案和磨憨、河口、瑞丽、腾冲猴桥、孟定清水河公路口岸及磨憨铁路智慧口岸实施方案，按照“设施设备智能化、信息系统集约化、运行管理数字化、综合服务便利化、跨境合作常态化”要求，出台智慧口岸建设指引，探索打造智慧口岸建设“云南方案”和“云南标准”。其中，腾冲猴桥口岸通过实施智慧化改造，推动实现跨境国际合作常态化。依托中方企业与缅方企业成立合资公司开发建设缅甸甘拜地边境经济合作区优势，通过建立海关、边检、境外跨境物流场站和服务机构数据共享平台，实现报关数据提前获取，畅通数据跨境流动，减少入境报关等待时间。云南省智慧口岸建设情况在 2023 年全国口岸办主任会议上作经验交流。

【口岸重点项目】 磨憨、河口、瑞丽、畹町、猴桥、清水河、天保、关累港等口岸基础设施建设提速，河口公路口岸南溪河旅检大楼、天保口岸国际货场投入使用，关累港口岸对外开放达到国家验收条件。国家“十四五”规划 102 项重大工程中，磨憨口岸提升改造 7 个项目完成建设；瑞丽口岸提升改造 6 个项目，其中 2 个项目已开工、4 个项目完成前期工作。

【口岸开放】 按照国家“十四五”口岸发展规划，积极推进勐满、芒满、龙富等通道对外开放。新冠病毒感染实施“乙类乙管”后，实施“四个全面取消”，分批次分层次恢复全省口岸客货运功能。截至 2023 年年底，云南省 27 个口岸（含原二类口岸）已恢复 24 个口岸货运功能、20 个口岸客运功能。6 月，收到海关总署关于云南边民通道分类处置意见后，加强工作统筹和检查督导，积极推动通道所在县市政府履行主体责任，改善边民通道查验设施水平。截至年底，云南省保留的 30 条边民通道中，已有 27 条恢复客运、13 条恢复货运。推动中越河口—老街口岸试点跨境运输“重进重出”模式，会同昆明海关在昆明综合保税区、王家营海关监管作业场所试点运行“场场联动”通关模式。

【口岸通关】 深化中国（云南）国际贸易单一窗口平台应用服务，部署 18 项服务、115 个系统功能，货物申报数据项目由 229 个减少到 105 个，企业进出口货物平均申报时间从 2018 年的 10 分钟缩减至 2023 年的 5 分钟；建设完成口岸收费清单公示系统地方特色应用，实现口岸作业、场站服务等收费标准在线查询。巩固完善口岸收费目录清单公示制度，实行动态管理，推动口岸经营服务性收费日趋合理。持续优化口岸通关流程，采取“提前申报”“两步申报”“场场联动”“互联网+监管”等模式，试点运行关区“运抵直通”模式，有效压缩通关时效，云南省进出口整体通关时效持续在全国领先。

口岸监管与服务

【昆明海关协同推进口岸开放建设】 落实《国家“十四五”口岸发展规划》，协同推进龙富公路口岸、大理机场口岸、勐满公路口岸开放，以及畹町芒满通道、瑞丽滨江通道并入附近口岸开放。参与并指导孟定、瑞丽铁路口岸前期规划。协同出台云南省口岸建设发展 3 年行动，按照“1+3+4+N”口岸功能定位，一体推进口岸便捷通关、口岸内外畅通、口岸扩量提升、口岸融合发展。分步实施口岸基础设施改造提升、查验场所标准化建设，指导金水河口岸扩大开放规划建设、天保口岸国际货场改造，软硬结合提升口岸运行发展能级。以《云南省智慧口岸建设总体方案》为蓝图，落实“三智”理念，协同推进河口、瑞丽（含畹町）、磨憨、孟定清水河、腾冲猴桥智慧口岸建。结合边境口岸特点，因地制宜推行运抵直通、一站式通关、5G 单兵作业系统、在途监管系统、多贸合一、智慧卡口验放等监管模式及信息智能化平台建设，全面升级应用“智慧物流 2.0”物流平台，新增“运抵直通”“关企交互”等功能，加快建设一批具有影响力的枢纽口岸。落实昆明国际陆港建设实施方案，探索“区港联动”“场场联动”业务试点，启动昆明国际陆港交通枢纽业务运行监控指挥平台业务场景建设。支持勐康、磨憨（公路）、金水河、孟定清水河等口岸增设进口药材边境口岸，推动磨憨铁路口岸进境粮食指定监管场地建成投入使用，孟定清水河口岸综合性指定监管场地立项获批。

【昆明海关优化口岸营商环境，促进跨境贸易便利】 执行新冠病毒感染“乙类乙管”政策，遵循“客货有别、风险可控、稳妥渐进”原则，分类开展口岸监管能力评估，“一国一策”推进边境口岸应开尽开，分级分类推进边民通道处置，稳妥有序恢复边境陆路口岸（通关）客货通关。建立口岸通关引导员工作机制，常态化开展运行监控、处置，综合采取合理调配关区监管人力资源、强化现场通关保障等措施，严防口岸货物滞留，确保口岸通关放行“零延时”。聚焦边境口岸鲜活农食产品贸易季节性强、物流运输批次多规模小、监管基础设施承载能力有限等堵点难点，辅助设立农食产品专窗优先查验放行，打造货运专用通道实现客货分流，“一口岸一方案”提前分析研判，化解边境口岸拥堵问题。

【昆明海关深化口岸通关改革应用】 持续巩固和深化全国通关一体化改革成果应用，持续推广“提前申报”“两段准入”申报模式应用。结合关区实际建立报送单运行监控管理机制，强化重点外贸企业、重点业务指标运行监测和处置。推进“通关+物流+服务”一体化联动，推行“目的地查验”“附条件提离”等业务模式。落实精简进出口环节监管证件要求，加强部门协作，共同优化、规范国外检验检疫证书核查；实施矿产品、原油、天然气、进口棉花五类进口“先放后检”、“品质依申请检验”、“集中申报”、绿色通道、预约通关等通关便捷措施，优化口岸、属地海关联合监管，有效提升资源性、民生大宗商品进口保障能力。落实进境种苗附条件提离便利措施，优化联合监管方案，助力种苗快速通关。提升实验室检测设备配置和应用能力，优化进口铜精矿实验室检测项目，加强“再生金属”进口检验监管。创新风险防控策略，提高风险布控精准性，按照“诚信守法便利、失信违法惩戒”原则，动态调整布控规则，促进守法企业通关便利。量身打造中老铁路13条通关便利措施，发布通关指引，推广出入境“铁路快通”、“一体化通关”、“两步申报”、旅客“无感通关”模式。推动中老铁路与中欧班列、西部陆海新通道通关对接。定制通关保障措施支持“沪滇·澜湄线”国际班列开行，磨憨铁路口岸运输范围扩大至31个省（自治区、直辖市）和12个共建“一带一路”国家和地区。提升“单一窗口”用户认证服务工作质效，深化“关银一KEY通”项目合作，推动窗口服务“一站式”办理，企业实现“就近办、多点办、一次办”需求。

【云南出入境边防检查总站坚持服务发展大局，助推云南互联互通建设】 主动融入共建“一带一路”和云南面向南亚东南亚辐射中心、“3815”战略等重大发展规划，加强边检机关服务自由贸易试验区、跨境（边境）经济合作区和开发开放试验区等新型经济形态的政策理论研究，探索新形势下便民惠民创新举措，研提助力沿边地区开放发展意见建议90余条。成立边检政策研究专班，派出6个调研组赴珠海、深圳、辽宁、内蒙古、新疆等沿边沿海总站参观交流，深入研究磨憨铁路口岸实施“一地两检”查验模式、中老磨憨—磨丁经济合作区（围网区）边检监管模式等涉边检政策，制定“一地两检”边检工作设想、磨憨—磨丁经济合作区监管工作建议等意见措施，研究制定支持云南辐射中心建设30条举措，深入西双版纳、德宏召开“守好家园·助力发展”警政、警企、警民调研座谈会，回应地方发展需求，全面助力重大国家发展战略在云南落地实施。积极参与围绕做大做强口岸经济，实施优化口岸布局、口岸交通建设提升、口岸基础设施补短板、口岸通关能力提升、口岸经济壮大、口岸营商环境提升6个专项行动，部署开展智慧口岸建设，从省级层面机制性解决了云南口岸查验基础设施资金投入不足、配套设施建设滞后的根本性问题。主动参与“昆明托管磨憨镇共建国际口岸城市”战略，推动中老铁路开通客运功能并高标准服务保障顺畅运营，推动在昆明、磨憨等大型口岸设立共建“一带一路”专用通道12条，积极支持沧源永和、勐阿、章凤、那邦、片马、南伞6个原二类口岸升格为国家级口岸，配合推动香格里拉、大理机场口岸临时开放。顺利推动田蓬口岸扩大开放正式通关和金水河口岸扩大开放以及河口、磨憨、瑞丽口岸第一批智慧口岸建设试点工作，积极支持中国（云南）国际贸易单一窗口建设，不断提升口岸通行能力，有力促进我国与周边国家和地区人员往来和经贸发展。

【云南出入境边防检查总站创新优化边检举措，提升口岸通关便利化水平】 紧跟云南对外开放和口岸经济发展需求，深化移民和出入境领域“放管服”改革，在执勤现场设置中国公民专用通道、特别通道和蓝色提示线，推动在瑞丽口岸试点中国籍边民使用快捷通道，相继推出两院院士优先、出入境船舶网上报检、中国籍备案驾驶员免填“机动车辆查验卡”、出入境流量高峰预警提示、70 周岁以上老人免排队优先办理出入境手续、跨境医疗救助机制等系列便利措施，推动解决“缅甸联邦临时边界通行证”合法性通行问题，实现瑞丽口岸恢复护照通行。部署将“外国人入境卡”填写前置，并增加缅老越等语种，探索推广旅客分类查验、人货分离、“潮汐通道”等检查模式，落实“两公布一提示”要求，全力提升通关效率，巩固中国公民出入境通关排队不超过 30 分钟措施，兼顾提升外国人通关效率，出入境旅客满意度达 99.5%。聚焦新冠病毒感染实施“乙类乙管”后云南口岸经济建设和双边人员往来新需求，加强全省口岸（通道）客运复通工作超前研判，部署各边检站做好口岸（通道）通关综合评估，全面做好客、货运复通工作准备。持续推进 12367 服务平台建设，从人民群众最关心的问题入手，加强政策研究，研究制定热点问题答复口岸 25 条，累计受理解答各类政策咨询 5 676 通，话务满意率为 99.49%，旅客群众满意度和幸福感进一步提升。2023 年，共查验出入境人员1 505.14 万人次、交通工具 281.55 万辆（架、艘、列）次，同比分别增长 8.90 倍和 1.86 倍。

【云南出入境边防检查总站强化科技赋能支撑，提升顺畅便捷通关效能】 主动融入云南省智慧口岸项目建设，紧盯属地发展所需，不断提升口岸保安全保顺畅工作力度、深度和精度，积极匹配口岸“大进大出”“快进快出”的新趋势、新要求，自主研发“团队数据批量导入”“机动车辆信息采集”等辅助查验系统，部署推广外国人停留期计算器、机读码校验工具、逾期居留计算器等辅助软件，引进使用移动验放终端（MDM）、翻译机、文检仪、证件阅读机、外国人生物信息前置采集机等查验设施设备，推动全省口岸（通道）执勤现场实现验证台智能化升级改造，安装多套口岸限定区域电子围栏周界防控系统，逐步实现边检工作由传统“人海战术”向数字“智慧边检”转变。同时，加快推动南溪河、北山口岸联检楼新建和改造等重点项目，推动建设大型载货车辆车体检查系统、列车全线电子监控报警系统，全力提升口岸通关智慧化、便利化水平，以高效科技赋能优质服务、以优质服务助力跨越式发展。

【云南出入境边防检查总站推动口岸基础设施建设，优化改善口岸通关环境】 立足边检所需和查验监管实际，推行口岸开放清单化验收模式，成功推动田蓬口岸实现对外开放，有序推进龙富、勐满通道升格开放，瑞丽口岸滨江通道、香格里拉临时开放。推动实施口岸建设发展 3 年行动，实现将边检查验基础设施设备全部纳入 3 年行动项目统一规划、统一投资、统一建设。研究制订边检机关智慧口岸试点建设工作方案，通过口岸扩容、增加通道、优化勤务、科技运用等办法，确保口岸通关安全顺畅高效。同时，以边民通道恢复开通为契机，严格按照《边民通道管理办法（试行）》，推动完成八布、勐捧、姐相、滇滩、亚坪、俄嘎、丹珠、岗房 8 个边民通道检查室抵边设置，为优化云南口岸（通道）布局、规范边民通道建设管理奠定了坚实基础。

开放口岸

【昆明空运口岸（昆明长水国际机场）】 昆明长水国际机场位于云南省昆明市官渡区，距离市中心约 24.5 千米，是我国辐射南亚、东南亚的国际航空枢纽，西南对外开放的现代综合交通枢纽。机场有 2 个候机楼，T1 航站楼面积 54.83 万平方米，设计年旅客吞吐量 3 800 万人次，廊桥机位 68 个；S1 卫星厅建筑面积 12.9 万平方米，设计年旅客吞吐量 1 500 万人次，廊桥机位 38 个。机场飞行区标准为 4F，有 2 条长分别为 4 000 米、

4 500 米的独立运行跑道；停机位数量 225 个，其中 F 类机位 4 个、E 类机位 27 个、D 类机位 39 个、C 类机位 147 个、C 类以下机位 8 个。2023 年 9 月 4 日—6 日，经世界卫生组织、海关总署专家组实地测评，专家组一致认为昆明机场切实履行《国际卫生条例（2005）》所规定的义务，达到国际卫生机场标准和要求，昆明长水国际机场荣获“国际卫生机场”称号。

2023 年，昆明长水国际机场开通国内航线 277 条、国际及地区航线 38 条。全年，累计恢复国际（地区）客运航班通航点 28 个。年内，共保障国际（地区）航班12 287架次、出入境旅客 118.39 万人次、进出口货邮 35 014 吨。

【丽江空运口岸（丽江三义国际机场）】 丽江三义国际机场位于云南省丽江市古城区，距离市中心 28 千米，机场飞行区等级为 4D，跑道长 3 000米、宽 45 米，停机位共 28 个，建有国内候机楼 3.3 万平方米、国际及地区候机楼 5 300 平方米。机场于 1995 年 7 月正式通航；2011 年 11 月，经国务院批复同意对外开放；2012 年 3 月，正式通过国家验收。通航以来，丽江三义国际机场不断丰富完善发展思路，以“次区域枢纽机场 旅游名片机场”为定位，紧紧依托丽江丰富的旅游资源和旺盛的客源市场不断拓展航空市场。

丽江三义国际机场口岸自开放以来，先后开通过丽江至香港、台湾桃园、台湾高雄和新加坡、首尔、曼谷、吉隆坡、河内、胡志明 9 条国际及地区航线。随着新冠病毒感染“乙类乙管”政策的实施，丽江三义国际机场积极协调政府奖励资金制度，强化与航司洽谈沟通，于 2023 年 7 月 11 日恢复由瑞丽航空执飞的丽江—曼谷国际航线，7 月 30 日开通由越南越竹航空执飞的丽江—河内国际航线，以上航班以旅客运输为主。

2023 年，丽江三义国际机场共保障国际航班 232 架次、出入境人员 13 201 人次，其中出境人员 6 571 人次、入境人员 6 630 人次，平均客座率 36.5%。

【西双版纳空运口岸（西双版纳嘎洒国际机场）】 西双版纳嘎洒国际机场位于云南省西双版纳州府景洪市，距离市中心约 5.6 千米，于 1990 年 4 月建成通航，1995 年 12 月 3 日经国务院批准对外开放。机场飞行区等级为 4D，跑道长 2 400米、宽 45 米，可供 B737-800 及 A320 以下机型起降，停机位 18 个，航站楼面积 4.3 万平方米（其中 T1 航站楼 1 万平方米、T2 航站楼 3.3 万平方米）。西双版纳嘎洒国际机场的发展定位是云南次区域枢纽机场、沿边开放示范机场，通过挖掘区域优势、联动门户枢纽、构建环飞中心、通达大中城市、辐射东南亚助力地方经济社会发展。新冠病毒感染实施“乙类乙管”后，西双版纳嘎洒国际机场于 2023 年 3 月恢复由苏南瑞丽航空执飞的西双版纳—清迈国际往返航线。该航班计划每周二、四、六执行，每天 1 班。

2023 年，西双版纳嘎洒国际机场共保障国际航班起降架次共 333 架次，旅客吞吐量共 28 240 人次，航班以旅客运输为主。

【芒市空运口岸（德宏芒市国际机场）】 德宏芒市国际机场位于云南省德宏傣族景颇族自治州芒市，距离市区 6.5 千米，于 1990 年 4 月 10 日通航，2011 年 4 月经国家口岸管理办公室批准临时对外开放，2018 年 11 月正式通过国家验收。机场飞行区等级为 4C，跑道长 2 600 米、宽 45 米，设有 25 个 C 类机位，消防和医疗保障等级均为 6 级，23 号跑道设有Ⅰ类精密进近仪表着陆系统，配有甚高频、全向信标、仪表着陆系统、指点标、助航灯光等通信导航设备，05 号跑道为非精密进近，可满足 B737-800（含）、A321 系列及以下机型起降。

2023 年 1 月，芒市国际机场恢复芒市—曼德勒国际航班。6 月 29 日，引入缅甸国家航空开通芒市—曼德勒—仰光国际往返航班，实现德宏州外国航司首次入驻运营，国际航线复航率达 100%。11 月 28 日—30 日，芒市国际机场与缅甸国家航空牵手合作的国际客改货航班顺利启航，运输货物 21.11 吨，标志着芒市国际机场航空口岸正式开通国际进口货物功能。

2023 年，德宏芒市国际机场共保障国际（地区）航班 500 架次、出入境旅客 2.85 万人次、进出口货邮164.5吨，平均客座率37.12%。

【瑞丽陆路（公路）口岸】 瑞丽公路口岸位于云南省德宏傣族景颇族自治州瑞丽市，与缅甸木姐口岸对接，边境线长141.4千米，距昆明市750千米、缅甸木姐市4千米、腊戌160千米、缅甸仰光900千米，是中缅铁路通道（昆明—大理—瑞丽—腊戌—曼德勒—印度洋）、中缅公路通道（昆明—瑞丽—仰光）和中缅陆水联运大通道（昆明—瑞丽—八莫港）上的重要口岸。瑞丽口岸还是中国唯一一个实行“境内关外”（入境：货物、车辆可入境不入关；出境：货物、车辆出关不出境）特殊管理口岸。

瑞丽公路口岸于1978年经国务院批准开放，1985年经德宏州政府批准为边境贸易区。1991年2月，云南省政府批准瑞丽姐告设立边境贸易经济区。1992年6月，国务院批准为沿边开放城市；1993年，撤县设市，国务院特区办批准在瑞丽口岸设经济合作区。2000年，经国务院批准按照“境内关外”的方式设立“姐告边境贸易区”；2001年10月，经国务院批准瑞丽口岸对第三国人员开放；2010年，国务院将瑞丽批准为瑞丽开发开放试验区。

瑞丽口岸边民互市贸易、边境小额贸易、一般贸易发展迅速，出口商品达2 000多种、进口商品达200多种，中国商品通过缅甸转口到孟加拉国、泰国、新加坡、印度和中东国家，境外各种商品也源源不断通过瑞丽口岸进入中国境内。

【畹町陆路（公路）口岸】 畹町公路口岸位于云南省德宏傣族景颇族自治州南部，西北与瑞丽隔江相望，与缅甸九谷口岸相对应，国境线长28.6千米。畹町于1932年设镇，1938年滇缅公路通车，畹町成为驰名中外的军事重镇；1950年4月29日和平解放，1952年年初政务院批准设立县级镇，同年8月17日政务院批准为中华人民共和国首批一类口岸；1985年1月，国务院批准设立县级市；1992年5月，国务院批准为沿边对外开放城市；1992年9月，国务院特区办批准设立5平方千米的国家级边境经济合作区；1999年1月，区划调整，国务院批准撤销畹町市，并入瑞丽市，设立畹町经济开发区。

畹町是中国历史上较早通向东南亚、南亚的主要贸易通道，是“南方丝绸之路”的重要驿站。1993年，畹町—九谷新桥建成，畹町口岸的优势得到进一步发挥。从畹町口岸出境，可直达缅甸中部，水、陆、空设施齐全的曼德勒市，是中国大西南通往东南亚、南亚和西亚的捷径。畹町口岸芒满通道距缅甸最大的陆路经贸区——105码贸易区13千米，较瑞丽口岸缩短2千米，距杭瑞高速公路畹町入口1.8千米，是中缅货物通关最便捷的通道。畹町口岸已被列入云南省智慧口岸建设，重点规划建设瑞丽（畹町）智慧口岸建设项目共13个，估算投资17.71亿元，分3期实施，一期实施5个、二期实施5个、三期实施3个。

【河口陆路（公路）口岸】 河口公路口岸位于云南省红河哈尼族彝族自治州河口瑶族自治县，与越南老街口岸相对应。2011年7月，国务院批准河口公路口岸对外开放。河口公路口岸具有“口岸就是县城，县城就是口岸”的天然优势，是滇越铁路、昆河公路、红河航道与越南乃至东南亚地区铁路、公路、航道连接的交通枢纽，距昆明市469千米，距越南首都河内296千米，距出海口——越南北方最大的海防港416千米，是中国西南进入东南亚、南太平洋的便捷通道。在中国—东盟自由贸易区和“昆明—河内—海防”经济走廊的规划中，处于“咽喉”的重要地位，是西南地区与东南亚国家发展对外贸易的窗口，是云南省建立国际大通道中越铁路、中越公路四条出境通道上的重要口岸。河口公路口岸采取“一口岸多通道”运行模式，客货运通道独立，分别为南溪河客运通道、红河公路大桥货运通道。河口公路口岸获批进境粮食、冰鲜水产品及水果、中草药4个进口口岸资质，进口商品以农特产品为主，出口商品以蔬菜、水果、化肥等为主。

2023年，河口公路口岸出入境人员总数410.88万人次，同比增长2501.93%；出入境车辆总数26.61万辆次，同比增长54.97%；进出口货运量 282.90 万吨，同比增长 12.9%；进出口货值 165.8 亿元，同比增长 4.1%。

河口公路口岸南溪河客运通道

河口公路口岸红河货运通道

【磨憨陆路（公路）口岸】 磨憨公路口岸位于云南省西双版纳州勐腊县南端，中国老挝磨憨—磨丁经济合作区内，属国际客货公路运输口岸，是中国与老挝双边协议口岸，是中国连接中南半岛的关键节点，是中国—东盟自由贸易区的最佳结合部，也是中国通往东南亚各国重要的昆曼国际大通道出境的起点，泛亚铁路中线将由磨憨公路口岸出境，贯穿老挝、泰国，直达新加坡。

磨憨公路口岸于 1992 年 3 月经国务院批准为对外开放口岸，是首批列为国家沿边开放的地区之一。1993 年 12 月，中老两国共同宣布正式开通磨憨—磨丁国际口岸。2000 年 6 月，云南省政府批准磨憨口岸为边境贸易区，并赋予优惠政策。2004 年 9，国务院批准磨憨公路口岸开展口岸签证工作，并对第三国人员实行开放。2016 年 3 月，国务院批准设立中国老挝磨憨—磨丁经济合作区。磨憨公路口岸是集一般贸易、边境小额贸易、边民互市贸易、过境贸易、境外罂粟替代种植和对外经济技术合作等多种经济形式并存的综合型贸易口岸。进口货物主要有水果、粮食、坚果等农副商品，出口货物主要有水果、蔬菜、花卉、百货、建材、机电产品、金属及制品、化工产品等。

磨憨公路口岸

【金水河陆路（公路）口岸】 金水河公路口岸位于云南省红河哈尼族彝族自治州金平苗族自治县，东、南、西三面临藤条河、藤条江，距金平县城 33 千米，距红河州府蒙自市 160 千米，金水河公路口岸与越南莱州省封土县马鹿塘口岸相对应。金水河公路口岸于 1954 年 12 月经中越双方会谈同意正式开放为边民互市口岸；1978 年 12 月关闭；1993 年 2 月，经国务院批准为对外开放口岸；1993 年 11 月，正式对外开放，允许中越双方人员、车辆持有效证照通行。2022 年 7 月，越南莱州省外事部门向中方相关部门发文告，宣布将越南马鹿塘口岸—中国金水河口岸升级为国际口岸。金水河公路口岸重点开展以进口玉米、木薯、稻谷、茶叶、咖啡为主的对外贸易。

2023 年，金水河公路口岸累计出入境人员 27.83 万人次，其中出境 13.74 万人次、入境 14.09 万人次；累计出入境车辆 3 625 辆，其中出境 1 813 辆、入境 1 812 辆；累计贸易总量 5.15 万吨（边民互市 4.23 万吨、一般贸易 0.92 万吨），贸易总额 3.71 亿元（边民互市 3.16 亿元、一般贸易 0.55 亿元）。

金水河公路口岸

【天保陆路（公路）口岸】 天保公路口岸位于云南省文山州麻栗坡县南端，与越南河江省清水口岸相对应，海拔 107 米，距麻栗坡县城 34 千米、昆明 465 千米，距越南河江市 24 千米、河内 340 千米。天保公路口岸于 1993 年 2 月经国务院批准恢复对外开放；同年 6 月，正式恢复开通；2011 年 6 月，经国务院同意并批复扩大对外开放，口岸性质为国际公路客货运输口岸。

天保公路口岸作为进境中药材、粮食、水果、冰鲜水产品指定口岸，实现了第三国人员通关、越南盾现钞跨境调出、边民互市贸易跨境结算业务。根据国家口岸管理办公室相关要求，天保公路口岸作为第二批恢复开通客运功能的口岸，于 2023 年 2 月 20 日起正式恢复客运通关。

2023 年，天保公路口岸出入境人员总数 20. 37 万人次，同比增长 1 357. 56%；出入境车辆总数 2. 96 万辆次，同比增长 224. 68%；进出口货运量 14. 88 万吨，同比增长 23. 7%；进出口货值 26. 44 亿元，同比增长 359. 8%。

【腾冲猴桥陆路（公路）口岸】 腾冲猴桥公路口岸位于云南省保山市腾冲市猴桥镇，距腾冲市区 65 千米，距中缅边界南 4 号界桩 19 千米，与缅甸甘拜地口岸相对应。腾冲猴桥公路口岸距缅甸北部重镇密支那 133 千米，从该口岸经密支那到印度雷多仅 687 千米。腾冲猴桥公路口岸于 1991 年 8 月经云南省政府批准为原二类口岸；2000 年 4 月，经国务院批准为对外开放口岸；2003 年 1 月，正式对外开放。腾冲猴桥公路口岸是历史上“南方丝绸之路”的重要通商口岸，是抗日战争时期“史迪威公路”（中印公路）的枢纽，是云南省通向南亚的大通道之一。腾冲有 3 条经云南省政府批复的重点通道，分别为滇滩、自治、胆扎通道；还有 2 条二级国际公路通往缅甸克钦邦，分别为腾冲—密支那、腾冲—板瓦。作为云南省五大重点口岸之一，腾冲猴桥公路口岸是中国连接南亚、东南亚的重要门户和节点，是中缅贸易的重要前沿，战略位置突出，区位优势独特，随着腾冲公路、航空、铁路“三位一体”的立体化口岸开放格局的逐步形成，腾冲猴桥公路口岸在中缅两国经贸发展和人员交往中的促进作用日益显现，在对外开放中发挥着越来越重要的窗口和支撑作用。

2023 年，腾冲猴桥公路口岸进出口货运量 359. 79 万吨，同比增长 86%；出入境人员 19. 44 万人次，同比增长 284. 68%；出入境交通工具 7. 26 万辆次，同比增长 172. 95%。

【孟定清水河陆路（公路）口岸】 孟定清水河公路口岸位于云南省临沧市耿马傣族佤族自治县孟定镇清水河村，与缅甸清水河口岸相对应，与缅甸掸邦第二特区南邓特区隔河相望，距缅甸北部重要商品集散地腊戍县 149 千米。孟定清水河公路口岸于 1991 年 8 月经云南省政府批准为原二类口岸；2004 年 10 月，经国务院批准为对外开放口岸；2007 年 10 月，通过国家验收。孟定清水河公路口岸是中国通往缅甸皎漂港和仰光港最近的陆上通道，是中国连接南亚、东南亚和走向印度洋的重要战略节点。中缅印度洋大通道以我国内陆和西南地区为起点，经孟定清水河口岸出境，经缅甸腊戍、曼德勒，从缅甸皎漂港或仰光港进入印度洋，联通欧洲、非洲、中东及南亚各国，运输距离和运输时间大幅缩短，物流里程减少 2 000 余千米，时间节约 20 余天，具有巨大的战略价值、时间效率、经营灵活性和发展潜力。

2023 年，清水河公路口岸进出口货运量 156. 3 万吨、92. 8 亿元，同比分别增长 60. 8%、151%。其中，进口货运量 60. 3 万吨、19. 1 亿元，同比分别下降 6. 7%、增长 27. 2%；出口货运量 96 万吨、73. 7 亿元，同比分别增长

194.9%、235.8%。出入境车辆共14.16万辆，同比增长258.48%；出入境人流量63.75万人次，同比增长918.37%。进口粮食类农产品18.7万吨，同比增长9%。

孟定清水河口岸国门

【打洛陆路（公路）口岸】 打洛公路口岸位于云南省西双版纳州勐海县西南端打洛镇，距勐海县城66千米，与缅甸掸邦东部第四特区勐拉县接壤。由打洛出境经缅甸，可达泰国、越南、马来西亚、新加坡、印度等国家。打洛公路口岸距缅甸掸邦东部首府景栋86千米，经东枝到仰光1 270千米，到泰缅边界重镇大其力240千米，距泰国清迈550千米，是云南省国际大通道的重要口岸之一。1950年11月，海关打洛支关成立；1956年，打洛口岸正式对外开展边境小额贸易进出口业务；1991年8月，云南省政府批准打洛为原二类口岸；1992年，打洛被列为国家首批沿边开放的地区之一；1997年3月，打洛公路口岸被列为对第三国人员开放的口岸；2007年11月，打洛公路口岸经国务院批准为对外开放口岸；2018年，打洛公路口岸联检楼、查验货场、出入境车辆快速通关系统、电子监控综合应用系统、货运专用通道及边民互市场等查验设施已改扩建完成投入使用；2020年1月，打洛公路口岸通过国家对外开放验收。

【勐康陆路（公路）口岸】 勐康公路口岸位于云南省普洱市江城县，距老挝约乌县城52千米，距省城丰沙里186千米，是云南省通往老挝及通向东南亚最便捷的陆路通道之一，与老挝丰沙里省兰堆口岸相对应。2011年7月，国务院批准勐康公路口岸对外开放，口岸性质为双边公路客货运输口岸；2013年11月，勐康公路口岸通过国家验收；2019年10月，国务院批准云南勐康公路口岸扩大开放为国际性口岸。结合“一城连三国”的特殊区位优势，江城县提出把江城建成云南省对越南、老挝开放的黄金前沿门户，普洱市面向东盟的商贸流通基地，努力构建以江城为中心，辐射老挝、越南、柬埔寨三国边境经济圈的发展战略，加快勐康公路口岸、龙富通道建设，实现口岸活县。

2023年，勐康公路口岸出入境人员14.87万人次，同比增长692.5%；出入境车辆3.43万辆次，同比增长178.7%；货运量28万吨，同比增长35.7%；货值6亿元，同比增长3.4%。

【都龙陆路（公路）口岸】 都龙公路口岸位于云南省文山壮族苗族自治州马关县都龙镇，中越边境线二段5号界碑老国门处，距都龙镇政府所在地23千米、马关县城47千米、文山州府文山97千米，距越南箐门县城40千米、河江省省府河江市200余千米，是马关县通往越南的重要通道。1953年8月，中越两国政府同意开放中国都龙—越南箐门和漫美边境通商口岸，并于1954年3月正式开通；1974年，都龙公路口岸关闭。1991年，中越两国政府决定在条件具备时逐步开放21对陆地出入境口岸，中国都龙—越南箐门口岸就是其中之一。2015年1月，国务院正式批准都龙公路口岸开放为国际性常年公路客运货运口岸。

2023年，都龙公路口岸货运业务实现零的突破，一般贸易货运业务、边民互市业务分别于3月30日、7月7日恢复。年内，都龙海关监管一般贸易进出口货物7票，货运量155.74吨，货值78.63万元；边民互市122票，货运量59.84吨，货值92.24万元。一般贸易货物种类主要为旋切木单板、再生铝，边民互市货物种类主要为咖啡豆、百货。6月9日，恢复客运通关业务。年内，据马关出入境边防检查站统计，出入境人员87 158人次，其中入境44 062人次、出境43 096人次；出入境车辆54辆次，出、入境均为27辆次。

【田蓬陆路（公路）口岸】 田蓬公路口岸

位于云南省文山壮族苗族自治州富宁县，与越南苗旺、同文两县接壤，距富宁县城 80 千米、文山州府 235 千米，距越南同文县 24 千米、苗旺县 35 千米、河江省会 110 千米。通道有公路通往国内外，交通便利。

田蓬公路口岸于 1954 年 3 月对外开放；1979 年，关闭；1996 年 9 月，经云南省政府批准对外开放；2016 年，被纳入国家“十三五”口岸发展规划；2018 年 2 月，经国务院批复同意对外开放，性质为双边常年开放公路客货运输口岸；2023 年 10 月，田蓬公路口岸正式开通客运通关业务。

2023 年，据天保出入境边防检查站田蓬分站统计，出入境人员 10 136 人次，其中入境 5 093 人次、出境 5 043 人次。

田蓬公路口岸

【磨憨陆路（铁路）口岸】 磨憨铁路口岸位于云南省西双版纳州勐腊县南端，中国老挝磨憨—磨丁经济合作区内，磨憨站位于中老铁路国内段的末端，是中老国际铁路进出中国的第一站。云南磨憨铁路口岸于 2021 年 4 月经国务院批复同意对外开放，口岸性质为国际常年开放铁路客货运输口岸；2021 年 11 月，通过国家口岸管理办公室联合验收；同年 12 月 3 日，磨憨铁路口岸与中老铁路同步开通。2022 年 11 月 30 日，磨憨铁路口岸水果进境指定监管场地通过海关总署验收并投入使用；2023 年 4 月 15 日，进口冰鲜水产品指定监管场地通过验收。磨憨铁路口岸自开通运营以来，持续优化出入境货物运输组织，刚开通时每天交接出入境货物列车仅 1~2 对，现已稳步实现每天交接 5 对及以上出入境货物列车（最高时达到 8 对），具备国际联运年发到 400 万~500 万吨的能力。

磨憨铁路口岸为国际口岸站，距中国老挝磨憨—磨丁经济合作区约 3.5 千米，距离勐腊县城约 38 千米，距离景洪市约 176 千米。车站前方为老挝境内的磨丁口岸站，距离磨丁口岸站约 13 千米，距离万象约 422 千米。车站靠城市侧设客车到发场，依次横列布置国际货车到发场、国内货车到发场及调车场，调车场外侧横列布置国际货物列车监管区及货运中心；在万象端纵列布置海关前置拦截及边检联合作业区，站房对侧的磨丁端，设机务折返段 1 处。站房设于线路右侧，最高聚集人数 500 人，规模 15 971 平方米。客场设旅客列车到发线 3 条，预留 2 条，旅客站台 2 座（预留 1 座）；国内货车到发场近期设到发线 3 条，预留 3 条；国际及地区货车到发场近期设到发线 3 条，预留 3 条；调车场设调车线 3 条，预留 2 条；国际及地区货物列车监管区设作业线 3 条。

磨憨铁路口岸查验部门业务用房由查验现场业务用房和配套设施业务用房组成。海关建有查验现场业务用房和配套设施业务用房 10 819 平方米，其中检验检疫用房 4 306 平方米。边检建有查验现场业务用房和配套设施业务用房 1 873 平方米，另由地方配套建设边检生产生活设施5 085 平方米。

磨憨铁路口岸

【河口陆路（铁路）口岸】 河口铁路口岸位于云南省红河哈尼族彝族自治州河口县，距河口县城6千米，距越南老街站8.9千米，米轨铁路大桥与越南联接。1992年，国务院批准河口铁路口岸恢复对外开放，开展国际联运，允许第三国人员通行。1993年5月，铁路大桥恢复开通。1996年2月，昆明至河内国际铁路货运开通，中越铁路国际联运货运复通。1996年5月，开行山腰站至老街站第一趟联运货车。1997年4月，开通昆明至河内国际铁路客运。2001年1月，中越南溪河公路大桥建成通车，新建成的河口口岸联检中心大楼也同时投入使用。2002年6月起，因自然灾害影响，考虑客车沿线运行安全，国际联运客车停开。该桥仅通行中越铁路国际联运货运列车。

【景洪水运（河港）口岸】 景洪港位于云南省西双版纳傣族自治州景洪市，属国际客货水运口岸，是澜沧江—湄公河国际航道上重要的港口口岸。景洪港于1993年7月经国务院批准对外开放；2000年4月20日，中、老、缅、泰四国签署《澜沧江—湄公河商船通航协定》；2001年6月，通过国家验收正式对外开放；2001年6月，获批对外国籍船舶开放，港口与老挝、缅甸、泰国的多个港口开通了散杂货、集装箱、客运航线。2020年6月前，关累港属景洪港开放码头，所有数据均纳入景洪港统计；自2018年至2023年年底，景洪港基本无人员及货物进出口，景洪港暂时关停。

景洪港水运口岸

【思茅水运（河港）口岸】 思茅港位于云南省普洱市思茅区，距离普洱市区87千米，于1993年7月经国务院批准为对外开放口岸，2001年4月1日起正式对外国籍船舶开放。思茅港是澜沧江—湄公河国际航运中国境内的第一港，可达老、缅、泰、柬、越5个国家，是东南亚地区最便捷的一条黄金水道，是云南乃至大西南通往东南亚的重要通道。港口规模为年货运30万吨、客运10万人次。思茅港有大小船只43艘（其中国际航运船只31艘），载货能力3 000吨，客位449个，查验设施配套齐全。由于修建国家重点项目——小白塔电站，从2005年1月起暂停航运。

【关累水运（河港）口岸】 关累港位于云南省西双版纳州勐腊县西部的澜沧江与湄公河结合部，因受孟加拉湾暖流及北部湾暖流的影响，气温较高，雨量充沛，属热带雨林、季雨林气候，具有“长夏无冬”的特点，年均降雨量为1 600毫米，平均气温约26℃。辖区段澜沧江最高水位为502.811米，最低水位484.314米，水位变幅18.497米，枯水期平均河面宽约100米。关累港西与缅甸隔江相望，南与老挝陆地相连，中缅边境线长30.8千米，港口中心区规划面积4平方千米，常住人口3 000人，沿澜沧江上距景洪港84千米，顺江而下距中、老、缅三国界碑20千米，距缅甸梭累码头78千米，“金三角”250千米，泰国清盛府256千米，缅甸大其力市280千米，老挝会晒321千米、琅勃拉邦618千米。

关累港属国际客货水运口岸，是中、老、缅、泰四国政府签署的《澜沧江—湄公河商船通航协定》中开放的港口，也是中国与东南亚各国进行文化交流和经贸合作的重要通道。2020年6月，国务院批准关累港水运口岸对外开放。关累港水运口岸的对外开放，将充分释放澜沧江—湄公河一江连六国“黄金水道”和关累港的区位优势，有效满足中、缅、老、泰的经贸往来需求，助力共建“一带一路”倡议在东南亚实现中路突破。

关累港水运口岸

原二类口岸

【片马陆路（公路）口岸】 片马公路口岸位于云南省怒江州泸水市片马镇，东与泸水市鲁掌镇毗邻，西、南、北三面与缅甸接壤，地处连接缅甸密支那和印度雷多地区的优越位置，是中缅边界北段 10 号至 47 号界碑、450 千米长的边境线上唯一的口岸，是滇西北通往东南亚的重要陆路通道，是滇藏两省区通往南亚的重要通道，是中国进入“两亚”、沟通“两洋”、连接欧亚大开放格局中的重要陆路贸易口岸。

【盈江陆路（公路）口岸】 盈江公路口岸位于云南省德宏傣族景颇族自治州西部的盈江县城，与缅甸拉咱口岸对接，属边境陆路通道，与缅甸克钦邦第二特区接壤，国境线长 214.6 千米，距缅北八莫 150 千米，距密支那 180 千米，距仰光 1 200 千米，距印度雷多 540 千米。盈江公路口岸有公路通往国内外，交通十分便利，成为西南地区通往缅甸的一个重要通道。盈江公路口岸于 1991 年 8 月经云南省政府批准对外开放，成为国内外经济贸易活动通道，对缅甸边境贸易的辐射面逐步扩大，由原来边境一线的集镇，发展到八莫、密支那、仰光、印度雷多等重镇，形成了以边境贸易、一般贸易、对外经济技术合作和转口贸易等多种贸易相结合、多渠道并举的大经贸新格局。

【章凤陆路（公路）口岸】 章凤公路口岸位于云南省德宏傣族景颇族自治州陇川县政府所在地章凤正西 4 千米的拉影，与缅甸雷基（洋人街）口岸对接，于 1991 年 8 月 10 日被确定为国家二类口岸，距缅北商品集散地八莫 92 千米。章凤公路口岸历史上便是中缅两国重要的陆路通商口岸和“南方丝绸之路”的重要门户，是云南省边境口岸中距离缅甸北部地区水陆空交通枢纽和商品集散地——八莫市最近的口岸，也是中国连接东南亚、南亚地区较为便捷的内陆口岸之一。章凤公路口岸主要有拉影（国门）、拉勐 2 个通道。拉影通道（国门）与缅甸北部重镇雷基市（洋人街）毗邻，位于中缅边境 50 号界桩附 2 号桩，距县城章凤 5 千米。拉勐通道与缅甸克钦邦第二特区东部专区（迈扎央）毗邻，紧靠中缅边境 47 号界桩，距县城章凤 9 千米。

【南伞陆路（公路）口岸】 南伞公路口岸位于云南省临沧市镇康县南伞镇，与缅甸掸邦第一特区接壤，国境线长 47 千米，距缅甸首都内比都 750 千米、第一大城市仰光 1 142 千米、第二大商业城市曼德勒 484 千米、缅北重镇腊戍 197 千米、掸邦果敢自治区老街仅 9 千米，距昆明 784 千米、临沧 232 千米、保山市龙陵县城 238 千米。南伞公路口岸北上保山，南往普洱，公路四通八达，是通往南亚、西亚的内陆通道之一。南伞公路口岸于 1991 年 8 月经云南省政府批准对外开放，1996 年被列为边境经济开发实验区。2002 年，口岸建设被纳入新县城规划统筹进行建设，逐步改善了基础设施和联检部门办公条件。

2023 年，南伞公路口岸出入境人员为 15.5 万人次，同比增长 43.5%；出入境交通工具为 6.58 万辆次，同比减少 5.4%；货运量达 139 万吨，同比增长 159.3%；进出口货值 20.81 亿元，同比增长 23.8%。

【孟连陆路（公路）口岸】 孟连公路口岸位于云南省普洱市孟连县西南部，地处南马河与南卡江的汇合处，以南卡江心为界，江东岸为中国，江西岸为缅甸，距昆明市 690 千米，距普洱市 230 千米，距孟连县城 51 千米。勐阿通道与缅甸掸邦第二特区政府（佤邦）邦康市隔江相望，自然条件优越，地理位置独特，区位优势明显，从邦康市经丹阳、腊戍、曼得勒达缅甸原首都仰光约 1 300 千米，勐阿是普洱市客、货吞吐量最大的通道，对缅贸易占全市的三分之二以上，是中缅两国交往的通道之一，也是中国通往东南亚各国的陆路通道之一。孟连公路口岸于 1991 年经云南省政府批准对外开放，具备较为完善的联检查验功能和设施，金融、通信、市政、交通等配套设施齐全，通道人流、物流通关顺序流畅。中缅双边友好往来频繁，边民互市、经贸交流与合作不断深入，孟连县的对外贸易得到迅猛发展。口岸进口货物以木材、矿产品为主，出口货物以建材、百货、成品油、机电产品、生活用品等为主。

【沧源陆路（公路）口岸】 沧源公路口岸位于云南省临沧市沧源县，于 1996 年 9 月经云南省政府批准对外开放，有芒卡和永和 2 个出境通道。沧源公路口岸与缅甸掸邦第二特区接壤，国境线长达 147.08 千米。芒卡贸易区位于沧源县南腊乡政府所在地，中缅边界 146 号界碑处，距县城 110 千米，距缅甸佤邦南登特区 4.07 千米。永和贸易区距县城 14 千米，距缅甸佤邦绍帕区 3 千米，永和连接着班歪—龙潭—中国西盟、班歪—营盘—邦康—大其力或瓦城、班歪—勐冒—腊戍等境外公路干线，是云南省通往缅甸的通道之一。2 个贸易区都有公路通往国内外，交通十分便利，是中国西南地区通往东南亚的一个重要通道。

2023 年云南省口岸大事记

3 月 20 日

云南省委书记王宁到云南省发展改革委调研中老铁路沿线开发 3 年行动实施情况，主持召开座谈会研究安排有关工作。

3 月 21 日—22 日

云南省委书记王宁到德宏州调研口岸工作，强调做强口岸经济，推进开放兴边，引领德宏高质量跨越式发展。

3 月 23 日

云南省委书记王宁到腾冲市调研口岸工作，强调要聚集国内外市场要素做强口岸经济。

3 月 27 日—28 日

云南省委副书记、省长王予波到河口口岸调研，要求在一体推进口岸功能提升、口岸经济发展、口岸城市建设上取得新突破。

4 月 26 日

中共中央政治局常委、国务院总理李强到中老磨憨—磨丁经济合作区考察调研。

5 月 17 日—21 日

海关总署党委委员、时任国家口岸管理办公室主任赵增连率队，外交部、海关总署、国家移民管理局、国家口岸管理办公室有关负责同志共同组成联合调研组赴云南调研口岸工作，与云南省举行了工作会谈，与老挝外交部、缅甸商务部分别举行了双边会晤。

5 月 30 日

云南省委副书记、省长王予波到磨憨—磨丁经济合作开展调研，并主持召开昆明市托管西双版纳州磨憨镇工作领导小组第 2 次会议暨沿边产业园区建设专题会议。

6 月 12 日

云南省委副书记、省长王予波调研瑞丽口岸，要求提升口岸通关、物流运输、人员往来便利化程度，推动客流货流尽快恢复到疫情前水平。

7 月 15 日

上海市委副书记、市长龚正率上海市代表团到中老磨憨—磨丁合作区，考察合作区规划、产业布局、铁路口岸建设、承接产业转移等情况。

9 月 4 日

云南省政府印发《云南省口岸建设发展三个

行动（2023—2025 年）》。

10 月 26 日—27 日

云南省委书记王宁到临沧市调研边境管控、口岸建设、通关运行等情况，强调要着眼长远持续完善提升口岸功能，推进口岸园区建设和产业聚集，大力发展园区经济、口岸经济。

12 月 6 日

国家国际发展合作署署长罗照辉带队赴中老磨憨—磨丁经济合作区调研考察，与老中合作委员会共同召开中老发展合作机制会议并签署中老口岸建设发展援助合作谅解备忘录等成果文件。

（撰稿人：胡嘉麟、葛晓伟、浦同益、付缘军）

2023 年云南省口岸流量统计表

口岸类型		口岸名称	货运量（万吨）				集装箱量（万标箱）				人员（万人次）				交通工具（万辆、艘、架、列次）			
			出口	进口	合计	同比（%）	出口	进口	合计	同比（%）	出境	入境	合计	同比（%）	出境	入境	合计	同比（%）
空运口岸		昆明	2.78	1.10	3.88	-50.9					61.51	59.92	121.44	705.66	0.58	0.58	1.17	71.61
空运口岸		西双版纳	0.03	—	0.03	-74.68					0.90	0.87	1.77	—	0.01	0.01	0.02	—
空运口岸		芒市	—	—	—	—					1.63	1.62	3.26	—	0.02	0.02	0.04	—
空运口岸		丽江	1.36	21.58	22.94	43.49					0.73	0.75	1.48	—	0.01	0.01	0.02	22 900
空运口岸		分计	4.17	22.68	26.85	11.9					64.78	63.17	127.94	748.85	0.63	0.63	1.26	85.24
水运口岸	河港口岸	关累	23.18	70.62	93.80	42.52					0.09	0.07	0.16	-31.14	0.01	0.01	0.02	16.46
水运口岸	河港口岸	思茅	—	—	—	—					—	—	—	—	—	—	—	—
水运口岸	河港口岸	景洪	—	—	—	—					0.26	0.26	0.52	—	0.03	0.03	0.06	—
水运口岸	河港口岸	分计	23.18	70.62	93.80	42.52					0.35	0.33	0.68	186.4	0.04	0.04	0.08	410.98
陆路口岸	公路口岸	瑞丽	3.54	3.55	7.09	35.28					154.03	161.12	315.16	31 215.18	27.91	24.36	52.27	19 273.8
陆路口岸	公路口岸	沧源	6.38	9.23	15.61	77.16					6.11	6.34	12.45	313.71	2.20	2.13	4.32	98.08
陆路口岸	公路口岸	片马	11.38	23.72	35.11	526.3					3.54	3.48	7.02	1 665.51	1.73	1.70	3.43	1 542.62
陆路口岸	公路口岸	南伞	105.22	3.94	109.16	163.43					5.81	9.00	14.80	39.49	3.19	3.19	6.38	-6.23
陆路口岸	公路口岸	孟定清水河	89.56	57.48	147.04	48.18					31.09	32.81	63.91	1 028.27	7.19	7.04	14.23	299.91
陆路口岸	公路口岸	章凤	41.39	19.86	61.25	80.81					2.11	2.09	4.20	39.64	1.38	1.25	2.63	78.65

续表

口岸类型	口岸名称	货运量（万吨）				集装箱量（万标箱）				人员（万人次）				交通工具（万辆、艘、架、列次）			
		出口	进口	合计	同比（%）	出口	进口	合计	同比（%）	出境	入境	合计	同比（%）	出境	入境	合计	同比（%）
陆路口岸 公路口岸	畹町	41.39	37.26	78.66	-16.36					3.23	3.26	6.49	14.05	2.32	2.22	4.54	25.7
	打洛	27.06	25.72	52.78	48.6					38.51	39.27	77.78	1 176.5	15.20	15.36	30.56	544.92
	孟连	87.80	61.40	149.21	39.92					25.67	26.63	52.30	482.05	8.37	8.09	16.45	251.36
	盈江	3.50	18.28	21.78	459.59					7.71	7.66	15.38	4 368.7	3.39	3.32	6.71	4 352.46
	腾冲猴桥	131.10	228.69	359.79	86					9.37	10.07	19.44	284.68	3.64	3.62	7.26	172.95
	河口	158.54	61.10	219.65	37.6					200.43	200.45	400.88	2 417.67	11.51	11.51	23.02	55.29
	天保	3.03	11.85	14.88	23.75					10.16	10.21	20.38	1 357.56	1.48	1.47	2.96	224.68
	金水河	0.71	0.02	0.73	-76.55					13.29	13.58	26.88	4 299.61	0.18	0.18	0.35	0.66
	都龙	0	0.01	0.02	0					4.17	4.26	8.43	175 595.83	0	0	0.01	—
	田蓬	—	—	—	—					0.49	0.50	1.00	49 685	—	—	—	—
	磨憨	137.40	211.37	348.77	13.15					65.67	63.70	129.37	381.71	14.49	13.56	28.06	61.37
	勐康	1.67	18.81	20.48	78.3					7.03	7.29	14.32	672.75	1.68	1.66	3.34	163.55
	分计	849.69	792.31	1 642.01	46.32					588.43	601.74	1 190.17	1 199.69	105.85	100.67	206.52	234.36
陆路口岸 铁路口岸	河口	8.97	18.83	27.80	-38.16					0.08	0.09	0.18	-29.88	0.04	0.04	0.08	-74.28
	磨憨	28.60	341.42	370.01	121.31					6.40	6.86	13.26	1 539.56	0.26	0.30	0.56	47.72
	分计	37.57	360.25	397.82	87.52					6.49	6.95	13.44	1 430.13	0.31	0.34	0.65	-6.38
合计		1 000.83	2 902.80	3 903.63	32.22					708.02	720.41	1 428.43	890.01	126.71	121.44	248.15	168.11
同比（%）																	

（云南省口岸办提供）

2023年昆明海关主要数据统计表

项　目		2023年	2022年	同比（%）
进出口货运量（万吨）	合计	3 903.63	2 952.41	32.22
	进口	2 902.8	2 368.25	22.57
	出口	1 000.83	584.16	71.33
进出口贸易总值（万美元）	合计	3 187 022	3 069 530	3.83
	进口	1 964 208	1 899 769	3.39
	其中：江、海运输	49 476	38 035	30.08
	铁路运输	98 480	64 712	52.18
	汽车运输	765 471	671 686	13.96
	航空运输	29 785	80 536	-63.02
	邮件运输	381	362	5.25
	其他运输	1 020 615	1 044 438	-2.28
	出口	1 222 814	1 169 761	4.54
	其中：江、海运输	52 620	60 451	-12.95
	铁路运输	59 222	122 779	-51.77
	汽车运输	882 326	713 034	23.74
	航空运输	77 860	192 075	-59.46
	邮件运输	140	175	-20.00
	其他运输	150 646	81 247	85.42
税收（万元人民币）	两税合计	1 426 392.15	1 417 864.25	0.60
	关税入库	45 361.36	50 769.61	-10.65
	进口环节税入库	1 381 030.79	1 367 099.63	1.02

（昆明海关提供）

2023 年云南省口岸出入境主要数据表

<table>
<tr><th colspan="3">项　目</th><th>2023 年</th><th>2022 年</th><th>同比（%）</th></tr>
<tr><td rowspan="14">出入境人员
（人次）</td><td colspan="2">出入境人员总数</td><td>15 051 394</td><td>1 519 915</td><td>890.28</td></tr>
<tr><td colspan="2">入境人员</td><td>7 586 300</td><td>780 584</td><td>871.87</td></tr>
<tr><td colspan="2">出境人员</td><td>7 465 094</td><td>739 331</td><td>909.71</td></tr>
<tr><td colspan="2">出入境旅客</td><td>13 209 394</td><td>497 563</td><td>2 554.82</td></tr>
<tr><td colspan="2">出入境员工</td><td>1 842 000</td><td>1 022 352</td><td>80.17</td></tr>
<tr><td rowspan="5">中国公民</td><td>小计</td><td>6 683 335</td><td>1 447 963</td><td>361.57</td></tr>
<tr><td>内地居民（因公）</td><td>125 979</td><td>26 088</td><td>382.90</td></tr>
<tr><td>内地居民（因私）</td><td>3 353 338</td><td>654 920</td><td>412.02</td></tr>
<tr><td>港澳居民</td><td>46 094</td><td>849</td><td>5 329.21</td></tr>
<tr><td>台湾同胞</td><td>5 027</td><td>288</td><td>1 645.49</td></tr>
<tr><td colspan="2">外籍人员</td><td>8 368 059</td><td>71 952</td><td>11 530.06</td></tr>
<tr><td colspan="2">从海港出入境人数</td><td>7 017</td><td>2 398</td><td>192.62</td></tr>
<tr><td colspan="2">从陆港出入境人数</td><td>13 722 846</td><td>1 364 319</td><td>905.84</td></tr>
<tr><td colspan="2">从空港出入境人数</td><td>1 321 531</td><td>153 198</td><td>762.63</td></tr>
<tr><td rowspan="5">交通运输工具
（辆、艘、架、列次）</td><td colspan="2">总计</td><td>2 815 510</td><td>984 272</td><td>186.05</td></tr>
<tr><td colspan="2">船舶</td><td>863</td><td>170</td><td>407.65</td></tr>
<tr><td colspan="2">飞机</td><td>12 999</td><td>6 915</td><td>87.98</td></tr>
<tr><td colspan="2">火车</td><td>7 124</td><td>5 263</td><td>35.36</td></tr>
<tr><td colspan="2">机动车辆</td><td>2 794 524</td><td>971 924</td><td>187.52</td></tr>
</table>

（云南出入境边防检查总站提供）

2023 年西双版纳海事局进出港船舶统计汇总表

船舶类别	进港船舶							出港船舶						
	艘数（艘）	总吨（吨位）	总载重量（吨）	载客量（客位）	船员人数（人次）	货物到达量（吨）	旅客到达量（人次）	艘数（艘）	总吨（吨位）	总载重量（吨）	载客量（客位）	船员人数（人次）	货物发送量（吨）	旅客发送量（人次）
总计	386	18 232	16 400.7	0	1 896	19 600	0	387	18 232	16 400.7	0	1 901	110 300	0
中国籍船舶	271	12 795	11 262.7	0	1 441	12 681	0	285	12 795	11 262.7	0	1 458	85 445	0
其中：外贸船	115	5 437	5 138	0	455	6 919	0	102	5 437	5 138	0	443	24 855	0

（西双版纳海事局提供）

西藏自治区

西藏自治区口岸分布示意图

序号	类型	口岸名称	批准开放时间	开放状态
1	空运口岸	拉萨空运口岸	1993.6	国际常年
2	公路口岸（4个）	普兰公路口岸	1961	国际常年
3		吉隆公路口岸	1961	国际常年
4		樟木公路口岸	1961	国际常年
5		里孜公路口岸	2019.11	双边常年

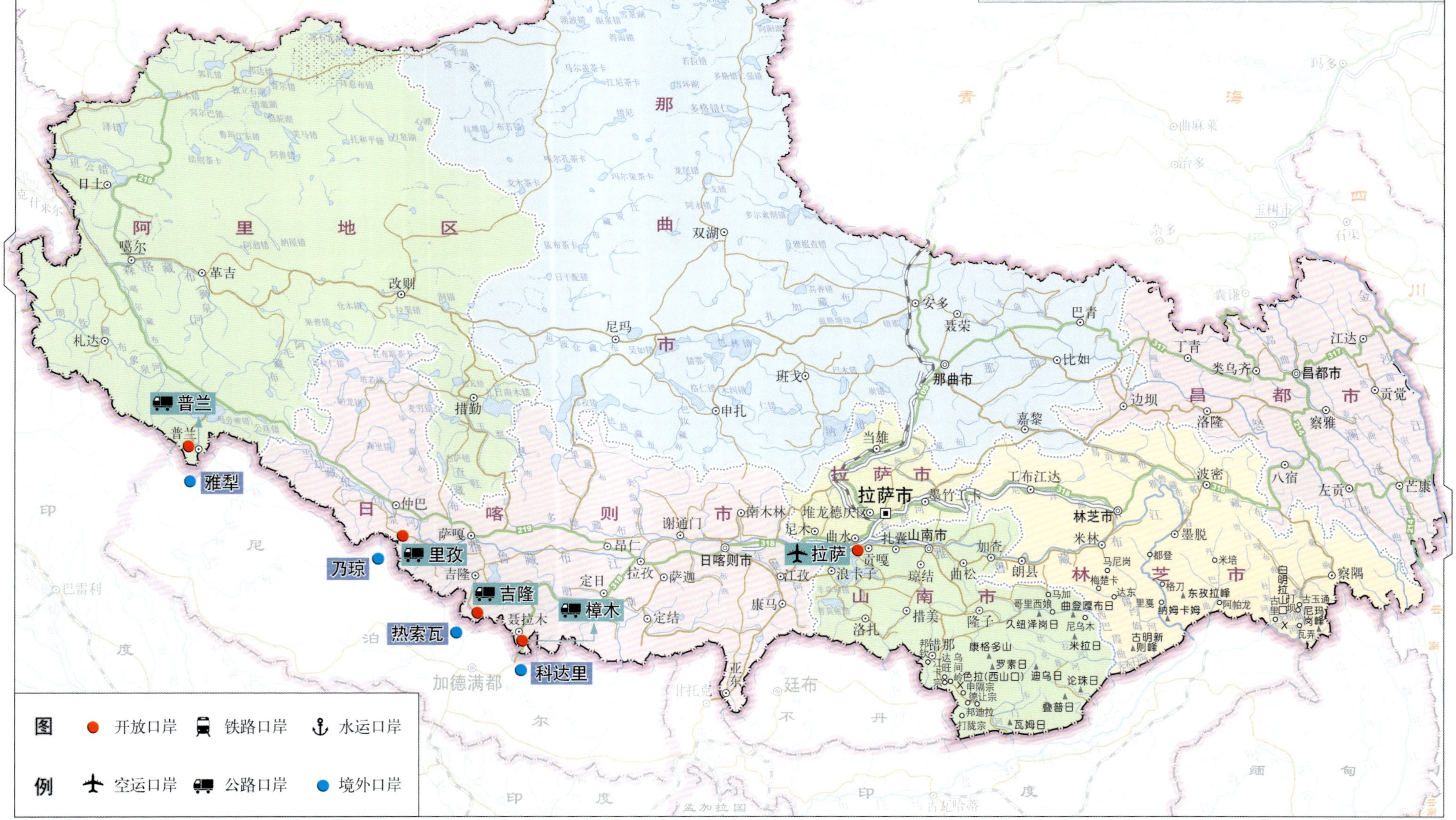

口岸数量及分布

截至2023年年底，西藏自治区有经国务院批准的对外开放口岸5个。其中，空运口岸1个，即拉萨空运口岸（拉萨贡嘎机场）；陆路（公路）口岸4个，分别为樟木、吉隆、普兰、里孜公路口岸，均为中尼边境口岸。

口岸运行数据

2023年，西藏自治区口岸进出口货运量14.33万吨，同比增长47.2%。其中，进口0.53万吨（2022年同期无数据）；出口13.8万吨，同比增长41.8%。进出口货值52亿元，同比增长85.3%。其中，进口1.79亿元（2022年同期无数据）；出口50.21元，同比增长79%。出入境车辆1.23万辆次，同比增长110.7%。其中，入境0.1万辆次（2022年同期无数据）；出境1.13万辆次，同比增长92.8%。出入境人员274 233人次，其中入境137 967人次、出境136 266人次（2022年同期无数据）。

口岸综合管理

【统筹疫情防控，推动边境口岸实现应开尽开】 根据国家以及西藏自治区关于稳妥有序恢复边境口岸开通工作部署，结合新冠病毒感染“乙类乙管”防控要求，制发西藏自治区边境口岸有序稳妥恢复开通工作措施、西藏自治区口岸建设管理发展领导小组办公室关于口岸开放运行工作任务分工方案等相关文件，协调国家口岸管理办公室提前启动第3批边境口岸开放审理计划，会同查验单位做好相关查验准备和应急演练，指导各口岸做好监测预警、基因测序、防疫力量和防疫物资保障等各项工作。吉隆、樟木、普兰3个边境陆路口岸自2023年9月1日起全部实现应开尽开、客货双通。

【服务国家外交大局，持续扩大对外开放】 为服务国家外交大局，回应尼（泊尔）方重大关切，西藏自治区商务厅（口岸办）于2023年5月24日指导日喀则市政府完成里孜口岸市级初验，7月5日联合西藏拉萨海关、边检等相关部门完成里孜口岸自治区级验收，9月19日里孜口岸对外开放通过国家验收，并于11月13日正式开通运行。12月15日，拉萨贡嘎机场T2航站楼工程竣工验收；12月28日，拉萨航空口岸恢复国际客运航班。

【扎实推进口岸基础设施建设，持续完善口岸功能】 2023年，西藏自治区重点建设项目中涉及边境口岸基础设施建设项目共计13个，总投资4.35亿元，重点支持吉隆、樟木、里孜、普兰、陈塘—日屋口岸查验基础设施建设，为进一步提升自治区边境口岸功能提供重要保障。西藏自治区口岸发展专项资金投入1 600余万元支持拉萨航空口岸联检区域维修改造、国际货场智能卡口配套项目建设，不断完善拉萨航空口岸功能。

【调整优化口岸通关流程，大幅提升口岸通关能力】 坚持每日对口岸运行情况进行了解掌握，每月对进出口情况进行分析研判，实时掌控口岸运行情况，对发现的突出问题及时协调解决。结合边境口岸恢复人员往来实际，督促指导各口岸调整优化过货模式，吉隆口岸率先对“倒装”过货模式进行调整，取消中方车辆从帮兴仓库到热索桥尼（泊尔）方一侧转运和倒装环节，尼（泊尔）方车辆可直接抵达中方口岸货物查验场装卸、运输货物，不但降低了进出口货物运输、装卸成本，还大幅提升了口岸通关能力。

【持续优化口岸营商环境，促进外贸高质量发展】 一是积极宣传推广运用国际贸易“单一窗口”，主要业务网上办理率100%。二是结合自治区实际，启动建设中国（西藏）国际贸易单一窗口项目。三是通过95198客户服务热线和微信服务群，及时解决企业在国际贸易“单一窗口”遇到的系统操作等问题，有力保障西藏外贸企业正常运转。四是制发了西藏自治区商务厅（口岸办）关于复制推广2023年促进跨境贸易便利化专项行动改革措施的实施方案，不断提升西藏跨境贸易便利化水平。

口岸监管与服务

【拉萨海关坚定不移守国门】 2023年，拉萨海关牵头协调西藏20家单位做好口岸联防联控。全年累计截获问题地图、非法印刷品等各类违禁品7.14万件，其中一次性截获裸装违禁藏药6万余颗；首次布控查发国家一类管制精神药品“三唑仑”，获国家禁毒委赴藏检查督导组肯定。以“国门利剑”“蓝天”等专项行动为抓手，立案侦办黄金、红木等走私犯罪案件10起，案值1 178.37万元。查办涉嫌走私珍贵野生动物制品案2起，截获禁止进境动植物及其产品442批次、有害生物31批次。检疫出入境人员28万余人次。

【拉萨海关凝心聚力促发展】 2023年，拉萨海关全面落实西藏口岸“应开尽开”要求，保障樟木、吉隆、普兰、拉萨贡嘎机场口岸按节点有序复通，指导保障里孜口岸验收开放并平稳运行。研究实施新一轮20条优化营商环境举措，深化“关长送政策上门”机制，拓展“一对一关企联络”覆盖面，推动辖区海关备案企业、实际经营企业、企业活跃度均实现增长；积极为各类高原特色产品提供检测服务，开展冬虫夏草等7项地方标准制修订，获国家发明专利2项、国家新型实用专利1项；培育西藏首家本土乳制品出口生产企业，培育1家本土企业获AEO资质，指导1家企业保持AEO资质；支持综合保税区、跨境电商综合试验区“区区联动”；为西藏航空、科研院校等减、免、退税1.34亿元；积极支持吉隆边合区建设发展，支持各口岸政府部门开展边民身份认定、“边民互助”经营主体培育，指导企业申请国际道路运输资质，配合自治区做好15个传统边民互市贸易点恢复相关工作。推动西藏外贸全年总值达109.78亿元，同比增长138.3%。

【西藏出入境边防检查总站助力里孜口岸顺利开通】 2023年，西藏出入境边防检查总站持续指导并先后派出民警协同里孜基建小组、组建小组开展里孜口岸开通前各项筹备工作，向厅、市、县三级商务部门先后发函5次，边检处牵头组织对外开展座谈交流和会议汇报工作50余次，争取里孜口岸限定区域基础设施、联检查验设施、补短板等项目建设30余项及建设资金4 300余万元。牵头与日喀则市政府召开的“关于里孜口岸开放与边贸通道复通”座谈交流会，及时请示国家移民管理局推动完成里孜口岸代码设置、执勤警力及出入境验讫章配备，确保里孜口岸于9月19日顺利通过国家验收，并于11月13日正式开通。

【西藏出入境边防检查总站推动重点传统边民通道复通】 西藏出入境边防检查总站把西藏重点传统边贸通道复通工作作为调查研究、破解难题的重要抓手，总站主要领导带头，开展西藏边民通道及边贸点相关情况的前瞻性调研，充分掌握西藏传统边贸通道设置、基础条件及历年运行情况等，配合西藏自治区商务厅、外事办公室、发展改革委等单位研究确定了15条开放需求迫切、基础条件相对成熟的传统边贸通道优先恢复开放，向财政厅争取通道生活保障设施与查验监管设施项目及建设资金1 980万元。按照“一通道一策略”原则，研究制订西藏传统边贸通道复通移民管理工作实施方案及实施细则。相关工作得到西藏自治区主要领导批示肯定，有力展示了西藏边检形象。

开放口岸

【拉萨空运口岸（拉萨贡嘎机场）】 拉萨贡嘎机场位于西藏自治区山南市贡嘎县，距拉萨市60千米，是西藏自治区唯一对外开放的机场。2023年12月28日，从尼泊尔加德满都飞来的喜马拉雅航空H9774航班顺利抵达拉萨贡嘎机场国际航站楼，这是拉萨贡嘎机场国际航站楼正式投运后到达的第一架国际航班，也是拉萨贡嘎机场唯一开通的国际航班，标志着拉萨至尼泊尔往返国际客运航班的恢复，当天出入境旅客 147 人次。

【樟木陆路（公路）口岸】 樟木公路口岸位于西藏自治区日喀则市聂拉木县，距日喀则市 470 千米，与尼泊尔科达里口岸相对应。樟木口岸于 2023 年 5 月 1 日恢复双向过货，9 月 1 日恢复人员往来。2023 年，樟木口岸进出口货运量 8.3 万吨，同比增长 67.3%；进出口货值 17.56 亿元，同比增长 88.8%；出入境车辆 4 682 辆次，同比增长 68.1%；出入境人员 120 837 人次。

【吉隆陆路（公路）口岸】 吉隆公路口岸位于西藏自治区日喀则市吉隆县，距日喀则市 560 千米，与尼泊尔热索瓦口岸相对应。吉隆口岸自古就有商道、官道、战道之称，历史上曾是西藏与尼泊尔最大的陆路通商口岸之一，是中尼双方政治、经济、文化交流的主要通道，也是中尼间的传统边贸市场。吉隆口岸于 2015 年获国务院批准扩大开放，2017 年通过验收并正式启用。经过多年建设，吉隆口岸功能日趋完备。2023 年 4 月 1 日，吉隆口岸恢复人员往来，并全面实现客货双通。2023 年，吉隆口岸进出口货运量 5.76 万吨，同比增长 20.5%；进出口货值 34.22 亿元，同比增长 82.3%；出入境车辆 7 655 辆次，同比增长 149.3%；出入境人员 131 316 人次。

【普兰陆路（公路）口岸】 普兰公路口岸位于西藏自治区阿里地区普兰县，县域西南与印度毗邻，南与尼泊尔接壤，普兰口岸与尼泊尔和印度两国接壤，对尼泊尔为正式开放的国际性口岸，与尼泊尔雅犁口岸相对应，对印度为印度官方香客朝圣和边民互市贸易通道。普兰口岸于 2023 年 3 月 1 日恢复双向过货；5 月 1 日恢复人员往来。年内，普兰口岸进出口货运量为 0.27 万吨，进出口货值 0.2 亿元，出入境人员 15 220 人次。

【里孜陆路（公路）口岸】 里孜公路口岸位于西藏自治区日喀则市仲巴县，毗邻尼泊尔的木斯塘县，与尼泊尔乃琼口岸相对应。2012 年，中尼（泊尔）双方明确将里孜口岸确定为双边性口岸。2019 年 11 月，国务院正式批复里孜口岸为双边常年开放公路客运运输口岸。2023 年 9 月，里孜公路口岸顺利通过国家验收组的对外开放正式验收。同年 11 月 13 日，里孜口岸开通仪式在日喀则市仲巴县里孜口岸国门区域举行。里孜口岸的开通运行，标志着中尼（泊尔）双边口岸对等开放，有利于促进中尼（泊尔）全面交流合作，为两国经贸往来和人文交流增添新的活力，为促进两国各个领域务实合作提供更加广阔的平台。年内，里孜公路口岸出口货运量约 100 吨，出口货值约 210 万元，出入境人员累计达 6 860人次。

2023 年西藏自治区口岸大事记

3 月 1 日

普兰公路口岸恢复双向过货。

4 月 1 日

吉隆公路口岸恢复人员往来，并全面实现客货双通。

5 月 1 日

普兰公路口岸恢复人员往来，樟木口岸恢复双向过货。

9 月 1 日

樟木公路口岸恢复客运功能。

9 月 19 日

里孜公路口岸通过国家对外开放正式验收。

11 月 13 日

里孜公路口岸正式开通运行。

12 月 28 日

拉萨航空口岸恢复国际客运航班。

（撰稿人：尼旺、彭中文、次德吉）

2023 年西藏自治区口岸流量统计表

口岸类型		口岸名称	货运量（万吨）				集装箱量（万标箱）				人员（万人次）				交通工具（辆、艘、架、列次）			
			出口	进口	合计	同比（%）	出口	进口	合计	同比（%）	出境	入境	合计	同比（%）	出境	入境	合计	同比（%）
空运口岸		拉萨																
空运口岸		分计																
陆路口岸	公路口岸	吉隆	5.23	0.53	5.76	20.5					6.51	6.62	13.13		6 602	1 053	7 655	149.3
陆路口岸	公路口岸	樟木	8.3	0.002	8.3	67.3					6.02	6.06	12.08		4 676	6	4 682	68.1
陆路口岸	公路口岸	普兰	0.26	0.000 06	0.26						0.75	0.78	1.52		—	—	—	—
陆路口岸	公路口岸	里孜	0.01	0	0.01						0.34	0.34	0.69		—	—	—	—
合计			13.8	0.53	14.33	47.2					13.63	13.80	27.42		11 278	1 059	12 337	110.7
同比（%）																		

（西藏自治区口岸办提供）

2023 年拉萨海关主要数据统计表

项　目		2023 年	2022 年	同比（%）
进出口货运量（万吨）	合计	17.81	10.14	75.6
	进口	2.39	0.33	629.3
	出口	15.42	9.81	57.1
进出口贸易总值（亿元人民币）	合计	109.78	46.06	138.4
	进口	11.53	2.92	295.4
	其中：江、海运输（水路运输）	3.60	1.51	139.2
	铁路运输	0.21	0.15	37.0
	汽车运输（公路运输）	1.37	0.01	16 541.4
	航空运输	5.88	1.25	371.1
	邮件运输	0.01	0.00	85.6
	其他运输	0.47	0.00	—
	出口	98.25	43.14	127.7
	其中：江、海运输（水路运输）	70.81	27.08	161.5
	铁路运输	0.20	0.34	-41.5
	汽车运输（公路运输）	26.54	15.64	69.7
	航空运输	0.52	0.05	897.4
	邮件运输	0.01	0.00	211.2
	其他运输	0.17	0.02	696.1
税收（万元人民币）	两税合计	16 045.03	5 767.00	178.2
	关税入库	3 668.82	727.51	404.3
	进口环节税入库	12 376.21	5 039.49	145.6

（拉萨海关提供）

2023 年西藏自治区口岸出入境主要数据表

<table>
<tr><th colspan="3">项　目</th><th>2023 年</th><th>2022 年</th><th>同比（%）</th></tr>
<tr><td rowspan="14">出入境人员（人次）</td><td colspan="2">出入境人员总数</td><td>308 940</td><td>20 153</td><td>1 432. 97</td></tr>
<tr><td colspan="2">入境人员</td><td>154 946</td><td>10 051</td><td>1 441. 60</td></tr>
<tr><td colspan="2">出境人员</td><td>153 994</td><td>10 102</td><td>1 424. 39</td></tr>
<tr><td colspan="2">出入境旅客</td><td>37 133</td><td>22</td><td>168 686. 36</td></tr>
<tr><td colspan="2">出入境员工</td><td>271 807</td><td>20 131</td><td>1 250. 19</td></tr>
<tr><td rowspan="5">中国公民</td><td>小计</td><td>47 422</td><td>20 102</td><td>135. 91</td></tr>
<tr><td>内地居民（因公）</td><td>236</td><td>0</td><td>—</td></tr>
<tr><td>内地居民（因私）</td><td>47 094</td><td>20 102</td><td>134. 28</td></tr>
<tr><td>港澳居民</td><td>90</td><td>0</td><td>—</td></tr>
<tr><td>台湾同胞</td><td>2</td><td>0</td><td>—</td></tr>
<tr><td colspan="2">外籍人员</td><td>261 518</td><td>51</td><td>512 680. 39</td></tr>
<tr><td colspan="2">从海港出入境人数</td><td></td><td></td><td></td></tr>
<tr><td colspan="2">从陆港出入境人数</td><td>308 768</td><td>20 153</td><td>1 432. 12</td></tr>
<tr><td colspan="2">从空港出入境人数</td><td>172</td><td>0</td><td></td></tr>
<tr><td rowspan="5">交通运输工具（辆、艘、架、列次）</td><td colspan="2">总计</td><td>31 434</td><td>12 562</td><td>150. 23</td></tr>
<tr><td colspan="2">船舶</td><td></td><td></td><td></td></tr>
<tr><td colspan="2">飞机</td><td>2</td><td>0</td><td>—</td></tr>
<tr><td colspan="2">火车</td><td></td><td></td><td></td></tr>
<tr><td colspan="2">机动车辆</td><td>31 432</td><td>12 562</td><td>150. 21</td></tr>
</table>

备注：出入境员工、内地居民（因私）数据中包含边民数据。

（西藏出入境边防检查总站提供）

陕　西　省

陕西省口岸分布示意图

序号	类型	口岸名称	批准开放时间	开放状态
1	空运口岸	西安空运口岸	1983.1	国际常年

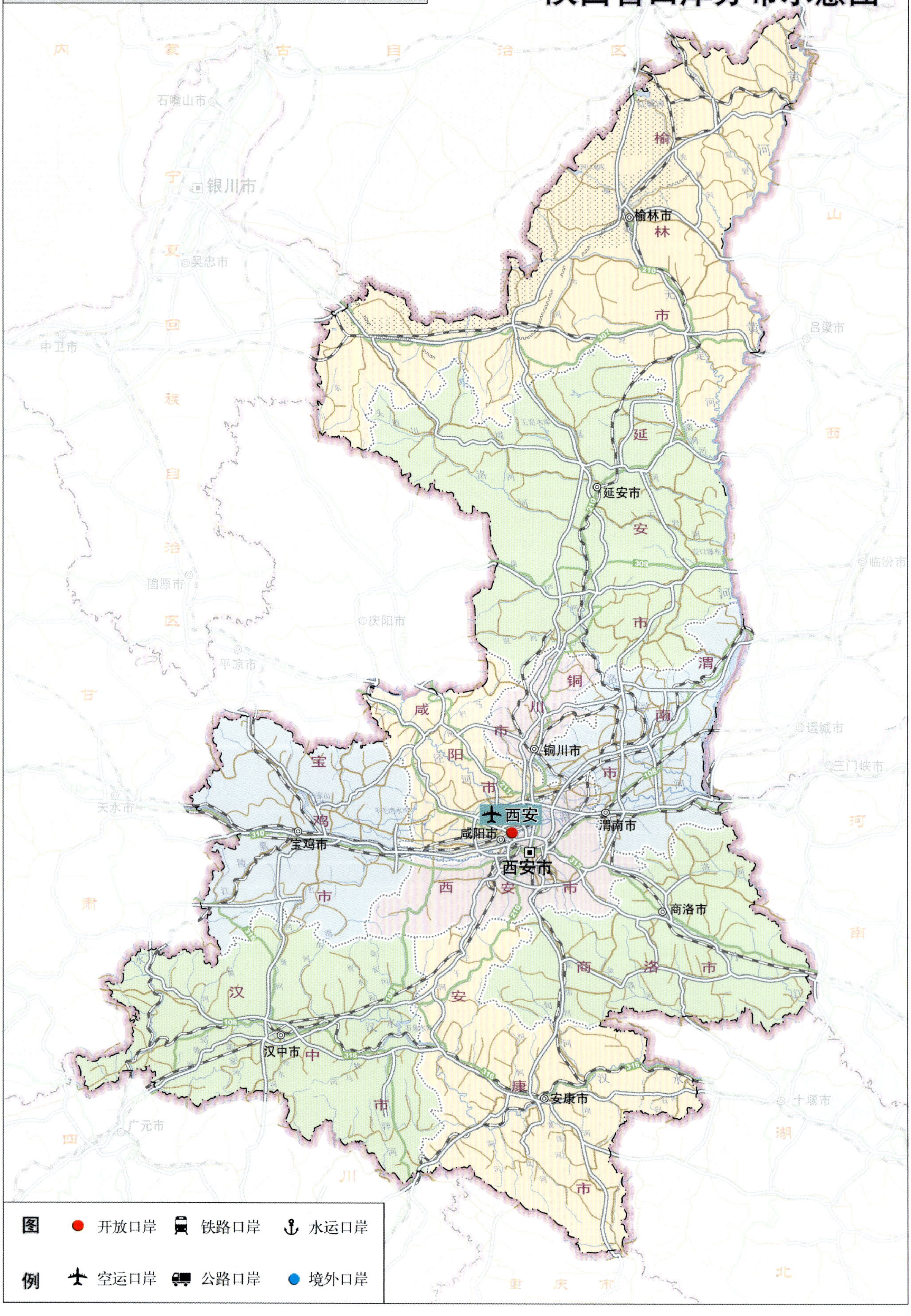

口岸数量及分布

截至2023年年底，陕西省有经国务院批准的对外开放口岸1个，即西安空运口岸（西安咸阳国际机场）。

口岸运行数据

2023年，西安空运口岸共验放国际航班0.63万架次，同比增长163.6%；保障旅客56.66万人次，同比增长1 248%；共监管进出口货邮3.64万吨，同比下降35.1%。

2023年，西安陆路（铁路）口岸（临时开放）共计开通面向中亚、南亚、西亚及欧洲的国际通道18条，覆盖欧亚大陆全境45个国家和地区。年内，中欧班列（西安）共开行5 351列，同比增长15.3%；运送货物464.8万吨，同比增长12.9%。其中，中欧方向开行4 648列（去程2 333列、回程2 315列），中亚方向开行703列（去程639列、回程64列）。

据西安海关数据统计，2023年陕西省进出口总值4 042.1亿元，位列全国第19位。

口岸综合管理

【加速推动航空口岸发展】 一是加快恢复国际客运货运业务。2023年，国际（地区）客货运航线恢复至33条。其中，国际（地区）客运航线25条，分别为西安至香港、澳门、曼谷、普吉、芭堤雅、东京、塔什干、阿拉木图、比什凯克、阿斯塔纳、阿什哈巴德、杜尚别、新加坡、首尔、济州、釜山、伦敦、莫斯科、芽庄、巴厘岛、加德满都、沙巴、悉尼、迪拜以及西安—青岛—首尔航线；国际货运航线12条，分别为西安至首尔、德里、布鲁塞尔、塔什干、东京、阿拉木图、新西伯利亚、大阪、乌兰巴托、普吉、首尔—西安—洛杉矶、首尔—西安—河内。二是加快推动省内支线机场口岸开放工作。经多方共同努力，12月国家口岸管理办公室批准榆林榆阳机场口岸进行为期3个月的临时开放，时间为2024年2月25日至5月25日。三是加快推进西安咸阳国际机场三期工程口岸项目建设工作。积极协调各口岸联检单位和运营单位，推动三期工程口岸项目各项工作顺利进行，可研、立项、初设、图设工作均已完成，9月开始施工建设，预计2025年试运行。四是协调保障重大外事活动通关礼遇。年内，共向陕西省口岸联检单位签发中国—中亚峰会、亚洲文化遗产保护联盟大会、上海合作组织总检察长会议等境外部长级团组及国内要客口岸通关礼遇协调保障函件33件，通关保障400余人次。

【加快推进铁路口岸发展】 一是持续做好中欧班列（西安）的通关协调保障工作。继续加强与边境口岸的沟通协调，进一步提升陕西省大宗商品、工程机械等重点进出口产品的通关效率，确保中欧班列（西安）开行量、货运量、重箱率等核心指标均稳居全国前列。二是探索建设陕西"单一窗口"铁路物流公共信息平台。有效解决铁路口岸物流公共信息多头填报、流转不畅、效率不高等问题，进一步提高西安铁路口岸的通关效率。

西安陆路（铁路）口岸（临时开放）

【有序推进陕西"单一窗口"建设】 一是持续做好陕西"单一窗口"运维保障工作。截至2023年年底，陕西"单一窗口"上线运行了国家标准版 23 大类 845 项服务功能，累计注册用户11 642家，服务外贸企业29 065家，全年共完成货物申报（报关）45.83 万票、舱单申报 28.46 万票、运输工具申报 4.5 万票，有力促进了陕西省外贸进出口业务的便利化。二是进一步完善陕西“单一窗口”地方特色服务功能。陕西“单一窗口”相继建成并上线运行了省属国有企业外贸数据服务平台、省属国有集团企业外贸数据服务平台、法律服务平台、数据验证报告、企业数据服务、企业二手车出口报关信息验证平台 6 个地方特色服务功能，完成了陕西“单一窗口”航空物流公共信息平台与国家标准版平台的正式对接工作，陕西“单一窗口”地方特色服务功能达到 16 大类 212 项。三是持续完善陕西省外向型产业地图。年内，依托陕西“单一窗口”已完成陕西省外向型产业地图的构建工作，实现了 2022 年度货物贸易、服务贸易、利用外资和对外投资合作的可视化展示。

【加快推进综合保税区建设提升】 一是全省综合保税区工作稳步推进。2023 年 2 月 27 日，西安航空基地综合保税区（二期）正式通过验收。西安铁路口岸和西安综合保税区一体化建设工作基本完成，西安高新综合保税区、西安关中综合保税区和西咸空港综合保税区空间优化整合顺利推进。2023 年，全省综合保税区累计实现进出口值 2 101.89 亿元，同比下降 28.52%，占同期陕西省外贸进出口值的 52%，入驻企业 420 家。二是配合完成了全省综合保税区发展绩效评估工作。邀请海关总署相关专家来陕，对列入发展绩效评估的陕西省 4 个综合保税区（西安关中、西安高新、西安、西安航空基地）进行政策培训和辅导。三是组织全省综合保税区开展精准招商活动。充分发挥综合保税区政策优势和服务优势，主动承接东南沿海开放型经济的产业转移，组织赴“京津冀”“长三角”“珠三角”开展精准招商活动，帮助综合保税区在大企业、大项目招商方面取得新突破，着力推进制造业企业入区，培育龙头企业，发展主导产业。

西安航空基地综合保税区（二期）正式通过验收

【持续优化口岸营商环境】 一是充分发挥陕西“单一窗口”的功能作用，多次举办中国（陕西）国际贸易单一窗口全国口岸收费及服务信息发布系统线上培训班，对全省 15 家口岸收费相关企业进行培训，引导口岸收费企业自行在“单一窗口”网站动态更新口岸收费目录清单内容，不断压缩进出口通关时间，提升口岸通关效率，持续优化口岸营商环境。二是创新开展跨境电商线上线下融合模式，在中国（陕西）自由贸易试验区 RCEP 企业服务中心创新开设线下展示店。国际快件产业园开启“7×24 小时”通关作业，通关等待时间缩减 1~2 个工作日，通关能力实现翻倍，2023 年国际快件通关量同比增长 40%。三是创新实施空运国际货物机坪“直装直提”模式，单票精密设备进口通关时效压缩 10 小时，设备搬运次数由 4 次减少至 2 次，进出口货物机坪“直提直装”改革实现了国际货物 24 小时“随到随提、随到随装”。

口岸监管与服务

【西安海关切实筑牢陕西口岸国门安全防线】 西安海关严把口岸卫生检疫关，落实新冠病毒感染“乙类乙管”部署，全面取消远端检测措施，优化进境人员健康申报模式。持续深化与全省联防联控机制合作，与陕西省卫生健康委制订陕西省境外输入新冠病毒变异株监测工作方案。坚持“多病同防”，加强猴痘、埃博拉等重大传染病监测，严防重大疫情从陕西省口岸传入。西安海关严把国门生物安全关，扎实开展“严防外来物种入侵三年专项行动”和“国门绿盾”“跨境电商寄递‘异宠’综合治理”等专项行动，严防重大动植物疫情和外来物种通过陕西口岸传入。2023年，截获有害生物49种230种次、外来物种53种56种次。西安海关不断提升全链条监管效能，守牢意识形态阵地，全年截获禁止进境非法出版物1 711本（册）。与陕西省文物局签署紧密合作机制备忘录，查发3起旅客携带文物出境案。保持打击走私高压态势，深入开展“国门利剑”等专项行动。年内，刑事立案23起、案值606.1万元，行政立案131起、案值1.3亿元。严厉打击涉枪、涉毒和重点涉税商品走私，查获枪支、零配件共221件，查获毒品4千克，首次在快件渠道查获冰毒，立案侦办雪茄走私案5起。

【西安海关全力助推陕西畅通对外开放大通道】 西安海关积极支持中欧班列（西安）集结中心建设，创新“安检前置、区港联动、抵港直装”监管模式，保障中欧班列（西安）全国首开全程时刻表班列，光伏组件、新能源汽车等出口专列成功开行，截至2023年年底跨境电商专列突破500列。融入国际陆海贸易新通道建设，积极拓展向南开放。积极参与国际陆海贸易新通道建设，保障“西部陆海新通道+中欧班列（西安）集结中心互联互通”班列、陕桂海铁联运班列常态化开行，有力促进与东盟贸易往来。2023年，陕西省对东盟进出口670.4亿元，同比增长5.3%。支持打造空中丝绸之路，扩大全方位开放。利用获批第五航权契机，促进陕西省加密国际货运航线，支持疫情期间航司“客改货”，西安空港常态化运营国际客货运航线达57条。年内，监管进出境航空器4 838架次、旅客48万人次，同比分别增长60%、1 400%。

【西安海关全力助推陕西提升开放平台能级】 西安海关落实首届中国—中亚峰会成果，高质量完成中国—中亚峰会通关保障，被陕西省委授予服务保障工作先进集体。峰会后积极跟进成果落实，助推西安率先通航中亚“五国六城”，延安苹果、柞水木耳首次出口中亚，乌兹别克斯坦樱桃首批落地西安。落实海关推动综合保税区高质量发展综合改革措施，大力宣传贯彻新修订的《综合保税区发展绩效评估办法》，大力助推提升陕西省综合保税区集聚辐射能力，提高规模质量效益。2023年，陕西省综合保税区实现进出口2 101.89亿元，占全省进出口总值的52%，其中西安高新综合保税区在全国综合保税区发展绩效评估中连续2年保持A类，西安航空基地综合保税区（二期）正式验收。依托自由贸易试验区，大胆开展改革创新和推广复制。国务院推出的7批改革试点经验中，涉及海关的59项制度在陕西省实施，具备复制推广条件的全部落地。自主创新的“海关智能电子关锁项目”获评陕西省“北斗系统应用优秀成果和典型案例”。2项创新举措拟在全省复制推广。不断拓展陕西省口岸功能。促成指定监管场地疫情转段后全面恢复业务。年内，粮食指定监管场地进口粮食产品1万吨，乌兹别克斯坦芸豆首次进口；肉类指定监管场地进口牛肉、鸡肉共526吨，种苗、食用水生动物指定监管场地实现泰国龙虾、荷兰树莓种苗首次进口。年内，检疫监管供港澳活牛3 532头，数量位居全国第1位。促成榆林榆阳机场口岸获批第3次临时开放，宝鸡陇县进境种羊、延安富县进境种猪隔离检疫场通过预验收。

【西安海关全力助推陕西省外贸主体增强活力】 西安海关针对陕西省重点投资项目建设需求，制定“免到场查验”“24小时预约通关”等个性化政策，助力企业稳产稳营。深入贯彻落实陕西省大力服务民营经济高质量发展10条措施和海关总署促进外贸保稳提质16条措施，西安海关和10个隶属海关着眼企业需求，制定“35+N”条细化措施，推广现场“一站式”办理、通关政策深度解读等经验做法，切实帮助民营企业办实事、解难题。建立“关长送政策上门”、结对帮扶、企业问题清零等机制，全力助企纾困解难。大力促进“新三样”产品激发外贸新活力，2023年，出口电动载人汽车3.3万辆、53.2亿元，同步分别增长 12.5 倍、11.5 倍。推进加工贸易持续高质量发展，上线运行加工贸易“云报核”系统，促成我国首单对南美印钞造币加贸业务。推进跨境电商业务拓展，备案海外仓达 23 家。推进国际快件全链条数字化监管，B 类快件业务量位列全国海关第 5 位、内陆第 1 位。主动上门宣讲 RCEP 和自贸协定税收优惠政策，加强技术性贸易措施研究和咨询服务，在 10 余个地方政务服务中心设立原产地证书自助打印点，年内签发各类原产地证书 2 万份。

【西安海关全力助推陕西省优化外贸营商环境】 西安海关扎实开展主题教育，深入践行“四下基层”，2023 年两级党委赴业务一线调研百余次，现场解决问题 200 余个。大力推进智慧海关建设和“智关强国”行动，先行先试开发快件领域“全景式智能汇审系统”，推进西安港智慧物流监管系统（二期）建设，上线出口检疫证书“云签发”系统，推动西安空港三期规划建设“智慧旅检”、航空物流智能监管平台。强化统计分析研究，报送陕西省委、省政府专题调研报告 26 篇，获省领导批示 6 篇次。认真贯彻落实海关总署出台的海关优化营商环境 16 条措施，西安海关结合陕西省实际，立足“营商环境突破年”，细化制定 28 项举措，助力陕西省积极构建开放、服务、创新、高效的口岸营商环境。持续深化改革，推广“两步申报”“先放后检”等措施，采取随到随检、随检随放模式，保障进出口货物快通关。持续压缩通关时间，2023 年陕西省进、出口整体通关时间较 2017 年均压缩 50%以上。

【陕西出入境边防检查总站以最严要求抓好查缉管控】 坚决贯彻落实总体国家安全观，陕西出入境边防检查总站出台关于维护国家政治安全工作的意见、维护国家政治安全和社会稳定工作实施方案。统筹推进“獴猎”“犁平”行动，提炼“数据预警—分析研判—查验处置—移交推送—联合执法”检查战法，综合运用询问盘查、背景审查、数据模型筛查和行李物品检查等手段，对在控对象、在逃人员、疑似涉跨境赌诈犯罪活动等人员进行查验。持续推行“边检+出入境+N”联合执法办案工作机制，会同陕、吉、黑等出入境管理部门侦办“3·16 组织他人非法出境务工案”“5·26提供伪造出入境证件案”，联合执法办案成效显著。

【陕西出入境边防检查总站以最高标准打赢峰会安保】 紧盯首届中国—中亚峰会安保任务，持续做好情报信息共享、联合分析研判和口岸管控协作，建立专勤专训、专人专岗、专职专责工作机制，密切与省外办、省专项活动领导小组安保指挥部沟通对接，持续做好情报信息共享、联合分析研判和口岸管控协作，圆满完成首届中国—中亚峰会安保任务。工作成绩受到陕西省委书记赵一德勉励肯定，陕西省专项活动安保总指挥部、机场任务执行团队分别发来感谢信，1 个集体、2 名个人荣立二等功。

【陕西出入境边防检查总站以最实举措助力陕西发展】 针对新冠病毒感染实施“乙类乙管”后出入境客流攀升情况，陕西出入境边防检查总站采取发布客流预警、加大警力投放力度、启用快捷通道等措施，确保出入境旅客快速通关。加强与陕西省口岸办、榆林市政府等单位的沟通对接，全力做好榆林榆阳机场第 3 次临时开放各项准备。充分发挥 12367 服务平台作用，2023 年接听咨询电话 3 998 个，同比增加 2.4 倍，群众整体满意率 99.64%，团省委赠旗致谢。陕西出入境边防检查总站连续 3 年获评“服务陕西经济社会发展优秀中央驻陕单位”。

【陕西出入境边防检查总站深化执法规范化建设】 为深入贯彻习近平法治思想，严格落实重大执法决策的合法性审查和风险评估机制，陕西出入境边防检查总站党委每半年研究部署法治建设，制定执法质量考核评议实施细则等制度规定 3 个，新选 27 名兼职法制员，定期开展现场执法活动音视频记录检查，强化执法全流程全要素监督，力推执法规范化建设再上新台阶。

【陕西出入境边防检查总站强化科技信息化运用】 陕西出入境边防检查总站认真学习领会全国移民管理信息科技工作会议精神，全面推进“数字国门”建设，通过完善使用管理、加强日常维护和做好电子签名相关功能准备等工作，为切实提升执法规范化水平和执法效率打下坚实基础。陕西出入境边防检查总站在T5航站楼执法办案区设计中，参考广州白云、深圳宝安等机场口岸经验，结合西安空运口岸实际情况，深化设计执法办案区定位系统、5G图传指挥系统和办案区巡查系统等，通过高新应用，实现执法办案区智能化管理。

开放口岸

【西安空运口岸（西安咸阳国际机场）】

西安咸阳国际机场位于陕西省西安市西北方向的咸阳市渭城区，距西安市区25千米，距咸阳市13千米，海拔高度479米，是中国西北地区最大的空中交通枢纽，也是国家规划建设的8大国际枢纽机场之一。机场有2条跑道，南飞行区等级为4F级，北飞行区等级为4E级，可起降空客380等大型客机。机场建有3座航站楼，总面积39.5万平方米，设有登机廊桥50个、安检通道47条；2座货站，货运库房面积共5.07万平方米，设有海关监管库、危险品库、贵重物品库、冷冻冷藏库及鲜活库等，可满足多种货物的存储和运输要求。机场保障设施可保障年旅客吞吐量5 000万人次、货邮吞吐量40万吨的需要，硬件设施达到国际先进水平。机场三期扩建工程已于2020年7月22日正式开工，建成后可满足年旅客吞吐量8 300万人次、货邮吞吐量100万吨的保障需求。国际旅客服务区位于T3航站楼，总建筑面积约2万平方米，设登机廊桥7个、安检通道6条、国际航班专用停机位11个，可保障波音747和空客A340型飞机停靠。国际货物保障区位于机场南飞行区航空货运区内，包括共3.1万平方米的A02国际货站区和A03国际快件监管中心，9个货机专用机位，可用于国际货物监管、快件分拨、运输等，设计年保障能力12.5万吨。其中，国际快件监管中心拥有环形查验线300米，具有专业化、一站式清关监管服务功能，每小时可处理快件1 800件，快件处理能力在全国机场处于领先水平。2023年，围绕“做强亚洲、做优丝路、联通全球”的思路，西安咸阳国际机场恢复及新开至曼谷、新加坡、迪拜、悉尼等国际客货运航线，织密日韩、东南亚网络，覆盖中亚五国六城，联通洲际重要支点。设立航空物流中亚代表处，稳定运营中亚货运航线160班，服务进出口货值超6亿元，重塑“向西开放”门户优势。西安咸阳国际机场具有进境药品、食用水生动物、水果、肉类、植物种苗5类指定监管场地。2023年，各监管场地业务量较前显著提升，共计完成70.4吨，其中水果46.7吨、水生动物8.3吨、药品14.3吨、肉类1吨、种苗0.1吨。

【西安陆路（铁路）口岸（临时开放）】

2014年10月，国家口岸管理办公室批准位于西安国际港务区内的铁路车站作为临时口岸对外开放。口岸占地约373.33万平方米，年集装箱吞吐量540万标箱、运力6 600万吨，有铁路作业线59条、国际集装箱作业到发线18条，集装箱堆场69万平方米，标准仓库18万平方米，建成全国首个内陆自动化无人码头和全国第1个拥有3束6线的铁路集装箱中心站，可满足中欧班列（西安）每年1万列以上开行需求。2023年，中欧班列（西安）中亚方向常态化开行了西安至哈萨克斯坦阿拉木图、乌兹别克斯坦塔什干等干线，并通过多式联运覆盖中亚五国；南亚方向开行西安至尼泊尔加德满都、巴基斯坦伊斯兰堡公铁联运线路；西亚方向开行伊朗（德黑兰）、阿塞拜疆（巴库）等线路，面向中亚、南亚、西亚国家的通道加快形成；东南亚方向开行了西安至越南、老挝等线路；欧洲方向常态化开行了西安至德国汉堡、波兰马拉舍维奇、俄罗斯莫斯科等线路；向东开行了西安至青岛、上海、连云港等沿海港口的铁路图定班列440列，同比增长22.9%，通过海铁联运快速到达世界各地。

2023 年陕西省口岸大事记

1 月 3 日

西安至香港航线复航。

1 月 6 日

西安至阿拉木图客运直飞航线复航。

2 月 10 日

西安至塔什干客运直飞航线复航。

2 月 11 日

西安至比什凯克客运直飞航线开通。

2 月 15 日

西安至普吉全货运航线开通。

2 月 16 日

西安至曼谷客运直飞航线复航。

2 月 25 日

西安至乌兰巴托全货运航线开通。

2 月 27 日

西安航空基地综合保税区（二期）正式通过验收。

2 月 28 日

陕西出入境边防检查总站研究报告《贯彻落实“十四五”移民管理事业发展规划陕西边检总站重点、难点、亮点浅析》，获 2022 年度全国移民管理系统综合研究成果三等奖。

3 月 3 日

陕西出入境边防检查总站成立“国门警色”爱心团队，在西安空运口岸出入境执勤现场设立“雷锋服务岗”。

4 月 10 日

西安海关上线出口检疫证书“云签发”系统。

4 月 10 日

陕西出入境边防检查总站获评“服务陕西经济社会发展优秀中央驻陕单位”。

4 月 16 日

国家移民管理局副局长刘海涛到西安空运口岸调研指导工作。

4 月 21 日

西安至阿斯塔纳航线开通。

4 月 27 日

陕西出入境边防检查总站荣获“陕西省五一劳动奖状”。

5 月 12 日

中国（陕西）国际贸易单一窗口省属国有企业外贸数据服务平台、省属国有集团企业外贸数据服务平台正式上线。

5 月 13 日

西安至阿什哈巴德国际客运航线开通。

5 月 13 日

中国（陕西）国际贸易单一窗口法律服务平台正式上线。

5 月 18 日

西安至杜尚别国际客运航线开通。

5 月 23 日

陕西省委常委、西安市委书记方红卫一行到西安空运口岸调研。

5 月 27 日

西安海关、陕西出入境边防检查总站被陕西省委、省政府授予服务保障中国—中亚峰会先进集体。

6 月 1 日

中国（陕西）国际贸易单一窗口数据验证报告、企业数据服务正式上线。

6 月 9 日

陕西首条 TIR 国际跨境公路货运线路（西安—哈萨克斯坦）开通。

7 月 9 日

西安至加德满都客运直飞航线复航。

7 月 14 日

中国（陕西）国际贸易单一窗口企业二手车出口报关信息验证平台正式上线。

8 月 3 日

中欧班列（西安—塔什干）陕乌经贸合作隆基绿能光伏组件出口专列首发仪式在西安陆路（铁路）口岸举行，陕西省省长赵刚出席仪式并宣布发车。

8月17日

中国（陕西）国际贸易单一窗口大数据分析平台荣获2023年陕西省企业“三新三小”创新竞赛优胜奖。

8月30日

西安至迪拜客运直飞航线复航。

11月1日

推动综合保税区高质量发展综合改革实施方案政策宣讲会在西安召开。

12月6日

国家口岸管理办公室批准榆林榆阳机场口岸第3次临时开放。

12月6日

优化口岸营商环境暨世界银行营商环境新评估体系“国际贸易”政策宣讲会在榆林召开。

（撰稿人：尹安治、裴杨、田原）

2023 年陕西省口岸流量统计表

口岸类型	口岸名称	货运量（万吨）				集装箱量（万标箱）				人员（万人次）				交通工具（辆、艘、架、列次）			
		出口	进口	合计	同比（%）	出口	进口	合计	同比（%）	出境	入境	合计	同比（%）	出境	入境	合计	同比（%）
空运口岸	西安	2.45	1.19	3.64	−35.1					28.60	28.06	56.66	1 249.05	3 160	3 229	6 389	163.6
	分计																
陆路口岸 公路口岸																	
	分计																
陆路口岸 铁路口岸	西安（临时开放）	258.15	206.65	464.80	12.9	24.37	19.51	43.88	15.35					2 972	2 379	5 351	15.3
	分计																
合计		260.6	207.84	468.44		24.37	19.51	43.88		28.60	28.06	56.66		6 132	5 608	11 740	
同比（%）		17.10	6.71	12.25		19.46	10.60	15.35		3 764.86	710.98	1 249.05		67.95	64.36	66.22	

（陕西省口岸办提供）

2023年西安海关主要数据统计表

项　目		2023年	2022年	同比（%）
进出口货运量（万吨）	合计	263.5	278.6	-5.41
	进口	50.3	91.7	-45.10
	出口	213.2	186.9	14.04
进出口贸易总值（万美元）	合计	4 387 961.0	5 918 202.5	-25.86
	进口	1 493 326.5	2 089 751.9	-28.54
	其中：江、海运输	178 820.9	253 349.9	-29.42
	铁路运输	154 668.9	289 523.6	-46.58
	汽车运输	7 066.2	219 275.4	-96.78
	航空运输	1 150 036.9	1 326 165.0	-13.28
	邮件运输	1 184.8	1 327.4	-10.74
	其他运输	1 548.8	110.6	1 300.65
	出口	2 894 634.4	3 828 450.6	-24.39
	其中：江、海运输	70 562.2	116 146.5	-39.25
	铁路运输	1 073 699.0	1 038 530.8	3.39
	汽车运输	87 819.1	102 722.5	-14.51
	航空运输	1 661 130.0	2 569 741.7	-35.36
	邮件运输	292.8	196.0	49.35
	其他运输	1 131.3	1 113.0	1.64
税收（万元人民币）	两税合计	416 363	645 764	-35.52
	关税入库	87 036	119 407	-27.11
	进口环节税入库	329 327	526 357	-37.43

（西安海关提供）

2023年陕西省口岸出入境主要数据表

项目			2023年	2022年	同比（%）
出入境人员（人次）	出入境人员总数		618 210	57 391	977.19
	入境人员		310 387	43 770	609.13
	出境人员		307 823	13 621	2 159.91
	出入境旅客		569 329	41 849	1 260.44
	出入境员工		48 881	15 542	214.51
	中国公民	小计	458 422	33 113	1 284.42
		内地居民（因公）	7 750	2 771	179.68
		内地居民（因私）	419 768	30 255	1 287.43
		港澳居民	25 819	56	46 005.36
		台湾同胞	5 085	31	16 303.23
	外籍人员		110 907	8 736	1 169.54
	从海港出入境人数				
	从陆港出入境人数				
	从空港出入境人数		110 907	8 736	1 169.54
交通运输工具（辆、艘、架、列次）	总计		5 768	2 369	143.48
	船舶				
	飞机		5 768	2 369	143.48
	火车				
	机动车辆				

（陕西出入境边防检查总站提供）

甘　肃　省

甘肃省口岸分布示意图

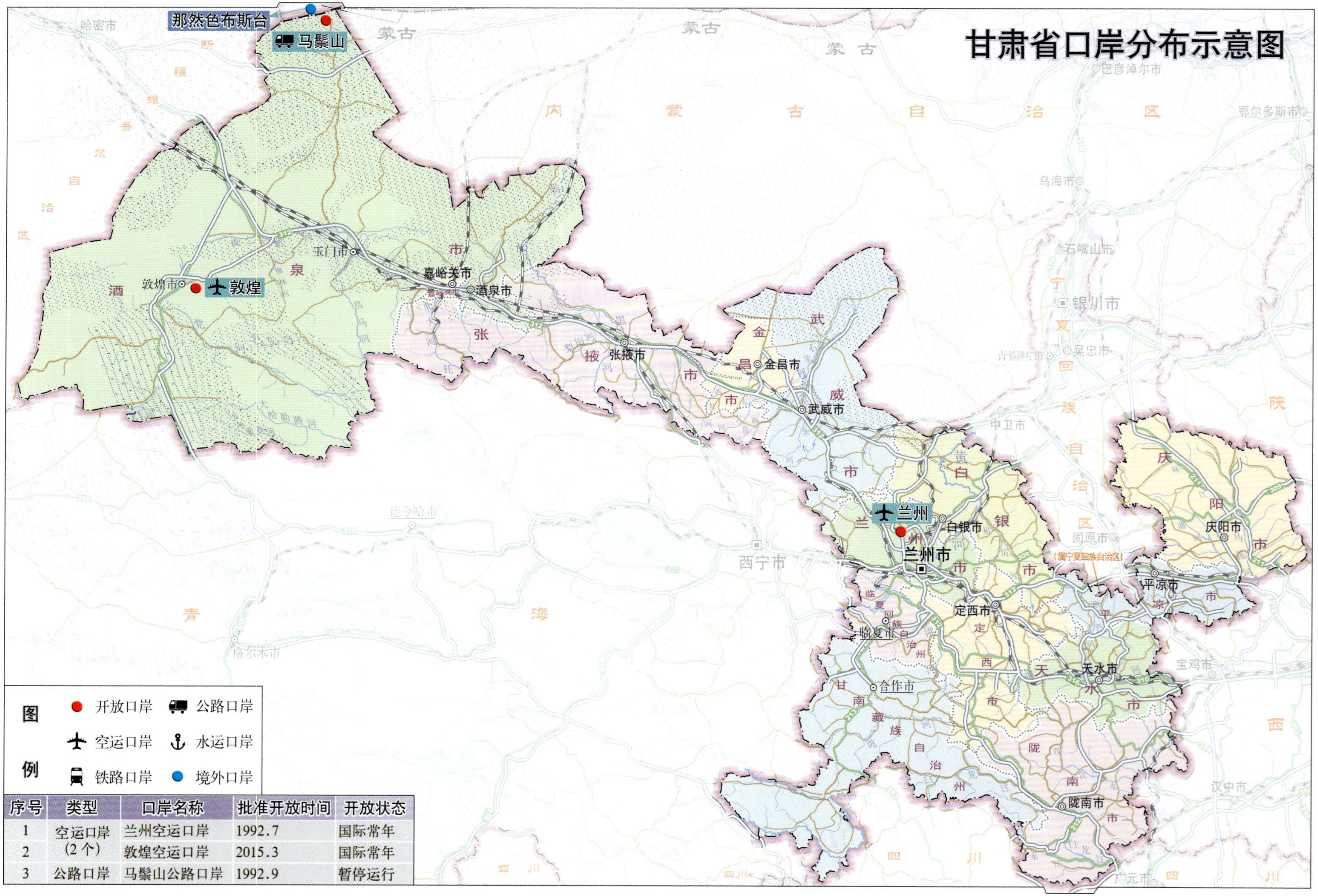

序号	类型	口岸名称	批准开放时间	开放状态
1	空运口岸（2个）	兰州空运口岸	1992.7	国际常年
2		敦煌空运口岸	2015.3	国际常年
3	公路口岸	马鬃山公路口岸	1992.9	暂停运行

口岸数量及分布

截至2023年年底，甘肃省共有经国务院批准的对外开放口岸3个。其中，空运口岸2个，分别为兰州空运口岸（兰州中川国际机场）和敦煌空运口岸（敦煌莫高国际机场）；陆路（公路）口岸1个，即马鬃山陆路（公路）口岸。

口岸运行数据

2023年，甘肃省空运口岸完成出入境人员39 625人次，同比增长11.6倍；出入境飞机403架次，同比增长24倍。其中，兰州空运口岸完成出入境人员38 855人次，同比增长11.38倍，出入境飞机395架次，同比增长23.69倍；敦煌空运口岸完成出入境770人次，飞机8架次。

2023年，兰州海关共监管进出口货物131.6万吨，同比下降11%。其中，进口货物129.6万吨，同比下降11.3%；出口2万吨，同比增长21.3%。

口岸综合管理

【加快完善口岸平台功能】 2023年，甘肃省口岸办推动兰州中川机场三期改扩建口岸查验配套设备设施建设，2次召集有关单位讨论机场三期口岸查验配套设施可行性研究报告，协调联检单位压减非刚性口岸查验配套设备设施。与甘肃省公安厅出入境管理局就开展口岸签证业务进行协调沟通，完善基础设施，优化查验流程，8月底口岸签证业务在甘肃顺利开通，为特定外籍人员来甘提供快捷便利通道。

【推动口岸平台运营实现突破】 甘肃省口岸办加强与海关、边检等部门的密切协作配合，指导甘肃省民航物流公司积极对接国内外航空公司、货运企业开辟国际和地区货运新航线。2023年，兰州航空口岸完成出入境人数3.89万人次，同比增长11.38倍，新开通兰州至莫斯科、新西伯利亚、阿拉木图3条国际货运航线，恢复澳大利亚至兰州活体动物货运包机和兰州至泰国腹舱带货业务，年内兰州航空口岸执飞国际和地区货运包机74架次，完成国际航空货运量2 483吨，创历史最佳水平。敦煌航空口岸新开通敦煌至印度尼西亚（雅加达）客运航线。

【大力推进口岸平台招商】 甘肃省口岸办支持督促各口岸平台加强口岸招商引资，兰州新区综合保税区积极赴深圳、惠州、赣州等地开展招商活动，2023年新增注册企业33家、新落地加工项目5个，亚麻籽保税加工项目正式投产，完成进出口54.1亿元。指导武威陆港按照提升行动计划，赴山东、天津开展招商对接，推动保税物流中心运营提升，进口木材、肉类指定口岸常态化运营，武威保税物流中心全年完成进出口1.74亿元。

【深化国际贸易“单一窗口”推广应用】 深化国际贸易“单一窗口”推广应用，2023年举办了线上线下培训13期，分别对原产地证、货物“两步申报”、中国出口信用保险公司保险及金融服务等实际操作给予了培训授课，主要业务覆盖率达100%。赴定西、酒泉、庆阳、兰州、陇南、天水等市州实地走访进出口企业“点对点”宣传推广国际贸易“单一窗口”及实际应用解答。

【加强口岸区域合作】 参与建立口岸区域合作联席会议机制，2023年同内蒙古、新疆、西藏、青海等14省（自治区、直辖市）签订了《十四省区市口岸区域合作备忘录》，将共同解决口岸工作中遇到的重大问题和困难，为企业业务对接搭建平台，促进跨境贸易便利化。通过加强口岸联系机制，协调解决了甘肃企业通关出境受阻的问题，为企业进出口贸易提供服务保障。

口岸监管与服务

【兰州海关持续做好进出口商品检验】 2023年，兰州海关共检验监管进出口商品1 389批，同比增长31.29%；货值89 832.74万美元，同比增长120.30%；商品种类主要包括机电仪器、铜精矿、稀土、化工产品等。其中，进口 305 批，同比增长 95.51%，货值 71 309.85 万美元，同比增长 206.63%，商品种类主要包括机电仪器、铜精矿、化工品等；出口 1 084 批，同比增长 20.18%，货值 18 522.89 万美元，同比增长 5.72%，商品种类主要包括稀土、危化品、化肥等。检验鉴定出口危险货物包装 1 349 批，同比增长 52.95%；共 1 168 317件（含危险货物包装性能检验和使用鉴定），同比增长 180.56%。

【兰州海关不断强化口岸卫生检疫】 2023 年，兰州海关与相关部门签署《全面加强协作应对处置口岸突发公共卫生事件合作协议》《甘肃省口岸疫情疫病数据共享协作机制》；实施特殊物品卫生检疫审批 25 批次；在出入境人员中开展艾滋病、传染性肺结核、病毒性肝炎和性病等传染病监测体检，检出传染病 13 例；敦煌莫高国际机场口岸顺利通过国家口岸公共卫生核心能力考核验收；开展口岸卫生监督抽检和口岸食品安全抽检工作，实现监督全覆盖；在全省 3 个对外开放口岸开展病媒生物监测，捕获并送检病媒生物 3 224只。

敦煌航空口岸顺利通过海关总署口岸公共卫生核心能力达标考核

【兰州海关筑牢进出境动植物检疫防线】 2023 年，兰州海关积极支持甘肃省外繁制种产业发展，与甘肃省农业农村厅、酒泉市政府分别签署甘肃农业高质量发展和推进外繁制种产业高质量发展合作备忘录，推动建成“酒泉种业公共检测平台”。挖掘培育农食产品出口增长点，助力甘肃省优质“甘味”农产品拓宽市场、扩大出口。兰州关区鲜切玫瑰等 5 种产品实现首次出口，鲜葡萄等 17 个产品首次扩大出口到白俄罗斯等 22 个国家。截至 2023 年年底，兰州关区在册进出境动植物及其产品生产、加工、存放企业共 431 家。年内，完成进出境动植物及其产品检验检疫 14 892 批，货值 22.63 亿美元。检疫监管供港澳活牛 1 081头、进境种羊 1 585 只，检出阳性动物 52 只（头）。进境种子检出检疫性有害生物 5 种类 10 种次。

【兰州海关深化进出口食品安全监管】 2023 年，兰州海关持续开展进出口食品安全风险监督抽检和安全风险监测工作，推动 98 个监测样品任务落实。开展跨境电商网购保税进口食品“健安 2023”专项行动，打击进口保健品违法添加行为。组织全省 17 家进口食品企业共同签署质量安全承诺书。收集兰州关区出口食品农产品境外通报信息，对出口禽肉、调料、玉米片、腌渍菜、葵花籽、苹果等 13 批产品开展境外通报核查，并督促企业整改。全力保障粮油、肉类等重要资源产品进口，指导隶属海关监管进口油籽类产品 3.2 万吨，货值 1 485.62 万美元；监管进口牛肉、冻鸡爪等 42.6 吨，货值 128.5 万元。开展食品安全宣传周活动，参加食品安全宣传周启动仪式和 2 期访谈电视节目录制，组织各类活动 13 场次，参与人数超过 900 人，印发材料 1.5 万份，开展咨询服务 170 余人次。全年，兰州关区未发生进出口食品质量安全事故。

【兰州海关全力推进打击走私犯罪】 2023 年，兰州海关扎实开展“国门利剑 2023”等联合行动和专项打击，不断深化全员打私，全力推进反走私综合治理，着力提升缉私专业能力。年内，共侦办走私刑事案件 4 起，同比增长 33.3%。其中，立案侦办涉税走私犯罪案件 2 起，案值 283 万元，同比分别增长 50%、270.4%；办结涉税、非涉税走私犯罪案件各 1 起。年内，立案调查违规及其他违法案件 33 起，案值 5 549.2 万元，同比分别增长 725%、下降 31.5%。严厉打击海南离岛免税“套代购”走私，派出精干警力参加“护航

2023”专项打击行动，加大情报搜集和套代购走私案件新特点新手法分析研究力度，挖掘新线索，年内侦办案件2起，案值283万元。严厉打击濒危物种走私，推进“护卫2023”行动，侦办案件1起，移交处置濒危物种及其制品159件、23.9千克。严厉打击武器弹药走私，开展“国门勇士2023”行动，处置仿真枪及零部件439件。严厉打击毒品走私，开展“净边2023”行动，侦办案件1起，顺利移送检察部门审查起诉。严厉打击重点涉税商品走私，联合地方公安，本着“联合经营、分别立案、共同侦办、合并起诉”的合作共识，侦办涉嫌走私烟草制品案件1起，查获走私香烟707条、烟弹587条，案值1.2亿元，被国家烟草专卖局列为督办案件。

【兰州海关持续深化综合治税】 2023年，兰州关区税收入库27.6亿元，同比增加4.2%。其中，关税1 176.7万元、增值税27.4亿元、消费税300.3万元。征税主要贸易方式为一般贸易与加工贸易内销，主要税源商品为大宗矿产品。持续推进税收征管改革，全年甘肃省共有8家企业申报的809票报关单应用汇总征税，担保本地税款合计17.8亿元，占同期入库总额的64.7%。其中，应用集团财务公司担保本地税款13.9亿元，占同期关区全部担保税额的80.1%，为甘肃省企业节省直接担保成本约200万元。落实税收优惠政策，全年共签发进出口货物征免税确认通知书797份，同比增加43.3%，货值2.03亿美元，同比增加212.8%；审核确认减免税款1.96亿元，同比增加264%，其中减免关税1 154.9万元、减免增值税1.85亿元。签发原产地证书助力企业出口享惠，共签发各类原产地证书4 536份，签证金额3.2亿美元。其中，签发优惠原产地证书1 768份，签证金额1.1亿美元；签发RCEP原产地证书144份，签证金额1 299万美元，签发输日本RCEP原产地证书量占比超九成。

【兰州海关助推综合保税区高质量发展】 2023年，兰州新区综合保税区进出口值54.1亿元，占同期甘肃省外贸总值的11%。不断优化监管，提升便利化水平，推动海关总署各项改革措施和自贸区改革事项落地实施，2023年自贸区第七批改革事项——出口检验检疫证单“云签发”已在兰州新区综合保税区落地实施。积极拓展新业态，助力跨境电商发展。升级跨境电商管理平台、支持电商企业整合运作、推进跨境电商商品区区结转和区内结转等一系列“组合拳”，实现了区内跨境电商网购保税业务快速增长。协调联动，发挥政策叠加效应。加强部门间协调建立高效工作机制，推动兰州新区综合保税区一般纳税人企业试点业务开展，区内一般纳税人试点企业55家，业务范围涉及亚麻籽加工、电子加工、木材加工等。打击虚假贸易，维护良好外贸秩序。排查兰州新区综合保税区内300余家注册企业，将18家存在虚假贸易行为的高风险企业进行通报，加强入区企业规范管理，共同维护良好外贸秩序。

【兰州海关持续优化口岸营商环境】 2023年，兰州海关主动融入甘肃“优化营商环境攻坚突破年”行动，制定兰州海关优化营商环境20条细化举措，通过新闻发布会等形式强化宣传引导，并建立落实成效持续跟踪问效机制，组织开展促进外贸稳规模优结构专题调研，持续提炼工作优化经验。组织兰州关区技术性贸易措施专家围绕甘肃省水果、种子等出口优势产品，面向共建“一带一路”国家和地区等重点市场，编印《甘肃主要出口产品技术性贸易措施应对指南（2023版）》，向兰州关区140余家地方政府相关部门、行业协会、外贸企业发放，切实提升企业技术性贸易措施应对能力和技术性贸易措施研究工作影响力。

【兰州海关全力服务经济发展】 2023年，甘肃省对共建“一带一路”国家和地区进出口366.6亿元，占同期甘肃省外贸总值的74.6%。全力支持保障甘肃有色金属大宗资源性产品进口，对金川公司开展全国海关首个优化进口铁路运输铜精矿监管通关试点工作，大幅提高通关效率，有效压缩口岸环节通关时间，节约企业物流及通关成本。积极指导企业运用进口种子“卡车航班”转关模式，保障进境种子物流通畅。积极推广进口汽车整车第三检验结果方采信制度，整合优化车辆起卸、查验等口岸作业环节流程，压缩业务办理时间，加快检验证书签发。运用西部陆海新通道及黄河流域生态保护和高质量发展关际合作机制，加强与乌鲁木齐海关、南京海关等口岸海关协作配合，为提高甘肃省主要进出口商品口岸物流通关效率提供支持。加强源头管理，对供港蔬菜、出口肉类等重点产品开展风险监测，对出口鲜菜等鲜活易腐农食产品根据实际需求提前取样检测。对低风险出口危化品实行“集中查验+分批出口”检验模式，有效节约企业经营成本。采取远程查验、视频监管等多种方式有效解决企业难题。积极推动马鬃山口岸复通工作，召开专题会议研究部署做好工作配合，针对蒙方诉求提出海关意见建议。

【甘肃出入境边防检查总站捍卫国家政治安全】 2023 年，甘肃出入境边防检查总站坚持以习近平新时代中国特色社会主义思想为指导，始终把维护国家政治安全摆在首位，立足甘肃承东启西、连南通北等区位特点，强化底线思维，坚决守牢祖国西北边陲政治安全。综合运用口岸查缉、联合办案等手段，依法重拳打击妨害国（边）境管理、跨境赌诈等违法犯罪，深化“三非”外国人治理，坚决维护正常出入境管理秩序。年内，验放出入境人员 39 625 人次、国际及地区航班 3 139架次，先后圆满完成了兰州至泰国、越南、沙特、中国香港等国家及地区客运包机、朝觐包机和兰州至哈萨克斯坦、俄罗斯货运包机出入境边防检查工作。

【甘肃出入境边防检查总站维护口岸安全稳定】 按照国家移民管理局统一部署，甘肃出入境边防检查总站全力开展系列专项打击整治行动，充分发挥边检“数据赋能”优势，采取专案经营、专班侦办、“边检+出入境”联合办案模式，会同地方公安开展“边检+出入境”联合办案，构建“以数据为关键要素，以情报导侦为主攻方向，以合成研判为主要手段，以服务实战为主要目标”的数据化情报导侦新机制，联合兰州、酒泉、天水、临夏等地公安机关打掉了一批组织偷渡犯罪团伙，有力维护了甘肃省口岸边境安全稳定。

【甘肃出入境边防检查总站加强边检品牌建设】 深化推进移民管理机构“放管服”改革，积极落实国家移民管理局“我为群众办实事”11 项便利措施、服务便利企业生产经营活动若干举措，推行货机 7 项便利化措施，完善“两公布一提示”机制，巩固落实中国公民出入境通关排队候检不超过 30 分钟措施，建强用好 12367 移民管理政务服务平台，提升出入境人员舒适度和获得感。积极履行人道主义救助义务，共为 6 名紧急救助旅客开通绿色通道，实现了生命救治“零等待”，以国门卫士的使命担当打造靓丽“国门名片”。

开放口岸

【兰州空运口岸（兰州中川国际机场）】 兰州中川国际机场位于甘肃省兰州市兰州新区，距市区约 75 千米，飞行区等级 4E，是西北地区主干机场之一，甘肃省省会兰州市的空中门户、西北地区的重要航空港、国际备降机场。兰州中川国际机场始建于 20 世纪 60 年代末，于 1970 年 7 月正式建成通航，定名兰州中川机场；2001 年，完成一期扩建工程；2013 年，正式提升为空运口岸，更名为兰州中川国际机场；2015 年年初，完成二期扩建工程。为了更好地打造西部区域枢纽机场，促进全省对外贸易的快速发展，甘肃省委、省政府于 2017 年正式启动兰州中川国际机场三期扩建工程，该项目是列入国家重点基础设施建设 3 年滚动计划（2018—2020 年）的重点实施项目、国家民航“十三五”发展规划的区域枢纽机场扩建项目和省列重大建设项目。2020 年 9 月 9 日，兰州中川国际机场三期扩建工程正式开工建设，以 2030 年为设计目标年，按照年旅客吞吐量 3 800 万人次、货邮吞吐量 30 万吨、飞机起降架次 30 万架次的目标进行设计，建设工期为 4 年。2023 年 2 月 18 日，兰州中川国际机场三期扩建工程 T3 航站楼主体结构顺利合拢。截至 2023 年年底，兰州空运口岸开通兰州至泰国、越南、日本、马来西亚等 38 条国际及地区客运航线，开通兰州至迪拜、墨尔本、曼谷、新加坡等 17 条国际及地区货运航线。年内，兰州空运口岸完成出入境人员 38 855 次，同比增长 11.38 倍；出入境飞机 395 架次，同比增长 23.69 倍。

【敦煌空运口岸（敦煌莫高国际机场）】 敦煌莫高国际机场位于甘肃省酒泉市敦煌市，是乌鲁木齐国际机场的主要备降场。敦煌机场始建于 1982 年 2 月，按能起降 An-24 及以下飞机建造，1982 年 7 月试飞成功，机场等级为 3C 级，之后机场不断扩建。2015 年 3 月 6 日，敦煌空运口岸获批临时对外开放。T3 航站楼扩建工程于 2015 年 12 月 31 日开工，2016 年年底完工，其中新建航站楼 1.02 万平方米，跑道由跑道向东延长 600 米至 3 400米，飞行区等级由 4C 提升为 4D 并满足 E 类飞机备降，总投资达 10 亿元。2019 年 2 月 18 日，海关总署正式公布敦煌空运口岸对外开放。2019 年，甘肃省政府批复《大敦煌文化旅游经济圈发展规划（2 019—2030 年）》《甘肃（敦煌）国际空港总体规划（2019—2030 年）》，围绕敦煌航空口岸重点培育集客货集散、旅游服务、物流仓储、综合贸易、会议展览、园艺农业和文娱体育等功能于一体的临空产业。截至 2023 年年底，敦煌空运口岸开通敦煌至柬埔寨、印度尼西亚（雅加达）、中国香港 3 条国际及地区客运航线。年内，敦煌空运口岸完成出入境 770 人次、飞机 8 架次。

【马鬃山陆路（公路）口岸】 马鬃山公路口岸位于甘肃省酒泉市肃北蒙古族自治县马鬃山镇，西邻新疆，南接酒泉玉门市、酒泉瓜州县，东靠内蒙古自治区的额济纳旗，西北部与蒙古国戈壁阿尔泰省相连，边境线长约 65 千米。马鬃山公路口岸向西约 300 千米与新疆哈密老爷庙口岸相邻，向东 350 千米与额济纳旗克口岸相邻。1992 年 9 月，国务院批准设立马鬃山公路口岸并对外开放；1993 年 8 月，由于蒙古国单方面原因，关闭了那然色布斯台口岸，致使马鬃山口岸关闭至今。近年来，甘肃省将推进马鬃山口岸复通作为融入“一带一路”建设和“兴边富民、强边固防”的重要举措，制订工作方案，积极推动马鬃山口岸复通。

2023 年甘肃省口岸大事记

2 月 24 日

武威保税物流中心首次通过一体化通关模式进口中亚粮饲。

4 月 11 日

兰州航空口岸新开通兰州至莫斯科国际货运包机航线。

4 月 11 日

兰州至曼谷国际客运往返航线常态化执行。

4 月 17 日

甘肃（武威）国际陆港发运甘肃省首列跨境铁海联运木材班列。

6 月 8 日

兰州航空口岸进口 1 585 只澳大利亚种羊。

6 月 11 日

兰州航空口岸新开通兰州至新西伯利亚国际货运包机航线。

7 月 12 日

兰州新区综合保税区亚麻籽保税加工项目顺利投产。

8 月 17 日

敦煌航空口岸顺利通过海关总署口岸公共卫生核心能力达标考核。

8 月 23 日

兰州航空口岸新开通兰州至阿拉木图国际货运包机航线。

8 月 28 日

甘肃省正式开通口岸签证业务。

12 月 24 日

甘肃首个“落地签”外国旅游团包机落地敦煌。

（撰稿人：杨雯菲、程璐、卢柏润）

2023 年甘肃省口岸流量统计表

口岸类型		口岸名称	货运量（万吨）				集装箱量（万标箱）				人员（万人次）				交通工具（辆、艘、架、列次）			
			出口	进口	合计	同比（%）	出口	进口	合计	同比（%）	出境	入境	合计	同比（%）	出境	入境	合计	同比（%）
空运口岸		兰州	2	129.6	131.6	-11					1.998 1	1.887 4	3.885 5	1 137.81	197	198	395	2 368.75
		敦煌	0	0	0						0.035 9	0.041 1	0.077 0	—	4	4	8	—
		分计																
陆路口岸	公路口岸	马鬃山																
		分计																
合计			2	129.6	131.6	-11					2.034 0	1.928 5	3.962 5		201	202	403	2 418.75
同比（%）			21.3	-11.3	-11						100	501.27 1	162.34		100	1 162.5	2 418.75	

（甘肃省口岸办提供）

2023年兰州海关主要数据统计表

项　目		2023年	2022年	同比（%）
进出口货运量（万吨）	合计	131.6	147.8	-10.96
	进口	129.6	146.2	-11.35
	出口	2.0	1.6	25.00
进出口贸易总值（万美元）	合计	700 164	882 994.83	-20.71
	进口	523 693	692 142.48	-24.34
	其中：江、海运输	265 743.5	362 108.02	-26.61
	铁路运输	205 159.7	247 003.28	-16.94
	汽车运输	9 079.4	11 568.55	-21.52
	航空运输	43 710.5	71 462.62	-38.83
	邮件运输	0.000 5	0	—
	其他运输	0	0	—
	出口	176 471	190 852.35	-7.54
	其中：江、海运输	101 091.6	107 740.02	-6.17
	铁路运输	9 492.2	8 214.25	15.56
	汽车运输	39 072.2	25 177.33	55.19
	航空运输	26 645.6	49 615.91	-46.30
	邮件运输	13.3	16.25	-18.13
	其他运输	156.2	88.60	76.29
税收（万元人民币）	两税合计	275 568	264 463	4.20
	关税入库	1 177	4 872	-75.84
	进口环节税入库	274 391	259 591	5.70

（兰州海关提供）

2023 年甘肃省口岸出入境主要数据表

<table>
<tr><th colspan="3">项　目</th><th>2023 年</th><th>2022 年</th><th>同比（%）</th></tr>
<tr><td rowspan="14">出入境人员
（人次）</td><td colspan="2">出入境人员总数</td><td>39 625</td><td>3 139</td><td>1 162.34</td></tr>
<tr><td colspan="2">入境人员</td><td>19 285</td><td>3 139</td><td>514.37</td></tr>
<tr><td colspan="2">出境人员</td><td>20 340</td><td>0</td><td>—</td></tr>
<tr><td colspan="2">出入境旅客</td><td>36 382</td><td>2 703</td><td>1 245.98</td></tr>
<tr><td colspan="2">出入境员工</td><td>3 243</td><td>436</td><td>643.8</td></tr>
<tr><td rowspan="5">中国公民</td><td>小计</td><td>37 538</td><td>3 026</td><td>1 140.5</td></tr>
<tr><td>内地居民（因公）</td><td>906</td><td>629</td><td>44.04</td></tr>
<tr><td>内地居民（因私）</td><td>30 707</td><td>2 397</td><td>1 181.05</td></tr>
<tr><td>港澳居民</td><td>5 910</td><td>0</td><td>—</td></tr>
<tr><td>台湾同胞</td><td>15</td><td>0</td><td>—</td></tr>
<tr><td colspan="2">外籍人员</td><td>2 087</td><td>113</td><td>1 746.9</td></tr>
<tr><td colspan="2">从海港出入境人数</td><td></td><td></td><td></td></tr>
<tr><td colspan="2">从陆港出入境人数</td><td></td><td></td><td></td></tr>
<tr><td colspan="2">从空港出入境人数</td><td>39 625</td><td>3 139</td><td>1 162.34</td></tr>
<tr><td rowspan="5">交通运输工具
（辆、艘、架、列次）</td><td colspan="2">总计</td><td>403</td><td>16</td><td>2 418.75</td></tr>
<tr><td colspan="2">船舶</td><td></td><td></td><td></td></tr>
<tr><td colspan="2">飞机</td><td>403</td><td>16</td><td>2 418.75</td></tr>
<tr><td colspan="2">火车</td><td></td><td></td><td></td></tr>
<tr><td colspan="2">机动车辆</td><td></td><td></td><td></td></tr>
</table>

（甘肃出入境边防检查总站提供）

宁 夏 回 族 自 治 区

宁夏回族自治区口岸分布示意图

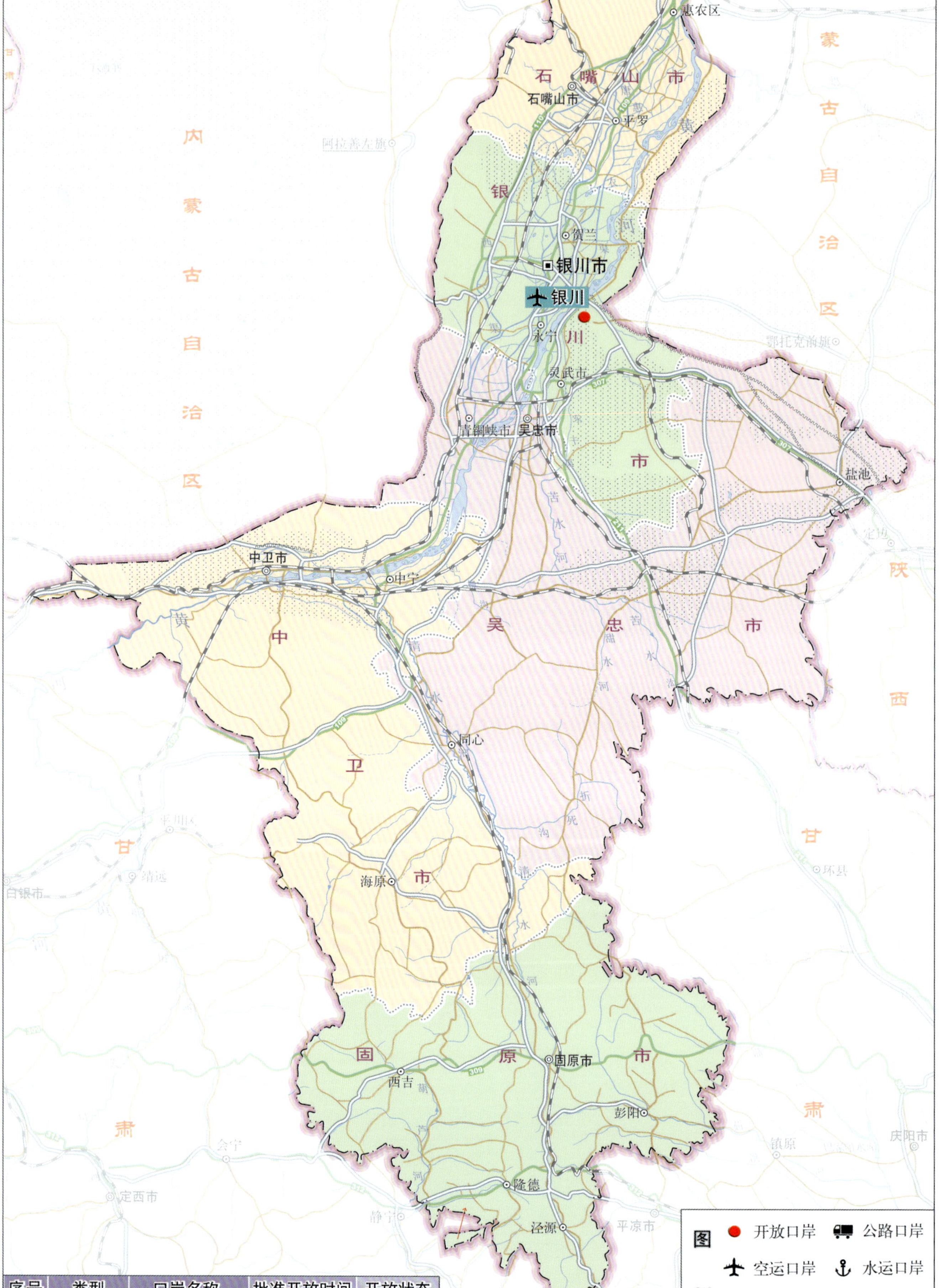

序号	类型	口岸名称	批准开放时间	开放状态
1	空运口岸	银川空运口岸	2005.4	国际常年

口岸数量及分布

截至2023年年底，宁夏回族自治区有经国务院批准的对外开放口岸1个，即银川空运口岸（银川河东国际机场）。

口岸运行数据

2023年，银川海关监管进出口货物运输量13.5万吨，同比下降90.2%。其中，进口5.4万吨，同比下降95.6%；出口8.1万吨，同比下降47.5%。监管进出口货物货值4.9亿美元，同比下降62.5%。其中，进口2.9亿美元，同比下降34.5%；出口2亿美元，同比下降76.5%。以国际段运输方式分类，进口方面，江海运输方式进口货物货值2亿美元，铁路运输方式进口货物货值1 087万美元，航空运输方式进口货物货值1 629万美元；出口方面，江海运输方式出口货物货值1.7亿美元，铁路运输方式出口货物货值356万美元，汽车运输方式出口货物货值1 564万美元，航空运输方式出口货物货值31万美元。关税入库8 720万元人民币，进口环节税入库2.7亿元人民币，两税合计35 226万元人民币。

2023年，银川空运口岸国际航线顺利复航，全年监管进出境运输工具177架次、进出境旅客2.5万人次。

口岸综合管理

【口岸基础设施不断完善】 在银川公铁物流园、石嘴山惠农陆港、石嘴山富海物流建设了3个海运集装箱箱管点，提供中远海运、马士基航运、达飞轮船、地中海航运、现代商船、海丰国际等14家船公司海运集装箱箱源，集装箱内陆用箱时间由原来的7天延长至50天，有效满足了企业用箱需求。在银川航空口岸旅检现场配置3台旅客健康申报验核一体机，开展辐射探测设备校准，提升了CT及智能审图系统使用效率。银川河东国际机场改扩建项目总体规划正式获批，将满足银川河东国际机场2035年年运送旅客2 800万人次、货邮吞吐量20万吨的发展需求。推动宁夏首家种牛进口隔离场顺利通过验收。在银川市内建设跨境电商体验店，提供“线上销售+线下展示”新零售服务。

【国际货运班列有序运行】 加强与天津港、青岛港、京唐港的合作，先后开通银川—天津港铁海联运“一箱到底”亚麻籽进口货运班列、银川—天津港—迪拜“一单制”铁海联运出口班列以及银川—青岛港—胡志明、平罗—京唐港“一单制”铁海联运“一单制”班列，拓展了“一单制”铁海联运班列目的地，大幅提升了“一单制”铁海联运班列运营效益和韧性，为宁夏进出口企业提供了更多出海选择。东向“一单制”铁海联运班列境外目的地已覆盖日本、越南、印度、阿联酋、荷兰、德国、俄罗斯等12个国家和地区的50多个港口城市。2023年，宁夏国际货运班列（四向班列）共计发运6 085标箱，货值1.07亿美元。其中，西向国际货运班列发运546标箱，货值约1 297.98万美元；北向国际货运班列共计发运18标箱，货值约112.86万美元；南向陆海新通道宁夏班列共计发运50标箱，货值约39.71万美元；东向“一单制”“一箱到底”铁海联运班列共计发运5 471标箱，货值约9 298.01万美元。

【国际贸易“单一窗口”建设不断推进】 积极推进中国（宁夏）国际贸易单一窗口公共平台建设，需求分析报告项目必要性与技术审查已经自治区推进“数字政府”建设领导小组专家评审通过；进一步拓展国际贸易“单一窗口”服务功能，新增属地查检及检验检疫证书、植物转口检疫证书、出境植物检疫证书、商品税率查询等功能，有效提升了“单一窗口”服务能力。截至2023年年底，已上线23大类845项服务事项。积极提升国际贸易“单一窗口”宁夏95198热线服务质量，编录微视频小课堂30课，让企业直观掌握“单一窗口”相关知识。截至年底，国际贸易“单一窗口”宁夏95198服务热线共为宁夏335家外贸企业解决各类问题672条，推动自治区国际贸易“单一窗口”货物申报、舱单申报等主要业务应用率以及农药进出口放行通知单、海关原产地证业务应用率均达到 100%，有效提升了进出口企业业务办理效率。

不断拓展服务功能。依托国际贸易“单一窗口”标准版，优化升级企业资质办理，取消国际贸易“单一窗口”企业资质对外贸易经营者备案功能，直接申请海关备案，大大缩短了企业办理资质时间。取消“单一窗口”原产地综合服务平台应用系统申请入口，取消“互联网+海关”原产地企业备案应用系统申请入口。“单一窗口”海关原产地证书申请系统新增“企业基本信息”“产品预审”“核查互动”模块功能，新增“代理信息维护”模块功能，包含“委托人维护代理企业信息”和“代理企业维护委托人信息”功能，备案界面更加简化。上新属地查检系统，简化拟证环节，缩短企业出证时间。积极开展“送政策、送服务、进企业”活动。2023 年，国际贸易“单一窗口”宁夏服务热线客服上门服务 30 次，先后前往宁夏红果东方生物食品有限公司等 10 余家企业，客服人员针对企业所涉及的业务，现场解答企业在实际操作过程中遇到的困难和问题，给予企业积极的指导和有效的帮助。

2023 年，国际贸易“单一窗口”标准版宁夏注册用户申报量 1.04 万票（个、份、笔），其中，货物申报 7 706 票、运输工具申报 893 票、企业资质 62 个、原产地证 466 份、税费支付 97 笔（税费支付金额 305.36 万元）、跨境电商 1 137 票。货物申报、舱单申报、运输工具申报以及农药进出口放行通知单、海关原产地证等业务应用率均达到 100%。全年，银川海关共为 194 家企业签发各种类原产地证书 6 759 份，签证金额 5.76 亿美元。其中，自贸协定原产地证书 3 591 份，签证货值 3.15 亿美元，签证份数同比增长 24%。共签发 RCEP 原产地证书 775 份，签证金额 8 063.29 万美元，证书签发量和签证金额分别占关区自贸协定原产地证书签发量和签证货值的 21.58% 和 25.63%。年内，银川海关引导企业自助打印证书 3 777 份，自助打印签证金额 3.08 亿美元；关区自助打印利用率（份数和金额）分别达到 62.73% 和 61.51%；宁夏贸促会引导企业通过“单一窗口”自主打印原产地证书 28 份，金额 257.74 万美元。

口岸监管与服务

【银川海关坚持履职尽责，国门安全防线持续筑牢】 一是“滞”的堵点有效疏通。畅通鲜活易腐农食产品绿色通道，创新危险化学品监管“明白卡”制度，通关效率进一步提升。严格落实新冠病毒感染“乙类乙管”要求，成立“采送检”专班，实现平稳转段。国际航班顺利复航，2023 年全年监管进出境运输工具 177 架次、进出境旅客 2.5 万人次。二是“瞒”的风险有效化解。实施“重大事故隐患专项排查整治 2023 行动”，工作成效受到自治区“四防”督查组肯定。开展“打击进出口危险品伪瞒报”专项行动，查发危险品检验和包装不合格 55 起，保持全年无安全事故。三是“逃”的行径有效打击。推进“国门利剑”等联合行动，形成严打合力，侦办各类案件 51 起，涉及案值 17.1 亿元，查获“洋垃圾”1 批次、涉濒危物品 2 起。深化综合治税，全年税收入库 3.52 亿元。四是“骗”的行为有效整治。扎实推进“强化海关监管、防范进出口数据不实”专项工作，上报暂缓统计数据 65.6 亿元。查发骗取出口退税重大案件线索，涉及货值 2.06 亿元。开展“金钥 2023”专项行动，稽查追补税创历史新高。五是“害”的输入有效防范。加强口岸卫生检疫，首次在入境人员健康监测中检出传染性肺结核。开展严防外来物种入侵 3 年专项行动，检出动物疫病 2 种，截获外来物种 15 种次，其中 2 种次为全国口岸首次截获。

【银川海关助力重点产业高质量发展】 一是着力提高外贸质量。2023 年，宁夏外贸进出口总值 205.4 亿元，保持了整体稳定。有进出口实绩的外贸企业数量净增 101 家，同比增长 20.8%，市场主体活跃度持续上升。一般贸易方式进出口占比达 90.2%，基本盘更加扎实。高新技术产品出口 31 亿元，同比增长 10.7%，产业结构更加优化。

中间品进出口对全区外贸的贡献接近八成，外贸新动能不断显现。与159个贸易伙伴实现良性贸易互动，开放空间更加广阔。自治区外贸质效呈现有效提升态势。二是全力优化营商环境。聚焦自治区“外资三年外贸五年倍增计划”，组建4个工作专班开展政策研究，相关建议纳入自治区政府工作报告。出台优化营商环境等各类促外贸措施66条，落实“一企一策”，惠及64家重点企业。推动税收优惠政策应享尽享，全年减免税款3 188万元，担保备案5 690万元，企业RCEP享惠进口货值超1.4亿元。助力畅通西部陆海新通道，支持发展多式联运，叠加推进“到港直装”和“船边直提”，有效降低综合物流成本。三是大力推进开放平台建设。出台促进银川综合保税区高质量发展10条措施，与地方政府共赴海关总署沟通汇报、争取支持。协调解决亚麻籽进口入区等问题，推动亚麻籽加工、粮食加工等重点产业在综合保税区逐步形成集聚效应。优化通关便利保障，助力跨境电商发展，高水平服务第六届中国—阿拉伯国家博览会和国际葡萄酒产业大会。四是有力助推特色重点产业发展。支持宁东基地、吴忠太阳山、石嘴山保税物流中心拓展进出口业务，外贸增长极不断延伸。助推太阳能电池、锂电池等外贸“新三样”产品发展，单晶硅切片出口值同比增长70.1%。助力优势特色农食产品扩大出口，食品出口值同比增长31.9%，农产品出口值同比增长30.7%，奶制品实现首次出口。支持优质种质资源引进，做好3 557只新西兰种羊和240头种牛隔离检疫。加强技术性贸易措施应对，对涉及宁夏地区和枸杞产业SPS通报进行研究评议，提出的特别贸易关注被WTO/SPS会议集中审议采用。

【宁夏出入境边防检查总站持续提升服务管控能力】 2023年，宁夏出入境边防检查共验放出入境人员2.46万人次，验放出入境交通运输工具174架次。圆满完成了第六届中国—阿拉伯国家博览会等重要敏感节点安保维稳工作任务。积极推动银川至迪拜、银川至香港航线复航，不断强化服务地方经济社会发展能力水平，凸显边检机关责任担当。

开放口岸

【银川空运口岸（银川河东国际机场）】 银川河东国际机场位于宁夏回族自治区银川市灵武市，距银川市区19千米。2005年4月1日，国务院正式批准设立银川航空口岸。银川河东国际机场于2008年4月1日获批对外籍飞机开放，并于2013年获批对阿联酋开放第三、四、五航权，成为全国第9个开放第五航权的省（自治区、直辖市）。银川河东国际机场旅检区面积1.54万平方米，设计年旅客吞吐能力50万人次。2018年6月4日，银川航空口岸国际新货站正式通过海关总署验收，同年7月13日正式投运，面积4 000平方米，其中海关监管库2 000平方米；2021年8月，因业务发展需要，场所名称变更为银川河东机场海关监管作业场所，面积变更为17 767平方米，其中国际库区面积4 000平方米。2023年，银川河东国际机场旅客吞吐量771.25万人次、货邮吞吐量4.04万吨，其中国际（地区）旅客吞吐量2.30万人次、国际（地区）货邮吞吐量476吨。

2023年，银川河东国际机场共有26家航空公司，运营通往80个城市的113条航线，高峰期驻场运力20架。建成银川至北京、上海、成都3条快线和银川至乌鲁木齐、杭州、重庆、广州、郑州等11条准快线。2月22日，银川河东国际机场保障奥克兰—银川全货运种羊包机，标志着银川国际航空口岸正式重新启动。5月30日，恢复首班银川—香港地区定期航线，全年执行120班，共运送旅客1.22万人次；8月27日，恢复首班银川—迪拜国际定期航线，全年执行38班，运送旅客5 868人次。

2023年宁夏回族自治区口岸大事记

1月20日

由宁夏伊品生物科技股份有限公司生产的货重8吨赤藓糖醇，货值10 320美元，经银川海关综合评定合格，正式起运发往土耳其，标志着宁夏又一特色产品进军国际市场。

1月28日

银川海关实施跨境电商出口海外仓无纸化备案，企业可通过国际贸易“单一窗口”或“物联网+海关”线上完成跨境电商出口海外仓备案，较线下办理节省2~3天时间。

2月12日

宁夏首次实现以铁海联运“一箱到底”、保税物流模式进口一批俄罗斯亚麻籽，此批货物进口标志着宁夏银川—天津港铁海联运“一箱到底”国际货运进口通道正式开通。

2月22日

奥克兰—银川全货运种羊包机航班平稳降落银川河东国际机场。这是在新冠病毒感染实施“乙类乙管”政策后，宁夏迎来的首架国际货运航班，标志着银川航空口岸正式重启。本次从新西兰进口的两批次种羊共3 000余只。

4月6日

由宁夏顺元堂汉方生物科技有限公司生产的9.6吨箬竹叶由中卫海关监管合格，顺利出口台湾地区。

4月7日

1 270吨经冷榨工艺生产的俄罗斯亚麻籽原油在银川综合保税区顺利申报出区，这也是宁夏首批通过保税加工制成的亚麻籽原油。

4月10日

一列满载着2 000吨微硅粉的集装箱班列从银川货运中心南货场站发车，经天津港海运至迪拜杰贝阿里港，标志着宁夏—天津港—迪拜“一单制”铁海联运国际货运出口通道正式开通。

4月25日

两批货值1 670美元的黄原胶经兴庆海关现场查验合格后正式发往德国，标志着宁夏又一特色产品打入海外高端市场，“宁字号”特产出海再添新成员。

5月17日

宁夏回族自治区口岸办召开2023年第一次口岸联席会议，专题研究2023年银川—香港航线复航仪式事宜等。

5月30日

银川—香港定期航班正式复航。本次航班的开通将有利于宁夏借助香港国际机场完备的航线网络和优质的航空服务，构建往来东南亚和大洋洲的便捷空中通道，对将银川河东国际机场打造成面向共建“丝绸之路经济带”国家和地区门户枢纽机场起到重要推动作用，进一步促进宁港两地经济社会快速发展。

6月2日

银川综合保税区召开科学技术协会成立暨第一次会员大会，大会选举产生了银川综合保税区科协第一届领导机构成员。

6月15日

包装箱上印有“中宁枸杞道地珍品”的142千克宁夏鲜枸杞，搭乘国航航班在银川河东国际机场航空口岸顺利出口，发往香港地区。这也是时隔3年，银川河东国际机场恢复货运口岸功能后出口的首单货物。

7月3日

宁夏新增一条银川—青岛港“一单制”铁海联运班列，该班列的开通将进一步拓展“一单制”模式应用范围，为宁夏进出口企业提供更多出海选择，有效增强宁夏国际货运通道的韧性和安全水平。

7月4日

宁夏回族自治区口岸办召开第二次口岸联席会议专题研究口岸工作等。

7月6日

银川综合保税区海关综合监管中心国际快件处理区顺利通过海关验收，标志着银川综合保税区海关综合监管中心正式投入运营。

7月13日

银川海关正式出台优化营商环境21项举措，将充分发挥开放平台作用，通过智慧海关建设创新大宗散货监管模式，复制推广跨境电子商务创新举措，激发跨境电商贸易释放动能。

7月17日

银川海关所属兴庆海关为一只运往吉尔吉斯

共和国的宠物猫签发了动物卫生证书，这也是宁夏首次为出境宠物猫签发卫生证书。

8 月 1 日

一批来自意大利的国际快件顺利运抵宁夏银川综合保税区海关综合管理中心快件处理区。这是宁夏国际快件业务重新起航后首票进境国际快件。

8 月 21 日

宁夏回族自治区口岸办召开第三次口岸联席会议暨银川—迪拜航线复飞保障协调会议。

8 月 27 日

银川—迪拜航线复飞，对推动银川河东国际机场打造西部区域性枢纽机场具有重要作用。

10 月 6 日

首批 240 多头种牛从新西兰奥克兰起飞，于当日 20 点 30 分左右抵达银川河东国际机场，这是宁夏首次引进种牛。

10 月 9 日

银川综合保税区被自治区党校确定为自治区干部教育培训现场教学基地。

10 月 21 日

宁夏回族自治区党委书记、人大常委会主任梁言顺，自治区党委副书记、自治区主席张雨浦在银川会见了老挝国会副主席宋玛 · 奔舍那一行。

（撰稿人：何冲、晋磊、崔啸天、贾斌、吴莹）

2023 年宁夏回族自治区口岸流量统计表

口岸类型	口岸名称	货运量（万吨）				集装箱量（万标箱）				人员（万人次）				交通工具（辆、艘、架、列次）			
		出口	进口	合计	同比（%）	出口	进口	合计	同比（%）	出境	入境	合计	同比（%）	出境	入境	合计	同比（%）
空运口岸	银川	0.027 7	0.019 9	0.047 6	—					1.198 5	1.098 6	2.297 1	—	86	89	175	—
	分计	0.027 7	0.019 9	0.047 6	—					1.198 5	1.098 6	2.2 971	—	86	89	175	—
合计																	
同比（%）																	

（宁夏回族自治区口岸办提供）

2023年银川海关主要数据统计表

项　目		2023年	2022年	同比（%）
进出口货运量（万吨）	合计	13.50	137.70	-90.20
	进口	5.40	122.30	-95.60
	出口	8.10	15.40	-47.50
进出口贸易总值（万美元）	合计	49 452.80	131 974.93	-62.53
	进口	28 809.87	43 959.97	-34.46
	其中：江、海运输	24 418.80	41 522.74	-41.19
	铁路运输	1 086.61	94.91	1 044.94
	汽车运输	93.87	0.00	—
	航空运输	1 629.11	2 342.32	-30.45
	邮件运输			
	其他运输	1 581.47		
	出口	20 642.93	88 014.97	-76.55
	其中：江、海运输	17 369.61	34 372.69	-49.47
	铁路运输	356.36	4 621.78	-92.29
	汽车运输	1 563.96	48 276.84	-96.76
	航空运输	30.53	743.65	-95.89
	邮件运输			
	其他运输	1 322.46		
税收（万元人民币）	两税合计	35 226.25	38 744.76	-9.08
	关税入库	8 719.64	8 342.41	4.52
	进口环节税入库	26 506.62	30 402.35	-12.81

（银川海关提供）

2023年宁夏回族自治区口岸出入境主要数据表

<table>
<tr><th colspan="3">项　目</th><th>2023年</th><th>2022年</th><th>同比（%）</th></tr>
<tr><td rowspan="15">出入境人员
（人次）</td><td colspan="2">出入境人员总数</td><td>24 629</td><td>0</td><td>—</td></tr>
<tr><td colspan="2">入境人员</td><td>11 911</td><td>0</td><td>—</td></tr>
<tr><td colspan="2">出境人员</td><td>12 718</td><td>0</td><td>—</td></tr>
<tr><td colspan="2">出入境旅客</td><td>22 646</td><td>0</td><td>—</td></tr>
<tr><td colspan="2">出入境员工</td><td>1 983</td><td>0</td><td>—</td></tr>
<tr><td rowspan="5">中国公民</td><td>小计</td><td>24 289</td><td>0</td><td>—</td></tr>
<tr><td>内地居民（因公）</td><td>2 102</td><td>0</td><td>—</td></tr>
<tr><td>内地居民（因私）</td><td>13 255</td><td>0</td><td>—</td></tr>
<tr><td>港澳居民</td><td>8 885</td><td>0</td><td>—</td></tr>
<tr><td>台湾同胞</td><td>47</td><td>0</td><td>—</td></tr>
<tr><td colspan="2">外籍人员</td><td>340</td><td>0</td><td>—</td></tr>
<tr><td colspan="2">从海港出入境人数</td><td></td><td></td><td></td></tr>
<tr><td colspan="2">从陆港出入境人数</td><td></td><td></td><td></td></tr>
<tr><td colspan="2">从空港出入境人数</td><td>24 629</td><td>0</td><td>—</td></tr>
<tr><td rowspan="5">交通运输工具
（辆、艘、架、列次）</td><td colspan="2">总计</td><td>174</td><td>0</td><td>—</td></tr>
<tr><td colspan="2">船舶</td><td></td><td></td><td></td></tr>
<tr><td colspan="2">飞机</td><td>174</td><td>0</td><td>—</td></tr>
<tr><td colspan="2">火车</td><td></td><td></td><td></td></tr>
<tr><td colspan="2">机动车辆</td><td></td><td></td><td></td></tr>
</table>

（宁夏出入境边防检查总站提供）

新疆维吾尔自治区

口岸数量及分布

截至2023年年底，新疆维吾尔自治区共有经国务院批准的对外开放口岸19个。其中，空运口岸3个，分别为乌鲁木齐空运口岸（乌鲁木齐地窝堡国际机场）、喀什空运口岸（喀什徕宁国际机场）和伊宁空运口岸（伊宁机场）。陆路（公路、铁路）口岸16个，其中，中蒙（蒙古国）边境口岸4个，分别为老爷庙、乌拉斯台、塔克什肯和红山嘴公路口岸；中哈（哈萨克斯坦）边境口岸8个，分别为霍尔果斯、吉木乃、巴克图、都拉塔、阿黑土别克和木扎尔特公路口岸，阿拉山口（公路、铁路）口岸以及霍尔果斯铁路口岸；中吉（吉尔吉斯共和国）边境口岸2个，分别为吐尔尕特和伊尔克什坦公路口岸；中塔（塔吉克斯坦）边境口岸1个，即卡拉苏公路口岸；中巴（巴基斯坦）边境口岸1个，即红其拉甫公路口岸。其中，阿黑土别克和木扎尔特公路口岸未开通使用。

口岸运行数据

2023年，新疆口岸进出口货运量7 470.73万吨，同比增长8.6%。其中，进口5 971.13万吨，同比增长3.7%；出口1 499.6万吨，同比增长34.2%。进出口贸易额3 573.3亿元，同比增长45.9%。其中，进口548.4亿元，同比增长47.6%；出口3 024.9亿元，同比增长45.7%。

2023年，出入境人员175.9万人次，同比增长433.62%。其中，入境87.5万人次，同比增长429.15%；出境88.4万人次，同比增长438.12%。出入境旅客90.6万人次，同比增长8 440.55%；出入境员工85.3万人次，同比增长167.48%。出入境交通工具87.1万辆（列、架）次，同比增长85.64%。其中，机动车辆83.2万辆次，同比增长90.98%；火车3.6万列次，同比增长8.52%；飞机3 463架次，同比增长332.34%。

口岸综合管理

【提高口岸开放水平】 一是推动完成伊宁航空口岸国家验收。2023年12月21日，国家口岸管理办公室会同海关总署、国家移民管理局、中国民用航空局等部门组成验收组，对新疆伊宁航空口岸对外开放进行国家验收。经现场检查、听取汇报、调阅资料，验收组同意新疆伊宁航空口岸对外开放通过国家验收。二是积极推进别迭里口岸对外开放工作。向国家口岸管理办公室申请将别迭里口岸对外开放列入2023年度口岸开放审理计划，并获国务院同意。开展口岸选址调研，落实自治区主要领导关于2024年先简易通关的批示要求，会同相关单位多次赴中吉边境区域实地踏查，研究确定口岸功能区选址方案。加强双方沟通对接，推动中吉交通部门对口岸公路规划建设开展联合踏勘，报请国家口岸管理办公室通过外交渠道与吉方确认口岸位置、种类和开放时间。制订开通口岸任务分工方案。自治区政府按期完成2023年度口岸开放审理计划，向国务院上报口岸开放申请。三是红其拉甫口岸常年开放申建工作。申请将红其拉甫口岸由季节性口岸扩大为常年开放口岸列入国家口岸年度审理计划，并向国务院上报扩大开放的请示。

【稳步推进口岸基础设施建设】 落实《国家“十四五”口岸发展规划》《中国—中亚边境口岸设施现代化改造工作方案》有关要求，完成列入国家“十四五”规划纲要边境口岸重大工程的13个升级改造项目。按照“一口岸一对策”，编制完成《新疆维吾尔自治区口岸建设方案（2023—2026年）》，得到国家口岸管理办公室充分肯定，已经新疆维吾尔自治区政府常务会审议通过。推动完成阿拉山口铁路口岸换装线延伸至综合保税区、喀什航空口岸优化提升基础设施等建设项目，推动伊尔克什坦口岸界河桥、吐尔尕特口岸国门前沿G315高等级公路、红山嘴口岸公路建设及乌鲁木齐航空口岸改扩建工程。

【推动国际贸易“单一窗口”建设】 推动

优化中国（新疆）国际贸易单一窗口运维主体，完成乌鲁木齐海关农副产品快速通关绿色通道监管应用平台测试并正式上线运行，开展“保证金单证电子化”“新疆农副产品绿色通道”“新疆生物安全信息平台”等本地特色应用在“单一窗口”安装部署及测试、认证等工作，督促开展“单一窗口”安全检查，2023 年开展 5 期国际贸易“单一窗口”推广应用的企业培训工作，重点推动霍尔果斯、阿拉山口（公路、铁路）口岸和乌鲁木齐航空口岸申请全国智慧口岸建设试点。

【不断深化口岸国际交流合作】 积极参加国家口岸管理办公室组织召开的中蒙边境口岸管理合作委员会第 5 次会议、中蒙边境口岸联合工作组会议，推进蒙方就中蒙边境口岸基础设施建设、塔克什肯口岸调整工作时间等事项与我方达成共识。会同自治区相关单位与吉方在伊尔克什坦口岸举行专题会晤，协调推进伊尔克什坦口岸界河桥建设、别迭里公路口岸对外开放等工作。指导地方口岸委开展边境口岸交流合作，推动双方口岸货物、人员便利通关。

口岸监管与服务

【乌鲁木齐海关支持地方外经贸发展】 一是推进内外贸一体化发展。2023 年 1 月 11 日，商务部等 14 部门办公厅（室）公布内外贸一体化试点地区名单后，乌鲁木齐海关在全区率先推出乌鲁木齐海关促进新疆内外贸一体化发展 40 条工作措施，得到自治区党委政府（含兵团）主要领导的批示肯定，5 个方面 10 条措施被自治区实施方案采纳。聚焦上述措施的细化落实方案及 2023 年工作任务台账，强化统筹协调，实施每季度一总结，认真做好组织落实推进工作。二是促进南疆高质量发展。坚决贯彻落实党中央关于做好南疆工作的重要决策部署，扎实推动自治区党委、政府《关于促进南疆高质量发展的若干政策措施》部署要求，紧密围绕南疆经济社会发展实际，抓住新疆高质量发展关键期，研究制定乌鲁木齐海关促进南疆高质量发展政策措施 30 条细化落实举措，得到自治区主要领导的批示表扬。

【乌鲁木齐海关持续优化口岸营商环境】 落实海关总署优化营商环境措施。对照海关总署印发的海关优化营商环境 16 条措施，紧密围绕新疆经济社会发展实际，开展广泛调研、深入研讨，充分征求地方政府和外贸企业意见建议，于 2023 年 8 月 2 日制定并印发乌鲁木齐海关优化营商环境 23 条举措。重点从提升跨境物流效率、鼓励出口扩大进口、加强认证企业培育、支持综合保税区发展等 23 个方面持续优化口岸营商环境，进一步释放政策红利，提振市场信心，为新疆开放型经济高质量发展贡献海关力量。确保口岸安全通畅运行，保障第三届“一带一路”国际合作高峰论坛顺利召开，召开新疆口岸保通保畅视频调度会。自治区领导多次现场实地调研疏导，下大力解决霍尔果斯、伊尔克什坦等重点口岸阶段性拥堵问题，开展实时监测，协调海关增配车载式 H986，指导地方政府增设车辆缓冲区并设置必要配套设施。积极协调口岸联检单位，保障 20 批次重点物资有序通关。有针对性地延长重点公路口岸通关时间，霍尔果斯公路口岸阶段性试行 7 天 24 小时工作制，阿拉山口、巴克图公路口岸实行 7 天 12 小时工作制，伊尔克什坦、吐尔尕特、都拉塔、吉木乃等口岸阶段性试行 7 天 12 小时工作制，卡拉苏口岸阶段性试行 5 天 12 小时工作制；增加塔克什肯口岸周六、周日，老爷庙口岸周六临时开放时间。多举措降低货物通关成本，严格落实口岸收费目录清单公示制度，做好免除查验没有问题外贸企业吊装移位仓储费用相关工作，降低企业经营成本。持续推动深化通关模式创新，对入境中欧班列实施“一单到底、并联作业”通关模式，边检、海关、铁路业务部门同时登临检查，缩短检查时间二分之一以上。中哈、中吉、中塔公路口岸农副产品快速通关绿色通道实现全覆盖。乌鲁木齐海关创新推行“公路口岸+属地直通”通关模式，并在阿拉山口海关试点成功，取得较好成效。持续巩固压缩进出口货物整体通关时间。加强进出口货物整体通关时间日监测，运用“报关单运行监控系统”中的“重点商品”模块、“运行整体情况日报”模块对关区进出口通关时间进行核查。

【乌鲁木齐海关服务口岸通关】 乌鲁木齐海关持续释放“铁路进出境快速通关业务模式”改革红利。充分发挥快通模式下，关铁双方提前交互境内外物流数据，减少列车口岸滞留时间，海关监管力量、铁路运输资源提前调度、合理分配，提升通行能力和货物换装效率。自2021年9月全国首列快通出境班列在乌鲁木齐国际陆港区始发以来，乌鲁木齐海关着力化解集结中心集货能力弱、关区企业意愿不强等现实问题，充分发挥快通模式发运优势，力促该模式在新疆落地生根。2023年12月14日，乌鲁木齐海关与自治区铁路部门开展座谈，重点围绕海关总署有关公告，逐条进行解释说明，推动铁路部门引导符合条件的企业优先采用快通模式，为该业务自治区全面铺开营造良好环境。

【乌鲁木齐海关推动口岸通关改革】 乌鲁木齐海关聚焦长期制约新疆公路口岸通行效能提升的堵点、痛点问题，创新推出“公路口岸+属地直通”模式，通过提前申报、集中查验，以及数据自动比对、多国车牌智能识别等相关信息化手段，与边检部门实施并联作业、联合判图、同步登临检查，打造“一站式、无停靠、零等待、零延时”的口岸通关新格局。2023年10月，该模式已在阿拉山口公路口岸试点成功。

红其拉甫海关在国门开展检查作业

【乌鲁木齐海关创新通关监管模式】 乌鲁木齐海关因地制宜推出“抵站直装”改革措施。围绕乌鲁木齐海关优化营商环境23条举措，以促进跨境贸易便利化为导向，落实海关总署促进跨境贸易便利化“直装直提”改革，创新推出符合陆港区发展实际需求的“抵站直装”监管模式，护航陆港区“地产”班列发运。2023年12月2日，新疆中欧（中亚）“天山号”班列从乌鲁木齐国际陆港区首发，搭载着954.92吨、1 002.6万美元家用电器、机械设备、地产葡萄干等货物，经霍尔果斯出境发往哈萨克斯坦、乌兹别克斯坦，标志着新疆自有品牌班列开行。

【新疆出入境边防检查总站稳妥推动口岸客运复开】 新疆出入境边防检查总站立足服务经济社会发展职能，积极推动加快口岸基础设施建设，进一步优化口岸客货运通行模式，完善联管联控机制，明确口岸联合应急处置责任分工，安全稳妥做好全区13个公路口岸客运复开。

【新疆出入境边防检查总站多举措服务口岸畅通】 新疆出入境边防检查总站积极应对口岸通关流量增长态势，主动回应哈、吉两国关切事项，全力支持重点口岸阶段性调整通关时间，实施货运班列365天24小时“零等待”通关查验模式，科学调整警力部署，持续优化通关流程，切实做到出入境车辆全量接收、全量验放，全力保障口岸通关高效顺畅。一是优化便企惠民措施。新疆出入境边防检查总站健全高峰延时通关、周末应急通关制度，实施预约通关、随到随检等便利举措，全力保障煤炭、稀有金属、化工产品以及鲜活产品、民生物资顺畅通关，积极开设大宗商品、鲜活物品、农产品及矿产资源绿色通道，进一步提高货物跨境运输效能。二是调整优化通关模式。新疆出入境边防检查总站实行“一口岸一对策”，根据陆地、航空口岸的功能定位、通行需求、建设水平，结合周边国家资源禀赋及经贸发展需要，分类优化全区口岸限定区域内和货场跨境运输查验流程，提升通关效能。三是应势创新服务举措。新疆出入境边防检查总站立足口岸发展需要，在中哈霍尔果斯、中蒙老爷庙等重要物流、能源进口口岸，促成毗邻国家边防（移民）部门与我方相向而行，共同优化通关查验流程，保障双边商贸高效往来。四是注重警企联动交流。新疆出入境边防检查总站深入开展走访企业问需问计活动，主动走访涉外企业，召开警企座谈会，听取意见建议和需求，协调解决延时通关、预约通关、出入境政策解答等问题，全力保障口岸通关。

货运车辆自霍尔果斯口岸出境，
司机为边检的高效通关服务点赞

【新疆出入境边防检查总站推动提升口岸建设水平】 新疆出入境边防检查总站积极融入乌鲁木齐 T4 航站楼建设、喀什机场改扩建，保障中吉伊尔克什坦界河桥、G315 国道吐尔尕特口岸线路等跨境施工建设，持续跟进中吉别迭里口岸对外开放、中吉乌铁路规划设计工作，支持红其拉甫口岸常年开放、红山嘴口岸面向第三国开放、伊宁机场对外开放通过国家验收，不断畅通亚欧大陆“黄金通道”，促进新疆向西开放“桥头堡”作用发挥。

【新疆出入境边防检查总站融入全区发展大局】 新疆出入境边防检查总站研究对接自治区高水平对外开放战略，出台新疆出入境边防检查总站服务口岸边境高质量发展 21 条工作措施，协同驻地口岸管理部门、经营单位企业公司联合提升通关治理能力，通过“车辆即到即检、重要物资快到快检、关检联合查验、警企信息联动、全程透明作业、口岸延时通关”等措施，提高口岸通关效率、降低企业运行成本。

【新疆出入境边防检查总站深化国际执法合作】 新疆出入境边防检查总站多层次、多渠道发挥国际执法合作作用，通过高频次会谈会晤拓宽疏通双边客货通道。积极对外传递新发展理念，增进了双边互信，达成了合作共赢的广泛共识，促进了国际务实友好合作，有效保障了人员、货物顺畅通关。

开放口岸

【乌鲁木齐空运口岸（乌鲁木齐地窝堡国际机场）】 乌鲁木齐地窝堡国际机场位于新疆乌鲁木齐市新市区，距离乌鲁木齐市区 16.8 千米，飞行区等级为 4E。乌鲁木齐航空口岸限定区域位于 T3 航站楼，国际区域约 1.8 万平方米；国际货物监管场地 1.77 万平方米，年处理国际货物能力可达 5 万吨，其中天翼物流公司国际货运监管库 1.5 万平方米、南航国际货运监管库 2 656 平方米。乌鲁木齐地窝堡国际机场始建于 1939 年，从 1950 年开始经历数次扩建和续建，1970 年 7 月经国务院批准机场扩建，1973 年 9 月经国务院批准对外开放。乌鲁木齐地窝堡国际机场定位为全国民航运输机场布局规划的五大门户枢纽机场之一，是国际定期航班机场，是未来的航空货运及快件集散中心之一、各大航空公司的基地公司之一。2023 年，乌鲁木齐地窝堡国际机场常态化运营 20 条国际和地区客运航线，通达 13 个国家和地区的 16 个城市和地区，包括俄罗斯、哈萨克斯坦、土库曼斯坦、乌兹别克斯坦、吉尔吉斯共和国、伊朗、中国香港等国家和地区。口岸主要出口货物种类为汽车配件、日用百货、工程配件、电商货物、服装等，主要进口货物种类为飞行器、水果、蜂蜜等。

2023 年，乌鲁木齐空运口岸进出口货运量 7 034吨，同比下降 25.3%；出入境人员 36.52 万人次，同比增长 2 301.95%，其中出境 18.52 万人次、入境 18 万人次；出入境飞机 3 309 架次，同比上升 376.12%，其中出境 1 688 架次、入境 1 621 架次。

【喀什空运口岸（喀什徕宁国际机场）】 喀什徕宁国际机场位于新疆喀什地区喀什市，机场距喀什市中心9千米，飞行区等级为4E；于1993年4月经国务院批准对外开放，2005年12月正式开通；设计年进出口货物吞吐量6万吨、出入境人员25万人次。截至2023年年底，已开通国际货运航线6条、国际客运航线2条，主要出口电子配件、模具、刮毛刷、万花筒、餐具、衣帽箱包、厨房用具、钢化膜、装饰品、生活用品等电商货物。

2023年，喀什空运口岸进出口货运量49.7吨；进出口贸易额864.4万元；出入境人员2 418人次，同比下降6.28%，其中出境1 267人次、入境1 151人次；出入境飞机108架次，同比增长33.33%，其中出境56架次、入境52架次。

【伊宁空运口岸（伊宁机场）】 伊宁机场位于新疆伊犁哈萨克自治州伊宁市，距伊宁市5千米，占地面积3平方千米，飞行区等级为4C。2016年8月，伊宁机场经国务院批准对外开放。机场满足B737-800及以下机型的安全起降，设计年旅客吞吐量200万人次、货邮吞吐量7 400吨；口岸区域面积约1.1万平方米，其中旅检区域面积7 999平方米（入境6条通道、出境4条通道）、货检区域面积2 730平方米。

【老爷庙陆路（公路）口岸】 老爷庙公路口岸位于新疆哈密市巴里坤哈萨克自治县境内，地处中蒙边界354号界标附近，毗邻蒙古国戈壁阿尔泰省，对应蒙方布尔嘎斯台口岸，距蒙古国布尔嘎斯台口岸1.6千米。1991年6月，中蒙两国政府达成协议同意开放老爷庙公路口岸；1992年2月，老爷庙公路口岸经国务院批准对外开放，为双边季节性开放口岸；2018年，老爷庙公路口岸获批进口肉类指定监管场地；2020年11月，中蒙双方通过外交渠道确认老爷庙公路口岸由双边性季节性开放口岸扩大到双边性常年开放口岸；自2021年4月1日起，老爷庙公路口岸实现常年开放。

2023年，老爷庙公路口岸进出口货运量21.1万吨，同比下降75.6%，其中进口21万吨、出口0.1万吨；出入境人员10 783人次，其中出境5 389人次、入境5 394人次；出入境车辆1.05万辆次，其中出境5 254辆次、入境5 254辆次。

【乌拉斯台陆路（公路）口岸】 乌拉斯台公路口岸位于新疆昌吉回族自治州奇台县，地处中蒙边界163号界标附近，毗邻蒙古国科布多省布尔干县，距蒙古国北塔格口岸6.5千米。乌拉斯台公路口岸于1991年6月经国务院批准对外开放，为双边季节性开放口岸；1992年6月，正式开通；2012年5月起，每年5月、7月、9月的16日—30日开放，全年开放45天。口岸历年出口货物主要为水泥和出境施工企业携带的大米、清油、面粉等生活物品，进口货物以焦煤、铁矿石等矿产资源为主。

2023年，乌拉斯台公路口岸开关3次，共计45天，累计出入境人员41人次、出入境客运车辆10辆次。

【塔克什肯陆路（公路）口岸】 塔克什肯公路口岸位于新疆阿勒泰地区青河县，地处中蒙边界124号界标附近，毗邻蒙古国科布多省布尔干县，距中蒙边界线15.5千米，距蒙古国布尔干口岸0.5千米。塔克什肯公路口岸于1988年9月经国务院批准对外开放，为双边季节开放口岸；2011年1月，扩大为国际性常年开放口岸，实行每周5天8小时工作制，逢双方法定节假日闭关，工作时间为北京时间10：00—19：00，2023年临时增加周六、周日开关。口岸进口货物主要为焦煤和铁矿石，出口货物主要为花卉果蔬、日用百货、服装鞋帽、家电家具、化工原料、电缆电气、车辆汽配、机械设备等。

2023年，塔克什肯公路口岸进出口货运量280.2万吨，同比增长21.7%，其中进口274万吨、出口6.2万吨；出入境人员11.51万人次，其中出境5.76万人次、入境5.75万人次；出入境车辆8.33万辆次，其中出境4.27万辆次、入境4.05万辆次。

【红山嘴陆路（公路）口岸】 红山嘴公路口岸位于新疆阿勒泰地区福海县，地处中蒙边界

17 号界标附近，毗邻蒙古国巴彦乌列盖省萨格赛县。口岸距中蒙边界线 2 千米，距蒙方大洋口岸 5 千米。红山嘴公路口岸于 1991 年 6 月经中蒙两国政府达成协议同意开放；1992 年 2 月，经国务院批准对外开放，为双边季节性开放口岸；1992 年 7 月，正式开放，每年开关 50 天；2014 年，延长开关时间至 90 天。协议口岸开放时间每年 6 月 1 日至 6 月 20 日、6 月 26 日至 7 月 10 日、7 月 16 日至 8 月 9 日、8 月 15 日至 9 月 25 日，其间周六、周日不闭关，工作时间为北京时间 11：00—19：00。口岸历年进口货物主要为毛皮、废金属品等，出口货物主要为水泥、蔬菜、建材、砂糖、日用百货等。

【吉木乃陆路（公路）口岸】 吉木乃公路口岸位于新疆阿勒泰地区吉木乃县，距吉木乃县 24 千米。毗邻哈萨克斯坦东哈州，距哈方迈哈布奇盖口岸 0.5 千米。1991 年，中哈两国政府达成协议同意吉木乃公路口岸临时过货；1992 年 8 月，中哈两国政府签署协定同意吉木乃公路口岸对外开放；1994 年 3 月，吉木乃公路口岸经国务院批准对外开放，为双边常年开放口岸；1997 年 11 月，吉木乃公路口岸正式对外开放；2002 年 3 月，吉木乃公路口岸扩大为国际性开放口岸。2013 年 6 月，外交部批准吉木乃公路口岸对哈萨克斯坦公民进入边民互市贸易区实行“三日免签”政策；2014 年 8 月，“三日免签”正式实施。2019 年 4 月，进口肉类指定监管场地通过国家验收。协议口岸开放时间每周一至周六通关 6 天，逢双方法定节假日闭关，工作时间为北京时间 10：00—14：00、15：00—19：00。口岸以出口为主，出口货物主要为机械设备、汽车配件、鞋靴、商品车、日用百货等。口岸管道以进口天然气为主。

2023 年，吉木乃公路口岸进出口货运量 21.7 万吨，同比增长 38%，其中进口 1 万吨、出口 20.7 万吨；进出口贸易额 89.52 亿元，同比增长 99.9%；出入境人员 3.71 万人次，其中出境 1.86 万人次、入境 1.85 万人次；出入境车辆 2.6 万辆次，其中出境 2.29 万辆次、入境 3 130 辆次。

【巴克图陆路（公路）口岸】 巴克图公路口岸位于新疆塔城地区塔城市，距塔城市 12 千米，与哈萨克斯坦阿拜州毗邻，距哈方巴克特口岸 800 米。巴克图公路口岸已有 200 多年通商历史，1962 年以后关闭；1990 年 10 月，恢复开放为临时过货口岸；1992 年 8 月，中哈两国政府达成协议同意巴克图公路口岸对外开放；1994 年 3 月，经国务院批准对外开放，为国际常年开放口岸；1995 年 7 月，正式对外开放。2010 年 12 月，外交部同意巴克图边民互市贸易区对哈公民由“一日免签”延长至“三日免签”。2013 年 12 月，中哈巴克图—巴克特口岸农产品快速通关绿色通道开通。2019 年 4 月，进口肉类指定监管场地通过国家验收。2019 年 6 月，巴克图边民互市贸易区投入运营。2020 年，国务院批准俄罗斯、格鲁吉亚、韩国等 18 国商品，在巴克图公路口岸边民互市区进行贸易。协议为口岸每周一至周六通关 6 天，工作时间为北京时间 10：00—14：00、15：00—19：00。2023 年 5 月 2 日，巴克图公路口岸正式实行 7 天 12 小时工作制。口岸出口商品主要为百货、果蔬、设备、鞋子、成品车，进口商品主要为葵花籽、葵花籽仁、亚麻籽、红花籽、油葵、冷冻牛肉。

2023 年，巴克图公路口岸进出口货运量 52.8 万吨，同比增长 53.5%，其中进口 2.6 万吨、出口 50.2 万吨；出入境人员 42 864 人次，其中出境 21 471 人次、入境 21 393 人次；出入境车辆 56 968 辆次，其中出境 41 033 辆次、入境 15 935 辆次。

【阿拉山口陆路（公路、铁路）口岸】 阿拉山口（公路、铁路）口岸位于新疆博尔塔拉蒙古自治州阿拉山口市，毗邻哈萨克斯坦杰特苏州，距哈方多斯特克口岸 12 千米。1990 年 6 月，阿拉山口口岸经国务院批准对外开放；1992 年 12 月，铁路口岸正式对外开放；1995 年 12 月，公路口岸正式对外开放。2006 年 7 月，中哈原油管道一期工程建成运营。2011 年 5 月，国务院批准设立阿拉山口综合保税区；2014 年 6 月，阿拉山口综合保税区正式封关运作。2012 年 12 月，阿拉山口市设立。阿拉山口公路口岸开放时间每周一至周六通关 6 天，逢双方法定节假日闭关，工作时间为北京时间 10：00—14：00、15：00—19：00。2023 年 5 月 2 日，阿拉山口公路口岸正式实行 7 天 12 小时工作制。阿拉山口铁路口岸全年昼夜开放。口岸进口货物主要为液化石油气、冷冻牛肉、冷冻鸡爪、设备、卤虫卵等，出口货物主要为日用百货、纺织品、机械、设备、生活用品等。

2023 年，阿拉山口（公路、铁路）口岸共完成进出口货运量 2 665.01 万吨，同比增长 5.3%。

2023 年，公路口岸完成进出口货运量 72.05 万吨，同比增长 79.32%。

2023 年，进口管输原油 1 119.81 万吨，与 2022 年同期基本持平。

2023 年，铁路口岸完成进出口货运量 1 473.15万吨，同比增长 9.94%。其中，进口 1 111.9万吨，货物以金属矿石、集装箱、钢材、化工品、粮食、石油焦等种类为主；出口 361.25 万吨，货物以集装箱、钢材、化工品、饮食品及烟草、工业机械、焦炭、建材等种类为主。

【霍尔果斯陆路（公路、铁路）口岸】 霍尔果斯公路口岸位于新疆伊犁哈萨克自治州霍尔果斯市，毗邻哈萨克斯坦杰特苏州，距伊宁市 90 千米、乌鲁木齐市 670 千米，距哈方阿拉木图 378 千米。自 1881 年起，霍尔果斯公路口岸是中俄两国间通商口岸；1962 年，因国际形势影响停止进出口贸易。霍尔果斯公路口岸于 1983 年 11 月经国务院批准恢复开放；1986 年，开通地方和边境贸易；1992 年 8 月，经中哈两国政府同意扩大为国际性开放口岸。2014 年 6 月，国务院同意设立霍尔果斯市。2006 年 11 月，中哈两国共同提出建设“双西公路”；2012 年 5 月，在中哈两国“双西公路”对接点开工建设霍尔果斯南部联检区（第六代公路口岸）；2018 年 9 月，南部联检区与哈方努尔饶尔口岸同步开通启用；2006 年 3 月，经国务院批准建立首个跨境中哈霍尔果斯国际边境合作中心；2012 年 4 月，面积 5.28 平方千米的中哈霍尔果斯国际边境合作中心正式运营。2019 年 4 月，进口肉类指定监管场地通过国家验收。2019 年 9 月，中哈霍尔果斯—努尔饶尔口岸农副产品快速通关绿色通道开通。口岸每周 7 天 12 小时工作制，逢双方法定节假日闭关。

霍尔果斯铁路口岸位于新疆伊犁哈萨克自治州霍尔果斯市，毗邻哈萨克斯坦杰特苏州。2011 年 12 月，中哈霍尔果斯—阿腾科里口岸站接轨。霍尔果斯铁路口岸于 2012 年 12 月临时开放；2014 年 2 月，经国务院批准对外开放，为国际常年开放口岸；2016 年 6 月，正式对外开放。2017 年 6 月，乌鲁木齐—霍尔果斯—阿斯塔纳国际旅客换乘列车首趟开行。2017 年 10 月，乌鲁木齐—霍尔果斯—阿拉木图换轮班列首趟开行。全年 24 小时通关。口岸进口货物主要为粮食、矿类、设备等，出口货物主要为工程机械、百货、建材、水果等。

2023 年，霍尔果斯公路、铁路口岸共完成进出口货运量 4 178.4 万吨，同比增长 4.4%，其中进口 3 452.9 万吨、出口 725.5 万吨；出入境人员 734 068 人次，其中出境 367 547 人次、入境 366 521 人次；出入境车辆 271 117 辆次，其中出境 191 010 辆次、入境 80 107 辆次；出入境铁路班列 17 252 列，同比增长 10.56%。霍尔果斯铁路口岸通行中欧（中亚）班列达 7 762 列，同比增长 9.8%，累计开行中欧（中亚）班列 3.3 万列，成为国际物流陆路运输的“黄金通道”。

【都拉塔陆路（公路）口岸】 都拉塔公路口岸位于新疆伊犁哈萨克自治州察布查尔县，毗邻哈萨克斯坦阿拉木图州，距哈方科里扎特口岸 3.8 千米。1992 年 8 月，中哈两国政府签署协议同意都拉塔口岸系双边常年开放口岸；1994 年 3 月，经国务院批准对外口岸常年开放；1998 年 7 月，获批建立边民互市。2006 年 2 月，口岸正式对外开放；2016 年 5 月，经国务院批准扩大为国际开放口岸；2019 年 5 月，正式扩大为国际开放口岸。协议开放时间每周一至周六通关 6 天，逢双方法定节假日闭关，工作时间为北京时间

10：00—14：00、15：00—19：00。口岸以出口为主，出口货物主要为百货、鞋帽、服装、家电、玩具、皮革制品等；进口货物为葵花籽、原油、亚麻籽等。

2023年，都拉塔公路口岸进出口货运量45.5万吨，同比增长233.6%，其中进口0.8万吨、出口44.7万吨；出入境人员51 171人次，其中出境26 989人次、入境24 182人次；出入境车辆42 415辆次，同比增长160.44%，其中出境21 988辆次、入境20 427辆次。

【吐尔尕特陆路（公路）口岸】 吐尔尕特公路口岸位于新疆克孜勒苏柯尔克孜自治州乌恰县，海拔3 795米，距乌恰县42千米，毗邻吉尔吉斯共和国纳伦州。早在汉代，吐尔尕特即是“丝绸之路”上的一个重要驿站，1881年起正式与沙俄通商。中华人民共和国成立后，根据中苏两国签订的贸易协定和换货合同，1950年4月正式对苏联开放，开展边境贸易；1969年，通商贸易停止；1983年12月23日，经国务院批准双边开放。1995年11月，吐尔尕特口岸联检厅经国务院批准下迁至现址托帕。2009年1月，吐尔尕特公路口岸经国务院批准扩大开放，为国际常年开放口岸。协议口岸开放时间每周一至周五通关5天，工作时间为北京时间10：00—14：00、16：00—19：30。口岸出口商品主要为日用百货、服装、布匹、植物产品、机械设备、车辆及其零件、纺织面料，进口商品主要为皮毛、铝锭。

2023年，吐尔尕特公路口岸进出口货运量89.4万吨，同比增长82.4%，其中进口0.3吨、出口89.1万吨；进出口贸易额743.8亿元，同比增长30.2%，其中进口0.2亿元、出口743.6亿元；出入境人员84 159人次，其中出境42 331人次、入境41 828人次；出入境车辆96 837辆次，同比增长107.42%，其中出境51 400辆次、入境45 437辆次。

【伊尔克什坦陆路（公路）口岸】 伊尔克什坦公路口岸位于新疆克孜勒苏柯尔克孜自治州乌恰县，毗邻吉尔吉斯共和国奥什州。1996年，中吉两国政府达成协议同意开放伊尔克什坦口岸；1997年7月，口岸临时开放；1998年1月，伊尔克什坦口岸经国务院批准对外开放，为国际性常年开放口岸；2002年5月，口岸正式对外开放。2011年12月，口岸联检厅下迁146千米至乌恰县。2019年7月，进境水果指定监管场地通过国家验收，主要进口吉尔吉斯共和国樱桃、甜瓜等。2019年10月，边民互市贸易区正式运营。2021年6月，海关总署批复同意在伊尔克什坦口岸设立进境肉类指定监管场地。协议口岸开放时间每周一至周五通关5天，工作时间为北京时间10：00—14：00、16：00—19：30。口岸出口货物主要为服装鞋帽、日用百货、纺织坯布、汽车及配件、机械设备、家用电器等，进口货物主要为干果、羊牛皮、矿石、煤炭等。

2023年，伊尔克什坦公路口岸进出口货运量128.2万吨，同比增长95.6%，其中进口7.5万吨、出口120.7万吨；进出口贸易额756.9亿元，同比增长62.5%，其中进口2.5亿元、出口754.4亿元；出入境人员112 598人次，同比增长1 148.04%，其中出境56 283人次、入境56 315人次；出入境车辆129 583辆次，同比增长91.94%，其中出境75 952辆次、入境53 631辆次。

【卡拉苏陆路（公路）口岸】 卡拉苏公路口岸位于新疆喀什地区塔什库尔干塔吉克自治县，海拔4 050米，毗邻塔吉克斯坦共和国戈尔诺—巴达赫尚自治州。2004年5月，口岸临时对外开放；2007年9月，口岸经国务院批准为国际性对外开放口岸；2011年12月，中塔两国政府签署协定，确定卡拉苏口岸为国际性常年开放口岸；2014年5月，口岸正式对外开放。受当地自然环境和天气影响，每年冬季开放的具体时间实行预约通关。2016年12月，口岸实行常年开放。口岸设计年出入境人员4.5万人次、过货量30万吨。协议口岸开放时间每周一至周五通关5天，工作时间为北京时间12：00—18：30。口岸通关以出口为主，出口货物主要为五金建材、机械设备、日用百货、商品车、汽车配件、服装鞋帽、厨房用品、家用电器、医用物资等；进口货物主要为金精矿石、锑精矿、伏特加酒、烟花燃放架、安哥拉羊毛、大理石等。

2023年，卡拉苏公路口岸进出口货运量35.2万吨，同比增长90.1%，其中进口1.8万吨、出口33.4万吨；进出口贸易额217.4亿元，同比增长83.6%，其中进口3.0亿元、出口214.4亿元；出入境人员21 896人次，同比增长84 115.38%，其中出境10 880人次、入境11 016人次；出入境车辆26 891辆次，同比增长82.67%，其中出境15 935辆次、入境10 956辆次。

【红其拉甫陆路（公路）口岸】 红其拉甫公路口岸位于新疆喀什地区塔什库尔干塔吉克自治县，口岸海拔4 500米，毗邻巴基斯坦伊斯兰共和国北部地区吉尔吉特—巴尔蒂斯坦省。1981年9月，中巴两国政府达成协议同意红其拉甫口岸为双边季节开放口岸；1982年8月，国务院批准口岸对外开放；1986年5月，口岸正式扩大为国际开放口岸。由于红其拉甫口岸海拔较高，严重缺氧，气候恶劣，1993年口岸查验机构下迁至塔什库尔干县，新联检区于2011年10月建成启用。口岸设计年出入境人员15万人次、过货量30万吨。协议口岸开放时间每年4月1日至11月30日，工作时间为北京时间11：00—19：00。口岸进口货物主要为干坚果（松子）、草药、铜器、纺织品（化纤挂毯）、木制工艺品等，出口货物主要为日用百货、服装鞋帽、五金建材、汽车配件、对外承包工程设备、水果、干坚果（核桃）等。

2023年，红其拉甫公路口岸进出口货运量4.7万吨，同比增长107.4%，其中进口0.1万吨、出口4.6万吨；进出口贸易额35.3亿元，同比增长34.5%；出入境人员50 098人次，同比增长1 790.49%，其中出境24 779人次、入境25 319人次；出入境车辆10 837辆次，同比增长311.12%，其中出境5 448辆次、入境5 389辆次。

【木扎尔特陆路（公路）口岸】 木扎尔特公路口岸位于新疆伊犁哈萨克自治州昭苏县，毗邻哈萨克斯坦阿拉木图州纳林果勒区，距哈方纳林果勒口岸4千米。1953年，木扎尔特公路口岸曾作为中苏两国临时过货点；1962年，口岸关闭；1992年8月，中哈两国政府签订协议同意开放木扎尔特口岸为双边常年开放口岸；1994年3月，木扎尔特公路口岸经国务院批准对外开放。后因哈方原因，口岸开放工作停滞。2012年中哈两国政府签订的《关于中哈边境口岸及其管理制度的协定》未将木扎尔特公路口岸列入。截至2023年年底，木扎尔特公路口岸尚未正式开通。

【阿黑土别克陆路（公路）口岸】 阿黑土别克公路口岸位于新疆阿勒泰地区哈巴河县西部，毗邻哈萨克斯坦东哈州。1992年8月，中哈两国政府签订协议同意开放阿黑土别克口岸为双边常年开放口岸；1994年3月，阿黑土别克口岸经国务院批准对外开放。后因哈方原因，口岸开放工作停滞。2012年中哈两国政府签订的《关于中哈边境口岸及其管理制度的协定》未将阿黑土别克公路口岸列入。截至2023年年底，阿黑土别克公路口岸尚未正式开通。

2023年新疆维吾尔自治区口岸大事记

1月1日

中央政治局委员、新疆维吾尔自治区党委书记马兴瑞在吉木乃口岸、巴克图口岸调研。

1月8日

霍尔果斯口岸、伊尔克什坦口岸、卡拉苏口岸、塔克什肯口岸恢复客运通关。

1月17日

海关总署署长俞建华视频连线慰问阿拉山口海关。

1月17日

红其拉甫出入境边防检查站被国家民族事务委员会命名为第十批全国民族团结进步示范单位。

1月30日—2月10日

红其拉甫口岸临时开放。

2 月 20 日

阿拉山口口岸、巴克图口岸、吐尔尕特口岸恢复客运通关。

3 月 6 日

阿拉山口公路口岸至哈萨克斯坦多斯特克公路口岸恢复国际道路旅客运输班车，并实现双向对发。

3 月 23 日

时任乌鲁木齐海关关长沈扬陪同中央政治局委员、新疆维吾尔自治区党委书记马兴瑞在霍尔果斯调研。

3 月 23 日

中央政治局委员、新疆维吾尔自治区党委书记马兴瑞在霍尔果斯口岸调研。

3 月 24 日—25 日

海关总署党委委员、时任国家口岸管理办公室主任赵增连在霍尔果斯调研并召开座谈会。

4 月 3 日

都拉塔口岸、吉木乃口岸、老爷庙口岸、红其拉甫口岸恢复客运通关。

4 月 30 日

红其拉甫口岸临时开放。

5 月 8 日

第二十届中央委员、商务部党组副书记、国际贸易谈判代表（正部长级）兼副部长王受文在红其拉甫口岸调研。

5 月 9 日

第二十届中央委员、商务部党组副书记、国际贸易谈判代表（正部长级）兼副部长王受文一行在卡拉苏口岸调研。

5 月 9 日

第十四届政协副主席梁振英在霍尔果斯调研指导工作。

5 月 9 日—11 日

新疆塔城特色外贸产品亮相第七届跨境电商大会。

5 月 13 日

新疆维吾尔自治区党委副书记、区政府主席艾尔肯·吐尼亚孜在霍尔果斯口岸调研。

5 月 13 日—14 日

中央政治局委员、新疆维吾尔自治区党委书记马兴瑞在吐尔尕特口岸调研。

5 月 23 日—24 日

新疆维吾尔自治区党委副书记、区政府主席艾尔肯·吐尼亚孜在吐尔尕特口岸调研。

6 月 2 日

中央统战部副部长、全国工商联党组书记、常务副主席徐乐江在阿拉山口口岸调研。

6 月 4 日

第十四届全国政协常委、经济委员会主任王国生在红其拉甫口岸调研。

6 月 9 日

红山嘴口岸恢复客运通关。

6 月 13 日

位于中哈霍尔果斯国际边境合作中心的国家级对外文化贸易基地（伊犁）获授牌。

6 月 23 日

新疆维吾尔自治区党委副书记、区政府主席艾尔肯·吐尼亚孜在吐尔尕特口岸调研。

6 月 24 日

新疆维吾尔自治区党委副书记、区政府主席艾尔肯·吐尼亚孜在伊尔克什坦口岸调研。

7 月 4 日

第十四届政协副主席石泰峰来霍尔果斯调研。

7 月 10 日—12 日

海关总署署长俞建华在乌鲁木齐海关调研。

7 月 12 日

海关总署署长俞建华在红其拉甫口岸调研。

7 月 13 日

海关总署署长俞建华赴卡拉苏口岸调研。

7 月 16 日

乌拉斯台口岸恢复客运通关。

7 月 18 日

在新疆维吾尔自治区党委、政府的决策部署下，自治区口岸职能由自治区外办转隶至商务厅。

7 月 24 日

乌鲁木齐海关举行中巴边境海关视频会谈，

乌鲁木齐海关关长郝炜明任中方代表团团长，吉尔吉特—巴尔蒂斯坦海关关长赛义德·法瓦德·阿里·沙任巴方代表团团长。

7月29日

第十四届政协副主席梁振英在阿拉山口口岸调研。

7月30日

第十四届政协副主席梁振英在霍尔果斯调研。

8月3日

新疆维吾尔自治区党委副书记、区政府主席艾尔肯·吐尼亚孜在霍尔果斯调研。

8月13日

喀什地区卡拉苏口岸管理委员会正式成立。

8月13日

喀什地区红其拉甫口岸管理委员会正式成立。

8月15日—9月15日

克拉玛依航空口岸临时开放。

8月31日

霍尔果斯综合保税区铁路专用线正式开通，首发宽轨列车搭载石油钻杆234吨、货值415.5万元，出口目的国为土库曼斯坦。

9月8日—9日

第十四届全国政协外事委员会委员胡伟在乌昌海关、霍尔果斯口岸调研。

9月19日

第十四届政协主席王沪宁在霍尔果斯调研。

10月5日

新疆维吾尔自治区党委副书记、区政府主席艾尔肯·吐尼亚孜在霍尔果斯调研。

10月6日

新疆维吾尔自治区党委副书记、区政府主席艾尔肯·吐尼亚孜在巴克图口岸调研。

10月8日—12日

海关总署副署长王令浚会同财政部一行先后前往乌鲁木齐海关所属和田海关、红其拉甫海关、卡拉苏海关、吐尔尕特海关、伊尔克什坦海关、喀什海关以及口岸调研。

10月26日

第十四届政协副主席秦博勇在霍尔果斯调研。

10月31日

中国（新疆）自由贸易试验区正式获批，国务院印发《中国（新疆）自由贸易试验区总体方案》（国发〔2023〕17号）。

11月3日

哈萨克斯坦中央信贷银行正式落户中国（新疆）自由贸易试验区霍尔果斯片区的中哈霍尔果斯国际边境合作中心。

11月5日

新疆维吾尔自治区党委副书记、区政府主席艾尔肯·吐尼亚孜在阿拉山口口岸调研。

11月5日

中央政治局委员、新疆维吾尔自治区党委书记马兴瑞在阿拉山口口岸调研。

11月19日

喀什至德国科隆国际货运航线复飞。

11月23日

新疆首个“公路口岸+属地直通”模式在阿拉山口口岸正式运行。

12月5日

新疆维吾尔自治区党委副书记、区政府主席艾尔肯·吐尼亚孜在霍尔果斯调研。

12月21日

伊宁航空口岸通关国家验收。

12月31日

阿拉山口口岸国际道路运输管理局荣获由新疆维吾尔自治区交通运输综合行政执法局承办的2023年“丝路交通杯”全国引领性口岸通关服务竞赛宣传工作先进集体。

（撰稿人：吴晓燕、张杨、张思远、梁昉）

2023年新疆维吾尔自治区口岸流量统计表

口岸类型		口岸名称	货运量（万吨）				人员（万人次）				交通工具（辆、艘、架、列次）			
			出口	进口	合计	同比（%）	出口	进口	合计	同比（%）	出境	入境	合计	同比（%）
空运口岸		乌鲁木齐	0.70	0.04	0.74	-25.30	18.513 8	18.007 9	36.521 7	2 301.95	1 688	1 621	3 309	376.12
		喀什	—	—	—	—	0.126 7	0.115 1	0.241 8	-6.28	56	52	108	33.33
		分计	0.70	0.04	0.74	26.70	18.640 5	18.123 0	36.763 5	1 953.51	1 744	1 673	3 417	340.34
陆路口岸	公路口岸	老爷庙	0.20	21.00	21.20	-75.60	0.538 9	0.539 4	1.078 3	-65.74	5 254	5 254	10 508	-65.74
		乌拉斯台	—	—	—	—	0.009 3	0.008 8	0.018 1	—	5	5	10	1 000.00
		塔克什肯	6.20	274.00	280.20	21.70	5.757 9	5.753 2	11.511 1	66.43	42 783	40 470	83 253	18.24
		红山嘴	—	—	—	—	0.015 5	0.016 1	0.031 6	—	9	9	18	1 800.00
		吉木乃	20.70	1.00	21.70	38.00	1.862 6	1.849 2	3.711 8	276.99	22 941	3 130	26 071	57.72
		巴克图	50.20	2.60	52.80	53.50	2.147 1	2.139 3	4.286 4	44.62	41 033	15 935	56 968	62.68
		阿拉山口	58.24	14.16	72.40	84.50	4.641 2	4.652 2	9.293 4	91.14	38 435	38 745	77 180	58.66
		霍尔果斯	207.03	9.77	216.77	159.30	34.984 7	34.882 1	69.866 8	1 445.99	191 010	80 107	271 117	216.95
		都拉塔	44.70	0.80	45.50	233.60	2.698 9	2.418 2	5.117 1	—	21 988	20 427	42 415	160.44
		吐尔尕特	89.10	0.30	89.40	82.40	4.233 1	4.182 8	8.415 9	75 718.92	51 400	45 437	96 837	107.42
		伊尔克什坦	120.90	7.50	128.40	95.60	5.628 3	5.631 5	11.259 8	1 148.04	75 952	53 631	129 583	91.94
		红其拉甫	4.60	0.10	4.70	107.40	2.477 9	2.531 9	5.009 8	1 790.49	5 448	5 389	10 837	311.12
		卡拉苏	33.40	1.80	35.20	90.10	1.088 0	1.101 6	2.189 6	84 115.38	15 935	10 956	26 891	82.67
		分计	635.27	333.03	968.27	52.30	67.957 7	67.580 3	135.538 0	383.03	509 549	319 160	831 688	83.76
	铁路口岸	阿拉山口	385.19	1 071.71	1 456.90	21.66	1.874 3	1.874 0	3.748 3	8.95	9 144	9 141	18 285	6.67
		霍尔果斯	474.41	515.49	989.90	27.57	1.770 0	1.770 0	3.540 0	13.19	8 626	8 626	17 252	10.56
		分计	859.60	1 587.20	2 446.80	24.00	3.644 3	3.644 0	7.288 3	10.97	17 770	17 767	35 537	8.52
合计			1 499.60	5 971.10	7 470.70	8.60	90.242 5	89.347 3	179.589 8	445.06	529 063	338 600	870 642	79.10
同比（%）			34.20	3.70			449.68	440.48			100.94	64.65		

备注：货运量合计项包含空运、陆运、管输三种方式货运量。

（新疆维吾尔自治区口岸办提供）

2023 年乌鲁木齐海关主要数据统计表

项　目		2023 年	2022 年	同比（%）
进出口货运量（万吨）	合计	7 470.73	6 877	8.6
	进口	5 971.13	5 759.49	3.7
	出口	1 499.6	1 117.51	34.2
进出口贸易总值（亿元人民币）	合计	3 573.3	2 463.6	45.9
	进口	548.4	372.4	47.6
	其中：江、海运输			
	铁路运输	—	—	—
	汽车运输	—	—	—
	航空运输	—	—	—
	邮件运输	—	—	—
	其他运输	—	—	—
	出口	3 024.9	2 091.2	45.7
	其中：江、海运输			
	铁路运输	—	—	—
	汽车运输	—	—	—
	航空运输	—	—	—
	邮件运输	—	—	—
	其他运输	—	—	—
税收（亿元人民币）	两税合计	148.44	148.99	-0.37
	关税入库	7.7	4.66	65.23
	进口环节税入库	140.74	144.33	2.49

（乌鲁木齐海关提供）

2023 年新疆维吾尔自治区口岸出入境主要数据表

<table>
<tr><th colspan="3">项　目</th><th>2023 年</th><th>2022 年</th><th>同比（%）</th></tr>
<tr><td rowspan="14">出入境人员
（人次）</td><td colspan="2">出入境人员总数</td><td>1 759 115</td><td>329 659</td><td>433. 62</td></tr>
<tr><td colspan="2">入境人员</td><td>875 210</td><td>165 400</td><td>429. 15</td></tr>
<tr><td colspan="2">出境人员</td><td>883 905</td><td>164 259</td><td>438. 12</td></tr>
<tr><td colspan="2">出入境旅客</td><td>905 725</td><td>10 605</td><td>8 440. 55</td></tr>
<tr><td colspan="2">出入境员工</td><td>853 390</td><td>319 054</td><td>167. 48</td></tr>
<tr><td rowspan="5">中国公民</td><td>小计</td><td>908 358</td><td>53 730</td><td>1 590. 60</td></tr>
<tr><td>内地居民（因公）</td><td>104 822</td><td>45 018</td><td>132. 85</td></tr>
<tr><td>内地居民（因私）</td><td>788 539</td><td>8 696</td><td>8 967. 84</td></tr>
<tr><td>港澳居民</td><td>12 946</td><td></td><td></td></tr>
<tr><td>台湾同胞</td><td>190</td><td>4</td><td>4 650. 00</td></tr>
<tr><td colspan="2">外籍人员</td><td>850 757</td><td>275 929</td><td>208. 32</td></tr>
<tr><td colspan="2">从海港出入境人数</td><td></td><td></td><td></td></tr>
<tr><td colspan="2">从陆港出入境人数</td><td>1 390 780</td><td>311 425</td><td>346. 59</td></tr>
<tr><td colspan="2">从空港出入境人数</td><td>368 335</td><td>18 234</td><td>1 920. 05</td></tr>
<tr><td rowspan="5">交通运输工具
（辆、艘、架、列次）</td><td colspan="2">总计</td><td>870 688</td><td>469 029</td><td>85. 64</td></tr>
<tr><td colspan="2">船舶</td><td></td><td></td><td></td></tr>
<tr><td colspan="2">飞机</td><td>3 463</td><td>801</td><td>332. 34</td></tr>
<tr><td colspan="2">火车</td><td>35 537</td><td>32 746</td><td>8. 52</td></tr>
<tr><td colspan="2">机动车辆</td><td>831 688</td><td>435 482</td><td>90. 98</td></tr>
</table>

备注：中国公民小计包含边民和华侨数据。

（新疆出入境边防检查总站提供）

第四篇

口岸相关法规

中华人民共和国海关总署

海关总署关于修改部分规章的决定

（2023 年 3 月 9 日海关总署令第 262 号公布，自 2023 年 4 月 15 日起施行）

为贯彻落实党的二十大精神，按照党中央、国务院关于优化营商环境的决策部署以及全面实行行政许可事项清单管理的有关要求，海关总署决定对《中华人民共和国海关预裁定管理暂行办法》等 22 部规章进行修改，具体内容如下：

一、对《中华人民共和国海关预裁定管理暂行办法》（海关总署令第 236 号公布）作如下修改：

（一）将第四条中的“注册登记”修改为“备案”。

（二）将第七条第一款中的“注册”修改为“备案”。

二、对《中华人民共和国海关加工贸易货物监管办法》（海关总署令第 219 号公布，根据海关总署令第 235 号、第 240 号、第 243 号、第 247 号修正）作如下修改：

（一）将第十二条第一款中的“按照本办法第十一条、第十二条规定”修改为“按照本办法第十条、第十一条规定”。

（二）将第四十条中的“加工贸易企业，包括经海关注册登记的经营企业和加工企业”修改为“加工贸易企业，包括经海关备案的经营企业和加工企业”；将“经营企业，是指负责对外签订加工贸易进出口合同的各类进出口企业和外商投资企业，以及经批准获得来料加工经营许可的对外加工装配服务公司。”修改为“经营企业，是指负责对外签订加工贸易进出口合同的各类进出口企业和外商投资企业，以及依法开展来料加工经营活动的对外加工装配服务公司。”

三、对《中华人民共和国海关加工贸易企业联网监管办法》（海关总署令第 150 号公布）作如下修改：

将第三条第一款第二项中的“注册”修改为“备案”。

四、对《中华人民共和国海关对平潭综合实验区监管办法（试行）》（海关总署令第 208 号公布，根据海关总署令第 243 号修正）作如下修改：

（一）将第二条、第五条第一款中的“注册登记”修改为“备案”。

（二）将第二十七条第二项中的“《中华人民共和国海关进出口货物减免税管理办法》第四十五条”修改为“《中华人民共和国海关进出口货物减免税管理办法》第二十九条”。

五、对《中华人民共和国海关对横琴新区监管办法（试行）》（海关总署令第 209 号公布，根据海关总署令第 243 号修正）作如下修改：

将第二条、第五条第一款中的“注册登记”修改为“备案”。

六、对《中华人民共和国海关关于超期未报关进口货物、误卸或者溢卸的进境货物和放弃进口货物的处理办法》（海关总署令第 91 号公布，根据海关总署令第 198 号、第 218 号、第 238 号、第 243 号修正）作如下修改：

将第十二条中的“经海关报关注册登记”修改为“向海关办理报关单位备案”。

七、对《中华人民共和国海关对上海钻石交易所监管办法》（海关总署令第 152 号公布，根据海关总署令第 240 号修正）作如下修改：

将第十一条中的“海关准予注册登记”修改

为“经海关备案”。

八、对《中华人民共和国海关行政裁定管理暂行办法》（海关总署令第 92 号公布）作如下修改：

（一）将第四条第一款中的“注册登记”修改为“备案”。

（二）将附件：中华人民共和国海关行政裁定申请书（格式 1、2、3）中的“海关报关注册登记代码”修改为“海关备案编码”。

九、对《中华人民共和国海关对进出境快件监管办法》（海关总署令第 104 号公布，根据海关总署令第 147 号、第 198 号、第 240 号修正）作如下修改：

（一）将第七条修改为：“运营人申请办理进出境快件代理报关业务的，应当在所在地海关办理登记手续。”

（二）将第八条第一项修改为：“（一）已经获得国务院对外贸易主管部门或者其委托的备案机构办理的《国际货运代理企业备案表》，但法律法规另有规定的除外。”将第三项中的“注册登记”修改为“备案”；增加一项，作为第九项：“（九）已取得邮政管理部门颁发的国际快递业务经营许可。”

（三）将第九条中的“海关注销该运营人从事进出境快件报关的资格”修改为“海关注销该运营人登记”。

（四）删除第二十六条第二款。

十、对《进出口商品数量重量检验鉴定管理办法》（原国家质量监督检验检疫总局令第 103 号公布，根据原国家质量监督检验检疫总局令第 172 号和海关总署令第 238 号、第 240 号修正）作如下修改：

（一）删除第十四条第一款中的“、可用作原料的固体废物”。

（二）删除第二十六条。

（三）将第二十七条中的“已经海关总署许可的境内外各类检验鉴定机构必须在许可的范围内接受对外经济贸易关系人的委托”修改为“依法设立的境内外各类检验机构可以接受对外经济贸易关系人的委托”。

（四）删除第二十九条第一款；将第二款修改为“从事进出口商品检验鉴定业务的检验机构违反国家有关规定，扰乱检验鉴定秩序的，由主管海关责令改正，没收违法所得，可以并处 10 万元以下的罚款，海关可以暂停其 6 个月以内检验鉴定业务。”

十一、对《进口商品残损检验鉴定管理办法》（原国家质量监督检验检疫总局令第 97 号公布，根据海关总署令第 238 号修正）作如下修改：

（一）将第四条第一款、第六条中的“经海关总署许可”修改为“依法设立”。

（二）删除第二十二条。

（三）将第二十三条第一款中的“已经海关总署许可的境内外各类检验机构必须在许可的范围内，”修改为“依法设立的境内外各类检验机构可以”。

（四）删除第二十六条第一款。

十二、对《进出境转基因产品检验检疫管理办法》（原国家质量监督检验检疫总局令第 62 号公布，根据原国家质量监督检验检疫总局令第 196 号和海关总署令第 238 号、第 243 号修正）作如下修改：

删除第五条。

十三、对《出入境邮轮检疫管理办法》（原国家质量监督检验检疫总局令第 185 号公布，根据海关总署令第 238 号、第 240 号修正）作如下修改：

将第二十四条第三款修改为：“检疫处理工作应当依法实施并接受海关监督。”

十四、对《国际航行船舶出入境检验检疫管理办法》（原国家质量监督检验检疫总局令第 38 号公布，根据原国家质量监督检验检疫总局令第 196 号和海关总署令第 238 号、第 240 号修正）作如下修改：

将第三十三条修改为：“海关对从事船舶食品、饮用水供应的单位以及从事船舶进出境动植物检疫除害处理的单位实行许可管理；对从事船舶代理、船舶物料服务的单位实行备案管理。”

十五、对《进出境集装箱检验检疫管理办法》（原国家出入境检验检疫局令第 17 号公布，根据海关总署令第 238 号修正）作如下修改：

（一）删除第十一条。

（二）将第二十一条修改为：“进出境集装箱卫生除害处理工作应当依法实施并接受海关监督。”

十六、对《中华人民共和国海关对用于装载海关监管货物的集装箱和集装箱式货车车厢的监管办法》（海关总署令第 110 号公布，根据海关总署令第 198 号、第 240 号修正）作如下修改：

（一）将第七条第一款中的“国际集装箱班轮公司或者其代理人凭交通主管部门的批准文件和自制的集装箱调运清单，向调出地和调入地海关申报。调运清单内容应当包括：承运集装箱原进境船舶名称、航（班）次号、日期，承运调运空箱的船舶名称、航（班）次号、集装箱箱号、尺寸、目的口岸、箱体数量等，并向调出地和调入地海关传输相关的电子数据。”修改为“国际集装箱班轮公司或者其代理人应当按照海关规定申报相关电子数据。”

（二）将第二十三条、第二十四条中的“注册”修改为“备案”。

（三）删除第三十条。

十七、对《中华人民共和国海关关于境内公路承运海关监管货物的运输企业及其车辆的管理办法》（海关总署令第 88 号公布，根据海关总署令第 121 号、第 227 号、第 235 号、第 240 号修正）作如下修改：

（一）将第二条中的“经海关注册登记”修改为“向海关备案”。

（二）将第三条、第四条、第六条、第九条、第十三条中的“注册登记”修改为“备案”。

（三）将第二章章名修改为“备案”。

（四）将第五条中的“资格条件”修改为“条件”。

（五）将第七条修改为：“海关对运输企业递交的有关材料进行审核，符合规定的，予以备案。

“备案有效期为其营业执照上注明的营业期限。”

（六）将第十条修改为：“海关对车辆监管条件及相关文件进行审核，符合规定的，予以备案。

“车辆备案有效期为其机动车行驶证上注明的强制报废期。”

（七）删除第十一条、第十四条、第十六条。

（八）将第十二条中的“应向注册地海关交回《注册登记证书》《汽车载货登记簿》等相关证件，办理手续”修改为“应向备案地海关办理备案注销手续”。

（九）将第十七条修改为：“海关可以对备案车辆实施卫星定位管理。”

（十）删除第二十三条第二项中的“如实填报交验汽车载货登记簿或者”；删除第五项；将第六项改为第五项，修改为：“（五）更换车辆（车辆发动机、车牌号码），改装车厢、车体，未向海关重新办理备案手续的”；将第七项改为第六项。

（十一）将第二十五条中的“海关可以撤销其注册登记或者停止其从事有关业务”修改为“海关可以注销其备案”；将第四项修改为：“（四）其他需要注销备案的情形。”

（十二）将第二十六条修改为：“运输企业备案有效期届满未续展的，海关应当依照有关规定办理注销手续。”

（十三）将第二十七条中的“海关注销其承运海关监管货物运输资格”修改为“海关注销其备案”。

十八、对《中华人民共和国海关对免税商店及免税品监管办法》（海关总署令第 132 号公布，根据海关总署令第 240 号修正）作如下修改：

（一）将第二条、第七条中的“设立”修改为“经营”。

（二）将第二章章名修改为：“免税商店的经营和终止”。

（三）将第八条修改为：“海关总署按照

《中华人民共和国行政许可法》及《中华人民共和国海关行政许可管理办法》规定的程序和期限办理免税商店经营许可事项。"

（四）删除第九条、第十条中的"的设立"。

（五）将第十一条第一款、第十二条第二款中的"经批准设立的免税商店"修改为"经审批准予经营的免税商店"。

（六）将第十八条第二款、第十九条、第二十条中的"人员"修改为"旅客"。

（七）将第二十六条增加一款，作为第二款："除前款规定情形外，免税品需要退运的，免税商店应当向主管海关办理相关海关手续。"

（八）将第三十条中的"免税商店是指经海关总署批准，由经营单位在中华人民共和国国务院或者其授权部门批准的地点设立符合海关监管要求的销售场所和存放免税品的监管仓库，向规定的对象销售免税品的企业。"修改为"免税商店是指经国务院有关部门批准设立，经海关总署批准经营，向规定的对象销售免税品的企业。"

十九、对《进出口饲料和饲料添加剂检验检疫监督管理办法》（原国家质量监督检验检疫总局令第 118 号公布，根据原国家质量监督检验检疫总局令第 184 号和海关总署令第 238 号、第 240 号、第 243 号修正）作如下修改：

删除第三十二条第二项；将第三项改为第二项；将第四项改为第三项，并删除"，并提供重点区域的照片或者视频资料"；将第五项改为第四项。

二十、对《进境动物遗传物质检疫管理办法》（原国家质量监督检验检疫总局令第 47 号公布，根据海关总署令第 238 号、第 240 号修正）作如下修改：

删除第二十条第一项；将第二项改为第一项；将第三项改为第二项。

二十一、对《进出境非食用动物产品检验检疫监督管理办法》（原国家质量监督检验检疫总局令第 159 号公布，根据原国家质量监督检验检疫总局令第 184 号和海关总署令第 238 号、第 240 号修正）作如下修改：

（一）删除第三十一条。

（二）将第三十五条第一款中的"本办法第三十四条"修改为"本办法第三十三条"。

（三）将第三十九条第二项中的"本办法第三十四条"修改为"本办法第三十三条"；第五项中的"本办法第三十八条"修改为"本办法第三十七条"。

（四）删除第四十三条第二项中的"，并提供重点区域的照片或者视频资料"。

（五）将第七十一条中的"《中华人民共和国进出口商品检验法实施条例》第四十三条"修改为"《中华人民共和国进出口商品检验法实施条例》第四十二条"。

（六）将第七十二条中的"《中华人民共和国进出口商品检验法实施条例》第四十四条"修改为"《中华人民共和国进出口商品检验法实施条例》第四十三条"。

（七）将第七十三条中的"《中华人民共和国进出口商品检验法实施条例》第四十五条"修改为"《中华人民共和国进出口商品检验法实施条例》第四十四条"。

（八）将第七十四条第一款中的"《中华人民共和国进出口商品检验法实施条例》第四十六条第一款"修改为"《中华人民共和国进出口商品检验法实施条例》第四十五条第一款"。

（九）将第七十五条中的"《中华人民共和国进出口商品检验法实施条例》第四十七条"修改为"《中华人民共和国进出口商品检验法实施条例》第四十六条"。

（十）将第七十六条中的"《中华人民共和国进出口商品检验法实施条例》第四十八条"修改为"《中华人民共和国进出口商品检验法实施条例》第四十七条"。

二十二、对《进境动植物检疫审批管理办法》（原国家质量监督检验检疫总局令第 25 号公布，根据原国家质量监督检验检疫总局令第 170 号和海关总署令第 238 号、第 240 号修正）作如下修改：

（一）将第三条修改为："海关总署统一管理本办法所规定的检疫审批工作。

"由海关总署负责实施的检疫审批事项，海关总署可以委托直属海关负责受理申请并开展初步审查。

"海关总署授权直属海关实施的检疫审批事项，由直属海关负责检疫审批的受理、审查和决定。"

（二）删除第六条第一款。删除第六条第二款中的"初审机构"；删除第二款第一项；将第二款第二项改为第一项，修改为："（一）输入动物需要隔离检疫的，应当提交有效的隔离场使用证；"将第二款第三项改为第二项，修改为："（二）输入进境后需要指定生产、加工、存放的动植物及其产品，应当提交生产、加工、存放单位信息以及符合海关要求的生产、加工、存放能力证明材料；"将第二款第四项改为第三项；将第二款第五项改为第四项。

（三）将第七条中的"初审机构对申请单位检疫审批申请进行初审的内容包括"修改为"海关对申请单位检疫审批申请进行审查的内容包括"。

（四）删除第八条、第九条、第十二条、第十九条。

（五）将第十条中的"海关总署或者初审机构"修改为"海关"。

（六）将第十一条修改为："海关总署及其授权的直属海关自受理申请之日起二十日内作出准予许可或者不予许可决定。二十日内不能作出决定的，经海关总署负责人或者授权的直属海关负责人批准，可以延长十日，并应当将延长期限的理由告知申请单位。

"法律、行政法规另有规定的，从其规定。"

（七）将第十三条修改为："《检疫许可证》的有效期为十二个月或者一次有效。"

（八）将第十六条修改为："国家依法发布禁止有关检疫物进境的公告或者禁令后，海关可以撤回已签发的《检疫许可证》。

"根据本办法第十一条规定许可数量全部核销完毕或者《检疫许可证》有效期届满未延续的，海关应当依法办理检疫审批的注销手续。

"其他依法应当撤回、撤销、注销检疫审批的，海关按照相关法律法规办理。"

此外，对相关规章中的条文序号作相应调整。

本决定自2023年4月15日起施行。

《中华人民共和国海关预裁定管理暂行办法》《中华人民共和国海关加工贸易货物监管办法》《中华人民共和国海关加工贸易企业联网监管办法》《中华人民共和国海关对平潭综合实验区监管办法（试行）》《中华人民共和国海关对横琴新区监管办法（试行）》《中华人民共和国海关关于超期未报关进口货物、误卸或者溢卸的进境货物和放弃进口货物的处理办法》《中华人民共和国海关对上海钻石交易所监管办法》《中华人民共和国海关行政裁定管理暂行办法》《中华人民共和国海关对进出境快件监管办法》《进出口商品数量重量检验鉴定管理办法》《进口商品残损检验鉴定管理办法》《进出境转基因产品检验检疫管理办法》《出入境邮轮检疫管理办法》《国际航行船舶出入境检验检疫管理办法》《进出境集装箱检验检疫管理办法》《中华人民共和国海关对用于装载海关监管货物的集装箱和集装箱式货车车厢的监管办法》《中华人民共和国海关关于境内公路承运海关监管货物的运输企业及其车辆的管理办法》《中华人民共和国海关对免税商店及免税品监管办法》《进出口饲料和饲料添加剂检验检疫监督管理办法》《进境动物遗传物质检疫管理办法》《进出境非食用动物产品检验检疫监督管理办法》《进境动植物检疫审批管理办法》，根据本决定作相应修改，重新公布。

附件：

1. 中华人民共和国海关预裁定管理暂行办法（略）

2. 中华人民共和国海关加工贸易货物监管办法（略）

3. 中华人民共和国海关加工贸易企业联网监管办法（略）

4. 中华人民共和国海关对平潭综合实验区监管办法（试行）（略）

5. 中华人民共和国海关对横琴新区监管办法（试行）（略）

6. 中华人民共和国海关关于超期未报关进口货物、误卸或者溢卸的进境货物和放弃进口货物的处理办法（略）

7. 中华人民共和国海关对上海钻石交易所监管办法（略）

8. 中华人民共和国海关行政裁定管理暂行办法（略）

9. 中华人民共和国海关对进出境快件监管办法（略）

10. 进出口商品数量重量检验鉴定管理办法（略）

11. 进口商品残损检验鉴定管理办法（略）

12. 进出境转基因产品检验检疫管理办法（略）

13. 出入境邮轮检疫管理办法（略）

14. 国际航行船舶出入境检验检疫管理办法（略）

15. 进出境集装箱检验检疫管理办法（略）

16. 中华人民共和国海关对用于装载海关监管货物的集装箱和集装箱式货车车厢的监管办法（略）

17. 中华人民共和国海关关于境内公路承运海关监管货物的运输企业及其车辆的管理办法（略）

18. 中华人民共和国海关对免税商店及免税品监管办法（略）

19. 进出口饲料和饲料添加剂检验检疫监督管理办法（略）

20. 进境动物遗传物质检疫管理办法（略）

21. 进出境非食用动物产品检验检疫监督管理办法（略）

22. 进境动植物检疫审批管理办法（略）

海关总署关于修改部分规章的决定

（2023 年 5 月 15 日海关总署令第 263 号公布，自 2023 年 7 月 1 日起施行）

为贯彻落实党的二十大精神，支持保税仓库、出口监管仓库高质量发展，完善进出口商品抽查检验有关要求，海关总署决定对《中华人民共和国海关对保税仓库及所存货物的管理规定》《中华人民共和国海关对出口监管仓库及所存货物的管理办法》《进出口商品抽查检验管理办法》等 3 部规章进行修改，具体内容如下：

一、对《中华人民共和国海关对保税仓库及所存货物的管理规定》（海关总署令第 105 号发布，根据海关总署令第 198 号、第 227 号、第 235 号、第 240 号修正）作如下修改：

（一）将第五条中的“下列货物，经海关批准可以存入保税仓库”修改为“下列保税货物及其他未办结海关手续的货物，可以存入保税仓库”。

（二）将第八条第一项修改为：“（一）取得经营主体资格”。

（三）删除第十五条中的“，接受海关培训”。

（四）将第十七条修改为：“保税仓库经营企业名称、主体类型以及保税仓库名称等事项发生变化的，保税仓库经营企业应当自上述事项变化之日起 30 日内，向主管海关办理变更手续。

“保税仓库变更地址、仓储面积（容积）等事项的，保税仓库经营企业应当提前向主管海关提出变更申请，并办理变更手续。

“保税仓库变更仓库类型的，按照本规定第二章保税仓库的设立的有关规定办理。海关应当注销变更前的注册登记，收回原《保税仓库注册登记证书》。”

（五）将第二十三条中的“经海关批准可以

办理出库手续，海关按照相应的规定进行管理和验放”修改为“经海关批准可以办理相关海关手续”。将第二十三条第二项修改为：“（二）运往境内海关特殊监管区域或者保税监管场所继续实施保税监管的；”。增加一款，作为第二款：“保税仓储货物已经办结海关手续的，收发货人应当在海关规定时限内提离保税仓库。特殊情况下，经海关同意可以延期提离。”

（六）将第二十九条第一项修改为：“（一）擅自在保税仓库存放本规定第五条规定范围之外的其他货物的；”。第二项修改为：“（二）违反本规定第十三条规定的；”。第三项修改为：“（三）保税仓储货物管理混乱，账目不清的；”。第四项修改为：“（四）未按本规定第十七条规定办理海关手续的。”

（七）增加一条，作为第三十条：“收发货人未在规定时限内将已经办结海关手续的保税仓储货物提离保税仓库的，海关责令其改正，可以给予警告，或者处1万元以下的罚款。”

（八）增加一条，作为第三十三条：“海关对保税仓库依法实施监管不影响地方政府和其他部门依法履行其相应职责。”

二、对《中华人民共和国海关对出口监管仓库及所存货物的管理办法》（海关总署令第133号发布，根据海关总署令第227号、第235号、第240号、第243号修正）作如下修改：

（一）将第七条中的“经海关批准，出口监管仓库可以存入下列货物”修改为“下列已办结海关出口手续的货物，可以存入出口监管仓库”。将第七条第三项修改为：“（三）从其他海关特殊监管区域、保税监管场所转入的出口货物；”。

（二）将第九条第一项修改为：“（一）取得经营主体资格，经营范围包括仓储经营”；删除第二项；将第三项改为第二项。

（三）将第十一条中的“《中华人民共和国海关实施〈中华人民共和国行政许可法〉办法》”修改为“《中华人民共和国海关行政许可管理办法》”。

（四）将第十二条第二款第一项中的“本办法第九条第三项”修改为“本办法第九条第二项”。

（五）删除第十七条中的“，并接受海关培训”。

（六）将第十九条修改为：“出口监管仓库经营企业名称、主体类型以及出口监管仓库名称等事项发生变化的，出口监管仓库经营企业应当自上述事项变化之日起30日内，向主管海关办理变更手续。

“出口监管仓库变更地址、仓储面积等事项的，出口监管仓库经营企业应当提前向主管海关提出变更申请，并办理变更手续。

“出口监管仓库变更仓库类型的，按照本办法第二章出口监管仓库的设立的有关规定办理。”

（七）删除第二十六条第一款中的：“发货人或者其代理人除按照海关规定提交有关单证外，还应当提交仓库经营企业填制的《出口监管仓库货物入仓清单》。”

（八）删除第二十七条中的“仓库经营企业或者其代理人除按照海关规定提交有关单证外，还应当提交仓库经营企业填制的《出口监管仓库货物出仓清单》。”

（九）第二十八条增加一款，作为第二款：“出口监管仓库货物已经办结转进口手续的，应当在海关规定时限内提离出口监管仓库。特殊情况下，经海关同意可以延期提离。”

（十）将第三十三条第一项修改为：“（一）擅自在出口监管仓库存放本办法第七条规定范围之外的其他货物的；”删除第四项中的“经营事项发生变更，”。

（十一）增加一条，作为第三十四条：“收发货人未在规定时限内将已经办结转进口手续的出口监管仓库货物提离出口监管仓库的，海关责令其改正，可以给予警告，或者处1万元以下的罚款。”

（十二）增加一条，作为第三十八条：“海关对出口监管仓库依法实施监管不影响地方政府和其他部门依法履行其相应职责。”

三、对《进出口商品抽查检验管理办法》（原国家质量监督检验检疫总局令第 39 号公布，根据海关总署令第 238 号修正）作如下修改：

（一）将第二条中的“《商检法》规定”修改为“《商检法》及其实施条例规定”。

（二）删除第四条中的“，确定、调整和公布实施抽查检验的进出口商品的种类”。

（三）将第五条中的“预警通告”修改为“风险预警”。

（四）删除第十条中的“每年”。

（五）将第十一条修改为：“主管海关可以根据海关总署抽查检验计划，经过必要调查，结合所辖地区相关进出口商品实际情况，制订具体实施方案。”

（六）将第十二条修改为：“主管海关应当按照海关总署关于抽查检验工作的统一部署和要求，认真组织实施所辖地区的抽查检验。”

（七）将第十六条修改为：“抽样后，抽查检验人员应当对样品加施封识，填写抽样单并签字；被抽查单位应当在抽样单上签字或者加盖公章。特殊情况下，由海关予以确认。”

（八）删除第二十四条。

此外，对相关规章中的条文序号作相应调整。

本决定自 2023 年 7 月 1 日起施行。

《中华人民共和国海关对保税仓库及所存货物的管理规定》《中华人民共和国海关对出口监管仓库及所存货物的管理办法》《进出口商品抽查检验管理办法》，根据本决定作相应修改，重新公布。

附件：

1. 中华人民共和国海关对保税仓库及所存货物的管理规定（略）

2. 中华人民共和国海关对出口监管仓库及所存货物的管理办法（略）

3. 进出口商品抽查检验管理办法（略）

海关总署关于进一步规范保税仓库、出口监管仓库管理有关事项的公告

（海关总署公告 2023 年第 75 号）

为进一步规范保税仓库、出口监管仓库（以下统称“两仓”）管理，根据《中华人民共和国海关对保税仓库及所存货物的管理规定》（海关总署令第 105 号发布，根据海关总署令第 198 号、第 227 号、第 235 号、第 240 号、第 263 号修订）、《中华人民共和国海关对出口监管仓库及所存货物的管理办法》（海关总署令第 133 号发布，根据海关总署令第 227 号、第 235 号、第 240 号、第 243 号、第 263 号修订），现将有关事项公告如下：

一、布局要求

为促进两仓有序建设、健康发展，由各直属海关对两仓进行科学布局、规划总量、控制增量、优化存量，并对外发布。企业申请设立两仓的，应满足布局要求。

（一）因地制宜、科学规划。

结合地方经济发展规划，从有利于实施国家经济发展战略、有利于联通国内国际两个市场、有利于高质量发展的角度出发，支持管理规范、资信良好、信息化系统满足海关监管要求的现代物流企业建设两仓。

（二）按需设立，统筹兼顾。

统筹兼顾两仓发展现状及未来增量需求，与海关特殊监管区域、保税物流中心协调发展、错位布局，确保功能定位合理，助推国际物流链延伸和迭代发展，带动国内物流产业转型升级。

（三）有序推进，动态管理。

海关建立科学规范的动态管理机制，鼓励企业合理设立和注销两仓，避免资源浪费和同质竞争；对两仓利用率较低的区域不支持新设仓库，引导企业充分利用现有保税仓储资源。

二、规范运作

（一）除存储大宗商品、液体货物两仓外，

两仓货物进出库应当向海关发送到货确认信息。仓库经营企业在两仓货物完成实际进出库24小时内，通过金关二期保税物流管理系统向海关报送到货确认核放单。超过24小时报送的，应主动向海关说明有关情况。海关认为有必要加强管理的，可要求存储大宗商品、液体货物的两仓经营企业按上述要求进行到货确认。

（二）保税仓库货物已经办结海关手续或出口监管仓库货物已经办结转进口手续的，收发货人应在办结相关手续之日起20日内提离仓库。特殊情况下，经海关同意可以延期提离，延期后累计提离时限最长不得超过3个月。

（三）两仓申请注销的，仓库经营企业应当办结货物进口征税、复运出境、退仓、出仓离境或销毁等出库手续，并办结核注清单、业务申报表、出入库单、担保等单证手续。

三、设置规范

对于新申请设立两仓，按照《保税仓库、出口监管仓库设置规范》（详见附件，以下简称《设置规范》）进行建设。对于2023年7月1日前已设立的两仓，如存在与《设置规范》不符情形，应及时整改，并在2025年6月30日前整改完毕（期间仓库注册登记证书到期，经企业申请，符合除《设置规范》外其他延期规定的，先予以延期），逾期未完成的，仓库注册登记证书有效期届满后不予延期。

本公告自2023年7月1日起实施。

特此公告。

附件：保税仓库、出口监管仓库设置规范

海关总署

2023年6月28日

附件

保税仓库、出口监管仓库设置规范

本规范适用于保税仓库、出口监管仓库（以下统称“两仓”）设置。海关实施本规范不妨碍其他部门依法履行其职责。

一、面积容积标准

（一）保税仓库。

1. 公用保税仓库面积不得低于2 000平方米；仓库建筑类型为储罐（筒仓）的，容积不得低于5 000立方米。

2. 液体保税仓库容积不得低于5 000立方米。

3. 寄售维修保税仓库面积不得低于2 000平方米。

（二）出口监管仓库。

1. 出口配送型仓库的面积不得低于2 000平方米。

2. 国内结转型仓库的面积不得低于1 000平方米。

3. 仓库建筑类型为储罐（筒仓）的，容积不得低于5 000立方米。

二、隔离设施标准

经营企业在同一地址不同库区经营多个不同类型仓库的，应在不同仓库间作物理隔断，并设置明显标识。

（一）普通仓库。

1. 具有独立的隔离区域，隔离设施高度不得低于2.5米。

2. 仓库内有专门储存、堆放两仓货物的场地，并设置明显的区位划分标志。

（二）露天堆场。

1. 隔离围墙应为不间断隔离设施，不得有破损和缺口，隔离围墙距地面的总净高度不得低于2.5米。隔离围墙须为金属网状、金属槛栅、实体墙、混凝土围墙板等隔离设施。

2. 堆场内有专门储存、堆放两仓货物的场地，并设置明显的区位划分标志。

（三）储罐（筒仓）。

1. 独立的密闭罐体或筒仓。

2. 罐体或筒仓具有明显的区分标志，并具备施封锁条件，进出罐体或筒仓均已加装流量计或其他计量设施。

三、监管设施标准

（一）应在仓库进出通道、货物装卸和仓储区以及隔离围墙周边等区域安装视频监控系统。

（二）监控数据保存期限不得少于 90 天。

（三）监控系统应在验收前安装到位，能够正常运行。经营企业向主管海关提供专用查询账号或与海关联网，海关可实时查看仓库及货物情况。

四、内部管理和信息化系统标准

（一）内部管理。

仓库经营企业应建立专门的账册、单证、仓库管理制度，如实记录仓库货物的进、出、转、存等情况。

（二）信息化系统。

仓库应具备仓库管理系统，将货物的进出库、存储区位、核注清单等纳入管理，具有查询统计以及业务预警功能。

1. 仓库信息化系统应包含以下关键字段数据：

进出库标志、供货（提货）企业名称、货物自然序号、商品料号、电子账册项号、商品编码、商品名称、规格、原产国、计量单位、数量、价值、报关单号、核注清单号、对应进出库单号、仓位号、进出库日期，出仓模块在此基础上还应包括贸易方式、运输工具名称、运输工具编号等字段。

2. 仓库信息化系统应具备以下功能：

可实现以电子账册项号、商品名称、商品编码、日期时间段、报关单号、核注清单号等字段进行库存货物的自动累加和扣减等统计功能。可实现以电子账册项号、商品名称、商品编码、日期时间段、报关单号、仓位号等字段进行组合查询。可按货物进出库时间段查询相关进出库报关单号、核注清单号，并以列表形式输出。可实现对许可期即将届满的仓库和仓储期限即将届满的货物，在到期前 45 天内每日自动进行预警提示功能。经营企业向主管海关提供专用查询账号或与海关联网，海关可实时查看仓库货物进、出、转、存情况。

对已按《关于明确油气液体化工品监管相关事宜的公告》（海关总署公告 2015 年第 45 号）要求安装并正常运行油气液体化工品物流监控系统的仓库，视为已具备符合海关监管要求的仓库管理系统。

海关总署关于发布《高风险特殊物品卫生检疫准入管理办法》的公告

（海关总署公告 2023 年第 195 号）

为做好高风险特殊物品进境生物安全管理工作，海关总署制定了《高风险特殊物品卫生检疫准入管理办法》，现予以发布。

特此公告。

海关总署

2023 年 12 月 26 日

高风险特殊物品卫生检疫准入管理办法

第一章　总　则

第一条　为了防范和应对进境特殊物品生物安全风险，根据《中华人民共和国生物安全法》、《中华人民共和国国境卫生检疫法》及其实施细则、《出入境特殊物品卫生检疫管理规定》等法律法规，制定本办法。

第二条　本办法适用于海关对首次进境或者暂停后恢复进境的高风险特殊物品卫生检疫准入管理，国家另有规定的除外。

第三条　高风险特殊物品卫生检疫准入管理坚持以科学为依据，遵循风险预防、分类管理、公开透明的原则。

第四条　海关总署统一管理高风险特殊物品

卫生检疫准入工作。

第五条 海关总署负责制定和公布《实施准入管理的高风险特殊物品名录》（以下简称《准入管理名录》），并动态调整。

第六条 列入《准入管理名录》的高风险特殊物品在办理进境卫生检疫审批前应当获得准入资格。

第七条 海关运用信息化手段提升高风险特殊物品准入管理水平。

第二章 准入条件与程序

第八条 申请准入的高风险特殊物品应当符合中国法律法规，中国缔结或者参加的国际条约、协定有特殊要求的，还应当符合国际条约、协定的要求。

第九条 申请人应当指定中国境内的代理人办理高风险特殊物品准入相关事项。代理人应当持有申请人的委托证明，履行申请人义务。

申请人与代理人均不得为自然人。

第十条 本办法实施后，申请人首次向我国输出列入《准入管理名录》的高风险特殊物品，应当向海关总署提出准入申请，并提交以下申请材料：

（一）高风险特殊物品准入申请表；

（二）申请人合法生产经营凭证，如所在国家（地区）主管部门颁发的营业执照等；

（三）申请准入的高风险特殊物品产品说明书、安全技术说明书或其他包含生物安全信息的证明材料。对于在境外已上市的高风险特殊物品，应当提供上市或销售等相关证明材料。

第十一条 海关总署向申请人发放评估问卷。申请人应当在6个月内反馈评估问卷，并随附问卷要求的文件资料。

第十二条 申请材料、评估问卷及随附问卷要求的文件资料（以下统称准入材料）应当使用中文表述。准入材料原件是外文的，应当提供中文译本。

申请人对准入材料的真实性、完整性、有效性负责。

准入材料不符合要求的，申请人可以修改、补充相关材料。

第十三条 海关总署组织专家通过资料审查、现场检查、视频检查等形式及其组合，实施准入评估。

准入评估内容包括：

（一）申请人及其所在国家（地区）生物安全状况；

（二）申请人及其所在国家（地区）生物安全管理体系和运行情况；

（三）高风险特殊物品的生物安全风险特征；

（四）高风险特殊物品在境外生产、保藏、贮存、包装、运输、销售、使用、进出口等环节的生物安全风险情况及历史合规情况；

（五）与高风险特殊物品相关的其他生物安全风险情况。

申请人应当为准入评估提供必要的协助。准入评估过程中，海关总署可以根据需要，要求申请人提供必要的补充材料。

第十四条 有下列情形之一的，海关总署应当终止准入评估，并通知申请人：

（一）申请人收到评估问卷之日起6个月内未反馈；

（二）申请人收到海关总署要求补充材料的通知之日起3个月内未按照要求提供；

（三）申请人不配合完成现场检查或者视频检查；

（四）申请人主动申请终止准入评估；

（五）其他需要终止的情形。

前款第一项、第二项情形，申请人因合理理由申请延期的，经海关总署同意，按照海关总署重新确定的期限递交相关材料。

第十五条 准入评估完成后，海关总署向申请人通报准入风险评估结果。需要整改的，海关总署同时通报整改事项。

申请人应当在规定期限内向海关总署提交整改报告。海关总署对整改情况进行审查，并通报审查结果。

第十六条 海关总署根据准入评估结果决定是否给予准入资格。对获得准入资格的高风险特殊物品，海关总署给予相应高风险特殊物品及其申请人准入编号，纳入《获得准入资格的高风险特殊物品清单》（以下简称《准入清单》），准入资格有效期为5年。

《准入清单》由海关总署公布，并动态调整。

对获得准入资格的高风险特殊物品，有进口需求的单位可凭相应准入编号向海关申请办理卫生检疫审批，海关在受理卫生检疫审批时核实验证准入结果。

第三章　动态管理

第十七条　出现下列情形之一时，海关总署应当实施回顾性审查：

（一）获得准入资格的高风险特殊物品申请人或其所在国家（地区）发生生物安全事件，可能影响进境高风险特殊物品生物安全的；

（二）获得准入资格的高风险特殊物品申请人或其所在国家（地区）生物安全管理体系发生重大变化，可能影响进境高风险特殊物品生物安全的；

（三）发现进境高风险特殊物品可能存在严重生物安全风险的；

（四）我国生物安全法律法规等发生变化，对进境高风险特殊物品生物安全提出更高或者特别要求的；

（五）其他需要开展回顾性审查的情形。

第十八条　在准入资格有效期内，高风险特殊物品准入信息发生变化的，申请人应当按照以下方式及时办理：

（一）高风险特殊物品生产过程或生产环境等发生重大变化的，应当通过准入申请途径重新申请准入；

（二）高风险特殊物品说明书增加安全性风险相关内容的，申请人名称或法定代表人、高风险特殊物品名称或包装标签内容等发生改变的，以及准入材料中与高风险特殊物品生物安全直接相关的信息发生变化的，应当向海关总署提交准入事项变更信息对照表及与变更信息有关的证明材料申请变更。海关总署应当对变更事项进行评估，评估认为应当变更的，予以变更；评估认为不应当变更的，可通过准入申请途径重新申请准入；

（三）申请人联系方式、代理人主体、准入材料中其他信息发生变化的，应当提交变化的信息，经海关总署确认后变更。

第十九条　高风险特殊物品需要延续准入的，应当在准入有效期届满前3至6个月内，向海关总署提出延续准入申请。

延续准入申请材料包括：

（一）高风险特殊物品延续准入申请表；

（二）承诺持续符合准入要求的声明。

海关总署对符合准入要求的高风险特殊物品延续准入资格，有效期延长5年，并可以根据需要实施回顾性审查。

第二十条　获得准入资格的高风险特殊物品有下列情形之一的，海关总署应当依据法律法规对相关高风险特殊物品采取暂停进境的控制措施，并予以公布：

（一）申请人或其所在国家（地区）突发重大生物安全事件，可能造成进境高风险特殊物品生物安全风险的；

（二）高风险特殊物品被发现不符合准入要求的；

（三）未按照要求及时提交材料申请变更的。

如需恢复向中国境内输出高风险特殊物品，申请人应当向海关总署提出申请，根据被暂停原因提供整改报告。海关总署对整改情况进行评估，符合要求的，可以解除暂停进境措施。

第二十一条　获得准入资格的高风险特殊物品有下列情形之一的，海关总署将其调出《准入清单》，并予以公布：

（一）因申请人原因导致进境高风险特殊物品存在不合格情况，造成生物安全危害的；

（二）因申请人原因导致进境高风险特殊物品存在严重生物安全风险的；

（三）准入有效期届满，未申请延续准入资格，或者虽申请但是未获得延续准入资格的；

（四）申请人主体资格依法终止的；

（五）其他应当调出的情形。

因申请人或代理人故意提供虚假材料或者以

其他欺骗手段获得准入资格的，海关总署将获得准入资格的高风险特殊物品调出《准入清单》，并且3年内不受理该申请人或代理人的高风险特殊物品准入申请。

第二十二条 海关总署根据风险管理需要，可以要求高风险特殊物品从指定的口岸进境。

第四章 附 则

第二十三条 本办法中"高风险特殊物品"，是指含有或者可能含有病原微生物，具有传染病传播风险的特殊物品。

本办法中"申请人"，是指向中国境内申请输出高风险特殊物品的境外生产、保藏单位。

第二十四条 出于人道主义、救死扶伤目的，用于患者、临床急需的特殊血液出入境按照有关规定执行。

第二十五条 海关总署与申请人所在国家（地区）主管部门签订议定书的，按照相关议定书执行。

第二十六条 准入材料涉及商业秘密、未披露信息或者保密商务信息的，海关按照国家有关规定承担保密义务。

第二十七条 本办法由海关总署负责解释。

第二十八条 本办法自实施之日起设立1年过渡期。过渡期内，列入《准入管理名录》的高风险特殊物品未获得准入资格前，可以按照海关现行规定直接办理进境卫生检疫审批手续。

第二十九条 本办法自2025年1月1日起施行。

附件：实施准入管理的高风险特殊物品名录

附件

实施准入管理的高风险特殊物品名录

序号	检验检疫编码	检验检疫名称
1	3002909001410	人血（商品化含《人间传染的病原微生物名录》内三类病原微生物的人全血）
2	3002909001411	人血（商品化含《人间传染的病原微生物名录》内四类病原微生物的人全血）
3	3002909001412	人血（商品化经过血液传播病原体筛查为阴性的人全血）

说明：

1. 以上为首批纳入《实施准入管理的高风险特殊物品名录》的高风险特殊物品，后续根据实际情况由海关总署对该名录进行动态调整。

2. 列入《实施准入管理的高风险特殊物品名录》的产品不包括进口用于临床医疗的人体血液、血浆、组织、器官、细胞、骨髓等。

海关总署关于修订《〈中华人民共和国海关进出口货物减免税管理办法〉实施有关事项的公告》的公告

（海关总署公告2023年第197号）

《中华人民共和国行政复议法》（中华人民共和国主席令第九号，以下简称《行政复议法》）自2024年1月1日起施行。为配合《行政复议法》实施，海关总署对海关总署公告2021年第16号（关于《中华人民共和国海关进出口货物减免税管理办法》实施有关事项的公告）附件2、6、17、20所列法律文书格式文本进行了修订，修订后的法律文书格式文本详见附件。

本公告自2024年1月1日起执行，海关总署公告2021年第16号附件2、6、17、20同时废止。

特此公告。

附件：

1. 中华人民共和国海关进出口货物征免税确认通知书
2. 中华人民共和国海关不准予办理减免税货物税款担保通知书
3. 中华人民共和国海关不准予办理减免税货物贷款抵押通知书
4. 中华人民共和国海关不准予办理减免税货物贷款抵押延期通知书

海关总署

2023 年 12 月 29 日

附件 1

中华人民共和国海关进出口货物征免税确认通知书

编号：

<table>
<tr><td colspan="4">减免税申请人</td><td colspan="5">征免性质/代码</td><td colspan="2">政策依据</td></tr>
<tr><td colspan="4">征免税确认日期年　　月　　日</td><td colspan="7">有效期至　　　　　　年　　月　　日止</td></tr>
<tr><td colspan="2">进（出）口岸</td><td>申报地海关</td><td>成交方式</td><td colspan="3">合同协议号</td><td colspan="4">项目性质</td></tr>
<tr><td rowspan="2">项号</td><td rowspan="2">商品编号</td><td rowspan="2">商品名称</td><td rowspan="2">规格型号</td><td rowspan="2">申报数量</td><td rowspan="2">计量单位</td><td rowspan="2">总价</td><td rowspan="2">币制</td><td colspan="3">主管海关确认征减免意见</td></tr>
<tr><td>关税</td><td>增值税</td><td>其他</td></tr>
<tr><td>1</td><td></td><td></td><td></td><td></td><td></td><td></td><td></td><td></td><td></td><td></td></tr>
<tr><td>2</td><td></td><td></td><td></td><td></td><td></td><td></td><td></td><td></td><td></td><td></td></tr>
<tr><td>3</td><td></td><td></td><td></td><td></td><td></td><td></td><td></td><td></td><td></td><td></td></tr>
<tr><td>4</td><td></td><td></td><td></td><td></td><td></td><td></td><td></td><td></td><td></td><td></td></tr>
<tr><td>5</td><td></td><td></td><td></td><td></td><td></td><td></td><td></td><td></td><td></td><td></td></tr>
<tr><td colspan="2">减免税货物使用地点</td><td colspan="9"></td></tr>
<tr><td colspan="2">备　注</td><td colspan="9"></td></tr>
<tr><td colspan="2">主管海关盖章：

年　　月　　日</td><td colspan="2">申报地海关批注：

年　　月　　日</td><td colspan="7">注意事项及权利义务提示：
1. 本通知书使用一次有效。不同批次申报进口的货物应分别办理减免税审核确认手续。
2. 减免税申请人应当在本通知书有效期内向申报地海关办理有关进出口货物征减免税相关手续。如需延期，应当在有效期内向主管海关办理延期手续。
3. 在海关监管年限内，减免税申请人应当按照海关规定保管、使用减免税货物，并依法接受海关监管。
4. 减免税申请人对主管海关确认的征减免意见不服的，依照《中华人民共和国行政复议法》第二十条、第二十三条、第二十七条，《中华人民共和国海关法》第六十四条之规定，可以在六十日内向上一级海关申请行政复议；对复议决定仍不服的，依照《中华人民共和国行政诉讼法》第四十五条之规定，可以自收到复议决定书之日起十五日内，向人民法院提起诉讼。</td></tr>
</table>

附件 2

中华人民共和国海关不准予办理减免税货物税款担保通知书

编号：

<table>
<tr><td colspan="2">____________公司（单位）：
你公司（单位）所递交的__________减免税货物税款担保申请，不符合《中华人民共和国海关进出口货物减免税管理办法》第九条规定的情形，不予办理减免税货物税款担保。
如不服本决定，依照《中华人民共和国行政复议法》第二十条、第二十三条、第二十七条，《中华人民共和国海关法》第六十四条之规定，可以在六十日内向上一级海关申请行政复议；对复议决定仍不服的，依照《中华人民共和国行政诉讼法》第四十五条之规定，可以自收到复议决定书之日起十五日内，向人民法院提起诉讼。

海关（盖章）
年　　月　　日</td></tr>
<tr><td>备　注</td><td></td></tr>
</table>

附件 3

中华人民共和国海关不准予办理减免税货物贷款抵押通知书

编号：

<table>
<tr><td colspan="2">____________公司（单位）：
你公司（单位）递交的__________减免税货物贷款抵押申请，不符合《中华人民共和国海关进出口货物减免税管理办法》相关规定，海关不准予办理减免税货物贷款抵押。
如不服本决定，依照《中华人民共和国行政复议法》第二十条、第二十三条、第二十七条，《中华人民共和国海关法》第六十四条之规定，可以在六十日内向上一级海关申请行政复议；对复议决定仍不服的，依照《中华人民共和国行政诉讼法》第四十五条之规定，可以自收到复议决定书之日起十五日内，向人民法院提起诉讼。

海关（盖章）
年　　月　　日</td></tr>
<tr><td>备　注</td><td></td></tr>
</table>

附件 4

中华人民共和国海关不准予办理减免税货物贷款抵押延期通知书

编号：

<table>
<tr><td colspan="2">___________公司（单位）：
你公司（单位）递交的__________减免税货物贷款抵押延期申请，不符合《中华人民共和国海关进出口货物减免税管理办法》相关规定，我关不准予办理减免税货物贷款抵押延期。
如不服本决定，依照《中华人民共和国行政复议法》第二十条、第二十三条、第二十七条，《中华人民共和国海关法》第六十四条之规定，可以在六十日内向上一级海关申请行政复议；对复议决定仍不服的，依照《中华人民共和国行政诉讼法》第四十五条之规定，可以自收到复议决定书之日起十五日内，向人民法院提起诉讼。

海关（盖章）
年 月 日</td></tr>
<tr><td>备 注</td><td></td></tr>
</table>

关于发布《中华人民共和国海关对横琴粤澳深度合作区监管办法》的公告

（海关总署公告 2023 年第 202 号）

为贯彻落实《横琴粤澳深度合作区建设总体方案》要求，支持横琴粤澳深度合作区高质量发展，特制定《中华人民共和国海关对横琴粤澳深度合作区监管办法》，现予发布。

特此公告。

附件：中华人民共和国海关对横琴粤澳深度合作区监管办法

海关总署

2023 年 12 月 28 日

附件

中华人民共和国海关对横琴粤澳深度合作区监管办法

第一章 总 则

第一条 为支持横琴粤澳深度合作区（以下简称合作区）高质量发展，规范海关监督管理，根据《中华人民共和国海关法》《中华人民共和国进出口商品检验法》《中华人民共和国进出境动植物检疫法》《中华人民共和国国境卫生检疫法》《中华人民共和国食品安全法》等相关法律、行政法规，制定本办法。

第二条 海关遵循信用管理、风险管理、分类管理理念，依照本办法对下列对象实施监督管理：

（一）合作区与中华人民共和国澳门特别行政区（以下简称澳门特区）之间进出的交通运输工具、运输设备、人员、货物、物品；

（二）合作区与中华人民共和国关境内其他地区（以下简称内地）之间进出的免税、保税货物；

（三）从内地进入合作区申报出口的货物；

（四）从合作区的对外开放口岸免税放行入区再进入内地的物品；

（五）合作区内未办结海关手续的货物。

前款规定的交通运输工具、运输设备、人员、货物、物品，应当从合作区设立海关的地点进出。

第三条 海关依法负责合作区的对外开放口岸及其他设立海关的地点的监管，查缉走私等违法犯罪行为，对与进出口经营活动直接有关的企业、单位等实施管理。

合作区有关部门负责反走私综合治理工作，加强对非设关地的管控，建立健全反走私联防联控机制。

第四条 合作区的对外开放口岸及其他设立海关的地点，应当设立符合海关监管要求的设施、设备、信息化系统等，验收合格后方可开展业务。

第五条 海关建立与合作区发展相适应的智慧监管体系，建设海关智慧监管平台，为企业、单位和个人办理海关手续提供便利，实现高效监管。

合作区执行委员会建设公共信息服务平台，实现跨部门间数据交换和信息共享。

第六条 海关遵循粤澳共商共建共管共享体制机制，依职责与澳门特区政府有关部门、广东省人民政府有关部门、合作区执行委员会在信用管理、安全准入（出）等方面开展合作。

第七条 除法律法规另有规定外，海关对合作区与境外之间进出的货物实施进出口货物贸易统计；对合作区与内地之间进出的货物，根据管理需要实施海关单项统计；对与合作区相关的海关监督管理活动和内部管理事务实施海关业务统计。

第二章 合作区与澳门特区之间进出的监管

第八条 对合作区与澳门特区之间进出的交通运输工具、运输设备、人员、货物、物品等，海关依法实施检验检疫，法律法规另有规定除外。

第九条 经合作区的对外开放口岸进出的免税、保税货物实行简化申报，合作区内企业、单位按照规定申报备案清单，填制规范另行制定。

备案清单与报关单具有同等法律效力。

经合作区的对外开放口岸进出的其他货物，按照进出口货物的有关规定办理海关手续。

第十条 海关按照国家有关规定会同澳门特区政府有关部门开展监管合作。

在未发生可能威胁两地公共卫生安全的国际关注的突发公共卫生事件或重大生物安全事件时，海关与澳门特区政府有关部门实施“合作查验、一次放行”旅客卫生检疫模式。

对在合作区学习、就业、创业、生活的澳门特区居民，携带相关动植物产品进入合作区的，海关按照国家有关规定实行便利化措施。

原产地为澳门特区，经合作区的对外开放口岸入区并仅在区内销售、使用的法检货物，除食品、化妆品、动植物及其产品外，符合条件的可采用“合格保证+符合性验证”的检验监管模式。

第十一条 经合作区直接往来澳门特区与内地的货物，在合作区的对外开放口岸办理海关手续。

第十二条 经合作区的对外开放口岸进出的个人携带、寄递物品，海关依法实施监管。寄递物品限值按照有关规定执行。

个人携带、寄递物品以自用、合理数量为限且符合有关管理规定，除法律、行政法规明确规定不予免税的外，海关予以免税放行。

第三章 合作区与内地之间进出的监管

第十三条 对合作区与内地之间进出的货物、物品等，海关不实施检验检疫；但对未经检验的进口保税货物等，海关依法实施检验。

第十四条 本办法第二条第一款第（二）（三）项所列货物，应当按照现行规定向海关如实申报，接受海关监管。

第十五条 交通运输工具、人员应当经设立海关的地点从合作区进入内地，海关根据需要实施检查。

第十六条 从内地进入合作区申报出口的货物，海关依法征收出口关税。出口退税按照国家有关规定办理。

第十七条 保税货物从合作区进入内地申报进口需征收税款的，按照实际报验状态缴纳进口关税、进口环节增值税和消费税，不适用选择性征收关税政策。

第十八条 对合作区内企业生产的含进口料件在合作区加工增值达到或超过 30% 的货物，从合作区进入内地免征进口关税，按规定征收进口环节增值税和消费税。具体办法另行制定。

第十九条 对合作区与内地海关特殊监管区域、保税监管场所、区外加工贸易企业等之间往来的保税货物，海关继续实施保税管理。

第二十条 经合作区的对外开放口岸免税放行入区的物品，通过个人携带或寄递方式从合作区进入内地时，海关参照自澳门特区进入内地进境物品有关规定实施监管。寄递物品限值按照自澳门特区进境寄递物品限值执行。

前款规定物品应当以自用、合理数量为限，按照国家有关规定实施税收征免。

第二十一条 合作区与内地之间进出的国内流通货物、物品（包括已按规定缴纳进口税收的货物等），海关不实施监管。

第四章 合作区内监管

第二十二条 合作区内企业经营保税货物的，应当设立海关电子账册。

合作区内企业可以按照规定开展保税加工、保税仓储、保税研发、保税维修、保税展示交易、保税融资租赁、跨境电商等业务。

第二十三条 合作区内企业、单位销售保税货物，不再适用保税政策的，应当按照进口货物有关规定办理海关手续，并按照实际报验状态缴纳进口关税、进口环节增值税和消费税。

未经检验的进口保税货物及其他货物，经海关检验后方可在合作区内销售、使用。

第二十四条 从内地进入合作区申报出口的货物，海关参照经合作区的对外开放口岸进出的免税、保税货物实施管理。

境外货物以保税方式，经合作区以外的其他对外开放口岸进出合作区的，海关参照经合作区的对外开放口岸进出的保税货物实施管理。

第二十五条 海关依法对与进出口货物直接有关的企业、单位开展稽查、核查，相关企业、单位应当予以配合，如实提供相关帐簿、单证等有关资料及电子数据。

第五章 附 则

第二十六条 国家对进出合作区以及合作区内的海关监管货物、物品有进出境禁止性或者限制性规定的，海关按照有关规定实施监管。

第二十七条 涉及实施关税配额管理，贸易救济措施，中止关税减让义务、加征关税措施，为征收报复性关税而实施加征关税措施的货物，海关按照国家有关规定实施监管。

第二十八条 保税货物的集中申报，保税货物在合作区内流转、损毁、灭失、销毁的管理，合作区内企业、单位申请放弃保税货物的处置，合作区内保税货物的存储期限等监管事项，海关参照综合保税区有关规定执行。

第二十九条 合作区内固体废物的处置，按照国家有关规定执行。

第三十条 海关对合作区自澳门特区进口货物的免税管理规定另行制定。

第三十一条 本办法没有规定的，按照现行有关法律法规执行。

第三十二条 海关在合作区依法实施监管不影响地方政府和其他部门履行其相应职责。

第三十三条 本办法由海关总署负责解释。

第三十四条 本办法自合作区相关监管设施验收合格、正式封关运作之日起施行。《横琴出入境检验检疫监督管理办法》（原质检总局 2013 年第 46 号公告印发）同时予以废止。

中华人民共和国交通运输部

中华人民共和国交通运输部令

（2023 年第 8 号）

《交通运输部关于修改〈港口危险货物安全管理规定〉的决定》已于 2023 年 7 月 28 日经第 15 次部务会议通过，现予公布，自公布之日起施行。

部长　李小鹏

2023 年 8 月 3 日

交通运输部关于修改《港口危险货物安全管理规定》的决定

交通运输部决定对《港口危险货物安全管理规定》（交通运输部令 2019 年第 34 号）作如下修改：

一、将第二条第一款修改为："在中华人民共和国境内，新建、改建、扩建储存、装卸危险货物的港口建设项目（以下简称危险货物港口建设项目）和进行危险货物港口作业，适用本规定。"

二、第三条增加一款，作为第二款："危险货物港口建设项目的建设单位和港口经营人应当建立健全全员安全生产责任制和安全生产规章制度，加大对安全生产资金、物资、技术、人员的投入保障力度，改善安全生产条件，加强安全生产标准化、信息化建设，构建安全风险分级管控和隐患排查治理双重预防机制，健全风险防范化解机制，提高安全生产水平，确保安全生产。"

三、将第五条第一款修改为："危险货物港口建设项目应当由港口行政管理部门进行安全条件审查。"

四、将第十九条修改为："安全设施验收合格后，建设单位应当将验收过程中涉及的文件、资料存档。港口行政管理部门应当加强对建设单位验收活动和验收结果的监督核查。"

五、将第二十七条中的"推进安全生产标准化建设"修改为"按照相关规定投保安全生产责任保险"；增加一款，作为第二款："危险货物港口经营人应当向从业人员如实告知作业场所和工作岗位存在的危险因素、防范措施以及事故应急措施，提供符合国家标准或者行业标准的劳动防护用品，并关注身体、心理状况和行为习惯，加强心理疏导、精神慰藉，严格落实岗位安全生产责任"；增加一款，作为第三款："危险货物港口经营人接收中等职业学校、高等学校学生实习的，应当对实习学生进行相应的安全生产教育和培训，提供必要的劳动防护用品。"

六、增加一条，作为第三十六条："危险货物港口经营人不得关闭、破坏直接关系生产安全的监控、报警、防护、救生设施、设备，或者篡改、隐瞒、销毁其相关数据、信息。"

七、增加一条，作为第五十条："危险货物港口经营人进行吊装、动火、临时用电以及国务院应急管理部门会同国务院有关部门规定的其他危险作业，应当安排专门人员进行现场安全管理，确保遵守操作规程和落实安全措施。"

八、第五十二条改为第五十四条，修改为："危险货物港口经营人应当建立安全风险分级管控制度，开展安全生产风险辨识、评估，针对不同风险，制定具体的分级管控措施，落实管控责任。"

九、第五十三条改为第五十五条，将其中的

“安全评估”修改为“检测、评估、监控”。

十、第五十六条改为第五十八条，修改为：“危险货物港口经营人应当建立健全并落实事故隐患排查治理制度，定期开展事故隐患排查，及时消除隐患，事故隐患排查治理情况应当如实记录，并通过职工大会或者职工代表大会、信息公示栏等方式向从业人员通报。

危险货物港口经营人应当将重大事故隐患的排查治理情况及时向所在地港口行政管理部门和职工大会或者职工代表大会报告。

所在地港口行政管理部门应当建立健全重大事故隐患治理督办制度，督促危险货物港口经营人消除重大事故隐患。”

十一、第六十一条改为第六十三条，第一款第四项修改为：“检查中发现事故隐患的，应当责令危险货物港口经营人立即排除；重大事故隐患排除前或者排除过程中无法保证安全的，应当责令从危险区域内撤出作业人员并暂时停产停业或者停止使用相关设施、设备；重大事故隐患排除后，经其审查同意，方可恢复作业”。

十二、第六十四条改为第六十六条，修改为：“港口行政管理部门应当建立举报制度，公开举报电话、信箱或者电子邮件地址等网络举报平台，受理各类违法违规从事危险货物港口作业的投诉和举报并进行调查核实，形成书面材料；需要落实整改措施的，应当报经有关负责人签字并督促落实。

港口行政管理部门在处理投诉和举报过程中，应当接受社会监督，及时曝光违法违规行为。”

十三、第六十六条改为第六十八条，增加一款，作为第二款：“所在地港口行政管理部门应当将重大事故隐患、重大危险源相关信息纳入危险货物港口安全监管信息系统，并按规定与同级地方人民政府应急管理部门实现信息共享。”

十四、第六十八条改为第七十条，修改为：“所在地港口行政管理部门应当建立健全安全生产诚信管理制度，建立安全生产违法行为信息库，如实记录危险货物港口经营人及其有关从业人员的安全生产违法行为信息，并纳入交通运输和相关统一信用信息共享平台。”

十五、第七十条改为第七十二条，将其中的“由所在地港口行政管理部门责令停止建设或者停产停业整顿，限期改正；逾期未改正的，处五十万元以上一百万元以下的罚款，对其直接负责的主管人员和其他直接责任人员处二万元以上五万元以下的罚款”修改为“由所在地港口行政管理部门责令停止建设或者停产停业整顿，限期改正，并处十万元以上五十万元以下的罚款，对其直接负责的主管人员和其他直接责任人员处二万元以上五万元以下的罚款；逾期未改正的，处五十万元以上一百万元以下的罚款，对其直接负责的主管人员和其他直接责任人员处五万元以上十万元以下的罚款”。

十六、第七十三条改为第七十五条，修改为：“危险货物港口经营人有下列行为之一的，由所在地港口行政管理部门责令限期改正，处十万元以下的罚款；逾期未改正的，责令停产停业整顿，并处十万元以上二十万元以下的罚款，对其直接负责的主管人员和其他直接责任人员处二万元以上五万元以下的罚款：

（一）未按照规定设置安全生产管理机构或者配备安全生产管理人员、注册安全工程师的；

（二）未依法对从业人员、实习学生进行安全生产教育、培训，未按照规定如实告知有关的安全生产事项，或者未如实记录安全生产教育、培训情况的；

（三）未将事故隐患排查治理情况如实记录或者未向从业人员通报的；

（四）未按照规定制定危险货物事故应急救援预案或者未定期组织演练的。”

十七、第七十四条改为第七十六条，修改为：“危险货物港口经营人有下列行为之一的，由所在地港口行政管理部门责令限期改正，处十万元以下的罚款；逾期未改正的，责令停产停业整顿，并处十万元以上二十万元以下的罚款，对其直接负责的主管人员和其他直接责任人员处二万元以上五万元以下的罚款：

（一）危险货物港口作业未建立专门安全管理制度、未采取可靠的安全措施的；

（二）对重大危险源未登记建档，未进行定期检测、评估、监控，未制定应急预案，或者未告知应急措施的；

（三）未建立安全风险分级管控制度或者未按照安全风险分级采取相应管控措施的；

（四）未建立事故隐患排查治理制度，或者重大事故隐患排查治理情况未按照规定报告的；

（五）进行吊装、动火、临时用电以及国务院应急管理部门会同国务院有关部门规定的其他危险作业，未安排专门人员进行现场安全管理的。”

十八、第七十五条改为第七十七条，修改为：“危险货物港口经营人有下列情形之一的，由所在地港口行政管理部门责令改正，处五万元以下的罚款；逾期未改正的，处五万元以上二十万元以下的罚款，对其直接负责的主管人员和其他直接责任人员处一万元以上二万元以下的罚款；情节严重的，责令停产停业整顿：

（一）未在生产作业场所和安全设施、设备上设置明显的安全警示标志的；

（二）未按照国家标准、行业标准安装、使用安全设备或者未进行经常性维护、保养和定期检测的；

（三）关闭、破坏直接关系生产安全的监控、报警、防护、救生设施、设备，或者篡改、隐瞒、销毁其相关数据、信息的；

（四）未为从业人员提供符合国家标准或者行业标准的劳动防护用品的。”

十九、第七十九条改为第八十一条，删去其中的“可以”。

二十、第八十条改为第八十二条，修改为：“危险货物港口经营人未采取措施消除事故隐患的，由所在地港口行政管理部门责令立即消除或者限期消除，处五万元以下的罚款；拒不执行的，责令停产停业整顿，对其直接负责的主管人员和其他直接责任人员处五万元以上十万元以下的罚款。”

二十一、第八十一条改为第八十三条，将其中的“责令改正”修改为“责令停止作业”。

二十二、第八十二条改为第八十四条，删去第一款第五项、第六项；增加一款，作为第三款：“危险货物港口经营人未将生产安全事故应急预案报送备案的，由所在地港口行政管理部门责令限期改正；逾期未改正的，处三万元以上五万元以下的罚款，对直接负责的主管人员和其他直接责任人员处一万元以上二万元以下的罚款。”

二十三、增加一条，作为第八十七条：“危险货物港口经营人未按照国家规定投保安全生产责任保险的，港口行政管理部门应当责令限期改正，处五万元以上十万元以下的罚款；逾期未改正的，处十万元以上二十万元以下的罚款。”

二十四、增加一条，作为第八十八条：“危险货物港口经营人存在下列情形之一的，港口行政管理部门应当提请地方人民政府予以关闭，依法吊销其经营许可。危险货物港口经营人的主要负责人五年内不得担任任何生产经营单位的主要负责人；情节严重的，终身不得担任港口经营人的主要负责人：

（一）存在重大事故隐患，一百八十日内三次或者一年内四次受到《中华人民共和国安全生产法》规定的行政处罚的；

（二）经停产停业整顿，仍不具备法律、行政法规和保障安全生产的国家标准或者行业标准规定的安全生产条件的；

（三）不具备法律、行政法规和保障安全生产的国家标准或者行业标准规定的安全生产条件，导致发生重大、特别重大生产安全事故的；

（四）拒不执行港口行政管理部门作出的停产停业整顿决定的。”

二十五、增加一条，作为第八十九条：“危险货物港口经营人违反《中华人民共和国安全生产法》规定，被责令改正且受到罚款处罚，拒不改正的，港口行政管理部门可以自作出责令改正之日的次日起，按照原处罚数额按日连续处罚。”

二十六、第八十七条改为第九十二条，在第三项后增加“以及国际海事组织通过文件强制要求各缔约国按照 MARPOL73/78 公约附则 I 管理的散装油类”。

二十七、将第二十条、第二十三条中的“安全生产监督管理部门”统一修改为“应急管理部门”；将第二十三条中的“环境保护主管部门”修改为“生态环境主管部门”。

二十八、将第二十条、第三十三条中的“国家标准和行业标准”和第三十一条、第六十一条中的“国家标准、行业标准”统一修改为“保障安全生产的国家标准或者行业标准”。

条文序号和个别文字作相应调整。

本决定自公布之日起施行。

《港口危险货物安全管理规定》根据本决定作相应修正，重新公布。

港口危险货物安全管理规定

（2017 年 9 月 4 日交通运输部发布，根据 2019 年 11 月 28 日《交通运输部关于修改〈港口危险货物安全管理规定〉的决定》第一次修正，根据 2023 年 8 月 3 日《交通运输部关于修改〈港口危险货物安全管理规定〉的决定》第二次修正）

第一章　总　则

第一条　为了加强港口危险货物安全管理，预防和减少危险货物事故，保障人民生命、财产安全，保护环境，根据《港口法》、《安全生产法》、《危险化学品安全管理条例》等有关法律、行政法规，制定本规定。

第二条　在中华人民共和国境内，新建、改建、扩建储存、装卸危险货物的港口建设项目（以下简称危险货物港口建设项目）和进行危险货物港口作业，适用本规定。

前款所称危险货物港口作业包括在港区内装卸、过驳、仓储危险货物等行为。

第三条　港口危险货物安全管理坚持安全第一、预防为主、综合治理的方针，强化和落实危险货物港口建设项目的建设单位和港口经营人安全生产主体责任。

危险货物港口建设项目的建设单位和港口经营人应当建立健全全员安全生产责任制和安全生产规章制度，加大对安全生产资金、物资、技术、人员的投入保障力度，改善安全生产条件，加强安全生产标准化、信息化建设，构建安全风险分级管控和隐患排查治理双重预防机制，健全风险防范化解机制，提高安全生产水平，确保安全生产。

第四条　交通运输部主管全国港口危险货物安全行业管理工作。

省、自治区、直辖市交通运输主管部门主管本辖区的港口危险货物安全监督管理工作。

省、市、县级港口行政管理部门在职责范围内负责具体实施港口危险货物安全监督管理工作。

第二章　建设项目安全审查

第五条　危险货物港口建设项目应当由港口行政管理部门进行安全条件审查。

未通过安全条件审查，危险货物港口建设项目不得开工建设。

第六条　省级港口行政管理部门负责下列港口建设项目的安全条件审查：

（一）涉及储存或者装卸剧毒化学品的港口建设项目；

（二）沿海 50 000 吨级以上、长江干线 3 000 吨级以上、其他内河 1 000 吨级以上的危险货物码头；

（三）沿海罐区总容量 100 000 立方米以上、内河罐区总容量 5 000 立方米以上的危险货物仓储设施。

其他危险货物港口建设项目由项目所在地设区的市级港口行政管理部门负责安全条件审查。

第七条　危险货物港口建设项目的建设单位，应当在可行性研究阶段按照国家有关规定委托有资质的安全评价机构对该建设项目进行安全评价，并编制安全预评价报告。安全预评价报告应当符合有关安全生产法律、法规、规章、国家标准、行业标准和港口建设的有关规定。

第八条 涉及危险化学品的港口建设项目，建设单位还应当进行安全条件论证，并编制安全条件论证报告。安全条件论证的内容应当包括：

（一）建设项目内在的危险和有害因素对安全生产的影响；

（二）建设项目与周边设施或者单位、人员密集区、敏感性设施和敏感环境区域在安全方面的相互影响；

（三）自然条件对建设项目的影响。

第九条 建设单位应当向危险货物建设项目所在地港口行政管理部门申请安全条件审查，并提交以下材料：

（一）建设项目安全条件审查申请书；

（二）建设项目安全预评价报告；

（三）建设项目安全条件论证报告（涉及危险化学品的提供）；

（四）依法需取得的建设项目规划选址文件。

所在地港口行政管理部门应当核查文件是否齐全，不齐全的告知申请人予以补正。对材料齐全的申请应当予以受理；对不属于本级审查权限的，应当在受理后 5 日内将申请材料转报有审查权限的港口行政管理部门。转报时间应当计入审查期限。

第十条 负责安全条件审查的港口行政管理部门应当自受理申请之日起 45 日内作出审查决定。

有下列情形之一的，安全条件审查不予通过：

（一）安全预评价报告存在重大缺陷、漏项的，包括对建设项目主要危险、有害因素的辨识和评价不全面或者不准确的；

（二）对安全预评价报告中安全设施设计提出的对策与建议不符合有关安全生产法律、法规、规章和国家标准、行业标准的；

（三）建设项目与周边场所、设施的距离或者拟建场址自然条件不符合有关安全生产法律、法规、规章和国家标准、行业标准的；

（四）主要技术、工艺未确定，或者不符合有关安全生产法律、法规、规章和国家标准、行业标准的；

（五）未依法进行安全条件论证和安全评价的；

（六）隐瞒有关情况或者提供虚假文件、资料的。

港口行政管理部门在安全条件审查过程中，应当对申请材料进行审查，并对现场进行核查。必要时可以组织相关专家进行咨询论证。

第十一条 港口行政管理部门对符合安全条件的，应当予以通过，并将审查决定送达申请人。对未通过安全条件审查的，应当说明理由并告知申请人。建设单位经过整改后可以重新申请安全条件审查。

第十二条 已经通过安全条件审查的危险货物港口建设项目有下列情形之一的，建设单位应当按照本规定的有关要求重新进行安全条件论证和安全评价，并重新申请安全条件审查：

（一）变更建设地址的；

（二）建设项目周边环境因素发生重大变化导致安全风险增加的；

（三）建设项目规模进行调整导致安全风险增加或者安全性能降低的；

（四）建设项目平面布置、作业货种、工艺、设备设施等发生重大变化导致安全风险增加或者安全性能降低的。

第十三条 建设单位应当在危险货物港口建设项目初步设计阶段按照国家有关规定委托设计单位对安全设施进行设计。

安全设施设计应当符合有关安全生产和港口建设的法律、法规、规章以及国家标准、行业标准，并包括以下主要内容：

（一）该建设项目涉及的危险、有害因素和程度及周边环境安全分析；

（二）采用的安全设施和措施，预期效果以及存在的问题与建议；

（三）对安全预评价报告中有关安全设施设

计的对策与建议的采纳情况说明；

（四）可能出现的事故预防及应急救援措施。

第十四条 由港口行政管理部门负责初步设计审批的危险货物港口建设项目，在初步设计审批中对安全设施设计进行审查。

前款规定之外的其他危险货物港口建设项目，由负责安全条件审查的港口行政管理部门进行安全设施设计审查。

建设单位在申请安全设施设计审查时应当提交以下材料：

（一）安全设施设计审查申请书；

（二）设计单位的基本情况及资信情况；

（三）安全设施设计。

港口行政管理部门应当自受理申请之日起 20 日内对申请材料进行审查，作出审查决定，并告知申请人；20 日内不能作出决定的，经本部门负责人批准，可以延长 10 日，并应当将延长期限的理由告知申请人。

第十五条 有下列情形之一的，安全设施设计审查不予通过：

（一）设计单位资质不符合相关规定的；

（二）未按照有关法律、法规、规章和国家标准、行业标准的规定进行设计的；

（三）对未采纳安全预评价报告中的安全对策和建议，未作充分论证说明的；

（四）隐瞒有关情况或者提供虚假文件、资料的。

安全设施设计审查未通过的，建设单位经过整改后可以重新申请安全设施设计审查。

第十六条 已经通过审查的危险货物港口建设项目安全设施设计有下列情形之一的，建设单位应当报原审查部门重新申请安全设施设计审查：

（一）改变安全设施设计且可能导致安全性能降低的；

（二）在施工期间重新设计的。

第十七条 危险货物港口建设项目的建设单位应当在施工期间组织落实经批准的安全设施设计的有关内容，并加强对施工质量的监测和管理，建立相应的台账。施工单位应当按照批准的设计施工。

第十八条 危险货物港口建设项目的安全设施应当与主体工程同时建成，并由建设单位组织验收。验收前建设单位应当按照国家有关规定委托有资质的安全评价机构对建设项目及其安全设施进行安全验收评价，并编制安全验收评价报告。安全验收评价报告应当符合国家标准、行业标准和港口建设的有关规定。

建设单位进行安全设施验收时，应当组织专业人员对该建设项目进行现场检查，并对安全设施施工报告及监理报告、安全验收评价报告等进行审查，作出是否通过验收的结论。参加验收人员的专业能力应当涵盖该建设项目涉及的所有专业内容。

安全设施验收未通过的，建设单位经过整改后可以再次组织安全设施验收。

第十九条 安全设施验收合格后，建设单位应当将验收过程中涉及的文件、资料存档。港口行政管理部门应当加强对建设单位验收活动和验收结果的监督核查。

第二十条 安全评价机构的安全评价活动应当遵守有关法律、法规、规章和保障安全生产的国家标准或者行业标准的规定。

港口行政管理部门应当对违法违规开展港口安全评价的机构予以曝光，并通报同级应急管理部门。

第三章　经营人资质

第二十一条 从事危险货物港口作业的经营人（以下简称危险货物港口经营人）除满足《港口经营管理规定》规定的经营许可条件外，还应当具备以下条件：

（一）设有安全生产管理机构或者配备专职安全生产管理人员；

（二）具有健全的安全管理制度、岗位安全责任制度和操作规程；

（三）有符合国家规定的危险货物港口作业设施设备；

（四）有符合国家规定且经专家审查通过的事故应急预案和应急设施设备；

（五）从事危险化学品作业的，还应当具有取得从业资格证书的装卸管理人员。

第二十二条 申请危险货物港口经营人资质，除按《港口经营管理规定》的要求提交相关文件和材料外，还应当向所在地港口行政管理部门提交以下文件和材料：

（一）危险货物港口经营申请表，包括拟申请危险货物作业的具体场所、作业方式、危险货物品名（集装箱和包装货物载明到“项别”）；

（二）符合国家规定的应急设施、设备清单；

（三）装卸管理人员的从业资格证书（涉及危险化学品的提供）；

（四）新建、改建、扩建储存、装卸危险货物港口设施的，提交安全设施验收合格证明材料（包括安全设施施工报告及监理报告、安全验收评价报告、验收结论和隐患整改报告）；使用现有港口设施的，提交对现状的安全评价报告。

第二十三条 所在地港口行政管理部门应当自受理申请之日起30日内作出许可或者不予许可的决定。符合许可条件的，应当颁发《港口经营许可证》，并对每个具体的危险货物作业场所配发《港口危险货物作业附证》（见附件）。

《港口经营许可证》应当载明危险货物港口经营人的名称与办公地址、法定代表人或者负责人、经营地域、准予从事的业务范围、附证事项、发证日期、许可证有效期和证书编号。

《港口危险货物作业附证》应当载明危险货物港口经营人、作业场所、作业方式、作业危险货物品名（集装箱和包装货物载明到“项别”）、发证机关、发证日期、有效期和证书编号。

所在地港口行政管理部门应当依法向社会公开有关信息，并及时向所在地海事管理机构和同级应急管理部门、生态环境主管部门、公安机关通报。

第二十四条 《港口经营许可证》有效期为3年，《港口危险货物作业附证》有效期不得超过《港口经营许可证》的有效期。

第二十五条 危险货物港口经营人应当在《港口经营许可证》或者《港口危险货物作业附证》有效期届满之日30日以前，向发证机关申请办理延续手续。

申请办理《港口经营许可证》及《港口危险货物作业附证》延续手续，除按《港口经营管理规定》的要求提交相关文件和材料外，还应当提交下列材料：

（一）除本规定第二十二条第（一）项之外的其他证明材料；

（二）本规定第二十八条规定的安全评价报告及落实情况。

第二十六条 危险货物港口经营人发生变更或者其经营范围发生变更的，应当按照本规定第二十二条的规定重新申请《港口经营许可证》及《港口危险货物作业附证》。

第二十七条 危险货物港口经营人应当在依法取得许可的范围内从事危险货物港口作业，依法提取和使用安全生产经费，聘用注册安全工程师从事安全生产管理工作，对从业人员进行安全生产教育、培训并如实记录相关情况，按照相关规定投保安全生产责任保险。相关从业人员应当按照《危险货物水路运输从业人员考核和从业资格管理规定》的要求，经考核合格或者取得相应从业资格。

危险货物港口经营人应当向从业人员如实告知作业场所和工作岗位存在的危险因素、防范措施以及事故应急措施，提供符合国家标准或者行业标准的劳动防护用品，并关注身体、心理状况和行为习惯，加强心理疏导、精神慰藉，严格落实岗位安全生产责任。

危险货物港口经营人接收中等职业学校、高等学校学生实习的，应当对实习学生进行相应的安全生产教育和培训，提供必要的劳动防护用品。

第二十八条 危险货物港口经营人应当在取得经营资质后，按照国家有关规定委托有资质的安全评价机构，对本单位的安全生产条件每3年进行一次安全评价，提出安全评价报告。安全评价报告的内容应当包括对事故隐患的整改情况、遗留隐患和安全条件改进建议。

危险货物港口经营人应当将安全评价报告以及落实情况报所在地港口行政管理部门备案。

第二十九条 出现下列情形之一的，危险货物港口经营人应当重新进行安全评价，并按照本规定第二十八条的规定进行备案：

（一）增加作业的危险货物品种；

（二）作业的危险货物数量增加，构成重大危险源或者重大危险源等级提高的；

（三）发生火灾、爆炸或者危险货物泄漏，导致人员死亡、重伤或者事故等级达到较大事故以上的；

（四）周边环境因素发生重大变化，可能对港口安全生产带来重大影响的。

增加作业的危险货物品种或者数量，涉及变更经营范围的，除应当符合环保、消防、职业卫生等方面相关主管部门的要求外，还应当按照本规定第二十六条的规定重新申请《港口经营许可证》及《港口危险货物作业附证》。

现有设施需要进行改扩建的，除应当履行改扩建手续外，还应当履行本规定第二章安全审查的有关规定。

第四章 作业管理

第三十条 危险货物港口经营人应当根据《港口危险货物作业附证》上载明的危险货物品名，依据其危险特性，在作业场所设置相应的监测、监控、通风、防晒、调温、防火、灭火、防爆、泄压、防毒、中和、防潮、防雷、防静电、防腐、防泄漏以及防护围堤或者隔离操作等安全设施、设备，并保持正常、正确使用。

第三十一条 危险货物港口经营人应当按照保障安全生产的国家标准或者行业标准对其危险货物作业场所的安全设施、设备进行经常性维护、保养，并定期进行检测、检验，及时更新不合格的设施、设备，保证正常运转。维护、保养、检测、检验应当做好记录，并由有关人员签字。

第三十二条 危险货物港口经营人应当在其作业场所和安全设施、设备上设置明显的安全警示标志；同时还应当在其作业场所设置通信、报警装置，并保证其处于适用状态。

第三十三条 危险货物专用库场、储罐应当符合保障安全生产的国家标准或者行业标准，设置明显标志，并依据相关标准定期安全检测维护。

第三十四条 危险货物港口作业使用特种设备的，应当符合国家特种设备管理的有关规定，并按要求进行检验。

第三十五条 危险货物港口经营人使用管道输送危险货物的，应当建立输送管道安全技术档案，具备管道分布图，并对输送管道定期进行检查、检测，设置明显标志。

在港区内进行可能危及危险货物输送管道安全的施工作业，施工单位应当在开工的 7 日前书面通知管道所属单位，并与管道所属单位共同制定应急预案，采取相应的安全防护措施。管道所属单位应当指派专门人员到现场进行管道安全保护指导。

第三十六条 危险货物港口经营人不得关闭、破坏直接关系生产安全的监控、报警、防护、救生设施、设备，或者篡改、隐瞒、销毁其相关数据、信息。

第三十七条 危险货物港口作业委托人应当向危险货物港口经营人提供委托人身份信息和完整准确的危险货物品名、联合国编号、危险性分类、包装、数量、应急措施及安全技术说明书等资料；危险性质不明的危险货物，应当提供具有相应资质的专业机构出具的危险货物危险特性鉴定技术报告。法律、行政法规规定必须办理有关手续后方可进行水路运输的危险货物，还应当办理相关手续，并向港口经营人提供相关证明材料。

危险货物港口作业委托人不得在委托作业的普通货物中夹带危险货物，不得匿报、谎报危险货物。

第三十八条 危险货物港口经营人不得装卸、储存未按本规定第三十七条规定提交相关资料的危险货物。对涉嫌在普通货物中夹带危险货物，或者将危险货物匿报或者谎报为普通货物的，所在地港口行政管理部门或者海事管理机构可以依法开拆查验，危险货物港口经营人应当予以配合。港口行政管理部门和海事管理机构应当将查验情况相互通报，避免重复开拆。

第三十九条 发生下列情形之一的，危险货物港口经营人应当及时处理并报告所在地港口行政管理部门：

（一）发现未申报或者申报不实、申报有误的危险货物；

（二）在普通货物或者集装箱中发现夹带危险货物；

（三）在危险货物中发现性质相抵触的危险货物，且不满足国家标准及行业标准中有关积载、隔离、堆码要求。

对涉及船舶航行、作业安全的相关信息，港口行政管理部门应当及时通报所在地海事管理机构。

第四十条 在港口作业的包装危险货物应当妥善包装，并在外包装上设置相应的标志。包装物、容器的材质以及包装的型式、规格、方法应当与所包装的货物性质、运输装卸要求相适应。材质、型式、规格、方法以及包装标志应当符合我国加入并已生效的有关国际条约、国家标准和相关规定的要求。

第四十一条 危险货物港口经营人应当对危险货物包装和标志进行检查，发现包装和标志不符合国家有关规定的，不得予以作业，并应当及时通知或者退回作业委托人处理。

第四十二条 船舶载运危险货物进出港口，应当按照有关规定向海事管理机构办理申报手续。海事管理机构应当及时将有关申报信息通报所在地港口行政管理部门。

第四十三条 船舶危险货物装卸作业前，危险货物港口经营人应当与作业船舶按照有关规定进行安全检查，确认作业的安全状况和应急措施。

第四十四条 不得在港口装卸国家禁止通过水路运输的危险货物。

第四十五条 在港口内从事危险货物添加抑制剂或者稳定剂作业的单位，作业前应当将有关情况告知相关危险货物港口经营人和作业船舶。

第四十六条 危险货物港口经营人在危险货物港口装卸、过驳作业开始 24 小时前，应当将作业委托人以及危险货物品名、数量、理化性质、作业地点和时间、安全防范措施等事项向所在地港口行政管理部门报告。所在地港口行政管理部门应当在接到报告后 24 小时内作出是否同意作业的决定，通知报告人，并及时将有关信息通报海事管理机构。报告人在取得作业批准后 72 小时内未开始作业的，应当重新报告。未经所在地港口行政管理部门批准的，不得进行危险货物港口作业。

时间、内容和方式固定的危险货物港口装卸、过驳作业，经所在地港口行政管理部门同意，可以实行定期申报。

第四十七条 危险货物港口作业应当符合有关安全作业标准、规程和制度，并在具有从业资格的装卸管理人员现场指挥或者监控下进行。

第四十八条 两个以上危险货物港口经营人在同一港口作业区内进行危险货物港口作业，可能危及对方生产安全的，应当签订安全生产管理协议，明确各自的安全生产管理职责和应当采取的安全措施，并指定专职安全生产管理人员进行安全检查与协调。

第四十九条 危险货物港口经营人进行爆炸品、气体、易燃液体、易燃固体、易于自燃的物质、遇水放出易燃气体的物质、氧化性物质、有机过氧化物、毒性物质、感染性物质、放射性物质、腐蚀性物质的港口作业，应当划定作业区域，明确责任人并实行封闭式管理。作业区域应当设置明显标志，禁止无关人员进入和无关船舶停靠。

第五十条 危险货物港口经营人进行吊装、动火、临时用电以及国务院应急管理部门会同国务院有关部门规定的其他危险作业，应当安排专门人员进行现场安全管理，确保遵守操作规程和落实安全措施。

第五十一条 危险货物应当储存在港区专用的库场、储罐，并由专人负责管理；剧毒化学品以及储存数量构成重大危险源的其他危险货物，应当单独存放，并实行双人收发、双人保管制度。

危险货物的储存方式、方法以及储存数量，包括危险货物集装箱直装直取和限时限量存放，应当符合国家标准、行业标准或者国家有关规定。

第五十二条 危险货物港口经营人经营仓储业务的，应当建立危险货物出入库核查、登记制度。

对储存剧毒化学品以及储存数量构成重大危险源的其他危险货物的，危险货物港口经营人应当将其储存数量、储存地点以及管理措施、管理人员等情况，依法报所在地港口行政管理部门和相关部门备案。

第五十三条 危险货物港口经营人应当建立危险货物作业信息系统，实时记录危险货物作业基础数据，包括作业的危险货物种类及数量、储存地点、理化特性、货主信息、安全和应急措施等，并在作业场所外异地备份。有关危险货物作业信息应当按要求及时准确提供相关管理部门。

第五十四条 危险货物港口经营人应当建立安全风险分级管控制度，开展安全生产风险辨识、评估，针对不同风险，制定具体的分级管控措施，落实管控责任。

第五十五条 危险货物港口经营人应当根据有关规定，进行重大危险源辨识，确定重大危险源级别，实施分级管理，并登记建档。危险货物港口经营人应当建立健全重大危险源安全管理规章制度，制定实施危险货物重大危险源安全管理与监控方案，制定应急预案，告知相关人员在紧急情况下应当采取的应急措施，定期对重大危险源进行检测、评估、监控。

第五十六条 危险货物港口经营人应当将本单位的重大危险源及有关安全措施、应急措施依法报送所在地港口行政管理部门和相关部门备案。

第五十七条 危险货物港口经营人在重大危险源出现本规定第二十九条规定的情形之一，可能影响重大危险源级别和风险程度的，应当对重大危险源重新进行辨识、分级、安全评估、修改档案，并及时报送所在地港口行政管理部门和相关部门重新备案。

第五十八条 危险货物港口经营人应当建立健全并落实事故隐患排查治理制度，定期开展事故隐患排查，及时消除隐患，事故隐患排查治理情况应当如实记录，并通过职工大会或者职工代表大会、信息公示栏等方式向从业人员通报。

危险货物港口经营人应当将重大事故隐患的排查治理情况及时向所在地港口行政管理部门和职工大会或者职工代表大会报告。

所在地港口行政管理部门应当建立健全重大事故隐患治理督办制度，督促危险货物港口经营人消除重大事故隐患。

第五章 应急管理

第五十九条 所在地港口行政管理部门应当建立危险货物事故应急体系，制定港口危险货物事故应急预案。应急预案应当依法经当地人民政府批准后向社会公布。

所在地港口行政管理部门应当在当地人民政府的领导下推进专业化应急队伍建设和应急资源储备，定期组织开展应急培训和应急救援演练，提高应急能力。

第六十条 危险货物港口经营人应当制定本单位危险货物事故专项应急预案和现场处置方案，依法配备应急救援人员和必要的应急救援器材、设备，每半年至少组织一次应急救援培训和演练并如实记录，根据演练结果对应急预案进行修订。应急预案应当具有针对性和可操作性，并与所在地港口行政管理部门公布的港口危险货物事故应急预案相衔接。

危险货物港口经营人应当将其应急预案及其

修订情况报所在地港口行政管理部门备案，并向本单位从业人员公布。

第六十一条 危险货物港口作业发生险情或者事故时，港口经营人应当立即启动应急预案，采取应急行动，排除事故危害，控制事故进一步扩散，并按照有关规定向港口行政管理部门和有关部门报告。

危险货物港口作业发生事故时，所在地港口行政管理部门应当按规定向上级行政管理部门、当地人民政府及有关部门报告，并及时组织救助。

第六章 安全监督与管理

第六十二条 所在地港口行政管理部门应当采取随机抽查、年度核查等方式对危险货物港口经营人的经营资质进行监督检查，发现其不再具备安全生产条件的，应当依法撤销其经营许可。

第六十三条 所在地港口行政管理部门应当依法对危险货物港口作业和装卸、储存区域实施监督检查，并明确检查内容、方式、频次以及有关要求等。实施监督检查时，可以行使下列职权：

（一）进入并检查危险货物港口作业场所，查阅、抄录、复印相关的文件或者资料，提出整改意见；

（二）发现危险货物港口作业和设施、设备、装置、器材、运输工具不符合法律、法规、规章规定和保障安全生产的国家标准或者行业标准要求的，责令立即停止使用；

（三）对危险货物包装和标志进行抽查，对不符合有关规定的，责令港口经营人停止作业，及时通知或者退回作业委托人处理；

（四）检查中发现事故隐患的，应当责令危险货物港口经营人立即排除；重大事故隐患排除前或者排除过程中无法保证安全的，应当责令从危险区域内撤出作业人员并暂时停产停业或者停止使用相关设施、设备；重大事故隐患排除后，经其审查同意，方可恢复作业；

（五）发现违法违章作业行为，应当当场予以纠正或者责令限期改正；

（六）对应急演练进行抽查，发现不符合要求的，当场予以纠正或者要求限期改正；

（七）经本部门主要负责人批准，依法查封违法储存危险货物的场所，扣押违法储存的危险货物。

港口行政管理部门依法进行监督检查，监督检查人员不得少于2人，并应当出示执法证件，将执法情况书面记录。监督检查不得影响被检查单位的正常生产经营活动。

第六十四条 有关单位和个人对依法进行的监督检查应当予以配合，不得拒绝、阻碍。港口行政管理部门依法对存在重大事故隐患作出停产停业的决定，危险货物港口经营人应当依法执行，及时消除隐患。危险货物港口经营人拒不执行，有发生生产安全事故的现实危险的，在保证安全的前提下，经本部门主要负责人批准，港口行政管理部门可以依法采取通知有关单位停止供电等措施，强制危险货物港口经营人履行决定。

港口行政管理部门依照前款规定采取停止供电措施，除有危及生产安全的紧急情形外，应当提前24小时通知危险货物港口经营人。危险货物港口经营人履行决定、采取相应措施消除隐患的，港口行政管理部门应当及时解除停止供电措施。

第六十五条 所在地港口行政管理部门应当加强对重大危险源的监管和应急准备，建立健全本辖区内重大危险源的档案，组织开展重大危险源风险分析，建立重大危险源安全检查制度，定期对存在重大危险源的港口经营人进行安全检查，对检查中发现的事故隐患，督促港口经营人进行整改。

第六十六条 港口行政管理部门应当建立举报制度，公开举报电话、信箱或者电子邮件地址等网络举报平台，受理各类违法违规从事危险货物港口作业的投诉和举报并进行调查核实，形成书面材料；需要落实整改措施的，应当报经有关负责人签字并督促落实。

港口行政管理部门在处理投诉和举报过程

中，应当接受社会监督，及时曝光违法违规行为。

第六十七条 港口行政管理部门应当加强监管队伍建设，建立健全安全教育培训制度，依法规范行政执法行为。

第六十八条 所在地港口行政管理部门应当配备必要的危险货物港口安全检查装备，建立危险货物港口安全监管信息系统，具备危险货物港口安全监督管理能力。

所在地港口行政管理部门应当将重大事故隐患、重大危险源相关信息纳入危险货物港口安全监管信息系统，并按规定与同级地方人民政府应急管理部门实现信息共享。

第六十九条 港口行政管理部门应当建立港口危险货物管理专家库。专家库应由熟悉港口安全相关法律法规和技术标准、危险货物港口作业、港口安全技术、港口工程、港口安全管理和港口应急救援等相关专业人员组成。

港口行政管理部门在组织安全条件审查、安全设施设计审查或者其他港口危险货物管理工作时，需要吸收专家参加或者听取专家意见的，应当从专家库中抽取。

第七十条 所在地港口行政管理部门应当建立健全安全生产诚信管理制度，建立安全生产违法行为信息库，如实记录危险货物港口经营人及其有关从业人员的安全生产违法行为信息，并纳入交通运输和相关统一信用信息共享平台。

第七章　法律责任

第七十一条 未经安全条件审查，新建、改建、扩建危险货物港口建设项目的，由所在地港口行政管理部门责令停止建设，限期改正；逾期未改正的，处五十万元以上一百万元以下的罚款。

第七十二条 危险货物港口建设项目有下列行为之一的，由所在地港口行政管理部门责令停止建设或者停产停业整顿，限期改正，并处十万元以上五十万元以下的罚款，对其直接负责的主管人员和其他直接责任人员处二万元以上五万元以下的罚款；逾期未改正的，处五十万元以上一百万元以下的罚款，对其直接负责的主管人员和其他直接责任人员处五万元以上十万元以下的罚款：

（一）未按照规定对危险货物港口建设项目进行安全评价的；

（二）没有安全设施设计或者安全设施设计未按照规定报经港口行政管理部门审查同意的；

（三）施工单位未按照批准的安全设施设计施工的；

（四）安全设施未经验收合格，擅自从事危险货物港口作业的。

第七十三条 未依法取得相应的港口经营许可证，或者超越许可范围从事危险货物港口经营的，由所在地港口行政管理部门责令停止违法经营，没收违法所得；违法所得十万元以上的，并处违法所得二倍以上五倍以下的罚款；违法所得不足十万元的，处五万元以上二十万元以下的罚款。

第七十四条 危险货物港口经营人未依法提取和使用安全生产经费导致不具备安全生产条件的，由所在地港口行政管理部门责令限期改正；逾期未改正的，责令停产停业整顿。

第七十五条 危险货物港口经营人有下列行为之一的，由所在地港口行政管理部门责令限期改正，处十万元以下的罚款；逾期未改正的，责令停产停业整顿，并处十万元以上二十万元以下的罚款，对其直接负责的主管人员和其他直接责任人员处二万元以上五万元以下的罚款：

（一）未按照规定设置安全生产管理机构或者配备安全生产管理人员、注册安全工程师的；

（二）未依法对从业人员、实习学生进行安全生产教育、培训，未按照规定如实告知有关的安全生产事项，或者未如实记录安全生产教育、培训情况的；

（三）未将事故隐患排查治理情况如实记录或者未向从业人员通报的；

（四）未按照规定制定危险货物事故应急救援预案或者未定期组织演练的。

第七十六条 危险货物港口经营人有下列行为之一的，由所在地港口行政管理部门责令限期改正，处十万元以下的罚款；逾期未改正的，责令停产停业整顿，并处十万元以上二十万元以下的罚款，对其直接负责的主管人员和其他直接责任人员处二万元以上五万元以下的罚款：

（一）危险货物港口作业未建立专门安全管理制度、未采取可靠的安全措施的；

（二）对重大危险源未登记建档，未进行定期检测、评估、监控，未制定应急预案，或者未告知应急措施的；

（三）未建立安全风险分级管控制度或者未按照安全风险分级采取相应管控措施的；

（四）未建立事故隐患排查治理制度，或者重大事故隐患排查治理情况未按照规定报告的；

（五）进行吊装、动火、临时用电以及国务院应急管理部门会同国务院有关部门规定的其他危险作业，未安排专门人员进行现场安全管理的。

第七十七条 危险货物港口经营人有下列情形之一的，由所在地港口行政管理部门责令改正，处五万元以下的罚款；逾期未改正的，处五万元以上二十万元以下的罚款，对其直接负责的主管人员和其他直接责任人员处一万元以上二万元以下的罚款；情节严重的，责令停产停业整顿：

（一）未在生产作业场所和安全设施、设备上设置明显的安全警示标志的；

（二）未按照国家标准、行业标准安装、使用安全设备或者未进行经常性维护、保养和定期检测的；

（三）关闭、破坏直接关系生产安全的监控、报警、防护、救生设施、设备，或者篡改、隐瞒、销毁其相关数据、信息的；

（四）未为从业人员提供符合国家标准或者行业标准的劳动防护用品的。

第七十八条 危险货物港口经营人有下列情形之一的，由所在地港口行政管理部门责令改正，可以处五万元以下的罚款；逾期未改正的，处五万元以上十万元以下的罚款；情节严重的，责令停产停业整顿：

（一）未对其铺设的危险货物管道设置明显的标志，或者未对危险货物管道定期检查、检测的；

（二）危险货物专用库场、储罐未设专人负责管理，或者对储存的剧毒化学品以及储存数量构成重大危险源的其他危险货物未实行双人收发、双人保管制度的；

（三）未建立危险货物出入库核查、登记制度的；

（四）装卸、储存没有安全技术说明书的危险货物或者外包装没有相应标志的包装危险货物的；

（五）未在作业场所设置通信、报警装置的。

在港口进行可能危及危险货物管道安全的施工作业，施工单位未按照规定书面通知管道所属单位，或者未与管道所属单位共同制定应急预案、采取相应的安全防护措施，或者管道所属单位未指派专门人员到现场进行管道安全保护指导的，由所在地港口行政管理部门按照前款规定的处罚金额进行处罚。

第七十九条 危险货物港口经营人有下列情形之一的，由所在地港口行政管理部门责令改正，处五万元以上十万元以下的罚款；逾期未改正的，责令停产停业整顿；除第（一）项情形外，情节严重的，还可以吊销其港口经营许可证件：

（一）未在取得从业资格的装卸管理人员现场指挥或者监控下进行作业的；

（二）未依照本规定对其安全生产条件定期进行安全评价的；

（三）未将危险货物储存在专用库场、储罐内，或者未将剧毒化学品以及储存数量构成重大危险源的其他危险货物在专用库场、储罐内单独存放的；

（四）危险货物的储存方式、方法或者储存数量不符合国家标准或者国家有关规定的；

（五）危险货物专用库场、储罐不符合国家

标准、行业标准的要求的。

第八十条 危险货物港口经营人有下列情形之一的，由所在地港口行政管理部门责令改正，可以处一万元以下的罚款；逾期未改正的，处一万元以上五万元以下的罚款：

（一）未将安全评价报告以及落实情况报港口行政管理部门备案的；

（二）未将剧毒化学品以及储存数量构成重大危险源的其他危险货物的储存数量、储存地点以及管理人员等情况报港口行政管理部门备案的。

第八十一条 两个以上危险货物港口经营人在同一港口作业区内从事可能危及对方生产安全的危险货物港口作业，未签订安全生产管理协议或者未指定专职安全管理人员进行安全检查和协调的，由所在地港口行政管理部门责令限期改正，处一万元以下的罚款，对其直接负责的主管人员和其他直接责任人员处三千元以下的罚款；情节严重的，处一万元以上五万元以下的罚款，对其直接负责的主管人员和其他直接责任人员处三千元以上一万元以下的罚款；逾期未改正的，责令停产停业整顿。

第八十二条 危险货物港口经营人未采取措施消除事故隐患的，由所在地港口行政管理部门责令立即消除或者限期消除，处五万元以下的罚款；拒不执行的，责令停产停业整顿，对其直接负责的主管人员和其他直接责任人员处五万元以上十万元以下的罚款。

第八十三条 未按照本规定报告并经同意进行危险货物装卸、过驳作业的，由所在地港口行政管理部门责令停止作业，并处五千元以上五万元以下的罚款。

第八十四条 危险货物港口经营人有下列行为之一的，由所在地港口行政管理部门责令改正，并处三万元以下的罚款：

（一）装卸国家禁止通过该港口水域水路运输的危险货物的；

（二）未如实记录危险货物作业基础数据的；

（三）发现危险货物的包装和安全标志不符合相关规定仍进行作业的；

（四）未具备其作业使用的危险货物输送管道分布图、安全技术档案的。

在港口从事危险货物添加抑制剂或者稳定剂作业前，未将有关情况告知相关危险货物港口经营人和作业船舶的，由所在地港口行政管理部门责令改正，并对相关单位处三万元以下的罚款。

危险货物港口经营人未将生产安全事故应急预案报送备案的，由所在地港口行政管理部门责令限期改正；逾期未改正的，处三万元以上五万元以下的罚款，对直接负责的主管人员和其他直接责任人员处一万元以上二万元以下的罚款。

第八十五条 港口作业委托人未按规定向港口经营人提供所托运的危险货物有关资料的，由所在地港口行政管理部门责令改正，处五万元以上十万元以下的罚款。港口作业委托人在托运的普通货物中夹带危险货物，或者将危险货物谎报或者匿报为普通货物托运的，由所在地港口行政管理部门责令改正，处十万元以上二十万元以下的罚款，有违法所得的，没收违法所得。

第八十六条 危险货物港口经营人拒绝、阻碍港口行政管理部门依法实施安全监督检查的，由港口行政管理部门责令改正；逾期未改正的，处二万元以上二十万元以下的罚款；对其直接负责的主管人员和其他直接责任人员处一万元以上二万元以下的罚款。

第八十七条 危险货物港口经营人未按照国家规定投保安全生产责任保险的，港口行政管理部门应当责令限期改正，处五万元以上十万元以下的罚款；逾期未改正的，处十万元以上二十万元以下的罚款。

第八十八条 危险货物港口经营人存在下列情形之一的，港口行政管理部门应当提请地方人民政府予以关闭，依法吊销其经营许可。危险货物港口经营人的主要负责人五年内不得担任任何生产经营单位的主要负责人；情节严重的，终身不得担任港口经营人的主要负责人：

（一）存在重大事故隐患，一百八十日内三次或者一年内四次受到《中华人民共和国安全生产法》规定的行政处罚的；

（二）经停产停业整顿，仍不具备法律、行政法规和保障安全生产的国家标准或者行业标准规定的安全生产条件的；

（三）不具备法律、行政法规和保障安全生产的国家标准或者行业标准规定的安全生产条件，导致发生重大、特别重大生产安全事故的；

（四）拒不执行港口行政管理部门作出的停产停业整顿决定的。

第八十九条 危险货物港口经营人违反《中华人民共和国安全生产法》规定，被责令改正且受到罚款处罚，拒不改正的，港口行政管理部门可以自作出责令改正之日的次日起，按照原处罚数额按日连续处罚。

第九十条 港口行政管理部门的工作人员有下列行为之一的，对直接负责的主管人员和其他直接责任人员给予行政处分；构成犯罪的，依法追究刑事责任：

（一）未按照规定的条件、程序和期限实施行政许可的；

（二）发现违法行为未依法予以制止、查处，情节严重的；

（三）未履行本规定设定的监督管理职责，造成严重后果的；

（四）有其他滥用职权、玩忽职守、徇私舞弊行为的。

第九十一条 违反本规定的其他规定应当进行处罚的，按照《港口法》、《安全生产法》、《危险化学品安全管理条例》等法律法规执行。

第八章 附 则

第九十二条 本规定所称危险货物，是指具有爆炸、易燃、毒害、腐蚀、放射性等危险特性，在港口作业过程中容易造成人身伤亡、财产毁损或者环境污染而需要特别防护的物质、材料或者物品，包括：

（一）《国际海运危险货物规则》（IMDGcode）第3部分危险货物一览表中列明的包装危险货物，以及未列明但经评估具有安全危险的其他包装货物；

（二）《国际海运固体散装货物规则》（IMSBCcode）附录—B组中含有联合国危险货物编号的固体散装货物，以及经评估具有安全危险的其他固体散装货物；

（三）《经1978年议定书修订的1973年国际防止船舶造成污染公约》（MARPOL73/78公约）附则Ⅰ附录1中列明的散装油类，以及国际海事组织通过文件强制要求各缔约国按照MARPOL73/78公约附则Ⅰ管理的散装油类；

（四）《国际散装危险化学品船舶构造和设备规则》（IBCcode）第17章中列明的散装液体化学品，以及未列明但经评估具有安全危险的其他散装液体化学品，港口储存环节仅包含上述中具有安全危害性的散装液体化学品；

（五）《国际散装液化气体船舶构造和设备规则》（IGCcode）第19章列明的散装液化气体，以及未列明但经评估具有安全危险的其他散装液化气体；

（六）我国加入或者缔结的国际条约、国家标准规定的其他危险货物；

（七）《危险化学品目录》中列明的危险化学品。

第九十三条 本规定自2017年10月15日起施行。2012年12月11日交通运输部发布的《港口危险货物安全管理规定》（交通运输部令2012年第9号）同时废止。

中华人民共和国交通运输部令

（2023年第15号）

《交通运输部关于修改〈国际道路运输管理规定〉的决定》已于2023年11月1日经第24次部务会议通过，现予公布，自公布之日起施行。

部长 李小鹏

2023年11月10日

交通运输部关于修改《国际道路运输管理规定》的决定

交通运输部决定对《国际道路运输管理规定》（交通运输部令 2022 年第 31 号）作如下修改：

一、将第三十七条中的“有违法所得的，没收违法所得，处违法所得 2 倍以上 10 倍以下的罚款；没有违法所得或者违法所得不足 2 万元的，处 3 万元以上 10 万元以下的罚款”修改为“违法所得超过 2 万元的，没收违法所得，处违法所得 2 倍以上 10 倍以下的罚款；没有违法所得或者违法所得不足 2 万元的，处 1 万元以上 10 万元以下的罚款”。

二、将第四十三条中的“县级以上地方人民政府交通运输主管部门”修改为“省级人民政府交通运输主管部门”；删去第五项；增加一款，作为第二款：“外国国际道路运输经营者未按照规定标明国籍识别标志的，由省级人民政府交通运输主管部门或者口岸国际道路运输管理机构责令停止运输，处 200 元以上 2 000 元以下的罚款”。

本决定自公布之日起施行。

《国际道路运输管理规定》根据本决定作相应修正，重新公布。

国际道路运输管理规定

（2022 年 9 月 26 日交通运输部公布，根据 2023 年 11 月 10 日《交通运输部关于修改〈国际道路运输管理规定〉的决定》修正）

第一章　总　则

第一条　为规范国际道路运输经营活动，维护国际道路运输市场秩序，保护国际道路运输各方当事人的合法权益，促进国际道路运输业发展，根据《中华人民共和国道路运输条例》和我国政府与有关国家政府签署的汽车运输协定，制定本规定。

第二条　从事中华人民共和国与相关国家间的国际道路运输经营活动的，应当遵守本规定。

本规定所称国际道路运输，包括国际道路旅客运输、国际道路货物运输。

第三条　国际道路运输应当坚持平等互利、公平竞争、共同发展的原则。

国际道路运输管理应当公平、公正、公开和便民。

第四条　交通运输部主管全国国际道路运输工作。

省级人民政府交通运输主管部门按照有关规定，负责组织领导本行政区域内的国际道路运输工作。

第二章　经营许可和备案

第五条　从事国际道路运输经营活动的，应当具备下列条件：

（一）已经取得国内道路运输经营许可证的企业法人；

（二）从事国内道路运输经营满 3 年，且近 3 年内未发生重大以上道路交通责任事故；

道路交通责任事故是指驾驶人员负同等或者以上责任的交通事故。

（三）驾驶人员和从事危险货物运输的装卸管理人员、押运员应当符合《道路运输从业人员管理规定》有关规定；

（四）拟投入国际道路运输经营的运输车辆技术要求应当符合《道路运输车辆技术管理规定》有关规定；

（五）有健全的安全生产管理制度。

第六条　申请从事国际道路旅客运输经营的，应当向所在地省级人民政府交通运输主管部门提出申请，并提交以下材料：

（一）国际道路旅客运输经营许可申请表（式样见附件 1）；

（二）企业近 3 年内无重大以上道路交通责任事故证明或者承诺书；

（三）拟投入国际道路旅客运输经营的车辆的道路运输证和拟购置车辆承诺书，承诺书包括车辆数量、类型、技术性能、购车时间等内容；

（四）拟聘用驾驶员的机动车驾驶证、从业资格证；

（五）国际道路运输的安全管理制度：包括安全生产责任制度、安全生产业务操作规程、安全生产监督检查制度、驾驶员和车辆安全生产管理制度、道路运输应急预案等。

从事定期国际道路旅客运输的，还应当提交定期国际道路旅客班线运输的线路、站点、班次方案。

第七条 已取得国际道路旅客运输经营许可，申请新增定期国际旅客运输班线的，应当向所在地省级人民政府交通运输主管部门提出申请，提交下列材料：

（一）拟新增定期国际道路旅客班线运输的线路、站点、班次方案；

（二）拟投入国际道路旅客运输营运的车辆的道路运输证和拟购置车辆承诺书；

（三）拟聘用驾驶员的机动车驾驶证、从业资格证。

第八条 省级人民政府交通运输主管部门收到申请后，应当按照《交通行政许可实施程序规定》要求的程序、期限，对申请材料进行审查，并通过部门间信息共享、内部核查等方式获取申请人营业执照、已取得的道路客运经营许可、现有车辆等信息，作出许可或者不予许可的决定。

省级人民政府交通运输主管部门对符合法定条件的国际道路旅客运输经营申请作出准予行政许可决定的，应当出具《国际道路旅客运输经营行政许可决定书》（式样见附件2），明确经营主体、经营范围、车辆数量及要求等许可事项，在作出准予行政许可决定之日起10日内向被许可人发放《道路运输经营许可证》。对符合法定条件的国际道路旅客运输班线经营申请作出准予行政许可决定的，还应当出具《国际道路旅客运输班线经营行政许可决定书》（式样见附件3）。

《道路运输经营许可证》应当注明经营范围；《国际道路旅客运输班线经营行政许可决定书》应当注明班线起讫地、线路、停靠站点、经营期限以及班次。

省级人民政府交通运输主管部门予以许可的，应当向交通运输部备案。

对国际道路旅客运输经营申请决定不予许可的，应当在受理之日起20日内向申请人送达《不予交通行政许可决定书》，并说明理由，告知申请人享有依法申请行政复议或者提起行政诉讼的权利。

第九条 从事国际道路货物运输经营的，最迟不晚于开始国际道路货物运输经营活动的15日内向所在地省级人民政府交通运输主管部门备案，提交《国际道路货物运输经营备案表》（式样见附件4），并附送符合本规定第五条规定条件的材料，保证材料真实、完整、有效。

第十条 省级人民政府交通运输主管部门收到国际道路货物运输经营备案材料后，对材料齐全且符合要求的，应当予以备案并编号归档；对材料不全或者不符合要求的，应当场或者自收到备案材料之日起5日内一次性书面通知备案人需要补充的全部内容。

省级人民政府交通运输主管部门应当向社会公布并及时更新已备案的国际道路货物运输经营者名单，便于社会查询和监督。

第十一条 非边境省、自治区、直辖市的申请人拟从事国际道路旅客运输经营的，应当向所在地省级人民政府交通运输主管部门提出申请。受理该申请的省级人民政府交通运输主管部门在作出许可决定前，应当与运输线路拟通过边境口岸所在地的省级人民政府交通运输主管部门协商；协商不成的，报交通运输部决定。交通运输部按照第八条第一款规定的程序作出许可或者不予许可的决定，通知所在地省级人民政府交通运输主管部门，并由所在地省级人民政府交通运输主管部门按照第八条第二款、第五款的规定颁发许可证件或者《不予交通行政许可决定书》。

第十二条 从事国际道路旅客运输的经营者应当按照承诺书的要求购置运输车辆。购置的车辆和已有的车辆经省级人民政府交通运输主管部门核实符合条件的，省级人民政府交通运输主管部门向拟投入运输的车辆配发《道路运输证》。

第十三条 从事国际道路运输的经营者凭《道路运输经营许可证》等许可文件或者备案文件到外事、海关、边防检查等部门办理有关运输车辆、人员的出入境手续。

第十四条 国际道路旅客运输经营者变更许可事项、扩大经营范围的，应当按照本规定办理许可申请。

国际道路旅客运输经营者变更名称、地址等，应当向原许可机关备案。

国际道路货物运输经营者名称、经营地址、主要负责人和货物运输车辆等事项发生变化的，应当向原办理备案的交通运输主管部门办理备案变更。

第十五条 国际道路旅客运输经营者在取得经营许可后，应当在 180 日内履行被许可的事项。有正当理由在 180 日内未经营或者停业时间超过 180 日的，应当告知省级人民政府交通运输主管部门。

国际道路运输经营者需要终止经营的，应当在终止经营之日 30 日前告知省级人民政府交通运输主管部门，并按照规定办理有关注销手续。

第三章 运营管理

第十六条 国际道路运输线路由起讫地、途经地国家交通运输主管部门协商确定。

交通运输部及时向社会公布中国政府与有关国家政府确定的国际道路运输线路。

第十七条 从事国际道路运输的车辆应当按照规定的口岸通过，进入对方国家境内后，应当按照规定的线路运行。

从事定期国际道路旅客运输的车辆，应当按照规定的行车路线、班次及停靠站点运行。

第十八条 外国国际道路运输经营者的车辆在中国境内运输，应当具有本国的车辆登记牌照、登记证件。驾驶人员应当持有与其驾驶的车辆类别相符的本国或国际驾驶证件。

第十九条 从事国际道路运输的车辆应当标明本国的国际道路运输国籍识别标志。

省级人民政府交通运输主管部门按照交通运输部规定的《国际道路运输国籍识别标志》式样（见附件 5），负责《国际道路运输国籍识别标志》的印制、发放、管理和监督使用。

第二十条 进入我国境内从事国际道路运输的外国运输车辆，应当符合我国有关运输车辆外廓尺寸、轴荷以及载质量的规定。

我国与外国签署有关运输车辆外廓尺寸、轴荷以及载质量具体协议的，按协议执行。

第二十一条 我国从事国际道路旅客运输的经营者，应当使用《国际道路旅客运输行车路单》（见附件 6）。

我国从事国际道路货物运输的经营者，应当使用《国际道路货物运单》（见附件 7）。

第二十二条 进入我国境内运载不可解体大型物件的外国国际道路运输经营者，车辆超限的，应当遵守我国超限运输车辆行驶公路的相关规定，办理相关手续后，方可运输。

第二十三条 进入我国境内运输危险货物的外国国际道路运输经营者，应当遵守我国危险货物运输有关法律、法规和规章的规定。

第二十四条 禁止外国国际道路运输经营者从事我国国内道路旅客和货物运输经营。

外国国际道路运输经营者在我国境内应当在批准的站点上下旅客或者按照运输合同商定的地点装卸货物。运输车辆要按照我国交通运输主管部门指定的停靠站（场）停放。

禁止外国国际道路运输经营者在我国境内自行承揽货物或者招揽旅客。

外国国际道路运输经营者依法在我国境内设立的常驻代表机构不得从事经营活动。

第二十五条 国际道路运输经营者应当使用符合国家规定标准的车辆从事国际道路运输经营，并按照国家有关规定进行运输车辆维护和定期检测。

国际道路运输经营者应当对所聘用的道路运输从业人员开展有关国际道路运输法规、外事规定、业务知识、操作规程的培训。

第二十六条 国际道路运输经营者应当制定境外突发事件的道路运输应急预案。应急预案应当包括报告程序、应急指挥、应急车辆和设备的储备以及处置措施等内容。

第二十七条 国际道路旅客运输的价格，按边境口岸所在地的省级人民政府交通运输主管部门与相关国家政府交通运输主管部门签订的协议执行。没有协议的，按边境口岸所在地省级物价部门核定的运价执行。

国际道路货物运输的价格，由国际道路货物运输的经营者自行确定。

第二十八条 对进出我国境内从事国际道路运输的外国运输车辆的费收，应当按照我国与相关国家政府签署的有关协定执行。

第四章 行车许可证管理

第二十九条 国际道路运输实行行车许可证制度。

行车许可证是国际道路运输经营者在相关国家境内从事国际道路运输经营时行驶的通行凭证。

我国从事国际道路运输的车辆进出相关国家，应当持有相关国家的国际汽车运输行车许可证。

外国从事国际道路运输的车辆进出我国，应当持有我国国际汽车运输行车许可证。

第三十条 我国国际汽车运输行车许可证分为《国际汽车运输行车许可证》和《国际汽车运输特别行车许可证》。

在我国境内从事国际道路旅客运输经营和普通货物运输经营的外国经营者，使用《国际汽车运输行车许可证》。

在我国境内从事国际道路危险货物运输经营的外国经营者，应当向拟通过边境口岸所在地的省级人民政府交通运输主管部门提出申请，由省级人民政府交通运输主管部门商有关部门批准后，向外国经营者的运输车辆发放《国际汽车运输特别行车许可证》。

第三十一条 《国际汽车运输行车许可证》《国际汽车运输特别行车许可证》的式样，由交通运输部与相关国家政府交通运输主管部门商定。边境口岸所在地的省级人民政府交通运输主管部门按照商定的式样，负责行车许可证的统一印制，并负责与相关国家交换。

交换过来的相关国家《国际汽车运输行车许可证》，由边境口岸所在地的省级人民政府交通运输主管部门负责发放和管理。

我国从事国际道路运输的经营者，向拟通过边境口岸所在地的省级人民政府交通运输主管部门申领《国际汽车运输行车许可证》。

第三十二条 《国际汽车运输行车许可证》《国际汽车运输特别行车许可证》实行一车一证，应当在有效期内使用。运输车辆为半挂汽车列车、中置轴挂车列车、全挂汽车列车时，仅向牵引车辆发放行车许可证。

第三十三条 禁止伪造、变造、倒卖、转让、出租《国际汽车运输行车许可证》《国际汽车运输特别行车许可证》。

第五章 监督检查

第三十四条 县级以上地方人民政府交通运输主管部门在本行政区域内依法实施国际道路运输监督检查工作。

口岸国际道路运输管理机构负责口岸地包括口岸查验现场的国际道路运输管理及监督检查工作。

口岸国际道路运输管理机构应当悬挂“中华人民共和国××口岸国际道路运输管理站”标识牌；在口岸查验现场悬挂“中国运输管理”的标识，并实行统一的国际道路运输查验签章（式样见附件8）。

县级以上地方人民政府交通运输主管部门和口岸国际道路运输管理机构工作人员在实施国际道路运输监督检查时，应当出示行政执法证件。

第三十五条 口岸国际道路运输管理机构在口岸具体负责如下工作：

（一）查验《国际汽车运输行车许可证》

《国际汽车运输特别行车许可证》《国际道路运输国籍识别标志》和国际道路运输有关牌证等；

（二）记录、统计出入口岸的车辆、旅客、货物运输量以及《国际汽车运输行车许可证》《国际汽车运输特别行车许可证》，定期向省级人民政府交通运输主管部门报送有关统计资料；

（三）监督检查国际道路运输的经营活动；

（四）协调出入口岸运输车辆的通关事宜。

第三十六条　国际道路运输经营者应当接受当地县级以上地方人民政府交通运输主管部门和口岸国际道路运输管理机构的检查。

交通运输主管部门应当依据有关法规加强对失信企业和失信人员的监督管理，督促国际道路运输经营者落实安全生产主体责任。

第六章　法律责任

第三十七条　违反本规定，有下列行为之一的，由县级以上地方人民政府交通运输主管部门或者口岸国际道路运输管理机构责令停止经营；违法所得超过2万元的，没收违法所得，处违法所得2倍以上10倍以下的罚款；没有违法所得或者违法所得不足2万元的，处1万元以上10万元以下的罚款；构成犯罪的，依法追究刑事责任：

（一）未取得国际道路旅客运输经营许可，擅自从事国际道路旅客运输经营的；

（二）使用失效、伪造、变造、被注销等无效国际道路旅客运输经营许可证件从事国际道路旅客运输经营的；

（三）超越许可的事项，非法从事国际道路旅客运输经营的。

第三十八条　从事国际道路货物运输经营，未按规定进行备案的，由省级人民政府交通运输主管部门责令改正；拒不改正的，处5 000元以上2万元以下的罚款。

第三十九条　违反本规定，非法转让、出租国际道路运输经营许可证件的，由县级以上地方人民政府交通运输主管部门或者口岸国际道路运输管理机构责令停止违法行为，收缴有关证件，处2 000元以上1万元以下的罚款；有违法所得的，没收违法所得。

第四十条　违反本规定，非法转让、出租、伪造《国际汽车运输行车许可证》《国际汽车运输特别行车许可证》《国际道路运输国籍识别标志》的，由县级以上地方人民政府交通运输主管部门或者口岸国际道路运输管理机构责令停止违法行为，收缴有关证件，处500元以上1 000元以下的罚款；有违法所得的，没收违法所得。

第四十一条　违反本规定，国际道路旅客运输经营者有下列情形之一的，由县级以上地方人民政府交通运输主管部门或者口岸国际道路运输管理机构责令改正，处1 000元以上2 000元以下的罚款；情节严重的，由原许可机关吊销道路运输经营许可证：

（一）不按批准的国际道路运输线路、站点、班次运输的；

（二）在旅客运输途中擅自变更运输车辆或者将旅客移交他人运输的；

（三）未报告原许可机关，擅自终止国际道路旅客运输经营的。

第四十二条　国际道路运输经营者违反道路旅客、货物运输有关规定的，按照相关规定予以处罚。

第四十三条　外国国际道路运输经营者有下列行为之一，由省级人民政府交通运输主管部门或者口岸国际道路运输管理机构责令改正；拒不改正的，责令停止运输，有违法所得的，没收违法所得，处违法所得2倍以上10倍以下的罚款，没有违法所得或者违法所得不足1万元的，处3万元以上6万元以下的罚款：

（一）未取得我国有效的《国际汽车运输行车许可证》或者《国际汽车运输特别行车许可证》，擅自进入我国境内从事国际道路运输经营或者运输危险货物的；

（二）从事我国国内道路旅客或货物运输的；

（三）在我国境内自行承揽货源或招揽旅客的；

（四）未按规定的运输线路、站点、班次、停靠站（场）运行的。

外国国际道路运输经营者未按照规定标明国籍识别标志的，由省级人民政府交通运输主管部门或者口岸国际道路运输管理机构责令停止运输，处200元以上2 000元以下的罚款。

第四十四条 县级以上地方人民政府交通运输主管部门以及口岸国际道路运输管理机构有下列行为之一的，对负有责任的主管人员和责任人员，视情节轻重，依法给予行政处分；造成严重后果、构成犯罪的，依法追究其刑事责任：

（一）不按照本规定规定的条件、程序和期限实施国际道路运输行政许可或者备案的；

（二）参与或者变相参与国际道路运输经营的；

（三）发现未经批准的单位和个人擅自从事国际道路运输经营活动，或者发现国际道路运输经营者有违法行为不及时查处的；

（四）违反规定拦截、检查正常行驶的道路运输车辆的；

（五）违法扣留运输车辆、车辆营运证的；

（六）索取、收受他人财物，或者谋取其他利益的；

（七）违法实施行政处罚的；

（八）其他违法行为。

第七章 附 则

第四十五条 本规定自公布之日起施行。2005年4月13日以交通部令2005年第3号公布的《国际道路运输管理规定》同时废止。

中华人民共和国交通运输部令

（2023年第16号）

《交通运输部关于修改〈中华人民共和国国际海运条例实施细则〉的决定》已于2023年11月1日经第24次部务会议通过，现予公布，自公布之日起施行。

部长 李小鹏

2023年11月10日

交通运输部关于修改《中华人民共和国国际海运条例实施细则》的决定

交通运输部决定对《中华人民共和国国际海运条例实施细则》（交通运输部令2019年第41号）作如下修改：

一、删去第三条第二项中的“取得《国际船舶运输经营许可证》”；将第五项中的“取得无船承运业务经营资格”修改为“从事无船承运业务经营”，“取得经营进出中国港口货物无船承运业务资格”修改为“经营进出中国港口货物无船承运业务”。

二、将第四条、第二十一条中的“国际船舶”修改为“国际客船、国际散装液体危险品船”。

三、将第五条修改为“中国企业法人申请经营国际客船、国际散装液体危险品船运输业务，申请人应当向交通运输部提出申请，报送相关材料或信息。申请材料或信息应当包括：

（一）申请书；

（二）申请人的企业统一社会信用代码、公司章程的复印件；

（三）公司与船舶名称及船舶识别号；

（四）提单、客票或者多式联运单证样本；

（五）符合交通运输部规定的高级业务管理人员的从业资格证明。

交通运输部收到申请人的申请材料或信息后，应当在申请材料或信息完整齐备之日起30个工作日内按照《海运条例》第五条和第六条的规定进行审核，作出许可或者不许可的决定。决定许可的，向申请人颁发《国际船舶运输经营许可证》，并将许可情况抄送有关省、自治区、直辖市人民政府交通运输主管部门；决定不许可的，应当书面通知申请人并告知理由。

取得《国际船舶运输经营许可证》的企业在经营国际客船、国际散装液体危险品船运输业务期间，应当确保本条所列有关材料持续合法有效。”

四、删去第六条、第九条、第十条、第十二条、第十三条、第十五条、第十六条、第十七条、第十八条、第二十四条第二款、第二十六条。

五、增加一条，作为第六条：“中国国际集装箱船、国际普通货船运输经营者应当自开业之日起 15 日内，向注册所在地的省、自治区、直辖市人民政府交通运输主管部门提供完整准确的备案信息，包括企业名称、企业统一社会信用代码、注册地址、办公地址、联系方式以及自有船舶相关信息。”

六、增加一条，作为第九条：“经营无船承运业务，应当自开业之日起 15 日内向注册所在地或者业务主要发生地的省、自治区、直辖市人民政府交通运输主管部门提供完整准确的备案信息，包括企业名称、企业统一社会信用代码、注册地址、办公地址、联系方式等。”

七、第十一条改为第十条，将其中的“取得无船承运业务经营资格”修改为“办理无船承运业务备案”。

八、第十四条改为第十一条，删去第一款和第二款中的“和无船承运业务经营者”。

九、第十九条改为第十二条，修改为：“中国国际客船、国际散装液体危险品船运输经营者有下列变更情形之一的，应当自变更之日起 15 日内向交通运输部备案：

（一）变更企业名称；

（二）企业迁移；

（三）变更出资人；

（四）歇业、终止经营；

（五）减少运营船舶；

（六）变更提单、客票或者多式联运单证；

（七）在境外设立分支机构或者子公司经营相应业务；

（八）拥有的船舶在境外注册，悬挂外国旗。

前款情形涉及经营许可证信息变更的，由交通运输部换发相关经营许可证；企业终止经营的，应当将有关许可证书交回交通运输部。”

十、增加一条，作为第十三条：“中国国际集装箱船、国际普通货船运输经营者有下列变更情形之一的，应当自变更之日起 15 日内向企业注册地省、自治区、直辖市人民政府交通运输主管部门备案：

（一）变更企业名称；

（二）企业迁移；

（三）歇业、终止经营；

（四）调整运营船舶；

（五）在境外设立分支机构或者子公司经营相应业务；

（六）拥有的船舶在境外注册，悬挂外国旗。”

十一、增加一条，作为第十四条：“无船承运业务经营者有下列变更情形之一的，应当自变更之日起 15 日内向企业注册地或者业务主要发生地省、自治区、直辖市人民政府交通运输主管部门备案：

（一）变更企业名称；

（二）企业迁移；

（三）歇业、终止经营。”

十二、第二十三条改为第十八条，删去其中的“和无船承运业务经营者”。

十三、第四十六条改为第四十条，第二款修改为：“交通运输部或者有关省、自治区、直辖市人民政府交通运输主管部门应当将国际海上运输及其辅助性业务经营者和从业人员违反《海运条例》和本实施细则有关规定的违法行为记入信用记录，并将相关信用记录纳入全国信用信息共享平台。”

条文序号和个别文字作相应修改。

本决定自公布之日起施行。

《中华人民共和国国际海运条例实施细则》根据本决定作相应修正，重新公布。

中华人民共和国国际海运条例实施细则

（2003年1月20日交通部发布，根据2013年8月29日《交通运输部关于修改〈中华人民共和国国际海运条例实施细则〉的决定》第一次修正，根据2017年3月7日《交通运输部关于修改〈中华人民共和国国际海运条例实施细则〉的决定》第二次修正，根据2019年6月21日《交通运输部关于修改〈中华人民共和国国际海运条例实施细则〉的决定》第三次修正，根据2019年11月28日《交通运输部关于修改〈中华人民共和国国际海运条例实施细则〉的决定》第四次修正，根据2023年11月10日《交通运输部关于修改〈中华人民共和国国际海运条例实施细则〉的决定》第五次修正）

第一章　总　则

第一条　根据《中华人民共和国国际海运条例》（以下简称《海运条例》）的规定，制定本实施细则。

第二条　交通运输部和有关地方人民政府交通运输主管部门应当依照《海运条例》和本实施细则的规定，按照公平、高效、便利的原则，管理国际海上运输经营活动和与国际海上运输相关的辅助性经营活动，鼓励公平竞争，禁止不正当竞争。

第三条　《海运条例》和本实施细则中下列用语的含义是：

（一）国际船舶运输业务，是指国际船舶运输经营者使用自有或者经营的船舶、舱位，提供国际海上货物运输和旅客运输服务以及为完成这些服务而围绕其船舶、所载旅客或者货物开展的相关活动，包括签订有关协议、接受订舱、商定和收取客票票款和运费、签发客票和提单及其他相关运输单证、安排旅客上下船舶、安排货物装卸、安排保管、进行货物交接、安排中转运输和船舶进出港等活动。

（二）国际船舶运输经营者，包括中国国际船舶运输经营者和外国国际船舶运输经营者。其中，中国国际船舶运输经营者是指依据《海运条例》和本实施细则规定经营国际船舶运输业务的中国企业法人；外国国际船舶运输经营者是指依据外国法律设立经营进出中国港口国际船舶运输业务的外国企业。

（三）国际班轮运输业务，是指以自有或者经营的船舶，或者以《海运条例》第十条第三款规定的方式，在固定的港口之间提供的定期国际海上货物或旅客运输。

（四）无船承运业务，是指《海运条例》第七条第二款规定的业务，包括为完成该项业务围绕其所承运的货物开展的下列活动：

（1）以承运人身份与托运人订立国际货物运输合同；

（2）以承运人身份接收货物、交付货物；

（3）签发提单或者其他运输单证；

（4）收取运费及其他服务报酬；

（5）向国际船舶运输经营者或者其他运输方式经营者为所承运的货物订舱和办理托运；

（6）支付运费或者其他运输费用；

（7）集装箱拆箱、集拼箱业务；

（8）其他相关的业务。

（五）无船承运业务经营者，包括中国无船承运业务经营者和外国无船承运业务经营者。其中中国无船承运业务经营者是指依照《海运条例》和本实施细则规定从事无船承运业务经营的中国企业法人；外国无船承运业务经营者是指依照外国法律设立并依照《海运条例》和本实施细则的相关规定经营进出中国港口货物无船承运业务的外国企业。

（六）国际船舶代理经营者，是指依照中国法律设立从事《海运条例》第二十条规定业务的中国企业法人。

（七）国际船舶管理经营者，是指依照中国法律设立从事《海运条例》第二十一条规定业务的中国企业法人。

（八）外商常驻代表机构，是指外国企业或者其他经济组织在中国境内依法设立的，为其派出机构开展宣传、推介、咨询和联络活动的非营业性机构。

（九）企业商业登记文件，是指企业登记机关或者企业所在国有关当局签发的企业营业执照或者企业设立的证明文件。境外企业商业登记文件为复印件的，须有企业登记机关在复印件上的确认或者证明复印件与原件一致的公证文书。

（十）班轮公会协议，是指符合联合国《1974 年班轮公会行动守则公约》定义的，由班轮公会成员之间以及班轮公会之间订立的各类协议。

（十一）运营协议，是指两个或者两个以上国际班轮运输经营者为稳定或者控制运价订立的关于在一条或者数条航线上增加或者减少船舶运力协议，以及其他协调国际班轮运输经营者共同行动的协议，包括具有上述性质内容的会议纪要；两个或者两个以上国际班轮运输经营者为提高运营效率订立的关于共同使用船舶、共同使用港口设施及其他合作经营协议和各类联盟协议、联营体协议。

（十二）运价协议，是指两个或者两个以上国际班轮运输经营者之间订立的关于收费项目及其费率、运价或者附加费等内容的协议，包括具有上述内容的会议纪要。

（十三）公布运价，是指国际班轮运输经营者和无船承运业务经营者运价本上载明的运价。运价本由运价、运价规则、承运人和托运人应当遵守的规定等内容组成。

（十四）协议运价，指国际班轮运输经营者与货主、无船承运业务经营者约定的运价，包括运价及其相关要素。协议运价以合同或者协议形式书面订立。

（十五）从业资历证明文件，是指被证明人具有 3 年以上从事国际海上运输或者国际海上运输辅助性经营活动经历的个人履历表。申请人须承诺对所提供从业资历的真实有效性负责。

第二章　国际海上运输及其辅助性业务的经营者

第四条　中国企业法人申请经营国际客船、国际散装液体危险品船运输业务，应当符合《海运条例》第五条规定的条件，考虑交通运输部公布的国际海运市场竞争状况和国家关于国际海上运输业发展的政策。

交通运输部应当在其政府网站和其他适当媒体上及时公布国际海运市场竞争状况和国家关于国际海上运输业发展的政策。上述状况和政策未经公布，不得作为拒绝申请的理由。

第五条　中国企业法人申请经营国际客船、国际散装液体危险品船运输业务，申请人应当向交通运输部提出申请，报送相关材料或信息。申请材料或信息应当包括：

（一）申请书；

（二）申请人的企业统一社会信用代码、公司章程的复印件；

（三）公司与船舶名称及船舶识别号；

（四）提单、客票或者多式联运单证样本；

（五）符合交通运输部规定的高级业务管理人员的从业资格证明。

交通运输部收到申请人的申请材料或信息后，应当在申请材料或信息完整齐备之日起 30 个工作日内按照《海运条例》第五条和第六条的规定进行审核，作出许可或者不许可的决定。决定许可的，向申请人颁发《国际船舶运输经营许可证》，并将许可情况抄送有关省、自治区、直辖市人民政府交通运输主管部门；决定不许可的，应当书面通知申请人并告知理由。

取得《国际船舶运输经营许可证》的企业在经营国际客船、国际散装液体危险品船运输业务期间，应当确保本条所列有关材料持续合法有效。

第六条　中国国际集装箱船、国际普通货船运输经营者应当自开业之日起 15 日内，向注册所在地的省、自治区、直辖市人民政府交通运输主管部门提供完整准确的备案信息，包括企业名称、企业统一社会信用代码、注册地址、办公地址、联系方式以及自有船舶相关信息。

第七条 经营国际船舶代理业务的企业，应当在开业后30日内向交通运输部报备企业名称、注册地、联系方式、企业统一社会信用代码等信息。交通运输部定期在其政府网站或者授权发布的网站发布国际船舶代理业务经营者名称。

从事国际船舶代理业务的企业变更企业信息或者不再从事国际船舶代理经营活动的，应当在信息变更或者停止经营活动的15日内，向交通运输部备案。

第八条 国际船舶运输经营者申请经营进出中国港口国际班轮运输业务，应当向交通运输部提出申请，并报送《海运条例》第十一条规定的材料。交通运输部应当按照《海运条例》第十一条的规定进行审核。予以登记的，颁发《国际班轮运输经营资格登记证》。申请材料不真实、不齐备的，不予登记，应当书面通知申请人并告知理由。

国际船舶运输经营者依法取得经营进出中国港口国际班轮运输业务资格后，交通运输部在其政府网站或者授权发布的网站公布国际班轮运输经营者名称及其提单格式样本。

取得《国际班轮运输经营资格登记证》的企业在经营国际班轮运输业务期间，应当确保有关证书、证明持续合法有效。

第九条 经营无船承运业务，应当自开业之日起15日内向注册所在地或者业务主要发生地的省、自治区、直辖市人民政府交通运输主管部门提供完整准确的备案信息，包括企业名称、企业统一社会信用代码、注册地址、办公地址、联系方式等。

第十条 没有在中国港口开展国际班轮运输业务，但在中国境内承揽货物、签发提单或者其他运输单证、收取运费，通过租赁国际班轮运输经营者船舶舱位提供进出中国港口国际货物运输服务；或者利用国际班轮运输经营者提供的支线服务，在中国港口承揽货物后运抵外国港口中转的，应当按照本实施细则的有关规定，办理无船承运业务备案。但有《海运条例》第十条第三款规定情形的除外。

第十一条 国际班轮运输经营者的登记提单发生变更的，应当于新的提单使用之日起15日前将新的提单样本格式向交通运输部备案。

第十二条 中国国际客船、国际散装液体危险品船运输经营者有下列变更情形之一的，应当自变更之日起15日内向交通运输部备案：

（一）变更企业名称；

（二）企业迁移；

（三）变更出资人；

（四）歇业、终止经营；

（五）减少运营船舶；

（六）变更提单、客票或者多式联运单证；

（七）在境外设立分支机构或者子公司经营相应业务；

（八）拥有的船舶在境外注册，悬挂外国旗。

前款情形涉及经营许可证信息变更的，由交通运输部换发相关经营许可证；企业终止经营的，应当将有关许可证书交回交通运输部。

第十三条 中国国际集装箱船、国际普通货船运输经营者有下列变更情形之一的，应当自变更之日起15日内向企业注册地省、自治区、直辖市人民政府交通运输主管部门备案：

（一）变更企业名称；

（二）企业迁移；

（三）歇业、终止经营；

（四）调整运营船舶；

（五）在境外设立分支机构或者子公司经营相应业务；

（六）拥有的船舶在境外注册，悬挂外国旗。

第十四条 无船承运业务经营者有下列变更情形之一的，应当自变更之日起15日内向企业注册地或者业务主要发生地省、自治区、直辖市人民政府交通运输主管部门备案：

（一）变更企业名称；

（二）企业迁移；

（三）歇业、终止经营。

第三章　国际海上运输及其辅助性业务经营活动

第十五条　国际班轮运输经营者新开或者停开国际班轮运输航线，或者变更国际班轮运输船舶、班期的，应当按照《海运条例》第十三条的规定在交通运输部指定媒体上公告，并按规定报备。

第十六条　中国国际客船、国际散装液体危险品船运输经营者增加运营船舶，包括以光船租赁方式租用船舶增加运营船舶的，应当于投入运营前 15 日向交通运输部备案，取得备案证明文件。备案材料应当载明公司名称、注册地、船名、船舶国籍、船舶类型、船舶吨位、拟运营航线。

交通运输部收到备案材料后，应当在 3 个工作日内出具备案证明文件。

第十七条　在中国港口开展国际班轮运输业务的外国国际船舶运输经营者，以及在中国委托代理人提供进出中国港口国际货物运输服务的外国无船承运业务经营者，应当在中国境内委托一个联络机构，负责代表该外国企业与中国政府有关部门就《海运条例》和本实施细则规定的有关管理及法律事宜进行联络。联络机构可以是该外国企业在中国境内设立的外商投资企业或者常驻代表机构，也可以是其他中国企业法人或者在中国境内有固定住所的其他经济组织。委托的联络机构应当向交通运输部备案，并提交下列文件或信息：

（一）联络机构说明书，载明联络机构名称、住所、联系方式及联系人；

（二）委托书副本或者复印件；

（三）委托人与联络机构的协议副本；

（四）联络机构的企业统一社会信用代码。

联络机构为该外国企业在中国境内的外商投资企业或者常驻代表机构的，不须提供本条第一款第（二）项、第（三）项文件。

联络机构或者联络机构说明书所载明的事项发生改变的，应当自发生改变之日起 15 日内向交通运输部备案。

第十八条　任何单位和个人不得擅自使用国际班轮运输经营者已经登记的提单。

第十九条　无船承运业务经营者需要委托代理人签发提单或者相关单证的，应当委托依法取得经营资格或者办理备案的国际船舶运输经营者、无船承运业务经营者和国际海运辅助业务经营者代理上述事项。

第二十条　国际班轮运输经营者与货主和无船承运业务经营者协议运价的，应当采用书面形式。协议运价号应当在提单或者相关单证上显示。

第二十一条　国际班轮运输经营者和无船承运业务经营者应当将其在中国境内的船舶代理人、签发提单代理人在交通运输部指定的媒体上公布。公布事项包括代理人名称、注册地、住所、联系方式。代理人发生变动的，应当于有关代理协议生效前 7 日内公布上述事项。

国际班轮运输经营者、无船承运业务经营者应当及时将公布代理事项的媒体名称向交通运输部备案。

第二十二条　国际船舶运输经营者之间订立的涉及中国港口的班轮公会协议、运营协议、运价协议等，应当自协议订立之日起 15 日内，按下列规定向交通运输部备案：

（一）班轮公会协议，由班轮公会代表其所有经营进出中国港口海上运输的成员备案。班轮公会备案时，应当同时提供该公会的成员名单。

（二）国际船舶运输经营者之间订立的运营协议、运价协议，由参加订立协议的国际船舶运输经营者分别备案。

第二十三条　国际船舶管理经营者应当根据合同的约定和国家有关规定，履行有关船舶安全和防止污染的义务。

第二十四条　国际海运业及辅助业经营者，应当按照有关统计报表制度的要求，真实、准确、完整、及时地报送相关统计信息。

第二十五条　国际船舶代理经营者、国际船舶管理经营者，不得有下列行为：

（一）以非正常、合理的收费水平提供服务，妨碍公平竞争；

（二）在会计账簿之外暗中给予客户回扣，以承揽业务；

（三）滥用优势地位，限制交易当事人自主选择国际海运辅助业务经营者，或者以其相关产业的垄断地位诱导交易当事人，排斥同业竞争；

（四）其他不正当竞争行为。

第二十六条 外国国际船舶运输经营者以及外国国际海运辅助企业的常驻代表机构不得从事经营活动，包括不得：

（一）代表其境外母公司接受订舱，签发母公司提单或者相关单证；

（二）为母公司办理结算或者收取运费及其他费用；

（三）开具境外母公司的票据；

（四）以托运人身份向国际班轮运输经营者托运货物；

（五）以外商常驻代表机构名义与客户签订业务合同。

第二十七条 国际集装箱班轮运输经营者在报备运价时，应当报备中国港口至外国基本港的出口集装箱的海运运价和附加费。

第二十八条 班轮公会、运价协议组织在中国开展业务应当遵守我国缔结或者参加的国际公约和我国的法律法规、规章及相关规定，不得损害国际海运市场公平竞争秩序。

班轮公会和运价协议组织应当与中国境内的托运人组织建立有效的协商机制。

第四章　监督检查

第二十九条 交通运输部和有关地方人民政府交通运输主管部门依照有关法律、法规和本规定，对国际海运市场实施监督检查和调查。国际海上运输业务经营者、国际海运辅助业务经营者应当配合监督检查和调查，如实提供有关凭证、文件及其他相关资料。

第三十条 国际船舶运输经营者和无船承运业务经营者应当执行生效的备案运价。交通运输部根据利害关系人的请求或自行决定，组织或授权地方交通运输主管部门开展运价备案执行情况检查。

第三十一条 利害关系人认为国际海上运输业务经营者、国际海运辅助业务经营者有《海运条例》第二十五条和本实施细则第二十五条规定情形的，可依照《海运条例》第二十五条的规定请求交通运输部实施调查。请求调查时，应当提出书面调查申请，并阐述理由，提供必要的证据。

交通运输部对调查申请应当进行评估，在自收到调查申请之日起60个工作日内作出实施调查或者不予调查的决定：

（一）交通运输部认为调查申请理由不充分或者证据不足的，决定不予调查并通知调查申请人。申请人可补充理由或者证据后再次提出调查申请。

（二）交通运输部根据评估结论认为应当实施调查或者按照《海运条例》第二十五条规定自行决定调查的，应当将有关材料和评估结论通报国务院市场监督管理部门。

第三十二条 调查的实施由交通运输部会同国务院市场监督管理部门（以下简称调查机关）共同成立的调查组进行。

调查机关应当将调查组组成人员、调查事由、调查期限等情况通知被调查人。被调查人应当在调查通知送达后30日内就调查事项作出答辩。

被调查人认为调查组成员同调查申请人、被调查人或者调查事项有利害关系的，有权提出回避请求。调查机关认为回避请求成立的，应当对调查组成员进行调整。

第三十三条 被调查人接受调查时，应当根据调查组的要求提供相关数据、资料及文件等。属于商业秘密的，应当向调查组提出。调查组应当以书面形式记录备查。

调查机关和调查人员对被调查人的商业秘密应当予以保密。

被调查人发现调查人员泄露其商业秘密并有充分证据的，有权向调查机关投诉。

第三十四条 调查机关对被调查人“低于正常、合理水平运价”的认定，应当考虑下列因素：

（一）同一行业内多数经营者的运价水平以及与被调查人具有同等规模经营者的运价水平；

（二）被调查人实施该运价水平的理由，包括成本构成、管理水平和盈亏状况等；

（三）是否针对特定的竞争对手并以排挤竞争对手为目的。

第三十五条 调查机关对“损害公平竞争”或者“损害交易对方”的认定，应当考虑下列因素：

（一）对旅客或者托运人自由选择承运人造成妨碍；

（二）影响旅客或者货物的正常出行或者出运；

（三）以账外暗中回扣承揽货物，扭曲市场竞争规则。

第三十六条 调查机关作出调查结论前，可举行专家咨询会议，对“损害公平竞争”或者“损害交易对方”的程度进行评估。

聘请的咨询专家不得与调查申请人、被调查人具有利害关系。

第三十七条 调查结束时，调查机关应当作出调查结论，并书面通知调查申请人和被调查人：

（一）基本事实不成立的，调查机关应当决定终止调查；

（二）基本事实存在但对市场公平竞争不造成实质损害的，调查机关可决定不对被调查人采取禁止性、限制性措施；

（三）基本事实清楚且对市场公平竞争造成实质损害的，调查机关应当根据《海运条例》的规定，对被调查人采取限制性、禁止性措施。

第三十八条 调查机关在作出采取禁止性、限制性措施的决定前，应当告知当事人有举行听证的权利；当事人要求举行听证的，应当在自调查机关通知送达之日起 10 日内，向调查机关书面提出；逾期未提出听证请求的，视为自动放弃请求听证的权利。

第三十九条 就本实施细则第二十五条所列情形实施调查的，调查组成员中应当包括对被调查人的业务实施管理的有关交通运输主管部门的人员。

对有本实施细则第二十五条第（三）项所列违法行为并给交易当事人或者同业竞争者造成实质损害的，调查机关可采取限制其在一定时期内扩大业务量的限制性措施。

第五章 法律责任

第四十条 违反《海运条例》和本实施细则的规定应当予以处罚的，交通运输部或授权的省、自治区、直辖市人民政府交通运输主管部门应当按照《海运条例》第六章和本章的规定予以处罚。

交通运输部或者有关省、自治区、直辖市人民政府交通运输主管部门应当将国际海上运输及其辅助性业务经营者和从业人员违反《海运条例》和本实施细则有关规定的违法行为记入信用记录，并将相关信用记录纳入全国信用信息共享平台。

第四十一条 外商常驻代表机构有本实施细则第二十六条规定情形的，交通运输部或者有关省、自治区、直辖市人民政府交通运输主管部门可将有关情况通报有关市场监督管理部门，由市场监督管理部门按照《海运条例》第三十九条的规定处罚。

第四十二条 班轮公会协议、运营协议和运价协议未按规定向交通运输部备案的，由交通运输部依照《海运条例》第三十六条的规定，对本实施细则第二十二条规定的备案人实施处罚。班轮公会不按规定报备的，可对其公会成员予以处罚。

第四十三条 调查人员违反规定，泄露被调查人保密信息的，依法给予行政处分；造成严重后果，触犯刑律的，依法追究刑事责任。

第六章 附 则

第四十四条 《海运条例》和本实施细则规定的许可、登记事项，申请人可委托代理人办理。代理人办理委托事项的，应当提供授权委托书。外国申请人或者投资者提交的公证文书，应当由申请人或者投资者所在国公证机关或者执业律师开出。

本实施细则所要求的各类文字资料应当用中文书写，如使用其他文字的，应随附中文译文。

第四十五条 对《海运条例》和本实施细则规定的备案事项的具体要求、报备方式和方法应当按照交通运输部的规定办理。

第四十六条 香港特别行政区、澳门特别行政区和台湾地区的投资者在内地投资从事国际海上运输和与国际海上运输相关的辅助性业务，比照适用《海运条例》的有关规定。

第四十七条 《海运条例》第十四条规定的公布运价和协议运价备案的具体办法，由交通运输部另行规定。

第四十八条 本实施细则自2003年3月1日起施行。交通部1985年4月11日发布的《交通部对从事国际海运船舶公司的暂行管理办法》、1990年3月2日发布的《国际船舶代理管理规定》、1990年6月20日发布的《国际班轮运输管理规定》、1992年6月9日发布的《中华人民共和国海上国际集装箱运输管理规定实施细则》、1997年10月17日发布的《外国水路运输企业常驻代表机构管理办法》同时废止。

中华人民共和国交通运输部令

（2023年第19号）

《交通运输部关于修改〈中华人民共和国高速客船安全管理规则〉的决定》已于2023年11月10日经第25次部务会议通过，现予公布，自公布之日起施行。

部长 李小鹏

2023年11月17日

交通运输部关于修改《中华人民共和国高速客船安全管理规则》的决定

交通运输部决定对《中华人民共和国高速客船安全管理规则》（交通运输部令2022年第20号）作如下修改：

一、将第三条中的“中华人民共和国海事局”修改为“交通运输部海事局”。

二、在第六条第二款后增加“高速客船确需夜航的，还应当在安全营运承诺书中载明关于符合夜航安全管理要求的承诺”。

三、将第十三条第三项修改为：“（三）在内河船舶上任职的船长、驾驶员、轮机长、轮机员在正式任职前见习航行时间不少于10小时和20个单航次；在海船上任职的船长、驾驶员、轮机长、轮机员见习航行时间不少于1个月或者50个单航次”。

四、将第十六条中的“具体由当地海事管理机构确定”修改为“具体时间要求由当地海事管理机构确定”。

五、将第十九条修改为：“除在港口及内河通航水域航行时，高速客船应主动让清所有非高速船舶外，高速客船航行时，应按避碰规则的规定采取措施。高速客船在特殊航段航行时，应遵守海事管理机构公布的特别航行规定”。

六、将第二十五条中的“严禁高速客船载运或旅客携带危险物品”修改为“严禁高速客船载运危险物品或旅客携带危险物品”。

七、将第二十六条修改为：“高速客船应按照国际公约或者海事管理机构相关规定组织船员及相关工作人员进行应急演练与培训，并做好记录；每次开航前，应向旅客讲解有关安全须知”。

八、将第二十八条修改为：“国内航行的高速客船应当按规定办理进出港报告手续，固定航线或者固定水域范围内航行且单次航程不超过2个小时的，可采取日报形式进行。国际航行的高速客船可申请不超过 7 天的定期进出口岸许可证。

高速客船不得夜航。但航行特殊水域的高速客船确需夜航的，应当配备符合船舶检验技术规范要求的夜视、雷达等设备，严格遵守海事管理机构关于夜航布置和操作程序的规定。海事管理机构应当加强对高速客船夜航的监督管理”。

九、将第三十三条第一款修改为：“本规则所述‘高速客船’系指载客 12 人以上，最大航速（米/秒）等于或大于以下数值的船舶：$3.7\nabla^{0.1667}$，式中‘▽’系指对应设计水线的排水体积（米^3）。船长不足 20 米的，最大航速还应当大于 10 节。但不包括在非排水状态下船体由地效应产生的气动升力完全支承在水面上的船舶”。

本决定自公布之日起施行。

《中华人民共和国高速客船安全管理规则》根据本决定作相应修改，重新发布。

中华人民共和国高速客船安全管理规则

（2006 年 2 月 24 日交通部发布，根据 2017 年 5 月 23 日《交通运输部关于修改〈中华人民共和国高速客船安全管理规则〉的决定》第一次修正，根据 2022 年 7 月 8 日《交通运输部关于修改〈中华人民共和国高速客船安全管理规则〉的决定》第二次修正，根据 2023 年 11 月 17 日《交通运输部关于修改〈中华人民共和国高速客船安全管理规则〉的决定》第三次修正）

第一章　总　则

第一条　为加强对高速客船的安全监督管理，维护水上交通秩序，保障人命财产安全，依据《中华人民共和国海上交通安全法》《中华人民共和国内河交通安全管理条例》等有关法律和行政法规，制定本规则。

第二条　本规则适用于在中华人民共和国通航水域航行、停泊和从事相关活动的高速客船及船舶所有人、经营人和相关人员。

第三条　交通运输部海事局是实施本规则的主管机关。

各海事管理机构负责在本辖区内实施本规则。

第二章　船公司

第四条　经营高速客船的船公司应依法取得相应的经营资质。

第五条　船公司从境外购置或光租的二手外国籍高速客船应满足《老旧运输船舶管理规定》的要求。

第六条　船公司在高速客船开始营运前，应编制下列资料：

（一）航线运行手册；

（二）船舶操作手册；

（三）船舶维修及保养手册；

（四）培训手册；

（五）安全营运承诺书。

上述各项手册所应包含的内容由主管机关确定。安全营运承诺书应包括船舶名称，船舶所有人、经营人或者管理人，营运水域或者航线等信息，并承诺依法合规安全营运。高速客船确需夜航的，还应当在安全营运承诺书中载明关于符合夜航安全管理要求的承诺。

船公司应将拟投入营运的高速客船在取得船舶国籍登记证书 7 日内，向主要营运地的海事管理机构备案，并附送本条第一款所列材料。

第七条　海事管理机构收到高速客船备案材料后，对材料齐全且符合要求的，应当向社会公布已备案的高速客船名单和相关信息并及时更新，便于社会查询和监督。

对材料不全或者不符合要求的，海事管理机构应当场或者自收到备案材料之日起 5 日内一次性书面通知备案人需要补充的全部内容。

第八条　高速客船备案事项发生变化的，应当向原办理备案的海事管理机构办理备案变更。

高速客船终止经营的，应当在终止经营之日30日前告知主要营运地的海事管理机构。

第九条 经营高速客船的船公司应当建立适合高速客船营运特点的安全管理制度，包括为防止船员疲劳的船员休息制度。

第三章 船 舶

第十条 高速客船须经船舶检验合格，并办理船舶登记手续，持有有效的船舶证书。

第十一条 高速客船应随船携带最新的适合于本船的航线运行手册、船舶操作手册、船舶维修及保养手册和培训手册。

第十二条 高速客船必须按规定要求配备号灯、号型、声响信号、无线电通信设备、消防设备、救生设备和应急设备等。高速客船上所有的设备和设施均应处于完好备用状态。

第四章 船 员

第十三条 在高速客船任职的船员应符合下列要求：

（一）经主管机关认可的基本安全培训并取得培训合格证，其中船长、驾驶员、轮机长、轮机员以及被指定为负有安全操作和旅客安全职责的普通船员还必须通过主管机关认可的特殊培训并取得特殊培训合格证。

（二）船长、驾驶员、轮机长、轮机员按规定持有相应的职务适任证书。

（三）在内河船舶上任职的船长、驾驶员、轮机长、轮机员在正式任职前见习航行时间不少于10小时和20个单航次；在海船上任职的船长、驾驶员、轮机长、轮机员见习航行时间不少于1个月或者50个单航次。

（四）男性船长、驾驶员的年龄不超过60周岁，女性船长、驾驶员的年龄不超过55周岁。

在非高速客船上任职的船员申请高速客船船长、大副、轮机长职务适任证书时的年龄不超过45周岁。

（五）船长、驾驶员的健康状况，尤其是视力、听力和口语表达能力应符合相应的要求。

第十四条 主管机关授权的海事管理机构负责高速客船船员的培训管理和考试、发证工作。有关培训、考试、发证的规定由主管机关颁布实施。

第十五条 高速客船应向办理船舶登记手续的海事管理机构申领最低安全配员证书。高速客船的最低配员标准应满足本规则附录的要求。

第十六条 高速客船驾驶人员连续驾驶值班时间不得超过两个小时，两次驾驶值班之间应有足够的间隔休息时间，具体时间要求由当地海事管理机构确定。

第五章 航行安全

第十七条 高速客船航行时应使用安全航速，以防止发生碰撞和浪损。高速客船进出港口及航经特殊航段时，应遵守当地海事管理机构有关航速的规定。

高速客船在航时，须显示黄色闪光灯。

第十八条 高速客船在航时，值班船员必须在各自岗位上严格按职责要求做好安全航行工作。驾驶台负责了望的人员必须保持正规的了望。无关人员禁止进入驾驶台。

第十九条 除在港口及内河通航水域航行时，高速客船应主动让清所有非高速船舶外，高速客船航行时，应按避碰规则的规定采取措施。高速客船在特殊航段航行时，应遵守海事管理机构公布的特别航行规定。

第二十条 海事管理机构认为必要时可为高速客船推荐或指定航路。高速客船必须遵守海事管理机构有关航路的规定。

第二十一条 遇有恶劣天气或能见度不良时，海事管理机构可建议高速客船停航。

第二十二条 高速客船应按规定的乘客定额载客，禁止超载。高速客船禁止在未经批准的站、点上下旅客。

第六章 安全保障

第二十三条 高速客船应靠泊符合下列条件

的码头：

（一）满足船舶安全靠泊的基本要求；

（二）高速客船靠泊时不易对他船造成浪损；

（三）避开港口通航密集区和狭窄航段；

（四）上下旅客设施符合安全条件；

（五）夜间有足够的照明；

（六）冬季有采取防冻防滑的安全保护措施。

第二十四条 海事管理机构应当定期公布符合上述条件的码头，督促高速客船在符合条件的码头靠泊，并落实各项安全管理措施。

第二十五条 高速客船对旅客携带物品应有尺度和数量限制，旅客的行李物品不得堵塞通道。严禁高速客船载运危险物品或旅客携带危险物品。

第二十六条 高速客船应按照国际公约或者海事管理机构相关规定组织船员及相关工作人员进行应急演练与培训，并做好记录；每次开航前，应向旅客讲解有关安全须知。

第二十七条 高速客船应建立开航前安全自查制度，制定开航前安全自查表并进行对照检查，海事管理机构可对开航前安全自查表进行监督抽查。

第二十八条 国内航行的高速客船应当按规定办理进出港报告手续，固定航线或者固定水域范围内航行且单次航程不超过 2 个小时的，可采取日报形式进行。国际航行的高速客船可申请不超过 7 天的定期进出口岸许可证。

高速客船不得夜航。但航行特殊水域的高速客船确需夜航的，应当配备符合船舶检验技术规范要求的夜视、雷达等设备，严格遵守海事管理机构关于夜航布置和操作程序的规定。海事管理机构应当加强对高速客船夜航的监督管理。

第二十九条 高速客船及人员遇险，应采取措施积极自救，同时立即向就近水上搜救中心报告。

第七章　法律责任

第三十条 违反本规则的，由海事管理机构依照有关法律、行政法规以及交通运输部的有关规定进行处罚。

第三十一条 高速客船违反本规则经海事管理机构处罚仍不改正的，海事管理机构可责令其停航。

第三十二条 海事管理机构工作人员违反规定，滥用职权，玩忽职守，给人民生命财产造成损失的，由所在单位或上级主管机关给予行政处分；构成犯罪的，依法追究其刑事责任。

第八章　附　则

第三十三条 本规则所述“高速客船”系指载客 12 人以上，最大航速（米/秒）等于或大于以下数值的船舶：$3.7\nabla^{0.1667}$，式中“▽”系指对应设计水线的排水体积（米^3）。船长不足 20 米的，最大航速还应当大于 10 节。但不包括在非排水状态下船体由地效应产生的气动升力完全支承在水面上的船舶。

本规则所述“船公司”系指船舶所有人、经营人或者管理人以及其他已从船舶所有人处接受船舶的营运责任并承担船舶安全与防污染管理的所有义务和责任的组织。

第三十四条 外国籍高速客船不适用本规则第二、三、四章的规定，但应满足船旗国主管当局的要求。

第三十五条 本规则未尽事宜，按国家其他有关法规和我国加入的国际公约执行。

第三十六条 本规则自 2006 年 6 月 1 日起施行。交通部 1996 年 12 月 24 日发布的《中华人民共和国高速客船安全管理规则》（交通部令 1996 年第 13 号）同时废止。

附录：高速客船最低安全配员（略）

第五篇

全国口岸运行主要数据

进出口商品总值表

单位：百万元人民币

年　份	进出口总值	出口总值	进口总值	差　额 （+出超、-入超）	比上年增减±%	
					出　口	进　口
1981 年	73 534	36 761	36 773	-12	—	—
1982 年	77 137	41 383	35 754	5 629	12.6	-2.8
1983 年	86 015	43 833	42 182	1 651	5.9	18.0
1984 年	120 103	58 056	62 047	-3 991	32.4	47.1
1985 年	206 671	80 886	125 785	-44 899	39.3	102.7
1986 年	258 037	108 211	149 826	-41 615	33.8	19.1
1987 年	308 416	146 995	161 421	-14 426	35.8	7.7
1988 年	382 179	176 672	205 507	-28 835	20.2	27.3
1989 年	415 592	195 606	219 986	-24 380	10.7	7.0
1990 年	556 012	298 584	257 428	41 156	52.6	17.0
1991 年	722 575	382 710	339 865	42 845	28.2	32.0
1992 年	911 962	467 629	444 333	23 296	22.2	30.7
1993 年	1 127 102	528 481	598 621	-70 140	13.0	34.7
1994 年	2 038 190	1 042 184	996 006	46 178	97.2	66.4
1995 年	2 349 994	1 245 181	1 104 813	140 368	19.5	10.9
1996 年	2 413 386	1 257 643	1 155 743	101 900	1.0	4.6
1997 年	2 696 724	1 516 068	1 180 656	335 412	20.5	2.2
1998 年	2 684 968	1 522 354	1 162 614	359 740	0.4	-1.5
1999 年	2 989 623	1 615 977	1 373 646	242 331	6.1	18.2
2000 年	3 927 325	2 063 444	1 863 881	199 563	27.7	35.7
2001 年	4 218 362	2 202 444	2 015 918	186 526	6.7	8.2
2002 年	5 137 815	2 694 787	2 443 027	251 760	22.4	21.2
2003 年	7 048 345	3 628 789	3 419 556	209 232	34.7	40.0
2004 年	9 553 909	4 910 333	4 643 576	266 757	35.3	35.8
2005 年	11 692 177	6 264 809	5 427 368	837 441	27.6	16.9
2006 年	14 097 474	7 759 789	6 337 686	1 422 103	23.9	16.8
2007 年	16 692 407	9 362 714	7 329 693	2 033 020	20.7	15.7
2008 年	17 992 147	10 039 494	7 952 653	2 086 841	7.2	8.5

续表

年　份	进出口总值	出口总值	进口总值	差 额（+出超、-入超）	比上年增减±%	
					出　口	进　口
2009 年	15 064 806	8 202 969	6 861 837	1 341 132	-18. 3	-13. 7
2010 年	20 172 234	10 702 284	9 469 950	1 232 334	30. 5	38. 0
2011 年	23 640 195	12 324 056	11 316 139	1 007 916	15. 2	19. 5
2012 年	24 416 021	12 935 925	11 480 096	1 455 829	5. 0	1. 4
2013 年	25 816 889	13 713 143	12 103 746	1 609 398	6. 0	5. 4
2014 年	26 424 177	14 388 375	12 035 803	2 352 572	4. 9	-0. 6
2015 年	24 550 293	14 116 683	10 433 610	3 683 073	-1. 9	-13. 2
2016 年	24 338 646	13 841 929	10 496 717	3 345 212	-1. 9	0. 6
2017 年	27 809 924	15 330 943	12 478 981	2 851 962	10. 8	18. 9
2018 年	30 500 813	16 412 781	14 088 032	2 324 749	7. 1	12. 9
2019 年	31 562 732	17 237 363	14 325 369	2 911 994	5. 0	1. 7
2020 年	32 221 524	17 927 883	14 293 640	3 634 243	4. 0	-0. 2
2021 年	38 739 180	21 425 524	17 313 655	4 111 869	19. 5	21. 1
2022 年	41 672 783	23 633 679	18 039 104	5 594 575	10. 3	4. 2
2023 年	41 751 011	23 765 636	17 985 375	5 780 262	0. 6	-0. 3

进出口商品国别（地区）总值表

单位：万元人民币

国别（地区）	2023 年			2022 年		
	出　口	进　口	出/入超	出　口	进　口	出/入超
总　值	2 376 563 642	1 798 537 451	578 026 191	2 363 367 899	1 803 910 371	559 457 528
亚　洲	1 136 299 976	929 016 511	207 283 465	1 115 105 646	989 152 012	125 953 634
阿富汗	889 645	44 896	844 749	369 040	29 017	340 023
巴林	1 084 571	134 320	950 251	1 155 180	164 445	990 735
孟加拉国	16 113 390	722 069	15 391 321	17 600 086	654 436	16 945 650
不丹	42 376	2 038	40 338	112 814	1 821	110 993
文莱	603 676	1 375 065	−771 389	539 467	1 497 095	−957 628
缅甸	8 002 142	6 686 822	1 315 320	8 763 017	7 755 984	1 007 033
柬埔寨	8 954 272	1 456 451	7 497 821	9 189 934	1 224 781	7 965 153
塞浦路斯	673 893	24 954	648 939	779 726	22 628	757 098
朝鲜	1 411 423	205 720	1 205 703	560 628	90 639	469 989
中国香港	193 020 339	9 583 500	183 436 839	195 788 435	5 201 390	190 587 045
印度	82 781 646	13 024 949	69 756 697	77 749 531	11 602 635	66 146 896
印度尼西亚	45 857 780	52 080 986	−6 223 206	46 878 201	52 106 251	−5 228 050
伊朗	7 052 526	3 231 386	3 821 140	6 215 729	4 195 146	2 020 583
伊拉克	10 051 684	24 930 182	−14 878 498	9 054 764	26 286 353	−17 231 589
以色列	10 519 606	5 907 564	4 612 042	10 842 033	5 965 552	4 876 481
日本	110 733 858	113 080 943	−2 347 085	114 736 032	122 747 017	−8 010 985
约旦	3 571 018	493 319	3 077 699	3 735 538	498 069	3 237 469
科威特	3 672 679	12 053 268	−8 380 589	3 252 643	17 641 283	−14 388 640
老挝	2 364 634	2 643 634	−279 000	1 514 339	2 241 965	−727 626
黎巴嫩	1 666 567	44 910	1 621 657	1 624 721	42 447	1 582 274
中国澳门	2 643 237	57 522	2 585 715	2 779 907	53 160	2 726 747
马来西亚	61 419 535	72 452 609	−11 033 074	60 741 686	73 273 219	−12 531 533
马尔代夫	535 427	24	535 403	287 961	36	287 925
蒙古国	2 449 219	9 234 077	−6 784 858	1 920 651	6 286 404	−4 365 753
尼泊尔	1 244 039	24 550	1 219 489	1 083 002	14 559	1 068 443
阿曼	2 671 972	21 980 312	−19 308 340	2 729 886	24 091 792	−21 361 906

续表1

国别（地区）	2023 年			2022 年		
	出　口	进　口	出/入超	出　口	进　口	出/入超
巴基斯坦	12 171 399	2 430 570	9 740 829	15 088 868	2 271 031	12 817 837
巴勒斯坦	115 852	35	115 817	104 081	13	104 068
菲律宾	36 793 341	13 698 659	23 094 682	41 797 891	15 310 958	26 486 933
卡塔尔	2 560 952	14 697 675	-12 136 723	2 607 717	15 063 894	-12 456 177
沙特阿拉伯	30 134 809	45 174 131	-15 039 322	24 992 602	51 946 658	-26 954 056
新加坡	54 037 653	22 094 817	31 942 836	52 332 060	22 202 535	30 129 525
韩国	104 661 284	113 789 796	-9 128 512	106 978 362	132 236 820	-25 258 458
斯里兰卡	2 646 085	250 244	2 395 841	2 426 024	331 114	2 094 910
叙利亚	249 991	1 093	248 898	275 909	1 450	274 459
泰国	53 214 832	35 524 668	17 690 164	50 933 047	37 635 293	13 297 754
土耳其	27 275 618	3 178 944	24 096 674	22 441 296	2 993 409	19 447 887
阿联酋	39 159 069	27 631 606	11 527 463	35 492 399	30 354 071	5 138 328
也门	1 884 243	11 854	1 872 389	1 822 059	413 985	1 408 074
越南	96 828 694	64 985 586	31 843 108	95 362 434	58 845 276	36 517 158
中国	—	73 216 925	-73 216 925	—	80 358 502	-80 358 502
中国台湾	48 184 658	140 243 627	-92 058 969	54 188 291	156 802 662	-102 614 371
东帝汶	184 046	52 631	131 415	180 989	100 335	80 654
哈萨克斯坦	17 407 537	11 500 211	5 907 326	10 860 248	9 868 773	991 475
吉尔吉斯共和国	13 914 413	59 082	13 855 331	10 257 151	53 764	10 203 387
塔吉克斯坦	2 585 746	175 090	2 410 656	1 452 060	248 375	1 203 685
土库曼斯坦	672 442	6 761 795	-6 089 353	574 277	6 906 903	-6 332 626
乌兹别克斯坦	8 717 104	1 173 119	7 543 985	4 932 626	1 518 068	3 414 558
格鲁吉亚	1 357 134	80 142	1 276 992	—	—	—
亚美尼亚	420 760	688 401	-267 641	—	—	—
阿塞拜疆	1 090 947	119 737	971 210	—	—	—
亚洲其他国家（地区）	214	1	213	304	0	304
非　洲	121 393 440	76 810 205	44 583 235	107 227 453	77 843 987	29 383 466
阿尔及利亚	6 660 751	600 232	6 060 519	4 151 824	764 369	3 387 455
安哥拉	2 904 992	13 335 193	-10 430 201	2 646 164	15 408 990	-12 762 826
贝宁	1 139 155	68 935	1 070 220	1 102 968	167 777	935 191
博茨瓦纳	150 799	348 158	-197 359	144 163	263 536	-119 373
布隆迪	73 371	6 707	66 664	76 796	6 762	70 034
喀麦隆	2 608 762	365 430	2 243 332	2 053 636	425 452	1 628 184

续表2

国别（地区）	2023 年			2022 年		
	出　口	进　口	出/入超	出　口	进　口	出/入超
加那利群岛	1 516	5	1 511	1 481	3	1 478
佛得角	72 465	52	72 413	59 975	13	59 962
中非	38 250	20 209	18 041	34 665	16 558	18 107
塞卜泰（休达）	8	0	8	50	2	48
乍得	265 927	579 594	-313 667	188 190	716 458	-528 268
科摩罗	77 538	46	77 492	41 761	52	41 709
刚果共和国	1 053 574	3 835 176	-2 781 602	628 215	3 707 375	-3 079 160
吉布提	2 359 353	83 483	2 275 870	2 102 814	64 515	2 038 299
埃及	10 500 597	615 013	9 885 584	11 242 443	677 198	10 565 245
赤道几内亚	141 573	962 678	-821 105	151 040	1 002 089	-851 049
埃塞俄比亚	1 817 943	305 586	1 512 357	1 456 130	303 829	1 152 301
加蓬	506 757	2 158 540	-1 651 783	375 323	2 638 606	-2 263 283
冈比亚	333 744	27 792	305 952	294 190	29 453	264 737
加纳	6 483 365	1 285 817	5 197 548	5 096 579	1 563 578	3 533 001
几内亚	1 861 210	4 499 188	-2 637 978	1 472 963	3 018 269	-1 545 306
几内亚比绍	44 464	1	44 463	36 714	2	36 712
科特迪瓦	2 957 170	750 582	2 206 588	2 265 719	645 705	1 620 014
肯尼亚	5 539 213	159 574	5 379 639	5 319 363	179 861	5 139 502
利比里亚	6 902 868	58 394	6 844 474	4 987 640	10 009	4 977 631
利比亚	2 748 140	1 534 678	1 213 462	1 549 960	1 948 526	-398 566
马达加斯加	973 059	199 131	773 928	941 583	417 231	524 352
马拉维	158 734	9 973	148 761	184 465	8 507	175 958
马里	564 869	54 880	509 989	384 912	56 601	328 311
毛里塔尼亚	745 440	832 761	-87 321	612 324	778 646	-166 322
毛里求斯	688 944	15 746	673 198	626 404	21 024	605 380
摩洛哥	4 537 019	688 355	3 848 664	3 740 118	605 364	3 134 754
莫桑比克	2 610 606	1 252 983	1 357 623	2 134 256	889 983	1 244 273
纳米比亚	390 725	523 493	-132 768	352 834	392 455	-39 621
尼日尔	226 033	216 009	10 024	454 219	206 701	247 518
尼日利亚	14 164 060	1 675 668	12 488 392	14 459 867	1 055 215	13 404 652
留尼汪	171 020	3	171 017	161 616	71	161 545
卢旺达	296 209	92 194	204 015	269 253	47 033	222 220
圣多美和普林西比	8 121	49	8 072	10 179	101	10 078

续表3

国别（地区）	2023 年			2022 年		
	出　口	进　口	出/入超	出　口	进　口	出/入超
塞内加尔	3 676 975	235 990	3 440 985	2 619 984	176 564	2 443 420
塞舌尔	69 631	3 479	66 152	60 888	45	60 843
塞拉利昂	430 262	727 831	-297 569	367 597	507 850	-140 253
索马里	711 587	4 717	706 870	677 093	4 960	672 133
南非	16 604 788	22 471 811	-5 867 023	15 912 044	21 664 071	-5 752 027
西撒哈拉	554	2	552	754	1	753
苏丹	899 703	612 255	287 448	1 331 111	582 021	749 090
坦桑尼亚	5 695 590	489 164	5 206 426	5 033 831	357 787	4 676 044
多哥	2 655 630	116 219	2 539 411	2 041 153	123 671	1 917 482
突尼斯	1 422 033	172 375	1 249 658	1 238 676	169 772	1 068 904
乌干达	868 439	48 932	819 507	706 899	38 805	668 094
布基纳法索	377 931	39 749	338 182	331 489	68 109	263 380
刚果民主共和国	3 149 271	10 011 597	-6 862 326	3 371 835	10 982 719	-7 610 884
赞比亚	702 516	3 017 434	-2 314 918	646 872	3 789 407	-3 142 535
津巴布韦	989 214	1 170 768	-181 554	739 904	872 200	-132 296
莱索托	72 248	18 437	53 811	39 621	14 616	25 005
梅利利亚	63	2	61	30	0	30
斯威士兰	32 186	355	31 831	54 498	526	53 972
厄立特里亚	97 562	248 937	-151 375	98 382	301 462	-203 080
马约特	42 739	50	42 689	35 788	16	35 772
南苏丹	112 822	254 808	-141 986	104 359	151 238	-46 879
法属南方领地	—	12	-12	—	—	—
英属印度洋领地	535	0	535	—	—	—
圣赫勒拿	281	2	279	—	—	—
非洲其他国家（地区）	2 537	2 970	-433	1 850	228	1 622
欧　洲	500 835 092	350 674 882	150 160 210	493 224 747	325 707 073	167 517 674
比利时	22 855 061	5 344 504	17 510 557	23 610 620	5 697 344	17 913 276
丹麦	5 741 166	3 906 151	1 835 015	6 742 651	3 813 121	2 929 530
英国	54 832 095	14 135 981	40 696 114	53 765 326	14 476 947	39 288 379
德国	70 683 876	74 741 324	-4 057 448	77 014 815	73 910 714	3 104 101
法国	29 266 348	26 238 430	3 027 918	30 177 877	23 670 386	6 507 491
爱尔兰	3 086 361	12 229 983	-9 143 622	3 425 008	12 061 127	-8 636 119
意大利	31 283 646	19 170 778	12 112 868	33 536 280	17 954 806	15 581 474

续表4

国别（地区）	2023 年			2022 年		
	出　口	进　口	出/入超	出　口	进　口	出/入超
卢森堡	316 512	187 799	128 713	349 879	215 608	134 271
荷兰	70 370 994	11 942 430	58 428 564	78 162 748	8 346 985	69 815 763
希腊	8 958 978	583 202	8 375 776	8 508 419	560 710	7 947 709
葡萄牙	4 069 357	2 051 453	2 017 904	3 964 187	2 022 081	1 942 106
西班牙	27 907 209	6 225 554	21 681 655	27 682 803	6 505 600	21 177 203
阿尔巴尼亚	767 435	127 033	640 402	464 428	121 790	342 638
安道尔	13 574	129	13 445	17 189	128	17 061
奥地利	3 300 994	5 535 096	-2 234 102	3 410 380	5 495 234	-2 084 854
保加利亚	1 857 344	1 107 370	749 974	1 887 244	844 887	1 042 357
芬兰	2 298 104	3 461 106	-1 163 002	3 012 398	3 514 473	-502 075
直布罗陀	5 136	2	5 134	12 353	13	12 340
匈牙利	6 887 214	3 327 984	3 559 230	6 965 358	3 366 752	3 598 606
冰岛	187 227	169 996	17 231	207 210	128 095	79 115
列支敦士登	29 100	149 775	-120 675	42 804	129 056	-86 252
马耳他	1 288 361	452 549	835 812	1 297 115	390 767	906 348
摩纳哥	7 495	13 313	-5 818	7 819	9 549	-1 730
挪威	2 479 334	2 943 683	-464 349	3 480 227	5 238 632	-1 758 405
波兰	26 128 638	3 417 126	22 711 512	25 200 111	3 368 013	21 832 098
罗马尼亚	5 435 812	1 985 089	3 450 723	4 892 217	2 049 768	2 842 449
圣马力诺	8 790	3 960	4 830	6 420	3 327	3 093
瑞典	6 661 307	6 588 006	73 301	7 562 872	6 103 068	1 459 804
瑞士	4 030 491	37 660 685	-33 630 194	5 067 503	33 179 722	-28 112 219
爱沙尼亚	579 398	243 413	335 985	626 199	195 191	431 008
拉脱维亚	694 225	191 112	503 113	679 967	250 845	429 122
立陶宛	1 377 361	94 909	1 282 452	1 189 265	60 808	1 128 457
格鲁吉亚	—	—	—	825 873	98 810	727 063
亚美尼亚	—	—	—	320 889	598 915	-278 026
阿塞拜疆	—	—	—	753 391	159 765	593 626
白俄罗斯	4 106 066	1 824 799	2 281 267	2 187 885	1 206 516	981 369
摩尔多瓦	177 363	66 914	110 449	136 832	56 819	80 013
俄罗斯	78 187 821	91 061 217	-12 873 396	50 834 406	76 646 946	-25 812 540
乌克兰	1 962 088	2 810 478	-848 390	2 154 833	2 830 009	-675 176
斯洛文尼亚	4 354 099	351 114	4 002 985	4 541 759	391 780	4 149 979

续表5

国别（地区）	2023 年			2022 年		
	出　口	进　口	出/入超	出　口	进　口	出/入超
克罗地亚	1 682 470	96 481	1 585 989	1 496 182	105 437	1 390 745
捷克	11 456 610	3 680 025	7 776 585	12 169 283	3 607 974	8 561 309
斯洛伐克	3 028 443	5 104 525	-2 076 082	2 962 234	5 112 196	-2 149 962
北马其顿	198 256	136 056	62 200	155 138	118 118	37 020
波斯尼亚和黑塞哥维那	195 584	58 369	137 215	123 739	81 073	42 666
梵蒂冈	81	1	80	45	1	44
法罗群岛	1 512	66 013	-64 501	1 479	76 141	-74 662
塞尔维亚	1 900 368	1 160 148	740 220	1 437 895	899 408	538 487
黑山	127 480	28 535	98 945	143 566	31 613	111 953
奥兰群岛	108	—	108	—	—	—
格恩西	121	—	121	—	—	—
马恩岛	47 171	2	47 169	—	—	—
泽西	40	0	40	—	—	—
斯瓦尔巴群岛和扬马延岛	3	0	3	—	—	—
欧洲其他国家（地区）	465	280	185	9 623	6	9 617
拉丁美洲	172 350 734	171 739 943	610 791	167 283 752	154 859 398	12 424 354
安提瓜和巴布达	117 233	3 882	113 351	68 497	695	67 802
阿根廷	7 544 659	4 647 588	2 897 071	8 434 761	5 740 950	2 693 811
阿鲁巴	47 206	2	47 204	41 877	140	41 737
巴哈马	347 846	355	347 491	262 685	5 977	256 708
巴巴多斯	106 389	8 220	98 169	106 596	17 732	88 864
伯利兹	163 727	1 068	162 659	215 150	494	214 656
玻利维亚	797 974	1 026 945	-228 971	709 968	586 215	123 753
巴西	41 582 499	86 400 017	-44 817 518	41 156 406	72 851 203	-31 694 797
开曼群岛	112 026	6	112 020	36 772	9	36 763
智利	13 710 124	30 190 400	-16 480 276	14 844 164	29 557 759	-14 713 595
哥伦比亚	8 697 453	4 536 172	4 161 281	10 283 012	4 682 874	5 600 138
多米尼克	50 898	494	50 404	23 039	287	22 752
哥斯达黎加	1 959 247	2 052 052	-92 805	1 567 491	1 352 475	215 016
古巴	354 495	249 029	105 466	274 026	300 165	-26 139
库拉索	41 087	33	41 054	40 503	9	40 494
多米尼加	3 048 260	441 755	2 606 505	2 831 359	352 599	2 478 760
厄瓜多尔	4 118 717	5 476 190	-1 357 473	4 153 363	4 545 516	-392 153

续表6

国别（地区）	2023 年			2022 年		
	出　口	进　口	出/入超	出　口	进　口	出/入超
法属圭亚那	35 713	2	35 711	25 951	1	25 950
格林纳达	16 910	4	16 906	14 174	14	14 160
瓜德罗普	50 276	3	50 273	44 995	9	44 986
危地马拉	3 234 640	229 478	3 005 162	2 883 110	382 618	2 500 492
圭亚那	558 491	306 536	251 955	373 649	877 827	-504 178
海地	370 282	5 478	364 804	410 065	1 719	408 346
洪都拉斯	1 287 126	56 725	1 230 401	1 029 807	19 350	1 010 457
牙买加	891 529	9 434	882 095	672 435	10 068	662 367
马提尼克	31 987	27	31 960	31 644	90	31 554
墨西哥	57 295 827	13 182 993	44 112 834	51 395 325	11 616 116	39 779 209
蒙特塞拉特	297	59	238	256	7	249
尼加拉瓜	581 070	20 109	560 961	475 305	23 241	452 064
巴拿马	7 961 319	1 134 943	6 826 376	8 305 705	813 850	7 491 855
巴拉圭	1 554 406	35 618	1 518 788	1 254 427	55 365	1 199 062
秘鲁	8 518 693	17 967 493	-9 448 800	8 902 270	15 956 640	-7 054 370
波多黎各	665 153	895 047	-229 894	642 640	880 114	-237 474
圣卢西亚	31 586	53	31 533	23 788	34	23 754
法属圣马丁	4 189	1	4 188	3 150	2	3 148
圣文森特和格林纳丁斯	18 287	2	18 285	14 312	2	14 310
萨尔瓦多	1 148 489	118 420	1 030 069	1 097 570	153 473	944 097
苏里南	232 064	38 346	193 718	207 904	30 105	177 799
特立尼达和多巴哥	394 638	551 801	-157 163	358 964	509 894	-150 930
特克斯和凯科斯群岛	8 002	1	8 001	6 565	61	6 504
乌拉圭	2 088 793	1 633 262	455 531	1 963 179	2 975 396	-1 012 217
委内瑞拉	2 435 162	519 471	1 915 691	1 962 405	557 587	1 404 818
英属维尔京群岛	50 910	36	50 874	70 608	40	70 568
圣基茨和尼维斯	17 809	147	17 662	9 591	431	9 160
圣皮埃尔和密克隆	—	—	—	12	0	12
博纳尔，圣俄斯塔休斯和萨巴	10 816	2	10 814	16 844	4	16 840
圣巴泰勒米	565	—	565	—	—	—
布维岛	207	—	207	—	—	—
福克兰群岛（马尔维纳斯）	342	0	342	—	—	—

续表7

国别（地区）	2023 年			2022 年		
	出　口	进　口	出/入超	出　口	进　口	出/入超
南乔治亚岛和南桑德韦奇岛	3	7	-4	—	—	—
荷属圣马丁	19 585	3	19 582	—	—	—
美属维尔京群岛	30 153	6	30 147	—	—	—
安圭拉	4 267	225	4 042	—	—	—
拉丁美洲其他国家（地区）	1 308	2	1 306	37 436	241	37 195
北美洲	383 712 151	146 168 130	237 544 021	418 126 264	146 160 640	271 965 624
加拿大	31 703 280	30 903 263	800 017	35 229 505	28 546 440	6 683 065
美国	351 949 896	114 996 682	236 953 214	382 837 631	117 367 273	265 470 358
格陵兰	2 218	268 164	-265 946	523	246 769	-246 246
百慕大	55 893	1	55 892	55 324	31	55 293
圣皮埃尔和密克隆	6	—	6	—	—	—
北美洲其他国家（地区）	858	20	838	3 281	129	3 152
大洋洲	61 972 000	123 018 702	-61 046 702	62 399 957	109 290 427	-46 890 470
澳大利亚	51 924 210	109 736 519	-57 812 309	52 066 943	94 640 941	-42 573 998
库克群岛	10 104	1 686	8 418	7 442	557	6 885
斐济	356 830	14 331	342 499	327 713	29 296	298 417
盖比群岛	—	—	—	4	—	4
马克萨斯群岛	—	—	—	17	—	17
瑙鲁	4 184	3	4 181	7 884	72	7 812
新喀里多尼亚	107 958	1 069 055	-961 097	111 082	1 265 319	-1 154 237
瓦努阿图	87 480	9 818	77 662	62 614	7 220	55 394
新西兰	5 544 601	9 452 025	-3 907 424	6 042 823	10 599 539	-4 556 716
诺福克岛	227	0	227	1 173	0	1 173
巴布亚新几内亚	907 650	2 490 082	-1 582 432	931 736	2 544 343	-1 612 607
社会群岛	—	—	—	444	—	444
所罗门群岛	162 099	213 519	-51 420	126 528	199 884	-73 356
汤加	40 491	2	40 489	36 872	1	36 871
土阿莫土群岛	—	—	—	1	—	1
土布艾群岛	—	—	—	0	—	0
萨摩亚	84 096	1 001	83 095	78 908	611	78 297
基里巴斯	26 678	17	26 661	28 163	1	28 162
图瓦卢	29 499	0	29 499	21 998	8	21 990

续表8

国别（地区）	2023 年			2022 年		
	出　口	进　口	出/入超	出　口	进　口	出/入超
密克罗尼西亚联邦	18 185	21 612	-3 427	19 341	66	19 275
马绍尔群岛	2 467 508	732	2 466 776	2 325 352	121	2 325 231
帕劳	29 616	6	29 610	34 362	81	34 281
法属波利尼西亚	90 346	8 249	82 097	99 229	2 301	96 928
瓦利斯和富图纳	1 545	0	1 545	1 209	0	1 209
美属萨摩亚	19 230	8	19 222	—	—	—
科科斯（基林）群岛	—	0	0	—	—	—
圣诞岛	—	2	-2	—	—	—
关岛	45 855	1	45 854	—	—	—
赫德岛和麦克唐纳岛	—	—	—	—	—	—
北马里亚纳群岛	8 891	2	8 889	—	—	—
纽埃	691	8	683	—	—	—
皮特凯恩	62	0	62	—	—	—
托克劳	1	2	-1	—	—	—
美国本土外小岛屿	2 474	20	2 454	—	—	—
大洋洲其他国家（地区）	1 487	2	1 485	68 119	68	68 051
南极洲	—	—	—	—	—	—
国别（地区）不详	249	1 109 079	-1 108 830	81	896 833	-896 752
东南亚国家联盟	368 076 558	272 999 297	95 077 261	368 052 076	272 093 357	95 958 719
欧洲联盟	352 243 782	198 282 467	153 961 315	371 847 598	189 638 302	182 209 296
亚太经济合作组织	1 405 097 752	1 132 107 856	272 989 896	1 423 360 708	1 145 693 013	277 667 695

注：1. 东南亚国家联盟包括：文莱、缅甸、柬埔寨、印度尼西亚、老挝、马来西亚、菲律宾、新加坡、泰国、越南。

2. 欧洲联盟包括：比利时、丹麦、德国、法国、爱尔兰、意大利、卢森堡、荷兰、希腊、葡萄牙、西班牙、奥地利、芬兰、瑞典、塞浦路斯、匈牙利、马耳他、波兰、爱沙尼亚、拉脱维亚、立陶宛、斯洛文尼亚、捷克、斯洛伐克、保加利亚、罗马尼亚、克罗地亚。

3. 亚太经济合作组织包括：文莱、中国香港、印度尼西亚、日本、马来西亚、菲律宾、新加坡、韩国、泰国、越南、中华人民共和国、中国台湾、俄罗斯、智利、墨西哥、秘鲁、加拿大、美国、澳大利亚、新西兰、巴布亚新几内亚。

4. 自 2023 年起，调整的国别（地区）为：原后欧洲项下格鲁吉亚、亚美尼亚、阿塞拜疆调整到亚洲；原拉丁美洲圣皮埃尔和密克隆调整到北美洲；原拉丁美洲博内尔和萨巴合并统计为博纳尔，圣俄斯塔休斯和萨巴。自 2023 年起，新增列的国别（地区）为：非洲新增法属南方领地、英属印度洋领地、圣赫勒拿；欧洲新增奥兰群岛、格恩西、马恩岛、泽西、斯瓦尔巴群岛和扬马延岛；拉丁美洲新增圣巴泰勒米、布维岛、福克兰群岛（马尔维纳斯）、南乔治亚岛和南桑德韦奇岛、荷属圣马丁、美属维尔京群岛、安圭拉；大洋洲新增美属萨摩亚、科科斯（基林）群岛、圣诞岛、关岛、赫德岛和麦克唐纳岛、北马里亚纳群岛、纽埃、皮特凯恩、托克劳、美国本土外小岛屿；新增南极洲（暂无数据）。

2023年进出口商品构成表

单位：万元人民币

商品	出口		进口	
	金额	比重（%）	金额	比重（%）
总值	2 376 563 642	100.0	1 798 537 451	100.0
一、初级产品	115 381 075	4.9	763 517 565	42.5
0类 食品及活动物	51 568 296	2.2	90 646 585	5.0
00章 活动物	348 944	0.0	330 639	0.0
01章 肉及肉制品	2 005 046	0.1	18 867 677	1.0
02章 乳品及蛋品	349 170	0.0	5 155 048	0.3
03章 鱼、甲壳及软体类动物及其制品	13 601 881	0.6	13 507 547	0.8
04章 谷物及其制品	1 861 285	0.1	15 530 863	0.9
05章 蔬菜及水果	19 205 486	0.8	17 287 684	1.0
06章 糖、糖制品及蜂蜜	2 509 173	0.1	2 867 857	0.2
07章 咖啡、茶、可可、调味料及其制品	3 133 742	0.1	2 213 517	0.1
08章 饲料（不包括未碾磨谷物）	2 773 382	0.1	5 867 294	0.3
09章 杂项食品	5 780 186	0.2	9 018 461	0.5
1类 饮料及烟类	2 663 689	0.1	5 554 977	0.3
11章 饮料	2 061 280	0.1	4 011 565	0.2
12章 烟草及其制品	602 408	0.0	1 543 411	0.1
2类 非食用原料（燃料除外）	15 707 100	0.7	294 817 299	16.4
21章 生皮及生毛皮	18 267	0.0	967 448	0.1
22章 油籽及含油果实	989 918	0.0	46 601 904	2.6
23章 生橡胶（包括合成橡胶及再生橡胶）	1 319 490	0.1	8 291 794	0.5
24章 软木及木材	325 916	0.0	11 578 550	0.6
25章 纸浆及废纸	203 114	0.0	16 736 633	0.9
26章 纺织纤维及其废料	3 164 712	0.1	6 279 968	0.3
27章 天然肥料及矿物（煤、石油及宝石除外）	2 583 188	0.1	15 032 455	0.8
28章 金属矿砂及金属废料	2 859 168	0.1	186 920 887	10.4
29章 其他动、植物原料	4 243 327	0.2	2 407 660	0.1
3类 矿物燃料、润滑油及有关原料	43 006 272	1.8	362 926 298	20.2
32章 煤、焦炭及煤砖	2 565 597	0.1	37 430 253	2.1

续表1

商品	出口		进口	
	金额	比重（%）	金额	比重（%）
33章 石油、石油产品及有关原料	36 673 098	1.5	265 909 349	14.8
34章 天然气及人造气	2 560 170	0.1	59 448 104	3.3
35章 电流	1 207 407	0.1	138 591	0.0
4类 动植物油、脂及蜡	2 435 719	0.1	9 572 406	0.5
41章 动物油、脂	366 461	0.0	370 523	0.0
42章 植物油、脂	288 184	0.0	8 582 006	0.5
43章 已加工的动植物油、脂及动植物蜡	1 781 074	0.1	619 877	0.0
二、工业制品	2 261 182 567	95.1	1 035 019 886	57.5
5类 化学成品及有关产品	182 518 517	7.7	167 959 874	9.3
51章 有机化学品	48 574 149	2.0	35 107 054	2.0
52章 无机化学品	23 602 737	1.0	17 754 778	1.0
53章 染料、鞣料及着色料	6 453 035	0.3	3 330 201	0.2
54章 医药品	15 636 437	0.7	36 120 816	2.0
55章 精油、香料及盥洗、光洁制品	8 801 149	0.4	14 607 347	0.8
56章 制成肥料	6 813 076	0.3	3 930 817	0.2
57章 初级形状的塑料	22 390 752	0.9	31 814 920	1.8
58章 非初级形状的塑料	18 423 107	0.8	8 262 214	0.5
59章 其他化学原料及产品	31 824 076	1.3	17 031 728	0.9
6类 按原料分类的制成品	381 894 254	16.1	118 392 457	6.6
61章 皮革、皮革制品及已鞣毛皮	1 859 814	0.1	1 687 328	0.1
62章 橡胶制品	21 162 933	0.9	3 203 016	0.2
63章 软木及木制品（家具除外）	10 753 202	0.5	1 110 885	0.1
64章 纸及纸板；纸浆、纸及纸板制品	21 871 480	0.9	5 008 023	0.3
65章 纺纱、织物、制成品及有关产品	94 360 956	4.0	8 461 086	0.5
66章 非金属矿物制品	42 896 077	1.8	11 686 630	0.6
67章 钢铁	62 159 682	2.6	26 947 514	1.5
68章 有色金属	25 931 987	1.1	50 955 306	2.8
69章 金属制品	100 898 124	4.2	9 332 668	0.5
7类 机械及运输设备	1 158 439 793	48.7	584 752 458	32.5
71章 动力机械及设备	36 550 186	1.5	18 657 933	1.0
72章 特种工业专用机械	57 973 186	2.4	44 917 300	2.5
73章 金工机械	10 752 153	0.5	6 145 181	0.3
74章 通用工业机械设备及零件	125 382 524	5.3	35 088 990	2.0

续表2

商　品	出　口		进　口	
	金　额	比重（%）	金　额	比重（%）
75 章 办公用机械及自动数据处理设备	136 869 619	5. 8	38 826 674	2. 2
76 章 电信及声音的录制及重放装置设备	217 304 508	9. 1	32 669 678	1. 8
77 章 电力机械、器具及其电气零件	405 929 425	17. 1	350 040 416	19. 5
78 章 陆路车辆（包括气垫式）	139 327 067	5. 9	49 809 272	2. 8
79 章 其他运输设备	28 351 126	1. 2	8 597 013	0. 5
8 类 杂项制品	486 622 485	20. 5	91 860 542	5. 1
81 章 活动房屋；卫生、水道、供热及照明装置	37 413 527	1. 6	571 047	0. 0
82 章 家具及其零件；褥垫及类似填充制品	52 787 730	2. 2	1 293 842	0. 1
83 章 旅行用品、手提包及类似品	25 229 211	1. 1	4 222 738	0. 2
84 章 服装及衣着附件	115 967 564	4. 9	7 205 213	0. 4
85 章 鞋靴	37 269 072	1. 6	4 400 701	0. 2
87 章 专业、科学及控制用仪器和装置	33 134 047	1. 4	39 300 965	2. 2
88 章 摄影器材、光学物品及钟表	15 137 222	0. 6	13 424 820	0. 7
89 章 杂项制品	169 684 112	7. 1	21 441 216	1. 2
9 类 未分类的商品	51 707 519	2. 2	72 054 555	4. 0

2023年进出口商品类章总值表

单位：万元人民币

商　品	出　口		进　口	
	金　额	比重（%）	金　额	比重（%）
总　值	2 376 563 642	100.0	1 798 537 451	100.0
第一类　活动物；动物产品	10 134 464	0.4	38 846 699	2.2
01章　活动物	348 944	0.0	330 639	0.0
02章　肉及食用杂碎	703 050	0.0	18 774 156	1.0
03章　鱼、甲壳动物、软体动物及其他水生无脊椎动物	7 329 631	0.3	13 174 906	0.7
04章　乳品；蛋品；天然蜂蜜；其他食用动物产品	529 220	0.0	5 640 085	0.3
05章　其他动物产品	1 223 619	0.1	926 914	0.1
第二类　植物产品	20 456 314	0.9	81 421 447	4.5
06章　活树及其他活植物；鳞茎、根及类似品；插花及装饰用簇叶	370 478	0.0	195 246	0.0
07章　食用蔬菜、根及块茎	7 742 922	0.3	2 353 779	0.1
08章　食用水果及坚果；甜瓜或柑橘属水果的果皮	4 190 041	0.2	13 232 550	0.7
09章　咖啡、茶、马黛茶及调味香料	2 659 757	0.1	1 262 731	0.1
10章　谷物	726 802	0.0	14 407 404	0.8
11章　制粉工业产品；麦芽；淀粉；菊粉；面筋	631 152	0.0	1 462 146	0.1
12章　含油子仁及果实；杂项子仁及果实；工业用或药用植物；稻草、秸秆及饲料	2 320 858	0.1	48 105 930	2.7
13章　虫胶；树胶、树脂及其他植物液、汁	1 627 122	0.1	296 045	0.0
14章　编结用植物材料；其他植物产品	187 181	0.0	105 617	0.0
第三类　动、植物油、脂及其分解产品；精制的食用油脂；动、植物蜡	2 463 244	0.1	10 664 857	0.6
15章　动、植物油、脂及其分解产品；精制的食用油脂；动、植物蜡	2 463 244	0.1	10 664 857	0.6
第四类　食品；饮料、酒及醋；烟草、烟草及烟草代用品的制品	35 001 599	1.5	25 435 087	1.4
16章　肉、鱼、甲壳动物、软体动物及其他水生无脊椎动物的制品	7 574 516	0.3	433 868	0.0
17章　糖及糖食	2 118 691	0.1	2 731 253	0.2
18章　可可及可可制品	303 711	0.0	730 448	0.0

续表1

商　品	出　口		进　口	
	金　额	比重（%）	金　额	比重（%）
19 章　谷物、粮食粉、淀粉或乳的制品；糕饼点心	1 852 015	0.1	4 601 910	0.3
20 章　蔬菜、水果、坚果或植物其他部分的制品	6 947 185	0.3	1 558 259	0.1
21 章　杂项食品	4 874 448	0.2	4 307 614	0.2
22 章　饮料、酒及醋	2 099 720	0.1	4 019 462	0.2
23 章　食品工业的残渣及废料；配制的动物饲料	2 771 568	0.1	5 479 076	0.3
24 章　烟草、烟草及烟草代用品的制品	6 459 745	0.3	1 573 198	0.1
第五类　矿产品	48 047 025	2.0	545 889 400	30.4
25 章　盐；硫磺；泥土及石料；石膏料、石灰及水泥	2 503 069	0.1	15 038 318	0.8
26 章　矿砂、矿渣及矿灰	2 536 495	0.1	167 913 333	9.3
27 章　矿物燃料、矿物油及其蒸馏产品；沥青物质；矿物蜡	43 007 462	1.8	362 937 748	20.2
第六类　化学工业及其相关工业的产品	138 164 141	5.8	129 486 861	7.2
28 章　无机化学品；贵金属、稀土金属、放射性元素及其同位素的有机及无机化合物	24 024 400	1.0	18 337 770	1.0
29 章　有机化学品	54 681 243	2.3	34 150 422	1.9
30 章　药品	7 928 843	0.3	30 291 600	1.7
31 章　肥料	6 836 159	0.3	3 938 142	0.2
32 章　鞣料浸膏及染料浸膏；鞣酸及其衍生物；染料、颜料及其他着色料；油漆及清漆；油灰及其他类似胶粘剂；墨水、油墨	6 653 660	0.3	3 395 789	0.2
33 章　精油及香膏；芳香料制品及化妆盥洗品	5 341 286	0.2	12 409 328	0.7
34 章　肥皂、有机表面活性剂、洗涤剂、润滑剂、人造蜡、调制蜡、光洁剂、蜡烛及类似品、塑型用膏、“牙科用蜡”及牙科用熟石膏制剂	4 942 993	0.2	3 918 422	0.2
35 章　蛋白类物质；改性淀粉；胶；酶	3 168 715	0.1	2 907 892	0.2
36 章　炸药；烟火制品；火柴；引火合金；易燃材料制品	791 504	0.0	85 255	0.0
37 章　照相及电影用品	890 737	0.0	2 366 231	0.1
38 章　杂项化学产品	22 904 601	1.0	17 686 010	1.0
第七类　塑料及其制品；橡胶及其制品	116 033 127	4.9	55 217 644	3.1
39 章　塑料及其制品	92 377 804	3.9	43 568 847	2.4
40 章　橡胶及其制品	23 655 323	1.0	11 648 797	0.6
第八类　生皮、皮革、毛皮及其制品；鞍具及挽具；旅行用品、手提包及类似品；动物肠线（蚕胶丝除外）制品	28 570 445	1.2	7 195 585	0.4

续表2

商品	出口		进口	
	金额	比重（%）	金额	比重（%）
41章　生皮（毛皮除外）及皮革	633 049	0.0	2 049 420	0.1
42章　皮革制品；鞍具及挽具；旅行用品、手提包及类似容器；动物肠线制品	26 957 356	1.1	4 568 580	0.3
43章　毛皮、人造毛皮及其制品	980 041	0.0	577 585	0.0
第九类　木及木制品；木炭；软木及软木制品；稻草、秸秆、针茅或其他编结材料制品；篮筐及柳条编结品	12 180 193	0.5	12 705 486	0.7
44章　木及木制品；木炭	11 046 320	0.5	12 662 287	0.7
45章　软木及软木制品	32 798	0.0	27 148	0.0
46章　稻草、秸秆、针茅或其他编结材料制品；篮筐及柳条编结品	1 101 075	0.0	16 050	0.0
第十类　木浆及其他纤维状纤维素浆；回收（废碎）纸或纸板；纸板及其制品	23 444 805	1.0	23 052 495	1.3
47章　木浆及其他纤维状纤维素浆；回收（废碎）纸或纸板	203 114	0.0	16 736 633	0.9
48章　纸及纸板；纸浆、纸或纸板制品	20 407 520	0.9	4 873 212	0.3
49章　书籍、报纸、印刷图画及其他印刷品；手稿、打字稿及设计图纸	2 834 171	0.1	1 442 650	0.1
第十一类　纺织原料及纺织制品	204 418 400	8.6	21 052 812	1.2
50章　蚕丝	563 474	0.0	56 785	0.0
51章　羊毛、动物细毛或粗毛；马毛纱线及其机织物	1 439 002	0.1	1 956 381	0.1
52章　棉花	7 475 167	0.3	6 348 956	0.4
53章　其他植物纺织纤维；纸纱线及其机织物	1 125 580	0.0	990 998	0.1
54章　化学纤维长丝；化学纤维纺织材料制扁条及类似品	20 117 638	0.8	1 473 259	0.1
55章　化学纤维短纤	9 281 263	0.4	1 024 052	0.1
56章　絮胎、毡呢及无纺织物；特种纱线；线、绳、索、缆及其制品	5 307 350	0.2	787 864	0.0
57章　地毯及纺织材料的其他铺地制品	2 813 212	0.1	63 357	0.0
58章　特种机织物；簇绒织物；花边；装饰毯；装饰带；刺绣品	3 990 187	0.2	203 475	0.0
59章　浸渍、涂布、包覆或层压的纺织物；工业用纺织制品	6 504 183	0.3	908 057	0.1
60章　针织物及钩编织物	15 127 414	0.6	475 390	0.0
61章　针织或钩编的服装及衣着附件	57 968 678	2.4	2 789 369	0.2
62章　非针织或非钩编的服装及衣着附件	49 378 497	2.1	3 737 424	0.2

续表3

商品	出口		进口	
	金额	比重（%）	金额	比重（%）
63 章　其他纺织制成品；成套物品；旧衣着及旧纺织品；碎织物	23 326 755	1.0	237 444	0.0
第十二类　鞋、帽、伞、杖、鞭及其零件；已加工的羽毛及其制品；人造花；人发制品	51 037 287	2.1	5 505 267	0.3
64 章　鞋靴、护腿和类似品及其零件	37 269 072	1.6	4 400 701	0.2
65 章　帽类及其零件	4 208 617	0.2	178 035	0.0
66 章　雨伞、阳伞、手杖、鞭子、马鞭及其零件	2 294 891	0.1	10 057	0.0
67 章　已加工羽毛、羽绒及其制品；人造花；人发制品	7 264 708	0.3	916 474	0.1
第十三类　石料、石膏、水泥、石棉、云母及类似材料的制品；陶瓷产品；玻璃及其制品	45 317 264	1.9	6 674 418	0.4
68 章　石料、石膏、水泥、石棉、云母及类似材料的制品	9 154 500	0.4	1 243 127	0.1
69 章　陶瓷产品	18 335 666	0.8	995 479	0.1
70 章　玻璃及其制品	17 827 098	0.8	4 435 812	0.2
第十四类　天然或养殖珍珠、宝石或半宝石、贵金属、包贵金属及其制品；仿首饰；硬币	21 971 778	0.9	79 919 503	4.4
71 章　天然或养殖珍珠、宝石或半宝石、贵金属、包贵金属及其制品；仿首饰；硬币	21 971 778	0.9	79 919 503	4.4
第十五类　贱金属及其制品	188 307 794	7.9	100 398 543	5.6
72 章　钢铁	48 366 514	2.0	25 827 104	1.4
73 章　钢铁制品	68 287 556	2.9	6 201 167	0.3
74 章　铜及其制品	7 043 341	0.3	44 140 188	2.5
75 章　镍及其制品	1 067 900	0.0	8 079 198	0.4
76 章　铝及其制品	24 527 338	1.0	8 702 491	0.5
78 章　铅及其制品	333 731	0.0	75 647	0.0
79 章　锌及其制品	123 945	0.0	847 899	0.0
80 章　锡及其制品	247 077	0.0	701 586	0.0
81 章　其他贱金属、金属陶瓷及其制品	3 446 018	0.1	2 834 362	0.2
82 章　贱金属工具、器具、利口器、餐匙、餐叉及其零件	16 537 977	0.7	1 824 034	0.1
83 章　贱金属杂项制品	18 326 397	0.8	1 164 866	0.1
第十六类　机器、机械器具、电气设备及其零件；录音机及放声机、电视图像、声音的录制和重放设备及其零件、附件	989 426 313	41.6	525 071 203	29.2

续表4

商品	出口		进口	
	金额	比重（%）	金额	比重（%）
84章 核反应堆、锅炉、机器、机械器具及其零件	358 920 544	15. 1	139 018 186	7. 7
85章 电机、电气设备及其零件；录音机及放声机、电视图像、声音的录制和重放设备及其零件、附件	630 505 769	26. 5	386 053 017	21. 5
第十七类 车辆、航空器、船舶及有关运输设备	171 001 049	7. 2	58 529 319	3. 3
86章 铁道及电车道机车、车辆及其零件；铁道及电车道轨道固定装置及其零件、附件；各种机械（包括电动机械）交通信号设备	8 242 676	0. 3	404 151	0. 0
87章 车辆及其零件、附件，但铁道及电车道车辆除外	135 560 964	5. 7	49 865 702	2. 8
88章 航空器、航天器及其零件	4 745 974	0. 2	7 887 752	0. 4
89章 船舶及浮动结构体	22 451 435	0. 9	371 714	0. 0
第十八类 光学、照相、电影、计量、检验、医疗或外科用仪器及设备、精密仪器及设备；钟表；乐器；上述物品的零件、附件	53 642 934	2. 3	58 232 174	3. 2
90章 光学、照相、电影、计量、检验、医疗或外科用仪器及设备、精密仪器及设备；上述物品的零件、附件	48 805 027	2. 1	54 613 750	3. 0
91章 钟表及其零件	3 373 712	0. 1	3 266 975	0. 2
92章 乐器及其零件、附件	1 464 195	0. 1	351 449	0. 0
第十九类 武器、弹药及其零件、附件	146 630	0. 0	10 086	0. 0
93章 武器、弹药及其零件、附件	146 630	0. 0	10 086	0. 0
第二十类 杂项制品	167 053 510	7. 0	4 453 692	0. 2
94章 家具；寝具、褥垫、弹簧床垫、软坐垫及类似的填充制品；未列名灯具及照明装置；发光标志、发光铭牌及类似品；活动房屋	85 470 511	3. 6	1 725 007	0. 1
95章 玩具、游戏品、运动用品及其零件、附件	62 292 673	2. 6	1 803 883	0. 1
96章 杂项制品	19 290 325	0. 8	924 801	0. 1
第二十一类 艺术品、收藏品及古物	793 147	0. 0	1 128 012	0. 1
97章 艺术品、收藏品及古物	793 147	0. 0	1 128 012	0. 1
第二十二类 特殊交易品及未分类商品	48 952 177	2. 1	7 646 863	0. 4
98章 特殊交易品及未分类商品	47 297 451	2. 0	7 646 863	0. 4
99章 跨境电商B2B简化申报商品	1 654 726	0. 1	—	—

2023 年进出口商品贸易方式总值表

单位：万元人民币

贸易方式	进出口		出　口		进　口	
	金额	比重（%）	金额	比重（%）	金额	比重（%）
总　值	4 175 101 093	100.0	2 376 563 642	100.0	1 798 537 451	100.0
一般贸易	2 705 961 848	64.8	1 534 959 218	64.6	1 171 002 630	65.1
国家间、国际组织无偿援助和赠送的物资	367 216	0.0	366 676	0.0	540	0.0
其他捐赠物资	48 686	0.0	9 481	0.0	39 205	0.0
来料加工贸易	103 613 568	2.5	47 986 699	2.0	55 626 869	3.1
进料加工贸易	657 260 826	15.7	442 479 570	18.6	214 781 257	11.9
寄售、代销贸易	191 148	0.0	88 834	0.0	102 314	0.0
边境小额贸易	39 834 319	1.0	33 443 669	1.4	6 390 650	0.4
加工贸易进口设备	111 039	0.0	—	—	111 039	0.0
对外承包工程出口货物	9 135 602	0.2	9 135 602	0.4	—	—
租赁贸易	1 970 654	0.0	1 635 781	0.1	334 873	0.0
外商投资企业作为投资进口的设备、物品	618 631	0.0	—	—	618 631	0.0
出料加工贸易	730 962	0.0	330 534	0.0	400 429	0.0
易货贸易	183 773	0.0	79 540	0.0	104 233	0.0
免税外汇商品	2 341	0.0	—	—	2 341	0.0
免税品	2 546 836	0.1	—	—	2 546 836	0.1
保税监管场所进出境货物	175 704 156	4.2	49 634 658	2.1	126 069 498	7.0
海关特殊监管区域物流货物	377 079 848	9.0	170 441 580	7.2	206 638 267	11.5
海关特殊监管区域进口设备	3 181 863	0.1	—	—	3 181 863	0.2
其他	96 557 779	2.3	85 971 801	3.6	10 585 978	0.6

2023年出口商品贸易方式企业性质总值表

单位：万元人民币

企业性质 贸易方式	合计	国有企业	中外合作	中外合资	外商独资	集体企业	私营企业	其他
	金额/±%	金额/±%	金额/±%	金额/±%	金额/±%	金额/±%	金额/±%	金额/±%
总　值	2 376 563 642	189 043 985	3 744 615	193 626 930	481 253 990	30 317 710	1 473 452 040	5 124 373
	0.6	0.1	-9.1	-8.3	-9.6	-6.7	6.0	26.9
一般贸易	1 534 959 218	121 004 075	2 466 939	100 034 053	170 011 553	27 309 948	1 111 218 326	2 914 325
	2.4	1.8	-8.7	-3.5	-4.0	-6.8	4.4	34.6
国家间、国际组织无偿援助和赠送的物资	366 676	278 030	—	—	282	21 850	54 750	11 764
	-16.9	-11.1	—	—	-99.6	98.3	49.2	-9.9
华侨、港澳台同胞、外籍华人捐赠物资	9 481	2 292	—	352	399	130	1 955	4 354
	-69.4	-33.6	—	-4.2	-40.3	-94.5	-90.2	3.9
来料加工贸易	47 986 699	1 212 629	421 291	6 746 836	27 828 220	187 500	11 580 743	9 481
	-13.3	-8.2	-7.9	-7.1	-21.1	-0.8	6.7	-30.1
进料加工贸易	442 479 570	23 515 290	838 434	71 626 504	240 666 691	2 220 846	103 492 537	119 268
	-8.6	17.1	-11.7	-17.4	-12.5	-9.9	5.1	-53.3
寄售、代销贸易	88 834	—	—	8 226	80 593	—	14	—
	1 735.8	—	—	99.7	—	—	-98.1	—
边境小额贸易	33 443 669	338 216	—	46	2 791	8 425	33 093 250	941
	35.8	19.5	—	—	—	1.8	36.0	-81.7

续表

企业性质 贸易方式	合计	国有企业	中外合作	中外合资	外商独资	集体企业	私营企业	其他
	金额/±%	金额/±%	金额/±%	金额/±%	金额/±%	金额/±%	金额/±%	金额/±%
对外承包工程出口货物	9 135 602	7 281 052	7 282	98 842	305 005	126 202	1 310 904	6 315
	27.9	18.9	1 165.4	39.3	159.1	83.9	75.6	-66.3
租赁贸易	1 635 781	336 119	—	781 451	9 983	—	505 581	2 647
	101.9	204.8	—	17 038.1	156.8	—	-26.2	—
出料加工贸易	330 534	12 490	35	69 872	88 205	354	159 360	217
	262.8	-11.6	775.6	638.0	208.3	30.2	312.7	—
易货贸易	79 540	49 504	—	—	20	—	30 017	—
	-26.9	-54.2	—	—	—	—	4 980.3	—
保税监管场所进出境货物	49 634 658	21 950 523	—	5 679 691	2 897 666	432 283	18 663 781	10 714
	-2.5	-14.9	—	4.8	-16.4	-1.9	18.4	-0.5
海关特殊监管区域物流货物	170 441 580	12 887 385	9 541	8 350 921	38 536 775	3 286	110 653 512	160
	15.3	-17.2	-0.9	7.4	-4.6	56.3	31.7	—
其他	85 971 801	176 381	1 092	230 135	825 807	6 886	82 687 312	2 044 188
	-8.5	-44.6	-48.4	-26.8	-6.0	-4.5	-9.0	31.7

2023 年进口商品贸易方式企业性质总值表

单位：万元人民币

企业性质 贸易方式	合计	国有企业	中外合作	中外合资	外商独资	集体企业	私营企业	其他
	金额/±%	金额/±%	金额/±%	金额/±%	金额/±%	金额/±%	金额/±%	金额/±%
总　值	1 798 537 451	478 620 864	2 455 131	147 993 289	431 599 193	16 163 863	714 303 337	7 401 775
	-0.3	-1.4	12.4	-8.5	-8.2	-0.6	7.8	42.4
一般贸易	1 171 002 630	396 163 167	1 754 996	81 741 914	227 693 526	14 125 759	449 269 544	253 723
	1.4	-2.1	21.8	-7.5	-2.8	-2.0	9.1	-8.5
国家间、国际组织无偿援助和赠送的物资	540	27	—	—	—	—	75	437
	861.0	124.1	—	—	—	—	71.4	—
华侨、港澳台同胞、外籍华人捐赠物资	39 205	1 511	—	—	—	—	37 648	46
	1 064.6	1 278.7	—	—	—	—	5 646.9	398.8
来料加工贸易	55 626 869	13 110 496	424 057	5 649 130	27 365 129	94 823	8 981 312	1 922
	-5.8	6.6	10.3	-7.1	-15.0	-9.4	3.8	-2.1
进料加工贸易	214 781 257	10 822 378	243 885	33 478 661	108 368 741	1 306 624	60 532 364	28 604
	-12.5	8.7	-26.7	-13.6	-17.1	18.8	-6.3	-36.4
寄售、代销贸易	102 314	—	—	1 044	15	—	101 256	—
	0.2	—	—	—	-85.6	—	1.5	—
边境小额贸易	6 390 650	125 268	—	—	132	40 536	6 224 552	162
	22.1	-32.1	—	—	—	-32.5	24.7	24.5
来料加工装配进口的设备	111 039	—	393	36 460	60 694	—	13 492	—
	-36.7	—	569.4	27.7	-49.6	—	-36.3	—

续表

企业性质 贸易方式	合计	国有企业	中外合作	中外合资	外商独资	集体企业	私营企业	其他
	金额/±%	金额/±%	金额/±%	金额/±%	金额/±%	金额/±%	金额/±%	金额/±%
租赁贸易	334 873	75 194	—	77 796	24 514	—	157 370	—
	-40.2	-73.4	—	3 269.2	-69.6	—	-19.1	—
外商投资企业作为投资进口的设备、物品	618 631	59	—	84 726	533 846	—	—	—
	-25.7	—	—	-71.8	0.6	—	—	—
出料加工贸易	400 429	27 007	39	145 312	62 886	817	163 994	373
	250.9	-12.3	567.6	1 264.2	118.7	440.5	274.6	—
易货贸易	104 233	48 049	—	—	—	—	56 183	—
	-14.9	-60.7	—	—	—	—	50 804.5	—
免税外汇商品	2 341	2 341	—	—	—	—	—	—
	64.6	64.6	—	—	—	—	—	—
免税品	2 546 836	2 018 782	—	93 610	—	—	434 443	—
	22.9	16.5	—	-57.0	—	—	256.2	—
保税监管场所进出境货物	126 069 498	33 331 404	—	19 536 917	6 227 558	559 444	66 360 192	53 984
	5.9	5.9	—	-4.3	19.1	3.4	8.2	109.8
海关特殊监管区域物流货物	206 638 267	22 723 097	29 191	6 639 676	58 000 618	28 410	119 215 298	1 977
	2.1	-8.4	45.5	-5.0	-6.4	-21.0	9.9	-99.1
出口加工区进口设备	3 181 863	21 606	—	191 258	1 908 275	—	1 060 725	—
	-35.8	-38.8	—	-9.1	-49.0	—	9.7	—
其他	10 585 978	150 478	2 570	316 784	1 353 258	7 452	1 694 890	7 060 546
	32.1	-33.1	-25.1	9.0	2.3	-3.9	10.1	52.7

2023 年进出口商品收发货人所在地总值表

单位：万元人民币

收发货人所在地	进出口		出口		进口	
	金额	比重（%）	金额	比重（%）	金额	比重（%）
总　值	4 175 101 093	100.0	2 376 563 642	100.0	1 798 537 451	100.0
北京市	364 485 177	8.7	59 994 658	2.5	304 490 519	16.9
中关村国家自主创新示范区	5 620 433	0.1	2 295 333	0.1	3 325 100	0.2
北京经济技术开发区	16 969 674	0.4	4 869 863	0.2	12 099 811	0.7
天津市	80 085 895	1.9	36 313 836	1.5	43 772 059	2.4
天津滨海新区	56 369 631	1.4	21 339 895	0.9	35 029 737	1.9
天津经济技术开发区	22 037 959	0.5	10 167 331	0.4	11 870 628	0.7
天津滨海高新技术产业开发区	2 045 372	0.0	1 438 784	0.1	606 588	0.0
河北省	58 283 518	1.4	35 041 717	1.5	23 241 802	1.3
石家庄市	12 408 617	0.3	7 741 396	0.3	4 667 222	0.3
石家庄高新技术产业开发区	10 329	0.0	7 626	0.0	2 703	0.0
唐山市	16 452 072	0.4	5 802 104	0.2	10 649 968	0.6
曹妃甸经济技术开发区	832 184	0.0	616 085	0.0	216 100	0.0
秦皇岛市	4 236 827	0.1	2 698 752	0.1	1 538 075	0.1
秦皇岛经济技术开发区	3 055 045	0.1	1 892 003	0.1	1 163 042	0.1
保定市	7 140 949	0.2	6 632 180	0.3	508 770	0.0
保定高新技术产业开发区	14 732	0.0	14 140	0.0	591	0.0
廊坊市	4 692 026	0.1	2 178 097	0.1	2 513 929	0.1

续表1

收发货人所在地	进出口		出口		进口	
	金额	比重（%）	金额	比重（%）	金额	比重（%）
廊坊经济技术开发区	160 317	0.0	50 789	0.0	109 527	0.0
雄安新区	308 629	0	245 023	0	63 606	0
山西省	16 911 914	0.4	10 502 812	0.4	6 409 103	0.4
太原市	13 469 894	0.3	8 268 648	0.3	5 201 246	0.3
太原经济技术开发区	9 022 309	0.2	6 823 834	0.3	2 198 475	0.1
太原高新技术产业开发区	325 206	0.0	99 805	0.0	225 401	0.0
大同市	432 354	0.0	387 519	0.0	44 835	0.0
大同经济技术开发区	330 163	0.0	304 806	0.0	25 357	0.0
晋中市	321 929	0.0	293 323	0.0	28 606	0.0
晋中经济技术开发区	19 824	0.0	19 290	0.0	534	0.0
长治市	133 080	0.0	120 311	0.0	12 769	0.0
长治高新技术产业开发区	41 697	0.0	35 287	0.0	6 410	0.0
内蒙古自治区	19 600 143	0.5	7 810 047	0.3	11 790 096	0.7
呼和浩特市	1 932 753	0.0	1 180 616	0.0	752 137	0.0
包头市	3 000 437	0.1	1 213 971	0.1	1 786 467	0.1
包头高新技术产业开发区	12 019	0.0	9 009	0.0	3 011	0.0
二连浩特市	1 078 280	0.0	331 948	0.0	746 332	0.0
满洲里市	2 536 538	0.1	1 581 604	0.1	954 934	0.1
辽宁省	76 672 992	1.8	35 349 237	1.5	41 323 755	2.3
沈阳市	14 690 892	0.4	5 244 617	0.2	9 446 275	0.5
沈阳经济技术开发区	2 079 092	0.0	1 272 932	0.1	806 160	0.0
沈阳高新技术产业开发区	1 053 006	0.0	612 667	0.0	440 340	0.0
大连市	45 539 430	1.1	20 804 849	0.9	24 734 582	1.4

续表2

收发货人所在地	进出口		出口		进口	
	金额	比重（%）	金额	比重（%）	金额	比重（%）
大连经济技术开发区	16 369 606	0.4	8 024 663	0.3	8 344 943	0.5
大连市高新技术产业园区	675 305	0.0	571 835	0.0	103 470	0.0
鞍山市	3 196 384	0.1	1 737 832	0.1	1 458 551	0.1
鞍山高新技术产业开发区	46 746	0.0	41 841	0.0	4 904	0.0
丹东市	1 705 113	0.0	1 464 096	0.1	241 017	0.0
营口市	4 775 109	0.1	2 314 922	0.1	2 460 187	0.1
营口经济技术开发区	17 383	0.0	11 645	0.0	5 738	0.0
吉林省	16 788 239	0.4	6 270 047	0.3	10 518 192	0.6
长春市	12 259 149	0.3	3 312 954	0.1	8 946 195	0.5
长春经济技术开发区	1 255 161	0.0	468 229	0.0	786 932	0.0
长春高新技术产业开发区	828 008	0.0	395 745	0.0	432 263	0.0
吉林市	627 565	0.0	418 009	0.0	209 556	0.0
吉林高新技术产业开发区	47 656	0.0	32 829	0.0	14 828	0.0
珲春市	2 192 272	0.1	1 079 412	0.0	1 112 860	0.1
黑龙江省	29 800 759	0.7	7 605 652	0.3	22 195 107	1.2
哈尔滨市	4 961 204	0.1	2 127 889	0.1	2 833 315	0.2
哈尔滨经济技术开发区	1 427 552	0.0	213 029	0.0	1 214 524	0.1
哈尔滨高新技术产业开发区	1 037 704	0.0	504 402	0.0	533 302	0.0
大庆市	14 366 906	0.3	721 371	0.0	13 645 535	0.8
大庆高新技术产业开发区	595 812	0.0	371 423	0.0	224 389	0.0
黑河市	2 632 154	0.1	494 907	0.0	2 137 247	0.1
绥芬河市	2 381 528	0.1	1 170 582	0.0	1 210 946	0.1
绥化市	617 198	0.0	359 499	0.0	257 700	0.0

续表3

收发货人所在地	进出口		出口		进口	
	金额	比重（%）	金额	比重（%）	金额	比重（%）
绥化经济技术开发区	73 649	0. 0	73 649	0. 0	0	0. 0
上海市	421 353 162	10. 1	173 717 372	7. 3	247 635 790	13. 8
上海漕河泾浦江高科技园区	5 676 569	0. 1	2 347 615	0. 1	3 328 954	0. 2
上海经济技术开发区	866	0. 0	853	0. 0	12	0. 0
上海闵行经济技术开发区	961 046	0. 0	572 455	0. 0	388 590	0. 0
上海浦东新区	257 696 843	6. 2	98 982 810	4. 2	158 714 033	8. 8
江苏省	524 954 322	12. 6	337 161 253	14. 2	187 793 068	10. 4
南京市	56 614 920	1. 4	33 330 160	1. 4	23 284 760	1. 3
南京高新技术外向型开发区	1 073 965	0. 0	929 735	0. 0	144 230	0. 0
无锡市	70 651 608	1. 7	46 579 738	2. 0	24 071 870	1. 3
无锡高新技术产业开发区	35 631 563	0. 9	21 284 232	0. 9	14 347 330	0. 8
常州市	31 833 409	0. 8	24 978 654	1. 1	6 854 756	0. 4
常州高新技术产业开发区	532 137	0. 0	400 443	0. 0	131 694	0. 0
苏州市	245 148 368	5. 9	150 800 805	6. 3	94 347 563	5. 2
苏州工业园	60 692 072	1. 5	30 097 248	1. 3	30 594 823	1. 7
苏州高新技术产业开发区	24 700 313	0. 6	17 438 607	0. 7	7 261 706	0. 4
南通市	35 000 318	0. 8	22 896 129	1. 0	12 104 189	0. 7
南通经济技术开发区	7 137 403	0. 2	4 200 730	0. 2	2 936 673	0. 2
连云港市	13 598 233	0. 3	3 588 433	0. 2	10 009 800	0. 6
连云港经济技术开发区	2 585 833	0. 1	1 095 353	0. 0	1 490 480	0. 1
浙江省	489 976 144	11. 7	356 628 034	15. 0	133 348 110	7. 4
杭州市	80 321 494	1. 9	53 378 112	2. 2	26 943 382	1. 5
杭州经济技术开发区	8 252 025	0. 2	4 532 119	0. 2	3 719 905	0. 2

续表4

收发货人所在地	进出口		出口		进口	
	金额	比重（%）	金额	比重（%）	金额	比重（%）
杭州高新技术产业开发区	2 432 491	0.1	1 832 459	0.1	600 032	0.0
宁波市	127 842 048	3.1	82 870 714	3.5	44 971 334	2.5
宁波经济技术开发区	16 239 655	0.4	7 200 851	0.3	9 038 804	0.5
宁波高新技术产业开发区	3 046 504	0.1	2 321 646	0.1	724 858	0.0
宁波杭州湾经济技术开发区	1 581 511	0.0	1 362 866	0.1	218 645	0.0
温州市	28 217 030	0.7	23 392 287	1.0	4 824 743	0.3
温州经济技术开发区	1 500 635	0.0	1 484 011	0.1	16 625	0.0
湖州市	16 187 881	0.4	14 902 687	0.6	1 285 194	0.1
湖州经济技术开发区	141 498	0.0	48 869	0.0	92 629	0.0
湖州莫干山高新技术产业开发区	206 273	0.0	127 161	0.0	79 112	0.0
金华市	76 966 441	1.8	66 301 918	2.8	10 664 524	0.6
金华经济技术开发区	583 286	0.0	524 683	0.0	58 603	0.0
台州市	27 441 550	0.7	25 141 780	1.1	2 299 771	0.1
台州湾经济技术开发区	—	—	—	—	—	—
安徽省	80 529 668	1.9	52 303 680	2.2	28 225 988	1.6
合肥市	35 875 934	0.9	23 266 044	1.0	12 609 890	0.7
合肥经济技术开发区	13 967 284	0.3	7 772 395	0.3	6 194 889	0.3
合肥高新技术产业开发区	6 963 201	0.2	5 587 015	0.2	1 376 186	0.1
芜湖市	12 748 324	0.3	10 346 965	0.4	2 401 358	0.1
芜湖经济技术开发区	8 459 282	0.2	7 529 478	0.3	929 803	0.1
芜湖高新技术产业开发区	233 891	0.0	195 090	0.0	38 802	0.0
蚌埠市	1 778 920	0.0	1 161 996	0.0	616 924	0.0
蚌埠高新技术产业开发区	316 059	0.0	205 472	0.0	110 587	0.0

续表5

收发货人所在地	进出口		出口		进口	
	金额	比重（%）	金额	比重（%）	金额	比重（%）
淮南市	1 070 132	0.0	1 026 372	0.0	43 760	0.0
淮南经济技术开发区	200 478	0.0	197 142	0.0	3 336	0.0
淮南高新技术产业开发区	5	0.0	5	0.0	—	—
马鞍山市	4 377 519	0.1	2 227 402	0.1	2 150 117	0.1
马鞍山经济技术开发区	390 341	0.0	349 942	0.0	40 399	0.0
马鞍山慈湖高新技术产业开发区	315 523	0.0	285 731	0.0	29 792	0.0
铜陵市	7 926 321	0.2	847 682	0.0	7 078 639	0.4
铜陵经济技术开发区	341 255	0.0	186 909	0.0	154 346	0.0
安庆市	3 582 820	0.1	2 699 591	0.1	883 229	0.0
安庆经济技术开发区	2 417 030	0.1	1 785 788	0.1	631 242	0.0
桐城经济技术开发区	6 455	0.0	4 887	0.0	1 568	0.0
滁州市	4 093 293	0.1	3 458 319	0.1	634 975	0.0
滁州经济技术开发区	1 585 381	0.0	1 236 220	0.1	349 160	0.0
六安市	1 030 673	0.0	912 781	0.0	117 892	0.0
六安经济技术开发区	246 914	0.0	227 709	0.0	19 205	0.0
宣城市	2 126 511	0.1	1 943 810	0.1	182 701	0.0
宁国经济技术开发区	494 375	0.0	462 262	0.0	32 114	0.0
宣城经济技术开发区	150 630	0.0	142 781	0.0	7 850	0.0
池州市	1 377 426	0.0	355 308	0.0	1 022 118	0.1
池州经济技术开发区	474 652	0.0	157 883	0.0	316 769	0.0
福建省	197 395 798	4.7	117 653 990	5.0	79 741 808	4.4
福州市	34 333 862	0.8	25 581 113	1.1	8 752 749	0.5
福州经济技术开发区	4 177 350	0.1	2 709 141	0.1	1 468 209	0.1

续表6

收发货人所在地	进出口		出口		进口	
	金额	比重（%）	金额	比重（%）	金额	比重（%）
福州高新技术产业开发区	27 647	0.0	26 857	0.0	790	0.0
厦门市	94 705 449	2.3	44 742 333	1.9	49 963 116	2.8
厦门火炬高技术产业开发区	4 055 790	0.1	1 934 498	0.1	2 121 292	0.1
平潭	1 707 083	0.0	899 133	0.0	807 950	0.0
平潭综合实验区	1 707 083	0.0	899 133	0.0	807 950	0.0
江西省	56 862 883	1.4	39 281 116	1.7	17 581 767	1.0
南昌市	11 128 262	0.3	7 876 168	0.3	3 252 093	0.2
南昌经济技术开发区	1 524 481	0.0	637 977	0.0	886 504	0.0
南昌小蓝经济技术开发区	315 795	0.0	304 075	0.0	11 720	0.0
南昌高新技术产业开发区	3 405 644	0.1	2 180 339	0.1	1 225 305	0.1
景德镇市	1 304 639	0.0	1 028 785	0.0	275 854	0.0
景德镇高新技术产业开发区	29 991	0.0	25 195	0.0	4 796	0.0
萍乡市	1 632 230	0.0	1 510 272	0.1	121 958	0.0
萍乡经济技术开发区	695 326	0.0	659 774	0.0	35 553	0.0
九江市	6 839 998	0.2	4 854 629	0.2	1 985 368	0.1
九江经济技术开发区	1 522 244	0.0	689 517	0.0	832 726	0.0
九江共青城高新技术产业开发区	77 867	0.0	75 996	0.0	1 871	0.0
新余市	5 662 924	0.1	2 583 089	0.1	3 079 835	0.2
新余高新技术产业开发区	222 949	0.0	202 877	0.0	20 072	0.0
鹰潭市	4 351 060	0.1	1 059 420	0.0	3 291 640	0.2
鹰潭高新技术产业开发区	223 804	0.0	113 945	0.0	109 859	0.0
赣州市	9 871 025	0.2	6 091 933	0.3	3 779 092	0.2
赣州经济技术开发区	4 438 395	0.1	1 802 307	0.1	2 636 089	0.1

续表7

收发货人所在地	进出口		出口		进口	
	金额	比重（%）	金额	比重（%）	金额	比重（%）
龙南经济技术开发区	334 763	0.0	290 156	0.0	44 607	0.0
瑞金经济技术开发区	288 832	0.0	288 079	0.0	753	0.0
赣州高新技术产业开发区	250 342	0.0	90 162	0.0	160 180	0.0
宜春市	2 887 673	0.1	2 627 604	0.1	260 070	0.0
宜春经济技术开发区	416 001	0.0	393 566	0.0	22 436	0.0
宜春丰城高新技术产业开发区	218 147	0.0	162 718	0.0	55 429	0.0
上饶市	5 541 580	0.1	5 097 475	0.2	444 105	0.0
上饶经济技术开发区	98 073	0.0	97 831	0.0	242	0.0
吉安市	5 311 033	0.1	4 366 856	0.2	944 177	0.1
井冈山经济技术开发区	817 410	0.0	662 764	0.0	154 646	0.0
吉安高新技术产业开发区	10 826	0.0	10 826	0.0	0	0
抚州市	2 332 459	0.1	2 184 885	0.1	147 574	0.0
抚州高新技术产业开发区	756 705	0.0	736 851	0.0	19 854	0.0
山东省	326 659 036	7.8	194 285 981	8.2	132 373 055	7.4
济南市	21 626 911	0.5	13 733 237	0.6	7 893 674	0.4
济南高新技术产业开发区	10 927 978	0.3	5 489 167	0.2	5 438 811	0.3
青岛市	87 628 011	2.1	47 127 856	2.0	40 500 155	2.3
青岛经济技术开发区	29 440 280	0.7	9 492 430	0.4	19 947 850	1.1
青岛高新技术产业开发区	765 989	0.0	477 277	0.0	288 711	0.0
淄博市	10 365 761	0.2	6 249 887	0.3	4 115 874	0.2
淄博高新技术产业开发区	1 515 361	0.0	1 221 324	0.1	294 037	0.0
日照市	13 757 434	0.3	5 061 690	0.2	8 695 744	0.5
日照经济技术开发区	1 260 886	0.0	672 069	0.0	588 818	0.0

续表8

收发货人所在地	进出口		出口		进口	
	金额	比重（%）	金额	比重（%）	金额	比重（%）
烟台市	45 691 019	1. 1	26 528 765	1. 1	19 162 253	1. 1
烟台经济技术开发区	12 565 616	0. 3	6 237 459	0. 3	6 328 157	0. 4
潍坊市	34 057 817	0. 8	23 022 423	1. 0	11 035 394	0. 6
潍坊高新技术产业开发区	10 509 925	0. 3	6 035 859	0. 3	4 474 066	0. 2
威海市	20 074 739	0. 5	15 015 642	0. 6	5 059 097	0. 3
威海火炬高技术产业开发区	2 943 568	0. 1	2 251 920	0. 1	691 648	0. 0
河南省	81 084 190	1. 9	52 800 175	2. 2	28 284 015	1. 6
郑州市	55 227 384	1. 3	35 691 664	1. 5	19 535 720	1. 1
郑州航空港经济综合实验区	41 436 222	1. 0	25 306 260	1. 1	16 129 962	0. 9
郑州高新技术产业开发区	973 431	0. 0	921 165	0. 0	52 266	0. 0
洛阳市	2 399 586	0. 1	1 941 044	0. 1	458 542	0. 0
洛阳高新技术产业开发区	112 677	0. 0	86 555	0. 0	26 122	0. 0
湖北省	64 419 403	1. 5	43 252 671	1. 8	21 166 732	1. 2
武汉市	36 064 644	0. 9	21 659 031	0. 9	14 405 613	0. 8
武汉经济技术开发区	4 324 578	0. 1	2 373 812	0. 1	1 950 766	0. 1
武汉东湖新技术开发区	17 134 110	0. 4	10 543 863	0. 4	6 590 247	0. 4
黄石市	4 813 984	0. 1	1 955 967	0. 1	2 858 017	0. 2
黄石经济技术开发区	459 088	0. 0	414 335	0. 0	44 753	0. 0
十堰市	1 646 219	0. 0	1 585 781	0. 1	60 438	0. 0
十堰经济技术开发区	1 357	0	1 357	0	0	0
襄阳市	4 420 938	0. 1	3 863 441	0. 2	557 497	0. 0
襄阳经济技术开发区	29 910	0. 0	27 510	0. 0	2 399	0. 0
襄阳高新技术产业开发区	636 381	0. 0	462 720	0. 0	173 660	0. 0

续表9

收发货人所在地	进出口		出口		进口	
	金额	比重（%）	金额	比重（%）	金额	比重（%）
枣阳经济技术开发区	626 167	0.0	624 069	0.0	2 098	0.0
鄂州市	590 748	0	317 681	0	273 068	0
鄂州葛店经济技术开发区	32 605	0.0	32 221	0.0	383	0.0
孝感市	2 106 235	0.1	1 820 803	0.1	285 431	0.0
汉川经济技术开发区	314 792	0.0	307 402	0.0	7 391	0.0
荆州市	3 888 292	0.1	2 569 332	0.1	1 318 961	0.1
荆州经济技术开发区	846 970	0.0	653 321	0.0	193 649	0.0
湖南省	61 733 688	1.5	40 086 417	1.7	21 647 271	1.2
长沙市	28 098 314	0.7	18 963 436	0.8	9 134 878	0.5
长沙经济技术开发区	3 244 999	0.1	2 692 418	0.1	552 580	0.0
长沙高新技术产业开发区	5 318 569	0.1	3 418 194	0.1	1 900 375	0.1
浏阳经济技术开发区	746 475	0.0	656 787	0.0	89 688	0.0
株洲市	1 957 513	0.0	1 402 261	0.1	555 252	0.0
株洲高新技术产业开发区	556 727	0.0	522 174	0.0	34 553	0.0
湘潭市	3 696 960	0.1	2 427 716	0.1	1 269 244	0.1
湘潭经济技术开发区	1 726 988	0.0	1 270 990	0.1	455 998	0.0
湘潭高新技术产业开发区	265 500	0.0	260 492	0.0	5 008	0.0
衡阳市	4 462 586	0.1	2 824 849	0.1	1 637 737	0.1
衡阳高新技术产业开发区	25 394	0.0	23 588	0.0	1 806	0.0
岳阳市	6 931 390	0.2	1 564 585	0.1	5 366 806	0.3
常德市	1 822 282	0.0	1 276 209	0.1	546 073	0.0
常德经济技术开发区	520 734	0.0	208 480	0.0	312 254	0.0
常德高新技术产业开发区	284 558	0.0	284 553	0.0	5	0.0

续表10

收发货人所在地	进出口		出口		进口	
	金额	比重（%）	金额	比重（%）	金额	比重（%）
益阳市	741 172	0.0	627 856	0.0	113 316	0.0
益阳高新技术产业开发区	154 820	0.0	85 868	0.0	68 951	0.0
郴州市	4 442 177	0.1	2 747 975	0.1	1 694 202	0.1
郴州高新技术产业开发区	1 195 892	0.0	741 766	0.0	454 126	0.0
广东省	830 172 347	19.9	543 743 071	22.9	286 429 276	15.9
广州市	109 130 916	2.6	65 015 649	2.7	44 115 267	2.5
广州经济技术开发区	12 264 390	0.3	5 136 223	0.2	7 128 167	0.4
广州高新技术产业开发区	7 550 515	0.2	4 745 044	0.2	2 805 471	0.2
广州南沙新区	29 191 373	0.7	15 742 543	0.7	13 448 830	0.7
深圳市	386 976 080	9.3	245 445 309	10.3	141 530 771	7.9
深圳科技工业园	4 654	0.0	246	0.0	4 408	0.0
珠海市	29 635 863	0.7	20 220 953	0.9	9 414 910	0.5
珠海经济技术开发区	119 440	0.0	26 885	0.0	92 555	0.0
珠海高新技术产业开发区	319 913	0.0	158 786	0.0	161 127	0.0
珠海横琴新区	2 526 193	0.1	1 211 477	0.1	1 314 716	0.1
汕头市	6 398 439	0.2	5 134 468	0.2	1 263 971	0.1
佛山市	59 651 864	1.4	48 751 333	2.1	10 900 532	0.6
江门市	17 325 176	0.4	14 082 520	0.6	3 242 656	0.2
湛江市	7 006 267	0.2	2 036 644	0.1	4 969 623	0.3
湛江经济技术开发区	3 387 814	0.1	1 018 659	0.0	2 369 155	0.1
湛江高新技术产业开发区	140	0.0	140	0.0	—	—
茂名市	1 361 570	0.0	489 743	0.0	871 827	0.0
茂名高新技术产业开发区	24 734	0.0	12 658	0.0	12 076	0.0

续表11

收发货人所在地	进出口		出口		进口	
	金额	比重（%）	金额	比重（%）	金额	比重（%）
惠州市	34 087 775	0.8	20 353 698	0.9	13 734 077	0.8
惠州高新技术产业开发区	12 582 236	0.3	8 619 143	0.4	3 963 093	0.2
阳江市	2 166 428	0.1	1 446 472	0.1	719 955	0.0
东莞市	128 135 461	3.1	84 599 771	3.6	43 535 690	2.4
东莞松山湖高新技术产业开发区	1 191 934	0.0	916 054	0.0	275 880	0.0
中山市	25 765 019	0.6	22 117 161	0.9	3 647 858	0.2
中山火炬高技术产业开发区	3 632	0.0	1 520	0.0	2 112	0.0
广西壮族自治区	69 138 681	1.7	36 254 274	1.5	32 884 407	1.8
南宁市	12 379 119	0.3	6 091 312	0.3	6 287 807	0.3
南宁高新技术产业开发区	298 214	0.0	182 906	0.0	115 308	0.0
桂林市	1 021 345	0.0	923 219	0.0	98 126	0.0
桂林新技术产业开发区	439 016	0.0	417 960	0.0	21 056	0.0
北海市	3 705 636	0.1	1 583 241	0.1	2 122 395	0.1
崇左市	23 936 919	0.6	18 565 246	0.8	5 371 673	0.3
防城港市	9 967 629	0.2	959 067	0.0	9 008 562	0.5
海南省	23 139 346	0.6	7 402 793	0.3	15 736 553	0.9
海口市	7 911 734	0.2	2 915 588	0.1	4 996 146	0.3
海南国际科技工业园	147 520	0.0	97 668	0.0	49 852	0.0
儋州市	10 777 973	0.3	2 844 586	0.1	7 933 387	0.4
洋浦经济开发区	4 039 152	0.1	1 978 222	0.1	2 060 929	0.1
重庆市	71 285 226	1.7	47 765 076	2.0	23 520 150	1.3
重庆高新技术产业开发区	202 874	0.0	145 100	0.0	57 774	0.0
重庆两江新区	26 317 720	0.6	17 113 832	0.7	9 203 888	0.5

续表12

收发货人所在地	进出口		出口		进口	
	金额	比重（%）	金额	比重（%）	金额	比重（%）
万州经济技术开发区	700 943	0.0	243 898	0.0	457 045	0.0
重庆经济技术开发区	389 880	0.0	274 194	0.0	115 686	0.0
长寿经济技术开发区	227 018	0.0	184 778	0.0	42 240	0.0
四川省	95 581 286	2.3	60 309 655	2.5	35 271 631	2.0
成都市	74 726 271	1.8	45 244 474	1.9	29 481 797	1.6
成都经济技术开发区	1 831 673	0.0	1 227 071	0.1	604 601	0.0
成都高新技术产业开发区	52 187 558	1.2	28 226 480	1.2	23 961 078	1.3
泸州市	2 208 699	0.1	1 505 848	0.1	702 851	0.0
泸州高新技术产业开发区	1 206 719	0.0	762 131	0.0	444 588	0.0
绵阳市	2 856 493	0.1	2 035 157	0.1	821 336	0.0
绵阳经济技术开发区	608 026	0.0	585 439	0.0	22 587	0.0
绵阳高新技术产业开发区	943 368	0.0	499 363	0.0	444 005	0.0
广元市	182 842	0.0	150 227	0.0	32 615	0.0
广元经济技术开发区	123 888	0.0	123 560	0.0	328	0.0
乐山市	703 690	0.0	541 924	0.0	161 766	0.0
乐山高新技术产业开发区	819	0.0	545	0.0	274	0.0
宜宾市	3 533 611	0.1	2 266 221	0.1	1 267 390	0.1
宜宾临港经济技术开发区	2 246 825	0.1	1 638 527	0.1	608 298	0.0
贵州省	7 594 869	0.2	5 205 327	0.2	2 389 542	0.1
贵阳市	4 712 859	0.1	3 053 865	0.1	1 658 994	0.1
贵阳高新技术产业开发区	206 260	0.0	52 950	0.0	153 311	0.0
云南省	25 880 029	0.6	9 259 388	0.4	16 620 641	0.9
昆明市	13 453 345	0.3	4 395 128	0.2	9 058 216	0.5

续表13

收发货人所在地	进出口		出口		进口	
	金额	比重（%）	金额	比重（%）	金额	比重（%）
昆明经济技术开发区	886 981	0.0	486 184	0.0	400 797	0.0
昆明嵩明杨林经济技术开发区	173 463	0.0	158 035	0.0	15 428	0.0
昆明高新技术产业开发区	3 153 078	0.1	1 297 882	0.1	1 855 195	0.1
红河州	2 716 230	0.1	1 156 063	0.0	1 560 167	0.1
蒙自经济技术开发区	1 589 351	0.0	711 564	0.0	877 787	0.0
曲靖市	302 196	0.0	241 190	0.0	61 006	0.0
曲靖经济技术开发区	45 046	0.0	21 689	0.0	23 357	0.0
西藏自治区	1 097 760	0.0	982 436	0.0	115 324	0.0
拉萨市	551 762	0.0	446 157	0.0	105 605	0.0
拉萨经济技术开发区	351 143	0.0	269 003	0.0	82 140	0.0
陕西省	40 420 350	1.0	26 306 362	1.1	14 113 988	0.8
西安市	35 976 115	0.9	23 337 156	1.0	12 638 959	0.7
陕西航天经济技术开发区	1 378 547	0.0	220 191	0.0	1 158 356	0.1
陕西航空经济技术开发区	23 645	0.0	23 543	0.0	102	0.0
陕西西安经济技术开发区	5 574 292	0.1	4 390 726	0.2	1 183 566	0.1
西安新技术产业开发区	12 231 322	0.3	8 190 861	0.3	4 040 461	0.2
宝鸡市	1 030 094	0.0	720 863	0.0	309 231	0.0
宝鸡高新技术产业开发区	153 424	0.0	102 275	0.0	51 148	0.0
咸阳市	1 463 239	0.0	787 129	0.0	676 110	0.0
杨凌农业高新技术产业示范区	109 293	0.0	73 088	0.0	36 204	0.0
汉中市	397 192	0.0	276 971	0.0	120 221	0.0
汉中经济技术开发区	241 043	0.0	157 958	0.0	83 085	0.0
榆林市	577 301	0.0	485 764	0.0	91 538	0.0

续表14

收发货人所在地	进出口		出口		进口	
	金额	比重（%）	金额	比重（%）	金额	比重（%）
榆林经济技术开发区	345 467	0.0	320 677	0.0	24 791	0.0
甘肃省	4 916 103	0.1	1 237 799	0.1	3 678 305	0.2
兰州市	1 175 338	0.0	472 615	0.0	702 723	0.0
兰州新技术产业开发区	28 890	0.0	16 298	0.0	12 591	0.0
青海省	487 055	0.0	295 244	0.0	191 811	0.0
西宁市	388 659	0.0	199 714	0.0	188 945	0.0
西宁经济技术开发区	132 329	0.0	43 744	0.0	88 585	0.0
青海高新技术产业开发区	5 924	0	3 192	0	2 732	0
海西州	49 405	0.0	49 298	0.0	107	0.0
格尔木昆仑经济技术开发区	1 182	0.0	1 182	0.0	—	—
宁夏回族自治区	2 054 797	0.0	1 497 908	0.1	556 889	0.0
银川市	1 302 067	0.0	882 094	0.0	419 972	0.0
银川经济技术开发区	84 941	0.0	42 884	0.0	42 057	0.0
新疆维吾尔自治区	35 736 314	0.9	30 245 614	1.3	5 490 700	0.3
乌鲁木齐市	6 996 798	0.2	5 454 689	0.2	1 542 109	0.1
乌鲁木齐经济技术开发区	3 809 454	0.1	3 186 064	0.1	623 390	0.0
乌鲁木齐高新技术产业开发区	523 579	0.0	425 892	0.0	97 687	0.0
博州	4 679 033	0.1	1 833 431	0.1	2 845 602	0.2
伊犁州	9 309 421	0.2	8 972 306	0.4	337 115	0.0
石河子市	500 766	0.0	486 318	0.0	14 448	0.0
石河子经济技术开发区	409 009	0.0	394 573	0.0	14 436	0.0

2023 年进出口商品境内目的地/货源地总值表

单位：万元人民币

境内目的地/货源地	进出口		出口		进口	
	金额	比重（%）	金额	比重（%）	金额	比重（%）
总　值	4 175 101 093	100.0	2 376 563 642	100.0	1 798 537 450	100.0
北京市	96 564 577	2.3	20 625 180	0.9	75 939 397	4.2
中关村国家自主创新示范区	1 467 867	0.0	773 144	0.0	694 723	0.0
北京经济技术开发区	15 291 450	0.4	3 717 045	0.2	11 574 404	0.6
天津市	105 056 275	2.5	37 686 830	1.6	67 369 445	3.7
天津滨海新区	74 821 679	1.8	17 591 977	0.7	57 229 702	3.2
天津滨海高新技术产业开发区	834 869	0.0	635 018	0.0	199 851	0.0
河北省	104 225 567	2.5	55 307 562	2.3	48 918 005	2.7
石家庄市	11 065 368	0.3	8 209 881	0.3	2 855 487	0.2
石家庄高新技术产业开发区	20 338	0.0	9 609	0.0	10 728	0.0
唐山市	42 100 960	1.0	10 178 887	0.4	31 922 074	1.8
曹妃甸经济技术开发区	9 216 655	0.2	28 951	0.0	9 187 704	0.5
秦皇岛市	6 586 090	0.2	4 932 323	0.2	1 653 767	0.1
秦皇岛经济技术开发区	2 972 651	0.1	1 807 378	0.1	1 165 273	0.1
保定市	8 785 317	0.2	7 954 678	0.3	830 640	0.0
保定高新技术产业开发区	17 376	0.0	16 219	0.0	1 157	0.0
廊坊市	6 357 314	0.2	4 771 706	0.2	1 585 608	0.1
雄安新区	219 698	0.0	166 577	0.0	53 120	0.0

续表1

境内目的地/货源地	进出口		出口		进口	
	金额	比重（%）	金额	比重（%）	金额	比重（%）
山西省	18 629 317	0.4	13 247 501	0.6	5 381 817	0.3
太原市	12 139 287	0.3	8 157 265	0.3	3 982 022	0.2
太原经济技术开发区	8 629 208	0.2	6 573 835	0.3	2 055 373	0.1
太原高新技术产业开发区	3 673	0.0	2 632	0.0	1 041	0.0
大同市	532 172	0.0	502 425	0.0	29 747	0.0
大同经济技术开发区	3 522	0.0	378	0.0	3 144	0.0
晋中市	774 875	0.0	669 319	0.0	105 556	0.0
晋中经济技术开发区	1 068	0.0	1 054	0.0	13	0.0
长治市	291 819	0.0	265 372	0.0	26 446	0.0
长治高新技术产业开发区	11 127	0.0	5 864	0.0	5 262	0.0
内蒙古自治区	24 560 209	0.6	8 612 272	0.4	15 947 937	0.9
呼和浩特市	1 704 550	0.0	1 066 511	0.0	638 039	0.0
包头市	3 230 266	0.1	1 537 011	0.1	1 693 255	0.1
包头高新技术产业开发区	43 014	0.0	39 324	0.0	3 690	0.0
二连浩特市	1 555 289	0.0	556 699	0.0	998 590	0.1
满洲里市	1 640 249	0.0	153 612	0.0	1 486 638	0.1
辽宁省	104 043 413	2.5	44 313 868	1.9	59 729 545	3.3
沈阳市	14 654 915	0.4	5 559 429	0.2	9 095 486	0.5
沈阳经济技术开发区	1 820 547	0.0	1 011 893	0.0	808 654	0.0
沈阳高新技术产业开发区	653 686	0.0	374 636	0.0	279 050	0.0
大连市	53 994 565	1.3	24 933 948	1.0	29 060 617	1.6
大连经济技术开发区	19 178 707	0.5	9 355 112	0.4	9 823 595	0.5
大连市高新技术产业园区	559 269	0.0	433 801	0.0	125 468	0.0

续表2

境内目的地/货源地	进出口		出口		进口	
	金额	比重（%）	金额	比重（%）	金额	比重（%）
鞍山市	2 564 473	0.1	2 077 185	0.1	487 288	0.0
鞍山高新技术产业开发区	63 148	0.0	57 904	0.0	5 244	0.0
丹东市	2 237 510	0.1	1 509 858	0.1	727 653	0.0
营口市	9 540 405	0.2	3 277 205	0.1	6 263 200	0.3
营口经济技术开发区	1 118	0.0	1 029	0.0	88	0.0
吉林省	16 984 960	0.4	6 531 378	0.3	10 453 582	0.6
长春市	10 815 823	0.3	2 899 942	0.1	7 915 881	0.4
长春经济技术开发区	1 345 819	0.0	406 723	0.0	939 097	0.1
长春高新技术产业开发区	256 703	0.0	220 104	0.0	36 599	0.0
吉林市	1 060 288	0.0	631 810	0.0	428 478	0.0
吉林高新技术产业开发区	29 644	0.0	16 027	0.0	13 617	0.0
珲春市	2 445 630	0.1	1 072 017	0.0	1 373 614	0.1
黑龙江省	25 920 055	0.6	6 816 083	0.3	19 103 972	1.1
哈尔滨市	3 077 285	0.1	2 285 393	0.1	791 892	0.0
哈尔滨经济技术开发区	158 103	0.0	104 608	0.0	53 495	0.0
哈尔滨高新技术产业开发区	146 760	0.0	102 652	0.0	44 108	0.0
大庆市	14 984 966	0.4	1 300 880	0.1	13 684 086	0.8
大庆高新技术产业开发区	439 019	0.0	234 186	0.0	204 833	0.0
黑河市	2 227 352	0.1	186 157	0.0	2 041 195	0.1
绥芬河市	879 771	0.0	182 556	0.0	697 215	0.0
绥化市	754 635	0.0	649 045	0.0	105 590	0.0
绥化经济技术开发区	1 131	0.0	403	0.0	728	0.0
上海市	403 608 480	9.7	139 159 846	5.9	264 448 634	14.7

续表3

境内目的地/货源地	进出口		出口		进口	
	金额	比重（%）	金额	比重（%）	金额	比重（%）
上海漕河泾浦江高科技园区	4 065 817	0.1	1 774 547	0.1	2 291 271	0.1
上海经济技术开发区	17 506	0.0	5 636	0.0	11 870	0.0
上海闵行经济技术开发区	1 045 296	0.0	541 647	0.0	503 649	0.0
上海浦东新区	242 363 953	5.8	72 096 461	3.0	170 267 492	9.5
江苏省	582 165 330	13.9	354 638 138	14.9	227 527 192	12.7
南京市	49 612 207	1.2	24 262 481	1.0	25 349 727	1.4
南京高新技术外向型开发区	3 606 087	0.1	914 716	0.0	2 691 371	0.1
无锡市	79 535 757	1.9	50 512 827	2.1	29 022 930	1.6
无锡高新技术产业开发区	33 214 184	0.8	18 988 312	0.8	14 225 872	0.8
常州市	34 768 180	0.8	28 706 903	1.2	6 061 277	0.3
常州高新技术产业开发区	669 662	0.0	523 634	0.0	146 028	0.0
苏州市	252 484 219	6.0	151 225 913	6.4	101 258 306	5.6
南通市	42 300 782	1.0	27 371 319	1.2	14 929 463	0.8
南通经济技术开发区	5 732 659	0.1	3 023 891	0.1	2 708 769	0.2
连云港市	25 340 573	0.6	3 888 514	0.2	21 452 059	1.2
连云港经济技术开发区	1 275 259	0.0	643 331	0.0	631 929	0.0
浙江省	465 026 829	11.1	341 050 583	14.4	123 976 245	6.9
杭州市	53 770 381	1.3	39 502 101	1.7	14 268 281	0.8
杭州经济技术开发区	6 614 847	0.2	3 212 608	0.1	3 402 239	0.2
杭州高新技术产业开发区	2 568 949	0.1	688 942	0.0	1 880 007	0.1
宁波市	113 689 691	2.7	65 919 961	2.8	47 769 730	2.7
宁波经济技术开发区	8 103 088	0.2	2 801 580	0.1	5 301 508	0.3
宁波高新技术产业开发区	58 288	0.0	19 748	0.0	38 540	0.0

续表4

境内目的地/货源地	进出口		出口		进口	
	金额	比重（%）	金额	比重（%）	金额	比重（%）
宁波杭州湾经济技术开发区	811 002	0.0	554 942	0.0	256 059	0.0
温州市	24 532 822	0.6	22 760 706	1.0	1 772 115	0.1
温州经济技术开发区	652 521	0.0	638 192	0.0	14 329	0.0
湖州市	16 242 691	0.4	15 304 223	0.6	938 468	0.1
金华市	79 535 149	1.9	70 135 880	3.0	9 399 269	0.5
金华经济技术开发区	75 758	0.0	70 417	0.0	5 340	0.0
台州市	31 685 760	0.8	28 633 160	1.2	3 052 600	0.2
台州湾经济技术开发区	53	0.0	53	0.0	—	—
安徽省	82 672 179	2.0	57 278 093	2.4	25 394 086	1.4
合肥市	31 591 942	0.8	21 385 756	0.9	10 206 185	0.6
合肥高新技术产业开发区	2 202 230	0.1	1 548 089	0.1	654 141	0.0
芜湖市	12 396 550	0.3	10 048 525	0.4	2 348 026	0.1
芜湖经济技术开发区	6 371 810	0.2	5 281 228	0.2	1 090 582	0.1
芜湖高新技术产业开发区	214 843	0.0	169 354	0.0	45 489	0.0
蚌埠市	1 823 061	0.0	1 528 306	0.1	294 755	0.0
蚌埠高新技术产业开发区	139 256	0.0	66 561	0.0	72 694	0.0
淮南市	580 972	0.0	550 091	0.0	30 881	0.0
淮南经济技术开发区	4 048	0.0	4 011	0.0	37	0.0
淮南高新技术产业开发区	121	0.0	121	0.0	—	—
马鞍山市	4 595 600	0.1	2 595 689	0.1	1 999 912	0.1
马鞍山经济技术开发区	93 261	0.0	58 157	0.0	35 103	0.0
马鞍山慈湖高新技术产业开发区	3 422	0.0	364	0.0	3 058	0.0
铜陵市	7 966 356	0.2	1 005 864	0.0	6 960 492	0.4

续表5

境内目的地/货源地	进出口		出口		进口	
	金额	比重（%）	金额	比重（%）	金额	比重（%）
铜陵经济技术开发区	237 946	0.0	176 139	0.0	61 807	0.0
安庆市	3 204 273	0.1	2 759 452	0.1	444 821	0.0
安庆及桐城经济技术开发区	102 147	0.0	23 427	0.0	78 720	0.0
滁州市	6 271 838	0.2	5 526 034	0.2	745 804	0.0
滁州经济技术开发区	1 030 303	0.0	822 266	0.0	208 037	0.0
六安市	1 376 523	0.0	1 188 001	0.0	188 522	0.0
六安经济技术开发区	35 202	0.0	23 670	0.0	11 533	0.0
宣城市	2 907 078	0.1	2 668 847	0.1	238 231	0.0
宣城及宁国经济技术开发区	6 791	0.0	4 776	0.0	2 015	0.0
池州市	1 629 756	0.0	604 544	0.0	1 025 212	0.1
池州经济技术开发区	49 640	0.0	25 305	0.0	24 335	0.0
福建省	172 494 885	4.1	112 245 785	4.7	60 249 100	3.3
福州市	29 401 676	0.7	20 409 968	0.9	8 991 708	0.5
福州高新技术产业开发区	31 605	0.0	29 296	0.0	2 309	0.0
厦门市	47 439 165	1.1	30 310 334	1.3	17 128 831	1.0
厦门火炬高技术产业开发区	2 084 948	0.0	1 047 895	0.0	1 037 053	0.1
平潭	1 022 665	0.0	618 871	0.0	403 793	0.0
平潭综合实验区	949 460	0.0	547 873	0.0	401 587	0.0
江西省	58 114 103	1.4	39 893 042	1.7	18 221 061	1.0
南昌市	9 555 714	0.2	6 921 940	0.3	2 633 774	0.1
南昌及南昌小蓝经济技术开发区	359 812	0.0	63 074	0.0	296 739	0.0
景德镇市	1 247 939	0.0	989 910	0.0	258 028	0.0
景德镇高新技术产业开发区	2 226	0.0	495	0.0	1 731	0.0

续表6

境内目的地/货源地	进出口		出口		进口	
	金额	比重（%）	金额	比重（%）	金额	比重（%）
萍乡市	1 122 859	0.0	894 527	0.0	228 331	0.0
萍乡经济技术开发区	61 329	0.0	40 038	0.0	21 291	0.0
九江市	6 696 440	0.2	4 100 404	0.2	2 596 036	0.1
九江经济技术开发区	1 433 576	0.0	609 945	0.0	823 631	0.0
九江共青城高新技术产业开发区	27	0.0	9	0.0	18	0.0
新余市	5 784 999	0.1	2 711 792	0.1	3 073 207	0.2
新余高新技术产业开发区	199 261	0.0	121 756	0.0	77 505	0.0
鹰潭市	4 441 535	0.1	1 016 821	0.0	3 424 714	0.2
鹰潭高新技术产业开发区	144 156	0.0	74 604	0.0	69 551	0.0
赣州市	9 125 396	0.2	5 676 976	0.2	3 448 420	0.2
赣州、龙南及瑞金经济技术开发区	3 165 342	0.1	1 249 209	0.1	1 916 132	0.1
赣州高新技术产业开发区	1 642	0.0	753	0.0	889	0.0
宜春市	3 207 902	0.1	2 851 706	0.1	356 196	0.0
宜春经济技术开发区	19 815	0.0	8 326	0.0	11 489	0.0
宜春丰城高新技术产业开发区	41 067	0.0	1 028	0.0	40 038	0.0
上饶市	6 024 510	0.1	5 479 213	0.2	545 297	0.0
上饶经济技术开发区	3 697 923	0.1	3 577 612	0.2	120 311	0.0
吉安市	4 745 567	0.1	3 819 962	0.2	925 605	0.1
井冈山经济技术开发区	374 594	0.0	333 434	0.0	41 160	0.0
吉安高新技术产业开发区	524	0.0	140	0.0	384	0.0
抚州市	2 410 711	0.1	2 306 431	0.1	104 280	0.0
抚州高新技术产业开发区	1 168	0.0	573	0.0	595	0.0
山东省	397 317 964	9.5	210 693 593	8.9	186 624 371	10.4

续表7

境内目的地/货源地	进出口		出口		进口	
	金额	比重（%）	金额	比重（%）	金额	比重（%）
济南市	17 573 966	0.4	13 697 130	0.6	3 876 836	0.2
济南高新技术产业开发区	6 317 491	0.2	4 044 325	0.2	2 273 166	0.1
青岛市	112 971 184	2.7	42 312 481	1.8	70 658 703	3.9
青岛高新技术产业开发区	401 478	0.0	188 088	0.0	213 389	0.0
淄博市	10 624 069	0.3	7 102 708	0.3	3 521 361	0.2
淄博高新技术产业开发区	789 618	0.0	639 838	0.0	149 780	0.0
日照市	42 551 046	1.0	4 899 795	0.2	37 651 251	2.1
日照经济技术开发区	242 342	0.0	147 225	0.0	95 117	0.0
烟台市	54 285 405	1.3	27 870 483	1.2	26 414 921	1.5
烟台经济技术开发区	11 690 401	0.3	5 518 086	0.2	6 172 315	0.3
潍坊市	33 908 417	0.8	25 178 359	1.1	8 730 058	0.5
潍坊高新技术产业开发区	7 486 800	0.2	4 060 406	0.2	3 426 394	0.2
威海市	19 245 934	0.5	15 111 129	0.6	4 134 805	0.2
威海火炬高技术产业开发区	2 431 764	0.1	1 821 123	0.1	610 640	0.0
河南省	88 461 733	2.1	59 488 743	2.5	28 972 991	1.6
郑州市	53 786 577	1.3	35 238 794	1.5	18 547 783	1.0
郑州高新技术产业开发区	462 897	0.0	425 911	0.0	36 986	0.0
洛阳市	4 821 742	0.1	2 542 202	0.1	2 279 540	0.1
洛阳高新技术产业开发区	150 175	0.0	67 226	0.0	82 949	0.0
湖北省	60 132 975	1.4	39 768 574	1.7	20 364 401	1.1
武汉市	30 953 075	0.7	18 210 640	0.8	12 742 435	0.7
黄石市	4 647 285	0.1	1 633 475	0.1	3 013 810	0.2
黄石经济技术开发区	405 703	0.0	234 327	0.0	171 376	0.0

续表8

境内目的地/货源地	进出口		出口		进口	
	金额	比重（%）	金额	比重（%）	金额	比重（%）
十堰市	1 696 180	0.0	1 594 141	0.1	102 039	0.0
十堰经济技术开发区	225	0.0	225	0.0	—	—
襄阳市	3 203 502	0.1	2 607 389	0.1	596 112	0.0
襄阳经济技术开发区	86 602	0.0	83 946	0.0	2 656	0.0
襄阳高新技术产业开发区	565 952	0.0	413 208	0.0	152 744	0.0
枣阳经济技术开发区	1 950	0.0	1 950	0.0	0	0.0
鄂州市	731 594	0.0	348 660	0.0	382 933	0.0
鄂州葛店经济技术开发区	501	0.0	397	0.0	104	0.0
孝感市	1 704 334	0.0	1 342 388	0.1	361 946	0.0
汉川经济技术开发区	6 569	0.0	4 378	0.0	2 191	0.0
荆州市	2 332 640	0.1	1 911 852	0.1	420 789	0.0
荆州经济技术开发区	300 447	0.0	190 231	0.0	110 216	0.0
湖南省	42 652 665	1.0	31 002 883	1.3	11 649 782	0.6
长沙市	15 310 230	0.4	11 932 372	0.5	3 377 858	0.2
长沙经济技术开发区	829 578	0.0	580 038	0.0	249 540	0.0
长沙高新技术产业开发区	362 578	0.0	155 279	0.0	207 299	0.0
浏阳经济技术开发区	599 680	0.0	488 445	0.0	111 236	0.0
株洲市	2 286 876	0.1	1 819 619	0.1	467 257	0.0
株洲高新技术产业开发区	346 462	0.0	325 798	0.0	20 664	0.0
湘潭市	3 353 561	0.1	2 371 355	0.1	982 206	0.1
湘潭经济技术开发区	244 858	0.0	56 239	0.0	188 619	0.0
湘潭高新技术产业开发区	8 976	0.0	6 358	0.0	2 618	0.0
衡阳市	4 454 733	0.1	2 541 340	0.1	1 913 393	0.1

续表9

境内目的地/货源地	进出口		出口		进口	
	金额	比重（%）	金额	比重（%）	金额	比重（%）
衡阳高新技术产业开发区	8 475	0.0	6 883	0.0	1 592	0.0
岳阳市	2 903 468	0.1	1 562 537	0.1	1 340 931	0.1
常德市	1 326 505	0.0	1 055 344	0.0	271 161	0.0
常德经济技术开发区	127 864	0.0	10 027	0.0	117 836	0.0
常德高新技术产业开发区	3 603	0.0	3 515	0.0	88	0.0
益阳市	659 819	0.0	597 902	0.0	61 917	0.0
益阳高新技术产业开发区	30 587	0.0	13 829	0.0	16 758	0.0
郴州市	3 722 764	0.1	2 111 431	0.1	1 611 334	0.1
郴州高新技术产业开发区	541 333	0.0	280 770	0.0	260 563	0.0
广东省	941 122 084	22.5	587 538 319	24.7	353 583 765	19.7
广州市	130 032 801	3.1	78 689 804	3.3	51 342 997	2.9
广州高新技术产业开发区	3 753 389	0.1	1 821 255	0.1	1 932 134	0.1
广州南沙新区	16 339 710	0.4	7 982 922	0.3	8 356 788	0.5
深圳市	391 241 456	9.4	238 978 493	10.1	152 262 964	8.5
深圳科技工业园	10 526	0.0	4 323	0.0	6 203	0.0
珠海市	30 540 202	0.7	19 862 207	0.8	10 677 995	0.6
珠海经济技术开发区	2 174	0.0	77	0.0	2 097	0.0
珠海高新技术产业开发区	229 101	0.0	56 021	0.0	173 080	0.0
珠海横琴新区	285 833	0.0	226 342	0.0	59 491	0.0
汕头市	10 299 814	0.2	8 455 069	0.4	1 844 745	0.1
佛山市	63 823 549	1.5	51 109 643	2.2	12 713 906	0.7
江门市	19 559 830	0.5	15 929 372	0.7	3 630 458	0.2
湛江市	18 270 032	0.4	3 076 836	0.1	15 193 196	0.8

续表10

境内目的地/货源地	进出口		出口		进口	
	金额	比重（%）	金额	比重（%）	金额	比重（%）
湛江经济技术开发区	6 333 074	0.2	1 317 994	0.1	5 015 079	0.3
茂名市	9 298 049	0.2	1 238 322	0.1	8 059 726	0.4
茂名高新技术产业开发区	1 903	0.0	179	0.0	1 724	0.0
惠州市	46 083 947	1.1	27 164 737	1.1	18 919 209	1.1
惠州高新技术产业开发区	13 529 578	0.3	9 672 681	0.4	3 856 897	0.2
阳江市	4 406 492	0.1	1 910 954	0.1	2 495 538	0.1
东莞市	145 426 639	3.5	93 093 931	3.9	52 332 708	2.9
东莞松山湖高新技术产业开发区	2 355 154	0.1	1 423 178	0.1	931 976	0.1
中山市	28 490 319	0.7	24 730 010	1.0	3 760 309	0.2
中山火炬高技术产业开发区	805 689	0.0	636 801	0.0	168 889	0.0
广西壮族自治区	77 978 315	1.9	27 665 621	1.2	50 312 694	2.8
南宁市	9 457 665	0.2	5 303 930	0.2	4 153 735	0.2
南宁高新技术产业开发区	377 089	0.0	257 981	0.0	119 108	0.0
桂林市	1 345 624	0.0	1 157 097	0.0	188 526	0.0
桂林新技术产业开发区	184 418	0.0	169 079	0.0	15 338	0.0
北海市	7 427 540	0.2	1 044 928	0.0	6 382 612	0.4
崇左市	18 051 461	0.4	11 796 111	0.5	6 255 349	0.3
防城港市	15 620 011	0.4	586 149	0.0	15 033 861	0.8
海南省	18 354 260	0.4	5 883 076	0.2	12 471 184	0.7
海口市	4 054 650	0.1	1 620 606	0.1	2 434 044	0.1
海南国际科技工业园	45 045	0.0	10 240	0.0	34 805	0.0
儋州市	22 963	0.0	4 305	0.0	18 657	0.0
洋浦经济开发区	10 156 886	0.2	2 952 098	0.1	7 204 787	0.4

续表11

境内目的地/货源地	进出口		出口		进口	
	金额	比重（%）	金额	比重（%）	金额	比重（%）
重庆市	63 993 056	1.5	43 254 496	1.8	20 738 560	1.2
重庆高新技术产业开发区	135 205	0.0	101 470	0.0	33 736	0.0
重庆两江新区	17 902 800	0.4	11 182 618	0.5	6 720 181	0.4
万州经济技术开发区	299 521	0.0	63 830	0.0	235 692	0.0
重庆经济技术开发区	512 450	0.0	493 195	0.0	19 254	0.0
长寿经济技术开发区	23 177	0.0	20 351	0.0	2 826	0.0
四川省	98 775 145	2.4	58 704 223	2.5	40 070 922	2.2
成都市	72 024 074	1.7	41 152 895	1.7	30 871 179	1.7
成都经济技术开发区	1 887 573	0.0	1 166 806	0.0	720 767	0.0
泸州市	1 870 125	0.0	1 134 073	0.0	736 051	0.0
泸州高新技术产业开发区	434 865	0.0	127 639	0.0	307 226	0.0
绵阳市	2 308 724	0.1	1 485 659	0.1	823 065	0.0
绵阳经济技术开发区	14 569	0.0	13 080	0.0	1 489	0.0
绵阳高新技术产业开发区	717 388	0.0	268 790	0.0	448 598	0.0
广元市	130 948	0.0	36 343	0.0	94 605	0.0
广元经济技术开发区	2 797	0.0	19	0.0	2 777	0.0
乐山市	913 390	0.0	645 550	0.0	267 840	0.0
乐山高新技术产业开发区	1 609	0.0	1 601	0.0	8	0.0
宜宾市	7 292 221	0.2	5 169 048	0.2	2 123 173	0.1
宜宾临港经济技术开发区	1 467 728	0.0	1 077 947	0.0	389 781	0.0
贵州省	7 297 090	0.2	5 436 020	0.2	1 861 070	0.1
贵阳市	2 590 579	0.1	1 913 156	0.1	677 423	0.0
贵阳高新技术产业开发区	62 745	0.0	29 395	0.0	33 351	0.0

续表12

境内目的地/货源地	进出口		出口		进口	
	金额	比重（%）	金额	比重（%）	金额	比重（%）
云南省	28 087 336	0.7	11 407 229	0.5	16 680 106	0.9
昆明市	15 344 416	0.4	6 175 045	0.3	9 169 371	0.5
昆明高新技术产业开发区	3 178 724	0.1	2 235 895	0.1	942 829	0.1
红河州	3 386 164	0.1	1 182 914	0.0	2 203 250	0.1
蒙自经济技术开发区	1 498 602	0.0	705 657	0.0	792 946	0.0
曲靖市	710 884	0.0	350 762	0.0	360 122	0.0
曲靖经济技术开发区	4 582	0.0	742	0.0	3 840	0.0
西藏自治区	434 141	0.0	392 265	0.0	41 876	0.0
拉萨市	282 630	0.0	253 755	0.0	28 875	0.0
拉萨经济技术开发区	15 879	0.0	15 829	0.0	50	0.0
陕西省	36 785 083	0.9	25 382 095	1.1	11 402 987	0.6
西安市	30 816 116	0.7	20 691 512	0.9	10 124 604	0.6
陕西航天、陕西航空、陕西西安经济技术开发区	340 623	0.0	191 186	0.0	149 437	0.0
宝鸡市	1 175 784	0.0	951 601	0.0	224 183	0.0
宝鸡高新技术产业开发区	307 689	0.0	165 747	0.0	141 943	0.0
汉中市	463 228	0.0	436 062	0.0	27 166	0.0
汉中经济技术开发区	662	0.0	417	0.0	245	0.0
榆林市	1 011 876	0.0	904 576	0.0	107 300	0.0
榆林经济技术开发区	587	0.0	586	0.0	1	0.0
甘肃省	5 650 843	0.1	1 914 542	0.1	3 736 301	0.2
兰州市	1 219 594	0.0	790 929	0.0	428 665	0.0
兰州新技术产业开发区	8 277	0.0	7 405	0.0	872	0.0

续表13

境内目的地/货源地	进出口		出口		进口	
	金额	比重（%）	金额	比重（%）	金额	比重（%）
青海省	482 356	0.0	354 846	0.0	127 509	0.0
西宁市	293 668	0.0	183 259	0.0	110 409	0.0
西宁经济技术开发区	36 604	0.0	26 346	0.0	10 258	0.0
青海高新技术产业开发区	1 640	0.0	95	0.0	1 545	0.0
海西州	61 067	0.0	54 017	0.0	7 050	0.0
格尔木昆仑经济技术开发区	6 880	0.0	876	0.0	6 004	0.0
宁夏回族自治区	3 127 795	0.1	2 364 830	0.1	762 965	0.0
银川市	1 460 685	0.0	870 246	0.0	590 438	0.0
银川经济技术开发区	92 090	0.0	10 629	0.0	81 462	0.0
新疆维吾尔自治区	44 382 074	1.1	27 906 126	1.2	16 475 948	0.9
乌鲁木齐市	19 023 675	0.5	18 404 053	0.8	619 622	0.0
乌鲁木齐经济技术开发区	1 037 717	0.0	823 721	0.0	213 995	0.0
乌鲁木齐高新技术产业开发区	137 279	0.0	15 626	0.0	121 653	0.0
博州	2 781 877	0.1	627 019	0.0	2 154 858	0.1
伊犁州	11 852 076	0.3	3 537 238	0.1	8 314 838	0.5
石河子市	309 304	0.0	274 967	0.0	34 337	0.0
石河子经济技术开发区	101 574	0.0	92 608	0.0	8 966	0.0

2023 年进出口商品关别总值表

单位：万元人民币

关　别	进出口		出　口		进　口	
	金额	比重（%）	金额	比重（%）	金额	比重（%）
总　值	4 175 101 093	100.0	2 376 563 642	100.0	1 798 537 451	100.0
北京海关	74 155 047	1.8	16 528 246	0.7	57 626 801	3.2
天津海关	182 786 007	4.4	94 812 524	4.0	87 973 483	4.9
石家庄海关	49 412 014	1.2	11 399 242	0.5	38 012 772	2.1
太原海关	3 456 825	0.1	692 086	0.0	2 764 739	0.2
满洲里海关	9 971 995	0.2	6 117 387	0.3	3 854 608	0.2
呼和浩特海关	13 628 734	0.3	3 678 892	0.2	9 949 842	0.6
沈阳海关	15 810 319	0.4	2 643 855	0.1	13 166 464	0.7
大连海关	94 895 441	2.3	43 130 781	1.8	51 764 660	2.9
长春海关	7 176 970	0.2	2 516 123	0.1	4 660 847	0.3
哈尔滨海关	24 056 816	0.6	6 040 039	0.3	18 016 777	1.0
上海海关	773 371 720	18.5	462 209 058	19.4	311 162 662	17.3
南京海关	359 219 557	8.6	179 216 944	7.5	180 002 613	10.0
杭州海关	172 600 905	4.1	96 438 096	4.1	76 162 809	4.2
宁波海关	239 848 126	5.7	173 659 730	7.3	66 188 397	3.7
合肥海关	38 051 278	0.9	18 225 542	0.8	19 825 736	1.1
福州海关	39 456 374	0.9	16 262 633	0.7	23 193 741	1.3
厦门海关	119 970 199	2.9	81 007 045	3.4	38 963 153	2.2
南昌海关	23 852 887	0.6	10 869 196	0.5	12 983 691	0.7
青岛海关	324 570 627	7.8	162 716 372	6.8	161 854 255	9.0
济南海关	59 402 396	1.4	32 123 630	1.4	27 278 766	1.5
郑州海关	65 217 748	1.6	41 179 382	1.7	24 038 366	1.3
武汉海关	35 080 173	0.8	19 618 223	0.8	15 461 951	0.9
长沙海关	19 627 179	0.5	8 420 664	0.4	11 206 515	0.6
广州海关	174 057 544	4.2	124 430 527	5.2	49 627 017	2.8
黄埔海关	159 821 727	3.8	83 041 737	3.5	76 779 991	4.3
深圳海关	624 418 637	15.0	425 999 101	17.9	198 419 536	11.0
拱北海关	46 051 679	1.1	30 902 647	1.3	15 149 032	0.8

续表

关别	进出口		出口		进口	
	金额	比重（%）	金额	比重（%）	金额	比重（%）
汕头海关	24 686 178	0.6	11 129 733	0.5	13 556 445	0.8
海口海关	17 489 548	0.4	5 440 652	0.2	12 048 896	0.7
湛江海关	29 282 588	0.7	3 339 992	0.1	25 942 596	1.4
江门海关	12 993 303	0.3	8 682 917	0.4	4 310 386	0.2
南宁海关	88 190 070	2.1	39 593 801	1.7	48 596 269	2.7
成都海关	72 421 919	1.7	40 221 304	1.7	32 200 615	1.8
重庆海关	57 295 306	1.4	38 305 001	1.6	18 990 305	1.1
贵阳海关	2 727 184	0.1	1 543 527	0.1	1 183 657	0.1
昆明海关	22 426 578	0.5	8 592 734	0.4	13 833 844	0.8
拉萨海关	544 891	0.0	493 925	0.0	50 967	0.0
西安海关	30 782 641	0.7	20 311 499	0.9	10 471 142	0.6
乌鲁木齐海关	63 528 628	1.5	44 608 291	1.9	18 920 336	1.1
兰州海关	2 277 076	0.1	206 747	0.0	2 070 328	0.1
银川海关	342 817	0.0	139 660	0.0	203 158	0.0
西宁海关	143 440	0.0	74 157	0.0	69 284	0.0

2023 年进出口商品运输方式总值表

单位：万元人民币

运输方式	进出口		出　口		进　口	
	金额	比重（%）	金额	比重（%）	金额	比重（%）
总　值	4 175 101 093	100.0	2 376 563 642	100.0	1 798 537 451	100.0
水路运输	2 698 935 084	64.6	1 636 820 755	68.9	1 062 114 329	59.1
铁路运输	66 917 927	1.6	42 772 638	1.8	24 145 289	1.3
公路运输	558 031 625	13.4	306 358 058	12.9	251 673 567	14.0
航空运输	749 074 034	17.9	330 370 402	13.9	418 703 631	23.3
邮件运输	1 869 030	0.0	1 010 465	0.0	858 564	0.0
其他运输	99 912 248	2.4	58 873 217	2.5	41 039 031	2.3
固定设施	353 384	0.0	353 384	0.0	—	—
旅客携带	7 762	0.0	4 723	0.0	3 039	0.0

2023年进出口商品前40位国别（地区）总值表

单位：万元人民币

名次	最终目的国（地区）	出　口	原产国（地区）	进　口
	总　值	2 376 563 642	总　值	1 798 537 451
1	美国	351 949 896	中国台湾	140 243 627
2	中国香港	193 020 339	美国	114 996 682
3	日本	110 733 858	韩国	113 789 796
4	韩国	104 661 284	日本	113 080 943
5	越南	96 828 694	澳大利亚	109 736 519
6	印度	82 781 646	俄罗斯联邦	91 061 217
7	俄罗斯联邦	78 187 821	巴西	86 400 017
8	德国	70 683 876	德国	74 741 324
9	荷兰	70 370 994	中华人民共和国	73 216 925
10	马来西亚	61 419 535	马来西亚	72 452 609
11	墨西哥	57 295 827	越南	64 985 586
12	英国	54 832 095	印度尼西亚	52 080 986
13	新加坡	54 037 653	沙特阿拉伯	45 174 131
14	泰国	53 214 832	瑞士	37 660 685
15	澳大利亚	51 924 210	泰国	35 524 668
16	中国台湾	48 184 658	加拿大	30 903 263
17	印度尼西亚	45 857 780	智利	30 190 400
18	巴西	41 582 499	阿拉伯联合酋长国	27 631 606
19	阿拉伯联合酋长国	39 159 069	法国	26 238 430
20	菲律宾	36 793 341	伊拉克	24 930 182
21	加拿大	31 703 280	南非	22 471 811
22	意大利	31 283 646	新加坡	22 094 817
23	沙特阿拉伯	30 134 809	阿曼	21 980 312
24	法国	29 266 348	意大利	19 170 778
25	西班牙	27 907 209	秘鲁	17 967 493
26	土耳其	27 275 618	卡塔尔	14 697 675
27	波兰	26 128 638	英国	14 135 981
28	比利时	22 855 061	菲律宾	13 698 659

续表

名次	最终目的国（地区）	出　口	原产国（地区）	进　口
29	哈萨克斯坦	17 407 537	安哥拉	13 335 193
30	南非	16 604 788	墨西哥	13 182 993
31	孟加拉国	16 113 390	印度	13 024 949
32	尼日利亚	14 164 060	爱尔兰	12 229 983
33	吉尔吉斯共和国	13 914 413	科威特	12 053 268
34	智利	13 710 124	荷兰	11 942 430
35	巴基斯坦	12 171 399	哈萨克斯坦	11 500 211
36	捷克	11 456 610	刚果民主共和国	10 011 597
37	以色列	10 519 606	中国香港	9 583 500
38	埃及	10 500 597	新西兰	9 452 025
39	伊拉克	10 051 684	蒙古国	9 234 077
40	希腊	8 958 978	土库曼斯坦	6 761 795

2023年出口商品排序表（前100位）

单位：万元人民币

序号	商品编码	商品名称	数量单位	数量	金额
	总　值			—	2 376 563 642
1	85171300	智能手机	台	569 633 911	96 429 490
			千克	182 554 851	—
2	84713090	其他重量不超过10千克的便携式自动数据处理设备	台	140 608 504	53 277 461
			千克	315 388 408	—
3	98040000	低值简易通关商品	千克	9 064 417 253	46 575 097
4	85076000	锂离子蓄电池	个	3 621 161 741	45 735 848
			千克	2 380 818 916	—
5	85423290	其他用作存储器的集成电路	个	23 452 733 786	37 049 870
			千克	4 435 452	—
6	85423190	其他用作处理器及控制器的集成电路	个	76 250 601 335	34 102 249
			千克	14 579 288	—
7	85414300	已装在组件内或组装成块的光电池	个	427 322 342	27 658 076
			千克	10 177 379 278	—
8	87038000	仅装有驱动电动机的主要用于载人的机动车	辆	1 542 860	24 030 503
			千克	2 185 484 613	—
9	84733090	品目84.71所列其他机器的零件、附件	千克	485 739 682	18 420 225
10	85423990	其他集成电路	个	146 842 313 851	17 494 646
			千克	12 342 960	—
11	84713010	平板电脑	台	113 596 390	16 413 782
			千克	86 862 067	—
12	95030089	未列名玩具及模型	个	34 309 490 576	14 513 751
			千克	1 811 924 164	—
13	39269090	未列名塑料制品	千克	3 103 508 214	14 111 291
14	85176299	其他接收、转换并且发送或再生声音、图像或其他数据用的设备	台	832 953 951	13 410 268
			千克	154 204 939	—
15	64029929	未列名塑料制鞋面的鞋靴	千克	1 647 175 887	12 287 283
			双	3 692 625 915	—
16	73089000	其他钢铁结构体；钢结构体用部件及加工钢材	千克	8 687 575 827	11 369 235

续表1

序号	商品编码	商品名称	数量单位	数量	金额
17	85249190	未列名液晶平板显示模组	个	471 146 025	11 236 161
			千克	421 819 746	—
18	84715040	微型机的处理部件	台	33 807 534	10 790 207
			千克	85 375 130	—
19	85177930	手持式无线电话机用零件（天线除外）	千克	57 868 937	9 524 674
20	85177990	品目 85.17 所列设备用其他零件	千克	242 480 806	9 514 560
21	42021290	以塑料或纺织材料作面的提箱、小手袋、公文箱、公文包、书包及类似容器	千克	1 514 318 098	9 485 062
			个	2 521 475 334	—
22	27101911	航空煤油，不含有生物柴油	千克	15 816 660 597	9 410 945
			升	19 707 559 108	—
23	95045030	其他视频游戏控制器及设备	台	45 036 059	9 229 849
			千克	136 101 149	—
24	85287222	液晶显示器彩色数字电视接收机	台	89 610 236	8 996 476
			千克	741 300 586	—
25	61103000	化纤制针织钩编套头衫、开襟衫、外穿背心等	件	2 003 850 817	8 746 368
			千克	718 126 913	—
26	27101923	柴油，不含生物柴油	千克	13 811 249 670	8 124 320
			升	16 243 750 829	—
27	27101922	5~7 号燃料油，不含有生物柴油	千克	18 627 633 319	7 889 068
			升	18 907 336 644	—
28	94054290	非光伏的且设计为仅使用发光二极管（LED）光源的其他电灯及照明装置	千克	853 218 295	7 559 455
29	85437099	未列名具有独立功能的电气设备及装置	台	1 689 118 803	7 506 057
			千克	261 070 290	—
30	94032000	其他金属家具	件	382 291 630	7 344 326
			千克	3 048 325 302	—
31	85044099	未列名静止式变流器	个	1 864 224 323	7 339 726
			千克	351 144 315	—
32	87032230	仅装有点燃式活塞内燃发动机的小轿车，1 000 cc<排量≤1 500 cc	辆	993 629	7 339 190
			千克	1 290 892 045	—
33	64041990	橡胶或塑料制外底，纺织材料制鞋面的其他鞋靴	千克	831 617 551	7 143 619
			双	1 546 724 549	—
34	85371090	其他电气控制或电力分配盘板台等，电压≤1 000 V	个	569 912 755	7 131 259
			千克	260 579 906	—

续表2

序号	商品编码	商品名称	数量单位	数量	金额
35	42029200	以塑料片或纺织材料作面的其他类似容器	千克	906 553 252	7 122 248
			个	5 936 683 600	—
36	40112000	客车或货运机动车辆用新的充气橡胶轮胎	千克	4 620 163 848	7 088 410
			条	124 150 083	—
37	73269090	未列名非工业用钢铁制品	千克	2 474 659 049	7 024 693
38	27101210	车用汽油和航空汽油，不含有生物柴油	千克	12 286 074 153	7 018 963
			升	17 053 070 915	—
39	85044030	逆变器	个	51 194 711	6 960 542
			千克	333 373 226	—
40	54075200	聚酯变形长丝≥85%染色布	米	10 308 259 433	6 753 195
			千克	2 082 553 212	—
41	85176294	无线耳机、无线耳塞	个	616 296 609	6 557 446
			千克	83 206 983	—
42	85340010	四层以上的印刷电路	块	4 329 217 548	6 518 336
			千克	95 954 205	—
43	39241000	塑料制餐具及厨房用具	千克	1 956 455 459	6 390 977
44	85285212	其他可直接连接品目 84.71 的自动数据处理设备的彩色液晶监视器	台	84 674 343	6 386 147
			千克	459 483 947	—
45	84718000	自动数据处理设备的其他部件	台	106 413 307	6 339 029
			千克	46 862 360	—
46	87032250	仅装有点燃式活塞内燃发动机的小客车（9 座及以下），1 000 cc<排量≤1 500 cc	辆	774 833	6 234 410
			千克	1 074 089 710	—
47	85249210	其他专用于或主要用于品目 85.17 所列装置的有机发光二极管（OLED）平板显示模组	个	248 925 290	6 038 451
			千克	7 346 162	—
48	94054990	其他电气灯具及照明装置	千克	713 239 459	5 990 723
49	94036099	未列名木家具	件	203 881 428	5 878 697
			千克	2 820 983 120	—
50	87032343	仅装有点燃式活塞内燃发动机的小客车（9 座及以下），1 500 cc<排量≤2 000 cc	辆	453 841	5 831 775
			千克	771 934 213	—
51	87089999	品目 87.01 至 87.04 所列其他车辆用未列名零、附件	千克	1 037 545 710	5 830 131
52	85340090	四层及以下的印刷电路	块	36 073 162 484	5 791 675
			千克	213 480 075	—
53	24041200	其他含尼古丁的非经燃烧吸用的产品	千克	203 113 997	5 741 332

续表3

序号	商品编码	商品名称	数量单位	数量	金额
54	84818040	其他阀门	套	1 968 414 906	5 645 506
			千克	928 921 104	—
55	84295212	上部 360 度旋转的履带式挖掘机	台	186 662	5 624 285
			千克	2 191 298 228	—
56	40111000	机动小客车用新的充气橡胶轮胎	千克	2 862 637 890	5 529 103
			条	307 547 818	—
57	71131919	其他黄金制首饰及其零件	克	127 574 024	5 438 956
58	87082990	车身（包括驾驶室）的未列名零件、附件	千克	696 158 934	5 388 119
59	84314999	品目 84.26、84.29 及 84.30 所列机械的未列名零件	千克	2 772 025 903	5 286 064
60	84717011	固态硬盘（SSD）	台	157 191 027	4 932 566
			千克	4 689 949	—
61	89019022	可载标准集装箱>6 000 箱的机动集装箱船	艘	59	4 929 450
			千克	2 830 643 140	—
62	94017190	其他带软垫的金属框架坐具	个	181 893 453	4 814 702
			千克	1 240 915 317	—
63	84798999	未列名具有独立功能的机器及机械器具	台	393 559 113	4 718 163
			千克	660 888 259	—
64	39249000	塑料制其他家庭用具及卫生或盥洗用具	千克	1 188 926 631	4 687 745
65	73239300	不锈钢制餐桌、厨房或其他家用器具及其零件	千克	839 865 027	4 663 627
66	42022200	以塑料片或纺织材料作面的手提包	千克	486 701 120	4 600 248
			个	1 943 342 194	—
67	85098090	其他家用电动器具	台	405 161 027	4 590 015
			千克	416 823 373	—
68	85412900	耗散功率≥1 瓦的晶体管	个	35 366 940 608	4 541 732
			千克	19 871 816	—
69	69111019	其他瓷制餐具	千克	1 851 292 559	4 502 400
70	7087141000	摩托车（包括机器脚踏两用车）用零件、附件	千克	1 083 360 725	4 474 055
71	87012100	仅装有压燃式活塞内燃发动机（柴油或半柴油发动机）的半挂车用的公路牵引车	辆	136 925	4 370 122
			千克	1 158 534 002	—
72	94051100	设计为仅使用发光二极管（LED）光源的枝形吊灯及天花板或墙壁上的其他电气照明装	个	1 034 867 520	4 368 140
			千克	536 418 893	—
73	28252010	氢氧化锂	千克	130 009 396	4 358 581

续表4

序号	商品编码	商品名称	数量单位	数量	金额
74	94016190	其他带软垫的木框架坐具	个	66 490 019	4 312 989
			千克	1 277 777 969	—
75	72104900	其他镀或涂锌普通钢铁板材	千克	7 915 535 469	4 276 806
76	62046200	棉制女裤	条	931 428 058	4 194 989
			千克	416 775 883	—
77	69101000	瓷制固定卫生设备	千克	1 786 143 259	4 092 310
			件	92 332 568	—
78	95051000	圣诞节用品	千克	575 733 761	4 068 983
79	61102000	棉制针织钩编的套头衫、开襟衫、外穿背心等	件	873 463 949	4 056 563
			千克	332 912 485	—
80	84818090	龙头、旋塞及类似装置	套	867 365 153	3 981 504
			千克	460 217 595	—
81	39264000	塑料制小雕塑品及其他装饰品	千克	657 950 028	3 905 481
82	62024090	化学纤维制女式其他大衣、短大衣、斗篷、短斗篷、带风帽的防寒短上衣、防风衣、防风短上衣及类似品	件	367 430 776	3 840 561
			千克	289 524 589	—
83	85081100	电动真空吸尘器，功率≤1 500 W，集尘器容积≤20 L	台	137 529 157	3 836 302
			千克	437 313 611	—
84	84159090	编码 84151022、84152000、84158120、84158220 及 84158300 所列设备的零件	千克	663 508 829	3 828 024
85	63079090	第一分章的未列名制成品，包括服装裁剪样	千克	796 810 812	3 819 142
			个	16 262 801 416	—
86	85285910	其他彩色监视器	台	34 042 246	3 810 488
			千克	167 347 622	—
87	60063200	合成纤维制染色其他针织或钩编织物	米	4 183 042 319	3 802 773
			千克	1 169 720 915	—
88	38180019	直径>15. 24 cm 的单晶硅切片	千克	94 623 208	3 774 209
			片	7 913 141 406	—
89	72107010	厚度小于 1. 5 毫米的涂漆或涂塑的铁或非合金钢平板轧材，宽度≥600 mm	千克	5 826 241 091	3 767 008
90	38249999	未列名化学工业及其相关工业的化学产品及配制品	千克	3 890 413 234	3 761 594
91	95030060	智力玩具	套	2 151 543 688	3 697 839
			千克	506 747 543	—

续表5

序号	商品编码	商品名称	数量单位	数量	金额
92	64039900	其他橡、塑或再生皮革外底，皮革鞋面的鞋靴	千克	265 607 527	3 664 601
			双	370 502 785	—
93	39181090	氯乙烯聚合物制铺地制品	千克	4 599 719 434	3 641 887
94	84151021	制冷量≤4 000 大卡/时的分体窗式、壁式、置于天花板或地板上的空气调节器	台	32 278 829	3 632 846
			千克	999 877 254	—
95	85369011	工作电压不超过 36 伏的接插件	千克	67 622 772	3 614 322
96	95030083	带动力装置的其他玩具及模型	个	644 011 973	3 527 234
			千克	259 186 247	—
97	89019041	载重量≤15 万吨的机动散货船	艘	298	3 510 472
			千克	3 281 368 944	—
98	84439990	品目 84.43 所列设备用其他零件及附件	千克	312 733 826	3 507 725
99	85044014	其他功率<1 kW 直流稳压电源，精度<1/10 000	个	1 031 666 204	3 495 088
			千克	172 085 102	—
100	87042300	仅装有柴油发动机，车辆总重量超过 20 吨的其他货车	辆	112 068	3 486 310
			千克	1 752 847 046	—

2023年进口商品排序表（前100位）

单位：万元人民币

序号	商品编码	商品名称	数量单位	数量	金额
		总　值		—	1 798 537 451
1	27090000	石油原油及从沥青矿物提取的原油	千克	563 940 473 219	237 541 882
2	85423190	其他用作处理器及控制器的集成电路	个	122 553 145 710	109 299 171
			千克	20830386	—
3	26011120	平均粒度≥0.8 mm，<6.3 mm 未烧结铁矿砂及精矿	千克	808 887 589 626	63 395 955
4	71081200	其他未锻造金，非货币用	克	1 447 293 590	63 103 340
5	85423990	其他集成电路	个	266 403 956 770	53 594 838
			千克	17 914 602	—
6	85423290	其他用作存储器的集成电路	个	42 534 798 044	52 777 070
			千克	8 096 641	—
7	26030000	铜矿砂及其精矿	千克	27 529 185 981	42 100 155
8	12019019	转基因黄大豆	千克	96 908 917 481	40 930 675
9	27111100	液化天然气	千克	71 190 682 658	31 598 659
10	74031111	未锻轧铜含量>99.993 5%的精炼铜阴极	千克	3 224 561 944	19 430 825
11	26011190	平均粒度≥6.3 mm 未烧结铁矿砂及其精矿	千克	210 113 279 030	17 962 244
12	85249210	其他专用于或主要用于品目 85.17 所列装置的有机发光二极管（OLED）平板显示模组	个	277 924 126	15 881 715
			千克	8 095 222	—
13	85423119	其他用作处理器及控制器的多元件集成电路	个	2 218 313 398	13 965 526
			千克	741 222	—
14	27112100	天然气	千克	48 665 916 351	13 642 052
15	27011210	炼焦煤	千克	101 815 321 616	12 181 004
16	27011290	其他烟煤	千克	148 903 273 048	12 021 094
17	72026000	镍铁	千克	8 370 099 014	11 786 876
18	26011110	平均粒度<0.8 mm 未烧结铁矿砂及其精矿	千克	135 331 222 400	11 763 354
19	30049090	未列名混合或非混合产品构成的药品，已配定剂量或制成零售包装	千克	60 832 733	11 567 666
20	27111200	液化丙烷	千克	25 688 206 912	11 204 005
21	85299042	非特种用途的取像模块	千克	1 870 169	10 641 334

续表1

序号	商品编码	商品名称	数量单位	数量	金额
22	25309099	未列名矿产品	千克	6 479 574 275	10 498 267
23	74040000	铜废料及碎料	千克	1 985 771 896	10 154 138
24	84733090	品目 84.71 所列其他机器的零件、附件	千克	30 733 675	9 717 623
25	33049900	其他美容品或化妆品及护肤品	千克	152 094 626	9 278 895
			件	3 763 231 570	—
26	02023000	冻去骨牛肉	千克	2 235 037 955	8 532 300
27	27021000	褐煤，不论是否粉化，但未制成型	千克	163 142 197 209	8 119 137
28	84718000	自动数据处理设备的其他部件	台	11 391 390	8 084 689
			千克	6 150 919	—
29	27101922	5~7 号燃料油，不含有生物柴油	千克	22 435 915 680	7 676 650
			升	22 772 454 423	—
30	87032362	仅装有点燃式活塞内燃发动机的越野车（4 轮驱动），2 500 cc<排量≤3 000 cc	辆	120 054	7 123 879
			千克	296 979 894	—
31	47032900	半漂白或漂白非针叶木烧碱木浆或硫酸盐木浆	千克	16 350 424 862	7 005 645
32	29024300	对二甲苯	千克	9 096 305 618	6 644 935
33	85412900	耗散功率≥1 瓦的晶体管	个	43 827 979 807	6 436 996
			千克	16 527 252	—
34	84717011	固态硬盘（SSD）	台	171 462 892	6 423 738
			千克	3 126 935	—
35	10059000	玉米，种用除外	千克	27 121 792 412	6 335 218
36	98040000	低值简易通关商品	千克	97 881 682 277	6 085 580
37	26060000	铝矿砂及其精矿	千克	141 236 778 533	6 033 568
38	74020000	未精炼铜；电解精炼用的铜阳极	千克	993 573 838	5 894 376
39	27101220	石脑油，不含有生物柴油	千克	12 711 225 191	5 890 313
			升	17 605 046 893	—
40	85241100	液晶平板显示模组，不含驱动器或控制电路	个	1 098 533 386	5 254 624
			千克	121 436 149	—
41	87084091	品目 87.03 所列车辆用自动换挡变速箱及其零件	个	410 866 263	5 176 076
			千克	353 572 204	—
42	87032361	仅装有点燃式活塞内燃发动机的小轿车，2 500 cc<排量≤3 000 cc	辆	84 263	5 096 202
			千克	176 158 689	—
43	84862039	其他投影绘制电路图的制半导体件或 IC 的装置	台	790	5 045 689
			千克	7 007 051	—

续表2

序号	商品编码	商品名称	数量单位	数量	金额
44	30021500	免疫制品，已配定剂量或制成零售包装	千克	1 810 901	5 021 061
45	47032100	半漂白或漂白的针叶木烧碱木浆或硫酸盐木浆	千克	9 205 983 126	5 006 399
46	08106000	鲜榴莲	千克	1 425 858 365	4 723 240
47	38249999	未列名化学工业及其相关工业的化学产品及配制品	千克	1 861 754 554	4 572 390
48	85423390	其他用作放大器的集成电路	个	30 992 963 608	4 513 083
			千克	1 861 279	—
49	28369100	锂的碳酸盐	千克	158 749 395	4 432 983
50	84717019	硬盘驱动器（固态硬盘除外）	台	63 635 816	4 429 299
			千克	29 875 196	—
51	85322410	片式多层瓷介电容器	千克	15 644 354	4 382 716
			千个	2 220 646 870	—
52	30024100	人用疫苗	千克	1 758 330	4 380 391
53	88024020	空载重量>45 000 kg 的飞机等航空器	架	68	4 307 368
			千克	6 002 125	—
54	87032341	仅装有点燃式活塞内燃发动机的小轿车，1 500 cc<排量≤2 000 cc	辆	191 567	4 307 348
			千克	311 633 648	—
55	85423910	其他多元件集成电路	个	9 206 574 847	4 156 617
			千克	2 389 027	—
56	85423310	用作放大器的多元件集成电路	个	4 138 387 993	4 092 244
			千克	241 002	—
57	38221900	其他附于衬背上的诊断或实验用试剂及不论是否附于衬背上的配制试剂	千克	21 140 756	3 955 181
58	84798999	未列名具有独立功能的机器及机械器具	台	45 176 938	3 921 629
			千克	91 499 140	—
59	90318090	未列名测量或检验仪器、器具及机器	台	578 166 379	3 910 938
			千克	21 637 269	—
60	71023900	其他非工业用钻石	克拉	5 817 049	3 899 934
61	26169000	其他贵金属矿砂及其精矿	千克	2 251 855 086	3 784 606
62	27150000	以天然沥青等为基本成分的沥青混合物	千克	12 912 477 193	3 727 838
			升	13 106 167 417	—
63	39014020	初级形状的线型低密度聚乙烯，比重<0. 94	千克	5 187 929 841	3 699 880
64	21069090	未列名食品	千克	213 529 494	3 688 400
65	85369011	工作电压不超过 36 伏的接插件	千克	52 165 114	3 687 956

续表3

序号	商品编码	商品名称	数量单位	数量	金额
66	84119100	涡轮喷气发动机或涡轮螺桨发动机的零件	千克	2 766 940	3 669 333
67	39012000	初级形状的聚乙烯，比重≥0.94	千克	5 171 788 412	3 664 128
68	03061790	其他冻小虾及对虾，虾仁除外	千克	959 647 475	3 639 909
69	40028000	品目40.01所列产品与本编码所列产品的混合物	千克	3 702 763 795	3 590 461
70	26100000	铬矿砂及其精矿	千克	18 274 843 685	3 538 565
71	26020000	锰矿砂及其精矿	千克	31 351 217 710	3 451 374
72	84862021	制造半导体器件或IC的化学气相沉积装置	台	1 778	3 450 699
			千克	10 915 067	—
73	31042090	其他氯化钾	千克	11 572 302 199	3 253 049
74	85371090	其他电气控制或电力分配盘板台等，电压≤1 000 V	个	79 298 959	3 204 962
			千克	32 642 589	—
75	75012010	镍湿法冶炼中间产品	千克	1 319 557 889	3 176 522
76	84715040	微型机的处理部件	台	11 917 612	3 143 236
			千克	5 083 191	—
77	84862041	制造半导体器件或IC的等离子体干法刻蚀机	台	1 476	3 119 935
			千克	9 189 992	—
78	85176299	其他接收、转换并且发送或再生声音、图像或其他数据用的设备	台	437 899 697	3 050 803
			千克	9 105 176	—
79	84869099	品目84.86所列设备用未列名零件及附件	千克	13 661 100	3 013 138
80	26161000	银矿砂及其精矿	千克	1 615 479 212	2 968 997
81	19011010	供婴幼儿食用的零售包装配方奶粉，全脱脂可可含量低于5%的乳品制	千克	222 974 931	2 953 212
82	52010000	未梳的棉花	千克	1 950 245 505	2 948 779
83	85340090	四层及以下的印刷电路	块	25 062 865 606	2 938 435
			千克	22 025 008	—
84	29051100	甲醇	千克	14 552 908 462	2 935 507
85	90314100	制造半导体器件（包括集成电路）时检验半导体晶圆、器件（包括集成电路）或检测光掩模及光栅用的光学仪器及器具	台	11 040	2 911 058
			千克	4 901 918	—
86	90328990	其他自动调节或控制仪器及装置	台	40 462 277	2 888 871
			千克	33 379 850	—
87	85414100	发光二极管（LED）	个	137 019 027 227	2 849 690
			千克	2 998 760	—

续表4

序号	商品编码	商品名称	数量单位	数量	金额
88	26080000	锌矿砂及其精矿	千克	4 714 268 193	2 803 715
89	72024100	铬铁，按重量计含碳量>4%	千克	3 236 219 860	2 782 076
90	85389000	品目 85.35、85.36 或 85.37 所列装置的其他零件	千克	70 298 886	2 778 993
91	15119010	棕榈液油（熔点 19℃~24℃）	千克	4 304 278 646	2 773 172
92	27011900	其他煤	千克	42 157 465 222	2 760 197
93	27111390	其他液化丁烷	千克	6 496 867 748	2 747 783
94	87082990	车身（包括驾驶室）的未列名零件、附件	千克	273 241 509	2 743 759
95	85423210	用作存储器的多元件集成电路	个	782 416 960	2 723 415
			千克	317 911	—
96	85177930	手持式无线电话机用零件（天线除外）	千克	4 500 552	2 709 432
97	28429030	锂镍钴锰氧化物	千克	85 257 031	2 672 795
98	85340010	四层以上的印刷电路	块	5 869 707 498	2 668 410
			千克	16 386 551	—
99	84111210	涡轮风扇喷气发动机，推力>25 kN	台	408	2 660 412
			千克	1 798 752	—
100	47020000	化学木浆、溶解级	千克	3 967 304 427	2 650 683

第六篇

附 录

全国对外开放口岸分地区一览表

截至 2023 年 12 月 31 日

序号	省别	数量	水运口岸	航空口岸	铁路口岸	公路口岸
1	北京	2		北京	北京	
2	天津	3	天津、渤中	天津		
3	河北	4	秦皇岛、唐山、黄骅	石家庄		
4	山西	3		太原、大同、运城		
5	内蒙古	20		呼和浩特、海拉尔、满洲里、鄂尔多斯、包头、二连浩特	二连浩特、满洲里	珠恩嘎达布其、满洲里、二连浩特、阿尔山、阿日哈沙特、额布都格、策克、满都拉、甘其毛都、黑山头、室韦、乌力吉
6	辽宁	13	大连、营口、丹东、庄河、葫芦岛、旅顺新港、锦州、长兴岛、盘锦	沈阳、大连	丹东	丹东
7	吉林	16		长春、延吉	集安、图们、珲春	珲春、集安、圈河、临江、开山屯、三合、南坪、长白、古城里、沙坨子、双目峰
8	黑龙江	27	哈尔滨、富锦、佳木斯、同江、黑河、漠河、呼玛、逊克、抚远、孙吴、萝北、嘉荫、饶河	哈尔滨、佳木斯、齐齐哈尔、牡丹江	绥芬河、哈尔滨、同江	绥芬河、黑瞎子岛、黑河、黑河（索道）、东宁、密山、虎林
9	上海	3	上海	上海	上海	
10	江苏	26	连云港、张家港、南通、南京、镇江、江阴、扬州、泰州、常熟、太仓、常州、如皋、靖江、大丰、如东、启东、盐城	南京、盐城、徐州、常州、淮安、无锡、扬泰、南通、连云港		
11	浙江	10	温州、宁波、舟山、台州、嘉兴	杭州、宁波、温州、义乌、舟山		
12	安徽	7	芜湖、铜陵、安庆、池州、马鞍山	合肥、黄山		
13	福建	11	福州、厦门、泉州、漳州、宁德、莆田、平潭	厦门、福州、泉州、武夷山		
14	江西	2	九江	南昌		